Quantität und Qualität der europäischen Rechtsetzung

SCHRIFTEN
zum internationalen und zum öffentlichen
RECHT

Herausgegeben von Gilbert Gornig

Band 92

PETER LANG
Frankfurt am Main · Berlin · Bern · Bruxelles · New York · Oxford · Wien

Christian Grüner

Quantität und Qualität der europäischen Rechtsetzung

PETER LANG
Internationaler Verlag der Wissenschaften

Bibliografische Information der Deutschen Nationalbibliothek
Die Deutsche Nationalbibliothek verzeichnet diese Publikation in der Deutschen Nationalbibliografie; detaillierte bibliografische Daten sind im Internet über http://dnb.d-nb.de abrufbar.

Zugl.: Marburg, Univ., Diss., 2010

Gedruckt auf alterungsbeständigem,
säurefreiem Papier.

D 4
ISSN 0943-173X
ISBN 978-3-631-61452-5

www.peterlang.de

Danksagung

Die Arbeit „Quantität und Qualität der europäischen Rechtsetzung“ wurde vom Juristischen Fachbereich der Philipps-Universität zu Marburg im Sommersemester 2010 als Dissertation angenommen.

Mein Dank gilt in erster Linie meinem hochverehrten Doktorvater Prof. Dr. Dr. h.c. mult. Gilbert H. Gornig, der mir große wissenschaftliche Freiheit und Eigenverantwortung gewährte und mir trotzdem jederzeit mit Rat und Tat zur Seite stand. Nicht zuletzt für die Aufnahme in die Schriftenreihe zum internationalen und zum öffentlichen Recht danke ich ihm herzlichst.

Großer Dank gebührt auch Prof. Dr. Hans-Detlef Horn für die zügige Erstellung des Zweitgutachtens.

Höchste Dankbarkeit empfinde ich gegenüber meinen Eltern Michael und Ulla Grüner, die mir das Studium erst ermöglichten und mich jederzeit – auch bei der Korrektur des Manuskripts – unterstützten. Hierfür stehe ich tief in ihrer Schuld.

Schließlich gilt es meiner Frau Katrin zu danken, die durch ihr Verständnis und ihre Geduld einen nicht unwesentlichen Beitrag zur Entstehung dieser Arbeit geleistet hat.

Danke auch an Anne-Kathrin, Sophie und Leonard.

Bad Lobenstein, im September 2010 Christian M. Grüner

Inhaltsverzeichnis

„wie auf schlanken Säulen, ruh
Auf richt'gen Ordnungen das neue Leben,
Und euern Bund befest'ge das Gesetz."[1]

1. Kapitel - Einleitung

Die Europäische Union ist eine Rechtsgemeinschaft.[2] Der Zustand ihres Rechts bestimmt(e) den Zustand der Union selbst.[3] Es liegt daher im Eigeninteresse der Union, eine möglichst hohe Güte des von ihr gesetzten (Sekundär-) Rechts anzustreben. Da ein Großteil der mitgliedstaatlichen Gesetzgebungsaktivität durch Unionsrecht veranlasst ist[4], kommt hinzu, dass die Güte des Unionsrechts auch

---

1 Hölderlin, Der Tod des Empedokles, S. 516 (Zeilen 1559–1561).

2 Vgl. Zuleeg, in: v. Bogdandy/Bast, Europäisches Verfassungsrecht, 2. Aufl., S. 1048 f. Grundlegend hierzu: Hallstein, Die Europäische Gemeinschaft, S. 53: „Das ist das entscheidend Neue, was die Gemeinschaft gegenüber früheren Versuchen auszeichnet, Europa zu einigen. Nicht die Gewalt, nicht Unterwerfung ist als Mittel eingesetzt, sondern eine geistige, kulturelle Kraft, das Recht [...]. Auf dieser Einsicht beruht der Vertrag von Rom, und darum schafft er eine Friedensordnung par excellence." Vgl. ferner aus der Rechtsprechung u. a.: EuGH, Rs. 294/83, Les Verts/Europäisches Parlament, Slg. 1986, 1339 ff. (1365, Rn. 23); EuGH, Gutachten 1/91, Slg. 1991, I-6079 ff. (I-6102, Rn. 21). Siehe darüber hinaus aus dem Schrifttum: Everling, FS Kutscher, S. 155 ff. (160); Haltern, Europarecht und das Politische, S. 299 ff.; Mayer, Europa als Rechtsgemeinschaft, WHI-Paper 8/05, S. 1 ff.; Pechstein, EU-/EG- Prozessrecht, (Vorwort); Pernice, Walter Hallstein – Erbe und Verpflichtung, WHI-Paper 7/01, S. 3; Pernice, Der Beitrag Walter Hallsteins zur Zukunft Europas – Begründung und Konsolidierung der Europäischen Gemeinschaft als Rechtsgemeinschaft, WHI Paper 9/01, S. 1 ff.; Schwarze, Das Konzept des europäischen Gemeinschaftsrechts, in: 40 Jahre Römische Verträge, S. 29 ff. (30); Zuleeg, NJW, 1994, 545 ff. (545 ff.); Zuleeg/v. Oettingen, DRiZ, 2007, 268 ff. (268).

3 Ähnlich auch Tomuschat, FS Kutscher, S. 461 ff. (478), der zur Europäischen Gemeinschaft und ihrer Rechtsordnung meint: „Steht es mit ihrer Rechtsordnung nicht zum besten, so muß auch sie selbst Schaden nehmen." Vgl. ferner Härtel, Europäische Rechtsetzung, Einleitung S. 1.

4 Bezüglich der Frage wie groß der Anteil der staatlichen Gesetzsetzung ist, der auf gemeinschaftliche bzw. unionale Vorgaben zurückzuführen ist, gehen die Meinungen in der Literatur stark auseinander. Vgl. hierzu etwa Töller, ZParl, 1/2008, 3 ff. (5 ff.) m. w. N. Diese abweichenden Einschätzungen zeigten sich erst jüngst bei der mündlichen Verhandlung des BVerfG zur Vereinbarkeit des „Vertrags von Lissabon" mit dem Grundgesetz. Vgl. Karpenstein/Neidhardt, Bericht über die mündliche Verhandlung des Bundesverfassungsgerichts zur Vereinbarkeit des Vertrags von Lissabon mit dem Grundgesetz am 11. und 12. Februar 2009, WHI-Paper 04/09, S. 11.

Vgl. im Folgenden einige Angaben zur Beeinflussung der nationalen Gesetzgebung durch europäische Vorgaben: Deva, Who really governs Britain?, S. 25, gibt an, dass bis Mai

erhebliche Auswirkungen auf die Güte des nationalen Rechts zeitigt. Das Bemühen um eine Verbesserung des europäischen Rechts, bildet daher ein zentrales Anliegen der Union und deren Mitgliedstaaten. Gegen Tadel an ihrer Rechtsetzung können freilich auch diese Bemühungen nicht immunisieren, denn die Kritik an den Gesetzen und der Gesetzgebung ist keine Erscheinung jüngerer Provenienz, sondern so alt wie die Gesetze selbst[5]. Das zu allen Zeiten und in

---

1997 etwa 40 % der Gesetzgebung, die das Vereinigte Königreich berührt, auf europäische Regelungen zurückgeht. Für 2001 geht Deva diesbezüglich von etwa 55 % aus. Vgl. für das Vereinigte Königreich auch Page, Public Administration, 1998, 803 ff. (803 ff.). Herzog/Gerken, Europa entmachtet uns und unsere Vertreter, die sich auf Zahlen des Bundesjustizministeriums für die Jahre 1998 bis 2004 stützen, geben an, dass 84 % der Rechtsakte der Bundesrepublik Deutschland aus Brüssel „stammen". Etwas geringer fallen die Schätzungen von Karpen/Breutz/Nünke, Gesetzgebung der Großen Koalition, S. 65, sowie von Röhl, Bürokratieabbau - Analysen und Handlungsempfehlungen, S. 7, aus. Sie schätzen, dass in Deutschland auf Bundesebene inzwischen etwa 70 % der neuen Gesetze und Verordnungen durch „EU-Recht" veranlasst sind. Nach Berechnungen von Moravcsik/Töller, Financial Times Deutschland (10. 02. 2007), S. 2, beruhen hingegen nur 34,6 % aller deutschen Gesetze auf einem „europäischem Impuls". Bovens/Yesilkagit, Impact of European Legislation, S. 16 f., beurteilen den Einfluss der „europäischen" Rechtsetzung auf die niederländische Regelungsgebung ebenfalls erheblich geringer als die genannten 70 % bzw. 84 %. Durchschnittlich gehen sie von einer „Beeinflussungsquote" von 25 % bis 38 % aus, wobei in einzelnen Bereichen erheblich größere, aber auch geringere Werte verzeichnet werden. Vgl. zu den einzelnen Bereichen etwa Bovens/Yesilkagit, Impact of European Legislation, S. 12 ff. Blom-Hansen/Christensen, Den europæiske forbindelse, S. 68, ermitteln für die primäre und sekundäre Rechtsetzung in Dänemark einen Anteil von 9,6 %, der auf gemeinschaftliche Richtlinien zurückgeht.

Neben den eben genannten Zahlen, die für die Gesamtzahl der nationalen „Gesetze" ermittelt wurden, lassen sich „Beeinflussungsunterschiede" je nach betroffenem Regelungsbereich konstatieren. Karpen/Breutz/Nünke, Gesetzgebung der Großen Koalition, S. 65, stellen in einigen Sonderbereichen (Lebensmittelkennzeichnung, Vorschriften über Zusatzstoffe oder Rückstandshöchstmengen, Lebensmittelhygiene, Bereich der Direktzahlungen) eine Beeinflussung von über 90 % des nationalen deutschen Rechts durch „europäische" Regelungen fest. Für die Bereiche Lebensmittel, Wein, Kosmetik und Landwirtschaft nennen sie eine „Beeinflussungsquote" von etwa 75 %. Bezogen auf ihren Beobachtungszeitraum ermittelten sie in den Bereichen Umwelt und Gefahrguttransporte eine 70%ige und für das Arzneimittel- und Veterinärrecht eine rund 50%ige Beeinflussung durch „EU-Recht". Moravcsik/Töller, Financial Times Deutschland (10. 2. 2007), S. 2, verzeichnen mit 75 % und 81,3 % ein besonders starkes Ausmaß der Europäisierung in den Bereichen der deutschen Agrar- und Umweltpolitik. Für die Bereiche Inneres (12,9 %), Arbeitsrecht (15,6 %) und Sozialpolitik sowie Bildung und Forschung (0 %) konstatieren sie eine geringe Beeinflussung. Transport, Justiz, Finanzen, Wirtschaft, Gesundheit rangieren mit einem Anteil von rund 39 % im Mittelfeld.

5 So liest man schon bei Tacitus (Annalen III, 27, 3): „Corruptissima res publica plurimae leges" (zitiert aus Häussler, Tacitus und das historische Bewusstsein, S. 76). Auch der Mephistopheles bei v. Goethes, Faust (I – Schülerszene), S. 72, äußert sich recht „kritisch" zur Gesetzgebung: „Es erben sich Gesetz' und Rechte Wie eine ewge Krankheit

allen Rechtsordnungen latente Phänomen der Gesetzgebungskritik bestätigt dabei die Einsicht, dass trotz eines kontinuierlichen Verbesserungsstrebens das Ideal der *„guten"* Gesetzgebung – sofern man sich überhaupt auf allgemeingültige Bewertungskriterien verständigen kann – wohl nie erreicht wird. Es besteht jedoch weder ein Grund, vor dieser Einsicht zu kapitulieren, noch sich mit den erreichten Verbesserungen zufriedenzugeben. Die Optimierung der Gesetze und der Gesetzgebung ist und bleibt eine andauernde Aufgabe. Jegliche Kritik ist daher als Ausgangspunkt und Antriebsfeder zur Verwirklichung neuer Ideen und Vorschläge zu verstehen.

Einer an qualitativen Mängeln leidenden Rechtsordnung, die sich in Nebensächlichkeiten ergeht, fehlt nicht nur jede positive Strahlkraft, sie führt auch zu einem Legitimitätsverlust für die europäischen Organe und Gremien und die Union insgesamt. Die Union kann sich dies indes noch weniger leisten als der Nationalstaat. Sie wird von den Bürgern nicht als etwas Selbstverständliches gesehen, sondern ist auf deren Wohlwollen angewiesen. Dass es hiermit nicht zum Besten steht, haben die gescheiterten Referenden über eine neue vertragliche Grundlage der EU in Frankreich und den Niederlanden im Jahr 2005[6] und in Irland im Jahr 2008[7] gezeigt. Die darin zum Ausdruck gebrachten Bedenken und Vorbehalte gegenüber der Union müssen ernst genommen werden. Es ist notwendig, sich den Bürgern der Mitgliedstaaten und damit auch deren Kritik an der unionalen Rechtsetzung zuzuwenden. Eine „Rechtsetzung von hoher Qualität" ist nicht nur ein „zentrales öffentliches Gut"[8], sie ist für die Union

---

fort; Sie schleppen von Geschlecht sich zum Geschlechte, Und rücken sacht von Ort zu Ort. Vernunft wird Unsinn, Wohlthat Plage". Vgl. auch etwa: Holoubek, Rechtswissenschaftliche Rechtspolitik? Plädoyer für einen (weiteren) Gegenstand der Rechtswissenschaften, in: Bürgernahes Wirtschaftsrecht – Eine Utopie?, S. 148 ff. (150); Honsell, Vom heutigen Stil der Gesetzgebung, S.5 f.,14; Mattila, Comparative Legal Linguistics, S. 96 f.

6 Vgl. hierzu etwa: Brecht, Wertmaßstäbe zur Beurteilung der EU-Verfassung. Eine Bewertung der Motive bei Referenden über den Verfassungsvertrag, in: Die Werte Europas, S. 143 ff. (143 ff.); Hesse, Vom werden Europas, S. 155 ff. – dort mit einer übersichtlichen Graphik, die die Gründe des Scheiterns darstellt (S. 169). Siehe ergänzend nur für Frankreich Kimmel, Das französische Referendum vom 29. Mai 2005, in: Frankreich Jahrbuch 2006, S. 183 ff. (183 ff.), und Stahl, Bedrohung versus Chance, in: Frankreich Jahrbuch 2006, S. 145 ff. (170 ff.), sowie speziell für die Niederlande Voermans, NRC Handelsblad, (15 februari 2006), 6 (6), der in diesem Zusammenhang auch die Bedenken der Bürger gegen eine Flut europäischer Vorschriften zum Ausdruck bringt: „De verontwaardigingover het feit dat 'ineens' blijkt dat Europees recht voorrangheeft, er een ongrijpbare vloed van regels over ons heen komt,een gevoel van onmacht. Dat raakt een open zenuw in de idee van democratie."

7 Vgl. hierzu etwa: Brady, Will the Irish guillotine Lisbon?, S. 1 ff.; Sinnott The Irish Times (June 14, 2008).

8 Moderner Staat – Moderne Verwaltung, Der Mandelkern-Bericht – Auf dem Weg zu besseren Gesetzen, Abschlussbericht, 13. 11. 2001, Bundesministerium des Inneren (Hrsg.),

auch die Chance der Selbstdarstellung. Eine Hinwendung zum Grundsätzlichen und Allgemeinen, zu Systematik und Klarheit, kann Ressentiments abbauen und der Union neue Kräfte für ihre zukünftige Entwicklung verleihen.[9]

A. Problemaufriss

Die Europäische Union wird häufig mit einer Rechtsetzungsflut von „schwindelnder Höhe“[10] in Verbindung gebracht.[11]

S. 16, abrufbar unter: http://www.verwaltung-innovativ.de/cln_046/nn_684674/ SharedDocs/Publikationen/Bestellservice/moderner__staat__mandelkern__bericht,templateId=raw,property=publicationFile.pdf/moderner_staat_mandelkern_bericht.pdf. Vgl. beispielhaft auch folgende Bemerkung des GA Geelhoed, SchlA zu EuGH, verb. Rs. C-154/04 und C-155/04, The Queen, auf Antrag von Alliance for Natural Health u. a./Secretary of State for Health and National Assembly for Wales, Slg. 2005, I-6451 ff. (I-6479, Rn. 88): „Die gegenseitigen Verpflichtungen, die die Organe in Bezug auf die redaktionelle Qualität der gemeinschaftlichen Rechtsvorschriften übernommen haben, zielen nicht in erster Linie auf den sprachlichen Wohlklang ab, der den Verfassern von Vorschriften am Herzen liegt. In einer Gemeinschaft des Rechts wie der Europäischen Union, die von den Grundsätzen des Rechtsstaats regiert wird, hat ein Rechtsetzungsakt als Ausdruck des Willens des Gesetzgebers zwei Aspekte. Auf der einen Seite ist er ein Mittel, um berechtigte Ziele des öffentlichen Interesses zu verfolgen und, wenn möglich, zu erreichen. Auf der anderen Seite stellt er eine Garantie für die Rechte der Bürger gegenüber dem Staat dar. Qualitativ zufrieden stellende Gesetzgebung ist durch ausgewogene Berücksichtigung beider Aspekte gekennzeichnet. Wortlaut und Systematik des Rechtsetzungsakts müssen für einen akzeptablen Ausgleich zwischen den Befugnissen der ausführenden Behörden und den Garantien für die Bürger sorgen.“

9 Vgl. Tomuschat, FS Kutscher, S. 461 ff. (480). Ähnlich auch Schwarze, Das Konzept des europäischen Gemeinschaftsrechts, in: 40 Jahre Römische Verträge, S. 29 ff. (41), und Wuermeling, Noch 100 Tage: Das BMWi vor der deutschen Ratspräsidentschaft, S. 10.

10 Kirchhof, Normenflut – Dilemma ohne Ausweg?, in: Kongreß Junge Juristen und Wirtschaft: Wandlungen in Technik und Wirtschaft als Herausforderung des Rechts, S. 257 ff. (266).

11 Kormann, FS Fröhler, S. 23 ff. (31), schreibt zur Europäischen Gemeinschaft: „Sie ersinnt in unendlicher Vielfalt Vereinheitlichungs-, Anpassungs-, Abschöpfungs-, Interventions- und Subventionsregelungen“. Oppermann, DVBl., 2003, 1 ff. (7), notiert: „Es entstand [...] ein immer dichter gesponnenes europäisches Regelwerk, das den nationalen und regionalen Behörden kaum noch Luft zum Atmen lässt und die schlechte Meinung des Bürgers über die praxisferne Brüsseler ‚Eurokratie‘ befestigt.“ Ähnlich Oppermann, DVBl., 2003, 1165 ff. (1171). Stauffenberg/Langenfeld, ZRP, 1992, 252 ff. (255), berichten ihrerseits von „Regelungsungetümen“. Vgl. auch: Gündisch, Qualität europäischer Rechtsetzung, in: Aufbruch nach Europa, S. 109 ff. (110); Smeddinck, Integrierte Gesetzesproduktion, S. 233; Wuermeling, Noch 100 Tage: Das BMWi vor der deutschen Ratspräsidentschaft, S. 7, 11.

Papierfluten durchströmen täglich die Brüsseler Korridore.[12] So substituiert Mußgnug[13] den Begriff der Gesetzgebung schon durch den der „Gesetzesabsonderung“ und Herzog[14] beschwört die Vision eines „Vorschriftenmolochs“ herauf. Die „Brüssler Bandwurm- und Schachtelsatzparagraphen“[15], die eingehen in „kryptische Gesetzestexte vom Umfang eines Telefonbuches“[16], gelten als Elaborate der “Brussels mandarins“, die in ihrem „Regelungswahn“[17] darauf ausgehen “to harmonize everything possible“[18]. Der unionalen Rechtsetzung wird nachgesagt, dass sie detailhungrig und uferlos[19], administrativ-technokratisch strukturiert[20], zuweilen abseitig[21] und insgesamt zu kompliziert[22],

---

12 Papier, Das Subsidiaritätsprinzip als Bremse des schleichenden Zentralismus in Europa?, S. 9.

13 Mußgnug, Zustand und Perspektiven der Gesetzgebung, in: Zustand und Perspektiven der Gesetzgebung, S. 23 ff. (47).

14 Herzog, NJW, 1999, 25 ff. (27).

15 Mußgnug, Zustand und Perspektiven der Gesetzgebung, in: Zustand und Perspektiven der Gesetzgebung, S. 23 ff. (32).

16 Brok, Die Europäische Union und ihre Akzeptanz, in: Staat und Verfassung in Europa, S. 109 ff. (bes. 110).

17 Vetter, Das Subsidiaritätsprinzip in der Europäischen Union aus der Perspektive der Bundesregierung, in: Das Subsidiaritätsprinzip in der Europäischen Union, S. 35 ff. (35).

18 Radaelli, Governing European Regulation – *1. The reasons for regulatory growth.* Taupitz spricht von einem „hypertrophen EG-Harmonisierungsperfektionismus“. Siehe Taupitz, Europäische Privatrechtsvereinheitlichung heute und morgen, S. 56, sowie Taupitz, Überwindung des europäischen Mehrebenensystems durch Rechtsvereinheitlichung?, in: Das europäische Mehrebenensystem, S. 356 ff. (373). Vgl. auch Schneider, NJW, 1998, 576 ff. (576 f.), und Schneider, NJW, 1998, 2191 (2191).

19 Karpen, AöR, 124 (1999), 400 ff. (406). Deva, Who really governs Britain?, S. 7, berichtet von europäischen Vorschriften, die teilweise “excessively detailed“ und “extremely succinct“ sind. Hillermeier, BayVBl., 1978, 321 ff. (321), spricht von einer „Hypertrophie der Detailregelungen“, während Honsell, in: v. Staudinger, BGB – Eckpfeiler des Zivilrechts, S. 20, von der „EU-Gesetzgebung“ als „einem völlig unübersichtlichen Regelungslabyrinth“ berichtet. Auch Hänsch, FS Tsatsos, S. 206 ff. (210), Rodi, Subventionsrechtsordnung, S. 477, und v. Danwitz, JZ, 2006, 1 ff. (5), beklagen sich über die hohe Regelungsdichte der europäischer Rechtsvorschriften. Voermans, The Quality of EU Legislation, S. 12, ergänzt diese Klage (“excess of detail”) und verweist auf “the administrative burden as a result thereof“. Eher indirekte Kritik äußert hingegen Kohl, FS Klein, S. 15 ff. (18): Die europäische Gemeinschaft „darf sich nicht anmaßen, alles bis ins letzte Detail regeln zu wollen“.

20 Baer, „Der Bürger“ im Verwaltungsrecht, S. 222 ff.; Karpen, AöR, 124 (1999), 400 ff. (406).

21 Vogel, JZ, 1979, 321 ff. (323).

22 Redeker, ZRP, 2004, 160 ff. (161).

bürokratisch[23], unklar und unverständlich[24] sei. „Unübersichtlichkeit und [...] sprachliche Unzulänglichkeit“[25] werden ebenso beklagt.
Während Voermans[26] beinahe wohlwollend konstatiert, “that EU legislation does on occasion come with quality defects“, räsoniert Xanthaki[27] über “unworkable texts and generally inefficient legislation“. Akkermans[28] bemerkt lapidar, dass die “quality of EC legislation frequently leaves much to be desired“. Die „Lektüre des ‚Amtsblatts‘“, so Groll[29], wird jeden „schnell davon

---

23 Vgl. Gündisch, Qualität europäischer Rechtsetzung, in: Aufbruch nach Europa, S. 109 ff. (111); Lange, ZG, 2001, 268 ff. (268).

24 Enzensberger, Von den Vorzügen der Unverständlichkeit, in: Die Sprache des Rechts (Bd. 1, Recht verstehen), S. 83 f. (84), schreibt: „Der Idealfall der Opazität ist in den Institutionen der Europäischen Union erreicht, weil dort eine gemeinsame natürliche Sprache nicht existiert. [...] Eine Art Maschinen-Code sorgt dafür, daß buchstäblich niemand die Tausende von Direktiven, Rechtsvorschriften und Richtlinien begreifen kann, die in Brüssel erzeugt werden.“ Kürzer Nicolaides/Suren, Eipascope, 2007/1, 33 ff. (33): “EC law is not always clear and unambiguous.“ Vgl. darüber hinaus auch: Falkner/Treib/Hartlapp/Leiber, Complying with Europe, S. 355 f.; Lange, ZG, 2001, 268 ff. (268); Sandström, CML Rev., 2003, 1307 ff. (1308).

25 Die Schweizer Bundeskanzlerin Annemarie Huber-Hotz hat im Jahr 2000 gesagt: „Die grösste Herausforderung für die Verständlichkeit unserer Gesetze stellt aber zurzeit zweifellos das EU-Recht dar, das wir seit längerem ‚autonom nachvollziehen‘ und mit den bilateralen Abkommen zum Teil nun auch direkt anwenden. Verstehen Sie mich richtig: Ich bin eine überzeugte Europäerin, aber ich meine, wir sollten die manchmal geradezu groteske Unüberschaubarkeit, Umständlichkeit und Unverständlichkeit der EU-Rechtserlasse nicht einfach als ein Naturgesetz hinnehmen.“ (zitiert nach Herberger, Der Zugang zum Recht, S. 6). Selbst das Europäische Parlament hat in der Entschließung des Europäischen Parlaments vom 6. Mai 1994 zur Transparenz des Gemeinschaftsrechts und der Notwendigkeit seiner Kodifizierung, ABl. Nr. C 205/514 „den [...] Zustand der Gemeinschaftsgesetzgebung, deren undurchsichtigen und verworrenen Charakter“ beklagt. Die „Schwächen“ der gemeinschaftlichen Rechtsetzung haben Walter, NJW, 2004, 582 ff. (582 f.), sogar dazu veranlasst, einen amüsanten Entwurf einer Richtlinie zur sprachlichen Gestaltung europarechtlicher Texte vorzulegen, der die sprachlichen Mängel gemeinschaftsrechtlicher Rechtstexte humorvoll offenlegt. Vgl. in diesem Zusammenhang ferner u. a.: Born/Schütte, Eurotexte: Textarbeit in einer Institution der EG, S. 45; Fleiner, Liber Amicorum Peter Häberle, S. 145 ff. (145); Streinz, EWS, 2003, 1 ff. (12).

26 Voermans, Erasmus Law Review, 2009, 59 ff. (73). Vgl. auch Voermans/Eijlander/v. Gestel/de Leeuw/de Moor-van Vugt/Prechal, Kwaliteit, uitvoerbaarheid en handhaafbaarheid (HOOFDSTUK 7 Conclusies – 2.6 Eenvoud, duidelijkheid en toegankelijkheid), die „onduidelijke, verwarrende terminologie“ und „onvolledige of inconsistente regeling of gebruik van vage termen“ als Qualitätsprobleme europäischer Richtlinien benennen.

27 Xanthaki, CML Rev., 2001, 651 ff. (653).

28 Akkermans, Netherlands – Legislation in the Netherlands, in: Legislation in European Countries, S. 292 ff. (313).

29 Groll, In der Flut der Gesetze, S. 82.

überzeugen, daß die EG-Organe jegliches Augenmaß bei der Normsetzung verloren haben, denn sie wissen nicht mehr, was sie tun …".
Die „schlechte Qualität der Rechtsvorschriften" wird aber nicht nur im Schrifttum angeprangert, sondern auch von „offiziellen" Quellen, wie dem Frassoni-Bericht[30], angesprochen.
Besonders das „schier unübersehbare Regelungswerk der Agrarpolitik, das eher ein Regelungsdschungel ist"[31], hat sich seit langem zu einem Kristallisationspunkt der Kritik entwickelt. Schenkt man einigen Darstellungen Glauben, dann konstituiert die Rechtsetzung hier einen „verwirrten Wust von Agrarchinesisch"[32], der den Rechtsanwender in „geradezu kafkaeske Situationen"[33] verwickelt und dessen „Rechtssuche" zu einem „Gang durch ein Labyrinth"[34] verwandelt.[35] Die polemische Schlussfolgerung daraus ist, dass die Klarheit über die bestehende Rechtslage durch die europäische Rechtsetzung nicht gefördert,

---

30 Europäisches Parlament: Bericht über den 21. und 22. Jahresbericht der Kommission über die Kontrolle der Anwendung des Gemeinschaftsrechts (2003 und 2004), (2005/2150(INI)), Rechtsausschuss, Berichterstatterin: Monica Frassoni, A6-0089/2006, 24. 3. 2006.

31 Everling, EuR, 1987, 214 ff. (227). Gündisch, Qualität europäischer Rechtsetzung, in: Aufbruch nach Europa, S. 109 ff. (117), äußert sich zum gemeinschaftlichen Agrarrecht folgendermaßen: „Nicht nur die Sprache, sondern auch die häufigen Änderungen und Verweisungen machen diese Regelungen, die in die wirtschaftliche Betätigung von Millionen von Menschen in der Gemeinschaft eingreifen, fast unverständlich." Tiedemann, EuR, 1980, 219 ff. (243), beendet seine dogmatischen Überlegungen zum Agrarrecht mit den Worten: „Ich hoffe gezeigt zu haben, daß das Marktordnungsrecht noch einem wilden Dschungel gleicht". Mit ähnlicher Kritik aus dem Jahre 1967 Abel, Agrarpolitik, S. 464 ff. (bes. S. 464).

32 Tomuschat, FS Kutscher, S. 461 ff. (462).

33 Tiedemann, EuR, 1980, 219 ff. (220).

34 Tiedemann, EuR, 1980, 219 ff. (219).

35 Vgl. die schon resignierenden Aussagen von Ipsen, Europäisches Gemeinschaftsrecht, S. 836: „Das [...] System des EWG-Agrarrechts ist derart umfänglich, detailliert, perfektioniert und kompliziert, daß es sich einer überschaubaren Darstellung [...] schlechthin entzieht. Daß das sekundäre Agrarmarktrecht mehr als 90 % der gesamten EWG-Rechtsetzung ausmacht [...] und diese jährlich mittlerweile über 2500 Gemeinschaftsverordnungen umfaßt, mag ebenso als Rechtfertigung hierfür dienen wie der Hinweis, daß es [...] nicht weniger als 18 verschiedene Preisbegriffe verwendet, deren Terminologie normativ relevant ist." Auch Nagel, Wirtschaftsrecht der Europäischen Union, S. 153, kapituliert vor einer ausführlichen Darstellung des gemeinschaftlichen Landwirtschaftsrechts und setzt hier stattdessen (S. 5 f.) – wörtlich – auf den „Mut zur Lücke". Weitere kritische Anmerkungen zum Agrarrecht finden sich bei Radaelli, Governing European Regulation – *2.1. The key issues.*

sondern an manchen Stellen erst beseitigt wird.[36] Honsell spricht von einem „typischen Fall von Desinformation durch Überinformation“[37].
Darüber hinaus wird auch die Verhältnismäßigkeit der Rechtsetzung angezweifelt.[38] Ihr Nutzen bliebe hinter den hervorgerufenen Kosten und sonstigen Belastungen für die Wirtschaft sowie für die Gesetzgebung und Verwaltung der Mitgliedstaaten weit zurück.[39] Rechenschaftspflicht, Kohärenz, Transparenz und Zielgerichtetheit, wie sie etwa vom McCarthy-Bericht[40] für die Rechtsetzung gefordert werden, sind ebenfalls „inhaltliche“ Aspekte, denen die unionale Rechtsetzung nicht immer Rechnung trägt. Zudem wird die Arbeit an der Sachverhaltsermittlung, die notwendig ist, um einen Rechtsetzungsakt zu konstruieren, kritisiert. Hier fehle es an empirischer Sorgfalt und wissenschaftlichem Verständnis.[41]

Zwar ließe sich die zur europäischen Rechtsetzung gehörige „Mängelliste“ fortsetzen[42], aber für eine verallgemeinernde Bilanz der Kritik genügt der Vortrag

---

36 In diesem Sinne auch Hellner, The E-Commerce Directive and Private International Law, in: Legal Aspects of an E-Commerce Transaction, S. 107 ff. (107 ff., bes. 122), der seine Aussagen anhand einer Auseinandersetzung mit Art. 3 Abs. 1 der Richtlinie über den elektronischen Geschäftsverkehr veranschaulicht und die genannte Richtlinie auch insgesamt (S. 107) als “fine example of European Community law at its worst“ bezeichnet.

37 Honsell, in: v. Staudinger, BGB – Eckpfeiler des Zivilrechts, S. 21.

38 Vgl. etwa die Stellungnahme des Bundesrates vom 19.09.2008, BR-Drs. 499/08(B), zu dem Vorschlag für eine Richtlinie des Rates zur Anwendung des Grundsatzes der Gleichbehandlung ungeachtet der Religion oder der Weltanschauung, einer Behinderung, des Alters oder der sexuellen Ausrichtung KOM (2008) 426 endg. (Ratsdok. 11531/08).

39 Vgl. Majone, Jahrbuch zur Staats- und Verwaltungswissenschaft, 1989, 159 ff. (172): “In short, the present regulatory process is inefficient, in the sense that the same quantity of ressources used to meet regulatory objectives could be reallocated to produce a greater level of benefits.“ Siehe außerdem Lange, ZG, 2001, 268 ff. (268).

40 Europäisches Parlament: Bericht über die Umsetzung, die Folgen und die Auswirkungen der geltenden Rechtsvorschriften zum Binnenmarkt, (2004/2224(INI)), Ausschuss für Binnenmarkt und Verbraucherschutz, Berichterstatterin: Arlene McCarthy, A6-0083/2006, 23. 3. 2006.

41 Vgl. etwa Bergkamp, European Community Law for the New Economy, S. 677: “But in scientific and technical circles there is serious concern about the factual and scientific basis of much EC legislation. There is also concern about the EC’s expectations in respect of scientific advice. The questions posed to scientific advisors by the EC do not always reflect that the EC understands the limits of science, the scientific process, and the distinction between facts and values.“

42 Vgl. nur v. Gestel/Hertogh, What is regulatory pressure?, S. 83 f.: “Many of the legislative problems identified in the literature at the European level have not yet been solved. *These are, to name just a few*: lack of cohesion between sector directives, and the same with respect to regulations on related topics (in the environmental field for example, directives concerning the integrated approach to the environmentally harmful conse-

bereits. So lässt sich die Kritik komprimieren in Bergkamps Feststellung "The EC does too much, and does not to enough well"[43] oder positiv gewendet in der Forderung Karpens nach „Weniger Quantität – Mehr Qualität"[44]. Hinter dieser plakativen Forderung verbirgt sich das zeitlose Ideal einer Rechtsordnung, wie sie schon in Thomas Morus Utopia beschrieben wird: „Gesetze haben sie sehr wenige [...]. Sie selber finden es demgegenüber für höchst ungerecht, Menschen durch Gesetze zu binden, die entweder zu zahlreich sind, als daß man sie alle durchlesen könnte, oder zu unklar, als daß jeder imstande wäre, sie zu verstehen."[45] Wenngleich die vollkommene Verwirklichung dieses Archetyps guter Gesetzgebung[46] auf unabsehbare Zeit den Utopiern vorbehalten bleibt und selbst die Vorstellung ihrer Realisierung kaum vereinbar erscheint mit unserem Gemeinwesen, das sich stetiger technischer, kultureller und gesellschaftlicher Veränderungen unterworfen sieht, so bleibt doch festzuhalten, dass das Streben nach weniger und dafür besseren Gesetzen ein Ziel ist, dem sich angesichts der massiven Kritik auch und gerade die Union verpflichtet fühlen muss. Oder um es mit den Worten des amerikanischen Schriftstellers T. Wilder zu sagen: „Aber wir brauchen die Utopie. [...] Ohne Utopie würde sich die Welt nicht ändern".[47]

Entsprechend dem Motto „Weniger Quantität – Mehr Qualität" werden die beiden – nicht immer klar gegeneinander abgrenzbaren – Aspekte der Quantität und der Qualität vorliegend auch zu den Leitmotiven einer „guten" Rechtsetzung

---

quences of large industrial plants versus sector legislation relating to air quality, waste products, external safety etc.); the vague distinction between EC directives and EC regulations; the frequent use of open standards and loosely defined concepts without explanatory notes; the inadequate hierarchy of codes and standards and the unclear status of resolutions, announcements, instructions, circulars etc.; the lack of properly updated official codification of the texts of European legislation; the above-mentioned inconsistent treatment of the subsidiarity principle, problems of implementation and enforcability; technical legal shortcomings such as lack of transitional law; excessive readiness to apply directives retrospectively, and in some cases an implementation period which is far too short."

43 Bergkamp, European Community Law for the New Economy, S. 734.

44 Karpen, AöR, 124 (1999), 400 ff. (406), und Karpen, Gesetzgebungslehre – neu evaluiert, S. 74. Ähnlich in der Zusammenfassung der Kritik an der europäischen Rechtsetzung: House of Lords, European Union Committee, 9th Report of Session 2005-06: Ensuring Effective Regulation in the EU – Report with Evidence, S. 7; Lammer, Internationaler Vergleich, in: Effizienz der Gesetzesproduktion, S. 93 ff. (131 f.); Radaelli, Governing European Regulation – *Introduction;* Senden, Electronic Journal of Comparative Law, 2005, 1 ff. (4 f.).

45 Morus, Utopia Buch 2 Abschnitt 26, S. 85.

46 Auch Böhret, FS Helmrich, S. 487 ff. (487), weist darauf hin, dass die Kritik an der Rechtsetzung über Jahrhunderte hinweg ähnlich ausgefallen ist.

47 Zitiert nach Huber-Hotz, LeGes, 2007/3, 397 ff. (401).

gekürt. Vor ihrem Hintergrund soll sowohl eine Bestandsaufnahme der („Gemeinschafts-") Rechtsordnung stattfinden als auch die Suche nach Verbesserungsmöglichkeiten angegangen werden. Die spezifischen Eigenheiten der europäischen Rechtsordnung dürfen dabei nicht außer Acht gelassen werden.
Leider erweist sich die Kritik an der Quantität und der Qualität der unionalen Rechtsetzung oft als Pauschalkritik, die sich weder auf eine hinlängliche empirische Basis noch auf theoretisch-wissenschaftlich untermauerte Analysen stützt, sondern sich in der Nennung eines dem Namen nach skurril wirkenden Rechtsaktes erschöpft und für dessen Beseitigung plädiert.[48] Dabei kann nur eine umfänglichere Analyse der Rechtsordnung, die neben einer größeren Zahl von Beispielen auch die möglichen Gründe für eine „schlechte" Rechtsetzung sowie deren Folgen erörtert, einen konstruktiven Beitrag in der Diskussion um die unionale Rechtsetzung leisten, und helfen, Möglichkeiten für deren Verbesserung zu entwerfen. Mit diesem Satz wäre sogleich das Anliegen der vorliegenden Arbeit beschrieben, ein Anliegen, dessen Signifikanz mit Blick auf die Verfassungsgrundsätze der Rechtsstaatlichkeit und der Demokratie[49] (vgl. auch Art. 2 und Art. 9 ff. EUV i.d.F. des Vertrages von Lissabon[50]) nochmals unterstrichen werden soll.

---

48 Diese Einschätzung teilen auch Barents/Brinkhorst, Grondlijnen van Europees recht, S. 204: „De omvang en kwaliteit van de communautaire wetgeving vormen een regelmatig onderwerp van politiek debat, waarbij afhankelijk van het politieke uitgangspunt goedkope en misplaatste kritiek niet wordt geschuwd. Zo kan men kennisnemen von tirades tegen het fet dat waar de tien geboden iets meer dan 1000 woorden omvatten, de gemeenschappelijke marktordening voor een bepaald landbouwproduct er meer dan 25.000 telt. Zowel over de kwantiteit als de kwaliteit van de communautaire wetgeving bestaan er veel misverstanden en ook mythen." Ferner: Nicolaysen, GS Grabitz, S. 469 ff. (470), der auch darauf hinweist (S. 479), dass die Fälle echter „Überregulierung" weniger häufig sind als in der Öffentlichkeit verbreitet wird. Die angeführten Beispiele würden sich zudem meist wiederholen und selbst für sie ließen sich fast immer überzeugende Gründe der Wahrnehmung von „Gemeinschafts-" Kompetenzen aufzeigen. Insofern versäumt es eine Reihe von Autoren, ihre im Ergebnis wohl nicht ganz unberechtigte Kritik an der europäischen Rechtsetzung auf eine überzeugende empirische Basis zu stellen. Ein Beispiel ist etwa der Aufsatz von Hillermeier, BayVBl., 1978, 321 ff. (321), der seine Kritik an der Überdetaillierung des Gemeinschaftsrechts wie folgt „begründet": „So soll es eine EG-Richtlinie über den Krümmungsradius der Gurken geben."

49 Vgl. zu diesen beiden Grundsätzen allgemein: Bleckmann, JZ, 1990, 301 ff. (301 ff.); Huber, Recht der Europäischen Integration, § 8 Rn. 76 ff. und 74 f.; Rodríguez Iglesias, NJW, 1999, 1 ff. (bes. 2); Steinberger, VVDStRL, 50 (1991), 9 ff. (24 ff., 39 ff.); Zuleeg, in: v. d. Groeben/Schwarze, Art. 1 EGV Rn. 44 f.; Zuleeg, NJW, 1994, 545 ff. (549); Zuleeg/v. Oettingen, DRiZ, 2007, 268 ff. (268 ff.).

50 Vgl. Konsolidierte Fassung des Vertrags über die Europäische Union, ABl. 2008 C 115/13. Siehe hierzu auch Vertrag von Lissabon zur Änderung des Vertrags über die Europäische Union und des Vertrags zur Gründung der Europäischen Gemeinschaft, ABl. 2007 C 306/1

Die aus der Rechtsstaatlichkeit ableitbaren Gebote der Rechtssicherheit[51] und des Vertrauensschutzes[52] verlangen nach Rechtsakten, die klar und deutlich abgefasst sind, damit die Betroffenen ihre Rechte und Pflichten eindeutig erkennen können.[53] Negativ formuliert: Rechtliche Anordnungen, die „für den Durchschnittsbürger nicht mehr oder nur unter unzumutbaren informatorischem Aufwand verständlich“ sind oder deren Abfassung „schlechthin untauglich bzw. objektiv ungeeignet ist, den darin enthaltenen Gesetzesbefehl zu erkennen“[54], stellen ein willkürliches Handeln des Regelungsgebers dar. Aber auch der effektive Rechtsschutz als zentrale Forderung des Rechtsstaatsprinzips[55] verlangt nach

---

51 EuGH, verb. Rs. 42, 49/59, Société Nouvelle des Usines de Pontlieue Aciéries du Temples (SNUPAT)/Hohe Behörde, Slg. 1961, 109 ff. (172); EuGH, verb. Rs. 66, 127, 128/79, Amministrazione delle Finanze dello Stato/Salumi, Slg. 1980, 1237 ff. (1261, Rn. 10); EuGH, Rs. 98/78, Racke/Hauptzollamt Mainz, Slg. 1979, 69 ff. (86 f., Rn. 20); EUGH, Rs. 99/78, Decker/Hauptzollamt Landau), Slg. 1979, 101 ff. (111 f., Rn. 8). Siehe zum Ganzen aber auch: Boulouis, Liber Amicorum Pierre Pescatore, S. 53 ff. (53 ff.); Schwarze, Europäisches Verwaltungsrecht, S. 843 ff.

52 EuGH, Rs. 112/77, Töpfer/Kommission, Slg. 1978, 1019 ff. (1032, Rn. 19); EuGH, Rs. 112/80 (Anton Dürbeck/Hauptzollamt Frankfurt am Main-Flughafen), Slg. 1981, 1095 ff. (1120 f., Rn. 47 f.); EuGH, verb. Rs. C-31–44/91, Lageder/Amministrazione delle finanze dello Stato, Slg. 1993, I-1761 ff. (bes. I-1790 f., Rn. 33 ff.); EuGH, Rs. C-81/91, Twijnstra/Minister van Landbouw, Slg. 1993, I-2455 (bes. I-2484, Rn. 24 f.); EuGH, Rs. C-98/91, Herbrink/Minister van Landbouw, Slg. 1994, I-223 (I-252 ff., Rn. 9 ff.). Siehe zum Ganzen aber auch: Borchardt, EuGRZ, 1988, 309 ff. (309 ff.); Schwarze, Europäisches Verwaltungsrecht, S. 843 ff.

53 EuGH, Rs. 169/80, Zollverwaltung/Gondrand Frères, Slg. 1981, 1931 ff. (1942, Rn. 17); EuGH, Rs. 212 bis 217/80, Amministrazione delle finanze dello Stato/Salumi, Slg. 1981, 2735 ff. (2751, Rn. 10); EuGH, C-325/91, Frankreich/Kommission, Slg. 1993, I-3283 ff. (I-3311, Rn. 26). Noch prägnanter formuliert dies GA Slynn, SchlA zu EuGH, Rs. 169/80, Zollverwaltung/Gondrand Frères, Slg. 1981, 1931 ff. (1949), wonach „die Marktteilnehmer einen Anspruch darauf“ haben, „daß ihre Rechtsstellung ausreichend genau umschrieben ist“. Zum Ganzen: GA Geelhoed, SchlA zu EuGH, Rs. C-161/04, Österreich/Europäisches Parlament und Rat der Europäischen Union, Slg. 2006, I-7183 ff. (I-7205 f., Rn. 79 f.); Boulouis, Liber Amicorum Pierre Pescatore, S. 53 ff. (54); Haratsch, EuR, 2000, 42 ff. (43); Hofmann, Normhierarchien im europäischen Gemeinschaftsrecht, S. 165 f.; Zuleeg, in: v. d. Groeben/Schwarze, Art. 1 EGV Rn. 44. Allgemeiner Hill, Maßnahmen zur Verbesserung der Gesetzgebungskultur in nationalen Rechtsordnungen in Anlehnung an das EG-Recht, in: Gesetzesvorspruch, S. 1 ff. (2), der aus dem Rechtsstaatsprinzip ein Gebot der Normenklarheit ableitet.

54 Hill, ZG, 1987, 238 ff. (266).

55 Vgl. EuGH, Rs. 222/84, Johnston/Chief Constable of the Royal Ulster Constabulary, Slg. 1986, 1651 ff. (1682, Rn. 16); EuGH, Rs. 176/84, Kommission/Griechenland, Slg. 1987, 1193 ff. (1223, Rn. 39 f.); EuGH, Rs. 222/86, Unectef/Heylens, Slg. 1987, 4097 ff. (4117, Rn. 14 ff.); EuGH, Rs. C-18/88, Régie des télégraphes et des télephones/GB-InnoBM SA, Slg. 1991, I-5941 ff. (I-5984, Rn. 34). Siehe zudem u. a.: Rodríguez Iglesias, NJW, 1999, 1 ff. (2, 5 f.); Schwarze, FS Starck, S. 645 ff. (645 ff.); Zuleeg, NJW, 1994, 545 ff. (547 f.).

qualitativ hochwertiger Rechtsetzung. Bedenkt man, dass die schriftliche Fixierung von Recht und die Bindung der Gerichte daran nicht nur eine Prognose gerichtlicher Entscheidungen erlaubt, sondern auch die Grundlage für eine Nachprüfbarkeit von Gerichtsentscheidungen bildet[56], wird ersichtlich, dass eine „gute" Rechtsetzung die unabdingbare Voraussetzung für einen effektiven Rechtsschutz ist.
In engem Zusammenhang mit dem Rechtsstaatsprinzip steht darüber hinaus das Instrument der Folgenabschätzung, das die Notwendigkeit einer Regelung, ihre Wirksamkeit und ihre Folgen betrachtet und damit eine Qualitätssicherung der Rechtsetzung anstrebt.[57]

Die Forderung nach „guter" Rechtsetzung lässt sich auch unter dem Topos der Demokratie begründen.[58] So findet die Demokratie in Europa ihre Grundlage sowohl im Willen der Völker[59] als auch in der freien Selbstbestimmung der Unionsbürger[60] (vgl. Art. 10 Abs. 2 EUV i.d.F. des Vertrages von Lissabon). Für ein demokratisches System, in dessen Zentrum der (Unions-) Bürger steht, ist dessen Teilnahme am öffentlichen Meinungs- und Willensbildungsprozess unerlässlich. Eine Grundvoraussetzung für die Kommunikation der Menschen über öffentliche Angelegenheiten ist, dass die Menschen verstehen, worüber sie reden, was vorliegend die Erkennbarkeit und Verständlichkeit des Rechts voraussetzt.[61] Gleiches gilt im Übrigen für die „Rechtsetzenden" selbst. Die Entschei-

---

56 Vgl. Hassemer, in: Einführung in Rechtsphilosophie und Rechtstheorie der Gegenwart, S. 258 f.

57 Härtel, Europäische Rechtsetzung, Einleitung S. 49.

58 Bereits die Schlussfolgerungen des Vorsitzes des Europäischen Rats von Birmingham, 16. Oktober 1992, Anlage I – Erklärung von Birmingham, (Rats.-Dok. DOC/92/6), stellen einen Zusammenhang zwischen Demokratie (und der damit verbundenen notwendigen Unterstützung der Bürger für die Gemeinschaft bzw. die Union) und „guter" Rechtsetzung her. Vgl. ferner auch Koopmans, FS Everling I, S. 691 ff. (700), sowie Schäffer, Der Weg zum besseren Gesetz, in: Bürgernahes Wirtschaftsrecht – Eine Utopie?, S. 62 ff. (63).

59 Zuleeg, in: v. d. Groeben/Schwarze, Art. 1 EGV Rn. 20; Zuleeg, Der Staat, 41 (2002), 359 ff. (367).

60 Kluth, Die demokratische Legitimation der Europäischen Union, S. 30 ff.; Zuleeg, JZ, 1993, 1069 ff. (1072); Zuleeg, Der Staat, 41 (2002), 359 ff. (367).

61 Stellvertretend kann hier Eagleson The Loophole 1989, 1 ff. (1), zitiert werden: "Language – and therefore legal drafting as a manifestation of it – is a social as well as a purposeful activity. It exists not just to express a message but also to communicate it successfully to others. It cannot be said that an act of language has really occurred unless the message is comprehended; and no law can accomplish its task of regulating behaviour unless it can be understood." Vgl. außerdem: Hill, Maßnahmen zur Verbesserung der Gesetzgebungskultur in nationalen Rechtsordnungen in Anlehnung an das EG-Recht, in: Gesetzesvorspruch, S. 1 ff. (2); Koopmans, FS Everling I, S. 691 ff. (700).

dungsträger müssen das von ihnen beschlossene Recht ebenfalls hinreichend kennen und verstehen, um es adäquat diskutieren und bewerten zu können. Ob dies, schon angesichts des rein mengenmäßigen Ausstoßes bei der europäischen Rechtsetzung, überhaupt noch möglich ist, kann zumindest bezweifelt werden. Eine demokratische Ordnung, in der die Rechtsetzung und ihre Folgen nicht mehr hinreichend durchschaubar sind, leidet an einem Legitimationsdefizit.

Eine „gute" Rechtsetzung in Bezug auf Qualität und Quantität ist auch mit Blick auf das noch immer bestehende „Demokratiedefizit"[62] in der europäischen Rechtsetzung unentbehrlich. Angesichts des bereits erreichten Integrationsstandes ist eine „demokratische Kluft"[63] zwischen theoretischem Legitimationsbedarf und den tatsächlichen Gegebenheiten feststellbar.[64] Ohne eine grundlegende Aufwertung des Europäischen Parlaments, die noch über die Neuerungen des Vertrages von Lissabon hinausgeht (vgl. bes. Art. 289 AEUV[65]), und des Behebens weiterer demokratischer Mängel[66] droht bei einer fortschreitenden Ausweitung der europäischen Kompetenzen (und damit auch der Rechtsetzungsaktivität) die Legitimationsbasis des Unionsrechts ein erforderliches Mindestmaß nachhaltig zu unterschreiten.[67] Eine erhöhte Qualität des Rechts kann diese Ero-

---

62 Vgl. zum sog. „Demokratiedefizit" u. a.: Häberle, EuGRZ, 1992, 429 ff. (432); Karpen, AöR, 124 (1999), 400 ff. (405); Kleger/Karolewski/Munke, Europäische Verfassung, S. 213 ff.; Schwarze, JZ, 1993, 585 ff. (588 f.). Siehe aber auch Oppelland, Institutionelle Neuordnung und Demokratisierung, in: Die europäische Union nach dem Vertrag von Lissabon, S. 95, dessen Analyse der vertraglichen Grundlagen der Union nach dem Inkrafttreten des Vertrages von Lissabon zu dem Ergebnis kommt, dass die auf ein „Demokratiedefizit" zielende Kritik an Überzeugungskraft verlieren dürfte. Nach seiner Ansicht hat die Union nun zumindest den Stand an Demokratieverwirklichung erreicht, den auch die Mitgliedstaaten halten. Vgl. zu einem weiterhin bestehenden Demokratiedefizit etwa Kirchhof, Die Allgemeinheit des Gesetzes, S. 421 ff.

63 Grimm, Die Verfassung und die Politik, S. 237: „Damit öffnet sich [...] eine demokratische Kluft: Das Demokratieprinzip kommt in den Mitgliedstaaten zur Geltung, diesen schwinden jedoch die Entscheidungsbefugnisse; die Entscheidungsbefugnisse wachsen der Europäischen Gemeinschaft zu, dort ist aber das Demokratieprinzip nur schwach ausgebildet."

64 Vgl. Härtel, Europäische Rechtsetzung, Einleitung S. 42; Karpen, Gesetzgebungslehre – neu evaluiert, S. 73 f.

65 Vgl. Konsolidierte Fassung des Vertrags über die Arbeitsweise der Europäischen Union, ABl. 2008 C 115/47. Siehe hierzu auch Siehe hierzu auch Vertrag von Lissabon zur Änderung des Vertrags über die Europäische Union und des Vertrags zur Gründung der Europäischen Gemeinschaft, ABl. 2007 C 306/1.

66 Vgl. zusammenfassend etwa Kirchhof, Die Allgemeinheit des Gesetzes, S. 421 ff.

67 Diese Auffassung basiert auf einem dualistischen Legitimitätsmodell, wonach die Gemeinschaft – bzw. die heutige Union – ihre demokratische Legitimation sowohl (mittelbar) von den im Rat vertretenen und ihrerseits durch das jeweilige Staatsvolk legimitierten Regierungen als auch (unmittelbar) vom Europäischen Parlament ableitet. Vgl. hierzu etwa Kluth, Die demokratische Legitimation der Europäischen Union, S. 67 ff., bes. 87.

sion der Legitimationsbasis zumindest abbremsen und ist deshalb unbedingt notwendig, obwohl auch sie kein vollwertiges Äquivalent darstellt.[68]
Resümierend bleibt festzuhalten, dass eine verständliche und transparente Rechtsetzung, die sich bei der „Produktion" von Rechtsetzungsakten (auch mengenmäßig) beschränkt[69], eine zentrale Forderung der Gebote der Rechtsstaatlichkeit[70] sowie der Demokratie[71] ist.

---

68 In diesem Zusammenhang, der sich um die Unterscheidung zwischen input- und output-Legitimation dreht, notiert Härtel, Europäische Rechtsetzung, S. 48 f. m. w. N.: „Die output-Legitimation stellt [...] auf die Folgen hoheitlichen Handelns ab. Sie hängt von der Fähigkeit der Herrschaftsgewalt ab, effiziente und effektive Problemlösungen zu erbringen, die den Bedürfnissen, Wünschen und Zielen der Regierten entsprechen. Hoheitliches Handeln ist danach demokratisch legitimiert, wenn es zu von den Bürgern gewünschten Effekten wie Wohlstand und Sicherheit führt. Vereinzelt wird im juristischen Schrifttum dafür plädiert, den output-orientierten Ansatz auch in die rechtswissenschaftliche Konzeption demokratischer Legitimation zu integrieren. Gegen eine vollständige Implementation des output-Ansatzes in das rechtswissenschaftliche Modell demokratischer Legitimation spricht jedoch, daß sich weder die empirische Messung noch die politische Bewertung des Erreichens bestimmter Wünsche und Ziele mit den rechtswissenschaftlich zur Verfügung stehenden Instrumenten unmittelbar erfassen lassen." Vgl. überdies auch Habermas, Faktizität und Geltung, S. 516 ff.: „Mit dem Wachstum und dem qualitativen Wandel der Staatsaufgaben verändert sich der Legitimationsbedarf; je mehr das Recht als Mittel politischer Steuerung und sozialer Gestaltung in Anspruch genommen wird, um so größer ist die Bürde der Legitimation, die die *demokratische Genese* des Rechts tragen muß. [...] Die *Menge* der Politiken führt [...] dann zu einer Überlastung des Rechtsmediums, wenn der politische Prozeß die [...] Verfahrensbedingungen legitimer Rechtsetzung, letztlich: das demokratische Verfahren der politisch autonomen Ausgestaltung des Systems der Rechte verletzt. Sobald nämlich die Politiken, die nur noch in Rechtsformen eingekleidet werden, so zustandekommen, daß sie den Bedingungen der demokratischen Genese von Recht nicht mehr gehorchen, gehen auch die Kriterien verloren, nach denen sie normativ beurteilt werden können. Beim Vollzug solcher Programme treten Maßstäbe der Effektivität, [...] an die Stelle von Maßstäben der Legitimität rechtlicher Regulierung." Siehe zudem Schroeder, Das Gemeinschaftsrechtssystem, S. 478 ff.

69 Mader, LeGes, 2007/3, 391 ff. (391).

70 Bezüglich des Zusammenhangs zwischen „guter" Rechtsetzung und dem Rechtsstaatsprinzip: Hill, Einführung in die Gesetzgebungslehre, S. 106; Hill, ZG, 1987, 238 ff. (265); Ruthig, Europäische Gesetzgebung, in: Eine Verfassung für Europa, S. 449 ff. (457); Tomuschat, FS Kutscher, S. 461 ff. (467 f.).

71 Bezüglich des Zusammenhangs zwischen „guter" Rechtsetzung und dem Demokratieprinzip: Klein, Ein Gemeinwesen, in dem das Volk herrscht, darf nicht von Gesetzen beherrscht werden, die das Volk nicht versteht, in: Die Sprache des Rechts (Bd. 1, Recht verstehen), S. 197 ff. (197 ff.); Koopmans, FS Everling I, S. 691 ff. (700); Ruthig, Europäische Gesetzgebung, in: Eine Verfassung für Europa, S. 449 ff. (457); Timmermans, CML Rev., 1997, 1229 ff. (1238).

B. Terminologische Erwägungen

Wie bereits der Titel dieser Arbeit ausdrückt, bildet die europäische Rechtsetzung den vorliegenden Untersuchungsgegenstand. Hier gilt es zunächst, einige wesentliche Begriffe (für diese Arbeit), wie den der Rechtsetzung, zu definieren. Eine umfassende Begriffsbestimmung oder eine dogmatische Durchdringung wird dabei jedoch weder geleistet noch angestrebt.[72] Primär geht es um die Gewinnung brauchbarer Arbeitsbegriffe.

Der Begriff europäisch, der hier titelgebend im Zusammenhang mit Rechtsetzung gebraucht wird, bezieht sich grundsätzlich auf Rechtsetzung, die durch die Union bzw. – genauer gesagt – durch die frühere Europäische Gemeinschaft erlassen wurde. Insofern hätte sich auch der Begriff gemeinschaftlich angeboten. Da durch den Vertrag von Lissabon der Begriff gemeinschaftlich (bzw. Europäische Gemeinschaft) aber „verschwand“, erscheint der Begriff europäisch als geeignet, da er erstens diesen Wegfall der „alten“ Begrifflichkeit verdeutlicht, zweitens sich vom Begriff unionaler Rechtsetzung – heutiger und früherer Prägung – absetzt und drittens dennoch mit einer Bedeutung identifiziert werden kann, die sowohl (frühere) Gemeinschaftsrechtsetzung als auch (neue) Unionsrechtsetzung – auf die selbstverständlich auch eingegangen wird – umfasst.
Es gilt nochmals zu betonen, dass im Rahmen dieser Arbeit grundsätzlich nur die Rechtsetzung erörtert bzw. empirisch durchleuchtet werden soll, die im Rahmen der Europäischen Gemeinschaft nach dem EGV erlassen wurde. Ausgeblendet wird hingegen Rechtsetzung durch EAG und EGKS sowie die Gemeinsame Außen- und Sicherheitspolitik (GASP) und die polizeiliche und justizielle Zusammenarbeit in Strafsachen (PJZS). Dies ist insofern gerechtfertigt, da Rechtsetzung auf der „europäischen Ebene“ in der überwiegenden Mehrzahl der Fälle in der Europäischen Gemeinschaft stattgefunden hat.

Im Gegensatz zu einigen offiziellen Dokumenten der „Gemeinschaft“[73] oder der Rechtsprechung des EuGH[74], wo zwar auch keine Definitionsarbeit geleistet

---

72 Vgl. hierzu etwa die umfassenden Darstellungen bei Härtel, Europäische Rechtsetzung, S. 7 ff. m. w. N., oder Rieckhoff, Der Vorbehalt des Gesetzes im Europarecht, S. 67 ff.

73 Vgl. hier nur die jährlichen Berichte der Kommission zur „Besseren Rechtsetzung“, wie etwa die Berichte der Kommission an den Europäischen Rat „Bessere Rechtsetzung 2001“, KOM (2001) 728 endg., oder „Bessere Rechtsetzung 2002“ KOM (2002) 715 endg.

74 Beispiele aus der jüngeren Rechtsprechung des EuGH, in denen der Begriff Rechtsetzung gebraucht wird: EuGH, verb. Rs. C-120/06 P u. C-121/06 P, FIAMM und FIAMM Technologies, DÖV, 2009, 38 (38); EuG, Rs. T-155/04, SELEX Sistemi Integrati SpA/Rat, abrufbar unter: http://curia.europa.eu, Rn. 59.

wird, wurde der Begriff Rechtsetzung im EGV nicht einmal erwähnt. Gleiches gilt nun auch für AEUV und EUV i.d.F. des Vertrages von Lissabon.
Im Schrifttum lässt sich ebenfalls keine feststehende Definition des Begriffes Rechtsetzung ausmachen.
Als Ausgangspunkt kann aber festgehalten werden, dass bei der Rechtsetzung verbindliches Recht entsteht.[75] Bezüglich des zu fordernden Verbindlichkeitsgrades wird hier die Auffassung vertreten, dass eine nur mittelbare Verbindlichkeit, wie sie bei Empfehlungen oder Stellungnahmen entstehen kann, nicht ausreicht. Grund dafür ist, dass über Rechtsprinzipien, wie dem Grundsatz des Vertrauensschutzes, zwar mittelbare Rechtswirkungen konstruiert werden können, der Rechtsakt selbst aber unverbindlich ist. Hier zeigt sich nun auch der Unterschied zwischen Rechtsetzung (-sakt) und Rechtsakt, welcher seinerseits nicht nur für verbindliche, sondern auch für unverbindliche Handlungen gebraucht wird.[76]
Der Begriff Handlungsform bezeichnet die rechtliche Hülle für die inhaltlichen Regelungen und Aussagen des Urhebers.[77] Insofern sind sowohl der Begriff des Rechtsaktes als auch der der Handlungsform weiter gefasst als der Begriff des Rechtsetzungsakts.
Der hier verwandte Begriff der Rechtsetzung soll sich auf die planvolle Rechtsetzung durch einen Hoheitsträger beschränken. Die Entstehung allgemeiner Rechtsgrundsätze sowie die Herausbildung von Gewohnheitsrecht und die „Rechtsetzung“ durch die Rechtsprechung sollen für diese Untersuchung außer Acht gelassen werden. Bezüglich der Frage, ob auch Einzelakte unter den Rechtsetzungsbegriff fallen oder dieser auf allgemeine Normen zu beschränken ist, wird hier von einem weiten Rechtsetzungsbegriff ausgegangen, der auch die Einzelakte umfasst.[78]
Zusammenfassend wird Rechtsetzung als der planvolle Erlass rechtsverbindlicher Rechtsakte durch „Gemeinschafts-“ bzw. Unionsorgane definiert.

---

75 Härtel, Europäische Rechtsetzung, S. 9.

76 Härtel, Europäische Rechtsetzung, S. 10.

77 Härtel, Europäische Rechtsetzung, S. 10, spricht auch vom „rechtlichen Kleid“, dem „Erscheinungsbild“ oder der „Gestalt“ der Handlung.

78 So auch Härtel, Europäische Rechtsetzung, S. 11 ff., die sich dabei vor allem darauf stützt, dass die „Gemeinschafts-“Organe“ sowohl Rechtsakte mit allgemeinen Normen als auch Einzelfallregelungen erlassen können. Schon insofern ist also keine exakte institutionelle Zuordnung von allgemeiner Regelung oder Einzelfallregelung möglich. Ferner geht auch die Rechtsprechung von einem einheitlichen System für die Rechtsfolgen fehlerhafter „Gemeinschaftsakte“ aus. Im Übrigen kenne das Primärrecht keine Unterscheidung zwischen Rechtsetzungs- und Verwaltungsverfahren und sieht für die unterschiedlichen Handlungsformen auch keine separaten Beschlussverfahren vor.

In diesem Kontext muss ferner der Begriff Gesetzgebung Erwähnung finden. Die Erörterung der Frage, was zur Gesetzgebung der Europäischen Gemeinschaft gehört (hat), muss mit der Feststellung beginnen, dass der (frühere) EGV selbst darauf keine Antwort liefert.[79] In Art. 207 Abs. 3 UA 2 S. 2 EGV wurde der Rat lediglich beauftragt, die Fälle zu bestimmen, „in denen davon auszugehen ist, daß er als Gesetzgeber tätig wird".[80] Dennoch war der Begriff Gesetzgebung im Zusammenhang mit der Rechtsetzung der Gemeinschaft seit langem etabliert.[81] Gerade wegen des Anwendungsvorrangs des Gemeinschaftsrechts gegenüber dem Recht der Mitgliedstaaten und dem daraus resultierenden Durchgriff des Gemeinschaftsrechts sowie der kompetenziellen „Breite" und „Tiefe" der Rechtsetzung der Gemeinschaft im Vergleich zu anderen internationalen Organisationen erschien der Begriff der Gesetzgebung auch gerechtfertigt.[82]

Es kann zunächst festgehalten werden, dass das Gemeinschaftsrecht einen förmlichen Gesetzesbegriff nicht gekannt hat, sondern nur die Handlungsformen, wie etwa die Verordnung, die Richtlinie und die Entscheidung, Art. 249 Abs. 1 EGV. Diese Handlungsformen mit ihren Begrifflichkeiten bleiben übrigens auch unter der Geltung des AEUV erhalten – mit Ausnahme der Entscheidung, die in Beschluss umbenannt wurde, Art. 288 Abs. 1 AEUV.

---

79 Simm/Heber, ZG, 1999, 331 ff. (337), zählen die Frage nach dem „gemeinschaftlichen" Gesetzesbegriff zu den ungelösten Fragen des „gemeinschaftlichen" Verfassungsrechts. Vgl. auch Rieckhoff, Der Vorbehalt des Gesetzes im Europarecht, S. 74.

80 Vgl. hierzu auch Art. 7 Abs. 1 aus dem Beschluss des Rates vom 15. September 2006 zur Festlegung seiner Geschäftsordnung, ABl. 2006 L 285/47 (im Folgenden kurz: GO-Rat), wonach der Rat immer dann als Gesetzgeber i. S. v. Art. 207 Abs. 3 UA 2 EGV tätig wird, „wenn er auf der Grundlage der einschlägigen Bestimmungen der Verträge im Wege von Verordnungen, Richtlinien, Rahmenbeschlüssen oder Entscheidungen und Beschlüssen Vorschriften erlässt, die in den Mitgliedstaaten oder für die Mitgliedstaaten rechtlich bindend sind; ausgenommen sind hierbei Entscheidungsprozesse, die zum Erlass von internen Maßnahmen, von Verwaltungsakten oder Haushaltsmaßnahmen, von Rechtsakten betreffend die interinstitutionellen oder die internationalen Beziehungen oder von nicht bindenden Rechtsakten (wie Schlussfolgerungen, Empfehlungen oder Entschließungen) führen".

81 Grams, KritV, 1995, 112 ff. (bes. 117, Fn. 27); Härtel, Europäische Rechtsetzung, S. 18, 167; Rieckhoff, Der Vorbehalt des Gesetzes im Europarecht, S. 75 ff.; Seidl-Hohenveldern/Loibl, Das Recht der Internationalen Organisationen einschließlich der Supranationalen Gemeinschaften, Rn. 0113.

Die teilweise Substituierung des Begriffes der „gemeinschaftlichen Rechtsetzung" mit dem der „gemeinschaftlichen Gesetzgebung" vollzieht bzw. vollzog sich im Übrigen nicht nur im Schrifttum, sondern auch in der europäischen und nationalen Rechtsprechung. Vgl. hierzu etwa: EuGH, Rs. C-240/90, Kommission/Deutschland, Slg. 1992, I-5383 ff. (I-5430, Rn. 20) – dort wird wiederholt der Begriff des „Gemeinschaftsgesetzgebers" gebraucht; BVerfGE 89, 155 ff. (211).

82 So auch Grams, KritV, 1995, 112 ff. (117, Fn. 27).

Gleichwohl wurde der formelle Gesetzesbegriff im Gemeinschaftsrecht seit Einführung des Mitentscheidungsverfahrens teilweise in der Literatur verwendet.[83] Dies war plausibel, weil das Europäische Parlament im Rahmen des Mitentscheidungsverfahrens eine dem Rat nahezu gleichwertige Stellung einnahm.
Eine Annäherung an den Gesetzesbegriff des Gemeinschaftsrechts von der materiellen Seite her hatte als Ausgangspunkt für gewöhnlich die Definition des materiellen Gesetzes. Dies ist jede Maßnahme eines Trägers öffentlicher Gewalt, die darauf gerichtet ist, in einer unbestimmten Vielzahl von Einzelfällen bestimmte Rechtsfolgen herbeizuführen und daher abstrakt genereller Natur ist.[84] Die Verordnung, welche allgemeine Geltung besitzt, war (und ist) insofern ein materielles Gesetz.[85] Mit Vorbehalten wurde auch die Richtlinie als materielles Gesetz betrachtet.[86] Man konnte aber selbst Entscheidungen und sonstigen Beschlüssen Normativcharakter zusprechen, sofern sie sich an die Mitgliedstaaten richteten und von diesen in Form von Rechtsakten allgemeinen Charakters umzusetzen waren.[87]
Für den Gesetzesbegriff im Gemeinschaftsrecht lässt sich zusammenfassend sagen, dass er je nach Anschauung unterschiedlich weit bzw. eng definiert werden konnte.[88] Sofern im Rahmen dieser Arbeit aber auf Unionsrecht eingegangen wird, welches „früheres Gemeinschaftsrecht ist“, soll der Begriff Gesetzgebung diesbezüglich – also auf die Vergangenheit bezogen – auf Verordnungen und Richtlinien beschränkt bleiben. Dies geschieht nicht zuletzt deshalb, weil die Begriffe Gesetz und Gesetzgebung im Sprachgebrauch der „Gemein-

---

83 Härtel, Europäische Rechtsetzung, S. 168 f. – dort auch mit dem Hinweis auf die ablehnende Haltung einiger Mitgliedstaaten bezüglich einer solchen Sichtweise; Hilf, EuR, 1993, 1 ff. (20); Triantafyllou, Vom Vertrags- zum Gesetzesvorbehalt, S. 100.

84 Vgl. Härtel, Europäische Rechtsetzung, S. 18, 167; Hofmann, Normhierarchien im europäischen Gemeinschaftsrecht, S. 110.

85 Deutlich GA Lagrange, SchlA zu EuGH, Rs. 16 f./62, Confédération Nationale des Producteurs de Fruits et Légumes/Rat, Slg. 1962, 961 ff. (990): „Die Verordnung besitzt normativen Charakter, da sie objektiv, aus sich selbst heraus Normen aufstellt für alle von ihr erfassten Fälle und ist somit auch (sekundäre) Gesetzgebung.“ Vgl. außerdem: Härtel, Europäische Rechtsetzung, S. 167; Hofmann, Normhierarchien im europäischen Gemeinschaftsrecht, S. 110.

86 Härtel, Europäische Rechtsetzung, S. 167; Hofmann, Normhierarchien im europäischen Gemeinschaftsrecht, S. 110 ff.

87 Härtel, Europäische Rechtsetzung, S. 167 f.; Tomuschat, FS Kutscher, S. 461 ff. (462).

88 Vgl. – neben den hier getroffenen Aussagen – etwa Scope of the codecision procedure: Commission report under Article 189 b (8) of the treaty, SEC (96) 1225 fin. Danach ist ein Rechtsakt dann den Gesetzen zuzurechnen, wenn er unmittelbar auf dem Vertrag beruht, zwingend ist, die Grundzüge der „Gemeinschaftsaktion“ in einem bestimmten Bereich festlegt und von allgemeiner Tragweite ist.

schaftsorgane“ und im (früheren) Schrifttum zumeist verbunden wurden mit Verordnungen und Richtlinien.[89]

Für den Gesetzesbegriff nach dem Vertrag von Lissabon gilt – in gebotener Kürze – folgendes: Verordnungen, Richtlinien und Beschlüsse, die nach einem Gesetzgebungsverfahren beschlossen wurden, sind sogenannte Gesetzgebungsakte der Union, Art. 289 AEUV. Die Gesetzgebungsakte werden künftig vom Europäischen Parlament gemeinsam mit dem Rat erlassen, Art. 14 Abs. 1 S. 1, 16 Abs. 1 S. 1 EUV i.d.F. des Vertrages von Lissabon. Der Kommission ist der Erlass von Gesetzgebungsakten nicht gestattet.

C. Quantität und Qualität

Im nächsten Schritt sollen die assoziationsbeladenen Begriffe Quantität und Qualität handhabbar gemacht werden. Dazu werden die beiden Begriffe mit verschiedenen Inhalten verknüpft, die als Maßstab zur Beurteilung der Quantität und Qualität der europäischen Rechtsetzung geeignet erscheinen. Es ist nicht das Ziel dieser Arbeit, eine umfassende Definition „guter Qualität“[90] und „rechter

---

89 Härtel, Europäische Rechtsetzung, S. 167; Ruthig, Europäische Gesetzgebung, in: Eine Verfassung für Europa, S. 449 ff. (451).

Indem der Inhalt der dieser Rechtsetzungsakte sowie das Verfahren ihres Zustandekommens und damit auch die unterschiedlichen Urheberschaften für die einzelnen Rechtsetzungsakte ausgeblendet werden, gewährleistet diese (Arbeits-) Definition eine klare, wenngleich auch vereinfachende Abgrenzung der verschiedenen Rechtsetzungsformen innerhalb der „Gemeinschaftsrechtsordnung“. Vgl. aber auch Hofmann, Normhierarchien im europäischen Gemeinschaftsrecht, S. 115 ff. – dort zur schwierigen Abgrenzung von Gesetzgebung und Durchführungsmaßnahmen. Vorliegend kann diese Vereinfachung aber hingenommen werden, da vorzunehmende Feststellungen und Schlussfolgerungen zum überwiegenden Teil auch auf andere Handlungsformen und Entstehungsverfahren übertragen werden können.

90 Allgemeine – eher philosophische – Definitionen geben etwa: Gündisch, Qualität europäischer Rechtsetzung, in: Aufbruch nach Europa, S. 109 ff. (109) – „Ein gutes Gesetz im weiten Sinne, also eine Rechtsnorm hoher Qualität, ist ein Gesetz, das dem Wohl der Allgemeinheit dient, gerecht ist und den Rechtsfrieden sichert.“; v. Savigny, Vom Beruf unsrer Zeit für Gesetzgebung und Rechtswissenschaft, S. 48 – „Ein zweifacher Sinn ist dem Juristen unentbehrlich: der historische, um das eigenthümliche jedes Zeitalters und jeder Rechtsform scharf aufzufassen, und der systematische, um jeden Begriff und jeden Satz in lebendiger Verbindung und Wechselwirkung mit dem Ganzen anzusehen, d. h. in dem Verhältniß, welches das allein wahre und natürliche ist.“; Schneider, Gesetzgebung, S. 37, Rn. 55 – „Jedes Gesetz muss auch inhaltlich so beschaffen sein, dass es elementaren Vorstellungen von Recht und Gerechtigkeit genügt oder doch wenigstens nicht klar zuwider läuft.“ Aber auch das Bundesverfassungsgericht – BVerfGE 54, 53 ff. (67 f.) – lässt sich in diesem Kontext zitierten. Danach erlangen Geltungsanordnungen den Status von „Recht“ „nicht lediglich dadurch [...], daß sie von der staatlichen Macht im jeweils

Quantität" zu geben, sondern eine praxistaugliche Annäherung an beide Begriffe zu erreichen. Verschiedene Teilaspekte, die prinzipiell beiden Begriffen zugeordnet werden könnten, werden (nur) aus Gründen der Übersichtlichkeit entweder der Quantität oder der Qualität zugeschlagen.

I. Begriff der Quantität

Allgemein lässt sich unter dem Begriff Quantität Anzahl, Menge oder Vielheit verstehen.[91] Eine quantitative Analyse der europäischen Rechtsetzung muss also zunächst die Anzahl, Menge oder Vielheit der Rechtsetzungsakte untersuchen.
An dieser Stelle sollte darauf hingewiesen werden, dass die Frage nach der Quantität der Rechtsetzung nicht mit dem Phänomen der Verrechtlichung gleichgesetzt werden darf. Zwar korreliert auch der Begriff der Verrechtlichung eindeutig mit einem Anwachsen der Normmenge[92], eine einseitige derartige Beschränkung würde den Verrechtlichungsbegriff jedoch sachfremd auf seinen „quantitativen Anteil" verkürzen[93], und wenngleich über den Inhalt des Verrechtlichungsbegriffs selbst keine Einigkeit besteht[94], so ist er doch nach überwiegender Ansicht weiter zu fassen[95].

---

vorgesehenen Verfahren gesetzt sind, sondern daß sie darüber hinaus inhaltlich nicht fundamentalen Prinzipien der Idee der Gerechtigkeit widersprechen dürfen." Vgl. auch Burghart, Die Pflicht zum guten Gesetz, S. 116 ff.

91 Grimm, Deutsches Wörterbuch (Quantität), S. 2314.

92 Deggau, Rechtstheorie, 20 (1989), 98 ff. (98); Gerike, Möglichkeiten und Grenzen eines Abbaus der Verrechtlichung, S. 7. Vgl. auch Weiß, DÖV, 1978, 601 ff. (602), der den Begriff der Verrechtlichung als einen „tauglichen Arbeitsbegriff" zur Beschreibung des Anwachsens der Normmenge ansieht.

93 Teubner, Verrechtlichung – Begriffe, Merkmale, Grenzen, Auswege, in: Verrechtlichung von Wirtschaft, Arbeit und sozialer Solidarität, S. 289 ff. (295).

94 Gerike, Möglichkeiten und Grenzen eines Abbaus der Verrechtlichung, S. 5.

95 Während Deggau, Rechtstheorie, 20 (1989), 98 ff. (99), in seiner Untersuchung zum Phänomen der Verrechtlichung explizit darauf hinweist, „keinen strengen Begriff von Verrechtlichung entwickeln" zu wollen, versteht Mayntz, Gesellschaftswissenschaftliche Sicht, in: Mehr Recht durch weniger Gesetze?, S. 24 ff. (25), unter Verrechtlichung „die zunehmende [...] Normierung bestimmter Lebensbereiche" und dies nicht nur durch Gesetze. Engelhard, Aktuelle Fragen von Recht und Gesetz im demokratischen Rechtsstaat, in: Mehr Recht durch weniger Gesetze?, S. 10 ff. (12), und Voigt, Jahrbuch für Rechtssoziologie und Rechtstheorie, 1983, 17 ff. (18), verwenden den Begriff der Verrechtlichung relativ unspezifisch und betrachten Parlamentarisierung, Bürokratisierung und Justizialisierung als „Grundtypen der Verrechtlichung". Ähnlich wird das Phänomen der Verrechtlichung bei Hugger, Gesetze – Ihre Vorbereitung, Abfassung und Prüfung, S. 5, mit Vergesetzlichung, Bürokratisierung und Justizialisierung identifiziert. Habermas, Theorie des kommunikativen Handelns, Bd. 2, S. 530, verallgemeinert den Begriff der Verrechtlichung in doppelter Hinsicht. In einer geschichtlichen Betrachtungsweise unter-

Bei der Untersuchung der Quantität der Rechtsetzung ist des Weiteren zwischen der Intensivierung der Rechtsetzung in bestehenden Bereichen (Detaillierung) und der Ausdehnung auf bisher nicht geregelte Lebenssachverhalte (Dynamisierung) zu unterscheiden.[96] Im ersten Bereich interessiert primär die Regelungsdichte, das heißt, wie die Rechtsetzung „in die Tiefe" vordringt, während die Dynamisierung die Expansion der Rechtsetzung „in die Breite" betrifft. Bezüglich der Dynamisierung ergibt sich für das frühere Gemeinschaftsrecht und heutige Unionsrecht eine Besonderheit gegenüber den staatlichen Rechtsordnungen. Während der staatliche Regelungsgeber kraft seiner Kompetenz-Kompetenz im Grundsatz jeden Lebensbereich regeln darf, gilt hier das Prinzip der begrenzten Einzelermächtigung (jetzt: Art. 5 Abs. 1 S. 1, Abs. 2 EUV i.d.F. des Vertrages von Lissabon). Der Regelungsgeber kann also nur in den Bereichen Regelungen treffen, in denen er vertraglich oder aufgrund des Vertrages hierzu ermächtigt wurde.[97] Dies sollte einer Ausdehnung der Rechtsetzung „in die Breite" Grenzen setzen, deren sich eine Untersuchung der Dynamisierung des europäischen Rechts anzunehmen hat.

II. Begriff der Qualität

Nach einer allgemeinen Begriffsbestimmung bezeichnet Qualität sowohl die äußere Erscheinungsform als auch die innere Beschaffenheit eines bestimmten Untersuchungsgegenstandes.[98] Übertragen auf die vorliegende Arbeit bedeutet

---

scheidet er ausgehend vom 16. Jahrhundert vier Schübe der Verrechtlichung, bei denen das Recht jeweils eine spezifische Leistung bei der Autonomisierung gesellschaftlicher Systeme erbracht hat. Schließlich beschreibt er die spezifisch sozialstaatliche Form der Verrechtlichung als letzten Schub genauer. Bei der Beschreibung dieses letzten Schubes korreliert Habermas die Verrechtlichung mit dem Rechtswachstum und seinen Nebenfolgen, der Deformalisierung des Rechts, den Vollzugsdefiziten und Befolgungsdefiziten. Ähnlich stellt auch Teubner, Verrechtlichung – Begriffe, Merkmale, Grenzen, Auswege, in: Verrechtlichung von Wirtschaft, Arbeit und sozialer Solidarität, S. 289 ff. (301 ff.), die Verrechtlichung in einen historischen Zusammenhang, ohne jedoch den Begriff selbst näher zu definieren. Schließlich behandelt Teubner die Verrechtlichung unter den Stichworten Normenflut, Konfliktenteignung, Entpolitisierung und Materialisierung.

96 Vgl. zu dieser Unterteilung etwa: Deggau, Rechtstheorie, 20 (1989), 98 ff. (98); Hanau, FS Deutsch, S. 959 ff. (960); Voigt, Jahrbuch für Rechtssoziologie und Rechtstheorie, 1983, 17 ff. (17); Weiß, DÖV, 1978, 601 ff. (602).

97 Vgl. auch 24. Erklärung zur Rechtspersönlichkeit der Europäischen Union, ABl. 2010 C 83/346. Dort heißt es: „Die Konferenz bestätigt, dass der Umstand, dass die Europäische Union Rechtspersönlichkeit hat, die Union keinesfalls ermächtigt, über die ihr von den Mitgliedstaaten in den Verträgen übertragenen Zuständigkeiten hinaus gesetzgeberisch tätig zu sein oder über diese Zuständigkeiten hinaus zu handeln."

98 Vgl. Grimm, Deutsches Wörterbuch (Qualität), S. 2307.

dies, dass aus dem Blickwinkel der Qualität einerseits der „gesetzes"-technischen Dimension und andererseits der inhaltlichen Güte der Rechtsetzungsakte eine eingehende Beachtung zuteil werden muss.[99] Es soll nicht verhehlt werden, dass ein Blick auf die einschlägige Literatur[100] sowie die diversen Richtlinien und Checklisten[101] zur Qualitätssicherung der Rechtsetzung mit

---

99 Piris, The Quality of Community Legislation: The Viewpoint of the Council Legal Service, in: Improving the Quality of Legislation in Europe, S. 25 ff. (28), bezeichnet die zwei von ihm unterschiedenen Qualitätsaspekte als "substance of law" und "form of legislation". Ähnlich wie hier auch: Ennuschat, DVBl., 2004, 986 ff. (987 ff.); Voermans/Eijlander/v. Gestel/de Leeuw/de Moor-van Vugt/Prechal, Kwaliteit, uitvoerbaarheid en handhaafbaarheid (2.2 Formele en materiële kwaliteit); Xanthaki, A National means of implementation of third pillar instruments, S. 24 f.

Müller-Graff, EuZW, 1998, 325 ff. (325 f.), führt neben den "formal" und "substantial aspects" als dritten Punkt die "control aspects" auf. Timmermans, CML Rev., 1997, 1229 ff. (1237 f.), differenziert bei der Beachtung der Gesetzesqualität ebenfalls zwischen drei Aspekten: legistische Gesichtspunkte, die Beachtung allgemeiner Grundsätze für die Gesetzgebung sowie die Wirksamkeit und Effektivität der Rechtsakte.

100 Vgl. u. a.: Adomeit/Hähnchen, Rechtstheorie für Studenten, S. 69 ff.; Bergkamp, European Community Law for the New Economy, S. 664 ff.; Blum, Beilage zu NJW, Heft 27, 2004, 45 ff. (45 f.); Böhret, FS Helmrich, S. 487 ff. (487); Böhret/Hugger, Test und Prüfung von Gesetzesentwürfen, S. 18 ff.; Deckert, ZG, 1995, 240 ff. (242 f.); Dreier, Mißlungene Gesetze, in: Das mißglückte Gesetz, S. 1 ff. (1 ff.); Ennuschat, DVBl., 2004, 986 ff. (987 ff.); Flückiger, Le multilinguisme de l'Union europeenne: Un défi pour la qualité de la législation, S. 5 ff.; Gündisch, Qualität europäischer Rechtsetzung, in: Aufbruch nach Europa, S. 109 ff. (109 ff.); Groll, In der Flut der Gesetze, S. 103 ff.; Hill, Einführung in die Gesetzgebungslehre, S. 14 f., 47 f., 96 ff.; Hirsch Ballin, in: Co-actorship in the Development of European Law-making, S. 10 ff.; House of Lords, European Union Committee, 9th Report of Session 2005–06: Ensuring Effective Regulation in the EU – Report with Evidence, S. 8; Hugger, Gesetze – Ihre Vorbereitung, Abfassung und Prüfung, S. 45 ff.; Karpen/Breutz/Nünke, Gesetzgebung der Großen Koalition, S. 10 f., 80 ff.; Kellermann, The quality of Community legislation drafting, in: Essays in Honour of Henry G. Schermers, Bd. 2, S. 251 ff. (253); Mader, LeGes, 2007/3, 391 ff. (391 ff.); Noll, Gesetzgebungslehre, bes. S. 169 ff., 244 ff.; Piris, The Quality of Community Legislation: The Viewpoint of the Council Legal Service, in: Improving the Quality of Legislation in Europe, S. 25 ff. (28 ff.); Schneider, Gesetzgebung, S. 22 ff., Rn. 32 ff.; S. 36 ff., Rn. 54 ff.; S. 205 ff., Rn. 311 ff.; S. 223 ff., Rn. 352 ff.; S. 256 ff., Rn. 425; Senden, in: Co-actorship in the Development of European Law-making, S. 29 ff.; Timmermans, How to improve the quality of community legislation: The viewpoint of the European Commission, in: Improving the Quality of Legislation in Europe, S. 39 ff. (44 ff.); Voermans, The Quality of EU Legislation, S. 5 ff.; Voermans/Eijlander/v. Gestel/de Leeuw/de Moor-van Vugt/Prechal, Kwaliteit, uitvoerbaarheid en handhaafbaarheid (HOOFDSTUK 1 Inleiding – 2.1 Het begrip wetgevingskwaliteit).

101 Vgl. etwa Conseil d'État, Rapport public 1992, Études et Documents, no. 44, „Considérations générales sur le droit communautaire", S. 42 ff.; OECD: Recommendation of the Council of the OECD on Improving the Quality of Government Regulation,

ihren jeweils unterschiedlichen Akzentuierungen und der Vielzahl von Einzelaspekten ein immenses Spektrum bezüglich einer qualitativ hochwertigen Rechtsetzung zeichnet[102], dem diese grobe Einteilung kaum gerecht werden kann.[103] Wenn der Begriff Qualität nachfolgend mit Inhalten angereichert wird, so wurde einerseits versucht, die zahlreichen offiziellen Dokumente sowie die Aussagen des Schrifttums heranzuziehen, andererseits sollte das vorgefundene Material auf ein überschaubares Maß reduziert werden. Ein Anspruch auf Vollständigkeit kann so freilich nicht eingelöst werden. In Anbetracht der Subjektivität, die jeder Aufreihung von Qualitätsmerkmalen unweigerlich innewohnt[104], wäre eine „Vollständigkeit" aber ohnehin nicht zu erreichen gewesen.[105]

1. „Gesetzes"-technische Kriterien

Darüber, welche Anforderungen ein Rechtsetzungsakt in der Art und Weise seiner Abfassung erfüllen muss, um als „gesetzes"-technisch gelungen gelten zu können, besteht weitgehend Einigkeit. Demnach soll ein Rechtsetzungsakt beständig, klar und verständlich, bestimmt und kohärent sein.[106]

OCDE/GD(95)95, S. 9 f., 14 ff.; OECD: Occasional Papers in Public Management, Regulatory Management and Reform Series No. 4, OCDE/GD(93)181.

102 Vgl. Timmermans, CML Rev., 1997, 1229 ff. (1236); Voermans, The Quality of EU Legislation, S. 6 ff.

103 Vgl. in diesem Zusammenhang Wintgens, Rationality in Legislation, in: Legisprudence, S. 1 ff. (7), und Voermans, Rationality in Legislation by Employing Informatics?, in: Legisprudence, S. 127 ff. (129), die eine ähnliche Vorgehensweise bei der Bestimmung eines Maßstabes für gute Rechtsetzung wählen. Mangels der *einen* richtigen Definition von guter Rechtsetzung wird auch dort auf bestimmte Inhalte der einschlägigen „legislativen Richtlinien" abstellt. Vgl. jedoch auch Müller-Graff, EuZW, 1998, 325 ff. (327 f.), der zahlreiche Aspekte benennt, unter denen die Qualität europäischer Rechtsetzungsqualität diskutiert werden kann.

104 So auch Voermans, The Quality of EU Legislation, S. 8.

105 Schäffer, Der Weg zum besseren Gesetz, in: Bürgernahes Wirtschaftsrecht – Eine Utopie?, S. 62 ff. (62 f.) m. w. N., spricht von der „relativen Güte" der Gesetze und versucht damit zu verdeutlichen, dass optimale rechtliche Regelungen im politischen System des gesellschaftlichen Pluralismus nicht erreichbar sind.

106 Vgl. etwa: Dreier, Mißlungene Gesetze, in: Das mißglückte Gesetz, S. 1 ff. (1 ff.); Ennuschat, DVBl., 2004, 986 ff. (988 f.); Flückiger, Le multilinguisme de l'Union europeenne: Un défi pour la qualité de la législation, S. 5 ff.; Gündisch, Qualität europäischer Rechtsetzung, in: Aufbruch nach Europa, S. 109 ff. (109 f.); Hill, Einführung in die Gesetzgebungslehre, S. 96 ff.; Lücke, ZG, 2001, 1 ff. (4 ff.).

Die Forderung nach Beständigkeit von Rechtsetzungsakten im Allgemeinen und von „Gesetzen“ im Besonderen[107] lässt sich schon aus einem weit gefassten Vertrauensschutzbegriff schlussfolgern. Häufige Änderungen machen nicht nur den Vollzug der Regelungen und die Bearbeitung der Rechtsmasse durch die Rechtsprechung schwieriger, sondern erschweren es auch dem Normunterworfenen, sich jederzeit auf die aktuelle Rechtslage einstellen zu können. Die Erkennbarkeit des Rechts geht verloren und damit auch die Erwartungssicherheit und die Vorausschaubarkeit.[108] Hinzu kommt, dass häufige Änderungen der Rechtsetzung zumeist den Grad der Detaillierung steigern und so zu neuer Kasuistik führen, was in der Folge die Übersichtlichkeit des Rechts weiter beeinträchtigt.[109] Andererseits wird die Forderung nach Beständigkeit relativiert durch die notwendige Flexibilität einer Rechtsordnung, die sich auf wirtschaftliche, soziale und technische Veränderungen einstellen muss.[110] Gerade für das unionale Recht, in dessen Zentrum noch immer wirtschaftliche Fragestellungen dominieren, ist die Flexibilität des Rechts von elementarer Bedeutung.[111] Dieses Spannungsfeld zwischen Beständigkeit und notwendiger Anpassung macht eine Festlegung auf *ein richtiges* Produktionstempo in der Rechtsetzung unmöglich. Aktionismus und hektische Betriebsamkeit in der Rechtsetzung sind der Qualität der Rechtsetzungsakte jedoch eher abträglich.

Weiterhin müssen Rechtsetzungsakte möglichst klar und verständlich abgefasst werden.[112] Zu dieser Forderung gehören verschiedene Aspekte, wie die einheit-

---

107 Ennuschat, DVBl., 2004, 986 ff. (988); Karpen/Breutz/Nünke, Gesetzgebung der Großen Koalition, S. 91; Lücke, ZG, 2001, 1 ff. (4); Mader, LeGes, 2007/3, 391 ff. (393); Noll, Gesetzgebungslehre, S. 161 ff.; Schneider, Gesetzgebung, S. 257 ff., Rn. 427 ff.; v. Arnauld, Rechtssicherheit, S. 271 ff.

108 Vgl. hierzu auch Leisner, JZ, 1977, 537 ff. (540), oder Schäffer, Vom Beruf der Politik zur Gesetzgebung in unserer Zeit, in: Evaluierung der Gesetze/Gesetzesfolgenabschätzung, S. 7 ff. (8).

109 Schneider, Gesetzgebung, S. 260, Rn. 431.

110 Ennuschat, DVBl., 2004, 986 ff. (988); Schneider, Gesetzgebung, S. 258, Rn. 428; v. Arnauld, Rechtssicherheit, S. 273.

111 Boulouis, Liber Amicorum Pierre Pescatore, S. 53 ff. (54): „Le [...] caractère fondamental du droit communautaire tient – c'est une évidence – à ce qu'il est, pour l'essentiel, l'instrument d'une action économique dont il doit épouser la flexibilité, une flexibilité d'autant plus indispensable lorsqu'il s'agit de faire face à des phénomènes de conjoncture.“

112 Vgl. Dreier, Mißlungene Gesetze, in: Das mißglückte Gesetz, S. 1 ff. (5 f.); Eagleson The Loophole 1989, 1 ff. (1 ff.); Fleiner, Liber Amicorum Peter Häberle, S. 145 ff. (145 ff.); Flückiger, Le multilinguisme de l'Union europeenne: Un défi pour la qualité de la législation, S. 6 ff.; Gündisch, Qualität europäischer Rechtsetzung, in: Aufbruch nach Europa, S. 109 ff. (109); Huber-Hotz, LeGes, 2007/3, 397 ff. (397); Müller, Adressatengerechtigkeit und Allgemeinverständlichkeit – der Verständnishorizont des Adressaten

liche Gestaltung von Rechtsvorschriften, eine klare Unterteilung der Rechtsetzungsakte, kurze Paragraphen und Sätze, ein sinnvoller Umgang mit Verweisungen oder nicht zuletzt eine klare und verständliche Sprache selbst. In der Summe lassen diese verschiedenen Postulate eine leichtere Erschließbarkeit von Rechtstexten zumindest erhoffen. Ob die Rechtsetzungsakte allerdings für jedermann verständlich sein müssen, kann bezweifelt werden. In einer Rechtsordnung, die sich mit Verbrauchsteuern auf Tabakwaren[113] bis hin zu elektrischen Geräten aus der Human- und Veterinärmedizin[114] befasst und dabei einen Schwerpunkt bei der Regelung technischer und wirtschaftlicher Sachverhalte setzt, kann die Forderung nach „Allgemeinverständlichkeit“ ohnehin nur ein hehres, aber nicht erfüllbares Ideal verkörpern. Verständlichkeit sollte daher im Sinne einer Adressatenverständlichkeit begriffen werden.[115] Für den Kreis derer, die von einer Regelung betroffen sind, soll diese verständlich sein.[116]

Diese Adressatengerechtigkeit macht die Anforderungen an die Verständlichkeit abhängig vom Kreis der Betroffenen und deren Vorbildung.[117] Je spezieller der Adressatenkreis einer Regelung ist, umso spezieller kann daher auch die Sprache des Regelungsgebers ausfallen. Gerade die Verwendung von fachsprachlichen Begriffen aus dem angesprochenen Bereich kann die Verständlichkeit bei den Betroffenen steigern.[118] Somit gilt es hier einen Spagat zu vollziehen, der zwischen einer bereichsspezifischen Sprache und der damit verbundenen Präzision sowie dem weiterhin grundsätzlich bestehenden Ideal einer Allgemeinver-

---

als Kriterium der Gesetzessprache, in: Rationalisierung der Gesetzgebung, S. 35 ff. (35); Müller, Elemente einer Rechtsetzungslehre, S. 148 ff.; Schäffer, Der Weg zum besseren Gesetz, in: Bürgernahes Wirtschaftsrecht – Eine Utopie?, S. 62 ff. (63); Schneider, Gesetzgebung, S. 261 ff., Rn. 434 ff.; Voermans, The Quality of EU Legislation, S. 8.

113 Vgl. Richtlinie 92/80/EWG des Rates vom 19. Oktober 1992 zur Annäherung der Verbrauchsteuern auf andere Tabakwaren als Zigaretten, ABl. 1992 L 316/10.

114 Vgl. Richtlinie 84/539/EWG des Rates vom 17. September 1984 zur Angleichung der Rechtsvorschriften der Mitgliedstaaten über die in der Humanmedizin und der Veterinärmedizin eingesetzten elektrischen Geräte, ABl. 1984 L 300/179.

115 Dreier, Mißlungene Gesetze, in: Das mißglückte Gesetz, S. 1 ff. (6); Schneider, Gesetzgebung, S. 271, Rn. 454.

116 Hill, ZG, 1987, 238 ff. (264 f.); Kirchhof, NJW, 2002, 2760 f. (2760); Müller, Adressatengerechtigkeit und Allgemeinverständlichkeit – der Verständnishorizont des Adressaten als Kriterium der Gesetzessprache, in: Rationalisierung der Gesetzgebung, S. 35 ff. (35 ff.); Schäffer, ZG, 1989, 289 ff. (305). Vgl. auch Müller, Adressatengerechtigkeit und Allgemeinverständlichkeit – der Verständnishorizont des Adressaten als Kriterium der Gesetzessprache, in: Rationalisierung der Gesetzgebung, S. 35 ff. (bes. 40 ff.), der darauf abstellt, dass Rechtstexte so abzufassen sind, dass sie von den rechtsanwendenden und von „den Rechtskenntnisse vermittelnden Organen“ richtig verstanden werden.

117 Hill, ZG, 1987, 238 ff. (265).

118 Karpen/Breutz/Nünke, Gesetzgebung der Großen Koalition, S. 73; Schneider, Gesetzgebung, S. 271, Rn. 455.

ständlichkeit besteht. Im Einzelfall läuft dies wohl stets auf einen Abwägungsprozess hinaus, der dem Rechtsetzer einen breiten „Formulierungsspielraum" einräumt. Dennoch wird es immer Formulierungen und Gestaltungen der Rechtsetzungsakte geben, die außerhalb dieses „Freiraums" stehen.
Außerdem muss ein Rechtsetzungsakt bestimmt sein, d. h. er muss in seinen Voraussetzungen und Inhalten so formuliert sein, dass die von ihm Betroffenen die Rechtslage erkennen und ihr Verhalten danach einrichten können. Die Forderung nach Bestimmtheit weist damit eine sachliche Nähe zum Klarheits- und Verständlichkeitsgebot auf. Vor allem mit Blick auf die Rechtsanwendung durch Behörden und Gerichte dürfen die Bestimmtheitsanforderungen jedoch nicht überspannt werden. Behörden und Gerichte müssen eine Rechtsnorm auf den konkreten Einzelfall anwenden. Dies verlangt nach einer gewissen Flexibilität und Offenheit der Rechtsnormen.

Die Forderung nach Kohärenz[119] verlangt, dass sich ein Rechtsetzungsakt (begrifflich-) systematisch stimmig in sein Regelungsumfeld einfügt. Dies beinhaltet sowohl die Stimmigkeit zwischen den einzelnen Teilen der Regelung (innere Kohärenz) als auch die Kompatibilität mit anderen Regelungen und dem Rechtssystem in seiner Gesamtheit (externe Kohärenz).[120]
Aus dem Kohärenzgebot könnte zumindest im nationalstaatlichen Rechtsrahmen auch die Forderung abgeleitet werden, dass eine Regelung vollständig ist und alle Sachverhalte erfasst.[121] Ob sich ein solcher Vollständigkeitsanspruch allerdings auch für die unionale Rechtsordnung formulieren lässt, ist zweifelhaft.[122] In der Praxis greift die Union aus systematisch zusammenhängenden Rechtsgebieten der nationalen Rechtsordnungen oft bestimmte Teile isoliert heraus und regelt diese neu.[123] Dieses punktuelle Vorgehen lässt sich jedoch juristisch rechtfertigen bzw. erklären. Der Grund liegt im Prinzip der begrenzten Einzel-

---

119 Vgl. Dreier, Mißlungene Gesetze, in: Das mißglückte Gesetz, S. 1 ff. (6 ff.); Ennuschat, DVBl., 2004, 986 ff. (988 f.); Flückiger, Le multilinguisme de l'Union europeenne: Un défi pour la qualité de la législation, S. 9; Mader, LeGes, 2007/3, 391 ff. (392); Voermans, The Quality of EU Legislation, S. 8; Schneider, Gesetzgebung, S. 37 ff., Rn. 55 ff.; Europäisches Regieren, Ein Weißbuch, KOM (2001) 428 endg., S. 13 f.

120 Dreier, Mißlungene Gesetze, in: Das mißglückte Gesetz, S. 1 ff. (7).

121 Dreier, Mißlungene Gesetze, in: Das mißglückte Gesetz, S. 1 ff. (7).

122 V. Danwitz, Verwaltungsrechtliches System und Europäische Integration, S. 98 ff., schreibt hierzu (S. 100 f.): „Für die Frage nach inhaltlicher Widerspruchsfreiheit und systematischer Stimmigkeit derartiger Regelungskomplexe wird [...] bereits auf den ersten Blick deutlich, daß die mitgliedstaatlich vorgeprägten Homogenitäts- und Systematisierungsanforderungen keinen realistischen Maßstab abgeben, um das zwischen dem Gemeinschaftsrecht und dem mitgliedstaatlichen Recht bestehende Normengeflecht erfassen zu können."

123 Gündisch, Qualität europäischer Rechtsetzung, in: Aufbruch nach Europa, S. 109 ff. (118).

ermächtigung, welches der EU das Aufstellen von umfassenden und abschließenden Regelungen für einen betroffenen Lebensbereich oft unmöglich macht.
Unter dem Aspekt der Kohärenz ist auch auf die Systematik der Rechtsakte einzugehen, die eine große Bedeutung für die Qualität einer Rechtsnorm besitzt.[124] Hier geht es u. a. um einen übersichtlichen und verständlichen Aufbau der Rechtsetzungsakte. Die Problematiken der internen und externen Verweisungen sowie häufiger Änderungen lassen sich hier ebenfalls festmachen.
Insgesamt gilt es noch zu vermerken, dass Defizite bei der Kohärenz nicht nur Verstöße gegen die Normenklarheit, sondern auch gegen das Gleichheitsgebot sowie das Willkürverbot darstellen können[125].

2. Inhaltliche Kriterien

Ein Rechtsetzungsakt soll gerecht, effektiv und effizient sein.[126] Der Aspekt der Rechtmäßigkeit, der zweifellos auch in eine Aufzählung „inhaltlicher" Qualitätskriterien gehört[127], sei hier zwar erwähnt, soll im weiteren Verlauf jedoch weitgehend ausgeblendet werden.[128]

---

124 Gündisch, Qualität europäischer Rechtsetzung, in: Aufbruch nach Europa, S. 109 ff. (117).

125 Ennuschat, DVBl., 2004, 986 ff. (989).

126 Vgl. Böhret/Hugger, Test und Prüfung von Gesetzesentwürfen, S. 22 ff.; Deckert, ZG, 1995, 240 ff. (bes. 242 f.); Dreier, Mißlungene Gesetze, in: Das mißglückte Gesetz, S. 1 ff. (9 ff.); Hugger, Gesetze – Ihre Vorbereitung, Abfassung und Prüfung, S. 45 ff.

127 So muss jeder Rechtsetzungsakt von inhaltlicher Güte u. a. auf einer rechtlichen Grundlage beruhen und die Kompetenzverteilung zwischen der europäischen Ebene und den Mitgliedstaaten respektieren. Die Durchführung eines rechtlich einwandfreien Rechtsetzungsverfahrens ist ebenfalls dem Kriterium der Rechtsmäßigkeit zuzurechnen. Zu dem Aspekt der Rechtmäßigkeit im Zusammenhang mit der Frage nach der Qualität von Rechtsetzung (-sakten) vgl. auch Mader, LeGes, 2007/3, 391 ff. (391 f.).

128 Vor allem zwei Gründe sind hierfür aufzuführen: Erstens ist die Komponente der Rechtmäßigkeit wenigstens zum Teil in anderen „Qualitätskriterien" wie dem der Gerechtigkeit (in Form von Subsidiarität und Verhältnismäßigkeit) enthalten. Zweitens würde eine Beschäftigung mit dem Kriterium der Rechtmäßigkeit umfängliche Erörterungen zu rechtlichen Spezialfragen notwendig machen. Diese Ausführungen wären nicht nur geeignet den Umfang der Arbeit erheblich auszuweiten, inhaltlich würden sie sich weit vom „eigentlichen" Thema der vorliegenden Arbeit entfernen, da rechtsetzungsspezifische Fragen in diesem Zusammenhang kaum von Bedeutung sein dürften.

Problematisch an den genannten inhaltlichen Qualitätskriterien ist, dass sie zum großen Teil nur schwer objektivierbar sind und die entsprechende Bewertung eines Rechtsetzungsaktes im Kern auf einer persönlichen oder politischen Einschätzung fußt.[129]

Der Forderung nach gerechter Rechtsetzung wohnt nicht nur eine enorme Abstraktionshöhe inne. Gerade die Debatte um den Werterelativismus hat gezeigt, dass eine allgemeingültige Objektivierung des Begriffs kaum möglich ist, da die Auffassungen darüber, was gerecht ist, stets vom konkreten geschichtlichen und gesellschaftlichen Hintergrund abhängen. Um den Begriff der Gerechtigkeit dennoch zu nutzen und inhaltlich zu beschreiben[130], bietet es sich an, (nur) einige Grundprinzipien des Primärrechts herauszustreichen, die als (heutige) Ausformungen der Forderung nach gerechter Rechtsetzung gelten können. Umfassendere Deutungsmöglichkeiten würden den Rahmen der vorliegenden Arbeit sprengen. So müssen die Regeln etwa den Grundsätzen der Subsidiarität und der Verhältnismäßigkeit entsprechen. Ferner kann es keine gerechte Rechtsetzung geben, ohne dass sich für diese Regelungen der Nachweis ihrer Notwendigkeit führen ließe.[131] In diesem Sinne appellierte schon Montesquieu an den „Geist

---

129 Ennuschat, DVBl., 2004, 986 ff. (987).

130 Anstelle einer „inhaltlichen" Auseinandersetzung mit der Gerechtigkeit ließe sich freilich auch der Weg beschreiten, die Gerechtigkeit zu prozedualisieren und nach den Voraussetzungen zu fragen, die für ein Verfahren notwendig sind, das zu einem gerechten Ergebnis führt. Vgl. hierzu etwa: Dreier, Recht – Staat – Vernunft, S. 19 f., 23 ff.; Tschentscher, Prozedurale Theorien der Gerechtigkeit, bes. S. 118 ff., 132 ff.

131 Vgl. nur Deckert, ZG, 1995, 240 ff. (243); Huber-Hotz, LeGes, 2007/3, 397 ff. (397); Mader, LeGes, 2007/3, 391 ff. (392 f.); Voermans, The Quality of EU Legislation, S. 7.

Es sei an dieser Stelle jedoch eine Anmerkung gestattet. Die Entscheidung, ob eine Norm nötig oder unnötig ist, ist in den meisten Fällen politischer Natur und daher nicht objektiv nachzuvollziehen. Daher wird die Frage bezüglich der Notwendigkeit einer Regelung zwangsläufig auf divergierende Ansichten stoßen. Diese „zeitlose" Einsicht lässt sich mit den Worten von Mill, Über die Freiheit, 1. Kapitel – (Einleitung): nachzeichnen: „Es gibt tatsächlich keinen anerkannten Grundsatz, durch welchen die Recht- oder Unrechtmäßigkeit von Regierungseingriffen nach Gewohnheitsrecht zu beurteilen wäre. Man entscheidet nach persönlicher Vorliebe. Manche, die sehen, daß etwas Richtiges zu tun oder Unrichtiges abzuwenden ist, würden die Regierung zu Unternehmungen dieser Art gern antreiben, während andere es vorziehen würden, lieber jede Last sozialen Elends zu ertragen, als ein Stück Mehr den menschlichen Interessenkreisen hinzuzufügen, die der Regierungsaufsicht unterstehen. In jedem einzelnen Falle stellen sich die Leute auf die eine oder andere Seite entsprechend der allgemeinen Richtung ihres Empfindens oder entsprechend dem Grade der Teilnahme, die sie der besonderen Angelegenheit, die der Regierung vorgeschlagen wird, beimessen, oder schließlich gemäß der Hoffnung, die sie hegen, daß die Regierung es in der Weise tun oder nicht tun würde, die sie selbst bevorzugen, äußerst selten aber aufgrund irgend einer festen Ansicht darüber, was eine Regierung in angemessener Weise leisten kann. Mir will scheinen, daß als Folge dieses Fehlens

des Gesetzgebers“ als den der Mäßigung und mahnte: „Überflüssige Gesetze schwächen notwendige Gesetze.“[132] Gerechte Gesetzgebung ist demgemäß sparsam und beschränkt sich auf das Erforderliche. Damit tritt (auch hier) der unmittelbare Zusammenhang zwischen (inhaltlicher) Qualität und der quantitativen Dimension in der Rechtsetzung offen zu Tage. Und dabei geht es nicht nur um die Frage, ob ein Tätigwerden des Rechtsetzers überhaupt notwendig ist, sondern auch um eine adäquate normative Dichte und die Wahl des „richtigen Rechtsetzungsinstruments“.

Bezüglich der Notwendigkeit eines Rechtsetzungsaktes gilt es für das Unionsrecht noch folgende Besonderheit zu vermerken. Für das unionale Recht, welches mit den nationalen Rechtsordnungen ein eng verwobenes Mehrebenensystem bildet, kann die Frage nach der Notwendigkeit einer europäischen Regelung nie ohne den Blick auf das Recht der Mitgliedstaaten und dessen Problemlösungspotential beantwortet werden. Die Frage nach der Notwendigkeit einer europarechtlichen Regelung läuft damit zu einem großen Teil parallel mit dem Anforderungsprofil des Subsidiaritätsprinzips.

Ein qualitativ guter Rechtsetzungsakt muss fernerhin die vom Rechtsetzer verfolgten Ziele erreichen können.[133] Die Eignung eines Rechtsetzungsaktes zur Verwirklichung der gesetzten Ziele wird mit Effektivität, oft auch mit Wirksamkeit[134] eines Rechtsetzungsaktes, bezeichnet. Neben den „allgemeinen“ Zielen europäischer Rechtsetzung[135] sind hier besonders die speziellen Ziele des konkreten Rechtsetzungsaktes von Bedeutung. Es ist wichtig, dass die jeweils verfolgten Ziele möglichst exakt ermittelt werden, da es ohne eine genaue Definition der Ziele unmöglich ist, zu beurteilen, ob der Rechtsetzungsakt in seiner konkreten Ausgestaltung in der Lage sein wird, diese Ziele zu erreichen.

---

von Regeln oder Grundsätzen der eine Teil augenblicklich ebenso im Unrecht ist wie der andere, die Einmischung der Regierung wird ungefähr gleich häufig zu Unrecht angerufen und zu Unrecht abgelehnt.“

132 Montesquieu, Vom Geist der Gesetze, 29. Buch 16. Kapitel.

133 Böhret/Hugger, Test und Prüfung von Gesetzesentwürfen, S. 24; Deckert, ZG, 1995, 240 ff. (243 f.); Dreier, Mißlungene Gesetze, in: Das mißglückte Gesetz, S. 1 ff. (12 ff.); Hugger, Gesetze – Ihre Vorbereitung, Abfassung und Prüfung, S. 45 ff.; Karpen/Breutz/Nünke, Gesetzgebung der Großen Koalition, S. 80, 86; Mader, LeGes, 2007/3, 391 ff. (392); Noll, Die Berücksichtigung der Effektivität der Gesetze bei ihrer Schaffung, in: Methodik der Gesetzgebung, S. 131 ff. (132).

134 Vgl. Deckert, ZG, 1995, 240 ff. (243); Schreiber, Ist eine Effektivitätskontrolle von Strafgesetzen möglich?, in: Rationalisierung der Gesetzgebung ,S. 178 ff. (bes. 180).

135 Zur Bestimmung der allgemeinen Ziele der Rechtsetzungstätigkeit der „Gemeinschaft“ konnte auf die Art. 2, 3 EGV zurückgegriffen werden (vgl. Ruffert, in: Callies/Ruffert EUV/EGV Art. 2 EGV Rn. 1 m. w. N.). Die Zielsetzungen für die Rechtsetzungstätigkeit der Union sind nunmehr insbesondere Art. 3 EUV i.d.F. des Vertrages von Lissabon sowie Art. 7 ff. AEUV zu entnehmen.

Um eine Regelung möglichst effektiv zu gestalten, muss der Rechtsetzer durchgehend die vorgefundene Wirklichkeit beachten.[136] Schneider unterscheidet in diesem Zusammenhang Seinsgegebenheiten bzw. Seinsgesetzlichkeiten und Vorgegebenheiten, die der Mensch selbst erzeugt hat, wie Traditionen oder Wertvorstellungen.[137] In beiden Richtungen muss die Wirklichkeit erforscht und analysiert werden, um die gewonnenen Erkenntnisse in den Regelungsplan gewinnbringend einzubeziehen. Noll[138] offeriert zu diesem Zweck eine praktische Handlungsanweisung zur Ausarbeitung von Rechtsetzungsakten. Diese beginnt mit einer Problemdefinition. Davon ausgehend entwickelt der Regelungsgeber seine Zielvorstellungen für die zu schaffende Regelung. Es folgen eine Tatsachenanalyse sowie eine Untersuchung der faktischen und normativen Bindungen für den Regelungsgeber. Die im Anschluss ausgearbeiteten Regelungsalternativen werden hernach einer kritischen Betrachtung unterzogen. Eine Nachkontrolle, die gegebenenfalls eine Korrektur bewirkt, bildet schließlich den Abschluss. Idealerweise erlaubt diese (hier stark vereinfachte) Herangehensweise Rechtsetzungsakte effektiver, das heißt zielführender, zu gestalten. In der Praxis wird dieser Prozess natürlich komplexer ausfallen und sollte von breit angelegten Konsultationen und gründlichen Folgenabschätzungen flankiert werden.

Weiterhin soll ein Rechtsetzungsakt eine günstige Kosten/Nutzen-Relation aufweisen, das heißt effizient sein.[139] Mit anderen Worten: Eine Vorschrift, die vergleichsweise entweder mehr Nutzen bringt oder weniger Kosten verursacht, ist effizient. Unter Kosten werden dabei vorrangig monetäre Kosten verstanden, wenngleich zunehmend andere „Kostenarten“, wie umweltspezifische oder soziale Belastungen Berücksichtigung finden.[140]
Die Bedeutung von Effizienz bzw. mangelnder Effizienz im Rahmen unionaler Rechtsetzung belegen folgende Zahlen eindrucksvoll. So gehen ältere Schätzungen davon aus, dass die Kosten für die europäischen Firmen, die durch Regelungen der EU verursacht werden, sich auf 150 bis 250 Milliarden Euro belaufen.[141] Unter Berufung auf Kommissar Verheugen veranschlagt Openeurope sogar

---

136 Schneider, Gesetzgebung, S. 37 f., Rn. 56 f., spricht im Anschluss an Huber (Recht und Rechtswirklichkeit, Basel, 1921) auch von „Realien der Gesetzgebung“.

137 Schneider, Gesetzgebung, S. 38, Rn. 56.

138 Noll, Gesetzgebungslehre, S. 79 ff.

139 Böhret/Hugger, Test und Prüfung von Gesetzesentwürfen, S. 24 f.; Deckert, ZG, 1995, 240 ff. (bes. 243 f., 246); Hugger, Gesetze – Ihre Vorbereitung, Abfassung und Prüfung, S. 48 f.; Voermans, The Quality of EU Legislation, S. 7.

140 Deckert, ZG, 1995, 240 ff. (246 ff.).

141 So Radaelli, Governing European Regulation – *Introduction* mit Verweis auf Zahlen aus dem Jahr 1996.

600 Milliarden Euro. Die ökonomischen Vorteile des Binnenmarktes, so Openeurope, würden von derartig hohen Kosten längst „aufgefressen".[142] Rechtsetzungsakte sollen gesellschaftliche Bedürfnisse und Erwartungen erfüllen oder – allgemein gesprochen – sie sollen das Gemeinwohl fördern. Die genannten Zahlen zeigen, dass Effizienzdefizite diesem Gemeinwohlstreben grundsätzlich entgegenstehen. Sicherlich müssen bei der Rechtsetzung unterschiedliche „Kosten- bzw. Nutzenarten" gegeneinander austariert werden. So können der Erhaltung der Umwelt die zu erwartenden Belastungen im Wirtschaftsbereich entgegengehalten werden. Dies ändert jedoch nichts an der Feststellung, dass Rechtsetzungsakte möglichst effizient sein sollen.

D. Ziel der Arbeit und Gang der Untersuchung

Eine Arbeit zur „Quantität und Qualität der europäischen Rechtsetzung" ist mit einer Vielzahl an Untersuchungsaspekten und Themenfeldern konfrontiert, die hier nicht alle bearbeitet werden können. Oder, um es mit den ungleich gewandteren Worten aus dem opus magnum Montesquieus auszudrücken: „Dieser Gegenstand eröffnet ein weites Feld. [...] Vieles muß ich links und rechts liegenlassen, damit ich durchkomme und mir Licht verschaffe."[143] Diese Arbeit versucht sich (zumindest) der Hauptkritikpunkte von Quantität und Qualität der Rechtsetzung anzunehmen und sie im Lichte der spezifischen Eigenheiten der europäischen Rechtsordnung darzustellen. Es gilt sich dabei von einer Art Pauschalkritik abgrenzen, der sich die unionale Rechtsetzung des Öfteren ausgesetzt sieht, die ihrerseits aber keinen nennenswerten Beitrag zur Verbesserung der Rechtsetzung leistet. Einige Verweise auf „skurrile" Rechtsetzungsakte sind allerdings angebracht, um das Thema der Arbeit zu veranschaulichen. Dabei geht es nicht darum, die unionale Rechtsetzung „der Lächerlichkeit preiszugeben", sondern eine rechtswissenschaftliche Abhandlung mit einer wohltuenden Prise „Humor" anzureichern.

An dieser Stelle gilt es auch dem möglicherweise aufkommenden Missverständnis vorzubeugen, dass der europäische Regelungsgeber quasi ein Monopol auf eine schlechte Rechtsetzung habe[144], schließlich erheben sich allenthalben Kla-

142 Vgl. openeurope, Just how big is the aquis communautaire (http://www.openeurope.org.uk/research/aquis.pdf).

143 Montesquieu, Vom Geist der Gesetze, 19. Buch 1. Kapitel.

144 So auch: Senden, General Report – The Quality of European Legislation and its Implementation and Application in the National Legal Order, S. 14; Wintgens, Rationality in Legislation, in: Legisprudence, S. 1 ff. (1).

gen über gesetzgeberische Missstände[145]. Die hier vorgetragene Kritik soll auch keinesfalls die Verdienste und Leistungen der unionalen Rechtsetzung schmä-

145 Karpen, Resumé – Less Quantity – More Quality. Some Comparative Aspects and Results of the Symposium, in: Legislation in European Countries, S. 479 ff. (480 ff.), macht die Aspekte der mangelnden Normqualität und zu hoher Normquantität als die zentralen Problemfelder aller nationalen (europäischen) Rechtsordnungen aus. Damit fasst Karpen die Erkenntnisse zusammen, die sich aus einer Reihe von Vorträgen herausschälen, welche 1991 bei einer Konferenz der European Association of Legislation in Bad Homburg gehalten wurden. Vgl. auch Karpen, Gesetzgebungslehre – neu evaluiert, S. 104. Zieht man die Aussagen von Hanau, FS Deutsch, S. 959 ff. (959), heran, zeigt sich, dass auch die Problematik der Verrechtlichung kein spezifisches Problem der Union ist, sondern in ganz Europa beklagt wird, wenngleich länderspezifisch andere Lebensbereiche eine besondere Betroffenheit aufweisen.

Zur (empirischen) Bestätigung der Aussage, dass sich Quantitäts- und Qualitätsdefizite ausnahmslos in allen nationalen Rechtsordnungen vorfinden lassen, betrachte man illustrierend etwa folgende Publikationen: Für Belgien – Delnoy, Belgium, in: Legislation in European Countries, S. 74 ff. (74 ff., 77 ff.). Für Bulgarien – Zhivko, Bulgaria – Legal Framework and Problems of Legislation in Bulgaria, in: Legislation in European Countries, S. 95 ff. (102 ff.). Für Dänemark – Birklund, Denmark – Report on legislation in Denmark, in: Legislation in European Countries, S. 125 ff. (131 ff., 134). Für Deutschland – Kormann, FS Fröhler, S. 23 ff. (23); Reicherzer, ZG, 2004, 121 ff. (122), der über „unsystematische Gesetzgebung" berichtet; Schneider, AnwBl., 2003, 317 ff. (317 ff.), der bezüglich des Zivilprozessrechtes von einer „Gesetzgebung aus das Geratewohl" schreibt, die er auf die fehlende Sachkenntnis des Gesetzgebers zurückführt. Auch ein Blick in das von Sendler, ZRP, 1979, 227 ff. (229 ff.), aufgestellte „Sündenregister" des Gesetzgebers sowie auf die amüsanten Beispiele von Schneider, NJW, 1998, 2505 ff. (2505 f.), aus dem Repertoire der bundesdeutschen Gesetzgebung sind eine lohnende Lektüre. Vgl. ferner: Gerike, Möglichkeiten und Grenzen eines Abbaus der Verrechtlichung, S.114 ff., bes. 125 ff.; Scholz/Meyer-Teschendorf, ZRP, 1996, 404 ff. (404 ff.). Siehe exemplarisch auch aus der Rechtsetzung der Bundesländer das „Bayrische Gesetz zur Ausführung des Gesetzes über die Bekämpfung der Dasselfliege", das seine Bekanntheit der Tatsache verdankt, dass ein Abgeordneter bei keiner der drei Abstimmungsfragen aufstand und auf die diesbezügliche Nachfrage des Parlamentspräsidenten bemerkte: „Man braucht doch wegen einer Fliege nicht aufzustehen" (zitiert nach Ellwein, DVBl., 1984, 255 ff. [259]). Diese Verweise sollen hier als konkrete Belege dafür genügen, dass auch die Rechtsetzung in Deutschland weder immun ist gegen Quantitäts- und Qualitätsdefizite, noch gefeit vor „humoristischen" Anwürfen. Für Finnland – Kivivuori, Legislation in Finland – General Features and Current Issues, in: Legislation in European Countries, S. 140 ff. (157 ff.). Für Frankreich – Trnka, France – The law in theory and practice in France today, in: Legislation in European Countries, S. 162 ff. (bes. 167, 173 ff.). Für Griechenland – Strangas/Koutsoukis/Karkatsoulis/Stylianidis/Papageorgiou, Greece – Reflections on Legislative Theory and on Current Problems of Legislation in Greece, in: Legislation in European, S. 214 ff. (223). Für Irland – Schuster, Ireland – Legislation in Ireland, in: Legislation in European Countries, S. 266 ff. (268 f.). Für die Niederlande – Knapen, Staatscourant, 118, 23. juni 2008. Für Österreich – Lammer, Gesetzgebungsprozeß in Österreich, in: Effizienz der Gesetzesproduktion, S. 141 ff. (141 ff.); Schäffer, Austria – Problems of Legislation in Austria, in: Legislation in European Countries, S. 53 ff. (53 f.). Für Polen – Sołtysiński, Transfer of Legal Systems as

lern[146], sondern versteht sich ausschließlich als konstruktive, dem Wohl der Union und „ihrer“ Bürger verpflichtete Würdigung.

In Kapitel 2 wird zunächst eine Art Bestandsaufnahme der Rechtsetzungsmängel vorgenommen. Der außerordentliche Umfang des gesamten Unionsrechts macht es (mir) jedoch unmöglich, alle Arten von Mängeln aus dieser Rechtsmasse herauszufiltern und sie „quantitativ“ und „qualitativ“ zu bewerten. Deshalb wird ein umgekehrter und vereinfachter Weg beschritten. Zu den Oberbegriffen „Quantität“ und „Qualität“ oder genauer gesagt zu den verschiedenen Inhalten, welche diese Oberbegriffe umschließen[147], werden jeweils mangelhafte Rechtsetzungsakte beigestellt. Leicht identifizierbaren bzw. vom Schrifttum oder anderen Quellen bereits (mehrfach) identifizierten „Mängelvorschriften“ wird dabei Vorrang eingeräumt, da diese zumeist leichter korrigierbar und in ihrer Bewertung tendenziell weniger umstritten sind. Das Auffinden „aller“ Defizite bzw. aller verschiedenen Fallgruppen von defizitären Vorschriften in „allen“ Rechtsetzungsakten ist nicht Ziel dieser Bestandsaufnahme. Die These von quantitativen und qualitativen Mängeln in der unionalen Rechtsetzung soll anhand von Beispielen eher illustriert als „bewiesen“ werden. Die Bestandsaufnahme wird hinsichtlich Quantität und Qualität getrennt durchgeführt.[148]

Im dritten Kapitel werden die Folgen „quantitativer“ und „qualitativer“ Mängel geschildert.

Bevor mögliche Strategien für eine „bessere“ Rechtsetzung erörtert werden können, geht Kapitel 4 den Ursachen für bestehende Mängel nach. Auch hier wird die Untersuchung zwischen Quantität und Qualität getrennt durchgeführt. Mit dem „Rechtsetzungsprozess“ an sich wird jedoch zunächst ein „dritter“ Be-

---

Seen by the „Important Countries“. A View from Warsaw, in: Systemtransformation in Mittel- und Osteuropa und ihre Folgen für Banken, Börsen und Kreditsicherheiten, S. 69 ff. (81 f.). Für Portugal – Tavares de Almeida, Portugal – Law and legislation in Portugal, in: Legislation in European Countries, S. 348 ff. (359). Für Schweden – Edqvist, Sweden – Some aspects of legislation in Schweden, in: Legislation in European Countries, S. 404 ff. (410). Für die Tschechische Republik – Knapp, Czech Republic – Current Issues and Problems of Legislation in Czechoslovakia, in: Legislation in European Countries, S. 114 ff. (119 ff.).

Bezüglich der Rechtsordnung in den USA schreibt Feinman, Law 101, S. 3: "The law is so complex and voluminous that no one, not even the most knowledgeable lawyer, can understand it all.“

146 Ebenso Gündisch, Qualität europäischer Rechtsetzung, in: Aufbruch nach Europa, S. 109 ff. (116). Nach seiner Meinung sind wichtige Rechtsakte, wie etwa der Zollkodex (ABl. 1992 Nr. L 302/1) oder Richtlinien zur Harmonisierung des Privatrechts (z. B. die Richtlinie zu bestimmten Aspekten des Verbrauchsgüterkaufs und der Garantien für Verbrauchsgüter, ABl. 1999 Nr. 171/12) „sorgfältig abgefaßt“ und durch ein Bemühen um klare Formulierungen gekennzeichnet.

147 Vgl. 1. Kap. – C I, II.

148 Vgl. 2. Kap. – A, B.

reich bezüglich möglicher „Schwachstellen“ analysiert, die für eine „mangelhafte“ Rechtsetzung ursächlich sein können.
Das fünfte Kapitel beschäftigt sich sodann mit den verschiedenen Initiativen für eine „bessere“ Rechtsetzung auf europäischer Ebene. Dabei werden auch Bezüge und Vergleiche zu nationalen Programmen gesucht. Abschließend werden in Kapitel 6 weitere Ansätze zur Verbesserung der Rechtsetzung vorgestellt und bewertet.

2. Kapitel - Mängel der europäischen Rechtsetzung

Dieses Kapitel offeriert eine Darstellung der quantitativen und qualitativen Mängel der europäischen Rechtsetzung. Wenn hier von *europäischer* Rechtsetzung die Rede ist, muss darauf hingewiesen werden, dass diese Untersuchung das „frühere Gemeinschaftsrecht“ zum Gegenstand hat.

A. Bestandsaufnahme zur Quantität der Rechtsetzung

Zunächst wird untersucht, ob sich ein Anwachsen der Normmenge zahlenmäßig überhaupt belegen lässt. Konkrete Fallbeispiele sollen anschließend einen Eindruck von der Detaillierung des Rechts vermitteln.[149] Da eine Untersuchung zur Quantität der Rechtsetzung jedoch nicht nur an der Kleinteiligkeit der Regelungen selbst interessiert ist, schließen hier noch Ausführungen zur Dynamisierung der Rechtsetzung an.[150] Es geht vorliegend also darum, das, was Wessels als einen „jahrzehntelangen Trend zu einer wachsenden Regelungsbreite und -tiefe der EG-Gesetzgebung“[151] bezeichnet, durch Beispiele zu konkretisieren.

I. „Zahlenmäßige“ Betrachtung der Rechtsetzung

Einen ersten indirekten Beleg für das Anwachsen der Rechtsmasse erkennt man in der steigenden Zahl von Verfahren vor dem Europäischen Gerichtshof[152] in den Jahren von 1980 bis 2006 (vgl. Diagramm 1[153]).

---

149 Vgl. 2. Kap. – A I und II.

150 Vgl. 2. Kap. – A III.

151 Wessels, Gesetzgebung in der Europäischen Union, in: Gesetzgebung in Westeuropa, S. 653 ff. (654); Wessels, Die Öffnung des Staates, S. 227.

152 Diesen Zusammenhang konstatiert auch Ehlermann, FS Kutscher, S. 135 ff. (139): „Zum einen wächst die Zahl der Vertragsverletzungen: Dies ist schlicht mechanische Folge der Zunahme der von der Gemeinschaft geschaffenen Rechtsmasse.“

153 Quelle: Eigene Statistik erstellt nach Daten aus dem Jahresbericht 2006: Rechtsprechungsstatistiken – Gerichtshof, abrufbar unter: http://curia.europa.eu/de/instit/presentationfr/rapport/stat/06_cour_ stat.pdf – hier Statistik Nummer 16 (Als Basis für die neuanhängig gewordene Rechtssachen dient eine Addition der Spalten „Klagen und Vorabentscheidungsersuchen“ bzw. für Urteile und erledite Rechtssachen dient die Spalte „Urteile“ als Quelle) und dem Jahresbericht 2006: Rechtsprechungsstatistiken – Gericht erster Instanz, abrufbar unter: http://curia.europa.eu/de/instit/presentationfr/rapport/stat/06_trib_stat.pdf – hier Statistik Nummer 18 (Als Basis für die neuanhängig gewordene Rechtssachen dient die Spalte „Neu anhängig gewordene Rechtssachen“ bzw. für Urteile und erledigte Rechtssachen die Spalte „Erledigte Rechtssachen“).

DIAGRAMM 1

Rechtssachen vor EuGH und EuG

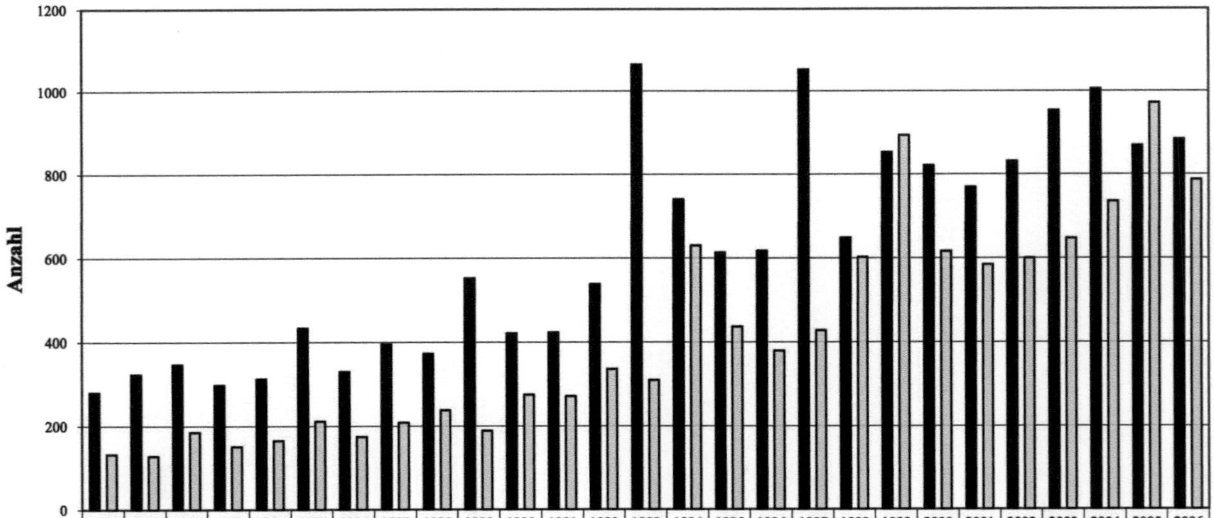

	1980	1981	1982	1983	1984	1985	1986	1987	1988	1989	1990	1991	1992	1993	1994	1995	1996	1997	1998	1999	2000	2001	2002	2003	2004	2005	2006
■ Neu anhängige Rs.	279	322	346	297	312	433	329	395	372	552	421	423	538	1065	740	613	617	1052	649	853	821	769	831	954	1005	869	884
□ Urt. u. erled. Rs.	132	128	185	151	165	211	174	208	238	189	275	271	335	309	630	437	379	428	602	894	616	584	600	647	736	972	787

Jahr

■ Neu anhängige Rs. □ Urt. u. erled. Rs.

Bevor auf Zahlen eingegangen wird, die einen direkten Bezug zur Rechtsetzungstätigkeit haben, sollen zunächst einige Aussagen des Schrifttums zum „zahlenmäßigen" Umfang des „Gemeinschaftsrechts" (kurz) referiert werden. Anschließend werden die Ergebnisse einer eigenen Recherche dargestellt.[154] Die Rechtsetzungsaktivität der „Europäischen Gemeinschaft" wird dabei aus zwei Blickwinkeln untersucht: dem jährlichen Rechtsetzungsumfang sowie dem Gesamtumfang aller in Geltung befindlichen Rechtsetzungsakte.

1. Angaben zur Rechtsetzungsaktivität

Zu Beginn einer solchen Sichtung muss unweigerlich die Zahl 80.000 genannt werden. So viele Seiten soll der „acquis communautaire" umfassen.[155] Bezugspunkt für diese Zahl ist eine Erhebung der Kommission aus dem Jahre 2001. In einer späteren Mitteilung der Kommission[156] wird der Bestand an verbindlichen

---

154 Da eine Untersuchung aller geschriebenen Amtsblattseiten in natura aus arbeitsökonomischen Gründen nicht in Angriff genommen wurde, wird als Ausgangspunkt der Recherche auf die EUR-Lex-Datenbank zurückgegriffen. EUR-Lex bietet jedoch nicht nur Zugang zu den Rechtsvorschriften der „Europäischen Gemeinschaft", sondern auch zu Rechtsakten der Europäischen Union und der „anderen" Gemeinschaften. Dies hat unmittelbare Auswirkungen auf das Ergebnis einer Suchanfrage. Ruft man beispielsweise alle Verordnungen auf, die in einem bestimmten Zeitraum erlassen wurden, erhält man nicht nur die entsprechenden Verordnungen der E(W)G, sondern gegebenenfalls auch die der EAG. Da die beiden Gemeinschaften EAG und die EGKS im Vergleich zur „Europäischen (Wirtschafts-) Gemeinschaft" nur eine geringe Rechtsetzungsaktivität aufweisen bzw. aufwiesen, kann die dadurch bedingte minimale „Ergebnisverfälschung" jedoch hingenommen werden.

Die Recherche selbst erfasst den Zeitraum von 1980 bis 2007 und betrachtet damit einen Zeitrahmen, der ausreichend erscheint, um einerseits den Einfluss von kurzfristigen Sonderfaktoren auf das Endergebnis auszuschließen und anderseits die Möglichkeit gewährt, langfristige Tendenzen zu erkennen.

155 Mitteilung der Kommission an das Europäische Parlament und den Rat – Kodifizierung des Acquis communautaire, KOM (2001) 645 endg. Vgl. des Weiteren u. a.: Aziz, The Impact of European Rights on National Legal Cultures, S. 3; Cosgrove-Sacks, The role of the Economic Commission for Europe, in: The Enlargement of the European Union, S. 56 ff. (61); Jovanović, in: Routledge Encyclopedia of International Political Economy (acquis communautaire), S. 5; Laffan/Stubb, Member States, in: The European Union, S. 71 ff. (75); Vachudová, Europe Undivided, S. 123 f.; Voermans/Moll/Florijn/v. Lochem, Codification and consolidation in Europe as means to untie red tape, S. 2. Siehe ferner die entsprechenden Verweise in openeurope, Just how big is the aquis communautaire (http://www.openeurope.org.uk/research/aquis.pdf).

156 Mitteilung der Kommission an den Rat, das Europäische Parlament, den Europäischen Wirtschafts- und Sozialausschuss und den Ausschuss der Regionen zur Aktualisierung und Vereinfachung des Acquis communautaire, KOM (2003) 71 endg.

sekundären Rechtsakten, das heißt an Verordnungen, Richtlinien und Entscheidungen im Sinne von „Art. 249 EGV“ allerdings bereits auf 97.000 Amtsblattseiten beziffert. Nach Angaben von Openeurope aus dem Jahr 2005 beläuft sich der wahre Umfang des „acquis communautaire“, der sich aus 666.879 Seiten an veröffentlichten Amtsblattseiten seit 1957 speist, tatsächlich aber auf über 170.000 Seiten.[157] Barents und Brinkhorst konstatieren im Jahr 2006 eine Zahl von 100.000 Amtsblattseiten[158] und Deva berichtet, dass seines Wissens nach 40.000 Paragraphen an „gemeinschaftlicher“ Gesetzgebung existieren.[159]
Neben den genannten Zahlen, die der Beschreibung des *Gesamtumfangs* des verbindlichen Sekundärrechts dienen, sollen weitere in der Literatur auffindbare Zahlenangaben präsentiert werden, die eine quantitative Zustandsbeschreibung der „gemeinschaftlichen“ Rechtsordnung vornehmen.[160]
Karpen berichtet von mehr als 5.000 Verordnungen und Richtlinien, die die „Europäische Gemeinschaft“ zwischen 1980 und 1990 erlassen hat.[161] Hill nennt, ändernde Rechtsakte mitgezählt, eine Zahl von 11.607 Richtlinien und Verordnungen, welche die „Gemeinschaftsorgane“ von 1970 bis zum Oktober 1985 verabschiedet haben.[162] Dabei konstatiert er, dass sich bei den Verordnungen die Anzahl der jährlichen Rechtsakte in den Jahren 1980–1985 gegenüber dem Durchschnitt der Jahre 1970–1974 verzehnfacht, bei den Richtlinien knapp verdreifacht hat, wobei auch die Textmenge der einzelnen Rechtsakte fortwährend zunahm.[163] Everling, der für die Bestimmung des Umfangs der Rechtsetzungsakte auf die letzte Zählnummer der im Amtsblatt veröffentlichten Verordnungen und Richtlinien blickt[164], ermittelt für das Jahr 1986 4.137 Verordnungen sowie 669 Richtlinien und Entscheidungen.[165] Tomuschat verfährt bei seiner Beschreibung des Umfangs der Rechtsetzung analog und ermittelt dabei, dass

157 Vgl. openeurope, Just how big is the aquis communautaire (http://www.openeurope.org.uk/research/aquis.pdf).

158 Barents/Brinkhorst, Grondlijnen van Europees recht, S. 204.

159 Deva, Who really governs Britain?, S. 7.

160 Über die nachfolgenden Angaben hinaus vgl.: Barents/Brinkhorst, Grondlijnen van Europees recht, S. 204; Groll, In der Flut der Gesetze, S. 77; Majone, in: Majone, Regulation Europe, S.57; Papier, Das Subsidiaritätsprinzip als Bremse des schleichenden Zentralismus in Europa?, S. 9.

161 Karpen, AöR, 124 (1999), 400 ff. (418); Karpen, FS Söllner, S. 479 ff. (486).

162 Hill, Maßnahmen zur Verbesserung der Gesetzgebungskultur in nationalen Rechtsordnungen in Anlehnung an das EG-Recht, in: Gesetzesvorspruch, S. 1 ff. (4).

163 Hill, Maßnahmen zur Verbesserung der Gesetzgebungskultur in nationalen Rechtsordnungen in Anlehnung an das EG-Recht, in: Gesetzesvorspruch, S. 1 ff. (4 f.).

164 Mit dieser Herangehensweise macht es sich Everling zunutze, dass etwa die Verordnungen von jedem Jahresersten an – ohne Rücksicht auf ihren Urheber – neu durchgezählt werden.

165 Everling, EuR, 1987, 214 ff. (214).

das Amtsblatt (Teil L) des Jahres 1980 mit 380 Nummern erschien und 3.552 Verordnungen sowie 1.327 Entscheidungen, Richtlinien und sonstige Beschlüsse enthielt.[166]

Die Probleme, die sich aus den genannten Zahlenangaben ergeben, sind auch für ähnliche in der Literatur auffindbare Angaben symptomatisch. Erstens beziehen sich diese Angaben zumeist auf einen willkürlich gewählten Zeitraum und zweitens offenbart ein Vergleich zwischen den jeweiligen Zahlenangaben oft erhebliche Unterschiede für scheinbar identische Sachverhalte, ohne dass es nachvollziehbar ist, wie diese Unterschiede zustande kommen. Konsequenterweise kann sich daher nicht auf „vorgefertigte Zahlenwerke" gestützt werden, sondern ist eine eigene Recherche anzustellen.

2. Jährliche Rechtsetzungsaktivität

Betrachtet man die Anzahl der jährlich veröffentlichten Verordnungen, Richtlinien und Entscheidungen (Diagramm 2[167]), erkennt man eine seit 1980 (unregelmäßig) ansteigende Veröffentlichungsmenge mit einem signifikanten Anstieg im Jahr 1995. Im Vergleich zum Rechtsetzungsminimum im Jahr 1981 bildet das Jahr 1998 den Höhepunkt der Rechtsetzungsaktivitäten mit einer Steigerung um 122 %. Von diesem Niveau ausgehend ist die Rechtsetzungsaktivität seit der Jahrtausendwende, abgesehen von einem „Ausreißer" 2006, rückläufig. Im Jahr 2007 war die Gesamtzahl der veröffentlichten Rechtsetzungsakte aber immer noch 56 % höher als diejenige im Jahr 1980.

---

166 Tomuschat, FS Kutscher, S. 461 ff. (462).

167 Quelle: Eigene Statistik erstellt nach Angaben aus der EUR-Lex Datenbank. Den auf diesem Weg gewonnenen Daten liegen folgende Suchanfragen zugrunde: Form = verordnung AND Art_Bereich = 3 AND Veröffentlichung >= 1980/01/01 <= 1980/12/31, Form = richtlinie AND Art_Bereich = 3 AND Veröffentlichung >= 1980/01/01 <= 1980/12/31, Form = entscheidung AND Art_Bereich = 3 AND Veröffentlichung >= 1980/01/01 <=1980/12/31. Die Jahreszahlen (in diesen Beispielen – 1980) wurden für die einzelnen Datensätze jeweils angepasst (also 1980 jeweils ersetzt durch 1981, 1982, ... 2007). Schließlich wurden die jährlichen Zahlen für die Verordnungen, Richtlinien und Entscheidungen addiert.

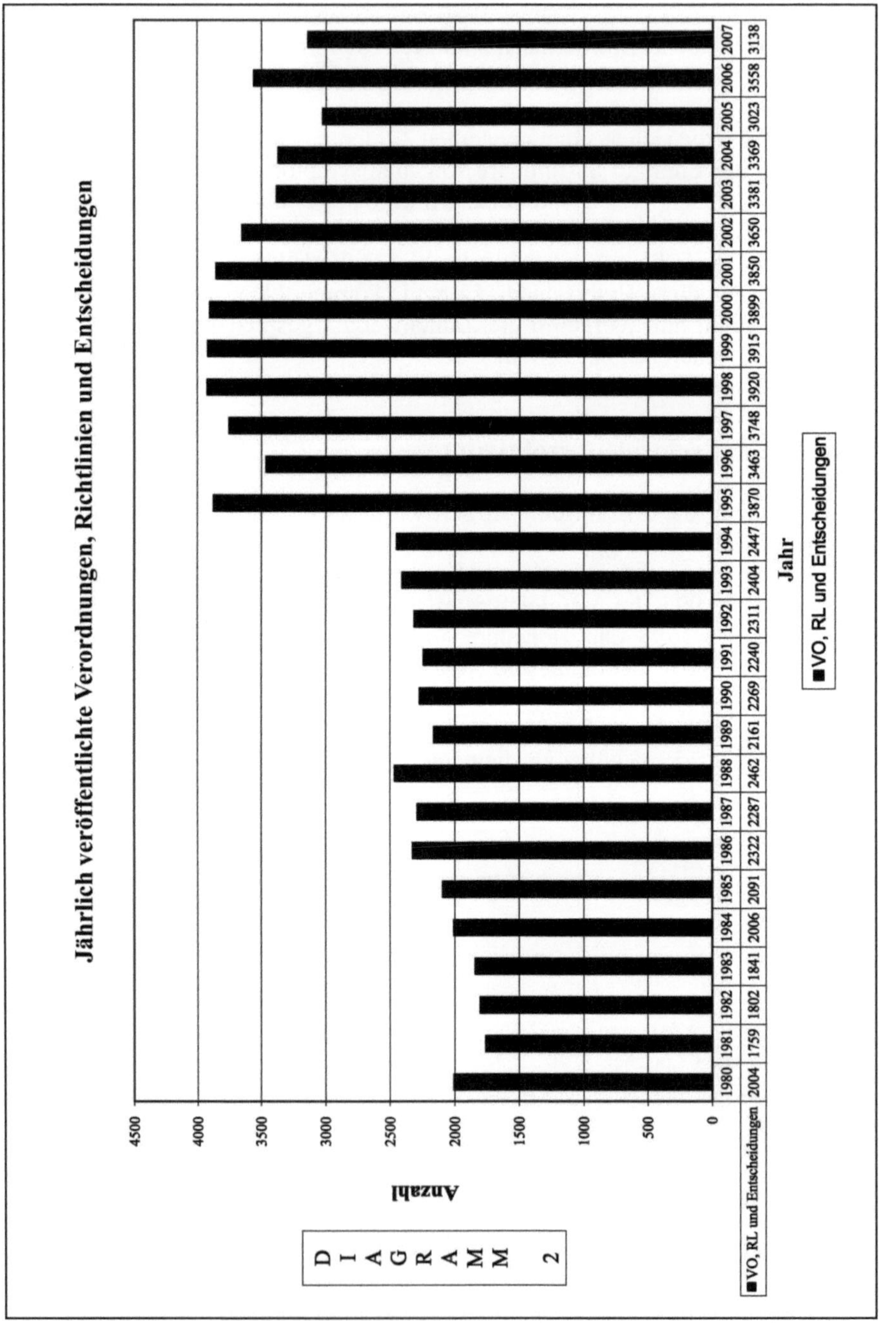

	1980	1981	1982	1983	1984	1985	1986	1987	1988	1989	1990	1991	1992	1993
VO, RL und Entscheidungen	2004	1759	1802	1841	2006	2091	2322	2287	2462	2161	2269	2240	2311	2404

	1994	1995	1996	1997	1998	1999	2000	2001	2002	2003	2004	2005	2006	2007
VO, RL und Entscheidungen	2447	3870	3463	3748	3920	3915	3899	3850	3650	3381	3369	3023	3558	3138

Diagramm 3[168] zeigt, dass die Verordnung die am häufigsten verwendete Handlungsform ist. Auf Platz 2 rangiert die Entscheidung mit deutlichem Abstand vor der Richtlinie. Greift man etwa das Jahr 2007 heraus, lässt sich festhalten, dass fast zehnmal mehr Verordnungen veröffentlicht wurden als Richtlinien. Bei den Entscheidungen ist es immer noch mehr als ein Vierfaches.
Klammert man allerdings die Verordnungen, Richtlinien und Entscheidungen berichtigender Natur aus, verringert sich die Anzahl der aufgeführten Rechtsetzungsakte signifikant. Es wird damit deutlich, dass bei den Verordnungen und Richtlinien der Großteil der Rechtsetzungsakte lediglich berichtigender Art ist (vgl. Diagramm 4[169]). Die Anzahl der Entscheidungen ändert sich dagegen kaum, da berichtigende Entscheidungen die Ausnahme bilden.

Wie groß der Anteil von berichtigenden Rechtsetzungsakten an der Gesamtzahl aller jährlich veröffentlichten Rechtsetzungsakte ist, offenbart Diagramm 5[170]. Die Anzahl berichtigender Rechtsetzungsakte ist im Mittel über den Beobachtungszeitraum zirka zweieinhalbmal größer als die der „nicht berichtigenden" Rechtsetzungsakte.

---

168 Quelle: Eigene Statistik erstellt nach Angaben aus der EUR-Lex Datenbank. Den auf diesem Weg gewonnenen Daten liegen die schon bei Diagramm 2 aufgeführten Suchanfragen zugrunde.

169 Quelle: Eigene Statistik erstellt nach Angaben aus der EUR-Lex Datenbank. Den auf diesem Weg gewonnenen Daten liegen folgende Suchanfragen zugrunde: Form = verordnung AND Art_Bereich = 3 NOT Art_Berichtigung = CORR AND Veröffentlichung >= 1980/01/01 <= 1980/12/31, Form = richtlinie AND Art_Bereich = 3 NOT Art_Berichtigung = CORR AND Veröffentlichung >= 1980/01/01 <= 1980/12/31, Form = entscheidung AND Art_Bereich = 3 NOT Art_Berichtigung = CORR AND Veröffentlichung >= 1980/01/01 <= 1980/12/31. Die Jahreszahlen (in diesen Beispielen – 1980) wurden für die einzelnen Datensätze jeweils angepasst (also 1980 jeweils ersetzt durch 1981, 1982, ... 2007).

170 Quelle: Eigene Statistik erstellt nach Angaben aus der EUR-Lex Datenbank. Den auf diesem Weg gewonnenen Daten liegen die schon bei Diagramm 2 aufgeführten Suchanfragen zugrunde. Des Weiteren wurden die Daten aus Diagramm 4 in modifizierter Form verwendet.

DIAGRAMM 3

Jährlich veröffentlichte Verordnungen, Richtlinien oder Entscheidungen

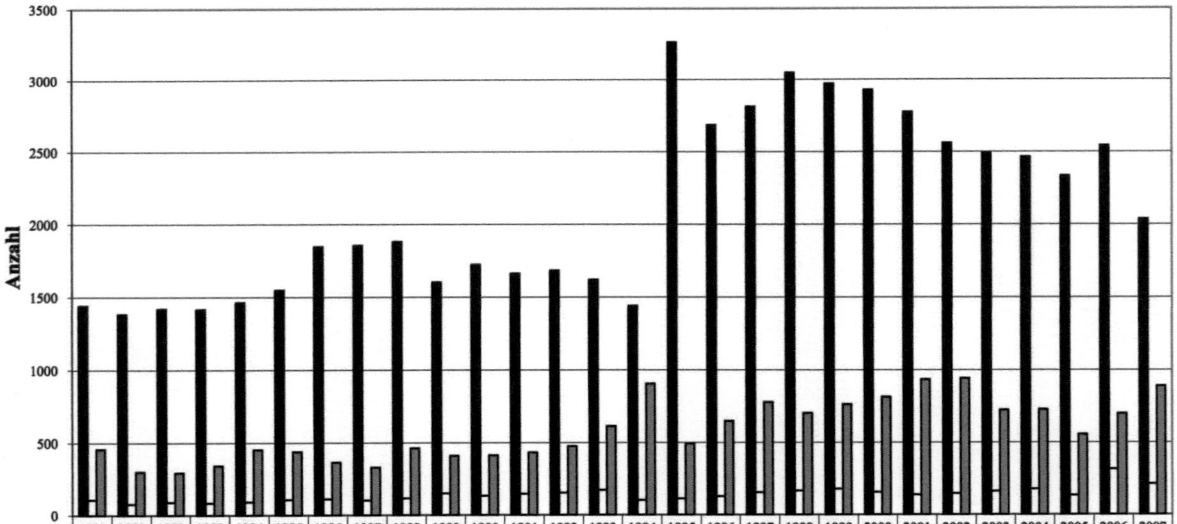

	1980	1981	1982	1983	1984	1985	1986	1987	1988	1989	1990	1991	1992	1993
■ Verordnungen	1440	1382	1419	1416	1463	1547	1847	1855	1882	1601	1723	1661	1682	1618
□ Richtlinien	107	77	90	84	91	106	111	103	117	150	134	147	154	172
▩ Entscheidungen	457	300	293	341	452	438	364	329	463	410	412	432	475	614

	1994	1995	1996	1997	1998	1999	2000	2001	2002	2003	2004	2005	2006	2007
■ Verordnungen	1440	3265	2686	2813	3049	2972	2928	2776	2561	2493	2464	2333	2543	2036
□ Richtlinien	102	113	128	155	167	179	156	138	146	163	177	134	315	212
▩ Entscheidungen	905	492	649	780	704	764	815	936	943	725	728	556	700	890

Jahr

■ Verordnungen □ Richtlinien ▩ Entscheidungen

DIAGRAMM 4

Jährlich veröffentlichte Verordnungen, Richtlinien oder Entscheidungen unter Ausklammerung von berichtigenden Dokumenten

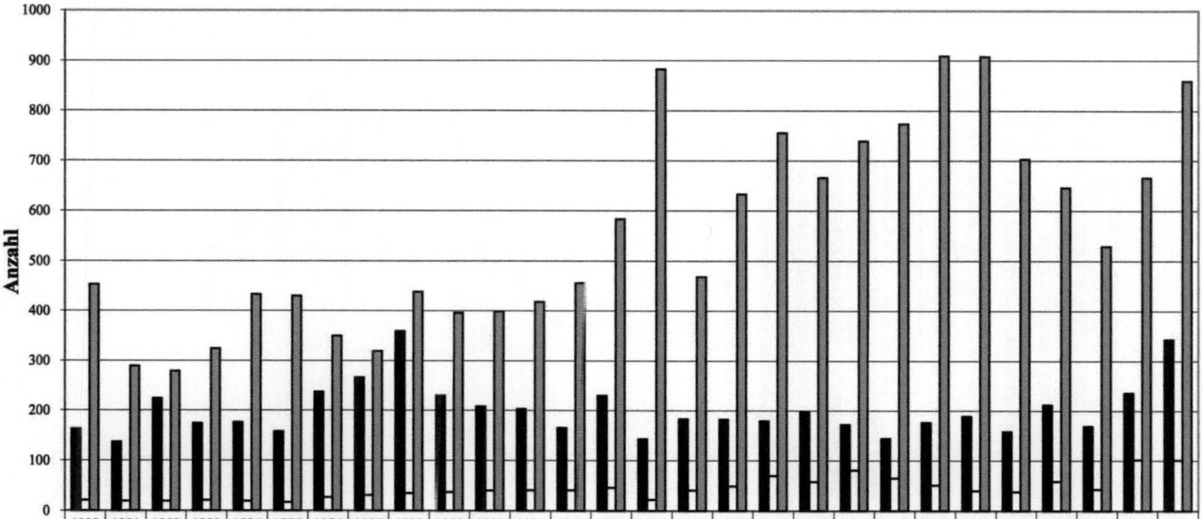

	1980	1981	1982	1983	1984	1985	1986	1987	1988	1989	1990	1991	1992	1993
■ Verordnungen	163	137	224	174	176	158	237	266	359	230	208	203	165	230
□ Richtlinien	21	19	19	21	19	17	27	31	35	37	40	41	41	46
▩ Entscheidungen	453	289	279	324	433	430	350	319	438	396	399	418	456	583

	1994	1995	1996	1997	1998	1999	2000	2001	2002	2003	2004	2005	2006	2007
■ Verordnungen	143	183	182	179	197	172	144	176	189	158	212	169	236	343
□ Richtlinien	22	41	49	70	58	81	65	51	40	38	59	43	102	101
▩ Entscheidungen	883	469	633	755	666	739	773	909	908	703	646	529	666	859

Jahr

■ Verordnungen □ Richtlinien ▩ Entscheidungen

DIAGRAMM 5

Gegenüberstellung der Gesamtzahl aller jährlich veröffentlichten Verordnungen, Richtlinien und Entscheidungen und der zugehörigen Anzahl entsprechender Rechtsakte mit lediglich berichtigender Natur

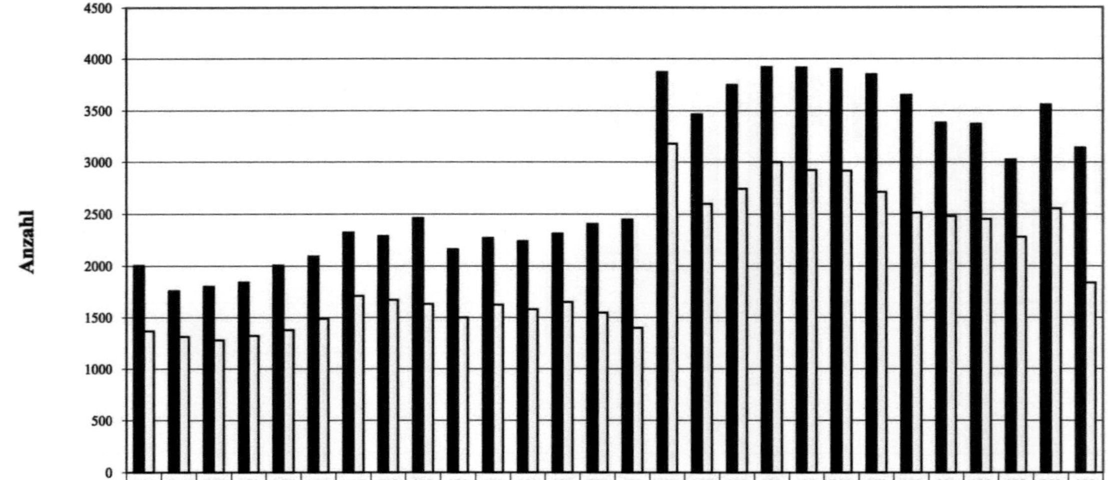

	1980	1981	1982	1983	1984	1985	1986	1987	1988	1989	1990	1991	1992	1993	1994	1995	1996	1997	1998	1999	2000	2001	2002	2003	2004	2005	2006	2007
■ Gesamtzahl an VO, RL und Ents.	2004	1759	1802	1841	2006	2091	2322	2287	2462	2161	2269	2240	2311	2404	2447	3870	3463	3748	3920	3915	3899	3850	3650	3381	3369	3023	3558	3138
□ Gesamtzahl bericht. VO, RL und Ents.	1367	1314	1280	1322	1378	1486	1708	1671	1630	1498	1622	1578	1649	1545	1399	3177	2599	2744	2999	2923	2917	2714	2513	2482	2452	2282	2554	1835

Jahr

■ Gesamtzahl an VO, RL und Ents. □ Gesamtzahl bericht. VO, RL und Ents.

In Diagramm 6[171] werden die Rechtsetzungsakte entsprechend ihrer „Herkunft" unterschieden. Dabei wird deutlich, dass die Rechtsetzungsakte in ihrer Mehrzahl nicht vom Rat oder dem Parlament stammen, sondern von der Kommission verabschiedet werden. Die Zahlen belegen damit einen Trend, der innerhalb der Rechtsetzung den Exekutivfunktionen im Vergleich zu den Legislativfunktionen eine immer größere Bedeutung zumisst. Während das Parlament und der Rat relativ wenig Rechtsetzungsakte erlassen, erreicht die Zahl der von der Kommission verabschiedeten Durchführungsmaßnahmen mehrere Tausend – mit steigender Tendenz. Diese Dynamik erklärt sich wohl zum großen Teil aus der beschleunigten technologischen Entwicklung und aus der angewachsenen Zahl an Mitgliedstaaten.
Die Anzahl der Rechtsetzungsakte, die vom Rat und dem Europäischen Parlament verabschiedet wurden, nimmt seit Ende der 80er Jahre tendenziell ab. Nur die beiden letzten Jahre des Untersuchungszeitraumes könnten möglicherweise eine erneute Trendumkehr einläuten.

Diagramm 7[172] gestattet die aus Diagramm 6 gewonnenen Einsichten zu vertiefen. Dazu wird eine nach Handlungsformen differenzierende Darstellung präsentiert, die einen Vergleich zwischen der Gesamtzahl der jeweiligen Rechtsakte (einer bestimmten Handlungsform) zu der entsprechenden Zahl von Rechtsakten, die von der Kommission erlassen wurden, anstellt.

171 Quelle: Eigene Statistik erstellt nach Angaben aus der EUR-Lex Datenbank. Den auf diesem Weg gewonnenen Daten liegen die schon zu Diagramm 2 aufgeführten Suchanfragen sowie folgende Anfrage zu Grunde: Autor = kommission AND Form = verordnung AND Art_Bereich = 3 AND Veröffentlichung >= 1980/01/01 <= 1980/12/31, Autor = kommission AND Form = richtlinie AND Art_Bereich = 3 AND Veröffentlichung >= 1980/01/01 <= 1980/12/31, Autor = kommission AND Form = entscheidung AND Art_Bereich = 3 AND Veröffentlichung >= 1980/01/01 <= 1980/12/31. Die Jahreszahlen (in diesen Beispielen – 1980) wurden für die einzelnen Datensätze jeweils angepasst (also 1980 jeweils ersetzt durch 1981, 1982, ... 2007).

172 Quelle: Eigene Statistik erstellt nach Angaben aus der EUR-Lex Datenbank. Den auf diesem Weg gewonnenen Daten liegen, neben den bereits bei Diagramm 2 aufgeführten, die folgenden weiteren Anfragen zugrunde: Autor = kommission AND Form = verordnung AND Art_Bereich = 3 AND Veröffentlichung >= 1980/01/01 <= 1980/12/31, Autor = kommission AND Form = richtlinie AND Art_Bereich = 3 AND Veröffentlichung >= 1980/01/01 <= 1980/12/31, Autor = kommission AND Form = entscheidung AND Art_Bereich = 3 AND Veröffentlichung >= 1980/01/01 <= 1980/12/31. Die Jahreszahlen (in diesen Beispielen – 1980) wurden für die einzelnen Datensätze jeweils angepasst (also 1980 jeweils ersetzt durch 1981, 1982, ... 2007).

DIAGRAMM 6

Gegenüberstellung der Gesamtzahl der jährlich veröffentlichten Verordnungen, Richtlinien und Entscheidungen mit der Anzahl entsprechender Rechtsakte, die von der Kommission stammen

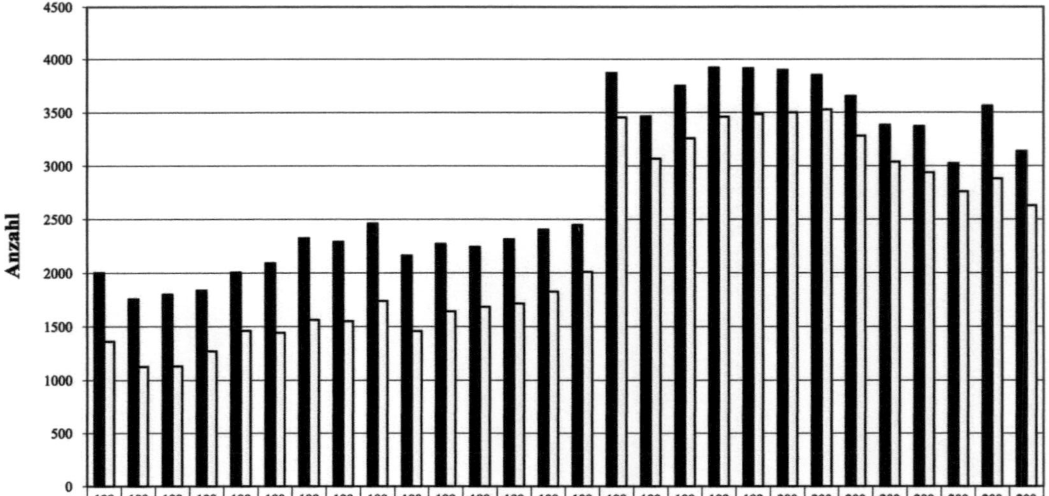

Jahr	1980	1981	1982	1983	1984	1985	1986	1987	1988	1989	1990	1991	1992	1993	1994	1995	1996	1997	1998	1999	2000	2001	2002	2003	2004	2005	2006	2007
■ Gesamtzahl der VO, RL und Entscheidungen	2004	1759	1802	1841	2006	2091	2322	2287	2462	2161	2269	2240	2311	2404	2447	3870	3463	3748	3920	3915	3899	3850	3650	3381	3369	3023	3558	3138
□ Gesamtzahl der VO, RL und Entscheidungen der Kommission	1362	1127	1131	1269	1460	1442	1565	1553	1742	1458	1643	1686	1717	1828	2009	3454	3067	3258	3458	3484	3499	3525	3281	3038	2938	2760	2881	2629

Jahr

■ Gesamtzahl der VO, RL und Entscheidungen □ Gesamtzahl der VO, RL und Entscheidungen der Kommission

DIAGRAMM 7

Gegenüberstellung der Gesamtzahl an jährlich veröffentlichten Verordnungen, Richtlinien oder Entscheidungen und der zugehörigen Anzahl entsprechender Rechtsakte, die von der Kommission stammen

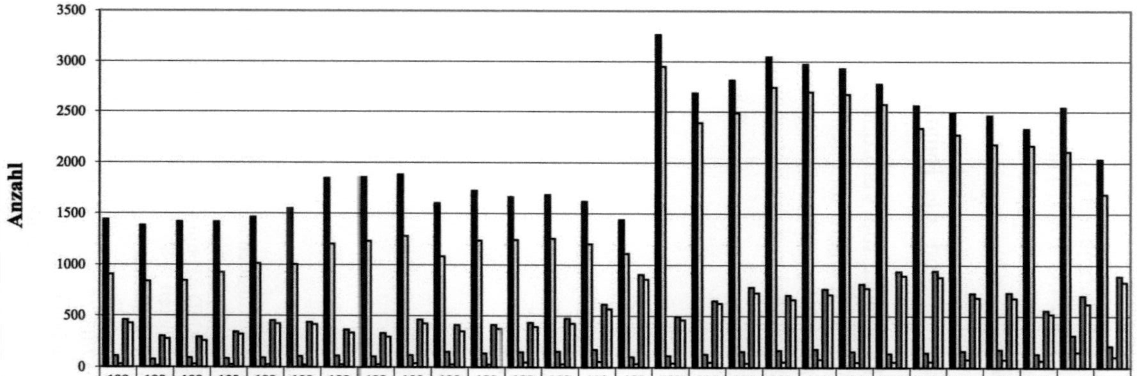

	1980	1981	1982	1983	1984	1985	1986	1987	1988	1989	1990	1991	1992	1993	1994	1995	1996	1997	1998	1999	2000	2001	2002	2003	2004	2005	2006	2007
■ Gesamtzahl an Verordnungen	1440	1382	1419	1416	1463	1547	1847	1855	1882	1601	1723	1661	1682	1618	1440	3265	2686	2813	3049	2972	2928	2776	2561	2493	2464	2333	2543	2036
□ Verordnungen der Kommission	905	837	843	923	1012	1004	1204	1231	1280	1082	1239	1245	1257	1204	1113	2949	2392	2489	2742	2695	2673	2575	2339	2277	2181	2170	2111	1692
■ Gesamtzahl an Richtlinien	107	77	90	84	91	106	111	103	117	150	134	147	154	172	102	113	128	155	167	179	156	138	146	163	177	134	315	212
□ Richtlinien der Kommission	30	15	31	26	26	23	26	28	38	28	29	48	33	57	37	42	51	42	55	80	53	55	60	80	81	69	151	105
■ Gesamtzahl an Entscheidungen	457	300	293	341	452	438	364	329	463	410	412	432	475	614	905	492	649	780	704	764	815	936	943	725	728	556	700	890
□ Entscheidungen der Kommission	427	275	257	320	422	415	335	294	424	348	375	393	427	567	859	463	624	727	661	709	773	895	882	681	676	521	619	832

Jahr

■ Gesamtzahl an Verordnungen □ Verordnungen der Kommission ■ Gesamtzahl an Richtlinien
□ Richtlinien der Kommission ■ Gesamtzahl an Entscheidungen □ Entscheidungen der Kommission

3. Gesamtbestand der geltenden Rechtsetzungsakte

Diagramm 8[173] zeigt die jährliche Zunahme der geltenden Verordnungen, Richtlinien und Entscheidungen von 1980 bis 2007. Dabei wird auch deutlich, dass die Zahl der geltenden Rechtsetzungsakte pro Jahr seit Mitte der 90er Jahre stärker steigt als in den Jahren zuvor.

Wie aus Diagramm 9[174] ersichtlich, sind alle Handlungsformen von diesem größeren Anstieg betroffen.
In absoluten Zahlen ausgedrückt belegen die Verordnungen unangefochten den Spitzenplatz, gefolgt von den Entscheidungen und den Richtlinien. Bei letzteren zeigt die Darstellung, dass hier ein vergleichsweise geringer Anstieg stattfand. Den prozentual größten Anstieg verzeichnen die Entscheidungen.

173 Quelle: Eigene Statistik erstellt nach Angaben aus der EUR-Lex Datenbank. Den auf diesem Weg gewonnenen Daten liegen folgende Suchanfragen zugrunde: Form = verordnung AND Art_Bereich = 3 AND Datum_des_Inkrafttretens > 1957/03/25 <= 1980/12/31 NOT Ende_der_Gültigkeit <= 1980/12/31, Form = richtlinie AND Art_Bereich = 3 AND Datum_des_Inkrafttretens > 1957/03/25 <= 1980/12/31 NOT Ende_der_Gültigkeit <= 1980/12/31, Form = entscheidung AND Art_Bereich = 3 AND Datum_des_Inkrafttretens > 1957/03/25 <= 1980/12/31 NOT Ende_der_Gültigkeit <= 1980/12/31. Die Jahreszahlen, welche den Endpunkt der jeweiligen Zeitspanne (etwa von 1957 bis 1980) markieren (in diesem Beispiel also 1980), wurden für die einzelnen Datensätze jeweils angepasst (also 1980 jeweils ersetzt durch 1981, 1982, ... 2007). Schließlich wurden die jährlichen Zahlen für die Verordnungen, Richtlinien und Entscheidungen addiert.

174 Quelle: Eigene Statistik erstellt nach Angaben aus der EUR-Lex Datenbank. Den auf diesem Weg gewonnenen Daten liegen die bereits zu Diagramm 8 aufgeführten Suchanfragen zugrunde.

DIAGRAMM 8

Gesamtbestand aller jeweils geltenden Verordnungen, Richtlinien und Entscheidungen

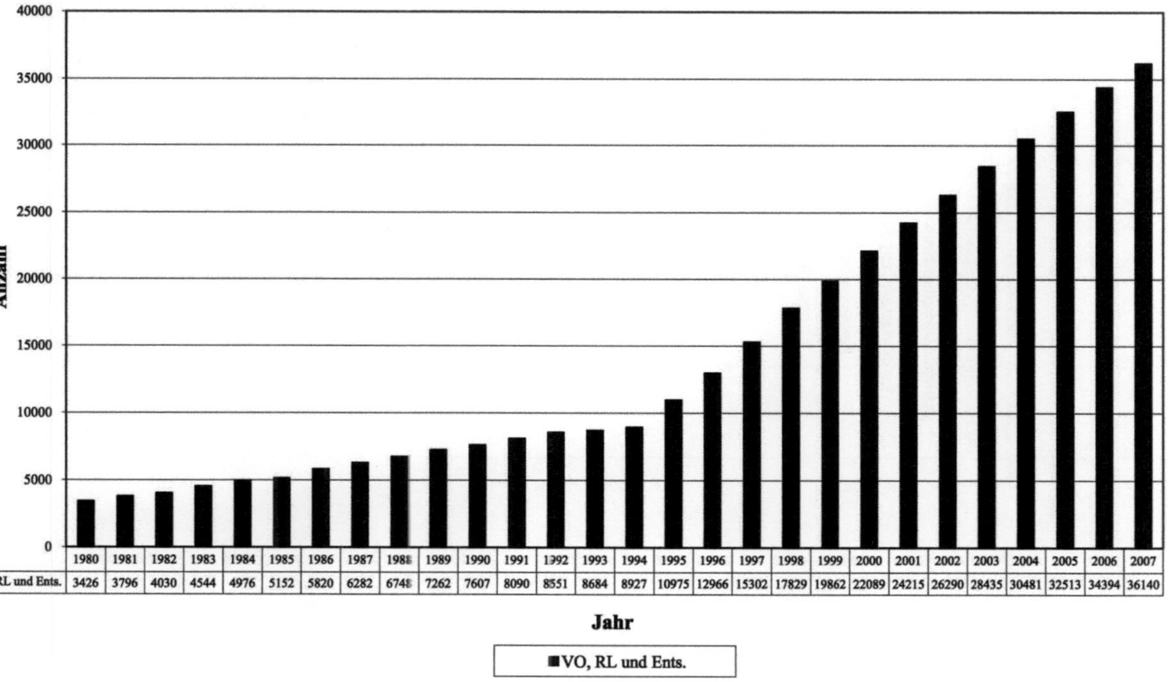

	1980	1981	1982	1983	1984	1985	1986	1987	1988	1989	1990	1991	1992	1993
VO, RL und Ents.	3426	3796	4030	4544	4976	5152	5820	6282	6748	7262	7607	8090	8551	8684

	1994	1995	1996	1997	1998	1999	2000	2001	2002	2003	2004	2005	2006	2007
VO, RL und Ents.	8927	10975	12966	15302	17829	19862	22089	24215	26290	28435	30481	32513	34394	36140

DIAGRAMM 9

Gesamtbestand der jeweils geltenden Verordnungen, Richtlinien oder Entscheidungen

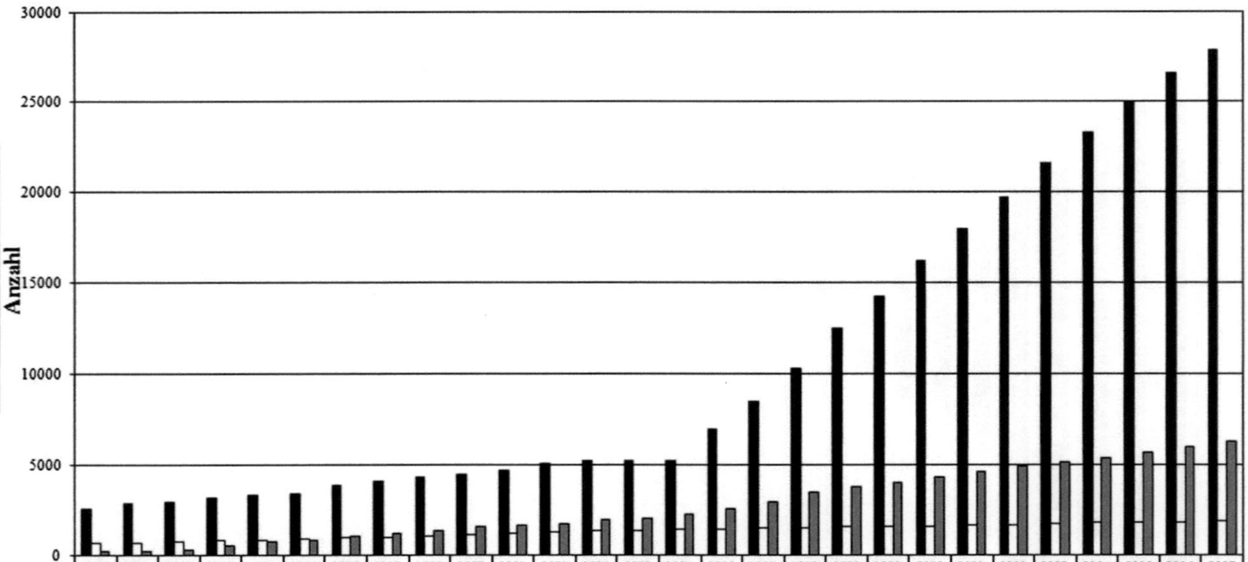

	1980	1981	1982	1983	1984	1985	1986	1987	1988	1989	1990	1991	1992	1993
■ Verordnungen	2551	2841	2967	3194	3360	3420	3840	4082	4318	4504	4723	5047	5264	5258
□ Richtlinien	651	696	754	812	866	877	955	996	1066	1148	1223	1274	1343	1395
■ Entscheidungen	224	259	309	538	750	855	1025	1204	1364	1610	1661	1769	1944	2031

	1994	1995	1996	1997	1998	1999	2000	2001	2002	2003	2004	2005	2006	2007
■ Verordnungen	5196	6939	8516	10317	12471	14242	16185	17928	19701	21556	23292	25006	26577	27916
□ Richtlinien	1432	1457	1510	1533	1583	1611	1613	1642	1670	1705	1783	1836	1845	1904
■ Entscheidungen	2299	2579	2940	3452	3775	4009	4291	4645	4919	5174	5406	5671	5972	6320

Wie bereits bei der Darstellung der jährlichen Rechtsetzungstätigkeit, geht auch aus Diagramm 10[175] hervor, dass der Anstieg bei den in Geltung befindlichen Rechtsetzungsakten vorwiegend auf die eigenen Rechtsetzungsaktivitäten der Kommission zurückzuführen ist. Wenn man die Rechtsetzung durch die Kommission aus dem Gesamtbestand an Verordnungen, Richtlinien und Entscheidungen ausklammert, würde sich für die anderen Rechtsetzungsakte im Vergleich des Jahres 1980 mit dem Jahr 2007 zwar immer noch mehr als eine Verdoppelung der Rechtsetzungsakte verzeichnen lassen, in absoluten Zahlen ausgedrückt wäre dies allerdings lediglich ein Anstieg von ursprünglich 1.791 Rechtsetzungsakten auf nunmehr 3.641 Rechtsetzungsakte. Im Vergleich der Jahre 1980 und 2007 ist der Gesamtbestand an Rechtsetzungsakten, die nicht von der Kommission verabschiedet wurden, also um 1.850 angewachsen.

Zum Vergleich: Allein der Anstieg des Gesamtbestandes an Rechtsetzungsakten, welche die Kommission erlassen hat, bemisst sich auf 30.864 Rechtsetzungsakte.

In Diagramm 11[176] wird deutlich, dass nur bei den Richtlinien die Anzahl der „Kommissionsprodukte“ hinter den nicht von der Kommission kommenden Rechtsetzungsakten zurückbleibt.

---

175 Quelle: Eigene Statistik erstellt nach Angaben aus der EUR-Lex Datenbank. Den auf diesem Weg gewonnenen Daten liegen folgende Suchanfragen zugrunde: Form = verordnung AND Art_Bereich = 3 AND Datum_des_Inkrafttretens > 1957/03/25 <= 1980/12/31 NOT Ende_der_Gültigkeit <= 1980/12/31, Form = richtlinie AND Art_Bereich = 3 AND Datum_des_Inkrafttretens > 1957/03/25 <= 1980/12/31 NOT Ende_der_Gültigkeit <= 1980/12/31, Form = entscheidung AND Art_Bereich = 3 AND Datum_des_Inkrafttretens > 1957/03/25 <= 1980/12/31 NOT Ende_der_Gültigkeit <= 1980/12/31 sowie Autor = kommission AND Form = verordnung AND Art_Bereich = 3 AND Datum_des_Inkrafttretens > 1957/3/25 <= 1980/12/31 NOT Ende_der_Gültigkeit <= 1980/12/31, Autor = kommission AND Form = richtlinie AND Art_Bereich = 3 AND Datum_des_Inkrafttretens > 1957/3/25 <= 1980/12/31 NOT Ende_der_Gültigkeit <= 1980/12/31, Autor = kommission AND Form = entscheidung AND Art_Bereich = 3 AND Datum_des_Inkrafttretens > 1957/3/25 < 1980/12/31 NOT Ende_der_Gültigkeit <= 1980/12/31. Die Jahreszahlen, welche den Endpunkt der jeweiligen Zeitspanne (etwa von 1957 bis 1980) markieren (in diesem Beispiel also 1980), wurden für die einzelnen Datensätze jeweils angepasst (also 1980 jeweils ersetzt durch 1981, 1982, ... 2007). Schließlich wurden die entsprechenden Datensätze addiert.

176 Quelle: Eigene Statistik erstellt nach Angaben aus der EUR-Lex Datenbank. Den auf diesem Weg gewonnenen Daten liegen die schon zu den Diagrammen 8 und 10 aufgeführten Suchanfragen zugrunde.

DIAGRAMM 10

Gegenüberstellung des jeweiligen Gesamtbestandes an geltenden Verordnungen, Richtlinien und Entscheidungen mit dem Gesamtbestand entsprechender Rechtsakte, die von der Kommission stammen

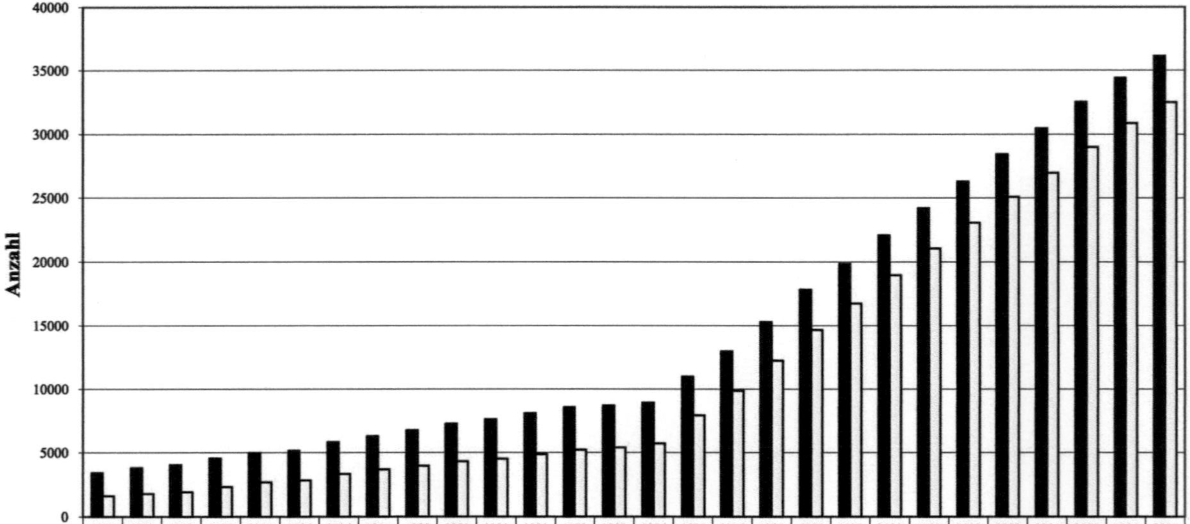

	1980	1981	1982	1983	1984	1985	1986	1987	1988	1989	1990	1991	1992	1993
■Gesamtbestand	3426	3796	4030	4544	4976	5152	5820	6282	6748	7262	7607	8090	8551	8684
□Von der Kommission	1635	1807	1938	2332	2694	2850	3333	3685	3965	4311	4522	4863	5206	5400

	1994	1995	1996	1997	1998	1999	2000	2001	2002	2003	2004	2005	2006	2007
■Gesamtbestand	8927	10975	12966	15302	17829	19862	22089	24215	26290	28435	30481	32513	34394	36140
□Von der Kommission	5708	7921	9867	12236	14657	16761	18973	21066	23083	25087	26965	28998	30880	32499

Jahr

■Gesamtbestand □Von der Kommission

DIAGRAMM 11

Gegenüberstellung der Gesamtzahl der jeweils geltenden Verordnungen, Richtlinien oder Entscheidungen und der zugehörigen Anzahl entsprechender Rechtsetzungsakte, die von der Kommission stammen

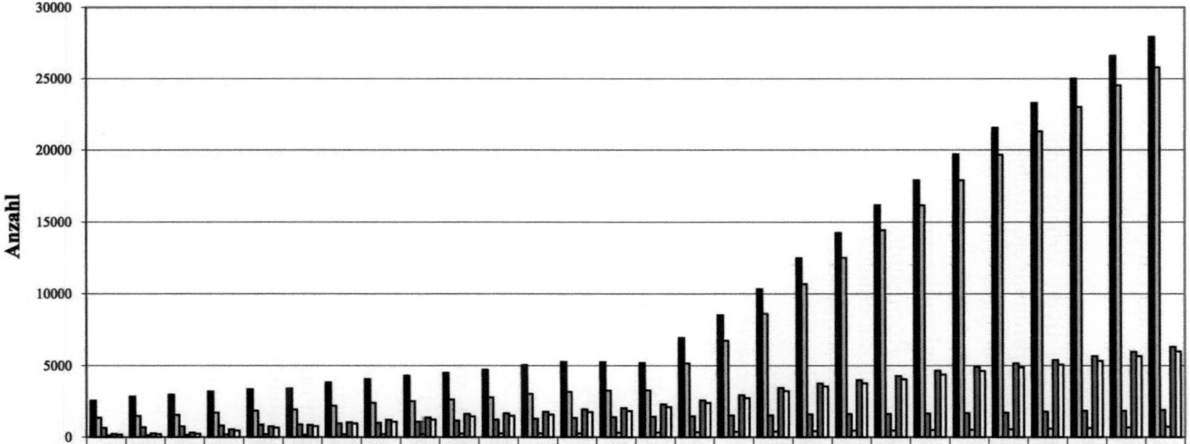

	1980	1981	1982	1983	1984	1985	1986	1987	1988	1989	1990	1991	1992	1993
Verordnungen	2551	2841	2967	3194	3360	3420	3840	4082	4318	4504	4723	5047	5264	5258
VO der Kommission	1345	1475	1550	1702	1839	1929	2192	2405	2530	2627	2783	3028	3183	3270
Richtlinien	651	696	754	812	866	877	955	996	1056	1148	1223	1274	1343	1395
RL der Kommission	120	133	159	182	195	165	190	203	224	245	257	257	267	300
Entscheidungen	224	259	309	538	750	855	1025	1204	1354	1610	1661	1769	1944	2031
Ent. der Kommission	170	199	229	448	660	756	951	1077	1221	1439	1482	1578	1756	1830

	1994	1995	1996	1997	1998	1999	2000	2001	2002	2003	2004	2005	2006	2007
Verordnungen	5196	6939	8516	10317	12471	14242	16185	17928	19701	21556	23292	25006	26577	27916
VO der Kommission	3281	5175	6740	8610	10674	12506	14439	16173	17933	19670	21298	23015	24543	25781
Richtlinien	1432	1457	1510	1533	1583	1611	1613	1642	1670	1705	1783	1836	1845	1904
RL der Kommission	320	350	383	393	424	466	471	501	513	536	584	633	675	724
Entscheidungen	2299	2579	2940	3452	3775	4009	4291	4645	4919	5174	5406	5671	5972	6320
Ent. der Kommission	2107	2396	2744	3233	3559	3789	4063	4392	4637	4881	5083	5350	5662	5994

Jahr

■ Verordnungen □ VO der Kommission ■ Richtlinien □ RL der Kommission ■ Entscheidungen □ Ent. der Kommission

3. Bewertung

Seit 1980 wurde jährlich eine steigende Zahl von Rechtsetzungsakten durch die „Gemeinschaft" veröffentlicht.[177] Die meisten dieser Regelungen waren berichtigender Natur.

Die Zunahme der Rechtsetzungsaktivität drückt sich auch im Gesamtumfang aller in Geltung befindlichen Verordnungen, Richtlinien und Entscheidungen aus. Seit 1980 lässt sich ein beständiges Anwachsen der Menge an Rechtsetzungsakten ausmachen.[178] Von den 8.000 europäischen Normen, die von manchem Beobachter[179] für einen funktionierenden Binnenmarkt als erforderlich erachtet werden, ist die derzeitige Rechtsordnung weit entfernt. Die Handlungsform der Verordnung steht dabei zahlenmäßig an erster Stelle, gefolgt von den Entscheidungen und den Richtlinien. Die Untersuchung hat allerdings auch gezeigt, dass die weitaus größte Zahl aller Rechtsetzungsakte von der Kommission erlassen wird.

Im Folgenden gilt es, das Zahlenwerk zur Rechtsetzungstätigkeit in der „Europäischen Gemeinschaft" vor dem Hintergrund der Besonderheiten dieser Rechtsordnung einzuordnen und zu relativieren. In diesem Zusammenhang kann auf eine Studie des Europainstituts der Universität Basel verwiesen werden.[180] Diese Studie untersuchte zirka 21.000 Rechtsakte der „Gemeinschaftsorgane", die zwischen dem 1. Januar 1992 und dem 30. Juni 1998 im Amtsblatt der Europäischen Gemeinschaften veröffentlicht wurden. Daraus geht hervor, dass die Mehrheit der Rechtsakte (ca. 12.200 bzw. 58 %) Maßnahmen der laufenden Verwaltung im Rahmen der Landwirtschaftspolitik darstellen, welche die Kommission kraft Delegation des Rates in der Regel nur für eine befristete Dauer verabschiedete. Ein knappes Viertel der Rechtsakte (ca. 4.800 bzw. 23 %) waren Änderungen bereits bestehender Rechtsakte. Außerdem dienten etwa 1.300 Rechtsakte (6 %) redaktionellen Berichtigungen. Die Studie zeigt auch, dass nur rund 2.300 (11 %) neue Rechtsakte verabschiedet wurden, welche sich auf etwa 2.100 Verordnungen und 204 Richtlinien verteilen. Dies entspricht einer jährlichen Rechtsetzungstätigkeit von durchschnittlich 340 neuen Verord-

---

177 Vgl. Bergkamp, European Community Law for the New Economy, S. 734; Kohler-Koch/Conzelmann/Knodt, Europäische Integration – Europäisches Regieren, S. 160 m. w. N.; Majone, Jahrbuch zur Staats- und Verwaltungswissenschaft, 1989, 159 ff. (172).

178 Vgl. Kohler-Koch/Conzelmann/Knodt, Europäische Integration – Europäisches Regieren, S. 160 m. w. N.

179 So wohl auch Philipp, EuZW, 1995, 353 (353), der dies mit der Forderung nach einer verstärkten Anwendung des Prinzips der gegenseitigen Anerkennung und dem weitgehenden Verzicht auf eine Rechtsharmonisierung verbindet.

180 Vgl. Schweiz – Europäische Union: Integrationsbericht 1999 vom 3. Februar 1999 S. 11 ff., abrufbar unter: www.ssn.ethz.ch/forschung/amt/documents/Integrationsbericht_1999.pdf.

nungen und 32 neuen Richtlinien. Bei der Unterscheidung nach der den Rechtsakt erlassenden Stelle wird in der Studie deutlich, dass der Rat bzw. der Rat zusammen mit dem Europäischen Parlament nur etwa 2.000 Rechtsakte (11 %) verabschiedete. Diese Zahlen schließen sowohl neue Erlasse als auch Modifikationen bestehender Rechtsakte ein. Beschränkt man sich auf die neuen Rechtsakte und klammert modifizierende Rechtsakte und solche aus den Bereichen Landwirtschaft, Fischerei und Außenhandel aus, ergibt sich, dass Rat und Parlament rund 400 neue Rechtsakte verabschiedet haben. Dies sind durchschnittlich 67 neue Rechtsakte pro Jahr.

Die Schweizer Studie affirmiert drei wesentliche Befunde, die schon bei den oben durchgeführten Untersuchungen deutlich wurden und welche das imposante Zahlenwerk zur europäischen Rechtsetzung – also die Quantität der Rechtsetzung – etwas relativieren.

Erstens ist „gemeinschaftliche" Rechtsetzung in der Mehrzahl Rechtsetzung durch die Kommission, also „tertiäre"[181] Rechtsetzung.

Zweitens kümmert sich ein Gutteil der Rechtsetzung „nur" um Berichtigungen, Ergänzungen, Veränderungen et cetera von bereits bestehenden Regelungen. Besonders bei den Verordnungen[182] handelt es sich in der Mehrzahl zudem um administrative Akte, welche oft nur für kurze Dauer gelten.[183] Dies ist u. a. eine Konsequenz aus dem Wesen der administrativen europäischen Märkte mit Preisschutz. Während sich in einem rein marktwirtschaftlichen System die Preise durch Angebot und Nachfrage gleitend, quasi von selbst regulieren, müssen bei einer interventionistischen Steuerung die schwankenden Weltmarktpreise stets durch hoheitliche Maßnahmen ausgeglichen werden.[184] Dies hat den Erlass zahlreicher Verordnungen zur Folge, bei denen häufig nur die Zahlen ausgetauscht werden müssen. Dass diese Änderungshäufigkeit regelmäßig keine rechtliche Verunsicherung bei den Betroffenen bewirkt, hängt damit zusammen, dass diese mit den dargestellten Mechanismen vertraut sind. Hier wird eine weitere Beson-

---

181 Vgl. zu diesem Begriff etwa Huber, Recht der Europäischen Integration, § 8 Rn. 117.

182 Eine Auswertung, die sich nur auf den Bereich der Richtlinien beschränkt, unterscheidet sich deutlich von den soeben getroffenen Aussagen. Hier lässt sich etwa auf eine Untersuchung von Bovens/Yesilkagit, Impact of European Legislation, S. 12, verweisen. Deren Auswertung stützte sich auf 1367 bis zum 31. Juli 2003 in Geltung befindliche Richtlinien. Darunter waren 744 „neue" Richtlinien (54, 4 %), d. h. solche, die einen besonderen Aspekt zum ersten Mal ansprachen, während die anderen lediglich bereits in Geltung befindliche Richtlinien berichtigten bzw. ergänzten. Die große Mehrheit der „neuen" Richtlinien wurde durch den Rat erlassen (580 Richtlinien, 78 %). 65 Richtlinien (8,7 %) erließen der Rat und das Europäische Parlament, während die Kommission für die verbleibenden 99 (13, 3 %) verantwortlich zeichnete.

183 So auch: Barents/Brinkhorst, Grondlijnen van Europees recht, S. 205; Everling, EuR, 1987, 214 ff. (214).

184 Tomuschat, FS Kutscher, S. 461 ff. (469).

derheit der europäischen Rechtsordnung ersichtlich: Wenngleich viele Verordnungen rein formal allgemeine Rechtsetzungsakte mit einem unbestimmten Adressatenkreis sind, so gibt es tatsächlich oft nur eine begrenzte Gruppe von Betroffenen. Nicht der quivis ex populo, sondern Unternehmen mit rechtlichen Kenntnissen und dem notwendigen juristischen Sachverstand sind häufig die Betroffenen einer rechtlichen Regelung.[185] Die „Rechtsetzungsflut“ mit ihrer Regelungsdichte und der Technizität ihres Erscheinungsbildes verliert damit an Bedrohlichkeit.

Drittens nehmen wirklich „neue“ Rechtsetzungsakte nur einen geringen Prozentsatz an der Rechtsetzung ein. Letzteres bestätigen auch offizielle Aussagen zur „legislativen Aktivität“[186] der Kommission (vgl. Diagramm 12[187]). Die Kommission selbst führt den dort beschriebenen Rückgang der von ihr initiierten „neuen“ Regelungen vorrangig auf drei Aspekte zurück: die Beachtung des Subsidiaritätsprinzips, den Abschluss des im Binnenmarkt-Weißbuch von 1995 aufgestellten Maßnahmenprogramms und eine Diversifikation der Integrationsinstrumente. Auf letzteres nimmt auch Beekes Bezug, der im Rückgang der Regelungstätigkeit der „Gemeinschaft“ eine Verlagerung der Integrationsinstrumente, weg von rechtlichen Regelungen hin zu Förder- und Aktionsprogrammen, erblickt.[188]

---

185 Tomuschat, FS Kutscher, S. 461 ff. (470).

186 Der Begriff der „legislativen Aktivität“ wird durch das Commission Staff Working Paper, Annex to the Report from the Commission „Better Lawmaking 2006“ pursuant to Article 9 of the Protocol on the application of the principles of subsidiarity and proportionality (14 th report) (COM (2007) 286 fin.), SEC (2007) 737, S. 31, definiert. Dort weist die Kommission darauf hin, dass legislative Aktivität weder mit bestimmten Handlungsformen wie Verordnungen oder Richtlinien gleichgesetzt werden kann, noch eindeutig zurückführbar ist auf ein bestimmtes rechtsetzendes Organ. Daher sei legislative Aktivität in einem weiten Sinne zu verstehen als das Setzen von verbindlichen, allgemeinen Rechten und Pflichten durch den Gesetzgeber. Außerdem beziehen sich die sogleich genannten Werte nur auf neue Vorschläge.

187 Quelle: Eigene Statistik erstellt nach Angaben aus dem Bericht der Kommission „Bessere Rechtsetzung 2006“ gemäß Artikel 9 des Protokolls über die Anwendung der Grundsätze der Subsidiarität und der Verhältnismäßigkeit (14. Bericht), COM (2007) 286 endg., S. 11.

188 Beekes, ZG, 1998, 217 ff. (217).

DIAGRAMM 12

Jährliche Gesamtzahl der "legislativen" Vorschläge der Kommission

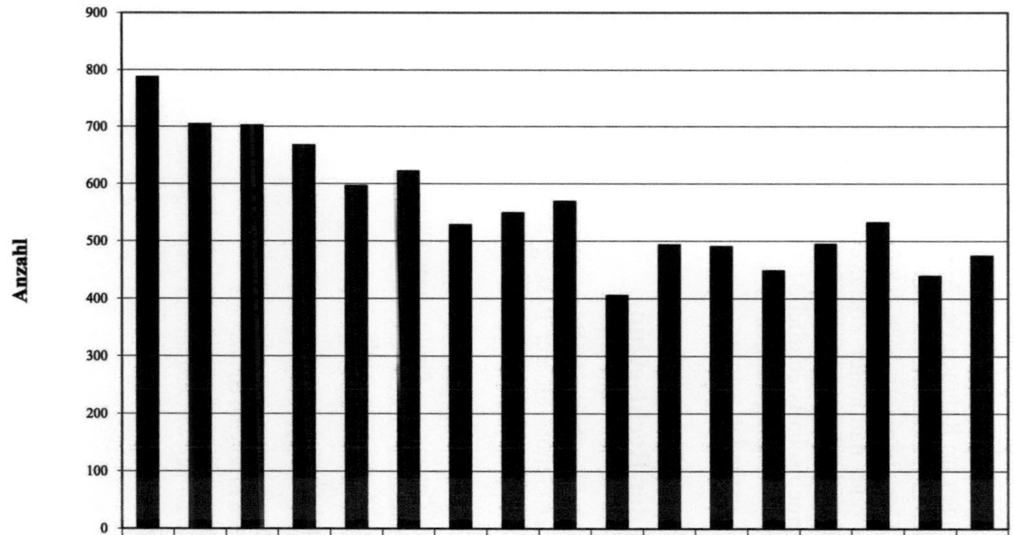

	1990	1991	1992	1993	1994	1995	1996	1997	1998	1999	2000	2001	2002	2003	2004	2005	2006
■ Anzahl der "legislativen" Vorschläge der Kommission	787	704	702	667	596	622	528	549	569	405	493	490	448	494	532	439	474

Jahr

■ Anzahl der "legislativen" Vorschläge der Kommission

Abschließend soll noch erwähnt werden, dass „gemeinschaftliche" und damit nun auch unionale Rechtsetzungstätigkeit nicht gleichgesetzt werden kann mit einer Zunahme von Recht insgesamt. In manchen Bereichen, wie etwa bei bestimmten Verordnungen im Rahmen der Agrarpolitik, ersetzten europäische Regelungen bestehendes nationales Recht. Für die Betroffenen macht es zumindest unter quantitativen Gesichtspunkten aber keinen Unterschied, ob die Regelung auf europäischer oder nationaler Ebene erlassen wurde.[189] Weitet man den Blick auf alle Mitgliedstaaten aus, so kann die europäische Rechtsetzung – nach dem Motto „*Eine* gemeinschaftsrechtliche bzw. unionale Regelung ist besser als 27 mitgliedstaatliche Einzelregelungen" – sogar als Garant für weniger Rechtsetzungsaktivitäten verstanden werden.[190]

II. Detaillierung der Rechtsetzung

In Bezug auf die Detailliertheit der Rechtsetzung empfiehlt sich als „hochprozentiger" Aperitif der Genuss einiger Passagen aus dem Reservoir der europäischen „Spirituosengesetzgebung". Gemäß Verordnung (EG) Nr. 110/2008[191] gilt als „Spirituose"

> „ein alkoholisches Getränk, das für den menschlichen Verzehr bestimmt ist, besondere sensorische Eigenschaften aufweist, über einen Alkoholgehalt von mindestens 15 % vol verfügt und wie folgt gewonnen wird:
>
> - entweder unmittelbar:
>
>   - durch Destillieren – mit oder ohne Zusatz von Aromastoffen – aus natürlich vergorenen Erzeugnissen und/oder
>   - durch Mazeration oder eine ähnliche Verarbeitung pflanzlicher Stoffe in Ethylalkohol landwirtschaftlichen Ursprungs und/oder in Destillaten landwirtschaftlichen Ursprungs und/oder in Spirituosen im Sinne dieser Verordnung und/oder

---

189 Vgl. Timmermans, Normenflut auf Gemeinschaftsebene aus der Sicht der Europäischen Kommission, in: Bürgernahes Wirtschaftsrecht – Eine Utopie?, S. 46 ff. (47). Siehe auch Hofer/Müller, „Bürgernähe" muss keine Utopie bleiben, in: Bürgernahes Wirtschaftsrecht – Eine Utopie?, S. 179 ff. (183).

190 Vgl. Rack, Normenflut auf Gemeinschaftsebene, in: Bürgernahes Wirtschaftsrecht – Eine Utopie?, S. 161 ff. (172).

191 Art. 2 der Verordnung (EG) Nr. 110/2008 des Europäischen Parlaments und des Rates vom 15. Januar 2008 zur Begriffsbestimmung, Bezeichnung, Aufmachung und Etikettierung von Spirituosen sowie zum Schutz geografischer Angaben für Spirituosen und zur Aufhebung der Verordnung (EWG) Nr. 1576/89, ABl. 2008 L 39/16.

- durch Zusatz von Aromastoffen, Zucker oder sonstigen süßenden Erzeugnissen im Sinne des Anhangs I Nummer 3 und/oder sonstigen landwirtschaftlichen Erzeugnissen und/oder Lebensmitteln zu Ethylalkohol landwirtschaftlichen Ursprungs und/oder zu Destillaten landwirtschaftlichen Ursprungs und/oder zu Spirituosen im Sinne dieser Verordnung,

- oder durch Mischung einer Spirituose mit einem oder mehreren der folgenden Produkte:

  - anderen Spirituosen und/oder
  - Ethylalkohol landwirtschaftlichen Ursprungs oder Destillaten landwirtschaftlichen Ursprungs, und/oder
  - anderen alkoholischen Getränken, und/oder
  - Getränken."

Sollte ein Getränk jedoch einen der KN-Codes 2203, 2204, 2205, 2206 oder 2207 tragen, gilt es nicht als Spirituose. Mit dieser allgemeinen Begriffsbestimmung ist es aber nicht getan. Die Verordnung (EG) Nr. 110/2008 offeriert im Anhang II weitere Definitionen für Rum, Whisky oder Whiskey, Getreidespirituosen, Branntwein, Brandy oder Weinbrand, Tresterbrand oder Trester, Brand aus Obsttrester, Korinthenbrand oder Raisin Brandy, Obstbrand, Brand aus Apfelwein und Brand aus Birnenwein, Honigbrand, Hefebrand oder Brand aus Trub, Bierbrand oder Eau de vie de bière, Topinambur oder Brand aus Jerusalem-Artischocke, Wodka, -brand (unter Voranstellung des Namens der verwendeten Frucht), der durch Mazeration und Destillation gewonnen wird, Geist (mit der Bezeichnung der verwendeten Frucht oder des verwendeten Ausgangsstoffs), Enzian, Spirituosen mit Wacholder, Gin, destillierten Gin, London Gin, Kümmel oder Spirituosen mit Kümmel, Akvavit oder Aquavit, Spirituosen mit Anis, Pastis, Pastis de Marseille, Anis, destillierten Anis, Spirituosen mit bitterem Geschmack oder Bitter, Aromatisierten Wodka, Likör, -creme (unter Voranstellung der Bezeichnung der verwendeten Frucht oder des verwendeten Ausgangsstoffes), Crème de cassis, Guignolet, Punch au rhum, Sloe Gin, Sambuca, Maraschino, Marrasquino oder Maraskino, Nocino, Eierlikör oder Advocaat/Avocat/Advokat, Likör mit Eizusatz, Mistrà, Väkevä glögi oder Spritglögg, Berenburg oder Beerenburg, Honig- oder Metnektar und geht am Ende sogar noch auf den Rum-Verschnitt und den Slivovice ein. Ein Vergleich dieser speziellen Definitionen mit der allgemeinen Definition des Art. 2 der Verordnung (EG) Nr. 110/2008 führt eindrucksvoll die Kompliziertheit europäischer Regelungen vor Augen. Beispielhaft sei dabei das Kriterium des vorgeschriebenen Mindestalkoholgehaltes von Spirituosen herausgegriffen. Während die allgemeine Definition des Spirituosenbegriffs einen Mindestalkoholgehalt von 15 % vol für alle Spirituosen impliziert, belehren die speziellen Regelungen im zweiten Anhang eines Besseren. Danach muss ein Pastis de Marseille einen Mindestalkoholgehalt von 45 % vol vorweisen. Bei Whisky oder Whiskey, Pastis und Mistrà ist immerhin noch eine Mindestmenge von 40 % vol verordnet, wobei es beim Mistrà natürlich auch der Obergrenze von 47 % vol Beachtung zu schenken gilt. Hefebrand oder Brand aus Trub, Bierbrand oder Eau de vie de bière, Topinambur oder Brand aus Jerusalem-Artischocke und Sambuca müssen einen Mindestalkoholgehalt von 38 % vol haben. Rum, Branntwein, Tresterbrand oder Trester, Obsttresterbrand, Korinthenbrand oder Raisin Brandy, Obstbrand, Brand aus Apfel- oder Birnenwein, Wodka, -brand (unter Voranstellung der Bezeichnung der verwendeten Frucht), der durch Mazeration und Destillation gewonnen wird, Geist, Enzian, Gin, destillierter Gin, London Gin, Akvavit oder Aquavit, aromatisierter Wodka sowie Rum-Verschnitt müssen 37,5 % vol Mindestalkoholgehalt besitzen. Für Brandy oder Weinbrand sind es 36 % vol. Brandy und Weinbrand müssen also säuberlich von Branntwein und anderen Bränden auseinandergehalten werden. Die fein ziselierte Abstufung des Mindestalkoholgehaltes setzt sich fort mit 35 % vol. Diese Menge gilt für Getreidespirituosen, Honigbrand, Anis und destillierten Anis. Der „Korn“ bleibt hier freilich ausgespart. Spirituosen mit Wacholder, Kümmel oder Spirituosen mit Kümmel, Nocino, Berenburg oder Beerenburg müssen 30 % vol, Sloe Gin 25 % vol, Maraschino, Marrasquino oder Maraskino hingegen 24 % vol und Honig- oder Metnektar schließlich nur 22 % vol Mindestalkoholgehalt vorhalten. Die anfangs benannte Mindestgrenze von 15 % vol bleibt letztlich nur für Spirituosen mit Anis, Spirituosen mit bitterem Geschmack oder Bitter, Likör, „-creme“ (unter Voranstellung der Bezeichnung der verwendeten Frucht oder des verwendeten Ausgangsstoffes), Crème de cassis, Guignolet, Punch au rhum, Likör mit Eizusatz, Väkevä glögi oder Spritglögg gültig. Der eigentliche „Sündenfall“, der den Mindestalkoholgehalt von 15 % vol ad absurdum führt, ist aber der Eierlikör oder Advocaat/Avocat/Advokat. Abweichend von Art. 2 Abs. 1 lit. c der Verordnung (EG) Nr. 110/2008 gilt für ihn ein Mindestalkoholgehalt von 14 % vol.

Am Beispiel des Spirituosenrechts kann auch eine weitere Spezialität des „Gemeinschafts- bzw. Unionsrechts“, die nicht unerheblich zur Steigerung seiner Komplexität beiträgt, studiert werden. Gemeint ist die Affinität für die landes- oder regionalspezifischen Besonderheiten. Im Spirituosenrecht geht es hier vor allem um die Möglichkeit, geographische Angaben, die eine Spirituose als aus einem bestimmten Land, einer Region oder eines Ortes stammend kennzeichnen, zu verwenden. Dass es hier keineswegs um Bagatellen geht, erweist die erbitterte Fehde zwischen Deutschland und Österreich um die Bezeichnung Jägertee/Jagertee/Jagatee.[192] Österreich entschied dieses Ringen für sich, so dass

192 Beschluss des Bundesrates zum Vorschlag für eine Verordnung des Europäischen Parlaments und des Rates zur Begriffsbestimmung, Bezeichnung, Aufmachung und Etikettierung von Spirituosen KOM (2005) 125 endg., Ratsdok. 15902/05, abrufbar unter: http://www.umwelt-online.de/cgi-bin/parser/Drucksachen/drucknews.cgi?texte=09472D05B. Auf ähnlich gelagerte Streitfälle außerhalb des Spirituosenrechts sei hier lediglich

deutsche Produkte von nun an verordnungsgemäß unter der Bezeichnung Hüttentee firmieren. Dies ist eine wahrlich „geistreiche“ Lösung.
Weder die bisherigen Ausführungen noch die dazu verwandten Rechtsquellen genügen jedoch, um einen Einblick in das Spirituosenrecht zu erlangen. Hierfür wäre es notwendig, zumindest noch die Verordnung zu den gemeinschaftlichen Referenzanalysemethoden für Spirituosen[193], die Verordnung zur Anwendung der zwischen der Europäischen Union und Drittländern vereinbarten gegenseitigen Anerkennung bestimmter Spirituosen[194], die Verordnung mit Durchführungsbestimmungen für die Begriffsbestimmung, Bezeichnung und Aufmachung von Spirituosen[195] sowie die Verordnung zur Festlegung der gemeinschaftlichen Analysemethoden zum Nachweis des zur Bereitung von Spirituosen und aromatisierter weinhaltiger Getränke und Cocktails verwendeten landwirtschaftlichen Äthylalkohols[196] zu konsultieren. Nur am Rande bemerkt: Das europäische Recht eröffnet den mitgliedstaatlichen Rechtsordnungen selbstverständlich die Möglichkeit, in bestimmten Fällen eigene abweichende Vorschriften zu erlassen, welche die unionalen Regelungen überlagern können.[197]

---

verwiesen. Die Stichworte „Feta“ – vgl. Verordnung (EG) Nr. 1829/2002 der Kommission vom 14. Oktober 2002 zur Änderung des Anhangs der Verordnung (EG) Nr. 1107/96 der Kommission in Bezug auf die Bezeichnung „Feta“, ABl. 2002 L 277/10 sowie EuGH, Rs. C-465/02 u. a., Bundesrepublik Deutschland u. a./Kommission, EuZW, 2005, 762 ff. (762 ff.) – und „Parmesan“ – vgl. Verordnung (EWG) Nr. 2081/92 des Rates vom 14. Juli 1992 zum Schutz von geographischen Angaben und Ursprungsbezeichnungen für Agrarerzeugnisse und Lebensmittel, ABl. 1992 L 208/1 – sollen hier genügen.

193 Verordnung (EG) Nr. 2870/2000 der Kommission vom 19. Dezember 2000 mit gemeinschaftlichen Referenzanalysemethoden für Spirituosen, ABl. 2000 L 333/20.

194 Verordnung (EG) Nr. 1267/94 der Kommission vom 1. Juni 1994 zur Anwendung der zwischen der Europäischen Union und Drittländern vereinbarten gegenseitigen Anerkennung bestimmter Spirituosen, ABl. 1994 L 138/7.

195 Verordnung (EWG) Nr. 1014/90 der Kommission vom 24. April 1990 mit Durchführungsbestimmungen für die Begriffsbestimmung, Bezeichnung und Aufmachung von Spirituosen, ABl. 1990 L 105/9.

196 Verordnung (EWG) Nr. 2009/92 der Kommission vom 20. Juli 1992 zur Festlegung der gemeinschaftlichen Analysemethoden zum Nachweis des zur Bereitung von Spirituosen und aromatisierter weinhaltiger Getränke und Cocktails verwendeten landwirtschaftlichen Äthylalkohols, ABl.1992 L 203/10.

197 Vgl. etwa Art. 6 Abs. 1 der Verordnung (EG) Nr. 110/2008: „Die Mitgliedstaaten können im Rahmen der Qualitätspolitik für die in ihrem Hoheitsgebiet hergestellten Spirituosen und insbesondere für die in Anhang III eingetragenen geografischen Angaben oder für die Einführung neuer geografischer Angaben strengere Vorschriften als die Vorschriften des Anhangs II für die Erzeugung, Bezeichnung, Aufmachung und Etikettierung erlassen, soweit sie sich mit dem Gemeinschaftsrecht vereinbaren lassen.“

Nach diesen Ausführungen zum Spirituosenrecht wäre für den Liebhaber einfacher Regelungen eigentlich Abstinenz gegenüber den Bestimmungen des sekundären Europarechts zu rekommandieren. Der Einblick in das komplexe Räderwerk der europäischen Rechtsetzungsakte soll jedoch noch vertieft werden. Für einen Rechtsetzungsakt aus dem europarechtlichen Skurrilitätenkabinett, der wie kein anderer zum Sinnbild der Überregulierung avancierte[198], kommt diese Arbeit jedoch zu spät. Mit der Absichtserklärung[199], spezifische Vermarktungsnormen für 26 Arten von Obst und Gemüse aufzuheben, hat die Kommission auch das Ende der „Gurkenkrümmungsverordnung“[200] eingeläutet. Damit hat der Fundus an Beispielen für Überreglementierung einige seiner prominentesten Beispiele eingebüßt.

Für eine in Quisquilien verlorene Rechtsetzungspraxis halten die Vermarktungsnormen für Äpfel, Zitrusfrüchte, Kiwis, Salate, Pfirsiche und Nektarinen, Erdbeeren, Gemüsepaprika, Tafeltrauben und Tomaten, die in einer bestimmten Form weiterhin Bestand haben sollen, gleichwohl noch ausreichend Anschauungsmaterial bereit. Die entsprechende „Vermarktungsnormverordnung“ für Gemüsepaprika[201] mag dies illustrieren. Sie unterteilt Gemüsepaprika u. a. entsprechend der Form in vier Handelstypen: länglichen (spitzen) Gemüsepaprika, eckig-abgestumpften Gemüsepaprika, eckig-spitzen („kreiselförmigen") Gemüsepaprika und platten Gemüsepaprika („Tomatenpaprika").

Eine aufschlussreiche Lektüre versprechen auch die geforderten Güteeigenschaften für Gemüsepaprika. Gemüsepaprika aller Klassen müssen etwa folgende Mindesteigenschaften vorweisen können. Sie müssen ganz, gesund, sauber und praktisch frei von sichtbaren Fremdstoffen, von frischem Aussehen, praktisch frei von Schädlingen und durch diese verursachten Schäden, gut entwickelt, frei von Frostschäden, frei von nichtvernarbten Verletzungen und vorbehaltlich der in Buchstabe B „Klasseneinteilung" ii) aufgeführten besonderen Bestimmungen ohne Sonnenbrand sowie mit Stiel, frei von anomaler äußerer

198 Vgl. nur: Bachfeld, Reitet unsere Führungselite eine vergreisende Sozialrepublik in den Konkurs?, S. 146; Robinson, LeGes, 2007/3, 439 ff. (439); Schneider, in: Flexible Integration in Europa, S. 229 ff. (246); Zypries, Rechtsetzung in Europa (Anfang).

199 Kommission: Die krumme Gurke ist wieder da: Kommission erlaubt Verkauf von „unförmigem“ Obst und Gemüse, 12. November 2008, IP/08/1694. Neben den Vermarktungsnormen für Gurken werden auch parallel laufende Normen für folgende Erzeugnisse beseitigt: Aprikosen, Artischocken, Spargel, Auberginen, Avocados, Bohnen, Rosenkohl, Karotten, Blumenkohl, Kirschen, Zucchini, Zuchtpilze, Knoblauch, Haselnüsse in der Schale, Kopfkohl, Porree, Melonen, Zwiebeln, Erbsen, Pflaumen, Staudensellerie, Spinat, Walnüsse in der Schale, Wassermelonen und Chicorée.

200 Verordnung (EWG) Nr. 1677/88 der Kommission vom 15. Juni 1988 zur Festsetzung von Qualitätsnormen für Gurken, ABl. L 150/21.

201 Verordnung (EG) Nr. 1455/1999 der Kommission vom 1. Juli 1999 zur Festsetzung der Vermarktungsnorm für Gemüsepaprika, ABl. 1999 L 167/22.

Feuchtigkeit, frei von fremdem Geruch und/oder Geschmack sein. Außerdem müssen sie in punkto Entwicklung und Zustand so beschaffen sein, dass sie den Transport und die Hantierung aushalten, um in einem zufriedenstellenden Zustand ihren Bestimmungsort zu erreichen.
An Paprika der Klasse I werden zusätzliche Anforderungen gestellt. Gemüsepaprika dieser Klasse muss von guter Qualität sein. Er muss, unter Berücksichtigung des Reifegrads, die für die Sorte und/oder den Handelstyp typische Entwicklung, Form und Färbung aufweisen. Des Weiteren muss er fest und praktisch ohne Flecken sein. Dass der Stiel geringfügig beschädigt oder abgeschnitten ist, wird toleriert, sofern der Kelch unversehrt ist. Wird Gemüsepaprika zwar den Mindesteigenschaften gerecht, qualifiziert sich jedoch nicht für die Klasse I, erfolgt die Einstufung in Klasse II. Hier werden den Paprika eine Reihe kleinerer, aber genau definierter Fehler zugestanden.
Die Bestimmungen, die die Größensortierung von Gemüsepaprika betreffen, dürften dann dem letzten Betrachter klarmachen, dass der „Krümmungsgrad von Gurken“ nur ein Beispiel für den „einfallsreichen Schöpfergeist“ ist und keineswegs singulär. Die vorgeschriebene Größe von Gemüsepaprika bestimmt sich nach dem Durchmesser bzw. der Breite des oberen Teils des Gemüsepaprikas. Bei plattem Gemüsepaprika („Tomatenpaprika") ist unter „Breite" jedoch der größte Querdurchmesser zu verstehen. Eine Mindestgröße von 30 mm gilt für längliche (spitze) Gemüsepaprika[202]. Eckig-abgestumpfte und eckig-spitze („kreiselförmige") Gemüsepaprika müssen 40 mm erreichen. Bei plattem Gemüsepaprika („Tomatenpaprika“) wird sogar ein Mindestdurchmesser von 55 mm verlangt. Bei Erzeugnissen, die nach der Größe sortiert werden, darf der Unterschied im Durchmesser zwischen dem größten und dem kleinsten Gemüsepaprika in ein und demselben Packstück grundsätzlich nicht mehr als 20 mm betragen. Für die Klasse II ist die Größensortierung allerdings nicht zwingend vorgeschrieben, sofern hier die Mindestgröße eingehalten wird.
Die Verordnung (EG) Nr. 1455/1999 beinhaltet freilich eine Reihe weiterer Bestimmungen, welche die eben skizzierten Güte- und Größenbestimmungen durch verschiedene Toleranzen wieder relativieren.
So genügt es beispielsweise bei Gemüsepaprika der Klasse I, dass 10 % nach Anzahl oder Gewicht nicht den Eigenschaften der Klasse I entsprechen, sondern denen der Klasse II. In Ausnahmefällen ist es sogar möglich, dass diese 10 %

202 Mit der Verordnung (EG) Nr. 2706/2000 der Kommission vom 11. Dezember 2000 zur Änderung der Verordnung (EG) Nr. 1455/1999 zur Festsetzung der Vermarktungsnorm für Gemüsepaprika gilt eine Mindestgröße von 20 mm. Diese Verordnung sowie die Verordnung (EG) Nr. 2147/2002 der Kommission vom 2. Dezember 2002 zur Änderung der Verordnung (EG) Nr. 1455/1999 zur Festsetzung der Vermarktungsnorm für Gemüsepaprika zollen im Übrigen in weiten Teilen den besonderen Anforderungen Tribut, welche die Vermarktung von Miniaturerzeugnissen bzw. „Mini-“ oder „Babygemüsepaprika“ an die Verordnung (EG) Nr. 1455/1999 herangetragen hat.

den Vorgaben der Klasse II entsprechen, aber nun (zusätzlich) unter Berücksichtigung der spezifischen Toleranzgrenzen der Klasse II.
Bezüglich der Größenbestimmungen reicht es aus, wenn 10 % (nach Anzahl oder Gewicht) der Gemüsepaprika, die angegebene Größe um höchstens 5 mm über- oder unterschreiten, wobei die festgesetzte Mindestgröße nur von 5 % des Gemüsepaprikas unterschritten werden darf. Für nicht nach Größe sortierte Gemüsepaprikas gelten wiederum andere „Toleranzwerte".
Detaillierte Bestimmungen hinsichtlich der Aufmachung und Kennzeichnung runden die Verordnung ab.
Das Studium der Verordnung (EG) Nr. 1455/1999 und der Vergleich mit der „Gurkenkrümmungsverordnung"[203] gibt Anlass zu der Vermutung, dass der „Gemüsepaprikadurchmesser" zukünftig das zweifelhafte Renommee des „Gurkenkrümmungsgrades" erwerben könnte. Gleichzeitig stellt sich die Frage nach dem Verbraucherleitbild, das hinter diesen Passagen steht. Stimmt hier noch das Bild des durchschnittlich informierten, aufmerksamen und verständigen Durchschnittsverbrauchers[204], welches der EuGH zeichnet? Bedarf ein mündiger Kon-

203 Die Verordnung (EWG) Nr. 1677/88 der Kommission vom 15. Juni 1988 zur Festsetzung von Qualitätsnormen für Gurken, ABl. L 150/21 definiert u. a. Mindesteigenschaften für alle Gurken nach Aufbereitung und Verpackung. Dazu werden Gurken in vier Qualitätsklassen eingeteilt. Gurken hoher Qualität, d. h. der Klasse „Extra" und Klasse I, müssen „praktisch gerade" sein und eine „maximale Krümmung von 10 mm auf 10 cm Länge der Gurke" aufweisen. Zum Auffangbecken für die qualitativ schlechteren Gurken wird Klasse II. Gurken dieser Qualität erfüllen zwar die Mindesteigenschaften für alle Gurken, können wegen verschiedenen Mängeln aber nicht in die höheren Klassen eingestuft werden. Folgende Fehler werden ihnen zugestanden: erstens Formfehler, die nicht auf eine fortgeschrittene Samenentwicklung zurückzuführen sind, zweitens Farbfehler auf nicht mehr als einem Drittel der Oberfläche, was für Gurken aus geschütztem Anbau jedoch nur mit der Einschränkung gilt, dass hier starke Farbfehler nicht zulässig sind. Drittens sind vernarbte Risse sowie viertens leichte Schäden, die durch Reibung oder Hantierung entstanden sind, sofern sie die Haltbarkeit und das Aussehen der Erzeugnisse nicht wesentlich beeinträchtigen, den Gurken der Klasse II zuzugestehen. Aber auch hier werden die allzu krummen Gurken benachteiligt. So dürfen die geraden und leicht gebogenen Gurken, d. h. alle Gurken mit einer Maximalkrümmung von 20 mm auf 10 cm Länge der Gurke, alle vorgenannten Fehler aufweisen. Gurken mit einer größeren Krümmung werden hingegen nur leichte Farbfehler zugestanden. Außerdem müssen die sogenannten krummen Gurken getrennt aufgemacht werden. Die vielfältigen Vorgaben, welche an die Größe, das Gewicht oder die Krümmung von Gurken gestellt werden, finden natürlich ihr Pendant in entsprechenden Kennzeichnungspflichten, die nach „lesbaren, unverwischbaren und von außen sichtbaren Buchstaben" verlangen, um den von außen nicht sichtbaren Inhalt u. a. als „Gurken" oder „Kurze Gurken" bzw. „Minigurken" auszuweisen.

204 Vgl. u. a.: EuGH, Rs. C-315/92, Verband Sozialer Wettbewerb e. V./Clinique Laboratories SNC u. a., Slg. 1994, I-317 ff. (I-337 f., Rn. 21 ff.); EuGH, Rs. C-336/03, easy-Car UK Ltd/Office of Fair Trading, NJW, 2005, 3055 f. (3055 f.); EuGH, Rs. C-350/03, Elisabeth und Wolfgang Schulte/Deutsche Bausparkasse Badenia AG, NJW, 2005, 3551 ff. (bes. 3554). Siehe ferner: Dreher, JZ, 1997, 167 ff. (170 ff.); Knops, Verbraucherschutz

sument, der sich selbst informiert und danach seine Kaufentscheidung ausrichtet, wirklich dieser Vorsorge oder sorgt der Marktmechanismus von Angebot und Nachfrage nicht selbst für eine „vernünftige“ Qualität bei Gemüsepaprika?[205]

Ein weiteres, oft zitiertes Beispiel[206] für die Detailversessenheit des Europarechts ist die Richtlinie 78/764/EWG zur Angleichung der Rechtsvorschriften der Mitgliedstaaten über den Führersitz von land- oder forstwirtschaftlichen Zugmaschinen auf Rädern.[207] Auch diese Richtlinie ist allerdings nur eine unter vielen, die in einem Regulierungsgeflecht wuchern, das sich rund um das Thema der land- und forstwirtschaftlichen Zugmaschinen auf Rädern gebildet hat.
Zur Angleichung der mitgliedstaatlichen Regeln für land- und forstwirtschaftliche Zugmaschinen existieren noch Richtlinien, die Bestimmungen treffen über bestimmte Bestandteile und Merkmale[208], die bauartbedingte Höchstgeschwin-

---

bei der Begründung, Beendigung und Übernahme von Immobiliarkreditverhältnissen, S. 20 ff.; Meyer, Der aufgeklärte Verbraucher, S. 50; Obermair, Schutz des Verbrauchers, S. 9 ff.

205 Vgl. in diesem Zusammenhang auch die umfassende Kritik zum europäischen Verbraucherschutzrecht bei Schäfer, Grenzen des Verbraucherschutzes und adverse Effekte des Europäischen Verbraucherrechts, in: Systembildung und Systemlücken in Kerngebieten des europäischen Privatrechts, S. 559 ff. (559 ff.) m. w. N.

206 Vgl. Philipp, EuZW, 1995, 353 (353); Streinz, EWS, 2003, 1 ff. (1, 11); v. Wilmowsky, Europäisches Kreditsicherungsrecht, S. 8; Zypries, Rechtsetzung in Europa (Anfang).

207 Richtlinie 78/764/EWG des Rates vom 25. Juli 1978 zur Angleichung der Rechtsvorschriften der Mitgliedstaaten über den Führersitz von land- oder forstwirtschaftlichen Zugmaschinen auf Rädern, ABl. 1978 L 255/1. Vgl. ferner die Richtlinie 83/190/EWG der Kommission vom 28. März 1983 zur Anpassung der Richtlinie 78/764/EWG des Rates zur Angleichung der Rechtsvorschriften der Mitgliedstaaten über den Führersitz von land- oder forstwirtschaftlichen Zugmaschinen auf Rädern an den technischen Fortschritt, ABl. 1983 L 109/13.

208 Richtlinie 74/151/EWG des Rates vom 4. März 1974 zur Angleichung der Rechtsvorschriften der Mitgliedstaaten über bestimmte Bestandteile und Merkmale von land- oder forstwirtschaftlichen Zugmaschinen auf Rädern, ABl. 1974 L 84/25. Siehe ferner: Richtlinie 88/410/EWG der Kommission vom 21. Juni 1988 zur Anpassung der Richtlinie 74/151/EWG des Rates zur Angleichung der Rechtsvorschriften der Mitgliedstaaten über bestimmte Bestandteile und Merkmale von land- oder forstwirtschaftlichen Zugmaschinen auf Rädern an den technischen Fortschritt, ABl. 1988 L 2001/27; Richtlinie 89/173/EWG des Rates vom 21. Dezember 1988 zur Angleichung der Rechtsvorschriften der Mitgliedstaaten über bestimmte Bauteile und Merkmale von land- oder forstwirtschaftlichen Zugmaschinen auf Rädern, ABl. 1989 L 67/1; Richtlinie 2000/1/EG der Kommission vom 14. Januar 2000 zur Anpassung der Richtlinie 89/173/EWG des Rates betreffend bestimmte Bauteile und Merkmale land- und forstwirtschaftlicher Zugmaschinen auf Rädern an den technischen Fortschritt, ABl. 2000 L 21/16.

digkeit und die Ladepritschen[209], die Rückspiegel[210], das Sichtfeld und die Scheibenwischer[211], die Lenkanlage[212], die Funkentstörung der Fremdzündungsmotoren[213], den Anbau[214] und die Bauartgenehmigung[215] der Beleuch-

209 Richtlinie 74/152/EWG des Rates vom 4. März 1974 zur Angleichung der Rechtsvorschriften der Mitgliedstaaten über die bauartbedingte Höchstgeschwindigkeit und die Ladepritschen von land- oder forstwirtschaftlichen Zugmaschinen auf Rädern, ABl. 1974 L 84/33. Ferner: Richtlinie 88/412/EWG der Kommission vom 22. Juni 1988 zur Anpassung der Richtlinie 74/152/EWG des Rates zur Angleichung der Rechtsvorschriften der Mitgliedstaaten über bauartbedingte Höchstgeschwindigkeit und die Ladepritschen von land- oder forstwirtschaftlichen Zugmaschinen auf Rädern an den technischen Fortschritt, ABl. 1988 L 200/31-31.

210 Richtlinie 74/346/EWG des Rates vom 25. Juni 1974 zur Angleichung der Rechtsvorschriften der Mitgliedstaaten über die Rückspiegel von land- und forstwirtschaftlichen Zugmaschinen auf Rädern, ABl. 1974 L 191/1. Ferner: die Richtlinie 98/40/EG der Kommission vom 8. Juni 1998 zur Anpassung der Richtlinie 74/346/EWG des Rates über die Rückspiegel von land- und forstwirtschaftlichen Zugmaschinen auf Rädern an den technischen Fortschritt, ABl. 1998 L 171/28.

211 Richtlinie 74/347/EWG des Rates vom 25. Juni 1974 zur Angleichung der Rechtsvorschriften der Mitgliedstaaten betreffend das Sichtfeld und die Scheibenwischer von land- oder forstwirtschaftlichen Zugmaschinen auf Rädern, ABl. 1974 L 191/5.

212 Richtlinie 75/321/EWG des Rates vom 20. Mai 1975 zur Angleichung der Rechtsvorschriften der Mitgliedstaaten über die Lenkanlage von land- oder forstwirtschaftlichen Zugmaschinen auf Rädern, ABl. 1975 L 147/24. Ferner: Richtlinie 88/411/EWG der Kommission vom 21. Juni 1988 zur Anpassung der Richtlinie 75/321/EWG des Rates zur Angleichung der Rechtsvorschriften der Mitgliedstaaten über die Lenkanlage von land- oder forstwirtschaftlichen Zugmaschinen auf Rädern an den technischen Fortschritt, ABl. 1988 L 200/30; Richtlinie 98/39/EG der Kommission vom 5. Juni 1998 zur Anpassung der Richtlinie 75/321/EWG des Rates über die Lenkanlage von land- und forstwirtschaftlichen Zugmaschinen auf Rädern an den technischen Fortschritt, ABl. 1998 L 170/15.

213 Richtlinie 75/322/EWG des Rates vom 20. Mai 1975 zur Angleichung der Rechtsvorschriften der Mitgliedstaaten über die Funkentstörung der Fremdzündungsmotoren von land- oder forstwirtschaftlichen Zugmaschinen auf Rädern, ABl. 1975 L 147/28. Siehe ferner die Richtlinie 2000/2/EG der Kommission vom 14. Januar 2000 zur Anpassung der Richtlinie 75/322/EWG des Rates über die Funkentstörung der Fremdzündungsmotoren von land- oder forstwirtschaftlichen Zugmaschinen auf Rädern an den technischen Fortschritt und der Richtlinie 74/150/EWG des Rates über die Betriebserlaubnis für land- oder forstwirtschaftliche Zugmaschinen auf Rädern, ABl. 2000 L 21/23.

214 Richtlinie 78/933/EWG des Rates vom 17. Oktober 1978 zur Angleichung der Rechtsvorschriften der Mitgliedstaaten über den Anbau der Beleuchtungs- und Lichtsignaleinrichtungen für land- oder forstwirtschaftliche Zugmaschinen auf Rädern, ABl. 1978 L 325/16.

215 Richtlinie 79/532/EWG des Rates vom 17. Mai 1979 zur Angleichung der Rechtsvorschriften der Mitgliedstaaten über die Bauartgenehmigung der Beleuchtungs- und Lichtsignaleinrichtungen für land- oder forstwirtschaftliche Zugmaschinen auf Rädern, ABl. 1979 L 145/16.

tungs- und Lichtsignaleinrichtungen, die Abschleppeinrichtung und den Rückwärtsgang[216], den Betätigungsraum, die Zugänge zum Fahrersitz, den Türen und Fenstern[217] sowie über die Zapfwellen und ihre Schutzvorrichtungen[218]. Weitere Richtlinien regeln den Anschluss für die Beleuchtungs- und Lichtsignaleinrichtungen[219] und Maßnahmen gegen die Emission verunreinigender Stoffe aus Dieselmotoren[220], die Bremsanlagen[221], die Beifahrersitze[222], den Geräuschpegel in Ohrenhöhe der Fahrer[223], den Einbau, die Position, die Funktionsweise und die

---

216 Richtlinie 79/533/EWG des Rates vom 17. Mai 1979 zur Angleichung der Rechtsvorschriften der Mitgliedstaaten über die Abschleppeinrichtung und den Rückwärtsgang von land- oder forstwirtschaftlichen Zugmaschinen auf Rädern, ABl. 1979 L 145/20.

217 Richtlinie 80/720/EWG des Rates vom 24. Juni 1980 zur Angleichung der Rechtsvorschriften der Mitgliedstaaten über Betätigungsraum, Zugänge zum Fahrersitz sowie Türen und Fenster von land- und forstwirtschaftlichen Zugmaschinen auf Rädern, ABl. 1980 L 194/1. Siehe ferner die Richtlinie 88/414/EWG der Kommission vom 22. Juni 1988 zur Anpassung der Richtlinie 80/720/EWG des Rates zur Angleichung der Rechtsvorschriften der Mitgliedstaaten über Betätigungsraum, Zugänge zum Fahrersitz sowie Türen und Fenster von land- oder forstwirtschaftlichen Zugmaschinen auf Rädern an den technischen Fortschritt, ABl. 1988 L 200/34.

218 Richtlinie 86/297/EWG des Rates vom 26. Mai 1986 zur Angleichung der Rechtsvorschriften der Mitgliedstaaten über die Zapfwellen und ihre Schutzvorrichtungen an land- und forstwirtschaftlichen Zugmaschinen auf Rädern, ABl. 1986 L 186/19.

219 Richtlinie 75/323/EWG des Rates vom 20. Mai 1975 zur Angleichung der Rechtsvorschriften der Mitgliedstaaten über den Anschluß für die Beleuchtungs- und Lichtsignaleinrichtungen von Geräten, Maschinen oder Anhängern, die in der Land- oder Forstwirtschaft verwendet werden sollen, an land- oder forstwirtschaftliche Zugmaschinen auf Rädern, ABl. 1975 L 147/38.

220 Richtlinie 77/537/EWG des Rates vom 28. Juni 1977 zur Angleichung der Rechtsvorschriften der Mitgliedstaaten über Maßnahmen gegen die Emission verunreinigender Stoffe aus Dieselmotoren zum Antrieb von land- oder forstwirtschaftlichen Zugmaschinen auf Rädern, ABl. 1977 L 220/38. Siehe ferner die Richtlinie 2000/25/EG des Europäischen Parlaments und des Rates vom 22. Mai 2000 über Maßnahmen zur Bekämpfung der Emission gasförmiger Schadstoffe und luftverunreinigender Partikel aus Motoren, die für den Antrieb von land- und forstwirtschaftlichen Zugmaschinen bestimmt sind, und zur Änderung der Richtlinie 74/150/EWG des Rates, ABl. 2000 L 173/1.

221 Richtlinie 76/432/EWG des Rates vom 6. April 1976 zur Angleichung der Rechtsvorschriften der Mitgliedstaaten über die Bremsanlagen von land- und forstwirtschaftlichen Zugmaschinen auf Rädern, ABl. 1976 L 122/1.

222 Richtlinie 76/763/EWG des Rates vom 27. Juli 1976 zur Angleichung der Rechtsvorschriften der Mitgliedstaaten über die Beifahrersitze von land- oder forstwirtschaftlichen Zugmaschinen auf Rädern, ABl. 1976 L 262/135.

223 Richtlinie 77/311/EWG des Rates vom 29. März 1977 zur Angleichung der Rechtsvorschriften der Mitgliedstaaten über den Geräuschpegel in Ohrenhöhe der Fahrer von land- oder forstwirtschaftlichen Zugmaschinen auf Rädern, ABl. 1977 L 105/1. Siehe hierzu auch 96/627/EG: Entscheidung der Kommission vom 17. Oktober 1996 zur Umsetzung von Artikel 2 der Richtlinie 77/311/EWG des Rates zur Angleichung der Rechtsvor-

Kennzeichnung der Betätigungseinrichtungen[224] sowie die Typgenehmigung für land- oder forstwirtschaftliche Zugmaschinen, deren Anhänger und die von ihnen gezogenen auswechselbaren Maschinen sowie für Systeme, Bauteile und selbstständige technische Einheiten dieser Fahrzeuge[225]. Weiterhin gibt es diverse Richtlinien, die sich mit dem Umsturzschutz auseinandersetzen.[226]

Zu welcher Regelungsdichte die europäische Rechtsetzungstätigkeit geführt hat, wird auch deutlich, wenn man das Stichwort „Bananen" in die Suchmaske der EUR-Lex Datenbank eingibt. Eine eigene Suchanfrage ergab 618 Einträge.[227] Dies ist selbst für diese „einzigartige Frucht"[228] ein beeindruckendes Ergebnis.

---

schriften der Mitgliedstaaten über den Geräuschpegel in Ohrenhöhe der Fahrer von land- oder forstwirtschaftlichen Zugmaschinen auf Rädern, ABl. 1996 L 282/72.

224 Richtlinie 86/415/EWG des Rates vom 24. Juli 1986 über Einbau, Position, Funktionsweise und Kennzeichnung der Betätigungseinrichtungen von land- oder forstwirtschaftlichen Zugmaschinen auf Rädern, ABl. 1986 L 240/1.

225 Richtlinie 2003/37/EG des Europäischen Parlaments und des Rates vom 26. Mai 2003 über die Typgenehmigung für land- oder forstwirtschaftliche Zugmaschinen, ihre Anhänger und die von ihnen gezogenen auswechselbaren Maschinen sowie für Systeme, Bauteile und selbstständige technische Einheiten dieser Fahrzeuge und zur Aufhebung der Richtlinie 74/150/EWG, ABl. 2003 L 171/1.

226 Richtlinie 77/536/EWG des Rates vom 28. Juni 1977 zur Angleichung der Rechtsvorschriften der Mitgliedstaaten über Umsturzschutzvorschriften für land- und forstwirtschaftliche Zugmaschinen auf Rädern, ABl. 1977 L 220/1. Siehe ferner: Richtlinie 87/402/EWG des Rates vom 25. Juni 1987 über vor dem Führersitz angebrachte Umsturzschutzvorrichtungen an land- und forstwirtschaftlichen Schmalspurzugmaschinen auf Rädern, ABl. 1987 L 220/1; Richtlinie 1999/40/EG der Kommission vom 6. Mai 1999 zur Anpassung der Richtlinie 79/622/EWG des Rates über Umsturzschutzvorrichtungen für land- und forstwirtschaftliche Zugmaschinen auf Rädern an den technischen Fortschritt (statische Prüfungen), ABl. 1999 L 124/11; Richtlinie 86/298/EWG des Rates vom 26. Mai 1986 über hinten angebrachte Umsturzschutzvorrichtungen an land- und forstwirtschaftlichen Schmalspurzugmaschinen auf Rädern, ABl. 1986 L 186/26; Richtlinie 79/622/EWG des Rates vom 25. Juni 1979 zur Angleichung der Rechtsvorschriften der Mitgliedstaaten über Umsturzschutzvorrichtungen für land- und forstwirtschaftliche Zugmaschinen auf Rädern (statische Prüfungen), ABl. 1979 L 179/1; Richtlinie 82/953/EWG der Kommission vom 15. Dezember 1982 zur Anpassung der Richtlinie 79/622/EWG des Rates zur Angleichung der Rechtsvorschriften der Mitgliedstaaten über Umsturzschutzvorrichtungen für land- und forstwirtschaftliche Zugmaschinen auf Rädern (statische Prüfungen) an den technischen Fortschritt, ABl. 1982 L 386/31; Richtlinie 88/413/EWG der Kommission vom 22. Juni 1988 zur Anpassung der Richtlinie 79/622/EWG des Rates zur Angleichung der Rechtsvorschriften der Mitgliedstaaten über Umsturzschutzvorrichtungen für land- oder forstwirtschaftliche Zugmaschinen auf Rädern (statische Prüfungen) an den technischen Fortschritt, ABl. 1988 L 200/32.

227 Eigene Anfrage vom 6. Juli 2009.

228 So Streinz, EWS, 2003, 1 ff. (3), der im Folgenden als Beleg ein Zitat des EuGH anführt, welches die Bedeutung dieser Frucht erahnen lässt. So ließt man in EuGH, Rs. 27/76,

Das Zollrecht veranschaulicht die Komplexität und den Detailreichtum der europäischen Rechtsetzung ebenfalls gut. Dabei beeindruckt nicht nur die Zahl von 870 Rechtsakten, welche der Fundstellennachweis des geltenden Gemeinschaftsrechts unter der Überschrift „Zollunion und freier Warenverkehr“ rubriziert[229], auch die einzelnen Rechtsakte selbst sind an Detailgenauigkeit kaum zu überbieten. Wenn etwa die Verordnung (EG) Nr. 961/2000[230] bestimmte Textilien in die Kombinierte Nomenklatur einordnet, geschieht dies mit einer unglaublichen Präzision[231], die sogar des Rückgriffs auf erklärendes Bildmaterial[232] bedarf.

United Brands/Kommission („Chiquita-Bananen“), Slg. 1978, 207 ff. (282 f., Rn. 23/33, 34/35) folgende Zeilen: „Die Banane reift unabhängig von den Jahreszeiten das ganze Jahr hindurch. Die Produktion übersteigt die Nachfrage während des ganzen Jahres und kann diese jederzeit befriedigen. Diese Besonderheit macht aus ihr eine bevorzugte Frucht, deren Produktion und Absatz sich an die bekannten und messbaren jahreszeitlichen Schwankungen anderen frischen Obstes anpassen lassen. [...] Aus den zu den Akten gereichten Untersuchungen über den Bananenmarkt ergibt sich, daß auf diesem keine spürbare langfristige Kreuzelastizität besteht, ebenso wie es eine jahreszeitliche Austauschbarkeit nicht zwischen der Banane und allen Saisonfrüchten allgemein, sondern nur zwischen ihr und zwei Obstsorten (Pfirsichen und Tafeltrauben) in einem Lande des relevanten räumlichen Marktes (Deutschland) gibt. Was die beiden das ganze Jahr hindurch verfügbaren Früchte (Apfelsinen und Äpfel) anbelangt, so besteht mit der ersten keine Austauschbarkeit und nur eine begrenzte Austauschbarkeit mit der zweiten. Dieser sehr geringe Grad an Austauschbarkeit beruht auf den spezifischen Eigenarten der Banane sowie auf allen Faktoren, die die Verbraucherentscheidung beeinflussen. Die Banane ist durch ihr Ansehen, ihren Geschmack, ihre weiche Beschaffenheit, das Fehlen von Kernen, eine einfache Handhabung und ein gleichbleibendes Produktionsniveau geeignet, den gleichbleibenden Bedarf einer bedeutenden, sich aus Kindern, Alten und Kranken zusammensetzenden Bevölkerungsgruppe zu befriedigen. [...] All diese Überlegungen zeigen, dass eine große Zahl von Verbrauchern mit gleichbleibendem Bedarf nach Bananen von dem Verbrauch dieses Erzeugnisses nicht in erheblicher oder auch nur spürbarer Weise dadurch abgehalten wird, daß anderes frisches Obst auf den Markt gelangt“. Einen Eindruck von der Regelungsdichte rund um das Thema Bananen vermittelt die Verordnung (EWG) Nr. 404/93 des Rates vom 13. Februar 1993 über die gemeinsame Marktorganisation für Bananen, ABl. 1993 L 47/1 und die begleitende Durchführungsverordnung (EG) Nr. 2257/94 der Kommission vom 16. September 1994 zur Festsetzung von Qualitätsnormen für Bananen, ABl. 1994 L 245/6.

229 Diese Zahl stammt aus dem Fundstellennachweises des geltenden Gemeinschaftsrechts (Stand 3. Oktober 2009), abrufbar unter: http://eur-lex.europa.eu/de/legis/20090901/index.htm.

230 Verordnung (EG) Nr. 961/2000 der Kommission vom 5. Mai 2000 zur Einreihung von bestimmten Waren in die Kombinierte Nomenklatur, ABl. 2000 L 109/16.

231 Die in Spalte 1 minutiös beschriebenen Textilien werden bei den in Spalte 2 genannten KN-Codes der Kombinierten Nomenklatur eingeordnet.

232 Jede Textile ist in der Verordnung selbstverständlich mit *zwei* Bildern vertreten.

Warenbeschreibung	Einreihung (KN-Code)	Begründung
(1)	(2)	(3)
1. Blau gefärbtes Doppelkörpergewebe (60 % Baumwolle und 40 % Polyester) mit einem Quadratmetergewicht von 300 Gramm und einer Breite von ca. 150 cm. Das Gewebe trägt in ca. 13 cm Abstand von den Webkanten in blassgrünlicher Farbe die ca. 4 cm hohe und ca. 2 cm breite bedruckte Abbildung eines Firmenemblems, die sich an beiden Seiten in Abständen von je 20 cm wiederholt. (Siehe Photographie Nr. 599 A + B) (*)	5211 32 00	Einreihung gemäß den Allgemeinen Vorschriften 1 und 6 für die Auslegung der Kombinierten Nomenklatur, der Anmerkung 2 A zum Abschnitt XI, der Unterpositionsanmerkung 1 g) zum Abschnitt XI, der Anmerkung 1 zum Kapitel 54 sowie nach dem Wortlaut der KN-Codes 5211 und 5211 32 00. Die bedruckte Aufschrift verleiht dem Erzeugnis nicht die Eigenschaft von bedrucktem Gewebe.
2. Hellblau gefärbtes Gewebe (100 % Polyester) mit einer Breite von ca. 150 cm, aus Spinnfasern. Das Gewebe trägt in ca. 1,2 cm Abstand von der Webkante in Gelb die ca. 0,4 cm hohe bedruckte Aufschrift „DYED AND FINISHED IN THE UNITED KINGDOM A MEMBER OF THE EEC". (Siehe Photographie Nr. 598 A + B) (*)	5512 19 90	Einreihung gemäß den Allgemeinen Vorschriften 1 und 6 für die Auslegung der Kombinierten Nomenklatur, der Unterpositionsanmerkung 1 g) zum Abschnitt XI, der Anmerkung 1 zum Kapitel 54 sowie nach dem Wortlaut der KN-Codes 5512, 5212 19 und 5512 19 90. Die bedruckte Aufschrift verleiht dem Erzeugnis nicht die Eigenschaft von bedrucktem Gewebe.

Die aufgeführten Beispiele sollten genügen, um einen (ersten) Eindruck von der Detailliertheit des „Gemeinschafts-" bzw. Unionsrechts zu erhalten. Es wurde deutlich, dass selbst „abgelegene" Gegenstände mit ausführlichen Regelungen bedacht werden, deren Komplexität durch verschiedene Regel- und Ausnahmemechanismen noch gesteigert wird. Mit anderen Worten: Die europäische

Rechtsetzung zeichnet sich durch eine hohe Regelungsdichte aus, sowohl in Bezug auf die geregelten Gegenstände als auch auf die Art und Weise, wie diese Gegenstände geregelt werden. Die hohe Regelungsdichte wird zumeist dadurch bewirkt, dass die jeweiligen (Ausgangs-) Rechtsetzungsakte durch Durchführungsverordnungen der Kommission ergänzt werden.

Mit Blick auf Art. 211 Spiegelstrich 4 EGV – Art. 290 f. AEUV – sowie auf das institutionelle Gleichgewicht hat die Kommission zwar kein unabhängiges Verordnungsrecht. Dennoch wurden die Grenzen der Rechtsetzungskompetenz der Kommission – zumindest bisher – recht weit gesteckt und erlaubten dieser, die Rechtsordnung mit einer Vielzahl von Detailregelungen zu befrachten.[233]

III. Dynamisierung der Rechtsetzung

Bezüglich der Dynamisierung der Rechtsetzung wird zunächst die Weiterentwicklung der primärrechtlichen Grundlagen der „Europäischen (Wirtschafts-) Gemeinschaft" im Laufe der letzten Jahrzehnte betrachtet. Sie ermöglichte den Organen der „Gemeinschaft" in immer neuen, bisher nicht geregelten Lebenssachverhalten, rechtsetzend tätig zu werden. Es wurden nicht nur Ziele und Aufgaben der „Gemeinschaft" beständig erweitert.[234] Parallel dazu fand ein konse-

---

233 Vgl. mit einer ähnlichen Argumentation: Rodi, Subventionsrechtsordnung, S. 476 f.

234 Am deutlichsten tritt diese Erweiterung hervor, wenn man die Art. 2 f. des EWGV in der Fassung von 1957 mit dem EGV in der Fassung nach Maastricht vergleicht. So heißt es in Art. 2 des EWGV der Fassung von 1957: „Aufgabe der Gemeinschaft ist es, durch die Errichtung eines Gemeinsamen Marktes und die schrittweise Annäherung der Wirtschaftspolitik der Mitgliedstaaten eine harmonische Entwicklung des Wirtschaftslebens innerhalb der Gemeinschaft, eine beständige und ausgewogene Wirtschaftsausweitung, eine größere Stabilität, eine beschleunigte Hebung der Lebenshaltung und engere Beziehungen zwischen den Staaten zu fördern, die in dieser Gemeinschaft zusammengeschlossen sind." Art. 3 setzt fort: „Die Tätigkeit der Gemeinschaft im Sinne des Art. 2 umfaßt [...]: a) die Abschaffung der Zölle und mengenmäßigen Beschränkungen bei der Ein- und Ausfuhr von Waren sowie aller sonstigen Maßnahmen gleicher Wirkung zwischen den Mitgliedstaaten; b) die Einführung eines Gemeinsamen Zolltarifs und einer gemeinsamen Handelspolitik gegenüber dritten Ländern; c) die Beseitigung der Hindernisse für den freien Personen-, Dienstleistungs- und Kapitalverkehr zwischen den Mitgliedstaaten; d) die Einführung einer gemeinsamen Politik auf dem Gebiet der Landwirtschaft; e) die Einführung einer gemeinsamen Politik auf dem Gebiet des Verkehrs; f) die Errichtung eines Systems, das den Wettbewerb innerhalb des Gemeinsamen Marktes vor Verfälschungen schützt; g) die Anwendung von Verfahren, welche die Koordinierung der Wirtschaftspolitik der Mitgliedstaaten und die Behebung von Störungen im Gleichgewicht ihrer Zahlungsbilanzen ermöglichen; h) die Angleichung der innerstaatlichen Rechtsvorschriften, soweit dies für das ordnungsmäßige Funktionieren des Gemeinsamen Marktes erforderlich ist; i) die Schaffung es Europäischen Sozialfonds, um die Beschäftigungsmöglich-

quenter Ausbau der Zuständigkeiten statt.[235] So wurden die Römischen Verträge vom 25. März 1957, die vor allem eine Zollunion anstrebten, Handelshemmnisse abbauen und einen gemeinsamen Außenzoll ermöglichen wollten, aber auch bereits weit reichende Bestimmungen zur Handelspolitik und der Agrarpolitik

---

keiten der Arbeitnehmer zu verbessern und zur Hebung ihrer Lebenshaltung beizutragen; j) die Errichtung einer Europäischen Investitionsbank, um durch Erschließung neuer Hilfsquellen die wirtschaftliche Ausweitung in der Gemeinschaft zu erleichtern; k) die Assoziierung der überseeischen Länder und Hoheitsgebiete, um den Handelsverkehr zu steigern und die wirtschaftliche und soziale Entwicklung durch gemeinsame Bemühungen zu fördern." In der Fassung von Maastricht (vgl. Vertrag über die Europäische Union zusammen mit dem Wortlaut des Vertrages zur Gründung der Europäischen Gemeinschaft, ABl. 1992 C 224/1), die deutlich über den früheren Wortlaut hinaus geht, lautet Art. 2: „Aufgabe der Gemeinschaft ist es, durch die Errichtung eines Gemeinsamen Marktes und einer WIrtschafts- und Währungsunion sowie durch die Durchführung der in den Art. 3 und 3a genannten gemeinsamen Politiken oder Maßnahmen eine harmonische und ausgewogene Entwicklung des Wirtschaftslebens innerhalb der Gemeinschaft, ein beständiges, nichtinflationäres und umweltverträgliches Wachstum, einen hohen Grad an Konvergenz der Wirtschaftsleistungen, ein hohes Beschäftigungsniveau, ein hohes Maß an sozialem Schutz, die Hebung der Lebenshaltung und der Lebensqualität, den wirtschaftlichen und sozialen Zusammenhalt und die Solidarität zwischen den Mitgliedstaaten zu fördern." Art. 3: „Die Tätigkeit der Gemeinschaft im Sinne des Artikels 2 umfaßt [...] a) die Abschaffung der Zölle und mengenmäßigen Beschränkungen bei der Ein- und Ausfuhr von Waren sowie aller sonstigen Maßnahmen gleicher Wirkung zwischen den Mitgliedstaaten; b) eine gemeinsame Handelspolitik; c) einen Binnenmarkt, [...] d) Maßnahmen hinsichtlich der Einreise in den Binnenmarkt und des Personenverkehrs im Binnenmarkt gemäß Artikel 100 c; e) eine gemeinsame Politik auf dem Gebiet der Landwirtschaft und der Fischerei; f) eine gemeinsame Politik auf dem Gebiet des Verkehrs; g) ein System, das den Wettbewerb innerhalb des Binnenmarktes vor Verfälschungen schützt; h) die Angleichung der innerstaatlichen Rechtsvorschriften, soweit dies für das Funktionieren des Gemeinsamen Marktes erforderlich ist; i) eine Sozialpolitik mit einem Europäischen Sozialfonds; j) die Stärkung des wirtschaftlichen und sozialen Zusammenhalts; k) eine Politik auf dem Gebiet der Umwelt; l) die Stärkung der Wettbewerbsfähigkeit der Industrie der Gemeinschaft; m) die Förderung der Forschung und technologischen Entwicklung; n) die Förderung des Auf- und Ausbaus transeuropäischer Netze; o) einen Beitrag zur Erreichung eines hohen Gesundheitsschutzniveaus; p) einen Beitrag zu einer qualitativ hochstehenden allgemeinen und beruflichen Bildung sowie zur Entfaltung des Kulturlebens in den Mitgliedstaaten; q) eine Politik auf dem Gebiet der Entwicklungszusammenarbeit; r) die Assoziierung der überseeischen Länder und Hoheitsgebiete, um den Handelsverkehr zu steigern und die wirtschaftliche und soziale Entwicklung durch gemeinsame Bemühungen zu fördern, s) einen Beitrag zur Verbesserung des Verbraucherschutzes; t) Maßnahmen in den Bereichen Energie, Katastrophenschutz und Fremdenverkehr." Art. 3 a sieht darüber hinaus „die Einführung einer Wirtschaftspolitik, die auf einer engen Koordinierung der Wirtschaftspolitik der Mitgliedstaaten, dem Binnenmarkt und der Festlegung gemeinsamer Ziele beruht und dem Grundsatz der offenen Marktwirtschaft mit freiem Wettbewerb verpflichtet ist" vor. Zusätzlich werden die Tätigkeiten spezifiziert, die mit der durchzuführenden Währungsunion in Zusammenhang stehen.

235 Vgl. überblicksmäßig Pilz/Ortwein, Das politische System Deutschlands, S. 303.

trafen, erstmals wesentlich[236] durch die am 17. Februar 1986 unterzeichnete Einheitliche Europäische Akte (EEA)[237] erweitert. Die EEA sollte dem europäischen Einigungsprozess neue Dynamik verleihen und die Verwirklichung des Binnenmarktes herbeiführen. Dafür wurde eine Reihe von Aufgaben, wie die Kontrolle des Wettbewerbs und der staatlichen Beihilfen, an die Europäische Wirtschaftsgemeinschaft übertragen. Des Weiteren wurden verschiedene Politikbereiche, die seit Ende der 1960er und Anfang der 1970er Jahre bereits von der EWG behandelt wurden, aber noch nicht oder nur am Rande in den Römischen Verträgen erwähnt wurden, durch die EEA in den gemeinschaftlichen Kompetenzbereich übertragen und vertraglich fixiert. Die EEA erweiterte die Zuständigkeiten der EWG, insbesondere in den Bereichen Forschung, Technologie und Entwicklung, Umweltschutz sowie in der gemeinsamen Außenpolitik und der Sozialpolitik.

Mit dem am 7. Februar 1992 unterzeichneten „Maastrichtvertrag"[238] wurden in der Folge nicht nur die Europäische Union als übergeordneter Verbund für die Europäischen Gemeinschaften, die Gemeinsame Außen- und Sicherheitspolitik sowie die Zusammenarbeit in den Bereichen Justiz und Inneres gegründet, sondern auch die Wirtschafts- und Währungsunion eingeführt und der EG in zahlreichen Politikfeldern neue Handlungsspielräume eingeräumt. Die EG erhielt völlig neue Kompetenzen in den Bereichen der Haushaltspolitik, der Bildungspolitik und der Berufsbildung, der Energiepolitik, der Telekommunikation, der Industriepolitik, im Gesundheitswesen, beim Verbraucherschutz und in der Kulturpolitik. Ferner kam es zu Kompetenzerweiterungen in der Sozialpolitik, der Regionalpolitik, der Umweltpolitik und der Entwicklungshilfe. Diese Ausdehnung der primärrechtlichen Grundlagen der „Gemeinschaft", welche auch „nach Maastricht" keinesfalls zum Stillstand kam[239], beförderte in ihrem Schlepptau auch eine Dynamisierung der Rechtsetzungstätigkeit.

---

236 Santer, integration, 4/2006, 303 ff. (305), spricht sogar von einem „Meilenstein in der Vertiefung der Europäischen Gemeinschaft".

237 Einheitliche Europäische Akte (1986), ABl. 1987 Nr. L 169. Vgl. hierzu etwa: Boldt, Historische Zeitschrift, (Beih. 21) 1995, 241 ff. (245); Glaesner, EuR, 1986, 119 ff. (119 ff.); Hrbek/Läufer, Europa-Archiv, 1986, 173 ff. (173 ff.); Pescatore, EuR, 1986, 153 ff. (153 ff.); Sälzer, integration, 3/1986, 121 ff. (121 ff.); Wessels, Das politische System der europäischen Union, S. 84 ff. Zum Ausbau der europäischen Kompetenzen betrachte auch Estella, The EU Principle of Subsidiarity and its Critique, S. 14 ff.

238 Vertrag über die Europäische Union, ABl. 1992 Nr. C 191/1. Vgl. hierzu Wessels, Das politische System der europäischen Union, S. 89 ff.

239 Vgl. etwa den Vertrag von Amsterdam zur Änderung des Vertrags über die Europäische Union, der Verträge zur Gründung der Europäischen Gemeinschaften sowie einiger damit zusammenhängender Rechtsakte, ABl. 1997 Nr. C 340, der einen neuen Titel zum Thema Beschäftigung vertraglich fixierte.Auch in der Sozial-, Umwelt-, Gesundheits- und Verbraucherschutzpolitik sowie vor allem der Gemeinsamen Außen- und Sicherheitspolitik wurden die Rechte der EG/EU und ihrer Organe zum Teil erheblich ausgebaut. Siehe

Der Vertrag von Lissabon baut die europäischen Rechtsetzungskompetenzen weiter aus, was seinen deutlichsten Ausdruck findet in der Vergemeinschaftung der „Dritten Säule", früher als „Polizeiliche und justizielle Zusammenarbeit in Strafsachen" bezeichnet. Damit gibt es nun kaum noch wesentliche Sachgebiete, auf denen die Europäische Union keine Rechtsetzungskompetenz hat.[240]

Die Dynamisierung der Rechtsetzung lässt sich jedoch nicht nur an den vertraglichen Bestimmungen über die Rechtsetzungskompetenzen festmachen. Ebenso bedeutsam ist die „großzügige" Handhabung dieser Kompetenzen durch die Rechtsetzungsorgane. Als Beispiel kann hier die im Jahre 1998 verabschiedete Richtlinie 98/43/EG[241] dienen, die ein fast vollständiges Werbe- und Sponsoringverbot für Tabakerzeugnisse vorsah[242]. Diese Richtlinie verfolgte (ausdrücklich) den Zweck der Angleichung der Rechts- und Verwaltungsvorschriften der Mitgliedstaaten über die Werbung und das Sponsoring zugunsten von Tabakerzeugnissen.[243] Weil Werbung und Sponsoring grenzüberschreitend wirken, könnten Unterschiede zwischen den nationalen Regelungen Hemmnisse für den freien Verkehr von Werbeartikeln und Werbedienstleistungen hervorrufen. Der Gesundheitsschutz sollte (nur) gebührend mitberücksichtigt werden[244]. Die Richtlinie stützte sich auf Art. 57 Abs. 2 i.V.m. Art. 66 (neu: Art. 47 Abs. 2 i.V.m. Art. 55) EGV[245] und 100 a (neu: Art. 95) EGV[246], also auf die Kompetenz zur Koordinierung der Rechts- und Verwaltungsvorschriften der Mitgliedstaaten zur Beseitigung von Beschränkungen des freien Dienstleistungsverkehrs sowie die Kompetenz zur Angleichung der Rechts- und Verwaltungsvorschriften der Mitgliedstaaten im Hinblick auf die Errichtung und das Funktionieren des Binnenmarktes. Diese kompetenzielle Ausgangsbasis[247] der Richtlinie provozierte

---

auch Timmermans, Normenflut auf Gemeinschaftsebene aus der Sicht der Europäischen Kommission, in: Bürgernahes Wirtschaftsrecht – Eine Utopie?, S. 46 ff. (48).

240 So auch Hofmann/Wessels, Eine dauerhafte Verfassung für Europa?, in: Die Verfassung Europas, S. 69 ff. (77).

241 Richtlinie 98/43/EG des Europäischen Parlaments und des Rates vom 6. Juli. 1998 zur Angleichung der Rechts- und Verwaltungsvorschriften der Mitgliedstaaten über Werbung und Sponsoring zugunsten von Tabakerzeugnissen, ABl. 1998 L 213/9. Umfassend zur Entstehungsgeschichte der Richtlinie: Callies, Jura, 2001, 311 ff. (312); Hilf/Frahm, RIW, 2001, 128 ff. (129).

242 Vgl. Art. 3 der Richtlinie 98/43/EG.

243 Vgl. Art. 1 der Richtlinie 98/43/EG sowie die Erwägungsgründe 1, 2 und 8 der Richtlinie 98/43/EG.

244 Vgl. die Erwägungsgründe 3 und 4 der Richtlinie 98/43/EG.

245 Jetzt: Art. 53 Abs. 2, 62 AEUV.

246 Jetzt: Art. 114 AEUV

247 Außerdem wurde die Richtlinie wegen Eingriffen in die Meinungs-, Eigentums- und Berufsfreiheit sowie wegen eines Verstoßes gegen die Begründungspflicht gerügt.

nicht nur wissenschaftliche Kritik[248], sondern führte auch zu einer Reihe von Klagen[249] gegen die Richtlinie. Ein daraufhin ergangenes Urteil des EuGH[250] illustriert die Art und Weise der praktischen Handhabung von Kompetenznormen durch die Rechtsetzungsorgane recht plastisch.
Der EuGH unterstrich zunächst, dass die betroffene Richtlinie zum Großteil auf gesundheitspolitischen Zielsetzungen aufbaut und verwies in diesem Zusammenhang auf Art. 129 Abs. 4 (neu: Art. 152 Abs. 4) EGV[251], der jegliche Harmonisierung der Rechts- und Verwaltungsvorschriften der Mitgliedstaaten zum Schutz und zur Förderung der menschlichen Gesundheit ausschließt. Allerdings, so der EuGH, schließt Art. 129 Abs. 4 (neu: Art. 152 Abs. 4) EGV[252] nicht aus, dass Harmonisierungsmaßnahmen, die aufgrund anderer Bestimmungen ergangen sind, auch Auswirkungen auf den Gesundheitsschutz haben. Das Heranziehen anderer Kompetenzvorschriften zur Umgehung von Art. 129 Abs. 4 (neu: Art. 152 Abs. 4) EGV[253] ist jedoch unzulässig. Ferner führte der EuGH aus, dass Art. 100 a (neu: Art. 95) EGV[254] nicht dahingehend ausgelegt werden kann, dass er dem Gemeinschaftsgesetzgeber eine allgemeine Kompetenz zur Regelung des Binnenmarktes gewähre. Vielmehr muss ein auf Grundlage von Art. 100 a (neu: Art. 95) EGV[255] erlassener Rechtsakt tatsächlich den Zweck verfolgen, das Funktionieren des Binnenmarkts zu verbessern. Die bloße Feststellung von Unterschieden zwischen den nationalen Vorschriften und eine abstrakte Gefahr von Beeinträchtigungen der Grundfreiheiten oder daraus möglicherweise entstehenden Wettbewerbsverzerrungen, genügen nicht. Diese Über-

248 Vgl. di Fabio, AfP, 1998, 564 ff. (564 ff.); Schneider, NJW, 1998, 576 ff. (577 f.); Schneider, NJW, 1998, 2191 (2191); Stein, EuZW, 1995, 435 ff. (435 ff.); Wägenbaur, EuZW, 1998, 33 (33).

249 Vgl. die Klage der Bundesrepublik Deutschland gegen das Europäische Parlament und den Rat der Europäischen Union, eingereicht am 19. Oktober 1998 (Rs. C-376/98), ABl. EG Nr. 1998 C 378/12. Ferner: Klage der Salamander AG gegen das Europäische Parlament und den Rat der Europäischen Union, eingereicht am 19. Oktober 1998 (Rs. T-172/98), ABl. EG 1999 Nr. C 48/26; Klage der Una Film „City Revue“ GmbH gegen das Europäische Parlament und den Rat der Europäischen Union, eingereicht am 23. Oktober 1998 (Rs. T-175/98), ABl. EG 1999 Nr. C 1/15; Klage der Zino Davidoff SA und der Davidoff & Cie SA gegen das Europäische Parlament und den Rat der Europäischen Union, eingereicht am 26. Oktober 1998 (Rs. T-177/98), ABl. 1998 EG Nr. C 397/32.

250 EuGH, Rs. C-376/98, Deutschland/Europäisches Parlament und Rat, Slg. 2000, I-8419 ff. (I-8498 ff.). Vgl. auch Callies, Jura, 2001, 311 ff. (313 ff.); Götz, JZ, 2001, 34 ff. (34 ff.).

251 Jetzt: Art. 168 Abs. 5 AEUV.

252 Jetzt: Art. 168 Abs. 5 AEUV.

253 Jetzt: Art. 168 Abs. 5 AEUV.

254 Jetzt: Art. 114 AEUV

255 Jetzt: Art. 114 AEUV

legungen übertrug der EuGH auch auf die Art. 57 Abs. 2, 66 (neu: Art. 47 Abs. 2, 55) EGV[256].

In seinem Urteil stellte der EuGH weiter fest, dass ein Großteil der in der Richtlinie enthaltenen Werbeverbote den Handel mit den betroffenen Erzeugnissen nicht fördert und somit auch nicht geeignet ist, Hemmnisse für den freien Verkehr von Werbeträgern oder für die Dienstleistungsfreiheit in diesem Werbesektor zu beseitigen. Zudem konstatierte der EuGH, dass ein allgemeines Werbeverbot weder in Bezug auf Werbeagenturen und das Herstellen von Werbeträgern noch hinsichtlich der Hersteller und Verkäufer von Tabakerzeugnissen die Beseitigung von spürbaren Wettbewerbsverzerrungen für sich reklamieren kann. Deshalb kam der EuGH schließlich zu dem Ergebnis, die Richtlinie mangels geeigneter Rechtsgrundlage für nichtig zu erklären. Der EuGH versäumte es aber nicht, darauf hinzuweisen, dass bestimmte Formen eines Verbots der Werbung und des Sponsoring zugunsten von Tabakerzeugnissen auch auf der Grundlage von Art. 100 a (neu: Art. 95) EGV[257] zulässig gewesen wären. So dauerte es nicht lange, bis eine neue (abgeschwächte) Richtlinie erlassen wurde. Auch die Richtlinie 2003/33/EG[258] fußte auf denselben Rechtsgrundlagen wie die Richtlinie 98/43. Sie stachelte erneut zu ablehnenden Stellungnahmen der Wissenschaft an[259] und „gipfelte" ebenfalls in einem Urteil des EuGH[260]. Diesem Urteil zeitlich zuvorkommend kam Strutz[261] nach einer eingehenden Untersuchung dieser Richtlinie im Rahmen ihrer Dissertation (noch) zu der Einschätzung, dass auch die Richtlinie 2003/33/EG weder der Beseitigung von Hemmnissen des freien Waren- und Dienstleistungsverkehrs, noch der Beseitigung spürbarer Wettbewerbsverzerrungen diene und somit in den Art. 95 Abs. 1, 47 Abs. 2 i.V.m. 55 EGV[262] keine hinreichende Ermächtigungsgrundlage fände. Der EuGH war anderer Ansicht. Nach seinem Dafürhalten waren die Unterschiede

---

256 Jetzt: Art. 53 Abs. 2, 62 AEUV.

257 Jetzt: Art. 114 AEUV

258 Richtlinie 2003/33/EG des Europäischen Parlaments und des Rates vom 26. Mai 2003 zur Angleichung der Rechts- und Verwaltungsvorschriften der Mitgliedstaaten über Werbung und Sponsoring zugunsten von Tabakerzeugnissen, ABl. 2003 L 152/16. Umfassend hierzu Strutz, EG-Werbeverbot für Tabakerzeugnisse auf dem gemeinschaftsrechtlichen Prüfstand, S. 22 ff.

259 Vgl. Strutz, EG-Werbeverbot für Tabakerzeugnisse auf dem gemeinschaftsrechtlichen Prüfstand, S. 19 f.

260 EuGH, Rs. C-380/03, Bundesrepublik Deutschland/Parlament und Rat, Slg. 2006, I-11573 ff. (I-11573 ff.).

261 Strutz, EG-Werbeverbot für Tabakerzeugnisse auf dem gemeinschaftsrechtlichen Prüfstand, S. 24 ff., bes. 71 f., die ferner (S. 71) einen Verstoß gegen das Harmonisierungsverbot des Art. 152 Abs. 4 lit. c EGV – jetzt: Art. 168 Abs. 5 AEUV – konstatiert.

262 Jetzt: Art. 114 Abs. 1, 53 Abs. 2 i. V. m. 62 AEUV.

zwischen den nationalen Rechtsvorschriften der Mitgliedstaaten über Werbung und Sponsoring zugunsten von Tabakerzeugnissen geeignet, den freien Warenverkehr und den freien Dienstleistungsverkehr zu behindern. Diese Hemmnisse und die Gefahren von Wettbewerbsverzerrungen rechtfertigten ein Tätigwerden des Gesetzgebers auf der Grundlage von Art. 95 EGV[263]. Die umstrittenen Bestimmungen in den Art. 3 und 4 der Richtlinie dienten zudem, so der EuGH, tatsächlich dem Ziel, die Bedingungen für das Funktionieren des Binnenmarkts zu verbessern, und konnten daher auf der Grundlage von Art. 95 EGV[264] erlassen werden. Einen Verstoß gegen Art. 152 Abs. 4 lit. c EGV[265] lehnte der Gerichtshof auch ab und kam somit zu dem Ergebnis, dass die Richtlinie 2003/33/EG kompetenzgemäß erlassen wurde. Ohne den Streit um die Frage einer hinreichenden Kompetenzgrundlage für die Richtlinie 2003/33/EG klären zu wollen, zeigt die obige Schilderung das Bestreben des Regelungsgebers, die ihm zugewiesenen Kompetenzen bis zum Äußersten „auszureizen“ und notfalls auch über sie hinauszugehen.[266] Diese Vorgehensweise, welche in zahlreichen Bereichen beobachtet werden kann[267], trägt neben der fortschreitenden Erweiterung der

263 Jetzt: Art. 114 AEUV

264 Jetzt: Art. 114 AEUV

265 Jetzt: Art. 168 Abs. 5 AEUV.

266 Unvoreingenommen betrachtet, lässt es sich wohl kaum von der Hand weisen, dass der Schwerpunkt der geschilderten Richtlinien im Schutz der öffentlichen Gesundheit liegt, einem Bereich für den die Gesundheitskompetenz des Art. 152 EGV – jetzt: Art. 168 AEUV – Harmonisierungsmaßnahmen expressis verbis verbietet.

Aus der Rechtsetzungstätigkeit der „Gemeinschaft“ ließen sich im Übrigen noch eine Vielzahl weiterer harmonisierender Rechtsetzungsakte auflisten, die schwerpunktmäßig auf dem Sektor der öffentlichen Gesundheit operieren und sich kompetenzmäßig auf Art. 95 EGV– jetzt: Art. 114 AEUV – stützen. Vgl. Schmidt am Busch, Die Gesundheitssicherung im Mehrebenensystem, S. 92 ff.

267 So kritisieren Herzog/Gerken, Europa entmachtet uns und unsere Vertreter, „die massiven Eingriffe in das materielle Arbeitsrecht [...], obwohl die inhaltliche Ausgestaltung des Arbeitsrechts in die Zuständigkeit der Mitgliedstaaten fällt“. Mosiek, Effet utile und Rechtsgemeinschaft, S. 54 f. m. w. N., schildert den „äußerst extensiven“ Umgang mit Kompetenznormen am Beispiel des Aktionsprogramms Erasmus (87/327/EWG: Beschluß des Rates vom 15. Juni 1987 über ein gemeinschaftliches Aktionsprogramm zur Förderung der Mobilität von Hochschulstudenten (ERASMUS), ABl. 1987 L 166/20). Suck, Erneuerbare Energien und Wettbewerb in der Elektrizitätswirtschaft, S. 402, zitiert den Präsidenten von Eurosolar Scheer, der Vorschläge zu europäischen Beihilferichtlinien als „eindeutige und politisch unakzeptable Kompetenzüberschreitung der Europäischen Kommission“ geißelt, mit der „praktisch die gesamte Umweltpolitik der Mitgliedstaaten, Länder bzw. Regionen und Kommunen unter den Vorbehalt eines Prüfungsrechtsrechts des Wettbewerbskommissars“ gerate. Wiese, Der Einfluss des EG-Rechts auf das internationale Sachenrecht der Kulturgüter, S. 95 ff. (bes. 97 ff.), kommentiert den Streit, ob Art. 95 EGV – jetzt: Art. 114 AEUV – eine ausreichende Grundlage für die Richtlinie 93/7/EWG des Rates vom 15. März 1993 über die Rückgabe von unrechtmäßig

primärrechtlichen Kompetenznormen wesentlich zu einer Ausdehnung der europäischen Regelungstätigkeit auf immer neue Lebensbereiche bei.

B. Bestandsaufnahme zur Qualität der Rechtsetzung

Der folgende Überblick versucht entsprechend den oben herausgearbeiteten „Qualitätskriterien“[268] zu eruieren, ob die europäische Rechtsetzung diesen Maßstäben genügt. Da eine *Gesamtschau* des „Gemeinschaftsrechts“ bzw. Unionsrechts, die umfänglich negative und positive Beispiele auflistet, den Rahmen sprengen würde, beschränkt sich diese Arbeit (zumeist) auf einzelne Beispiele, die belegen sollen, dass der „Rechtsetzer“ den Anforderungen an eine hohe Rechtsetzungsqualität nicht gerecht wird.[269]

I. „Gesetzes“-technische Mängel

Bevor im Folgenden die „gesetzes“-technische Qualität des EU-Rechts beleuchtet wird, ist zu betonen, dass Mängel an der formalen Qualität keinesfalls Mängel zweiten Rangs darstellen oder weniger ernst zu nehmen sind als inhaltliche Mängel. Formale Mängel betreffen oft sprachliche Unzulänglichkeiten. Die Sprache als „das bildende Organ des Gedankens“[270] findet ihre Verkörperung in den Rechtstexten, die ihrerseits die Basis für weitere Überlegungen zu Bedeutung und Inhalt von Rechtstexten darstellen.[271] Eine Trennung von Sprache und

---

aus dem Hoheitsgebiet eines Mitgliedstaats verbrachten Kulturgütern, ABl. 1993 Nr. L 74/74 darstellt. Vgl. Herzog/Gerken, Von roten Karten und stumpfen Schwertern, S. 5 ff.

268 Vgl. 1. Kap. – C III.

269 Eine solche Herangehensweise gestattet zwar keine umfassende Bewertung der „Rechtsetzungsleistung“, sie ist jedoch dazu geeignet, die Forderung nach weitergehenden Verbesserungsmaßnahmen zu rechtfertigen.

270 Wilhelm von Humboldt, Werke, Bd. 3, Schriften zur Sprachphilosophie S. 191, 426, zitiert nach Zecher, Die Sprache der Sprache, S. 161 ff. – dort m. w. N.

271 Folgende Zitate vermitteln die Bedeutung der Sprache für das Recht: „Alles Recht lebt nur in der Sprache und durch die Sprache.“ – Walther Merk, Werdegang und Wandlungen der deutschen Rechtssprache: Rede gehalten bei der feierlichen Übernahme des Rektorats in der Aula der Philipps-Universität Marburg, 1933, S. 4, zitiert nach Steinhauer, Sprachökonomie durch Kurzwörter, S. 221; „Le code de la législation est la langue. Comme un message ne peut être correctement transmis et compris que dans la mesure où le code est commun à l'émetteur et au récepteur, la première exigence est que la langue soit commune aux deux acteurs de la communication.“ – Gallas, LeGes, 2001/3, 115 ff. (116); „Das Recht ist gegenüber der Sprache so empfindlich, weil es sprachabhängig ist.“ – Großfeld, NJW, 1985, 1577 ff. (1578); siehe auch Großfeld, Macht und Ohnmacht der

Inhalt ist nicht möglich, da der Inhalt erst durch die Sprache Gestalt annimmt.[272] Die Bedeutung „gesetzes"-technischer Mängel ist daher kaum zu unterschätzen. Die folgende Untersuchung versucht „gesetzes"-technische Qualitätsmängel zu finden, die sich unter die Oberbegriffe Beständigkeit, Klarheit und Verständlichkeit, Bestimmtheit sowie Kohärenz und Systematik fassen lassen. Dass die genannten Beispiele keinen repräsentativen Gesamtüberblick offerieren, soll noch einmal betont werden. Viele Beispiele für Qualitätsmängel werden deshalb nicht behandelt, wie etwa die Verwendung von Rechtsbegriffen in Spanisch abgefassten Rechtstexten, die in Spanien letztmalig vor über 200 Jahren in Gebrauch waren und deshalb von den dortigen Gerichten nicht angewendet wurden[273], vieldeutige Textpassagen über deren Bedeutung anscheinend nur der Rechtsetzer selbst Bescheid weiß, die sich dem Rechtsanwender jedoch weitgehend verschließen[274], sowie komplizierteste Regelungen betreffend des Zeit-

---

Rechtsvergleichung, S. 149 ff.; „Daß das Recht sich der Sprache bedient, ist ein banaler Satz. Nicht mehr banal ist dagegen der Satz, daß das Recht durch die Sprache hervorgebracht wird." – Kaufmann, Beiträge zur juristischen Hermeneutik, S. 10; „Recht ist Sprache und derart sprachgebunden, dass die Grenzen und Möglichkeiten der Sprache die Grenzen und Möglichkeiten des Rechts mitbedingen. Die Rechtsnorm lässt sich nur insoweit ausdrücken, bzw. existiert also nur insoweit, als die Sprache es zulässt." – Gallas, Herausforderungen der Sprachenvielfalt bei der Abfassung von Rechtsakten, in: Herausforderungen der Sprachenvielfalt in der Europäischen Union, S. 51 ff. (53). Oder über den Zusammenhang zwischen (gesprochener) Sprache und dem Denken an sich: „Sprechen und Denken ist für den Menschen seiner Natur nach eins, ein einfacher Act, von welchem jenes nur die äußere, dieses die innere Seite ist. Das Sprechen ist das laut gewordene, in die Erscheinung tretende Denken; das Denken ein innerliches Sprechen. Es läßt sich eben so wenig ein klares Denken ohne Sprache, als ein Sprechen ohne Denken annehmen. Das stille Denken, sofern es ein klar entwickeltes ist, ist immer nur ein innerliches Sprechen in Worten, und setzt eine bereits vorhandene Sprache und ein schon gebildetes Abstractionsvermögen voraus." – Heyse, System der Sprachwissenschaft, S. 40. Vgl. ergänzend zur „überragenden Bedeutung" von Rechtstexten für die juristische Argumentation Luhmann, Das Recht der Gesellschaft, S. 338 ff.

272 Kirchhof, GS Klein, S. 227 ff. (227): „Rechtsgehalt und Rechtsgestalt bedingen sich gegenseitig."; Thews, ZG, 1998, 62 ff. (64): „Je umstrittener der inhaltliche Aspekt einer Norm sich darstellt, desto problematischer erscheint die Gewinnung ihrer sprachlichen Gestalt im Gesetzgebungsverfahren: Wer um inhaltliche Fragen kämpft, kämpft auch um die Sprache."

273 Bellis, Implementation of EU Legislation, S. 12.

274 Xanthaki, CML Rev., 2001, 651 ff. (670), schreibt etwa: "seems that the purpose and content of this application is clear to the drafter. Only." Sie verweist dabei auf Art. 5 Abs. 2 der Richtlinie 98/84/EG des Europäischen Parlaments und des Rates vom 20. November 1998 über den rechtlichen Schutz von zugangskontrollierten Diensten und von Zugangskontrolldiensten, ABl. 1998 L 320/54, wonach die Anbieter von geschützten Diensten zu deren Schutz „gegebenenfalls [...] Antrag auf Herausnahme der illegalen Vorrichtungen aus dem gewerblichen Verkehr" stellen können.

punktes, zu dem bestimmte Maßnahmen in Kraft treten oder umzusetzen sind[275] oder Schreib-[276] und Übersetzungsfehler[277].

1. Beständigkeit

In Bezug auf die Forderung nach Beständigkeit von Rechtsetzungsakten kann auf die obige Abbildung in Diagramm 5 zurückgegriffen werden.

275 Vgl. Xanthaki, CML Rev., 2001, 651 ff. (673 f.) – dort mit zahlreichen Beispielen.

276 So beabsichtigte die Kommission in der Verordnung (EWG) Nr. 1932/93 vom 16. Juli 1993 mit den bei der Einfuhr von Süßkirschen anzuwendenden Schutzmaßnahmen, ABl. 1993 Nr. L 174/35 Abgaben für Importeure von Sauerkirschen vorsehen. Anstelle des Wortes Sauerkirschen gebrauchte die Verordnung in der deutschen Fassung jedoch das Wort „Süßkirschen". Zumindest der EuGH Rs. C-64/95, Konservenfabrik Lubella Friedrich Büker GmbH & Co. KG/Hauptzollamt Cottbus, EuZW, 1997, 343 f. (344), wertete dies als „Schreibfehler". Vgl. auch die spätere Berichtigung der Verordnung (EWG) Nr. 1932/93 der Kommission vom 16. Juli 1993 mit den bei der Einfuhr von Süßkirschen anzuwendenden Schutzmaßnahmen (ABl. Nr. L 174 vom 17. Juli 1993), ABl. 1993 Nr. L 176/29, welche das Wort „Süßkirschen" durch das Wort „Sauerkirschen" ersetzte.

277 Vgl. etwa die verschiedenen Beispiele bei Behrens, Die grenzüberschreitende Verschmelzung nach der Richtlinie 2005/56/EG (Verschmelzungsrichtlinie), S. 10 f.; Bellis, Implementation of EU Legislation, S. 11; Gorny/Kuhnert, Zusatzstoff-Recht, S. 123; Herbst, R&TTE-Richtlinie und FTEG, S. 199.

DIAGRAMM 5

Gegenüberstellung der Gesamtzahl aller jährlich veröffentlichten Verordnungen, Richtlinien und Entscheidungen und der zugehörigen Anzahl entsprechender Rechtsakte mit lediglich berichtigender Natur

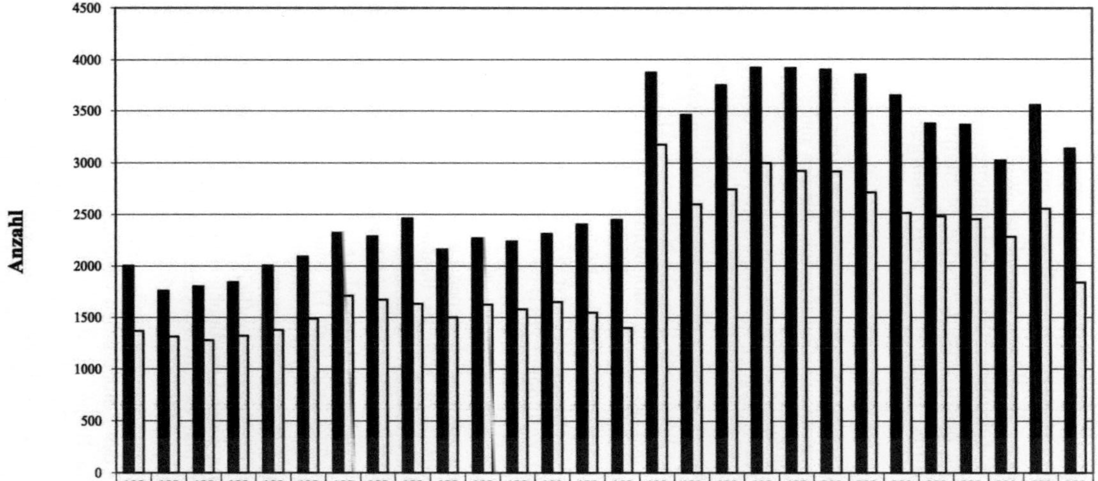

	1980	1981	1982	1983	1984	1985	1986	1987	1988	1989	1990	1991	1992	1993	1994	1995	1996	1997	1998	1999	2000	2001	2002	2003	2004	2005	2006	2007
■ Gesamtzahl an VO, RL und Ents.	2004	1759	1802	1841	2006	2091	2322	2287	2462	2161	2269	2240	2311	2404	2447	3870	3463	3748	3920	3915	3899	3850	3650	3381	3369	3023	3558	3138
□ Gesamtzahl bericht. VO, RL und Ents.	1367	1314	1280	1322	1378	1486	1708	1671	1630	1498	1622	1578	1649	1545	1399	3177	2599	2744	2999	2923	2917	2714	2513	2482	2452	2282	2554	1835

Jahr

■ Gesamtzahl an VO, RL und Ents. □ Gesamtzahl bericht. VO, RL und Ents.

Aus der Abbildung wird ersichtlich, dass der Großteil der Rechtsetzung auf berichtigende Rechtsetzungsakte entfällt. Die rege Änderungsaktivität des Regelungsgebers lässt sich jedoch nicht nur mittels eines Überblicks über alle Rechtsetzungsakte belegen, sondern spiegelt sich en miniature in den zahlreichen Änderungen einzelner Rechtsetzungsakte wider. Die Verordnung (EG) Nr. 1774/2002 vom 3. Oktober 2002 mit Hygienevorschriften für nicht für den menschlichen Verzehr bestimmte tierische Nebenprodukte[278] wurde beispielsweise bereits dreizehnmal geändert[279]. Verordnungen mit selbstredenden Titeln

---

278 Verordnung (EG) Nr. 1774/2002 des Europäischen Parlaments und des Rates vom 3. Oktober 2002 mit Hygienevorschriften für nicht für den menschlichen Verzehr bestimmte tierische Nebenprodukte, ABl. 2002 L 273/1.

279 Stand 5. Januar 2009 – bezüglich der Änderungen vgl.: Verordnung (EG) Nr. 808/2003 der Kommission vom 12. Mai 2003 zur Änderung der Verordnung (EG) Nr. 1774/2002 des Europäischen Parlaments und des Rates mit Hygienevorschriften für nicht für den menschlichen Verzehr bestimmte tierische Nebenprodukte, ABl. 2003 L 117/1; Verordnung (EG) Nr. 668/2004 der Kommission vom 10. März 2004 zur Änderung bestimmter Anhänge der Verordnung (EG) Nr. 1774/2002 des Europäischen Parlaments und des Rates hinsichtlich der Einfuhr und Durchfuhr bestimmter Produkte aus Drittländern, ABl. 2004 L 112/1; Verordnung (EG) Nr. 92/2005 der Kommission vom 19. Januar 2005 zur Durchführung der Verordnung (EG) Nr. 1774/2002 des Europäischen Parlaments und des Rates hinsichtlich der Maßnahmen zur Beseitigung oder Verwendung tierischer Nebenprodukte und zur Änderung des Anhangs VI hinsichtlich der Biogas-Verarbeitung und der Verarbeitung von ausgelassenen Fetten, ABl. 2005 L 19/27; Verordnung (EG) Nr. 93/2005 der Kommission vom 19. Januar 2005 zur Änderung der Verordnung (EG) Nr. 1774/2002 des Europäischen Parlaments und des Rates hinsichtlich der Verarbeitung von aus Fischen gewonnenen tierischen Nebenprodukten und der Handelspapiere für die Beförderung von tierischen Nebenprodukten, ABl. 2005 L 19/34; Verordnung (EG) Nr. 416/2005 der Kommission vom 11. März 2005 zur Änderung von Anhang XI der Verordnung (EG) Nr. 1774/2002 des Europäischen Parlaments und des Rates hinsichtlich der Einfuhr von bestimmten tierischen Nebenprodukten zu technischen Zwecken aus Japan, ABl. 2005 L 66/10; Verordnung (EG) Nr. 181/2006 der Kommission vom 1. Februar 2006 zur Durchführung der Verordnung (EG) Nr. 1774/2002 hinsichtlich anderer organischer Düngemittel und Bodenverbesserungsmittel als Gülle sowie zur Änderung der genannten Verordnung, ABl. 2006 L 29/31; Verordnung (EG) Nr. 208/2006 der Kommission vom 7. Februar 2006 zur Änderung der Anhänge VI und VIII der Verordnung (EG) Nr. 1774/2002 des Europäischen Parlaments und des Rates hinsichtlich der Verarbeitungsstandards für Biogas- und Kompostieranlagen sowie der Bestimmungen über Gülle, ABl. 2006 L 36/25; Verordnung (EG) Nr. 2007/2006 der Kommission vom 22. Dezember 2006 zur Durchführung der Verordnung (EG) Nr. 1774/2002 des Europäischen Parlaments und des Rates hinsichtlich der Einfuhr und Durchfuhr bestimmter aus Material der Kategorie 3 gewonnener Zwischenerzeugnisse für technische Verwendungszwecke in Medizinprodukten, In-vitro-Diagnostika und Laborreagenzien sowie zur Änderung der genannten Verordnung, ABl. 2006 L 379/98; Verordnung (EG) Nr. 829/2007 der Kommission vom 28. Juni 2007 zur Änderung der Anhänge I, II, VII, VIII, X und XI zur Verordnung (EG) Nr. 1774/2002 des Europäischen Parlaments und des Rates im Hinblick auf das Inverkehrbringen bestimmter tierischer Nebenprodukte,

wie „Verordnung (EG) Nr. 2592/1999 der Kommission vom 8. Dezember 1999 zur Änderung der Verordnung (EG) Nr. 1826/1999 zur Änderung der Verordnung (EG) Nr. 929/1999 zur Einführung vorläufiger Antidumping- und Ausgleichszölle auf die Einfuhren von gezüchtetem Atlantischen Lachs mit Ursprung in Norwegen im Fall bestimmter Ausführer, zur Einführung vorläufiger Antidumping- und Ausgleichszölle auf die Einfuhren von solchem Lachs im Fall bestimmter Ausführer, zur Änderung des Beschlusses 97/634/EG zur Annahme von Verpflichtungsangeboten im Zusammenhang mit dem Antidumping- und dem Antisubventionsverfahren betreffend die Einfuhren von solchem Lachs und zur Änderung der Verordnung (EG) Nr. 772/1999 des Rates zur Einführung endgültiger Antidumping- und Ausgleichszölle auf die Einfuhren von solchem Lachs“[280] sprechen ebenfalls für sich. Beispiele dieser Art dürften wohl auch bei Honsell die Ansicht zu Tage befördert haben, dass es bei der „gemeinschaftlichen“ bzw. der unionalen Rechtsetzung „meist [...] um die Änderung der Änderung der Änderung“[281] gehe.

Dabei erreicht nicht nur die „Änderungshäufigkeit“ selbst ein bedenkliches Ausmaß, auch die kurzen Intervalle zwischen der Verabschiedung eines Rechtsetzungsaktes und den folgenden Berichtigungen und Änderungen sind besorgniserregend und durchaus geeignet, die Erkennbarkeit, Vorausschaubarkeit und Verständlichkeit[282] des Rechts zu erschweren. Folgende – willkürlich heraus-

---

ABl. 2007 L 191/1; Verordnung (EG) Nr. 1432/2007 der Kommission vom 5. Dezember 2007 zur Änderung der Anhänge I, II und VI der Verordnung (EG) Nr. 1774/2002 des Europäischen Parlaments und des Rates im Hinblick auf die Kennzeichnung und Beförderung tierischer Nebenprodukte, ABl. 2007 L 320/13; Verordnung (EG) Nr. 437/2008 der Kommission vom 21. Mai 2008 zur Änderung der Anhänge VII, X und XI der Verordnung (EG) Nr. 1774/2002 des Europäischen Parlaments und des Rates hinsichtlich der Vorschriften für die Verarbeitung von Milch und Erzeugnissen auf Milchbasis, die als Material der Kategorie 3 gelten, ABl. 2008 L 132/7; Verordnung (EG) Nr. 523/2008 der Kommission vom 11. Juni 2008 zur Änderung der Anhänge VIII, X und XI der Verordnung (EG) Nr. 1774/2002 des Europäischen Parlaments und des Rates im Hinblick auf die Einfuhr von Blutprodukten zur Herstellung technischer Erzeugnisse, ABl. 2008 L 153/23; Verordnung (EG) Nr. 777/2008 der Kommission vom 4. August 2008 zur Änderung der Anhänge I, V und VII der Verordnung (EG) Nr. 1774/2002 des Europäischen Parlaments und des Rates mit Hygienevorschriften für nicht für den menschlichen Verzehr bestimmte tierische Nebenprodukte, ABl. 2008 L 207/9.

280 ABl. 1999 L 315/17.

281 Honsell, in: v. Staudinger, BGB – Eckpfeiler des Zivilrechts, S. 21.

282 Vgl. zu diesem Aspekt etwa die schriftlichen Anfragen von Herrn Verhaegen an den Rat der Europäischen Gemeinschaften (Anfrage Nr. 545/78, ABl. 1978 C 267/28) und an die Kommission (Anfrage Nr. 546/78, ABl. 1978 C 287/17). Der Abgeordnete weist dort auf die häufigen Änderungen in zwei ausgesuchten Verordnungen hin. Verhaegen erhoffte sich eine gründliche Aktualisierung der europarechtlichen Vorschriften, um „das Amtsblatt auch ohne das Studium ganzer Stapel früherer Amtsblätter verständlich zu machen“.

gegriffene – Beispiele illustrieren diese Feststellung. So wurde etwa die Richtlinie 2006/87/EG über die technischen Vorschriften für Binnenschiffe[283] vom 12. Dezember 2006 bereits am 18. Dezember 2006[284] und damit noch vor ihrem Inkrafttreten geändert. Die Verordnung (EG) Nr. 2037/2000 über Stoffe, die zum Abbau der Ozonschicht führen[285], wurde vor ihrem Inkrafttreten sogar durch zwei weitere Verordnungen[286] geändert. Wenn Rechtsetzungsakte schon nach derart kurzer Zeit nach Änderungen und Berichtigungen verlangen, erweckt dies den Eindruck, als habe man bei der Ausarbeitung der ursprünglichen Regelungen die notwendige Sorgfalt außer Acht gelassen.

2. Klarheit und Verständlichkeit

Die nachfolgenden Ausführungen beschäftigen sich mit der Klarheit und Verständlichkeit von Rechtstexten. Im Mittelpunkt soll hierbei die Sprache stehen, die von zentraler Bedeutung für die Verständlichkeit einer Norm ist, da sie quasi als „Schnittstelle“ zwischen Rechtsetzung (-sakt) selbst und Zurkenntnisnahme einer Regelung und deren zweckadäquater Anwendung fungiert. Die Berechtigung einer solchen Schwerpunktsetzung wird durch die berufenen Worte eines Generalanwaltes am EuGH bestätigt. So ließ Generalanwalt Mancini verlauten: „Ich bezweifle, dass Marguerite Yourcenar oder Graham Greene bereit wären, sich jeden Morgen, ‚pour prendre le ton‘, ein paar Rechtsakte der Gemeinschaft durchzulesen, wie Stendhal das mit den Artikeln des Code civil tat. Ich will damit sagen, daß ich zwar die Weisheit des Gemeinschaftsgesetzgebers bewundere, jedoch nicht seine schludrige und allzu oft ungenaue Sprache.“[287]

283 Richtlinie des Europäischen Parlaments und des Rates vom 12. Dezember 2006 über die technischen Vorschriften für Binnenschiffe und zur Aufhebung der Richtlinie 82/714/EWG des Rates (2006/87/EG), ABl. 2006 L 389 /1.

284 Richtlinie des Europäischen Parlaments und des Rates vom 18. Dezember 2006 zur Änderung der Richtlinie 2006/87/EG über die technischen Vorschriften für Binnenschiffe (2006/137/EG), ABl. 2006 L 389/261.

285 Verordnung (EG) Nr. 2037/2000 des Europäischen Parlaments und des Rates vom 29. Juni 2000 über Stoffe, die zum Abbau der Ozonschicht führen, ABl. 2000 L 244/1.

286 Verordnung (EG) Nr. 2038/2000 des Europäischen Parlaments und des Rates vom 28. September 2000 zur Änderung der Verordnung (EG) Nr. 2037/2000 über Stoffe, die zum Abbau der Ozonschicht führen, in Bezug auf Dosier-Inhalatoren und Implantate zur Abgabe von Arzneimitteln, ABl. 2000 L 244/25 sowie Verordnung (EG) Nr. 2039/2000 des Europäischen Parlaments und des Rates vom 28. September 2000 zur Änderung der Verordnung (EG) Nr. 2037/2000 über Stoffe, die zum Abbau der Ozonschicht führen, hinsichtlich des Bezugsjahrs für die Zuweisung der Quoten für teilhalogenierte Fluorchlorkohlenwasserstoffe, ABl. 2000 L 244/26.

287 GA Mancini, SchlA zu EuGH, Rs. 100/84, Kommission/Vereinigtes Königreich, Slg. 1985, 1169 ff. (1173, Nr. 4).

Den Titeln der europäischen Rechtsetzungsakte wird oft attestiert, sie seien zu lang und spiegelten zudem den verfügenden Inhalt nur ungenau wider.[288] Dies würde im Widerspruch zu dem Sinn und Zweck eines Titels stehen, der die Möglichkeit bieten soll, auf den ersten Blick zu erkennen, um welche Art von Rechtsakt mit welchem Inhalt es sich handelt.[289] Kurze und einprägsame Titel sind hierfür erforderlich.[290] Dass die titelgebenden Überschriften von Rechtsakten oft zu lang und unverständlich sind, belegt etwa eine Richtlinie mit dem Namen: „Zweite Richtlinie 77/91/EWG des Rates vom 13. Dezember 1976 zur Koordinierung der Schutzbestimmungen, die in den Mitgliedstaaten den Gesellschaften im Sinne des Artikels 58 Absatz 2 des Vertrages im Interesse der Gesellschafter sowie Dritter für die Gründung der Aktiengesellschaft sowie für die Erhaltung und Änderung ihres Kapitals vorgeschrieben sind, um diese Bestimmungen gleichwertig zu gestalten“[291]. Ein anderes Beispiel ist die „Entscheidung der Kommission vom 5. März 2001 über eine fünfte Verlängerung der Geltungsdauer der Entscheidung 1999/815/EG über Maßnahmen zur Untersagung des Inverkehrbringens von Spielzeug- und Babyartikeln, die dazu bestimmt sind, von Kindern unter drei Jahren in den Mund genommen zu werden, und aus Weich-PVC bestehen, das bestimmte Weichmacher enthält“.[292] Oder:

- die „Entscheidung der Kommission vom 5. Dezember 1997 über die grundsätzliche Anerkennung der Vollständigkeit der Unterlagen, die zur eingehenden Prüfung im Hinblick auf eine etwaige Aufnahme von CGA 245 704, Flazasulfuron, des Kernpolyedervirus der Zuckerrüben-Eule (Spodoptera exigua), Imazosulfuron, Pymetrozin und Sulfosulfuron in Anhang I der Richtlinie 91/414/EWG des Rates über das Inverkehrbringen von Pflanzenschutzmitteln eingereicht wurden“[293],

- die „Verordnung (EG) Nr. 641/2004 der Kommission vom 6. April 2004 mit Durchführungsbestimmungen zur Verordnung (EG) Nr. 1829/2003 des Europäischen Parlaments und des Rates hinsichtlich des Antrags auf Zulassung neuer genetisch verän-

---

288 So auch Xanthaki, CML Rev., 2001, 651 ff. (653, 668 f.).

289 Merten, Festgabe zum 10jährigen Jubiläum der Gesellschaft für Rechtspolitik, S. 295 ff. (295) m. w. N.

290 Merten, Festgabe zum 10jährigen Jubiläum der Gesellschaft für Rechtspolitik, S. 295 ff. (295) – dort mit Hinweisen auf entsprechende Vorgaben in den Mitgliedstaaten, welche die Abfassung von Rechtsakten anleiten sollen.

291 ABl. 1977 L 26/1. Als “obviously fruitlessly long, unclear und ambiguous“ bezeichnet Xanthaki, CML Rev., 2001, 651 ff. (668), den entsprechenden englischen Titel und schlägt stattdessen den Titel “on the formation, maintenance and alteration of the capital of public limited companies“ vor.

292 ABl. 2001 L 69/37. Xanthaki, CML Rev., 2001, 651 ff. (668), präferiert als passenderen Titel die Formulierung “on the partial prohibition of soft PVC toys containing certain phthalates“.

293 ABl. 1997 L 351/67.

derter Lebensmittel und Futtermittel, der Meldung bestehender Erzeugnisse und des zufälligen oder technisch unvermeidbaren Vorhandenseins genetisch veränderten Materials, zu dem die Risikobewertung befürwortend ausgefallen ist“[294],

- die „Entscheidung der Kommission vom 29. September 2006 zur Festlegung der Leitlinien, mit denen Kriterien für die Durchführung von Audits gemäß der Verordnung (EG) Nr. 882/2004 des Europäischen Parlaments und des Rates über amtliche Kontrollen zur Überprüfung der Einhaltung des Lebensmittel- und Futtermittelrechts sowie der Bestimmungen über Tiergesundheit und Tierschutz festgelegt werden“[295].

Beispiele dieser Art ließen sich beliebig fortsetzen. Wirklich besorgniserregend wird es jedoch dann, wenn die Titel der Rechtsakte unzutreffend den Inhalt des zugehörigen Rechtsaktes wiedergeben. In diesem Zusammenhang verweist Xanthaki[296] auf die „Richtlinie 95/47/EG des Europäischen Parlaments und des Rates vom 24. Oktober 1995 über die Anwendung von Normen für die Übertragung von Fernsehsignalen“[297]. Der tatsächliche Inhalt dieser Richtlinie beschäftigt sich mit verschiedenen Maßnahmen zur Förderung fortgeschrittener Fernsehdienste, vor allem volldigitaler Übertragungssysteme, etwa durch die Festlegung von Übertragungssystemen für bestimmte Bildschirmformate oder von technischen Voraussetzungen an den Fernsehgeräten selbst. Der Gewährleistung einer Zugangsberechtigung der Fernsehzuschauer zu digitalen Fernsehdiensten wird ebenfalls besondere Bedeutung beigemessen. Diese Regelungsinhalte erschließen sich aus dem Titel der Richtlinie wohl nicht. Diese Beispiele zeigen, dass die titelgebenden Überschriften mancher Rechtsetzungsakte nur schwer verständlich und unklar sind. Konflikte mit den rechtsstaatlichen Forderungen nach Berechenbarkeit, Vorhersehbarkeit und Verlässlichkeit des Rechts lassen sich anhand solcher Titel nicht von der Hand weisen.[298]

Ein weites Feld für die Praxis schwer verständlicher und unklarer Formulierungen eröffnet sich dem Betrachter, wenn er sich den Legaldefinitionen im sekundären Europarecht zuwendet. Wenn etwa die Richtlinie 91/308/EWG den Begriff des „Kreditinstituts“ definiert als ein „Kreditinstitut im Sinne von Artikel 1 erster Gedankenstrich der Richtlinie 77/780/EWG, zuletzt geändert durch die Richtlinie 89/646/EWG, sowie – im Sinne von Artikel 1 dritter Gedankenstrich der genannten Richtlinie – eine in der Gemeinschaft gelegene Zweigniederlas-

294 ABl. 2004 L 102/14.

295 ABl. 2006 L 278/15.

296 Xanthaki, CML Rev., 2001, 651 ff. (669). Dort (S. 668) übrigens mit einem weiteren Beispiel einer Richtlinie “whose title is not only incomplete but also misleading“.

297 ABl. 1995 L 281/51.

298 Vgl. Merten, Festgabe zum 10jährigen Jubiläum der Gesellschaft für Rechtspolitik, S. 295 ff. (301).

sung eines Kreditinstituts mit Sitz ausserhalb der Gemeinschaft“[299], verfehlt diese Beschreibung die eigentliche Aufgabe einer Legaldefinition, die in der genauen inhaltlichen Festlegung eines verwendeten Begriffs im Dienste der begrifflichen Klarheit besteht. Beim Lesen der vorgestellten Definition wird sich kaum „Klarheit“ über den Begriff des „Kreditinstituts“ einstellen. Noch erschreckender ist die an gleicher Stelle auffindbare Definition eines Finanzinstituts. Danach ist ein Finanzinstitut ein „anderes Unternehmen als ein Kreditinstitut, dessen Haupttätigkeit darin besteht, eines oder mehrere der unter den Nummern 2 bis 12 und 14 der Liste im Anhang zur Richtlinie 89/646/EWG aufgeführten Geschäfte zu tätigen, oder ein Versicherungsunternehmen, das gemäß der Richtlinie 79/267/EWG, zuletzt geändert durch die Richtlinie 90/619/EWG, zugelassen ist, soweit es Tätigkeiten ausübt, die unter die Richtlinie 79/267/EWG fallen; diese Definition schließt auch in der Gemeinschaft gelegene Zweigniederlassungen von Finanzinstituten mit Sitz ausserhalb der Gemeinschaft ein“[300]. Diese Definition verkommt zu einer Schnitzeljagd durch das Amtsblatt. Besser als dieses verschachtelte Satzgebilde wäre eine schlichte Aufzählung der einzelnen Definitionselemente gewesen.

Der exzessive Gebrauch von Legaldefinitionen, der sogar den Conseil d’État zu einer Beschwerde an die Kommission veranlasste[301], lässt sich etwa an dem willkürlich herausgegriffenen Art. 5 Abs. 1 der Verordnung über die Verbringung von Abfällen[302] veranschaulichen. Dort heißt es lapidar: „Jede notifizierungspflichtige Verbringung von Abfällen muss Gegenstand eines Vertrags zwischen dem Notifizierenden und dem Empfänger über die Verwertung oder Beseitigung der notifizierten Abfälle sein.“ Hinter diesen dürren Worten verbirgt sich eine Menge an („Legaldefinitions-“) Arbeit. So muss der Rechtsanwender zunächst unbedingt Art. 2 der Verordnung mit den notwendigen Begriffsbestimmungen konsultieren. Dort erfährt man, dass „Abfälle“ nur „Abfälle im Sinne des Artikels 1 Absatz 1 Buchstabe a der Richtlinie 2006/12/EG“[303] sind. „Beseitigung“ bedeutet „Beseitigung im Sinne des Artikels 1 Absatz 1 Buch-

---

299 Art. 1 der Richtlinie 91/308/EWG des Rates vom 10. Juni 1991 zur Verhinderung der Nutzung des Finanzsystems zum Zwecke der Geldwäsche, ABl. 1991 L 166/77.

300 Art. 1 der Richtlinie 91/308/EWG des Rates vom 10. Juni 1991 zur Verhinderung der Nutzung des Finanzsystems zum Zwecke der Geldwäsche, ABl. 1991 L 166/77.

301 Vgl. hierzu Bellis, Implementation of EU Legislation, S. 16 f., der auch die Meinung des Conseil d’État vertritt, dass ein Rechtstext nur solche Begriffe verwenden sollte, die sich mittels eines Wörterbuchs erschließen lassen, anstatt Begriffe zu gebrauchen, die einen „Berg“ von Legaldefinitionen notwendig machen.

302 Verordnung (EG) Nr. 1013/2006 des Europäischen Parlaments und des Rates vom 14. Juni 2006 über die Verbringung von Abfällen, ABl. 2006 L 190/1.

303 Art. 2 Nr. 1 der VO Nr. 1013/2006.

stabe e der Richtlinie 2006/12/EG“[304]. „Verwertung“ ist zu ersetzen durch „Verwertung im Sinne des Artikels 1 Absatz 1 Buchstabe f der Richtlinie 2006/12/EG“[305]. Unter „Empfänger“ ist ferner „die Person oder das Unternehmen, die bzw. das der Gerichtsbarkeit des Empfängerstaats unterliegt und zu der bzw. dem die Abfälle zur Verwertung oder Beseitigung verbracht werden“[306] zu verstehen. Spätestens hier wird deutlich, dass man ohne die Richtlinie 2006/12/EG[307] nicht auskommt, um den Art. 5 Abs. 1 der „Abfallverbringungsverordnung“ zu verstehen. Macht man sich schließlich noch über den Begriff des „Notifizierenden“ Gedanken, „hilft“ folgende Begriffsbestimmung weiter:

> „ ‚Notifizierender‘
>
> a) im Falle einer Verbringung, die in einem Mitgliedstaat beginnt, eine der Gerichtsbarkeit dieses Mitgliedstaates unterliegende natürliche oder juristische Person, die beabsichtigt, eine Verbringung von Abfällen durchzuführen oder durchführen zu lassen, und zur Notifizierung verpflichtet ist. Der Notifizierende ist eine der nachfolgend aufgeführten Personen oder Einrichtungen in der Rangfolge der Nennung:
>
> i) der Ersterzeuger oder
>
> ii) der zugelassene Neuerzeuger, der vor der Verbringung Verfahren durchführt, oder
>
> iii) ein zugelassener Einsammler, der aus verschiedenen kleinen Mengen derselben Abfallart aus verschiedenen Quellen Abfälle für eine Verbringung zusammengestellt hat, die an einem bestimmten, in der Notifizierung genannten Ort beginnen soll, oder
>
> iv) ein eingetragener Händler, der von einem Ersterzeuger, Neuerzeuger oder zugelassenen Einsammler im Sinne der Ziffern i, ii und iii schriftlich ermächtigt wurde, in dessen Namen als Notifizierender aufzutreten, oder
>
> v) ein eingetragener Makler, der von einem Ersterzeuger, Neuerzeuger oder zugelassenen Einsammler im Sinne der Ziffern i, ii und iii schriftlich ermächtigt wurde, in dessen Namen als Notifizierender aufzutreten, oder
>
> vi) wenn alle in den Ziffern i, ii, iii, iv und v – soweit anwendbar – genannten Personen unbekannt oder insolvent sind, der Besitzer.
>
> Sollte ein Notifizierender im Sinne – der Ziffern iv oder v es versäumen, eine der in den Artikeln 22 bis 25 festgelegten Rücknahmeverpflichtungen zu erfüllen, so gilt der Ersterzeuger, Neuerzeuger bzw. zugelassene Einsammler im Sinne der Ziffern i, ii oder iii,

---

304 Art. 2 Nr. 4 der VO Nr. 1013/2006.

305 Art. 2 Nr. 6 der VO Nr. 1013/2006.

306 Art. 2 Nr. 14 der VO Nr. 1013/2006.

307 Richtlinie 2006/12/EG des Europäischen Parlaments und des Rates vom 5. April 2006 über Abfälle, ABl. 2006 L 114/9.

der diesen Händler oder Makler ermächtigt hat, in seinem Namen aufzutreten, für die Zwecke der genannten Rücknahmeverpflichtungen als Notifizierender. Bei illegaler Verbringung, die von einem Händler oder Makler im Sinne der Ziffern iv oder v notifiziert wurde, gilt die in den Ziffern i, ii oder iii genannte Person, die diesen Händler oder Makler ermächtigt hat, in ihrem Namen aufzutreten, für die Zwecke dieser Verordnung als Notifizierender;

b) im Falle der Einfuhr in oder der Durchfuhr durch die Gemeinschaft von nicht aus einem Mitgliedstaat stammenden Abfällen jede der folgenden der Gerichtsbarkeit des Empfängerstaats unterliegenden natürlichen oder juristischen Personen, die eine Verbringung von Abfällen durchzuführen oder durchführen zu lassen beabsichtigen oder durchführen ließen, d. h. entweder

i) die von den Rechtsvorschriften des Empfängerstaats bestimmte Person oder in Ermangelung einer solchen Bestimmung

ii) die Person, die während der Ausfuhr Besitzer der Abfälle war"[308].

Um die Begriffsbestimmung zum „Notifizierenden" ganz zu erfassen, muss man in Ergänzung die Definitionen der Begriffe „Erzeuger"[309], „Besitzer"[310], „Einsammler"[311], „Händler"[312], „Makler"[313], „Empfänger"[314], „Empfängerstaat"[315],

308 Art. 2 Nr. 15 der VO Nr. 1013/2006.

309 Art. 2 Nr. 9 der VO Nr. 1013/2006 – „jede Person, durch deren Tätigkeit Abfälle anfallen (‚Ersterzeuger'), und/oder jede Person, die Vorbehandlungen, Vermischungen oder sonstige Behandlungen vornimmt, die eine Veränderung der Natur oder der Zusammensetzung dieser Abfälle bewirken (‚Neuerzeuger') (im Sinne des Artikels 1 Absatz 1 Buchstabe b der Richtlinie 2006/12/EG)".

310 Art. 2 Nr. 10 der VO Nr. 1013/2006 – „Erzeuger der Abfälle oder die natürliche oder juristische Person, in deren Besitz sich die Abfälle befinden (im Sinne des Artikels 1 Absatz 1 Buchstabe c der Richtlinie 2006/12/EG)".

311 Art. 2 Nr. 11 der VO Nr. 1013/2006 – „jede Person, die das Abfalleinsammeln im Sinne des Artikels 1 Absatz 1 Buchstabe g der Richtlinie 2006/12/EG durchführt".

312 Art. 2 Nr. 12 der VO Nr. 1013/2006 – „jede Person, die in eigener Verantwortung handelt, wenn sie Abfälle kauft und anschließend verkauft, auch solche Händler, die die Abfälle nicht materiell in Besitz nehmen, und wie in Artikel 12 der Richtlinie 2006/12/EG aufgeführt".

313 Art. 2 Nr. 13 der VO Nr. 1013/2006 – „jede Person, die für die Verwertung oder die Beseitigung von Abfällen für andere sorgt, auch solche Makler, die die Abfälle nicht materiell in Besitz nehmen, wie in Artikel 12 der Richtlinie 2006/12/EG aufgeführt".

314 Art. 2 Nr. 14 der VO Nr. 1013/2006 – „die Person oder das Unternehmen, die bzw. das der Gerichtsbarkeit des Empfängerstaats unterliegt und zu der bzw. dem die Abfälle zur Verwertung oder Beseitigung verbracht werden".

315 Art. 2 Nr. 23 der VO Nr. 1013/2006 – „jeden Staat, in den Abfälle zur Verwertung oder Beseitigung oder zur Verladung vor der Verwertung oder Beseitigung in einem Gebiet, das nicht der Gerichtsbarkeit eines Staates unterliegt, verbracht werden sollen oder verbracht werden".

„Einfuhr"[316], „Ausfuhr"[317], „Durchfuhr"[318], „Verbringung"[319] und „illegale Verbringung"[320] kennen.

Aber auch weniger „verweisungslastige" Definitionen lassen sich nicht mit dem Ideal der Rechtsklarheit identifizieren, sondern grenzen an reine „Detailhuberei" und bringen den Leser bestenfalls zum Schmunzeln.

Ein „Feuerzeug" wird beschrieben als „ein zur Erzeugung einer Flamme unter Verwendung eines Brennstoffs bestimmtes, von Hand betätigtes, mit einer integralen Brennstoffversorgung gefertigtes und gegebenenfalls zum Nachfüllen bestimmtes Gerät, das in der Regel zum beabsichtigten Anzünden speziell von Zigaretten, Zigarren und Pfeifen dient und bei dem vorhersehbar ist, dass es auch zum Anzünden von Gegenständen wie Papier, Dochten, Kerzen und Laternen verwendet wird"[321].

---

316 Art. 2 Nr. 30 der VO Nr. 1013/2006 – „jede Verbringung von Abfällen in die Gemeinschaft mit Ausnahme der Durchfuhr durch die Gemeinschaft".

317 Art. 2 Nr. 31 der VO Nr. 1013/2006 – „eine Verbringung von Abfällen aus der Gemeinschaft mit Ausnahme der Durchfuhr durch die Gemeinschaft".

318 Art. 2 Nr. 32 der VO Nr. 1013/2006 – „eine Verbringung von Abfällen, die durch einen oder mehrere Staaten mit Ausnahme des Versand- oder Empfängerstaats erfolgt oder erfolgen soll".

319 Art. 2 Nr. 34 der VO Nr. 1013/2006 – „Transport von zur Verwertung oder Beseitigung bestimmten Abfällen, der erfolgt oder erfolgen soll: a) zwischen zwei Staaten oder b) zwischen einem Staat und überseeischen Ländern und Gebieten oder anderen Gebieten, die unter dem Schutz dieses Staates stehen, oder c) zwischen einem Staat und einem Landgebiet, das völkerrechtlich keinem Staat angehört, oder d) zwischen einem Staat und der Antarktis oder e) aus einem Staat durch eines der oben genannten Gebiete oder f) innerhalb eines Staates durch eines der oben genannten Gebiete und der in demselben Staat beginnt und endet, oder g) aus einem geografischen Gebiet, das nicht der Gerichtsbarkeit eines Staates unterliegt, in einen Staat".

320 Art. 2 Nr. 35 der VO Nr. 1013/2006 – „jede Verbringung von Abfällen, die a) ohne Notifizierung an alle betroffenen zuständigen Behörden gemäß dieser Verordnung erfolgt oder b) ohne die Zustimmung der betroffenen zuständigen Behörden gemäß dieser Verordnung erfolgt oder c) mit einer durch Fälschung, falsche Angaben oder Betrug erlangten Zustimmung der betroffenen zuständigen Behörden erfolgt oder d) in einer Weise erfolgt, die den Notifizierungs- oder Begleitformularen sachlich nicht entspricht, oder e) in einer Weise erfolgt, die eine Verwertung oder Beseitigung unter Verletzung gemeinschaftlicher oder internationaler Bestimmungen bewirkt, oder f) den Artikeln 34, 36, 39, 40, 41 und 43 widerspricht oder g) in Bezug auf eine Verbringung von Abfällen im Sinne des Artikel 3 Absätze 2 und 4 dadurch gekennzeichnet ist, dass i) die Abfälle offensichtlich nicht in den Anhängen III, IIIA oder IIIB aufgeführt sind oder ii) Artikel 3 Absatz 4 verletzt wurde oder iii) die Verbringung der Abfälle auf eine Weise geschieht, die dem in Anhang VII aufgeführten Dokument sachlich nicht entspricht".

321 Entscheidung der Kommission vom 11. Mai 2006 zur Verpflichtung der Mitgliedstaaten, Maßnahmen zu treffen, damit nur kindergesicherte Feuerzeuge in Verkehr gebracht wer-

Lesenswert erscheint fernerhin die Definition einer „Praline“. Danach ist eine „Praline“ – für die übrigens „in Österreich [...] auch die Bezeichnung ‚Schokoladebonbon‘ üblich“ ist – ein „Erzeugnis in mundgerechter Größe

- aus gefüllter Schokolade oder
- aus einer einzigen Schokoladenart oder aus zusammengesetzten Schichten oder einer Mischung von Schokolade gemäß den Begriffsbestimmungen der Nummern 3, 4, 5 oder 6 und anderen Lebensmitteln, sofern der Schokoladeanteil mindestens 25 % des Gesamtgewichts des Erzeugnisses entspricht“[322].

Mit eindrucksvoller Akribie streicht das europäische Recht auch die Unterschiede zwischen einem Nachthemd und einem Kleid heraus. So erfährt man, dass ein „leichtes, weites Kleidungsstück aus Gewirken oder Gestricken [...] zur Bedeckung des Oberkörpers, bis zur Mitte der Oberschenkel reichend, mit rundem, halsfernem Ausschnitt, mit weiten, kurzen Ärmeln und einem Saum an seinem unteren Rand“ wobei die „Ärmelenden [...] angesetzt gewirkte Bündchen“ haben und „in den linken Saum auf Taillenhöhe eine Kordel eingenäht“ ist, jedenfalls kein Nachthemd darstellt, „weil das Kleidungsstück nicht eindeutig erkennen lässt, daß es dazu bestimmt ist, ausschließlich als Nachtkleidung getragen zu werden“, sondern stattdessen unter den Begriff „Kleider“ im Sinne der Position 6104 der kombinierten Nomenklatur fällt.[323]

den und das Inverkehrbringen von „Feuerzeugen mit Unterhaltungseffekten“ untersagt wird, ABl. 2006 L 198/41.

322 Anhang I (A. 10.) der Richtlinie 2000/36/EG des Europäischen Parlaments und des Rates vom 23. Juni 2000 über Kakao- und Schokoladeerzeugnisse für die menschliche Ernährung, ABl. 2000 L 197/19.

323 Anhang der Verordnung (EWG) Nr. 548/89 der Kommission vom 28. Februar 1989 über die Einreihung von bestimmten Waren in die Kombinierte Nomenklatur, ABl. 1989 Nr. L 60/31. Vgl. nun auch die Verordnung (EG) Nr. 2197/1999 der Kommission vom 15. Oktober 1999 zur Änderung der Verordnungen (EWG) Nr. 548/89 und (EWG) Nr. 812/89 über die Einreihung von bestimmten Waren in die Kombinierte Nomenklatur, ABl. 1999 L 268/3 – („die Einreihung als Nachthemd ist ausgeschlossen, weil das gegenständliche Kleidungsstück nach seinen objektiven Merkmalen unterschiedslos im Bett oder an anderen Orten getragen werden kann und daher nicht dazu bestimmt ist, ausschließlich oder im wesentlichen als Nachtkleidung getragen zu werden.“). Möchte man sich näher über Schlafanzüge bzw. über „im Bett als Nachtkleidung“ zu tragende Textilien informieren, sollte man ebenfalls einen Blick in die Rechtsprechung des EuGH „riskieren“. Empfohlen sei hier EuGH, Rs. C-395/93, Neckermann Versand AG/Hauptzollamt Frankfurt am Main-Ost, Slg. 1994, I-4027 ff. (I-4037 ff., Rn. 6 ff.).

In welche absurden Dispute derartige Definitionen münden können, dokumentiert folgender Wortwechsel. In einer Anfrage[324] zitiert der Abgeordnete Luigi Andrea Florio aus einer Verordnung, die die verbindlichen Eigenschaften europäischer Kapaune wie folgt beschreibt: „vor der Geschlechtsreife kastrierter, nach einer Mastdauer von mindestens 77 Tagen im Alter von mindestens 140 Tagen geschlachteter Junghahn"[325]. Der Abgeordnete Florio wollte nun wissen, wie ein Tier bezeichnet werden soll, das nach einer Mastdauer von nur 75 Tagen nach der Kastration im Alter von nur 139 Tagen geschlachtet wird. Der damals zuständige Kommissar Franz Fischler antwortete: „Diese Definition fällt in den Rahmen der gemeinsamen Vermarktungsnormen, die durch die Verordnung (EWG) Nr. 1906/90 des Rates aufgestellt wurden und darauf abzielen, die Verbraucher umfassend und genau zu informieren und die Grundlage für einen fairen Wettbewerb unter den Erzeugern auf dem Europäischen Markt zu schaffen. Bis zum 28. Februar 1997 wird das in der Frage des Abgeordneten beschriebene Tier als Kapaun bezeichnet. Vom 1. März 1997 an wird der passende Name zur Bezeichnung dieses Tieres nach Konsultation der betroffenen Mitgliedstaaten festgelegt werden."[326]

Auch wenn man in Rechnung stellt, dass das Voranstellen von Legaldefinitionen dem am deutschen Recht geschulten Juristen noch immer fremd vorkommt, obwohl diese Praxis etwa im angelsächsischen Recht üblich ist und dazu dient, den Anwendungsbereich einer Norm detailliert und möglichst zweifelsfrei zu regeln[327], so haben die aufgeführten Beispiele doch gezeigt, dass im Bereich der Legaldefinitionen die Klarheit der Rechtssprache oft auf der Strecke bleibt.

---

324 Schriftliche Anfrage E-3507/96 von Luigi Florio (UPE) an die Kommission, ABl. 1997 Nr. C 138/70 f.

325 Vgl. Art. 1 der Verordnung (EG) Nr. 1000/96 der Kommission vom 4. Juni 1996 zur Änderung der Verordnung (EWG) Nr. 1538/91 mit Durchführungsvorschriften zur Verordnung (EWG) Nr. 1906/90 des Rates über bestimmte Vermarktungsnormen für Gefluegelfleisch, ABl. 1996 L 134/9.

326 Antwort von Herrn Fischler im Namen der Kommission, ABl. 1997 Nr. C 138/71.

327 Vgl. Gündisch, Qualität europäischer Rechtsetzung, in: Aufbruch nach Europa, S. 109 ff. (116). Im Übrigen müssen gerade die europäischen Umsetzungsvorschriften ihrerseits Vorschriften aus (zurzeit) 27 Ländern zum Schnitt bringen. Dies ist für die überbordende Länge so mancher Legaldefinition zumindest mitverantwortlich. Vgl. Möllers, Die Rolle des Rechts im Rahmen der europäischen Integration, S. 50.

Zu den eher „banalen Unschönheiten" in der europäichen Rechtsetzung gehört der wiederholte Gebrauch der Abkürzungen „und/oder"[328] sowie „bzw."[329]. Die Verwendung von Abkürzungen, deren Herkunft wohl nicht jedem Leser klar sein dürfte, mindert jedoch nicht nur die sprachliche Qualität der Rechtstexte, sondern auch deren Verständlichkeit. Schon die Titel einiger Rechtsakte können hier als Beleg fungieren, wie etwa ein „Beschluss [...] des *AKP-EG*-Botschafterausschusses [...] über die Bildung einer Rücklage zur Finanzierung der Beschlüsse im Rahmen von *Stabex* und *Sysmin*"[330] oder eine „Verordnung mit besonderen Modalitäten für die Erteilung der Einfuhrlizenzen für Zucker sowie zucker- und kakaohaltige Mischungen mit Ursprungskumulierung *AKP/ÜLG* oder *EG/ÜLG*"[331].

Die Liste von Abkürzungen, die in europäischen Rechtstexten auftauchen, ohne dort erklärt zu werden, ließe sich beliebig fortsetzen. Genannt seien hier nur ein paar die Abkürzungen wie „APS"[332], „COMEXT-Statistiken"[333], „MARPOL-

---

328 Vgl. etwa die Art. 3 UA 2, 4 Abs. 2 UA 1, 10 Abs. 1 und 2 der Richtlinie 2008/94/EG des Europäischen Parlaments und des Rates vom 22. Oktober 2008 über den Schutz der Arbeitnehmer bei Zahlungsunfähigkeit des Arbeitgebers, ABl. 2008 L 283/36 oder etwa die Art. 1, 2 lit. d), 3 S. 2, 5 Abs. 3, 6 Abs. 2 S. 1, 7, 8 Abs. 1, 2 S. 2, 3, 11 Abs. 1 Sp.1 der Richtlinie 96/59/EG des Rates vom 16. September 1996 über die Beseitigung polychlorierter Biphenyle und polychlorierter Terphenyle (PCB/PCT), ABl. 1996 Nr. L 243/31).

329 Vgl. etwa die Art. 1 Abs. 1 lit. b), 6 lit. a), 8 Abs. 1 UA 1 S. 1 und Abs. 3 UA 1 sowie UA 2, 11 Abs. 2 UA 2 S. 2, 12 Abs. 1 UA 2, 14 UA 1 S. 2, 17 Abs. 2 der Richtlinie 2008/62/EG der Kommission vom 20. Juni 2008 mit Ausnahmeregelungen für die Zulassung von Landsorten und anderen Sorten, die an die natürlichen örtlichen und regionalen Gegebenheiten angepasst und von genetischer Erosion bedroht sind, sowie für das Inverkehrbringen von Saatgut bzw. Pflanzkartoffeln dieser Sorten, ABl. 2008 L 162/13 sowie deren Art. 8 Abs. 2, der hier beispielgebend zitiert werden soll: „Der Mitgliedstaat bzw. die Mitgliedstaaten, der/die die Ermittlung der Ursprungsregion vornimmt/vornehmen, meldet/melden der Kommission die betreffende Region."

330 Beschluss Nr. 3/2000 des AKP-EG-Botschafterausschusses vom 26. September 2000 über die Bildung einer Rücklage zur Finanzierung der Beschlüsse im Rahmen von Stabex und Sysmin im Zeitraum vom 2. August bis 31. Dezember 2000 (2000/752/EG), ABl. 2000 L 303/30.

331 Verordnung (EG) Nr. 1498/2007 der Kommission vom 18. Dezember 2007 mit besonderen Modalitäten für die Erteilung der Einfuhrlizenzen für Zucker sowie zucker- und kakaohaltige Mischungen mit Ursprungskumulierung AKP/ÜLG oder EG/ÜLG, ABl. 2007 L 333/6.

332 Vgl. Art. 2 Abs. 1 der Verordnung (EG) Nr. 980/2005 des Rates vom 27. Juni 2005 über ein Schema allgemeiner Zollpräferenzen, ABl. 2005 L 169/1.

333 Vgl. – ohne Erläuterung – Art. 14 Abs. 6 der Verordnung (EG) Nr. 980/2005 des Rates vom 27. Juni 2005 über ein Schema allgemeiner Zollpräferenzen, ABl. 2005 L 169/1.

Übereinkommen“[334], „EAGFL“[335], „EIB“[336], „IMPEL-Netz“[337] oder „TARIC-Code“[338]. Die Frage nach der sinnvollen Verwendung von Abkürzungen kann von der europäischen Rechtsetzung im Übrigen für verschiedene Sprachfassungen unterschiedlich beantwortet werden. So kommt etwa Art. 1 der Ratsentscheidung 1999/24/EG in der deutschen Fassung[339] ohne eine Abkürzung aus, während in der englischen Sprachvariante[340] die Abkürzung „BAT“ auftaucht.

334 Vgl. etwa – ohne Erläuterung – 21. Erwägungsgrund der Richtlinie 1999/32/EG des Rates vom 26. April 1999 über eine Verringerung des Schwefelgehalts bestimmter flüssiger Kraft- oder Brennstoffe und zur Änderung der Richtlinie 93/12/EWG, ABl. 1999 L 121/13.

335 Ohne eine ausdrückliche Erläuterung hinsichtlich ihrer Bedeutung verwendet etwa in der Verordnung (EWG) Nr. 4253/88 des Rates vom 19. Dezember 1988 zur Durchführung der Verordnung (EWG) Nr. 2052/88 hinsichtlich der Koordinierung der Interventionen der verschiedenen Strukturfonds einerseits und zwischen diesen und den Interventionen der Europäischen Investitionsbank und der sonstigen vorhandenen Finanzinstrumente andererseits, ABl. 1998 Nr. L 374/1.

336 Ohne eine ausdrückliche Erläuterung mehrfach verwendet etwa in der Verordnung (EWG) Nr. 4253/88 des Rates vom 19. Dezember 1988 zur Durchführung der Verordnung (EWG) Nr. 2052/88 hinsichtlich der Koordinierung der Interventionen der verschiedenen Strukturfonds einerseits und zwischen diesen und den Interventionen der Europäischen Investitionsbank und der sonstigen vorhandenen Finanzinstrumente andererseits, ABl. 1998 Nr. L 374/1.

337 Vgl. Art. 3 Abs. 3 der Verordnung (EWG) Nr. 1210/90 des Rates vom 7. Mai 1990 zur Errichtung einer Europäischen Umweltagentur und eines Europäischen Umweltinformations- und Umweltbeobachtungsnetzes, ABl. 1990 L 120/1.

338 Vgl. etwa – ohne Erläuterung – Art. 27 Abs. 1 der Verordnung (EG) Nr. 980/2005 des Rates vom 27. Juni 2005 über ein Schema allgemeiner Zollpräferenzen, ABl. 2005 L 169/1.

339 Art. 1 der Entscheidung des Rates vom 14. Dezember 1998 über ein Mehrjahresprogramm für technologische Maßnahmen zur Förderung der sauberen und effizienten Nutzung fester Brennstoffe (1998–2002) (1999/24/EG), ABl. 1999 L 7/28: „Artikel 1 – 1. Die Gemeinschaft führt innerhalb des mehrjährigen Rahmenprogramms für Maßnahmen im Energiesektor von 1998 bis 2002 ein spezifisches Programm zur Förderung sauberer Technologien für feste Brennstoffe, nachstehend ‘CARNOT-Programm‘ genannt, durch. 2. Zusätzlich zu den in Artikel 1 Absatz 2 der Entscheidung 1999/21/EG, Euratom genannten vorrangigen Zielen hat das CARNOT-Programm folgende Ziele: – Förderung der Verwendung sauberer und effizienter Technologien in Anlagen, die feste Brennstoffe einsetzen, zwecks Verringerung der durch diesen Einsatz verursachten Emissionen einschließlich CO2-Emissionen; – Förderung der Entwicklung fortschrittlicher sauberer Technologien für feste Brennstoffe, damit bei den besten verfügbaren Technologien unter vertretbaren Kosten Fortschritte erzielt werden können.“

340 Vgl. “Article 1 – 1. Within the multiannual framework programme for actions in the energy sector, a specific programme for the promotion of clean solid fuel technologies, hereinafter referred to as the ‘Carnot‘ programme, shall be implemented by the Community for the period 1998 to 2002. 2. In addition to the priority objectives listed in Article 1(2) of Decision 1999/21/EC, Euratom, the objectives of the Carnot programme shall be

Macht man rege Gebrauch von den diversen Abkürzungsmöglichkeiten, dann entstehen Rechtstexte wie sie der Verordnung (EG) Nr. 1083/2006[341] entnommen werden können. Nach der Überschrift „Instrumente und Aufgaben" listet der erste Absatz des Artikels 4 Folgendes auf:

> „Die Fonds tragen nach den jeweils für sie geltenden spezifischen Bestimmungen zur Erreichung der drei in Artikel 3 Absatz 2 genannten Ziele wie folgt bei:
>
> a) Ziel ‚Konvergenz': EFRE, ESF und der Kohäsionsfonds;
> b) Ziel ‚Regionale Wettbewerbsfähigkeit und Beschäftigung': EFRE und ESF;
> c) Ziel ‚Europäische territoriale Zusammenarbeit': EFRE."

Der 2. Unterabsatz des mit „Regionale Wettbewerbsfähigkeit und Beschäftigung" überschriebenen Art. 6 der gleichen Verordnung lautet sodann:

> „Bei der Vorlage des nationalen strategischen Rahmenplans nach Artikel 27 gibt jeder betroffene Mitgliedstaat die Regionen der NUTS-Ebene 1 oder der NUTS-Ebene 2 an, für die er ein Programm im Hinblick auf eine Finanzierung aus dem EFRE vorlegen wird."

Die gleiche Verordnung beinhaltet auch Beispiele, die ein weiteres Manko europäischer Rechtstexte veranschaulichen, nämlich deren überbordende Länge und die labyrinthische Komplexität einzelner Sätze.[342] So taucht in der Verordnung (EG) Nr. 1083/2006 etwa folgender Satz auf:

> „Bei operationellen Programmen, bei denen der Gesamtbetrag der zuschussfähigen öffentlichen Ausgaben 750 Mio., EuR, nicht übersteigt und die Kofinanzierung durch die Gemeinschaft 40 % der gesamten öffentlichen Ausgaben nicht übersteigt,
>
> a) ist die Prüfbehörde nicht verpflichtet, der Kommission eine Prüfstrategie nach Artikel 62 Absatz 1 Buchstabe c vorzulegen;

---

to: – promote the use of clean and efficient technologies to plants using solid fuels in order to limit emissions, including carbon dioxide emissions, from such use, – encourage the development of advanced clean solid fuel technologies in order to achieve improved *BAT* at affordable cost."

341 Verordnung (EG) Nr. 1083/2006 des Rates vom 11. Juli 2006 mit allgemeinen Bestimmungen über den Europäischen Fonds für regionale Entwicklung, den Europäischen Sozialfonds und den Kohäsionsfonds und zur Aufhebung der Verordnung (EG) Nr. 1260/1999, ABl. 2006 L 210/25 – Der Verordnung ist allerdings zugute zu halten, dass die Abkürzungen in vorangegangenen Textpassagen der Verordnung erklärt werden.

342 Vgl. auch Xanthaki, CML Rev., 2001, 651 ff. (671).

b) kann die Kommission in den Fällen, in denen die Stellungnahme über die Vereinbarkeit des Systems gemäß Artikel 71 Absatz 2 keine Vorbehalte enthält oder die darin enthaltenen Vorbehalte im Anschluss an Abhilfemaßnahmen zurückgezogen wurden, zu dem Schluss gelangen, dass sie sich in Bezug auf das wirksame Funktionieren der Systeme im Wesentlichen auf die Stellungnahme nach Artikel 62 Absatz 1 Buchstabe d Ziffer ii stützen kann und nur dann eigene Vor-Ort-Prüfungen vornehmen wird, wenn Nachweise vorliegen, die auf Mängel des Systems schließen lassen, die die der Kommission bescheinigten Ausgaben für ein Jahr betreffen, in dem eine Stellungnahme nach Artikel 62 Absatz 1 Buchstabe d Ziffer ii abgegeben wurde, die keine Vorbehalte aufgrund solcher Mängel enthält.“[343]

Weitere Beispiele:

„Die in den Artikeln 7 und 8 genannten Zollpräferenzen werden im Falle von Waren aufgehoben, die ihren Ursprung in einem begünstigten Land haben und zu einem Abschnitt gehören, wenn der durchschnittliche Wert der Einfuhren aus diesem Land in die Gemeinschaft von Waren des betreffenden Abschnitts, die unter die diesem Land gewährte Regelung fallen, den am 1. September 2004 neuesten verfügbaren Daten zufolge, drei Jahre hintereinander 15 % des Wertes der Gemeinschaftseinfuhren derselben Waren aus allen in Anhang I aufgeführten Ländern und Gebieten übersteigt.“[344]

„Die Mitgliedstaaten, die diesen Absatz anwenden möchten, tragen dafür Sorge, daß innerhalb von drei Monaten nach Annahme dieser Richtlinie bzw. unverzueglich, falls sie entsprechende Verfahren noch nicht eingeführt haben, im Amtsblatt der Europäischen Gemeinschaften eine Bekanntmachung veröffentlicht wird, aus der hervorgeht, welche Gebiete ihres Hoheitsgebiets im Sinne dieses Absatzes verfügbar sind und wo entsprechende ausführliche Auskünfte eingeholt werden können.“[345]

Die zitierten Beispiele sollen als Beleg für mangelnde Klarheit und Verständlichkeit in den europäischen Rechtstexten genügen. Der „Gesetzgeber“ sollte an dieser Stelle an Art. 4 der Richtlinie 93/13/EWG über missbräuchliche Klau-

---

343 Art. 74 Abs. 1 der Verordnung (EG) Nr. 1083/2006 des Rates vom 11. Juli 2006 mit allgemeinen Bestimmungen über den Europäischen Fonds für regionale Entwicklung, den Europäischen Sozialfonds und den Kohäsionsfonds und zur Aufhebung der Verordnung (EG) Nr. 1260/1999, ABl. 2006 L 210/25.

344 Art. 14 Abs. 1 S. 1 der Verordnung (EG) Nr. 980/2005 des Rates vom 27. Juni 2005 über ein Schema allgemeiner Zollpräferenzen, ABl. 2005 L 169/1.

345 Art. 3 Abs. 3 lit. c) der Richtlinie 94/22/EG des Europäischen Parlaments und des Rates vom 30. Mai 1994 über die Erteilung und Nutzung von Genehmigungen zur Prospektion, Exploration und Gewinnung von Kohlenwasserstoffen, ABl. 1994 L 164/3. Dieses Beispiel stammt von Xanthaki, CML Rev., 2001, 651 ff. (671). Die komplizierte Satzstruktur hätte leicht aufgelöst werden können, wenn, wie Xanthaki vorschlägt, in einem eigenständigen Satz ein Stichtag für die Veröffentlichung einer entsprechenden Bekanntmachung im Amtsblatt festgelegt worden wäre.

seln[346] erinnert werden. Das dort ausgesprochene Votum für „klar und verständlich“ abgefasste Vertragsklauseln in Verbraucherverträgen sollte analog auch für seine Formulierungen gelten.

3. Bestimmtheit

Zur formalen Qualität von Rechtstexten zählt auch, dass diese möglichst bestimmt sind. Gerade in Bezug auf die Präambeln der Rechtstexte scheint diese Forderung allerdings ungehört zu verhallen. Diese sind häufig vieldeutig, extrem lang[347] und geben reine "political statements" wieder.[348]
Die Richtlinie 2000/31/EG[349] oder die Verordnung Nr. 1083/2006[350] halten für den Rechtsuchenden nicht weniger als 65 bzw. 73 Erwägungsgründe bereit. Ein weiteres Beispiel ist die Richtlinie 2000/26/EG[351]. Ihre Präambel konstituiert sich aus 31 Punkten[352]. Neben einigen Punkten, die sich mit der Notwendigkeit

346 Richtlinie 93/13/EWG des Rates vom 5. April 1993 über mißbräuchliche Klauseln in Verbraucherverträgen, ABl. 1993 Nr. L 95/29.

347 In diesem Zusammenhang soll auch die recht amüsante Einschätzung von Priebe, GS Nagelmann, S. 147 ff. (155, Fn. 8), zu Gehör gebracht werden, der sich über die Praxis des Voranstellens von Erwägungsgründen mokiert. Nach seiner Ansicht führt diese Form der Abfassung von Regelungen zu einer künstlichen Aufblähung des Gesamtumfangs der betroffenen Regelungswerke, und zwar dergestalt, dass „zweimal der Regelungsinhalt wiedergegeben wird, nämlich in dem Erwägungsteil, wo man ankündigt, was man tun will, und dem Regelungsteil, wo man mitteilt, was man tut“. Bellis, Implementation of EU Legislation, S. 13, kritisiert die Erwägungsgründe als "almost a third kind of law-making".

348 Vgl. Bellis, Implementation of EU Legislation, S. 13; Siedentopf/Huber, Präambeln, Vorsprüche und Zweckbestimmungen in den Rechtsordnungen der westlichen Welt, Einführung eines Gesetzesvorspruchs, in: Gesetzesvorspruch, S. 37 ff. (39, 56); Xanthaki, CML Rev., 2001, 651 ff. (653, 669 f.).

349 Richtlinie 2000/31/EG des Europäischen Parlaments und des Rates vom 8. Juni 2000 über bestimmte rechtliche Aspekte der Dienste der Informationsgesellschaft, insbesondere des elektronischen Geschäftsverkehrs, im Binnenmarkt („Richtlinie über den elektronischen Geschäftsverkehr“), ABl. 2000 L 178/1.

350 Verordnung (EG) Nr. 1083/2006 des Rates vom 11. Juli 2006 mit allgemeinen Bestimmungen über den Europäischen Fonds für regionale Entwicklung, den Europäischen Sozialfonds und den Kohäsionsfonds und zur Aufhebung der Verordnung (EG) Nr. 1260/1999, ABl. 2006 L 210/25.

351 Richtlinie 2000/26/EG des Europäischen Parlaments und des Rates vom 16. Mai 2000 zur Angleichung der Rechtsvorschriften der Mitgliedstaaten über die Kraftfahrzeug-Haftpflichtversicherung, und zur Änderung der Richtlinien 73/239/EWG und 88/357/EWG des Rates (Vierte Kraftfahrzeughaftpflicht-Richtlinie), ABl. 2000 L 181/65. Dieses Beispiel findet sich auch bei auch Xanthaki, CML Rev., 2001, 651 ff. (669).

352 Zählt man den Punkt 16 a der Präambel separat, erhöht sich diese Summe auf 32.

und dem Entstehungsprozess der Richtlinie beschäftigen, tauchen dort auch „unnütze" und zum Teil irritierende Umschreibungen des Inhalts der Richtlinie auf. Punkt 15 der Präambel beschreibt etwa den Inhalt des Art. 4.[353]
Die Pflichten des Schadenregulierungsbeauftragten der Versicherung werden dort jedoch partiell unterschiedlich beschrieben, was zu einer Verwirrung bezüglich des Sinns und Zwecks von Art. 4 führen kann.[354]

Die Bestimmtheit leidet auch unter dem Phänomen, dass in den Präambeln oftmals nichtrechtliche Anmerkungen auftauchen oder wenig aussagekräftige Ge-

---

353 Die Ziffer 15 der Präambel lautet: „Um die betreffenden Lücken zu schließen, sollte vorgesehen werden, daß der Mitgliedstaat, in dem das Versicherungsunternehmen zugelassen ist, von diesem verlangt, in den anderen Mitgliedstaaten ansässige oder niedergelassene Schadenregulierungsbeauftragte zu benennen, die alle erforderlichen Informationen über Schadensfälle zusammentragen, die auf solche Unfälle zurückgehen, und geeignete Maßnahmen zur Schadenregulierung im Namen und für Rechnung des Versicherungsunternehmens, einschließlich einer entsprechenden Entschädigungszahlung, ergreifen. Schadenregulierungsbeauftragte sollten über ausreichende Befugnisse verfügen, um das Versicherungsunternehmen gegenüber den Geschädigten zu vertreten und es auch gegenüber den einzelstaatlichen Behörden und gegebenenfalls, soweit dies mit den Regelungen des internationalen Privat- und Zivilprozeßrechts über die Festlegung der gerichtlichen Zuständigkeiten vereinbar ist, gegenüber den Gerichten zu vertreten." Im Vergleich dazu trifft der mit Schadenregulierungsbeauftragte überschriebene Art. 4 folgende Aussage: „(1) Die Mitgliedstaaten treffen die erforderlichen Maßnahmen, um sicherzustellen, daß jedes Versicherungsunternehmen, das Risiken aus Buchstabe A Nummer 10 des Anhangs der Richtlinie 73/239/EWG — mit Ausnahme der Haftpflicht des Frachtführers — deckt, in allen anderen Mitgliedstaaten als dem, in dem es seine behördliche Zulassung erhalten hat, einen Schadenregulierungsbeauftragten benennt. Die Aufgabe des Schadenregulierungsbeauftragten besteht in der Bearbeitung und Regulierung von Ansprüchen, die aus Unfällen im Sinne von Artikel 1 herrühren. Der Schadenregulierungsbeauftragte muß in dem Mitgliedstaat ansässig oder niedergelassen sein, für den er benannt wird. [...] (5) Schadenregulierungsbeauftragte müssen über ausreichende Befugnisse verfügen, um das Versicherungsunternehmen gegenüber Geschädigten in den in Artikel 1 genannten Fällen zu vertreten und um deren Schadenersatzansprüche in vollem Umfang zu befriedigen. Sie müssen in der Lage sein, den Fall in der Amtssprache bzw. den Amtssprachen des Wohnsitzmitgliedstaats des Geschädigten zu bearbeiten."

354 So auch Xanthaki, CML Rev., 2001, 651 ff. (669). Vgl. auch GA Geelhoed, SchlA zu EuGH, verb. Rs. C-154/04 und C-155/04, The Queen, auf Antrag von Alliance for Natural Health u. a./Secretary of State for Health and National Assembly for Wales, Slg. 2005, I-6451 ff. (I-6474, Rn. 68 und I-6475, Rn. 71, 74 f.), der dort Widersprüche zwischen Erwägungsgründen und dem verfügenden Teil aufzeigt und kritisiert.

Ein weiteres Problem, das in diesem Zusammenhang Erwähnung finden sollte, ist die teilweise anzutreffende Praxis, dass die Erwägungsgründe auf rechtliche Sachverhalte referenzieren, die in den verfügenden Teilen der Rechtstexte gar nicht auftauchen, etwa weil man sich hierüber nicht verständigen konnte. Vgl. Bellis, Implementation of EU Legislation, S. 13.

meinplätze zu Gehör gebracht werden.[355] Nicht selten referenzieren die Rechtstexte auf das Ziel, einen „Raum der Freiheit, der Sicherheit und des Rechts, in dem der freie Personenverkehr gewährleistet ist, zu erhalten und weiterzuentwickeln“. Darauf folgt zumeist der Wunsch, dementsprechend die erforderlichen Maßnahmen „für das reibungslose Funktionieren des Binnenmarkts [...] zu erlassen“.[356]

Ein weiteres gleichgelagertes Beispiel ist dem 1. Erwägungsgrund der Richtlinie 2000/31/EG[357] entnommen. Dort heißt es:

> „Ziel der Europäischen Union ist es, einen immer engeren Zusammenschluß der europäischen Staaten und Völker zu schaffen, um den wirtschaftlichen und sozialen Fortschritt zu sichern. Der Binnenmarkt umfaßt nach Artikel 14 Absatz 2 des Vertrags einen Raum ohne Binnengrenzen, in dem der freie Verkehr von Waren und Dienstleistungen sowie die Niederlassungsfreiheit gewährleistet sind.“

Diese Aussagen wiederholen nicht nur allgemein anerkannte Motive der „gemeinschaftlichen“ Rechtsetzung, sie besitzen auch keinen spezifischen rechtlichen Aussagewert[358], sie sind daher überflüssig und schaden der Bestimmtheit.[359] Deren einziger Sinn könnte darin bestehen, dass sie daran erinnern, die

---

355 “The frequent inclusion of political, non-legal or commonly known statements and facts in EU legal texts“, schreibt Xanthaki, CML Rev., 2001, 651 ff. (670), resümierend hierzu, “is a practice which damages clarity and precision, confuses the user, and is in direct clash with the EU drafting guidelines.“

356 1. Erwägungsgrund der Verordnung (EG) Nr. 44/2001 des Rates vom 22. Dezember 2000 über die gerichtliche Zuständigkeit und die Anerkennung und Vollstreckung von Entscheidungen in Zivil- und Handelssachen, ABl. 2001 L 12/1.

357 Richtlinie 2000/31/EG des Europäischen Parlaments und des Rates vom 8. Juni 2000 über bestimmte rechtliche Aspekte der Dienste der Informationsgesellschaft, insbesondere des elektronischen Geschäftsverkehrs, im Binnenmarkt („Richtlinie über den elektronischen Geschäftsverkehr“), ABl. 2000 L 178/1. Vgl. beispielsweise auch 1. Erwägungsgrund der Verordnung (EG) Nr. 1889/2005 des Europäischen Parlaments und des Rates vom 26. Oktober 2005 über die Überwachung von Barmitteln, die in die Gemeinschaft oder aus der Gemeinschaft verbracht werden, ABl. 2005 L 309/9: „Die Gemeinschaft hat unter anderem die Aufgabe, durch die Errichtung eines Gemeinsamen Marktes und einer Wirtschafts- und Währungsunion in der ganzen Gemeinschaft eine harmonische, ausgewogene und nachhaltige Entwicklung des Wirtschaftslebens zu fördern. Der Binnenmarkt umfasst daher einen Raum ohne Binnengrenzen, in dem der freie Verkehr von Waren, Personen, Dienstleistungen und Kapital gewährleistet ist.“

358 Xanthaki, CML Rev., 2001, 651 ff. (670).

359 In diesem Zusammenhang muss man sich auch die Warnung von v. Danwitz, JZ, 2006, 1 ff. (1) vergegenwärtigen. So führt der Verzicht auf dogmatisch und inhaltlich bestimmte Rechtsbegriffe zugunsten von Begriffen, die der Soziologie, Ökonomie oder auch der Alltagssprache entlehnt sind, zu einem Verlust an inhaltlicher Bestimmtheit. Vgl. auch Kirchhof, NJW, 2002, 2760 f. (2760). In diesem Sinne ist die notwendige Ein-

„rechtlichen“ Aussagen im Lichte dieser allgemeinen Erwägungen zu interpretieren. Diese Aufgabe übernimmt jedoch schon eine teleologische und primärrechtskonforme Auslegung des Sekundärrechts. Beide Methoden sind für das Sekundärrecht allgemein anerkannt.
Neben den „Beschwörungen des Binnenmarktes“ existiert noch eine Fülle ähnlicher Fälle, die sich allein mit der Wiederholung des Offensichtlichen abgeben. Dazu gehört etwa die Richtlinie 94/22/EC[360], deren Präambel dem Rechtsanwender “the very obvious but merely factual event“[361] in Erinnerung ruft, dass die Mitgliedstaaten über die Kohlenwasserstoffressourcen in ihren Hoheitsgebieten Hoheitsgewalt und Hoheitsrechte ausüben. Oder: Der 4. Erwägungsgrund der Richtlinie 2000/43/EG[362] unterstreicht noch einmal die Bedeutung von Grundrechten für die Gesetzgebung, ohne aber konkrete Aussagen darüber zu treffen, welche rechtlichen Schlussfolgerungen sich hieraus ergeben.[363]

Unbestimmtheit ist jedoch kein Phänomen, das sich auf die Präambeln beschränkt, sondern findet sich auch in den „eigentlichen rechtlichen“ Teilen der Rechtsetzungsakte wieder.[364]

---

beziehung von Spezialisten in den Prozess der Rechtsetzung kritisch zu würdigen. So bringen diese Experten neben ihrem Fachwissen oft die zugehörige Fachsprache in die Rechtstexte ein. Der Wunsch dadurch größere Klarheit und Bestimmtheit zu erreichen, kann jedoch genau dadurch konterkariert werden. Betrachtet man etwa mehrere, von verschiedenen Fachsprachen geprägte Regelungswerke nebeneinander bzw. bildlich gesprochen „übereinander“, ergibt sich das, was Dunsire, Implementation in a Bureaucracy, bes. S. 175 ff., als “Babel-House-Effect“ bezeichnet, eine Ansammlung „fachsprachlich“ determinierter Regelungen und Formulierungen, die anstelle von Klarheit und Bestimmtheit nur größere Verwirrung stiften. Vgl. auch Böhret, Gesetzgebung – Programmatische Ordnung oder tagespolitische Reaktion?, in: Zustand und Perspektiven der Gesetzgebung, S. 55 ff. (72).

360 Richtlinie 94/22/EG des Europäischen Parlaments und des Rates vom 30. Mai 1994 über die Erteilung und Nutzung von Genehmigungen zur Prospektion, Exploration und Gewinnung von Kohlenwasserstoffen, ABl. 1994 L 164/3.

361 So Xanthaki, CML Rev., 2001, 651 ff. (670).

362 Richtlinie 2000/43/EG des Rates vom 29. Juni 2000 zur Anwendung des Gleichbehandlungsgrundsatzes ohne Unterschied der Rasse oder der ethnischen Herkunft, ABl. 2000 L 180/22.

363 Unter Ziffer 4 heißt es: „Es ist wichtig, daß diese Grundrechte und Grundfreiheiten, einschließlich der Vereinigungsfreiheit, geachtet werden. Ferner ist es wichtig, daß im Zusammenhang mit dem Zugang zu und der Versorgung mit Gütern und Dienstleistungen der Schutz der Privatsphäre und des Familienlebens sowie der in diesem Kontext getätigten Geschäfte gewahrt bleibt.“

364 Für entsprechende Einschätzungen, die sich auf konkrete Beispiele stützen vgl. etwa: Calvo Caravaca/Carrascosa, International Data Protection, Privacy, and Directive 95/46/EEC, in: Aufbruch nach Europa, S. 167 ff. (171), die in Bezug auf die Richtlinie 95/46/EG zu der Einschätzung gelangen: “Its text is badly written, vague and ambiguos“.

Der Begriff „Arbeitszeit" in der Richtlinie 93/104/EG[365] wird etwa von Bellis[366] als so vage und unbestimmt bezeichnet, dass er, nach seiner Meinung, bedeutungslos sei. Dabei lässt sich die Unbestimmtheit der rechtlichen Vorgaben von Richtlinie 93/104/EG nicht nur an einzelnen Wörtern festmachen, sondern ist der Richtlinie selbst immanent. Die Richtlinie enthält Mindestvorschriften für Sicherheit und Gesundheitsschutz bei der Arbeitszeitgestaltung (Art. 1 Abs. 1). Sie regelt die täglichen (Art. 3) und wöchentlichen (Art. 5) Mindestruhezeiten und Höchstarbeitszeiten pro Woche (Art. 6). Zudem schreibt sie eine tägliche Ruhepause (Art. 4) und einen jährlichen Mindesturlaub (Art. 7) vor. In den Art. 8 bis 13 werden darüber hinaus besondere Vorschriften für Nachtarbeit und Schichtarbeit aufgestellt. Allerdings gibt es zahlreiche Berufsgruppen, bei denen die Mitgliedstaaten von den Regelungen der Richtlinie abweichen dürfen (Art. 17). Beispielhaft seien genannt: leitende Angestellte oder sonstige Personen mit selbstständiger Entscheidungsbefugnis, Arbeitskräfte, die Familienangehörige sind, Arbeitnehmer, die im liturgischen Bereich von Kirchen oder Religionsgemeinschaften beschäftigt sind, Wachpersonal oder Hausmeister, Aufnahme-, Behandlungs- und/oder Pflegedienst von Krankenhäusern oder ähnlichen Einrichtungen, Personal in Heimen sowie Gefängnissen, am Hafen- und Flughafen, Personal bei Presse-, Rundfunk-, Fernsehdiensten oder kinematographischer Produktion, bei Post oder Telekommunikation, Ambulanz-, Feuerwehr- oder Katastrophendiensten. Andere Berufe sind a apriori aus dem Anwendungsbereich der Richtlinie ausgeklammert (Art. 1 Abs. 3). Will man sich einen Überblick über die tatsächliche Rechtslage verschaffen, so gilt es, neben der Richtlinie 93/104/EG (sowie diverser speziellerer „gemeinschaftsrechtlicher" Regelungen) nach weiteren innerstaatlichen Rechts- und Verwaltungsvorschriften, Tarifverträgen und Vereinbarungen zwischen den Sozialpartnern auf nationaler oder regionaler Ebene sowie einzelstaatlichen Gepflogenheiten zu suchen, die Abweichungen von der Richtlinie 93/104/EG vorsehen können. In anderen Fällen ist die Kenntnis dieser nationalen Vorschriften, Vereinbarungen et cetera

---

Somsen, Dynamics, Process, and Instruments of Environmental Decision-Making in the European Union, in: Law in Environmental Decision-Making, S. 161 (bes. 195) – mit Bezug auf die europäische Rechtsetzung im Umweltbereich.

365 Richtlinie 93/104/EG des Rates vom 23. November 1993 über bestimmte Aspekte der Arbeitszeitgestaltung, ABl. 1993 Nr. L 307/18. Zwischenzeitlich hatte die Richtlinie 93/104/EG derartig viele Änderungen erfahren, dass sie aus Gründen der Übersichtlichkeit und Klarheit durch die Richtlinie 2003/88/EG des Europäischen Parlaments und des Rates vom 4. November 2003 über bestimmte Aspekte der Arbeitszeitgestaltung, ABl. 2003 L 299/9 neu kodifiziert wurde, wobei die unten genannten Bestimmungen aber beibehalten worden. Vgl. ferner die kritischen Äußerungen bei Falkner/Treib/Hartlapp/Leiber, Complying with Europe, S. 356.

366 Bellis, Implementation of EU Legislation, S. 11 f. ("vague sometimes to the point of being meaningless").

Voraussetzung dafür, die Richtlinie überhaupt erst verstehen zu können. Unter diesem Regelungsgeflecht (bzw. dieser Art rechtlicher Fragmentierung) von Regelungszusammenhängen leidet die Bestimmtheit und damit auch die Qualität der Richtlinie erheblich.[367]

4. Kohärenz und Systematik

Grundsätzlich bemüht sich die europäische Rechtsetzung die neu von ihr geschaffenen Vorschriften sorgsam in die bereits bestehenden Strukturen des Rechtssystems einzupassen. Ein konkretes Beispiel hierfür sind etwa die Erwägungsgründe der Richtlinie 86/378/EWG[368]. Diese stecken zunächst die Reich-

---

367 Ebenfalls kritisch: Weatherill, Addressing Problems of Imbalanced Implementation in EC Law: Remedies in an Institutional Perspective, in: The Future of Remedies in Europe, S. 87 ff. (bes. 96) m. w. N., der die Unbestimmtheit der rechtlichen Vorgaben aus der Richtlinie als eine Gefahr für deren Effektivität interpretiert. So schreibt er (S. 96) etwa: "its text supplies a number of very awkwark questions about its intended impact which will inevitably, and perhaps deliberately, undermine its even and effective application across the territory of the EU. Here too the fragmentation of the law tends to impede effective enforcement." Siehe auch Xanthaki, CML Rev., 2001, 651 ff. (668). Man muss aber auch hervorheben, dass es sich bei der Richtlinie 93/104/EG um eine „Rahmenrichtlinie" handelt, die insofern naturgemäß offene Formulierungen bevorzugt und Detailregelungen auf die nationalen Rechtsordnungen „delegieren" kann und auch soll.

368 Vgl. folgende Aussagen aus den Erwägungsgründen der Richtlinie des Rates vom 24. Juli 1986 zur Verwirklichung des Grundsatzes der Gleichbehandlung von Männern und Frauen bei den betrieblichen Systemen der sozialen Sicherheit (86/378/EWG), ABl. 1986 L 225/40: „Der Vertrag sieht vor, dass jeder Mitgliedstaat den Grundsatz des gleichen Entgelts für Männer und Frauen bei gleicher Arbeit anwendet. Unter ‚Entgelt' sind die üblichen Grund- oder Mindestlöhne und -gehälter sowie alle sonstigen Vergütungen zu verstehen, die der Arbeitgeber aufgrund des Dienstverhältnisses dem Arbeitnehmer mittelbar oder unmittelbar als Geld- oder Sachleistung zahlt. Der Grundsatz des gleichen Entgelts ist zwar unmittelbar auf Fälle anwendbar, in denen Diskriminierungen allein aufgrund der Kriterien der Gleichbehandlung und der Entgeltgleichheit festgestellt werden können; doch gibt es auch Fälle, in denen die Verwirklichung dieses Grundsatzes von der Verabschiedung ergänzender Bestimmungen abhängt, in denen seine Tragweite dargelegt wird. Artikel 1 Absatz 2 der Richtlinie 76/207/EWG des Rates vom 9. Februar 1976 zur Verwirklichung des Grundsatzes der Gleichbehandlung von Männern und Frauen beim Zugang zur Beschäftigung und zur Berufsausbildung, beim beruflichen Aufstieg sowie bei den Arbeitsbedingungen sieht vor, dass der Rat zur schrittweise Verwirklichung des Grundsatzes der Gleichbehandlung im Bereich der sozialen Sicherheit auf Vorschlag der Kommission Bestimmungen erlässt, in denen der Inhalt, die Tragweite und die Anwendungsmodalitäten angegeben sind. Der Rat hat zu diesem Zweck die Richtlinie 79/7/EWG vom 19. Dezember 1978 zur schrittweisen Verwirklichung des Grundsatzes der Gleichbehandlung von Männern und Frauen im Bereich der sozialen Sicherheit erlassen. Artikel 3 Absatz 3 der Richtlinie 79/7/EWG sieht vor, dass zur Verwirklichung des Grundsatzes (SIC! Grundsatzes) der Gleichbehandlung bei den betrieblichen Systemen

weite der einschlägigen primärrechtlichen Vorschriften ab, um danach auf die vorhandenen sekundärrechtlichen Vorschriften im dem betroffenen Bereich einzugehen und schließlich den bestehenden Regelungsbedarf aufzuzeigen. Das hier erkennbare Bemühen des Rechtsetzers, seine Rechtsetzungsakte systematisch stimmig zu gestalten, ist – wie die folgende Darstellung aufzuzeigen versucht – leider nicht immer von Erfolg gekrönt[369].

Blickt man beispielsweise auf das „Verbraucherrecht", so beginnen die Schwierigkeiten schon bei dem Begriff des „Verbrauchers" selbst. Dieser wird in verschiedenen unionalen Normen ganz unterschiedlich interpretiert. Mortelmans und Watson[370] sprechen in Bezug auf die Verwendung des Verbraucherbegriffs in den europäischen Rechtstexten deshalb schon von einer "lottery" und beschreiben damit recht drastisch das „Durcheinander" um die verschiedenen Verbraucherbegriffe.[371]

---

der Rat auf Vorschlag der Kommission Bestimmungen erlässt, in denen dazu der Inhalt, die Tragweite und die Anwendungsmodalitäten angegeben sind. Es ist angezeigt, den Grundsatz der Gleichbehandlung bei den betrieblichen Systemen der sozialen Sicherheit zu verwirklichen, die Schutz gegen die in Artikel 3 Absatz 1 der Richtlinie 79/7/EWG genannten Risiken gewähren, sowie bei den Systemen, die für Arbeitnehmer sonstige Vergütungen in Form von Geld- und Sachleistungen im Sinne des Vertrages vorsehen."

369 Für Kritik an der Kohärenz bzw. der Systematik im Europarecht vgl. etwa: Priebe, FS Steinberger, S. 1347 ff. (1366) – „Insgesamt mag geltendes Agrarrecht in Bezug auf Differenzierung und Dezentralisierung immer noch recht unsystematisch erscheinen. Nicht immer ist klar, weshalb in einem Sektor differenziert oder dezentralisiert wird, dies in einem anderen Sektor nicht oder in anderer Form geschieht."; Schroeder, Das Gemeinschaftsrechtssystem, S. 14 – „Freilich gelingt es dem Gemeinschaftsgesetzgeber ebenso wenig wie den Vertragsgebern in allen Fällen seiner Verpflichtung Rechnung zu tragen. Mitunter versagt er bei dem Versuch, verschiedenen konfligierenden rechtlichen, politischen, sozialen und wirtschaftlichen Zielen Rechnung zu tragen und erläßt systemwidrige Normen."; Zypries, Rechtsetzung in Europa (Dritte These) – „Europäisches Recht gleicht in weiten Bereichen einem Flickenteppich. [...] Eine Folge davon sind ungenaue Begriffe und manchmal unsystematische Regelungen." Vgl. außerdem: Jans, SEW, 1990, 503 ff. (503 ff.), Kloepfer, UPR, 2007, 161 ff. (164); Majone, Jahrbuch zur Staats- und Verwaltungswissenschaft, 1989, 159 ff. (172 f.); Schulte-Nölke, ZGS, 2002, 261 (261); Senden, Soft Law in European Community Law, S. 13; Tiedemann, EuR, 1980, 219 ff. (219 ff.); Zypries, Europäischer Verbrauchertag (6. u. 7. Textabsatz).

„Systematische" Mängel gibt es übrigens nicht nur im Vergleich zwischen verschiedenen europarechtlichen Vorschriften, sondern auch zwischen dem Europarecht und dem mitgliedstaatlichen Recht, das durch europäische Verordnungen oder Richtlinien nicht selten in seiner eigenen Systematik gestört wird. Vgl. etwa Lurger, Grundfragen der Vereinheitlichung des Vertragsrechts in der Europäischen Union, S. 111.

370 Mortelmans/Watson, Tijdschrift voor Consumentenrecht, 1995, 229 ff. (229 ff.).

371 Für Dreher, JZ, 1997, 167 ff. (167 ff.), definiert der europäische „Gesetzgeber" den Verbraucherbegriff von Fall zu Fall neu. Kritisch im Hinblick auf die unterschiedlichen Verbraucherbegriffe u. a. auch: Dauses, EuZW, 1995, 425 ff. (429); Hondius, Consumer Guarantees: Towards a European Sale of Goods Act, S. 12; Hondius, NJB (Nederlands

Ebenfalls aus dem Bereich des „Verbraucherschutzes" stammend, kann auf die mangelhafte Systematik der verschiedenen Widerrufsfristen hingewiesen werden.[372] So wird von der neuen Verbraucherkreditrichtlinie eine Widerrufsfrist von 14 Kalendertagen festgeschrieben[373], während die Richtlinie über Haustürgeschäfte eine Widerrufsfrist von sieben Tagen vorsieht[374]. Da beide Situationen zumindest ähnlich gelagert sind, ist diese Differenzierung bei den Widerrufsfristen wenig überzeugend. Betrachtet man weitere Vorschriften, wie etwa die Time-Sharing-Richtlinie, die ein grundsätzliches Rücktrittsrecht innerhalb von 10 Tagen proklamiert, verliert man zusehends den Glauben an das Bestehen eines systematischen Regelungsansatzes.[375] Das Beispiel der Time-Sharing-Richtlinie illustriert im Übrigen noch eine weitere systematische Unstimmigkeit. So lassen die Vorgaben oft nicht erkennen, warum manchmal ein Widerrufsrecht, ein anderes Mal ein Rücktrittsrecht vorgesehen ist.[376]

Juristenblad), 1996, 417 ff. (417 f., bes. 418). Siehe überdies zum europarechtlichen Verbraucherbegriff Denkinger, Der Verbraucherbegriff, S. 241 ff., bes. 291 ff. (dort zusammenfassend), der die in der Literatur zum Teil vorfindbare Kritik jedoch relativiert und damit ein „positives" Bild von dem bzw. den europäischen Verbraucherbild (-ern) zeichnet. Insgesamt verfolge der Gesetzgeber einen „situativen Regelungsansatz". Aber auch diese umfassende Analyse macht deutlich, dass dem Europarecht kein einheitlicher Verbraucherbegriff zugrunde liegt. In Bezug auf die Pauschalreiserichtlinie stellt Denkinger, Der Verbraucherbegriff, S. 298, fest, dass dort „in der Tat [...] ein völlig anderer Verbraucherbegriff als in den übrigen Richtlinien eingeführt wurde".

372 Kritisch auch Drexl, Die wirtschaftliche Selbstbestimmung des Verbrauchers, S. 469: „Zum Teil sind bereits die Fristen unterschiedlich bemessen, ohne daß sie Gründe für die unterschiedliche Bemessung auf der Hand liegen."

373 Vgl. Art. 14 Abs. 1 der Richtlinie 2008/48/EG des Europäischen Parlaments und des Rates vom 23. April 2008 über Verbraucherkreditverträge und zur Aufhebung der Richtlinie 87/102/EWG des Rates, ABl. 2008 L 133/66.

374 Vgl. Art. 5 Abs. 1 der Richtlinie 85/577/EWG vom 20. Dezember 1985 betreffend den Verbraucherschutz im Falle von außerhalb von Geschäftsräumen geschlossenen Verträgen, ABl. 1985 Nr. L 372/31.

375 Vgl. Art. 5 Abs. 1 der Richtlinie 94/47/EG des Europäischen Parlaments und des Rates vom 26. Oktober 1994 zum Schutz der Erwerber im Hinblick auf bestimmte Aspekte von Verträgen über den Erwerb von Teilzeitnutzungsrechten an Immobilien, ABl. 1994 Nr. L 280/83.

376 Vgl. etwa Heiderhoff, Gemeinschaftsprivatrecht, S. 149, für das „Widerrufrecht" in der Teilzeitnutzungsrechterichtlinie: „Als einzige Richtlinie des Verbrauchervertragsrechts verwendet die Teilzeitnutzungsrechterichtlinie sogar eine abweichende Terminologie. Es wird dort nicht der Begriff Widerruf, sondern der Begriff ‚Rücktritt' verwendet. Anders als dies im nationalen Recht der Fall wäre, können daraus aber keine Rückschlüsse auf den Charakter des Rechts geschlossen werden. Es wäre schon unsinnig, dies auch nur zu versuchen. Gerade umgekehrt kann die gemischte Verwendung der Ausdrücke ‚Rücktritt' und ‚Widerruf' als Beleg dafür verwendet werden, wie wenig die Zivilrechtsdogmatik den Richtliniengeber kümmert." Kritisch auch Drexl, Die wirtschaftliche Selbstbestimmung des Verbrauchers, S. 469.

Das Phänomen mangelhafter Systematik, welches im Verbraucherrecht nicht nur für Verwirrung beim Verbraucher, sondern auch für unnötige Bürokratie bei den betroffenen Unternehmen sorgt, beschränkt sich nicht auf diesen Teilbereich der unionalen Rechtsordnung. Nachfolgend einige Beispiele:

- Im Rahmen einer Untersuchung zum „Gemeinschaftsprivatrecht" beklagt Heiderhoff, dass in vielen Richtlinien selbst „dogmatische Überlegungen [...] allergrundsätzlichster Art" außer Acht gelassen werden und strafrechtliche, wettbewerbsrechtliche, öffentlichrechtliche und privatrechtliche Normen bunt durcheinander gemischt sind.[377]

- Ein wirtschaftsrechtliches Handbuch konstatiert, dass den Regelungen, die die „Gemeinschaft" aufgrund ihrer Außenhandelskompetenzen erlassen hat, kein systematischer Grundansatz vorangeht. So stehe bei diesen Rechtsetzungsakten mal der „Zweck der Maßnahme im Vordergrund (z.B. bei Embargoregeln), mal wird auf Warenkategorien abgestellt (z.B. bei Einfuhrkontingenten), mal nach Ländern oder Ländergruppen differenziert (z.B. Staatshandelsländer)"[378].

- In einer auf formale Aspekte der europäischen Rechtsetzung fokussierten Untersuchung beklagt die Autorin die "obscure terminology which is often conflicting even within the same text"[379]. Dabei gehört eine einheitliche Terminologie sowohl in Bezug auf die Gesamtheit einer Rechtsordnung als auch hinsichtlich jedes einzelnen Regelungswerks zu den Selbstverständlichkeiten der Rechtsetzung.

In Bezug auf das Qualitätsmerkmal der Systematik, welches einen übersichtlichen (verständlichen) Aufbau der Rechtsakte gewährleisten soll, sei letztlich noch die Problematik der Verweisungen in Rechtstexten genannt.[380]

Besonders deutlich tritt diese „Konzeptionsschwäche" des europäischen Rechts in Erscheinung, wenn man unterschiedliche Sprachfassungen der Rechtstexte analysiert. Vgl. hierzu Pozzo, in: Pozzo/Jacometti, Multilingualism and the Harmonisation of European Law, S. 14 f., die diesbezüglich die deutsche, italienische, englische Sprachfassung der Richtlinie 85/577/EWG des Rates vom 20. Dezember 1985 betreffend den Verbraucherschutz im Falle von außerhalb von Geschäftsräumen geschlossenen Verträgen, ABl. 1985 Nr. L 372/31 untersucht und dabei zu dem Ergebnis gelangt, dass weder innerhalb einer Sprachfassung, noch in Bezug auf den Vergleich verschiedener Sprachfassungen Stimmigkeit (und sei so nur eine Stimmigkeit terminologischer Natur) herrscht.

377 Heiderhoff, Gemeinschaftsprivatrecht, S. 84.

378 Wolffgang, in: Macharzina/Oesterle, Handbuch Internationales Management, S. 181.

379 Xanthaki, CML Rev., 2001, 651 ff. (653).

380 Diesbezügliche Kritik übt etwa auch Tiedemann, EuR, 1980, 219 ff. (219).

Eine Verweisung[381] liegt dann vor, wenn der Normgeber Tatbestände oder Rechtsfolgen nicht selbst formuliert, sondern auf andere Vorschriften Bezug nimmt, welche die Verweisungsnorm inhaltlich ergänzen.[382] Da der Regelungsgeber in der Verweisungsnorm nicht den vollen Wortlaut der in Bezug genommenen Vorschrift wiederholen muss[383], kann eine unnötige Parallelgesetzgebung vermieden und somit eine beträchtliche Kürzung der einzelnen Vorschriften erreicht werden[384]. Außerdem kann die Verweisungstechnik die Bildung normativer Systeme befördern und helfen, ein harmonisches und einheitliches Rechtssystem zu entwickeln.[385] Dabei ist jedoch stets zu beachten, dass ein extensiver Gebrauch der Verweisungstechnik die Verständlichkeit eines Rechtstextes erheblich vermindert.[386] Die Verwendung der Verweisungstechnik befindet sich damit in einem Dilemma. Einerseits können Verweisungen Normtexte minimieren und andererseits bergen sie die Gefahr abnehmender Handhabbarkeit und Verständlichkeit der Vorschriften. Über den Einsatz der Verweisungstechnik sollte daher in jedem Einzelfall gesondert entschieden werden.[387]
Der europäische Rechtsetzer geht in seinen Rechtstexten häufig zu großzügig mit der Verweisungstechnik um. Ein Beispiel:

> „Im Einklang mit Artikel 22a Absatz 1 Buchstabe b der Richtlinie 66/401/EWG, Artikel 22a Absatz 1 Buchstabe b der Richtlinie 66/402/EWG, Artikel 4 Absatz 6, Artikel 20 Absatz 2 und Artikel 21 der Richtlinie 2002/53/EG, Artikel 30 Absatz 1 Buchstabe b der Richtlinie 2002/54/EG, Artikel 10 Absatz 1 und Artikel 27 Absatz 1 Buchstabe b

---

381 Vgl. Haratsch, ZG, 1999, 346 ff. (346 f.).

382 Haratsch, ZG, 1999, 346 ff. (346); Haratsch, EuR, 2000, 42 ff. (44); Klindt, DVBl., 1998, 373 ff. (373); Schneider, Gesetzgebung, S. 235, Rn. 378.

383 Vgl. hierzu aus der deutschen Literatur: Haratsch, ZG, 1999, 346 ff. (346); Haratsch, EuR, 2000, 42 ff. (44); Jansen, DÖV, 1979, 332 ff. (333); Karpen/Breutz/Nünke, Gesetzgebung der Großen Koalition, S. 77.

384 Vgl. hierzu aus der deutschen Literatur: Haratsch, ZG, 1999, 346 ff. (346); Haratsch, EuR, 2000, 42 ff. (44); Jansen, DÖV, 1979, 332 ff. (333); Klindt, DVBl., 1998, 373 ff. (373); Schenke, FS Fröhler, S. 87 ff. (87, 89 f.).

385 Haratsch, ZG, 1999, 346 ff. (346); Haratsch, EuR, 2000, 42 ff. (44); Schenke, FS Fröhler, S. 87 ff. (89).

386 So auch Staats, ZRP, 1978, 59 ff. (60), der von einer „groben Unhöflichkeit des Gesetzgebers“ spricht, der es sich auf Kosten des blätternden Lesers bequem mache. Vgl. auch Karpen/Breutz/Nünke, Gesetzgebung der Großen Koalition, S. 77; Kutscheidt, NVwZ, 1996, 977 ff. (978); Müller, Elemente einer Rechtsetzungslehre, S.165 f.

Noch eine Anmerkung: Die Verständlichkeit leidet umso mehr, wenn es sich um Verweisungen zur „entsprechenden oder analogen“ Anwendung des Verweisungsobjekts handelt oder um Verweisungen des europäischen Rechts auf nationale Vorschriften.

387 Hill, ZG, 1987, 238 ff. (261), mahnt einen verhältnismäßigen Einsatz von Verweisungen an, „d. h. die Geeignetheit, Erforderlichkeit und Zweckmäßigkeit ihres Einsatzes ist jeweils zu prüfen“.

der Richtlinie 2002/56/EG bzw. Artikel 27 Absatz 1 Buchstabe b der Richtlinie 2002/57/EG wird eine Entscheidung erlassen, in der ggf. Beschränkungen oder Bedingungen für die Benennung solcher Regionen festgelegt werden."[388]

Weiteres Anschauungsmaterial liefert etwa Art. 21 der Verordnung (EG) Nr. 1334/2008[389], der in vier kurzen Absätzen auf zehn Artikel aus externen Rechtsvorschriften verweist. Und wenn Art. 5 der Richtlinie 2000/26/EG[390]

---

388 Art. 11 Abs. 2 UA 2 S. 2 der Richtlinie 2008/62/EG der Kommission vom 20. Juni 2008 mit Ausnahmeregelungen für die Zulassung von Landsorten und anderen Sorten, die an die natürlichen örtlichen und regionalen Gegebenheiten angepasst und von genetischer Erosion bedroht sind, sowie für das Inverkehrbringen von Saatgut bzw. Pflanzkartoffeln dieser Sorten, ABl. 2008 L 162/13.

389 Art. 21 der Verordnung (EG) Nr. 1334/2008 des Europäischen Parlaments und des Rates vom 16. Dezember 2008 über Aromen und bestimmte Lebensmittelzutaten mit Aromaeigenschaften zur Verwendung in und auf Lebensmitteln sowie zur Änderung der Verordnung (EWG) Nr. 1601/91 des Rates, der Verordnungen (EG) Nr. 2232/96 und (EG) Nr. 110/2008 und der Richtlinie 2000/13/EG, ABl. 2008 L 354/34, lautet: „(1) Die Kommission wird von dem Ständigen Ausschuss für die Lebensmittelkette und Tiergesundheit unterstützt. (2) Wird auf diesen Absatz Bezug genommen, so gelten die Artikel 5 und 7 des Beschlusses 1999/468/EG unter Beachtung von dessen Artikel 8. Die in Artikel 5 Absatz 6 des Beschlusses 1999/468/EG vorgesehene Frist wird auf drei Monate festgesetzt. (3) Wird auf diesen Absatz Bezug genommen, so gelten die Artikel 5a Absätze 1 bis 4 und Artikel 7 des Beschlusses 1999/468/EG unter Beachtung von dessen Artikel 8. (4) Wird auf diesen Absatz Bezug genommen, so gelten Artikel 5a Absätze 1, 2, 4 und 6 sowie Artikel 7 des Beschlusses 1999/468/EG unter Beachtung von dessen Artikel 8."

390 Richtlinie 2000/26/EG des Europäischen Parlaments und des Rates vom 16. Mai 2000 zur Angleichung der Rechtsvorschriften der Mitgliedstaaten über die Kraftfahrzeug-Haftpflichtversicherung, und zur Änderung der Richtlinien 73/239/EWG und 88/357/EWG des Rates (Vierte Kraftfahrzeughaftpflicht-Richtlinie), ABl. 2000 L 181/65; Art. 5, welcher unter Überschrift „Auskunftsstellen" firmiert, hat folgenden Wortlaut: „(1) Von jedem Mitgliedstaat wird eine Auskunftsstelle geschaffen oder anerkannt, die mit dem Ziel, Geschädigten die Geltendmachung von Schadenersatzansprüchen zu ermöglichen, a) ein Register mit den nachstehend aufgeführten Informationen führt: 1. die Kennzeichen der Kraftfahrzeuge, die im Gebiet des jeweiligen Staates ihren gewöhnlichen Standort haben; 2. i) die Nummern der Versicherungspolicen, die die Nutzung dieser Fahrzeuge in bezug auf die unter Buchstabe A Nummer 10 des Anhangs der Richtlinie 73/239/EWG fallenden Risiken – mit Ausnahme der Haftpflicht des Frachtführers – abdecken, und, wenn die Geltungsdauer der Police abgelaufen ist, auch den Zeitpunkt der Beendigung des Versicherungsschutzes; ii) die Nummer der grünen Karte oder der Grenzversicherungspolice, wenn das Fahrzeug durch eines dieser Dokumente gedeckt ist, sofern für das Fahrzeug die Ausnahmeregelung nach Artikel 4 Buchstabe b) der Richtlinie 72/166/EWG gilt; 3. die Versicherungsunternehmen, die die Nutzung von Fahrzeugen in bezug auf die unter Buchstabe A Nummer 10 des Anhangs der Richtlinie 73/239/EWG fallenden Risiken – mit Ausnahme der Haftpflicht des Frachtführers – abdecken, sowie die von diesen Versicherungsunternehmen nach Artikel 4 benannten Schadenregulierungsbeauftragten, deren Namen der Auskunftsstelle gemäß Absatz 2 des vorliegenden

nicht weniger als 13 externe und sieben interne Verweise anstellt, dann ist es kaum mehr möglich, dem vorliegenden Rechtstext zu folgen. Von einer Systematik, die im Dienste der Übersichtlichkeit und Verständlichkeit steht, kann hier keine Rede mehr sein.

Die genannten Beispiele zeigen, dass den Rechtsnormen oft die notwendige Systematik und Dogmatik fehlt. Allerdings darf man das frühere „Gemeinschafts-

---

Artikels zu melden sind; 4. die Liste der Fahrzeuge, die im jeweiligen Mitgliedstaat von der Haftpflichtversicherung gemäß Artikel 4 Buchstaben a) und b) der Richtlinie 72/166/EWG befreit sind; 5. bei Fahrzeugen gemäß Nummer 4: i) den Namen der Stelle oder Einrichtung, die gemäß Artikel 4 Buchstabe a) Unterabsatz 2 der Richtlinie 72/166/EWG bestimmt wird und dem Geschädigten den Schaden zu ersetzen hat, in den Fällen, in denen das Verfahren des Artikels 2 Absatz 2 erster Gedankenstrich der Richtlinie 72/166/EWG nicht anwendbar ist, und wenn für das Fahrzeug die Ausnahmeregelung nach Artikel 4 Buchstabe a) der Richtlinie 72/166/EWG gilt; ii) den Namen der Stelle, die für die durch das Fahrzeug verursachten Schäden in dem Mitgliedstaat aufkommt, in dem es seinen gewöhnlichen Standort hat, wenn für das Fahrzeug die Ausnahmeregelung nach Artikel 4 Buchstabe b) der Richtlinie 72/166/EWG gilt. b) oder die Erhebung und Weitergabe dieser Daten koordiniert c) und die berechtigten Personen bei der Erlangung der unter Buchstabe a) Nummern 1, 2, 3, 4 und 5 genannten Informationen unterstützt. Die unter Buchstabe a) Nummern 1, 2 und 3 genannten Informationen sind während eines Zeitraums von sieben Jahren nach Ablauf der Zulassung des Fahrzeugs oder der Beendigung des Versicherungsvertrags aufzubewahren. (2) Die in Absatz 1 Buchstabe a) Nummer 3 genannten Versicherungsunternehmen melden den Auskunftsstellen aller Mitgliedstaaten Namen und Anschrift des Schadenregulierungsbeauftragten, den sie in jedem der Mitgliedstaaten gemäß Artikel 4 benannt haben. (3) Die Mitgliedstaaten stellen sicher, daß die Geschädigten berechtigt sind, binnen eines Zeitraums von sieben Jahren nach dem Unfall von der Auskunftsstelle ihres Wohnsitzmitgliedstaats, des Mitgliedstaats, in dem das Fahrzeug seinen gewöhnlichen Standort hat, oder des Mitgliedstaats, in dem sich der Unfall ereignet hat, unverzüglich die folgenden Informationen zu erhalten: a) Namen und Anschrift des Versicherungsunternehmens; b) die Nummer der Versicherungspolice und c) Namen und Anschrift des Schadenregulierungsbeauftragten des Versicherungsunternehmens im Wohnsitzstaat des Geschädigten. Die Auskunftsstellen kooperieren miteinander. (4) Die Auskunftsstelle teilt dem Geschädigten Namen und Anschrift des Fahrzeugeigentümers, des gewöhnlichen Fahrers oder des eingetragenen Fahrzeughalters mit, wenn der Geschädigte ein berechtigtes Interesse an dieser Auskunft hat. Zur Anwendung dieser Bestimmung wendet sich die Auskunftsstelle insbesondere an a) das Versicherungsunternehmen oder b) die Zulassungsstelle. Gilt für das Fahrzeug die Ausnahmeregelung nach Artikel 4 Buchstabe a) der Richtlinie 72/166/EWG, so teilt die Auskunftsstelle dem Geschädigten den Namen der Stelle oder Einrichtung mit, die gemäß Artikel 4 Buchstabe a) Unterabsatz 2 jener Richtlinie bestimmt wird und dem Geschädigten den Schaden zu ersetzen hat, falls das Verfahren des Artikels 2 Absatz 2 erster Gedankenstrich jener Richtlinie nicht anwendbar ist. Gilt für das Fahrzeug die Ausnahmeregelung nach Artikel 4 Buchstabe b) der Richtlinie 72/166/EWG, so teilt die Auskunftsstelle dem Geschädigten den Namen der Stelle mit, die für die durch das Fahrzeug verursachten Schäden im Land des gewöhnlichen Standorts aufkommt. (5) Die Verarbeitung personenbezogener Daten aufgrund der vorhergehenden Absätze muß im Einklang mit den einzelstaatlichen Maßnahmen gemäß der Richtlinie 95/46/EG erfolgen.“

recht“ – und heute das Unionsrechts allgemein – diesbezüglich nicht an den Maßstäben einer deutschen Gesetzgebungslehre messen. Während etwa die deutsche Rechtswissenschaft größten Wert auf Systematik und Dogmatik legt, sind diese Aspekte in anderen Rechtsordnungen von geringerer Bedeutung. Außerdem erlauben die europäischen Kompetenzregelungen mit ihrer begrenzten Zielsetzung oft keinen gesamtheitlichen Regelungsansatz, sondern gestatten lediglich sachlich beschränkte, punktuelle Regelungen[391], die dann leicht mit den nationalen Regelungskomplexen kollidieren können und von deren Standpunkt aus oft wenig systematisch erscheinen. Insofern dürfen die Besonderheiten der europäischen Rechtsordnung bei der Forderung nach systematischer Rechtsetzung nicht außer Acht gelassen werden.

II. Inhaltliche Mängel

Im Folgenden soll eine kurze Bewertung der inhaltlichen Qualität der Regelungen getroffen werden. Die Merkmale der Subsidiarität und der Verhältnismäßigkeit als Ausfluss der Forderung nach Gerechtigkeit sowie die Qualitätskriterien der Notwendigkeit, der Effektivität und der Effizienz einer Maßnahme dienen hierfür als Maßstab.

Die Frage, ob ein konkretes Rechtsetzungsbeispiel als inhaltlich mangelhaft einzustufen ist, wird stets auf unterschiedliche Meinungen treffen, da es sich hier im Kern um politische oder ökonomische Fragestellungen handelt.[392] Insofern soll die folgende Darstellung auch weniger als „objektive“ Bestandsaufnahme inhaltlicher Rechtsetzungsmängel verstanden werden, sondern als Denkanstoß dienen, sich kritisch mit der inhaltlichen Qualität des Unionsrechts auseinanderzusetzen. Gerade die Kriterien Verhältnismäßigkeit und Subsidiarität besitzen neben dieser „subjektiven Komponente“ einen „rechtlichen Anteil“, der eigentlich eine genaue Untersuchung der durch das Verhältnismäßigkeits- und das Subsidiaritätsprinzip aufgestellten rechtlichen Vorgaben notwendig macht. Diese detaillierte Betrachtung soll hier unterbleiben, da zu erwarten ist, dass – bedingt durch die Unbestimmtheit beider Rechtsinstitute – auch mittels einer gründlichen Untersuchung zu den rechtlichen Vorgaben beider Prinzipien kaum *eindeutig* fehlerhafte Rechtsetzungsakte identifiziert werden könnten.

---

391 Vgl. Basedow, AcP, 200 (2000), 445 ff. (449 ff.; bes. 473 ff.); Gündisch, Qualität europäischer Rechtsetzung, in: Aufbruch nach Europa, S. 109 ff. (118 f.); Schwartz, ZEuP, 1994, 559 ff. (569 f.).

392 Piris, The Quality of Community Legislation: The Viewpoint of the Council Legal Service, in: Improving the Quality of Legislation in Europe, S. 25 ff. (37).

1. Verhältnismäßigkeits- und Subsidiaritätsprinzip und Notwendigkeit einer Regelung

Ein Rechtsetzungsakt ist dann verhältnismäßig, wenn die darin gewählten Mittel zur Erreichung des angestrebten Zwecks geeignet sind und sie das Maß des hierzu Erforderlichen nicht übersteigen.[393]

Der EuGH beschränkt die Kontrolldichte (s)einer Verhältnismäßigkeitsprüfung häufig durch den Zusatz, dass eine Maßnahme nur dann rechtswidrig ist, wenn sie zur Erreichung des verfolgten Ziels offensichtlich ungeeignet ist.[394] In diesem Sinne sind die Leistungen des Rechtsetzers nur dann zu beanstanden, wenn sie im Hinblick auf Erkenntnisse, über die er zum Zeitpunkt des Erlasses der Regelung verfügte, offenkundig unrichtig erscheinen.[395] In der Konsequenz hat die Gewährung dieses weiten „gesetzgeberischen" Ermessens dazu geführt, dass der EuGH nur äußerst selten Verstöße des europäischen Regelungsgebers gegen den Grundsatz der Verhältnismäßigkeit feststellte.[396] Trotz dieses klaren Votums der Rechtsprechung des EuGH zugunsten des „Gesetzgebers" bleibt eine kritische Bewertung der europäischen Rechtsetzungstätigkeit in Bezug auf die Res-

---

393 In Anlehnung an: EuGH, Rs. C-84/94, Vereinigtes Königreich/Rat, Slg. 1996, I-5755 ff. (I-5811, Rn. 57); EuGH, Rs. C-233/94, Deutschland/Europäisches Parlament und Rat der Europäischen Union, Slg. 1997, I-2405 ff. (I-2461, Rn. 54); EuGH, verb. Rs. C-36/97 u. 37/97, Hilmar Kellinghusen/Amt für Land- und Wasserwirtschaft Kiel und Ernst-Detlef Ketelsen/Amt für Land- und Wasserwirtschaft Husum, Slg. 1998, I-6337 ff. (I-6362, Rn. 33); EuGH, Rs. C-210/00, Käserei Champignon Hofmeister GmbH & Co. KG/ Hauptzollamt Hamburg-Jonas, Slg. 2002, I-6453 ff. (I-6503, Rn. 59); EuGH, Rs. C-434/02, Arnold André GmbH & Co. KG/Landrat des Kreises Herford, Slg. 2004, I-11825 ff. (I-11885, Rn. 45).

394 Vgl. EuGH, Rs. C-280/93, Deutschland/Rat, Slg. 1994, I-4973 ff. (I-5068 f., Rn. 90).

395 EuGH, Rs. C-280/93, Deutschland/Rat, Slg. 1994, I-4973 ff. (I-5068 f., Rn. 90). Vgl. auch Borchardt, in: Lenz/Borchardt, Art. 220 Rn. 11; Gündisch, Grundrechte und Rechtsschutz, in: Eine Verfassung für Europa, S. 429 ff. (436 f.); Riesenhuber, Europäisches Vertragsrecht, S. 62.

396 Ehlers, in: Erichsen/Ehlers, Allgemeines Verwaltungsrecht, S. 165; v. Danwitz, Grundfragen einer Verfassungsbindung der Europäischen Union, in: Eine Verfassung für Europa, S. 383 ff. (401). Im Gegensatz hierzu hat der EuGH in zahlreichen Urteilen Verstöße der Mitgliedstaaten gegen den Verhältnismäßigkeitsgrundsatz festgehalten Vgl. zum Ganzen etwa Schwarze, Europäisches Verwaltungsrecht, S. 708 ff.

Kritische Aussagen bezüglich der Handhabung des Verhältnismäßigkeitsprinzips durch den EuGH finden sich etwa bei: Berrisch, EuR, 1994, 461 ff. (465 ff.): „Im Ergebnis läuft der gewählte Ansatz darauf hinaus, daß den Gemeinschaftsorganen ein ‚Freifahrtsschein' erteilt wird; eine gerichtliche Kontrolle der Verhältnismäßigkeit findet nicht mehr statt. Es ist kaum ein Fall denkbar, in dem eine Maßnahme der Gemeinschaft [...] ‚völlig ungeeignet' ist." (S. 466); Coppel/O'Neill, CML Rev., 1992, 669 ff. (bes. 692); Everling, CML Rev., 1996, 410 ff. (413 ff., bes. 419); Huber, EuZW, 1997, 517 ff. (521); Nettesheim, EuZW, 1995, 106 ff. (106 ff.); Stein, EuZW, 1998, 261 ff. (262).

pektierung des Grundsatzes der Verhältnismäßigkeit angezeigt. Das Beispiel der Verordnung Nr. 404/93 über die gemeinsame Marktorganisation für Bananen[397] mag diese Einschätzung rechtfertigen.[398] So wurde im Jahre 1993 mit der Verordnung Nr. 404/93 eine gemeinsame Marktorganisation für Bananen errichtet. Die Bananenmarkt-Verordnung sollte vorrangig die Erzeugung und den Absatz der in der „Gemeinschaft" produzierten Bananen begünstigen sowie Einfuhren aus den AKP-Staaten fördern. Kernstück der Regelung war die Festlegung eines sich an der bisherigen Importmenge orientierenden Importkontingentes für Drittlandsbananen.[399] Außerhalb des Importkontingentes liegende Mengen wurden mit einem prohibitiv wirkenden Zoll belegt. Übergangsregelungen waren nicht vorgesehen. Dem Grundsatz der Verhältnismäßigkeit wurde lediglich durch Härtefallregelungen Rechnung getragen, die allerdings von Ausführungsverordnungen der Kommission oder des Rates abhängig gemacht wurden.[400] Für zahlreiche Bananenimporteure, die bislang fast ausschließlich mit Drittlandsbananen handelten, hatte die Bananenmarktverordnung dramatische Auswirkungen sowohl auf die Nutzungsmöglichkeit ihrer Anlagen als auch auf die Fortführung von Geschäftsverbindungen und die Rentabilität ihrer Betriebe, so dass nicht wenigen Unternehmen der Konkurs drohte. Angesichts dieser dramatischen Auswirkungen (auf grundrechtlich geschützte Positionen) stellt sich (unter anderem) die Frage, ob die Bananenmarktverordnung tatsächlich im Einklang mit dem Grundsatz der Verhältnismäßigkeit stand[401] oder anders formuliert: Wäre eine andere rechtliche Lösung verhältnismäßiger gewesen? In diesem Zusammenhang taucht der Gedanke an ein System direkter Beihilfen für „EG"- und AKP-Erzeuger auf.[402] Auf diesem Wege wäre eine Förderung von „Gemeinschafts-" und AKP-Bananen möglich gewesen, die nicht mit existenzbedrohenden Folgewirkungen für Importeure von Drittlandsbananen verbunden gewesen wäre.

---

397 Verordnung (EWG) Nr. 404/93 des Rates vom 13. Februar 1993 über die gemeinsame Marktorganisation für Bananen, ABl. 1993 L 47/1.

398 Da hier nur ein grober Abriss des Sachverhalts und dessen Aufarbeitung durch die Rechtsprechung und das Schrifttum dargeboten wird, empfiehlt sich eine Betrachtung der umfassenden Schilderungen bei Hilbig, Der Streit um den ausreichenden Grundrechtsschutz gegen die Bananenmarktordnung, WHI-Paper 6/00, Rn. 1 ff. bzw. Maurer, Die Marktordnung für Bananen, bes. S. 40 ff.

399 Vgl. Art. 19 Abs. 1 lit. a, b, c VO (EWG) 404/93.

400 Vgl. Art. 30, 27 VO (EWG) 404/93.

401 So jedenfalls EuGH, Rs. C-280/93, Deutschland/Rat, Slg. 1994, I-4973 ff. (I-5061 ff., Rn. 64 ff.).

402 So auch GA Gulmann, SchlA zu EuGH, Rs. C-280/93, Deutschland/Rat, Slg. 1994, I-4973 ff. (I-5007, Rn. 86 f.).

Nach dem Subsidiaritätsprinzip ist die europäische Regelung eines Sachverhalts nur sofern und soweit rechtlich zulässig, als die Ziele der in Betracht gezogenen Maßnahmen auf Ebene der Mitgliedstaaten nicht ausreichend verwirklicht werden können und daher wegen ihres Umfangs oder ihrer Wirkungen besser auf Unionsebene (früher: auf Gemeinschaftsebene) zu erreichen sind. Bei der Bestimmung der besseren Regelungsebene steht dem Rechtsetzer, wie bei dem Verhältnismäßigkeitsprinzip auch, ein gewisser Beurteilungsspielraum zu. Der EuGH nimmt dementsprechend seine Kontrolldichte auch hier zurück und beschränkt sich auf die Feststellung offenkundiger Fehleinschätzungen durch den Regelungsgeber.[403] So verwundert es nicht, dass der Gerichtshof bislang keine „gemeinschaftsrechtliche“ Maßnahme als Verstoß gegen das Subsidiaritätsgebot eingestuft hat.[404] Trotz dieses klaren Befundes sind auch hier Zweifel an der diesbezüglichen Rechtsetzungsqualität angezeigt.[405] In diesem Kontext sei eine Aussage des früheren Präsidenten des Bundesverfassungsgerichts Herzog zitiert: „Die in jüngster Zeit veröffentlichten Grünbücher der EU lassen erkennen, in welche Richtung die Kommission denkt und plant. Hier einige Beispiele: erhebliche Ausweitung der heutigen Antidiskriminierungsregulierung, unter anderem auf genetische Merkmale, soziale Herkunft und Vermögen; Komplettvereinheitlichung des Verbraucherschutzes samt Sammelklagen und einer faktischen Abschaffung der Vertragsfreiheit bei der Gewährleistung; EU-weite Harmonisierung erheblicher Teile des Arbeitsrechts mit einer Eingliederung von freien Mitarbeitern, Handels- und Versicherungsvertretern in den sozialversicherungsrechtlichen Arbeitnehmerstatus; EU-weite Harmonisierung der Vorschriften zur Festsetzung der familien- und scheidungsrechtlichen Unterhaltsansprüche. All dies hat mit dem Grundsatz der Subsidiarität nichts mehr zu tun.“[406]

Die Beachtung des Subsidiaritätsprinzips ist unmittelbar verbunden mit der Frage nach der Notwendigkeit bestimmter Regelungen. So lässt sich etwa der integrative Mehrwert von Tabakwerbeverboten oder von Vorschriften zu nährwert-

---

403 Riesenhuber, Europäisches Vertragsrecht, S. 62.

404 So jedenfalls: Albin, NVwZ, 2006, 629 ff. (632 ff.); Callies, EuGRZ, 2003, 181 ff. (186 f.); Chaltiel, RMCUE, 2003, 365 ff. (365 ff.); Ehlers, in: Erichsen/Ehlers, Allgemeines Verwaltungsrecht, S. 165; Papier, Das Subsidiaritätsprinzip als Bremse des schleichenden Zentralismus in Europa?, S. 9; Ritzer/Ruttloff, EuR, 2006, 116 ff. (121 ff.); v. Danwitz, Grundfragen einer Verfassungsbindung der Europäischen Union, in: Eine Verfassung für Europa, S. 383 ff. (401).

405 Vgl. auch: Herzog/Gerken, Von roten Karten und stumpfen Schwertern, S. 4; Karpen/Breutz/Nünke, Gesetzgebung der Großen Koalition, S. 10; Papier, Das Subsidiaritätsprinzip als Bremse des schleichenden Zentralismus in Europa?, S. 10 f.; Radaelli, Governing European Regulation – *2.1. The key issues*; Schwarze Das Konzept des europäischen Gemeinschaftsrechts, in: 40 Jahre Römische S. 29 ff. (41).

406 Herzog/Gerken, Von roten Karten und stumpfen Schwertern, S. 4.

und gesundheitsbezogenen Angaben über Lebensmittel mit guten Gründen bezweifeln und stattdessen über den Verbleib dieser Regelungsmaterien bei den Mitgliedstaaten plädieren.[407] Andererseits lässt sich kaum ein konkreter Rechtsetzungsakt anführen, der nach *einhelliger* Meinung überflüssig ist. Vielmehr lassen sich für das Bestehen oder Nichtbestehen eines konkreten Regelungsbedarfs auf europäischer Ebene stets unterschiedliche Argumente und Kronzeugen ins Feld führen. Dem unionalen Regelungsgeber sei abschließend jedoch die Warnung mit auf den Weg gegeben, sich bei der Verfolgung seiner Ziele nicht in fragwürdigen Einzelaktionen zu verzetteln, deren erhoffte Wirkungen zumindest als zweifelhaft eingestuft werden können, sondern effektive Maßnahmen einzuleiten, die für sich einen „höheren Regelungsbedarf" reklamieren können. In concreto kann hier auf das durch die Kommission geplante Verbot von herkömmlichen Glühbirnen[408] verwiesen werden. Für den Co-Vorsitzenden des Weltklimarats Edenhofer ist diese Maßnahme „blinder Aktionismus" und Ausdruck „einer Regulierungswut, die der Klimapolitik kaum hilft".[409] Zudem gibt es mit dem Emissionshandel bereits eine Maßnahme auf europäischer Ebene, um CO_2 einzusparen. Eine vernünftige Ausgestaltung des Emissionshandelssystems wäre mit Blick auf die Klimaziele der Union wesentlich wirkungsvoller und könnte damit Maßnahmen wie das „Glühbirnenverbot" überflüssig machen.[410]

2. Effektivität

Im Folgenden soll gezeigt werden, dass die Rechtsetzungsakte die vom Rechtsetzer verfolgten Ziele oft nicht erreichen. Besonders augenfällig wird diese mangelnde Effektivität in den Fällen, in denen geltendes Unionsrecht in den

---

407 V. Danwitz, JZ, 2006, 1 ff. (4). Vgl. außerdem: Bonse, Handelsblatt, (21. 05. 2008), S. 6; Mitteilung des Bayerischen Staatsministeriums für Arbeit und Sozialordnung, Familie und Frauen vom 09. Juni 2008 „Geplante Antidiskriminierungs-Richtlinie der EU-Kommission – Sozialministerin Stewens: Diskriminierungsschutz braucht ganzheitlichen Ansatz auf nationaler Ebene – Kein Regelungsbedarf durch Europäische Union – Ausdehnung bedeutet Eingriff in ...", abrufbar unter: http://www.bayern.de/ Pressemitteilungen-.1857.2295965/index.htm.

408 Entwurf der Kommission für eine Verordnung (EG) zur Durchführung der Richtlinie 2005/32/EG des Europäischen Parlaments und des Rates im Hinblick auf die Festlegung von Ökodesign-Anforderungen an nicht gerichtete Haushaltslampen, KOM (2008) YYY endg., D002953/02.

409 Zitiert nach Lingenfelser, Teuer, sinnlos, gefährlich – Forscher warnen vor EU-Glühbirnenverbot.

410 Vgl. Lingenfelser, Teuer, sinnlos, gefährlich – Forscher warnen vor EU-Glühbirnenverbot. Siehe zum „Glühbirnenverbot" außerdem Ziegler, Plädoyer für die Glühbirne, FAZ (17. 12. 2008).

Mitgliedstaaten schon gar nicht (bzw. nur ungenügend) zur Anwendung kommt. Dass dies nicht selten der Fall ist, wird besonders deutlich, wenn ein bestimmter Politikbereich einer systematischen Untersuchung unterzogen wird. So zeigte etwa eine von Europe Economics im Auftrag der Europäischen Kommission durchgeführte unabhängige externe Studie[411] zur Evaluierung der EU-Richtlinien für das öffentliche Auftragswesen, welche zwischen 1993–2002 in Kraft waren, erhebliche Mängel in der praktischen Anwendung der Richtlinienbestimmungen in den Mitgliedstaaten. In den Niederlanden wurden die Vorschriften nur zu etwa einem Drittel eingehalten. Für andere Staaten fiel der Befund ebenfalls ernüchternd aus. Dass es auch Mitgliedstaaten gibt, die in dieser Studie besser abschnitten, erklärt sich wohl (auch) damit, dass die Niederlande als einziges Land umfassende belastbare Daten zur Verfügung stellten. Es ist zu vermuten, dass den anderen Ländern bei der Zurverfügungstellung umfänglicher Daten ein ähnlich schlechtes Zeugnis hätte ausgestellt werden müssen.

Im Zuge der Einführung europäischer Bestimmungen in die Rechtsordnungen der neuen Beitrittsländer lässt sich ebenfalls häufig eine „praktische" Unwirksamkeit dieses Rechts konstatieren. So wird etwa die Übernahme des „acquis communautaire" im Arbeitsrecht durch die Beitrittsländer von externen Beobachtern mitunter als pures "window dressing" bezeichnet. Der damit vollzogene Institutionentransfer habe aufgrund der tiefen Kluft zwischen formalem Recht und tatsächlicher Rechtspraxis nahezu keine messbaren Auswirkungen auf die bestehende rechtliche Praxis.[412]

Die genannten Beispiele sind symptomatisch für die mangelhafte Durchsetzung europäischer Normen und die ungenügende Anwendungskontrolle innerhalb der Mitgliedstaaten und durch die frühere Gemeinschaft und heutige Union selbst.[413]

---

411 Europe Economics, Evaluation of Public Procurement Directives, Markt/2004/10/D – Final Report, 15. Oktober 2006, bes. S. 15 ff., 48 f. Vgl. Europe Economics, Evaluation of Public Procurement Directives, Markt/2004/10/D – Executive Summary, S. 1 f., 15., Oktober 2006: "we think (even if we cannot prove it) that a significant amount of non-compliance still remains and is not uniform over the different Member States. The publication rate (and hence compliance) may be worse than average in the Netherlands (where a study had found that in 2002, authorities subject to the Directives publish only one third of the amount they should have published – although in fairness one should mention that the Netherlands are the only Member State to have provided an apparently reliable database on which to judge compliance) and in Germany where publication rates appear similarly low. Countries with better compliance rates probably include Spain, the UK and with some caveats Greece."

412 Bluhm, Experimentierfeld Ostmitteleuropa?, S. 110.

413 Vgl. hierzu etwa: Ehlermann, Liber Amicorum Pierre Pescatore, S. 205 ff. (221 f.); Keading, Eipascope, 2007/3, 27 ff. (27 ff., bes. 27 f.), der 70 % aller Umsetzungsprozesse von europäischem Recht in die Rechtsordnung der Mitgliedstaaten für problematisch an-

Teilweise sind es aber auch die Inhalte der Regelungen selbst, die einer Verwirklichung der gesetzgeberischen Ziele im Wege stehen. Ein Beispiel hierfür ist die Richtlinie 91/676/EWG zum Schutz der Gewässer vor Verunreinigung durch Nitrat aus landwirtschaftlichen Quellen[414]. Ihr Ziel ist die Minimierung der Stickstoffbelastung von Gewässern, welche durch übermäßige Düngung verursacht wird. Hierfür sehen die europäischen Vorgaben eine Höchstdüngemenge von 170 kg Stickstoff pro Hektar vor. Schenkt man den Stellungnahmen von Naturschutzverbänden sowie dem Verband der Biobauern Glauben, so sind die Wirkungen der Richtlinie 91/676/EWG als gering einzustufen.[415] Hier zeigt sich also, dass die inhaltlichen Vorgaben der Richtlinie in ihrem Umfang nicht ausreichen, um die legislativen Ziele effektiv anzugehen.
Manchmal ist die Ineffektivität einer Regelung jedoch auch auf das Fehlen bestimmter Regelungsdetails zurückzuführen. Mit der Richtlinie 94/45/EG[416] sollten etwa die Unterrichtungs- und Anhörungsrechte von Arbeitnehmern in „gemeinschaftsweit" operierenden Unternehmen gestärkt werden[417]. Die Richtlinie versäumte es jedoch, konkrete Rechtsfolgen für etwaige Rechtsverstöße durch die betroffenen Unternehmen vorzusehen.[418] Dieses Versäumnis beeinträchtigte die Wirksamkeit der Richtlinie erheblich, wie der Fall von Renault zeigt.[419] So gab die Unternehmensleitung von Renault am 27. Februar 1997 bekannt, dass wegen Überkapazitäten das Werk in Vilvoorde (Belgien) geschlossen und die Produktion nach Frankreich und Spanien verlagert wird. Anders als von der Richtlinie 94/45/EG vorgesehen, erging diese Entscheidung allerdings ohne

sieht; Radaelli, Governing European Regulation – *2.1. The key issues*; Voermans, The Quality of EU Legislation, S. 10 ff.; Xanthaki, CML Rev., 2001, 651 ff. (652). Vgl. auch Communication from the commission – A Europe of results – Applying Community law, COM (2007) 502 fin.

414 Richtlinie 91/676/EWG des Rates vom 12. Dezember 1991 zum Schutz der Gewässer vor Verunreinigung durch Nitrat aus landwirtschaftlichen Quellen, ABl. 1991 Nr. L 375/1.

415 Karpen/Breutz/Nünke, Gesetzgebung der Großen Koalition, S. 86. Vgl. auch: Die „gute fachliche Praxis" – Spannungsfeld Landwirtschaft und Naturschutz, Positionspapier, verabschiedet vom NABU-Präsidium am 26. November 1999, abrufbar unter: http://www.nabu.de/nh/200/praxis200.htm; Erste Amtshandlung Seehofers verursacht mehr Bürokratie für Bauern, abrufbar unter: http://www.bioland.de/presse/pm/2005_11_24.htm.

416 Richtlinie 94/45/EG des Europäischen Rates vom 22. September 1994 über die Einsetzung eines Europäischen Betriebsrats oder die Schaffung eines Verfahrens zur Unterrichtung und Anhörung der Arbeitnehmer in gemeinschaftsweit operierenden Unternehmen und Unternehmensgruppen, ABl. 1994 Nr. L 254/64.

417 Vgl. Art. 1 Abs. 1 der Richtlinie 94/45/EG.

418 Vgl. Art. 11 der Richtlinie 94/45/EG.

419 Umfassend zum Fall Renault-Vilvoorde Höland, Mitbestimmung in Europa, S. 113 ff. Vgl. ferner Gaul, NZA, 1997, 1022 ff. (1023 m. w. N.); Reinert, FS Söllner, S. 885 ff. (889); Bull. EU 3-1997, Ziff. 1.3.152.

vorherige Konsultation des örtlichen oder Europäischen Betriebsrats von Renault, der bereits 1995 aufgrund einer freiwilligen Vereinbarung gegründet worden war. Hätte die Richtlinie konkrete und einschneidende Rechtsfolgen für ein solches Verhalten vorgesehen, hätte sich Renault sicherlich anders verhalten. Wenn, wie in diesem Beispiel, die hoheitliche Durchsetzung einer Rechtsnorm aufgrund ihrer rechtlichen Konstruktion nur schwerlich möglich ist, taucht unweigerlich die Frage nach der Notwendigkeit einer solchen Norm auf. Mit anderen Worten: Vorschriften, die nicht beachtet werden, sind unnötig und sollten deshalb auch nicht erlassen werden. Entweder der Gesetzgeber entscheidet sich für eine effektive Norm oder er verzichtet auf deren Erlass.

3. Effizienz

Der Blick auf die Effizienz europäischer Regelungen kann ebenfalls nicht zufrieden stellen.[420]

Ein Beispiel für ineffiziente Regulierung bildet die oben bereits inhaltlich skizzierte Verordnung Nr. 404/93 über die gemeinsame Marktorganisation für Bananen.[421] Vor allem die Ausgestaltung der Lizenzvergabe für Bananenimporte (Art. 19 der Verordnung Nr. 404/93) führte zu verschiedenen Investitionsanreizen, deren Wirtschaftlichkeit zumindest mit einem Fragezeichen zu versehen ist.[422] So wurden die traditionellen Vermarkter von „Dollarbananen" sowie die „Gemeinschaftsproduzenten" angeregt, in die Erzeugung von „Gemeinschafts"- bzw. AKP-Bananen zu investieren, obwohl die entsprechenden Anbaugebiete eine Reihe von Nachteilen für die Bananenproduktion aufweisen. Daneben wurden Importeure und Vermarkter von „Gemeinschafts"- und AKP-Bananen animiert Investitionen in Lateinamerika zu tätigen, um ihre Präsenz auf diesen Märkten zu stärken. Die mit dieser Neuorientierung verknüpften Kosten wurden mit etwa 300 Millionen US-Dollar beziffert.[423]
Die Gemeinsame Marktordnung für Bananen verursachte jedoch auch erhebliche Kosten für die Verbraucher. Schon ein Jahr nach Einführung der Bana-

---

420 Vgl. Röhl, Bürokratieabbau – Analysen und Handlungsempfehlungen, S. 6 f. – dort bezüglich administrativer Kosten, die durch europäische Rechtsetzung auf dem Gebiet des Arbeitsrechts in Deutschland verursacht werden. Siehe außerdem Voermans, The Quality of EU Legislation, S. 12, sowie Sopp, EuZW, 2005, 365 ff. (365), der die ökonomischen Begründungen für ein „gemeinschaftsrechtliches" Tabakwerbeverbot kritisch hinterfragt.

421 Vgl. 2. Kap. – B II 1.

422 Vgl. zum Ganzen Maurer, Die Marktordnung für Bananen, S. 59 ff., bes. 62.

423 Maurer, Die Marktordnung für Bananen, S. 62, mit Verweis auf Brent, Borrell EU Bananarama III, World Bank, Policy Research Working Paper No. 1386, Oktober 1994, S. 12 ff.

nenmarktordnung ließ sich ein europaweiter Preisanstieg für Bananen von durchschnittlich 12 % verzeichnen, wobei die Preise in einzelnen Ländern sogar um 45 % bis 60 % kletterten.[424] Nach Angaben von Maurer kostete das durch die Gemeinsame Marktordnung vorgesehene Schutz- und Beihilfenprogramm den Verbraucher jährlich zirka 2,3 Milliarden US-Dollar und damit insgesamt 700 Millionen US-Dollar mehr als die Kosten der zuvor existierenden nationalen Schutzmaßnahmen.[425] Die Bananenerzeuger in Europa und den AKP-Staaten bekamen von den 2,3 Milliarden US-Dollar lediglich einen Betrag von 300 Millionen.[426] Der Löwenanteil floss in die Taschen der Großvermarkter.[427]
Maurer bilanziert die wirtschaftlichen Folgen der Bananenmarktordnung für Deutschland wie folgt: „Auf diese Weise habe sich [...] der deutsche Bananenmarkt von einem offenen, rasch expandierenden, wettbewerbsfördernden Markt mit niedrigen Verbraucherpreisen, zu einem abgeschlossenen, angebotsarmen und wachstumsgebremsten Markt mit hohen Verbraucherpreisen entwickelt."[428] Die Bananenmarktordnung des Jahres 1993 ist damit ein Paradebeispiel für eine ineffiziente Regulierung.

Teilweise wird die Ineffizienz von Regelungen auch durch eine bestimmte Regelungskonzeption selbst hervorgerufen. Ein Beispiel: Um zukünftig Abfälle von Elektro- und Elektronikgeräten zu vermeiden sowie solche Abfälle wiederzuverwenden und zu recyceln, wurde im Jahr 2003 die Richtlinie 2002/96/EG über Elektro- und Elektronik-Altgeräte[429] verabschiedet. In der Richtlinie werden die Mitgliedstaaten aufgefordert, Systeme einzurichten, die getrennt und kostenlos Elektro- und Elektronikaltgeräte aus privaten Haushalten erfassen. Konkret müssen ab Ende des Jahres 2006 durchschnittlich mindestens vier Kilogramm pro Einwohner und Jahr erfasst werden. Alle erfassten Geräte sind von Schadstoffen zu entfrachten und anschließend zu verwerten, wobei bestimmte Verwertungs- und Recyclingquoten für zehn festgelegte Gerätekategorien einzuhalten sind (vgl. Art. 7 und Anhang IA). Die Verwertungsquoten liegen zwischen 70 % und 80 % und die Wiederverwendungs- bzw. Recyclingquoten zwi-

424 Maurer, Die Marktordnung für Bananen, S. 53 f.

425 Maurer, Die Marktordnung für Bananen, S. 62 f., mit Verweis auf The Financial Times (London), Nr. 32583 vom 25.01.1995.

426 Maurer, Die Marktordnung für Bananen, S. 63, mit Verweis auf The Financial Times (London), Nr. 32583 vom 25.01.1995.

427 Maurer, Die Marktordnung für Bananen, S. 63, mit Verweis auf The Guardian (London/Manchester), Nr. 46635 vom 19.08.1996.

428 Maurer, Die Marktordnung für Bananen, S. 63.

429 Richtlinie 2002/96/EG des Europäischen Parlaments und des Rates vom 27. Januar 2003 über Elektro- und Elektronik-Altgeräte, ABl. 2003 L 37/24. Vgl. hierzu Elmer/Schatz/von Hirschhausen, Effizienzanalyse der europäischen Elektroaltgeräte-Richtlinie (WEEE) sowie ihrer nationalen Umsetzungsmöglichkeiten, S. 1 ff.

schen 50 % und 80 % des Gewichts der erfassten Altgeräte. Mit Blick auf eine Studie von Elmer, Schatz und von Hirschhausen sind an der Effizienz dieses Regelungsansatzes erhebliche Zweifel anzumelden.[430] Auffällig ist zunächst die Diskrepanz zwischen den hohen Anforderungen an Behandlung, Verwertung, Wiederverwendung und Recycling und den niedrigen Erfassungsanforderungen. Während nur ein sehr geringer Anteil von vier Kilogramm der jährlich anfallenden Altgeräte getrennt erfasst werden muss, sind alle diese getrennt erfassten Geräte einer Behandlung zuzuführen. Dem unterschiedlichen Reinheitsgrad der Abfallmaterialien sowie der Bauweise der Geräte wird durch die Quotenregelung nur unzureichend Beachtung geschenkt, obgleich die Beschaffenheit der Abfälle von entscheidender Bedeutung für die Verwertungs- und Recyclingkosten ist. Mit anderen Worten: Die Regelungskonzeption der Richtlinie ist unter diesem Aspekt nicht geeignet, die Kosten der Abfallbehandlung zu minimieren. Außerdem unterscheidet die Richtlinie bei der zu erfassenden Menge nicht nach der ökologischen Relevanz der Geräte. Für die Absenkung der Umweltbelastungen wäre ein solches Vorgehen jedoch erforderlich, da es – vereinfacht gesagt – einen erheblichen Unterschied macht, ob die geforderten vier Kilogramm durch die Erfassung von hochbelasteten Handys und Laptops oder durch weniger bedenkliche Waschmaschinen erfüllt werden. Eine Konzentration der Erfassungsvorschriften der Richtlinie auf besonders schadstoffhaltige Geräte hätte den Nutzen für die Umwelt erhöht bzw. „Umweltkosten" gespart.

C. Zusammenfassung

Die Zahl der jährlich veröffentlichten Rechtsetzungsakte ist seit 1980 stetig gestiegen. Gleichzeitig nahm auch der Gesamtumfang aller in Geltung befindlichen Verordnungen, Richtlinien und Entscheidungen zu. Rein zahlenmäßig dominiert die Handlungsform der Verordnung, gefolgt von den Entscheidungen und den Richtlinien. Bei den meisten Rechtsetzungsakten handelt es sich allerdings um Durchführungsrechtsakte der Kommission. Zudem beschäftigt sich ein Großteil der Rechtsetzungsakte mit Berichtigungen, Ergänzungen oder Veränderungen an bestehenden Regelungen, während wirklich „neue" Recht-

---

430 Vgl. Elmer/Schatz/von Hirschhausen Effizienzanalyse der europäischen Elektroaltgeräte-Richtlinie (WEEE) sowie ihrer nationalen Umsetzungsmöglichkeiten bes. S. 9 ff., 27. Ferner: Position der deutschen Kunststoffindustrie zur Überarbeitung der WEEE-Richtlinie, 19. September 2008, S. 1 f., abrufbar unter: http://www.wip-kunststoffe.de/uploads/File/pdf/news/Stellungnahme_Kunststoffindustrie.pdf, die sich vor allem gegen die unflexiblen Vorgaben ausspricht, welche die Umwelt nur in geringem Maß begünstigen. Nach Ansicht der deutschen Kunststoffindustrie berücksichtigen auch die jüngsten Diskussionen im Zusammenhang mit einer Änderung der WEEE-Richtlinie eine Verbesserung des Kosten-Nutzen-Verhältnisses der Regelungen in zu geringem Ausmaß.

setzungsakte einen relativ geringen Anteil an der Rechtsetzung ausmachen. Die Rechtsetzungsakte selbst besitzen oft eine hohe Regelungsdichte.
Die Evolution ihrer primärrechtlichen Grundlagen in den zurückliegenden Jahrzehnten hat überdies nicht nur die Ziele und Aufgaben der „Gemeinschaft" – und der Union in ihrer heutigen Form – beständig ausgeweitet, gleichzeitig kamen neue Rechtsetzungskompetenzen hinzu, die die Möglichkeit schufen, in immer neuen Lebensbereichen Regelungen zu erlassen. Die Dynamisierung der Rechtsetzung wird durch eine großzügige praktische Handhabung der Kompetenzen durch die Rechtsetzungsorgane unterstützt.

Die europäischen Rechtsetzungsakte können nicht allen Qualitätsanforderungen genügen.
Bei den untersuchten „gesetzes"-technischen Qualitätskriterien zeigten sich durchweg Mängel. So ist etwa die Änderungshäufigkeit der Rechtsetzungsakte stark ausgeprägt. Besorgniserregend ist zudem die fehlende Klarheit und Verständlichkeit der Normen. Dies manifestiert sich etwa in langen, ungenauen Titeln, teilweise extrem komplexen und komplizierten Legaldefinitionen, dem häufigen Gebrauch von Abkürzungen oder eminenten Satzlängen. Ferner leidet die Bestimmtheit der Rechtsetzungsakte unter vieldeutigen und wenig aussagekräftigen Präambeln, vagen Begriffen und einer rechtlichen Fragmentierung einheitlicher Lebenssachverhalte. Wenn ähnliche Sachverhalte ohne erkennbaren Grund unterschiedlich geregelt werden oder eine Terminologie nicht einheitlich angewandt wird, zeigt sich zudem, dass die Rechtsakte häufig an systematischen Mängeln leiden.
Kritisiert werden muss ebenfalls die „inhaltliche" Qualität der Rechtsetzung.
Bezüglich der Einhaltung des Verhältnismäßigkeits- und des Subsidiaritätsprinzips werden durch eine Reihe von Regelungen erhebliche Zweifel an der Rechtsetzungsqualität geweckt. Mangelhaft ist auch die Effektivität der Rechtsetzung. Dies äußert sich etwa in einer unzulänglichen Anwendung der rechtlichen Vorgaben in der Praxis, aber auch in einer Vorschriftengestaltung, die oft nicht in der Lage ist, ihre eigentlichen Zielsetzungen zu erreichen. Darüber hinaus ist das Kosten/Nutzen-Verhältnis einiger Rechtsetzungsakte äußert ungünstig.

3. Kapitel - Folgen von mangelhafter Rechtsetzung

Die mangelhafte Qualität unionaler Rechtsetzungsakte sowie die hohe Regelungsaktivität der Organe und die Vielzahl der zum Teil ausgesprochen detaillierten Vorschriften bergen eine Reihe von negativen Folgewirkungen.
Die Transparenz des Rechts nimmt ab[431] und erschwert die Rechtsanwendung für die vollziehenden Behörden und die Gerichte[432]. In diesem Zusammenhang ist auf die unmittelbare Anwendbarkeit von Verordnungen und (u. U.) sogar Richtlinien[433] hinzuweisen, ein Faktum, das nach Rechtstexten verlangt, die einfach zu interpretieren und von den nationalen Gerichten leicht anzuwenden sind.[434] Rechtsetzungsakte, die diesen Anforderungen nicht gerecht werden, können die vollziehende Verwaltung leicht überfordern. Daneben entstehen Rechtsanwendungsschwierigkeiten auf der Seite der Normadressaten. Befolgungsprobleme und eine Verringerung der Rechtssicherheit sind die Folgen.[435]
Verallgemeinert ausgedrückt: Das Resultat quantitativer und qualitativer Mängel sind Steuerungsschwächen des Rechts.
Nachstehend soll eine Auswahl[436] an Folgeproblemen von „mangelhafter" Rechtsetzung analysiert werden. Zunächst sind hier die ökonomischen und

---

431 Vgl. Maassen, NJW, 1979, 1473 ff. (1474); Schlicht, Verrechtlichung der Gesetzgebung, S. 5, 18 f., Timmermans, CML Rev., 1997, 1229 ff. (1238).

432 Rack, Normenflut auf Gemeinschaftsebene, in: Bürgernahes Wirtschaftsrecht – Eine Utopie?, S. 161 ff. (171).

433 Vgl. hierzu grundlegend EuGH, Rs. 9/70, Franz Grad/Finanzamt Traunstein, Slg. 1970, 825 ff. (825 ff.). Betrachte aber auch die „kritischen" Stimmen aus der mitgliedstaatlichen Gerichtsbarkeit: Beschluss des BFH vom 16. Juli 1981 – BFHE 133, (470) – mit einer Anmerkung durch Millarg, EuR, 1981, 444 ff. (444); Cohn-Bendit-Entscheidung des Conseil d'Ètat vom 22. Dezember 1978 mit folgenden Anmerkungen: Bieber, EuR, 1979, 294 ff. (294 ff.); Isaac, Cahiers de droit européen, 15 (1979), 265 ff. (265 ff.); Kapteyn, CML Rev., 1979, 703 ff. (703 ff.).

434 Xanthaki, CML Rev., 2001, 651 ff. (651 f.).

435 Barents/Brinkhorst, Grondlijnen van Europees recht, S. 205.

436 Vgl. des Weiteren aber auch Weiß, DÖV, 1978, 601 ff. (608), für den der Zuwachs an Normen sogar in Konflikt mit der Gerechtigkeit tritt. Wenn Normen an unzählige Sachverhalte, die sich selbst kaum voneinander unterscheiden, verschiedene Rechtsfolgen knüpften, dann seien solche Abgrenzungen zwischen den berechtigten und nicht berechtigten Gruppen zwar notwendig, dennoch würden diese Abgrenzungen oft „willkürlich" anmuten. Vgl. auch Gerike, Möglichkeiten und Grenzen eines Abbaus der Verrechtlichung, S.127 ff.; Streissler, Liberalisierung und Regulierung – Zwei Notwendigkeiten, in: Bürgernahes Wirtschaftsrecht – Eine Utopie?, S. 37 ff. (39).

Dass die Zunahme von Regulierungen der Gerechtigkeit schadet, unterstreicht auch ein Beitrag von Bausch, Zukunftsverantwortliche Wirtschaftsethik, S. 124 ff. (124 ff.). Bausch spricht sich in seinem Entwurf für eine (rechtliche) Rahmenordnung für die Wirtbürokratischen Belastungen zu nennen.[437] Darüber hinaus ergeben sich gesellschaftlich bzw. moralisch bedenkliche Auswirkungen bei den Regelungsadressaten.[438] Auch hinsichtlich der Akzeptanz und des Rechtsbewusstseins gegenüber der europäischen Rechtsordnung muss Kritik geübt werden.[439] Ferner gilt es einen Blick auf die Umsetzung des Unionsrechts in den Mitgliedstaaten und auf die entsprechenden Kontrollmechanismen zu werfen.[440] Abschließend wird die Rechtsetzungspraxis der sehr detaillierten Richtlinien betrachtet.[441]

A. Ökonomische und bürokratische Lasten

Europäischen Regelungen schlagen für die Unternehmen mit jährlichen Kosten von mindestens 150 bis 250 Milliarden Euro zu Buche.[442] Guy-Ecabert beziffert die Kosten von schlechter unionaler Rechtsetzung für kleinere und mittlere Unternehmen auf 4 % des Bruttoinlandsproduktes (BIP) in Europa. Ein besseres Regelungsniveau könne hingegen 15 % der Kosten (bzw. 0,6 % des BIP) einsparen und die Wirtschaft somit um 50 Milliarden Euro entlasten.[443] Es zeigt sich, dass die durch „Überregulierung“ verursachten Wettbewerbsbehinderungen die Wirtschaftsleistung innerhalb der Union erheblich schwächen.[444] Mit zunehmender Regelungsintensität spielen zudem die Kontrollapparate, welche die Normbefolgung überwachen, sowie die Beratung von Unternehmen zur Vermeidung von Normverstößen bereits im Vorfeld der Rechtsetzung eine immer zentralere Rolle[445] und verursachen zusätzliche Kosten. Wenngleich die wirtschaftlichen Folgen die augenfälligsten Symptome einer „Überregulierung“ sind[446], beschränken sie sich keineswegs hierauf. Die Zunahme von Normen

---

schaft dezidiert gegen jede Form der „Überregulierung“ aus. Dabei betont er, dass nur so dem Postulat der Gerechtigkeit gedient werden könne.

437 Vgl. 3. Kap. – A.

438 Vgl. 3. Kap. – B.

439 Vgl. 3. Kap. – C.

440 Vgl. 3. Kap. – D.

441 Vgl. 3. Kap. – F.

442 Radaelli, Governing European Regulation – *Introduction* mit Verweis auf Zahlen aus dem Jahr 1996. Vgl. illustrierend nochmals die Zahlen unter 1. Kap. – C II 2 (Stichwort – Effizienz) aufgeführten Angaben.

443 Guy-Ecabert, LeGes, 2003/1, 151 ff. (151).

444 Vgl. Bayoumi/Laxton/Pesenti, When Leaner Isn't Meaner: Measuring Benefits and Spillovers of Greater, S. 30 ff.

445 Vgl. Aarnio, Rechtstheorie, 20 (1989), 143 ff. (147 f.).

446 Vgl. etwa Ahlfeldt, Europa, Binnenmarkt und Liberalisierung, S. 17 ff.

führt ebenfalls zu einem Anwachsen der Bürokratie[447], etwa durch Berichts- und Statistikpflichten und durch eine Verwaltung, die ihre Entscheidungen allein den Buchstaben des Gesetzes anvertraut und dabei Gefahr läuft, die Besonderheiten des konkreten Falles zu vernachlässigen.[448] Mit anderen Worten: Die Zunahme der Rechtsmasse führt auch zu einer Beschränkung des verwaltungsmäßigen Ermessensgebrauchs.

B. Gesellschaftliche und moralische Auswirkungen

Ab einem bestimmten quantitativen „Sättigungsgrad" der Rechtsordnung korrespondiert das Anwachsen der Normmenge mit der Gefährdung menschlicher Freiheit.[449] Dies erscheint zunächst widersinnig, soll doch die Freiheit als das „ursprüngliche, jedem Menschen, kraft seiner Menschlichkeit zustehende Recht"[450] durch das Recht geschützt werden. Das Recht soll dem Menschen die „Unabhängigkeit von eines anderen nöthigender Willkühr"[451] gewährleisten. In diesem Sinne kommt dem Recht also eine freiheitsfördernde Funktion zu, indem es einen Rahmen für die Verwirklichung der Freiheit etabliert und diese damit

---

447 Honsell, Vom heutigen Stil der Gesetzgebung, S. 7; Maassen, NJW, 1979, 1473 ff. (1476); Tomandl, Bürgernahes Wirtschaftsrecht, in: Bürgernahes Wirtschaftsrecht – Eine Utopie?, S. 25 ff. (25, 28); Schlicht, Verrechtlichung der Gesetzgebung, S. 13. Ferner: Bürokratie durch EU-Politik, Hrsg.: Genossenschaftsverband Bayern, 26. August 2008, abrufbar unter: http://www.gv-bayern.de/main/Artikel/Dossiers/Dateien/Buerokratie_durch_EU-Politik.pdf.

448 Vgl. Maassen, NJW, 1979, 1473 ff. (1476); Weiß, DÖV, 1978, 601 ff. (608).

449 Aarnio, Rechtstheorie, 20 (1989), 143 ff. (147); Hill, ZG, 1987, 238 ff. (245); Hillermeier, BayVBl., 1978, 321 ff. (322); Honsell, Vom heutigen Stil der Gesetzgebung, S. 9 ff.; Huber-Hotz, LeGes, 2007/3, 397 ff. (398); Leisner, JZ, 1977, 537 ff. (538); Maassen, NJW, 1979, 1473 ff. (bes. 1475); Papier, Mehr Gesetze, weniger Recht?, S. 1 f.; Rapp, Destruktive Freiheit, S. 167 f.; Schlicht, Verrechtlichung der Gesetzgebung, S. 175 f.; Starck, ZRP, 1979, 209 ff. (212 f.); Weiß, DÖV, 1978, 601 ff. (604 ff.).

450 Kant, Die Metaphysik der Sitten, S. XLV.

451 Kant, Die Metaphysik der Sitten, S. XLV, versteht unter „Freiheit", dass niemand durch die Willkür eines anderen gezwungen werden darf, etwas zu tun oder zu unterlassen. Die individuelle Freiheit ist für Kant damit eine klar begrenzte Freiheit, da sich die individuellen Freiheitsansprüche wechselseitig limitieren. Dies meint Kant, wenn er sagt, die Freiheit eines jeden Menschen müsse mit der Freiheit eines anderen gemäß „einem allgemeinen Gesetz zusammen bestehen" können. Vgl. Kant, Die Metaphysik der Sitten, S. XLV. Ausschlaggebend ist hierbei, dass die Richtschnur ein allgemein formulierbares und für alle Bürger oder sogar alle Menschen potenziell einsichtiges „Gesetz" ist. Unter Gesetz versteht Kant allerdings nicht ein Gesetz im positiven Sinn, sondern eine grundlegende und allgemeingültige menschenrechtliche Gesetzesnorm, die für alle positiven Gesetze eines Staates gilt.

erst ermöglicht.[452] Allerdings kann das Verhältnis von Freiheit und Recht durch immer neue Vorschriften und eine dadurch verursachte zunehmende Verrechtlichung allmählich in Schieflage geraten und schließlich kippen.[453] Die Sorge vor einer solchen Entwicklung auf europäischer Ebene veranlasste auch Kirchhof zu einer Warnung: Die „Europäische Wirtschaftsgemeinschaft“, die angetreten ist, die wirtschaftliche Freiheit der einzelnen Menschen vermehrt zur Entfaltung zu bringen, darf durch ein Übermaß an Regelungen, Motivationslenkungen und Abhängigkeiten diese und andere Freiheiten nicht bedrängen und vermindern.[454] Noch einen Schritt weiter geht der ehemalige Präsident des Bundesverfassungsgerichts Papier: „Je mehr Lebensbereiche und je intensiver diese ‚durchnormiert‘ werden – und sei es auch in bester Absicht –, desto mehr läuft die Rechtsordnung Gefahr, allmählich die Eigenverantwortung und Selbstbestimmung, die sie eigentlich sichern soll, zu ersticken.“[455] Damit verweist Papier auch auf die „mentalen Folgen“ von „Überregulierung“. Wenn ein Vorschriftenkorsett eigenverantwortliches Handeln zu fest einschnürt und zur bloßen Suche nach persönlichen Gewinn versprechenden Rechtsnormen degradiert, dann läuft diese Handlungsfreiheit leer und die persönliche Freiheit scheitert nicht nur an den äußeren Beschränkungen eines erstickenden Regelungskonvoluts, sondern wird auch Opfer einer Selbstbeschränkung.[456] Das wuchernde Feld der verschie-

---

452 Vgl. Groll, In der Flut der Gesetze, S. 29 ff., 149 f.

453 Ausführlicher Groll, In der Flut der Gesetze, S. 150 ff., sowie Kormann, FS Fröhler, S. 23 ff. (29 ff.). Vgl. auch Weiß, DÖV, 1978, 601 ff. (604). Nach Ansicht von Weiß kann die zunehmende Verrechtlichung dazu führen, dass ein Punkt erreicht wird, an „dem die Entfaltung menschlicher Freiheiten – gleich der sozialistischen Orthodoxie – unter staatlichem Verbot mit rechtlichem Erlaubnisvorbehalt stünde. Der Mensch wäre als Rechtsobjekt nurmehr Funktion des Rechts.“

454 Kirchhof, Europa auf dem Weg zu einer Verfassung?, in: Eine Verfassung für Europa, S. 359 ff. (379).

455 Papier, Mehr Gesetze, weniger Recht?, S. 1. Vgl. grundlegend Mill, Über die Freiheit, 3. Kapitel – (Über Individualität als eins der Elemente der Wohlfahrt).

456 Um die Folgen von Überregulierung stichwortartig zu umreißen, spricht Kormann, FS Fröhler, S. 23 ff. (29), in diesem Zusammenhang von der Lähmung gesellschaftlicher Aktivität und Verantwortungsfreudigkeit und auf „staatlicher“ Seite von einem „Dienst nach Vorschrift“. Auch Streissler, Liberalisierung und Regulierung – Zwei Notwendigkeiten, in: Bürgernahes Wirtschaftsrecht – Eine Utopie?, S. 37 ff. (39), weist auf das Spannungsverhältnis hin, das zwischen Regulierung und menschlicher Freiheit besteht. So heißt es etwa: „Jede Regulierung, auch wo grundsätzlich nötig, erzieht die Bürger immer dazu, auf den Staat zu hoffen, statt selbst vorzusorgen. Sie ist also immer demotivierend und daher problematisch im Hinblick auf die Erziehung zu freier Initiative.“ Abschließend noch einige Zeilen von v. Humboldt Ideen zu einem Versuch, die Grenzen der Wirksamkeit des Staats zu bestimmen Kap. III, S. 37: „Was nicht von dem Menschen selbst gewählt, worin er auch nur eingeschränkt und geleitet wird, das geht nicht in sein Wesen über, das bleibt ihm ewig fremd, das verrichtet er nicht eigentlich mit menschlicher Kraft, sondern mit mechanischer Fertigkeit.“ Weiter heißt es (S. 47): „Die, welche einmal die

denen Agrarsubventionen, welche zur maßgeblichen Motivation für das Handeln des Landwirts geworden sind[457] und den Freiraum seiner Entscheidungsfindung stark reduzieren, mag als Anschauungsmaterial dienen.[458] Subventionsmillionen

---

Staatsgeschäfte auf diese Weise verwalten, sehen immer mehr und mehr von der Sache hinweg und nur auf die Form hin, bringen immerfort bei dieser vielleicht wahre, aber nur mit nicht hinreichender Hinsicht auf die Sache selbst und daher oft zum Nachteil dieser ausschlagende Verbesserungen an, und so entstehen neue Formen, neue Weitläufigkeiten, oft neue einschränkende Anordnungen [...]. Daher nimmt in den meisten Staaten von Jahrzehnt zu Jahrzehnt das Personale der Staatsdiener und der Umfang der Registraturen zu und die Freiheit der Untertanen ab. Bei einer solchen Verwaltung kommt freilich alles auf die genaueste Aufsicht, auf die pünktlichste und ehrlichste Besorgung an, da der Gelegenheiten, in beiden zu fehlen, so viel mehr sind. Daher sucht man insofern nicht mit Unrecht, alles durch so viele Hände als möglich gehen zu lassen und selbst die Möglichkeit von Irrtümern oder Unterschleifen zu entfernen. Dadurch aber werden die Geschäfte beinah völlig mechanisch und die Menschen Maschinen; und die wahre Geschicklichkeit und Redlichkeit nehmen immer mit dem Zutrauen zugleich ab.“ Vgl. schließlich Burghart, Die Pflicht zum guten Gesetz, S. 31.

457 Vgl. etwa die vom Deutschen Bauernverband publizierte Broschüre „Die Reform der Gemeinsamen Agrarpolitik“, August 2004, abrufbar unter: www.wzw.tum.de/wdl/lehre/vorlesungen/skripten/GrundlagenLandwirtschaft/Broschuere_Agrarreform.pdf, die detailliert über neue Prämien, Beihilfen, Quotenregelungen, Erweiterungen des EU-Förderkataloges, beihilfefähige und nicht beihilfefähige Flächen, die Formalien bezüglich der notwendigen Anträge, etc. Auskunft gibt und dem aufmerksamen Leser dabei klar macht, dass der Landwirt zu weitgehend autonomen (und für ihn ökonomisch vertretbaren) Entscheidungen kaum mehr in der Lage ist, sondern zum „Erfüllungsgehilfen“ europarechtlicher Vorgaben mutiert ist.

458 Vgl. schon Abel, Agrarpolitik, S. 464, aus dem Jahre 1967: „Ein anderes noch (nur das Wichtigste) sei hier gesagt: Wirtschaftspolitische Eingriffe unterliegen der Tendenz zur ‚Totalisierung‘. Die Marktordnung der EWG ist davon nicht ausgeschlossen. Umso mehr sollten aber die Formen bedacht werden, in die das Marktgeschehen geknüpft wird. Die Marktordnung der EWG-Kommission strebt einem Perfektionismus entgegen, der alles bisher Bekannte übertrifft. Die Zahl der Verordnungen und Anweisungen, Definitionen und Distinktionen ist schon heute kaum noch überblickbar. Die Zentrale könnte entlastet, die Zahl der Vorschriften verringert werden, wenn in größerem Umfang, als es bisher geschah, die beteiligten Wirtschaftskreise zu selbstverantwortlicher Mitarbeit herangezogen werden würden.“ Vgl. aus jüngerer Zeit (2005) auch Norer, Lebendiges Agrarrecht, S. 402 ff. m. w. N., der auf S. 403 davon berichtet, dass die rechtlichen „Bindungen des Öfteren ein solches Ausmaß“ erreichen, „dass bereits von staatlichem Dirigismus gesprochen werden kann.“ Norer weiter: „Gerade dem EG-Marktorganisationsrecht wird der bremsende und lähmende Eingriff in die unternehmerische Freiheit des Landwirts vorgeworfen. In der Tat hat die GAP die Landwirtschaft in wechselnden Formen einer starken Reglementierung und hoheitlichen Beeinflussung unterworfen, durch die nachhaltig auf die betriebswirtschaftlichen Entscheidungen und die Entwicklung der Agrarmärkte Einfluss genommen worden ist. Setzt man sich mit den marktlenkenden Maßnahmen vom Mindestpreis über Intervention und Quotierung bis zu Einfuhrzöllen, Abschöpfungen und Ausfuhrerstattungen näher auseinander, wird man nicht ganz zu Unrecht an planwirt-

für den Anbau von Tabak, der aufgrund seiner geschmacklichen Minderwertigkeit zum Großteil in Entwicklungsländer exportiert werden muss[459], oder gar die Beantragung von Fördergeldern für den Anbau von Bananen auf Rügen[460], stehen stellvertretend für eine „subventionierte Unvernunft“ und sind Zerrbilder freier Entscheidungsfindung.

Die Freiheit wird jedoch nicht nur durch Anreiz- oder Verbotssysteme „gelenkt“ bzw. beschränkt. Die Verworrenheit einer überregulierten Rechtsordnung führt ebenfalls zu einer Verkleinerung der menschlichen Freiheitssphäre. Wenn für den Einzelnen eine bestimmte Vorschrift oder ein ganzes Sachgebiet einer Rechtsordnung nicht mehr verständlich ist, weil es zu kompliziert oder nicht mehr überschaubar ist, er sich aber normkonform verhalten will, so sieht er sich nahezu zwangsläufig dazu veranlasst, allen Handlungen zu entsagen, die nach seiner Meinung nicht rechtmäßig sind bzw. nicht rechtmäßig sein könnten.

C. Normakzeptanz und Rechtsbewusstsein

Es mag zwar richtig sein, dass fehlende Akzeptanz gegenüber Rechtsnormen und Defizite im Rechtsbewusstsein „oft im mangelnden Vertrauen der Bürger in Gesetze allgemein“[461] wurzeln, dennoch ist festzuhalten, dass gerade dem Unionsrecht häufig ein Problem mit Normakzeptanz und Rechtsbewusstsein attestiert wird[462].

---

schaftliche Mechanismen erinnert.“ Norer (S. 404) spart in seiner Kritik allerdings auch den nationalen Regelungsgeber nicht aus.

459 Gaschke, Die Zeit, 12/1997.

460 Vgl. Streinz, EWS, 2003, 1 ff. (5, Fn. 30).

461 So Leich, ZRP, 1990, 70 f. (71), die damit die übereinstimmende Meinung der Beteiligten des 3. Bonner Forums der deutschen Gesellschaft für Gesetzgebungslehre 1990 zusammenfasst. Kritisch gegenüber einem solchen Befund, aber in der Tendenz wohl doch zustimmend Lucke, FS Blankenburg, S. 221 ff. (bes. 221, 224 f.). Vgl. auch Herzog, Festgabe zum 10jährigen Jubiläum der Gesellschaft für Rechtspolitik, S. 127 ff. (136 ff.).

462 Im Streit des Bundeslandes Sachsen mit „Brüssel“ im Zusammenhang mit der Gewährung von Subventionen war in der politischen Diskussion schon die Rede von „Notwehr gegen Brüssel“, worauf Rohe, EuZW, 1997, 491 ff. (492), – dort (S. 491 ff.) auch mit weiteren Beispielen – hinweist. Dies vermittelt einen ersten „drastischen“ Eindruck von der geringen Akzeptanz, die der europäischen Ebene häufig entgegengebracht wird. Vgl. ebenfalls u. a.: Abromeit, Wozu braucht man Demokratie?, S. 17; Alexander, Europe and our future, S. 4 f.; Allio, Better regulation and impact assessment in the European Commission, in: Regulatory Impact Assessment, S. 72 ff. (72); Berge, Forum Recht, 1999, 45 ff. (45); Brok, Die Europäische Union und ihre Akzeptanz, in: Staat und Verfassung in Europa, S. 109 ff. (bes. 109); Döring, Fundament für Europa, S. 12; Gündisch, Qualität europäischer Rechtsetzung, in: Aufbruch nach Europa, S. 109 ff. (122); Hänsch, FS Tsatsos, S. 206 ff. (209); Karpen, AöR, 124 (1999), 400 ff. (419); Karpen, Gesetzge-

Unter Normakzeptanz versteht man die Annahme von Rechtsnormen durch die Rechtsunterworfenen als zu befolgende Regeln.[463] Werden diese Normen als richtig beurteilt, besteht Rechtsbewusstsein.[464] Das Verhältnis von Normakzeptanz und Rechtsbewusstsein einerseits und des Rechts andererseits ist dabei widersprüchlich. „Einerseits setzen Normakzeptanz und Rechtsbewusstsein geltendes Recht voraus, an dem sie sich orientieren müssen. Andererseits hat man den Eindruck, als hänge die Geltung des Rechtes von Normakzeptanz und Rechtsbewusstsein ab."[465] Auch wenn hier keine umfassende Bestimmung des Verhältnisses von Normakzeptanz und Rechtsbewusstsein zum Recht erfolgen kann und soll, so steht doch fest, dass die Geltung von Recht, das weder akzeptiert noch mit dem Bewusstsein verwachsen ist, zumindest ungewiss scheint[466]. Für die Union als Rechtsgemeinschaft[467] muss damit die Akzeptanz „ihres" Rechts durch die Unionsbürger und die Mitgliedstaaten von zentraler Bedeutung

---

bungslehre – neu evaluiert, S. 86; Wuermeling, EuR, 2004, 216 ff. (217). Vgl. weiterhin zur Akzeptanz gegenüber der Union Banus, Politische Studien, (Januar/Februar) 1998, 82 ff. (90), wonach die Haltung der spanischen Bevölkerung zu Europa „nicht mehr euphorisch, sondern eher kritisch bis desillusioniert" ist oder Vobruba, Leviathan, 2000, 477 ff. (477), wonach „Europa" „an Grenzen der Akzeptanz" stößt. Stokłosa, vorgänge, 2006, 102 ff. (102 ff.), verzeichnet hingegen eine tendenziell positive Grundeinstellung der Polen zu „Europa". Lang, vorgänge, 2006, 90 ff. (94 f.), bestätigt diese Einschätzung für die Gesamtheit der 2004 beigetretenen ostmitteleuropäischen Länder. Relativierend vermerkt er allerdings, dass es sich hierbei nicht unbedingt um eine dauerhaft hohe „Europaakzeptanz" handele, sondern um einen sich leicht auch kurzfristig ändernden Meinungsstand.

463 Roellecke, JZ, 1997, 577 ff. (577).

464 Roellecke, JZ, 1997, 577 ff. (577).

465 Roellecke, JZ, 1997, 577 ff. (577).

466 Vgl. zum Zusammenhang zwischen mangelnder Akzeptanz bzw. Rechtsbewusstsein und fehlender Geltung des Recht allgemein Meyer-Hesemann, Verfahren, Rechtsgefühl und Rechtsbewußtsein. Versuch zu einigen zentralen Begriffen der Rechtssoziologie Helmut Schelskys, in: Person und Institution: Helmut Schelsky gewidmet, S. 175 ff. (188 f.), und für das europäische Recht im Speziellen etwa Oppermann, JZ, 2005, 1017 ff. (bes. 1017 f.). Kritisch bezüglich eines solchen Zusammenhangs zwischen fehlender Akzeptanz bzw. fehlenden Rechtsbewusstseins und fehlender Rechtsgeltung etwa Röken, DÖV, 1989, 54 ff. (54 ff.), und Uebersohn, ZG, 1993, 172 ff. (bes. 174), die sich gegen den Geltungsverlust einer Norm aussprechen, der dadurch entstehen soll, dass gegen eine Norm in der Praxis weitgehend verstoßen wird. Uebersohn meint stattdessen, dass dann, wenn eine Norm sich prinzipiell als ungeeignet erweist um ihr Ziel zu erreichen, ein Verstoß gegen den Verhältnismäßigkeitsgrundsatz vorliegt.

Zur in diesem Gesamtkontext grundlegenden Problematik von faktischer und juristischer Geltung vgl. etwa folgende Publikationen: Funke, Allgemeine Rechtslehre als juristische Strukturtheorie, S. 245 ff.; Heckmann, Geltungskraft und Geltungsverlust von Rechtsnormen, S. 173 ff.; Luhmann, Das Recht der Gesellschaft, S. 98 ff.

467 Vgl. oben Fn. 2.

sein.[468] Gerade weil die Union, anders als der Nationalstaat, kein *selbstverständliches* Hoheitsgebilde ist und über keine eigene Zwangsgewalt verfügt, ist sie auf die Zustimmung der Betroffenen für das von ihr gesetzte Recht (und damit letztlich auch für die Union selbst) angewiesen.[469] Aspekte der Qualität und Quantität der Rechtsetzungsakte sowie Gesichtspunkte, welche die Erzeugung der Rechtsakte selbst betreffen[470], sind dabei für die Zustimmung der Rechtsbe-

468 Vgl. exemplarisch folgende Zitate: „Die Existenz der Gemeinschaft beruht auf der Respektierung der Rechtsordnung." – Nicolaysen, EuR, 2000, 495 ff. (504); „Der Rechtsbefolgungswille der Mitgliedstaaten und ihrer Bürger bleibt für die Existenz der Union unentbehrlich." – Oppermann, JZ, 2005, 1017 ff. (bes. 1018); "acceptance of the rules by citizens, business and society at large [...] is of particular importance for Community law where legitimacy and acceptance are still weak points." – Timmermans, CML Rev., 1997, 1229 ff. (1238). Vgl. außerdem: Kleger/Karolewski/Munke, Europäische Verfassung, S. 295; Mészáros, European Integration Studies, 1/2004, 19 ff. (19 ff.); Piris, The Quality of Community Legislation: The Viewpoint of the Council Legal Service, in: Improving the Quality of Legislation in Europe, S. 25 ff. (38); Timmermans, How to improve the quality of community legislation: The viewpoint of the European Commission, in: Improving the Quality of Legislation in Europe, S. 39 ff. (46); v. Danwitz, JZ, 2003, 1125 ff. (1127).

Siehe zudem Everling, FS Börner, S. 57 ff. (bes. 74), der deutlich macht, dass auch die Rechtsprechung des EuGH darauf angewiesen ist, dass ihr Akzeptanz entgegengebracht wird.

469 Die „Fragilität" der Union wird von Freiburghaus, Swiss Political Science Review, 3 (3) 1997, 1 ff. (4), wie folgt beschrieben: „Während in Staaten das Ringen um inhaltliche Positionen in der Regel auf dem festen Boden eines – zumindest glaubwürdig beschworenen – Grundkonsens' stattfinden, muss die Union ohne dieses Fundament auskommen. Jede Auseinandersetzung um konkrete politische Fragen kann jederzeit in einen Streit um die Grundlagen der gemeinsamen Veranstaltung umschlagen. Da das Ziel des Zusammenseins nicht fraglos feststeht, wird es aus dem mindesten Anlass in Frage gestellt. Oder in Verfassungskategorien übersetzt: Europa ist nicht in der Lage, klar zwischen Diskursen über seine Verfassung und Diskursen im Rahmen seiner Verfassung zu unterscheiden." Siehe ferner: Enzensberger, Von den Vorzügen der Unverständlichkeit, in: Die Sprache des Rechts (Bd. 1, Recht verstehen), S. 83 f. (84); Everling, FS Kutscher, S. 155 ff. (183, 186); Gündisch, Qualität europäischer Rechtsetzung, in: Aufbruch nach Europa, S. 109 ff. (116); Schoch, JZ, 1995, 109 ff. (119); Tomuschat, FS Kutscher, S. 461 ff. (479 f.); Zuleeg, JZ, 1993, 1069 ff. (1071).

470 Ein Zitat von Timmermans, CML Rev., 1997, 1229 ff. (1238), umreißt diesen Aspekt: "‚Bringing the Union closer to its citizens' can only succeed if the quality of its rule-making is properly ensured."

Die Gründe für eine mangelhafte Akzeptanz der Bürger gegenüber dem europäischen Rechtsetzungsprozess sind mannigfaltig. Neben dem „demokratischen Defizit", das die europäische Rechtsetzung noch immer kennzeichnet, dürfte ein Grund in der Tatsache zu suchen sein, dass der „europäische Gesetzgeber noch immer sehr weit von den Unionsbürgern entfernt ist", denen dadurch die Einsicht in den Normsetzungs- und Normentstehungsprozess erheblich erschwert wird. In diesem Sinne meint etwa Böckenförde, Staat, Nation, Europa, S. 91: „Die Brüssler Administration wird von den Völkern und den Mentroffenen von essentieller Bedeutung.[471] So liegt etwa nach Ansicht von Mayer-Maly die Ursache der schwindenden Akzeptanz für das Unionsrecht „an der Vielzahl der Vorschriften, an ihrer Unlesbarkeit und an ihren gedanklichen Defekten"[472]. Weiter führt er aus: „Längst kommt es vor, daß Rechtsgemeinschaften an dem sie betreffenden Recht einfach vorbeileben. Von einem solchen Recht zu sagen, daß es gelte, ist blanke Fiktion. Fehlt ein gewisses Maß an Akzeptanz, ist eine Grenze des Rechts erreicht"[473]. Auch wenn man diese Einschätzung in ihrer Reichweite nicht teilt, dokumentiert das vorstehende Zitat, dass „schlechte" und exzessive Rechtsetzung öffentliche Akzeptanz schmälert.[474] So

---

schen als eine große Maschinerie wahrgenommen, als etwas Fernes und ihnen Fremdes, dessen Regelwerke sich über sie legen, nicht aber irgendwie von ihnen ausgehen." Vgl. auch Karpen, AöR, 124 (1999), 400 ff. (419); Sutherland, Eipascope, 1995/2, 1 ff. (6).

Die Komplexität und Undurchsichtigkeit der Entscheidungsprozesse in der Union (vgl. Kohl, FS Klein, S. 15 ff. [18]) sowie die „Lenkbarkeit" der europäischen Rechtsetzungsprozesse durch Lobbygruppen (vgl. Turner, ZRP, 1987, 73 ff. [73]) erodiert bürgerliche Rechtsakzeptanz zusätzlich.

471 Vgl. etwa Lucke, FS Blankenburg, S. 221 ff. (221 f.), welche die Punkte „Vereinfachung der Rechtssprache, Durchforstung des Paragraphendschungels, mehr Transparenz und Nachvollziehbarkeit, [...] Entrechtlichung, Entbürokratisierung" als methodische Gemeinplätze zur Steigerung von Rechtsbewusstsein und Akzeptanz benennt.

Neben Mängeln, die die Qualität und Quantität der Rechtsetzungsakte betreffen, ließen sich freilich noch weitere Gründe für eine schwindende Akzeptanz des europäischens Rechts anführen. Oppermann, JZ, 2005, 1017 ff. (1017 ff.), erblickt etwa in den jüngsten Erweiterungen eine Gefahr für die „normative Kraft" des Unionsrechts und dessen Akzeptanz. Unter „normativer Kraft" versteht er dabei die Berücksichtigung des jeweiligen geistigen, sozialen und politischen Entwicklungsstandes der Zeit durch das Recht.

Eine nicht zu unterschätzende Rolle bei der Konstituierung von bürgerlichem Rechtsbewusstsein kommt auch den Medien zu. Gerade in Bezug auf die Berichterstattung über die Rechtsetzung der früheren Gemeinschaft aber auch der Union in ihrer heutigen Gestalt kann man sich des Eindrucks nicht erwehren, dass Pauschalverurteilungen über Bürokratie bzw. die sprichwörtliche „Brüssler Regelungswut" großer Raum gegeben wird. Andererseits bleibt eine Berichterstattung über das gesamte Rechtsetzungsverfahren – vor allem anhand von konkreten Fällen – meist aus. Gerade dies könnte jedoch beim Bürger Einsichten in Sachzusammenhänge und die Motivation, die hinter einem bestimmten Rechtsetzungsakt steht, befördern. Vgl. auch Möllers, Die Rolle des Rechts im Rahmen der europäischen Integration, S. 1 ff., bes. 4.

472 Mayer-Maly, Rechtsphilosophie, S. 58, betont, dass diese Mängelliste „Richtlinien aus Brüssel" besonders treffend charakterisiere.

473 Mayer-Maly, Rechtsphilosophie, S. 58.

474 Vgl. hierzu speziell für das Europarecht: Bieber, DVBl., 1996, 1337 ff. (1337); Enzensberger, Von den Vorzügen der Unverständlichkeit, in: Die Sprache des Rechts (Bd. 1, Recht verstehen), S. 83 f. (84); Lange, ZG, 2001, 268 ff. (268), der deutlich macht, dass nur „gute Gesetze", die „aus sich heraus allgemein verständlich sind, leicht befolgt werden können und erkennbar das Interesse der Gesamtheit wahrnehmen", Akzeptanz erfahren können; Rack, Normenflut auf Gemeinschaftsebene, in: Bürgernahes Wirtschaftsrecht

kann ein Zuviel an Rechtsakten oder deren Unverständlichkeit dazu führen, dass die Betroffenen den rechtlichen Gegenstand schon gar nicht mehr wahrnehmen.[475] Dies ist aber die Grundvoraussetzung für einen Kommunikationsprozess bezüglich einer Regelung.[476] Ohne Kommunikation wiederum kann Akzeptanz nicht entstehen.[477]

– Eine Utopie?, S. 161 ff. (171); v. Danwitz, JZ, 2006, 1 ff. (9); Xanthaki, CML Rev., 2001, 651 ff. (652). Überdies wohl auch Oppermann, JZ, 2005, 1017 ff. (1018). Gemäß der Auffassung Oppermanns stoßen nur solche Normen auf Akzeptanz, die selbst einer „nachvollziehbaren Vernunft“ entspringen. Vgl. darüber hinaus allgemein u. a.: Herzog, NJW, 1999, 25 ff. (25 f.): „Was nicht zu verstehen ist, kann weder auf Verständnis hoffen noch auf Befolgung.“; Hill, Maßnahmen zur Verbesserung der Gesetzgebungskultur in nationalen Rechtsordnungen in Anlehnung an das EG-Recht, in: Gesetzesvorspruch, S. 1 ff. (2); Kirchhof, GS Klein, S. 227 ff. (227): „Eine unverständliche, unbestimmte oder unzulänglich kundgegebene Regelung kann Befolgung nicht erwarten.“; Kirchhof, NJW, 2002, 2760 f. (2760): „Die einfache, klare Sprache und die allgemein verständliche Systematik ist Geltungsbedingung eines Gesetzes.“; v. Hammerstein, Verbesserung der Gesetzgebung durch neue Instrumente und Methoden, in: Zustand und Perspektiven der Gesetzgebung, S. 141 ff. (146).

Siehe außerdem: „Eine Vielzahl von unwichtigen Regelungen gefährdet [...] die Wirksamkeit nicht nur dieser Anweisungen selbst, sondern auf Dauer auch die Befolgung grundlegender, für die Gemeinschaft entscheidender Normierungen.“ (Kormann, FS Fröhler, S. 23 ff. (25); „Wo zu viele Gesetze ergehen, macht sich Gesetzesverdrossenheit breit, die bei der jungen Generation leicht in Gesetzesfeindlichkeit umschlägt.“ (Mußgnug, Zustand und Perspektiven der Gesetzgebung, in: Zustand und Perspektiven der Gesetzgebung, S. 23 ff. (46). Siehe zudem Herzog, Festgabe zum 10jährigen Jubiläum der Gesellschaft für Rechtspolitik, S. 127 ff. (131 f.); Kloepfer, VVDStRL, 40 (1982), 63 ff. (69).

475 Angesichts des Anwachsens der Rechtsmenge spricht Teubner, Verrechtlichung – Begriffe, Merkmale, Grenzen, Auswege, in: Verrechtlichung von Wirtschaft, Arbeit und sozialer Solidarität, S. 289 ff. (294), von einer kognitiven Überforderung der Rechtsunterworfenen. Vgl. auch Vogel, JZ, 1979, 321 ff. (323). Die Möglichkeit von Vorschriften rechtzeitig und einfach Kenntnis zu erlangen, bildet für Vogel eine quantitative Grenze für den Umfang des Vorschriftenapparates. Allerdings ist der Einzelne, worauf auch Vogel hinweist, gezwungen für diese „Kenntnisnahmemöglichkeit“ auch auf externe Hilfe – etwa durch Rechtsberatung oder Gerichte – zurückzugreifen. Siehe des Weiteren Tomuschat, FS Kutscher, S. 461 ff. (bes. 461).

476 Umfassend hierzu Baden, Gesetzgebung und Gesetzesanwendung im Kommunikationsprozeß, S. 137 ff., sowie auch S. 229 ff., wo Baden auf Aspekte der (gesetzgebungstechnischen) Gestaltung von Rechtsnormen eingeht, die den „Kommunikationsprozess“ zwischen Gesetzgeber und Normadressaten verbessern können.

477 Siehe Brieskorn, Rechtsphilosophie, Rn. 104: „Die Anzahl und der Umfang der Gesetze stehen in einem Verhältnis zu ihrer Kenntnisnahme. Die Unkenntnis und die unbewußte Mißachtung der Gesetze tragen zum Verlust ihrer Anerkennung bei.“ Ähnlich auch Präve, DÖV, 1990, 18 ff. (19): „Akzeptanz verweist auf eine Kommunikationsgemeinschaft der Betroffenen, in der eine Verständigung über eine Entscheidung versucht wird zu erlangen.“ Sowie Thews, ZG, 1998, 62 ff. (76): „Diskussion aber erfordert – will sie effek-

Die an der Rechtsetzung Beteiligten können diesen Befund jedoch nicht nur mehr oder minder besorgt quittieren, sondern haben die Möglichkeit, durch ihre Rechtsetzungstätigkeit Unionsrecht sowie Normakzeptanz und Rechtsbewusstsein praktisch miteinander zu versöhnen.[478] Soll dies gelingen, muss die Kluft zwischen tatsächlicher Rechtsetzungstätigkeit und der Erwartungshaltung der Rechtsunterworfenen möglichst gering gehalten werden.[479] „Je größer die Differenz wird, desto mehr orientieren sich die Leute an anderen Regeln als an denen des gesetzten Rechtes, vor allem an den Regeln ihres persönlichen Umfeldes."[480] Dies soll freilich nicht heißen, dass sich der Rechtsetzer stets nach den an ihn heran getragenen Wünschen richten und der erwartbaren Akzeptanz Vorrang gegenüber rationalen Erwägungen einräumen soll.[481] Wenn zwischen Erwartungshaltung und rationaler Erwägung aber ein Gleichlauf besteht, wie dies bei der Forderung nach weniger Quantität und mehr Qualität der Fall ist, dann gilt es für die an der Rechtsetzung beteiligten Organe, diesem Erwartungshorizont entgegenzustreben.

D. Umsetzungs-, Anwendungs- und Kontrolldefizite

Während der EuGH auf eine strikte Einhaltung der europarechtlichen Verpflichtungen durch die Mitgliedstaaten drängt, lässt die Durchsetzungsorientierung gegenüber der unionalen Rechtsetzung in den Mitgliedsländern selbst zu wünschen übrig. Defizite bei der Umsetzung und der Anwendung des europäischen Rechts sowie Mängel in den entsprechenden Kontrollmechanismen gehören

---

tiv sein – jedenfalls eine gemeinsame Basis in der Sprache. Ob ein Normbefehl akzeptabel ist, kann sich nur erweisen, wenn über den Inhalt der Norm auch sprachlich gesehen Klarheit besteht."

478 Roellecke, JZ, 1997, 577 ff. (579), weist darauf hin, dass diese Anpassung nur eine Annäherung sein kann, da Normakzeptanz und Rechtsbewusstsein gegenüber der „Rechtsänderungsmaschine" „strukturell rückständig" sind, weil ihre Entwicklung von der Veränderung persönlicher Ansichten abhängt, welche sich nur allmählich und lediglich im Rückblick nachzeichnen lässt.

479 Vgl. Berner, BayVBl., 1978, 617 ff. (620); Deggau, Rechtstheorie, 20 (1989), 98 ff. (108); Roellecke, JZ, 1997, 577 ff. (579, 581); Schäffer, ZG, 1989, 289 ff. (301).

480 Roellecke, JZ, 1997, 577 ff. (581). Aus anderem Blickwinkel Blankenburg, ARSP, 1977, 31 ff. (56): „Je mehr sich die Gesetze von dem, was auch ohne sie geschieht, entfernen, desto mehr erweisen sie ihre Unwirksamkeit." Vgl. zudem Breunung, FS Blankenburg, S. 157 ff. (bes. 157).

481 Vgl. Deggau, Rechtstheorie, 20 (1989), 98 ff. (108 f.); Lucke, FS Blankenburg, S. 221 ff. (226 ff.).

nach wie vor zur beklagenswerten Rechtspraxis.[482] Diese „Reibungsverluste“ zwischen unionaler und mitgliedstaatlicher Ebene markieren für Radaelli die „Achillesferse“ eines wirksamen Unionsrechts.[483] Inwiefern diese Auswirkungen partiell auf qualitative und quantitative Rechtsetzungsmängel zurückzuführen sind, zeigen kursorisch folgende Anmerkungen.
Hinsichtlich der nicht in allen Ländern zufriedenstellenden Umsetzungspraxis von europäischen Richtlinien in nationales Recht[484] lässt sich der Blick auf Mängel in der Bestimmtheit und Klarheit von Vorschriften („gesetzes“-technische Qualitätsmängel) lenken. So erschwert die mangelnde Präzision der Richtliniennormen eine Umsetzung in nationales Recht. Die durch Unklarheit hervorgerufenen unterschiedlichen (mitgliedstaatlichen) Interpretationen können dabei nicht nur zu zeitlichen Verzögerungen führen, sondern auch divergierende Umsetzungsergebnisse verursachen[485], was wiederum die Einheit des Unionsrechts bedroht.

Beansprucht die europäische Rechtsetzungsquantität die mitgliedstaatlichen Umsetzungs- und Anwendungsinstanzen bereits umfänglich[486], so leiden die entsprechenden Kontrollmechanismen auf europäischer Ebene unter der „Rechtsetzungsflut“ in noch stärkerem Ausmaß. Mit anderen Worten: Vor allem die

482 Keading, Eipascope, 2007/3, 27 ff. (27 ff., bes. 27 f.), hält 70 % aller Umsetzungsprozesse von europäischem Recht in die Rechtsordnungen der Mitgliedstaaten für problematisch. Betrachte zudem: Ehlermann, Liber Amicorum Pierre Pescatore, S. 205 ff. (221 f.); Voermans, The Quality of EU Legislation, S. 10 ff.; Xanthaki, CML Rev., 2001, 651 ff. (652).

483 Radaelli, Governing European Regulation – 2.*1. The key issues*. Vgl. auch Communication from the commission – A Europe of results – Applying Community law, COM (2007) 502 fin.

484 Vgl. hierzu Everling, EuR, 1983, 101 ff. (107 ff.); Everling, FS Carstens I, S. 95 ff. (109); Keading, Eipascope, 2007/3, 27 ff. (27 ff.); Verschuuren, Nederlands Tijdschrift voor Europees Recht, 2004/12, 348 ff. (348 ff.) – dort zu den Defiziten bei der Umsetzung von Umweltrichtlinien in den Niederlanden. Vgl. auch Nicolaides/Suren, Eipascope, 2007/1, 33 ff. (33 ff.) – dort mit einer umfangreichen Auswertung der Rechtsprechungsstatistiken (Vertragsverletzungsverfahren gegen die Mitgliedstaaten). Interessant ist in diesem Zusammenhang, dass die „besten Leistungen“ bei der Umsetzung von europäischem Recht gerade von den als „Euroskeptiker“ bekannten Ländern (z.B. Vereinigtes Königreich, Dänemark) erbracht werden, während beispielsweise Belgien, Deutschland, Frankreich, Griechenland oder Italien besonders schlecht abschneiden. Vgl. hierzu etwa Banus, Politische Studien, (Januar/Februar) 1998, 82 ff. (87); Borissova, Enforcement Actions, S. 15 ff. – dort vor allem zu den „neuen“ Mitgliedsländern; Nicolaides/Suren, Eipascope, 2007/1, 33 ff. (35 f.).

485 Vgl. etwa Luttermann, EuZW, 1998, 264 ff. (264 ff., bes. 268) – dort mit einem Beispiel aus dem Bereich der Publizitätspflicht für Jahresabschlüsse von Kapitalgesellschaften und deren zwangsweiser Durchsetzung.

486 Vgl. Borissova, Enforcement Actions, S. 20.

Kommission als „Hüterin der Verträge“[487] ist mit der Kontrolle der Umsetzung und der Anwendung des Unionsrechts[488] häufig überfordert.[489] Hinsichtlich der Umsetzungskontrolle von Richtlinien beschränkt man sich bei der Kommission oft nur auf die bloße Registrierung der einlaufenden Umsetzungsberichte, anstatt eine umfassende Kontrolle durchzuführen.[490] Ergebnis dieser Praxis ist nach Ansicht von Voermans[491] eine “paper implementation culture“. Informationen vom “Law-in-action“ werden hingegen kaum ermittelt.[492]
Wie schwierig selbst eine oberflächliche Kontrolle ist, veranschaulicht Hilf[493] am Beispiel der Umsetzung der Grundwasserrichtlinie. Hierfür musste die Kommission die Umsetzung in den (damals zwölf) Mitgliedstaaten überprüfen. Die Schwierigkeiten vervielfachten sich noch, da allein in Deutschland, aufgrund dessen föderaler Struktur, 16 verschiedene landesrechtliche Vorschriften zu übermitteln waren. Manche Länder hatten ihre Wassergesetze geändert, teilweise wurden Rechtsverordnungen erlassen und wiederum andere Bundesländer hatten veröffentlichte oder nicht-veröffentlichte Runderlasse der obersten Wasserbehörden zu Einhaltung der Richtlinie herausgegeben. Man stelle sich nun

487 Vgl. u. a.: Borchardt, in: Lenz/Borchardt, Art. 227 EGV Rn. 38; Hesse, Vom werden Europas, S. 79; Wessels, Gesetzgebung in der Europäischen Union, in: Gesetzgebung in Westeuropa, S. 653 ff. (658).

488 Allgemein zur Verfolgung von Vertragsverletzungen der Mitgliedstaaten durch die Kommission Ehlermann, FS Kutscher, S. 135 ff. (135 ff.).

489 Jarass, Grundfragen der innerstaatlichen Bedeutung des EG-Rechts, S. 106 f.; Radaelli, Governing European Regulation – *1. The reasons for regulatory growth* führt als gewichtigen Grund hierfür die knapp bemessenen Ressourcen der Kommission, welche für Kontrollaufgaben zur Verfügung stehen, an.

490 Hilf, EuR, 1993, 1 ff. (16); Radaelli, Governing European Regulation – *1. The reasons for regulatory growth.*

491 Voermans, The Quality of EU Legislation, S. 10. Vgl. Voermans/Eijlander/v. Gestel/de Leeuw/de Moor-van Vugt/Prechal, Kwaliteit, uitvoerbaarheid en handhaafbaarheid (HOOFDSTUK 7 Conclusies – 2.3. Doeltreffendheid en doelmatigheid).

492 Voermans, The Quality of EU Legislation, S. 10, schreibt hierzu: “The EU legislative institutions simply do not know half of what happens when EU legislation is interpreted, implemented, applied and enforced in the Member States.“ Diese Sichtweise wird auch durch die Antwort der Kommission (ABl. 1975 Nr. C 192/4) auf die schriftliche Anfrage von Herrn Cousté (Anfrage Nr. 80/75, ABl. 1975 C 192/4) gestützt. Cousté wollte von der Kommission wissen, ob es häufig Verstöße gegen die „gemeinschaftlichen“ Richtlinien über die Beseitigung der technischen Handelshemmnisse gibt. Die Kommission ihrerseits verwies für die Beantwortung dieser Frage auf den Achten Gesamtbericht über die Tätigkeit der Europäischen Gemeinschaften und erklärte, dass ihr nur für die Hälfte, der damals bereits anzuwendenden Richtlinien über die Beseitigung der technischen Handelshemmnisse, Durchführungsbestimmungen mitgeteilt wurden. Vgl. ferner Jarass, Grundfragen der innerstaatlichen Bedeutung des EG-Rechts, S. 106.

493 Hilf, EuR, 1993, 1 ff. (16).

vor, so Hilf, dass „etwa ein griechischer Beamter in der Kommission für die Überprüfung der betreffenden Richtlinie zuständig“ sei. In der heutigen Europäischen Union mit ihren 27 Mitgliedstaaten dürften sich solche Probleme der Umsetzungskontrolle von Richtlinien noch verschärft haben. Es zeigt sich somit, dass bereits die Kontrolle *eines* Rechtsetzungsaktes die zuständigen Unionsstellen oft mit erheblichen Schwierigkeiten konfrontiert. Die „Rechtsetzungsflut“ auf europäischer Ebene potenziert sich diese Schwierigkeiten und führt damit zu einer signifikanten Schwächung der unionalen Kontrolle der Einhaltung von unionsrechtlichen Vorgaben auf Ebene der Mitgliedstaaten.

E. Zweifelhafte Rechtmäßigkeit detaillierter Richtlinien

Abschließend soll noch die spezifisch europa*rechtliche* Problematik der fraglichen Rechtmäßigkeit sehr detaillierter Richtlinien skizziert werden.[494]

Zwar lassen sich für viele überdetaillierte Richtlinien oft gute Gründe finden, zu denen wohl auch die ständige Säumnis der Mitgliedstaaten, ihren Umsetzungspflichten nachzukommen, zählt[495], die Rechtmäßigkeit eines solchen Tuns ist damit jedoch keineswegs ausgemacht.

Nach Art. 249 Abs. 3 EGV – jetzt: Art. 288 Abs. 3 AEUV – verbleibt den Mitgliedstaaten bei der Verwirklichung der in einer Richtlinie verbindlich gemachten Ziele die Wahl der Form und der Mittel. In der Praxis wird dieser Wahlfreiheit nicht immer Genüge getan.[496] Betrachtet man etwa die Richtlinie zur Regelung der Sommerzeit[497], so kann man hier kaum noch von „Zielen“ sprechen, die

494 Vgl. zu dieser Thematik: Oppermann, Europarecht, S. 167, Rn. 88; Rack, Normenflut auf Gemeinschaftsebene, in: Bürgernahes Wirtschaftsrecht – Eine Utopie?, S. 161 ff. (164 ff.).

495 Taupitz, Überwindung des europäischen Mehrebenensystems durch Rechtsvereinheitlichung?, in: Das europäische Mehrebenensystem, S. 356 ff. (362); v. Danwitz, JZ, 2006, 1 ff. (5).

496 Vgl. Keading, Eipascope, 2007/3, 27 ff. (29); Voermans, The Quality of EU Legislation, S. 12 f. Siehe auch Koopmans, FS Everling I, S. 691 ff. (693), der auch der Rechtsprechung des EuGH eine Mitverantwortung für diese Entwicklung anlastet. Vgl. zu Letzterem etwa EuGH, Rs. 247/85, Kommission/Belgien, Slg. 1987, 3029 ff. (3060 ff., Rn. 9 ff.).

497 Achte Richtlinie 97/44/EG des Europäischen Parlaments und des Rates vom 22. Juli 1997 zur Regelung der Sommerzeit, ABl. 1997 Nr. L 206/62. Vgl. daraus etwa: „Artikel 1: ‚Sommerzeit‘ im Sinne dieser Richtlinie ist die Zeit des Jahres, in der die Uhr gegenüber der Uhrzeit während der übrigen Zeit des Jahres um 60 Minuten vorgestellt wird. Artikel 2: In allen Mitgliedstaaten beginnt die Sommerzeit in den Jahren 1998, 1999, 2000 und 2001 am letzten Sonntag im März um 1 Uhr morgens Weltzeit, und zwar – 1998: am 29. März, – 1999: am 28. März, – 2000: am 26. März, – 2001: am 25. März. Artikel 3: In allen Mitgliedstaaten endet die Sommerzeit in den Jahren 1998, 1999, 2000 und 2001 am

man auf unterschiedlichen Wegen erreichen kann. Das „Umstellen der Uhr" um eine Stunde zu einer genau definierten Zeit ist eine derart präzise Vorgabe, dass man nur noch schwerlich von einem „Umsetzungsspielraum" für die Mitgliedstaaten sprechen kann. Es drängt sich nicht nur der Verdacht des „Formmißbrauchs"[498] auf, außerdem erscheint die Inanspruchnahme der Handlungsform Richtlinie auch reichlich nutzlos, wenn man eine nahezu vollständige rechtliche Uniformität anstrebt[499].

Sollte durch die Handlungsform der Richtlinie ursprünglich die Möglichkeit eines Ausgleichs zwischen den Erfordernissen eines einheitlichen gemeinsamen Rechts und der Bewahrung nationaler Eigentümlichkeiten gewahrt werden[500], so verhindern übermäßig detaillierte Richtlinien eine solche Ausgleichsfunktion einseitig zulasten der nationalen Rechtsordnungen. Der Umsetzungsspielraum für die nationale Gesetzgebung wird durch die Detailliertheit vieler Richtlinien also erheblich verengt.[501] Damit soll zwar nicht die Unrechtmäßigkeit stark de-

---

letzten Sonntag im Oktober um 1 Uhr morgens Weltzeit, und zwar – 1998: am 25. Oktober, – 1999: am 31. Oktober, – 2000: am 29. Oktober, – 2001: am 28. Oktober."

Dass es sich hier keineswegs um einen Einzelfall handelt, unterstreichen auch die Ausführungen von Bellis, Implementation of EU Legislation, S. 12: "The trend has been for them to become more detailed to the point where they could be regulations" – und darüber hinaus: "there are conversely EC regulations which have directives in them". Vgl. beispielhaft auch die „detailverliebten" Vorschriften der Richtlinie 80/779/EWG des Rates vom 15. Juli 1980 über Grenzwerte und Leitwerte der Luftqualität für Schwefeldioxid und Schwebestaub, ABl. 1980 Nr. L 229/30 oder der Richtlinie des Rates vom 3. Dezember 1982 betreffend einen Grenzwert für den Bleigehalt in der Luft (82/884/EWG), ABl. 1982 L 378/15.

498 Auch Voermans, The Quality of EU Legislation, S. 12 f., hält die „sehr" detaillierten Richtlinien für einen "abuse of legislative instruments". Außerdem degradiert die Praxis der übermäßig detaillierten Richtlinien die nationalen Parlamente (überspitzt formuliert) zu einer Art Erfüllungsgehilfen mit notariellen Pflichten. Ähnlich Huber, Recht der Europäischen Integration, § 8 Rn. 97.

499 Koopmans, FS Everling I, S. 691 ff. (693), meint etwa, "if complete uniformity is the aim, it is a waste of time and energy to compel fifteen legislative machineries to do a useless job."

500 Hilf, EuR, 1993, 1 ff. (6); Streinz, FS Söllner, S. 1139 ff. (1158); v. Danwitz, JZ, 2006, 1 ff. (5).

501 Bellis, Implementation of EU Legislation, S. 12: "All those I met in the other Member States and in the United Kingdom responsible for implementing the selected directives said that because the definitions, specified conditions and specified services were extremely detailed and obviously intended to be applicable in their own terms in all Member States they were constrained to copy them out in the implementing legislation rather than try to interpret them and translate them in different terms which were likely to turn out to be wrong." Vgl. ferner: Birk, Zur Schwierigkeit der Umsetzung von Richt-

taillierter Richtlinien postuliert werden.[502] Einige kritische Anmerkungen muss diese Praxis dennoch finden.
So mag es richtig sein, dass Richtlinien – gerade im technischen Bereich – oft sehr ausführlich sein müssen, um ihren Zweck erreichen zu können[503], dennoch lassen sich Vollregelungen im Gewande einer Richtlinie kaum mit dem Begriff der „Richtlinie" und der Tatsache vereinbaren, dass allein das „Ziel" der Richtlinie verbindlich ist. Die Argumentation, dass sich der Begriff des Ziels nicht nur auf die intendierten Ergebnisse reduziert und daher die Wahlfreiheit der Mitgliedstaaten bis hin „zum Gebot perfekter Umsetzung" gegen Null strebt[504], ruft den Eindruck hervor, dass hier die Rechtmäßigkeit bestimmter Richtlinien mit allen Mitteln aufrechterhalten werden soll. Die Selbstständigkeit der Mitgliedstaten, welche die Handlungsform der Richtlinie gewährleisten soll[505], indem sie diesen die Wahl hinsichtlich der Form und der Mittel belässt, um ein bestimmtes Ziel zu erreichen, gerät dabei ins Abseits. Das Prinzip der Subsidiarität[506] und der Souveränitätsanspruch der Mitgliedstaaten sprechen gegen die Praxis der überdetaillierten Richtlinien.[507]

---

linien im Arbeitsrecht, in: Vorträge, Reden und Berichte aus dem Europa-Institut 1988 (Nr. 157), S. 4 f.; Streinz, FS Söllner, S. 1139 ff. (1158 ff.).

502 Für eine entsprechende Rechtmäßigkeit lässt sich die („grundlegende") Ansicht von Ipsen, Europäisches Gemeinschaftsrecht, S. 458 f., anführen. Dieser schreibt (S. 459): „Deshalb ist die Richtlinie (Empfehlung) frei in ihrer Regelungsintensität. Sie darf neben allgemeinen Zielbestimmungen bis ins Detail ausgeformte Normierungen (Modell-Regelungen) hervorbringen, wenn dies im Interesse ihrer Funktionsfähigkeit nach der Art ihres Regelungsgegenstandes erforderlich ist. Insoweit schrumpft die Wahlfreiheit des Mitgliedstaates zum Gebot perfekter Umsetzung zusammen." Vgl. zudem u. a.: Ehlers, in: Erichsen/Ehlers, Allgemeines Verwaltungsrecht, S. 169; Pernice, EuR, 1994, 325 ff. (328); Schwarz, Europäisches Gesellschaftsrecht, S. 137.

503 Nicolaysen, GS Grabitz, S. 469 ff. (475); Streinz, FS Söllner, S. 1139 ff. (1159).

504 Ipsen, Europäisches Gemeinschaftsrecht, S. 458; Pernice, EuR, 1994, 325 ff. (328).

505 Hilf, EuR, 1993, 1 ff. (7), spricht von einem „Mindestmaß an Gestaltungsspielraum" für die Mitgliedstaaten.

506 Vgl. Ziffer 6 des Protokolls (Nr. 30) über die Anwendung der Grundsätze der Subsidiarität und der Verhältnismäßigkeit (1997), ABl. 2006 Nr. C 231 E. Dort heißt es: „Für Maßnahmen der Gemeinschaft ist eine möglichst einfache Form zu wählen. [...] Die Rechtsetzungstätigkeit der Gemeinschaft sollte über das erforderliche Maß nicht hinausgehen. Dementsprechend wäre unter sonst gleichen Gegebenheiten eine Richtlinie einer Verordnung und eine Rahmenrichtlinie einer detaillierten Maßnahme vorzuziehen." Durch das Protokoll Nr. 1 zur Änderung der Protokolle zum Vertrag über die Europäische Union, zum Vertrag zur Gründung der Europäischen Gemeinschaft und/oder zum Vertrag zur Gründung der Europäischen Atomgemeinschaft, ABl. 2007 C 306/165, Art. 1 Nr. 9 lit. g., wurde das eben zitierte Protokoll von 1997 aufgehoben.

507 Nicolaysen, GS Grabitz, S. 469 ff. (475).

F. Zusammenfassung

Quantitative und qualitative Rechtsetzungsmängel erzeugen negative Folgewirkungen. Mit steigender Regelungsintensität wachsen nicht nur die ökonomischen und bürokratischen Belastungen für Bürger und Unternehmen, der Anstieg der Normmenge führt ab einem bestimmten „Sättigungsgrad der Rechtsordnung" auch zu einer Abnahme menschlicher Freiheit, da Eigenverantwortung und Selbstbestimmung allein schon durch die Regulierungswirkung neuer Vorschriften abgebaut werden.

Die Folge einer an qualitativen Mängeln leidenden, exzessiven Rechtsetzung ist fernerhin der Akzeptanzverlust für diese Rechtsordnung. Für die Union als Rechtsgemeinschaft, die, anders als der Nationalstaat, kein „selbstverständliches" Hoheitsgebilde darstellt und über keine eigene Zwangsgewalt verfügt, wurzelt hierin eine existentielle Bedrohung. Gleiches gilt für die Umsetzungs- und Anwendungsdefizite europäischer Regelungen als Folge einer übermäßigen Rechtsetzungsaktivität und unklarer unionsrechtlicher Vorgaben. Diese „Durchsetzungsschwäche" gefährdet das Rechtssystem der Union als Ganzes.[508]
Am Beispiel der „Vollregelungen im Gewande der Richtlinie" konnte zudem gezeigt werden, dass die Detaillierung der Rechtsetzung nicht nur (mittelbare) gesellschaftliche und moralische Komplikationen impliziert, sondern auch „handfeste" rechtliche Konflikte entfacht.

---

508 Die folgenden Zitate unterstreichen diese Einschätzung: „Die Funktionsfähigkeit und Glaubwürdigkeit der Gemeinschaft [...] hängt bekannterweise nicht nur von der Qualität ihrer Rechtsetzung, sondern auch maßgeblich von der Effektivität ihrer Rechtsdurchsetzung ab." (David, Inspektionen als Instrument der Vollzugskontrolle im Europäischen Verwaltungsverbund, in: Der Europäische Verwaltungsverbund, S. 237 ff. [237]); „Wann immer [...] darauf verzichtet" wird „bestehendes Recht durchzusetzen [...], gerät auch die Autorität des Rechts, auf die wir im Rechtsstaat, ich wiederhole es, dringender angewiesen sind als in jeder anderen Verfassungsform, ins Wanken. Grauzonen schaden der Legitimation und Funktionsfähigkeit des Gemeinwesens. Und wer die Herrschaft des Rechts auch nur partiell suspendiert, gefährdet das Ganze. Dann ist es besser, eine Norm aufzuheben, als sie bestehen zu lassen und so zu tun, als gäbe es gar nicht mehr." (Herzog, NJW, 1999, 25 ff. [27]); „Dieser Zielsetzung liegt die Einsicht zugrunde, daß die Gemeinschaft langfristig nur bestehen kann, wenn es ihr gelingt, glaubhaft zu machen, daß sie die ihr übertragenen Kompetenzen und Aufgaben tatsächlich wirksam ausübt bzw. erfüllen kann." (Pühs, Der Vollzug von Gemeinschaftsrecht, S. 46). Vgl. auch: Ehlermann, FS Kutscher, S. 135 ff. (140 f.); Keading, Eipascope, 2007/3, 27 ff. (27); Teubner, Verrechtlichung – Begriffe, Merkmale, Grenzen, Auswege, in: Verrechtlichung von Wirtschaft, Arbeit und sozialer Solidarität, S. 289 ff. (295) – dort zum Problem der Zunahme der Gesetze: „Wachstumsbeschleunigung über das zuträgliche Maß hinaus sei ein sicheres Mittel der Vertilgung".

Die negativen Folgewirkungen „mangelhafter“ Rechtsetzung treten zudem keineswegs isoliert zu Tage oder beschränken sich auf besonders „wichtige“ Regelungsvorhaben. Das beste Beispiel hierfür liefert der Themenkomplex „Gemeinschaftsrecht bzw. Unionsrecht und Bananen“. Scheinbare Nebensächlichkeiten, wie Regelungen über Früchte, zumal in einer (Klima-) Region der Erde, die nicht für den Anbau dieser Früchte prädestiniert ist, bergen schwerwiegende rechtliche Komplikationen mit den nationalen Rechtsordnungen[509] und dem Welthandelsrecht[510] in sich. Außerdem sind sie verbunden mit Kostensteigerungen für Unternehmen und Verbraucher[511] und verursachen einen nicht unerheblichen Bürokratieaufbau[512].

509 Vgl. Everling, CML Rev., 1996, 401 ff. (401 ff.); Hilbig, Der Streit um den ausreichenden Grundrechtsschutz gegen die Bananenmarktordnung, WHI-Paper 6/00, Rn. 7, 68 ff.; Maurer, Die Marktordnung für Bananen, S. 186 ff.; Stein, EuZW, 1998, 261 ff. (261 f.); Zuleeg, NJW, 1997, 1201 ff. (1201 ff.).

510 Vgl. Berrisch, EuR, 1994, 461 ff. (468 f.); Held, Die Haftung der EG für Verletzung von WTO-Recht, S. 48 ff.; Hilbig, Der Streit um den ausreichenden Grundrechtsschutz gegen die Bananenmarktordnung, WHI-Paper 6/00, Rn. 30 ff, 78; Maurer, Die Marktordnung für Bananen, S. 86 ff.; Sauer, Jurisdiktionskonflikte in Mehrebenensystemen, S. 241 ff.; Stein, EuZW, 1998, 261 ff. (262 ff.).

511 Vgl. Lorz, Die Integration des nationalen Wirtschaftsrechts in die internationale Wirtschaftsordnung – Die EG-Bananenmarktordnung als Beispielsfall, in: Das europäische Mehrebenensystem, S. 180 ff. (187 f.); Maurer, Die Marktordnung für Bananen, S. 52 ff.; Petersmann, FS Fikentscher, S. 966 ff. (974).

512 Wessels, Das Bananendiktat, S. 81 ff.

4. Kapitel - Ursachen für mangelhafte Rechtsetzung

Das folgende Kapitel ist den Ursachen gewidmet, die für die hohe Zahl an Rechtsetzungsakten und deren qualitative Mängel verantwortlich sind. Der Entstehungsprozess der Rechtsetzungsakte ist hierbei von essentieller Bedeutung.[513] So wurzeln Rechtsetzungsmängel häufig in Schwächen beim Ablauf des „legislativen“ Geschehens. Es stellt sich etwa die Frage, ob den „handwerklichen“ Rechtsetzungserfordernissen im politischen Entscheidungsprozess genügend Zeit und Raum eingeräumt wurde. Gestattete es die Gestaltung des Rechtsetzungsprozesses, die Lebenswirklichkeit in dem zu normierenden Sachgebiet richtig zu erfassen? Wie war die Organisation der verschiedenen Stellen strukturiert, die an der Erstellung der Rechtstexte mitwirkten? Die Klärung dieser und ähnlicher Fragen ist entscheidend, wenn man nach den Ursachen von Mängeln in Rechtsetzungsakten forscht. Nachfolgend wird der Blick deshalb zunächst auf den Rechtsetzungsprozess gelenkt.[514] Getrennt nach den Aspekten Quantität[515] und Qualität[516] wird anschließend weiteren Gründen nachgegangen, die eine „verminderte Güte“ des Unionsrechts bewirken.

A. Probleme im Rechtsetzungsprozess

Es wird zunächst ein Überblick über das unionale Rechtsetzungsverfahren gegeben.[517] Auf eine allgemeine Darstellung der verschiedenen Rechtsetzungsverfahren wird hier verzichtet.[518] Stattdessen konzentrieren sich die folgenden Ausführungen auf Aspekte, welche für die Produktion von „guten“ Rechtsetzungsakten von gesteigerter Bedeutung sind. Einzelne Themenfelder, die sich hier als

---

513 Vgl. auch Wintgens, Rationality in Legislation, in: Legisprudence, S. 1 ff. (1 f.).

514 Vgl. 4. Kap. – A.

515 Vgl. 4. Kap. – B.

516 Vgl. 4. Kap. – C.

517 Vgl. 4. Kap. – A I.

518 Vgl. zu verschiedenen EG-Rechtsetzungsverfahren des Rates und des Europäischen Parlaments (Mitentscheidungs-, Zustimmungs- und Anhörungsverfahren, Verfahren der Zusammenarbeit, Verfahren ohne Beteiligung des Parlaments, wie beispielsweise nach Art. 133 EGV) sowie der Kommission (verschiedene Ausschussverfahren) mit ihren unterschiedlichen Abstimmungsmodalitäten und komplizierten Strukturen wird verzichtet. Vgl. stellvertretend etwa: Cairns, Introduction to European Union Law, S. 53 ff.; Härtel, Europäische Rechtsetzung, S. 353 ff. Hinsichtlich einer Darstellung bezüglich der Rechtsetzung „nach dem Vertrag von Lissabon“ siehe etwa: Hellmann, Der Vertrag von Lissabon, S. 65 ff.

besonders problematisch hinsichtlich der Güte der Rechtsetzungsakte identifizieren lassen, werden im Anschluss ausführlicher behandelt.[519]

I. Entstehung der Rechtsetzungsakte in den Institutionen

Grundsätzlich nimmt die unionale Rechtsetzung ihren Ausgangspunkt bei der Kommission[520] als dem Initiativorgan der Union[521], wobei jedoch die grundlegenden Rechtsvorschriften im weiteren Verfahren vom Rat und dem Europäischen Parlament verabschiedet werden. Der Rat und das Europäische Parlament sowie nun auch die Unionsbürger können die Kommission zwar zur Unterbrei-

---

519 Vgl. 4. Kap. – A II.

520 In diesem Zusammenhang ist darauf hinzuweisen, dass die Ausarbeitung von konkreten Rechtsetzungsakten durch die Kommission zu unterscheiden ist von der Festlegung der Leitlinien für die Politik der Kommission in einem bestimmten Bereich, wie etwa Stellungnahmen zu den verschiedenen Beitrittsanträgen oder etwa das Weißbuch über die Vollendung des Binnenmarktes. Vgl. hierzu Noël, Die Organe der Europäischen Gemeinschaft, S. 46 f.

521 Vgl. hierzu bes. folgende Bestimmungen des „Gemeinschaftsrechts“: Art. 211 EGV – „Um das ordnungsgemäße Funktionieren und die Entwicklung des Gemeinsamen Marktes zu gewährleisten, erfüllt die Kommission folgende Aufgaben: [...] – nach Maßgabe dieses Vertrags in eigener Zuständigkeit Entscheidungen zu treffen und am Zustandekommen der Handlungen des Rates und des Europäischen Parlaments mitzuwirken; – die Befugnisse auszuüben, die ihr der Rat zur Durchführung der von ihm erlassenen Vorschriften überträgt.“; Art. 250 EGV – „Wird der Rat kraft dieses Vertrags auf Vorschlag der Kommission tätig, so kann er vorbehaltlich des Artikels 251 Absätze 4 und 5 Änderungen dieses Vorschlags nur einstimmig beschließen.“ Siehe auch u. a. die weiteren „gemeinschaftsrechtlichen“ Vorschriften: Art. 37 Abs. 2 UA 3, 49 Abs. 2, 52 Abs. 1, 75 Abs. 3, 83 Abs. 1, 89, 94 EGV. Für das neue Vertragsrecht ist auf Art. 17 Abs. 2 EUV i.d.F. des Vertrages von Lissabon hinzuweisen. Dieser lautet: „Soweit in den Verträgen nichts anderes festgelegt ist, darf ein Gesetzgebungsakt der Union nur auf Vorschlag der Kommission erlassen werden. Andere Rechtsakte werden auf der Grundlage eines Kommissionsvorschlags erlassen, wenn dies in den Verträgen vorgesehen ist.“ Vgl. ferner: Art. 293 Abs. 1, 289 Abs. 1 S. 1, 294 Abs. 2 AEUV sowie etwa folgende Art. 14 S. 2, 15 Abs. 3 UA 2, 16 Abs. 2 UA 1 S. 1, 18 Abs. 2, 21 Abs. 2, 33, 43 Abs. 2, 46, 48 S. 1, 50 Abs. 1, 51 S. 2, 52 Abs. 2, 53 Abs. 1, 56 Abs. 2, 59 Abs. 1, 64 Abs. 2, 75 Abs. 1, 77 Abs. 2, 78 Abs. 2, 79 Abs. 2, 4, 81 Abs. 2 AEUV etc. Siehe außerdem auch beispielsweise: Art. 43 Abs. 3, 48 Abs. 2 S. 2 lit. b), 31, 42 Abs. 2, 70 S. 1, 74 S. 2, 75 Abs. 2, 76 lit. a), 78 Abs. 3 S. 1, 81 Abs. 3 UA 2 S. 1 AEUV etc. In diesem Zusammenhang kann aber auch auf Art. 289 Abs. 4 AEUV und die dort in Bezug genommenen Vorschriften hingewiesen werden: „In bestimmten, in den Verträgen vorgesehenen Fällen können Gesetzgebungsakte auf Initiative einer Gruppe von Mitgliedstaaten oder des Europäischen Parlaments, auf Empfehlung der Europäischen Zentralbank oder auf Antrag des Gerichtshofs oder der Europäischen Investitionsbank erlassen werden“

tung von Rechtsetzungsvorschlägen auffordern[522], das Initiativrecht steht jedoch weitestgehend im Ermessen der Kommission. Sofern das primäre Vertragsrecht nichts anderes vorschreibt, entscheidet die Kommission allein über den Inhalt und die Form ihrer Rechtsetzungsvorschläge. Die dabei zum Ausdruck kommende Unabhängigkeit der Kommission ist auch vertraglich verankert. Nach „altem“ Gemeinschaftrecht bzw. nach Art. 213 Abs. 2 EGV üben „die Mitglieder der Kommission [...] ihre Tätigkeit in voller Unabhängigkeit zum allgemeinen Wohl der Gemeinschaften aus. Sie dürfen bei der Erfüllung ihrer Pflichten weder Anweisungen von einer Regierung oder einer anderen Stelle anfordern noch entgegennehmen. Sie haben jede Handlung zu unterlassen, die mit ihren Aufgaben unvereinbar ist. Jeder Mitgliedstaat verpflichtet sich zudem, diesen Grundsatz zu achten und nicht zu versuchen, die Mitglieder der Kommission bei der Erfüllung ihrer Aufgaben zu beeinflussen.“[523] Die Unabhängigkeit der

---

522 Vgl. Art. 208 EGV – Art. 241 S. 1 AEUV – Der Rat „kann die Kommission auffordern, die nach seiner Ansicht zur Verwirklichung der gemeinsamen Ziele geeigneten Untersuchungen vorzunehmen und ihm entsprechende Vorschläge zu unterbreiten.“ Außerdem: Art. 192 EGV – jetzt: Art. 225 S. 1 AEUV – „Das Europäische Parlament kann mit der Mehrheit seiner Mitglieder die Kommission auffordern, geeignete Vorschläge zu Fragen zu unterbreiten, die nach seiner Auffassung die Ausarbeitung eines Gemeinschafts/Unionsakts zur Durchführung dieses Vertrags/der Verträge erfordern.“ Siehe hierzu auch Pollak, Repräsentation ohne Demokratie, S. 211. Vgl. darüber hinaus Art. 11 Abs. 4 UA 1 EUV i.d.F. des Vertrages von Lissabon: „Unionsbürgerinnen und Unionsbürger, deren Anzahl mindestens eine Million betragen und bei denen es sich um Staatsangehörige einer erheblichen Anzahl von Mitgliedstaaten handeln muss, können die Initiative ergreifen und die Europäische Kommission auffordern, im Rahmen ihrer Befugnisse geeignete Vorschläge zu Themen zu unterbreiten, zu denen es nach Ansicht jener Bürgerinnen und Bürger eines Rechtsakts der Union bedarf, um die Verträge umzusetzen.“

523 Vgl. in diesem Zusammenhang auch folgende Artikel der Verordnung Nr. 31 (EWG) 11 (EAG) über das Statut der Beamten und über die Beschäftigungsbedingungen für die sonstigen Bediensteten der Europäischen Wirtschaftsgemeinschaft und der Europäischen Atomgemeinschaft, ABl. 1962 45/1385 in der derzeitigen Fassung:

Art. 11 lautet: „Der Beamte hat sich bei der Ausübung seines Amtes und in seinem Verhalten ausschließlich von den Interessen der Gemeinschaften leiten zu lassen; er darf von keiner Regierung, Behörde, Organisation oder Person außerhalb seines Organs Weisungen anfordern oder entgegennehmen. Der Beamte führt die ihm aufgetragenen Aufgaben objektiv, unparteiisch und unter Einhaltung seiner Loyalitätspflicht gegenüber den Gemeinschaften aus.“

In Art. 16 steht: „Der Beamte ist nach dem Ausscheiden aus dem Dienst verpflichtet, bei der Annahme gewisser Tätigkeiten oder Vorteile ehrenhaft und zurückhaltend zu sein. Ein Beamter, der beabsichtigt, vor Ablauf von zwei Jahren nach seinem Ausscheiden aus dem Dienst gegen Entgelt oder unentgeltlich eine berufliche Tätigkeit aufzunehmen, muss sein Organ hiervon in Kenntnis setzen. Steht die Tätigkeit in Zusammenhang mit der Tätigkeit, die der Beamte in den letzten drei Jahren seiner Dienstzeit ausgeführt hat, und könnte sie zu einem Konflikt mit den legitimen Interessen des Organs führen, so

Kommission ist nun in Art. 17 Abs. 1 S. 1, Abs. 3 EUV i.d.F. des Vertrages von Lissabon sowie in 245 AEUV primärrechtlich festgeschrieben.
Das („unabhängige“) Initiativmonopol der Kommission bildet die Voraussetzung dafür, dass sich die einzelnen Rechtsetzungsvorschläge in eine stimmige Gesamtkonzeption einfügen können.[524] Durch das Initiativrecht kann die Kommission den Entscheidungsprozess innerhalb der Union moderieren und eine gewisse Führungsrolle in den Verhandlungsprozessen für sich reklamieren.[525] Dabei ist jedoch zu beachten, dass die Kommission schon bei der Ausarbeitung der Vorschläge deren Durchsetzungschancen im Rat und gegebenenfalls im Parlament im Auge haben muss.[526] Ohne eine Abstimmung der Kommission mit Expertengremien dieser Organe könnte die Kommission ihr (formalrechtliches) Initiativmonopol nicht effektiv wahrnehmen.[527] Es verwundert daher nicht, dass die Kommission nur in etwa 10 % aller Fälle aus eigener Initiative tätig wird und im Übrigen auf Ersuchen des Rates, des Europäischen Parlaments oder auch von Interessengruppen agiert.[528]

Neben ihrer Initiativfunktion für Rechtsetzungsakte, über die im weiteren Verfahren der Rat und gegebenenfalls auch das Europäische Parlament zu entscheiden haben, erlässt die Kommission selbst noch eine große Menge von Vorschriften zur Durchführung von Basisrechtsakten[529] und andere Maßnahmen.

Innerhalb der Kommission beginnt die Arbeit an den Rechtsetzungsvorschlägen zunächst in der Generaldirektion, die im jeweils betroffenen Sachbereich tätig

---

kann die Anstellungsbehörde unter Berücksichtigung des dienstlichen Interesses beschließen, dem Beamten die Aufnahme dieser Tätigkeit zu untersagen, oder vorbehaltlich von ihr als angemessen angesehener Auflagen ihre Zustimmung erteilen.“

524 V. Danwitz, Europäisches Verwaltungsrecht, S. 209; v. Danwitz, JZ, 2006, 1 ff. (2). Ähnlich wohl auch Grawert, EuR, 2003, 971 ff. (986).

525 Vgl. Benz, PVS, 1998, 558 ff. (562).

526 Ehlermann, FS Kutscher, S. 135 ff. (136 f.); Grams, KritV, 1995, 112 ff. (177).

527 Vgl. Glaesner, Einflüsse der Mitgliedstaaten auf die Entwicklung, insbesondere auf den Entscheidungsprozeß der Gemeinschaft, in: Das Recht als Gestaltungsmittel der Politik der Europäischen Gemeinschaft, S. 198 ff. (210); Grams, KritV, 1995, 112 ff. (177).

528 Ruthig, Europäische Gesetzgebung, in: Eine Verfassung für Europa, S. 449 ff. (461).

529 Vgl. hierzu etwa Groß, DÖV, 2004, 20 ff. (20 ff.); Möllers, Tertiäre exekutive Rechtsetzung im Europarecht, in: Der Europäische Verwaltungsverbund, S. 293 ff. (293 ff.); Seifert, Die Durchführung des Gemeinschaftsrechts durch die Europäische Kommission als Teil europäischer „Gesetzgebungstätigkeit“ – aktuelle Rechtslage und Modell der Europäischen Verfassung, S. 6 ff.; Winter/Kalbheim, Delegation requirements for rule-making by the Commission, in: Sources and Categories of European Union Law, S. 583 ff. (587 ff.).

ist.[530] Diese Generaldirektion führt auch die erforderlichen externen Konsultationen und Folgenabschätzungen zu den in Planung befindlichen Rechtsetzungsvorschlägen durch. Gegebenenfalls kann sie dabei Grün- und Weißbücher herausgeben. Bei den Grünbüchern handelt es sich um Diskussionspapiere zu einem bestimmten Thema (z. B. Grünbuch zum Verbraucherschutz[531]), die zu Stellungnahmen, etwa aus der interessierten Wirtschaft, einladen. Im Gegensatz zu den Grünbüchern enthalten die Weißbücher bereits eine konkrete strategische Stoßrichtung für künftige Regelungsvorhaben. Beide Instrumente dienen der Vorbereitung zukünftiger Regelungsakte.
Im Anschluss an diese Vorarbeiten erstellt die zuständige Generaldirektion einen vorläufigen Rechtsetzungsentwurf, der die Grundlage für weitere Diskussionen innerhalb der Kommission bildet. Dieser erste Entwurf wird meist von technischen Experten verfasst, die nur selten über eine juristische Ausbildung verfügen und schon gar keine Experten für Fragen der Rechtsetzung sind.[532]

Im weiteren Verfahrensverlauf wird der Vorentwurf, wenn er als hinreichend stabil betrachtet wird[533], den anderen betroffenen Generaldirektionen zur Diskussion gestellt. Dieser Schritt der internen Konsultation wird als CIS (Interservice Consultation bzw. Consultation Inter Services) bezeichnet und unterliegt internen Regeln, über deren Einhaltung das Generalsekretariat der Kommission wacht[534]. Für die praktische Ausführung der CIS gewährt eine zentrale Datenbank (CIS-Net) allen Abteilungen Zugriff auf Informationen über die Einleitung und die Ergebnisse sämtlicher dienststellenübergreifender Konsultationen.
Nach Art. 23 der Geschäftsordnung der Kommission arbeiten „die Dienststellen, die an der Ausarbeitung oder Durchführung von Beschlüssen mitwirken, bereits mit Beginn der jeweiligen Arbeiten so eng wie möglich zusammen. [...] Die für die Vorbereitung einer Initiative federführende Dienststelle trägt [...] dafür Sorge, dass eine wirkungsvolle Koordinierung zwischen allen Dienststellen gewährleistet ist, die nach den Zuständigkeitsbereichen und Befugnissen oder nach der

530 Eine Übersicht über die verschiedenen Generaldirektionen und Dienste der Kommission, die nun seit der Strukturreform des Jahres 1999 bestehen, offeriert http://ec.europa.eu/dgs_de.htm.

531 Grünbuch zum Verbraucherschutz in der Europäischen Union, KOM (2001) 531 endg.

532 Robinson, LeGes, 2007/3, 439 ff. (442); Sandström, CML Rev., 2003, 1307 ff. (1309); v. Schendelen, The In-Sourced Experts, in: The Unseen Hand, S. 27 ff. (30 f.); Vranken, Fundamentals of European Civil Law, S. 14.

533 Um diese Stabilität zu erreichen, geht dem formellen internen Konsultationsprozess häufig eine informelle Konsultationsphase voraus. Dadurch sollen, besonders bei bedeutenden Vorhaben, größere Probleme mit einer geplanten Maßnahme frühestmöglich ausgeräumt und grundlegende Fragen geklärt werden.

534 Vgl. Art. 20 Abs. 3 der Geschäftsordnung der Kommission, ABl. 2000 L 308/26 (im Folgenden kurz: GO-Kommission).

Natur der Sache ein berechtigtes Interesse an dieser Initiative haben.[535] [...] Bevor der Kommission ein Entwurf unterbreitet wird, hat die federführende Dienststelle die Dienststellen, die ein berechtigtes Interesse an dem betreffenden Entwurf haben, nach Maßgabe der Durchführungsbestimmungen rechtzeitig zu hören."[536]

Des Weiteren sieht die Geschäftsordnung der Kommission im Rahmen der internen Konsultationen zwischen den Generaldirektionen vor, dass „der Juristische Dienst [...] zu allen Entwürfen für Akte und Vorschläge für Rechtsakte sowie zu allen Entwürfen, die rechtliche Wirkungen haben können, zu hören"[537] ist. Der Juristische Dienst, welcher direktionsübergreifend arbeitet, prüft die Rechtmäßigkeit der Normentwürfe in allen wesentlichen Punkten, wie etwa bezüglich einer hinreichenden Rechtsgrundlage, der Übereinstimmung mit den „europäischen" Verträgen, hinsichtlich der Kohärenz mit anderen Rechtsakten oder auch die Übereinstimmung mit dem Völkerrecht und internationalen Abkommen.

Gleichzeitig examinieren die „Juristen-Überprüfer", welche innerhalb des Juristischen Dienstes angesiedelt sind, die Qualität, vor allem die „gesetzes"-technischen Aspekte, der Rechtsetzungsentwürfe. Die Gruppe der „Juristen-Überprüfer" besteht aus 58 Juristen, die über Sprachkenntnisse in mindestens drei Sprachen, darunter zwingend Französisch und Englisch, verfügen. Die „Juristen-Überprüfer" sind, entsprechend den verschiedenen Tätigkeitsbereichen der Kommission, in drei Untergruppen aufgeteilt.[538] Die „Juristen-Überprüfer" versuchen sich bereits frühzeitig in das Rechtsetzungsverfahren einzubringen, um sicherzustellen, dass die Vorschläge der Kommission die notwendige Klarheit und Präzision aufweisen. Außerdem achten sie auf eine korrekte Rechtsterminologie, so dass nach der Übertragung des Ausgangstextes in die anderen Sprachfassungen stets dieselbe rechtliche Wirkung in allen Fassungen erzielt wird. Zur Überprüfung dieser Qualitätsaspekte wenden sie vor allem den im Jahr 2000 verabschiedeten "Joint Practical Guide of the European Parliament, the Council and the Commission for persons involved in the drafting of legislation within the Community institutions" an. Robinson berichtet, dass die „Juristen-Überprüfer" bei zirka 3.200 Texten, die im Jahr 2006 insgesamt verabschiedet wurden, über 1.300 Mal konsultiert wurden.[539]

535 Vgl. hierzu auch die Absätze 5 und 6 des Art. 23 GO-Kommission.

536 Vgl. ferner die Ausführungsvorschriften zur Geschäftsordnung in Commission – Rules to give effect to the Rules of Procedures of Commission, COM (2001) 1 fin., S. 12 f. Siehe auch Communication of the members of the Commission: Functioning of the Commission and internal coordination, SEC (2004) 1617/4, S. 8 ff.

537 Art. 23 Abs. 4 UA 1 GO-Kommission (vgl. auch den entsprechenden UA 2).

538 Vgl. Robinson, LeGes, 2007/3, 439 ff. (443).

539 Robinson, LeGes, 2007/3, 439 ff. (443).

Bezüglich der kommissionsinternen Konsultationsprozesse sei abschließend kritisch angemerkt, dass die Untersuchungsqualität der Textentwürfe in den verschiedenen Dienststellen häufig unter zu großem Zeitdruck und einer immensen Arbeitsbelastung der „Textersteller“ und „Kontrolleure“ leidet.[540] Skeptisch stimmt in diesem Zusammenhang auch der Erfahrungsbericht von Bellis. Dieser schreibt: “I was told that the Legal Service received the draft from the DG it was sometimes told that the text could not be changed.“[541]

Nach der Überprüfung durch die anderen Stellen der Kommission wird der Entwurf mit den zugehörigen Anmerkungen zurück an die federführende Dienststelle übersandt, die daraufhin versucht, einen Vorschlag zu erarbeiten, der die Stellungnahmen der andern Dienststellen gebührend berücksichtigt. Gelingt dies nicht, müssen die abweichenden Stellungnahmen zumindest im Vorschlag erwähnt werden.[542] Danach legt die federführende Dienststelle ihren Vorschlag zur förmlichen Annahme[543] vor.

Wenn die CIS abgeschlossen ist, wird der Text in die anderen Amtssprachen übersetzt. Diese Aufgabe obliegt der Generaldirektion Übersetzung mit ihren zirka 1750 verbeamteten Sprachsachverständigen und den noch hinzukommenden freien Übersetzern.[544] In einigen Fällen kann es passieren, dass sich die „Juristen-Überprüfer“ auf Vorschlag des Generalsekretariats oder des Juristischen Dienstes nach der Übersetzung erneut mit dem Text auseinandersetzen müssen. In diesem Fall geht es nicht nur um die Frage der Einhaltung der allgemeinen Regeln für die Erstellung und Abfassung von Rechtstexten, sondern primär darum, dass die Texte in den verschiedenen Sprachfassungen auch jeweils die (juristische) Terminologie verwenden, die notwendig ist, um eine identische (juristische) Bedeutung aller Texte zu gewährleisten.

Anschließend wird der Rechtsetzungsvorschlag an die Legislativorgane Rat und Europäisches Parlament sowie gegebenenfalls an andere Gremien, wie den Wirtschafts- und Sozialausschuss oder den Ausschuss der Regionen, übermittelt.

---

540 Born/Schütte, Eurotexte: Textarbeit in einer Institution der EG, S. 45; Robinson, Clarity, 53 (May/2005), 4 ff. (5); Voermans/Konijnenbelt, Legislação, (No. 32) 2002, 57 ff. (64 f.).

541 Bellis, Implementation of EU Legislation, S. 14.

542 Vgl. Art. 23 Abs. 7 GO-Kommission.

543 Vgl. zu den unterschiedlichen Beschlussverfahren Art. 4, 12, 13, 14 GO-Kommission.

544 Vgl. http://ec.europa.eu/dgs/translation/index_de.htm.

Beim Europäischen Parlament wird die Rechtsetzungsinitiative dem zuständigen Ausschuss zugeteilt und ein Berichterstatter ernannt. Der Ausschuss bereitet einen Bericht für das Plenum des Parlaments vor. Falls man sich dort schnell auf den Vorschlag einigen kann, wird dieser in erster Lesung angenommen. In den meisten Fällen ist jedoch eine zweite Lesung erforderlich. Kann keine Übereinstimmung mit dem Vorschlag erzielt werden, ist in manchen Fällen ein Vermittlungsverfahren notwendig.
Um die Qualität der Rechtsetzungsakte zu gewährleisten, werden alle Legislativvorschläge geschäftsordnungsmäßig einer Überprüfung unterzogen.[545] Dabei wird auf die Einhaltung der Grundrechte, der Grundsätze der Subsidiarität und der Verhältnismäßigkeit sowie der Rechtsstaatlichkeit geachtet. Ferner erfolgt eine Überprüfung der gewählten Rechtsgrundlage. Bei Vorschlägen mit finanziellen Auswirkungen prüft das Parlament zudem, ob ausreichende Finanzmittel vorgesehen sind.
Schließlich verfügt das Europäische Parlament über ein Team von etwa 170 Sprachjuristen, die mit der Sicherstellung der sprachlichen Qualität und der juristischen Konformität der Rechtstexte betraut sind.[546] In diesem Zusammenhang ist darauf hinzuweisen, dass die Rechtssachverständigen des Europäischen Parlaments vor allem im finalen Stadium des parlamentarischen Verfahrens eingebunden werden. Außerdem fokussiert sich deren Arbeit auf die von den Abgeordneten vorgebrachten Änderungen am Kommissionsvorschlag.[547]

Im Rat kümmert sich zunächst eine Arbeitsgruppe aus Vertretern der Mitgliedstaaten um den entsprechenden Rechtsetzungsvorschlag. Hierbei handelt es sich in der Regel eher um Fachleute aus dem betroffenen Sachgebiet als um Juristen. Die Mitglieder der Arbeitsgruppe bemühen sich auf dem Weg einer Kompromissfindung zu einem gemeinsamen Ergebnis zu gelangen.
Nach Art. 22 der Geschäftsordnung des Rates hat der Juristische Dienst des Rates rechtzeitig für die redaktionelle Qualität der vom Rat erlassenen Rechtsakte Sorge zu tragen.[548] Ferner sind diejenigen, die im Rahmen der Arbeiten des Rates neue Textentwürfe oder Textveränderungen unterbreiten, angehalten, auf deren redaktionelle Qualität zu achten. In diesem Kontext kann auch auf den Anhang VI der Geschäftsordnung des Rates verwiesen werden. Hierin werden Be-

545 Vgl. Art. 34, 35, 36 i.V.m. 40 der Geschäftsordnung des Europäischen Parlaments, 16. Auflage, Juli 2004, ABl. 2005 L 44/1 (im Folgenden kurz: GO-EP).

546 Vgl. http://www.europarl.europa.eu/parliament/public/staticDisplay.do?id=155&pageRank=5&language=DE – dort auch zu den weiteren Aufgaben der Sprachjuristen.

547 Vgl. Robinson, LeGes, 2007/3, 439 ff. (445).

548 Vgl. hierzu auch Bauer, Politikberatung im Rat der Europäischen Union, in: Politikberatung und Lobbying in Brüssel, S. 90 ff. (101 f.), und Pernice, Einigungsmängel im EU-Mitentscheidungsverfahren, WHI Paper 21/04, S. 6 f.

stimmungen über die Form der vom Rat erlassenen Rechtsakte getroffen, die eine einheitliche Erscheinungsform sicherstellen sollen.

Am Ende des Verfahrens versuchen die „Juristen-Übersetzer“ und andere Rechtssachverständige des Rates in enger Abstimmung mit den Sprachjuristen der anderen Organe[549], die „gesetzes“-technische Qualität der Rechtstexte und die Übereinstimmung der in verschiedenen Sprachen verfassten Rechtstexte abschließend sicherzustellen.[550] Dabei können auch Schwierigkeiten des Basistextes diskutiert werden, die bei der Übersetzung zu Tage getreten sind und die Änderungen erforderlich machen können. Insofern bietet die Multilingualität des Unionsrechts indirekt die Gelegenheit, Schwächen in der Abfassung zu beheben und die Forderung nach einfachen und klaren Formulierungen in Erinnerung zu rufen.[551] Zu diesem Zeitpunkt ist die Arbeit an „neuen“ Textformulierungen jedoch besonders heikel, da einerseits die Bemühungen um eine bessere „gesetzes“-technische Qualität der Rechtsetzungsakte stets die Gefahr in sich bergen, den erreichten politischen Kompromiss durch neue Formulierungen zu konterkarieren.[552] Andererseits können „politisch“ bedingte Änderungen an den Rechtstexten noch „in letzter Sekunde“ erfolgen, was wiederum die Qualitätssicherung nicht gerade erleichtert.

Abschließend ist noch einmal die zentrale Rolle der Kommission im Rechtsetzungsprozess hervorzuheben.[553] Bis zu einer endgültigen Beschlussfassung

---

549 Frohn, Babylon liegt in Brüssel: Das europäische Sprachengewirr. Vgl. zur Zusammenarbeit der Rechts- und Sprachsachverständigen des Europäischen Parlaments und des Rates im Mitentscheidungsverfahren auch die Gemeinsame Erklärung des Europäischen Parlaments, des Rates und der Kommission zu den praktischen Modalitäten des neuen Mitentscheidungsverfahrens (Artikel 251 EG-Vertrag), ABl. 1999 C 148/1, Abs. IV Punkte 2 und 4 und Gemeinsame Erklärung des Europäischen Parlaments, des Rates und der Kommission zu den praktischen Modalitäten des neuen Mitentscheidungsverfahrens (Art. 251 EG-Vertrag), ABl. 2007 C 145/5, Nrn. 40, 49.

550 Vgl. hierzu auch Pernice, Einigungsmängel im EU-Mitentscheidungsverfahren, WHI Paper 21/04, S. 4 ff.

551 Vgl. hierzu auch Flückiger, Le multilinguisme de l'Union europeenne: Un défi pour la qualité de la législation, S. 9 ff., und Müller, Elemente einer Rechtsetzungslehre, S. 72.

552 Bauer, Politikberatung im Rat der Europäischen Union, in: Politikberatung und Lobbying in Brüssel, S. 90 ff. (102). Vgl. aber auch die Gemeinsame Erklärung des Europäischen Parlaments, des Rates und der Kommission zu den praktischen Modalitäten des neuen Mitentscheidungsverfahrens (Art. 251 EG-Vertrag), ABl. 2007 C 145/5, Nr. 42. Darin verpflichten sich die Organe, die juristisch-sprachliche Überarbeitung von Rechtsakten nicht für „inhaltliche“ Debatten zu nutzen bzw. zu „missbrauchen“.

553 Héritier, Koordination von Interessenvielfalt im europäischen Entscheidungsprozeß und deren Ergebnis: Regulative Politik als „Patchwork“, MPIFG Discussion Paper 95/4, S. 8, spricht von der Kommission als „Herrin des Verfahrens“. Für Ruthig, Europäische Gesetzgebung, in: Eine Verfassung für Europa, S. 449 ff. (461), ist die Kommission „in ge-

des Rates hat die Kommission jederzeit das Recht, ihren Vorschlag zu ändern oder gar zurückzunehmen (vgl. Art. 250 Abs. 2 EGV – jetzt: Art. 293 Abs. 2 AEUV). Im Unterschied hierzu sind etwa die deutschen Ministerialbeamten, die in der Praxis die meisten Gesetzesvorschläge ausarbeiten, nach Abgabe ihrer Entwürfe völlig von den Abgeordneten abhängig. Die „Herrschaft der Kommission über das Verfahren bzw. über ihren Vorschlag" gestattet der Kommission eine durchgängige „Betreuung" ihrer Rechtsetzungsvorschläge.

II. Ausgewählte Aspekte im Zusammenhang mit dem „Verhandlungscharakter" des Rechtsetzungsprozesses

Vorliegend wird einigen ausgesuchten Aspekten im Rechtsetzungsprozess nachgegangen, welche die Quantität und Qualität der Rechtsetzungsakte – zumeist negativ – beeinflussen und sich zusammenfassend unter dem Motto „Verhandlungscharakter der unionalen Rechtsetzung" subsumieren lassen. Dabei werden auch die wesentlichen Neuerungen in der Architektur und bei den Entscheidungsverfahren der EU, die im Zuge des „Vertrags von Lissabon" eingeführt wurden, auf ihre Auswirkungen auf die Rechtsetzungsqualität untersucht.[554]

1. Allgemeines zum Kompromisscharakter der Rechtsetzungsakte

Als ein Hauptproblem der unionalen Rechtsetzung wird der Kompromisscharakter vieler Beschlussfassungen identifiziert.[555] Diese spezifische Eigenschaft der unionalen Rechtsakte wird nicht zuletzt durch die komplexen Rechtsetzungsverfahren selbst befördert. Besonders im Verfahren der Mitentscheidung nach Art. 251 EGV – jetzt: Art. 294 AEUV[556] –, welches nunmehr als „ordentliches Gesetzgebungsverfahren" firmiert, gibt es eine solche Vielzahl von

---

wisser Weise die ‚Herrin' des Gesetzgebungsverfahrens". Zuleeg/v. Oettingen, DRiZ, 2007, 268 ff. (269 f.), reden ebenfalls von der „ ‚Herrin' des gesamten Verfahrens" und billigen der Kommission die „volle Verfahrensherrschaft [...] über ihren Vorschlag" zu.

554 Vgl. 4. Kap. – A II 3.

555 Vgl. Andersson, Approximation of Procedural Law in Europe, in: Procedural Laws in Europe, S. 55 ff. (64); Clapinska, Post-legislative scrutiny of legislation derived for the European Union, S. 17; Karpen, AöR, 124 (1999), 400 ff. (406); Piris, Amicus Curiae, 58 (2005), 21 ff. (24 f.); Radaelli, Governing European Regulation – *2.1. The key issues*; Senden, General Report – The Quality of European Legislation and its Implementation and Application in the National Legal Order, S. 15; Senden, Soft Law in European Community Law, S. 13; Timmermans, CML Rev., 1997, 1229 ff. (1232 f.); Vogel, NJW, 1977, 977 ff. (979).

556 Vgl. Frenz/Götzkes, ZG, 2010, 34 ff. (34 ff.).

Einwirkungsmöglichkeiten auf einen Rechtsetzungsakt seitens der Rechtsetzungsorgane, dass eine Entscheidungsfindung fast zwangsläufig auf einen Kompromiss unter den beteiligten Stellen hinausläuft.[557] Ein Schaubild zum Verfahren der Mitentscheidung nach alter Fassung verdeutlicht dies.[558]

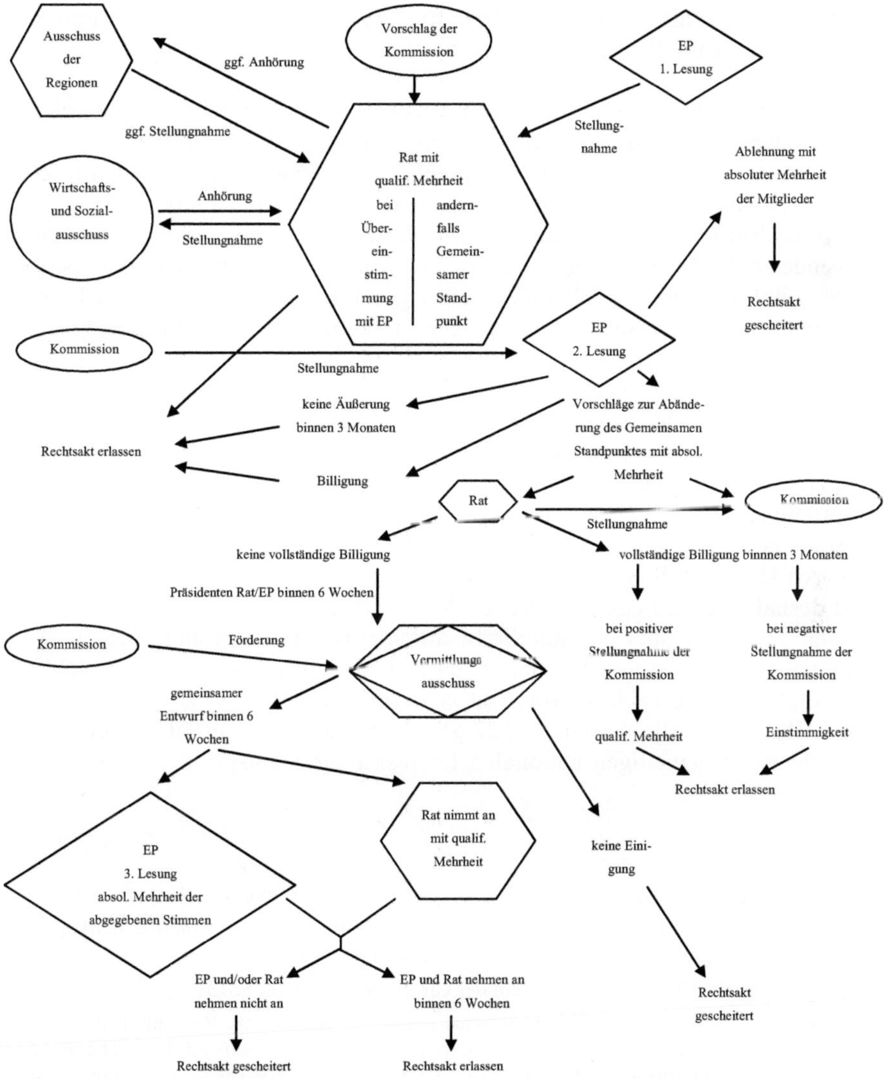

557 Vgl. Timmermans, CML Rev., 1997, 1229 ff. (1233); v. Danwitz, JZ, 2006, 1 ff. (2).

558 Quelle: Streinz, Europarecht, Rn. 519 – dort mit ähnlicher Abbildung.

Das Mitentscheidungsverfahren, dessen Anwendungsbereich durch den Lissabonner Vertrag weiter ausgedehnt wurde und welches als „ordentliches Gesetzgebungsverfahren“ das mittlerweile am häufigsten anzuwendende Gesetzgebungsverfahren in der Rechtsetzung darstellt, hat diesbezüglich keine wesentlichen Veränderungen erfahren. Langwierige Verhandlungsprozesse – in denen die Kommission als Initiator und Vermittler agiert – und zahlreiche institutionelle Einwirkungsmöglichkeiten, bleiben bestimmend.[559]

Der Kompromisscharakter der Rechtsetzung ist jedoch nicht nur durch die Kompliziertheit der Rechtsetzungsverfahren selbst bedingt. Primär verantwortlich sind vielmehr die mannigfaltigen mehr oder minder divergierenden Interessenlagen zwischen den beteiligten Organen und innerhalb der Organe[560].

Für das Europäische Parlament wird diese Interessenvielfalt schon durch folgende Zahlenangaben greifbar.[561] So wurden etwa in der Wahlperiode 2004–2009 nicht nur 170 Parteien selbst gezählt, auch Fraktionen im Europäischen Parlament versammeln unter ihrem Dach eine Vielzahl verschiedener Herkunftsparteien. Die Fraktion (EVP-ED) der Europäischen Volkspartei (Christdemokraten) beherbergt etwa Mitglieder aus 40 nationalen Parteien, die sich unterschiedlichen europapolitischen Leitbildern verpflichtet fühlen.

Selbst die Kommission ist ein Hort vielfältiger Interessenlagen. Die verschiedenen Generaldirektionen und Dienststellen verfolgen zudem oft unterschiedliche Prioritäten und Regelungsansätze.[562]

Besonders ausgeprägt ist jedoch die Vielstimmigkeit der Interessen im Rat, der eine Art Doppelstellung einnimmt, da er einerseits unionales Beschlussorgan ist und deshalb keineswegs (nur) nationale Partikularinteressen vertritt, seine Mitglieder anderseits aber den mitgliedstaatlichen Regierungen angehören und somit auch als Interessenwalter nationaler Belange auftreten. Der Rat besteht aus 27 Mitgliedern. Je nach Ressort tagt er in unterschiedlichen Zusammensetzungen. Allein durch die Anzahl von 27 gleichrangigen Sitzungsteilnehmern, deren Ansichten den jeweiligen nationalen Interessenlagen entspringen, entsteht eine

559 Vgl. Dann, in: v. Bogdandy/Bast, Europäisches Verfassungsrecht, 2. Aufl., S. 361 ff.

560 Vgl. in diesem Zusammenhang de Witte, Non-market values in internal market legislation, in: Regulating the Internal Market, S. 61 ff. (83 f.).

561 Vgl. Wessels, Das politische System der europäischen Union, S. 139 f.

562 De Witte, Non-market values in internal market legislation, in: Regulating the Internal Market, S. 61 ff. (83 f.), der in diesem Zusammenhang auch auf Hix, The Political System of the European Union, S. 239, verweist, welcher selbst wiederum schreibt: “whereas some Commission Directorate-Generals are heavily linked to transnational business interests, others are ‚captured‘ by EU-level environmental, consumer and trade union groups“.

solche Vielstimmigkeit[563] in der Entscheidungsfindung, dass eine kohärente Rechtsetzung nur schwierig möglich ist.[564] Die divergierenden Interessen, die auch den unterschiedlichen Rechtssystemen der Mitgliedstaaten[565] geschuldet sind, bedingen den Kompromisscharakter des europäischen Rechts maßgeblich.[566] So ist es nicht verwunderlich, dass das Unionsrecht häufig auch als

---

563 Der Begriff der Vielstimmigkeit ließe sich in diesem Zusammenhang durchaus auch mit der Ansicht von Nass, DVBl., 2006, 1197 ff. (1199), in Verbindung bringen, dass bei einer Debatte von 27 gleichrangigen Sitzungsteilnehmern mit unterschiedlichen Sprachen „spätestens nach dem sechsten Redebetrag [...] die Teilnehmer nicht mehr" wissen, „was der erste Sprecher gesagt hat". Nass bezweifelt damit nachdrücklich die Fähigkeit des Rates zur konstruktiven Auseinandersetzung.

564 Everling, FS Kutscher, S. 155 ff. (172), weist ferner darauf hin, dass die konkreten Einzelinteressen und die aktuellen Problemlagen die Entscheidungsfindung dominieren und das politische Gesamtinteresse an der Integration dagegen ins Hintertreffen gerät. Vgl. insgesamt auch: v. Danwitz, JZ, 2006, 1 ff. (2); Wessels, Gesetzgebung in der Europäischen Union, in: Gesetzgebung in Westeuropa, S. 653 ff. (664 f.).

In diesem Kontext gilt es aber auch auf die jüngsten Erweiterungen der Union hinzuweisen. Mit der Osterweiterung dürfte sich das Interessenspektrum noch vergrößert haben und damit auch die Anzahl an nicht konsensfähigen Fragen. Vgl. hierzu u. a.: Bergmann, ZRP, 2001, 18 ff. (20 ff.); Dobbins/Drüner/Schneider, Zeitschrift für Parlamentsfragen, 2004, 51 ff. (59 f., 67); Lang, vorgänge, 2006, 90 ff. (93). Vorsichtiger hingegen König/Bräuninger, Europa am Scheideweg? Erweiterungen und die Handlungsfähigkeit der Union, in: Die Europäisierung nationaler Gesellschaften, S. 112 ff. (112), der sich aber insbesondere hinsichtlich der haushaltspolitischen Einnahmeseite in Bezug auf die Agrar- und Beschäftigungspolitik kritisch äußert. Steunenberg, An even wider Union: the effects of enlargement on EU decision-making, in: Widening the European Union, S. 97 ff. (bes. S. 112 f.), relativiert ebenfalls die institutionellen Schwierigkeiten, die mit einer Erweiterung verbunden sind. Vgl. bezüglich dieses letzten Aspekts, d. h. hinsichtlich der Probleme bei der institutionellen Willensbildung nach einer Erweiterung u. a.: Grawert, EuR, 2003, 971 ff. (979, 990 f.); Lane/Mæland, Enlargement and the Council of Ministers, in: Widening the European Union S. 121 ff. (121 ff.); Oppermann, JZ, 2005, 1017 ff. (1019 f.); Schout/Guggenbühl/Bayer, Eipascope, 2004/2, 24 ff. (24 ff., bes. 25); Vobruba, Leviathan, 2000, 477 ff. (484); Vobruba, Die Dynamik Europas, S. 59 ff.

Neben den genannten Problemen bei der Willensbildung, die in ihren Auswirkungen schwerpunktmäßig wohl dem „Qualitätsbereich" europäischer Rechtsetzungsakte zuzurechnen sein dürften, haben sich aber auch die Chancen für eine Verschlankung der unionalen Rechtsmasse durch die Erweiterung der Union wohl eher verschlechtert. So belegen Studien, dass es im Zuge der Osterweiterung zu einem Anstieg der Zahl von Befürwortern einer weitergehenden Regulierung des Binnenmarktes kam. Vgl. hierzu Dobbins/Drüner/Schneider, Zeitschrift für Parlamentsfragen, 2004, 51 ff. (63).

565 V. Danwitz, JZ, 2006, 1 ff. (6 f.). Speziell zu den Unterschieden der 2004 beigetretenen ostmitteleuropäischen Länder: Lang, vorgänge, 2006, 90 ff. (91 ff.).

566 Vgl. Dewost, Liber Amicorum Pierre Pescatore, S. 167 ff. (bes. 173 ff.); Langer, ZG, 1993, 193 ff. (196); Majone, Jahrbuch zur Staats- und Verwaltungswissenschaft, 1989, 159 ff. (174).

„droit diplomatique“ bezeichnet wird.[567] Die Schwierigkeiten bei der Aushandlung der Rechtsetzungsakte führen in der Konsequenz zu einer verminderten Rücksichtnahme hinsichtlich der (notwendigen) Qualität der Rechtstexte und deren harmonischer Einbindung in das Gesamtsystem der europäischen Rechtsordnung. Der französische Conseil d'État[568] kann hier stellvertretend[569] zitiert

567 So etwa: Flückiger, Le multilinguisme de l'Union europeenne: Un défi pour la qualité de la législation, S. 4; Gallas, LeGes, 2001/3, 115 ff. (117 ff.); Timmermans, How to improve the quality of community legislation: The viewpoint of the European Commission, in: Improving the Quality of Legislation in Europe, S. 39 ff. (41); Timmermans, CML Rev., 1997, 1229 ff. (1232); Xanthaki, CML Rev., 2001, 651 ff. (651). Siehe auch Conseil d'État, Rapport public 1992, Études et Documents, no. 44, „Considérations générales sur le droit communautaire“, S. 48. Ähnlich auch Karpen, Gesetzgebungslehre – neu evaluiert, S. 155.

568 Conseil d'État, Rapport public 1992, Études et Documents, no. 44, „Considérations générales sur le droit communautaire“.

569 Vgl. ansonsten: In einer Rede vor dem Europäischen Parlament äußerte Delors: „Das Streben nach Kompromissen im Rat führt zu Texten, die zu kompliziert oder gar unverständlich sind“ (zitiert nach Stellungnahme des Wirtschafts- und Sozialausschuß vom zum Thema „Verständliche Ausdrucksweise“, ABl. Nr. C 256/8). Eine ähnliche Aussage findet sich auch im „Frassoni-Bericht“ (Europäisches Parlament: Bericht über den 21. und 22. Jahresbericht der Kommission über die Kontrolle der Anwendung des Gemeinschaftsrechts (2003 und 2004), (2005/2150(INI)), Rechtsausschuss, Berichterstatterin: Monica Frassoni, A6-0089/2006, 24.3.2006) wieder, wonach „Rechtsvorschriften nicht immer eine zufrieden stellende Qualität aufweisen und die Pflichten der Mitgliedstaaten nicht deutlich genug zum Ausdruck kommen, was daran liegt, dass die Rechtsvorschriften häufig das Ergebnis schwieriger politischer Kompromisse sind“. Eine Reihe weiterer Zitate soll ebenfalls wiedergegeben werden: Freiburghaus, Swiss Political Science Review, 3 (3) 1997, 1 ff. (5): „Die barocke Kompliziertheit und der Leerformelcharakter vieler Kompromisse werden aus dem Verhandlungslabor direkt in die Umwelt entlassen.“; Hirsch Ballin, The quality of European legislation and its implementation and application in the national legal order, S. 7 ff. (19): “The more technical aspects connected with the quality of legislation (suitability for implementation, readability, transitional provisions, etc.) quite often come off second best in this process. What may also happen is that technical obstacles are seen as hindering the decision-making process and therefore excluded from the discussion.“; Koopmans, FS Everling I, S. 691 ff. (695), meint, “that decision making in the Community is based on negotiation, and negotiators will always prefer a bad compromise to delays caused by what they see as legal niceties“; Majone, Jahrbuch zur Staats- und Verwaltungswissenschaft, 1989, 159 ff. (174): “It is true that many defects of regulatory policy-making in the Community are due to [...] the complexity of joint decision making, disagreements of Member States concerning priorities.“; Piris, Amicus Curiae, 58 (2005), 21 ff. (24): “Another cause of the lack of elegance and of clarity in EU legislation is that this legislation is often the result of difficult compromises and this affects its drafting. [...] It is not rare to hear complaints in the negotiating room about a text being too clear. The choise is then between less clarity or no possibility of adoption a text at all.“; Robinson, LeGes, 2007/3, 439 ff. (445): „Le processus de négociation des actes communautaires au sein du Conseil s'apparente à la formation des accords internationaux. En règle générale, le but de chaque participant est

werden: „Là où les juristes cherchent la précision, les diplomates pratiquent le non-dit et ne fuient pas l'ambiguïté. Il arrive donc, plus souvent qu'on ne croit, qu'ils ne se mettent d'accord sur un mot que parce qu'il n'a pas la même signification pour tout le monde. [...] De même encouragent-ils des techniques de rédaction qui permettront de laisser subsister ici et là d'intéressantes – et prometteuses – contradictions."

---

de défendre les intérêts de son État membre plutôt que de rédiger un texte d'une grande qualité formelle. Le droit européen est souvent appelé en anglais ‚negotiated law', en français ‚droit diplomatique'." Sandström, CML Rev., 2003, 1307 ff. (1307 f.): "EU legislation comes into being in what can be called organized chaos where politicians and diplomats have the upper hand while lawyers have a relatively weak position."; Timmermans, CML Rev., 1997, 1229 ff. (1232): "To obtain compromises artful wording is used to conceal, what continue to be, diverging positions. 'Là où les juristes cherchent la précision, les diplomates pratiquent le non-dit et ne fuient pas l'ambiguïté'."; Voermans, The Quality of EU Legislation, S. 10: "Because it is so difficult to achieve results and compromises, and the pressure to meet the integration goals is high, EU legislative processes tend to focus on direct, sometimes short term, results. Achieving policy goals was until recently more or less synonym to getting policies decided or legislation enacted. Problems of application, implementation, enforcement and compliance did not head the priority list of the EU's legislative institutions."; Voermans/Eijlander/v. Gestel/de Leeuw/de Moor-van Vugt/Prechal, Kwaliteit, uitvoerbaarheid en handhaafbaarheid (HOOFDSTUK 7 Conclusies – 2.6 Eenvoud, duidelijkheid en toegankelijkheid): „Vast staat dat de wetgevingstechnische aspecten van EG-regelingen, zoals die gerelateerd aan de toegankelijkheid, geen hoge prioriteit genieten bij diegenen die zijn betrokken bij de voorbereiding van Europese regelingen. Die lage prioriteit heeft mede tot gevolg dat ook wetgevingstechnische opmerking in het voorbereidingstraject van communautaire regelgeving niet hoog in aanzien staan. Er is bij die voorbereiding sprake van een zeker dominantie van beleidsthema's en -aspecten."; Xanthaki, CML Rev., 2001, 651 ff. (675 f.): "Moreover, there is still some truth in the argument that the nature of EU law as droit diplomatique demands some sacrifices in the drafting style if compromises in the substance, and consequently agreement on a (legally binding) text, are to be achieved." Vgl. zudem auch: Barents/Brinkhorst, Grondlijnen van Europees recht, S. 205; Bellis, Implementation of EU Legislation, S. 14; Falkner/Treib/Hartlapp/Leiber, Complying with Europe, S. 356; Frohn, Babylon liegt in Brüssel: Das europäische Sprachengewirr; Gallas, Herausforderungen der Sprachenvielfalt bei der Abfassung von Rechtsakten, in: Herausforderungen der Sprachenvielfalt in der Europäischen Union, S. 51 ff. (55, 57 f.); Hill, ZG, 1987, 238 ff. (245) – dort allerdings für die nationale Gesetzgebung; Robinson, Clarity, 53 (May/2005), 4 ff. (7); Timmermans, Normenflut auf Gemeinschaftsebene aus der Sicht der Europäischen Kommission, in: Bürgernahes Wirtschaftsrecht – Eine Utopie?, S. 46 ff. (49); v. Danwitz, Europäisches Verwaltungsrecht, S. 208; Voermans/Konijnenbelt, Legislação, (No. 32) 2002, 57 ff. (65). Vgl. ferner GA Jacobs, SchlA zu EuGH, Rs. C-6/98, Arbeitsgemeinschaft Deutscher Rundfunkanstalten (ARD)/PRO Sieben Media AG, Slg. 1999, I-7599 ff. (I-7614, Rn. 53).

Siehe überdies zum „bargaining"-Modus der Verhandlungen im Rat aus politikwissenschaftlicher Sicht Benz, PVS, 1998, 558 ff. (568), und Hooge/Keating, Journal of European Politics, 1994, 54 ff. (54 ff.).

Durch den „Zwang“ zum Kompromiss werden oft sogenannte “package deals“[570] geschnürt, die sich häufig als eine sprudelnde Quelle widersprüchlicher Entscheidungen entpuppen.[571] Ein “Deal“, der dies veranschaulicht, ist die Gewinnung eines Mitgliedstaats für die Verabschiedung eines Tabakwerbeverbots durch die Zusicherung eines Nachlasses bei der Rückforderung zu viel gezahlter Subventionen.[572] Ein weiteres Beispiel ist das Zustandekommen der Bananenmarktordnung[573]. Hier erreichten die Befürworter der Verordnung die Zustimmung Dänemarks durch die Drohung, während des dänischen Ratsvorsitzes alle Entscheidungen zu blockieren.[574] Diese Praxis der “package deals“ muss man als politische Tatsache wohl akzeptieren.[575] Dennoch gilt es festzuhalten, dass diese politischen Kompromisse für die Qualität des Rechts problematisch sind, da die zusammengefassten Einzelpunkte oft in keinerlei Zusammenhang stehen und sich stattdessen sogar diametral gegenüberstehen können.[576] Ein systematisch stimmiger Regelungsansatz, der sich auf das ganze Unionsrecht erstreckt, wird damit verhindert. Hinzu kommt, dass Kompromisse schon wesensmäßig nur schwierig als Normvorgaben zur Umsetzung taugen und somit der Effektivität des Unionsrechts abträglich sind. Außerdem steht der Verhandlungscharakter der Entscheidungsfindung klaren und präzisen Formulierungen und damit der „gesetzes“-technischen Qualität der Rechtstexte im Wege.

---

570 Unter einem “package deal“ versteht man die Ratspraxis Entscheidungen zu strittigen Themen dadurch herbeizuführen, dass man verschiedene Themenkomplexe zu einem Paket schnürt. Bei dieser „Paketlösung“ gibt jeder betroffene Mitgliedstaat in bestimmten Punkten nach, um sich in anderen durchzusetzen. Vgl. hierzu etwa: Héritier, Koordination von Interessenvielfalt im europäischen Entscheidungsprozeß und deren Ergebnis: Regulative Politik als „Patchwork“, MPIFG Discussion Paper 95/4, S. 6 f., 16; Wessels, Das politische System der Europäischen Union, in: Die politischen Systeme Westeuropas, S. 957 ff. (964).

571 Röhl, EuR, 1994, 409 ff. (414 f.), meint hingegen, dass die “package deals“ in ihrer Bedeutung allgemein überschätzt würden.

572 Vgl. Ukena/Opfermann, WRP, 1999, 141 ff. (143) – dort mit weiteren Beispielen.

573 Verordnung (EWG) Nr. 404/93 des Rates vom 13. Februar 1993 über die gemeinsame Marktorganisation für Bananen, ABl. 1993 L 47/1.

574 Vgl. Stein, EuZW, 1998, 261 ff. (261, Fn. 5); Wessels, Das Bananendiktat, S. 62.

575 Für Banus, Politische Studien, (Januar/Februar) 1998, 82 ff. (85), ist diese Verhandlungspraxis „üblich, und nur Naivlinge dürften sich [...] darüber empören“. Auch Everling, EuR, 1987, 214 ff. (233), hält die Arbeitsweise des Rates, die auf die Herbeiführung von Kompromissen und auf Konsens angelegt ist, bei einem Zusammenschluss wie der Union, die nicht über eine Art bundesstaatlichen Grundkonsens verfügt, für unerlässlich. Vgl. auch Everling, FS Kutscher, S. 155 ff. (168); Falkner/Treib/Hartlapp/Leiber, Complying with Europe, S. 357.

576 Ähnlich kritisch etwa Mann, ZG, 1989, 1 ff. (5). Nach Ansicht von Mann tragen solche Kompromisse „den Keim zur Novellierung bereits in sich“ und „werden dann leicht zu Dauerbaustellen“. Vgl. weiterhin Streinz, EWS, 2003, 1 ff. (9 f.).

Mit Blick auf die Quantität gilt es festzustellen, dass Kompromisse auch dazu führen, dass überflüssige Normen verabschiedet werden und durch Ausnahmeregelungen und Gegenausnahmen die Detailliertheit des Rechts weiter vorangetrieben wird. Insgesamt führt der Kompromisscharakter im Rechtsetzungsprozess zu einer vermehrten Rechtsetzungsaktivität.[577]

2. Vielzahl der Akteure und deren Einfluss auf den Rechtsetzungsprozess

Der folgende Abschnitt knüpft an die vorhergehenden Bemerkungen an und beleuchtet die Tatsache, dass sehr viele unterschiedliche Akteure den Rechtsetzungsprozess beeinflussen. In der kurzen Beschreibung des Rechtsetzungsprozesses[578] klang bereits an, dass die Rechtsetzung nicht nur durch die Regierungschefs und Minister im Rat, die Kommissare in der Kommission oder das Plenum des Europäischen Parlaments stattfindet. Vielmehr ist festzuhalten, dass die „Normenproduktion" zum Großteil arbeitsteilig auf Untergruppierungen verlagert wird. Diese Fragmentierung der Rechtsetzungsaktivität begünstigt zudem die Einflussmöglichkeiten von Interessengruppen, die dadurch auf vielfältigen Wegen ihre Ansichten einbringen können und damit die Ausarbeitung der Rechtsetzungsakte beeinflussen bzw. „mitgestalten" können.
Die nachfolgende Darstellung versucht einen kritischen Überblick über die Vielzahl der „Rechtsetzungsakteure" und deren Einfluss auf den Rechtsetzungsprozess zu geben. Hierzu dienen einige Bemerkungen über die verschiedenen Gruppen von Interessenvertretern[579] und über die unterschiedlichen Komitees[580]. Außerdem wird die Initiierung von Rechtsetzungsvorschlägen „aus den Mitgliedstaaten heraus" untersucht[581] sowie auf die nachträglichen Änderungen von

577 Herzog/Gerken, Europa entmachtet uns und unsere Vertreter, beschreiben diese Wirkung der "package deals" anschaulich: „Um Mehrheiten bei der Beschlussfassung zu bilden, werden zwischen den Vertretern der Mitgliedstaaten Allianzen geschlossen und dabei oft sachlich nicht zusammengehörige Vorhaben gebündelt und Kompensationsgeschäfte vereinbart. Gemäß der politischen Verhandlungslogik führen solche Bündnisse im Regelfall zu mehr Regulierung, nicht zu weniger." Vgl. zum Zusammenhang zwischen dem Erzielen politischer Kompromisse und einer gesteigerten Produktion von Normen u. a.: Herzog/Gerken, Von roten Karten und stumpfen Schwertern, S. 2; Nicolaysen, GS Grabitz, S. 469 ff. (479); Weber, Parlamentarisierung und Demokratisierung, in: Schriften zur Sozialgeschichte und Politik, S. 201 ff. (220).

578 Vgl. 4. Kap. – A I.

579 Vgl. 4. Kap. – A II 2 a.

580 Vgl. 4. Kap. – A II 2 b.

581 Vgl. 4. Kap. – A II 2 c aa.

Kommissionsvorschlägen durch das Europäische Parlament und den Rat eingegangen[582].

a) Interessenvertreter

Nach Angaben der Kommission[583] aus dem Jahre 1993 soll es allein in Brüssel 3.000 europäisch-orientierte Interessenvertretungen mit über 10.000 Mitarbeitern geben.[584] Andere Schätzungen gehen sogar von 30.000 Personen aus, die sich dem Lobbying auf europäischer Ebene verschrieben haben. Damit käme auf jeden Beamten der Kommission ein Lobbyist.[585]
Die Gesamtheit der Interessenvertretungen setzt sich zusammen aus nationalen Verbänden mit europäischen Außenstellen und genuin europäischen Verbänden. Hinzu kommen noch Unternehmensbüros mit Lobbycharakter, Büros der Regionen, nationale Interessengruppen und Law Firms sowie kommerzielle Public

---

582 Vgl. 4. Kap. – A II 2 c bb.

583 Mitteilung der Kommission: „Ein offener und strukturierter Dialog zwischen der Kommission und den Interessengruppen", ABl. 1993 Nr. C 63/2, S. 2.

584 Vgl. auch v. Schendelen, Brüssel: Die Champions League des Lobbying, in: Die fünfte Gewalt, S. 132 ff. (137), der ebenfalls von etwa 3.000 Interessengruppen mit rund 10.000 Mitarbeitern ausgeht. Speth, vorgänge, 2006, 68 ff. (70), nennt eine Zahl von rund 2.500 Interessengruppen. Siehe ferner Pollak, Repräsentation ohne Demokratie, S. 219 f., sowie Schmedes, Wirtschafts- und Verbraucherschutzverbände im Mehrebenensystem, S. 158 f. – dort mit Verweisen auf unterschiedliche Quantifizierungsversuche sowie einer Übersicht zu den Arten und der Anzahl der auf EU-Ebene aktiven Interessenvertretungen.

585 So Speth, vorgänge, 2006, 68 ff. (70).

Für weitere „Zahlenangaben" vgl. etwa Grote, Jahrbuch zur Staats- und Verwaltungswissenschaft, 1990, 227 ff. (230). Nach Berechnungen von Grote gab es im Jahr 1986 insgesamt 654 europäischen Dachorganisationen. Hiervon hatten 213 ihren Sitz in Brüssel. Die effektive Anzahl organisierter Interessengruppen, die in mehr oder weniger regelmäßigem Kontakt zu Kommissionsdienststellen und anderen „EG"-Institutionen stehen, setzt Grote – unter Berücksichtigung der den „EG"-Organisationen angeschlossenen Gruppierungen – „bei weit über 6000" an. Härtel, Europäische Rechtsetzung, S. 114, hat dem European Public Affairs Directory Ende der neunziger Jahre folgende Zahlen entnommen. Demzufolge zählte man etwa 890 europäische Interessengruppen, 320 Firmenrepräsentanten, 130 nationale Interessengruppen, 130 Vertretungen untergeordneter Gebietskörperschaften, 140 Berater und 160 Anwaltsbüros sowie 45 Handelskammern, 15 Think Tanks, 180 Vertretungen von Drittländern und 85 Vertretungen Internationaler Organisationen. Wessels, Das politische System der Europäischen Union, in: Die politischen Systeme Westeuropas, S. 957 ff. (974), offeriert einen tabellarischen Überblick über die „Mitspieler-Vertretungen von Akteursgruppen in Brüssel" in ihrer zahlenmäßigen Entwicklung von 1990 bis 2005. Siehe außerdem Gretschmann, Kommst Du mit der Lösung oder bist Du Teil des Problems?, in: Politikberatung und Lobbying in Brüssel, S. 78 ff. (79 f.).

Affairs-Agenturen. Man spricht bereits von der Entwicklung einer europäischen Beratungsindustrie. Insgesamt rangieren die wirtschaftlichen Interessenvertretungen deutlich vor "public interest groups".[586]
Ziele der Interessenvertretungen sind besonders die Kommission[587] und spätestens mit der Einführung des Mitentscheidungsverfahrens auch das Europäische Parlament. Bei nationalen Politikern, vor allem solchen, die gleichzeitig im Rat tätig sind, wird ebenfalls versucht, diese für die Belange einer bestimmten Lobby, die dann als nationale – meist wirtschaftliche – Interessen dargestellt werden, einzunehmen.[588] In diesem Zusammenhang stellt sich die Frage, wie sich der erhebliche und stetig steigende[589] Einfluss von Interessengruppen auf die Rechtsetzung[590] auf deren Quantität und Qualität auswirkt.
Bezüglich der Qualität lässt sich zunächst positiv konstatieren, dass die Kommission für die Ausarbeitung von Rechtsetzungsinitiativen oft auf das Fachwissen der Interessenverbände angewiesen ist. Diese helfen bei der Analyse der Sachgegebenheiten und tragen dazu bei, die Folgewirkungen verschiedener Regelungsalternativen abzuschätzen. Für das Europäische Parlament und den Rat geht es in der Tendenz zwar weniger um „technische Detailfragen", sondern eher um umfassendere Interessen[591], aber auch hier ist die Rückkoppelung mit den Normadressaten für eine inhaltlich gute Rechtsetzungsarbeit wichtig. Die Interessengruppen bereichern den Rechtsetzungsprozess somit durch die Zurver-

586 Nach Kohler-Koch/Conzelmann/Knodt, Europäische Integration – Europäisches Regieren, S. 234 m. w. N., vertreten 80 % der Verbände wirtschaftliche Interessen und nur 20 % allgemeine Interessen. Siehe auch Speth, vorgänge, 2006, 68 ff. (70 f.).

587 Pollak, Repräsentation ohne Demokratie, S. 218.

588 Vgl. etwa Jacob/Volkery, Technikfolgenabschätzung – Theorie und Praxis, 2005, 69 ff. (bes. 74 ff.) – dort zu den diversen „Beeinfussungsinitiativen" von Interessenvertretern im Vorfeld der REACH-Richtlinie.

589 So jedenfalls Kirchner, Jahrbuch der Europäischen Integration, 1990/91, 260 ff. (266). Siehe auch die Stellungnahme des Wirtschafts- und Sozialausschusses zum Thema „Der Binnenmarkt der Gemeinschaft nach 1992 – Folgemaßnahmen zum Sutherland-Bericht", ABl. 1993 C 201/59, S. 61.

590 So auch v. Danwitz, JZ, 2006, 1 ff. (3).

Zur Tätigkeit der europäischen Interessenverbände vgl. etwa: Kirchner, Jahrbuch der Europäischen Integration, 1990/91, 260 ff. (260 ff.) – dort mit einer Beschreibung damals aktueller Verbandsinitiativen; Kohler-Koch, Vertikale Machtverteilung und organisierte Wirtschaftsinteressen in der Europäischen Gemeinschaft, in: Die Kraft der Region: Nordrhein-Westfalen in Europa, S. 221 ff. (221 ff.).

Als Beispiel für den erheblichen Einfluss von Interessengruppen auf die unionale Rechtsetzung können die Aktivitäten rund um den Vorschlag für eine Richtlinie des Europäischen Parlaments und des Rates über die Patentierbarkeit computerimplementierter Erfindungen, KOM (2002) 92 endg., genannt werden. Vgl. hierzu Kafsack/Mussler, Die Schlacht ums Patent.

591 Speth, vorgänge, 2006, 68 ff. (72 f.).

fügungstellung von Information und externem Sachverstand.[592] Europäische Interessenverbände sind darüber hinaus „wichtige Foren für Aussprache und politische Koordination sowie ein Kommunikationsnetz und ein Mittel der Konsensfindung“[593]. Die vermeintliche Gleichsetzung der Tätigkeit von Interessenverbänden mit einer gemeinwohlwidrigen Interessenvertretung[594] würde den Blick daher verengen und außer Acht lassen, dass die organisierten Interessenvertretungen die Partikularinteressen ihrer Mitglieder bündeln und diesen damit die Möglichkeit einer sinnvollen Einbringung ihrer Ansichten in den Rechtsetzungsprozess schaffen[595].
Die positiven Aspekte, die sich mit der Tätigkeit von Interessengruppen für den Rechtsetzungsprozess verbinden, sind aber nur eine Seite der Medaille. Speziell die Art und Weise, wie die Informationen und Interessen artikuliert werden, verdient Kritik. Wird schon im nationalstaatlichen Bereich die Intransparenz[596] der Mitwirkung von Interessenverbänden bei der Rechtsetzung beklagt[597], so verkomplizieren sich die Dinge auf europäischer Ebene zusätzlich. Im Mehrebenensystem der Union wird die Rechtsetzung direkt und indirekt von „supranationalen“ und „nationalen“ Politikakteuren bestimmt. Nationale und „suprana-

592 Diese Funktion der Einbindung von Interessenvertretern in den Rechtsetzungsprozess hat Ellwein, Das Regierungssystem der Bundesrepublik, S. 161 ff., treffend herausgearbeitet. Vgl. in diesem Zusammenhang auch folgende Arbeiten, die sich speziell auf die europäische Ebene beziehen: Ennuschat, DVBl., 2004, 986 (989 f.); Gretschmann, Kommst Du mit der Lösung oder bist Du Teil des Problems?, in: Politikberatung und Lobbying in Brüssel, S. 78 ff. (bes. 80 f.); Härtel, Europäische Rechtsetzung, S. 129; Kirchner, Jahrbuch der Europäischen Integration, 1990/91, 260 ff. (260); v. Bogdandy, Gubernative Rechtsetzung, S. 64. Siehe ferner Stellungnahme des Wirtschafts- und Sozialausschusses zum Thema „Der Binnenmarkt der Gemeinschaft nach 1992 – Folgemaßnahmen zum Sutherland-Bericht“, ABl. 1993 C 201/59, S. 60 f.

593 Kirchner, Jahrbuch der Europäischen Integration, 1990/91, 260 ff. (267).

594 Jørgensen, Rechtstheorie, 20 (1989), 493 ff. (497).

595 Scholz, FS Peltzer, S. 437 ff. (bes. 445 f., 452). Vgl. auch Deggau, Rechtstheorie, 20 (1989), 98 ff. (109) – dort zur Notwendigkeit der Bündelung von Interessen um „auf den Relevanzbahnen des politischen Systems als normierungsbedürftig vermittelt“ werden zu können.

Erwähnt sei in diesem Zusammenhang auch, dass man in der Mitwirkung der Interessenverbände bei der europäischen Rechtsetzung auch eine gewisse Kompensation für das Demokratiedefizit im unionalen Rechtsetzungsprozess erblicken kann. Vgl. hierzu Speth, vorgänge, 2006, 68 ff. (75 f.).

596 Vgl. zu den europarechtlichen Vorgaben im Hinblick auf die Transparenz des Rechtsetzungsprozesses Kahl, ZG, 1996, 224 ff. (224 ff.).

597 Auch Reicherzer, ZG, 2004, 121 ff. (136), beklagt einen solchen Transparenzmangel. Neben der Forderung nach einer transparenten Einbindung der Interessengruppen wird oft auch eine „demokratische“ Binnenstruktur der Interessengruppen selbst verlangt. Vgl. dazu für Deutschland etwa Scholz, FS Peltzer, S. 437 ff. (bes. 437, 448 ff.).

tionale“ Interessengruppen üben auf nationale politische Entscheidungsträger sowie auf solche der Union Einfluss aus.[598] Schon aus diesem Grund ist die Einflussnahme von privaten Interessengruppen auf die Rechtsetzung der Union nicht nur intransparent, sondern auch äußerst komplex und oft ohne klare Strukturen und Zusammenhänge.[599] Die Arbeitsweise der Kommission, die das „Hauptziel funktionaler Beeinflussungsstrategien“[600] darstellt, befördert ihrerseits durch die Vielzahl an beratenden Körperschaften, wie Verwaltungs-, Beratungs- und Konsultationsauschüssen, Expertengruppen et cetera die Intransparenz, Zersplitterung und Vielschichtigkeit einer nicht mehr überschaubaren Einflussnahme privater Interessengruppen auf die Rechtsetzung der Union zusätzlich.[601] Dies führt dazu, dass die Entscheidungsfindung in weiten Teilen der Aufmerksamkeit und der kritischen Kontrolle der Öffentlichkeit entzogen wird.[602] Die vom Parlament und der Kommission unternommenen Anstrengungen für mehr Transparenz bei den Aktivitäten von Interessenvertretungen, wie deren Registrierung bzw. die Einführung von Verhaltenskodizees[603], sollen hier gegensteuern. Dass die Konsultationen meist „hinter verschlossenen Türen“

598 Vgl. Henning/Wald, PVS, 2000, 647 ff. (661 ff.), der dies am Beispiel der Gemeinsamen Europäischen Agrarpolitik nachgezeichnet.

599 So schreibt etwa Caporaso (The Emergent European Community: Problems of Interest Group Hedonism. Paper presented at ECPR Joint Sessions of Workshops, Brussels, Belgium, 1979, S. 20 – zitiert nach Grote, Jahrbuch zur Staats- und Verwaltungswissenschaft, 1990, 227 ff. [232]): „Verbandlicherseits werden Gemeinschaftsinstitutionen mit einer Vielzahl von Forderungen überladen, denen allerdings insgesamt sowohl programmatische Attraktivität wie auch ideologische Kohärenz sowie ein auch nur irgendwie geartetes Ordnungsprinzip gestaltender Art fehlen. Dies resultiert auch deshalb in mangelnder Verantwortlichkeit, weil Interessengruppen als die eigentlichen Initiatoren politischer Prozesse so zahlreich, fraktioniert und ohne umfassendes politisches Programm agieren, daß individuelle Handlungsfolgen zunächst nicht erkennbar und damit unkontrollierbar werden. Der Kommission als der einzig wirklichen europäischen Institution fehlt die Macht, die für eine Transformierung und deutliche Neuordnung organisierter Gruppenforderungen notwendig wäre. Sie beschränkt sich stattdessen darauf, die wenigen Ressourcen, die sie besitzt und kontrolliert, auf individuelle Gruppen zu verteilen.“ Vgl. auch Pollak, Repräsentation ohne Demokratie, S. 220.

600 Grote, Jahrbuch zur Staats- und Verwaltungswissenschaft, 1990, 227 ff. (236).

601 Vgl. etwa Grote, Jahrbuch zur Staats- und Verwaltungswissenschaft, 1990, 227 ff. (236 ff.), der sich bei seinen Ausführungen auf vier interne Dokumente des Europäischen Parlaments und der Kommission beruft (siehe S. 237, Fn. 14: PE 85.216/fin., EP Document 1-446/83; COM (84) 93/fin., 21.02.1984; PE 89.377/fin., EP Document 1-40/84; COM (85) 497/fin., 12.09.1985). Die vier internen Dokumente vermitteln eine „desolate“ Lage der Einbeziehung privater Interessen in die europäischen Entscheidungsprozesse.

602 Haltern, Europarecht und das Politische, S. 156; Kaufer, Theorie der Öffentlichen Regulierung, S. 149 f.

603 Vgl. umfassend zum Ganzen Ennuschat, DVBl., 2004, 986 (990), und Hasler, ZEuS, 2007, 503 ff. (503 ff.).

stattfinden, ändern diese Maßnahmen jedoch leider nicht.[604] Die Undurchsichtigkeit eines derartigen Vorgehens macht es möglich, dass sich die Interessengruppen im politischen Prozess Sondervorteile verschaffen, die meist zulasten einer großen und nur diffus konturierten Masse gehen, die selten in der Lage ist, die Vor- und Nachteile einer bestimmten Maßnahme für die beteiligten Interessengruppen zu bestimmen. Der Qualität von Rechtsnormen, die auf diesem Wege entstehen, dürfte dies eher abträglich sein.[605] Ein Beispiel hierfür ist die intensive Lobbyarbeit im Bereich der Festlegung von Grenzwerten für den CO_2-Ausstoß von Neuwagen. Durch den starken Einfluss von privaten Interessenverbänden wurden die geplanten Regelungen stark „verwässert“ und so die Effektivität der geplanten Maßnahmen verringert.[606]
Außerdem besteht insgesamt die Gefahr einer Verbandsinteressen dienenden Wirtschaftspolitik, die mit interventionistischer Flickarbeit der (Gesamt-) Stimmigkeit der Rechtsordnung erheblichen Schaden zufügt.

Die umfangreichen Beeinflussungsinitiativen der Interessenvertretungen zeitigen auch Auswirkungen auf die Quantität der Rechtsetzung. Je mehr Ansichten und Interessen Einfluss auf die Rechtsetzung ausüben, umso mehr steigt der Ausstoß von Normen an, die erforderlich sind, um diesen Einflüssen Rechnung zu tragen.[607] Diese Erkenntnis lässt sich theoretisch mit Hilfe der “Capture-Theory“ untermauern. Diese Theorie besagt, dass es in Verkehrswirtschaften von Seiten der Unternehmen bzw. deren Interessengruppen stets eine Anfrage für hoheitliche Regulierungseingriffe gibt, um sich im Wettbewerb einen Vorteil zu verschaffen. Auf der europäischer Ebene kommt verschärfend hinzu, dass viele multinationale, exportorientierte Industrien eine europäische Unterstützung ihrer Interessen anstreben, etwa um noch strengere nationale Vorschriften zu vermeiden oder um ihre Tätigkeiten zumindest in einem „europaweit“ einheitlichen Rechtsrahmen durchführen zu können.[608] Für die „Produktion der gewünschten Normen“ bieten die Interessenvertreter den Politikern als „Gegenleistung“ ihre Unterstützung an. Dieser „Markt für Regulierungen“ führt zu einem tendenziellen Anwachsen der Eingriffe in den Wirtschaftsprozess und damit

604 Härtel, Europäische Rechtsetzung, S. 133.

605 So allgemein auch Dreier, Mißlungene Gesetze, in: Das mißglückte Gesetz, S. 1 ff. (5).

606 Vgl. Crolly, EU-Kommission will Lobbyisten kontrollieren; Rother, Merkel und Sarkozy verwässern Klimaziele – Die Bremskraftverstärker.

607 Böhret, Gesetzgebung – Programmatische Ordnung oder tagespolitische Reaktion?, in: Zustand und Perspektiven der Gesetzgebung, S. 55 ff. (71); Groll, In der Flut der Gesetze, S. 71; Rack, Normenflut auf Gemeinschaftsebene, in: Bürgernahes Wirtschaftsrecht – Eine Utopie?, S. 161 ff. (170); Schlicht, Verrechtlichung der Gesetzgebung, S. 174.

608 Majone, Jahrbuch zur Staats- und Verwaltungswissenschaft, 1989, 159 ff. (167).

verbunden zu mehr Normen.[609] Typische Folgen sind dabei aber nicht nur mehr Rechtsetzungsakte selbst, sondern auch der vermehrte Gebrauch von Ausnahmevorschriften, mit denen sich der Lobbyismus ein „Einfallstor" für seine Interessen schafft[610] und damit für eine weitere Verkomplizierung und größere Detailliertheit der Vorschriften sorgt.

b) Komitees

Über die Union spinnt sich seit langer Zeit ein immer dichteres Netz von Komitees, das den Rechtsetzungsprozess entscheidend mitprägt.[611] Der Öffentlichkeit blieben diese Aktivitäten trotz verbesserter Transparenz bisher weitgehend verborgen.[612]

Allgemein lässt sich sagen, dass die wachsende Bedeutung der Komitees im steigenden Bedarf an technischer Expertise für die moderne Rechtsetzung wurzelt. Ferner dienen sie der Koordination zwischen den unionalen Instanzen sowie zwischen der Union und den Mitgliedstaaten.

In einer groben Einteilung lassen sich fünf verschiedene Formen von Komitees unterscheiden.[613] Dies sind zunächst die institutionalisierten Ausschüsse mit beratendem Charakter: der Wirtschafts- und Sozialausschusses (Art. 257–262 EGV – jetzt: Art. 301–304 AEUV) und der Ausschusses der Regionen (Art. 263–265 EGV – jetzt: Art. 305–307 AEUV). Des Weiteren sind der Ausschuss der Ständigen Vertreter (AStV, franz. Comité des Représentants Permanents – COREPER) sowie die in dessen Vorfeld angesiedelten Arbeitsgruppen zu nennen, welche die Arbeiten des Rates vorbereiten. Außerdem verfügt das Europäische Parlament über eine Reihe von ständigen und nichtständigen Ausschüssen. Schließlich sind noch die Komitees, die im Rahmen der

---

609 Vgl. allgemein zum Inhalt der „Capture-Theory": Gabler, Volkswirtschafts-Lexikon (Capture Theorie), S. 135. Siehe auch: Schmidt, Wettbewerbspolitik und Kartellrecht, S. 42 f. – dort mit einer Beschreibung der „Nachfragesituation" für Regulierung im Bereich der Wirtschaft; Hoffmann-Riem, Der Staat, 23 (1984), 17 ff. (26 f.). Vgl. ferner Kloepfer, VVDStRL, 40 (1982), 63 ff. (73), der in Bezug auf die Rechtsetzung in Deutschland ebenfalls einen Zusammenhang von „Lobbytätigkeit" und „Normenflut" skizziert.

610 So allgemein Reicherzer, ZG, 2004, 121 ff. (122).

611 Vgl. Speth, vorgänge, 2006, 68 ff. (72).

612 Vgl. Haibach, Eipascope, 2000/2, 38 ff. (40): "Committees are seen as embodying the most opaque and even secret part of EC decision making." Ferner Baldwin/Cave, Understanding Regulation, S. 155; Birkinshaw, European Public Law, S. 259.

613 Haibach, Eipascope, 2000/2, 38 ff. (38).

„Komitologie" die Durchführungsmaßnahmen der Kommission begleiten sowie die diversen Expertengremien, welche die Kommission mit externer Beratung bei der Ausarbeitung ihrer Vorschläge unterstützen, zu erwähnen. In der folgenden Darstellung werden der Wirtschafts- und Sozialausschuss und der Ausschuss der Regionen ausgeklammert. Erörtert werden nur die Ausschüsse, die sich dem Rat, dem Europäischen Parlament und der Kommission zuordnen lassen.

aa) Ausschuss der Ständigen Vertreter und die Arbeitsgruppen des Rates

Die Arbeiten des AStV und diverser Sonderausschüsse[614] und Arbeitsgruppen sind im Vorfeld der Beratungen des Rates angesiedelt.[615]

Dem AStV kommt im politischen Willensbildungsprozess und im Rechtsetzungsverfahren eine herausgehobene Stellung zu.[616] Nach Art. 207 Abs. 1 S.1 EGV – jetzt: Art. 240 Abs. 1 S. 1 AEUV – hat der AStV die Aufgabe, „die Arbeiten des Rates vorzubereiten und die ihm vom Rat übertragenen Aufträge auszuführen." Ähnlich dem Rat selbst, setzt sich der AStV aus je einem Vertreter pro Mitgliedstaat zusammen. Er untergliedert sich in einen Teil 1 und einen Teil 2, wobei ersterer vorwiegend in juristischen und technischen Fragen berät, Teil 2 hingegen politisch bedeutsame Fragen eruiert.[617]

Im Rahmen seiner Tätigkeit überprüft der AStV u. a., ob die beabsichtigten Rechtsakte mit den Grundsätzen der Legalität, der Subsidiarität und Verhältnismäßigkeit und der Begründungspflicht kompatibel sind sowie die Einhaltung von Verfahrensregeln, die Transparenz und die redaktionelle Qualität der Recht-

---

614 Hier gibt es interne und externe Sonderausschüsse. In diesen widmen sich hochrangige nationale Beamte speziellen Themengebieten. Härtel, Europäische Rechtsetzung, S. 91, Fn. 175, nennt als Beispiele etwa den Sonderausschuss Landwirtschaft oder den Ausschuss für die Handelspolitik (interne Ausschüsse) bzw. den Währungsausschuss oder den K4-Ausschuss für die Zusammenarbeit in den Bereichen Justiz und Inneres. Vgl. dazu auch Mentler, Der Ausschuss der Ständigen Vertreter in den Europäischen Gemeinschaften, S. 53 ff., 55 ff. sowie S. 58 ff.

615 Vgl. hierzu allgemein u. a.: Härtel, Europäische Rechtsetzung, S. 90 ff.; Lewis, Journal of Common Market Studies, 36 (1998), 479 ff. (479 ff.); Noël, EuR, 1967, 24 ff. (24 ff.); Röhl, EuR, 1994, 409 ff. (418 ff.); v. Schendelen, The In-Sourced Experts, in: The Unseen Hand, S. 27 ff. (33 ff.).

616 Haibach, Eipascope, 2000/2, 38 ff. (39); Härtel, Europäische Rechtsetzung, S. 90; Héritier, Koordination von Interessenvielfalt im europäischen Entscheidungsprozeß und deren Ergebnis: Regulative Politik als „Patchwork", MPIFG Discussion Paper 95/4, S. 15 f.; Mentler, Der Ausschuss der Ständigen Vertreter in den Europäischen Gemeinschaften, bes. S. 143; Pollak, Repräsentation ohne Demokratie, S. 207.

617 Vgl. Härtel, Europäische Rechtsetzung, S. 91; Wichard, in: Callies/Ruffert EUV/EGV Art. 270 EGV Rn. 2.

setzungsakte.[618] Der AStV leistet damit einen Beitrag zu einer guten Rechtsetzung auf Unionsebene.
Wie der Rat selbst auf die Vorarbeiten des AStV zurückgreift, rekurriert der AStV auf Vorarbeiten einer Vielzahl von Ausschüssen und Arbeitsgruppen.[619] Die Gesamtzahl der ständigen oder ad hoc eingesetzten Arbeitsgruppen beträgt zirka 200.[620] Diese Arbeitsgruppen setzen sich aus Beamten der mitgliedstaatlichen Verwaltungen oder Diplomaten zusammen. In ihren Beratungen, denen stets ein Vertreter der Kommission beiwohnt, werden die Rechtsetzungsvorschläge der Kommission mit den nationalen Positionen abgestimmt. Obgleich sich die Aufgaben der Arbeitsgruppen als Tätigkeiten technischer und bürokratischer Art begreifen lassen[621], ist ihr Einfluss auf den weiteren Rechtsetzungsprozess nicht zu unterschätzen. So werden vom AStV nur noch die Fragen beraten, über welche die Arbeitsgruppen keine Einigung erzielen konnten. Ähnliches gilt im Übrigen auch für die Beratungsergebnisse des AStV. Punkte, zu denen im AStV bereits eine Einigung erzielt werden konnte, werden im Rat nicht mehr erörtert, sondern auf Grundlage der Einigung im AStV verabschiedet.[622] „Formell“ entscheidet der Rat dabei zwar stets eigenständig[623], „materiell“ sind jedoch sowohl der AStV als auch die vorgeschalteten Arbeitsgruppen (wohl) als die „eigentlichen“ Entscheidungsorgane einzustufen.[624] Dies belegen Statistiken,

618 Art. 19 Abs. 1 lit. a und d GO-Rat. Vgl. auch Europäischer Rat Helsinki, 10.–11. Dezember 1999: „Schlussfolgerungen des Vorsitzes“, abrufbar unter: http://europa.eu/european-council/index_de.htm – vgl. dort Anlage III F (Punkt 23).

619 Vgl. Art. 19 Abs. 3 GO-Rat.

620 Vgl. zur Übersicht etwa: Verzeichnis der an den Vorbereitungsarbeiten des Rates beteiligten Ausschüsse und Gruppen – Ratsdokument 9872/00; Vorbereitungsgremien des Rates – Ratsdokument 15180/05, Vorbereitungsgremien des Rates – Ratsdokument 11301/08. Weitere entsprechende Verzeichnisse sind unter http://www.consilium.europa.eu/showPage.aspx?id=549&lang=DE abrufbar. Siehe außerdem Beyers/Dierick, Journal of Common Market Studies, 36 (1998), 289 ff. (290). Beyers und Dierick beziffern die Anzahl der Arbeitsgruppen, welche im Verlauf der belgischen Ratspräsidentschaft im Jahr 1993 tätig wurden, auf 170. Schaefer, Démystifier la comitologie, in:, Eipascope, Numéro spécial 25ème anniversaire, S. 51 ff. (53), berichtet davon, dass gewöhnlich 300 bis 400 Gruppen während einer halbjährigen Ratspräsidentschaft aktiv sind. Weitere interessante Zahlenangaben liefert etwa Haibach, Eipascope, 2000/2, 38 ff. (39), der u. a. von 2580 Treffen von Arbeitsgruppen im Jahr 1994 berichtet. Der Ministerrat tagte hingegen nur 125-mal und der AStV sogar lediglich 117-mal.

621 Dann, Parlamente im Exekutivföderalismus, S. 64; Härtel, Europäische Rechtsetzung, S. 92.

622 Vgl. ausführlicher Härtel, Europäische Rechtsetzung, S. 92 f.

623 Härtel, Europäische Rechtsetzung, S. 92 f.; Noël, EuR, 1967, 24 ff. (33 f.); Wichard, in: Callies/Ruffert EUV/EGV Art. 207 EGV Rn. 3 f.

624 Pollak, Repräsentation ohne Demokratie, S. 207; v. Schendelen, The In-Sourced Experts, in: The Unseen Hand, S. 27 ff. (34).

wonach 70–80 % der vom Rat angenommenen Rechtsakte „vorentschieden" wurden.[625] Es ist noch anzumerken, dass sich die Beratungen in den Arbeitsgruppen oft über einen langen Zeitraum erstrecken.[626]

bb) Ausschüsse des Europäischen Parlaments

Wenngleich im Unionsvertragsrecht nicht erwähnt[627], leisten die Ausschüsse des Europäischen Parlamentes[628] den Großteil der Parlamentsarbeit und bilden quasi dessen Rückgrat[629]. So ist es die Aufgabe der ständigen und nichtständigen Ausschüsse, die Arbeiten und Entscheidungen des Plenums vorzubereiten, wobei sie als spezialisierte Gremien den hierfür notwendigen Sachverstand aus den einzelnen Fraktionen bündeln. Die Kooperation mit Vertretern des Rates und der Kommission findet ebenfalls in den Ausschüssen statt.[630] Durch die Dominanz der Ausschussarbeit im Europäischen Parlament werden die Ausschüsse zu den eigentlichen Orten der Willensbildung im Parlament.[631] Dass ihre Sitzungen öffentlich sind[632], befriedigt den Bedarf nach Transparenz im Prozess der Willensbildung wenigsten teilweise.

---

625 Haibach, Eipascope, 2000/2, 38 ff. (39). Ähnlich auch Härtel, Europäische Rechtsetzung, S. 92. Nach ihren Angaben werden 80 % aller Entscheidungen spätestens auf Ebene des AStV getroffen.

626 Everling, FS Kutscher, S. 155 ff. (167 f.), spricht von eingehenden, sich meist monate- oder sogar jahrelang hinziehenden Beratungen und verweist in diesem Zusammenhang auf die unterschiedlichen Interessen der Regierungen, welche sich aus der wirtschaftlichen und sozialen Lage der Staaten und innenpolitischen Diskussionen ergeben.

627 Eine Ausnahme bildet insoweit nur der – hier nicht weiter zu erörtende – nichtständige Untersuchungsausschuss nach Art. 226 AEUV.

628 Vgl. hierzu allgemein Härtel, Europäische Rechtsetzung, S. 113 ff.

629 Haibach, Eipascope, 2000/2, 38 ff. (39), bezeichnet Ausschüsse des Europäischen Parlaments als "the ‚legislative backbone' of the European Parliament". Ähnlich Dann, Der Staat, 42 (2002), 355 ff. (371): Die Ausschüsse sind „Geist und Stimme des Parlaments [...]. Oder um es weniger körperlich auszudrücken: Die Ausschüsse sind von fundamentaler Bedeutung für die Arbeit des Parlaments in inhaltlicher wie auch prozeduraler Hinsicht."

630 Dann, Parlamente im Exekutivföderalismus, S. 384 ff.; Härtel, Europäische Rechtsetzung, S. 114.

631 Dann, Der Staat, 42 (2002), 355 ff. (362); Härtel, Europäische Rechtsetzung, S. 114.

632 Härtel, Europäische Rechtsetzung, S. 114.

cc) „Komitologieausschüsse“ und weitere externe Expertengremien der Kommission

„Komitologie“[633] (vom franz. ‚comité‘ abgeleitet) bezeichnet die Verfahren, die zum Einsatz kommen, wenn die Kommission mit der Durchführung bestimmter Basisrechtsakte betraut wird (vgl. Art. 202 Spiegelstrich 3, 211 Spiegelstrich 4 EGV). Die neuen normdefinierenden Vertragsbestimmungen der Art. 290 und 291 AEUV geraten mit Inkrafttreten des „Vertrags von Lissabon“ nun in Konflikt mit diesen bestehenden „Komitologieverfahren der EG“. Grund hierfür ist Art. 9 S. 1 des Lissabonner Vertragsprotokolls über die Übergangsbestimmungen[634]. Dort heißt es: „Die Rechtsakte der Organe, Einrichtungen und sonstigen Stellen der Union, die vor dem Inkrafttreten des Vertrags von Lissabon auf der Grundlage des Vertrags über die Europäische Union angenommen wurden, behalten so lange Rechtswirkung, bis sie in Anwendung der Verträge aufgehoben, für nichtig erklärt oder geändert werden.“ Damit finden auch die „Komitologievorschriften“ in bestehenden Rechtsakten solange weiter Anwendung, bis die jeweiligen Rechtsetzungsakte aufgehoben werden, nichtig erklärt oder geändert werden.

Bei der „Komitologie“ im hergebrachten Sinn handelt es sich um ein Ausschusssystem, das die Beteiligung der Mitgliedstaaten, des Rates und des Europäischen Parlaments an den Durchführungsmaßnahmen der Kommission gewährleistet. Diese Beteiligung soll helfen, die Kommission bei ihren Aktivitäten zu kontrollieren und den Durchführungsmaßnahmen mehr demokratische Legitimation zu verschaffen. Ob die theoretische Bedeutung dieser Kontrollfunktion allerdings immer Schritt hielt mit ihrer praktischen Wahrnehmung, muss bezweifelt werden. So schreiben etwa Christiansen und Vaccari mit Blick auf das Europäische Parlament: “On the whole it seems fair to say that the EP has been selective in making use of ist scrutiny rights specifically in areas in which it also has a polical interest in voicing its opinion, rather than systematically scrutinising all incoming implementing measures transmitted to it by the Commission.“[635]

---

633 Vgl. zur Komitologie: Blumann, Revue trimestrielle de droit européen, 1996, 1 ff. (1 ff.); Demmke/Haibach, DÖV, 1997, 710 ff. (710 ff.); Dogan, West European Politics, 20 (1997), 31 ff. (31 ff.); Grams, KritV, 1995, 112 ff. (112 ff.); Härtel, Europäische Rechtsetzung, S. 218 ff.; Hauschild, ZG, 1999, 248 ff. (248 ff.); Lenaerts/Verhoeven, CML Rev., 2000, 645 ff. (645 ff.); Seifert, Die Durchführung des Gemeinschaftsrechts durch die Europäische Kommission als Teil europäischer „Gesetzgebungstätigkeit“ – aktuelle Rechtslage und Modell der Europäischen Verfassung, S. 6 ff.

634 Protokoll über die Übergangsbestimmungen, ABl. 2007 Nr. C 306/159.

635 Christiansen/Vaccari, Eipascope, 2006/3, 9 ff. (11). Vgl. auch Härtel, Europäische Rechtsetzung, S. 231, die die Fähigkeit Europäischen Parlaments zur Bearbeitung von Vorschlägen zu technischen Fragen nachhaltig bezweifelt.

Ohne Zweifel gehörte es zu den Verdiensten der „Komitologieverfahren", dass diese die Möglichkeiten bieten, (Basis-) Rechtsakte effektiv durchzuführen, auszuführen, anzupassen oder zu ergänzen.[636] Die Rechtsetzungstätigkeit, welche die Kommission in Zusammenarbeit mit den Ausschüssen wahrnimmt, entlastet den Rat und das Europäische Parlament in nicht unerheblichem Maß und schafft damit Freiräume für diese Institutionen, die es erlauben, sich auf „wichtige Regelungen" zu konzentrieren, anstatt sich in (technischen) Einzelheiten zu verlieren.
Welche herausragende Signifikanz die „Komitologie" für die Rechtsetzungsaktivität der Union hat bzw. hatte, lassen schon einige Aussagen aus dem Schrifttum erkennen, die von einem „gouvernement de comités"[637] oder einer „Beamtenherrschaft"[638] sprechen. Besonders in den Bereichen Landwirtschaft, Fischerei, Außenbeziehungen, Industrie, Binnenmarkt und Zoll sind die Ausschüsse die maßgeblichen Akteure bei der unionalen Rechtsetzungsaktivität.[639]

Neben den „Komitologieausschüssen" wird die Kommission im Übrigen bei der Ausarbeitung von Rechtsetzungsentwürfen noch von weiteren zahllosen externen Expertengremien beraten.

Die Steigerung der Effizienz im Rechtsetzungsprozess hat jedoch, unabhängig von der Diskussion um die demokratische Legitimität solcher Entscheidungsprozesse, auch ihre Schattenseiten. Auch „Komitologie" arbeitet kompromissorientiert[640] und trägt damit unterschiedlichste Interessen in den Rechtsetzungsprozess hinein, die zu einer erhöhten Anzahl von Rechtsnormen führen. Außerdem ist die Arbeit der verschiedenen Ausschüsse teuer[641] und vor allem – spezi-

---

636 Vgl. Härtel, Europäische Rechtsetzung, S. 218 f.

637 Vgl. Bach Zeitschrift für Soziologie 1992 16 ff. (16 ff.).

638 Höreth, Warum sich das Vereinte Europa mit der Demokratie schwer tut (2. Das institutionelle Demokratiedefizit – Die EU als Technokratie und Expertokratie).

639 Hauschild, ZG, 1999, 248 ff. (248).

640 Härtel, Europäische Rechtsetzung, S. 229 m. w. N.

641 Vgl. Härtel, Europäische Rechtsetzung, S. 229, Fn. 341 – Die ungefähr 400 Komitologieausschüsse, die sich mehr als 1.000 Mal pro Jahr zusammentreffen, haben oft eine große Anzahl von Mitgliedern. Dies verursacht erhebliche Reise- und Unterbringungskosten. Die restlichen Kosten, wie die Entschädigung für die Arbeitszeit, die die Experten in den Ausschüssen verbringen, tragen die Mitgliedstaaten selbst. Nach Angaben von Härtel beliefen sich im Jahr 1998 die Gesamtkosten für das Ausschusswesen auf 20.349.000 Euro. Hinzu kommen 18.344.000 Euro, die für das Zusammentreffen von Experten und Arbeitsgruppen aufgewandt wurden, wobei jeder Regierungsexperte ca. 700 Euro pro Tag erhielt und Experten aus der Privatwirtschaft 800 Euro.

ell für Außenstehende – undurchsichtig.[642] Mit Blick darauf, dass im Rahmen der Ausschussarbeit nicht nur technische Routineangelegenheiten abgehandelt werden, sondern auch Fragen von großer politischer Brisanz entschieden werden[643], ist diese Intransparenz zu kritisieren.

dd) Bewertung

Für die Beurteilung der Rolle der Komitees hinsichtlich des Rechtsetzungsprozesses steht fest, dass deren Arbeit für eine effektive Rechtsetzung unerlässlich ist.[644] Der Zunahme komplexer und technischer Probleme, mit der die Rechtsetzung konfrontiert ist, können selbst die mit breitem Zuständigkeitsbereich ausgestatteten Organe, schon mangels technischer und personeller Ressourcen, nicht mehr Herr werden.[645] Zudem erfüllen die verschiedenen Komitees als Bindeglieder zwischen nationaler und europäischer Ebene sowie

---

642 Demmke/Haibach, DÖV, 1997, 710 ff. (718); Radaelli, Governing European Regulation – *4. Assessment and policy proposals*. Vgl. auch Christiansen/Vaccari, Eipascope, 2006/3, 9 ff. (15), der meint, dass die Reform der Komitologie im Jahre 2006 "significantly increased the complexity of the comitology system – an aspect of the Union that was not famous for ist simplicity to start with".

643 Seifert, Die Durchführung des Gemeinschaftsrechts durch die Europäische Kommission als Teil europäischer „Gesetzgebungstätigkeit" – aktuelle Rechtslage und Modell der Europäischen Verfassung, S. 6. Ein Beispiel hierfür ist etwa das Embargo gegen britisches Rindfleisch: 96/239/EG: Entscheidung der Kommission vom 27. März 1996 mit den zum Schutz gegen die bovine spongiforme Enzephalopathie (BSE) zu treffenden Dringlichkeitsmaßnahmen, ABl. 1996 L 78/47.

Hier ist aber auch darauf hinzuweisen, dass eine exakte Trennungslinie zwischen routinemäßigen Durchführungsmaßnahmen und solchen mit legislativer und haushaltsmäßiger Relevanz kaum gezogen werden kann. Vgl. Haibach, Eipascope, 2000/2, 38 ff. (39); Lenaerts/Verhoeven, CML Rev., 2000, 645 ff. (649 f.).

644 Vgl. hierzu Haibach, Eipascope, 2000/2, 38 ff. (40): "The EC system of governance could not function without the committees." Siehe auch Schaefer, Démystifier la comitologie, in:, Eipascope, Numéro spécial 25ème anniversaire, S. 51 ff. (55): „Le système politique communautaire ne pourrait pas fonctionner sans comités: les groupes d'experts et les groupes de travail permettent aux Etats membres d'orienter et de définir les politiques; les commissions parlementaires permanentes offrent une plateforme de débat public et une voie par laquelle les électeurs peuvent se faire directement entendre; les comités ‚comitologie' renforcent la coordination et la coopération au niveau de la mise en oeuvre; et l'ensemble des comités favorisent et soutiennent l'intégration verticale et horizontale au sein de la Communauté. Les groupes d'experts, les comités ‚comitologie' et les groupes de travail rassemblent des représentants des Etats membres et des institutions européennes, et le Parlement étend la représentation à la société civile."

645 Härtel, Europäische Rechtsetzung, S. 228; Schaefer, Démystifier la comitologie, in:, Eipascope, Numéro spécial 25ème anniversaire, S. 51 ff. (51).

zwischen den unionalen Organen eine wichtige Koordinierungsaufgabe.[646] So ist die Kommission beispielsweise in allen Sitzungen des AStV, der Sonderausschüsse und Arbeitsgruppen des Rates vertreten, um den mit einzelstaatlichen Sachverständigen begonnenen Dialog mit den regierungsbeauftragten Beamten und Botschaftern fortzusetzen.[647] Große Teile der Abstimmung mit den Interessenvertretern finden ebenfalls auf Ausschussebene statt. [648]

Die weitreichende Beteiligung der Komitees an der Rechtsetzung muss jedoch auch kritisch betrachtet werden. Bedenklich sind nicht nur die praktischen Unzulänglichkeiten in der Zusammenarbeit der verschiedenen Stellen[649] oder die fehlende Legitimation demokratischer Wahlen für die Mitglieder der verschiedenen Komitees mit Ausnahme der parlamentarischen Ausschüsse[650], sondern vor allem die Intransparenz[651], die ihre Arbeit in den Rechtsetzungsprozess einbringt. Selbst die Kommission beanstandet das undurchsichtige System der Aus-

---

646 Härtel, Europäische Rechtsetzung, S. 228; Möllers, Tertiäre exekutive Rechtsetzung im Europarecht, in: Der Europäische Verwaltungsverbund, S. 293 ff. (311); Schaefer, Démystifier la comitologie, in:, Eipascope, Numéro spécial 25ème anniversaire, S. 51 ff. (51 ff.).

647 Noël, Die Organe der Europäischen Gemeinschaft, S. 47 f.

648 Noël, Die Organe der Europäischen Gemeinschaft, S. 47.

649 Vgl. etwa die Stellungnahme des Wirtschafts- und Sozialausschusses zum Thema „Der Binnenmarkt der Gemeinschaft nach 1992 – Folgemaßnahmen zum Sutherland-Bericht", ABl. 1993 C 201/59, S. 61, die das Bedauern des Ausschusses zum Ausdruck bringt, dass er in den Fällen, in denen seine Anhörung lediglich fakultativ ist, „in der Regel erst konsultiert wird, nachdem die Kommission formell über einen Vorschlag für eine Richtlinie, Verordnung oder Ratsentscheidung beschlossen hat. Der Ausschuß fordert die Kommission auf, ihn bei der Vorbereitung von Rechtsakten stärker zu konsultieren. [...] Die formelle Befassung des Ausschusses nach der Entscheidung der Kommission für einen Rechtsvorschlag ist teilweise unbefriedigend. Die Dokumente werden oft nicht rechtzeitig und in allen Amtssprachen vorgelegt, so dass für das Beratungsverfahren nur wenig Zeit verbleibt. Eine echte Konsultation durch den Ausschuß ist erst dann gegeben, wenn die Stellungnahmen so rechtzeitig abgeschlossen werden können, dass sie noch Einfluß auf die Entscheidungen im Parlament und Rat haben."

650 Haibach, Eipascope, 2000/2, 38 ff. (40).

651 Vgl. bereits die Stellungnahme des Wirtschafts- und Sozialausschusses zum Thema „Der Binnenmarkt der Gemeinschaft nach 1992 – Folgemaßnahmen zum Sutherland-Bericht", ABl. 1993 C 201/59, S. 60: „[...] neben dem durch den EWG-Vertrag als beratende Institution der Gemeinschaft eingesetzten Ausschuß gibt es aber noch eine Reihe beratender Ausschüsse, teilweise mit sektoralem Charakter, die auf Gemeinschaftsebene eine wichtige Rolle erfüllen. Dennoch ist oft unklar, welche Kompetenzen diese anderen Ausschüsse haben, ob sie den Gesichtspunkten der Repräsentativität Genüge leisten, und in welchem Verhältnis sie zum Wirtschafts- und Sozialausschuß stehen. Auch die mangelnde Transparenz ihrer Arbeit ist zu beklagen."

schüsse, bei dem nicht immer klar ist, „wer eigentlich die Entscheidungen trifft – Sachverständige oder Politiker“.[652]

Das „System der Komitees“ ist schon aufgrund seines immensen Umfangs kaum noch zu überblicken. So soll es auf Unionsebene mehr als 250 Komitees mit über 7.000 Offiziellen geben.[653] Schaefer berichtet von 30.000 bis 40.000 Offiziellen, die in den verschiedensten Komitees mitarbeiten.[654] Wieder andere sprechen von rund 1.800 Ausschüssen mit etwa 80.000 Fachleuten (Experten aus den nationalen Regierungsapparaten, Personen aus Unternehmen und NGOs).[655] Haltern konstatiert, dass genaue und verlässliche Angaben über die Zahl der Komitees innerhalb der Strukturen der Union nicht zu erhalten sind.[656] Er spricht von mindestens 400, wahrscheinlich sind es aber weit über 1.000 Komitees.[657] Hinzu kommt, dass die Komitees selbst wiederum ein wichtiger Anlaufpunkt für viele Lobbygruppen sind[658], was die unübersichtliche Gemengelage weiter verkompliziert. Schon durch diese Zahlenangaben[659] wird deutlich, dass die „Zersplitterung“ des Rechtsetzungsprozesses durch die Beteiligung der unterschiedlichsten Komitees an der Rechtsetzung weit fortgeschritten ist. Damit ist ein enormer Input an unterschiedlichen Interessen und Regelungswünschen verbunden, der in der Summe zu einer Zunahme der Rechtsetzungsaktivität führt.

Bei der Vielzahl von Komitees sind die „weniger bedeutsamen“ Komitees zudem wohl einem Rechtfertigungsdruck für ihr Bestehen und ihre Arbeit ausgesetzt. Als sichtbarer „Leistungsnachweis“ bleibt diesen nur übrig, die Produktion von neuen Rechtsetzungsakten und die Ausdifferenzierung der bestehenden Regelungen voranzutreiben.

---

652 Europäisches Regieren, Ein Weißbuch, KOM (2001) 428 endg., S. 25. Vgl. auch die Aussage von Haltern, Europarecht und das Politische, S. 156, der folgendes notiert: „Charakteristisch für den Stil der Interaktion sind informelle Prozeduren und kaum ausdifferenzierte Prozeßregeln; Akteure und Ereignisse zeichnen sich durch äußerst geringe Sichtbarkeit aus, der gesamte Entscheidungsprozeß ist hochgradig intransparent.“

653 Vgl. Christiansen/Vaccari, Eipascope, 2006/3, 9 ff. (9).

654 Schaefer, Démystifier la comitologie, in:, Eipascope, Numéro spécial 25ème anniversaire, S. 51 ff. (56 ff.).

655 Vgl. Speth, vorgänge, 2006, 68 ff. (72).

656 Haltern, Europarecht und das Politische, S. 155. Siehe auch Grams, KritV, 1995, 112 ff. (113, Fn. 3).

657 Haltern, Europarecht und das Politische, S. 155. Ähnlich Baldwin/Cave, Understanding Regulation, S. 155. Hilf, Die Organisationsstruktur der Europäischen Gemeinschaften, S. 111, geht in seinen Ausführungen, die sich auf das Jahr 1982 beziehen, von 1355 Gruppen und Komitees aus, die in internen Kommissionsdokumenten Erwähnung finden. Vgl. auch de Burca, The Institutional Development of the European Union, S. 55; Vos, European Law Journal, 1997, S. 210 ff. (213, Fn. 13).

658 Speth, vorgänge, 2006, 68 ff. (72).

659 Vgl. im Übrigen Europäisches Regieren, Ein Weißbuch, KOM (2001) 428 endg, S. 22.

Ferner tragen die Komitees zum Kompromisscharakter der Rechtsetzungsakte bei. Für die Qualität der Rechtsetzungsakte birgt dies die bereits beschriebenen Gefahren hinsichtlich der systematischen Stimmigkeit der Rechtsvorschriften und der „gesetzes"-technischen Gütezeichen wie Klarheit und Präzision in sich.

c) Beeinflussung der Kommissionsvorschläge durch die Mitgliedstaaten sowie durch den Rat und das Europäische Parlament

Im Folgenden wird der Tatsache nachgegangen, dass zahlreiche „überflüssige" Kommissionsvorschläge auf Forderungen aus den Mitgliedstaaten zurückzuführen sind.[660] Ferner wird auf die Rolle des Rates sowie die des Europäischen Parlaments bei der „Umgestaltung" ursprünglicher Vorschläge eingegangen.[661]

aa) „Spiel über Bande"

Ein Grund für Überregulierung und Überharmonisierung ist darin zu erkennen, was gemeinhin als „Spiel über Bande" bezeichnet wird, das heißt die Neigung der Mitgliedstaaten, (heimische) Probleme auf europäischer Ebene anzugehen, um damit nationale Schwierigkeiten bei der Durchsetzung bestimmter Maßnahmen zu umschiffen.[662] Diese Schwierigkeiten können etwa in der Trägheit des nationalen Gesetzgebungsprozesses, in föderalen Konflikten sowie in konträren Verbandsinteressen oder der öffentlichen Meinung wurzeln.[663]
Eine Entscheidung auf europäischer Ebene bietet für die Politikakteure darüber hinaus den Vorteil, die eigene (Mit-) Verantwortlichkeit für europäische Recht-

---

660 Vgl. 4. Kap. – A II 2 c aa.

661 Vgl. 4. Kap. – A II 2 c bb.

662 Brok, Die Europäische Union und ihre Akzeptanz, in: Staat und Verfassung in Europa, S. 109 ff. (110); Gallas, LeGes, 2001/3, 115 ff. (126); Herzog/Gerken, Europa entmachtet uns und unsere Vertreter; Herzog/Gerken, Von roten Karten und stumpfen Schwertern, S. 5; Lange, ZG, 2001, 268 ff. (268 f.); Philipp, EuZW, 1995, 353 (353); Rack, Normenflut auf Gemeinschaftsebene, in: Bürgernahes Wirtschaftsrecht – Eine Utopie?, S. 161 ff. (170); Radaelli, Governing European Regulation – *1. The reasons for regulatory growth*; Schmidhuber, DVBl., 1993, 417 ff. (420); Streinz, EWS, 2003, 1 ff. (11); Wuermeling, EuR, 2004, 216 ff. (217 f.).

663 So auch Nicolaysen, GS Grabitz, S. 469 ff. (479 f.); Papier, Europas neue Nüchternheit, S. 5. Vgl. aber auch Héritier, Koordination von Interessenvielfalt im europäischen Entscheidungsprozeß und deren Ergebnis: Regulative Politik als „Patchwork", MPIFG Discussion Paper 95/4, S. 8 – dort zu den weiteren Vorteilen, die sich die Mitgliedstaaten durch „europarechtliche Lösungen" erhoffen.

setzungsakte zu verschleiern.[664] Die Verantwortung wird „denen dort in Brüssel“ zugeschoben. Wer die Entscheidung wirklich getroffen hat, wird entweder gar nicht oder jedenfalls nicht ausdrücklich erwähnt.[665]
Anders als bei der „heimischen“ Gesetzgebung müssen die Minister im Rat nicht ihre Kabinettskollegen und das Parlament überzeugen. Stattdessen findet die Entscheidungsfindung nur zwischen den Ministern der entsprechenden Fachressorts statt, wo eigene Vorstellungen, trotz nationaler Unterschiede, oft besser durchzusetzen sind als „daheim“. In der Konsequenz führt dieses Verhalten der Mitglieder im Rat zu mehr Regelungen.[666]
Auch zahlreiche „absurd“ anmutende Regelungen entspringen nationalen Forderungen und Wünschen. Beispielhaft hierfür ist etwa die Richtlinie über die Führersitze landwirtschaftlicher Zugmaschinen.[667] Diese Richtlinie geht auf die Vorschriften einer deutschen Berufsgenossenschaft zurück, die das Ziel verfolgten, Bauern vor Bandscheibenschäden zu schützen. Nach Klagen der Kommission über daraus resultierende Handelshemmnisse machte der zuständige deutsche Ministerialreferent den Vorschlag, eine Harmonisierung nach dem Vorbild der deutschen Regelung vorzunehmen. Die Kommission ging darauf ein.

---

664 Nass, DVBl., 2006, 1197 ff. (bes. 1998 f., 1201); Philipp, EuZW, 1995, 353 (353); Radaelli, Governing European Regulation – *1. The reasons for regulatory growth* – dort mit Verweis auf Smith, The Commission made me do it. The European Commission as a strategic asset in domestic politics, in: Nugent, At the Heart of the Union. Studies of the European Commission, 1997, S. 167–186, sowie Dyson/Featherstone, South European Society and Politics, 1 (2), autumn, 1997, S. 272–299; v. Gestel/Hertogh, What is regulatory pressure?, S. 84 f.

665 Majone, in: Majone, Regulation Europe, S. 57; Philipp, EuZW, 1995, 353 (353); Sutherland, Eipascope, 1995/2, 1 ff. (7).

666 Radaelli, Governing European Regulation – *1. The reasons for regulatory growth* beschreibt dies mit folgendem Beispiel: “Further, the growth of regulation [...] can also arise from a manifest political asymmetry of the European political system. At the national level, a minister of the environment willing to propose environmental policy rules has to deal, within the government, with his or her colleagues for industry, commerce and agriculture. These colleagues will assert the needs not to put too heavy burden on companies, shops and farmers. Other colleagues in the treasury will preside over the economic compatibility of the proposals and therefore will press the minister proposing new environmental rules with requests for cost-benefit analysis. At national level, then, there is a political mechanism – the collegiate action of government – that brings a plurality of interests inside the policy formation process. If, however, the hypothetical environment minister decided to operate at European level, he or she would have to convince only his or her environment ministers from the other member states. It is certainly true that the proposals have to come from the Commission, which seeks, operating in collegiate fashion, to weigh the various demands and interests, but at the Environment Council it is only the environmental ministers who are in charge of the final decision. This asymmetry leads to a systematic bias towards the growth of regulation.“

667 Vgl. Everling, EuR, 1987, 214 ff. (214 f.); Philipp, EuZW, 1995, 353 (353); Streinz, EWS, 2003, 1 ff. (11).

bb) Einwirkungen auf Kommissionsvorschläge durch den Rat und das Europäische Parlament

Die Betrachtung des Zusammenspiels zwischen der Kommission, dem Europäischen Parlament und dem Rat bei der Rechtsetzung zeigt, dass gerade die spätere Einwirkung auf die Rechtsetzungsakte von Seiten des Rates und des Europäischen Parlaments dazu führt, dass die ursprünglichen Vorschläge der Kommission weitgehend entstellt werden.[668] Die Ausgangskonzeptionen der Kommission werden in den Beratungen von Rat und Parlament so stark verändert, Einzelpunkte derartig modifiziert und mit Detailregelungen überfrachtet, dass sie, wie von Danwitz meint, „eigentlich nur noch in formaler Hinsicht auf den ursprünglichen Kommissionsentwurf zurückgeführt werden können“[669]. In diesem Zusammenhang zitiert Hilf eine Studie des “Economist“ aus dem Jahre 1992, wonach nur 6 % der vom Rat erlassenen Regelungen ursprünglich aus der Feder der Kommission stammen.[670] Ein Beispiel hierfür sind die zahlreichen Änderungsvorschläge des Parlaments für eine Verordnung des Europäischen Parlaments und des Rates über nährwert- und gesundheitsbezogene Angaben bei Lebensmitteln.[671]

Um die Durchsetzungschancen ihrer Rechtsetzungsvorschläge zu erhöhen, wird dieser Prozess in vielen Fällen von der Kommission auch – quasi „in vorauseilendem Gehorsam“ – antizipiert. Dies führt dazu, dass in die Vorschläge der Kommission noch die unterschiedlichsten nationalen Wünsche und Forderungen aus dem Europäischen Parlament eingebaut werden und damit die bürokratische Überreglementierung forciert wird.[672]

---

668 So auch Barents/Brinkhorst, Grondlijnen van Europees recht, S. 205; Hilf, EuR, 1993, 1 ff. (3); Lange, ZG, 2001, 268 ff. (268 f.); Schäffer, Vom Beruf der Politik zur Gesetzgebung in unserer Zeit, in: Evaluierung der Gesetze/Gesetzesfolgenabschätzung, S. 7 ff. (12 f.); v. Danwitz, JZ, 2006, 1 ff. (2); v. Danwitz, Europäisches Verwaltungsrecht, S. 209.

669 V. Danwitz, Europäisches Verwaltungsrecht, S. 209.

670 Hilf, EuR, 1993, 1 ff. (3), mit Verweis in Fn. 4 auf The Economist, 3.–9. Oktober 1992, S. 27.

671 Bericht vom 02.05.2005 über den Vorschlag für eine Verordnung des Europäischen Parlaments und des Rates über nährwert- und gesundheitsbezogene Angaben über Lebensmittel (KOM (2003)0424 - C5-0329/2003 - 2003/0165(COD)), Berichterstatterin: Adriana Poli Bortone, A6-0128/2005.

672 Schmidhuber, DVBl., 1993, 417 ff. (420).

3. Neuerungen in der institutionellen Architektur der Union sowie bei den Entscheidungsverfahren und deren Auswirkungen auf die Rechtsetzungsqualität

Der „Vertrag von Lissabon" beinhaltet eine Reihe von Veränderungen im institutionellen Aufbau und bei den Entscheidungsprozessen der Union. Wie oben erörtert[673], leidet die Qualität der Rechtsetzungsakte unter den komplizierten Entscheidungsfindungsprozessen, welche den Kompromisscharakter vieler Rechtsetzungsakte befördern. Es stellt sich somit die Frage, ob die Neuerungen in der institutionellen Architektur und bei den Entscheidungsprozessen zu einer effektiveren und geradlinigeren Rechtsetzung führen werden, die ihrerseits die Rechtsetzungsqualität positiv beeinflussen kann.

Bezüglich der institutionellen Neuerungen[674] ist etwa die gestärkte Rolle des Kommissionspräsidenten (vgl. Art. 17 Abs. 6 EUV i.d.F. des Vertrages von Lissabon) hervorzuheben, wodurch sich die Effizienz und Kohärenz der Kommissionsarbeit verbessern soll.
Außerdem soll die Kommission ab 2014 verkleinert werden (vgl. Art. 17 Abs. 5 EUV i.d.F. des Vertrages von Lissabon). Da ein Entscheidungsgremium mit mehr als einem Dutzend Mitglieder nicht mehr optimal arbeitet kann[675], ist diese Kommissionsverkleinerung begrüßenswert.[676] Zum Teil war es auch schon

673 Vgl. 4. Kap. – A I, II 1, 2.

674 Vgl. umfassender Hofmann/Wessels, integration, 1/2008, 3 ff. (10 f.) – dort auch zum Posten des Präsidenten des Europäischen Rates, der für zweieinhalb Jahre gewählt wird (vgl. Art. 15 Abs. 5 EUV i.d.F. des Vertrages von Lissabon). Die zugehörige Aufgabenbeschreibung des Art. 15 Abs. 6 EUV i.d.F. des Vertrages von Lissabon lässt erkennen, dass die Handlungsfähigkeit des Europäischen Rates mit der Schaffung dieses Amtes gesteigert werden soll. Obwohl der Europäische Rat selbst nicht gesetzgeberisch tätig wird, kann er mittelbar dennoch auf eine effizientere Rechtsetzung einwirken. Hofmann und Wessels gehen ebenfalls auf den „Hohen Vertreter der Union für Außen- und Sicherheitspolitik" (Art. 18 EUV i.d.F. des Vertrages von Lissabon) ein. Insgesamt beziehen Hofmann/Wessels, integration, 1/2008, 3 ff. (11) eine eher skeptische Haltung zu den institutionellen Veränderungen: „Durch die Aufstellung des neuen Führungsquartetts wird die Aufgabenwahrnehmung zwar auf eine kontinuierlichere Basis gestellt, aber die Vertragsbestimmungen erhöhen gleichzeitig die Zahl der Akteure in Verantwortungspositionen. Nachteile bilden zumindest in den ersten Jahren die zu erwartende Verwirrung bezüglich der Zuständigkeiten, Wettstreit um Einfluss und damit eine Verwässerung und Verwischung von Verantwortlichkeiten. Die Stärkung der einzelnen Positionen kann in der Summe zu einem ungeordneten Neben- und Gegeneinander innerhalb der institutionellen Architektur führen und so die Handlungsfähigkeit – entgegen den Absichten der Vertragsväter und -mütter – schwächen."

675 Vgl. Oppermann, JZ, 2005, 1017 ff. (1019).

676 Vgl. Herzog/Gerken, Von roten Karten und stumpfen Schwertern, S. 2 f.

immer widersinnig, die Anzahl der Mitgliedstaaten zum Maßstab für die Anzahl der Kommissare zu machen, da die Kommission ja gerade keine Vertretung mitgliedstaatlicher Interessen ist.[677] Maßstab muss vielmehr die Zahl bzw. der Umfang der zu bewältigenden Aufgaben sein.[678] Der supranationale Charakter[679] und die Handlungsfähigkeit der Kommission werden durch die Verkleinerung gestärkt werden.
Bezüglich des Ratsvorsitzes ist darauf hinzuweisen, dass das Rotationsprinzip mit einigen Änderungen beibehalten wird. Ob allerdings eine „Team-Präsidentschaft" von drei Mitgliedstaaten für einen Zeitraum von achtzehn Monaten[680] nicht zu mehr Koordinationsproblemen führt als sie an Kontinuitätsgewinn durch die Ausdehnung der Vorsitzdauer schafft, bleibt abzuwarten.

Obwohl die Stärkung der „Führungspositionen" in der europäischen Rechtsetzung zu einer geradlinigeren Rechtsetzungspolitik beitragen kann, muss dies nicht zwangsläufig zu positiven Auswirkungen auf den ausgeprägten Kompromisscharakter der Rechtsetzung führen. Diese Bedenken gründen sich auf die Tatsache, dass der Kompromisscharakter der europäischen Rechtsetzung nicht (nur) durch die politische Führungsebene verursacht wird. Der größte Anteil an Formulierungen und materiellen Inhalten mit „kompromisshaftem" Charakter entspringt nämlich einem vorgelagerten Bereich. Die unzähligen Komitees, Arbeitsgruppen und Interessenvertreter sind maßgeblich verantwortlich für den Kompromisscharakter der Rechtsetzungsakte.[681] Daran ändert sich auch nichts durch die Schaffung neuer politischer Führungsposten in der Union. Trotzdem

---

677 Vgl. in diesem Zusammenhang auch die 10. Erklärung zu Art. 17 des Vertrags über die Europäische Union, ABl. 2010 Nr. C 83/342. Diese Erklärung bezieht sich auf die künftige Verkleinerung der Kommission, d. h. darauf, wenn ihr nicht mehr Staatsangehörige aller Mitgliedstaaten angehören. Die Erklärung fordert transparente, „übernationale" Beziehungen der Kommissionsmitglieder zu *allen* Mitgliedstaaten, entsprechenden Informationsaustausch und Konsultation *aller* Mitgliedstaaten.

678 Vgl. hier auch Sutherland, Eipascope, 1995/2, 1 ff. (10), der den Eindruck formuliert, dass derzeit eher Aufgaben für die einzelnen Mitglieder gesucht werden. Dabei sollte es sich gerade anders herum verhalten: Die Zahl der Kommissionsmitglieder sollte sich an dem Bedarf orientieren, der für die Herausbildung einer effektiv arbeitenden Exekutive auf europäischer Ebene notwendig ist. Ohne hier genaue Zahlenangaben machen zu wollen, erscheint eine Orientierung an der Größe der nationalen Regierungskabinette vernünftig, wobei Sutherland sogar meint, dass die Anzahl der Kommissare unter denen der nationalen Regierungskabinette liegen sollte.

679 Vgl. Herzog/Gerken, Von roten Karten und stumpfen Schwertern, S. 3; Nicolaysen, EuR, 2000, 495 ff. (502, Fn. 24).

680 Vgl. 9. Erklärung zu Artikel 16 Absatz 9 des Vertrags über die Europäische Union betreffend den Beschluss des Europäischen Rates über die Ausübung des Vorsitzes im Rat, ABl. 2008 C 115/341.

681 Vgl. 4. Kap. – A II 2 a, b.

können diese Stellen zu einer vernünftigen Koordinierung und Vermittlung zwischen unterschiedlichen Standpunkten beitragen und somit helfen, „vernünftigere“ Kompromisse auf den Weg zu bringen, die sich möglichst harmonisch in die bestehenden Rechtsvorschriften einordnen.
Die Entscheidungsfindung im Rat wurde als eine zentrale Ursache für den Kompromisscharakter der Rechtsetzungsakte identifiziert. Fraglich ist, ob der „Vertrag von Lissabon“ hier Abhilfe schafft. Zunächst lässt sich festhalten, dass der neue Vertrag die Anwendungsbereiche für eine Beschlussfassung nach den Regeln der qualifizierten Mehrheit im Rat auf 21 neue und 23 bestehende Politikbereiche ausdehnt.[682] Eine sogenannte „Passerelle-Klausel“ erlaubt unter bestimmten Voraussetzungen sogar den Übergang zu Mehrheitsentscheidungen in Fällen, bei denen eigentlich Einstimmigkeit vorgesehen ist (vgl. Art. 48 Abs. 7 EUV i.d.F. des Vertrages von Lissabon).[683] Gemäß Art. 16 Abs. 4 EUV i.d.F. des Vertrages von Lissabon soll ab 2014/2017[684] als qualifizierte Mehrheit eine Mehrheit von mindestens 55 % der Mitglieder des Rates gelten, die aus mindestens 15 Mitgliedern gebildet wird, sofern die von diesen vertretenen Mitgliedstaaten zusammen mindestens 65 % der Bevölkerung der Union ausmachen. Zugunsten der bevölkerungsarmen Staaten wird diese Regelung durch den Zusatz ergänzt, dass für eine Sperrminorität mindestens vier Mitglieder des Rates erforderlich sind. Ansonsten gilt die qualifizierte Mehrheit als erreicht.[685]

---

682 Hofmann/Wessels, integration, 1/2008, 3 ff. (13) – Diese Ausdehnung verläuft freilich nicht geradlinig, sondern unterliegt Einschränkungen. So stehen den Mitgliedstaaten in den Bereichen der Innen—und Justizpolitik (Art. 82 f. AEUV) und der Sozialpolitik (Art. 48 AEUV) Vetorechte zu, die zu einer Suspendierung des Mehrheitswahlverfahrens und einer Überweisung an den Europäischen Rat führen. Vgl. bezüglich der Steigung der Effektivität der „neuen“ Entscheidungsfindung im Rat: Telò, Assessing the implications of the Lisbon Treaty for the Lisbon Agenda, in: Europe, Globalization and the Lisbon Agenda, S. 272 ff. (278).

683 Vgl. auch Karpenstein/Neidhardt, Bericht über die mündliche Verhandlung des Bundesverfassungsgerichts zur Vereinbarkeit des Vertrags von Lissabon mit dem Grundgesetz am 11. und 12. Februar 2009, WHI-Paper 04/09, S. 11, bezüglich der kritischen Würdigung des Art. 47 Abs. 7 EUV i.d.F. des Vertrages von Lissabon aus der Perspektive des deutschen Staatsrechts.

684 Bis zum 31. Oktober 2014 und zwischen dem 1. November 2014 und dem 31. März 2017 gelten jeweils besondere Übergangsbestimmungen (vgl. Art. 16 Abs. 5 EUV i.d.F. des Vertrages von Lissabon). Danach gelten bis zum 31. Oktober 2014 die Bestimmungen des Vertrags von Nizza. Für den Übergangszeitraum vom 1. November 2014 bis zum 31. März 2017 besteht – trotz Einführung der neuen Abstimmungsregeln – für jeden Mitgliedstaat die Möglichkeit auf Antrag zu den Regeln von Nizza zurückzukehren. Vgl. Protokoll (Nr. 36) über die Übergangsbestimmungen, ABl. 2008 C 115/322 (Titel II).

685 Beachte aber, dass bei Beschlüssen des Rats, die nicht auf Vorschlag der Kommission oder des Hohen Vertreters der Union für Außen- und Sicherheitspolitik ergehen, ab dem 1. November 2014 abweichend von Art.16 Abs. 4 AEUV und vorbehaltlich der Vorschriften des Protokolls über die Übergangsbestimmungen als qualifizierte Mehrheit eine

In Nachbildung des Ioannina-Kompromisses[686] sieht eine dem „Vertrag von Lissabon“ angefügte Erklärung[687] sogar noch einen erweiterten „Minderheitenschutz“ vor. Danach können Mitglieder des Rates für die Zeit vom 1. November 2014 bis zum 31. März 2017 den Rat zu weiteren Beratungen auffordern, falls sie mindestens drei Viertel der Bevölkerung oder mindestens drei Viertel der Anzahl der Mitgliedstaaten vertreten, die für die Bildung einer Sperrminorität erforderlich sind. Im Verlauf dieser Erörterungen muss der Rat „alles in seiner Macht Stehende tun, um innerhalb einer angemessenen Zeit [...] eine zufrieden stellende Lösung [...] zu finden“. Ab dem 1. April 2017 sinken die Grenzwerte auf mindestens 55 % der Bevölkerung oder mindestens 55 % der Anzahl der Mitgliedstaaten, die für die Bildung einer Sperrminorität erforderlich sind.

Eine Bewertung der dargestellten Veränderungen bezüglich der Ratsverhandlungen muss mit der Feststellung beginnen, dass sich die Ausweitung der Anwendungsfälle der qualifizierten Mehrheit positiv auf die Handlungsfähigkeit des Rates auswirkt.[688] Die Wahrscheinlichkeit von “package deals“ und anderen „Kompensationsgeschäften“ bei der Rechtsetzung dürfte tendenziell abnehmen, da die Bereitschaft der beteiligten Akteure, ihre jeweiligen „Maximalforderungen“ herunterzuschrauben, angesichts einer möglichen Abstimmungsniederlage zunehmen wird. Insofern lässt sich von der Ausweitung der qualifizierten Mehrheit grundsätzlich eine kohärentere, pragmatischere und zumindest weniger kompromisslastige Rechtsetzung erwarten.

In der Literatur wird das Absenken der Schwellenwerte für Mehrheitsbeschlüsse differenziert bewertet. Während manche Untersuchungen den neuen Zahlenwerten eine Steigerung der Beschlusseffizienz attestieren und dies zum Teil mit statistischen Wahrscheinlichkeitsrechnungen untermauern[689], zeigen sich andere[690] skeptisch. Hofmann und Wessels[691] belegen ihre kritische Bewertung

---

Mehrheit von mindestens 72 % der Mitglieder des Rates gilt, sofern die von ihnen vertretenen Mitgliedstaaten zusammen mindestens 65 % der Bevölkerung der Union ausmachen (Art. 238 Abs. 2 EUV i.d.F. des Vertrages von Lissabon).

686 Vgl. Beschluss des Rates vom 29. März 1994 über die Beschlussfassung des Rates mit qualifizierter Mehrheit, ABl. EG 1994 Nr. C 105/1.

687 Vgl. 7. Erklärung zu Artikel 16 Absatz 4 des Vertrags über die Europäische Union und zu Artikel 238 Absatz 2 des Vertrags über die Arbeitsweise der Europäischen Union, ABl. 2008 C 115/338.

688 So auch Laursen, The EU’s treaty of Lisbon: origin, institutional choice and significance, S. 9; Oppermann, DVBl., 2003, 1165 ff. (1175).

689 Baldwin/Widgrén, Council voting in the Constitutional Treaty: Devil in the details, S.6 f.

690 Hofmann/Wessels, integration, 1/2008, 3 ff. (17 f.).

691 Hofmann/Wessels, integration, 1/2008, 3 ff. (17 f.). Vgl. auch Plechanovová, The Lisbon Treaty and the Decision-Making in the EU Council: Winning Coalitions and the Policy Shift (?), S. 11 ff., dessen Arbeit sowohl im methodischen Ansatz als auch im Ergebnis ähnlich ist. Siehe ferner zu Untersuchungen der Abstimmungsregeln im Rat unter Blick-

mit einer Analyse der möglichen Koalitionen für gestaltende Mehrheiten bzw. für Sperrminoritäten, die keine wesentliche Verbesserung der Handlungsfähigkeit des Rates erkennen lässt. Die nachfolgende Übersicht zeichnet ihre Ergebnisse nach.[692]

	Anzahl der Staaten	**Bevölkerungsquote EU 27**	**Gewogene Stimmen**	**Gestaltende Mehrheit**		**Sperrminorität**	
				Nizza	**Lissabon**	**Nizza**	**Lissabon**
EU 6	6	46,77 %	116	Nein	Nein	Ja	Ja
EU 9	9	61,06 %	159	Nein	Nein	Ja	Ja
EU 12	12	74,5 %	210	Nein	Nein	Ja	Ja
EU 15	15	79,1 %	237	**Nein**	**Ja**	Ja	Ja
NATO - Staaten	21	94,3 %	304	Ja	Ja	Ja	Ja
3 größte MS	3	41,57 %	87	Nein	Nein	**Ja/Nein**	**Nein**
14 größte MS	14	90,49 %	267	**Ja**	**Nein**	Ja	Ja
23 kleinste MS	23	46,51 %	229	Nein	Nein	Ja	Ja
EURO - Gruppe	15	64,6 %	202	Nein	Nein	Ja	Ja
Mittelmeerraum	7	38,01 %	116	Nein	Nein	Ja	Ja
Ostseeanrainer	8	30,02 %	95	Nein	Nein	**Ja**	**Nein**
Beitrittsländer 2004/07	12	20,9 %	108	Nein	Nein	**Ja**	**Nein**
Alte Nettozahler	11	64,8 %	179	Nein	Nein	Ja	Ja

Der Verlust der Sperrminoritäten für die Ostseeanrainer sowie für die 2004 und 2007 beigetretenen Staaten ist als Gewinn für die Entscheidungseffizienz des Rates zu werten. Die EU-15-Staaten können sich nach dem „Vertrag von Lissabon" auf eine gestaltende Mehrheit stützen. Für die 14 größten Mitgliedstaaten geht diese jedoch verloren. Zusammenfassend lassen sich nur geringfügige Veränderungen gegenüber dem „Nizza-Zustand" ausmachen.[693]

Hinsichtlich des zu erwartenden Kompromisscharakters neuer Rechtsetzungsakte können die Ausweitung des Mehrheitsstimmrechts und die veränderten Abstimmungserfordernisse positiv bilanziert werden. Die Tatsache, dass der Rat zukünftig öffentlich tagt, wenn er über Entwürfe zu Gesetzgebungsakten berät

wickel wahrscheinlicher Koalitionsbildungen: Garcia Perez de Leon, Coalition Formation in the EU Decision-making Process after the Enlargement, S. 11 ff.; Plechanovová, Decision-making in the EU Council after the first Eastern enlargement: The relevance of the empirical findings for the voting rules, S. 9 ff.

692 Quelle: Hofmann/Wessels, integration, 1/2008, 3 ff. (18), die sich selbst wiederum auf Niklas Helwig 2007 (Bevölkerungszahlen: Eurostat-Schätzung für 01.01.2008) stützen. Die Daten für den Punkt „Alte Nettozahler" stammen von Eurostat 2006 (Stand 2005/EU-25). Die „gespaltene" Angabe zur Frage nach einer Sperrminorität nach den Nizzaregeln bei den „3 größten Mitgliedstaaten", ergibt sich aus der diesbezüglichen Abhängigkeit von einem Antrag auf Überprüfung des Anteils der Gesamtbevölkerung.

693 Vgl. auch Plechanovová, The Lisbon Treaty and the Decision-Making in the EU Council: Winning Coalitions and the Policy Shift (?), S. 14.

und abstimmt (Art. 16 Abs. 8 S. 1 EUV i.d.F. des Vertrages von Lissabon), macht seine Tätigkeit gegenüber einer kontrollierenden Öffentlichkeit zugänglicher und transparenter, wovon sich ebenfalls eine unterstützende Wirkung erwarten lässt.

4. Fehlende Diskontinuität

Ein weiteres Problem der unionalen Rechtsetzung ist die fehlende Diskontinuität für Kommissionsvorschläge.[694] Da die Vorschläge der Kommission nicht verfal-

---

694 Vgl. Härtel, Europäische Rechtsetzung, S. 393 ff.; Schorn, Der Grundsatz der Diskontinuität im europäischen Gemeinschaftsrecht, S. 83.

Hierzu noch einige Anmerkungen: Obwohl das Primärrecht die sachliche Diskontinuität nicht erwähnt, scheint mit Art. 203 GO-EP der Grundsatz der sachlichen Diskontinuität bereits in den Gesetzgebungsprozess eingeführt zu sein. Dort heißt es: „Am Ende der letzten Tagung vor den nächsten Wahlen gelten vorbehaltlich des Absatzes 2 alle unerledigten Angelegenheiten des Parlaments als verfallen. Zu Beginn jeder Wahlperiode entscheidet die Konferenz der Präsidenten über die mit Gründen versehenen Anträge der Ausschüsse des Parlaments sowie der anderen Organe, die Prüfung der unerledigten Angelegenheiten von vorn zu beginnen oder fortzusetzen." Die GO-EP geht damit von einer sachlichen Diskontinuität aus. Deren Geltungsgrund könnte man in Art. 10 Abs. 4 des Aktes zur Einführung allgemeiner unmittelbarer Wahlen der Abgeordneten der Versammlung, ABl. 1976 L 278/5, erblicken. Dieser lautet: „Die Befugnisse der scheidenden Versammlung enden mit der ersten Sitzung der neuen Versammlung." Danach sind die Befugnisse des Europäischen Parlaments in zeitlicher Hinsicht auf seine Wahlperiode begrenzt. Befugnisse in diesem Sinne sind jedoch nur diejenigen, die dem Europäischen Parlament nach dem Primärrecht selbst zustehen. Befugnisse, die sich das Europäische Parlament mit anderen Organen im teilen muss, gehören gerade nicht dazu. Die Mitwirkungsrechte bei der Rechtsetzung zählen also nicht zu diesen Befugnissen. Daher scheidet – worauf auch Schorn, Der Grundsatz der Diskontinuität im europäischen Gemeinschaftsrecht, S. 103 f., hinweist – Art. 10 Abs. 4 des Aktes zur Einführung allgemeiner unmittelbarer Wahlen der Abgeordneten der Versammlung, ABl. 1976 L 278/5 als Grundlage für den Grundsatz der sachlichen Diskontinuität aus. In ihrem Handbuch zur Europäischen Rechtsetzung weist Härtel ferner nach, dass die Einführung der sachlichen Diskontinuität das institutionelle Gleichgewicht zwischen den an der Rechtsetzung beteiligten Organen zugunsten des Europäischen Parlaments verschieben würde und somit nur durch eine Vertragsänderung herbeigeführt werden könnte. Das Europäische Parlament hat also mit der Einführung des Diskontinuitätsprinzips in Art. 203 GO-EP das ihm gemäß Art. 199 Abs. 1 EGV – jetzt: Art. 232 AEUV –zustehende Selbstorganisationsrecht überschritten. Abschließend bleibt somit festzuhalten, dass der Grundsatz der sachlichen Diskontinuität im Unionsrecht nicht gilt. Dies deckt sich im Übrigen mit der Ansicht von Rat und Kommission, die das in Art. 203 Abs. 1 GO-EP verankerte Prinzip der Diskontinuität bisher nicht anerkannt haben. Dies entspricht auch der gesetzgeberischen Praxis. In der Praxis werden Rechtsetzungsverfahren auch nach der Wahl zum Europäischen Parlament fortgeführt. Allerdings hat sich ein Kompromiss herausgebildet, wonach am Anfang einer neuen Wahlperiode des Europäischen Parlaments der Rat und die Kommislen, können diese schier endlos diskutiert werden, bevor sie dann gegebenenfalls angenommen werden. Ein Beispiel hierfür ist etwa die 1998 in Kraft getretene Tabakwerberichtlinie, die auf einen Kommissionsvorschlag aus dem Jahre 1989 zurückging.[695] Wenn zwischen der Unterbreitung eines Rechtsetzungsvorschlags und dessen Verabschiedung ein derart langer Zeitraum liegt, lässt dies die Notwendigkeit der Regelung bezweifeln.

Die fehlende Diskontinuität in der unionalen Rechtsetzung begünstigt zudem vielfältige Einwirkungsmöglichkeiten auf den Rechtsetzungsakt und schafft damit einen Nährboden, auf dem sich der „Verhandlungscharakter des Unionsrechts" mit all seinen Folgewirkungen für die Quantität und die Qualität der Rechtsetzungsakte entfalten kann. Ferner erleichtert die lange „Überlebensdauer" der Kommissionsvorschläge die Schaffung neuer Rechtsetzungsakte und leistet damit einen Beitrag zur (zahlenmäßigen) Vergrößerung der unionalen Rechtsordnung.

B. Quantität

Für das Phänomen der Überregulierung gibt es keinen monokausalen Entstehungszusammenhang, vielmehr wuchert ein Geflecht von Ursachen, die sich gegenseitig in ihren Wirkungen bedingen und verstärken. Allzu leicht kann das Beklagen von Überregulierung aber auch den Blick auf die komplizierte und komplexe Lebenswirklichkeit versperren, die in sich ein Bedürfnis nach rechtlichen Regelungen trägt.[696] Die moderne Gesetzgebung, zu der auch die Recht-

---

sion ihrer Ansicht nach nicht beendete Verfahren auflisten. Diese Auflistung betrachtet das Europäische Parlament als neue Befassung. Vgl. zum Ganzen u. a.: Bessere Rechtsetzung – Info Brief, Deutscher Bundestag – Wissenschaftliche Dienste (Sierck/Robbe/Sinnokrot), S. 11, abrufbar unter: http://www.reichstag.eu/bic/analysen/2006/Bessere_Rechtsetzung_Better_Regulation.pdf; Härtel, Europäische Rechtsetzung, S. 397 ff.

695 Vgl. Schorn, Der Grundsatz der Diskontinuität im europäischen Gemeinschaftsrecht, S. 81 f.; Schorkopf, EuR, 2000, 365 ff. (369, Fn. 13).

696 Dies wird auch von den Kritikern einer „Überregulierung" eingeräumt. Vgl. etwa: Esser, Gesetzesrationalität im Kodifikationszeitalter und heute, S. 13 ff. (bes. 16 ff.); Flückiger, The Ambiguous Principle of The Clarity of Law, in: Obscurity and Clarity in the Law, S. 9 ff. (17 f.); Hillermeier, BayVBl., 1978, 321 ff. (bes. 321); Hofer/Müller, „Bürgernähe" muss keine Utopie bleiben, in: Bürgernahes Wirtschaftsrecht – Eine Utopie?, S. 179 ff. (180); Huber-Hotz, LeGes, 2007/3, 397 ff. (400); Kormann, FS Fröhler, S. 23 ff. (32 f.); Krejci, Bürgernahes Recht – Utopie oder Reformanliegen, in: Bürgernahes Wirtschaftsrecht – Eine Utopie?, S. 10 ff. (11); Mann, ZG, 1989, 1 ff. (3); Redeker, NJW, 2002, 2756 ff. (2757); Reicherzer, ZG, 2004, 121 ff. (137); Scheuerman, ARSP, 2002, 379 ff. (395 f.); Schlicht, Verrechtlichung der Gesetzgebung, S. 174; Schneider, NJW, 1962, 1273 ff. (1275); Starck, ZRP, 1979, 209 ff. (210); Tavares de Almeida, Legislação, (No. 30/31) 2002, 7 ff. (8).

setzung der Union gehört, muss sich, wie Esser formuliert, an der „Lösung der immer komplexer werdenden Gerechtigkeitsfragen“[697] einer sich wandelnden Gesellschaft abarbeiten. Neue Gefahren im Zuge des technischen Fortschritts[698], das steigende Bewusstsein etwa für Fragen des Umweltschutzes[699] oder des Verbraucherschutzes[700] erzeugen einen stetig wachsenden Bedarf für „gesetzgeberische“ Maßnahmen. Die Zunahme europäischer Regelungen und deren fragmentarischer und periodischer Charakter lassen sich so zu weiten Teilen erklären und sind wohl auch ein Teil der Normalität der Rechtsordnung einer modernen Gesellschaft.[701] Soweit die Gesellschaft „unentrinnbar einen erhöhten Normbedarf“[702] produziert, muss eine Vergrößerung der Normmasse zumindest teilweise hingenommen werden.[703] Dies gilt jedoch nur dann, wenn eine Regelung wirklich notwendig ist.
In Bezug auf die Ausdehnung der europäischen Rechtsordnung kommt hinzu, dass die „Gemeinschaftsentwicklung“ seit ihren Anfangsjahren einen Weg der (neo-) funktionalen Integration verfolgte.[704] Die Staaten der „Gemeinschaft“

---

697 Esser, Gesetzesrationalität im Kodifikationszeitalter und heute, S. 13 ff. (38).

698 So etwa allgemein: Berner, BayVBl., 1978, 617 ff. (618); Böhret, Gesetzgebung – Programmatische Ordnung oder tagespolitische Reaktion?, in: Zustand und Perspektiven der Gesetzgebung, S. 55 ff. (bes. 60); Courtney, Legislação, (No. 33/34) 2003, 107 ff. (121); Deggau, Rechtstheorie, 20 (1989), 98 ff. (120, Fn. 12); Grimm, Die Verfassung und die Politik, S. 153 f.; Hillermeier, BayVBl., 1978, 321 ff. (321); Maassen, NJW, 1979, 1473 ff. (1475); Timmermans, Normenflut auf Gemeinschaftsebene aus der Sicht der Europäischen Kommission, in: Bürgernahes Wirtschaftsrecht – Eine Utopie?, S. 46 ff. (48); Vogel, JZ, 1979, 321 ff. (322). Vgl. zusätzlich Blaurock, FS Söllner, S. 153 ff. (153 ff.), der beispielsweise europarechtliche Regelungsbedürfnisse im Zusammenhang mit dem elektronischen Zahlungsverkehr erörtert.

699 Berner, BayVBl., 1978, 617 ff. (618); Deggau, Rechtstheorie, 20 (1989), 98 ff. (120, Fn. 12); Hillermeier, BayVBl., 1978, 321 ff. (321).

700 Vgl. Grünbuch zum Verbraucherschutz in der Europäischen Union, KOM (2001) 531 endg.

701 Vgl. auch Arndt, Gesetzesrecht und Richterrecht, in: Gesammelte Juristische Schriften, S. 59 ff. (67 ff.); Böhret, FS Helmrich, S. 487 ff. (487 f.); Esser, Gesetzesrationalität im Kodifikationszeitalter und heute, S. 13 ff. (18).

702 Maassen, NJW, 1979, 1473 ff. (1475).

703 So auch Berner, BayVBl., 1978, 617 ff. (618); Hillermeier, BayVBl., 1978, 321 ff. (321); Vogel, JZ, 1979, 321 ff. (322).

704 Vgl. Böckenförde, Staat, Nation, Europa, S. 72 ff.; Everling, FS Kutscher, S. 155 ff. (159); v. Danwitz, Verwaltungsrechtliches System und Europäische Integration, S. 95.

Der Integrationsansatz des Funktionalismus wird meist mit der griffigen Formel “form follows function" zusammengefasst.

Grundlegendes: Nach einer Untersuchung des Integrationsprozesses der Montanunion kam Ernst B. Haas zu dem Ergebnis, dass die Integration vor allem von den Interaktionen wichtiger politischer Akteure abhängt. Die Zahl der Befürworter einer weitergehenden

sollten auf den Feldern des Handels und des Dienstleistungs-, Waren- und Kapitalverkehrs wirtschaftlich und wirtschaftspolitisch eng miteinander verzahnt werden. Von der Öffnung der Märkte bei unverfälschtem Wettbewerb sowie der Beseitigung von Hindernissen und Diskriminierungen im Verkehr zwischen den Mitgliedstaaten gingen dabei Sachzwänge aus, welche unentwegt neue Regelungen erforderlich machten.[705] Für Böckenförde ist die Zunahme europäischer Regelungen in diesem Sinne die Konsequenz aus der supranationalen Organisationsform der Integration, das heißt die Konsequenz daraus, dass der gesamte Wirtschaftsraum mit seinen Märkten durch einheitliche Regelwerke, die für und in allen Mitgliedstaaten vorrangig gelten, gesteuert werden sollte.[706]
Das funktionale Integrationskonzept führte zu einer Ausdehnung der Tätigkeitsbereiche der „Gemeinschaft" über den ursprünglichen Rahmen hinaus.[707] Zahlreiche Sach- und Politikfelder, die einen Bezug zur Wirtschaft aufwiesen, gerieten in den Sog der final orientierten Integration, deren Ziel eine umfassende Wirtschaftsgemeinschaft bildete.[708] Die Bereiche Ausbildung, Berufszulassung, Forschung, Technologie, Besteuerung und Fernsehen können als Beispiele fungieren. Auch hierfür waren und sind weitere rechtliche Regelungen erforderlich. Die zentrale Rolle der Wirtschaft im „gemeinschaftlichen" Integrationsprozess bedingte ebenfalls eine Zunahme von Regulierungsmaßnahmen. Eingriffe in den wirtschaftlichen Wettbewerb stellen immer potentielle Quellen für weitere (notwendige) Eingriffe dar. Greift ein Regelungsgeber etwa in das Marktgeschehen ein, um zerstörerische Konkurrenz zu unterbinden, werden die betroffenen Wirtschaftsteilnehmer ihr Bestreben weiterhin darauf konzentrieren, sich Vorteile gegenüber ihren Gegenspielern zu verschaffen. Ihre wettbewerblichen Bemühungen werden neue Gesichtspunkte ins Auge fassen, die noch nicht reguliert sind. So kann es zu erneuten Wettbewerbsverzerrungen kommen, die ihrerseits durch Regulierungsmaßnahmen behoben werden müssen.[709] Regelungen im Be-

---

Integration würde sich mit dem zunehmenden Erfolg des Integrationsprozesses selbst zudem vermehren. Haas entwickelte daraus die Theorie des Neofunktionalismus. Besondere Bedeutung maß Haas aber auch den supranationalen Institutionen bei. Deren Initiativfunktion ist geeignet Rückschritte auf dem Weg der Integration zu verhindern und erzeugt langfristig einen spill over-Effekt. Spill over bedeutet, dass die Integration von unpolitisch technischen Bereichen schließlich auf den politischen Bereich übergreift. Wichtige begleitende Akteure in diesem Prozess sind zudem die (Fach-) Experten auf der supranationalen Ebene. Diese Sichtweise des Integrationsprozesses wird auch mit der Bezeichnung „Monnet-Methode" versehen. Vgl. zum Ganzen Haas, The Uniting of Europe, bes. 283 ff.

705 Böckenförde, Staat, Nation, Europa, S. 73 f.; Everling, FS Kutscher, S. 155 ff. (159).

706 Böckenförde, Staat, Nation, Europa, S. 73 f.

707 Böckenförde, Staat, Nation, Europa, S. 74; Everling, FS Kutscher, S. 155 ff. (159).

708 Vgl. allgemein Kruis, FS Geiger, S. 155 ff. (157 ff.).

709 Vgl. zum Ganzen Kaufer, Theorie der Öffentlichen Regulierung, S. 148 f.

reich des Wirtschaftslebens bilden auf diese Art den Keim für neue Regelungen.[710] Die hohe Dynamik wirtschaftlicher Prozesse, angetrieben auch durch die Globalisierung der Wirtschaften[711], verleiht dieser „Regelungsspirale" besondere Brisanz.[712]

Nach diesen allgemeinen Erklärungen zu den Ursachen für die Zunahme unionaler Regelungstätigkeit soll nun der Blick auf spezifisch (unions-) rechtliche Ursachen für die hohe Regelungsdichte der unionalen Rechtsordnung gelenkt werden.[713] Außerdem soll einigen politikwissenschaftlichen Erklärungsansätzen für die Quantität der Rechtsetzung nachgegangen werden.[714]

I. Rechtliche Erklärungen

Nachfolgend werden „rechtliche" Ursachen behandelt, die in besonderem Maße zu einer europäischen „Überregulierung" beitragen.[715]

1. Mangelnde Kompetenzen zum Erlass von Verwaltungsvorschriften

Eine Ursache für das Aufblähen der Unionsrechtsetzung ist die mangelnde Befugnis der Union zur Konkretisierung des von ihr gesetzten Rechts durch Verwaltungsvorschriften.[716] Hierzu eine Erläuterung: Die beiden grundlegenden

710 Kaufer, Theorie der Öffentlichen Regulierung, S. 148, beschreibt dies wie folgt: „Jede Intervention in den Marktprozess gewinnt ein Eigenleben und wuchert zu einem Dickicht von Interventionen weiter."

711 Vgl. Böckenförde, Staat, Nation, Europa, S. 81; Grimm, Die Verfassung und die Politik, S. 153; Schwarze, Das Konzept des europäischen Gemeinschaftsrechts, in: 40 Jahre Römische Verträge, S. 29 ff. (43); Sutherland, Eipascope, 1995/2, 1 ff. (1 ff.); v. d. Groeben, Die Europäische Gemeinschaft und die Herausforderungen unserer Zeit, S. 206; Wuermeling, Noch 100 Tage: Das BMWi vor der deutschen Ratspräsidentschaft, S. 11 ff. Vgl. zur Globalisierung der Wirtschaft umfassend auch Lütz/Eimer, in: Mayntz/v. Bogdandy/Genschel/Lütz, Globale Strukturen und deren Steuerung, S. 89 ff.

712 Ähnlich Barents/Brinkhorst, Grondlijnen van Europees recht, S. 205.

713 Vgl. 4. Kap. – B I.

714 Vgl. 4. Kap. – B II.

715 Zuzüglich der nachfolgenden Erwägungen ist auf einen Aufsatz von Deggau, Rechtstheorie, 20 (1989), 98 ff. (108 ff.), zu verweisen. Deggau beschreibt darin eine neue „Struktur des Rechts" bzw. berichtet über zu beobachtende Strukturänderungen des Rechts, die er als Voraussetzung für die stattfindenden Verrechtlichungsprozesse ausmacht.

716 Jarass, Grundfragen der innerstaatlichen Bedeutung des EG-Rechts, S. 106 f.; Radaelli, Governing European Regulation – 1. The reasons for regulatory growth; Senden, Soft Law in European Community Law, S. 10; Tomuschat, FS Kutscher, S. 461 ff. (470).

Typen des Vollzugs von Unionsrecht sind der Unionsvollzug (direkter Vollzug) und der mitgliedstaatliche Vollzug (indirekter Vollzug).[717] Der mitgliedstaatliche Vollzug ist dabei die Vollzugsform für den überwiegenden Teil des früheren „Gemeinschaftsrechts“ und heutigen EU-Rechts.[718] Hier lässt sich noch differenzieren zwischen unmittelbaren[719] und mittelbaren[720] indirektem Vollzug. In beiden Fällen ist die Verwaltungsorganisation grundsätzlich Angelegenheit der Mitgliedstaaten, wobei deren Vollzugsbehörden jedoch – soweit vorhanden – an verfahrensrechtliche Vorgaben des Unionsrechts gebunden sind.[721] Einige verfahrensmäßige Vorgaben, die unmittelbar aus dem Primärrecht ableitbar sind[722] und die Anwendbarkeit und Auslegung des nationalen Verwaltungsverfahrensrechts bzw. bestimmter Normen betreffen, erlauben aber lediglich eine Art „Grobsteuerung“ der mitgliedstaatlichen Vollzugsprozesse von unionsrechtlicher Seite aus. Dazu zählen etwa[723] die Auslegung nationaler Vorschriften un-

---

717 Daneben gewinnt zunehmend der Typus der kooperativen Verwaltung an Bedeutung, welcher aus den dem Sekundärrecht entspringenden Aufgaben hervorgeht. Vgl. Pernice/Kadelbach, DVBl., 1996, 1100 ff. (1102).

718 Vgl. Gornig/Trüe, JZ, 1993, 884 ff. (884).

Der mitgliedstaatliche Vollzug umfasst einerseits legislative Handlungsformen der Mitgliedstaaten, wenn diese beispielsweise Ausführungsnormen zum europäischen Recht erlassen. Diese Normen werden, wenn sie Verordnungen ergänzen, als Durchführungsnormen bezeichnet. Dienen sie hingegen der Umsetzung von Richtlinien, nennt man sie Umsetzungsnormen. Vgl. Pühs, Der Vollzug von Gemeinschaftsrecht, S. 75. Anderseits zählen auch administrative Handlungsformen zum mitgliedstaatlichen Vollzug. Dies ist dann der Fall, wenn die nationalen Behörden das Unionsrecht mittels einzelner Verwaltungsmaßnahmen anwenden.

719 Für den unmittelbaren Vollzug sind insbesondere das Zollrecht, das Außenhandelsrecht und das Agrarrecht repräsentativ. Vgl. Pernice/Kadelbach, DVBl., 1996, 1100 ff. (1103).

720 Typische Gebiete des mittelbaren Vollzugs sind der Binnenmarkt und die Umweltpolitik. Vgl. Pernice/Kadelbach, DVBl., 1996, 1100 ff. (1105).

721 Fischer, Europarecht in der öffentlichen Verwaltung, § 7 Rn. 40.

722 Hier ist aber auch darauf hinzuweisen, dass der mitgliedstaatliche Vollzug in einigen Rechtsgebieten auf sekundärrechtlichem Weg geregelt wird. Basis hierfür sind jeweils weitgehende Regelungsermächtigungen im Vertragsrecht. Die Bereiche Zoll- und Agrarrecht mit ihren detaillierten Durchführungsverordnungen können hier als Beispiele dienen (vgl. etwa die Verordnung (EG) Nr. 1258/1999 des Rates vom 17. Mai 1999 über die Finanzierung der Gemeinsamen Agrarpolitik, ABl. 1999 L 160/103 oder die Art. 217 ff. der Verordnung (EWG) Nr. 2913/92 des Rates vom 12. Oktober 1992 zur Festlegung des Zollkodex der Gemeinschaften, ABl. 1992 Nr. L 302/1).

723 Weitere Beispiele: Nach der Rechtsprechung des EuGH, Rs. 272/80, Strafverfahren gegen Franz-Nederlandse Maatschappij voor Biologische Producten BV, Slg. 1981, 3277 ff. (3291 f., Rn. 15 f.), sind etwa nationale Regelungen, die bei der Einfuhr von Waren eine Untersuchung verlangen, obwohl diese Waren bereits in einem anderen Mitgliedstaat einer untersucht worden sind, mit Art. 28 EGV – jetzt: Art. 34 AEUV – unvereinbar.

ter Berücksichtigung der Tragweite und Wirksamkeit des Unionsrechts (Effizienzgebot, „effet utile“)[724] oder die Anwendung nationalen Vollzugsrechts ohne Diskriminierungen zum Nachteil von Teilnehmern des Binnenmarktes im Verhältnis zu den Teilnehmern des rein innerstaatlichen Wirtschaftsverkehrs (Diskriminierungsverbot im Verhältnis Unionsrecht/nationales Recht)[725].

Eine Art Unionsaufsicht für den mitgliedstaatlichen Vollzug in Analogie zur Bundesaufsicht (Art. 84 GG) existiert hingegen nicht. Vielmehr sind es zuvorderst die Mitgliedstaaten selbst, denen die Kontrolle des mitgliedstaatlichen Vollzugs obliegt.[726] Der Kommission bleibt es dabei unbenommen, bei den national zuständigen Stellen Auskünfte einzuholen und Nachprüfungen vorzunehmen.[727] Letztlich besitzt die Kommission jedoch nur die Möglichkeit, eine Stellungnahme abzugeben, welcher der Mitgliedstaat innerhalb einer gesetzten Frist nachkommen muss, und schließlich gemäß Art. 226 Abs. 2 EGV – jetzt: Art. 258 Abs. 2 AEUV – den EuGH wegen einer möglichen Vertragsverletzung anzurufen. Bindende Anweisungen im Verhältnis von Verwaltung zu Verwaltung kann die Kommission nicht erteilen.[728] Um dies zu ermöglichen, bedürfte es einer Änderung der primärrechtlichen Grundlagen der Union.[729]

Der derzeitige beschwerliche Weg der Vollzugskontrolle dürfte der Kommission hinreichende Motivation liefern, ihre Rechtsetzungsakte von Beginn an mit Vorschriften zu versehen, die im nationalen Raum typischerweise Gegenstand einer rein intern wirkenden Verwaltungsvorschrift wären.[730] Dadurch erhofft sich die

---

In einer Vielzahl von Fällen verlangt das Primärrecht nach einer Zusammenarbeit der nationalen Behörden mit der Uniont sowie den Behörden anderer Mitgliedstaaten.

Der EuGH, Rs. 178/84, Kommission/Bundesrepublik Deutschland, Slg. 1987, 1227 (1274 f., Rn. 45 ff.), hat außerdem aus dem Vertragsrecht abgeleitet, dass bestimmte Verfahrensformen in den Mitgliedstaaten einzuführen oder bestimmte Erkenntnisquellen im Verfahren zu berücksichtigen sind.

724 EuGH, verb. Rs. 205–215/82, Deutsche Milchkontor GmbH/Bundesrepublik Deutschland, Slg. 1983, 2633 ff. (2665 f., Rn. 19, 22); EuGH, Rs. C-5/89, Kommission/Bundesrepublik Deutschland, Slg. 1990, I-3437 ff. (I-3456, Rn. 12); EuGH, Rs. C-2/93, Exportlachterijen van Oordegem BVBA/Belgische Dienst voor Bedrijfsleven en Landbouw, Slg. 1994, I-2283 (I-2299, Rn. 19).

725 EuGH, verb. Rs. 205–215/82, Deutsche Milchkontor GmbH/Bundesrepublik Deutschland, Slg. 1983, 2633 ff. (2665 f., Rn. 19).

726 Bergmann, VBlBW, 5/2000, 169 ff. (185).

727 Vgl. Art.10, 211, 284 EGV – Vgl. jetzt: Art. Art. 4 Abs. 3, 17 Abs. 1 S. 1, 2, 3, 5 EUV i.d.F. des Vertrages von Lissabon und bes. Art. 337 AEUV.

728 Tomuschat, FS Kutscher, S. 461 ff. (470).

729 Vgl. Tomuschat, FS Kutscher, S. 461 ff. (471), der eine solche Übertragung von Hoheitsrechten als zulässig betrachtet. Eine Begründung dieser Kompetenz durch Art. 308 EGV – jetzt: Art. 352 AEUV – hält Tomuschat hingegen für unzulässig.

730 Tomuschat, FS Kutscher, S. 461 ff. (470). Vgl. hier auch Möllers, EuR, 2002, 483 ff. (515), sowie Schneider, NJW, 1962, 1273 ff. (1276), der – für den Zeitpunkt seiner Un-

Kommission, dass europarechtliche Vorschriften möglichst einheitlich angewandt werden. Die unionalen Rechtsetzungsakte übernehmen somit gewissermaßen die Aufgaben von Verwaltungsvorschriften. Dies bedingt eine Zunahme an Rechtsetzung bzw. an Regelungsdichte.

2. Prinzip der begrenzten Einzelermächtigung

Das „principe de compétence d'attribution" verlangt, dass sich jeder Rechtsetzungsakt auf eine Rechtsgrundlage stützt. Das Prinzip der begrenzten Einzelermächtigung besitzt neben seiner „rechtsetzungseinschränkenden" Funktion auch eine „rechtsetzungsaktivierende" Wirkung. Da die verschiedenen Befugnisnormen zumeist unterschiedliche Anwendungsbereiche besitzen und aus vielfältigen Gründen, wie abweichenden Rechtsetzungsverfahren oder der Vorgabe verschiedenartiger Handlungsformen, auch nicht ohne weiteres als „eine" Rechtsgrundlage für einen Rechtsetzungsakt zusammengefasst werden können[731], verabschieden die Unionsorgane oft „flickenteppichartig" mehrere Einzelakte, die sich auf unterschiedliche Befugnisnormen stützen. Beispiele hierfür bildeten etwa die bereichsspezifischen Rechtsetzungsakte, die das Aufenthaltsrecht für Arbeitnehmer, Selbstständige sowie Studierende und andere Beschäftigungslose regeln und welche bis zu ihrer Zusammenfassung durch die Richtlinie 2004/38/EG fragmentarisch nebeneinander standen[732] oder die diversen Richt-

---

tersuchung – einen ähnlichen Zusammenhang auf der Bundesebene in Deutschland ausmacht, wo man häufig versucht, die Begrenzungen des Art. 84 GG durch geschickte Gesetzgebung zu umgehen.

731 Das Zusammenfassen der Rechtsgrundlagen lässt sich auch mit dem Begriff der Doppelabstützung bezeichnen. Doppelabstützung meint die Abstützung eines unionalen Rechtsaktes auf zwei zu unterschiedlichen Politikbereichen gehörenden Rechtsetzungskompetenzen. Der EuGH erachtet ein solches Vorgehen grundsätzlich als zulässig, wenn sich eine Maßnahme in gleicher Weise auf zwei Politikbereiche auswirkt und soweit die jeweiligen Verfahren miteinander vereinbar sind. Vgl. EuGH, Rs. 165/87, Kommission/Rat, Slg. 1988, 5545 ff. (5561, Rn. 11 ff.); EuGH, Rs. C-300/89, Kommission/Rat, Slg. 1991, I-2867 ff. (I-2900, Rn. 17). Der EuGH verlangt dafür aber die Angabe objektiver, gerichtlich nachprüfbarer Gründe, welche die Wahl der Kompetenznormen erklären. Die Stichworte „Schwerpunkt der Maßnahme" oder „objektive Sachnähe" sollen hierfür genügen. Vgl. EuGH, Rs. 45/86, Kommission/Rat, Slg. 1987, 1493 ff. (1520, Rn. 11); EuGH, Rs. 131/87, Kommission/ Rat, Slg. 1989, 3743 ff. (3767, Rn. 7); EuGH, Rs. 62/88, Griechenland/Rat, Slg. 1990, I-1527 ff. (I-1549, Rn. 13; EuGH, Rs. 70/88, Parlament/Rat, Slg. 1991, I-4529 ff. (I-4564 f., Rn. 9); EuGH, Rs. C-155/91, Kommission/Rat, Slg. 1993, I-939 ff. (bes. I-966, Rn. 7).

732 Richtlinie 2004/38/EG des Europäischen Parlaments und des Rates vom 29. April 2004 über das Recht der Unionsbürger und ihrer Familienangehörigen, sich im Hoheitsgebiet der Mitgliedstaaten frei zu bewegen und aufzuhalten, zur Änderung der Verordnung (EWG) Nr. 1612/68 und zur Aufhebung der Richtlinien 64/221/EWG, 68/360/EWG,

linien, die sich mit verschiedenen Arten von Abfällen befassen[733]. Das Prinzip der begrenzten Einzelermächtigung befördert somit eine Zersplitterung des Unionsrechts und eine Erhöhung der Rechtsetzungsquantität.[734]

3. Rechtsstaatsprinzip

„Das Wesen dieses Rechtsstaats ist Normativismus".[735] Diese apodiktische Aussage von Leisner unterstreicht die zentrale Rolle von Gesetzen bzw. Rechtsetzungsakten in einem rechtsstaatlich organisierten Gemeinwesen. Kein Rechtsstaat ohne „Gesetze".[736] Dies bedeutet allerdings nicht, dass immer mehr Gesetze für immer mehr Rechtsstaatlichkeit sorgen. Ab einem gewissen Punkt kippt dieses Verhältnis und eine zunehmende Rechtsetzungstätigkeit schadet der

---

72/194/EWG, 73/148/EWG, 75/34/EWG, 75/35/EWG, 90/364/EWG, 90/365/EWG und 93/96/EWG, ABl. 2004 L 158/77. Vgl. hierzu umfassend Frenz, Handbuch Europarecht (Bd. 4 – Europäische Grundrechte), S. 1462 ff. Siehe auch Tomuschat, FS Kutscher, S. 461 ff. (464).

733 Vgl. etwa Richtlinie 94/62/EG des Europäischen Parlaments und des Rates vom 20. Dezember 1994 über Verpackungen und Verpackungsabfälle, ABl. 1994 L 365/10 – gestützt auf Art. 100 a EGV – jetzt: Art. 114 AEUV; Richtlinie 91/689/EWG des Rates vom 12. Dezember 1991 über gefährliche Abfälle, ABl. 1991 Nr. L 377/20 – gestützt auf Art. 130 s EWG – jetzt: Art. 192 AEUV; Richtlinie 75/439/EWG des Rates vom 16. Juni 1975 über die Altölbeseitigung, ABl. 1975 Nr. L 194/23 – gestützt auf Art. 100, 235 EWG – jetzt: Art. 115, 352 AEUV; Richtlinie 96/59/EG des Rates vom 16. September 1996 über die Beseitigung polychlorierter Biphenyle und polychlorierter Terphenyle (PCB/PCT), ABl. 1996 Nr. L 243/31 – gestützt auf Art. 130s Abs. 1 EGV – jetzt: Art. 192 Abs. 1 AEUV; Richtlinie des Rates vom 12. Juni 1986 über den Schutz der Umwelt und insbesondere der Böden bei der Verwendung von Klärschlamm in der Landwirtschaft, (86/278/EWG), ABl. 1986 L 181/6 – gestützt auf Art. 100, 235 EWG – jetzt: Art. 115, 352 AEUV; Richtlinie 2006/66/EG des Europäischen Parlaments und des Rates vom 6. September 2006 über Batterien und Akkumulatoren sowie Altbatterien und Altakkumulatoren und zur Aufhebung der Richtlinie 91/157/EWG, ABl. 2006 Nr. L 266/1 – gestützt auf Art. 175 Abs. 1, 95 Abs. 1 EGV – jetzt: Art. 192 Abs. 1, 114 Abs. 1 AEUV.

734 Vgl. Ehlermann, integration, 1/1995, 11 ff. (20); Schulte-Nölke, ZGS, 2002, 261 (261); Tomuschat, FS Kutscher, S. 461 ff. (463 f.).

735 Leisner, JZ, 1977, 537 ff. (537) m. w. N. Ferner: Leibholz/Lincke, DVBl., 1975, 933 ff. (933): „Von einem Rechtsstaat kann man dann sprechen, wenn ein Staat im Recht steht, mit anderen Worten: wenn Staats- und Rechtsgemeinschaft sich decken."; Stier-Somlo, VerwArch, 19 (1919), 43 ff. (49), konstatiert, dass das Rechtsstaatsprinzip die Forderung aufstellt, dass die gesamte Verwaltung prinzipiell auf „Gesetzes-" grundlage erfolgt. Siehe auch Tomandl, Bürgernahes Wirtschaftsrecht, in: Bürgernahes Wirtschaftsrecht – Eine Utopie?, S. 25 ff. (26 f.).

736 Deutlich Grimm, Die Verfassung und die Politik, S. 153: „Unter der Bedingung des Rechtsstaatsprinzips führt wachsende Staatstätigkeit zu stärkerer Verrechtlichung."

Rechtsstaatlichkeit. Dem Ideal der Rechtsstaatlichkeit ist durch das Anhäufen von Myriaden von Rechtsetzungsakten und einer scheinbaren Totalreglementierung nicht gedient.[737] Dennoch wird im Folgenden kurz dargelegt, wie das Rechtsstaatsprinzip oder genauer gesagt einige Elemente des Rechtsstaatsprinzips die Schaffung neuer Regelungen und deren zunehmende Detailliertheit bewirken. Dies beginnt mit dem Recht auf Rechtsschutz, der ohne eine ausgedehnte Rechtsordnung kaum wirksam in Anspruch genommen werden kann.[738] Besonders deutlich wird das Bedürfnis nach detaillierten rechtlichen Regelungen, wenn man das Bestimmtheitsgebot und das Verhältnismäßigkeitsprinzip betrachtet.

a) Bestimmtheitsgebot

Das Bestimmtheitsgebot verlangt nach normklaren Rechtsetzungsakten, die in ihren Voraussetzungen und ihrem Inhalt so formuliert sind, dass die von ihnen Betroffenen die Rechtslage erkennen und ihr Verhalten danach einrichten können.

So hat etwa der EuGH mehrfach festgestellt, dass die Verhängung einer Sanktion, selbst wenn sie keinen strafrechtlichen Charakter aufweist, nur dann möglich ist, „wenn sie auf einer klaren und unzweideutigen Rechtsgrundlage beruht“[739]. Dieser Anspruch an die Rechtsetzung geht allerdings nicht so weit, dass jeder zu erfassende Fall eine explizite Regelung erfahren muss. So ist etwa eine „sinngemäße Anwendung einer Vorschrift auf eine ähnliche, aber nicht gleiche Rechtslage“[740] möglich, da dies eine „wohlbekannte Rechtstechnik“[741] darstellt.[742] Der EuGH hat ferner betont, dass es durchaus Fälle geben kann, in de-

---

737 Vgl. nur Kormann, FS Fröhler, S. 23 ff. (35 ff.); Krejci, Bürgernahes Recht – Utopie oder Reformanliegen, in: Bürgernahes Wirtschaftsrecht – Eine Utopie?, S. 10 ff. (11); Schäffer, Verwaltungsmodernisierung als Herausforderung an die Gesetzgebung, in: Bürgernahes Wirtschaftsrecht – Eine Utopie?, S. 118 ff. (127).

738 Vogel, JZ, 1979, 321 ff. (322).

739 EuGH, Rs. 137/85, Maizena Gesellschaft mbH/Bundesanstalt für landwirtschaftliche Marktordnung (BALM), Slg. 1987, 4587 ff. (4607, Rn. 15); EuGH, Rs. C-172/89, Vandemoortele NV/Kommission der Europäischen Gemeinschaften, Slg. 1990, I-4677 ff. (I-4693, Rn. 9).

740 GA Mischo, SchlA zu EuGH, Rs. 137/85, Maizena Gesellschaft mbH/Bundesanstalt für landwirtschaftliche Marktordnung (BALM), Slg. 1987, 4587 ff. (4599).

741 GA Mischo, SchlA zu EuGH, Rs. 137/85, Maizena Gesellschaft mbH/Bundesanstalt für landwirtschaftliche Marktordnung (BALM), Slg. 1987, 4587 ff. (4599).

742 EuGH, Rs. 137/85, Maizena Gesellschaft mbH/Bundesanstalt für landwirtschaftliche Marktordnung (BALM), Slg. 1987, 4587 ff. (4608 Rn. 17 f.), folgt damit den Aus-

nen eine Rechtsgrundlage für die Verhängung von Sanktionen ohne strafrechtlichen Charakter extensiv ausgelegt werden kann. Dies setze jedoch voraus, dass „die fragliche Regelung angesichts ihres Wortlauts auslegungsfähig“[743] ist.[744]

Eine andere Fallgruppe, in der das Bestimmtheitsprinzip typischerweise zur Anwendung gelangt, beschäftigt sich mit der Frage, welchen Grad inhaltlicher Bestimmtheit eine vom Rat an die Kommission adressierte Durchführungsermächtigung haben muss.[745] Nach Ansicht des EuGH[746] muss eine entsprechende Durchführungsermächtigung „in dem Sinne hinreichend bestimmt sein, daß der Rat die Grenzen der der Kommission übertragenen Befugnis deutlich anzugeben hat“. Die der Kommission übertragene Befugnis muss also hinreichend umschrieben sein. Insgesamt ist die Rechtsprechung des EuGH allerdings recht großzügig, was die inhaltlichen Anforderungen angeht.[747] So billigte der EuGH etwa die Übertragung der allgemeinen Befugnis zur Regelung der Modalitäten der Anwendung einer Ratsverordnung an die Kommission. Der EuGH verzichtete dabei expressis verbis auf eine genaue Festlegung der Hauptbestandteile der übertragenen Befugnisse und gab sich stattdessen mit einer allgemein gefassten Bestimmung als hinreichender Ermächtigungsgrundlage zufrieden.[748]
Um die von einer Grundverordnung avisierten Ziele zu erreichen, ist es der Kommission nach Ansicht des EuGH[749] auch gestattet, alle für die Durchfüh-

führungen des Generalanwalts Mischo, ohne jedoch auf die „sinngemäße“ Anwendung näher einzugehen.

743 EuGH, Rs. C-172/89, Vandemoortele NV/Kommission der Europäischen Gemeinschaften, Slg. 1990, I-4677 ff. (I-4693, Rn. 13).

744 An diese Auslegungsfähigkeit – zugunsten einer erweiterten Möglichkeit zur Verhängung von Sanktionen – scheint der EuGH jedoch erhöhte Anforderungen zu stellen, wenn man bedenkt, dass der Generalanwalt Jacobs – GA Jacobs, SchlA zu EuGH, Rs. C-172/89, Vandemoortele NV/Kommission der Europäischen Gemeinschaften, Slg. 1990, I-4677 ff. (I-4687 f, Rn. 9 ff.) – in der hier zugrunde liegenden Entscheidung die Verhängung der in Rede gestandenen Sanktion als von der betroffenen Rechtsgrundlage gedeckt ansah, der EuGH, Rs. C-172/89, Vandemoortele NV/Kommission der Europäischen Gemeinschaften, Slg. 1990, I-4677 ff. (I-4693, Rn. 9 ff.), diesen Vorschlag nach kurzer Erörterung aber verwarf.

745 Vgl. hierzu etwa Härtel, Europäische Rechtsetzung, S. 213 ff.

746 EuGH, Rs. 291/86, Central-Import Münster GmbH & Co. KG/Hauptzollamt Münster, Slg. 1988, 3679 ff. (3706, Rn. 13).

747 So auch Möllers, Tertiäre exekutive Rechtsetzung im Europarecht, in: Der Europäische Verwaltungsverbund, S. 293 ff. (bes. 318).

748 EuGH, Rs. C-240/90, Bundesrepublik Deutschland/Kommission, Slg. 1992, I-5383 ff. (I-5435, Rn. 41). Vgl. auch EuGH, Rs. C-104/97 P, Atlanta AG/Europäische Gemeinschaft, Slg. 1999, I-6983 ff. (I-7036 f., Rn. 76).

749 Vgl. EuGH, Rs. 230/78, S.P.A. Eridania – Zuccherifici Nazionali, Slg. 1979, 2749 ff. (2765 f., Rn. 8, 13); EuGH, Rs. 264/86, Frankreich/Kommission, Slg. 1988, 973 ff. (998,

rung einer Grundverordnung erforderlichen oder zweckmäßigen Maßnahmen zu ergreifen, sofern sich diese in das System der Verordnung einpassen und deren wesentliche Grundzüge nicht verletzen oder ihren Anwendungsbereich ändern. Dies zeigt, dass bei der Übertragung von Durchführungsbefugnissen der „effet utile" eine entscheidende Rolle spielt, der allzu strenge Vorgaben an die Bestimmtheit der Vorschriften verhindert.

Bezüglich der Durchführungsrechtsakte ist noch auf Art. 291 AEUV hinzuweisen. Danach kann (i. d. R.) die Kommission Durchführungs-Verordnungen (und ggfs. auch -Richtlinien) und Durchführungs-Beschlüsse erlassen. Aufschlussreich ist aber auch ein Blick auf Art. 290 AEUV, der die Delegation von Rechtsetzungsbefugnissen auf die Kommission zum Gegenstand hat. Danach kann der Kommission die Befugnis übertragen werden, bestimmte Rechtsakte zur Ergänzung oder Änderung *bestimmter nicht wesentlicher* Vorschriften des betreffenden Gesetzgebungsaktes zu erlassen. In Art. 290 Abs. 1 UA 2 S. 1 AEUV[750] findet sich sodann folgende Festlegung: „In den betreffenden Gesetzgebungsakten werden Ziele, Inhalt, Geltungsbereich und Dauer der Befugnisübertragung ausdrücklich festgelegt. Die wesentlichen Aspekte eines Bereichs sind dem Gesetzgebungsakt vorbehalten und eine Befugnisübertragung ist für sie deshalb ausgeschlossen." Vor allem Art. 290 AEUV könnte – je nach seiner Interpretation durch die Rechtsetzungsorgane der Union und den EuGH – damit zukünftig auf eine (noch) höhere Regelungsdichte in delegierenden Gesetzgebungsakten der EU bewirken.

In diesem Zusammenhang seien noch einige Bemerkungen zur „Wesentlichkeitstheorie" gestattet, die im deutschen Staatsrecht eine zentrale Stellung einnimmt und in Deutschland wohl zu einem Großteil mitverantwortlich ist für die Schaffung gesetzlicher Regelungen. Die „Wesentlichkeitstheorie" nach bundesrepublikanischem Staatsrecht besagt, dass alles Wesentliche durch ein Gesetz unter Beteiligung des Parlaments geregelt werden muss. Was als wesentlich in diesem Sinne aufgefasst werden kann, sind vor allem Maßnahmen mit „Grundrechtsrelevanz". Diese Definition macht deutlich, dass in Deutschland die „Wesentlichkeitstheorie", welche sich aus dem Rechtsstaatsprinzip ableitet, eine wesentliche Triebkraft für die Schaffung von Gesetzen ist. Auf das Unionsrecht lässt sich diese Erkenntnis jedoch nicht ohne Weiteres übertragen, da eine

---

Rn. 20 f.); EuGH, Rs. 22/88, Industrieen Handelsonderneming Vreugdenhil BV/Minister van Landbouw en Visserij, Slg. 1989, 2049 ff. (2080, Rn. 19, 24); EuGH, Rs. C-303/94, Europäisches Parlament/Rat, Slg. 1996, I-2943 ff. (I-2969, Rn. 23); EuGH, verb. Rs. C-9/95, C-23/95 und C-156/95, Belgien und Deutschland/Kommission, Slg. 1997, I-645 ff. (I-681, Rn. 36); EuGH, Rs. 159/96, Portugal/Kommission, Slg. 1998, I-7379 ff. (I-7416, Rn. 41); EuGH, Rs. C-374/96, Florian Vorderbrüggen/Hauptzollamt Bielefeld, Slg. 1998, I-8385 ff. (I-8413, Rn. 36).

750 Vgl. zudem Art. 290 Abs. 2 AEUV: „Die Bedingungen, unter denen die Übertragung erfolgt, werden in Gesetzgebungsakten *ausdrücklich festgelegt*, […]."

„Wesentlichkeitstheorie“ grundgesetzlicher Prägung für das Unionsrecht nicht existiert. Wenn im europarechtlichen Schrifttum die Rede von einer „Wesentlichkeitstheorie“ ist, geht es meist um die bereits erörterte Frage, wie bestimmt die Übertragung von Durchführungsbefugnissen an die Kommission sein muss bzw. welchen Spielraum der Basisrechtsakt der Kommission zur Durchführung gewähren darf.[751] Die Wesentlichkeitsrechtsprechung des EuGH ähnelt der deutschen Wesentlichkeitsrechtsprechung dabei „wohl nur im Namen“.[752]

Die Rechtsprechung des EuGH zur „Wesentlichkeitstheorie“ geht davon aus, dass „die wesentlichen Grundzüge der zu regelnden Materie“ im Basisrechtsakt geregelt werden müssen (vgl. jetzt bes. Art. 290 Abs. 1 UA 1, UA 2 S. 2 AEUV).[753] Der Grund für diese Einschränkung der Delegationsbefugnis ist der, dass für die Durchführung des Basisrechtsaktes die vertraglich vorgesehenen Verfahren nicht gelten. Ohne diese Einschränkung bestünde damit die Gefahr, dass bedeutsame Regelungen ohne Einhaltung des vertraglichen Rechtsetzungsverfahrens zustande kämen. Was „wesentlich“ ist, hat der EuGH[754] für den Bereich der Landwirtschaft wie folgt präzisiert: „Wesentlich sind [...] nur solche Bestimmungen, durch die die grundsätzlichen Ausrichtungen der Gemeinschaftspolitik umgesetzt werden.“ Wesentlich ist also das, was im Interesse der Verwirklichung der „Gemeinschaftsziele“ – bzw. der heutigen Unionziele – liegt.[755]

Vergleicht man die „deutsche Wesentlichkeitstheorie“ mit ihrem europäischen Pendant, so zeigt sich, dass die „europäische Wesentlichkeitstheorie“ zwar ebenfalls die Frage nach der Regelungsdichte einzelner Vorschriften berührt, sie selbst in ihrer „Breitenwirkung“ jedoch stark eingeschränkt ist und sich nur auf die Regelungsdichte der delegierenden Basisrechtsakte bezieht. Damit bleibt ihr potentieller Einfluss auf die gesamte Unionsrechtsordnung vergleichsweise schwach. Eine Übertragung der Inhalte der „unionalen Wesentlichkeitstheorie“ auf andere Bereiche ist zudem abzulehnen. Hofmann weist in diesem Zusammenhang darauf hin, dass nach dem Subsidiaritätsprinzip „die adäquate Regelungsdichte auf europäischer Ebene nicht nach Wesentlichkeits-, sondern nach Effektivitäts-, Praktikabilitäts- und Zweckmäßigkeitsgesichtspunkten beurteilt

---

751 Vgl. Härtel, Europäische Rechtsetzung, S. 212 ff.; Triantafyllou, Vom Vertrags- zum Gesetzesvorbehalt, S. 235 f.

752 Ipsen, FS Lerche, S. 425 ff. (431); Möllers, EuR, 2002, 483 ff. (489).

753 Vgl. EuGH, Rs. 25/70, Einfuhr- und Vorratsstelle für Getreide und Futtermittel/Köster, Slg. 1970, 1161 ff. (1172 Rn. 6); EuGH, Rs. 30/70, Scheer/Einfuhr- und Vorratsstelle für Getreide und Futtermittel, Slg. 1970, 1197 ff. (1209 Rn. 15); EuGH, Rs. 46/86, Romkes/Officier van Justitie des Bezirks Zwolle, Slg. 1987, 2671 ff. (2685 f., Rn. 16); EuGH, Rs. 203/86, Spanien/Rat, Slg. 1988, 4563 ff. (4604, Rn. 34).

754 EuGH, Rs. C-240/90, Bundesrepublik Deutschland/Kommission, Slg. 1992, I-5383 ff. (I-5434, Rn. 37).

755 Vgl. auch Härtel, Europäische Rechtsetzung, S. 214, 239.

werden. [...] Die Übertragung der Grundsätze der im deutschen Verfassungsrecht entwickelten Wesentlichkeitstheorie auf die Gemeinschaftsebene zur Präzisierung des Gesetzesvorbehalts wäre daher der sui-generis Gestalt der EU inadäquat.“ [756]

Wenngleich die vorstehenden Ausführungen sich jeweils auf bestimmte Fallgruppen beziehen, lässt sich dennoch verallgemeinernd sagen, dass der europarechtlich verankerte Grundsatz der Rechtssicherheit, zu dem auch der Bestimmtheitsgrundsatz gehört, nach klaren und deutlich abgefassten Regelungen verlangt.[757] Dementsprechend beansprucht der EuGH für sich das Recht, Rechtsvorschriften, die nicht das nötige Maß[758] an Klarheit aufweisen, zu verwerfen. Dies bewirkt, dass die europäische Rechtsetzung durch den Grundsatz der Rechtssicherheit bzw. das Bestimmtheitsgebot aufgerufen ist, präzise Normen zu erstellen, was ohne eine gewisse Regelungsdichte aber nicht möglich ist.

b) Verhältnismäßigkeitsprinzip

Eine in ihrer gesamtheitlichen Wirkung signifikante Ursache für die Vielzahl von Detailregelungen dürfte im Verhältnismäßigkeitsprinzip zu suchen sein.[759] Um für die diversen Sachverhaltskonstellationen, die in der Wirklichkeit vorkommen können, schon vorab abstrakte Lösungen zu formulieren, die wirksam sind und dennoch eine minimale Belastungsintensität aufweisen, ist fast

---

756 Hofmann, Normhierarchien im europäischen Gemeinschaftsrecht, S. 169 f. Vgl. auch Steinberger, VVDStRL, 50 (1991), 9 ff. (31 f.)

757 Vgl. auch GA Geelhoed, SchlA zu EuGH, Rs. C-161/04, Österreich/Europäisches Parlament und Rat der Europäischen Union, Slg. 2006, I-7183 ff. (I-7205 f., Rn. 79), der diesbezüglich eine direkte Verbindung zu der Interinstitutionellen Vereinbarung zwischen dem Europäischen Parlament, dem Rat und der Kommission vom 22. Dezember 1998 über „Gemeinsame Leitlinien für die redaktionelle Qualität der gemeinschaftlichen Rechtsvorschriften“ zieht.

758 Freilich werden diese Maßstäbe nicht zu streng interpretiert. Als Beispiel können hier Ausführungen des GA Geelhoed, SchlA zu EuGH, Rs. C-161/04, Österreich/Europäisches Parlament und Rat der Europäischen Union, Slg. 2006, I-7183 ff. (I-7206, Rn. 80), dienen. Für den Generalanwalt Geelhoed beschränkt sich die Frage der Vereinbarkeit einer bestimmten Vorschrift mit dem Prinzip der Rechtssicherheit etwa darauf, „ob der betreffende Rechtsakt derart unklar ist, dass seine Adressaten etwaige Zweifel an der Reichweite oder dem Sinn der angefochtenen Verordnung nicht mit hinreichender Sicherheit ausräumen können.“

759 Starck, ZRP, 1979, 209 ff. (211). Vgl. auch Möstl, Die staatliche Garantie für die öffentliche Sicherheit und Ordnung, S. 16, der den Zusammenhang zwischen der Ausdifferenzierung des Rechts, in concreto des deutschen Polizei- und Ordnungsrechts, und dem Verhältnismäßigkeitsprinzip aufzeigt.

zwangsläufig der verstärkte Gebrauch von Detailregelungen notwendig. Das Verhältnismäßigkeitsprinzip lässt sich in diesem Zusammenhang auch interpretieren „als [...] Maßstab zur Operationalisierung der Abwägung in allen Fällen [...], in denen“ durch die unionale Rechtsetzung „im Rahmen eines Regel-Ausnahme Schemas in gesicherte Rechtspositionen“ eingegriffen wird, um bestimmte Ziele zu erreichen.[760] Als Folge dieses Abwägungsprozesses, den die Rechtsetzung mit Blick auf das Verhältnismäßigkeitsprinzip durchführt, entstehen Ausnahme- und Härtefallregelungen oder tatbestandliche Abschichtungen ähnlicher Sachverhalte. Mit anderen Worten: Das Verhältnismäßigkeitsprinzip bewirkt eine Ausdifferenzierung bzw. Detaillierung der Rechtsetzungsakte.

4. Regelungsbedarf, Kompetenzen und rechtliche Beschränkungen der Regelungstätigkeit

Nachfolgend soll der Blick auf den europäischen Regelungsbedarf[761] gelenkt werden und wie dieser im Zusammenspiel mit den zu seiner Verwirklichung zur Verfügung stehenden Kompetenzen[762] als Ursache für den steigenden Regelungsausstoß verantwortlich gemacht werden kann. Daher ist es auch notwendig, auf die vertraglichen Regelungen einzugehen, welche die Rechtsetzung beschränken.[763] Hier stellt sich vornehmlich die Frage, ob diese „regelungsdämpfenden Vorschriften“ ein *effektives* Mittel darstellen, um die Rechtsetzungsaktivität zurückzuführen.
In einem kurzen Einschub ist auf die ausschließlichen Kompetenzen in ihrer Funktion als Rechtsetzungsverpflichtungen einzugehen.[764]

a) Regelungsbedarf

„Denn für die Lösung der großen Probleme dieser Welt ist der Nationalstaat zu klein und für die Lösung der kleinen Probleme ist er zu groß.“[765] Diese Einsicht könnte man in einer Abwandlung auf die Europäische Union übertragen.[766] Die

760 Kischel, Die Begründung, S. 192. Vgl. auch Lindner, Theorie der Grundrechtsdogmatik, S. 217 ff.

761 Vgl. 4. Kap. – B I 4 a.

762 Vgl. 4. Kap. – B I 4 b.

763 Vgl. 4. Kap. – B I 4 d.

764 Vgl. 4. Kap. – B I 4 c.

765 Zippelius, Allgemeine Staatslehre, S. 302.

766 Vgl. Herzog/Gerken, Von roten Karten und stumpfen Schwertern, S. 4: „Ausgangspunkt [...] ist die Einsicht, dass die Europäische Union nur bestehen wird, wenn sie zum einen

Union sollte die Probleme lösen, für die die Mitgliedstaaten zu klein sind und andererseits die Angelegenheiten bei den Mitgliedstaaten belassen, die diese selbst (gleichermaßen) gut meistern können. Mit anderen Worten: Die Union sollte sich vorrangig um die „großen" Probleme kümmern. In einem Festschriftenbeitrag aus dem Jahre 1994 zählt der ehemalige Bundeskanzler Kohl den Umweltschutz, die Kontrolle von Migrationsbewegungen, die Bekämpfung des Drogenhandels und die international organisierte Kriminalität zu diesen „großen" Problemen.[767] Diese Aussage darf sich wohl noch immer allgemeiner Zustimmung erfreuen, wenngleich die Aufzählung heute um wichtige Themenfelder zu ergänzen wäre. Wie verhält es sich aber mit Regelungen zu den rechtlichen Voraussetzungen für Beihilfegewährungen zur privaten Lagerhaltung der Käsesorte Grana Padano[768] und Tintenfischen[769], oder mit Vorschriften, welche die Versorgung der Kanarischen Inseln mit Zuchtkaninchen regeln[770]. Kann hier von „großen" Problemen gesprochen werden, die den europäischen Rechtsetzer auf den Plan rufen? Gewiss nicht. Damit ist jedoch nicht gesagt, dass die Union diese Fragen nicht regeln sollte. Eine solche Beurteilung setzt nämlich, anders als die eingangs gemachten plakativen Aussagen vermuten lassen, eine Beschäf-

---

besser als bislang in die Lage versetzt wird, den globalen, von den Mitgliedstaaten allein nicht mehr bewältigbaren Herausforderungen gerecht zu werden, und wenn sie sich zum anderen nicht in Dinge einmischt, die von den Mitgliedstaaten mindestens genauso gut geregelt werden können."

767 Kohl, FS Klein, S. 15 ff. (15). Vgl. auch andere Aussagen zu den „großen Aufgabenfeldern" der „Europäischen Gemeinschaft" und der „Europäischen Union": Bergkamp, European Community Law for the New Economy, S. 734; Hänsch, FS Tsatsos, S. 206 ff. (206 ff.); Streinz, FS Söllner, S. 1139 ff. (1169); Sutherland, Eipascope, 1995/2, 1 ff. (1 ff.).

768 Weiß, DÖV, 1979, 601 ff. (603), nutzt dieses Beispiel in seiner damaligen Form zur Illustration seiner Sicht auf das europäische Recht als dem „Zerrbild einer sich aufblähenden Rechtsordnung [...], das selbst für die Fachleute zum Zauberlehrling geworden ist, der sich von seinem Meister losgerissen hat". Aus heutiger Sicht hätte Weiß wohl das entsprechende Beispiel der Verordnung (EG) Nr. 588/2007 der Kommission vom 30. Mai 2007 zur Änderung der Verordnung (EG) Nr. 2659/94 über die Gewährung von Beihilfen für die private Lagerhaltung der Käsesorten Grana Padano, Parmigiano-Reggiano und Provolone, ABl. 2007 L 139/16, gewählt.

769 Vgl. u. a. die Verordnung (EG) Nr. 1419/96 der Kommission vom 22. Juli 1996 zur Festsetzung des Betrages der Beihilfe für die private Lagerhaltung von Tintenfischen (Loligo patagonica), ABl. 1996 Nr. L 182/11.

770 Vgl. u. a. die Verordnung (EG) Nr. 1319/2001 der Kommission vom 29. Juni 2001 zur Festlegung der Bedarfsvorausschätzung und Beihilfen für die Versorgung der Kanarischen Inseln mit Zuchtkaninchen gemäß Artikel 4 der Verordnung (EWG) Nr. 1601/92 des Rates, ABl. 2001 Nr. L 177/44 und den zugehörigen Basisrechtsakt, also die Verordnung (EWG) Nr. 1601/92 des Rates vom 15. Juni 1992 zur Einführung von Sondermaßnahmen für bestimmte landwirtschaftliche Erzeugnisse zugunsten der Kanarischen Inseln, ABl. 1992 L 173/13.

tigung mit dem in der Union bestehenden Regelungsbedarf voraus, der sich – soviel vorausgeschickt – nicht nur auf die „großen Probleme" dieser Welt beschränkt. Im Folgenden soll daher untersucht werden, welcher Regelungsbedarf sich aus dem Primärrecht ableiten lässt und ob hier Grenzen gezogen werden können, die eine Verringerung des Normenbestandes implizieren.

aa) Vertragliche Zielsetzungen

Allgemein gilt, dass sich der europäische Regelungsbedarf aus den Zielen der Union speist.[771] Diese Ziele sind der Leitfaden dafür, zu welchen Sachverhalten und in welchem Umfang die Union Regeln aufzustellen hat.[772] Der Regelungsbedarf der Union bestimmt sich also nicht durch die Zuweisung eines Sachgebietes an die europäische Ebene oder etwa nach vorgefassten Strukturmodellen, sondern wird durch die vertraglich zugewiesenen Zielsetzungen determiniert.[773]

Eine Darstellung der Ziele der europäischen Rechtsetzung soll mit Art. 2 EGV, der Grundnorm des Integrationsprogramms der (alten) Gemeinschaft[774], und

---

771 Vgl. zu den Aufgaben und Zielen des (alten) „Gemeinschaftsrechts" – auf dessen Grundlage der Großteil des aktuellen Sekundärrechts erlassen wurde – die Art. 2, 3 und 4 EGV sowie die zugehörigen vertraglichen Konkretisierungen. Siehe zudem bezüglich der Begrifflichkeiten Ziele, Aufgaben, etc. überblicksmäßig Reimer, EuR, 2003, 992 ff. (994), der auch der Frage nach dem abschließenden Charakter der explizit geregelten Ziel- und Aufgabenbestimmungen des „Gemeinschaftsrechts" nachgeht (S. 998). Die zentrale Zielnorm des Unionsrecht bildet nunmehr Art. 3 EUV i.d.F. des Vertrages von Lissabon.

Siehe allgemein: Everling, EuR, 1987, 214 ff. (216). Vgl. daneben auch: Basedow, FS Everling I, S. 49 ff. (49 f.); Reimer, EuR, 2003, 992 ff. (995): „Danach sind ‚Ziele' übergeordnete, ‚Aufgaben' konkretere Handlungsappelle." Siehe außerdem Callies, ARSP, (Beiheft 92) 2003, 85 ff. (90 ff., bes. 94 ff.), der (S. 106 ff.) eine interessante Parallele zwischen den primärrechtlichen Vertragszielen und der dogmatischen Kategorie der Staatsziele zieht und dabei den unmittelbaren Zusammenhang zwischen Vertragszielen und europarechtlichen Regelungsbedarf verdeutlicht, wenn er (S. 107) von Optimierungsgeboten spricht, die möglichst weitgehend verwirklicht werden sollen. In diesem Zusammenhang (S. 109) spricht Callies auch von einem „unmittelbaren Zwang zur politischen Befassung und Entscheidung".

772 Everling, EuR, 1987, 214 ff. (216); Zuleeg, Der Staat, 41 (2002), 359 ff. (365).

773 Everling, EuR, 1987, 214 ff. (216).

774 So Callies, ARSP, (Beiheft 92) 2003, 85 ff. (91). Vgl. auch EuGH, Rs. 126/86, Gímenez Zaera/Instituto Nacional de la Seguridad Social und Tesorería General de la Seguridad Social, Slg. 1987, 3697 ff. (3715 f., Rn. 10).

Auf eine Darstellung des Handlungsbedarfs im Bereich der Außenbeziehungen der „Gemeinschaft" wird hier verzichtet. Vgl. dazu etwa Everling, EuR, 1987, 214 ff. (230 f.).

dessen Bestimmungen zu Aufgaben bzw. Zielen[775] beginnen. Ausgehend vom Ziel der Errichtung eines Gemeinsamen Marktes, was de facto das gesamte Wirtschaftsleben innerhalb der Gemeinschaft berührte[776], wurden in Art. 2 EGV auch nichtwirtschaftliche, namentlich ökologische und soziale Ziele genannt, so dass diese Vorschrift als inhaltlich „äußerst heterogen"[777] bezeichnet werden konnte.

Ohne auf die Frage der Justiziabilität der Vertragsziele eingehen zu wollen[778], wird schon aus dem Begriff der Aufgabe an sich deutlich, dass Art. 2 EGV nicht lediglich politische Absichtserklärungen formulierte, sondern die Gemeinschaftsorgane verpflichtete, diese „ziemlich umfassenden Vertragsziele"[779] auch in die Tat umzusetzen.[780]

---

775 Vgl. EuGH, Rs. 126/86, Gímenez Zaera/Instituto Nacional de la Seguridad Social und Tesorería General de la Seguridad Social, Slg. 1987, 3697 ff. (3715 f., Rn. 10). Danach beschreibt Art. 2 EGV „die Aufgabe der Europäischen Wirtschaftsgemeinschaft. Die darin genannten Ziele sind mit dem Bestehen und dem Funktionieren der Gemeinschaft verknüpft; ihre Verwirklichung muß das Ergebnis der Errichtung des Gemeinsamen Marktes und der fortschreitenden Annäherung der Wirtschaftspolitik der Mitgliedstaaten sein". Vgl. bezüglich einer Gleichsetzung der Begriffe Aufgaben und Ziele in Art. 2 EGV: Callies, ARSP, (Beiheft 92) 2003, 85 ff. (88); Ipsen, Europäisches Gemeinschaftsrecht, S. 556; Zuleeg, in: v. d. Groeben/Schwarze, Art. 2 EGV Rn. 1.

776 EuGH, Rs. 167/73, Kommission/Frankreich, Slg. 1974, 359 ff. (369 f., Rn. 17/23).

777 Reimer, EuR, 2003, 992 ff. (997).

778 Abgesehen von Fällen, die einen schweren und evidenten Verstoß gegen die Vertragsziele darstellen, wird eine Justiziabilität der Vertragsziele aufgrund ihrer Allgemeinheit und dem breiten Ermessen, das den europäischen Organen bei Verwirklichung der Vertragsziele zusteht, aber abzulehnen sein. In diesem Sinne äußert sich auch Reimer, EuR, 2003, 992 ff. (1005), für den „sich die Zielnormen [...] kaum zu konkreten Handlungspflichten verdichten, weil sie erstens inhaltlich meist generalklauselartig weit formuliert sind (‚eine harmonische, ausgewogene und nachhaltige Entwicklung des Wirtschaftslebens', Art. 2 EG) und zweitens mit divergierenden, d. h. potentiell antagonistischen Zielgehalten im Sinne praktischer Konkordanz koordiniert also relativiert werden müssen". Dementsprechend weisen auch Reimer, EuR, 2003, 992 ff. (1005), und v. Bogdandy, in: v. Bogdandy, Europäisches Verfassungsrecht, S. 149 ff. (187), darauf hin, dass der EuGH aus Art. 2 f. EGV keine Handlungspflichten der Organe abgeleitet hat. Eine ähnliche Rechtsprechung ist damit wohl auch zu Art. 3 EUV i.d.F. des Vertrages von Lissabon zu erwarten. Vgl. hierzu: EuGH, Rs. 13/83, Europäisches Parlament/Rat, Slg. 1985, 1513 ff. (1595 ff., Rn. 47 ff.); GA Lenz, SchlA zu EuGH, Rs. 13/83, Europäisches Parlament/Rat, Slg. 1985, 1513 ff. (1533 ff.); Callies, ARSP, (Beiheft 92) 2003, 85 ff. (94) m. w. N.

779 Zuleeg, in: v. d. Groeben/Schwarze, Art. 2 EGV Rn. 2.

780 Callies, ARSP, (Beiheft 92) 2003, 85 ff. (94), spricht davon, dass die Vertragsziele „pflichtenaktivierend" sind. Zuleeg, in: v. d. Groeben/Schwarze, Art. 2 EGV Rn. 7, merkt an, dass eine unverbindliche Aufgabe ein Widerspruch in sich wäre.

Die Ziele des Art. 2 EGV wurden schließlich durch die Art. 3 f. EGV konkretisiert bzw. weiter ausgeführt und erläutert[781]. Nach Art. 3 Abs. 1 EGV erstreckte sich die Tätigkeit der „Gemeinschaft" dabei auf nicht weniger als 21 Themenfelder, die auch in sich selbst ein großes Regelungspotential beinhalteten.[782]

---

781 Vgl. EuGH, Rs. 32/65, Italien/Kommission, Slg. 1966, 457 ff. (483); EuGH Rs. C-177/94, Strafverfahren gegen Gianfranco Perfili, Slg. 1996, I-161 (I-174, Rn. 10). Der EuGH betrachtet die in Art. 3 und 4 EGV niedergelegten – jetzt (vorallem) in Art. 3 EUV i.d.F. des Vertrages von Lissabon verankerten – Tätigkeiten daher auch als Ziele i. S. v. Art. 308 EGV – jetzt: Art. 352 Abs. 1 S. 1 AEUV. Siehe EuGH, Rs. 8/73, Hauptzollamt Bremerhaven/Massey-Ferguson GmbH, Slg. 1973, 897 ff. (907, Rn. 3). Vgl. ferner Callies, ARSP, (Beiheft 92) 2003, 85 ff. (89).

Wenn Art. 3 EGV die Mittel aufgezählt hat, um die weitgesteckten Vertragsziele des Art. 2 EGV zu verwirklichen, war es gerechtfertigt, auch bei Art. 3 EGV selbst von Zielen zu sprechen. So auch Zuleeg, in: v. d. Groeben/Schwarze, Art. 3 EGV Rn. 1. Es ist anzumerken, dass Art. 3 EGV bezweckte, die Gemeinschaftsorgane auf den angegebenen Gebieten zum Tätigwerden zu verpflichten. Vgl. hierzu: EuGH, verb. Rs. 41–44/70, NV International Fruit Company u. a./Kommission, Slg. 1971, 411 ff. (427, Rn. 68/72) – dort heißt es deutlich: „Artikel 3 des Vertrages nennt mehrere allgemeine Ziele, auf deren Verwirklichung und Harmonisierung die Gemeinschaft hinarbeiten muß." Ferner EuGH, Rs. 48/74, Charmasson/Minister für Wirtschaft und Finanzen, Slg. 1974, 1383ff. (1394 f., Rn. 14/15 ff.); EuGH, Rs. 97/78, Fritz Schumalla, Slg. 1978, 2311 ff. (2317, Rn. 3f.); EuGH, Rs. 136/79, National Panasonic (UK) Limited/Kommission, Slg. 1980, 2033 ff. (2057, Rn. 20). Siehe auch Zuleeg, in: v. d. Groeben/Schwarze, Art. 3 EGV Rn. 1.

782 Im Einzelnen kümmerte sich die Gemeinschaft um das Verbot von Zöllen und mengenmäßigen Beschränkungen bei der Ein- und Ausfuhr von Waren sowie um alle sonstigen Maßnahmen gleicher Wirkung zwischen den Mitgliedstaaten, weiterhin um eine gemeinsame Handelspolitik und einen Binnenmarkt sowie um Maßnahmen hinsichtlich der Einreise und des Personenverkehrs. Ferner führte Art. 3 EGV eine gemeinsame Politik auf dem Gebiet der Landwirtschaft, der Fischerei und des Verkehrs ein. Durch Art. 3 EGV wurde außerdem ein System angestrebt, das den Wettbewerb innerhalb des Binnenmarkts vor Verfälschungen schützt sowie die Angleichung der innerstaatlichen Rechtsvorschriften (soweit dies für das Funktionieren des Gemeinsamen Marktes erforderlich ist) zum Ziel hat. Hinzu kamen die Förderung der Koordinierung der Beschäftigungspolitik der Mitgliedstaaten, eine Sozialpolitik mit einem Europäischen Sozialfonds, die Stärkung des wirtschaftlichen und sozialen Zusammenhalts, eine Politik auf dem Gebiet der Umwelt, die Stärkung der Wettbewerbsfähigkeit der Industrie innerhalb der Gemeinschaft sowie die Förderung der Forschung und technologischen Entwicklung und des Auf- und Ausbaus transeuropäischer Netze. Ein Beitrag zur Erreichung eines hohen Gesundheitsschutzniveaus wurde von der Gemeinschaft ebenso erwartet wie ein Beitrag zu einer qualitativ hoch stehenden allgemeinen und beruflichen Bildung sowie zur Entfaltung des Kulturlebens in den Mitgliedstaaten. Eine Politik auf dem Gebiet der Entwicklungszusammenarbeit, die Assoziierung der überseeischen Länder und Hoheitsgebiete zur Steigerung des Handelsverkehrs und die Förderung der wirtschaftlichen und sozialen Entwicklung durch gemeinsame Bemühungen, ein verbesserter Verbraucherschutz und Maßnahmen auf den Gebieten Energie, des Katastrophenschutzes und des Fremdenverkehrs komplettierten die Aufzählung in Art. 3 Abs. 1 EGV.

Dieser umfangreiche Katalog verdeutlichte, dass der EGV „einen überquellenden Bauchladen von Zielen“[783] bereitstellte, der dem Regelungsbedarf der Gemeinschaft kaum Grenzen setzte. Diese Einschätzung wurde durch weitere[784] Zielbeschreibungen, die im dritten Teil des EGV aufgeführt waren und welche die in Art. 2 und 3 f. EGV aufgezeigten Ziele weiter konkretisierten[785], untermauert.

Art. 3 EUV i.d.F. des Vertrages von Lissabon, der Art. 2 EGV „abgelöst“ hat, formuliert nunmehr die Ziele der Union. Auch diese primäre Zielnorm ist gekennzeichnet durch eine ausschweifende thematische Weite. Sie vereinigt völker- und menschenrechtliche[786], rechtsstaatliche[787], ökonomische[788], ökologische[789], wissenschaftliche und technologische[790], soziale[791] sowie kulturelle[792] Zielsetzungen.
Auch die einzelnen Ziele – wie etwa die Errichtung eines Binnenmarktes, das Erreichen von Vollbeschäftigung und sozialen Fortschritts, die Förderung sozialer Gerechtigkeit oder die Wahrung des kulturellen Reichtums – besitzen eine enorme Spannweite. Insgesamt ist kaum eine konkrete Rechtsetzungsmaßnahme vorstellbar, welche sich nicht unter die Zielsetzungen des Art. 3 EUV i.d.F. des Vertrages von Lissabon subsumieren lässt. Damit ist auch ein entsprechender Regelungsbedarf für die Union impliziert.

Gemäß Art. 3 Abs. 2 EGV musste die „Gemeinschaft“ bei allen diesen Tätigkeiten darauf hinwirken, Ungleichheiten zu beseitigen und die Gleichstellung von Männern und Frauen zu fördern.

783 Reimer, EuR, 2003, 992 ff. (997).

784 Vgl. insofern etwa: Art. 33 Abs. 1, 105 Abs. 1, 136 Abs. 1, 149 Abs. 1 und 2, 150 Abs. 1 und 2, 153 Abs. 1, 158, 163 Abs. 1, 174 Abs. 1 und 2, 177 Abs. 1 EGV. Vgl. umfassend zu den Zielbestimmungen der „Gemeinschaft“: Müller-Graff, in: Handbuch des EU-Wirtschaftsrechts, A. I. – Rn. 99 ff.

785 Vgl. hierzu u. a.: Basedow, FS Everling I, S. 49 ff. (51); Reimer, EuR, 2003, 992 ff. (998). Siehe auch EuGH, verb. Rs. C-267/91 u. 268/91, Strafverfahren gegen Bernard Keck und Daniel Mithouard, Slg. 1993, I-6097 ff. (I-6130, Rn. 9).

786 Vgl. Art. 3 Abs. 1, 5 EUV i.d.F. des Vertrages von Lissabon – Bsp.: Förderung des Friedens sowie der Werte und des Wohlergehen der Völker der Union.

787 Vgl. Art. 3 Abs. 2 EUV i.d.F. des Vertrages von Lissabon.

788 Vgl. Art. 3 Abs. 3 UA 1 S. 1 Hs. 1 EUV i.d.F. des Vertrages von Lissabon – Bsp.: Ziel eines ausgewogenen Wirtschaftswachstums sowie der Preisstabilität.

789 Vgl. Art. 3 Abs. 3 UA 1 S. 2 Hs. 2 EUV i.d.F. des Vertrages von Lissabon.

790 Vgl. Art. 3 Abs. 3 UA 1 S. 2 EUV i.d.F. des Vertrages von Lissabon.

791 Vgl. Art. 3 Abs. 3 UA 2 EUV i.d.F. des Vertrages von Lissabon.

792 Vgl. Art. 3 Abs. 3 UA 4 EUV i.d.F. des Vertrages von Lissabon.

Die „Weite“ der europäischen Zielsetzungen ist aber auch ein Merkmal der „speziellen“ Vertragsbestimmungen.
So formuliert beispielsweise Art. 33 Abs. 1 EGV – jetzt: Art. 39 Abs. 1 AEUV – nicht nur die Ziele der gemeinsamen Agrarpolitik, welche als Rahmen für die marktpolitischen Aktivitäten der europäischen Organe fungieren, sondern stellt auch ein Handlungsgebot für deren Verwirklichung dar.[793] Die ausgegebenen Ziele umfassen danach die Steigerung der landwirtschaftlichen Produktivität durch die Förderung des technischen Fortschritts, die Rationalisierung der landwirtschaftlichen Erzeugung und den bestmöglichen Einsatz der Produktionsfaktoren sowie das Ziel, der „landwirtschaftlichen Bevölkerung“ eine angemessene Lebenshaltung zu gewährleisten. Gleichermaßen strebt Art. 33 Abs. 1 EGV – jetzt: Art. 39 Abs. 1 AEUV – die Stabilisierung der Märkte an sowie die Sicherstellung der Versorgung und die Belieferung der Verbraucher zu angemessenen Preisen. Diese Zielsetzungen sind nicht nur in ihren einzelnen Teilen (vgl. etwa Art. 33 Abs. 1 lit. b und e EGV – jetzt 39 Abs. 1 lit. b und e AEUV: „angemessene Lebenshaltung“ bzw. „angemessene Preise“), sondern auch in ihrem Verhältnis untereinander sehr vage formuliert.[794] Insgesamt bleibt festzustellen, dass diese Zielnorm nicht geeignet ist, den Regelungsbedarf im Bereich der Agrarpolitik einzuschränken. Vielmehr gilt noch immer die Einschätzung von Everling, dass Europa „in diesem Bereich [...] einen unbegrenzten Regelungsbedarf entwickelt.“[795]

Ähnlich verhält es sich mit den Zielen im Bereich der Umweltpolitik, die Art. 174 Abs. 1 und 2 EGV – jetzt: Art. 191 Abs. 1 und 2 AEUV – benennt. Diese Handlungsverpflichtung[796] umfasst im ersten Absatz die Erhaltung und den Schutz der Umwelt sowie die Verbesserung ihrer Qualität, den Schutz der menschlichen Gesundheit, eine umsichtige und rationelle Verwendung der natürlichen Ressourcen und schließlich die Förderung von Maßnahmen auf internationaler Ebene zur Bewältigung regionaler oder globaler Umweltprobleme (und insbesondere zur Bekämpfung des Klimawandels).
Schon die Formulierung in Absatz 1 Spiegelstrich 1 („Erhaltung und Schutz der Umwelt sowie Verbesserung ihrer Qualität“) ist so „ausgreifend“ formuliert, dass sie ein Tätigwerden in praktisch allen Bereichen des Umweltschutzes gestattet.[797] Eine ähnliche Einschätzung lässt sich für den Begriff „natürliche Res-

793 Boest, Die Agrarmärkte im Recht der EWG, S. 100.

794 Boest, Die Agrarmärkte im Recht der EWG, S. 101 – dort (S. 100 ff.) detailliert zum Ganzen.

795 Everling, EuR, 1987, 214 ff. (227).

796 Vgl. Hoffmann-Riem, Gemeinschaftspolitik zwischen Marktfreiheit und Umweltschutz, in: Umweltschutz in der Europäischen Gemeinschaft, S. 9 ff. (14, 20).

797 Krämer, in: v. d. Groeben/Schwarze, Art. 174 EGV Rn. 22.

sourcen" treffen. Hierbei handelt es sich ebenfalls um eine sehr vage Formulierung.[798]
Wie weitreichend die umweltpolitischen Zielsetzungen sind, zeigt etwa die Tatsache, dass bereits vor der Einführung von Art. 174 Abs. 1 Spiegelstrich 4 EGV – jetzt: Art. 191 Abs. 1 Spiegelstrich 4 AEUV – („Förderung von Maßnahmen auf internationaler Ebene zur Bewältigung regionaler oder globaler Umweltprobleme"), der den Schutz der globalen Umwelt fordert, Maßnahmen mit internationaler Wirkung ergriffen worden waren, die damals im Wesentlichen unter den Schutz der Umwelt oder den Schutz der natürlichen Ressourcen subsumiert wurden.[799]
Auch bei Art. 174 EGV – jetzt: Art. 191 AEUV – kann nicht von einer spürbaren Eingrenzung des Regelungsbedarfes gesprochen werden. Ähnliche Feststellungen können im Übrigen auch für andere Politikbereiche getroffen werden.[800]

Ein Grund für die weitgehende Unbegrenztheit der primärrechtlichen Zielvorgaben dürfte auch darin zu finden sein, dass die vertraglichen Aufgaben und Ziele der Union immer vor dem Hintergrund ihrer „politischen Finalität" interpretiert werden[801] und damit in ihren Konturen verschwimmen. Dies zeigt etwa ein von Everling herangezogenes Beispiel aus dem Bereich der grenzüberschreitenden Rundfunk- und Fernsehsendungen.[802] So schlug die Kommission vor, bestimmte Prozentanteile der Sendezeit für gemeinschaftsspezifische Progamminhalte zu reservieren.[803] Als Begründung dienten jedoch nicht etwa kulturpolitische Überlegungen, sondern die Erwägung, „die Beschäftigung in den kulturschaffenden Industrien zu fördern". Everling schließt daraus, „daß sich letztlich alles irgendwie auf die allgemeinen Ziele der Gemeinschaft zu-

798 Krämer, in: v. d. Groeben/Schwarze, Art. 174 EGV Rn. 28. Vgl. auch Callies, ARSP, (Beiheft 92) 2003, 85 ff. (95), der von einer „erheblichen Konkretisierungsbedürftigkeit", der in Art. 174 Abs. 1 EGV – jetzt: Art. 191 Abs. 1 AEUV – niedergelegten Ziele spricht.

799 Krämer, in: v. d. Groeben/Schwarze, Art. 174 EGV Rn. 31.

800 Vgl. Everling, EuR, 1987, 214 ff. (227 ff.), zum Regelungsbedarf in der Verkehrspolitik, der Luftfahrt, der Wettbewerbs- und Wirtschaftspolitik, der Regionalpolitik und der Sozialpolitik.

801 Siehe Everling, EuR, 1987, 214 ff. (216 f.), der sich aber nicht auf das genaue Ziel dieser Finalität festlegen möchte. Dementsprechend spricht Everling auch von der „Entwicklung zu einem irgendwie gearteten, politisch handlungsfähigen Verband". Vgl. auch Papier, Das Subsidiaritätsprinzip als Bremse des schleichenden Zentralismus in Europa?, S. 10 f.

802 Everling, EuR, 1987, 214 ff. (226).

803 Vorschlag einer Richtlinie des Rates über die Koordinierung bestimmter Rechts- und Verwaltungsvorschriften der Mitgliedstaaten über die Ausübung der Rundfundtätigkeit, COM (1986) 146 endg.

rückführen läßt"[804]. Die gleiche Schlussfolgerung ist für die (neuen) allgemeinen Ziele der Union zu treffen.

bb) Grundfreiheiten

An dieser Stelle sei noch ein kurzer Blick auf die Grundfreiheiten geworfen, welche ebenfalls häufig Anlass zu neuen Regelungen geben.[805] Insofern kann man auch bei den Grundfreiheiten von Determinanten des europäischen Regelungsbedarfs sprechen.

Beispielhaft sei hier auf die Arbeitnehmerfreizügigkeit (Art. 39–42 EGV – jetzt: Art. 45–48 AEUV) und die Niederlassungsfreiheit (Art. 43–48 EGV – jetzt: Art. 49–55 AEUV) verwiesen. Im Grundsatz wird dadurch das Recht der Arbeitnehmer und der Unternehmer gewährleistet, sich in einem anderen Mitgliedsland zu betätigen. Um effektiv zu wirken, muss dieser Freiheitsrahmen allerdings mit Inhalten gefüllt werden, was wiederum einen Regelungsbedarf erzeugt.[806] So müssen etwa Fragen der Einreise, des Aufenthalts oder der Gleichstellung der Arbeitnehmer aus anderen Mitgliedstaaten bei den sozialen Rechten oder bei der schulischen Betreuung der Kinder geregelt werden. Ein Regelungsbedarf entsteht vor allem, weil die Vertragsbestimmungen keine Berufsfreiheit im eigentlichen Sinn, sondern nur eine Gleichstellung der EU-Ausländer mit den Inländern gewähren. Da die EU-Ausländer ihren Berufsweg aber nicht auf die Vorschriften in anderen Mitgliedstaaten hin ausgerichtet haben, stoßen sie dort auf Hürden. Folglich wird eine Angleichung der Regelungen des Berufsrechts und in gewissem Umfang des Gewerberechts sowie die Anerkennung der Diplome und sonstiger Befähigungsnachweise erforderlich.

Die Warenverkehrsfreiheit (Art. 23–31 EGV – jetzt: Art. 28–37 AEUV) ist ebenfalls ein Beispiel dafür, dass die Grundfreiheiten selbst einen Regelungsbedarf erzeugen. So betrifft Art. 28 EGV – jetzt: Art. 34 AEUV – auch nationale Bestimmungen über die Herstellung, Verpackung oder etwa die Kennzeichnung von Waren, die unterschiedslos für inländische und eingeführte Produkte gelten. Diese Bestimmungen dürfen auf Waren, die aus anderen Mitgliedstaaten eingeführt werden, jedoch nur dann angewendet werden, soweit dies notwendig ist,

---

804 Everling, EuR, 1987, 214 ff. (226), der später (S. 231) weiter schreibt: „Dazu ist zunächst negativ zu wiederholen, daß sich aus der Formulierung der Ziele und Aufgaben der Gemeinschaft in den Verträgen praktikable Abgrenzungen kaum herleiten lassen. Sie sind so weit gefaßt, daß besonders auf dem Hintergrund der politischen Finalität der Integration, die für die Auslegung von Bedeutung ist, Grenzen schwer zu bestimmen sind."

805 Wägenbaur, EuR, 1987, 113 ff. (114), spricht davon, dass etwa die „Herstellung der vollständigen Freiheit aller Gemeinschaftsangehörigen [...] eines der vornehmsten *Ziele* des EWG-Vertrages" ist. Vgl. auch Seidel, Europa-Archiv, 1987, 553 ff. (553).

806 Everling, EuR, 1987, 214 ff. (225 f.); Wägenbaur, EuR, 1987, 113 ff. (114).

um zwingenden Erfordernissen des Gemeinwohls gerecht zu werden oder es mit Art. 30 EGV – jetzt: Art. 36 AEUV – vereinbar ist. Letzteres bedeutet, dass die jeweiligen nationalen Vorschriften durch Gründe der öffentlichen Ordnung, Sicherheit und Gesundheit oder andere zwingende Erfordernisse des Verbraucherschutzes oder des lauteren Wettbewerbs et cetera gerechtfertigt sein müssen. Ist dies der Fall und eine auf dem Verhältnismäßigkeitsprinzip beruhende Abwägung zwischen dem Interesse der Union an der Freiheit des Warenverkehrs und den mitgliedstaatlichen Interessen fällt zugunsten der mitgliedstaatlichen Gemeinwohlüberlegungen aus, können die nationalen Vorbehalte bestehen bleiben. Für den freien Warenverkehr ist dieses in der Praxis häufig anzutreffende Ergebnis jedoch misslich, da damit der freie Warenverkehr, wenn auch nur durch „beschränktere" Handelshemmnisse, behindert wird. Um dies zu vermeiden, ist entweder die gegenseitige Anerkennung der mitgliedstaatlichen Regelungen oder eine entsprechende europarechtliche Harmonisierung notwendig. In beiden Fällen ist neue Rechtsetzung unumgänglich.

Diese theoretischen Ausführungen lassen sich in concreto recht gut am Bierurteil des EuGH rekapitulieren.[807] Das deutsche Biergesetz enthielt zwar kein absolutes Einfuhrverbot für ausländische Biere, die nicht nach dem deutschen Reinheitsgebot gebraut wurden, es untersagte jedoch, dass ein derartiges „Getränk" unter der Bezeichnung Bier eingeführt werden darf. Diese Regelung erachtete der EuGH für unverhältnismäßig und verwies auf die Möglichkeit einer Etikettierungsregelung, welche die Belange des Verbraucherschutzes genügend berücksichtigt.[808] Als unverhältnismäßig wurde außerdem das absolute Verbot aller Zusatzstoffe im Bier angesehen, weil dieses das national und international übliche Maß überschreitet, wonach Zusatzstoffe, die ein technologisches Bedürfnis befriedigen und von denen außerdem keine Gesundheitsgefahr ausgeht, sonst zugelassen sind.[809] Im Anschluss an dieses Urteil blieben also nationale Regelungen zulässig, die die Etikettierung bzw. nur bestimmte Zusatzstoffe betreffen. Die Anwendung der Warenverkehrsfreiheit hatte somit zwar tiefgreifende Störungen im freien Warenaustausch beseitigt, beschränkte Handelshemmnisse blieben aber durch die rechtliche Möglichkeit, bestimmte nationale Vorbehalte zu installieren, weiterhin bestehen. Dadurch blieb auch für die frühere „Gemeinschaft" – bzw. die heutige Union – ein (potentieller) Regelungsbedarf für Rechtsangleichungsmaßnahmen erhalten.

807 EuGH, Rs. 178/84, Kommission/Deutschland, Slg. 1987, 1227 ff. (1227 ff.).

808 EuGH, Rs. 178/84, Kommission/Deutschland, Slg. 1987, 1227 ff. (1269, Rn. 25).

809 EuGH, Rs. 178/84, Kommission/Deutschland, Slg. 1987, 1227 ff. (1272 ff., Rn. 38 ff.).

cc) Bewertung

Resümierend lässt sich feststellen, dass die weit formulierten[810], geradezu „überbordenden Ziel- und Aufgabenbeschreibungen“[811] des europäischen Primärrechts ungeeignet sind, dem Regelungsbedarf auf europäischer Ebene Grenzen zu setzen, sondern vielmehr einen nahezu unbegrenzten Regelungsbedarf implizieren. Das Streben nach einer möglichst weitgehenden Verwirklichung der Grundfreiheiten liefert ebenfalls Impulse für neue Regelungsaktivitäten. Die vertraglichen Zielsetzungen fordern von den Unionsorganen ein breit angelegtes Handeln, wenngleich die Organe bei der Ausgestaltung weite Ermessensspielräume besitzen. Daraus kann jedoch nicht geschlossen werden, dass die Union in all diesen Bereichen allein handlungsbefugt ist. Um selbst Rechtsetzungsakte zu erlassen, bedarf die Union in Ermangelung einer Kompetenz-Kompetenz der expliziten vertraglichen Befugnis. Besonders deutlich wird dies in Art. 3 Abs. 6 EUV i.d.F. des Vertrages von Lissabon: „Die Union verfolgt ihre Ziele mit geeigneten Mitteln entsprechend den Zuständigkeiten, die ihr in den Verträgen übertragen sind.“

Ferner sind diese Kompetenzen zum Großteil nur „konkurrierende“ Kompetenzen, die sie mit den Mitgliedstaaten teilt (vgl. bes. Art. 4 AEUV). Von daher lässt sich aus der Analyse des unionalen Regelungsbedarfs keineswegs zwangsläufig eine „unbegrenzte“ Regelungsaktivität der Organe der Union ableiten. Auf der anderen Seite trifft es jedoch auch zu, dass die vertraglichen Zielbeschreibungen selbst einen immensen Regelungsbedarf formulieren und dem unionalen Handeln in Bezug auf die Quantität der Rechtsetzung nur wenige Grenzen setzen.

b) Kompetenznormen

Nachdem nun der Regelungsbedarf auf der europäischen Ebene beleuchtet wurde, stellt sich die Frage, welche vertraglichen Kompetenzen für dessen Verwirklichung zur Verfügung stehen und ob sich an dieser Stelle Ansatzpunkte finden, die der Regelungstätigkeit bzw. der Rechtsetzung effektive Grenzen setzen.

Um eine bessere Abgrenzung der Zuständigkeiten zwischen den Mitgliedstaaten und der Union und damit eine größere Transparenz der Kompetenzordnung zu ermöglichen, wurde durch den „Vertrag von Lissabon“ in Art. 2 AEUV ein Ka-

---

810 Vgl. EuGH, Rs. 126/86, Gímenez Zaera/Instituto Nacional de la Seguridad Social und Tesorería General de la Seguridad Social, Slg. 1987, 3697 ff. (3715, Rn. 10). Siehe auch Everling, EuR, 1987, 214 ff. (216): „die einzelnen, in Art. 3 EWGV aufgeführten und in den zugehörigen Vertragskapiteln konkretisierten Aufgaben [...] sind relativ weit formuliert und eröffnen der Gemeinschaft breit gespannte Betätigungsfelder“.

811 Reimer, EuR, 2003, 992 ff. (992).

talog der Kompetenzkategorien eingefügt. Danach ist zwischen ausschließlichen Zuständigkeiten der Union (Art. 3 AEUV), mit den Mitgliedstaaten geteilten Zuständigkeiten (Art. 4 AEUV) sowie Zuständigkeiten für Unterstützungs-, Koordinierungs- und Ergänzungsmaßnahmen durch die Union (Art. 6 AEUV) zu unterscheiden. Die Einzelheiten und der konkrete Umfang der Unionszuständigkeiten ergeben sich aus den speziellen Vertragsbestimmungen für die jeweiligen Sachgebiete (Art. 2 Abs. 6 AEUV).

Die – im Vergleich zum (alten) Gemeinschaftsrecht klarere[812] – neue Einteilung der Unionskompetenzen an sich sagt aber nichts über die Reichweite der unionsrechtlichen Kompetenzordnung in ihrer Funktion als „Transmissionsriemen" für die Verwirklichung des europäischen Regelungsbedarfs aus. Insbesondere lässt sich aus der neuen Kompetenz-„Ordnung" nicht a priori auf eine (künftige) Begrenzung der Quantität der europäischen Rechtsetzungstätigkeit schließen.

Im Gegenteil: Ein Blick auf die Gesamtheit der Kompetenzen zeigt, dass die Kompetenzen der Europäischen Union durch den „Vertrag von Lissabon" eher erweitert wurden, als dass es zu einer Rückverlagerung von Kompetenzen an die Mitgliedstaaten gekommen wäre.[813] An verschiedenen Stellen werden der Union entweder explizit neue Kompetenzen übertragen oder es erfolgt eine Auswei-

---

812 Auch die neue Kompetenzordnung erfüllt aber nicht alle Anforderungen der Übersichtlichkeit. So gibt es neben den drei Kompetenzarten auch noch besonders geregelte Zuständigkeitsbereiche. Gemäß Art. 4 Abs. 3 und 4 AEUV ist es der Union in den Bereichen Forschung, technologische Entwicklung und Raumfahrt sowie bei der Entwicklungszusammenarbeit und der humanitären Hilfe lediglich gestattet, Maßnahmen zu treffen und Programme zu erstellen, ohne durch die Ausübung dieser Zuständigkeiten die Mitgliedstaaten daran zu hindern, ihre Kompetenzen auch weiterhin auszuüben. Obwohl diese Gebiete zu den geteilten Zuständigkeiten gehören, weisen sie nicht deren charakteristische Sperrwirkung auf. Von daher handelt es sich bei den betroffenen Bereichen genau genommen nicht um geteilte, sondern um eine Art von parallelen Zuständigkeiten. Außerdem ist im Bereich der Wirtschafts- und Beschäftigungspolitik (Art. 2 Abs. 3, 5 AEUV) sowie bei der Gemeinsamen Außen- und Sicherheitspolitik (Art. 2 Abs. 4 AEUV) eine gesonderte Kompetenzkategorie geschaffen worden, die inhaltlich zwischen der geteilten Zuständigkeit und den Unterstützungsmaßnahmen angesiedelt ist.

813 Vgl. die Übersicht über die wesentlichen Kompetenz- und Verfahrensänderungen durch den Vertrag von Lissabon sowie die Übersicht über die wesentlichen Änderungen durch den Reformvertrag von Lissabon unter besonderer Berücksichtigung der EU-Kompetenzen und Entscheidungsverfahren, abrufbar unter: http://www.cep.eu/analysen-zur-eu-politik/vertragvonlissabon/rechtsvergleich/, welche die neuen Kompetenzen der Europäischen Union übersichtlich darstellen. Ferner: Kompetenzverteilung und verfahrenstechnische Änderungen im Vertrag von Lissabon, Deutscher Bundestag – Wissenschaftliche Dienste (Baddenhausen/Gey), S. 2 f. abrufbar unter: http://www.bundestag.de/wissen/analysen/2008/Kompetenzverteilung_und_verfahrenstechnische__nderungen_im_Vertrag_von_Lissabon.pdf. Ferner Hofmann, ZG, 2005, 66 ff. (74); Karpenstein/Neidhardt, Bericht über die mündliche Verhandlung des Bundesverfassungsgerichts zur Vereinbarkeit des Vertrags von Lissabon mit dem Grundgesetz am 11. und 12. Februar 2009, WHI-Paper 04/09, S. 8 ff.; Wuermeling, EuR, 2004, 216 ff. (223 ff.).

tung der Mehrheitsbeschlussfassung. In diesem Zusammenhang ist auch hervorzuheben, dass der „Vertrag von Lissabon" die „Dritte Säule", früher als „Polizeiliche und justizielle Zusammenarbeit in Strafsachen" bezeichnet, inhaltlich erweitert und unter dem Titel „Raum der Freiheit, Sicherheit und des Rechts" vergemeinschaftet. Damit gibt es kaum noch wesentliche Sachgebiete, auf denen die Europäische Union keine Rechtsetzungskompetenz mehr besitzt.[814]

Um aber wieder auf die einleitende Frage nach der Existenz eines Ansatzpunktes für die Begrenzung der europäischen Regelungstätigkeit zurückzukommen: Auf den ersten Blick scheint das in Art. 5 Abs. 1 EGV[815] – jetzt: Art. 4, 5 Abs. 1 S. 1 EUV i.d.F. des Vertrages von Lissabon – verankerte Prinzip der begrenzten Einzelermächtigung[816] ein klares Ja auf diese Frage zu liefern.[817] Danach darf

814 Vgl. auch Broß, FS Hablitzel, S. 55 ff. (63 f.) – dort allerdings bezogen auf den EU-Verfassungsvertrag, von dem sich aber der Vertrag von Lissabon insoweit nicht unterscheidet.

815 Unter der Geltung des EGV fand das Prinzip der begrenzten Einzelermächtigung seine Grundlage aber nicht nur in Art. 5 Abs. 1 EGV. So erfolgte etwa die Aufgabenerfüllung der Gemeinschaft an zahlreichen Stellen des Primärrechts „nach Maßgabe dieses Vertrages" (vgl. Art. 3 Abs. 1, 4 Abs. 1 und 2, 202, 211 Spiegelstrich 3, 249 Abs. 1 EGV).

816 Der EuGH hat das Prinzip der begrenzten Einzelermächtigung zunächst für den Bereich der EGKS herausgearbeitet. Vgl. EuGH, verb. Rs. 7/56 u. 3–7/57, Algera/Gemeinsame Versammlung, Slg. 1957, 83 ff. (119 ff., bes. 121). Für den Bereich des EGV umschrieb der EuGH das Prinzip der begrenzten Einzelermächtigung sodann in der „van Gend & Loos"-Entscheidung (EuGH, Rs. 26/62, Van Gend & Loos/Niederländische Finanzverwaltung, Slg. 1963, 1 ff. (25). Darin erklärte der EuGH, dass „die Gemeinschaft eine neue Rechtsordnung des Völkerrechts darstellt, zu deren Gunsten die Staaten, wenn auch in begrenztem Rahmen, ihre Souveränitätsrechte eingeschränkt haben". Im Gutachten des EuGH zum Betritt der „Gemeinschaft" zur Europäischen Menschenrechtskonvention (EMRK) stellte der EuGH für die EG ausdrücklich fest, dass diese „nach Art. 3 b. EGV" – (neu: Art. 5 EGV) – „nur über begrenzte Ermächtigungen" verfügt und dass „dieser Grundsatz der begrenzten Einzelermächtigung [...] sowohl für internes als auch für völkerrechtliches Gemeinschaftshandeln" gelte. Vgl. EuGH, Gutachten 2/94, EMRK, EuZW, 1996, 307 ff. (309).

817 So wohl auch Rodríguez Iglesias, NJW, 1999, 1 ff. (9): „Ich möchte aber betonen, daß die Europäisierung kein schrankenloser Vorgang ist. Was die Rechtsordnung der Europäischen Gemeinschaft angeht, setzen die Grundsätze der begrenzten Einzelermächtigung und der Subsidiarität der Ausdehnung europäischer Regelungen eindeutige Schranken." Für eine solche Interpretation spricht im Übrigen auch die Entstehungsgeschichte des Prinzips der begrenzten Einzelermächtigung. So haben sich die Mitgliedstaaten nur unter der Bedingung eines Teils ihrer Souveränität zugunsten der europäischen Organe begeben, „daß diese sich an festumrissene, in sich selbst verständliche Regeln halten. Keines der Organe kann daher Befugnisse ausüben, die ihm nicht durch den Vertrag verliehen worden sind". So GA Lagrange, SchlA zu EuGH, verb. Rs. 7/56 u. 3–7/57, Algera/Gemeinsame Versammlung, Slg. 1957, 83 ff. (167 f.). Die klare Abgrenzung der europäischen Kompetenzen von denen der Mitgliedstaaten war für die Vertragsparteien also von zentraler Bedeutung. Vgl. hierzu auch v. Danwitz, Verwaltungsrechtliches System und Europäische Integration, S. 97.

die Union nur innerhalb der Grenzen der Zuständigkeiten tätig werden, die die Mitgliedstaaten ihr in den Verträgen zur Verwirklichung der darin niedergelegten Ziele übertragen haben, Art. 5 Abs. 2 S. 1 EUV i.d.F. des Vertrages von Lissabon. Jeder von der Union erlassene Rechtsakt muss sich also auf eine vertragliche Grundlage zurückführen lassen, die der Union die Befugnis zum Erlass erteilt. Die der Union zugewiesene Verbandskompetenz ist also nur eine begrenzte Hoheitsgewalt.[818] Es sind jedoch die jeweiligen Grenzen der spezifischen Kompetenznormen, die der Regelungstätigkeit Schranken setzen. Dies ist jedoch nur die halbe Wahrheit. So sind die einzelnen Kompetenznormen selbst sehr weit gefasst[819] und eröffnen dem Regelungsgeber einen breiten Aktionsradius. Anhand der speziellen Kompetenznorm des Art. 37 EGV – jetzt: Art. 43 AEUV – sowie der generellen Ermächtigungen in den Art. 94 f. EGV – jetzt: Art. 114 f. AEUV – und 308 EGV – jetzt: Art. 352 AEUV – soll diese Aussage illustriert werden.

Art. 37 EGV – jetzt: Art. 43 AEUV – ist *die* Kompetenznorm für Rechtsetzungsakte im Landwirtschaftsbereich.[820]
Oder genauer: Der unscheinbare Art. 37 Abs. 2 UA 3 EGV war die zentrale Rechtsgrundlage für fast alle Maßnahmen im Agrar- und Fischereibereich.[821] Danach konnte der Rat mit qualifizierter Mehrheit auf Vorschlag der Kommission und nach Anhörung des Europäischen Parlaments Verordnungen, Richtlinien oder Entscheidungen erlassen. Auf dieser Bestimmung beruhte das „gesamte, überbordende Regelungssystem der Agrarpolitik mit Marktorganisationen unterschiedlicher Ausgestaltung für die einzelnen Produkte, mit einer Vielfalt von Regeln über Produktion, Preise, Produktionsquoten, Beihilfen, Lagerung und Außenschutz, mit besonderen Wechselkursen und Ausgleichsausgaben, mit Strukturmaßnahmen und schließlich mit so speziellen Regelungen wie der Festlegung der Güteklassen bei Gemüse, der Bezeichnung von Wein und des Raumbedarfs von Hennen in Legebatterien“[822]. Mit dem Vertrag von Lissabon werden diese Kompetenzen zwar neu gefasst – Art. 43 Abs. 2,

---

818 In diesem Zusammenhang sei angemerkt, dass das Prinzip der begrenzten Einzelermächtigung hier nur seiner Bedeutung als Abgrenzungsregel der europäischen Verbandskompetenz gegenüber den mitgliedstaatlichen Zuständigkeiten erscheint. Darüber hinaus erfüllt es jedoch auch eine Funktion für die vertragsimmanente Abgrenzung einzelner Organkompetenzen.

819 Everling, FS Kutscher, S. 155 ff. (164). Siehe auch Cairns, Introduction to European Union Law, S. 54, der die Kompetenzvorschriften der Art. 94, 95, 308 EGV – jetzt: Art. 115, 114, 352 f. AEUV – treffend als “ ‚catch-all‘ clauses“ bezeichnet.

820 V. Rijn, in: v. d. Groeben/Schwarze, Art. 37 EGV Rn. 1.

821 V. Rijn, in: v. d. Groeben/Schwarze, Art. 37 EGV Rn. 1, 19.

822 Everling, EuR, 1987, 214 ff. (217).

3 AEUV. Ihre Reichweite bleibt aber mit denen des Art. 37 Abs. 2 UA 3 EGV auf einer Stufe.

Nach Art. 94 EGV – jetzt: Art. 115 AEUV – erlässt der Rat „Richtlinien für die Angleichung derjenigen Rechts- und Verwaltungsvorschriften der Mitgliedstaaten, die sich unmittelbar auf die Errichtung oder das Funktionieren des Gemeinsamen Marktes – jetzt: Binnenmarktes – auswirken". Diese Bestimmung soll Handelshemmnisse, die aufgrund nationaler Vorbehalte fortbestehen, sowie Behinderungen oder Verfälschungen des Wettbewerbs beseitigen und den Geschäftsverkehr erleichtern. Da Art. 94 EGV – jetzt: Art. 115 AEUV – der europäischen Regelungstätigkeit keine bestimmten Sachgebiete vorgibt, sondern lediglich fordert, dass die anzugleichenden Rechtsvorschriften sich unmittelbar auf den Gemeinsamen Markt – jetzt: Binnenmarkt – auswirken, „steht praktisch das gesamte öffentliche und ein wesentlicher Teil des privaten Wirtschaftsrechts der Mitgliedstaaten zur Disposition des Gemeinschaftsgesetzgebers" – jetzt: Unionsgesetzgebers –, und es ist [...] Gegenstand kaum noch übersehbarer Richtlinien zur Rechtsangleichung."[823] Die nachfolgende Aufzählung der schwerpunktmäßig betroffenen Rechtsmaterien für die Rechtsangleichung unterstreicht diese Einschätzung. So waren das Agrarrecht, das Versicherungsrecht, das Patentrecht, das Außenhandelsrecht einschließlich der Kreditversicherung, das Energierecht, das Steuerrecht, das Recht des öffentlichen Auftragswesens, das Währungs- und Finanzrecht, das Sozialrecht, das Gesellschaftsrecht, das Verkehrsrecht sowie die selbstständigen und nichtselbstständigen Tätigkeiten betreffende Rechtsvorschriften, Bestimmungen betreffend die Produktionsmethoden und Merkmale der vermarkteten oder verwendeten Erzeugnisse, das Post- und Fernmelderecht, Rechtsvorschriften auf dem Gebiet der Statistik, das Zollrecht sowie das Zivilprozessrecht einschließlich des Konkursrechts, Teile des Bürgerlichen Rechts, wie etwa Fragen der Produkthaftung oder des Kollisionsrechts, aber auch das Strafrecht sowie das Umwelt- und Verbraucherschutzrecht von rechtsangleichenden Maßnahmen betroffen.[824] Diese

---

823 Everling, EuR, 1987, 214 ff. (218). Härtel, Europäische Rechtsetzung, S. 57, 62, und Trüe, Das System der Rechtsetzungskompetenzen der Europäischen Gemeinschaften und der Europäischen Union, S. 258 ff., bes. S. 260, 265 f., kommen auch zum Schluss, dass gerade die Harmonisierungskompetenzen (wie Art. 94 f. EGV – jetzt: Art. 114 f. AEUV) mit ihrer Zielorientiertheit potentiell offen für viele Sachbereiche sind. Vgl. ferner: Kewenig, JZ, 1990, 458 ff. (463 ff.); Kutscha, KJ, 1990, 425 ff. (428 f.).

In diesem Zusammenhang lässt sich auch auf EuGH, Rs. C-97/96, Verband deutscher Daihatsu-Händler e.V./Daihatsu Deutschland GmbH, EuZW, 1998, 45 f. (46), verweisen. In diesem Fall wurde die Kompetenz des „Gemeinschaftsgesetzgebers" zur Rechtsangleichung für ein Funktionieren des Gemeinsamen Marktes (im Bereich der Verwirklichung der Niederlassungsfreiheit) als „sehr weit gefasst" einstuft. Vgl. hierzu Luttermann, EuZW, 1998, 264 ff. (264 ff.).

824 Taschner, in: v. d. Groeben/Schwarze, Art. 94 EGV Rn. 35, mit Verweis auf BullEG, Beilage 9/72, S. 3, und BullEG, Beilage 3/75, S. 3.

Vielfalt möglicher Angleichungsmaßnahmen wird durch die Tatsache begünstigt, dass Art. 94 EGV – jetzt: Art. 115 AEUV – der Rechtsangleichung nur wenig Grenzen setzt. Zwar darf die Rechtsangleichung nur soweit gehen, wie es für das Funktionieren des Gemeinsamen Marktes – jetzt: Binnenmarktes – erforderlich ist.[825] Diese Grenze ist jedoch sehr unscharf und unterliegt zusätzlich einer dynamischen Auslegung[826].

Lediglich die ausdrücklichen vertraglichen Harmonisierungsverbote[827] begrenzen die Rechtsangleichung effektiv, während vor allem das Tatbestandsmerkmal „unmittelbar" in Art. 94 EGV – jetzt: Art. 115 AEUV –, das vor ausufernden Angleichungsmaßnahmen schützen und eine Konzentration der europäischen Maßnahmen auf solche mit hinreichender Relevanz gewährleisten soll[828], nur eine schwache rechtliche Aussagekraft[829] besitzt.[830]

Im Bereich der Rechtsangleichung hat auch die Einführung von Art. 95 EGV – jetzt: Art. 114 AEUV –, der im Verhältnis zu Art. 94 EGV – jetzt: Art. 115 AEUV –vorrangig ist, zu keiner wesentlichen (rechtlichen) Eindämmung der Regelungsaktivität geführt.[831] Abgesehen von Absatz 2, der besonders sensible Bereiche von der Rechtsangleichung ausklammert und den speziellen vertraglichen Handlungsermächtigungen, die eine Anwendung von Art. 95 EGV – jetzt: Art. 114 AEUV – verdrängen, hat Art. 95 EGV – jetzt: Art. 114 AEUV –

---

825 Taschner, in: v. d. Groeben/Schwarze, Art. 94 EGV Rn. 17.

826 Everling, EuR, 1987, 214 ff. (218); Taschner, in: v. d. Groeben/Schwarze, Art. 94 EGV Rn. 23.

827 Vgl. bspw.: Art. 129 Abs. 2 EGV – jetzt: Art. 149 Abs. 2 AEUV – Beschäftigung; Art. 149 Abs. 4 Spiegelstrich 1, 150 Abs. 4 EGV – jetzt: Art. 165 Abs. 4 Spiegelstrich 1, 166 Abs. 4 AEUV – Allgemeine berufliche Bildung und Jugend; Art. 151 Abs. 5 Spiegelstrich 1 EGV – jetzt: Art. 167 Abs. 5 Spiegelstrich 1 – Kultur; Art. 152 Abs. 4 lit. c EGV – jetzt in ergänzter Form: Art. 168 Abs. 5 AEUV – Gesundheitswesen. Siehe darüber hinaus: Art. 19 Abs. 2, 79 Abs. 4, 84, 153 Abs. 2 lit. a, 173 Abs. 3 UA 1, 189 Abs. 2, 195 Abs. 2, 196 Abs. 2, 197 Abs. 2 S. 4 AEUV sowie Art. 2 Abs. 5, 252 Abs. 3 AEUV.

828 Vgl. Everling, FS Schmidt, S. 165 ff. (169 f.); Taschner, in: v. d. Groeben/Schwarze, Art. 94 EGV Rn. 37 f.

829 Taschner, in: v. d. Groeben/Schwarze, Art. 94 EGV Rn. 37.

830 Vgl. auch Pipkorn/Bardenhewer-Rating/Taschner, in: v. d. Groeben/Schwarze, Art. 95 EGV Rn. 18 – dort heißt es zu Art. 94 EGV – jetzt: Art. 115 AEUV – bzw. zu dessen Kriterien „Gemeinsamer Markt" – jetzt: „Binnenmarkt" – und „unmittelbare Auswirkung": „Dies gab dem Gemeinschaftsgesetzgeber einen recht weiten Beurteilungsspielraum bei der Beurteilung der Notwendigkeit der Angleichungsmaßnahmen und bei der Bestimmung der Intensität der Angleichung, die für das Funktionsinteresse des Gemeinsamen Marktes beim jeweils erreichten Integrationsstand geboten ist."

831 Vgl. etwa Wuermeling, EuR, 2004, 216 ff. (218 f.) – dort (S. 219) – liest man etwa: „Bei der Schaffung des Binnenmarktes rechtfertigt aus der Sicht der Kommission praktisch jede Unterschiedlichkeit der Wettbewerbsbedingungen eine Harmonisierung."

einen Anwendungsbereich, der sich nicht auf besondere Rechtsgebiete beschränkt, sondern erlaubt, Maßnahmen zu erlassen, „welche die Errichtung und das Funktionieren des Binnenmarktes zum Gegenstand haben“.[832]

Die „Kompetenzergänzungsklausel“[833] des Art. 308 EGV – jetzt: Art. 352 f. AEUV – gibt der europäischen Ebene schließlich die Möglichkeit zur Rechtsetzung, wenn ein Tätigwerden im Rahmen der Vertragsbereiche erforderlich erscheint, um vertragliche Ziele zu verwirklichen. Die Anwendung von Art. 308 EGV – jetzt: Art. 352 f. AEUV – ist allerdings nur dann möglich, wenn keine ausdrückliche oder implizit aus dem Vertrag ableitbare Befugnis besteht. Der Rückgriff auf Art. 308 EGV – jetzt: Art. 352 f. AEUV – ist somit nur subsidiär zulässig.[834] Zudem wurde der neue Art. 352 AEUV im Vergleich zu Art. 308 EGV um einige klarstellende Bestimmungen ergänzt und ist *insofern* etwas enger als Art. 308 EGV gefasst.[835]

---

832 Vgl. Eidenmüller, JZ, 1999, 53 ff. (60): „die binnenmarktbezogene Kompetenznorm des Art. [...] 95 EGV [...], die sich in den letzten Jahren in ihrer bedenklich weiten Auslegung durch die Kommission als Einfallstor für Integrationsbemühungen entpuppt hat“. Siehe ferner Everling, Europäische Integration und Wettbewerb der Rechtsordnungen in der Rechtsprechung des Gerichtshofes der Europäischen Gemeinschaften, in: Europäische Integration als Herausforderung des Rechts, S. 41 ff. (50). Bezüglich der Zielrichtung der Angleichungsmaßnahmen vgl. u. a.: Bleckmann, JZ, 1990, 301 ff. (305); Kewenig, JZ, 1990, 458 ff. (463 f.); Kutscha, KJ, 1990, 425 ff. (428 f.); Schwarz, Europäisches Gesellschaftsrecht, S. 130 f.

833 Von Haltern, Europarecht und das Politische, S. 359, Fn. 30 (früher) als „Vertragsabrundungsklausel“ bezeichnet. Gebräuchlich sind auch die Bezeichnungen „Generalermächtigung“ (Fischer, ZG, 2000, 165 ff. [169]), „Generalermächtigungsklausel“ (Häde/Puttler, EuZW, 1997, 13 ff. [13]) oder „Vertragsergänzungsklausel“ (Rodi, Subventionsrechtsordnung, S. 634, Fn. 342).

834 Vgl. EuGH, Rs. 45/86, Kommission/Rat, Slg. 1987, 1493 ff. (1520, Rn. 13); EuGH, Rs. C-295/90, Parlament/Rat, EuZW, 1992, 676 (676); EuGH, Gutachten 2/94, EMRK, EuZW, 1996, 307 ff. (309). Siehe daneben: Fischer, ZG, 2000, 165 ff. (169); Lorenz/Pühs, ZG, 1998, 142 ff. (145).

835 Vgl. Art. 352 Abs. 3, 4 AEUV, wonach die auf Art. 352 AEUV beruhenden Maßnahmen keine Harmonisierung der Rechtsvorschriften der Mitgliedstaaten in den Fällen beinhalten dürfen, in denen die Verträge eine solche Harmonisierung ausschließen. Außerdem kann Art. 352 AEUV nicht als Grundlage für die Verwirklichung von Zielen der Gemeinsamen Außen- und Sicherheitspolitik dienen, und Rechtsakte, die nach Art. 352 AEUV erlassen werden, müssen innerhalb der in Art. 40 Abs. 2 EUV i.d.F. des Vertrages von Lissabon festgelegten Grenzen bleiben. An die zu treffenden Maßnahmen werden ferner verfahrenstechnische Anforderungen gestellt. So kann von Art. 352 Abs. 1 AEUV im Ministerrat nur einstimmig Gebrauch gemacht werden. Zudem ist im Gegensatz zu Art. 308 EGV nicht mehr nur die Anhörung des Europäischen Parlaments notwendig, sondern dessen Zustimmung.

Zu erwähnen ist aber auch die inhaltliche Ausdehnung des Art. 352 AEUV gegenüber Art. 308 EGV. Während die Flexibilitätsklausel des Art. 308 EGV auf den gemeinsamen

Mit Hilfe von Art. 308 EGV – jetzt: Art. 352 f. AEUV – lassen sich – im Hinblick auf die Ziele der Union – zwar Lücken in den vertraglich geregelten Kompetenzen schließen, die Vorschrift ist aber nicht geeignet, die Befugnisse der Union über den Rahmen hinaus auszudehnen, der durch die Gesamtheit aller vertraglichen Bestimmungen gezogen wurde. Auf seiner Grundlage können jedenfalls keine Regelungen getroffen werden, die, gemessen an ihren Folgen, auf eine Vertragsänderung ohne Einhaltung des dafür vorgesehenen Verfahrens hinauslaufen.[836] Daraus lässt sich ableiten, dass Art. 308 EGV – jetzt: Art. 352 f. AEUV – nur dann als Grundlage für einen Rechtsetzungsakt fungieren kann, wenn damit ein Ziel der Union verfolgt wird und es nicht zu einer „wesentlichen Änderung" der Rechtsordnung der Union kommt, was damit quasi eine negative Anwendungsvoraussetzung für Art. 308 EGV – jetzt: Art. 352 f. AEUV – ist.[837] Diese Grenzen bewirken jedoch kaum eine *praxiswirksame* Einschränkung des Wirkungsbereiches von Art. 308 EGV– jetzt: Art. 352 f. AEUV. Insbesondere bestehen für Art. 352 f. AEUV nur wenige Bereichsausnahmen (vgl. Art. 352 Abs. 3 und 4).[838] Auch mit Blick auf die weite

---

Markt beschränkt war, ist der Anwendungsbereich von Art. 352 AEUV auf alle Politikbereiche, bis auf die Gemeinsame Außen- und Sicherheitspolitik, ausgeweitet.

Siehe auch die 41. Erklärung zu Artikel 352 des Vertrags über die Arbeitsweise der Europäischen Union, ABl. 2010 Nr. C 83/351, sowie die 42. Erklärung zu Artikel 352 des Vertrags über die Arbeitsweise der Europäischen Union, ABl. 2010 Nr. C 83/351, und das Protokoll (Nr. 27) über den Binnenmarkt und den Wettbewerb, ABl. 2010 Nr. C 83/309.

836 Vgl. EuGH, Gutachten 2/94, EMRK, EuZW, 1996, 307 ff. (309). Deutlich infern auch die 42. Erklärung zu Artikel 352 des Vertrags über die Arbeitsweise der Europäischen Union, ABl. 2010 Nr. C 83/351: „Die Konferenz unterstreicht, dass nach der ständigen Rechtsprechung des Gerichtshofs der Europäischen Union Artikel 352 des Vertrags über die Arbeitsweise der Europäischen Union integrierender Bestandteil einer auf dem Grundsatz der begrenzten Einzelermächtigung beruhenden institutionellen Ordnung ist und daher keine Grundlage dafür bieten kann, den Bereich der Unionsbefugnisse über den allgemeinen Rahmen hinaus auszudehnen, der sich aus der Gesamtheit der Bestimmungen der Verträge und insbesondere der Bestimmungen ergibt, die die Aufgaben und Tätigkeiten der Union festlegen. Dieser Artikel kann jedenfalls nicht als Rechtsgrundlage für den Erlass von Bestimmungen dienen, die der Sache nach, gemessen an ihren Folgen, auf eine Änderung der Verträge ohne Einhaltung des hierzu in den Verträgen vorgesehenen Verfahrens hinausliefen."

837 Fischer, ZG, 2000, 165 ff. (171); Häde/Puttler, EuZW, 1997, 13 ff. (16); Vedder, EuR, 1996, 309 ff. (318 f.).

838 Art. 308 EGV sah wohl überhaupt keine Bereichsausnahmen vor. Siehe aber auch Everling, EuR, 1987, 214 ff. (219), der wohl die nach Art. 295 EGV – jetzt: Art. 345 AEUV – unter Vorbehalt stehende Eigentumsordnung aus dem Anwendungsbereich von Art. 308 EGV herausnehmen wollte. Diese Ausnahme dürfte bei gleicher Argumentation nun auch für Art. 352 f. AEUV gelten.

Auslegung von Art. 308 EGV[839] – jetzt: Art. 352 f. AEUV – bietet diese Vorschrift damit ein weiteres „breites Einfallstor für […] Regelungen“[840]. Beispielhaft sei hier auf Regelungen über Einreise und Aufenthalt von EG/EU-Arbeitnehmern im Bereich der inneren Sicherheit sowie Regelungen über die Anerkennung der Diplome und Befähigungsnachweise oder bezüglich der schulischen Betreuung der Gastarbeiterkinder im Bereich der Kulturpolitik, Regelungen über die Vergabe öffentlicher Aufträge im Bereich der Verteidigung, außer Kriegswaffen, oder solchen im Bereich der Gebietskörperschaften verwiesen.[841]

Die Grenzen der Rechtsetzungstätigkeit werden aber nicht nur durch die „Weite“ der einzelnen Kompetenznormen selbst ausgedehnt, hinzu kommt, dass die Annahme von ungeschriebenen Kompetenzen sowie die praktische Handhabung[842] und die Interpretation der Kompetenznormen diese ohnehin wenig trennscharfen Grenzen nahezu auflösen.[843]
So wird allgemein davon ausgegangen, dass die Rechtsetzungsbefugnisse nicht ausdrücklich im Vertrag benannt sein müssen. Vielmehr genügt es, dass sich

---

839 Härtel, Europäische Rechtsetzung, S. 57.

840 Nicolaysen, GS Grabitz, S. 469 ff. (474). Siehe auch Everling, EuR, 1987, 214 ff. (218 f.), der zur weiten Auslegung des Art. 308 EGV– jetzt: Art. 352 f. AEUV – protokolliert: „Deshalb dürfte in der Praxis ein Regelungsbedarf, der sich aus konkretisierten Gemeinschaftszielen ergibt, wohl selten wegen fehlender Kompetenz nicht befriedigt werden können.“

841 Everling, EuR, 1987, 214 ff. (219).

842 Dezidiert Ossenbühl, Föderalismus und Regionalismus in Europa, in: Föderalismus und Regionalismus in Europa, S. 117 ff. (147), der von „Kompetenzanmaßungen“ und einem „disziplinlosen und willkürlichen Umgang mit den Kompetenznormen durch die EG-Organe“ schreibt. Vgl. ferner u. a.: Breuer, Entwicklungen des europäischen Umweltrechts, S. 24; Stoiber, Europa-Archiv, 1987, 543 ff. (545 ff.).

843 Vgl. zum Ganzen Anweiler, Die Auslegungsmethoden des Gerichtshofs der Europäischen Gemeinschaften, S. 122 ff., 224 ff., sowie Mosiek, Effet utile und Rechtsgemeinschaft, S. 54 ff. Siehe ergänzend Schoch, JZ, 1995, 109 ff. (115), der auch kritisiert, dass die „Gemeinschaft“ ihre Befugnisse nicht nur aus Kompetenznormen ableite, sondern auch aus Aufgabenzuweisungen. V. Danwitz, Verwaltungsrechtliches System und Europäische Integration, S. 97, billigt dem EuGH zwar die grundsätzliche Anerkennung des Prinzips der begrenzten Einzelermächtigung zu, bemängelt jedoch, dass der EuGH keine nachhaltigen Konsequenzen aus diesem maßgeblichen Strukturprinzip für die Abgrenzung von der Verbandskompetenzen der „Gemeinschaft“ und der Mitgliedstaaten zieht. Herchenhan, BayVBl., 2003, 649 ff. (652), sagt, dass der EuGH erst zweimal eine Überschreitung der Verbandskompetenz der „Gemeinschaft“ festgestellt hat. Vgl. darüber hinaus jedoch Fischer, ZG, 2000, 165 ff. (169), der sich anlässlich des „Einwanderungsurteils“ des EuGH, verb. Rs. 281, 283–285, 287/85, Deutschland/Kommission, Slg. 1987, 3203 ff. (3203 ff.), gegen Kritik bezüglich des Umgangs der europäischen Eben – in concreto des EuGH – mit dem Prinzip der begrenzten Einzelermächtigung wendet.

diese Befugnisse implizit herleiten lassen.[844] Die „implied powers“-Lehre[845] besagt, dass die Ermächtigungen der Union auch all die Befugnisse mit einschließen, die zu einer wirksamen Ausübung der Befugnisse von Nöten sind.[846] Verallgemeinernd lässt sich so wohl sagen, dass sich die Zulässigkeit ungeschriebener Befugnisse aus ihrer Notwendigkeit heraus ergibt.[847]
Ferner wird das Prinzip der begrenzten Einzelermächtigung durch die extensive Interpretation der Kompetenznormen in seiner grundsätzlichen Bedeutung geschmälert.[848] Die einzelnen Kompetenznormen verlieren ihre Begrenzungsfunk-

---

844 Vgl. EuGH, Rs. 22/70, Kommission/Rat, Slg. 1971, 263 ff. (274 ff., Rn. 15/19 ff.); EuGH, verb. Rs. 3, 4 und 6/76, Cornelis Kramer u. a., Slg. 1976, 1279 ff. (1310, Rn. 19/20); EuGH, Gutachten 2/91, Übereinkommen Nr. 170 der Internationalen Arbeitsorganisation über Sicherheit bei der Verwendung chemischer Stoffe bei der Arbeit, Slg. 1993, I-1061 ff. (I-1076, Rn. 7); EuGH, Gutachten 2/94, EMRK, EuZW, 1996, 307 ff. (309). Vgl. ferner Fischer, ZG, 2000, 165 ff. (167).

845 Vgl. allgemein u. a.: Mosiek, Effet utile und Rechtsgemeinschaft, S. 12 ff.; Nicolaysen, EuR, 1966, 129 ff. (129 ff.).

846 Nicolaysen, GS Grabitz, S. 469 ff. (474).

847 Vgl. Fischer, ZG, 2000, 165 ff. (168); Zuleeg, EuR, 1969, 97 ff. (107).

Solche impliziten Zuständigkeiten finden sich etwa im Bereich der Ausübung auswärtiger Befugnisse, dort wo dies für die Erreichung eines bestimmten Zieles zur Ergänzung der europäischen Binnenkompetenzen erforderlich ist. Vgl. hierzu: EuGH, Rs. 22/70, Kommission/Rat, Slg. 1971, 263 ff. (274 f., Rn. 15/19 ff.); EuGH, verb. Rs. 3, 4 und 6/76, Cornelis Kramer u. a., Slg. 1976, 1279 ff. (1309 ff., Rn. 15 ff.); EuGH, Gutachten 1/76, Slg. 1977, 741 ff. (755 f., Rn. 4 f.); EuGH, Gutachten 2/91, Übereinkommen Nr. 170 der Internationalen Arbeitsorganisation über Sicherheit bei der Verwendung chemischer Stoffe bei der Arbeit, Slg. 1993, I-1061 ff. (I-1076, Rn. 7); EuGH, Gutachten 2/94, EMRK, EuZW, 1996, 307 ff. (309).

Aber auch im „internen“ Bereich existieren implizite Befugnisse. So kann der Rat etwa nicht nur – wie dies dem Art. 26 EGV – jetzt: Art. 31 AEUV – ausdrücklich zu entnehmen ist – die Sätze des Gemeinsamen Zolltarifs festlegen, sondern besitzt auch die implizite Befugnis zur Festlegung einer Zolltarifnomenklatur für die Erhebung von Zöllen. Der EuGH, Rs. 165/87, Kommission/Rat, Slg. 1988, 5545 ff. (5560, Rn. 8), erklärt dies damit, dass es „ohne ein System zur Tarifierung von Waren [...] unmöglich“ wäre, „die Waren bestimmten Tarifpositionen zuzuordnen“.

848 Everling, EuR, 1987, 214 ff. (217); Götz, JZ, 1994, 265 ff. (267). Für Herzog/Gerken, Europa entmachtet uns und unsere Vertreter, offenbart der EuGH „in seinen Urteilen zu Kompetenzfragen die systematische Neigung, zugunsten einer EU-Zuständigkeit zu entscheiden, solange sich dafür irgendwie eine Begründung finden lässt“. Herzog/Gerken verweisen für diese Einschätzung auf EuGH, Rs. C-144/04, Mangold/Helm, Slg. 2005, I-9981 ff. (I-9981 ff.), und EuGH, Rs. C-2/05, Rijksdienst voor Sociale Zekerheid/Herbosch Kiere NV, Slg. 2006, I-1079 ff. (I-1079 ff). Siehe außerdem: Herzog/Gerken, Von roten Karten und stumpfen Schwertern, S. 4; Kaiser, EuR, 1980, 97 ff. (97 f.); Streinz, FS Everling II, S. 1491 ff. (1502 ff.).

tion durch eine dynamische Auslegung des Unionsrechts[849], die sich auf den Grundsatz der größtmöglichen praktischen Wirksamkeit bzw. den „effet utile"[850] stützt, sowie einer an den Vertragszielen orientierten Interpretation[851]. Dass die Kompetenznormen selbst sehr allgemein und zielorientiert formuliert sind, begünstigt diese Tendenz zusätzlich.[852]

---

849 Bengoetxea, ARSP, 1991, 195 ff. (211); Jarass, AöR, 121 (1996), 173 ff. (180 f.); Rodríguez Iglesias, NJW, 1999, 1 ff. (1); v. Danwitz, Verwaltungsrechtliches System und Europäische Integration, S. 96.

850 Vgl. EuGH, Rs. 8/55, Fédération Charbonnière de Belgique/Hohe Behörde, Slg. 1955/56, 297 ff. (312); EuGH, Rs. 9/70, Grad/Finanzamt Traunstein, Slg. 1970, 825 ff. (838, Rn. 5); EuGH, Rs. 22/70, Kommission/Rat, Slg. 1971, 263 ff. (175, Rn. 20/22); EuGH, Rs. 167/73, Kommission/Frankreich, Slg. 1974, 359 ff. (370, Rn. 24/26); EuGH, Rs. C-35/90, Kommission/Spanien, Slg. 1991, I-5073 ff. (I-5086, Rn. 9). Vgl. umfassend zum „effet utile" u. a.: Anweiler, Die Auslegungsmethoden des Gerichtshofs der Europäischen Gemeinschaften, S. 121 f., 219 ff.; Bengoetxea, ARSP, 1991, 195 ff. (211); Eidenmüller, JZ, 1999, 53 ff. (60); Everling, JZ, 2000, 217 ff. (223); Mosiek, Effet utile und Rechtsgemeinschaft, bes. S. 6 ff.; Streinz, FS Everling II, S. 1491 ff. (1491 ff.); Zuleeg, EuR, 1969, 97 ff. (107); Zuleeg, Der Staat, 41 (2002), 359 ff. (375).

851 Vgl. EuGH, Rs. 8/55, Fédération Charbonnière de Belgique/Hohe Behörde, Slg. 1955/56, 297 ff. (312); EuGH, verb. Rs. 3, 4 und 6/76, Cornelis Kramer u. a., Slg. 1976, 1279 ff. (1310 f., Rn. 21/25 ff.); EuGH, Gutachten 1/76, Slg. 1977, 741 ff. (755 f., Rn. 3 ff.).

Vgl. zur bedeutenden Rolle der Vertragsziele als Maßstab bei der Auslegung des europäischen Rechts: Everling, JZ, 2000, 217 ff. (223 f); Reimer, EuR, 2003, 992 ff. (1003 f.); Vranken, Fundamentals of European Civil Law, S. 50).

So werden nicht nur die speziellen Ziele des dritten Teils im Lichte der Art. 2 ff. ausgelegt (vgl. Reimer, EuR, 2003, 992 ff. [998, Fn. 51]). Die Zielbestimmungen werden vielmehr auch für die Interpretation der primärrechtlichen Kompetenznormen herangezogen. Trotz der prinzipiellen Trennung zwischen Aufgaben- und Zielbestimmungen einerseits und Kompetenznormen andererseits (vgl. Everling, JZ, 2000, 217 ff. (223); Hirsch, FS Odersky, S. 197 ff. (205); Zuleeg, in: v. d. Groeben/Schwarze, Art. 2 Rn. 5 f.) bewirkt die Auslegung der Kompetenznormen im Lichte der Vertragsziele eine tendenzielle Ausdehnung der Kompetenzen. In diesem Zusammenhang lässt sich der EuGH, verb. Rs. 281, 283 bis 285, 287/85, Deutschland/Kommission, Slg. 1987, 3203 ff. (3253, Rn. 28), mit folgenden Worten zitieren: „Weist eine Bestimmung des EWG-Vertrages, im vorliegenden Fall Artikel 118, der Kommission eine bestimmte Aufgabe zu, so ist davon auszugehen, daß sie ihr dadurch notwendigerweise auch die zur Erfüllung dieser Aufgabe unerläßlichen Befugnisse verleiht; andernfalls würde der Bestimmung jede praktische Wirksamkeit genommen." Resümierend kann man sich der Einschätzung von Reimer, EuR, 2003, 992 ff. (1001), anschließen, der von „einer Argumentation nach dem Muster ‚ius ad finem dat ius ad media'" schreibt. Entsprechend meint auch Mestmäcker, Europäisches Wettbewerbsrecht, S. 33, dass „die Überbetonung der allgemeinen Ziele klar gefaßte Normen relativieren oder gar aufheben" kann.

852 Schoch, JZ, 1995, 109 ff. (115), schreibt: „Denkt man funktional und final, sind kaum Sachbereiche mit mitgliedstaatlicher Kompetenz vorstellbar, die nicht einen Bezug zum Marktgeschehen aufweisen." Vgl. auch: Härtel, Europäische Rechtsetzung, S. 55; Jarass, AöR, 121 (1996), 173 ff. (178 f.); Möschel, NJW, 1993, 3025 ff. (3025); Pache, DVBl.,

Insgesamt ist die Gesamtheit der Kompetenznormen „mehr [...] als ein aus Einzelkompetenzen zusammengesetzter Flickenteppich, nämlich ein rechtlich in weiten Bereichen der öffentlichen Aufgaben handlungsbefugtes Gemeinwesen."[853] Dass hiermit zum Teil auch Eingriffe in Sachverhalte verbunden sind, die nicht zum Kernbereich der Union gehören, ist eine logische Konsequenz.[854]

Es bleibt festzuhalten, dass die Kompetenznormen der Union, an die in den vergangenen Jahrzehnten immer „wieder [...] angebaut und angestückelt" wurde, „nicht nur juristisch unschön, sondern [...] auch zu unbegrenzten Interpretationsmöglichkeiten" Anlass geben, so dass die „EU-Kommission [...] praktisch für jedwede Aktivität im Bereich der hoheitlichen Tätigkeiten eine Rechtsgrundlage"[855] finden kann. Diese Schlussfolgerung stützt sich auch darauf, dass die unionsrechtlichen Befugnisse bestimmte Ziele erreichen sollen. Damit gerät es in den Hintergrund, welche Sachgebiete tatsächlich betroffen sind. Auch in Bereichen, die in der Substanz nicht von unionsrechtlichen Regelungen angetastet werden sollen, sind Einschnitte stets möglich.[856] Dies führt dazu, dass sich das

---

1998, 380 ff. (382); Schmidhuber, DVBl., 1993, 417 ff. (418); Tresselt, Der Vertreter der Länder im Rat der europäischen Gemeinschaften, S. 38.

Eine konkrete Ausformung dieser nahezu unbegrenzten Interpretationsmöglichkeiten des europäischen Rechts im Bereich der Kompetenzordnung ist etwa das aus der Unionsbürgerschaft abgeleitete Recht auf Inländergleichbehandlung beim Zugang zu sozialen Leistungen, für das es in den Verträgen so keinerlei Grundlage gab. Vgl. dazu Hailbronner, NJW, 2004, 2185 ff. (2185 ff.), der dabei auch die methodische Vorgehensweise des EuGH heftig kritisiert.

853 Everling, EuR, 1987, 214 ff. (217).

854 Everling, EuR, 1987, 214 ff. (219), betont in diesem Zusammenhang, dass solche Eingriffe jedoch meist nur marginal sind und verweist auf die EuGH-Entscheidung im Fall Gravier. Dort erklärte der EuGH, Rs. 293/83, Françoise Gravier/Stadt Lüttich, Slg. 1985, 593 ff. (612, Rn. 19), eine „EG"-Ausländer diskriminierende Einschreibgebühr an der Kunsthochschule Lüttich für unzulässig und stellte dabei fest, „daß die Organisation des Bildungswesens und die Bildungspolitik als solche nicht zu den Materien gehören, die der Vertrag der Zuständigkeit der Gemeinschaft unterworfen hat". Everling, EuR, 1987, 214 ff. (219), streicht jedoch heraus, dass Eingriffe in solche Bereiche im Einzelfall nicht ausgeschlossen sind, wie der vom Gerichtshof entschiedene Fall zeigt. „Wie weit sie jeweils gehen können, ist angesichts der weit verstandenen Zielsetzung der Gemeinschaft und der entsprechend weiten Auslegung des Art. 235 EWG-Vertrag nicht leicht abzugrenzen."

855 Vgl. etwa Wuermeling, EuR, 2004, 216 ff. (218 f.), der diese potentielle Allzuständigkeit durch Regelungsvorschläge veranschaulicht, die den Zugang von Frauen zur Bundeswehr, Quoten für amerikanische Filme in Fernsehprogrammen oder das Verbot der Tabakwerbung betreffen. Ferner: Härtel, Europäische Rechtsetzung, S. 54; Türk, The Concept of Legislation in European Community Law, S. 72.

856 Everling, EuR, 1987, 214 ff. (221): „‚Grenzüberschreitungen' sind nicht ausgeschlossen". Nach Everling (S. 221) kann man deshalb „auch nicht darauf abstellen, in welchen Be-

Prinzip der begrenzten Einzelermächtigung in Anbetracht der speziellen Kompetenznormen und deren Interpretation kaum eignet, um der Regelungstätigkeit der Union effektive Grenzen zu setzen.

c) Exkurs: Ausschließliche Kompetenzen als Rechtsetzungsverpflichtung

Im Folgenden soll eine Sonderform der Kompetenzen, nämlich die der ausschließlichen Kompetenzen, herausgegriffen werden und ihre spezifische Rolle in Bezug auf die Quantität des Unionsrechts dargelegt werden.

Die ausschließlichen Kompetenzen bieten der Union nicht nur die *Möglichkeit* rechtsetzend tätig zu werden, sondern *verpflichten* die Union hierzu. Eine umfassende Annahme bzw. Interpretation ausschließlicher Kompetenzen führt deshalb dazu, dass die europäische Ebene für weite Teile des europäischen Rechts eine Verpflichtung zur Rechtsetzung trifft. Dies lässt sich veranschaulichen anhand des Verständnisses der Kommission bezüglich des Begriffs der ausschließlichen Kompetenz. Danach gliedern sich die ausschließlichen Kompetenzen in ein funktionales Element, das der Union eine Handlungsverpflichtung erteilt und in ein materielles Element, nach dem die Mitgliedstaaten das Recht zu einseitigem Handeln verlieren, wenn die Union aufgrund ihrer Kompetenz eine abschließende Regelung getroffen hat.[857] Von Interesse ist hier vor allem das funktionale Element, wonach eine ausschließliche Kompetenz keineswegs nur eine Handlungsermächtigung ist, sondern die Union zum Handeln verpflichtet.[858]

---

reich eine Regelung schwerpunktmäßig einzuordnen ist, wie im Zusammenhang mit dem Kommissionsvorschlag zu Rundfunk und Fernsehen gefordert wurde. Wenn Rundfunk und Fernsehen tatsächlich als schwerpunktmäßig dem Bereich der Kultur zugehörig der Regelung durch die Gemeinschaft völlig entzogen wären, bliebe ein wesentlicher, den Kernbestand der Gemeinschaft betreffender Aspekt dieses Sektors, nämlich der grenzüberschreitende Leistungsverkehr, gemeinschaftlich ungeregelt und würde nicht, wie es die Zielsetzung der Gemeinschaft fordert, durch diese liberalisiert. Wie dieses Beispiel zeigt, erstreckt sich der Regelungsbedarf der Gemeinschaft, wenn auch mit unterschiedlicher Intensität, quer über alle Sektoren und kennt im Grundsatz keine Ausnahmen."

857 So Callies, in: Callies/Ruffert EUV/EGV Art. 5 EGV Rn. 24. Vgl. zum „materiellen Element" auch Art. 2 Abs. 1, 1.Hs. AEUV.

858 Diese Sichtweise lässt sich auch durch „grundrechtliche" Erwägungen abstützen. Geht man davon aus, dass aus den europäischen Grundrechten Schutzpflichten des europäischen Regelungsgebers ableitbar sind (so jedenfalls: Schlacke, Risikoentscheidungen im europäischen Lebensmittelrecht, S. 309 ff. (bes. 321); Riesenhuber, Europäisches Vertragsrecht, S. 47 ff.; Ehlers, in: Ehlers, Europäische Grundrechte und Grundfreiheiten, S. 461 ff.), dann hat dies zumindest auf dem Gebiet der ausschließlichen Kompetenzen Konsequenzen. Diese Schutzpflichten können sich hier zu einer unionalen Rechtsetzungspflicht verdichten. Vgl. etwa EuGH, Rs. 13/83, Europäisches Parlament/Rat, Slg. 1985, 1513 ff. (1590 ff., Rn. 28 ff.). Siehe auch Streinz, FS Söllner, S. 1139 ff.

Wie weitgehend die Folgerungen aus dieser Erkenntnis gehen können, hängt unmittelbar mit der Frage nach den ausschließlichen Kompetenzen selbst – oder genauer: nach ihrem Umfang – zusammen. Mit anderen Worten: Je größer der Umfang dieser Kompetenzen beurteilt wird, desto mehr muss die Union regeln, das heißt, desto mehr Rechtsetzung ist notwendig.
Unter Geltung des EGV bestand nun die Schwierigkeit, dass die Beantwortung der Frage, ob eine Kompetenz eine ausschließliche Kompetenz war, von der jeweiligen Auslegung der einzelnen Befugnisse abhing.[859] Neben der Sichtweise des EuGH[860] und der Literatur[861] erwies sich hier gerade die Meinung der Kommission für die „praktizierte“ Regelungsaktivität als folgenschwer.

(1155 f.) – dort auch zu der „umgekehrten“ Situation, in der die Mitgliedstaaten ausnahmsweise bei Untätigkeit der europäischen Ebene als „Sachwalter des gemeinsamen Interesses“ nach Konsultation und Zustimmung der Kommission nationale Maßnahmen aufrechterhalten oder ergänzen können. Vgl. zu Letzterem EuGH, Rs. 804/79, Kommission/Vereinigtes Königreich, Slg. 1981, 1045 ff. (1072 ff., Rn. 17 ff., bes. 1075 f., Rn. 30 f.).

859 Bieber, Zur Rolle der Mitgliedstaaten bei der Ausfüllung von Lücken im EG-Recht, in: Die Dynamik des Europäischen Gemeinschaftsrechts, S. 283 ff. (293); Callies, in: Callies/Ruffert EUV/EGV Art. 5 EGV Rn. 27; Hirsch, FS Odersky, S. 197 ff. (201); Lambers, EuR, 1993, 229 ff. (235).

860 Nach der Ansicht des EuGH besaß die Gemeinschaft die ausschließliche Regelungskompetenz in den Bereichen der gemeinsamen Handelspolitik – EuGH, Rs. 41/76, Suzanne Donckerwolcke/Procureur de la République, Slg. 1976, 1921 ff. (1937, Rn. 31/37); EuGH, Gutachten 1/78, Internationales Naturkautschuk-Übereinkommen, Slg. 1979, 2871 ff. (2918, Rn. 59); EuGH, Gutachten 1/94, WTO, Slg. 1994, I-5267 ff. (bes. I-5422, 1. Leitsatz) –, des materiellen Zollrechts und der Festlegung des Zolltarifs – EuGH, Rs. 40/69, Hauptzollamt Hamburg-Oberelbe/Bollmann, Slg. 1970, 69 ff. (80, Rn. 4) –, der Erhaltung der Meeresschätze im Rahmen der gemeinsamen Fischereipolitik (gemäß Art. 102 Beitrittsakte 1972) – EuGH, Rs. 804/79, Kommission/Vereinigtes Königreich, Slg. 1981, 1045 ff. (1072 f., Rn. 17) – sowie in den Bereichen, die durch das Sekundärrecht bereits abschließend geregelt waren, wie etwa der Agrarmarktbereich – EuGH, Rs. 68/76, Kommission/Frankreich, Slg. 1977, 515 ff. (531, Rn. 20/23) – und im Bereich des internen Organisations- und Verfahrensrecht. Vgl. zum Ganzen auch Bieber, Zur Rolle der Mitgliedstaaten bei der Ausfüllung von Lücken im EG-Recht, in: Die Dynamik des Europäischen Gemeinschaftsrechts, S. 283 ff. (301); Lambers, EuR, 1993, 229 ff. (235); Pescatore, FS Everling II, S. 1071 ff. (1085 f.); Scherer, DVBl., 1993, 281 ff. (283); Schmidhuber/Hitzler, NVwZ, 1992, 720 ff. (721); v. Borries, EuR, 1994, 263 ff. (273 f.). Ferner ist noch darauf hinzuweisen, dass die „Gemeinschaft“ für die in Art. 5 Abs. 2, 106, 111 EGV enthaltenen Aufgaben bezüglich der Währungspolitik ausschließlich zuständig war. Vgl. Fischer, ZG, 2000, 165 ff. (172, Fn. 38); v. Borries, EuR, 1994, 263 ff. (274).

861 Von Micklitz/Reich, EuZW, 1992, 593 ff. (594), Müller-Graff, ZHR, 159 (1989), 34 ff. (66 ff.) und wohl auch Scherer, DVBl., 1993, 281 ff. (283) wurde etwa die Ansicht vertreten, dass auch die Rechtsharmonisierung zur Sicherung eines durch rechtliche Unterschiede nicht verfälschten Wettbewerbes zu den ausschließlichen Zuständigkeiten der Gemeinschaft gerechnet werden müsse, da gerade die binnenmarktfinale, freiheitsför-

Die Kommission besaß ein weites Verständnis vom Konzept der ausschließlichen Kompetenzen. Für die Kommission konnten sich etwa durch die fortschreitende Realisierung des Binnenmarktes aus den bestehenden, nicht ausschließlichen Kompetenzen auch „neue" ausschließliche Kompetenzen entwickeln. Im Einzelnen zählte die Kommission hierzu die gemeinsame Organisation der Agrarmärkte, die Beseitigung der Hindernisse für einen freien Waren-, Personen-, Dienstleistungs- und Kapitalverkehr, die allgemeinen Regeln des Wettbewerbsrechts und die wesentlichen Elemente der Transportpolitik. Vereinfacht gesagt schien die Kommission die Ansicht zu vertreten, dass sie für alle Maßnahmen zur Verwirklichung des Binnenmarktes eine ausschließliche Kompetenz besaß.[862] Als logische Konsequenz daraus musste die Kommission davon ausge-

---

dernde Rechtsetzung als grenzüberschreitendes Integrationsziel den Kern der gemeinschaftlichen Tätigkeit bilde. Andere meinten hingegen, dass sämtliche Harmonisierungsbereiche gerade nicht zu den ausschließlichen Zuständigkeiten gezählt werden können. So etwa: Cherot, Marché commun, règles et politiques communes?, in: Vorträge, Reden und Berichte aus dem Europa-Institut 1993 (Nr. 299), S. 13 ff.; Jarass, Grundfragen der innerstaatlichen Bedeutung des EG-Rechts, S. 13 f.; Ress, DÖV, 1992, 944 ff. (948); Schmidhuber, DVBl., 1993, 417 ff. (418). Siehe zum Ganzen etwa: Stewing, Subsidiarität und Föderalismus in der EU, S. 104 ff., der den Begriff der ausschließlichen Kompetenz als vertragsfremd beurteilte und diesen deshalb als „ausdrückliche" Kompetenzen (um-) interpretieren wollte. Ähnlich urteilte auch Toth CMLRev. 1992, 1079 ff. (1090 f.). Toth (S. 1091) stufte die Annahme von ausschließlichen Kompetenzen für die „Europäische Gemeinschaft" als einen "mistake which is bound to cause insoluble conflicts and problems" ein. Pipkorn, EuZW, 1992, 697 ff. (699), und Stein, Subsidiarität als Rechtsprinzip?, in: Die Subsidiarität Europas, S. 23 ff. (34), meinten wiederum, dass der Begriff „ausschließliche Zuständigkeit" bisher nur im Bereich der „EG"-Außenkompetenzen Einzug gehalten hatte. Stein, Subsidiarität als Rechtsprinzip?, in: Die Subsidiarität Europas, S. 23 ff. (34), erachtete es demnach auch für sinnvoll, lediglich die „Gemeinschaftszuständigkeiten" als ausschließliche Zuständigkeiten zu definieren, die auf ein einheitliches Auftreten gegenüber Drittstaaten gerichtet waren.

862 Vgl. Communication of the Commission to the Council and the European Parliament: The principle of subsidiarity (27. Oktober 1992), SEC (92) 1990 fin. – Dort heißt es unter der Überschrift "The block of exclusive powers": "So that the Community can attain its objectives, certain obligations to act have been imposed on it. These include, in particular, the creation of an area without internal frontiers, the strengthening of economic and social cohesion, and the establishment of economic and monetary union [...]. At the present stage in the Community's development it is impossible, legally speaking, to determine whether all these obligations to act entail exclusive powers for the Community and in particular whether they deprive the Member states of the right to act. [...] Historically the concept of exclusive competence originally grew out of the obligation to establish the ‚common market' [...]. In this sense it is possible to speak of a genuine obligation to act leading, in the course of time and through the rulings of the Court of Justice, to the *formation of a block of exclusive powers centred around* the four fundamental freedoms and certain common policies essential to, or a corollary of, *the establishment of an internal market*." Vgl. ferner: Götz, JZ, 2001, 34 ff. (36); Schwartz, FS Everling II, S. 1331 ff. (bes. 1332, 1340); v. Borries, EuR, 1994, 263 ff. (275).

hen, dass ihr eine breit angelegte *Verpflichtung* zur Rechtsetzung oblag. Ein Rückgriff auf die nationalen Rechtsordnungen schied bei konsequenter Verfolgung des durch die Kommission vertretenen Konzepts der ausschließlichen Kompetenzen für große Teile des Gemeinschaftsrechts daher aus.
Unter Geltung des Vertrags von Lissabon sind die ausschließlichen Zuständigkeiten der Union jetzt in Art. 3 AEUV abschließend festgeschrieben. Ein „dynamisches Konzept" der ausschließlichen Kompetenzen, wie es die Kommission bisher verfolgt hat, ist damit (wohl) nicht mehr vertretbar.[863] Wie weitreichend aus den Kompetenzen des Art. 3 AEUV Handlungsverpflichtungen ableitbar sind, hängt nun von der Interpretation der Befugnisse des Art. 3 AEUV ab.[864] Besonderes Augenmerk wird darauf zu legen sein, wie die Zuständigkeiten des Art. 3 Abs. 1 lit. b und e AEUV „(Festlegung der für das Funktionieren des Binnenmarktes erforderlichen Wettbewerbsregeln" bzw. „gemeinsame Handelspolitik") ausgelegt werden.

Interessant ist jedoch, dass die Bereiche Binnenmarkt und Landwirtschaft nicht bei der ausschließlichen, sondern bei der geteilten Zuständigkeit eingeordnet wurden.

d) Rechtliche Beschränkungen der Rechtsetzungstätigkeit

Nachdem der unionsrechtliche Regelungsbedarf und die zu seiner Verwirklichung verfügbaren Kompetenzen behandelt wurden und sich hier eine gewisse „Grenzenlosigkeit" aufzeigen ließ, stellt sich die Frage, ob (andere) rechtliche Regelungen existieren, die geeignet sind, die Regelungsaktivität der europäischen Ebene wirksam einzudämmen. Da festgestellt wurde, dass das Prinzip der begrenzten Einzelermächtigung vor allem aufgrund der weiten und „dynamischen" Auslegung der Befugnisnormen die Rolle einer „effektiven Rechtsetzungsbremse" nicht ausfüllen kann, gilt es hier nach weiteren geeigneten Instrumenten zu suchen. Im Verhältnis der Union zu den Mitgliedstaaten ist vor

---

863 Vgl. dazu auch das Protokoll (Nr. 25) über die Ausübung der geteilten Zuständigkeit, ABl. 2010 Nr. C 83/307. Dort heißt es: „Ist die Union in einem bestimmten Bereich im Sinne des Artikels 2 Absatz 2 des Vertrags über die Arbeitsweise der Europäischen Union betreffend die geteilte Zuständigkeit tätig geworden, so erstreckt sich die Ausübung der Zuständigkeit nur auf die durch den entsprechenden Rechtsakt der Union geregelten Elemente und nicht auf den gesamten Bereich." Einer „schleichenden Neuschaffung" von ausschließlichen Kompetenzen dürfte damit entgegnet sein.

864 Interessant ist in diesem Zusammenhang, dass die Bereiche Binnenmarkt und Landwirtschaft nicht bei der ausschließlichen, sondern bei der geteilten Zuständigkeit eingeordnet wurden.

allem an den Subsidiaritäts-[865] und an den Verhältnismäßigkeitsgrundsatz[866] zu denken – und deren Anpassungen durch die jüngsten primärrechtlichen Veränderungen[867].[868] Aber auch der Grundsatz der loyalen Zusammenarbeit kann in diesem Kontext befragt werden.[869] Schließlich werden noch die EU-Grundrechte[870] sowie die durch Art. 4 Abs. 1 EGV – jetzt: Art. 119 Abs. 1 AEUV – vorgegebene Wirtschaftsordnung, die dem Grundsatz der offenen Marktwirtschaft mit freiem Wettbewerb verpflichtet ist[871], hinsichtlich ihrer Funktion als Schranken für die unionale Rechtsetzungsaktivität untersucht.

aa) Subsidiaritätsprinzip

Stimmen in der Literatur, die eine Zurücknahme der Rechtsetzungstätigkeit der europäischen Ebene einfordern, verbinden dies häufig mit einem Appell zu einer restriktiven Handhabung des Subsidiaritätsprinzips.[872] Das in Art. 5 Abs. 2 EGV

865 Vgl. 4. Kap. – B I 4 d aa.

866 Vgl. 4. Kap. – B I 4 d bb.

867 Vgl. 4. Kap. – B I 4 d cc.

868 Die Aspekte Subsidiarität und Verhältnismäßigkeit werden in diesem Zusammenhang auch von Gündisch, Qualität europäischer Rechtsetzung, in: Aufbruch nach Europa, S. 109 ff. (110), und Timmermans, Normenflut auf Gemeinschaftsebene aus der Sicht der Europäischen Kommission, in: Bürgernahes Wirtschaftsrecht – Eine Utopie?, S. 46 ff. (bes. 55), hervorgehoben.

869 Vgl. 4. Kap. – B I 4 d dd.

870 Vgl. 4. Kap. – B I 4 d ee.

871 Vgl. 4. Kap. – B I 4 d ff.

872 Brok, Die Europäische Union und ihre Akzeptanz, in: Staat und Verfassung in Europa, S. 109 ff. (113); Klein, in Völkerrecht – Graf Vitzthum, S. 245 ff. (352); Nass, DVBl., 2006, 1197 ff. (1200); Scherer, DVBl., 1993, 281 ff. (bes. 284, 291); Scholz/Meyer-Teschendorf, ZRP, 1996, 404 ff. (407 f.); Schwarze, Das Konzept des europäischen Gemeinschaftsrechts, in: 40 Jahre Römische Verträge, S. 29 ff. (43). Vgl. auch Herzog/Gerken, Von roten Karten und stumpfen Schwertern, S. 4 f., und Hirsch, FS Odersky, S. 197 ff. (198 f.), welche die mit der Einführung des Subsidiaritätsprinzips verbundene Zielsetzung nach Eingrenzung der europäischen Normenflut klar herausstellen.

Von Interesse ist auch die Argumentation von Nicolaysen, GS Grabitz, S. 469 ff. (472), der eine „regelungsdämpfende" Wirkung des Subsidiaritätsprinzips als Gewinn für die „Gemeinschaft" – bzw. die Union – selbst herausstreicht. So liege es doch „im Interesse der Funktionsfähigkeit der Gemeinschaft selbst", wie Nicolaysen formuliert, „wenn sie sich auf Gegenstände konzentriert, die wirklich [...] einer Gemeinschaftsregelung bedürfen und nicht den Mitgliedstaaten überlassen werden können. Die schon durch die Organisationsstruktur der Gemeinschaft bedingt begrenzte Rechtsetzungskapazität erfordert eine sinnvolle Arbeitsteilung zwischen Gemeinschaft und Mitgliedstaaten." Eine stringentere Durchsetzung des Subsidiaritätsprinzips würde, nach Ansicht von Nicolaysen, somit wie „eine heilsame Schlankheitskur" auf die europäische Rechtsordnung wirken.

– jetzt: Art. 5 Abs. 1 S. 2, Abs. 3 EUV i.d.F. des Vertrages von Lissabon – geregelte Subsidiaritätsprinzip[873] macht die Ausübung einer Unionskompetenz im Bereich „konkurrierender" Zuständigkeit davon abhängig, dass eine Regelung auf mitgliedstaatlicher Ebene nicht genügt und deren Ziele besser auf Unionsebene durchzusetzen sind. Insofern setzt das Subsidiaritätsprinzip dem unionalen Regelungsgeber bei der Ausübung der nicht-ausschließlichen Rechtsetzungskompetenzen Grenzen.[874] Dies betrifft nicht nur die Frage, ob die Union handeln darf, sondern ist auch entscheidend dafür, wie und in welchem Umfang die Union tätig wird.[875] So zwingt nach Ansicht von Hirsch das Subsidiaritätsprinzip dazu, die Hierarchie des in Art. 249 EGV – jetzt: Art. 288 AEUV – aufgelisteten Maßnahmenkataloges umzukehren und die Regelungsdichte tendenziell zu begrenzen.[876]

---

873 Zur umfangreichen Literatur zum Subsidiaritätsprinzip vgl. u. a.: Albin, NVwZ, 2006, 629 ff. (629 ff.); Calliess, AöR, 121 (1996), 509 ff. (509 ff.); Constantinesco, EuZW, 1991, 561 ff. (561 ff.); Heintzen, JZ, 1991, 317 ff. (317 ff.); Hirsch, Die Auswirkungen des Subsidiaritätsprinzips auf die Rechtsetzungsbefugnis der Europäischen Gemeinschaften, in: Vorträge, Reden und Berichte aus dem Europa-Institut 1995 (Nr. 330), S. 3 ff.; Kahl, AöR, 118 (1993), 414 ff. (414 ff.); Konow, DÖV, 1993, 405 ff. (405 ff.); Pescatore, FS Everling II, S. 1071 ff. (1071 ff.); Pipkorn, EuZW, 1992, 697 ff. (697 ff.); Scherer, DVBl., 1993, 281 ff. (281 ff.); Schmidhuber, DVBl., 1993, 417 ff. (417 ff.); Schmidhuber/Hitzler, NVwZ, 1992, 720 ff. (721 ff.); Stewing, Subsidiarität und Föderalismus in der Europäischen Union, S. 1 ff.; Stewing, DVBl., 1992, 1516 ff. (1516 ff.); Toth, CML Rev., 1992, 1079 ff. (1079 ff.); v. Borries, EuR, 1994, 263 ff. (263 ff.); Wyatt, Liber Amicorum in Honour of Lord Slynn of Hadley, S. 505 ff. (505 ff.). Betrachte aber auch Freiburghaus, Swiss Political Science Review, 3 (3) 1997, 1 ff. (1 ff.) – dort zur „Entstehungsgeschichte" des Subsidiaritätsprinzips in der „gemeinschaftlichen" Rechtsordnung und dem zugehörigen Diskurs in der Öffentlichkeit und in der politischen Arena.

874 Es gilt hier jedoch zu vermerken, dass diese „Grenzen" keineswegs restlos geklärt sind. So beurteilt etwa Nicolaysen, GS Grabitz, S. 469 ff. (471), die Grenzziehung durch das Subsidiaritätsprinzip als „nicht ohne weiteres erkennbar".

875 Hirsch, FS Odersky, S. 197 ff. (207 f.); Möschel, NJW, 1993, 3025 ff. (3026 f.); Schmidhuber, DVBl., 1993, 417 ff. (418 f.). Vgl. auch Hofmann, Normhierarchien im europäischen Gemeinschaftsrecht, S. 163 f., der die Funktion des Subsidiaritätsprinzips als „Richtschnur für die zulässige Regelungsdichte, mit der der gemeinschaftliche Gesetzgeber im Verhältnis zu den Mitgliedstaaten tätig werden darf", klar herausstreicht.

876 Hirsch, Die Auswirkungen des Subsidiaritätsprinzips auf die Rechtsetzungsbefugnis der Europäischen Gemeinschaften, in: Vorträge, Reden und Berichte aus dem Europa-Institut 1995 (Nr. 330), S.14 f., oder Hirsch, FS Odersky, S. 197 ff. (208). Vgl. eine a. A. vertretend bzw. vorsichtiger formulierend Pescatore, FS Everling II, S. 1071 ff. (1079), oder Härtel, Europäische Rechtsetzung, S. 459. Letzere lehnt beispielsweise eine generelle Vorzugswürdigkeit von Selbstverpflichtungen gegenüber imperativen Maßnahmen mit Verweis darauf ab, dass „dem Subsidiaritätsprinzip wohl kaum eine vertikale Stoßrichtung von EG zum Unionsbürger innewohnt".

Das Subsidiaritätsprinzip könnte sich damit auch eignen, um einer Überregulierung durch das Europarecht entgegenzuwirken.[877] Dass eine derartige Wirkung des Subsidiaritätsprinzips intendiert ist, lässt sich –noch immer – dem im Zuge des Vertrags von Amsterdam dem EGV hinzugefügten und nunmehr aufgehobenen[878] Protokolls (1997) über die Anwendung der Grundsätze der Subsidiarität und der Verhältnismäßigkeit entnehmen. Das Subsidiaritätsprinzip wurde dort als „Richtschnur" dafür bezeichnet, „wie [...] Befugnisse auf Gemeinschaftsebene auszuüben sind. Nach dem Subsidiaritätsprinzip kann die Tätigkeit der Gemeinschaft im Rahmen ihrer Befugnisse sowohl erweitert werden, wenn die Umstände dies erfordern, als auch *eingeschränkt oder eingestellt* werden, wenn sie nicht mehr gerechtfertigt ist."[879] Dieses Zitat zeigt aber auch, dass dem Subsidiaritätsprinzip nicht nur eine einschränkende Funktion zukommt, sondern unter Umständen sogar eine die Regelungstätigkeit befördernde Funktion[880]. Es deutet damit an, dass ein materielles Subsidiaritätsverständnis in Verbindung mit dessen teleologischer bzw. „dynamischer" Auslegung die Unionstätigkeit nicht bremst, sondern im Gegenteil zu einem zentralisierenden Einsatz des Subsidiaritätsprinzips führen kann[881]. Die Entwicklung der Rechtsetzung, die seit Einführung des Art. 5 Abs. 2 EGV zu einer weiteren Schwerpunktverlagerung der Rechtsetzungstätigkeit von den Mitgliedstaaten auf die europäische Ebene geführt hat, scheint dies zu bestätigen.[882]

---

877 Schmidhuber, DVBl., 1993, 417 ff. (418 ff.). Die Konzeption, welche das Subsidiaritätsprinzip für eine Eindämmung der „Europäischen Gesetzesflut" nutzbar macht, ist nach Angaben von Karpen, ZG, 1995, 255 f. (256), der vom 2. Kongreß der European Association of Legislation (EAL) vom 24./25. März 1995 berichtet, eine Vorgehensweise, die in den verschieden mitgliedstaatlichen Rechtsräumen gleichermaßen verfolgt wird.

878 Vgl. Protokoll Nr. 1 zur Änderung der Protokolle zum Vertrag über die Europäische Union, zum Vertrag zur Gründung der Europäischen Gemeinschaft und/oder zum Vertrag zur Gründung der Europäischen Atomgemeinschaft, ABl. 2007 C 306/165, Art. 1 Nr. 9 lit. g.

879 Ziffer 3 des Protokolls (Nr. 30) über die Anwendung der Grundsätze der Subsidiarität und der Verhältnismäßigkeit (1997), ABl. 2006 Nr. C 231 E.

880 Vgl. hierzu auch die Schlussfolgerungen des Vorsitzes des Europäischen Rats von Edinburgh, 11.–12. Dezember 1992 (Rats.-Dok. SN/456/92). Danach ist das „Subsidiaritätsprinzip [...] ein dynamischer Grundsatz, der im Licht der Vertragsziele angewandt werden sollte" und „eine Ausweitung der Tätigkeit der Gemeinschaft" gestattet, „wenn die Umstände es verlangen".

881 Langer, ZG, 1993, 193 ff. (198); Papier, Das Subsidiaritätsprinzip als Bremse des schleichenden Zentralismus in Europa?, S. 8. Vgl. Commission Report to the European Council: Better lawmaking 1998 – A shared responsibility, COM (1998) 715 fin., S. 3 f.

882 Vgl. ebenfalls Herzog und Gerken, die sich in Herzog/Gerken, Europa entmachtet uns und unsere Vertreter, darauf berufen, dass eine vom Bundesjustizministerium vorgenommene Gegenüberstellung der Rechtsakte der Bundesrepublik Deutschland und der Rechtsakte der EU für die Jahre 1998 bis 2004 gezeigt habe, dass 84 % der deutschen Rechtsakte ihren Ursprung in Brüssel hätten und nur 16 % originär aus Berlin kämen.

Vor allem mit Blick auf das Europäische Parlament und die Kommission, die beide an das Subsidiaritätsprinzip gebunden sind, ist dies jedoch nicht verwunderlich.[883] So verkörpert das Europäische Parlament eher die europäischen Interessen. Die dem Subsidiaritätsprinzip zukommende „regelungsdämpfende" Wirkung steht den Interessen des Europäischen Parlaments damit eher entgegen.[884] Bei der Kommission, die das Subsidiaritätsprinzip im Rahmen ihres Vorschlagsrechts beachten muss[885], hat es zudem häufig den Anschein erweckt, als ob diese „bei ihrem Prüfraster zur Subsidiarität die erste Stufe der Prüfung, nämlich ob die Mitgliedstaaten die Ziele der in Betracht kommenden Maßnahmen auf ihrer Ebene ausreichend erreichen können, überspringt, und lediglich prüft, ob diese Ziele besser auf Gemeinschaftsebene erfüllt werden können (‚komparativer Effizienztest')"[886]. Eine Mitteilung der Kommission unterstreicht dies. Im Gegenzug für ihre Verpflichtung "to demonstrate in every case that the subsidiarity

---

Vgl. ferner die unter S. 1 f., Fn. 4 gemachten Angaben, welche die soeben genannten „Zahlenwerte" allerdings (zum Teil erheblich) relativieren.

883 Die Wahrung des Subsidiaritätsprinzips obliegt dem Rat, dem Europäischen Parlament sowie der Kommission. Als „Hauptorgan" der europäischen Rechtsetzung erscheint gerade Rat, der sich aus Vertretern der Mitgliedstaaten zusammensetzt und auch deren Interessen zum Ausdruck bringt („Doppelstellung" des Rates – vgl. Ambos/Rackow, Jura, 2006, 505 ff. [507]; Callies, EuGRZ, 2003, 181 ff. [195]), prädestiniert für die Wahrung des Subsidiaritätsprinzips. So auch Nicolaysen, GS Grabitz, S. 469 ff. (478). Langer, DÖV, 1991, 823 ff. (826 ff.), ordnet dem Rat in diesem Sinne eine föderale Funktion zu, während die Kommission und das Europäisches Parlament als unitarische Organe aufgefasst werden. Vgl. auch v. Gestel/Hertogh, What is regulatory pressure?, S. 78, welche die Zuständigkeit der europäischen Organe für die Einhaltung des Subsidiaritätsprinzips als einen zentralen Schwachpunkt dafür ausmachen, dass das Subsidiaritätsprinzip nur sehr begrenzt zu einer Eindämmung der europäischen Regelungstätigkeit (ge-) führt (hat).

884 In diesem Zusammenhang ist auf Nicolaysen, GS Grabitz, S. 469 ff. (480), zu verweisen, wonach „Forderungen nach Subsidiarität und nach Verstärkung der Rechte des Parlaments in einem gewissen Spannungsverhältnis zueinander" stehen.

885 Die Prüfung, ob die Kriterien des Subsidiaritätsprinzips erfüllt sind, erfordert auch eine vorherige Konsultation der Mitgliedstaaten. Vgl. Lambers, EuR, 1993, 229 ff. (237). In der Begründung ihrer Vorschläge hat die Kommission die Beachtung des Subsidiaritätsprinzips darzulegen. Vgl. dazu die Interinstitutionelle Vereinbarung vom 25. Oktober 1993 zwischen Parlament, Rat und Kommission über die Verfahren zur Anwendung des Subsidiaritätsprinzips (ABl. C 329/135), Bull. Nr. 10-1993, Ziff. 2.2.2. und Ziffer 4 des Protokolls (Nr. 30) über die Anwendung der Grundsätze der Subsidiarität und der Verhältnismäßigkeit (1997), ABl. 2006 Nr. C 231 E, – nunmehr aufgehoben – sowie die Schlussfolgerungen des Vorsitzes des Europäischen Rats von Edinburgh, 11.–12. Dezember 1992 (Rats.-Dok. SN/456/92). Siehe jetzt auch insbesondere die Art. 1, 2 und 5 des Protokolls (Nr. 2) über die Anwendung der Grundsätze der Subsidiarität und der Verhältnismäßigkeit, ABl. 2008 C 115/206.

886 Hirsch, FS Odersky, S. 197 ff. (203). Ferner: Hach, Das Subsidiaritätsprinzip in der Europäischen Union aus der Perspektive der Bundesregierung, in: Das Subsidiaritätsprinzip in der Europäischen Union, S. 17 ff. (27); v. Borries, EuR, 1994, 263 ff. (276 f.).

principle has been observed", soll gelten, dass, "when its proposals are being examined there must be no question of separating the issue of subsidiarity from the substance of the matter in hand [...]. Subsidiarity is part of decision-making, not a precondition for it. It must be considered together with all the other aspects"[887].

So erstaunt es nicht, dass die praktische Handhabung des Subsidiaritätsprinzips oft im Widerspruch zu den hehren Worten politischer Beteuerungen steht.[888] Bislang hat der EuGH auch noch in keinem einzigen Fall einen Verstoß gegen das Subsidiaritätsprinzip festgestellt.[889] Die praktische Wirksamkeit des Subsidiaritätsprinzips als Mittel gegen europäische Überregulierung ist damit wohl zu negieren. So meint etwa auch Papier, dass das „Subsidiaritätsprinzip [...] den

---

887 Communication of the Commission to the Council and the European Parliament: The principle of subsidiarity (27. Oktober 1992), SEC (92) 1990 fin.

888 Everling, Europäische Integration und Wettbewerb der Rechtsordnungen in der Rechtsprechung des Gerichtshofes der Europäischen Gemeinschaften, in: Europäische Integration als Herausforderung des Rechts, S. 41 ff. (50), notiert etwa: „Der Ruf nach Subsidiarität ist allgemein, er fehlt in keiner Rede des Kommissionspräsidenten. Aber in der Praxis der Organe ist noch sehr wenig davon zu spüren." Auch die Worte von Breuer, Entwicklungen des europäischen Umweltrechts, S. 25, verdeutlichen die (vermeintliche) Rolle des Subsidiaritätsprinzips für die Rechtsetzung, wie sie im öffentlichen Diskurs zu vermitteln versucht wird: „Die formelhafte Erwähnung des Subsidiaritätsprinzips [...] wirkt wie eine aufgesetzte Beschwichtigung." V. Gestel/Hertogh, What is regulatory pressure?, S. 77, bringen es auf den Punkt: "In practice the subsidiarity test produced very few results." Auf S. 90 bezeichnen v. Gestel und Hertogh das Subsidiaritätsprinzip folgerichtig als "paper tiger". Radaelli, Governing European Regulation – 2.1. The key issues schreibt vom einem "lack of respect for the principle of subsidiarity, and hence excessive centralization". Insofern verwundert es kaum, wenn v. Danwitz, JZ, 2006, 1 ff. (4), in Bezug auf die Ausführungen der Kommission darüber, ob ein Rechtsakt mit dem Subsidiaritätsprinzip vereinbar ist, von einer „Formelhaftigkeit der bisherigen Kommissionspraxis" spricht. Vgl. fernerhin: Albin, NVwZ, 2006, 629 ff. (632 ff.); Freiburghaus, Swiss Political Science Review, 3 (3) 1997, 1 ff. (bes. 1 f., 20 ff.); Herzog, NJW, 1999, 25 ff. (25); Papier, Das Subsidiaritätsprinzip als Bremse des schleichenden Zentralismus in Europa?, S. 9; Seiler, Der souveräne Verfassungsstaat zwischen demokratischer Rückbindung und überstaatlicher Einbindung, S. 331; Taupitz, Europäische Privatrechtsvereinheitlichung heute und morgen, S. 57; Tresselt, Der Vertreter der Länder im Rat der europäischen Gemeinschaften, bes. S. 39.

889 Vgl. Albin, NVwZ, 2006, 629 ff. (632 ff.); Callies, EuGRZ, 2003, 181 ff. (186 f.); Chaltiel, RMCUE, 2003, 365 ff. (365 ff.); Ehlers, in: Erichsen/Ehlers, Allgemeines Verwaltungsrecht, S. 165; Kent, Law of the European Union, S. 53; Papier, Das Subsidiaritätsprinzip als Bremse des schleichenden Zentralismus in Europa?, S. 9; Ritzer/Ruttloff, EuR, 2006, 116 ff. (121 ff.); ter Steeg, EuZW, 2003, 325 ff. (327); v. Danwitz, Grundfragen einer Verfassungsbindung der Europäischen Union, in: Eine Verfassung für Europa, S. 383 ff. (401).

Beweis seiner Praxistauglichkeit [...] bislang noch schuldig geblieben“[890] ist. Er geht sogar noch einen Schritt weiter, wenn er feststellt: „Das Subsidiaritätsprinzip ist [...] weder geeignet noch überhaupt darauf angelegt, als Hemmschuh für den fortschreitenden europäischen Einigungsprozess zu dienen.“[891]
Ein Grund für die mangelhafte Effektivität des Subsidiaritätsprinzips zur Eingrenzung europäischer Rechtsetzung dürfte in der, durch die Einschätzungsprärogative des Gesetzgebers bedingten[892], eingeschränkten gerichtlichen Überprüfbarkeit liegen.[893] Hinzu kommt, dass die materielle Überprüfbarkeit der Fra-

---

890 Papier, Das Subsidiaritätsprinzip als Bremse des schleichenden Zentralismus in Europa?, S. 8. Vgl. ferner Herzog/Gerken, Von roten Karten und stumpfen Schwertern, S. 4.

891 Papier, Das Subsidiaritätsprinzip als Bremse des schleichenden Zentralismus in Europa?, S. 9.

892 Fischer, ZG, 2000, 165 ff. (175 f.); Kahl, AöR, 118 (1993), 414 ff. (439 f.); Konow, DÖV, 1993, 405 ff. (411); Nicolaysen, GS Grabitz, S. 469 ff. (481 f.); Schmidhuber, DVBl., 1993, 417 ff. (420); Schmidhuber/Hitzler, NVwZ, 1992, 720 ff. (725); Toth, CML Rev., 1992, 1079 ff. (1104). Vgl. auch Alexander, Europe and our future, S. 13, der den ehemaligen Präsidenten des EuGH Lord Mackenzie Stuart mit den Worten zitiert: “To decide whether given action is more appropriate at Community level, necessary at Community level, effective at Community level, is essentially a political topic. It is not the sort of question that a Court should be asked to decide.“ Lord Mackenzie Stuart bezeichnet mit diesen Worten treffend die „Zurückhaltung“ des EuGH in Fragen der Einhaltung des Subsidiaritätsprinzips durch den Regelungsgeber.

893 Vgl. zur umfangreichen Literatur über die gerichtliche Überprüfbarkeit des Subsidiaritätsprinzips etwa die Angaben bei Lambers, EuR, 1993, 229 ff. (240 f.), oder Hirsch, FS Odersky, S. 197 ff. (210 ff.).

Die verschiedenen Standpunkte zur gerichtlichen Überprüfbarkeit des Subsidiaritätsprinzips weisen eine erhebliche Spannbreite auf.

So beurteilt etwa Vaubel, Die politische Ökonomie der wirtschaftspolitischen Zentralisierung in der Europäischen Gemeinschaft, in: Jahrbuch für Neue Politische Ökonomie, Bd. 11, S. 30 ff. (46), das Subsidiaritätsprinzip für nicht justiziabel.

Andere halten das Subsidiaritätsprinzip für kaum justiziabel. Vgl. etwa Blanke, DÖV, 1993, 412 ff. (421) – „wegen seines soft law-Charakters kaum justiziablen, rechtspolitisch aber begrüßenswerten Subsidiaritätsprinzips“. Für Breuer, Entwicklungen des europäischen Umweltrechts, S. 25, ist das Subsidiaritätsprinzip „weich“ und „juristisch kaum faßbar“ und somit wenig effizient. Everling, EuR, 1987, 214 ff. (220), meint, dass eine Grenzziehung zwischen „Gemeinschaft“ – bzw. Union – und den Mitgliedstaaten „nur schwer in justiabler Weise“ zu verwirklichen sei. Ähnlich auch Everling DVBl.1993, 936 ff. (940). Vgl. ferner Cairns, Introduction to European Union Law, S. 113 f.; Constantinesco, EuZW, 1991, 561 ff. (563); Konow, DÖV, 1993, 405 ff. (411); Pipkorn, EuZW, 1992, 697 ff. (700); Scherer, DVBl., 1993, 281 ff. (282); Schwarze, JZ, 1993, 585 ff. (593).

Andere betonen hingegen die rechtliche Verbindlichkeit des Subsidiaritätsprinzips. Vgl. etwa: Birkinshaw, European Public Law, S. 223; Lambers, EuR, 1993, 229 ff. (240); Pescatore, FS Everling II, S. 1071 ff. (1090); Schmidhuber, DVBl., 1993, 417 ff. (420). Diese Autoren konstatieren insofern eine – allenfalls leicht beschränkte – rechtliche

ge, ob das Ziel einer geplanten Maßnahme auf der mitgliedstaatlichen Ebene „nicht ausreichend" erreicht werden kann und daher wegen ihres Umfangs oder ihrer Wirkungen „besser" auf Unionsebene zu regeln ist, schon wegen der Unbestimmtheit der verwendeten Rechtsbegriffe, sehr problematisch ist.[894] Für

---

Überprüfbarkeit des Subsidiaritätsprinzips. Siehe auch: Freiburghaus, Swiss Political Science Review, 3 (3) 1997, 1 ff. (24); Lambers, EuR, 1993, 229 ff. (241); v. Gestel/Hertogh, What is regulatory pressure?, S. 78.

Nach einer Analyse der Rechtsprechung des EuGH kommt Fischer, ZG, 2000, 165 ff. (175), zu dem Schluss, dass der EuGH seine richterliche Kontrolle in diesem Bereich nur „mit deutlicher Zurückhaltung ausübt". Fischer (S. 177) erklärt dies mit dem Bewusstsein des Gerichtes, dass die Annahme von europäischen Regelungen stets dem im Rat gefassten – zumindest mehrheitlichen – Willen der Mitgliedstaaten entspricht. Weiter führt er aus: „Bei *mehrheitlichem* Handeln kann die vermeintliche Überbeanspruchung der gemeinschaftlichen Kompetenzen nur von einzelnen Mitgliedstaaten geltend gemacht werden. Insoweit vermeidet es der EuGH, sich zum Sachwalter der Interessen einzelner Mitgliedstaaten zu machen, um die vertraglich zulässige Entscheidungsfindung auf der Basis von Mehrheiten nicht in Frage zu stellen." Eine ähnliche „Stoßrichtung" verfolgt auch der Erklärungsansatz von Blanke, Normativer Gehalt und Justiziabilität des Subsidiaritätsprinzips nach Art. 3 b EGV, in: Das Subsidiaritätsprinzip in der Europäischen Union, S. 95 ff. (113), der in Bezug auf die Rechtsprechung des EuGH zum Subsidiaritätsprinzip auf ein Konzept des judicial restraint abstellt und dabei klarstellt, dass es sich bei der Frage der Subsidiarität primär um eine „politische" Frage handelt. Schoch, JZ, 1995, 109 ff. (114 f.), „unterstellt" dem EuGH hingegen – vereinfacht gesagt –, dass dieser das Subsidiaritätsprinzip nicht wirklich ernst nehme.

894 Bezeichnend sind etwa die folgenden Zitate: Langer, ZG, 1993, 193 (198 f.) – „Die Behauptung ‚richtiger' Lösungen wird bei einem so unbestimmten Prinzip wie dem der Subsidiarität deshalb leicht zum Einfallstor für die Anmaßung einer faktischen Kompetenz-Kompetenz dessen, der sich hierauf beruft." Kent, Law of the European Union, S. 53 – "The formulation of the principle is vague." Tresselt, Der Vertreter der Länder im Rat der europäischen Gemeinschaften, S. 37 f. – „Die Verpflichtung der EG zur Prüfung, ob ihr Tätigwerden erforderlich und effizient ist, ist allerdings abstrakt und unscharf formuliert. [...] Solche Kriterien sind einer juristischen Interpretation kaum zugänglich und eröffnen den Gemeinschaftsorganen einen weiten Beurteilungsspielraum."

Die eher „vagen" Aussagen von Ress, DÖV, 1992, 944 ff. (948) – „Es ist der Schluss angebracht, daß bestehende funktionelle Gemeinschaftsbefugnisse dort *nicht voll* auszuüben sind, wo der zusätzliche Integrationsgewinn *minimal*, der Eingriff in die verbliebenen Zuständigkeitsbereiche der Mitgliedstaaten [...] jedoch *beträchtlich* ist." – sind wohl auch der „Unbestimmtheit" des Subsidiaritätsprinzips in seiner vertraglichen Ausgestaltung geschuldet.

Vgl. ferner u. a.: Alexander, Europe and our future, S. 13; Cairns, Introduction to European Union Law, S. 112; Hailbronner, JZ, 1990, 149 ff. (153); Heintzen, JZ, 1991, 317 ff. (319); Hirsch, FS Odersky, S. 197 ff. (212); Hochbaum, DÖV, 1992, 285 ff. (292); Kahl, AöR, 118 (1993), 414 ff. (439); Ress, JuS, 1992, 985 ff. (990); Stein, Subsidiarität als Rechtsprinzip?, in: Die Subsidiarität Europas, S. 23 ff. (37 f.); Stewing, DVBl., 1992, 1516 ff. (1518); Toth, CML Rev., 1992, 1079 ff. (1104); v. Borries, EuR, 1994, 263 ff. (279); v. Gestel/Hertogh, What is regulatory pressure?, S. 77 f.

(wohl) jeden konkreten Rechtsetzungsakt lassen sich Gründe anführen, die dafür sprechen, dass das Ziel der Regelung besser durch die Union erreicht werden kann.[895] „Weder bei der politischen Debatte in Kommission, Parlament und Ministerrat noch vor dem Europäischen Gerichtshof lässt sich aus dem Grundsatz zwingend die Unzulässigkeit einer Maßnahme ableiten. Oft vermischen sich Fragen der richtigen Regelungsebene mit der Sachdebatte (z. B. Umweltschutz)."[896]
Die vorangegangenen Ausführungen bedeuten freilich nicht, dass dem Subsidiaritätsgrundsatz jegliche Wirkung abgesprochen werden kann.[897] Insbesondere die Neuerungen um eine verfahrensmäßige Kontrolle der Einhaltung des Subsidiaritätsprinzips – auf die noch einzugehen ist – lassen die „Hoffnung" auf eine restriktivere Anwendung des Subsidiaritätsprinzips nach Inkrafttreten des „Vertrags von Lissabon" in der Zukunft zu.
Es wäre jedoch auch nicht richtig, das Subsidiaritätsprinzip mit überzogenen Hoffnungen zu befrachten, da es nie die Aufgabe des Subsidiaritätsprinzips war, die vertraglich festgelegte Kompetenzverteilung zwischen der europäischen Ebene und den Mitgliedstaaten zugunsten letzterer zu verändern.[898] In Bezug auf Umfang und Intensität der Kompetenzausübung hätte man sich vom Subsidiaritätsprinzip jedoch – schon bisher – größere Erfolge erhoffen können.[899] Als rechtliches Instrument für eine *spürbare* Wirkung bei der Verringerung der europäischen Rechtsetzung taugt das Subsidiaritätsprinzip wohl auch in seiner derzeitigen Fassung nicht.

---

895 Vgl. zu dieser wohl ganz h. M. etwa: Brenner, DÖV, 1992, 903 ff. (910); Everling, DVBl., 1993, 936 ff. (940); Heintzen, JZ, 1991, 317 ff. (319); Hochbaum, DÖV, 1992, 285 ff. (291 f.); Möschel, NJW, 1993, 3025 ff. (3027 f.); Ress, JuS, 1992, 985 ff. (990); Schweitzer, BayVBl., 1992, 609 ff. (617); Stauffenberg/Langenfeld, ZRP, 1992, 252 ff. (255); Tresselt, Der Vertreter der Länder im Rat der europäischen Gemeinschaften, S. 38.

896 Wuermeling, EuR, 2004, 216 ff. (217).

897 So hat das Subsidiaritätsprinzip zumindest „mitbewirkt", dass die Kommission in den vergangen Jahren eine Reihe vorgeschlagener Rechtsakte zurückgezogen hat, sich die Zahl der „neuen" Regelungsvorschläge begrenzt hielt und nun im Vorfeld eines Gesetzesvorschlags verstärkt zunächst die gesetzgeberischen Ziele in vorbereitenden Dokumenten, wie Grün- oder Weißbüchern, erörtert werden. Vgl. hierzu den Bericht über die Anwendung des Subsidiaritätsprinzips im Jahr 1997("Subsidiaritätsbericht 1997"), abrufbar unter: http://dip21.bundestag.de/dip21/btd/13/110/1311074.asc.

898 Nicolaysen, GS Grabitz, S. 469 ff. (473).

899 Wuermeling, EuR, 2004, 216 ff. (217).

bb) Verhältnismäßigkeitsprinzip

Mit der Forderung nach weniger Rechtsetzungstätigkeit verbindet sich häufig der Appell zur strengeren Handhabung des Verhältnismäßigkeitsprinzips.[900] Zweifellos bildet das in Art. 5 Abs. 3 EGV – jetzt: Art. 5 Abs. 1 S. 2 und Abs. 4 AEUV – verankerte Verhältnismäßigkeitsprinzip eine Grenze für das Handeln der Union. Es ist jedoch fraglich, inwieweit es einen *substanziellen* Beitrag zur Eindämmung der unionalen Rechtsetzungsaktivitäten leisten kann.
Nach Art. 5 Abs. 3 EGV – jetzt: Art. 5 Abs. 4 UA 1 AEUV – darf unionales Handeln nicht über ein für die Erreichung der Vertragsziele erforderliches Maß hinausgehen. Im Unterschied zum Subsidiaritätsprinzip regelt das Verhältnismäßigkeitsprinzip nicht, „ob" die Union handelt, sondern es formuliert Forderungen an das „Wie" ihres Handelns[901] und ist bei der Ausübung aller Unionskompetenzen zu beachten[902].
Betrachtet man die Wirkungen des Verhältnismäßigkeitsprinzips auf die Rechtsetzung genauer, lohnt sich – noch immer – ein Blick in das Protokolls (1997) über die Anwendung der Grundsätze der Subsidiarität und der Verhältnismäßigkeit. In Ziffer 6 hieß es dort: „Für Maßnahmen der Gemeinschaft ist eine möglichst einfache Form zu wählen. [...] Die Rechtsetzungstätigkeit der Gemeinschaft sollte über das erforderliche Maß nicht hinausgehen. Dementsprechend wäre unter sonst gleichen Gegebenheiten eine Richtlinie einer Verordnung und eine Rahmenrichtlinie einer detaillierten Maßnahme vorzuziehen."[903] Ziffer 7 plädierte ebenfalls für „gemeinschaftliche" Maßnahmen, die den Mitgliedstaaten noch genügend Regelungsspielraum belassen[904], also für eine geringere Regelungsdichte und weniger bindende Maßnahmen. Diese Anweisungen stützten sich auf die Annahmen, dass hoheitliche Maßnahmen mit starker Regelungs-

900 Best, Eipascope, 2003/1, 2 ff. (3); Nass, DVBl., 2006, 1197 ff. (1200). Vgl. auch Hofmann, Normhierarchien im europäischen Gemeinschaftsrecht, S. 164, der einen klaren Zusammenhang zwischen Verhältnismäßigkeitsprinzip und „adäquater Regelungsdichte" herstellt.

901 Callies, in: Callies/Ruffert EUV/EGV Art. 5 EGV Rn. 1; Fischer, ZG, 2000, 165 ff. (174). Vgl. auch Jarass, AöR, 121 (1996), 173 ff. (192 ff., bes. 194), und v. Borries, EuR, 1994, 263 ff. (270 f.), die allerdings die Einschränkung machen, dass sich in der praktischen Anwendung beide Prinzipien ergänzen und überlagern, da eine Abgrenzung zwischen „ob" und „wie" im Einzelfall oft nur schwer zu treffen ist. In der Literatur wird aber auch die Ansicht vertreten, wonach das Verhältnismäßigkeitsprinzip lediglich einen Teil des Subsidiaritätsprinzips verkörpert. In diesem Sinne äußern sich etwa Schmidhuber/Hitzler, NVwZ, 1992, 720 ff. (722 ff.).

902 Callies, in: Callies/Ruffert EUV/EGV Art. 5 EGV Rn. 51.

903 Ziffer 6 des Protokolls (Nr. 30) über die Anwendung der Grundsätze der Subsidiarität und der Verhältnismäßigkeit (1997), ABl. 2006 Nr. C 231 E, – nunmehr aufgehoben.

904 Vgl. Ziffer 7 des Protokolls (Nr. 30) über die Anwendung der Grundsätze der Subsidiarität und der Verhältnismäßigkeit (1997), ABl. 2006 Nr. C 231 E, – nunmehr aufgehoben

dichte grundsätzlich größere Eingriffswirkungen erzeugen als nicht-hoheitliche Maßnahmen, wie etwa Selbst- oder Koregulierungsmechanismen, sowie auf die stärkere Eingriffsintensität einer Verordnung im Vergleich zu einer Richtlinie. In Art. 5 Abs. 4 UA 1 EUV i.d.F. des Vertrages von Lissabon kommen diese Inhalte nun dadurch zum Ausdruck, dass die Union auch *formal* nicht über das zur Erreichung der Ziele der Verträge erforderliche Maß hinaus Maßnahmen ergreifen darf. Das Verhältnismäßigkeitsprinzip entscheidet also auch darüber, welche Handlungsform der Regelungsgeber wählt bzw. nicht wählt oder inwiefern detailarme Regelungen der Vorzug zu gewähren ist. Relativierend darf jedoch nicht außer Betracht gelassen werden, dass der Regelungsgeber auch die Interessen und Grundrechte Dritter sowie Gemeinwohlinteressen beachten und in seine Regelungskonzeption integrieren muss. Insofern verbieten sich hier eindimensionale Schlussfolgerungen. Entscheidend ist die konkret zu regelnde Situation.[905] Hinzu kommt eine weite Einschätzungsprärogative der Unionsorgane bei der Rechtsetzung, die sich in einer sehr zurückgenommenen Rechtsprechung des EuGH zum Verhältnismäßigkeitsgrundsatz[906] dokumentiert. Dies verhindert, dass der Grundsatz der Verhältnismäßigkeit zu einem präzisen Gradmesser für die Rechtsetzungstätigkeit wird und damit effektiv die Quantität der europäischen Regulierung absenken kann.

cc) Umgestaltung der Kompetenzausübungsmodalitäten durch den „Vertrag von Lissabon"

Lenkt man den Blick auf die Umgestaltung der Kompetenzausübungsmodalitäten durch den „Vertrag von Lissabon" (Grundsatz der begrenzten Einzelermächtigung, Verhältnismäßigkeits- und Subsidiaritätsprinzip) fällt auf, dass

905 Ähnlich Härtel, Europäische Rechtsetzung, S. 459. Vgl. auch Faber, Gesellschaftliche Selbstregulierungssysteme im Umweltrecht, S. 415 ff.

906 So beschränkt sich der EuGH meist darauf, die Geeignetheit und Erforderlichkeit einer Regelung festzustellen. Er versäumt es, eine genaue Abwägung zwischen der Schutzgutbeeinträchtigung und dem verfolgten „Gemeinschafts-" bzw. Unionsinteresse vorzunehmen. Vgl. hierzu etwa: Huber, EuZW, 1997, 517 ff. (521); Nettesheim, EuZW, 1995, 106 ff. (106 f.); Pache, DVBl., 1998, 380 ff. (386).

Dem Ermessen des Gesetzgebers wird ein weiter Spielraum eingeräumt, der eine gerichtliche Überprüfung be- bzw. sogar verhindert und die Rechtsprechungstätigkeit des EuGH durch ein – selbst auferlegtes – generelles "judicial restraint" stark beschränkt. Vgl. Huber, EuZW, 1997, 517 ff. (521); Nettesheim, EuZW, 1995, 106 ff. (107). Stein, EuZW, 1998, 261 ff. (262), fühlt sich sogar an ein vordemokratisches "The Community Legislator can do no wrong" erinnert.

diese nun prägnanter definiert werden (vgl. Art. 5 EUV i.d.F. des Vertrages von Lissabon[907]).
Beim Prinzip der begrenzten Einzelermächtigung (Art. 5 Abs. 2 EUV i.d.F. des Vertrages von Lissabon) wird etwa betont, dass alle der Union nicht in den Verträgen übertragenen Zuständigkeiten bei den Mitgliedstaaten verbleiben.[908] Dies ergibt sich eigentlich schon aus Art. 5 Abs. 2 S. 1 EUV i.d.F. des Vertrages von Lissabon.[909] Die besondere Hervorhebung kann aber als Appell zu einer restriktiveren Anwendung des Prinzips der begrenzten Einzelermächtigung gedeutet werden.
Bei der Definition der Subsidiarität (Art. 5 Abs. 3 UA 1 EUV i.d.F. des Vertrages von Lissabon) wurde die regionale und lokale Dimension in die Prüfung aufgenommen. Die Kriterien der „nicht ausreichenden Zielverwirklichung auf unterer Ebene" und der „besseren Zielverwirklichung auf Unionsebene" sind künftig nicht mit dem Wort „daher" verknüpft, welches durch „vielmehr" ersetzt wurde. Die neue Formulierung bringt damit klar(er) zum Ausdruck, dass für ein Tätigwerden auf Unionsebene beide Voraussetzungen kumulativ vorliegen müssen.
Das Verhältnismäßigkeitsprinzip (Art. 5 Abs. 4 UA 1 EUV i.d.F. des Vertrages von Lissabon) unterscheidet sich insofern von der bisherigen Regelung des Art. 5 Abs. 3 EGV, dass klar festgeschrieben wird, dass die Maßnahmen der Union nicht nur inhaltlich, sondern auch formal nicht über das zur Erreichung der Vertragsziele erforderliche Maß hinausgehen dürfen. Dadurch wird betont,

---

907 Vgl. Art. 5 EUV i.d.F. des Vertrages von Lissabon: „(1) Für die Abgrenzung der Zuständigkeiten der Union gilt der Grundsatz der begrenzten Einzelermächtigung. Für die Ausübung der Zuständigkeiten der Union gelten die Grundsätze der Subsidiarität und der Verhältnismäßigkeit. (2) Nach dem Grundsatz der begrenzten Einzelermächtigung wird die Union nur innerhalb der Grenzen der Zuständigkeiten tätig, die die Mitgliedstaaten ihr in den Verträgen zur Verwirklichung der darin niedergelegten Ziele übertragen haben. Alle der Union nicht in den Verträgen übertragenen Zuständigkeiten verbleiben bei den Mitgliedstaaten. (3) Nach dem Subsidiaritätsprinzip wird die Union in den Bereichen, die nicht in ihre ausschließliche Zuständigkeit fallen, nur tätig, sofern und soweit die Ziele der in Betracht gezogenen Maßnahmen von den Mitgliedstaaten weder auf zentraler noch auf regionaler oder lokaler Ebene ausreichend verwirklicht werden können, sondern vielmehr wegen ihres Umfangs oder ihrer Wirkungen auf Unionsebene besser zu verwirklichen sind. Die Organe der Union wenden das Subsidiaritätsprinzip nach dem Protokoll über die Anwendung der Grundsätze der Subsidiarität und der Verhältnismäßigkeit an. Die nationalen Parlamente achten auf die Einhaltung des Subsidiaritätsprinzips nach dem in jenem Protokoll vorgesehenen Verfahren. (4) Nach dem Grundsatz der Verhältnismäßigkeit gehen die Maßnahmen der Union inhaltlich wie formal nicht über das zur Erreichung der Ziele der Verträge erforderliche Maß hinaus. Die Organe der Union wenden den Grundsatz der Verhältnismäßigkeit nach dem Protokoll über die Anwendung der Grundsätze der Subsidiarität und der Verhältnismäßigkeit an."

908 Vgl. 18. Erklärung zur Abgrenzung der Zuständigkeiten, ABl. 2010 C 83/345 (Abs. 1).

909 Vgl. Rengeling, FS Badura, S. 1135 ff. (1149 f.).

dass sich die Verhältnismäßigkeit nicht nur auf den Regelungsinhalt eines Rechtsaktes, sondern auch auf die Form des Rechtsaktes erstreckt.
Die Änderungen bei der Beschreibung der Kompetenzausübungsmodalitäten sind sichtbar getragen von der Absicht, deren Inhalte zu „schärfen". Von wirklich weitreichenden Änderungen, die eine spürbare Absenkung der Regelungsaktivitäten bewirken könnten, kann allerdings nicht gesprochen werden.

Die eigentlichen Neuerungen im Bereich der Kompetenzausübungsmodalitäten liegen im Bereich der verfahrensmäßigen Kontrolle der Einhaltung des Subsidiaritätsprinzips. Zur Effektuierung des Subsidiaritätsprinzips etabliert der „Vertrag von Lissabon" einen ex-ante Kontrollmechanismus, der die nationalen Parlamente aktiviert[910], sowie mit der Subsidiaritätsklage eine neue Klageart beim EuGH[911], um eine nachgelagerte prozessuale Überprüfbarkeit zu ermöglichen. Beide Subsidiaritätskontrollmechanismen sollen im Folgenden kurz geschildert werden und bezüglich ihrer Eignung zur Eindämmung der europäischen Rechtsetzung bewertet werden.
Das dem „Vertrag von Lissabon" beigefügte Protokoll (Nr. 2) über die Anwendung der Grundsätze der Subsidiarität und der Verhältnismäßigkeit[912] versucht, das Subsidiaritätsprinzip verfahrensmäßig zu stärken. Zentrales Anliegen der neuen ex-ante Überprüfung der Subsidiarität ist die Einbeziehung der nationalen Parlamente. So ist vorgesehen, dass die Kommission ihre Rechtsetzungsvorschläge mit Blick auf das Subsidiaritäts- und Verhältnismäßigkeitsprinzip ausführlich begründen muss.[913] Diese Begründung ist den Unionsorganen und den

910 Vgl. u. a.: Callies, EuGRZ, 2003, 181 ff. (195); Hofmann, ZG, 2005, 66 ff. (66 ff.); Nettesheim, EuR, 2004, 511 ff. (537 f.).

911 Vgl. Nettesheim, EuR, 2004, 511 ff. (541 ff.).

912 Protokoll (Nr. 2) über die Anwendung der Grundsätze der Subsidiarität und der Verhältnismäßigkeit, ABl. 2008 C 115/206.

913 Vgl. Art. 5 des Protokolls (Nr. 2): „Die Entwürfe von Gesetzgebungsakten werden im Hinblick auf die Grundsätze der Subsidiarität und der Verhältnismäßigkeit begründet. Jeder Entwurf eines Gesetzgebungsakts sollte einen Vermerk mit detaillierten Angaben enthalten, die es ermöglichen zu beurteilen, ob die Grundsätze der Subsidiarität und der Verhältnismäßigkeit eingehalten wurden. Dieser Vermerk sollte Angaben zu den voraussichtlichen finanziellen Auswirkungen sowie im Fall einer Richtlinie zu den Auswirkungen auf die von den Mitgliedstaaten zu erlassenden Rechtsvorschriften, einschließlich gegebenenfalls der regionalen Rechtsvorschriften, enthalten. Die Feststellung, dass ein Ziel der Union besser auf Unionsebene erreicht werden kann, beruht auf qualitativen und, soweit möglich, quantitativen Kriterien. Die Entwürfe von Gesetzgebungsakten berücksichtigen dabei, dass die finanzielle Belastung und der Verwaltungsaufwand der Union, der nationalen Regierungen, der regionalen und lokalen Behörden, der Wirtschaftsteilnehmer und der Bürgerinnen und Bürger so gering wie möglich gehalten werden und in einem angemessenen Verhältnis zu dem angestrebten Ziel stehen müssen." Darüber hinaus wurde auch die Pflicht der europäischen Rechtsetzungsorgane, ihren Vorhaben umfangreiche Anhörungen vorangehen zu lassen, ausgebaut – vgl. Art. 2 des Protokolls (Nr. 2).

nationalen Parlamenten zu übermitteln.[914] Die nationalen Parlamente können dann binnen acht Wochen in einer begründeten Stellungnahme darlegen, weshalb der Entwurf ihres Erachtens nicht mit dem Subsidiaritätsprinzip vereinbar ist. Diese Stellungnahmen müssen von den für die Rechtsetzung zuständigen Stellen berücksichtigt werden.[915] Sie sind jedoch nicht an die Stellungnahmen gebunden. Ab einem Quorum von einem Drittel bzw. einem Viertel[916] der Gesamtzahl der Stimmen (nationale Einkammerparlamente haben zwei Stimmen und jede Kammer von Zweikammerparlamenten hat eine Stimme) muss die vorlegende Stelle – im Regelfall die Kommission – den monierten Vorschlag einer förmlichen Überprüfung unterziehen. Die vorlegende Stelle ist aber nicht gehindert, ihren Vorschlag aufrechtzuerhalten. Im Rahmen des ordentlichen Gesetzgebungsverfahrens gilt im Übrigen: Erreicht die Anzahl begründeter Stellungnahmen, wonach der Vorschlag für einen Gesetzgebungsakt nicht mit dem Subsidiaritätsprinzip im Einklang steht, mindestens die einfache Mehrheit der Gesamtzahl der den nationalen Parlamenten zugewiesenen Stimmen, so muss der Vorschlag überprüft werden. Die vorlegende Stelle kann nach dieser Überprüfung beschließen, entweder an dem Vorschlag festzuhalten, ihn zu verändern oder zurückzuziehen. Möchte die für die Vorlage zuständige Institution – im Regelfall die Kommission – an dem Vorschlag festhalten, muss sie in einer begründeten Stellungnahme darlegen, weshalb der Vorschlag ihres Erachtens mit dem Subsidiaritätsprinzip im Einklang steht. Diese Stellungnahme wird zusammen mit den begründeten Stellungnahmen der nationalen Parlamente dem Unionsgesetzgeber vorgelegt, der sie im weiteren Verfahrensverlauf berücksichtigt.[917] Wie ist dieses „Frühwarnsystem" im Hinblick auf die „Quantität" der europäischen Rechtsetzung zu bewerten? Oder anders formuliert: Ist das „Subsidiaritätsfrühwarnsystem" geeignet, die Ausdehnung der europäischen Rechtsetzung (Dynamisierung) effektiv einzugrenzen? Hier sind einige Bedenken anzumelden.[918] Erstens erscheint angesichts der enormen Anzahl von jährlich erlas-

914 Vgl. Art. 4 des Protokolls (Nr. 2).

915 Vgl. Art. 7 des Protokolls (Nr. 2).

916 Wenn es sich um den Entwurf eines Gesetzgebungsakts auf der Grundlage des Art. 76 AEUV betreffend den Raum der Freiheit, der Sicherheit und des Rechts handelt, beträgt der Schwellenwert ein Viertel der Stimmen.

917 Vor Abschluss der ersten Lesung prüft der Gesetzgeber (das Europäische Parlament und der Rat), ob der Gesetzgebungsvorschlag mit dem Subsidiaritätsprinzip im Einklang steht. Er berücksichtigt dabei insbesondere die Stellungnahmen der nationalen Parlamente und der Kommission. Kommt der Gesetzgeber mit 55 % der Ratsmitglieder oder einer Mehrheit der abgegebenen Stimmen im Europäischen Parlament zu der Ansicht, dass der Vorschlag nicht mit dem Subsidiaritätsprinzip im Einklang steht, wird der Gesetzgebungsvorschlag nicht weiter geprüft. – Vgl. Art. 7 Abs. 3 des Protokolls (Nr. 2).

918 Ebenfalls kritisch Ritzer/Ruttloff, EuR, 2006, 116 ff. (131), und wohl auch Pache/Rösch, NVwZ, 2008, 473 ff. (479). Positiver hingegen Callies, EuGRZ, 2003, 181 ff. (195), oder Töller, ZParl, 1/2008, 3 ff. (4), die meint, dass mit „dieser Beteiligungsform [...] die

senen Rechtsetzungsakten[919] eine individuelle und sorgfältige Subsidiaritätsprüfung durch die nationalen Parlamente kaum realisierbar.[920] Die Prüfungsfrist von acht Wochen ist zudem knapp bemessen. Bis eine Anfrage des Parlaments über die Auswirkungen einer bestimmten Regelung an die ausführenden Stellen gelangt und dort abschließend bearbeitet werden kann, kann der Zeitraum der Prüfungsfrist längst verstrichen sein. Da für eine förmliche Überprüfung zudem ein Quorum von einem Drittel bzw. einem Viertel der nationalen Parlamente notwendig ist, muss die dafür notwendige internationale Koordinierungsarbeit ebenfalls fristgerecht stattfinden. Am schwersten wiegt jedoch, dass den nationalen Parlamenten lediglich ein Beschwerderecht zugebilligt wurde. Einwände der nationalen Parlamente sind nicht bindend. Infolgedessen dürften die Auswirkungen des neuen „Frühwarnsystems" auf die Quantität der europäischen Rechtsetzung eher beschränkt bleiben. Ihre rechtsetzungsdämpfenden Effekte werden sich auf einige prominente Rechtsetzungsakte beschränken, ohne jedoch eine „Breitenwirkung" zu erzielen.

Zusätzlich wird der Subsidiaritätsschutz durch die Einführung der Subsidiaritätsklage verstärkt.[921] Durch diese Sonderform der Nichtigkeitsklage wird eine weitere Möglichkeit geschaffen, einen Verstoß gegen das Subsidiaritätsprinzip gerichtlich geltend zu machen. Im Rahmen der neuen „Subsidiaritätsklage" sind auch die nationalen Parlamente und deren Kammern sowie der Ausschuss der Regionen, soweit er im konkreten Fall anhörungsberechtigt ist, klageberechtigt. Es gilt abzuwarten, ob und wie diese neue Möglichkeit von den nationalen Parlamenten genutzt wird. Zum anderen wird sich erweisen müssen, ob der EuGH den Maßstab seiner Prüfung im Rahmen einer Subsidiaritätsklage auch auf die vorgelagerten Kompetenzfragen erstreckt oder ob er sich auf die Überprüfung

---

nationalen Parlamente durchaus symbolträchtig zum ‚Bollwerk' gegen Brüsseler ‚Regelungswut' gemacht" werden. Diese Ansicht Töllers vergegenwärtigt jedoch auch die Verantwortung, die den nationalen Parlamenten mit Einführung des „Subsidiaritätsfrühwarnsystems" zuwächst. Ob sie dieser Aufgabe gerecht werden, bleibt abzuwarten. Mit Nettesheim, EuR, 2004, 511 ff. (538), lässt sich auch hier eine kritische Erwartungshaltung hegen.

919 Vgl. 2. Kap. – A I 1.

920 Papier, Europas neue Nüchternheit, S. 7.

921 Vgl. Art. 8 des Protokolls (Nr. 2): „Der Gerichtshof der Europäischen Union ist für Klagen wegen Verstoßes eines Gesetzgebungsakts gegen das Subsidiaritätsprinzip zuständig, die nach Maßgabe des Artikels 263 des Vertrags über die Arbeitsweise der Europäischen Union von einem Mitgliedstaat erhoben oder entsprechend der jeweiligen innerstaatlichen Rechtsordnung von einem Mitgliedstaat im Namen seines nationalen Parlaments oder einer Kammer dieses Parlaments übermittelt werden. Nach Maßgabe des genannten Artikels können entsprechende Klagen in Bezug auf Gesetzgebungsakte, für deren Erlass die Anhörung des Ausschusses der Regionen nach dem Vertrag über die Arbeitsweise der Europäischen Union vorgeschrieben ist, auch vom Ausschuss der Regionen erhoben werden."

der Subsidiaritätskriterien beschränkt. Angesichts der bisherigen, eher zurückhaltenden Rechtsprechungspraxis zum Subsidiaritätsprinzip sind die Auswirkungen der neuen Verfahrensart auf die „Rechtsetzungsquantität“ wohl als bescheiden einzustufen. Prinzipiell geht dieser Vorschlag aber in die richtige Richtung, da er für jeden neuen Rechtsetzungsakt eine noch sorgfältigere Subsidiaritätsprüfung anmahnt.

Eine letzter Hinweis auf Art. 48 Abs. 2 EUV i.d.F. des Vertrages von Lissabon soll die Betrachtungen abschließen. Erstmals wird in Art. 48 Abs. 2 EUV i.d.F. des Vertrages von Lissabon festgehalten, dass Änderungen der vertraglichen Grundlagen der Union nicht nur die Ausdehnung, sondern auch eine Verringerung der Unionskompetenzen zum Ziel haben können.[922]

Zusammenfassend lässt sich sagen, dass die „Neufassungen“ der Kompetenzausübungsmodalitäten (Prinzip der begrenzten Einzelermächtigung, Verhältnismäßigkeits- und Subsidiaritätsprinzip) rechtlich nur wenige Veränderungen gegenüber der bestehenden Rechtslage mit sich bringen. Dennoch wird hier ein allgemeines Bemühen um eine schlankere europäische Rechtsordnung deutlich. Damit ist zumindest ein kleiner Paradigmenwechsel verbunden, der den Weg hin zu einer sachgemäßeren Aufgabenverteilung beschreitet.[923] Sollten die Rechtsetzungsorgane und auch der EuGH sich von diesem Appell leiten lassen, könnten hiervon Impulse für eine gebremste Ausdehnung der Rechtsetzungsaktivitäten ausgehen. Von den neu eingeführten Kontrollmechanismen zur Einhaltung des Subsidiaritätsprinzips dürfte auch eine gewisse Warn- und Vorwirkung ausgehen. Die Rechtsetzungsorgane sollten angesichts der neuen Kontrollmöglichkeiten die mitgliedstaatlichen Bedenken stärker in ihre Entscheidungsfindungsprozesse einfließen lassen. Der politische Effekt der neuen Kontrollmechanismen sollte jedenfalls nicht unterschätzt werden, zumal nach Art. 48 Abs. 2 EUV i.d.F. des Vertrages von Lissabon gegebenenfalls auch eine Rückübertragung der Unionszuständigkeiten an die Mitgliedstaaten möglich ist. Insgesamt könnten die Maßnahmen dafür sorgen, dass die Unionsorgane ihre Kompetenzen stärker an den nationalen Vorstellungen ausrichten und daher mit den ihnen eingeräumten Kompetenzen zurückhaltender umgehen.

---

922 Vgl. auch 18. Erklärung zur Abgrenzung der Zuständigkeiten, ABl. 2010 C 83/345 (Abs. 3).

923 Wuermeling, EuR, 2004, 216 ff. (228).

dd) Grundsatz der loyalen Zusammenarbeit

Art. 10 EGV – jetzt: Art. 4 Abs. 3 EUV i.d.F. des Vertrages von Lissabon – normiert die gegenseitige Pflicht den Mitgliedstaaten und den Unionsorgane zur loyalen Zusammenarbeit.[924] Diese wechselseitig wirkende allgemeine Verpflichtung[925] begründet unter anderem die Pflicht der Unionsorgane zur Beachtung der mitgliedstaatlichen Belange bei der Ausübung ihrer Kompetenzen[926]. Wegen des unionsrechtlichen Interesses an der Funktionsfähigkeit der Mitgliedstaaten, die als Garanten für die innerstaatliche Durchsetzung des Unionsrechts einstehen, haben die EU-Organe bei der unionalen Rechtsetzung die innerstaatlichen Verfassungsstrukturen der Mitgliedstaaten zu berücksichtigen.[927] Insofern fungiert der Grundsatz der loyalen Zusammenarbeit als Schranke für die Ausübung unionaler Kompetenzen und könnte sich daher eignen, die europäische Rechtsetzungstätigkeit im Allgemeinen zu vermindern. Eine solche Lesart des Grundsatzes der loyalen Zusammenarbeit würde jedoch die – bisher – *tatsächlich* aus diesem Grundsatz gezogenen Schlussfolgerungen geradezu auf den Kopf stellen. So steht der Grundsatz der loyalen Zusammenarbeit einer Ausdehnung unionaler Rechtsetzung nicht in dem Maß entgegen, wie er diese selbst protegiert. Die Mitgliedstaaten unterliegen auch in Bereichen, in denen ihre Kompetenzen und die Unionskompetenz parallel verlaufen, unionsrechtlichen Bindungen. Schon

---

924 EuGH, Rs. 230/81, Luxemburg/Europäisches Parlament, Slg. 1983, 255 ff. (287, Rn. 37); EuGH, Rs. 52/84, Kommission/Belgien, Slg. 1986, 89 ff. (105, Rn. 16); EuGH, verb. Rs. 358/85 und 51/86, Frankreich/Parlament, Slg. 1988, 4821 ff. (4855, Rn. 34); EuGH, Rs. 14/88, Italien/Kommission, Slg. 1989, 3677 ff. (3706, Rn. 20); EuGH, Rs. C-2/88 Imm., J. J. Zwartveld, Slg. 1990, I-3365 ff. (I-3372, Rn. 17). Vgl. auch: Epiney, EuR, 1994, 301 ff. (309 ff.); Jarras, AöR, 121 (1996), 173 ff. (195). Sowie umfassend Lück, Die Gemeinschaftstreue als allgemeines Rechtsprinzip im Recht der Europäischen Gemeinschaft, S. 21 ff.

925 Vgl. Art. 4 Abs. 3 UA 1 EUV i.d.F. des Vertrages von Lissabon: „gegenseitig". Siehe auch EuGH, Rs. C-2/88 Imm., J. J. Zwartveld, Slg. 1990, I-3365 ff. (I-3372, Rn. 17); Streinz, Europarecht, S. 3 Rn. 162.

Unter dem EGV wurde diese Verpflichtung auch als „Grundsatz der Gemeinschaftstreue" bezeichnet. So etwa Jarras, AöR, 121 (1996), 173 ff. (195). Darüber hinaus bot sich als weitere terminologische Variante etwa die „Pflicht zur Solidarität" – EuGH, Rs. 39/72, Kommission/Italien, Slg. 1973, 101 ff. (115, Rn. 25) – an.

926 EuGH, verb. Rs. C-213/88 und C-39/89, Luxemburg/Parlament, Slg. 1991, I-5643 ff. (I-5699, Rn. 29); Epiney, EuR, 1994, 301 ff. (bes. 318); Steinberger, VVDStRL, 50 (1991), 9 ff. (38). Wohl auch Streinz, DVBl., 1990, 949 ff. (962).

927 Den Schutz mitgliedstaatlicher Verfassungsstrukturen bejahen etwa: Calliess, AöR, 121 (1996), 509 ff. (532 ff.); Epiney, EuR, 1994, 301 ff. (318); Hailbronner, JZ, 1990, 149 ff. (152 f.); Ipsen, FS Dürig, S. 159 ff. (177); Steinberger, VVDStRL, 50 (1991), 9 ff. (50); Tresselt, Der Vertreter der Länder im Rat der europäischen Gemeinschaften, S. 62. Verneinend hingegen: Graf Vitztum, AöR, 115 (1990), 281 ff. (287); Ress, EuGRZ, 1986, 549 ff. (550 f.).

bevor die Union eine „konkurrierende" Kompetenz wahrnimmt, sind die Mitgliedstaaten angehalten, die zukünftige unionale Kompetenzausübung nicht durch einseitige Maßnahmen zu erschweren.[928] Die Autonomie der Unionskompetenzen wird dadurch gesichert, dass nationale Regelungen in diesem Bereich nicht die einheitliche Anwendung des Unionsrechts und die volle Wirksamkeit der zu seinem Vollzug ergangenen Maßnahmen auf dem gesamten Binnenmarkt beeinträchtigen dürfen.[929] Die zugunsten der Union geschaffene autonome Kompetenzordnung wird so vor Eingriffen geschützt, wodurch die Handlungsmöglichkeiten der Mitgliedstaaten im inneren wie im auswärtigen Bereich zusehends eingeengt werden.[930] Der Grundsatz der loyalen Zusammenarbeit begrenzt also eher die Kompetenzausübung der Mitgliedstaaten als die der Union. Auch der Grundsatz der loyalen Zusammenarbeit liefert somit keine durchgreifende Handhabe, um die unionale Rechtsetzungstätigkeit quantitativ zu begrenzen.

ee) Grundrechte

In ihrer Funktion als Schranke für die unionale Rechtsetzung wird nachfolgend auf die Grundrechte der Union eingegangen.

Schon vor dem Inkrafttreten des „Vertrags von Lissabon" war – trotz eines fehlenden schriftlich festgelegten Grundrechtskataloges – die Existenz von („Gemeinschafts-") Grundrechten auf europäischer Ebene in Form von allgemeinen Rechtsgrundsätzen anerkannt.[931] Nunmehr benennt Art. 6 EUV i.d.F. des Vertrages von Lissabon die verschiedenen Rechtsquellen des Grundrechtsschutzes. Künftig ergeben sich die Grundrechte der Union aus der Charta der Grundrechte

---

928 EuGH, Rs. 61/77, Kommission/Irland, Slg. 1978, 417 ff. (446, Rn. 36/37).

929 Vgl. EuGH, Rs. 14/68, Walt Wilhelm u. a./Bundeskartellamt, Slg. 1969, 1 ff. (13, Rn. 4).

930 Pescatore, FS Kutscher, S. 328; Schroeder, Das Gemeinschaftsrechtssystem, S. 139 f.

931 Nach Art. 6 II EUV achtete die Europäische Union die Grundrechte, wie sie in der Europäischen Menschenrechtskonvention gewährleistet waren und wie sie sich aus den gemeinsamen Verfassungsüberlieferungen der Mitgliedstaaten ergaben. Art. 6 II EUV legte damit zwar keine „Gemeinschaftsgrundrechte" fest, er dokumentierte aber, dass ein „gemeinschaftsrechtlicher" Grundrechtsschutz bestand. Als weitere Rechtserkenntnisquellen konnten auch die Charta der Grundrechte der Europäischen Union und andere internationale Verträge zum Schutz der Menschenrechte herangezogen werden. Soweit die Mitgliedstaaten Vertragspartner dieser Verträge waren, war deren Inhalt auch Bestandteil der in der „Gemeinschaft" geltenden Rechtsordnung. Vgl. etwa: Pescatore, EuGRZ, 1978, 441 ff. (443); Schweitzer, Rn. 402). Insgesamt hatte die Rechtsprechung des EuGH einen Grundrechtsbestand erarbeitet, der auch nach Ansicht des BVerfG dem Grundrechtskatalog des Grundgesetzes im Wesentlichen entspricht. Vgl. BVerfGE 73, 339 (378); BVerfGE 89, 155 (174 f.).

der Europäischen Union[932] (Abs. 1) sowie als allgemeine Grundsätze aus der Europäischen Konvention zum Schutz der Menschenrechte und Grundfreiheiten (EMRK)[933] und aus den gemeinsamen Verfassungsüberlieferungen der Mitgliedstaaten (Abs. 3).

Die Ausgangsüberlegung geht nun davon aus, dass eine höhere Regelungsdichte tendenziell zu mehr Grundrechtsbeeinträchtigungen führt. Die EU-Grundrechte könnten somit – zumindest sekundär – vor einer übermäßigen Rechtsetzungstätigkeit schützen. Oder mit anderen Worten: Die Grundrechte sind auch „negative Kompetenznormen", die eine Abwehrfunktion gegen Freiheits- und Marktbeschränkungen aufweisen. Dieser Grundgedanke wird jedoch durch die (bisherige) Rechtsprechung des EuGH zu den „Gemeinschaftsgrundrechten" in seiner praktischen Wirksamkeit weitgehend widerlegt. So sind kaum Fälle bekannt, in denen der EuGH einen europäischen Rechtsakt als grundrechtswidrig bewertet und deshalb aufgehoben hat.[934] Der EuGH hat in fast allen Fällen eines Grundrechtseingriffes die gerügten Maßnahmen – im Geiste der integrationsfreundlichen „effet-utile"-Rechtsprechung – als rechtmäßig erachtet.[935] Kenntner hat im Jahr 2000 etwa festgestellt, dass eine Berufung auf die Grundrechte des Eigentums oder der Berufsfreiheit beim EuGH noch nie erfolgreich war.[936]

---

932 Charta der Grundrechte der Europäischen Union, ABl. 2010 Nr. C 83/389. Vgl. auch Erläuterungen zur Charta der Grundrechte, ABl. 2007 Nr. C 303/17. Anders als noch im „Verfassungsvertrag" vorgesehen, ist die Charta der Grundrechte der Europäischen Union nicht Teil der Vertragstexte geworden. Durch Art. 6 Abs. 1 UA 1 a.E. EUV i.d.F. des Vertrages von Lissabon sie jedoch den (gleichen) Rang der Verträge gehoben. Das Protokoll (Nr. 30) über die Anwendung der Charta der Grundrechte der Europäischen Union auf Polen und das Vereinigte Königreich, ABl. 2008 C 115/313, sieht für Polen und das Vereinigte Königreich allerdings Ausnahmeregelungen vor.

933 Abrufbar unter: http://www.echr.coe.int/NR/rdonlyres/F45A65CD-38BE-4FF7-8284-EE6C2BE36FB7/0/GermanAllemand.pdf. Vgl. auch Art. 6 Abs. 2 EUV i.d.F. des Vertrages von Lissabon, der den zukünftigen Beitritt der Union zur Europäischen Konvention zum Schutz der Menschenrechte und Grundfreiheiten vorsieht.

Siehe darüber hinaus hinsichtlich eines Vergleichs zwischen den Bestimmungen der Charta der Grundrechte der Europäischen Union und denen der EMRK: Jurczyk, Przegląd Legislacyjny, Nr. 1 (63)/2008, 41 ff. (41 ff.).

934 So Härtel, Europäische Rechtsetzung, S. 461. V. Danwitz, Grundfragen einer Verfassungsbindung der Europäischen Union, in: Eine Verfassung für Europa, S. 383 ff. (401), ist kein einziger Fall bekannt, indem ein Verstoß eines „Gemeinschaftsrechtsaktes" gegen Grundrechte festgestellt wurde. Kritisch auch Huber, EuZW, 1997, 517 ff. (521).

935 Vgl. Kenntner, ZRP, 2000, 423 ff. (424).

936 Vgl. Kenntner, ZRP, 2000, 423 ff. (424). Kenntner führt weiter aus, dass auch hinsichtlich anderer „Gemeinschaftsgrundrechte" nur äußerst selten eine Grundrechtswidrigkeit von „Gemeinschaftsrechtsakten" vom EuGH festgestellt wurde.

Die lakonischen Ausführungen des EuGH bezüglich der Vereinbarkeit europäischer Regelungen mit den Grundrechten lassen in der Tat großen Spielraum für Rechtsetzungsakte. So verweist der EuGH darauf, dass die Grundrechte keine uneingeschränkte Geltung beanspruchen, sondern vielmehr Beschränkungen unterworfen werden können, „sofern diese Beschränkungen tatsächlich dem Gemeinwohl dienenden Zielen der Gemeinschaft entsprechen und nicht einen im Hinblick auf den verfolgten Zweck unverhältnismäßigen, nicht tragbaren Eingriff darstellen, der die so gewährleisteten Rechte in ihrem Wesensgehalt antastet“[937]. Die vom EuGH dabei als vorrangig aufgelisteten Rechtsgüter sind so abstrakt (Durchsetzung des Wettbewerbsrechts, Verbraucherschutz oder agrarmarktpolitische Zielsetzungen), dass im Zusammenspiel mit dem weiten Ermessensspielraum, der dem europäischen Normgeber eingeräumt wird, eine gerichtliche Kontrolle auf „die Feststellung offensichtlicher irriger Einschätzungen“[938] beschränkt bleibt. Damit sind auch die europäischen Grundrechte nicht geeignet, die Quantität der europäischen Rechtsetzung effektiv einzudämmen. Ob die neue vertragliche Verankerung der Grundrechte in Art. 6 EUV i.d.F. des Vertrages von Lissabon hieran etwas ändert, bleibt abzuwarten. Mit Blick auf die langjährige Rechtsprechungspraxis des EuGH bezüglich der „Gemeinschaftsgrundrechte“ ist dies jedoch zu bezweifeln.

ff) „Offene Marktwirtschaft“ mit „freiem Wettbewerb“

Da sich die unionale Rechtsetzung noch immer primär auf Aspekte des Wirtschaftslebens bezieht, kann erwogen werden, aus der marktwirtschaftlichen Konzeption des Primärrechts eine Schranke für die Rechtsetzungstätigkeit abzuleiten.[939]

Nach Art. 4 Abs. 1 EGV – jetzt: Art. 119 Abs. 1 AEUV – ist die europäische Wirtschaftsordnung dem Grundsatz der offenen Marktwirtschaft mit freiem Wettbewerb[940] verpflichtet, der sich als ein Leitmotiv auch durch das gesamte

---

937 EuGH, Rs. C-280/93, Bundesrepublik Deutschland/Rat, NJW, 1995, 945 ff. (948) – dort m. w. N.

938 Härtel, Europäische Rechtsetzung, S. 461.

939 Vgl. v. Hippel, ZG, 1987, 1 ff. (8 f.), der davon ausgeht, dass eine am marktwirtschaftlichen Denkansatz orientierte Regelungspraxis der „Normenflut“ entgegenwirken kann.

940 Vgl. hierzu Oppermann, Europarecht, S. 310 ff., Rn. 1 ff. Zum Wirtschaftssystem der EG – bzw. jetzt Union – und deren Wirtschaftspolitik allgemein: Mestmäcker, Marktversagen und Staatsversagen in der Europäischen Union, in: Systembildung und Systemlücken in Kerngebieten des europäischen Privatrechts, S. 53 ff. (58 ff.); v. d. Groeben, integration, 1/1981, 3 ff. (3 ff.).

Primärrecht zieht[941]. Um hieraus Handlungsgrenzen für die Union ableiten zu können, wäre es erforderlich, die Begriffe der offenen Marktwirtschaft und des freien Wettbewerbs zu konkretisieren. Eine solche Konkretisierung trifft jedoch weder das Primärrecht selbst, noch lassen sich im Schrifttum[942] präzisierende Beschreibungen finden, die einen Mehrgewinn an inhaltlicher Klarheit jenseits des „offensichtlich Verbotenen" mit sich brächten. Auch Aussagen von offiziellen Stellen der Union[943] zu den Begriffen Marktwirtschaft oder Wettbewerb geben meist nur allgemein bekannte Einsichten wieder oder verharren in vagen oder pathetischen Redewendungen. Ähnliches gilt für Ausführungen des EuGH[944] zu Art. 4 Abs. 1 EGV – jetzt: Art. 119 Abs. 1 AEUV. Konkretisierun-

---

941 Vgl. insoweit bereits u.a.: Art. 4 Abs. 2, 98, 105 Abs. 1 Satz 3 EGV. Siehe u. a. auch Art. 27, 81, 82, 87 Abs. 1, 154 Abs. 2 S. 1, 157 Abs. 1 UA 2 EGV. Siehe zudem nunmehr etwa: Art. 119 Abs. 2, 120, 127 Abs. 1 S. 3 AEUV. Ferner u.a.: Art. 32 lit. a und b, 101 Abs. 1, 107 Abs. 1, 116, 170 Abs. 1 S. 1, 173 Abs. 1 UA 2, 195 Abs. 1, 326 Abs. 2 AEUV.

942 Nach Müller-Graff, EuR, 1997, 433 ff. (440), lässt sich daraus zwar ein Verbot der Einführung einer Zentralwirtschaft oder einer vollkommen durchkartellierten Wirtschaft entnehmen, konkrete Fragen nach der Zulässigkeit bestimmter Regelungen, die jenseits dieser Schwelle zum „Offensichtlichen" liegen, lassen sich Art. 4 Abs. 1 EGV –jetzt: Art. 119 Abs. 1 AEUV –, nach Ansicht von Müller-Graff, nicht entnehmen. Bleckmann, Wirtschaftslenkung und Europäische Wirtschafts- und Währungsunion, in: Vorträge, Reden und Berichte aus dem Europa-Institut 1992 (Nr. 258), S. 6, schreibt zu dem Begriff der "open market economy" lapidar: „Was das heißt, bleibt etwas unklar" und meint anschließend, „daß *grundsätzlich* nur marktkonforme Mittel ergriffen werden können". Siehe zudem Wimmer/Müller, Wirtschaftsrecht, S. 97.

943 Vgl. etwa Europäische Kommission, Wettbewerbspolitik in Europa – Wettbewerbsregeln für Liefer- und Vertriebsvereinbarungen, 1. Auflage, 2002 (abrufbar unter: http://www.europarl.europa.eu/sides/getDoc.do?pubRef=//EP//NONSGML+IMPRESS+20070823IPR09766+0+DOC+PDF+V0//DE&language=DE): „Ziel der Wettbewerbspolitik der Europäischen Union ist der Schutz und die Förderung wirksamen Wettbewerbs im Gemeinsamen Markt. Wettbewerb ist ein Grundelement der durch Angebot und Nachfrage bestimmten Marktwirtschaft. Anbieter (Hersteller, Händler) bringen Waren und Dienstleistungen in dem Bestreben auf den Markt, damit den Bedarf (von Zwischenabnehmern und Endverbrauchern) zu decken. Die Nachfrageseite sucht für die Produkte, die sie benötigt, nach dem günstigsten Preis-Leistungs-Verhältnis. Das beste Ergebnis wird dabei erzielt, wenn die Anbieter miteinander konkurrieren, d. h. wenn Wettbewerb herrscht. Wettbewerb sorgt nicht nur auf einfache und effiziente Weise dafür, dass die Verbraucher in punkto Preis und Qualität von Waren und Dienstleistungen das beste Angebot erhalten, er zwingt die Unternehmen auch dazu, sich um die Steigerung ihrer Wettbewerbsfähigkeit und wirtschaftlichen Effizienz zu bemühen."

944 So liest man bei EuGH, Rs. C-9/99, Échirolles Distribution SA/Association du Dauphiné u. a., Slg. 2000, I-8207 ff. (I-8235, Rn. 25), folgendes: „Die Artikel 3a, 102a und 103 EG-Vertrag, die sich auf die Wirtschaftspolitik beziehen, die im Einklang mit dem Grundsatz einer offenen Marktwirtschaft mit freiem Wettbewerb stehen muß [...] sind keine Bestimmungen, die den Mitgliedstaaten klare und unbedingte Verpflichtungen auferlegen, auf die sich die Einzelnen vor den nationalen Gerichten berufen können. Es han-

gen, die im Einzelfall bei der Beurteilung der Frage, ob eine Regelung gegen die marktwirtschaftliche Ordnung verstößt oder nicht hilfreich wären, vermisst man auch hier.

Betrachtet man den hohen Abstraktionsgrad der Begriffe „offene Marktwirtschaft“[945] und „freier Wettbewerb“[946] in den Definitionen der Wirtschaftswissenschaft, ist es freilich nicht überraschend, dass auch die juristischen Definitionen den Begriffen keine deutlichere Konturierung verleihen. Ob eine konkrete Bestimmung dem vertraglichen Konzept von einer offenen Marktwirtschaft mit freiem Wettbewerb zuwiderläuft, lässt sich demnach allenfalls anhand der spezielleren vertraglichen Bestimmungen, wie etwa den Grundfreiheiten beantworten.[947] Ein generelles Verbot für nicht marktkonforme Eingriffe lässt sich aus der allgemeinen Verpflichtung zur Marktwirtschaft und freiem Wettbewerb aber ebenso wenig ableiten wie ein ganz bestimmtes Wirtschaftsmodell.[948] Insofern ist auch ein

---

delt sich dabei nämlich um einen allgemeinen Grundsatz, dessen Anwendung komplexe wirtschaftliche Beurteilungen erfordert, die in die Zuständigkeit des Gesetzgebers oder der nationalen Verwaltung fallen.“

945 Vgl. etwa Gabler, Volkswirtschafts-Lexikon (Marktwirtschaft), S. 516: „Wirtschaftsordnung mit dezentraler Planung und Lenkung der Wirtschaftsprozesse, die über Märkte mittels des Preismechanismus koordiniert werden. Staatliche *Mindest*aufgaben sind Setzung der Rahmenbedingungen, innerhalb derer die wettbewerbliche Koordination wirkungsvoll erfolgen kann, sowie Bereitstellung privatwirtschaftlich unrentabler öffentlicher Güter (Liberalismus). *Je nach wirtschaftspolitischer Konzeption* treten weitere konjunktur-, struktur- oder sozialpolitische Aufgabenbereiche hinzu, wodurch jedoch insgesamt die individuelle Planungsautonomie nicht aufgehoben wird.“ Gabler, Volkswirtschafts-Lexikon (offener Markt), S. 592: „Es besteht freier Marktzutritt. Jeder kann als Nachfrager oder Anbieter auftreten.“

946 Berg, in: Dichtl/Issing, Vahlens Großes Wirtschaftslexikon, Bd. 2, (Wettbewerb), S. 2354: „das in einer Marktwirtschaft dominierende Verfahren zur Lösung des Problems, was produziert werden soll [...], wie produziert werden soll [...] und für wen produziert werden soll“.

947 Müller-Graff, EuR, 1997, 433 ff. (440 f., 444 f.). Vgl. auch Seidel, Europa-Archiv, 1987, 553 ff. (556).

948 Häde, in: Callies/Ruffert EUV/EGV Art. 4 EGV Rn. 9, begründet dies empirisch mit Verweis auf die interventionistischen Tendenzen in anderen Politikbereichen, vorallem dem der gemeinsamen Agrarpolitik. Vgl. auch: Müller-Graff, EuR, 1997, 433 ff. (440); Nicolaysen, Europarecht II, S. 320; Wimmer/Müller, Wirtschaftsrecht, S. 98.

Interessant ist auch eine Auseinandersetzung mit Bleckmann, Wirtschaftslenkung und Europäische Wirtschafts- und Währungsunion, in: Vorträge, Reden und Berichte aus dem Europa-Institut 1992 (Nr. 258), S. 6 f., der auch (S. 4) auf die frühere Diskussion in der Rechtswissenschaft um ein bestimmtes vertraglich festgelegtes Wirtschaftsmodell eingeht. In diesem Zusammenhang ist auf die unterschiedlichen Marktkonzepte hinzuweisen, die bei Gründung der Europäischen (Wirtschafts-) Gemeinschaft im Zentrum der Diskussion standen. Während Deutschland eine vorbehaltlose Öffnung der Märkte anstrebte, verfolgte Frankreich eine eher protektionistische Haltung. Böckenförde, Staat,

Blick auf Art. 3 Abs. 3 UA 1 S. 2 EUV i.d.F. des Vertrages von Lissabon aufschlussreich. Danach wirkt die Union „auf die nachhaltige Entwicklung Europas auf der Grundlage eines ausgewogenen Wirtschaftswachstums und von Preisstabilität, eine in hohem Maße wettbewerbsfähige soziale Marktwirtschaft, die auf Vollbeschäftigung und sozialen Fortschritt abzielt, sowie ein hohes Maß an Umweltschutz und Verbesserung der Umweltqualität hin." Das Konzept dieser „unionsrechtlichen Marktwirtschaft" als Zielsetzung für künftige Rechtsetzungstätigkeit ist durch so viele unterschiedliche und teilweise antagonistische „Teilziele" aufgeweicht, dass ihm selbst keine klare Konzeption einer Wirtschaftspolitik zu entnehmen ist. Mit anderen Worten: Art. 3 Abs. 3 UA 1 S. 2 EUV i.d.F. des Vertrages von Lissabon öffnet politischer Regelungsphantasie große Freiräume.

Wenn man Art. 4 Abs. 1 EGV – jetzt: Art. 119 Abs. 1 AEUV – allerdings nicht jegliche Bedeutung absprechen möchte, so darf ein Abweichen vom Grundsatz der Marktwirtschaft mit freiem Wettbewerb nur unter der Bedingung einer gesteigerten Rechtfertigungspflicht möglich sein.[949] Mit anderen Worten: „Die Möglichkeit zum Erlaß von Regelungen [...] wird [...] durch die im Kern marktwirtschaftliche Konzeption eingeschränkt die dem [...] Vertrag zugrunde liegt."[950] Letztendlich müssen allerdings die Organe entscheiden, welche Maßnahmen in ihr Konzept einer Wirtschaftsordnung passen.[951] Damit eignet sich

---

Nation, Europa, S. 73, beschreibt diese zwei Marktkonzepte als „zum einen der allgemeine gemeinsame Markt mit der Tendenz zu weltweitem Freihandel, konstituiert durch die vier Freiheiten der Marktbürger und deren stufenweise Realisierung" und auf der anderen Seite „regulierte, auf Binnenordnung, Bestandssicherung und Planifikation abstellende Einzelmärkte wie [...] vor allem der Agrarmarkt." Dazu auch v. d. Groeben, Die Europäische Gemeinschaft und die Herausforderungen unserer Zeit, S. 214 ff.

Einen Überblick über verschiedene ökonomische Theorien und Marktmodelle bei denen jeweils die Frage nach dem richtigen Grad von Zentralisierung und Dezentralisierung von Rechtsetzung im Mittelpunkt steht, erhält man etwa bei Kirchner, Ein Regelungsrahmen für Rechtsvereinheitlichung und Rechtsvielfalt in der Gemeinschaft, in: Systembildung und Systemlücken in Kerngebieten des europäischen Privatrechts, S. 99 ff. (99 ff. – dort m. w. N.), der dabei rechtliche und ökonomische Aspekte berücksichtigt.

949 Häde, in: Callies/Ruffert EUV/EGV Art. 4 EGV Rn. 9; Wimmer/Müller, Wirtschaftsrecht, S. 97. Ähnlich wohl auch Müller-Graff, EuR, 1997, 433 ff. (457).

950 Everling, EuR, 1987, 214 ff. (229). Vgl. in diesem Zusammenhang auch Nagel, Wirtschaftsrecht der Europäischen Union, S. 154, der bemängelt, dass der EuGH in seiner Entscheidung zum Bananenstreit nicht einmal die Mitberücksichtigung marktwirtschaftlicher und wettbewerbspolitischer Grundsätze in der „EG"-Landwirtschaftspolitik verlangt hat.

951 Everling, FS Kutscher, S. 155 ff. (180).

auch Art. 4 Abs. 1 EGV – jetzt: Art. 119 Abs. 1 AEUV – nicht als effektives rechtliches Instrument zur Eingrenzung der Regelungstätigkeit.[952]

II. Politikwissenschaftliche Erklärungen

Im Folgenden werden einige spezielle, eher politikwissenschaftliche Erklärungsansätze für das Anwachsen der Rechtsmasse in der Union beschrieben.

1. Dominanz regulativer Politik

In den Jahren zwischen 1967 und 1987, so Majone, führte die Kommission etwa 200 Richtlinien, Verordnungen und Entscheidungen auf dem Gebiet des Umweltschutzes ein, ohne dass die „Gemeinschaft" während dieses Zeitraumes eine ausdrückliche Regelungsbefugnis für dieses Gebiet besaß.[953] Darüber hinaus blieb diese Regelungsaktivität auch weitgehend unbeeinflusst von politischen Wechseln, Haushaltsproblemen und einem latenten Europessimismus in den Siebziger- und frühen Achtzigerjahren.[954] Ausgehend von diesem empirischen Befund sucht Majone nach einem Erklärungsansatz für das Anwachsen der

---

952 Vgl. Hatje, in: v. Bogdandy, Europäisches Verfassungsrecht, S. 683 ff. (187), der folgendes artikuliert: „Die Funktion der europäischen Wirtschaftsverfassung besteht [...] nicht darin, ein ganz bestimmtes wirtschaftspolitisches Modell mit rechtlicher Bestandskraft auszustatten. Was eine Wirtschaftsverfassung rechtlich ausmacht, welche Grenzen sie Hoheitsträgern und Privaten zieht, lässt sich nicht vorrangig aus einem bestimmten Wirtschaftsmodell, sondern nur aus dem konkreten Normbestand ableiten. Die einschlägigen Vorschriften sind, namentlich im Gemeinschaftsrecht, weniger Ausdruck eines in sich stimmigen wirtschaftspolitischen Konzepts, sondern vielmehr das Ergebnis unterschiedlicher, im Verlauf der Jahrzehnte wechselnder ökonomischer und gesellschaftlicher Zielvorstellungen. Zwar lassen sich Elemente ordoliberaler und sozial-marktwirtschaftlicher Konzeptionen ausmachen. Ein genauerer Blick zeigt aber, dass selbst die ausdrückliche Entscheidung für eine Marktwirtschaft in Art. 4 EG durch gegenläufige Prinzipien und Eingriffsbefugnisse relativiert wird, so dass sich der unmittelbare Rückgriff auf bestimmte wirtschaftliche Modelle als Hilfsmittel der Auslegung verbietet. Soweit ein bestimmtes Wirtschaftsmodell rechtlich garantiert wird, beschränkt sich die normative Relevanz derartiger Festlegungen regelmäßig darauf, in sehr allgemeiner Form auf die grundlegenden Funktionsbedingungen des jeweiligen Modells zu verweisen, nicht aber die staatlichen oder die europäischen Organe auf einen bloßen Vollzug bestimmter wirtschaftspolitischer Grundsätze zu beschränken."

953 Majone, Jahrbuch zur Staats- und Verwaltungswissenschaft, 1989, 159 ff. (165).

954 Ähnliche Phänomene eines Anwachsens der Regelungsmenge sieht Majone, Jahrbuch zur Staats- und Verwaltungswissenschaft, 1989, 159 ff. (165), in den Bereichen der Produktsicherheit, der Arzneimitteltests, der Telekommunikation sowie bei den Bank- und Finanzdiensten.

„gemeinschaftlichen" Regulierungsmenge. Ins Zentrum seiner Erwägungen stellt Majone den Einfluss von budgetären Beschränkungen auf die Aktivitäten des Regelungsgebers.[955]
Um diesen Ansatz von Majone besser verstehen zu können, ist es wichtig, kurz auf die Unterschiede verschiedener Politikansätze einzugehen. In der Politikwissenschaft wird häufig zwischen distributiver, redistributiver und regulativer Politik unterschieden.[956] Als distributive Politik werden politische Maßnahmen bezeichnet, die rein auf die Verteilung von Gütern oder hoheitlichen Leistungen gerichtet sind. Die redistributive Politik hat die Umverteilung von Ressourcen zum Gegenstand, wie etwa die Umverteilung von Einkommen zwischen bestimmten Regionen oder sozialen Schichten. Bei der regulativen Politik schließlich geht es nicht um Verteilung oder Umverteilung, sondern um Verhaltenssteuerung.[957] Windhoff-Héritier bezeichnet die regulative Politik daher als „verhaltensnormierende Policy ohne Leistungscharakter"[958]. Die regulative Politik arbeitet mit Geboten und Verboten. Sie stellt generell abstrakte Normen auf.[959]
Die Union erhält ihre finanziellen Mittel zum Großteil von den Mitgliedstaaten. Da in der Vergangenheit der überwiegende Teil der fiskalischen Ressourcen, so Majone, für die Agrarpolitik, die Verwaltungsausgaben und eine Handvoll besonderer Programme verwendet wurde, reichten die verbliebenen Mittel kaum aus, um größere und kostspieligere Initiativen, etwa in der Industrie-, Energie- oder Forschungspolitik, anzugehen. Oder: Die Fiskalausstattung verhinderte eine distributive und redistributive Politik der „Gemeinschaft". Mit Blick auf die heutige Haushaltssituation der „Gemeinschaft" – bzw. der Union – (Diagramm 13[960]) lässt sich dieser Einschätzung zwar nicht mehr uneingeschränkt zustimmen, aber selbst nach heutigem Stand geht ein Großteil der Haushaltsmittel noch immer in den Bereich der Landwirtschaft bzw. den der ländlichen Entwicklung.

---

955 Majone, Jahrbuch zur Staats- und Verwaltungswissenschaft, 1989, 159 ff. (166). Ferner Héritier, Koordination von Interessenvielfalt im europäischen Entscheidungsprozeß und deren Ergebnis: Regulative Politik als „Patchwork", MPIFG Discussion Paper 95/4, S. 9.

956 Vgl. zu dieser auf Lowi zurückgehenden Unterteilung: Fischer, Die europäische Union auf dem Weg zu einer vorsorgenden Risikopolitik?, S. 67 ff.; Kohler-Koch/Conzelmann/Knodt, Europäische Integration – Europäisches Regieren, S. 151 ff.

957 Vgl. Heinelt/Egner: in: Schmidt/Zohlnhöfer, Regieren in der BRD, S. 208; Kohler-Koch/Conzelmann/Knodt, Europäische Integration – Europäisches Regieren, S. 152, 154.

958 Windhoff-Héritier, Policy-Analyse, S. 39.

959 Fischer, Die europäische Union auf dem Weg zu einer vorsorgenden Risikopolitik?, S. 68.

960 Quelle: Grafik übernommen aus http://ec.europa.eu/budget/budget_glance/what_for_de.htm.

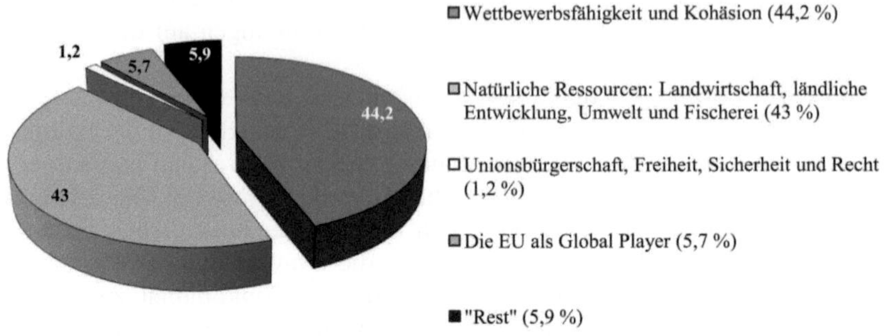

Darüber hinaus sind die Mittel für andere Bereiche oft auf lange Sicht „verplant" und stehen daher für die Lösung aktueller Probleme nicht zur Verfügung. Da der europäische Haushalt selbst verhältnismäßig klein ist, vergleichbar mit dem von Finnland, kommen distributive oder redistributive Programme großen Stils daher auch aktuell nicht in Frage.[961]
In Anbetracht der monetären Beschränkungen, argumentiert Majone, verbleibt der Union im Allgemeinen und der Kommission im Besonderen nur eine regulative Politikgestaltung. Er schreibt in diesem Zusammenhang: "The size of non-regulatory, direct-expenditure programmes is constrained by budgetary appropriations and, ultimately, by the size of government tax revenus. In contrast, the real costs of most regulatory programmes are borne directly by the firms and individuals who have to comply them. Compared with these costs, the resources needed to produce the regulations are rather trivial."[962]
Das Fehlen finanzieller Mittel für nichtregulative Maßnahmen sowie die Notwendigkeit zur Lösung tatsächlicher Probleme ist also (mit-) verantwortlich für den europäischen Normausstoß, den regulative Maßnahmen verursachen.[963]

961 Kohler-Koch/Conzelmann/Knodt, Europäische Integration – Europäisches Regieren, S. 156.

962 Majone, Jahrbuch zur Staats- und Verwaltungswissenschaft, 1989, 159 ff. (166). Siehe zudem: Kohler-Koch/Conzelmann/Knodt, Europäische Integration – Europäisches Regieren, S. 154 ff.; Metcalfe, Eipascope, 1996/2, 1 ff. (4); Radaelli, Governing European Regulation – *1. The reasons for regulatory growth.*

Die Hauptkosten, die die Kommission bei der Rechtsetzung zu tragen hat, bestehen aus Übersetzungskosten (vgl. Cunningham, Translating for a larger Union – can we cope with more than 11 languages?, S. 6) und dem Vorhalten eines „Wissensspeichers" für die jeweiligen Regelungsgegenstände in Form fachlich qualifizierter Mitarbeiter und der Hinzuziehung externer Experten.

963 Vgl. Kohler-Koch/Conzelmann/Knodt, Europäische Integration – Europäisches Regieren, S. 151 ff. (bes. S. 160).

2. Normproduktion als Folge erhofften Prestigegewinns, zur Machtdemonstration und als Legitimationsbegründung

Zur stetigen Vermehrung des Unionsrechts dürfte auch eine von den rechtsetzenden Stellen erhoffte Profilierung beitragen, die mit der Schaffung neuen Rechts verbunden ist.[964] Vor allem innerhalb der Kommission erscheint die Produktion „neuen" Rechts immer noch „ehrenvoller" und „ruhmreicher" zu sein, als die Kontrolle und Verbesserung des bestehenden Rechts.[965] Für die jeweils federführenden Stellen gilt die „Produktion von Normen" als Beleg für deren Tüchtigkeit und Leistungsbereitschaft, was nicht selten mit einem Zuwachs an Ansehen verbunden ist.[966] Ebenso spielen Machtfragen, wie sie allen politischen Entscheidungsprozessen zugrunde liegen[967], auch bei der Normproduktion durch

---

964 Wuermeling, EuR, 2004, 216 ff. (218): „Der Ehrgeiz etwas zu bewegen wird angestachelt, ob im Ministerrat oder im Europäischen Parlament. [...] Das Nichtzustandekommen einer Aktivität gilt grundsätzlich als Misserfolg." Exemplarisch auch: Ehlermann, FS Kutscher, S. 135 ff. (135 f.): „eine uns allen verständliche menschliche Neigung, auf die bereits W. Much hingewiesen hat: Es wird vielfach als lohnender und nobler betrachtet, an der Ausarbeitung neuen Gemeinschaftsrechts mitzuwirken, als sich mit der Überwachung bereits bestehender Normen zu befassen."; Paul, C·A·P Analyse, 2007 (Ausgabe 2), S. 14: „In Teilen des Kommissionsapparats selbst herrscht zuweilen das Denken, dass mehr Europa stets nur mit immer mehr europäischen Einzelregelungen zu erreichen sei und der Erfolg der Kommission an der Anzahl neuer EU-Gesetze gemessen werde." Betrachte außerdem: Herzog/Gerken, Europa entmachtet uns und unsere Vertreter; Sandström, CML Rev., 2003, 1307 ff. (1308).

965 Metcalfe, Eipascope, 1996/2, 1 ff. (4); Metcalfe, Eipascope, 1999/3, 3 ff. (6).

966 Taupitz, Überwindung des europäischen Mehrebenensystems durch Rechtsvereinheitlichung?, in: Das europäische Mehrebenensystem, S. 356 ff. (366), schreibt bezogen auf den Bereich der Rechtsvereinheitlichung: „Während alle Formen nichtlegislatorischer Rechtsvereinheitlichung eher im Stillen wirken, zumeist nur in kleinen [...] Schritten ablaufen und erkennbare Ergebnisse oft erst nach langer Zeit und vielleicht für kurze Zeit hervorbringen, setzt Rechtsnormenvereinheitlichung ein deutliches Zeichen gezielt und erfolgreich unternommener Bemühungen."

967 Weber, Politik als Beruf, in: Schriften zur Sozialgeschichte und Politik, S. 271 ff. (273), vermerkt hierzu exemplarisch: „Wenn man von einer Frage sagt: sie sei eine ‚politische' Frage, von einem Minister oder Beamten: er sei ein ‚politischer' Beamter, von einem Entschluß: er sei ‚politisch' bedingt, so ist damit immer gemeint: Machtverteilungs-, Machterhaltungs- oder Machtverschiebungsinteressen sind maßgebend für die Antwort auf jene Frage oder bedingen diesen Entschluß oder bestimmen die Tätigkeitssphäre des betreffenden Beamten. – Wer Politik treibt, erstrebt Macht, – Macht entweder als Mittel im Dienst anderer Ziele – idealer oder egoistischer – oder Macht ‚um ihrer selbst willen': um das Prestigegefühl, das sie gibt, zu genießen." Vgl. auch Adomeit/Hähnchen, Rechtstheorie für Studenten, S. 69.

die Union eine nicht zu unterschätzende Rolle, da die Union für eine „Demonstration der Macht“ auf die Produktion von Rechtsetzungsakten angewiesen ist.[968] Für die Kommission kommt hinzu, dass sie sich für ihre Machtausübung nur sehr begrenzt und mittelbar auf eine demokratische Legitimation stützen kann. Ihre Legitimitätsbegründung muss sich daher aus anderen Quellen speisen, wie etwa aus ihrer Fähigkeit, die Funktionstüchtigkeit des gesamtgesellschaftlichen Systems und die Befriedigung der Bedürfnisse der Bürger sicherzustellen.[969] Prägnanter formuliert dies Fitzmaurice: “The Commission [...] stands or falls by demonstrating that the Community and only the Community can deliver“.[970] Die

---

968 Bezugnehmend auf den Rat und die Kommission merkt Everling, EuR, 1987, 214 ff. (234), an: „Ob man aber bei den Organen, bei denen es auch immer um Machtfragen geht, auf Dauer ein Handeln nach der Erkenntnis erwarten kann, daß sich in der Beschränkung der Meister zeigt, erscheint doch zweifelhaft.“ Siehe ergänzend Radaelli, Governing European Regulation – *1. The reasons for regulatory growth*: “The Commission, [...] like all bureaucracies, is oriented towards expandig its own powers.“

969 Vgl. hierzu etwa Höreth, Warum sich das Vereinte Europa mit der Demokratie schwer tut (2. Das institutionelle Demokratiedefizit – Die EU als Technokratie und Expertokratie), sowie Münch, Das Projekt Europa, S. 8 ff., die beide einen Zusammenhang zwischen dem “output“ der Kommissionspolitik und dem Legitimationsbedarf der Kommission herstellen.

Vgl. zum Spannungsfeld zwischen technokratischer Effizienz und demokratischer Legitimation etwa Moravcsik/Sangiovanni, FS Scharpf, S. 122 ff. (126 f.). Beide Leitwerte stellen zwei entgegengesetzte Systemlogiken dar. Für ein System, das nach dem Prinzip technokratischer Effizienz arbeitet, sind die komplexen wissenschaftlichen und technischen Sachzwänge handlungsleitend und dementsprechend sind die Fachleute aus der Wissenschaft, Technik und Bürokratie entscheidungsbefähigt. Effizienz ist danach das Schlüsselwort eines funktionierenden Systems, nicht nur im Sinne möglichst schneller Entscheidungen, sondern auch im Sinne ökonomischer Effizienz. Die Rechtfertigung hoheitlichen Handels erfolgt also primär durch die Qualität des Herrschaftshandelns. Man spricht hier auch von einem outputorientierten Legitimitätsverständnis. Vgl. zur „output“-Legitimation umfassend Moravcsik/ Sangiovanni, FS Scharpf, S. 122 ff. (130 ff.). Gilt für ein politisches System hingegen das Primat demokratischer Legitimität, so trifft dieses System verbindliche Entscheidungen bezüglich konkreter Probleme und zielt darauf ab, durch die Einhaltung des Demokratieprinzips Legitimität zu erhalten. Diese Legitimität erhält das System, wenn es als gerechtfertigte politische Macht anerkannt ist und seine Entscheidungen ohne direkten Zwang allgemein akzeptiert werden. Demokratisch wird die Legitimität dann, wenn das System zentralen Wertüberzeugungen (Recht auf Leben, Recht auf Freiheit oder beispielsweise Gleichheit) verpflichtet ist und seinen Entscheidungen bestimmte Verfahren (beispielsweise Volkswahlen oder Gewaltenteilung) zugrunde liegen.

970 Fitzmaurice, The European Commission, in: Maastricht and Beyond, S. 179 ff. (181). Vgl. u. a. auch: Majone, Jahrbuch zur Staats- und Verwaltungswissenschaft, 1989, 159 ff. (167): “Thus any satisfactory explaination of the remarkable growth of Community regulation must take into account [...] the desire of the Commission to increase ist influence.“ Romano Prodi ließ in einer Rede vor dem Europäischen Parlament am 21. Juli 1999 (zitiert nach Abromeit, Wozu braucht man Demokratie?, S. 17) verlautbaren: “At

Kommission muss daher schon in ihrem eigenen Interesse bestrebt sein, Regelungen auf europäischer Ebene zu erlassen und diese möglichst effektiv durchzusetzen. Insofern ist auch die Beschreibung der Arbeitsweise der Kommission als "output"-orientiert zutreffend.[971] Dies soll nicht mit „bürokratischer Regelungswut" gleichgesetzt werden, hervorzuheben ist aber, dass die "output"-orientierte Arbeitsweise der Kommission zum Primat einer verbindlichen europäischen Regelung führt, also auch zu mehr Verordnungen (aber auch Richtlinien und Entscheidungen) in möglichst vielen Bereichen.
Auch hinsichtlich des "Inputs" übt die funktionale Legitimitätsbegründung der Kommission ihren Einfluss auf die Rechtsetzung aus. Die Kommission stützt sich bei ihrer Entscheidungsfindung stark auf Sachverstand und Expertise, was ihren sichtbarsten Ausdruck in der Vielzahl der beratenden Komitees findet. Diese Technik der Entscheidungsfindung führt beinahe zwangsläufig zu einer Technisierung und Kleinteiligkeit der Regelungen selbst.[972]

3. „Handlungszwang" aus aktuellem Anlass

Die „Schwierigkeit [...], die Leidenschaften zu besiegen und die Bedürfnisse des Augenblicks im Blick auf die Zukunft zum Schweigen zu bringen, zeigt sich [...] bei den kleinsten Dingen."[973] Diese Anmerkung Tocquevilles in Bezug auf die Demokratie in Amerika trifft zumindest teilweise auch auf die Rechtsetzung der Union zu, wenn aus aktuellem Anlass der Ruf nach dem „Gesetzgeber" erklingt, der sich sodann ans Werk macht. Dabei ist gerade in den Fällen, wo eine Rechtsetzungsinitiative einem aktuellen Anlass entspringt, ein besonderes Misstrauen gegen die Notwendigkeit einer Rechtsetzungsmaßnahme angezeigt.[974]
Als treffendes Beispiel hierfür kann die am 4. Oktober 2006 erlassene Verordnung (EG) Nr. 1546/2006[975] zur Festlegung von Maßnahmen für die Durchfüh-

---

the end of the day, what interests them is not who solves these problems, but the fact that they are being tackled." Vgl. auch bereits Mill, Über die Freiheit, 3. Kapitel – (Über Individualität als eins der Elemente der Wohlfahrt) – dort zum Zusammenhang zwischen Regelungstätigkeit und der Erlangung von Legitimation.

971 Vgl. Haltern, Europarecht und das Politische, S. 155.

972 Vgl. hierzu bereits 4. Kap. – A II 2 a, b.

973 De Tocqueville, Über die Demokratie in Amerika, S. 130 (Band 1–8. Die demokratische Regierung – Die Macht der Demokratie über sich selbst).

974 Bülow, Ursachen der Übernormierung – Vorschläge zu einer Verbesserung der Gesetzgebungstechnik, in: Mehr Recht durch weniger Gesetze?, S. 78 ff. (79); Mader, LeGes, 2007/3, 391 ff. (393).

975 Verordnung (EG) Nr. 1546/2006 der Kommission vom 4. Oktober 2006 zur Änderung der Verordnung (EG) Nr. 622/2003 zur Festlegung von Maßnahmen für die Durchführung der gemeinsamen grundlegenden Normen für die Luftsicherheit, ABl. 2006 L 286/6.

rung der gemeinsamen grundlegenden Normen für die Luftsicherheit dienen. Diese Verordnung ist die Konsequenz aus den vereitelten Terroranschlägen vom 10. August 2006 am Flughafen London-Heathrow. Die Verordnung sieht u. a. vor, dass Fluggäste Flüssigkeiten oder vergleichbare Gegenstände in ähnlicher Konsistenz nur noch in geringen Mengen und in kleinen Einzelbehältnissen von nicht mehr als 100 Milliliter Fassungsvermögen im Handgepäck mitführen dürfen. Alle Einzelbehältnisse müssen ferner in einem durchsichtigen, wiederverschließbaren Plastikbeutel mit einem Fassungsvermögen von nicht mehr als einem Liter aufbewahrt werden. Darüber hinaus dürfen flüssige Medikamente und Spezialnahrung, wie Babynahrung, die während des Fluges benötigt werden, mitgeführt werden. Weiterhin dürfen Duty-Free-Waren mit an Bord genommen werden, die in einem Geschäft nach der Sicherheitskontrolle an einem EU-Flughafen erworben wurden, sofern sich diese in einem transparenten und von der Verkaufsstelle versiegelten Beutel befinden. Gleiches gilt für die an Bord eines Flugzeuges einer EU-Fluggesellschaft erworbenen Waren in Bezug auf einen Anschlussflug von einem Flughafen innerhalb der Europäischen Union.
Diese, offenbar „mit heißer Nadel gestrickte“ Verordnung wirft zahlreiche Fragen auf. So führt die Umsetzung der Verordnung etwa dazu, dass Flüssigkeiten, die in einem Duty-Free-Geschäft außerhalb der Europäischen Union erworben wurden, auf dem Flug in die EU im Handgepäck mitgeführt werden dürfen, dass diese aber dann nicht mehr als Waren im Handgepäck mitgeführt werden können, wenn sich diesem Flug unmittelbar eine innereuropäische Umsteigeverbindung anschließt. Warum Flüssigkeiten, die in einem Duty-Free-Shop eines Drittlandes erworben wurden, trotz entsprechendem Kaufnachweises nicht als Handgepäck bei einem sich unmittelbar anschließenden innereuropäischen Flug zugelassen sind, ist kaum ersichtlich. Es stellt sich auch die Frage, worin der Sicherheitsgewinn gegenüber dem Kauf von Flüssigkeiten in einem, aus einem Drittland kommenden, Flugzeug einer EU-Fluggesellschaft liegt, bei dem der Weitertransport als Handgepäck hingegen zulässig ist. Die Fragen lassen sich fortsetzen. Warum dürfen die zulässigen Flüssigkeiten nur in einem verschlossenen Plastikbeutel als Handgepäck mitgeführt werden? Ist die Möglichkeit, Flüssigkeiten aus medizinischen Gründen als Handgepäck mit an Bord zu nehmen, nicht geeignet, das grundsätzliche Verbot der Mitnahme von Flüssigkeiten zu unterlaufen?

Über allem steht aber die Frage, ob hier Nutzen und Aufwand noch in einem vertretbaren Verhältnis zueinander stehen. Selbst das Europäische Parlament ist hier skeptisch. In einer Entschließung[976] sprach es sich zwar generell für alle

---

976 Entschließung des Europäischen Parlaments vom 5. September 2007 zu der Verordnung (EG) Nr. 1546/2006 der Kommission zur Änderung der Verordnung (EG) Nr. 622/2003 zur Festlegung von Maßnahmen für die Durchführung der gemeinsamen grundlegenden

Sicherheitsmaßnahmen zur Vorbeugung gegen Terroranschläge in der Luftfahrt aus, diese müssten aber in realistischer Weise das Terrorrisiko begrenzen und nicht unverhältnismäßig sein. Vorliegend bestehen bereits erhebliche Zweifel, dass die Verordnung (EG) Nr. 1546/2006 überhaupt auf allen Flughäfen innerhalb der Europäischen Union einheitlich und konsequent umgesetzt wird. Zudem werden dadurch erhebliche Mehrkosten für Flughäfen und Betreiber verursacht. Darüber hinaus werden den Flugpassagieren durch die „Beschlagnahme" von privatem Eigentum sowie durch Verzögerungen in der Abfertigung beträchtliche Unannehmlichkeiten bereitet. Ob die beschlossenen Maßnahmen andererseits mit einem nennenswerten Sicherheitsgewinn verbunden sind, erscheint fragwürdig.

Ohne hier eine abschließende Wertung des konkreten Falls vorzulegen, zeigt das Beispiel, dass Rechtsnormen, die einem aktuellen Anlass entspringen und die notwendigen zeitintensiven Vorarbeiten der Rechtsetzung nicht durchlaufen haben, sehr anfällig für inhaltliche Mängel sind und ihnen häufig kein Regelungsbedürfnis vorausgeht.[977] Hier fehlt schlicht eine ausreichende Entscheidungsgrundlage, wie sie für den Erlass „guter" Rechtsetzungsakte notwendig ist. Der geschilderte Fall zeigt damit deutlich, dass aktuell auftretende Problemlagen eine „Anlassgesetzgebung" auf europäischer Ebene provozieren können, die eine „unnötige" Überreglementierung verursacht.

Normen für die Luftsicherheit (Mitführen von Flüssigkeiten im Flugzeug), ABl. 2008 C 187 E/153.

977 Vgl. Dreier, Mißlungene Gesetze, in: Das mißglückte Gesetz, S. 1 ff. (14). Siehe in diesem Zusammenhang andere (nicht europabezogene) Fälle von Rechtsetzung bzw. Gesetzgebung, die ihren Ursprung in einem aktuellen Anlass hatte und die – bei genauerem Hinsehen wohl – nicht erforderlich gewesen wäre und zudem auch qualitativ kaum überzeugen kann: Lynch, Melbourne University Law Review, 2006 (Vol. 30), 747 ff. (747 ff., bes. 781); Schröder, JZ, 1995, 231 ff. (231 ff.).

C. Qualität

Vorliegend soll weiteren spezifischen Ursachen des Rechts der Union für eine verminderte Qualität ihrer Bestimmungen nachgegangen werden.

I. „Neuheit“ und „rechtsvergleichender“ Charakter der Unionsrechtsordnung

Die Gemeinschaftsrechtsordnung war bzw. die Unionsrechtsordnung ist „eine *neue* Rechtsordnung“[978]. Diese „Neuheit“ bezieht sich sowohl auf inhaltlich-thematische Aspekte, die die Unionsrechtsordnung etwa vom staatlichen Recht und vom Völkerrecht unterscheiden als auch auf die *relativ* kurze Zeitspanne, die der Entstehung der heutigen Unionsrechtsordnung zur Verfügung stand. „Es handelt sich [...] um eine Rechtsordnung, die sich erst allmählich und schrittweise im Lichte gewonnener Erfahrungen herausgebildet hat und für deren anfängliche Ausrichtung und Deutung kein perfektes juristisches Erklärungsmodell zur Verfügung stand.“[979] Dieser „Reifungsprozess“, den die europäische Rechtsordnung durchläuft, bringt es auch mit sich, dass die Unionsrechtsordnung (noch immer) ihre eigenen Strukturen, Systematiken und Terminologien entwickelt.[980] Anders als die nationale Gesetzgebung kann sich die europäische „Gesetzgebung“ (noch) nicht auf eine ausgereifte und einheitliche „Gesetzgebungskultur“ stützen.[981] Die Ausarbeitung von europarechtlichen Rechtstexten geschieht stattdessen oft unter Rückgriff auf nationale Vorstellungen und Kon-

---

978 Vgl. EuGH, Rs. 26/62, Van Gend & Loos/Niederländische Finanzverwaltung, Slg. 1963, 1 ff. (25); EuGH, Gutachten 1/91, Slg. 1991, I-6079 ff. (I-6102, Rn. 21). Siehe auch Senden, Soft Law in European Community Law, S. 16.

Kritisch zur „Gemeinschaftsrechtsordnung“ als neue Rechtsordnung des Völkerrechts äußert sich etwa de Witte, Revue trimestrielle de droit européen, 1984, 425 ff. (442 ff., 446 ff.).

979 Schwarze, Das Konzept des europäischen Gemeinschaftsrechts, in: 40 Jahre Römische Verträge, S. 29 ff. (30).

980 Gallas, Herausforderungen der Sprachenvielfalt bei der Abfassung von Rechtsakten, in: Herausforderungen der Sprachenvielfalt in der Europäischen Union, S. 51 ff. (58 f.); Gündisch, Qualität europäischer Rechtsetzung, in: Aufbruch nach Europa, S. 109 ff. (111); Timmermans, CML Rev., 1997, 1229 ff. (1231 f.).

981 Gallas, Herausforderungen der Sprachenvielfalt bei der Abfassung von Rechtsakten, in: Herausforderungen der Sprachenvielfalt in der Europäischen Union, S. 51 ff. (58); Timmermans, Normenflut auf Gemeinschaftsebene aus der Sicht der Europäischen Kommission, in: Bürgernahes Wirtschaftsrecht – Eine Utopie?, S. 46 ff. (49).

zepte.[982] Diese „rechtsvergleichende" Vorgehensweise gibt jedoch keine Gewähr dafür, dass sich die europäischen Vorgaben auch (relativ) einfach in die Rechtsordnungen der Mitgliedstaaten eingliedern. Im Gegenteil: Verfolgt das Unionsrecht in Anlehnung an die Rechtslage in einem Mitgliedstaat ein dort vorherrschendes und bewährtes Regelungskonzept, so ist dieses mit der Konzeption in einem anderen Land oft schwer kompatibel.[983] Als Beispiel kann hier auf das unionale Umweltrecht verwiesen werden. Während dieses einen verfahrensrechtlichen und finalstrukturierten Ansatz verfolgt[984], ist das deutsche Umweltrecht traditionell konditional aufgebaut.[985] Diese unterschiedlichen Regelungsansätze bereiten der nationalen Umsetzungspraxis in Deutschland und in Folge auch der dortigen Durchsetzung der europäischen Vorgaben erhebliche Schwierigkeiten.[986]

---

982 Vgl. etwa für den Bereich des Arbeitsrechts Birk, Zur Schwierigkeit der Umsetzung von Richtlinien im Arbeitsrecht, in: Vorträge, Reden und Berichte aus dem Europa-Institut 1988 (Nr. 157), S. 2.

983 Vgl. Steinberg, AöR, 120 (1995), 549 ff. (549 ff., bes. 589 ff.); v. Danwitz, JZ, 2006, 1 ff. (6 f.).

984 Das europäische Recht orientiert sich im Bereich des Umweltrechts an den rechtlichen Strukturen des britischen Rechts. Vgl. hierzu Kloepfer, NVwZ, 2002, 645 ff. (647, 652), sowie v. Danwitz, JZ, 2006, 1 ff. (6).

985 Kloepfer, NVwZ, 2002, 645 ff. (652), v. Danwitz, JZ, 2006, 1ff. (6 f.).

986 Einen ersten Einblick in diese Schwierigkeiten gewähren die folgenden Entscheidungen des EuGH: EuGH, Rs. C-131/88, Kommission/Deutschland, Slg. 1991, I-825 ff. (I-866 ff., Rn. 1 ff.); EuGH, Rs. C-59/89, Kommission/Deutschland, Slg. 1991, I-2607 ff. (I-2627 ff., Rn. 1 ff.); EuGH, Rs. C-58/89, Kommission/Deutschland, Slg. 1991, I-4983 ff. (I-5020 ff., Rn. 1 ff.). Stellvertretend sei hier auch Breuer, Entwicklungen des europäischen Umweltrechts, S. 29 ff., zitiert: „Die offenbar gewordenen Koordinationskonflikte zwischen dem nationalen und dem supranationalem Umweltschutz sind tiefreichend und komplex. [...] Die Bewältigung der aufgetretenen Koordinationskonflikte scheint – gleichsam als Folgelast der supranationalen Vorentscheidungen – allein den Mitgliedstaaten anheimzufallen. Formal mag dies aufgrund des Vorrangs des Gemeinschaftsrechts zutreffen. Wenn man indessen die dargelegten Konflikte und ihre bedenklichen Folgen verstehen und überwinden will, gilt es, die zugrundeliegenden, bisher kaum reflektierten Strukturprobleme im Verhältnis zwischen dem nationalem und dem supranationalen Umweltschutz zu erfassen. [...] Nicht zu unterschätzen sind [...] die Schwierigkeiten, denen man begegnet, sobald man versucht, die entstehende und in jeder Hinsicht unfertige, aber eigenständig verstandene Rechtsordnung der Gemeinschaften mit den gewachsenen, untereinander höchst unterschiedlichen Verwaltungsrechtsordnungen der Mitgliedstaaten zu koordinieren. Offenbar ist dieses Konfliktpotential jedoch jahrelang unterschätzt worden [...]. Es wäre ein verhängnisvoller Fehler, wenn die supranationale Entwicklung des entstehenden Gemeinschaftsrechts auf die vorgefundenen Strukturen und Besonderheiten der gewachsenen nationalen Rechtsordnungen keine Rücksicht nähme." Salzwedel/Reinhardt, NVwZ, 1991, 946 ff. (947), meinen: „Es wird höchste Zeit, daß der rechtsmißbräuchlichen und besatzungsrechtsähnlichen Intervention in gewachsene und allein vollzugseffiziente Normstrukturen des nationalen Rechtes Einhalt

Die Berücksichtigung verschiedener Rechtsordnungen, Rechtsauffassungen und nationaler Interessen verleiht der Unionsrechtsordnung zudem einen „Patchworkcharakter“[987], der ihre (systematische) Zugänglichkeit und Verständlichkeit (zumindest für den „nationalen“ Juristen) erheblich vermindert.[988] Insbesondere für die Angleichungsrichtlinien kommt hinzu, dass hier nicht selten eine gewisse Unbestimmtheit der Formulierung ausdrücklich gewollt ist, um den Weg für nationale Sonderlösungen frei zu halten.[989]

Die gemachten Aussagen sollen genügen, um auf die Schwierigkeiten hinzuweisen, denen die Abfassung unionaler Rechtsetzungsakte unterliegt.[990] Grundsätzlich ist die Ausarbeitung und Abfassung europäischer Rechtstexte schwieriger als die rein nationaler Vorschriften.[991] Die „Neuheit“ und der „rechtsvergleichende“ Charakter der Unionsrechtsordnung sind für eine Reihe europarechtlicher Besonderheiten verantwortlich, die unter dem Blickwinkel verschiedener Qualitätsaspekte negativ zu Buche schlagen. Genannt sei hier schlagwortartig nur die verminderte Systematik infolge der Berücksichtigung unterschiedlicher Regelungsansätze.

II. Mangelndes Kontrollbewusstsein

Die oben skizzierten Kontrolldefizite bei der Umsetzung, Anwendung und Durchsetzung des Unionsrechts in den Mitgliedstaaten[992], die sich negativ auf die Effektivität des Unionsrechts auswirken, lassen sich teilweise auf ein mangelhaftes „Verantwortungsgefühl“ der beteiligten Stellen zurückführen.

---

geboten wird“. Vgl. ferner: Breuer, Entwicklungen des europäischen Umweltrechts, S. 51 ff.; Kloepfer, NVwZ, 2002, 645 ff. (647 f.); v. Danwitz, JZ, 2006, 1ff. (6); Verschuuren, Nederlands Tijdschrift voor Europees Recht, 2004/12, 348 ff. (348 ff.).

987 Héritier, Koordination von Interessenvielfalt im europäischen Entscheidungsprozeß und deren Ergebnis: Regulative Politik als „Patchwork“, MPIFG Discussion Paper 95/4, S. 1 ff. Siehe aber auch Timmermans, CML Rev., 1997, 1229 ff. (1231 f.), der von einem “composite rule system“ spricht. Für Tomuschat, FS Kutscher, S. 461 ff. (463), entsteht beim Zusammenfügen unterschiedlicher Denkstile und Verwaltungstraditionen häufig nur ein „Konglomerat“ anstelle einer „Synthese“.

988 Vgl. Radaelli, Governing European Regulation – *2.1. The key issues;* Timmermans, Normenflut auf Gemeinschaftsebene aus der Sicht der Europäischen Kommission, in: Bürgernahes Wirtschaftsrecht – Eine Utopie?, S. 46 ff. (49).

989 Timmermans, Normenflut auf Gemeinschaftsebene aus der Sicht der Europäischen Kommission, in: Bürgernahes Wirtschaftsrecht – Eine Utopie?, S. 46 ff. (49).

990 Vgl. auch Bellis, Implementation of EU Legislation, S. 10.

991 Bellis, Implementation of EU Legislation, S. 10.

992 Vgl. 3. Kap. – D.

Bei der Kontrolle dessen, was mit dem Unionsrecht in den Mitgliedstaaten geschieht, ist die Union auf die Mithilfe aus den Mitgliedstaaten angewiesen. Auf europäischer Ebene scheint jedoch die Einstellung zu herrschen, dass die Umsetzung, Anwendung und Durchsetzung des Unionsrechts primär Sache der Mitgliedstaaten und für die Unionsebene nur von sekundärem Interesse ist, während sich die Mitgliedstaaten mit der ihnen zugewiesenen Aufgabe, die Union bei der Kontrolle zu unterstützen, schwer tun. Dies kann daran liegen, dass sich die Mitgliedstaaten ansonsten der Einleitung von Vertragsverletzungsverfahren ausgesetzt sehen und durch „überobligationsmäßige" Kontrollanstrengungen eine Benachteiligung ihrer eigenen – zumeist wirtschaftlichen – Interessen befürchten müssen. Diese Einstellungen auf Seiten der Union und der Mitgliedstaaten verhindern eine effektive Kontrolle der Umsetzung, Anwendung und Durchsetzung des europäischen Rechts. Voermans schreibt in diesem Zusammenhang treffend: "Chinese walls seen to be cemented between the initial legislative stages and the phase of implementation."[993] In der Konsequenz vermindern die genannten Kontrolldefizite die Effektivität der unionalen Vorschriften.

III. Problem der Sprachenvielfalt

Die Vielsprachigkeit der Sekundärrechtsakte[994] ist eine weitere Ursache für qualitative Mängel.[995] Die Vielsprachigkeit Europas, zu Recht als kultureller Schatz gepriesen, Art. 3 Abs. 3 UA 4 EUV i.d.F. des Vertrages von Lissabon, verur-

993 Voermans, The Quality of EU Legislation, S. 11.

994 Vgl. hierzu Oppermann, Europarecht, S. 64, Rn. 31.

995 Andersson, Approximation of Procedural Law in Europe, in: Procedural Laws in Europe, S. 55 ff. (64); Clapinska, Post-legislative scrutiny of legislation derived for the European Union, S. 18; Frohn, Babylon liegt in Brüssel: Das europäische Sprachengewirr; Gündisch, Qualität europäischer Rechtsetzung, in: Aufbruch nach Europa, S. 109 ff. (111); Gallas, LeGes, 2001/3, 115 ff. (115 ff.); Gallas, Herausforderungen der Sprachenvielfalt bei der Abfassung von Rechtsakten, in: Herausforderungen der Sprachenvielfalt in der Europäischen Union, S. 51 ff. (52 ff.); Martiny, ZEuP, 1998, 227 ff. (236 ff.); Mattila, Comparative Legal Linguistics, S. 102; Piris, Amicus Curiae, 58 (2005), 21 ff. (22 ff.); Pozzo, in: Pozzo/Jacometti, Multilingualism and the Harmonisation of European Law, S. 4 ff.; Robinson, Clarity, 53 (May/2005), 4 ff. (4 ff.); Sandström, CML Rev., 2003, 1307 ff. (1308 f.); Senden, General Report – The Quality of European Legislation and its Implementation and Application in the National Legal Order, S. 15; Timmermans, CML Rev., 1997, 1229 ff. (1232); Timmermans, Normenflut auf Gemeinschaftsebene aus der Sicht der Europäischen Kommission, in: Bürgernahes Wirtschaftsrecht – Eine Utopie?, S. 46 ff. (50); Vogel, NJW, 1977, 977 ff. (982).

sacht spätestens bei der Abfassung der Rechtstexte und deren Übersetzung(en) erhebliche Probleme und Kosten.[996]

Ausgangspunkt für die verschiedenen authentischen Fassungen eines Sekundärrechtsaktes ist ein Basistext, der meist in englischer oder französischer Sprache abgefasst ist.[997] Schon hier beginnen die Probleme, denn häufig ist die Sprache des Ausgangstextes nicht die Muttersprache desjenigen, der den Rechtstext abgefasst hat.[998] Verschärfend kommt hinzu, dass die textliche Erstfassung meist von Experten des jeweiligen Sach- und Fachgebiets erstellt wird, deren Kenntnisse im Abfassen von Rechtstexten vergleichsweise gering sind.[999] Im Ergebnis führt dies dazu, dass sich die Verfasser eher kritiklos an der Wortwahl von Vorgängerregelungen orientieren, als nach neuen und adäquaten Formulierungen zu suchen.

Wenn der Rechtsetzungsentwurf die kommissionsinternen Überprüfungsstationen (CIS) passiert hat, werden, ausgehend von dem vorläufigen „Ergebnis", die anderen Sprachfassungen durch Übersetzungen hergestellt.[1000] Dabei wirken sich Mängel im Ausgangsdokument zwangsläufig auch auf die Übersetzungstätigkeit aus.[1001] Inwiefern sich speziell die Vielsprachigkeit des Sekundärrechts negativ für die redaktionelle Qualität des Unionsrechts auswirkt, illustrieren folgende Erwägungen.

---

996 Cunningham, Translating for a larger Union – can we cope with more than 11 languages?, S. 4 ff.; Pozzo, in: Pozzo/Jacometti, Multilingualism and the Harmonisation of European Law, S. 4.

997 Bellis, Implementation of EU Legislation, S. 12; Born/Schütte, Eurotexte: Textarbeit in einer Institution der EG, S. 34; Pozzo, in: Pozzo/Jacometti, Multilingualism and the Harmonisation of European Law, S. 4.

998 Besch, Sprachgeschichte, Bd. 2.2., S. 2179; Born/Schütte, Eurotexte: Textarbeit in einer Institution der EG, S. 38; Gallas, LeGes, 2001/3, 115 ff. (121); Robinson, Clarity, 53 (May/2005), 4 ff. (4 f.).

Die gleichen Schwierigkeiten machen im Übrigen auch vor dem Rat und dem Europäischen Parlament nicht halt. Die Veränderungen und Ergänzungen, die dort an den Kommissionsvorschlägen vorgenommen werden, sind ebenfalls meist nicht von Muttersprachlern verfasst. Im Ergebnis führt auch dies dazu, dass die redaktionelle Qualität der Rechtstexte leidet.

999 Bellis, Implementation of EU Legislation, S. 14; Robinson, Clarity, 53 (May/2005), 4 ff. (4 f.).

1000 Piris, Amicus Curiae, 58 (2005), 21 ff. (23).

1001 Born/Schütte, Eurotexte: Textarbeit in einer Institution der EG, S. 45: „Wenn das Original fehlerhaft ist, leiden darunter natürlich die Übertragungen in andere Sprachen. Da das Eingeständnis, sprachlich defizitäre Texte zu erstellen, Selbstverständnis und Außenbegutachtung der verantwortlichen Beamten beschädigen könnte, wird allzuoft die Schuld den Übersetzern zugeschoben."

Auf der praktischen Ebene beginnen die Schwierigkeiten mit einfachen Übersetzungsfehlern.[1002] Wenn etwa für den Begriff "orphan drug", der für Arzneimittel zur Behandlung seltener Leiden gebraucht wird, die deutsche Bezeichnung „ ‚Waisenkind' unter den Arzneimitteln" eingeführt wird, kann man kaum noch von einer sinnvollen Übersetzung sprechen.[1003] Die englischen Worte "jam" und "marmelade" liefern ein weiteres Beispiel für die Tücken der Übersetzungstätigkeit. So wurden in der Richtlinie 2001/113/EG[1004] die englischen Worte "jam" und "marmelade" mit „Konfitüre" und „Marmelade" ins Deutsche übersetzt, ohne zu berücksichtigen, dass in Teilen von Deutschland und Österreich das Wort „Marmelade" traditionell für Produkte gebraucht wird, die im Englischen als "jam" bezeichnet werden. Hierbei handelt es sich zugegebenermaßen um relativ leicht erkennbare Fehler. Es gibt jedoch zahlreiche weitere, oft nur schwer erkennbare Übersetzungsfallen, die der exakten Übersetzung von Rechtstexten, welche wohl allenfalls theoretisch möglich ist [1005], im Wege stehen. So existieren beispielsweise Begriffe, die vor dem Hintergrund der nationalen Rechtsordnungen mit unterschiedlichen Inhalten verknüpft sind und daher kaum übersetzt werden können oder für den Rechtsverkehr zumindest die Gefahr von Missverständnissen und Fehlkalkulationen in sich bergen.[1006] Der französische Begriff des „ordre public" steht etwa für Demokratie, republikanische Staatsform, Laizität des Staates und anderes mehr und kann daher nicht einfach mit „öffentliche Ordnung" ins Deutsche übersetzt werden, was seinerseits mehr mit Straßenkrawallen, Störung der Nachtruhe und Polizei zu tun hat.[1007] Ein an-

---

1002 Vgl. jeweils mit weiteren Beispielen: Braselmann EuR, 1992, 55 ff. (59); Piris, Amicus Curiae, 58 (2005), 21 ff. (22); Robinson, Clarity, 53 (May/2005), 4 ff. (6).

1003 Vgl. 1. Erwägungsgrund der Verordnung (EG) Nr. 141/2000 des Europäischen Parlaments und des Rates vom 16. Dezember 1999 über Arzneimittel für seltene Leiden, ABl. 2000 L 18/1.

1004 Richtlinie 2001/113/EG des Rates vom 20. Dezember 2001 über Konfitüren, Gelees, Marmeladen und Maronenkrem für die menschliche Ernährung, ABl. 2002 L 10/67. Später berichtigt durch die Richtlinie 2004/84/EG des Rates vom 10. Juni 2004 zur Änderung der Richtlinie 2001/113/EG über Konfitüren, Gelees, Marmeladen und Maronenkrem für die menschliche Ernährung, ABl. 2004 Nr. L 219/8.

1005 So jedenfalls Mincke, ARSP, 1991, 446 ff. (451 ff., bes. 465), der weitere interessante Denkanstöße zum Problemkreis der exakten Übersetzung von Rechtstexten liefert. Eine andere Meinung bezüglich der exakten Übersetzung von Rechtstexten vertritt Braselmann EuR, 1992, 55 ff. (58 f.). Gemäß Braselmann gilt es als gesicherte Erkenntnis der Übersetzungstheorie, dass eine exakte Übersetzung von Rechtstexten nicht möglich ist.

1006 Armbrüster, EuZW, 1990, 246 ff. (246); Braselmann EuR, 1992, 55 ff. (59); Mincke, ARSP, 1991, 446 ff. (458 ff.); Pescatore, ZEuP, 1998, 1 ff. (7 ff.); Pescatore, Das Konzipieren übersetzungsgerechter juristischer Dokumente, in: Recht und Übersetzen, S. 91 ff. (97); Piris, Amicus Curiae, 58 (2005), 21 ff. (22).

1007 Vgl. Pescatore, ZEuP, 1998, 1 ff. (8).

deres[1008] von Armbrüster übernommenes Beispiel ist der Begriff „la culture bioloque“, der üblicherweise mit „biologischer Anbau“ übersetzt wird. Während man damit in Deutschland den landwirtschaftlichen Anbau ohne Einsatz von Kunstdüngern, Unkraut- und Insektenvernichtungsmitteln versteht, wird in Spanien und Portugal durch den Begriff „biologischer Anbau“ lediglich der Anbau in Treibhäusern ausgeschlossen.[1009]
Da das Unionsrecht nur selten den Weg beschreitet, die besondere unionsrechtliche Bedeutung eines Begriffs durch eine „sprachliche Neuschöpfung“ hervorzuheben, sondern den Wörtern stattdessen eine neue Bedeutung zuschreibt[1010], können die „eigenen“ und die unionalen Rechtstexte in den Mitgliedstaaten leicht fehlinterpretiert werden.

Rechtstexte kongenial in andere Rechtssprachen zu übertragen, ist eine äußerst diffizile Aufgabe. Die praktischen Arbeitsbedingungen für diese Tätigkeit auf europäischer Ebene entsprechen den hohen Anforderungen, die diese Arbeit stellt, vielfach leider nicht. So müssen die Übersetzungen oft innerhalb kurzer Fristen ausgeführt werden. Längere Texte werden zudem häufig zwischen mehreren Übersetzern aufgeteilt. Außerdem bereitet die technisch geprägte Sprache der europäischen Rechtstexte den Übersetzern Probleme, weil sie sich mit einer großen fachspezifischen Bandbreite von Texten befassen müssen.[1011]

IV. Prinzip der begrenzten Einzelermächtigung

Gemäß des Prinzips der begrenzten Einzelermächtigung muss sich jeder Rechtsakt auf eine Rechtsgrundlage stützen. Häufig fordern unterschiedliche Befugnisnormen aber verschiedene Rechtsetzungsverfahren, weshalb es für die an der Rechtsetzung beteiligten Organe wenig wünschenswert erscheint oder rechtlich nicht möglich ist, einen Rechtsakt auf mehrere Rechtsgrundlagen zu stützen. In Folge werden sodann mehrere Rechtsetzungsakte parallel erlassen.[1012] Neben dem rein zahlenmäßigen Anwachsen der Rechtsetzungsakte birgt diese Vorgehensweise die Gefahr in sich, dass Rechtsetzungsakte „künstlich“ geteilt werden, die besser als „Gesamtpaket“ auf den Weg gebracht worden wären. Wie

1008 Weitere Beispiele sind etwa bei Armbrüster, EuZW, 1990, 246 ff. (246), Pescatore, ZEuP, 1998, 1 ff. (7 f.), oder Piris, Amicus Curiae, 58 (2005), 21 ff. (22), zu finden.

1009 Armbrüster, EuZW, 1990, 246 ff. (246).

1010 Piris, Amicus Curiae, 58 (2005), 21 ff. (22).

1011 Vgl. Besch, Sprachgeschichte, Bd. 2.2., S. 2179; Gallas, LeGes, 2001/3, 115 ff. (124).

1012 Vgl. bereits 4. Kap. – B I 2.

auch Timmermans betont, geht diese Praxis mit der Zunahme von Widersprüchlichkeiten sowie mangelnder Systematik und Folgerichtigkeit einher.[1013]

D. Zusammenfassung

Für die hohe Zahl an Rechtsetzungsakten und deren qualitativer Mängel gibt es keinen monokausalen Erklärungszusammenhang. Eine Hauptursache wurzelt im komplexen unionalen Rechtsetzungsprozess mit seiner Vielzahl von Akteuren, die ihrerseits von divergierenden Interessenlagen und politischen Zielen geleitet werden. Das vertragliche Schema für die Rechtsetzung ist dabei nur ein Schatten der Wirklichkeit. Schon im Vorfeld einer Kommissionsentscheidung für einen Rechtsetzungsvorschlag wirken politische Einflüsse in vielfältiger Weise mit. Ein Beispiel hierfür ist das sogenannte „Spiel über Bande“. Dabei versuchen die Mitgliedstaaten bzw. deren Regierungen aufgrund nationaler Schwierigkeiten bei der Durchsetzung bestimmter Maßnahmen, die zugrundeliegenden Sachprobleme auf europäischer Ebene anzugehen, was zu einer sachwidrigen Zentralisierung bestimmter Regelungsvorhaben führt.
Die Einwirkungen auf die Rechtsetzungsvorschläge setzen sich im weiteren Rechtsetzungsverfahren fort. So verändern der Rat und das Europäische Parlament die Ausgangskonzeptionen der Kommission für manche Rechtsetzungsakte oft so stark, dass sich die endgültigen Rechtsetzungsakte quantitativ aufblähen und gleichzeitig deren Qualität abnimmt.
Auch innerhalb der Rechtsetzungsorgane existieren oft divergierende Ansichten zu bestimmten Regelungsvorhaben, was dem Kompromisscharakter der unionalen Rechtsetzungsakte Vorschub leistet. Geradezu idealtypisch trifft dies auf die Willensbildung im Rat zu. Bedingt durch unterschiedliche Sachinteressen und Rechtstraditionen entsteht eine enorme Vielstimmigkeit bei der Entscheidungsfindung, die eine kohärente Rechtsetzung illusorisch macht. Durch die Tätigkeit der zahlreichen Komitees, Beratungsgremien et cetera, die der unionalen Rechtsetzungsmaschinerie einen enormen Input an unterschiedlichen Informationen, Meinung und Regelungswünschen geben, wird fast zwangsläufig ein erhöhter Normausstoß bewirkt.

Bezüglich der „externen“ Einflussquellen ist besonders auf die ambivalente[1014] Mitwirkung der Vielzahl von Interessengruppen an der Rechtsetzung hinzu-

---

1013 Timmermans, CML Rev., 1997, 1229 ff. (1233). Vgl. auch: Clapinska, Post-legislative scrutiny of legislation derived for the European Union, S. 18; Kloepfer, NVwZ, 2002, 645 ff. (649).

1014 Vgl. Härtel, Europäische Rechtsetzung, S. 129; Müller/Oschmann, ZG, 2004, 355 ff. (355); v. Bogdandy, Gubernative Rechtsetzung, S. 64 ff.

weisen. Einerseits erlaubt der von ihnen eingebrachte Sachverstand, Normen inhaltlich besser zu gestalten, andererseits birgt ihr Mitwirken Gefahren für die Qualität und Quantität der Rechtsvorschriften. So wäre es nicht nur unter dem Aspekt ihrer mangelnden demokratischen Legitimation[1015] wünschenswert, ihre Einflussnahme transparenter zu gestalten und vor allem zu beschränken.

Zusammenfassend lässt sich sagen, dass die institutionelle Unübersichtlichkeit des Politikprozesses und die zahlreichen divergierenden Interessenpositionen, die diesen kennzeichnen, sowie die Notwendigkeit eines Ausgleichs zwischen unterschiedlichen Interessen und Regulierungstraditionen letztendlich zu äußerst kompromissbehafteten Rechtsetzungsakten führen.[1016] Der Verhandlungscharakter des Unionsrechts zeigt dabei deutlich seine negativen Auswirkungen auf die Regelungsqualität: „zu viele und zu schlechte Normen."[1017] Oder salopp formuliert: „Auch in der Gesetzgebung verderben viele Köche den Brei."[1018]

1015 Mit Blick auf den Nationalstaat schreibt Habermas, Faktizität und Geltung, S. 523 f., hierzu, dass der Zuwachs an Steuerungsaufgaben den Staat „verstrickt [...] in Verhandlungen mit gesellschaftlichen Funktionssystemen, großen Organisationen, Verbänden usw. [...] Die staatliche Souveränität wird in dem Maße untergraben, wie sozial mächtige Korporationen an der Ausübung öffentlicher Gewalt beteiligt werden, ohne dazu legitimiert zu sein und den für Staatsorgane üblichen Verantwortlichkeiten zu unterliegen. Wie erwähnt sprengen die mit parakonstitutioneller Verhandlungsmacht ausgestatteten gesellschaftlichen Aktoren den Verfassungsrahmen." Für die europäische Ebene ließe sich etwa die Stellungnahme des Wirtschafts- und Sozialausschusses zum Thema „Der Binnenmarkt der Gemeinschaft nach 1992 – Folgemaßnahmen zum Sutherland-Bericht", ABl. 1993 C 201/59, S. 61, zitieren. Danach ist auf europäischer Ebene die Gefahr von „Lobbyarbeit [...] ohne ausreichende Transparenz und öffentliche Kontrolle" noch virulenter, da im „Gegensatz zu den Mitgliedstaaten [...] auf Ebene der Gemeinschaft keine starke parlamentarische Kontrolle sowie ein teilweise undurchsichtiger Entscheidungsprozeß im Zusammenwirken von Kommission und Rat" besteht. „Auf Gemeinschaftsebene ist deshalb im Vergleich zu den Mitgliedstaaten das Risiko viel größer, daß Unternehmen bzw. Interessengruppen, die mehr Geld, Personal und Organisationskraft aufbieten können, einen überstarken Einfluß gewinnen." Vgl. auch Haltern, Europarecht und das Politische, S. 156 f.: „Auch der gerichtliche Rechtsschutz versagt, da für die Normenkontrolle der Gegenstand und für die Verwaltungskontrolle der Maßstab fehlt. Im infranationalen Modus finden sich insofern Anzeichen für die verringerte Relevanz des Staates und seiner Hauptorgane als der primären Vehikel für die Interessenartikulation und -durchsetzung in Europa. Es geht um transnationale Interessengruppen, Herrschaft ohne (staatliches) Regieren, Machtzuwachs ohne Bindung an Staatsgrenzen."

1016 Héritier, Koordination von Interessenvielfalt im europäischen Entscheidungsprozeß und deren Ergebnis: Regulative Politik als „Patchwork", MPIFG Discussion Paper 95/4, S. 6.

1017 Karpen, AöR, 124 (1999), 400 ff. (406).

1018 Honsell, Vom heutigen Stil der Gesetzgebung, S. 20.

Neben allgemeinen Gründen wurden auch einige unionsrechtsspezifische Ursachen für die hohe Quantität unionaler Rechtsetzung identifiziert.
An erster Stelle sei hier die fehlende Befugnis der Unionsorgane zur Konkretisierung des von ihnen gesetzten Rechts durch Verwaltungsvorschriften genannt, was dazu führt, dass die Unionsrechtsetzungsakte die Feinsteuerung der Rechtsanwendung, welche sonst im nationalen Bereich typischerweise Verwaltungsvorschriften erledigt wird, gewissermaßen mitübernehmen.

Nach dem Prinzip der begrenzten Einzelermächtigung können die Unionsorgane nur dann Rechtsnormen erlassen, wenn sie dazu explizit ermächtigt sind. Jede Rechtsetzungsmaßnahme bedarf daher einer ausdrücklichen Grundlage in den Verträgen. Dies führt dazu, dass die Organe oft „flickenteppichartig" mehrere Einzelakte erlassen, die sich auf unterschiedliche Befugnisnormen stützen. Das Prinzip der begrenzten Einzelermächtigung begünstigt insofern die Zersplitterung des europäischen Rechts und steigert die Normenproduktion.
Die vorstehenden Untersuchungen zeigten zudem, dass für die Unionsebene weder ein abgrenzbarer Regelungsbedarf formuliert ist, noch die für die Rechtsetzung zur Verfügung stehenden Kompetenzen präzise „einschränkende" Vorgaben für die Regelungsaktivität bereit halten. Anders ausgedrückt: Die primärrechtlichen Vorgaben erlauben der Union, nahezu die gesamte „Bandbreite" möglicher Sachbereiche rechtsetzend zu bearbeiten.
Weder das Subsidiaritätsprinzip oder der Grundsatz der Verhältnismäßigkeit noch andere primärrechtliche Bestimmungen sind – vor allem empirisch betrachtet – in der Lage, die Ausübung der unionalen Rechtsetzungskompetenzen so einzuschränken, dass hiervon eine spürbare Absenkung der Zahl der Rechtsetzungsakte bzw. eine Abnahme der Regelungsdichte ausgeht. Angesichts der Finalstruktur der Union im Allgemeinen und ihrer Kompetenzordnung im Besonderen erstaunt dieser (empirische) Befund allerdings nicht, sondern lässt sich als regelungsstrukturelle Notwendigkeit interpretieren.
Auch der „Vertrag von Lissabon" schafft hier keine Abhilfe. Durch ihn wurden der EU eine Reihe neuer Rechtsetzungskompetenzen übertragen, deren Nutzung zwangsläufig in neuen Rechtsetzungsakten münden wird. Die speziellen Kompetenzartikel sind zudem unverändert ohne klare Konturen. Ohne präzise Zuständigkeitsvorschriften droht die Wirkung der verbesserten Grundsatznormen jedoch zu verpuffen. Für die Quantität europäischer Rechtsetzung werden die Veränderungen der europäischen Kompetenzordnung kaum eine spürbare Entlastung bewirken. Wenngleich also einer Ausdehnung der festgelegten Kompetenzen durch die neuen Kontrollmechanismen zu den Kompetenzausübungsregeln entgegengewirkt wird, werden diese Effekte durch eine Reihe zusätzlicher Kompetenzen wieder (über-) kompensiert.

Neben den rechtlichen Gründen für eine hohe Rechtsetzungsquantität sind noch politische Erklärungsansätze zu nennen, die sich mit dem Satz "The EU harbors a regulatory and legalistic approach to policy making"[1019] zusammenfassen lassen. So kann in der Union eine Dominanz eines regulativen Politikansatzes ausgemacht werden, da die begrenzten finanziellen Mittel für die Verfolgung anderer Politikansätze meist nicht ausreichen.
Außerdem herrscht bei den meisten politischen Akteuren noch immer die Meinung vor, dass gerade die Schaffung von (neuen) Rechtsnormen mit Prestige und Machtzuwachs verbunden ist und zudem die Legitimation der Rechtsetzer – vor allem der Kommission – steigert.
Nicht zuletzt reagiert der Unionsrechtsetzer unter dem Einfluss einer durch ein auslösendes Ereignis hervorgerufenen öffentlichen Diskussion und massiver Medienberichterstattung oft überstürzt mit einer an sich unnötigen Ad-hoc-Rechtsetzung.
Bezüglich der Ursachen für eine verminderte Qualität europäischer Bestimmungen ist zunächst darauf hinzuweisen, dass sich die Rechtsordnung der Union im Vergleich zu den mitgliedstaatlichen Rechtssystemen noch immer in einer frühen Phase ihrer Entwicklung befindet. Naturgemäß muss das Unionsrecht seine eigenen Strukturen, Systematiken und Terminologien erst vollends entwickeln und ausdifferenzieren. Der Rückgriff auf bestimmte nationale Vorstellungen und Konzepte bei der Unionsrechtsetzung gestaltet sich dabei oft schwierig und führt im Ergebnis oft zu Friktionen mit den anderen (nationalen) Rechtssystemen.

Die diversen „Fallstricke", die auf dem Gebiet der Übersetzung der Rechtsetzungsakte ausliegen, sind ebenfalls geeignet, die Qualität der Rechtstexte abzusenken. Bei einer Übersetzungstätigkeit, die bis zu 506 verschiedene Übersetzungswege beschreiten muss, bleiben sprachliche Mängel nicht aus. Bereits die Formulierungsschwächen der Nichtmuttersprachler bei der Abfassung eines ersten Rechtsetzungsentwurfes zeitigen zudem oft negative Folgen für die Qualität der späteren Rechtsetzungsakte.

Schließlich sei noch erwähnt, dass Defizite bei der Kontrolle der Umsetzung und Anwendung des Unionsrechts die Effektivität der europäischen Vorschriften erheblich schwächen.

1019 Voermans, The Quality of EU Legislation, S. 12. Radaelli, Governing European Regulation – *1. The reasons for regulatory growth* bezeichnet die EU als ein "political system specialised in the production of regulation". Er spricht einige Absätze später zudem von einem "‚legalistic‘ mode of thinking". Ähnlich auch Metcalfe, Eipascope, 1996/2, 1 ff. (3 f.).

5. Kapitel - Initiativen auf europäischer Ebene für eine verbesserte Rechtsetzung

Nachfolgend wird zunächst eine chronologische Darstellung der Bemühungen um eine verbesserte Rechtsetzung geliefert.[1020] Im Anschluss sollen einzelne Aspekte genauer vorgestellt werden.[1021]

A. Chronologische Darstellung der Bemühungen um eine Verbesserung der Rechtsetzungsakte

Quantitative und qualitative Schwächen der Rechtsetzung haben die Unionsorgane wiederholt beschäftigt. Nachstehend werden die wesentlichen, bereits unternommenen Schritte auf dem Weg zur Verbesserung der Rechtsetzung in zeitlicher Abfolge nachgezeichnet.[1022]

I. Erwachendes Problembewusstsein mit Beginn der 90er Jahre

Die „gesetzes"-technische Qualität des europäischen Rechts ist seit Anfang der 90er Jahre ein besonderes europäisches Anliegen.[1023] 1992 nahm der Europäische Rat die Erklärung von Birmingham[1024] an, in der er den Wunsch formu-

---

1020 Vgl. 5. Kap. – A.

1021 Vgl. 5. Kap. – B.

1022 Siehe hierzu u. a. auch: House of Lords, European Union Committee, 9th Report of Session 2005–06: Ensuring Effective Regulation in the EU – Report with Evidence, S. 10 ff.; Kellermann, The quality of Community legislation drafting, in: Essays in Honour of Henry G. Schermers, Bd. 2, S. 251 ff. (251 ff.); Kenner, EU Employment Law, S. 334 ff.; Piris, The Quality of Community Legislation: The Viewpoint of the Council Legal Service, in: Improving the Quality of Legislation in Europe, S. 25 ff. (26 ff.); Smeddinck, Integrierte Gesetzesproduktion, S. 233 ff.; Timmermans, How to improve the quality of community legislation: The viewpoint of the European Commission, in: Improving the Quality of Legislation in Europe, S. 39 ff. (48 ff.); Xanthaki, A National means of implementation of third pillar instruments, S. 9 ff.; Xanthaki, CML Rev., 2001, 651 ff. (653 ff.).

1023 Vgl. aber auch bereits die Entschließung des Europäischen Parlaments zur Vereinfachung, Bereinigung (Transparenz) und Neufassung (Kodifizierung) des Gemeinschaftsrechts, ABl. 1989 Nr. C 158/386 und hierzu BT. Drs.11/7196 vom 21. Mai 1990, abrufbar unter http://dip21.bundestag.de/dip21/btd/11/071/1107196.pdf.

1024 Schlussfolgerungen des Vorsitzes des Europäischen Rats von Birmingham, 16. Oktober 1992, Anlage I – Erklärung von Birmingham, (Rats.-Dok. DOC/92/6).

lierte: „Wir möchten, dass das Gemeinschaftsrecht einfacher und klarer wird". Darüber hinaus beabsichtigte man, die Arbeit der „Gemeinschaftsorgane" transparenter zu gestalten, etwa durch umfassende Konsultationen im Vorfeld von Rechtsetzungsvorschlägen. Das künftige Tätigwerden auf „Gemeinschaftsebene" habe sich zudem stärker am Subsidiaritätsprinzip bzw. dem Grundsatz der Bürgernähe zu orientieren.[1025] Zu diesem Zweck sollten beispielsweise möglichst „elastische" Rechtsvorschriften zum Einsatz kommen, die den Mitgliedstaaten größtmögliche Freiheit bei der Verwirklichung des jeweils verfolgten Zieles einräumen. Unnötige Eingriffe in das Alltagsleben der Bürger gelte es hingegen zu vermeiden.
Komplementär betonte die Erklärung von Birmingham die elementare Bedeutung einer wirksamen Umsetzung „gemeinschaftsrechtlicher" Vorgaben in nationales Recht sowie deren effektive Durchsetzung in den Mitgliedstaaten.

Im Oktober 1992 wurde der Sutherland-Bericht[1026] veröffentlicht, der vor dem Hintergrund des Subsidiaritätsprinzips fünf Bewertungskriterien für jede neue Legislativmaßnahme vorschlug. Danach muss für jede Maßnahme auf europäischer Ebene eine Notwendigkeit bestehen. Dabei ist stets das effektivste Mittel zu wählen. Außerdem soll sich die Maßnahme harmonisch in die bestehende Rechtsordnung einfügen. Eine möglichst frühzeitige Konsultation der interessierten und betroffenen Kreise und deren verstärkte Einbindung in den gesamten Vorbereitungsprozess verlangte der Bericht ebenfalls.
Abgerundet wurde der Sutherland-Bericht durch erste, allgemein gehaltene Empfehlungen für eine bessere Folgenabschätzung sowie den Aufruf zu systematischeren Konsolidierungsanstrengungen[1027].

1025 Kritisch zu dieser scheinbaren Gleichsetzung Bielzer, Perzeption, Grenzen und Chancen des Subsidiaritätsprinzips im Prozess der europäischen Einigung, S. 193.

1026 The internal market after 1992 – meeting the challenge, Report to the EEC Commission by the High Level Group on the Operation of the Internal Market, SEC (92) 2044. Siehe auch: Supplement to European Report no 1808 of 31 October 1992; Communication from the Commission to the Council and the European Parliament – The operation of the Community's Internal Market after 1992, Follow-up of the Sutherland Report, SEC (92) 2227 fin.; Stellungnahme des Wirtschafts- und Sozialausschusses zum Thema „Der Binnenmarkt der Gemeinschaft nach 1992 – Folgemaßnahmen zum Sutherland-Bericht", ABl. 1993 C 201/59; Communication from the Commission, Follow-up of the Sutherland Report – Legislative consolidation to enhance the transparency of Community law in the area of the Internal Market, COM (93) 361 fin.; Communication from the Commission to the Council, the European Parliament and the Economic and Social Committee "on the handling of urgent situations in the context of implementation of Community rules", COM (93) 430 fin.

1027 Vgl. hier bes. Communication from the Commission, Follow-up of the Sutherland Report – Legislative consolidation to enhance the transparency of Community law in the area of the Internal Market, COM (93) 361 fin.

Die Anregungen aus dem Sutherland-Bericht fanden bereits im Dezember des gleichen Jahres bei der Zusammenkunft des Europäischen Rats in Edinburgh Anklang.[1028] Der Europäische Rat sprach sich für eine klarere und einfachere Gesetzgebung aus, die den Grundsätzen der Subsidiarität, Offenheit und Transparenz Rechnung trage.[1029]

In der Folge verabschiedete der Rat im Juni 1993 eine Entschließung über die redaktionelle Qualität der gemeinschaftlichen Rechtsvorschriften[1030]. Diese Entschließung betonte die Dringlichkeit, Leitlinien für eine „klare, einfache, kurze und verständliche Gestaltung der Rechtsvorschriften" zu etablieren. Ein zehn Punkte umfassender Katalog forderte u. a. den Verzicht auf extrem lange Sätze, auf ungenaue und zu viele Verweise auf andere Rechtstexte, auf eine ausgedehnte Darstellung von Wünschen und politischen Erklärungen innerhalb der Präambel sowie auf die übermäßige Verwendung von Abkürzungen und eines „Gemeinschaftsjargons". Rechtsakte sollten klar, einfach, kurz und eindeutig abgefasst werden.
Die Entschließung des Rats setzte erstmals einen Schwerpunkt bei der „gesetzes"-technischen Qualität der Rechtsetzung und offerierte dabei klare Maßstäbe für eine entsprechende Bewertung der Rechtsetzung.[1031]

1028 Europäischer Rat Edinburgh, 11.–12. Dezember 1992: „Schlussfolgerungen des Vorsitzes", abrufbar unter: http://europarl.europa.eu/summits/edinburgh/a0_de.pdf. Siehe zum Aspekt der Subsidiarität auch Bielzer, Perzeption, Grenzen und Chancen des Subsidiaritätsprinzips im Prozess der europäischen Einigung, S. 194 f., die die Schlussfolgerungen des Vorsitzes des Europäischen Rates in Edinburgh „als Meilenstein für die Rolle und Bedeutungsfestlegung des Subsidiaritätsprinzips im europäischen Einigungsprozess" (S. 194) bezeichnet.

1029 Europäischer Rat Edinburgh, 11.–12. Dezember 1992: „Schlussfolgerungen des Vorsitzes", abrufbar unter: http://europarl.europa.eu/summits/edinburgh/a0_de.pdf. Die Schlussfolgerungen von Edinburgh wurden bekräftigt durch den Europäischen Rat von Kopenhagen, 21.–22. Juni 1993: „Schlussfolgerungen des Vorsitzes", abrufbar unter: http://europa.eu/european-council/index_de.htm bekräftigt. Unter Punkt 15 werden dort die folgenden zentralen Punkte für eine bessere Rechtsetzung genannt: die Einhaltung der Grundsätze der Subsidiarität und der Offenheit in allen Tätigkeitsbereichen der „Gemeinschaft", ausführlichere Konsultationen durch die Kommission vor wichtigen neuen Vorschlägen, Kosten-Nutzen-Analysen für neue Vorschläge, der Zugang der Öffentlichkeit zu bestimmten Ratsdebatten, die Vereinfachung und Kodifizierung der Rechtsvorschriften der „Gemeinschaft", eine verbesserte Informationspolitik sowie – allgemein – die Schaffung einer offeneren und transparenteren „Gemeinschaft".

1030 Entschließung des Rates vom 8. Juni 1993 über die redaktionelle Qualität der gemeinschaftlichen Rechtsvorschriften, ABl. Nr. C 166/1. Vgl. hierzu auch Kellermann, The quality of Community legislation drafting, in: Essays in Honour of Henry G. Schermers, Bd. 2, S. 251 ff. (253 ff.), der vergleichend auch auf ähnliche niederländische Regelungen eingeht.

1031 Xanthaki, CML Rev., 2001, 651 ff. (654).

Gestützt auf die Schlussfolgerungen des Europäischen Rates von Edinburgh schlossen das Europäischen Parlament, der Rat und die Kommission am 25. Oktober 1993 in Luxemburg eine Interinstitutionelle Vereinbarung über die Verfahren zur Anwendung des Subsidiaritätsprinzips[1032]. Darin wurde zunächst die besondere Verantwortung der drei „Gemeinschaftsorgane" für die Einhaltung des Subsidiaritätsprinzips bei der Wahrnehmung ihrer Befugnisse betont. Die Begründung jedes Kommissionsvorschlages habe eine Rechtfertigung im Hinblick auf das Subsidiaritätsprinzip zu enthalten. Gleiches gelte für jedwede textliche Änderungen, seien diese nun durch das Europäische Parlament oder den Rat veranlasst.

In einem internen Verfahren sollen die Organe zukünftig regelmäßig überprüfen, ob die geplanten Maßnahmen sowohl hinsichtlich der Wahl der Rechtsinstrumente als auch des Inhaltes mit den Bestimmungen der Subsidiarität im Einklang stehen.

Um die Umsetzung dieser Interinstitutionellen Vereinbarung zu überwachen, wurde die Kommission beauftragt, jährlich einen Bericht an das Europäische Parlament und den Rat zu übermitteln, der die Beachtung des Subsidiaritätsprinzips verdeutlicht. Ab dem Bericht für das Jahr 1995 hat die Kommission den Umfang der Berichterstattung auf alle sonstigen Maßnahmen zur Verbesserung der Rechtsetzung erweitert. Der jährliche Kommissionsbericht wurde damit kontinuierlich zu einem umfassenden „Protokoll" der Bemühungen – vor allem der Bemühungen der Kommission – für eine bessere Rechtsetzung ausgebaut.[1033]

Bei der am 25. Oktober 1993 in Luxemburg stattgefundenen Konferenz wurde zudem auch eine Interinstitutionelle Erklärung über Demokratie, Transparenz und Subsidiarität[1034] abgegeben. Darin versicherten die „Gemeinschaftsorgane" ihre Anstrengungen für eine transparente Rechtsetzung aufrechtzuerhalten. Sie unterstrichen die große Bedeutung umfassender Konsultationen im Vorfeld von Rechtsetzungsvorschlägen, der Vorlage von detaillierten Arbeits- und Legislativprogrammen sowie verbesserter Zugangsmöglichkeiten zu europäischen Dokumenten[1035] und eines verstärkten Einsatzes moderner Informationstechnolo-

---

1032 Interinstitutionelle Vereinbarung vom 25. Oktober 1993 zwischen Parlament, Rat und Kommission über die Verfahren zur Anwendung des Subsidiaritätsprinzips (ABl. C 329/135), Bull. Nr. 10-1993, Ziff. 2.2.2.

1033 So auch Hauschild, ZG, 1998, 79 ff. (83).

1034 Interinstitutionelle Erklärung über Demokratie, Transparenz und Subsidiarität, Bull. Nr. 10-1993, Ziff. 2.2.1. Vgl. zum Aspekt der Subsidiarität auch den Bericht der Kommission an den Europäischen Rat über die Anpassung der geltenden Rechtsvorschriften an das Subsidiaritätsprinzip vom 24. November 1993, KOM (93) 545 endg., in dem die Kommission das Subsidiaritätsprinzip ausführlich beschreibt.

1035 Vgl. hierzu den Verhaltenskodex vom 31. Dezember 1993 für den Zugang der Öffentlichkeit zu Kommissions- und Ratsdokumenten, 93/730/EG, ABl. L 340/41 sowie den

gien. Die Förderung von Selbstregulierungsmechanismen sowie die Vereinfachung und Kodifizierung[1036] der Rechtsvorschriften wurden ebenfalls angeregt.

Im Juni 1994 äußerte der Europäische Rat in Korfu[1037] die Überzeugung, dass die Beseitigung unnötiger gesetzlicher und administrativer Auflagen für Unternehmen sowie die Vereinfachung „gemeinschaftlicher" und nationaler Rechtsvorschriften enorme Vorteile für die Wettbewerbsfähigkeit der europäischen Wirtschaft mit sich brächte.

Um die ambitionierte Aufgabe einer verstärkten Kodifizierung von Rechtstexten zu unterstützen und zu vereinfachen, beschlossen der Rat, die Kommission und das Europäische Parlament Ende 1994 eine Interinstitutionelle Vereinbarung über ein beschleunigtes Arbeitsverfahren für die amtliche Kodifizierung von Rechtstexten[1038].

Im Juni 1995 erschien der umfangreiche Molitor-Bericht über die Vereinfachung der Rechts- und Verwaltungsvorschriften der „Gemeinschaft".[1039] Die

---

Beschluss der Kommission am 8. Februar 1994 über den Zugang der Öffentlichkeit zu den der Kommission vorliegenden Dokumenten (94/90/EGKS, EG, Euratom), ABl. 1994 L 46/58. Vgl. hierzu auch Röger, DVBl., 1994, 1182 ff. (1182 ff.).

1036 Vgl. Entschließung des Europäischen Parlaments vom 6. Mai 1994 zur Transparenz des Gemeinschaftsrechts und der Notwendigkeit seiner Kodifizierung, ABl. 1994 Nr. C 205/514.

1037 Europäischer Rat Korfu, 24.–25. Juni 1994: „Schlussfolgerungen des Vorsitzes", abrufbar unter: http://europa.eu/european-council/index_de.htm. Ähnlich auch Europäischer Rat Essen, 9.–10. Juni 1994: „Schlussfolgerungen des Vorsitzes", abrufbar unter: http://europa.eu/european-council/index_de.htm – dort unter der Überschrift Wirtschaftsthemen (bes. Unterpunkte 1 und 6); Europäischer Rat Madrid, 15.–16. Dezember 1995: „Schlussfolgerungen des Vorsitzes", abrufbar unter: http://europa.eu/european-council/index_de.htm – dort bes. Teil A II E.

1038 Interinstitutionelle Vereinbarung des Europäischen Parlaments, des Rates und der Kommission vom 20. Dezember 1994 über ein beschleunigtes Arbeitsverfahren für die amtliche Kodifizierung von Rechtstexten, ABl. 1995 Nr. C 293/2; Bull. 12-1994, Ziff. 1.7.1. Ferner Blumann, Revue trimestrielle de droit européen, 1996, 1 ff. (12 ff.).

1039 Report of the Group of Independent Experts on legislative and administrative simplification: Summary and Proposals, COM (95) 288 fin./2 bzw. (den gekürzten) Report of the Group of Independent Experts on legislative and administrative simplification: Summary and Proposals, COM (95) 288 fin. Vgl. hierzu ferner u. a.: Commission Staff Working Paper: Report of the Group of Independent Experts on legislative and administrative simplification, Volume II – Working Dokuments, SEC (95) 1379; Comments of the Commission on the Report of the Independent Experts Group on legislative and administrative simplification, SEC (95) 2121 fin. Vgl. auch die kritische Entschließung des Europäischen Parlaments vom 4. Mai 1996 zum Bericht der Gruppe unabhängiger Experten für die Vereinfachung der Rechtsvorschriften und Verwaltungsvorschriften

dort ausgesprochenen Empfehlungen folgten überwiegend denen des Sutherland-Berichts. Im Grundtenor plädierte der Bericht für Vereinfachung und Deregulierung zum Wohle von Wachstum, Beschäftigung und Wettbewerbsfähigkeit.[1040] Erneut wurde auch auf die Notwendigkeit von Folgenabschätzungen und einer umfassenden Kodifikationsarbeit hingewiesen. Der Bericht der Molitor-Gruppe mahnte ferner an, auch die bereits bestehenden Rechtsetzungsakte hinsichtlich der neuen Rechtsetzungsstandards zu überprüfen und gegebenenfalls anzupassen.

II. Bemühungen um eine bessere Rechtsetzung gewinnen an Kontur

Als klares Bekenntnis zu besserer Rechtsetzung veröffentlichte die Kommission 1996 Leitlinien für die Gesetzgebungspolitik[1041]. Deren Ziel war es, "that legislative texts are of the proper quality and consistency, that the drafting process is open, planned and coordinated and that monitoring and evaluation are more thorough“. In diesem Sinne drängte die Kommission auf die strikte Einhaltung der bestehenden Regeln für die interne Koordination und die Planung der Rechtsetzungsvorschläge, auf eine Rationalisierung und Modernisierung der Folgenabschätzung, auf eine systematische Überwachung der Wirksamkeit von europäischen Rechtsetzungsakten, auf breit angelegte externe Konsultationen, etwa durch Mitteilungen oder Grün- und Weißbücher und schließlich auf die Ausarbeitung einer „legislativen Checkliste“ als Maßstab für „gute“ Rechtsetzung. Ein zehn Punkte umfassender Katalog strich folgende Gesichtspunkte für eine „gute“ Rechtsetzung besonders heraus:

- Bestehen eines hinlänglichen Regelungsbedarfs,
- Definition genauer Zielsetzungen für zu schaffende Vorschriften,
- Vorhandensein einer hinreichenden Rechtsgrundlage,
- lese- und anwendungsfreundliche Textgestaltung,
- Beachtung des Subsidiaritäts- und des Verhältnismäßigkeitsgrundsatzes,

---

der Gemeinschaft, ABl. 211/23. Diese Entschließung spicht sich – tendenziell – gegen Deregulierung aus.

1040 Vgl. hier auch etwa Holzinger/Knill/Schäfer, Steuerungswandel in der europäischen Umweltpolitik, in: Politische Steuerung im Wandel, S. 103 ff. (114 f.) – dort zum Einfluss des „Molitor“-Berichts auf die Rechtsetzung der „Gemeinschaft“ im Bereich der Umweltpolitik.

1041 General guidelines for legislative policy: Communication of 9 January 1996 by the President of the Commission, SEC (95) 2255.

- Stimmigkeit der zu schaffenden Normen im Gesamtkontext des europäischen Rechts,
- verbesserte externe Konsultationen,
- neue Analyseverfahren und -techniken zur Bewertung der Rechtsetzungsakte,
- Verringerung der Betrugsanfälligkeit von Regelungen und
- Prüfung der finanziellen Auswirkungen der Regelungen.

Im Mai 1996 gab die Kommission den Startschuss für die SLIM Initiative (Simpler Legislation for the Internal Market).[1042] Kleine „SLIM-Teams" sollten den Stand der Regulierung in einigen Feldern des „Gemeinschaftsrechts" analysieren, um neue Ansätze zur Vereinfachung der Rechtsetzung zu sondieren. Dabei fokussierte man sich zunächst auf einige ausgewählte Bereiche des „acquis communautaire". Die Beschränkung des Untersuchungsgegenstandes sollte schnell und effektiv zu konkreten Arbeitserfolgen führen.

Die Schlussfolgerungen des Vorsitzes des Europäischen Rates von Turin, Florenz und Dublin im Jahr 1996[1043] beschworen wiederholt die Bedeutung des

---

1042 Communication from the Commission to the Council and the European Parliament: Simpler Legislation for the Internal Market (SLIM): A Pilot Project, COM (96) 204 fin. Zu den Ergebnissen verschiedener Phasen der SLIM-Initiative vgl.: Communication from the Commission to the Council and the European Parliament: The SLIM Initiative – Report of the Commission on the SLIM Pilot Project Simpler Legislation for the internal market, COM (96) 559 fin.; Report from the Commission to the Council and the European Parliament on the results of the second phase of SLIM and the follow-up of the implementation of the first phase recommendations, COM (97) 618 fin.; Report from the Commission to the Council and the European Parliament: Results of the third phase of SLIM and follow-up of the implementation of recommendations of the first and second Phases, COM (1999) 88 fin. Vgl. aber auch u. a.: Entschließung des Europäischen Parlaments vom 10. April 1997 zu der Mitteilung der Kommission an den Rat und das Europäische Parlament „Vereinfachung der Rechtsvorschriften im Binnenmarkt (SLIM): Ein Pilotprojekt" (KOM (96) 0204, ABl. 1997 Nr. C 132/213, die sich grundsätzlich positiv zur SLIM-Initiative äußert, aber zusätzlich eine stärkere Fokussierung auf die nationale Regelungspraxis einfordert. Sowie: Europäischer Rat Cardiff, 15.–16. Juni 1998: „Schlussfolgerungen des Vorsitzes", abrufbar unter: http://europa.eu/european-council/index_de.htm – dort besonders Punkt 24. Ergänzend: Rack, Normenflut auf Gemeinschaftsebene, in: Bürgernahes Wirtschaftsrecht – Eine Utopie?, S. 161 ff. (175); Xanthaki, Statute Law Rev., (22) 2001, 108 ff. (108 ff.).

1043 Vgl. Europäischer Rat Turin, 29. März 1996: „Schlussfolgerungen des Vorsitzes", abrufbar unter: http://europa.eu/european-council/index_de.htm und Europäischer Rat Florenz, 21.–22. Juni 1996: „Schlussfolgerungen des Vorsitzes", abrufbar unter: http://www.ena.lu/schlussfolgerungen_europaischen_rates_florenz_auszug_uber_beschaftigung_wachstum_juni_1996-030005742.html sowie Europäischer Rat Dublin, 13.–14. Dezember 1996: „Schlussfolgerungen des Vorsitzes", abrufbar unter: http://europa.eu/european-council/index_de.htm.

Subsidiaritätsprinzips sowie transparenter und effektiver Rechtsetzungsprozesse für den europäischen Einigungsprozess.

Zunehmend wurde auch die Rolle der Mitgliedstaaten für eine bessere europäische Rechtsetzung ins Zentrum der Diskussion gerückt. Im Kommissionsbericht „Bessere Rechtsetzung“ aus dem Jahre 1997 heißt es etwa: “The Member States [...] have a heavy responsibility in terms of the quantity and quality of the legislative they adopt.“[1044]

1997 lancierte man die Taskforce zur „Vereinfachung des Unternehmensumfelds“ (BEST)[1045]. Ihr gehörten Wirtschafts- und Behördenvertreter aus den Mitgliedstaaten an. In einem unabhängigen Bericht sollten Möglichkeiten zur Verbesserung von Rechtsvorschriften und zur Beseitigung unnötiger rechtlicher Hindernisse – besonders für kleine und mittelständische Unternehmen – ausgelotet werden. Die Sachverständigengruppe ermittelte in einem rechtsvergleichenden Ansatz vorbildliche (Verwaltungs-) Verfahrensabläufe, wie One-Stop-Shops[1046], oder „rechtsetzungsminimierende“ Regelungsansätze, wie die Fokus-

1044 Better Lawmaking 1997, Commission Report to the European Council, COM (97) 626 fin., S. 1. Vgl. auch Europäischer Rat Amsterdam, 16.–17. Juni 1997: „Schlussfolgerungen des Vorsitzes“, abrufbar unter: http://europa.eu/european-council/index_de.htm – dort wird (Überschrift „Beschäftigung, Wettbewerbsfähigkeit und Wachstum“) ausgeführt: „Der Europäische Rat unterstreicht die entscheidende Bedeutung einer rechtzeitigen und ordnungsgemäßen Umsetzung aller vereinbarten Rechtsvorschriften in inner-staatliches Recht, die Notwendigkeit einer umfassenden Information der Bürger und der Wirtschaft über den Binnenmarkt sowie die Notwendigkeit einer zügigen Durchsetzung des Gemeinschaftsrechts in den Mitgliedstaaten“.

1045 Vgl. hierzu u. a.: Bericht der Task Force Vereinfachung des Unternehmensumfelds BEST Teil I und II (Teil I ist abrufbar unter: http://europa.eu.int/comm/enterprise /enterprise_policy/index.htm); Mitteilung der Kommission an den Rat zur “Förderung von unternehmerischer Initiative und Wettbewerbsfähigkeit“ – Die Antwort der Kommission auf den Bericht der Task Force BEST und ihre Empfehlungen, KOM (1998) 550 endg.; Stellungnahme des Ausschusses der Regionen zu dem „Bericht der Task Force Vereinfachung des Unternehmensumfelds (BEST)“, und der „Mitteilung der Kommission zur Förderung von unternehmerischer Initiative und Wettbewerbsfähigkeit – Die Antwort der Kommission auf den Bericht der Task Force BEST und ihre Empfehlungen“, ABl. 1999 Nr. C 293/48. Vgl. aber auch: Europäischer Rat Amsterdam, 16.–17. Juni 1997: „Schlussfolgerungen des Vorsitzes“, abrufbar unter: http://europa.eu/european-council/index_de.htm – dort unter „Beschäftigung, Wettbewerbsfähigkeit und Wachstum“; Europäischer Rat Cardiff, 15.–16. Juni 1998: „Schlussfolgerungen des Vorsitzes“, abrufbar unter: http://europa.eu/european-council/index_de.htm – vgl. dort Punkt 20.

1046 Als One-Stop-Shop wird in der Wirtschaft und der öffentlichen Verwaltung die Möglichkeit bezeichnet, alle notwendigen bürokratischen Schritte, die zur Erreichung eines Zieles führen, bei einer einzigen Stelle durchzuführen. Das Prinzip des One-Stop-Shops führt damit zu einer Verkürzung der Kommunikationsabläufe, einer schnelleren Erledisierung auf risikoorientierte Rechtsvorschriften, die sicherstellen, dass Rechtsetzung vor allem in den Bereichen stattfindet, die mit den größten Gefahren für Gesundheit und Umwelt verbunden sind.[1047]

Ein Symbol des hohen Stellenwertes, den die rechtsetzungstechnische Qualität für sich reklamieren kann, ist die Erklärung (Nr. 39) zur redaktionellen Qualität der gemeinschaftlichen Rechtsvorschriften[1048]. Sie geht davon aus, dass die redaktionelle Qualität eine wesentliche Voraussetzung dafür ist, dass Rechtsvorschriften von den zuständigen einzelstaatlichen Behörden ordnungsgemäß angewandt und von den Bürgern und der Wirtschaft besser verstanden werden. Deshalb forderten der Rat, das Europäische Parlament und die Kommission dazu auf, sich einvernehmlich auf Leitlinien zur Verbesserung der redaktionellen Qualität der „gemeinschaftlichen" Rechtsvorschriften festzulegen und alles daranzusetzen, die Kodifizierung von Rechtstexten zu beschleunigen.

Ebenfalls im Jahr 1997 erfolgte die Einführung des Computerprogramms LegisWrite bei der Kommission.[1049] LegisWrite ist ein Instrument, das zur Erstellung, Überarbeitung und zum elektronischen Austausch von offiziellen Dokumenten zwischen den Organen entwickelt wurde. Dieses EDV-technische Instrument erleichtert durch Vorgabe gewisser formaler Gestaltungselemente in den sogenannten „LegisWrite-Mustern" die Erstellung von Rechtstexten. Die Vorgaben der Kommission zur redaktionellen Qualität der Rechtstexte spielten bei der Entwicklung (und Weiterentwicklung) der Software eine entscheidende Rolle, etwa für die Strukturdefinition der Dokumente oder die Bereitstellung von Textbausteinen. Seit seiner Einführung wird LegisWrite regelmäßig angepasst und unterstützt alle Amtssprachen gleichermaßen. Auf diesem Weg wurde LegisWrite zu einem wichtigen Hilfsmittel bei der Abfassung von Rechtstexten und kann stellvertretend für den Bedeutungszuwachs moderner Technik für den Rechtsetzungsprozess angeführt werden.

---

gung der einzelnen Ablaufschritte und somit zu einer Optimierung verwaltungstechnischer Aufgaben.

1047 Die Empfehlungen des Berichts waren auf das Unternehmensumfeld in den Mitgliedstaaten ausgerichtet und beschäftigten sich etwa mit folgenden Aspekten: Verwaltungsverfahren, Bildungs- und Ausbildungssysteme, Zugang zu Forschung und Technologie, Beziehungen zum Banken und Finanzsektor, Steuern und Innovation.

1048 Vertrag von Amsterdam zur Änderung des Vertrags über die Europäische Union, der Verträge zur Gründung der Europäischen Gemeinschaften sowie einiger damit zusammenhängender Rechtsakte – Von der Konferenz angenommene Erklärungen – Erklärung zur redaktionellen Qualität der gemeinschaftlichen Rechtsvorschriften, ABl. 1997 Nr. C 340/139.

1049 Der Rat benutzt LegisWrite seit 2002.

Auch im Jahr 1998 wurde die Kommission nicht müde, die Bedeutung qualitativ „guter“ Gesetzgebung herauszustreichen.[1050] Nur eine klare und einfache Gesetzgebung könne erfolgreich um das Einverständnis von Unternehmen und Bürgern ringen. Einfache Umsetzbarkeit und Anwendbarkeit des Rechts gelte es, ebenfalls voranzubringen.

Eine andere Mitteilung der Kommission aus dem gleichen Jahr war mit dem Titel „Weniger Gesetzgebung für besseres Handeln: Die Fakten"[1051] überschrieben. Die doppelte Zielrichtung dieser Devise fordert einerseits die Konzentration auf die politischen Prioritäten unter genauer Beachtung der Grundsätze der Subsidiarität und der Verhältnismäßigkeit („Weniger Rechtsetzung") und andererseits eine bessere Konsultationspraxis sowie einfachere, klarere und leichter zugängliche Rechtsvorschriften („Bessere Rechtsetzung"). Diese Mitteilung strebt folgende Ziele an:

- deutlichere Wahrnehmung Europas durch den Bürger,
- besseres Funktionieren des Binnenmarktes,
- größere Wettbewerbsfähigkeit der Unternehmen und
- effizienteres Management der Europäischen Union.

Um diese Ziele zu erreichen, gelte es die Rechtsetzung in folgenden Punkten zu optimieren:

- Beachtung der Grundsätze der Subsidiarität und der Verhältnismäßigkeit (Verringerung der Zahl der Vorschläge – Rückgriff auf alle Alternativen zur Rechtsetzung – Überprüfung der vorliegenden Vorschläge – Rückgriff auf Rahmenrichtlinien – Verbesserung der Auswirkungen der Vorschläge – Dialog mit allen Beteiligten),
- Verbesserung der redaktionellen Qualität der Rechtsvorschriften,
- Vereinfachung der europäischen Rechtsvorschriften (Stichworte: Pilotprojekt – SLIM oder Taskforce – BEST),

---

1050 Vgl. etwa Communication from the Commission to the European Parliament and the Council – Making Simple Market rules more effective, COM (1998) 296 fin.; Staff working paper on Making Simple Market rules more effective, SEC (1998) 903.

1051 Mitteilung der Kommission an den Europäischen Rat "Weniger Gesetzgebung für besseres Handeln: die Fakten", KOM (1998) 345. Siehe auch Bulletin EU 5-1998, Ziff. 1.8.3. Vgl. ferner Europäischer Rat Cardiff, 15.–16. Juni 1998: „Schlussfolgerungen des Vorsitzes“, abrufbar unter: http://europa.eu/europeancouncil/index_de.htm - vgl. dort besonders Punkt 22. Ohne konkreten Bezug auf die genannte Kommissionsmitteilung – aber in der Sache ähnlich - Europäischer Rat Wien, 11.–12. Dezember 1998: „Schlussfolgerungen des Vorsitzes“, abrufbar unter: http://europa.eu/europeancouncil/index_de.htm – vgl. dort die unter VIII aufgeführten Punkte 79 f.

- Fortsetzung der Arbeiten zur Kodifizierung, Neufassung und Konsolidierung,
- Verbesserungen beim öffentlichen Zugang zu Informationen etwa durch die Entwicklung des Servers „Europa“ im Internet.

Erneut wurde auch auf die geteilte Verantwortung der europäischen Organe *und* der Mitgliedstaaten für eine bessere Rechtsetzung hingewiesen.[1052]

Um der Erklärung Nr. 39 nachzukommen, verständigten sich das Europäische Parlament, der Rat und die Kommission am 22. Dezember 1998 in einer Interinstitutionellen Vereinbarung über gemeinsame Leitlinien für die redaktionelle Qualität der gemeinschaftlichen Rechtsvorschriften[1053]. Diese Vereinbarung enthält 22 Leitlinien für die Abfassung von Rechtstexten, die sowohl allgemeine Grundsätze umfassen als auch auf den Aufbau der Rechtsakte und auf spezielle Formulierungsfragen eingehen.
Danach sollen Rechtsakte klar, einfach und genau abgefasst werden. Nicht nur die Wahl des richtigen Rechtsetzungsinstruments soll berücksichtigt werden, Beachtung müsse auch finden, welche Personen von dem Rechtsakt in concreto betroffen sind und dass diese Gelegenheit haben müssen, sich über die entstehende Rechtslage zu informieren. Von daher verbieten sich der Gebrauch langer Artikel und Sätze, unnötig komplizierter Formulierungen und die allzu häufige Benutzung von Abkürzungen. Ferner wird eine kohärente Terminologie angemahnt. Gleiche Begriffe sollen stets mit den gleichen Worten ausgedrückt werden.
Bezüglich des Aufbaus von Rechtsakten wird eine Standardstruktur von Titel, Präambel, verfügendem Teil und gegebenenfalls Anhängen festgelegt. Der Titel soll möglichst knapp eine vollständige Bezeichnung des Regelungsgegenstandes enthalten und sich eindeutig auf den Inhalt des verfügenden Teils beziehen. Die zu nummerierenden Erwägungsgründe sollen kurz den verfügenden Teil begründen, ohne diesen jedoch im Wortlaut wiederzugeben oder zu paraphrasieren. Auf politische Willensbekundungen ist zu verzichten. Gleiches gilt für den verfügenden Teil, der sich auf rein normative Aussagen zu beschränken hat.
Die Vereinbarung möchte zudem die interne und externe Bezugnahme von Rechtstexten auf andere Rechtstexte auf ein Minimum beschränken. Außerdem sollen Änderungsakte klar und deutlich formuliert werden. Schlussbestim-

---

1052 Vgl. hierzu auch Commission Report to the European Council: Better lawmaking 1998 – A shared responsibility, COM (1998) 715 fin., S. 12 ff.

1053 Interinstitutionelle Vereinbarung des Europäischen Parlaments, des Rats und der Kommission vom 22. Dezember 1998 über gemeinsame Leitlinien für die redaktionelle Qualität der gemeinschaftlichen Rechtsvorschriften, ABl. 1999 C 73/1. Siehe hierzu auch Voermans/Konijnenbelt, Legislação, (No. 32) 2002, 57 ff. (60).

mungen, Aufhebungsklauseln und Anhänge sollen dem Gegenstand angemessen und genau abgefasst sein.
Inhaltlich weicht die Interinstitutionelle Vereinbarung nicht wesentlich von den bereits zuvor von den einzelnen Organen aufgestellten Regeln für eine „gute" Rechtsetzung ab.[1054]

Neben den 22 Leitlinien für die Abfassung von Rechtstexten werden ferner Erläuterungen zu den in der Erklärung Nr. 39 geforderten organisatorischen Maßnahmen gemacht:

- Erstellung eines gemeinsamen Leitfadens für Personen, die an der Abfassung von Rechtstexten mitwirken,
- Organisation der internen Verfahren in einer Weise, dass die Juristischen Dienste der Organe rechtzeitig redaktionelle Vorschläge im Hinblick auf die Anwendung dieser Leitlinien unterbreiten können,
- Einrichtung von Redaktionsstäben in den Generaldirektionen,
- Schulung des Personals im Hinblick auf die Abfassung von Rechtstexten, wobei vor allem die Auswirkungen der Mehrsprachigkeit auf die redaktionelle Qualität ins Bewusstsein gerückt werden müssen,[1055]
- Zusammenarbeit von „Gemeinschaft" mit den Mitgliedstaaten, um das Verständnis für die besonderen Erwägungen, die es bei der Abfassung der Texte zu berücksichtigen gilt, zu verbessern,
- Entwicklung und Verbesserung der Hilfsmittel, die die Informationstechnologie für die Abfassung von Rechtstexten bietet,
- Zusammenarbeit zwischen den verschiedenen Dienststellen, die mit der Überwachung der redaktionellen Qualität betraut sind,
- Berichterstattung über die getroffenen Maßnahmen bezüglich der eben genannten Punkte.

Die Bemühungen um bessere Regelungen hinterließen auch institutionell ihre Spuren. So wurde beispielsweise im Zuge der internen Verwaltungsreform, die die Kommission im Herbst 1999 in Gang setzte, in der Generaldirektion „Unternehmen" ein „Referat für die Koordinierung der Rechtsvorschriften" eingerichtet.[1056]

1054 So auch Xanthaki, CML Rev., 2001, 651 ff. (657).

1055 Vgl. hierzu Voermans/Konijnenbelt, Legislação, (No. 32) 2002, 57 ff. (57 ff.), die über ihre Workshops zur besseren Abfassung von Rechtstexten im Europäischen Parlament berichten.

1056 Vgl. http://ec.europa.eu/enterprise/enterprise_policy/best-directory/de/administration/ec.htm#referat. Siehe zur Verwaltungsreform allgemein: Liem, Ein steiniger Weg – Verwaltungsreform in der Europäischen Kommission; Schäfer, Die Reform Europäischen Regierens und der Konventsprozess, in: Europäische Gesellschaft, S. 187 ff. (188 ff.).

Durch die Interinstitutionelle Vereinbarung vom 22. Dezember 1998 initiiert, formulierte die „Gemeinschaft“ im Jahr 2000 den “Joint Practical Guide of the European Parliament, the Council and the Commission for persons involved in the drafting of legislation within the Community institutions“. Es handelt sich dabei um ein Handbuch, das die Vorschläge der Interinstitutionellen Vereinbarung für eine bessere Rechtsetzung an Hand von Beispielen, Formulierungsvorschlägen und Modellen für Rechtsetzungsakte plastisch nachzeichnet.

III. Die „Lissabon-Strategie“ als Stimulus

Neuen Impetus für die Bemühungen um eine bessere Rechtsetzung verlieh der Europäische Rat von Lissabon[1057] im März 2000. Für die neue Dekade rief der Rat das strategische Ziel aus, die Europäische Union „zum wettbewerbsfähigsten und dynamischsten wissensbasierten Wirtschaftsraum der Welt zu machen – einem Wirtschaftsraum, der fähig ist, ein dauerhaftes Wirtschaftswachstum mit mehr und besseren Arbeitsplätzen und einem größeren sozialen Zusammenhalt zu erzielen“.

Als Teil der „Lissabon-Strategie“ nahm die Kommission im Juli 2001 das Weißbuch „Europäisches Regieren“[1058] an. Darin erläuterte die Kommission,

---

1057 Europäischer Rat Lissabon, 23.–24. März 2000: „Schlussfolgerungen des Vorsitzes“, abrufbar unter: http://europa.eu/european-council/index_de.htm. Vgl. zur „Lissabon-Strategie u. a. auch: Europäischer Rat Stockholm, 23.–24. März 2001: „Schlussfolgerungen des Vorsitzes“, abrufbar unter: http://europa.eu/european-council/index_de.htm – vgl. dort die Punkte 2 ff.; Europäischer Rat Laeken, 14.–15. Dezember 2001: „Schlussfolgerungen des Vorsitzes“, abrufbar unter: http://europa.eu/european-council/index_de.htm – vgl. dort die Punkte 21 ff.

1058 Europäisches Regieren, Ein Weißbuch, KOM (2001) 428 endg. Siehe zudem: Mitteilung der Kommission – Vereinfachung und Verbesserung des Regelungsumfelds, KOM (2001) 726 endg.; European Parliament resolution on the Commission White Paper on European governance (COM (2001) 428 - C5-0454/2001 - 2001/2181(COS)), ABl. C 153 E/314; Europäisches Parlament: Bericht über das Weißbuch der Kommission „Europäisches Regieren" (KOM (2001) 428 - C5-0454/2001 - 2001/ 2181(COS)), Ausschuss für konstitutionelle Fragen, Berichterstatterin: Sylvia-Yvonne Kaufmann, A5-0399/2001 endg., angenommen am 28. 11. 2001; European Parliament resolution on the Commission communication on simplifying and improving the Community's regulatory activity (COM (2001) 726 - C5-0108/2002 - 2002/2052 (COS)), ABl. C 102 E/512; Stellungnahme des Wirtschafts- und Sozialausschusses zum Thema „Europäisches Regieren – ein Weißbuch", (KOM (2001) 428 endg.), 20. März 2002; Stellungnahme des Ausschusses der Regionen vom 13. März 2002 zu dem Weißbuch "Europäisches Regieren", (KOM (2001) 428 endg.), und der „Mitteilung betreffend einen neuen Rahmen für die Zusammenarbeit bei Maßnahmen im Bereich der Informations- und Kommunikadass die Europäische Union „stets darauf bedacht sein [muss], die Qualität und Effizienz ihrer Regulierungsmaßnahmen zu verbessern und diese einfach und verständlich abzufassen“. Das Weißbuch formuliert fünf Grundsätze für gutes Regieren: Offenheit, Partizipation, Verantwortlichkeit, Effektivität und Kohärenz. In diesem Zusammenhang unterbreitete die Kommission einige unterstützende Vorschläge, die hier lediglich stichpunktartig wiedergegeben werden:

- bessere Einbindung aller Akteure in die Gestaltung und Umsetzung der EU-Politik durch Konsultationen, Informationsgewinnung durch Experten und Sachverständige sowie die Einbeziehungen nationaler Hoheitsträger in die Politikgestaltung,
- bessere Qualität und Effizienz europäischer Regulierungsmaßnahmen durch einfach und verständlich abgefasste Regelungen, die sorgfältige Prüfung des Regelungsbedarfs, eine genaue Abschätzung der Regelungsfolgen und eine sorgfältige Prüfung aller Regelungsalternativen,
- Vereinfachung des Rechts,
- Gewährleistung einer rechtlich einwandfreien und adäquaten Umsetzung des europäischen Rechts,
- Verbesserungen auf institutioneller Ebene durch eine Fokussierung aller Institutionen auf die vertraglich festgelegten Aufgaben, eine bessere Koordinierung zwischen den Organen und innerhalb der Organe, insbesondere der Fachministerräte sowie offenere, schnellere und verständlichere Entscheidungsprozesse.

Ebenfalls ins Jahr 2001 datiert die Veröffentlichung des Mandelkernberichts[1059], in welchem eine Expertengruppe aus Vertretern der Mitgliedstaaten und der Europäischen Kommission unter Vorsitz von Dieudonné Mandelkern versuchte, „Wege zu besseren Gesetzen“ aufzuzeigen. Der Bericht arbeitete sieben Kernprinzipien einer „guten“ Rechtsetzung heraus: Notwendigkeit, Verhältnismäßigkeit, Subsidiarität, Transparenz, Zurechenbarkeit, Zugänglichkeit und Einfachheit. Von dieser Basis ausgehend empfahl der Bericht etwa den Einsatz von Befristungsklauseln oder Folgenabschätzungen und möglichst breit angelegte Konsultationen. Der Bericht beschäftigte sich auch mit einer Reihe weiterer Maßnahmen zur zahlenmäßigen Reduktion der Rechtsakte. Methoden wie die Kon-

---

tionspolitik der Europäischen Union", KOM (2001) 354 endg. Vgl. darüber hinaus Birkinshaw, European Public Law, S. 226 f.

1059 Moderner Staat – Moderne Verwaltung, Der Mandelkernbericht – Auf dem Weg zu besseren Gesetzen, abrufbar unter: http://www.staat-modern.de/infos/daten/mandelkern_gesetze.pdf. Vgl. auch die kurze Zusammenfassung bei Guy-Ecabert LeGes, 2003/1, 151 ff. (154 ff.), sowie Smeddinck, DVBl., 2003, 641 ff. (bes. 643 f.), und Smeddinck, Integrierte Gesetzesproduktion, S. 235 ff.

solidierung, die Kodifizierung und Neufassung fanden dabei ebenso Erwähnung wie die Aufhebung von nicht mehr aktuellen Rechtsetzungsvorschlägen.

Am Ende des Jahres 2001 wurde eine Interinstitutionelle Vereinbarung über einen systematischeren Rückgriff auf die Technik der Neufassung[1060] angenommen. Mit dieser Vereinbarung wurde ein Rahmen für rationellere Verwaltungsverfahren bei der Neufassung geschaffen.
Die Technik der Neufassung erlaubt es im Falle einer wesentlichen Änderung eines Rechtsakts, mit einem einzigen Rechtstext zugleich eine gewünschte Änderung vorzunehmen, diese Änderung zusammen mit den unveränderten Bestimmungen des bisherigen Rechtsakts zu kodifizieren und den bisherigen Rechtsakt aufzuheben.

Als Reaktion auf den Mandelkernbericht und das Weißbuch „Europäisches Regieren" ergriff die Kommission im Juni 2002 eine Initiative zur Verbesserung der Rechtsetzung mit dem gleichlautenden Titel „Bessere Rechtsetzung".[1061] Ziel war die Schaffung „besserer" neuer Regelungen, aber auch die Überarbeitung bereits existierender Rechtsvorschriften, die in einigen Fällen schon mehrere Jahrzehnte alt waren. Um ihre Ziele zu erreichen, schlug die Kommission im Aktionsplan „Bessere Rechtsetzung"[1062] eine Reihe von Maßnahmen vor. So plante die Kommission Mindestnormen für die Konsultation festzulegen und die

---

1060 Interinstitutionelle Vereinbarung des Europäischen Parlaments, des Rates und der Kommission vom 28. November 2001 über die systematischere Neufassung von Rechtsakten (2002/C 77/01), ABl. 2002 C 77/1. Siehe zudem Europäischer Rat Helsinki, 10.–11. Dezember 1999: „Schlussfolgerungen des Vorsitzes", abrufbar unter: http://europa.eu/european-council/index_de.htm – vgl. dort Anlage III D.

1061 Vgl. zur Initiative „Bessere Rechtsetzung" Paul, C·A·P Analyse, 2007 (Ausgabe 2), S. 4 ff. Betrachte auch Radaelli/Meuwese, Better Regulation in Europe, S. 1 ff., und Radaelli, Better Regulation and the Lisbon Agenda, S. 2 ff. – dort mit einem rechtsvergleichenden und politikwissenschaftlichen Ansatz.

1062 Mitteilung der Kommission – Aktionsplan „Vereinfachung und Verbesserung des Regelungsumfelds", KOM (2002) 278 endg. Vgl. ferner auch die Mitteilung der Kommission – Europäisches Regieren: Bessere Rechtsetzung, KOM (2002) 275 endg./2, die zur Gewährleistung hochwertiger Rechtsetzung die Festschreibung von Mindeststandards für Anhörungen externer Berater sowie einen systematischeren Rückgriff auf Folgenabschätzungen fordert. Außerdem wird dort auf die notwendige Dezentralisierung der Rechtsetzung – etwa mittels Europäischer Regulierungsagenturen – hingewiesen. Vgl. zudem die Mitteilung der Kommission zur besseren Kontrolle der Anwendung des Gemeinschaftsrechts, KOM (2002) 725 endg. Siehe zum Ganzen auch Allio, Better regulation and impact assessment in the European Commission, in: Regulatory Impact Assessment, S. 72 ff. (79 f.).

bestehenden Ansätze zur Folgenabschätzung[1063] zu *einer* Methode der Folgenabschätzung zusammenzuführen. Hierdurch erhoffte man sich, die Inanspruchnahme der verschiedenen Politikinstrumente (Verordnungen, Richtlinien, Empfehlungen, Ko- und Selbstregulierungsmechanismen, freiwillige Vereinbarungen, Leitlinien, offene Koordinierungsmethode) untereinander besser auszutarieren, um dadurch eine angemessene Nutzung der verschiedenen Regulierungsinstrumente zu erreichen.[1064] Als weitere Maßnahme zur Verbesserung des Regelungsumfeldes strebte man einen Ausbau der Begründung von Legislativvorschlägen an.[1065]
Um die Aktualität von Rechtsvorschriften zu gewährleisten, beabsichtigte die Kommission zudem, vermehrt Überprüfungsklauseln in ihre Vorschläge aufzunehmen und Rechtsetzungsvorschläge bei Nichtbearbeitung durch das Europäische Parlament und den Rat zurückzuziehen.
Außerdem sollte die Kontrolle mitgliedstaatlicher Umsetzungsmaßnahmen verstärkt werden. Fernerhin wurden eine Vereinfachung des „acquis communautaire" und die Reduzierung seines Umfangs angestrebt.
Die Bemühungen der Kommission sollten durch die Schaffung eines kommissionsinternen Netzes für „bessere Rechtsetzung" abgerundet werden, das alle Generaldirektionen mit ordnungspolitischer Kompetenz einbezieht und vom Generalsekretariat koordiniert wird.

Bereits im Jahr 2002 kam es schließlich zur geplanten Neuorganisation der Folgenabschätzung durch die Kommission[1066]. Die Schwerpunkte Ökonomie, Gesellschaft und Ökologie nehmen in dieser Konzeption die dominierende Stellung ein.

1063 Zuvor hatte die Kommission bereits mehrere spezifische Instrumente und Methoden zur Folgenabschätzung entwickelt: Business Impact Assessment, Regulatory Impact Assessment oder etwa Sustainable Impact Assessment.

1064 In diesem Zusammenhang kann auch die Ansicht der Kommission hervorgehoben werden, die davon ausgeht, dass Richtlinien nicht mit technischen Modalitäten und Detailfragen überfrachtet werden dürfen. Richtlinien sollen sich vielmehr auf die Beschreibung eines allgemeinen Rahmens beschränken. Die Bedeutung von Ko-Regulierungsmaßnahmen sollte – nach Bekundung der Kommission – ebenfalls gestärkt werden.

1065 Im Einzelnen verlangt man ein verstärktes Eingehen auf Konsultationen, auf die Folgenabschätzungen und auf die Auswirkungen des Vorschlags auf den Haushalt. Mit Blick auf Subsidiarität und Verhältnismäßigkeit sollte zudem die Wahl des rechtlichen Regelungsinstruments stärker in den Mittelpunkt der Begründung gerückt werden.

1066 Mitteilung der Kommission über Folgenabschätzung, KOM (2002) 276 endg.

Im Verlauf der folgenden Jahre wurde die Folgenabschätzung weiter verfeinert und teilweise umgestaltet.[1067] Mit der Einführung eines „Rates für Folgenabschätzung“ (Impact Assessment Board) im Jahre 2006 erhoffte man sich durch dessen beratende und kontrollierende Aufgaben, eine weitere Verbesserung der Rechtsetzungsqualität erreichen zu können.[1068]

Im Februar 2003 lancierte die Kommission ihr zweites umfassendes Vereinfachungsprogramm.[1069] Man beabsichtigte damit einen Prozess zur Modernisierung und Vereinfachung bestehender Rechtsvorschriften und Politiken anzustoßen. Im Mittelpunkt standen die Beseitigung überholter und veralteter Rechtstexte sowie deren Neugestaltung, um sie kohärenter und besser verständlich zu machen.
Hierzu wurden sechs Ziele festgelegt, denen jeweils eine Reihe spezifischer Aktionen zugeordnet wurden. Die Ziele umfassen:

- Vereinfachung des „acquis communautaire“,
- vollständige Konsolidierung und ständige Aktualisierung des „acquis communautaire“,
- verstärkte Kodifizierungsbemühungen,

1067 European Commission – Impact Assessment Guidelines, SEC (2005) 791. Vgl. Mitteilung der Kommission an den Rat und das Europäische Parlament: Bessere Rechtsetzung für Wachstum und Arbeitsplätze in der Europäischen Union, KOM (2005) 97 endg.

1068 Vgl. Mieux Legiferer a l'aide d'analyses d'impact de meilleure qualite, SEC (2007) 926, wo auf 30 Verbesserungsvorschläge seitens des Impact Assessment Boards verwiesen wird.

1069 Mitteilung der Kommission an den Rat, das Europäische Parlament, den Europäischen Wirtschafts- und Sozialausschuss und den Ausschuss der Regionen zur Aktualisierung und Vereinfachung des Acquis communautaire, KOM (2003) 71 endg. Siehe ferner: Document de travail des services de la commission, Annexe technique à la communication de la commission sur la mise à jour et la simplification de l'acquis communautaire (COM (2003) 71), SEC (2003) 165; Mitteilung der Kommission an das Europäische Parlament, den Rat, den Europäischen Wirtschafts- und Sozialausschuss und den Ausschuss der Regionen: Erster Bericht über die Durchführung der Maßnahmen des Aktionsrahmens „Aktualisierung und Vereinfachung des acquis communautaire“, KOM (2003) 623 endg.; Commission Staff Working Paper: Technical annex to the Commission Communication – First report on the implementation of the framework action "Updating and simplifying the Community acquis“ (COM (2003) 623 fin.), SEC (2003) 1085; Mitteilung der Kommission zur Durchführung des Aktionsrahmens „Aktualisierung und Vereinfachung des gemeinschaftlichen Acquis“, KOM (2004) 432 endg.; Commission Staff Working Document: Second report on the implementation of the framework action "Updating and simplifying the Community acquis“ (COM (2004) 432 fin.), SEC (2004) 774.

- Überarbeitung der Organisation und der Präsentation des „acquis communautaire“ (Stichworte: EUR-Lex, Fundstellennachweis des geltenden „Gemeinschaftsrechts“),
- möglichst hohe Transparenz des Vereinfachungsprozesses auch durch eine wirksame Überwachung des Vereinfachungsprozesses auf politischer und fachlicher Ebene,
- Erarbeitung einer wirksamen Umsetzungsstrategie für die Verwirklichung der genannten Ziele.

Hierbei drängte die Kommission auf eine verstärkte Zusammenarbeit innerhalb und zwischen den „Gemeinschaftsorganen“ sowie auf die Zurverfügungstellung ausreichender personeller und finanzieller Ressourcen. Dieser umfassende Ansatz zur Vereinfachung des europäischen Rechts wurde eskortiert von gleichgerichteten Anstrengungen in verschiedenen Spezialbereichen.[1070]
Mit der Ende 2003 geschlossenen Interinstitutionellen Vereinbarung über „Bessere Rechtsetzung“[1071] schufen das Europäische Parlament, der Rat und die Kommission eine gemeinsame Plattform zur Förderung der Zusammenarbeit für eine bessere Rechtsetzung. Die drei Organe verpflichten sich darin, die Rechtsetzungsverfahren untereinander besser zu koordinieren.
Ferner sollte die Kommission unter Berücksichtigung von Konsultationsergebnissen und Folgenabschätzungen ihre Vorschläge – einschließlich der Wahl eines bestimmten Rechtsetzungsinstruments – klar und stichhaltig begründen. Wenn es weder um Grundrechte noch um wichtige politische Entscheidungen geht oder um Situationen, in denen die Bestimmungen einheitlich in sämtlichen Mitgliedstaaten angewendet werden müssen, sollte verstärkt auf alternative Regulierungsverfahren wie Ko-Regulierung und Selbstregulierung zurückgegriffen werden.

1070 Vgl. etwa Arbeitsdokument der Kommission – Bessere Regulierung und die thematischen Umweltstrategien, KOM (2005) 466 endg.; Commission Staff Working Paper – Annex to the Commission Working Paper “Better Regulation and the Thematic Strategies for the Environment” (COM (2005) 466 fin.), SEC (2005) 1197; Mitteilung der Kommission – „Vereinfachung und bessere Rechtsetzung in der Gemeinsamen Agrarpolitik“, KOM (2005) 509 endg.; Mitteilung der Kommission an den Rat und das Europäische Parlament – Aktionsplan 2006–2008 zur Vereinfachung und Verbesserung der gemeinsamen Fischereipolitik, KOM (2005) 647 endg.

1071 Interinstitutionelle Vereinbarung des Europäischen Parlaments, des Rats und der Kommission vom 31. Dezember 2003 über „Bessere Rechtsetzung“, ABl. 2003 C 321/1. Vgl. hierzu Voermans/v. Berkel, RegelMaat, 2005/3, 89 ff. (bes. 92 ff.), die auch vergleichende Bezüge zu vorangegangenen Verbesserungsansätzen auf europäischer Ebene herstellen sowie Allio, Better regulation and impact assessment in the European Commission, in: Regulatory Impact Assessment, S. 72 ff. (80 f.), und Schäffer, Vom Beruf der Politik zur Gesetzgebung in unserer Zeit, in: Evaluierung der Gesetze/Gesetzesfolgenabschätzung, S. 7 ff. (15 f.).

Alle Organe strebten mit der Vereinbarung eine klare, einfache und effiziente Rechtsetzung an. Dies hoffte man zu erreichen durch:

- stärkere Inanspruchnahme von Konsultationen,
- vorherige sowie nachträgliche Folgenabschätzungen,
- verbesserte Umsetzung und Anwendung des europäischen Rechts,
- Vereinfachung der Rechtsvorschriften und
- Verringerung des Umfangs der Rechtsvorschriften durch Aufhebung nicht mehr angewendeter Rechtsakte sowie durch Kodifizierung und Neufassung von Rechtsakten.

In ihrer Mitteilung vom März 2005 mit dem Titel „Bessere Rechtsetzung für Wachstum und Arbeitsplätze in der Europäischen Union“[1072] kündigte die Kommission an, durch einen bestmöglichen Qualitätsstandard für Rechtsetzungsakte Wachstum und Beschäftigung in Europa zu stärken. Diese Mitteilung aktualisierte und vervollständigte den Aktionsplan von 2002. Dazu legte die Kommission erneut ein Programm für bessere Rechtsetzung auf mit dem Ziel, die Vorschläge für neue Rechtsakte qualitativ zu optimieren und bestehende Rechtsvorschriften zu modernisieren und zu vereinfachen.[1073] Die darin avisierten Methoden für die Vereinfachung bestehen in der Aufhebung irrelevant gewordener oder überholter Vorschriften sowie in der verstärkten Nutzung der Kodifizierungs- und Neufassungstechnik. Es wurde auch eine breitere Anwendung von Ko- und Selbstregulierungskonzepten angedacht. Das Ersetzen von Richtlinien durch Verordnungen hielt man unter bestimmten Umständen ebenfalls für geeignet, um die Vereinfachung des Rechts voranzutreiben.

1072 Mitteilung der Kommission an den Rat und das Europäische Parlament: Bessere Rechtsetzung für Wachstum und Arbeitsplätze in der Europäischen Union, KOM (2005) 97 endg.

1073 Mitteilung der Kommission an das Europäische Parlament, den Rat, den Europäischen Wirtschafts- und Sozialausschuss und den Ausschuss der Regionen: Umsetzung des Lissabon-Programms der Gemeinschaft: Eine Strategie zur Vereinfachung des ordnungspolitischen Umfelds, KOM (2005) 535 endg. Zu den Fortschritten dieses Programms: Arbeitsdokument der Kommission: Erster Fortschrittsbericht über die Strategie für die Vereinfachung des ordnungspolitischen Umfelds, KOM (2006) 690 endg.; Commission working document: Second Progress Report on the Strategy for simplifying the regulatory environment, COM (2008) 33 fin.; Commission Working Document: Third Progress Report on the Strategy for simplifying the regulatory environment, COM (2009) 17 fin.

Die Kommission überprüfte auch eine Reihe von „schwebenden“ Rechtsetzungsvorschlägen[1074] mit der Option, diese gegebenenfalls zurückzuziehen.

Ganz auf der Linie früherer Dokumente liegen auch die 2006 veröffentlichten strategischen Überlegungen der Kommission zur Verbesserung der Rechtsetzung. Einige – wohlbekannte – Stichworte sollen hier genügen:

- Fortsetzung ihres Vereinfachungsprogramms,
- Intensivierung der Folgenabschätzungen,
- bessere Durchsetzung des „Gemeinschaftsrechts“.

Der Rat und das Europäisches Parlament wurden ebenfalls zu größeren Anstrengungen auf dem Feld der Rechtsetzungsoptimierung animiert, um auch hier einen Mentalitätswandel einzuleiten, der den Bemühungen für eine bessere Rechtsetzung einen höheren Stellenwert einräumt.

Im November 2006 legte die Kommission ein ehrgeiziges Aktionsprogramm zur Verringerung der mit den bestehenden EU-Rechtsvorschriften verbundenen Verwaltungslasten vor und regte für die EU und die Mitgliedstaaten eine gemeinsame 25%ige Verringerung der Verwaltungslasten bis zum Jahr 2012 an.[1075] Im November 2007 setzte die Kommission hierzu eine hochrangige

---

1074 Vgl. etwa Mitteilung der Kommission zum Ergebnis der Überprüfung von Vorschlägen, die sich derzeit im Gesetzgebungsverfahren befinden, KOM (2005) 462 endg.

1075 Arbeitsdokument der Kommission zur Berechnung der Verwaltungskosten und Verringerung der Verwaltungslasten in der Europäischen Union, KOM (2006) 691 endg. Siehe auch Mitteilung der Kommission an den Rat, das Europäische Parlament, den Europäischen Wirtschafts- und Sozialausschuss und den Ausschuss der Regionen vom 14. November 2006: „Strategische Überlegungen zur Verbesserung der Rechtsetzung in der Europäischen Union“, KOM (2006) 689 endg.

Zur Problematik der Verwaltungskosten vgl. ferner u. a.: Mitteilung der Kommission über eine einheitliche EU-Methode zur Bewertung der durch Rechtsvorschriften bedingten Verwaltungskosten, KOM (2005) 518 endg.; Commission Staff Working Document – Annex to the Communication on an EU common methodology for assessing administrative costs imposed by legislation – Outline of the proposed EU common methodology and Report on the Pilot Phase (April–September 2005) (COM (2005) 518 fin.), SEC (2005)1329; Mitteilung der Kommission an den Rat und das Europäische Parlament: Bessere Rechtsetzung für Wachstum und Arbeitsplätze in der Europäischen Union, KOM (2005) 97 endg.; Commission Staff Working Document – Annex to the Communication on Better Regulation for Growth and Jobs in the European Union – Minimising administrative costs imposed by legislation – Detailed outline of a possible EU Net Administrative Cost Model (COM (2005) 97 fin.), SEC (2005) 175; Mitteilung der Kommission an den Rat, das Europäische Parlament, den Europäischen Wirtschafts- und Sozialausschuss und den Ausschuss der Regionen: Aktionsprogramm zur Verringerung der Verwaltungslasten in der Europäischen Union, KOM (2007) 23 endg.; Com-

Arbeitsgruppe zum Thema Bürokratieabbau (high level expert group on the reduction of administrative burdens) ein.[1076] Vorsitzender des aus 15 Sachverständigen bestehenden Gremiums, dessen Mandat sich über drei Jahre erstreckt, ist Edmund Stoiber. Die Aufgabe des Gremiums besteht darin, die Kommission bei der Umsetzung des „Aktionsprogramms zur Verringerung der Verwaltungslasten in der Europäischen Union" zu unterstützen.
Im Vorfeld der Arbeiten wird der Verwaltungsaufwand in den 13 vorrangig zu untersuchenden Bereichen des Aktionsprogramms durch ein externes Unternehmenskonsortium ermittelt. Im Rahmen dieser vorbereitenden Bestandsaufnahme, die auf der Grundlage des europäischen Standardkostenmodells erfolgt, werden die Verwaltungslasten in den einzelnen Bereichen festgestellt. Diese Kostenermittlung dient der hochrangigen Gruppe als Arbeitsgrundlage für ihre Empfehlungen an die Kommission. Die ersten evaluierenden Stimmen zur Arbeit der Arbeitsgruppe selbst fielen allerdings ernüchternd aus.[1077]

---

mission Staff Working Document – Accompanying document to the Communication from the Commission to the Council, the European Parliament, the European Economic and Social Committee and the Committee of the Regions, Programme for Reducing Administrative Burdens in the European Union, SEC (2007) 84; Commission Staff Working Document – Accompanying document to the Communication from the Commission to the Council, the European Parliament, the European Economic and Social Committee and the Committee of the Regions, Action Programme for Reducing Administrative Burdens in the European Union, SEC (2007) 85; Commission Working Document – Reducing administrative burdens in the European Union 2007 progress report and 2008 outlook, COM (2008) 35 fin.

1076 Vgl. Commission decision of 28 February 2006 setting up a group of high-level national regulatory experts (2006/210/EC), ABl. 2006 L 76/3; Rules of procedure for Group of High-Level national regulatory expertes, abrufbar unter: http://ec.europa.eu/enterprise/regulation/better_regulation/docs/docs_high_level_group/HLG_internal-rules_HLG_BR__APRIL_06_clean.pdf. Siehe außerdem die unter http://ec.europa.eu/enterprise/regulation/better_regulation/high_level_group_en_version.htm abrufbaren "meeting reports" und „Agenden" für 2007 und 2008. Zum Ganzen auch die unter http://ec.europa.eu/enterprise/admin-burdens-reduction/highlevelgroup_de.htm, http://europa.eu/rapid/pressReleasesAction.do?reference=MEMO/07/471&format=HTML&aged=1&language=EN&guiLanguage=en und http://europa.eu/rapid/pressReleasesAction.do?reference=IP/07/1339&format=HTML&aged=0&language=EN&guiLanguage=en abrufbaren Texte sowie die Rede des Vorsitzenden der High Level Group zum EU-Bürokratieabbau, Herrn Ministerpräsident a. D. Dr. Edmund Stoiber, bei der Brüssel-Konferenz zum EU-Bürokratieabbau am 20. Juni 2008 „Druck ausüben auf politische Entscheidungsträger", abrufbar unter: http://ec.europa.eu/enterprise/adminburdens-reduction/docs/EU_CRT_Speech_ Edmund_ Stoiber_en.pdf.

1077 Ein unter http://www.wiwo.de/politik/buerokratieabbau-stoiber-kommt-kaum-voran-299640/ abrufbarer Artikel der Wirtschaftswoche zitiert etwa den Abgeordneten Andreas Schwab aus dem Europäischen Parlament mit den Worten: „Ich hatte nie allzu große Hoffnung, aber dass so wenig herauskommt, hat mich überrascht." Weiter heißt es: „Stoiber muss sich an solche symbolischen Erfolge klammern – im Brüsseler Appa-

IV. Profilschärfung des Parlaments in der Debatte um eine bessere Rechtsetzung

Die Veröffentlichung verschiedender, mit Fragen der Rechtsetzung befasster Berichte der Berichterstatter Frassoni, Doorn, McCarthy, Gargani, Lévai oder Ortega[1078] durch das Europäische Parlament in den letzten Jahren zeigte, dass auch dort das Bewusstsein für bessere Rechtsetzung wächst.

Ausgehend von der These, dass „jedem Abbau von Rechtsvorschriften eine verstärkte Beachtung der Umsetzung gegenüberstehen muss", beschäftigte sich der Frassoni-Bericht[1079] mit der Kontrolle der Anwendung des „Gemeinschaftsrechts“. Als Gründe für die zum Teil mangelhafte Umsetzung des „Gemeinschaftsrechts“ in den Mitgliedstaaten wurden die „schlechte Qualität der Rechtsvorschriften“ sowie die „bewussten Bestrebungen von Mitgliedstaaten [...] das Gemeinschaftsrecht aus politischen, administrativen und wirtschaftlichen Gründen zu unterlaufen“, ausgemacht.

Der Doorn-Bericht[1080] behandelte schwerpunktmäßig die Folgenabschätzung. Eine prägnant formulierte Folgenabschätzung, die nach einheitlichen Maßstäben durchgeführt wird und die sozialen, wirtschaftlichen und ökologischen Auswirkungen der jeweiligen Rechtsetzungsakte darstellt sowie einen Überblick über die politischen Alternativen gewährt, sollte – so der Bericht – helfen, die Qualität der Rechtsetzung zu optimieren. Insgesamt sollte auch die Beteiligung der Betroffenen an der Ausarbeitung der Normen und an den Folgenabschätzungen

---

rat geht es nämlich ansonsten kaum voran. Dort gilt nach verbreiteter Überzeugung weiter die Devise: Regle möglichst viel möglichst genau.“ Vgl. ferner Schiltz, Bürokratieabbau – Edmund Stoiber droht in Brüssel zu scheitern: „Vor knapp einem Jahr wurde Edmund Stoiber zum EU-Beauftragten für Bürokratieabbau ernannt. Er gab viele Interviews, er war Stargast auf einer Wirtschaftskonferenz in London und referierte vor den 27 EU-Wirtschaftsministern – aber den Worten folgten keine Taten.“ Siehe auch Schöneich, Der Anti-äh-Bürokratie-Dings.

1078 In diesem Zusammenhang ließe sich auch auf den Bericht über die Verringerung der durch Rechtsvorschriften bedingten Verwaltungskosten auf ein Minimum (2005/2140(INI)), Haushaltskontrollausschuss, Berichterstatter: Jan Mulder, A6-0275/2007, 3.7.2007, hinweisen, der jedoch im Wesentlichen eine „Wiederholung“ der vorgenannten Berichte darstellt.

1079 Europäisches Parlament: Bericht über den 21. und 22. Jahresbericht der Kommission über die Kontrolle der Anwendung des Gemeinschaftsrechts (2003 und 2004), (2005/2150(INI)), Rechtsausschuss, Berichterstatterin: Monica Frassoni, A6-0089/2006, 24. 3. 2006.

1080 Europäisches Parlament: Bericht über bessere Rechtsetzung 2004: Anwendung des Grundsatzes der Subsidiarität – 12. Jahresbericht, (2005/2055(INI)), Rechtsausschuss, Berichterstatter: Bert Doorn, A6-008/2006, 23. 3. 2006.

ausgebaut werden. Für die Folgenabschätzung selbst wurde eine unabhängige Überprüfung verlangt. Außerdem wies man darauf hin, dass für Rechtsvorschriften, die im Rahmen der „Komitologievorschriften" erlassen werden, die gleichen Qualitätsstandards zu gelten haben wie für andere Vorschriften.

Der McCarthy-Bericht[1081] strich die Grundsätze der Verhältnismäßigkeit, Rechenschaftspflicht, Kohärenz, Transparenz und Zielgerichtetheit als zentrale Maßstäbe für eine bessere Rechtsetzung heraus. Die praktische Verwirklichung dieser Zielsetzung sollte durch

- verbesserte Ausarbeitungsprozesse,
- bessere Konsultation mit den beteiligten Akteuren,
- Ex-ante- und Ex-post-Folgenabschätzungen,
- Anwendung bewährter Umsetzungsverfahren sowie
- guten Vollzug des europäischen Rechts auf der Ebene der Mitgliedstaaten erreicht werden.

Im Sinne der verbesserten Zugänglichkeit und Lesbarkeit des europäischen Rechts sollten zudem die Bemühungen der Kommission zur Konsolidierung, Vereinfachung und Kodifizierung des Rechts fortgesetzt werden. Alternative Regulierungsmechanismen werden als vielversprechend angesehen, wenn diese von klar festgelegten Zielvorgaben und Fristen für die betreffenden Maßnahmen sowie möglichen Strafen für den Fall einer Nichteinhaltung flankiert werden.

Der Gargani-Bericht[1082] begrüßte die von der Kommission vorgeschlagenen Methoden für die Vereinfachung des „Gemeinschaftsrechts" (Aufhebung, Kodifizierung, Neufassung, Änderung des Regelungskonzepts sowie die stärkere Nutzung der Informationstechnologie). Insgesamt versprach man sich von der Vereinfachung des Rechts sowie der Durchführung von Folgenabschätzungen und dem gezielten Einsatz alternativer Regulierungsmethoden positive Impulse für wirtschaftliches Wachstum und Beschäftigung. Bezüglich der Arbeitsweise des Europäischen Parlaments wurde ein Nachdenken über Verbesserungen der internen und legislativen Verfahren angeregt, um die Vereinfachungsvorhaben zu beschleunigen.

1081 Europäisches Parlament: Bericht über die Umsetzung, die Folgen und die Auswirkungen der geltenden Rechtsvorschriften zum Binnenmarkt, (2004/2224(INI)), Ausschuss für Binnenmarkt und Verbraucherschutz, Berichterstatterin: Arlene McCarthy, A6-0083/2006, 23. 3. 2006.

1082 Europäisches Parlament: Bericht über die Strategie für die Vereinfachung des ordnungspolitischen Umfelds, (2007/2096(INI)), Rechtsausschuss, Berichterstatter: Giuseppe Gargani, A6-0271/2007, 2. 7. 2007.

Der Lévai-Bericht[1083] forderte sowohl vom Rat als auch von der Kommission und dem Europäischen Parlament ein größeres gemeinsames Engagement für eine bessere Rechtsetzung. Der Schwerpunkt sollte dabei eher auf die Qualität als auf die Quantität der Vorschriften gelegt werden. Dezidiert sprach sich der Lévai-Bericht für die Durchführung von Folgenabschätzungen aus, die alle relevanten Akteure einbinden. Eine unabhängige Stelle für die Überwachung der Folgenabschätzungen wurde begrüßt.
Bei größeren Änderungen von Kommissionsvorschlägen sollten auch der Rat und das Europäische Parlament systematische Folgenabschätzungen vorlegen.
Unterstützt wurden die regelmäßige Sichtung und das Zurücknehmen anhängiger Vorschläge durch die Kommission. In diesem Zusammenhang sprach sich der Bericht auch für die Verwendung von Sunset-Klauseln aus. Rechtsvorschriften sollten zudem nachvollziehbar, berechenbar, transparent und verständlich sein. Eine einfache und verständliche Sprache sowie die Vermeidung unklarer und überflüssiger Ausdrücke, unverständlicher Abkürzungen und unnötiger Erwägungsgründe sind daher anzustreben.

Eine kritische Auseinandersetzung mit der Verwendung nicht zwingender Rechtsinstrumente leistete der Ortega-Bericht[1084]. Nicht zwingende Rechtsinstrumente seien oft mehrdeutig und unwirksam. Zudem bergen sie die Gefahr, „die eigentlich zuständigen Rechtsetzungsorgane“ zu umgehen.[1085] Dementsprechend sollten sie nur sparsam zum Einsatz kommen. In den Fällen, in denen Europa eine Rechtsetzungsbefugnis besitzt, sollte der Gebrauch von “soft law“ oder von Verhaltensregeln ohne verbindliche Rechtswirkung grundsätzlich vermieden werden. Besonders kritisch ging der Ortega-Bericht mit der offenen Methode der Koordinierung ins Gericht. Sie wurde als „rechtsstaatlich bedenklich“ gebrandmarkt. Sie dürfe nicht dazu missbraucht werden, mangelnde Rechtsetzungsbefugnisse zu ersetzen.

1083 Europäisches Parlament: Bericht über die Verbesserung der Rechtsetzung in der Europäischen Union, (****2007/****2095(INI)), Rechtsausschuss, Berichterstatterin: Katalin Lévai, A6-0273/2007, 2. 7. 2007.

1084 Europäisches Parlament: Bericht über rechtliche und institutionelle Auswirkungen der Verwendung von nicht zwingenden Rechtsinstrumenten („Soft law“), (2007/2028(INI)), Rechtsausschuss, Berichterstatter: Manuel Medina Ortega, A6-0259/2007, 28. 6. 2007.

1085 Der Ortega-Bericht sieht im Einsatz von nicht zwingenden Rechtsinstrumenten darüber hinaus Gefahren für die Grundsätze der Demokratie und Rechtsstaatlichkeit sowie für das Subsidiaritäts- und das Verhältnismäßigkeitsprinzip.

V. Aktuelles

Aus den jüngsten strategischen Überlegungen der Kommission zur Verbesserung der Rechtsetzung in der Europäischen Union[1086] geht hervor, dass die Strategie zur Vereinfachung der rechtlichen Rahmenbedingungen bereits Früchte trägt. Die Kommission beabsichtigt deshalb ihre Arbeiten fortzusetzen und stellt den Ausbau des Systems der Folgenabschätzungen, weitere Schritte im fortlaufenden Vereinfachungsprogramm[1087] sowie im Aktionsprogramm zur Verringerung der Verwaltungslasten[1088] in Aussicht.

B. Darstellung einzelner Aspekte

Betrachtet man die verschiedenen Äußerungen und die konkreten Taten auf dem Weg zu einer besseren Rechtsetzung, die auf der europäischen Ebene in den zurückliegenden Jahren getätigt wurden, zeichnet sich ein recht unübersichtliches Bild von neuen und sich teilweise wiederholenden Ideen ab. Der Begriff der „Besseren Rechtsetzung" ist dabei zu einem Obergriff für ungezählte Dokumente und Initiativen geworden, die selbst oft eine erhebliche Spannweite aufweisen. Er beinhaltet etwa Ideen zur Deregulierung, zur Vereinfachung und Verbesserung des Regelungsumfeldes, zur Rückführung von Verwaltungskosten und Kosten für Unternehmen und zu einer quantitativ reduzierten Gesetzgebungstätigkeit, zum Ausbau der Folgenabschätzung und einer Verbesserung der redaktionellen Qualität der Rechtsetzungsakte. Der nachfolgende Abschnitt ordnet diese Ideen, um einen strukturierten Überblick über die wesentlichen Aspekte für eine Verbesserung der Rechtsetzung zu erhalten. Dabei empfiehlt sich die Unterscheidung zwischen den Regeln, die vorrangig die Quantität der Recht-

1086 Mitteilung der Kommission an das Europäische Parlament, den Rat, den Europäischen Wirtschafts- und Sozialausschuss und den Ausschuss der Regionen: Zweite strategische Überlegungen zur Verbesserung der Rechtsetzung in der Europäischen Union, KOM (2008) 32 endg.; Mitteilung der Kommission der Europäischen Gemeinschaften an das Europäische Parlament, den Rat, den Europäischen Wirtschafts- und Sozialausschuss und den Ausschuss der Regionen: Dritte strategische Überlegungen zur Verbesserung der Rechtsetzung in der Europäischen Union, KOM (2009) 15 endg.

1087 Vgl. Arbeitsdokument der Kommission: Dritter Fortschrittsbericht über die Strategie zur Vereinfachung des ordnungspolitischen Umfelds, KOM (2009) 17 endg., sowie auch Arbeitsdokument der Kommission: Zweiter Fortschrittsbericht über die Strategie zur Vereinfachung des ordnungspolitischen Umfelds, KOM (2008) 33 endg..

1088 Vgl. hierzu Arbeitsdokument der Kommission: Verringerung der Verwaltungslasten in der Europäischen Union, KOM (2009) 16 endg., sowie Arbeitsdokument der Kommission: Verringerung der Verwaltungslasten in der Europäischen Union – Bericht über die 2007 erzielten Fortschritte und Ausblick auf das Jahr 2008, KOM (2008) 35 endg.

setzungsakte abbauen sollen, und solchen, die einer Qualitätsverbesserung dienen. Diese Einteilung soll jedoch nicht verhehlen, dass sich die einzelnen Aspekte teilweise überschneiden.

I. Maßnahmen zum Abbau der Quantität

Um den stetig wachsenden Umfang des Rechts zu bewältigen, verfolgt die europäische Ebene sowohl „präventive" als auch „rückwirkende" Strategien.

1. Präventive Ansätze zur Quantitätsreduktion

Zum Bereich der präventiven Ansätze zum Zweck der Quantitätsreduktion zählen die Überprüfung von anhängigen Rechtsetzungsvorschlägen[1089] und eine das Prinzip der gegenseitigen Anerkennung berücksichtigende Rechtsetzung[1090].[1091]

a) Überprüfung anhängiger Rechtsetzungsvorschläge

Als die von der Kommission durchgeführte Überprüfung anhängiger Rechtsetzungsvorschläge im Jahr 1992 zeigte, dass eine Reihe dieser Vorschläge nicht dem Prinzip der Subsidiarität entsprachen, präsentierte die Kommission dem Europäischen Rat in Edinburgh eine Liste von Rechtsetzungsvorschlägen, die sie zurückzuziehen oder zu ändern beabsichtigte.[1092] In der Folge zog die Kommission bereits im Dezember 1993 neun Rechtsetzungsvorschläge zurück.[1093] Im Jahr darauf wurden zwei weitere zurückgezogen.[1094] Seitdem sichtet die Kommission regelmäßig anhängige Rechtsetzungsvorschläge, um festzustellen, ob

1089 Vgl. 5. Kap. – B I 1 a.

1090 Vgl. 5. Kap. – B I 1 b.

1091 Darüber hinaus könnten hier auch der Einsatz von alternativen Regelungsinstrumenten oder das Instrument der Folgenabschätzung genannt werden. Diese Ansätze lassen sich jedoch schwerpunktmäßig dem Bereich der Qualitätsverbesserungsmaßnahmen zuordnen und werden dementsprechend dort behandelt. Vgl. ferner die Ausführungen von Voermans/Moll/Florijn/v. Lochem, Codification and consolidation in Europe as means to untie red tape, bes. S. 8.

1092 Vgl. Commission Report to the European Council on the adaption of community legislation to the subsidiarity principle, CSE (93) 545 fin., S. 4.

1093 Report to the European Council on the application of the subsidiarity principle – 1994, COM (94) 533 fin., S. 15.

1094 Report to the European Council on the application of the subsidiarity principle – 1994, COM (94) 533 fin., S. 15.

diese noch relevant und aktuell sind.[1095] Diese Anstrengungen bewirkten beispielsweise 62 zurückgezogene Rechtsetzungsvorschläge im Jahr 1995[1096] sowie 34 im Jahre 1997[1097]. Außerdem plante die Kommission im Dezember 1998 weitere 90 Rechtsetzungsvorschläge zurückzuziehen[1098]. 58 Rechtsetzungsvorschläge zog die Kommission im Jahr 1999 zurück[1099] bzw. 108 im Jahre 2001[1100].

Neuen Schwung brachte der überarbeitete Aktionsplan vom März 2005. Dieser sah die Prüfung schwebender Rechtsetzungsvorschläge im Hinblick auf ihre allgemeine Bedeutung und ihre Auswirkungen auf die Wettbewerbsfähigkeit vor. Daraufhin wurden 183 schwebende Vorschläge geprüft, die dem „Gesetzgeber" vor dem 1. Januar 2004 bereits vorlagen.[1101] Diese Initiative war insofern eine Neuerung, da sie über bisherige, rein technische Maßnahmen hinausging. Im Jahr 2006 wurden daraufhin 68 Vorschläge zurückgezogen, die entweder den Zielen von Lissabon oder den Grundsätzen einer besseren Rechtsetzung widersprachen, die wenig Aussicht auf Verabschiedung hatten oder schlicht objektiv überholt waren.[1102] Noch im gleichen Jahr prüfte die Kommission mehr als 80

1095 Vgl. Commission Report to the European Council on the application of the subsidiarity and proportionality principles, on simplification and on consolidation: Better Lawmaking, CSE (95) 580, S. 6; Commission Report to the European Council: Better lawmaking 1998 – A shared responsibility, COM (1998) 715 fin., S. 7; Bericht der Kommission: „Bessere Rechtsetzung 2005" gemäß Artikel 9 des Protokolls über die Anwendung der Grundsätze der Subsidiarität und der Verhältnismäßigkeit (13. Bericht), KOM (2006) 289 endg., S. 6; Bericht der Kommission: „Bessere Rechtsetzung 2006" gemäß Artikel 9 des Protokolls über die Anwendung der Grundsätze der Subsidiarität und der Verhältnismäßigkeit (14. Bericht), COM (2007) 286 endg., S. 6 f.

1096 Commission Report to the European Council on the application of the subsidiarity and proportionality principles, on simplification and on consolidation: Better Lawmaking, CSE (95) 580, S. 6.

1097 Mitteilung der Kommission – Aktionsplan „Vereinfachung und Verbesserung des Regelungsumfelds", KOM (2002) 278 endg., Fn. 19.

1098 Commission Report to the European Council: Better lawmaking 1998 – A shared responsibility, COM (1998) 715 fin., S. 7.

1099 Mitteilung der Kommission – Aktionsplan „Vereinfachung und Verbesserung des Regelungsumfelds", KOM (2002) 278 endg., Fn. 19.

1100 Mitteilung der Kommission – Aktionsplan „Vereinfachung und Verbesserung des Regelungsumfelds", KOM (2002) 278 endg., Fn. 19.

1101 Bericht der Kommission: „Bessere Rechtsetzung 2005" gemäß Artikel 9 des Protokolls über die Anwendung der Grundsätze der Subsidiarität und der Verhältnismäßigkeit (13. Bericht), KOM (2006) 289 endg., S. 6.

1102 Vgl. Bericht der Kommission: „Bessere Rechtsetzung 2005" gemäß Artikel 9 des Protokolls über die Anwendung der Grundsätze der Subsidiarität und der Verhältnismäßigkeit (13. Bericht), KOM (2006) 289 endg., S. 6; Bericht der Kommission: „Bessere Rechtsetzung 2006" gemäß Artikel 9 des Protokolls über die Anwendung der Grundsätze der Subsidiarität und der Verhältnismäßigkeit (14. Bericht), COM (2007) 286 endg.

weitere anhängige Vorschläge und beschloss, davon weitere zehn Vorschläge zurückzuziehen.[1103]

Die Ausführungen belegen die Eignung einer regelmäßigen Überprüfung anhängiger Rechtsetzungsvorschläge als Beitrag zur „Verschlankung" der Rechtsetzung. Sie machen aber auch deutlich, dass hierzu kontinuierliche Anstrengungen bzw. stets neue „Überprüfungsinitiativen" notwendig sind.

b) Prinzip der gegenseitigen Anerkennung

Um der europäischen „Rechtsetzungsflut" die Spitze zu nehmen, wird häufig der Verzicht auf Rechtsharmonisierung zugunsten des Prinzips der gegenseitigen Anerkennung proklamiert.[1104]

Im Weißbuch der Kommission aus dem Jahr 1985 zur Vollendung des Binnenmarkes heißt es: „Da der Rat [...] anerkannt hat, daß die Ziele der nationalen Gesetzgebung im wesentlichen gleichwertig sind, könnte die gegenseitige Anerkennung grundsätzlich eine wirksame Strategie zur Schaffung eines Gemeinsamen Marktes für den Handel sein. Eine solche Strategie läßt sich vor allem auf die Artikel 30 bis 36 EWG-Vertrag stützen, wonach nationale Maßnahmen verboten sind, die den freien Verkehr übermäßig und in ungerechtfertigter Weise beschränken. [...] Bei künftigen Initiativen zur Verwirklichung des Binnenmarktes muß deutlich unterschieden werden zwischen den Bereichen, in denen eine Harmonisierung unerläßlich ist, und den Bereichen, bei denen man sich auf eine gegenseitige Anerkennung der nationalen Regelungen und Normen verlassen kann."[1105] In diesem Sinne sollen etwa Waren, die in einem Mitgliedstaat

---

1103 Bericht der Kommission: „Bessere Rechtsetzung 2006" gemäß Artikel 9 des Protokolls über die Anwendung der Grundsätze der Subsidiarität und der Verhältnismäßigkeit (14. Bericht), COM (2007) 286 endg.

1104 Langer, ZG, 1993, 193 ff. (bes. 209); Philipp, EuZW, 1995, 353 (353); Schmidhuber, DVBl., 1993, 417 ff. (421); Taschner, in: v. d. Groeben/Schwarze, Art. 94 EGV Rn. 16. Vorsichtiger formulierend hingegen: Everling, EuR, 1987, 214 ff. (223 ff.); Nicolaysen, GS Grabitz, S. 469 ff. (475 f.).

Das Prinzip der gegenseitigen Anerkennung findet aber nicht nur im Bereich der Rechtsangleichung Anwendung, es dient auch als Regulativ im Rahmen der Erforderlichkeitsprüfung bei den Marktfreiheiten.

Vgl. zum Anerkennungsprinzip allgemein: Ehlermann, integration, 1/1995, 11 ff. (11 ff.); Hayder, RabelsZ, 53 (1989), 622 ff. (632, 688 f.); Langer, ZG, 1993, 193 ff. (bes. 200 f.); Mattera, Le marché unique européen, S. 285 ff.; Müller-Graff, EuR, 1989, 107 ff. (110 f.); Steindorff, FS Lorenz, S. 561 ff. (561 ff.).

1105 Weißbuch der Kommission an den Europäischen Rat, Vollendung des Binnenmarktes vom 14. Juni 1985, KOM (85) 310 endg., Nrn. 63, 65. Weitere wichtige Dokumente zum Prinzip der gegenseitigen Anerkennung sind etwa die Mitteilung der Kommission

rechtmäßig hergestellt und in den Verkehr gebracht worden sind, auch die Verkehrsfähigkeit innerhalb der gesamten Gemeinschaft –bzw. Union – genießen (Herkunftslandprinzip).[1106] Im Bereich des Dienstleistungsverkehrs wird ebenfalls mit der Kontrolle durch das Herkunftsland gearbeitet.[1107] Aus dem Bereich der Arbeitnehmerfreizügigkeit kann auf die gegenseitige Anerkennung von Zeugnissen und Diplomen ohne Angleichung der Ausbildungsregeln verwiesen werden.[1108] Insgesamt bewegt sich die „Rechtsangleichungsstrategie" der gegen-

---

an den Europäischen Rat – Aktionsplan für den Binnenmarkt, CSE (97) 1 endg., und die Mitteilung der Kommission an den Rat und das Europäische Parlament: Die gegenseitige Anerkennung im Rahmen der Folgemaßnahmen zum Aktionsplan für den Binnenmarkt, KOM (1999) 299 endg., die die Anwendung des Grundsatzes der gegenseitigen Anerkennung als prioritäre Maßnahme der Kommission darstellen sowie die Entschließung des Rates vom 28. Oktober 1999 zur gegenseitigen Anerkennung (2000/C 141/02), ABl. 2000 C 141/5, welche die Bedeutung der gegenseitigen Anerkennung – in Kombination mit harmonisierter Gesetzgebung, Normung, Instrumenten zur Konformitätsbewertung – für das reibungslose Funktionieren des Binnenmarktes herausstreicht oder die Mitteilung der Kommission zu Auslegungsfragen — Erleichterung des Marktzugangs für Waren in einem anderen Mitgliedstaat: praktische Anwendung des Prinzips der gegenseitigen Anerkennung (2003/C 265/02), ABl. 2003 C 265/2, die das Prinzip der gegenseitigen Anerkennung anschaulich erklärt. Vgl. aber auch folgende Dokumente: Arbeitsdokument der Kommissionsdienststellen: Erster Zweijahresbericht über die Anwendung des Prinzips der gegenseitigen Anerkennung in den Waren- und Dienstleistungsmärkten, SEK (1999) 1106; Bericht der Kommission an den Rat, das Europäische Parlament und den Wirtschafts- und Sozialausschuss: Zweiter Zweijahresbericht über die Anwendung des Prinzips der gegenseitigen Anerkennung im Binnenmarkt, KOM (2002) 419 endg.; Verordnung (EG) Nr. 764/2008 des Europäischen Parlaments und des Rates vom 9. Juli 2008 zur Festlegung von Verfahren im Zusammenhang mit der Anwendung bestimmter nationaler technischer Vorschriften für Produkte, die in einem anderen Mitgliedstaat rechtmäßig in den Verkehr gebracht worden sind, und zur Aufhebung der Entscheidung Nr. 3052/95/EG, ABl. 2008 L 218/21.

1106 Damit orientiert man sich an EuGH, Rs. 120/78, Rewe-Zentral-AG/Bundesmonopolverwaltung für Branntwein, Slg. 1979, 649 ff. (664, Rn. 14). Vgl. zu dieser Rechtsprechung etwa: Mitteilung der Kommission über die Auswirkungen des Urteils des Europäischen Gerichtshofes vom 20. Februar 1979 in der Rechtssache 120/78 („Cassis de Dijon"), ABl. 1980 Nr. C 256/2; Oliver, Free movement of goods in the European Community, S. 92 ff., 181.

1107 Vgl. etwa den Art. 18 der Zweiten Richtlinie 89/646/EWG des Rates vom 15. Dezember 1989 zur Koordinierung der Rechts- und Verwaltungsvorschriften über die Aufnahme und Ausübung der Tätigkeit der Kreditinstitute und zur Änderung der Richtlinie 77/780/EWG, ABl. 1989 Nr. L 386/1. Siehe auch Freitag, Der Einfluss des Europäischen Gemeinschaftsrechts auf das internationale Produkthaftungsrecht, S. 292 ff.

1108 Richtlinie 89/48/EWG des Rates vom 21. Dezember 1988 über eine allgemeine Regelung zur Anerkennung der Hochschuldiplome, die eine mindestens dreijährige Berufsausbildung abschließen, ABl. 1989 L 19/16. Für andere Beispiele betrachte man etwa die folgenden Rechtsetzungsakte: Richtlinie des Rates vom 27. Juni 1977 über die gegenseitige Anerkennung der Diplome, Prüfungszeugnisse und sonstigen Befähigungsseitigen Anerkennung weg von einer Vollharmonisierung hin zu einer Kernharmonisierung[1109] und führt zudem zu einer „Reduzierung der Normangleichung zugunsten einer gegenseitigen Normanerkennung“[1110]. Damit ist ein Rückgang der Regelungsdichte verbunden.

Das Prinzip der gegenseitigen Anerkennung stößt jedoch auch auf Hindernisse, die einem umfassenden Einsatz im Wege stehen.
Problematisch ist zunächst[1111], dass die Anwendung des Prinzips der gegenseitigen Anerkennung dazu führt, dass für inländische Waren, Dienstleistungen oder auch Arbeitskräfte nationale (inländische) Regelungen greifen, während

---

nachweise der Krankenschwester und des Krankenpflegers, die für die allgemeine Pflege verantwortlich sind, und über Maßnahmen zur Erleichterung der tatsächlichen Ausübung des Niederlassungsrechts und des Rechts auf freien Dienstleistungsverkehr (77/452/EWG), ABl. 1977 L 176/1; Richtlinie des Rates vom 25. Juli 1978 für die gegenseitige Anerkennung der Diplome, Prüfungszeugnisse und sonstigen Befähigungsnachweise des Zahnarztes und für Maßnahmen zur Erleichterung der tatsächlichen Ausübung des Niederlassungsrechts und des Rechts auf freien Dienstleistungsverkehr (78/686/EWG), ABl. 1978 L 233/1; Richtlinie des Rates vom 18. Dezember 1978 für die gegenseitige Anerkennung der Diplome, Prüfungszeugnisse und sonstigen Befähigungsnachweise des Tierarztes und für Maßnahmen zur Erleichterung der tatsächlichen Ausübung des Niederlassungsrechts und des Rechts auf freien Dienstleistungsverkehr (78/1026/EWG), ABl. 1978 L 362/1); Richtlinie 85/384/EWG des Rates vom 10. Juni 1985 für die gegenseitige Anerkennung der Diplome, Prüfungszeugnisse und sonstigen Befähigungsnachweise auf dem Gebiet der Architektur und für Maßnahmen zur Erleichterung der tatsächlichen Ausübung des Niederlassungsrechts und des Rechts auf freien Dienstleistungsverkehr, ABl. 1985 L 223/15; Richtlinie 92/51/EWG des Rates vom 18. Juni 1992 über eine zweite allgemeine Regelung zur Anerkennung beruflicher Befähigungsnachweise in Ergänzung zur Richtlinie 89/48/EWG, ABl. 1992 L 209/25. Vgl. außerdem besonders die „neue“ Richtlinie 2005/36/EG des Europäischen Parlaments und des Rates vom 7. September 2005 über die Anerkennung von Berufsqualifikationen, ABl. 2005 Nr. L 255/22.

1109 Müller-Graff, EuR, 1989, 107 ff. (111), spricht auch von einer „Zurückdrängung der Detailangleichung zugunsten einer Minimal- oder Kernangleichung“. Siehe ferner: Ehlermann, integration, 1/1995, 11 ff. (11 ff., bes. 13); Hofhuis, Minimumharmonisatie in het Europees recht, S. 19 ff.; v. Borries/Petschke, DVBl., 1996, 1343 ff. (1344).

1110 Müller-Graff, EuR, 1989, 107 ff. (111).

1111 Vgl. – neben den hier im weiteren Verlauf getroffenen Aussagen – auch Majone, Jahrbuch zur Staats- und Verwaltungswissenschaft, 1989, 159 ff. (170 f.). Nach Ansicht von Majone versagt das Prinzip der gegenseitigen Anerkennung auch bei “negative externalities that transcend national boundaries, [...] problems which have proved too difficult even for the traditional approach through harmonization“ oder “when some Member States still lack a regulatory framework in important policy areas“ sowie die gegenseitige Anerkennung nicht in die Logik eines integrierten europäischen Marktes passe, “since this logic cannot allow the achievement of the single market to be brought into question by unilateral measures of Member Staates“.

importierte Erzeugnisse und Dienstleistungen sowie Arbeitskräfte aus einem anderen Mitgliedstaat diesen Regelungen nicht unterworfen sind. Da die Regelungen in einem Mitgliedstaat strenger sein können als in einem anderen Staat, ergibt sich daraus eine potentielle Schlechterstellung für diejenigen, die den restriktiveren nationalen Vorschriften unterworfen sind.[1112] Dieses Phänomen wird mit dem Begriff der Inländerdiskriminierung umschrieben. Durch eine (teilweise) Aufhebung der belastenden Regelungen auf nationaler Ebene kann der Inländerdiskriminierung (auf Ebene der Mitgliedstaaten) zwar begegnet werden[1113], damit besteht jedoch wiederum die Gefahr, dass ein Wettbewerb um den niedrigsten Standard, ein "race to the bottom", einsetzen kann[1114].
Der Weg der gegenseitigen Anerkennung kann aber durch zu große Differenzen in den Regelungsniveaus[1115] und divergierende Traditionen und gesellschaftliche Anschauungen[1116] in den Mitgliedstaaten verbaut sein. Einzelne Mitgliedstaaten sind zudem häufig nicht bereit, die Regelungen anderer Mitgliedstaaten anzuerkennen, da beispielsweise ein Verzicht auf die Anwendung der strengeren hei-

1112 Diesen Zusammenhang zwischen gegenseitiger Anerkennung und Inländerdiskriminierung formuliert auch Nicolaysen, GS Grabitz, S. 469 ff. (475 f.), als mögliche Grenze für das Konzept der gegenseitigen Anerkennung. In diesem Zusammenhang ist jedoch auf eine Entscheidung des österreichischen Verfassungsgerichtshofs hinzuweisen. Bezüglich der Anerkennung beruflicher Befähigungsnachweise entschied der VfGH (VfGH 9.12.1999, G42/99) – aus Perspektive des nationalen Verfassungsrechts –, dass Inländer nicht strenger behandelt werden dürfen als EU-Ausländer.

1113 Langer, ZG, 1993, 193 ff. (207), meint, dass die Mitgliedstaaten diesen Weg zumindest dann beschreiten werden, wenn die unterschiedliche Behandlung nicht durch besonders wichtige nationale oder regionale Besonderheiten rechtfertigt ist. Vgl. auch: Fastenrath, JZ, 1987, 170 ff. (170); Gundel, DVBl., 2007, 269 ff. (271, bes. auch 269 f.); Nicolaysen, EuR, 1991, 95 ff. (114 ff.); Nicolaysen, GS Grabitz, S. 469 ff. (476).

1114 Vgl. etwa Kennett, Enforcement: General Report, in: Procedural Laws in Europe, S. 81 ff. (89); Seiler, Der souveräne Verfassungsstaat zwischen demokratischer Rückbindung und überstaatlicher Einbindung, S. 348 Fn. 87.

Die Gefahr eines "race to the bottom" bzw. der Nivellierung schutzwürdiger Belange ist aber zu relativieren. Vgl. Langer, ZG, 1993, 193 ff. (202 ff.); v. Borries/Petschke, DVBl., 1996, 1343 ff. (1346, 1349). Erstens können die Mitgliedstaaten aus rechtlicher Sicht nämlich weiterhin höhere nationale Standards auch auf Waren, Dienstleistungen oder Arbeitskräfte aus anderen Staaten anwenden, wenn dies durch zwingende Erfordernisse des Allgemeininteresses gerechtfertigt und verhältnismäßig ist (Kennett, Enforcement: General Report, in: Procedural Laws in Europe, S. 81 ff. [83]; v. Borries/Petschke, DVBl., 1996, 1343 ff. [1346, 1349]). Zweitenes dürfte ein Qualitätswettbewerb um die „besten Produkte" und die „fähigsten Arbeiter" ein Absinken der rechtlichen Standards ebenfalls – zumindest teilweise – verhindern (Langer, ZG, 1993, 193 ff. [203 f.]).

1115 Nicolaysen, GS Grabitz, S. 469 ff. (476); v. Borries/Petschke, DVBl., 1996, 1343 ff. (1349).

1116 Nicolaysen, GS Grabitz, S. 469 ff. (476).

mischen Vorschriften auf Einfuhrwaren zu einer wettbewerbsmäßigen Schlechterstellung der inländischen Waren führen kann.[1117] Eine ablehnende Haltung der Mitgliedstaaten hinsichtlich der Anerkennung fremder Rechtsstandards ist insbesondere in den Bereichen verbreitet, für welche die Art. 30, 39 Abs. 2, 46 Abs. 1 EGV und Art. 55 i. V. m. 46 Abs. 1 EGV – jetzt: Art. 36, 45 Abs. 2, 52 Abs. 1 AEUV und Art. 62 i. V. m. 52 Abs. 1 AEUV – Ausnahmen für die Wirkung der Grundfreiheiten zulassen[1118], da hier (öffentliche Ordnung, Gesundheitsschutzes et cetera) durchweg für die Mitgliedstaaten sensible Bereiche berührt werden. Die fehlende Bereitschaft der Mitgliedstaaten für vergleichbare Regelungsniveaus zu sorgen, macht eine Rechtsangleichung dann aber oft unausweichlich.[1119]

Zusammenfassend lässt sich sagen, dass das Prinzip der gegenseitigen Anerkennung die Möglichkeit bereithält, Rechtsetzungsakte vor einer allzu großen „Rechtsangleichungstiefe“ zu bewahren und auch zahlenmäßig zu beschränken. Als ein Stück praktizierter Subsidiarität[1120] beruht das Prinzip der gegenseitigen Anerkennung auf dem Gedanken der funktionellen Gleichwertigkeit einzelstaatlicher Regelungskomplexe und trägt dem Umstand Rechnung, dass die soziale und wirtschaftliche Vielgestaltigkeit der Union möglichst erhalten bleiben soll[1121]. Das Prinzip gegenseitiger Anerkennung führt somit auch zu einem

1117 Everling, EuR, 1987, 214 ff. (225).

1118 Everling, EuR, 1987, 214 ff. (224 f.); Nicolaysen, GS Grabitz, S. 469 ff. (476). Vgl. auch Bernard, Flexibility in the European Single Market, in: The Law of the Single European Market, S. 101 ff. (108).

1119 Bezüglich dieser Argumentation ist eine Relativierung angezeigt. Die Mitgliedstaaten werden wohl nicht vergessen, dass Rechtsnormen, die auf landestypische Besonderheiten Rücksicht nehmen, nach einer europarechtlichen Rechtsangleichung keinen Bestand mehr haben. Andererseits kann die gegenseitige Anerkennung der fremden Rechtsstandards die Voraussetzung dafür schaffen, dass nationale Normen bestehen bleiben. Mögen bei den nationalen Vorschriften – bedingt durch die Anpassung an andere Rechtssysteme im Zuge der gegenseitigen Anpassung – zwar Veränderungen notwendig werden, so bietet das Konzept der gegenseitigen Anerkennung dennoch die Möglichkeit der *grundsätzlichen* Beibehaltung der nationalen Normen. Der Verzicht auf die gegenseitige Anerkennung wird im Gegenzug durch den Verlust nationaler Regelungen zugunsten einer zentralistischen Steuerung erkauft.

1120 Nicolaysen, GS Grabitz, S. 469 ff. (475); v. Borries/Petschke, DVBl., 1996, 1343 ff. (1344, 1350).

1121 Weißbuch der Kommission an den Europäischen Rat, Vollendung des Binnenmarktes vom 14. Juni 1985, KOM (85) 310 endg., Nrn. 57 ff. Siehe ferner: Hayder, RabelsZ, 53 (1989), 622 ff. (629 ff.); Taupitz, Europäische Privatrechtsvereinheitlichung heute und morgen, S. 57.

„Markt der Gesetzgeber“[1122]. Damit bringt es einen Prozess des wechselseitigen „Aufeinander-Einstellens“ und des „Annäherns“ von materiellen Standards in Gang.[1123] Neben quantitativen Effekten, die das Prinzip der gegenseitigen Anerkennung zeitigt, profitiert damit auch die Qualität der mitgliedstaatlichen und der unionalen Rechtsordnungen. Insofern bildet das Prinzip der gegenseitigen Anerkennung einen wertvollen Baustein bei den Bemühungen um eine „bessere Rechtsetzung“.

2. Rückwirkende Ansätze zur Quantitätsreduktion

Ihren rückwirkenden Ansatz zur Reduzierung des Umfangs des Rechts stützt die Union primär[1124] auf die Instrumente der Kodifizierung, der Neufassung und der Konsolidierung.[1125] Daneben setzt die Union, um ihre Rechtsordnung von überflüssig gewordenen Rechtsetzungsakten zu befreien, auf die Verwendung von Überprüfungs- und sogenannten „Sunset“-Klauseln.[1126]

a) Kodifizierung, Neufassung und Konsolidierung

Seit jeher leidet die Rechtsordnung der Gemeinschaft bzw. der heutigen Union – daran, dass bestehende Rechtsetzungsakte im Laufe der Zeit zahlreichen Veränderungen oder Ergänzungen unterworfen sind und dadurch den Gesamtumfang des geltenden europäischen Rechts aufblähen. Dies vermindert die Verständlichkeit der Rechtsetzungsakte, da der Rechtsanwender neben dem Basisrechtsakt alle in Betracht kommenden Veränderungen heranziehen muss, um die aktuell geltende Rechtslage erfassen zu können. Mit den Regelungstechniken der Kodifizierung, Neufassung und Konsolidierung versucht man diesem Problem Herr zu werden und damit auch den Gesamtumfang aller Rechtsetzungsakte zu minimieren.[1127]

1122 Calliess, Grenzüberschreitende Verbraucherverträge, S. 193; Kennett, Enforcement: General Report, in: Procedural Laws in Europe, S. 81 ff. (89); Kerber, Fordham International Law Journal, 23 (2000), 217 ff. (217 ff.); Langer, ZG, 1993, 193 ff. (199 ff.; bes. 202); Weber, Belastingontwijking en de EG-Verdragsvrijheden, S. 112.

1123 Langer, ZG, 1993, 193 ff. (205).

1124 Vgl. Voermans/Moll/Florijn/v. Lochem, Codification and consolidation in Europe as means to untie red tape, bes. S. 8.

1125 Vgl. 5. Kap. – B I 2 a.

1126 Vgl. 5. Kap. – B I 2 b.

1127 Vgl. zu den Bemühungen in diesem Zusammenhang u. a.: Commission Report to the European Council on the adaption of community legislation to the subsidiarity principle, CSE (93) 545 fin., S. 6, 23; Commission Report to the European Council on

Zunächst eine kurze Beschreibung der verschiedenen Regelungstechniken: Bei der Kodifizierung[1128] werden die zu kodifizierenden Rechtsakte aufgehoben und an deren Stelle ein einziger Rechtsakt gesetzt. Dabei können überholte Vorschriften gestrichen, die Terminologie angeglichen sowie entsprechende Erwägungsgründe festgelegt werden. Weitergehende inhaltliche Änderungen sind mit der Kodifizierung aber nicht verbunden. Bei der Technik der Neufassung[1129] werden Veränderungen eines Rechtsaktes nicht isoliert verkündet, sondern in den zu modifizierenden Rechtsakt eingebaut. Der neue Rechtsakt entspricht dann einer Kodifikation des Basisrechtsaktes und seiner Änderungen. Im Unterschied zur Kodifizierung bietet die Neufassung die Gelegenheit für sachliche Änderungen. Sinnvollerweise ist die Technik der Neufassung dann einzusetzen,

---

the application of the subsidiarity and proportionality principles, on simplification and on consolidation: Better Lawmaking, CSE (95) 580, S. 9 ff.; Commission Report to the European Council: Better lawmaking 1997, COM (97) 626 fin., S. 7 f.; Commission Report to the European Council: Better lawmaking 1998 – A shared responsibility, COM (1998) 715 fin., S. 10 f.; Commission Report to the European Council: Better lawmaking 1999, COM (1999) 562 fin., S. 7 f.; Bericht der Kommission an den Europäischen Rat: Bessere Rechtsetzung 2001 (gemäß Artikel 9 des Protokolls über die Anwendung der Grundsätze der Subsidiarität und der Verhältnismäßigkeit, KOM (2001) 728 endg., S. 12 ff.; Bericht der Kommission: „Bessere Rechtsetzung 2002" gemäß Artikel 9 des Protokolls über die Anwendung der Grundsätze der Subsidiarität und der Verhältnismäßigkeit (10. Bericht), KOM (2002) 715 endg., S. 21 f.; Bericht der Kommission: „Bessere Rechtsetzung 2003" gemäß Artikel 9 des Protokolls über die Anwendung der Grundsätze der Subsidiarität und der Verhältnismäßigkeit (11. Bericht), KOM (2003) 770 endg., S. 9; Bericht der Kommission: „Bessere Rechtsetzung 2004" gemäß Artikel 9 des Protokolls über die Anwendung der Grundsätze der Subsidiarität und der Verhältnismäßigkeit (12. Bericht), KOM (2005) 98 endg., S. 4; Commission Staff Working Document: Annex to the Report from the Commission: „Better Lawmaking 2004" pursuant to Article 9 of the Protocol on the application of the principles of subsidiarity and proportionality (12th report), SEC (2005) 364, S. 7 f.; Commission Staff Working Document: Annex to the Report from the Commission: „Better Lawmaking 2005" pursuant to Article 9 of the Protocol on the application of the principles of subsidiarity and proportionality (13th report), SEC (2006) 737, S. 9 f.; Bericht der Kommission: „Bessere Rechtsetzung 2006" gemäß Artikel 9 des Protokolls über die Anwendung der Grundsätze der Subsidiarität und der Verhältnismäßigkeit (14. Bericht), COM (2007) 286 endg., S. 7; Staff Working Paper: Annex to the Report from the Commission: „Better Lawmaking 2006" pursuant to Article 9 of the Protocol on the application of the principles of subsidiarity and proportionality (14th report), SEC (2007) 737, S. 13.

1128 Siehe Nr. 1 der Interinstitutionellen Vereinbarung des Europäischen Parlaments, des Rates und der Kommission vom 20. Dezember 1994 über ein beschleunigtes Arbeitsverfahren für die amtliche Kodifizierung von Rechtstexten, ABl. 1995 Nr. C 293/2.

1129 Siehe Nr. 2 der Interinstitutionellen Vereinbarung des Europäischen Parlaments, des Rates und der Kommission vom 28. November 2001 über die systematischere Neufassung von Rechtsakten, ABl. 2002 C 77/1.

wenn die betreffenden Rechtsakte nicht zu häufig verändert werden und wenn die vorzunehmenden Änderungen so substanziell sind, dass eine Wiederholung des gesamten Rechtsaktes gerechtfertigt erscheint. Ähnlich der Kodifizierung verbindet die Konsolidierung den Basisrechtsakt mit allen folgenden Veränderungen zu einem neuen „Rechtsakt". Der Unterschied zur Kodifizierung besteht darin, dass dieser Text nicht rechtsverbindlich ist, sondern nur der Information dient.

Stellvertretend für Neufassung[1130] und Konsolidierung sollen hier die jüngsten Anstrengungen der „Gemeinschaft" um die Kodifikation des „Gemeinschaftsrechts" kurz dargestellt werden.[1131] Im Jahre 2001 startete die Kommission ein umfängliches Kodifikationsprogramm.[1132] Die Kommission erhoffte sich dabei den Gesamtbestand des „acquis communautaire", den sie auf zirka 80.000 Seiten schätzte, um etwa 30.000 bis 35.000 Seiten zu verringern, um ihn so zu vereinfachen sowie verständlicher und transparenter zu gestalten. Bis zum Ende des Jahres 2005 sollte dieses Kodifizierungsprojekt abgeschlossen sein.[1133] Dieser Zeitplan wurde jedoch nicht eingehalten. Die Kommission sah sich daher ge-

---

1130 Vgl. für die Neufassung etwa die Mitteilung der Kommission zur besseren Kontrolle der Anwendung des Gemeinschaftsrechts, KOM (2002) 725 endg.

1131 Vgl. zu früheren Maßnahmen in diesem Bereich: Commission Report to the European Council on the adaption of community legislation to the subsidiarity principle, CSE (93) 545 fin., S. 6, 23; Commission Report to the European Council on the application of the subsidiarity and proportionality principles, on simplification and on consolidation: Better Lawmaking, CSE (95) 580, S. 9 ff.; Commission Report to the European Council: Better lawmaking 1997, COM (97) 626 fin., S. 7 f.; Commission Report to the European Council: Better lawmaking 1998 – A shared responsibility, COM (1998) 715 fin., S. 10 f.; Bericht der Kommission an den Europäischen Rat: Bessere Rechtsetzung 2001 (gemäß Artikel 9 des Protokolls über die Anwendung der Grundsätze der Subsidiarität und der Verhältnismäßigkeit, KOM (2001) 728 endg., S. 12 ff.; Bericht der Kommission: „Bessere Rechtsetzung 2002" gemäß Artikel 9 des Protokolls über die Anwendung der Grundsätze der Subsidiarität und der Verhältnismäßigkeit (10. Bericht), KOM (2002) 715 endg., S. 21 f.; Timmermans, CML Rev., 1997, 1229 ff. (1251 ff.); Tomuschat, FS Kutscher, S. 461 ff. (475 f.).

1132 Mitteilung der Kommission an das Europäische Parlament und den Rat zur Kodifizierung des Acquis communautaire, KOM (2001) 645 endg. Vgl. in diesem Zusammenhang auch die Interinstitutionelle Vereinbarung des Europäischen Parlaments, des Rates und der Kommission vom 28. November 2001 über die systematischere Neufassung von Rechtsakten (2002/C 77/01), ABl. 2002 C 77/1.

1133 Vgl. zu diesem Sachverhalt etwa Commission Staff Working Paper: Annex to the Report from the Commission: „Better Lawmaking 2006" pursuant to Article 9 of the Protocol on the application of the principles of subsidiarity and proportionality (14th report), SEC (2007) 737, S. 13.

zwungen, die Fortführung ihres Kodifizierungsprogramms zu beschließen.[1134] Daraufhin wurde das Kodifikationsprogramm 2006 nochmals gestartet. Diesmal umfasste das Projekt über 400 Rechtsakte. Die kodifizierten Rechtsakte sollten in alle EU-Sprachen übersetzt und anschließend im Amtsblatt veröffentlicht werden. Ende des Jahres 2006 verzeichnete man insgesamt 67 kodifizierte Rechtsetzungsakte und 34 Kodifikationsvorschläge der Kommission, die beim Rat anhängig waren.[1135]

Resümierend ist festzuhalten, dass die Techniken der Konsolidierung, der Neufassung und der Kodifikation wichtige Bausteine sind, um die Rechtsordnung zu vereinfachen, übersichtlicher zu gestalten und quantitativ zu reduzieren (Kodifikation und Neufassung).[1136] Im Zuge der Kodifikationsanstrengungen taucht bei den Beteiligten jedoch häufig der Wunsch auf, die Rechtstexte substantiell zu verändern, was eine Neufassung notwendig macht und den Kodifikationsprozess hemmt.[1137] Darüber hinaus sind alle drei Instrumente arbeitsintensiv und mit vielen praktischen Schwierigkeiten, etwa bezüglich der Übersetzungstätigkeit, verbunden, so dass ihr Erfolg (bislang) begrenzt blieb.[1138] Die Kommission schreibt in ihrem Bericht über „Bessere Rechtsetzung 2004": „Die Verringerung des Umfangs des Gemeinschaftsrechts ist immer noch ein relativer Schwachpunkt (Kodifizierung und Eliminierung veralteter Rechtsvorschriften). Die Kommission muss auch originelle Lösungen finden, um die schwerwiegenden Verzögerungen bei der Übersetzung zu überwinden und einem erneuten Auftreten derartiger Situationen bei zukünftigen Erweiterungen vorzubeugen."[1139]

1134 Vgl. Mitteilung der Kommission an das Europäische Parlament, den Rat, den Europäischen Wirtschafts- und Sozialausschuss und den Ausschuss der Regionen: Umsetzung des Lissabon-Programms der Gemeinschaft: Eine Strategie zur Vereinfachung des ordnungspolitischen Umfelds, KOM (2005) endg.

1135 Commission Staff Working Paper: Annex to the Report from the Commission: „Better Lawmaking 2006" pursuant to Article 9 of the Protocol on the application of the principles of subsidiarity and proportionality (14th report), SEC (2007) 737, S. 13.

1136 Im Übrigen ist darauf zu verweisen, dass „ähnliche" Techniken in vielen anderen Mitgliedstaaten ebenfalls Anwendung finden. Vgl. hierzu die rechtsvergleichenden Studien bei Voermans/Moll/Florijn/v. Lochem, Codification and consolidation in Europe as means to untie red tape, S. 8 ff. – dort (S. 11, 16) auch mit einem „best practice"-Vorschlag.

1137 Voermans/Moll/Florijn/v. Lochem, Codification and consolidation in Europe as means to untie red tape, S. 5.

1138 Vgl. auch schon Timmermans, CML Rev., 1997, 1229 ff. (1251).

1139 Bericht der Kommission: „Bessere Rechtsetzung 2004" gemäß Artikel 9 des Protokolls über die Anwendung der Grundsätze der Subsidiarität und der Verhältnismäßigkeit (12. Bericht), KOM (2005) 98 endg., S. 4. Vgl. auch: Commission Staff Working Document: Annex to the Report from the Commission: „Better Lawmaking 2004" pursuant to Article 9 of the Protocol on the application of the principles of subsidiarity

b) Sunset- und Reviewklauseln

Um im Laufe der Zeit überflüssig gewordene Rechtsetzungsakte aus der Rechtsordnung zu entfernen, können Überprüfungsklauseln bzw. sogenannte „Sunset"-Klauseln in Rechtsetzungsakte eingebaut werden.[1140]

Eine Überprüfungsklausel ("review clause") verpflichtet den Regelungsgeber zur Prüfung der Vorschrift nach einer vorher festgelegten Zeitspanne. Mit einer Klausel zur Befristung eines Rechtsetzungsaktes ("sunset clause") kann bei Verabschiedung festgelegt werden, wann dieser seine Gültigkeit verliert.

Obwohl der Einsatz beider Alternativen, gerade bei Rechtsetzungsakten, über deren Auswirkungen zum Zeitpunkt der Verabschiedung keine ausreichenden Informationen vorliegen, oder in solchen Bereichen, die einem schnellen technischen oder gesellschaftlichen Wandel unterliegen, sinnvoll erscheint, um die „Überalterung" rechtlicher Bestimmungen zu verhindern, bestehen gegen diese Vorgehensweisen auch grundlegende Bedenken. Kritisch sei zunächst angemerkt, dass der mit einer Überprüfungsklausel verbundene Aufwand das Instrument schnell ad absurdum führen kann. Ein auf breiter Front verfolgter Ansatz zur Befristung von Rechtsetzungsakten würde zu einer verstärkten Aktivität des Regelungsgebers führen, was diesen wohl über Gebühr belasten würde.[1141] Eine größere Änderungshäufigkeit und eine erhöhte Normenproduktion wären die Folgen.

Bei einem verstärkten Einsatz befristeter Regelungen wäre außerdem zu befürchten, dass der Regelungsgeber dem erhöhten Arbeitsaufwand mit einer ritualisierten und unkritischen Verlängerungspraxis begegnen könnte.

Ferner würde die Kalkulierbarkeit der rechtlichen Rahmenbedingungen unter einer allgemeinen Praxis der Befristung von Rechtsetzungsakten leiden.[1142] Das Argument, dass bereits heute, bedingt durch die Änderungshäufigkeit der Gesetzgebung, keine Kontinuität der rechtlichen Rahmenbedingungen mehr gewährleistet ist, kann diese Bedenken nicht zerstreuen. Dieser Einwand kann je-

---

and proportionality (12th report), SEC (2005) 364, S. 7 f.; Bericht der Kommission: „Bessere Rechtsetzung 2003" gemäß Artikel 9 des Protokolls über die Anwendung der Grundsätze der Subsidiarität und der Verhältnismäßigkeit (11. Bericht), KOM (2003) 770 endg., S. 9.

1140 Vgl. – ohne speziellen Bezug zur „Gemeinschafts-" oder Unionsrechtsordnung – etwa: Karpen/Breutz/ Nünke Gesetzgebung der Großen Koalition S. 70 f.; Scheuerman, ARSP, 2002, 379 ff. (396); Scholz/Meyer-Teschendorf, ZRP, 1996, 404 ff. (406).

1141 Benda, NJW, 1996, 2282 ff. (2284); Bülow, Ursachen der Übernormierung – Vorschläge zu einer Verbesserung der Gesetzgebungstechnik, in: Mehr Recht durch weniger Gesetze?, S. 78 ff. (81); Schneider, ZG, 2004, 105 ff. (116).

1142 Benda, NJW, 1996, 2282 ff. (2284), Blum, Beilage zu NJW, Heft 27, 2004, 45 ff. (49); Karpen/Breutz/Nünke, Gesetzgebung der Großen Koalition, S. 71; Schneider, NJW, 1998, 2505 ff. (2507); Schneider, ZG, 2004, 105 ff. (116).

doch zum Anlass genommen werden, um darüber nachzudenken, ob mit einer Befristung von Rechtsakten bzw. der Einführung von Überprüfungsfristen die Rechtssicherheit nicht sogar erhöht wird, falls die Gültigkeitszeiträume oder Überprüfungsfristen den Rechtsunterworfenen eine hinreichend lange Planungssicherheit gewährleisten, da die Wahrscheinlichkeit einer vorfristigen Änderung bzw. Überprüfung von Rechtsakten durch eine Fristenlösung reduziert wird.

Um überholte Vorschriften zu vermeiden und eine regelmäßige Überprüfung der Relevanz und der Verhältnismäßigkeit der geltenden Regelungen zu erzwingen, steht die Kommission der Einführung von „Sunset-Klauseln“ zwar grundsätzlich aufgeschlossen gegenüber, sie bevorzugt jedoch Überprüfungsklauseln, da diese einen ähnlichen Zweck erfüllen und gleichzeitig im Hinblick auf „Gesetzeslücken“ weniger riskant sind.[1143] Dementsprechend sind alle Dienststellen der Kommission dazu angehalten, detaillierte Evaluierungs- und Überwachungspläne für neue Rechtsetzungsvorschläge zu erarbeiten. Alle legislativen Vorschläge, insbesondere solche in Bereichen, die einem schnellen technologischen Wandel unterliegen[1144], sollen die Einarbeitung von Überprüfungsklauseln berücksichtigen.
Als Beispiel[1145] einer Reviewklausel kann auf Art. 33 der Richtlinie 95/46/EG zum Schutz natürlicher Personen bei der Verarbeitung personenbezogener Daten

---

1143 Mitteilung der Kommission an das Europäische Parlament, den Rat, den Europäischen Wirtschafts- und Sozialausschuss und den Ausschuss der Regionen: Umsetzung des Lissabon-Programms der Gemeinschaft: Eine Strategie zur Vereinfachung des ordnungspolitischen Umfelds, KOM (2005) 535 endg., S. 7 (siehe auch S. 5 f.). Vgl. zudem die Mitteilung der Kommission – Aktionsplan „Vereinfachung und Verbesserung des Regelungsumfelds“, KOM (2002) 278 endg., S. 8.

1144 Vgl. hierzu allgemein etwa Scheuerman, ARSP, 2002, 379 ff. (396).

1145 Vgl. auch weitere Beispiele: Art. 3 der Richtlinie 98/48/EG des Europäischen Parlaments und des Rates vom 20. Juli 1998 zur Änderung der Richtlinie 98/34/EG über ein Informationsverfahren auf dem Gebiet der Normen und technischen Vorschriften, ABl. 1998 Nr. L 21 /18: „Spätestens zwei Jahre nach dem in Artikel 2 Absatz 1 Unterabsatz 1 genannten Datum legt die Kommission dem Europäischen Parlament und dem Rat eine Bewertung der Anwendung der Richtlinie 98/34/EG vor; dafür berücksichtigt sie insbesondere die technische und wirtschaftliche Fortentwicklung der Dienste im Sinne von Artikel 1 Nummer 2. Spätestens drei Jahre nach dem in Artikel 2 Absatz 1 Unterabsatz 1 genannten Datum legt die Kommission dem Europäischen Parlament und dem Rat gegebenenfalls Vorschläge zur Änderung der Richtlinie vor. Hierbei trägt die Kommission Bemerkungen Rechnung, die ihr von den Mitgliedstaaten übermittelt werden.“; Art. 32 der Richtlinie 2008/50/EG des Europäischen Parlaments und des Rates vom 21. Mai 2008 über Luftqualität und saubere Luft für Europa, ABl. 2008 Nr. L 152/1: „ Überprüfung: (1) Die Kommission überprüft im Jahr 2013 die Vorschriften über PM2,5 sowie gegebenenfalls andere Schadstoffe und unterbreitet dem Europäischen Parlament und dem Rat einen Vorschlag. In Bezug auf PM2,5 erfolgt die Überprüfung mit Blick auf die Einführung einer rechtlich bindenden nationalen Ver-

und zum freien Datenverkehr[1146] verwiesen werden. Danach muss die Kommission dem Europäischen Parlament und dem Rat regelmäßig, und zwar erstmals drei Jahre nach dem in Art. 32 Abs. 1 der Richtlinie 95/46/EG genannten Zeitpunkt, einen veröffentlichungsbedürftigen Bericht über die Durchführung dieser Richtlinie vorlegen und diesem gegebenenfalls geeignete Änderungsvorschläge beifügen. Die Kommission prüft dabei insbesondere die Anwendung dieser Richtlinie hinsichtlich der Verarbeitung personenbezogener Bild- und Tondaten und unterbreitet geeignete Vorschläge, die sich unter Berücksichtigung der Entwicklung der Informationstechnologie und der Arbeiten über die Informationsgesellschaft als notwendig erweisen könnten. Vor dem Hintergrund des Art. 33 der Richtlinie 95/46/EG unterbreiteten die Länder Österreich, Finnland, Schweden und das Vereinigte Königreich im Jahr 2002 gemeinsame Vorschläge über mögliche Änderungen der Richtlinie.[1147] Die gemachten Vorschläge, die aus

---

pflichtung zur Verringerung der Exposition, die an die Stelle des in Artikel 15 vorgesehenen nationalen Ziels für die Reduzierung der Exposition treten soll, und zur Überprüfung der in demselben Artikel vorgesehenen Verpflichtung in Bezug auf die Expositionskonzentration, wobei unter anderem die folgenden Faktoren zu berücksichtigen sind: – neueste wissenschaftliche Informationen der Weltgesundheitsorganisation und anderer einschlägiger Organisationen, – tatsächliche Luftqualität und Reduzierungspotenzial in den Mitgliedstaaten, – Überarbeitung der Richtlinie 2001/81/EG, – Fortschritte bei der Umsetzung der gemeinschaftlichen Maßnahmen zur Verringerung der Luftschadstoffe. (2) Die Kommission berücksichtigt, ob die Festlegung eines strengeren Grenzwerts für PM2,5 möglich ist, überprüft den Richtgrenzwert der zweiten Stufe für PM2,5 und prüft, ob dieser Wert zu bestätigen oder zu ändern ist. (3) Im Rahmen der Überprüfung erstellt die Kommission auch einen Bericht über die Erfahrungen, die bei der fortlaufenden Messung von PM10 und PM2,5 gewonnen wurden, und darüber, ob diese Messungen notwendig sind, wobei der technische Fortschritt bei automatischen Messsystemen berücksichtigt wird. Gegebenenfalls werden neue Referenzmethoden für die Messung von PM10 und PM2,5 vorgeschlagen“. Vgl. ferner etwa Art. 18 der Richtlinie 2002/58/EG des Europäischen Parlaments und des Rates vom 12. Juli 2002 über die Verarbeitung personenbezogener Daten und den Schutz der Privatsphäre in der elektronischen Kommunikation (Datenschutzrichtlinie für elektronische Kommunikation), ABl. 2002 L 201/37; Art. 5 der Richtlinie 91/692/EWG des Rates vom 23. Dezember 1991 zur Vereinheitlichung und zweckmäßigen Gestaltung der Berichte über die Durchführung bestimmter Umweltschutzrichtlinien, ABl. 1991 Nr. L 377/48; Art. 11 der Verordnung (EG) Nr. 384/96 des Rates vom 22. Dezember 1995 über den Schutz gegen gedumpte Einfuhren aus nicht zur Europäischen Gemeinschaft gehörenden Ländern, ABl. 1996 L 56/1 – dort mit Vorschriften bezüglich durchzuführender Überprüfungen und auch zur zeitlich begrenzten Geltungsdauer bestimmter Maßnahmen.

1146 Richtlinie 95/46/EG des Europäischen Parlaments und des Rates vom 24. Oktober 1995 zum Schutz natürlicher Personen bei der Verarbeitung personenbezogener Daten und zum freien Datenverkehr, ABl. 1995 Nr. L 281/31.

1147 Data Protection Directive (95/46/EC) – Proposals for Amendment made by Austria, Finland, Sweden and the United Kingdom, Explanatory Note, September 2002, abrufbar unter: http://www.dca.gov.uk/ccpd/dpdamend.htm.

dem praktischen Umgang mit den Regelungen der Richtlinie bzw. deren nationalen Umsetzungsvorschriften in den Mitgliedstaaten gewonnen wurden, sollten der Kommission bei ihren Überlegungen hinsichtlich möglicher Änderungen dienlich sein. Ausdrücklich ging es den Staaten darum, kostenträchtige, bürokratische Anforderungen, die nur wenig zum Datenschutz beitragen, zu beseitigen. Im Mai 2003 veröffentlichte die Kommission ihren ersten Bericht über die Durchführung der Richtlinie.[1148] Darin griff die Kommission verschiedene Ideen und Verbesserungsvorschläge aus den Mitgliedstaaten[1149] auf. Die Richtlinie 95/46/EG ist damit ein gutes Beispiel für die Funktionsweise einer Überprüfungsklausel und kann als Vorbild dafür dienen, wie die Qualität von Rechtsetzungsakten auch nach deren Inkrafttreten gefördert werden kann.

Zusammenfassend kann festgehalten werden, dass der durch Überprüfungsklauseln ausgeübte institutionalisierte Zwang für eine (ausdrückliche) Verlängerung von Rechtsetzungsakten den Organen nachdrücklich die Pflicht auferlegt, zu prüfen, ob ein Rechtsakt wirklich noch notwendig ist und sein Inhalt den tatsächlichen Bedürfnissen entspricht.[1150] Die Wirksamkeitskontrolle von Regelungen nach Ablauf der Befristung ist gerade deshalb besonders vielversprechend, da sie sich auf konkrete empirische Daten stützen kann, die während des Vollzugs gesammelt wurden.[1151] Überprüfungsklauseln tragen damit dem Anliegen einer retrospektiven Folgenabschätzung Rechnung[1152] und stellen ein effek-

---

1148 Bericht der Kommission: Erster Bericht über die Durchführung der Datenschutzrichtlinie (EG 95/46), KOM (2003) 265 endg. Vgl. hierzu auch: Entschließung des Europäischen Parlaments zum Ersten Bericht der Kommission über die Durchführung der Datenschutzrichtlinie (95/46/EG) (KOM (2003) 265 - C5-0375/2003 - 2003/2153(INI)); Europäisches Parlament: Bericht über den Ersten Bericht über die Durchführung der Datenschutzrichtlinie (95/46/EG) (KOM (2003) 265 - C5-0375/2003 - 2003/2153(INI)), Ausschuss für die Freiheiten und Rechte der Bürger, Justiz und innere Angelegenheiten, Berichterstatter: Marco Cappato, A5-0104/2004, 24. Februar 2004.

1149 Diese Ansätze und Meinungen wurden durch eine Datenschutzkonferenz am 30. 9./ 1. 10. 2002 in Brüssel ermittelt. Hilfsmittel waren ferner: an die Mitgliedstaaten und deren Datenschutzbehörden gerichtete Fragebögen, eine Online-Konsultation, zahlreiche Stellungnahmen interessierter Kreise. Vgl. hierzu etwa die unter http://ec.europa.eu/justice_home/fsj/privacy/lawreport/index_de.htm#firstreport abrufbaren Informationen sowie den entsprechenden durch das Vereinigte Königreich ausgefüllten Fragebogen – abrufbar unter: http://www.dca.gov.uk/ccpd/saguide.htm.

1150 Hill, ZG, 1987, 238 ff. (255); Karpen/Breutz/Nünke, Gesetzgebung der Großen Koalition, S. 70 f.

1151 Bender, FS Schelsky, S. 31 ff. (36 f.). Vgl. umfassend auch Beutel, Die Experimentelle Rechtswissenschaft, bes. S. 34 ff., der mit Nachdruck eine experimentelle Rechtswissenschaft als empirische Grundlage einer rationalen Gesetzgebung fordert.

1152 Vgl. zum Ganzen OECD, Regulatory Impact Analysis (RIA) Inventory, GOV/PGC/RD(2004)1, 15. April 2004, S. 8 f.

tives Mittel dar, die Aufmerksamkeit auf Rechtsetzungsakte zu lenken, denen aufgrund anderer Prioritätensetzung oder mangelnder öffentlicher Aufmerksamkeit ansonsten ein ungestörter, weil ungeprüfter, „Dornröschenschlaf in den Gesetzbüchern" beschieden wäre.[1153] Gegenüber „Sunset"-Klauseln zeichnen sich Überprüfungsklauseln durch ein höheres Maß an Rechtssicherheit aus und sind daher zu favorisieren.

II. Maßnahmen zur Verbesserung der Qualität

Im Folgenden sollen die Maßnahmen zur Verbesserung der Qualität ihrer Rechtsetzungsakte dargestellt werden. Hier empfiehlt es sich zwischen Maßnahmen zu differenzieren, die eher der „gesetzes"-technischen Qualität dienlich sind und solchen, die die inhaltliche Qualität der Rechtstexte verbessern sollen.[1154]

1. Maßnahmen zur Verbesserung der „gesetzes"-technischen Qualität

Damit Bürger und Wirtschaftsteilnehmer ihre Rechte und Pflichten erkennen, die Gerichte die Durchsetzung des europäischen Rechts gewährleisten und die Mitgliedstaaten Unionsrecht ordnungs- und fristgemäß umsetzen können, müssen die Rechtsetzungsakte verständlich und kohärent formuliert werden sowie in Form und Aufbau einheitlichen Grundsätzen folgen. Auf dem Europäischen Rat von Edinburgh legte die „Gemeinschaft" daher auf höchster politischer Ebene ein Bekenntnis zugunsten klarer und einfach gestalteter Rechtsakte ab. Um dieses Versprechen in die Tat umzusetzen, haben die europäischen Organe seither verschiedene Maßnahmen ergriffen.[1155] Im Anschluss an die Erklärung Nr. 39 zur redaktionellen Qualität der „gemeinschaftlichen" Rechtsvorschriften[1156] leg-

---

1153 Vgl. auch Brocker, DRiZ, 2002, 462 ff. (465); Grimm/Broker, ZG, 1999, 58 ff. (63 f.).

1154 Ähnlich verfährt auch Piris, The Quality of Community Legislation: The Viewpoint of the Council Legal Service, in: Improving the Quality of Legislation in Europe, S. 25 ff. (28), der zwischen "substance of the law" und "form of legislation" trennt. Xanthaki, CML Rev., 2001, 651 ff. (657 ff.), unterscheidet ebenfalls zwischen "the substance of the legislative text", "the legislative process" und "the technical side of drafting".

1155 Vgl. für den Rat die Entschließung des Rates vom 8. Juni 1993 über die redaktionelle Qualität der gemeinschaftlichen Rechtsvorschriften, ABl. Nr. C 166/1 sowie für die Kommission die Allgemeinen Leitlinien für die Legislativpolitik, SEK (95) 2255/7.

1156 Vertrag von Amsterdam zur Änderung des Vertrags über die Europäische Union, der Verträge zur Gründung der Europäischen Gemeinschaften sowie einiger damit zusammenhängender Rechtsakte – Von der Konferenz angenommene Erklärungen – Erklärung zur redaktionellen Qualität der gemeinschaftlichen Rechtsvorschriften, ABl. 1997 Nr. C 340/139.

ten das Europäische Parlament, der Rat und die Kommission in einer Interinstitutionellen Vereinbarung[1157] gemeinsame Leitlinien für die redaktionelle Qualität der „gemeinschaftlichen" Rechtsvorschriften fest. Nach Maßgabe dieser Vereinbarung haben die Juristischen Dienste der drei Organe zudem einen Gemeinsamen Leitfaden für die Abfassung von „Gemeinschaftsrechtstexten"[1158] ausgearbeitet. Dieser versteht sich als Ergänzung zu anderen spezifischeren Texten, wie den Mustern und Hinweisen für Rechtsakte im Rahmen des Rates der Europäischen Union[1159], der Anleitung zur Rechtsetzungstechnik der Kommission, den vom Amt für amtliche Veröffentlichungen der „Europäischen Gemeinschaften" herausgegebenen Interinstitutionellen Regeln für Veröffentlichungen[1160] oder den LegisWrite-Mustern.[1161]

Gemäß dem Gemeinsamen Leitfaden für die Abfassung von „Gemeinschaftsrechtstexten" sollen Rechtstexte klar, einfach und genau sein.[1162] Der Aspekt der Klarheit fordert eine einfache Sprache[1163], die Vermeidung zu vieler Querverweise und „Verweisungskaskaden"[1164] sowie von politischen Erklärungen ohne rechtlichen Gehalt. Lange Sätze und ungenaue Verweisungen auf andere Rechtstexte sind wiederum mit dem Postulat der Einfachheit nicht zu vereinbaren. Genauigkeit verlangt nicht nur die Verwendung einer einheitlichen Begriffswahl, sondern auch den Verzicht auf unnötige Abkürzungen und sinnlose Wiederholungen der geltenden Bestimmungen.

1157 Interinstitutionelle Vereinbarung des Europäischen Parlaments, des Rats und der Kommission vom 22. Dezember 1998 über gemeinsame Leitlinien für die redaktionelle Qualität der gemeinschaftlichen Rechtsvorschriften, ABl. 1999 C 73/1.

1158 Gemeinsamer Leitfaden des Europäischen Parlaments, des Rates und der Kommission für Personen, die in den Gemeinschaftsorganen an der Abfassung von Rechtstexten mitwirken, abrufbar unter: http://eur-lex.europa.eu/de/techleg/index.htm.

1159 Vgl. auch Manual of Precedents for Acts established within the Council of the European Union, 4. Auflage, Juli 2002, abrufbar unter: http://ec.europa.eu/translation/language_aids/freelance/documents/models/form_of_acts/form_of_acts_en.pdf.

1160 Vgl. http://publications.europa.eu/code/de/de-000300.htm.

1161 Vgl. auch Manual of Precedents for Acts established within the Council of the European Union, 4. Auflage, Juli 2002, abrufbar unter: http://ec.europa.eu/translation/language_aids/freelance/documents/models/form_of_acts/form_of_acts_en.pdf.

1162 Vgl. Gemeinsamer Leitfaden des Europäischen Parlaments, des Rates und der Kommission für Personen, die in den Gemeinschaftsorganen an der Abfassung von Rechtstexten mitwirken, Punkt 1.

1163 Vgl. Stellungnahme des Wirtschafts- und Sozialausschuß zum Thema „Verständliche Ausdrucksweise", ABl. 1995 Nr. C 256/8.

1164 Vgl. Gemeinsamer Leitfaden des Europäischen Parlaments, des Rates und der Kommission für Personen, die in den Gemeinschaftsorganen an der Abfassung von Rechtstexten mitwirken, Punkt 16.

Die genannten Beispiele könnten den drei Grundsätzen für die Abfassung von Rechtstexten freilich auch anders zugeordnet werden, da zwischen den verschiedenen formalen Qualitätsaspekten keine klaren Trennlinien verlaufen. Andererseits können beispielsweise die Erfordernisse der Einfachheit und der Genauigkeit auch in Konflikt zueinander treten, da Vereinfachungen zulasten der Genauigkeit gehen können und umgekehrt. Daher sollte bei der Abfassung von Rechtstexten ein stimmiges Gleichgewicht zwischen Klarheit, Einfachheit und Genauigkeit gefunden werden.
Darüber hinaus sind bei der Abfassung der Rechtstexte stets die besonderen Bedürfnisse der jeweiligen Benutzer zu berücksichtigen.[1165] Die Bestimmungen der Rechtsakte sollen kurz und prägnant formuliert, und ihr Inhalt sollte möglichst homogen sein. Allzu lange Artikel und Sätze, unnötig komplizierte Formulierungen und der übermäßige Gebrauch von Abkürzungen sollten vermieden werden.[1166] Auch mögliche Probleme, die mit der Umsetzung der Rechtsetzungsnormen in mitgliedstaatliches Recht oder bei deren Übersetzung in die verschiedenen Amtssprachen entstehen können[1167], müssen bei der Abfassung der Texte beachtet werden.
Außerdem ist die Struktur der Rechtsakte (Titel – Präambel – verfügender Teil – ggfs. Anhänge) genau festgelegt.[1168] Der Titel muss in knapper Form eine möglichst deutliche Vorstellung über den Inhalt des Akts vermitteln.[1169] Die Bezugsvermerke zu Beginn der Präambel sollen die Rechtsgrundlage sowie obligatorische und fakultative Vorschläge, Empfehlungen, Initiativen, Entwürfe, Fragen oder Stellungnahmen enthalten.[1170] Die Erwägungsgründe müssen eine echte Begründung darstellen und sollen daher weder den Gegenstand des verfügenden

1165 Vgl. Gemeinsamer Leitfaden des Europäischen Parlaments, des Rates und der Kommission für Personen, die in den Gemeinschaftsorganen an der Abfassung von Rechtstexten mitwirken, Punkt 3.

1166 Vgl. Gemeinsamer Leitfaden des Europäischen Parlaments, des Rates und der Kommission für Personen, die in den Gemeinschaftsorganen an der Abfassung von Rechtstexten mitwirken, Punkt 4.

1167 Vgl. Gemeinsamer Leitfaden des Europäischen Parlaments, des Rates und der Kommission für Personen, die in den Gemeinschaftsorganen an der Abfassung von Rechtstexten mitwirken, Punkt 5.

1168 Vgl. Gemeinsamer Leitfaden des Europäischen Parlaments, des Rates und der Kommission für Personen, die in den Gemeinschaftsorganen an der Abfassung von Rechtstexten mitwirken, Punkte 7, 15.

1169 Vgl. Gemeinsamer Leitfaden des Europäischen Parlaments, des Rates und der Kommission für Personen, die in den Gemeinschaftsorganen an der Abfassung von Rechtstexten mitwirken, Punkt 8.1.

1170 Vgl. Gemeinsamer Leitfaden des Europäischen Parlaments, des Rates und der Kommission für Personen, die in den Gemeinschaftsorganen an der Abfassung von Rechtstexten mitwirken, Punkt 9.1.

Teils ankündigen noch im Wortlaut wiedergeben oder paraphrasieren.[1171] Schließlich gibt es noch Regeln für die Bestimmungen eines Rechtsetzungsaktes, die dessen Inkrafttreten, Wirksamwerden und den Beginn seiner Anwendbarkeit festlegen.[1172]

Um die europäischen Regeln für eine bessere „gesetzes"-technische Rechtsetzungsqualität zu bewerten, empfiehlt es sich diese mit entsprechenden mitgliedstaatlichen Regeln zu vergleichen.
In vielen Staaten der Union existieren Regeln für die Rechtsetzung, die das gesetzgebende Personal zur Einhaltung bestimmter Standards auffordern. So wurden etwa in Belgien[1173], Deutschland[1174], Frankreich[1175], Italien[1176], den Nieder-

1171 Vgl. Gemeinsamer Leitfaden des Europäischen Parlaments, des Rates und der Kommission für Personen, die in den Gemeinschaftsorganen an der Abfassung von Rechtstexten mitwirken, Punkt 10.5.

1172 Vgl. Gemeinsamer Leitfaden des Europäischen Parlaments, des Rates und der Kommission für Personen, die in den Gemeinschaftsorganen an der Abfassung von Rechtstexten mitwirken, Punkt 20.

1173 Conseil d'État, Principes de technique législative, Guide de rédaction des textes législatifs et réglementaires, 2008. Dadurch wurde ein Rundschreiben betreffend die Gesetzestechnik aus dem Jahr 2001 (Conseil d'État, C – 2001/21628, Circulaire relative à la légistique formelle – vgl. Moniteur Belge, 28. Dezember 2001, Ed. 2, Belgisch Staatsblad S. 45288) abgelöst. Vgl. auch Traité de légistique formelle (23. April 1982).

1174 Bekanntmachung des Handbuchs der Rechtsförmlichkeit vom 22. September 2008, 3. Auflage, abrufbar unter: http://www.bmj.bund.de/files/-/3498/Handbuch%20Rechtsfoermlichkeit%20Internet.pdf.

1175 Circulaire du 30 janvier 1997 relative aux règles d'élaboration, de signature et de publication des textes au Journal officiel et à la mise en oeuvre de procédures particulières incombant au Premier ministre. Vgl. zuvor Circulaire relative aux règles d' élaboration, de signature et de publication des textes au Journal Officiel vom 2. Januar 1993. Siehe ferner auch Circulaire relative à la codification des textes législatives et réglementaires vom 30. Mai 1996 sowie das folgende Dokument, dass die neuere Rechtsprechung des Conseil d'État betreffend die Qualität von Gesetzen zusammenfasst: Sénat – Documents de travail (Les documents d'étude), La qualité de la loi – Service des études juridiques, abrufbar unter: http://www.senat.fr/ej/ej03/ej030. html.

1176 Vgl. Regole e suggerimenti per la redazione dei testi normativi Documento elaborato dall'Osservatorio legislativo interregionale, Seconda edizione, marzo 2002. Vgl. ferner Regole e raccomandazioni per la formulazione tecnica dei testi legislativi, Circolare del Presidente del Senato, 20 aprile 2001, Gazette Ufficiale No. 97, 27. April 2001. Dies ist eine Neubearbeitung des Circolari del Presidente del Senato della Repubblica, del Presidente della Camera dei deputati e della Presidenza del Consiglio dei ministri del 24 febbraio 1986 (Gazette Ufficiale No. 123 del 29 maggio 1986, Supplemento ordinario n. 40. Vgl. ferner: Regole e suggerimenti per la redazione dei testi normativi, 1992; Istruttoria legislativa nelle commissioni, 1997. Zum Ganzen ebenfalls Murgia/Rizzoni, Clarity, 47 (May/2002), 20 ff. (bes. 20).

landen[1177], Österreich[1178], Portugal[1179], Spanien[1180] oder im Vereinigten Königreich[1181] Richtlinien und Standards für eine bessere Rechtsetzung etabliert.
Im deutschen Handbuch der Rechtsförmlichkeit finden sich beispielsweise Regelungen zur Zitierweise, zum Gebrauch von Abkürzungen, zur Handhabung von Verweisen, zum Schreiben von Zahlen, Brüchen und Geldbeträgen, zu typografischen Fragen, aber auch zu „sensibleren" Bereichen, wie dem geeigneten Sprach- und Wortgebrauch, dem zu beachtenden Kontext der Stammgesetze, zu Änderungsgesetzen und Rechtsverordnungen sowie zu Besonderheiten im Zusammenhang mit dem Europarecht und völkerrechtlichen Vereinbarungen. In Italien hat man die Gesetzgebungsrichtlinien ebenfalls in einem detaillierten Regelwerk festgehalten. Darin sind in 89 Unterpunkten u. a. Anweisungen zur Gesetzessprache, zur Schrift (Groß-/Kleinschreibung, Zitate, Interpunktion), zur Gesetzesstruktur (Titel, Abschnitte et cetera), zur Verweisungstechnik und zu Gesetzesänderungen aufgeführt.[1182]

1177 Vgl. Aanwijzigingen voor de regelgeving (Circulaire van de Minister-President van 18. november 1992). Siehe auch: Kellermann, The quality of Community legislation drafting, in: Essays in Honour of Henry G. Schermers, Bd. 2, S. 251 ff. (253 ff.), der dabei auch Vergleiche zur europäischen Ebene zieht. Außerdem: Verhey, in: Curtin/Wessel, Good Governance and the European Union, S. 60.

1178 Handbuch der Rechtssetzungstechnik, Teil 1: Legistische Richtlinien 1990. Vgl. auch das Handbuch der Rechtssetzungstechnik, Addendum zu Teil 1: Ergänzungen zu den Legistischen Richtlinien 1990 im Zusammenhang mit der Mitgliedschaft der Republik Österreich zur Europäischen Union (EU-Addendum) sowie das Handbuch der Rechtssetzungstechnik, Teil 2: Richtlinien für die Wiederverlautbarung von Bundesgesetzen. Siehe ferner die Legistischen Richtlinien 1979 – Richtlinie für die Gestaltung von Rechtsvorschriften –, die noch insoweit maßgeblich sind, als sie sich mit der Gestaltung der Erläuterungen zu Entwürfen zu Rechtsvorschriften befassen. Siehe zur Entwicklung in Österreich außerdem: Schäffer, ZG, 1987, 112 ff. (114 ff.); Schäffer, ZG, 1989, 289 ff. (292 ff.); Schäffer, Der Weg zum besseren Gesetz, in: Bürgernahes Wirtschaftsrecht – Eine Utopie?, S. 62 ff. (64 ff.).

1179 Simplificar a, Legislação, – Deliberação do Conselho de Ministros n.º 15-DB/89, de 8 de Fevereiro, que aprovou os princípios que devem regular a elaboração de projectos de actos normativos, Lisboa 1989.

1180 Resolución de 28 de julio de 2005, de la Subsecretaría, por la que se da publicidad al Acuerdo del Consejo de Ministros, de 22 de julio de 2005, por el que se aprueban las Directrices de técnica normativa, BOE Num. 189, 29. Juli 2005.

1181 Vgl. Consolidation of Enactments (Procedure) Act 1949. Siehe ferner Statutory Instruments Act 1946; Interpretation Act 1978.

1182 Vgl. Regole e suggerimenti per la redazione dei testi normativi Documento elaborato dall'Osservatorio legislativo interregionale, Seconda edizione, marzo 2002. Vgl. ferner auch Regole e raccomandazioni per la formulazione tecnica dei testi legislativi, Circolare del Presidente del Senato, 20 aprile 2001, Gazette Ufficiale No. 97, 27. April 2001.

Das „gesamtstaatliche" Regelwerk findet im Übrigen sein Pendant in ähnlichen Regeln und Vorschlägen, die fast alle Regionen Italiens für sich aufgestellt haben.

Trotz unterschiedlicher Rechtstraditionen ähneln sich die Inhalte der „Gesetzgebungsrichtlinien" in den verschiedenen Ländern weitgehend.[1183] Ein Bekenntnis zu Klarheit[1184], Einfachheit[1185] und Genauigkeit[1186] sowie einer verständlichen

Vgl. Bolioli/Dini/Mercatali/Romano, Per la marcatura automatica in XML di testi legislativi italiani, S. 141 ff. (141); Murgia/Rizzoni, Clarity, 47 (May/2002), 20 ff. (20).

1183 So auch Xanthaki, CML Rev., 2001, 651 ff. (660). Vgl. auch schon Kellermann, The quality of Community legislation drafting, in: Essays in Honour of Henry G. Schermers, Bd. 2, S. 251 ff. (261).

1184 Vgl. Belgien: Conseil d'État, Principes de technique législative, Guide de rédaction des textes législatifs et réglementaires, 2008, Punkt 3; Deutschland: Handbuch der Rechtsförmlichkeit, 3. Aufl., Rn. 53 f., 80 ff., 105; Frankreich: Circulaire du 30 janvier 1997 relative aux règles d'élaboration, de signature et de publication des textes au Journal officiel et à la mise en oeuvre de procédures particulières incombant au Premier ministre, Punkt 1.; Italien: Regole e suggerimenti per la redazione dei testi normativi Documento elaborato dall'Osservatorio legislativo interregionale, Seconda edizione, marzo 2002, Punkte 7, 10, 15; Niederlande: Aanwijzigingen voor de regelgeving (Circulaire van de Minister-President van 18 november 1992), Anmerkung 218; Österreich: Handbuch der Rechtssetzungstechnik, Teil 1: Legistische Richtlinien 1990, Punkt 7; Portugal: Simplificar a, Legislação, – Deliberação do Conselho de Ministros n.° 15-DB/89, de 8 de Fevereiro, que aprovou os princípios que devem regular a elaboração de projectos de actos normativos, Lisboa 1989, Anexo Punkt 7 c; Spanien: Resolución de 28 de julio de 2005, de la Subsecretaría, por la que se da publicidad al Acuerdo del Consejo de Ministros, de 22 de julio de 2005, por el que se aprueban las Directrices de técnica normativa, BOE Num. 189, 29. Juli 2005, Punkt 101; Vereinigtes Königreich – Consolidation of Enactments (Procedure) Act 1949, Punkt 2. Siehe auch Flückiger, The Ambiguous Principle of The Clarity of Law, in: Obscurity and Clarity in the Law, S. 9 ff. (12 ff.).

1185 Vgl. Belgien: Conseil d'État, Principes de technique législative, Guide de rédaction des textes législatifs et réglementaires, 2008, Punkt 3.9.; Deutschland: Handbuch der Rechtsförmlichkeit, 3. Aufl., Rn. 53; Österreich: Handbuch der Rechtssetzungstechnik, Teil 1: Legistische Richtlinien 1990, Punkt 1; Portugal: Simplificar a, Legislação, – Deliberação do Conselho de Ministros n.° 15-DB/89, de 8 de Fevereiro, que aprovou os princípios que devem regular a elaboração de projectos de actos normativos, Lisboa 1989, Anexo Punkt 7 c (vgl. auch Apresentação); Spanien: Resolución de 28 de julio de 2005, de la Subsecretaría, por la que se da publicidad al Acuerdo del Consejo de Ministros, de 22 de julio de 2005, por el que se aprueban las Directrices de técnica normativa, BOE Num. 189, 29. Juli 2005, Punkt 101.

1186 Vgl. Belgien: Conseil d'État, Principes de technique législative, Guide de rédaction des textes législatifs et réglementaires, 2008, Punkt 6 (siehe auch http://users.swing.be/cdw/JusInfo.htm mit Verweis auf Art. 1 du Traité de légistique formelle); Deutschland: Handbuch der Rechtsförmlichkeit, 3. Aufl., Rn. 53; Italien: Regole e suggerimenti per la redazione dei testi normativi Documento elaborato dall'Osservatorio legislativo interregionale, Seconda edizione, marzo 2002, Punkte 2, 15; Portugal: Simplificar a, Legislação, – Deliberação do Conselho de Ministros n.° 15-DB/89, de 8 de Fevereiro, que aprovou os princípios que devem regular a elaboração de projectos de actos normativos, Lisboa 1989, Anexo Punkt 7 c; Spanien: Resolución de 28 de julio de 2005, de la Subsecretaría, por la que se da publicidad al Acuerdo del Consejo de Ministros, de

Sprache[1187] bildet in allen Mitgliedstaaten die Basis für die Bestimmungen zur Abfassung von Rechtstexten. Um diese Texte möglichst auch für Laien begreifbar zu machen, wird besonders in Deutschland, den Niederlanden, Portugal und dem Vereinigten Königreich die Bedeutung einer verständlichen Sprache herausgehoben.[1188]

Neben den „Kernprinzipien" Klarheit, Einfachheit und Genauigkeit, die sowohl die „gemeinschaftlichen" Leitlinien zur Abfassung von Rechtsakten als auch die „Gesetzgebungsrichtlinien" der Mitgliedstaaten prägen, lassen sich auch zahlreiche Parallelen in den spezielleren Regelungen nachweisen.

Die europäische Bestimmung, dass die Rechtstexte freigehalten werden sollen von politischen Absichtserklärungen, teilt die Union etwa mit den Ländern Frankreich, Italien, den Niederlanden oder Österreich.[1189]

Gegen die übermäßige Verwendung von Querverweisen sprechen sich die „legistischen Richtlinien" einiger Länder ebenfalls aus.[1190] Analog zu den euro-

---

22 de julio de 2005, por el que se aprueban las Directrices de técnica normativa, BOE Num. 189, 29. Juli 2005, Punkt 101.

1187 Zu den Bemühungen einzelner Länder um eine einfache und verständliche Gesetzessprache: Schweden – Ehrenberg-Sundin, Clarity, 47 (May/2002), 3 ff. (3 ff.), und Ehrenberg-Sundin, The Swedish Approach to Clear Legislation and Clear Official Texts, in: Obscurity and Clarity in the Law, S. 165 ff. (165 ff.); Deutschland – Wieners-Horst, Clarity, 47 (May/2002), 12 ff. (12 ff.); Frankreich – Staminesco, Clarity, 47 (May/2002), 18 f. (18 f.) – dort besonders zum „Comité d'orientation pour la simplification du langage administratif".

1188 Vgl. Deutschland: § 42 Abs. 5 S. 1 der Gemeinsamen Geschäftsordnung der Bundesministerien und Handbuch der Rechtsförmlichkeit, 3. Aufl., Rn. 54, 62 ff.; Niederlande: Aanwijzigingen voor de regelgeving (Circulaire van de Minister-President van 18 november 1992), Anmerkungen 54, 218; Portugal: Simplificar a, Legislação, – Deliberação do Conselho de Ministros n.º 15-DB/89, de 8 de Fevereiro, que aprovou os princípios que devem regular a elaboração de projectos de actos normativos, Lisboa 1989, Anexo Punkt 7. Vgl. auch Spanien: Resolución de 28 de julio de 2005, de la Subsecretaría, por la que se da publicidad al Acuerdo del Consejo de Ministros, de 22 de julio de 2005, por el que se aprueban las Directrices de técnica normativa, BOE Num. 189, 29. Juli 2005, Punkt 101.

1189 Vgl. Frankreich: Circulaire du 30 janvier 1997 relative aux règles d'élaboration, de signature et de publication des textes au Journal officiel et à la mise en oeuvre de procédures particulières incombant au Premier ministre, Punkt 2.1.1.1.; Niederlande: Aanwijzigingen voor de regelgeving (Circulaire van de Minister-President van 18 november 1992), Anmerkung 24; Österreich: Handbuch der Rechtssetzungstechnik, Teil 1: Legistische Richtlinien 1990, Punkt 2; Italien: Regole e suggerimenti per la redazione dei testi normativi Documento elaborato dall'Osservatorio legislativo interregionale, Seconda edizione, marzo 2002, Punkt 11.

1190 Vgl. Belgien: Conseil d'État, Principes de technique législative, Guide de rédaction des textes législatifs et réglementaires, 2008 Punkt 75; Deutschland: Handbuch der Rechtsförmlichkeit, 3. Aufl., Rn. 227 ff.; Italien: Regole e suggerimenti per la redazione dei testi normativi Documento elaborato dall'Osservatorio legislativo interregionale,

päischen Regeln werden zudem hohe Anforderungen an die Exaktheit der Verweisungen gestellt.[1191]
Die Forderung, denselben Begriff grundsätzlich überall in ein und derselben Bedeutung zu verwenden, ist ausdrücklich in den Vorschriften der Länder Belgien, Deutschland, Italien, den Niederlanden, Österreich, Portugal und Spanien nachzuweisen.[1192]
Wie auf der europäischen Ebene sollen auch in den Mitgliedstaaten nutzlose Wiederholungen bestehender Regelungen vermieden werden.[1193] Das Gleiche

---

Seconda edizione, marzo 2002, Punkt 53; Portugal: Simplificar a, Legislação, – Deliberação do Conselho de Ministros n.º 15-DB/89, de 8 de Fevereiro, que aprovou os princípios que devem regular a elaboração de projectos de actos normativos, Lisboa 1989, Anexo Punkt 6 c. Vgl. ferner Spanien: Resolución de 28 de julio de 2005, de la Subsecretaría, por la que se da publicidad al Acuerdo del Consejo de Ministros, de 22 de julio de 2005, por el que se aprueban las Directrices de técnica normativa, BOE Num. 189, 29. Juli 2005, Punkte 65, 67.

1191 Vgl. für Belgien http://users.swing.be/cdw/JusInfo.htm mit Verweis auf Art. 11 du Traité de légistique formelle; Deutschland: Handbuch der Rechtsförmlichkeit, 3. Aufl., Rn. 222 ff.; Italien: Regole e suggerimenti per la redazione dei testi normativi Documento elaborato dall'Osservatorio legislativo interregionale, Seconda edizione, marzo 2002, Punkte 52 ff.; Niederlande: Aanwijzigingen voor de regelgeving (Circulaire van de Minister-President van 18 november 1992), Anmerkungen 78 ff.; Österreich: Handbuch der Rechtssetzungstechnik, Teil 1: Legistische Richtlinien 1990, Punkte 56 f., 59; Portugal: Simplificar a, Legislação, – Deliberação do Conselho de Ministros n.º 15-DB/89, de 8 de Fevereiro, que aprovou os princípios que devem regular a elaboração de projectos de actos normativos, Lisboa 1989, Anexo Punkt 6 c, d.

1192 Vgl. Belgien: Conseil d'État, Principes de technique législative, Guide de rédaction des textes législatifs et réglementaires, 2008, Punkt 3.6. (siehe auch http://users.swing.be/cdw/JusInfo.htm mit Verweis auf Art. 3 du Traité de légistique formelle); Deutschland: Handbuch der Rechtsförmlichkeit, 3. Aufl., Rn. 60, 74; Italien: Regole e suggerimenti per la redazione dei testi normativi Documento elaborato dall'Osservatorio legislativo interregionale, Seconda edizione, marzo 2002, Punkt 16; Niederlande: Aanwijzigingen voor de regelgeving (Circulaire van de Minister-President v. 18 november 1992), Anmerk. 58; Österreich: Handbuch der Rechtssetzungstechnik, Teil 1: Legistische Richtlinien 1990, Punkt 31; Portugal: Simplificar a, Legislação, – Deliberação do Conselho de Ministros n.º 15-DB/89, de 8 de Fevereiro, que aprovou os princípios que devem regular a elaboração de projectos de actos normativos, Lisboa 1989, Anexo Punkt 7 a; Spanien: Resolución de 28 de julio de 2005, de la Subsecretaría, por la que se da publicidad al Acuerdo del Consejo de Ministros, de 22 de julio de 2005, por el que se aprueban las Directrices de técnica normativa, BOE Num. 189, 29. Juli 2005, Punkt 101.

1193 Vgl. Niederlande: Aanwijzigingen voor de regelgeving (Circulaire van de Minister-President van 18 november 1992), Anmerkungen 78, 104a, 122; Österreich: Handbuch der Rechtssetzungstechnik, Teil 1: Legistische Richtlinien 1990, Punkt 4; Italien: Regole e suggerimenti per la redazione dei testi normativi Documento elaborato dall'Osservatorio legislativo interregionale, Seconda edizione, marzo 2002, Punkt 19; Vereinigtes Königreich – Consolidation of Enactments (Procedure) Act 1949, Punkt 2.

gilt für den Gebrauch von Abkürzungen[1194] oder zu langer Sätze[1195] in den Rechtstexten. In der Union sollen die Titel der Rechtsakte in knapper Form eine möglichst deutliche Vorstellung über den Inhalt des Akts vermitteln. Entsprechende Vorschriften existieren auch in Belgien, Frankreich, Italien, den Niederlanden, Österreich oder Spanien.[1196]

Obwohl Präambeln in den meisten Ländern nicht verbreitet sind, kann auch hier ein Vergleich zwischen mitgliedstaatlichen und europäischen Regelungen gezogen werden, namentlich für Belgien und die Niederlande. In Rechtstexten der Union sollen Präambeln die verfügenden Bestimmungen rechtfertigen. In Belgien sollen Präambeln dem Leser Informationen betreffend der Gültigkeit (etwa durch Angabe der Rechtsgrundlage) und des Auflaufes der Ausarbeitung des Rechtsaktes liefern.[1197] In den Niederlanden hingegen sollen Präambeln knapp gehalten werden.[1198]

1194 Vgl. Deutschland: Handbuch der Rechtsförmlichkeit, 3. Aufl., Rn. 139 ff.; Frankreich: Circulaire du 30 janvier 1997 relative aux règles d'élaboration, de signature et de publication des textes au Journal officiel et à la mise en oeuvre de procédures particulières incombant au Premier ministre, Punkt 1.1.1.5.; Italien: Regole e suggerimenti per la redazione dei testi normativi Documento elaborato dall'Osservatorio legislativo interregionale, Seconda edizione, marzo 2002, Punkt 21; Portugal: Simplificar a, Legislação, – Deliberação do Conselho de Ministros n.º 15-DB/89, de 8 de Fevereiro, que aprovou os princípios que devem regular a elaboração de projectos de actos normativos, Lisboa 1989, Anexo Punkt 7 f.

1195 Vgl. u. a.: Deutschland: Handbuch der Rechtsförmlichkeit, 3. Aufl., Rn. 95; Österreich: Handbuch der Rechtssetzungstechnik, Teil 1: Legistische Richtlinien 1990, Punkte 1, 15 f., 18.

1196 Vgl. Belgien: Conseil d'État, Principes de technique législative, Guide de rédaction des textes législatifs et réglementaires, 2008, Punkte 11 ff., bes. 14; Frankreich: Circulaire du 30 janvier 1997 relative aux règles d'élaboration, de signature et de publication des textes au Journal officiel et à la mise en oeuvre de procédures particulières incombant au Premier ministre, Punkt 1.3.1.; Italien: Regole e suggerimenti per la redazione dei testi normativi Documento elaborato dall'Osservatorio legislativo interregionale, Seconda edizione, marzo 2002, Punkt 38; Niederlande: Aanwijzigingen voor de regelgeving (Circulaire van de Minister-President van 18 november 1992), Anmerkungen 105 ff.; Österreich: Handbuch der Rechtssetzungstechnik, Teil 1: Legistische Richtlinien 1990, Punkt 100; Spanien: Resolución de 28 de julio de 2005, de la Subsecretaría, por la que se da publicidad al Acuerdo del Consejo de Ministros, de 22 de julio de 2005, por el que se aprueban las Directrices de técnica normativa, BOE Num. 189, 29. 7. 2005, Punkt 7.

1197 Belgien: Conseil d'État, Principes de technique législative, Guide de rédaction des textes législatifs et réglementaires, 2008, Punkt 20.

1198 Vgl. Aanwijzigingen voor de regelgeving (Circulaire van de Minister-President van 18 november 1992), Anmerkungen 109 f., bes. 117 f.

Die europäischen Regeln, welche Genauigkeit bezüglich der Bestimmungen über den Zeitpunkt des Inkrafttretens der Vorschriften einfordern, finden ebenfalls in zahlreichen mitgliedstaatlichen Anweisungen ihre Entsprechung.[1199]
Bereits dieser kurze Vergleich der europäischen Regeln zur Abfassung von Rechtstexten mit den entsprechenden Regelungen einiger Mitgliedstaaten hat gezeigt, dass deren (nationale) Anweisungen nicht nur auf den gleichen Prinzipien beruhen, sondern auch in Detailregelungen ähnlich mit den europäischen Vorgaben sind.
Die Bestimmungen zur redaktionellen Gestaltung von Rechtsakten in Europa folgen allerdings keinem bestimmten mitgliedstaatlichen Modell, sondern greifen unterschiedliche Aspekte aus den nationalen Systemen auf und vereinen diese in einem eigenen System, das in puncto Stimmigkeit, Umfang und Geschlossenheit denen der Mitgliedstaaten gleich zu achten ist.[1200] Für Xanthaki[1201] sind die europäischen Vorgaben zur Abfassung von Rechtstexten "very much a reflection of the collective modern drafting style of the Member States". Es kann daher auch die Feststellung getroffen werden, dass die „gesetzes"-technischen Mängel in der Unionsrechtsordnung[1202] nicht aus einem qualitativen oder quantitativen Mangel an legistischen Vorgaben resultieren, sondern allenfalls das Produkt einer unzureichenden Anwendung derselben sind.[1203] Die unternommenen

---

1199 Vgl. Belgien: Conseil d'État, Principes de technique législative, Guide de rédaction des textes législatifs et réglementaires, 2008, Punkt 154; Deutschland: Handbuch der Rechtsförmlichkeit, 3. Aufl., Rn. 144; Italien: Regole e raccomandazioni per la formulazione tecnica dei testi legislativi, Circolare del Presidente del Senato, 20 aprile 2001, Gazette Ufficiale No. 97, 27. April 2001, Punkt 15; Niederlande: Aanwijzigingen voor de regelgeving (Circulaire van de Minister-President van 18 november 1992), Anmerkungen 172 ff., bes. 178 ff.; Österreich: Handbuch der Rechtssetzungstechnik, Teil 1: Legistische Richtlinien 1990, Punkte 37 ff.

1200 Vgl. Karpen, AöR, 124 (1999), 400 ff. (421); Karpen, FS Söllner, S. 479 ff. (487); Senden, Electronic Journal of Comparative Law, 2005, 1 ff. (6); Timmermans, CML Rev., 1997, 1229 ff. (1244).

1201 Xanthaki, CML Rev., 2001, 651 ff. (666).

1202 Vgl. 2. Kap. – B I.

1203 Vgl. auch Kapteyn/VerLoren v. Themmaat, Het recht van de Europese Unie en van de Europese Gemeenschappen, S. 337; Sandström, CML Rev., 2003, 1307 ff. (1310); Verhey, in: Curtin/Wessel, Good Governance and the European Union, S. 61.

Hier lässt sich eine Parallele zu den Mitgliedstaaten ziehen. Auch dort wird primär ein „Anwendungsdefizit" der entsprechenden Regelungen verzeichnet. Für Italien schreiben Bolioli/Dini/Mercatali/Romano, Per la marcatura automatica in XML di testi legislativi italiani, S. 141 ff. (141), etwa: „Sfogliando i documenti normativi, non si può dire che tale applicazione sia stata, fino ad oggi, rigorosa ed uniforme da parte di tutti i produttori di norme." Für Portugal berichtet Tavares de Almeida, Legislação, (No. 30/31) 2002, 7 ff. (9), von einer nahezu konsequenten Nichtanwendung der aufgestellten Regeln. Knapen, Staatscourant, 233, 30. November 2005 beklagt sich ebenfalls über die mangelhafte Anwendung der Gesetzgebungsrichtlinien in den Niederlanden

Maßnahmen, um der Problematik der unzureichenden Anwendung der redaktionellen Leitlinien Herr zu werden, wie etwa die frühzeitige Einbindung der Juristischen Dienste der Organe und deren „Juristen-Überprüfer" in den Rechtsetzungsprozess, die Einrichtung von Redaktionsstäben in den Generaldirektionen, eine intensivierte Schulung des Personals im Hinblick auf die Abfassung von Rechtstexten[1204], eine verbesserte Zusammenarbeit auf Ebene der Kommissionsdienststellen sowie mit den Mitgliedstaaten oder die Inanspruchnahme informationstechnologischer Hilfsmittel, zeigen bisher (noch) nicht die erhoffte Wirkung einer stringenteren Anwendung der legistischen Vorgaben.[1205]

2. Maßnahmen zur Verbesserung der inhaltlichen Qualität

Die nachfolgende Darstellung von Maßnahmen zur inhaltlichen Qualitätsverbesserung der Rechtsakte nimmt ihren Ausgangspunkt bei den Bestrebungen zur Einhaltung der Grundsätze der Subsidiarität und Verhältnismäßigkeit.[1206] Im Anschluss widmet sich die Arbeit der Auswahl der „passenden" Regulierungs-

---

und gibt zu bedenken: „Een probleem is echter dat niet alle toepassers dezelfde betekenis hechten aan de Aanwijzingen, als de opstellers van die Aanwijzingen." Vgl. auch Melissas, ZG, 1993, 174 ff. (bes. 178 ff.), für Griechenland.

1204 Vgl. hierzu Voermans/Konijnenbelt, Legislação, (No. 32) 2002, 57 ff. (57 ff.), die über ihre Workshops zur besseren Abfassung von Rechtstexten im Europäischen Parlament berichten. Siehe ferner http://ec.europa.eu/dgs/legal_service/seminars_en.htm.

1205 Um diese Einschätzung zu „belegen", ist beispielhaft auf die Aussagen des Generalanwalts Geelhoed zu verweisen. In GA Geelhoed, SchlA zu EuGH, verb. Rs. C-154/04 und C-155/04, The Queen, auf Antrag von Alliance for Natural Health u. a./Secretary of State for Health and National Assembly for Wales, Slg. 2005, I-6451 ff. (I-6475, Rn. 72), heißt es etwa: „Die hier angewandte Gesetzgebungstechnik, sofern sie diese Bezeichnung verdient, steht [...] in unmittelbarem Widerspruch zu den Nummern 10 und 13 der Interinstitutionellen Vereinbarung [...] für die redaktionelle Qualität der gemeinschaftlichen Rechtsvorschriften." Siehe auch dort, S. I-6477, Rn. 82. Vgl. ferner die Entschließung des Europäischen Parlaments vom 6. Mai 1994 zur Transparenz des Gemeinschaftsrechts und der Notwendigkeit seiner Kodifizierung, ABl. 1994 Nr. C 205/514, die darauf verweist, „daß ungeachtet dieser zahlreichen Erklärungen und Verpflichtungen auf sämtlichen Ebenen und seitens aller Organe im Laufe der letzten Jahre wenig bzw. gar nichts unternommen worden ist, um die Ursachen für die Verwirrung bei den Rechtsvorschriften zu beseitigen".

1206 Vgl. 5. Kap. – B II 2 a. Siehe zum Zusammenhang von Subsidiarität und Verhältnismäßigkeit einerseits und Qualität der Rechtsetzung andererseits: Commission Report to the European Council on the adaption of community legislation to the subsidiarity principle, CSE (93) 545 fin., S. 1, und Commission Report to the European Council on the application of the subsidiarity and proportionality principles, on simplification and on consolidation: Better Lawmaking, CSE (95) 580, S. 6.

instrumente bzw. der Auswahl der adäquaten Handlungsform.[1207] Hierbei lassen sich umfangreichere Ausführungen auch zu Aspekten der quantitativen Reduktion der Regelungstätigkeit leider nicht vermeiden.
Nachfolgend wird auf das System der Folgenabschätzung eingegangen[1208] und in diesem Zusammenhang die bessere Einbindung externer Informations- und Meinungsquellen in den Rechtsetzungsprozess besprochen.[1209]

a) Einhaltung der Grundsätze der Subsidiarität und Verhältnismäßigkeit

Noch vor Abschluss der Interinstitutionellen Vereinbarung über die Verfahren zur Anwendung des Subsidiaritätsprinzips[1210] und vor Inkrafttreten des Vertrags von Maastricht hatte die Kommission erste Schritte unternommen, die die Einhaltung des Subsidiaritätsprinzips sicherstellen sollten: Erstens sollten zukünftig alle legislativen Vorschläge einer entsprechenden Begründung bedürfen[1211], zweites legte die Kommission eine Liste mit anhängigen Rechtsetzungsvorschlägen vor, die man mit Blick auf das Subsidiaritätsprinzip zurückzuziehen plante[1212] und drittens überprüfte die Kommission bestehende Rechtsakte hinsichtlich ihrer Kompatibilität mit dem Subsidiaritätsprinzip[1213].

Seit dem Anfang der 90er Jahre werden weder der Rat noch das Parlament oder die Kommission müde, auf die Signifikanz der Prinzipien Subsidiarität und Verhältnismäßigkeit hinzuweisen. Die Kommission erarbeitet jährlich einen Bericht über die Einhaltung dieser Grundsätze, der seit dem Jahr 1995 den Titel „Bessere Rechtsetzung“ trägt. Darin verweist die Kommission regelmäßig auf die Er-

1207 Vgl. 5. Kap. – B II 2 b. Siehe hierzu General guidelines for legislative policy: Communication of 9 January 1996 by the President of the Commission, SEC (95) 2255.

1208 Vgl. 5. Kap. – B II 2 c. Siehe zur Folgenabschätzung etwa die Mitteilung der Kommission – Aktionsplan „Vereinfachung und Verbesserung des Regelungsumfelds“, KOM (2002) 278 endg., S. 5, 7 ff., und die „zugehörige“ Mitteilung der Kommission über Folgenabschätzung, KOM (2002) 276 endg.

1209 Vgl. 5. Kap. – B II 2 d.

1210 Interinstitutionelle Vereinbarung vom 25. Oktober 1993 zwischen Parlament, Rat und Kommission über die Verfahren zur Anwendung des Subsidiaritätsprinzips (ABl. C 329/135), Bull. Nr. 10-1993, Ziff. 2.2.2.

1211 Hierzu gab die Kommission einen sieben Punkte umfassenden Fragenkatalog heraus. Vgl. hierzu Report to the European Council on the adaption of community legislation to the subsidiarity principle, CSE (93) 545 fin., S. 3 f.

1212 Vgl. Report to the European Council on the adaption of community legislation to the subsidiarity principle, CSE (93) 545 fin., S. 4 f.

1213 Vgl. Report to the European Council on the adaption of community legislation to the subsidiarity principle, CSE (93) 545 fin., S. 5.

folge der „gemeinschaftlichen“ Anstrengungen um die Einhaltung des Subsidiaritäts- und des Verhältnismäßigkeitsprinzips, die sich in der Abnahme der Zahl neuer „legislativer“ Vorschläge, in der Berücksichtigung alternativer Regelungsansätze, in Vorschriften, die sowohl den Mitgliedstaaten größtmögliche Flexibilität belassen als auch für die betroffenen Bürger möglichst schonend sind, bemessen lassen.[1214] Bereits diese kurze Aufzählung wie auch der Titel des Kommissionsberichts selbst zeigen, dass sich den Kriterien von Subsidiarität und Verhältnismäßigkeit viele „verschiedene“ Einzelaspekte der qualitativen Verbesserung der Rechtsetzung zuordnen lassen, zu denen auch die Folgenabschätzung, die Konsultationspraxis und das Einholen von Expertenmeinungen zu zählen sind.[1215] Diese Unterpunkte werden im Anschluss genauer behandelt.

1214 Vgl. nur Report to the European Council on the application of the subsidiarity principle – 1994, COM (94) 533 fin., S. 4 f.; Commission Report to the European Council: Better lawmaking 1998 – A shared responsibility, COM (1998) 715 fin., S. 7; Commission Report to the European Council: Better lawmaking 1999, COM (1999) 562 fin., S. 3 ff.; Bericht der Kommission an den Europäischen Rat: Bessere Rechtsetzung 2001 (gemäß Artikel 9 des Protokolls über die Anwendung der Grundsätze der Subsidiarität und der Verhältnismäßigkeit, KOM (2001) 728 endg., bes. S. 5 ff.; Bericht der Kommission: „Bessere Rechtsetzung 2002” gemäß Artikel 9 des Protokolls über die Anwendung der Grundsätze der Subsidiarität und der Verhältnismäßigkeit (10. Bericht), KOM (2002) 715 endg., S. 6 ff.; Bericht der Kommission: „Bessere Rechtsetzung 2003” gemäß Artikel 9 des Protokolls über die Anwendung der Grundsätze der Subsidiarität und der Verhältnismäßigkeit (11. Bericht), KOM (2003) 770 endg., S. 22 ff.; Bericht der Kommission: „Bessere Rechtsetzung 2004” gemäß Artikel 9 des Protokolls über die Anwendung der Grundsätze der Subsidiarität und der Verhältnismäßigkeit (12. Bericht), KOM (2005) 98 endg., S. 6 ff.

1215 Vgl. hierzu das Protokoll (Nr. 30) über die Anwendung der Grundsätze der Subsidiarität und der Verhältnismäßigkeit (1997), ABl. 2006 Nr. C 231 E, – nunmehr aufgehoben – welches Leitlinien für die Anwendung beider Prinzipien vorgab. Dieses Protokoll forderte u. a.: erweiterte Konsultationen, einfache Rechtsvorschriften, die Berücksichtigung der finanziellen Belastungen und des Verwaltungsaufwandes für die „Gemeinschaft“, die örtlichen Behörden, die Wirtschaft und die Bürger. Siehe auch den Bericht der Kommission: „Bessere Rechtsetzung 2002” gemäß Artikel 9 des Protokolls über die Anwendung der Grundsätze der Subsidiarität und der Verhältnismäßigkeit (10. Bericht), KOM (2002) 715 endg., S. 5 f.

Siehe nunmehr auch Art. 2 des Protokolls (Nr. 2) über die Anwendung der Grundsätze der Subsidiarität und der Verhältnismäßigkeit, ABl. 2008 C 115/206. Dort heißt es: „Die Kommission führt umfangreiche Anhörungen durch, bevor sie einen Gesetzgebungsakt vorschlägt. Dabei ist gegebenenfalls der regionalen und lokalen Bedeutung der in Betracht gezogenen Maßnahmen Rechnung zu tragen. In außergewöhnlich dringenden Fällen führt die Kommission keine Konsultationen durch. Sie begründet dies in ihrem Vorschlag.“

b) Auswahl „passender“ Regelungsinstrumente

Zur Verwirklichung ihrer Zielsetzungen stehen der europäischen Ebene eine Reihe verschiedener Instrumente und Handlungsformen zur Verfügung. Im Rahmen der vertraglichen Vorgaben kann zwischen Verordnungen, Richtlinien, Empfehlungen, Instrumenten der Ko- oder Selbstregulierung[1216], freiwilligen Vereinbarungen auf Sektorenebene, der offenen Methode der Koordinierung, finanziellen Maßnahmen oder Informationskampagnen gewählt werden. Mit dieser Vielzahl an Regelungskonzepten muss jedoch auch die Bereitschaft korrespondieren, alle diese Instrumente in Betracht zu ziehen, um das jeweils geeignetste zu ermitteln.[1217] Damit rücken alternative Regulierungsansätze[1218] zunehmend in den Fokus der Bemühungen um mehr Effektivität, Legitimität und Transparenz des Unionshandelns.[1219] „Alternative Regelungskonzepte“ können

---

1216 Unter Koregulierung ist ein Mechanismus zu verstehen, durch den ein europäischer Rechtsakt die Verwirklichung der von der Rechtsetzungsbehörde festgelegten Ziele den in dem betreffenden Bereich anerkannten Parteien überträgt (insbesondere den Wirtschaftsteilnehmern, den Sozialpartnern, den Nichtregierungsorganisationen oder den Verbänden). Die Vereinbarungen der Parteien müssen mit dem Basisrechtsakt und sonstigem Europarecht in Einklang stehen. Ziel der Koregulierung ist die europäische Rechtsetzung – einschließlich der Gesetzgebung – durch eine Konzentration auf die wesentlichen Aspekte zu verringern und gleichzeitig die Erfahrung und Expertise der betroffenen Parteien zu nutzen.

Selbstregulierung kommt hingegen ohne einen hoheitlichen Rechtsakt aus. Wirtschaftsteilnehmer, Sozialpartner, Nichtregierungsorganisationen oder Verbände stellen hier untereinander und für sich gemeinsame europaweite Leitlinien auf: etwa Verhaltenskodizes oder sektorale Vereinbarungen. Generell implizieren solche auf Freiwilligkeit beruhenden Initiativen keine Stellungnahme der Organe, insbesondere dann nicht, wenn sie sich auf Bereiche beziehen, die von den Verträgen nicht abgedeckt sind oder in denen die Union noch keine Rechtsvorschriften erlassen hat. Vgl. zum Ganzen die Interinstitutionelle Vereinbarung vom 31. Dezember 2003 über „Bessere Rechtsetzung“, ABl. Nr. C 321/01. Um Selbst- und Koregulierungsmechanismen zu überwachen und zu bewerten, haben die Kommission und der Wirtschafts- und Sozialausschuss eine Internetdatenbank anlegen lassen. Diese dokumentiert konkrete Fälle von Selbst- und Koregulierung und ermöglicht den Austausch von Informationen sowie das Auffinden von "best practices“.

1217 Dieser Gedanke wird auch von Majone, Jahrbuch zur Staats- und Verwaltungswissenschaft, 1989, 159 ff. (174), formuliert: "it would be useful to examine the potential for coordination of instruments that have not been designed for that purpose“.

1218 Vgl. hierzu etwa: Morand Cahiers de droit européen 6 (1970), 623 ff. (623 ff.); Velluti, Yearbook of European Law, 22 (2003), 353 ff. (353 ff.); Wellens/Borchardt ELR 14 (1989), 267 ff. (267 ff.).

1219 Vgl. etwa: Mitteilung der Kommission an den Rat, das Europäische Parlament und den Wirtschafts- und Sozialausschuss: Steuerpolitik für die nächsten Jahre, KOM (2001) 260 endg., S. 25 f.; Mitteilung der Kommission – Aktionsplan „Vereinfachung und Verbesserung des Regelungsumfelds“, KOM (2002) 278 endg., S. 7; Euroals Ersatz oder in Ergänzung zur herkömmlichen „Gemeinschaftsmethode" in Betracht gezogen werden. Besonderes Augenmerk liegt hier auf der Selbst- und der Koregulierung. Die Nutzung dieser Instrumente kann in bestimmten Fällen ein kostenwirksameres und schnelleres Mittel zur Verwirklichung bestimmter politischer Ziele sein, als es die klassischen Gesetzgebungsinstrumente sind. Sie bilden im Rahmen einer angestrebten „neuen Gesetzgebungskultur“ auf europäischer Ebene eine notwendige Ergänzung zu den Bemühungen um weniger und bessere Rechtsetzung.[1220] Im Folgenden werden einige Regelungskonzepte vorgestellt, deren gezielter Einsatz die Verwirklichung bestimmter Zielsetzungen optimieren soll: das Ersetzen von Richtlinien durch Verordnungen[1221], Steuerung durch Information[1222], gesellschaftliche „Selbstregulierungskonzepte“[1223] und die Methode der offenen Koordinierung[1224].

aa) Ersetzen von Richtlinien durch Verordnungen

Um die europäische Rechtsordnung zu vereinfachen, vertritt die Kommission bei der Wahl der geeigneten Handlungsform die Ansicht, dass gegebenenfalls bestehende Richtlinien durch Verordnungen zu ersetzen sind.[1225] Dahinter ver-

---

päisches Regieren, Ein Weißbuch, KOM (2001) 428 endg., S. 5 f., 19, 27 ff. Vgl. außerdem Senden, Electronic Journal of Comparative Law, 2005, 1 ff. (bes. 2 ff.).

1220 Senden, Electronic Journal of Comparative Law, 2005, 1 ff. (5). Vgl. in allgemeiner Form auch Czada, PVS, (Sonderheft 34/2004), 9 ff. (14 f.). Siehe ferner: Mitteilung der Kommission – Aktionsplan „Vereinfachung und Verbesserung des Regelungsumfelds“, KOM (2002) 278 endg., S. 12 ff.; Interinstitutionelle Vereinbarung des Europäischen Parlaments, des Rats und der Kommission vom 31. Dezember 2003 über „Bessere Rechtsetzung“, ABl. 2003 C 321/1, Nrn. 16 f.; Mitteilung der Kommission an das Europäische Parlament, den Rat, den Europäischen Wirtschafts- und Sozialausschuss und den Ausschuss der Regionen: Umsetzung des Lissabon-Programms der Gemeinschaft: Eine Strategie zur Vereinfachung des ordnungspolitischen Umfelds, KOM (2005) 535 endg., S. 8 f.; Arbeitsdokument der Kommission: Erster Fortschrittsbericht über die Strategie für die Vereinfachung des ordnungspolitischen Umfelds, KOM (2006) 690 endg., S. 16 f.

1221 Vgl. 5. Kap. – B II 2 b aa.

1222 Vgl. 5. Kap. – B II 2 b bb.

1223 Vgl. 5. Kap. – B II 2 b cc.

1224 Vgl. 5. Kap. – B II 2 b dd.

1225 Mitteilung der Kommission an das Europäische Parlament, den Rat, den Europäischen Wirtschafts- und Sozialausschuss und den Ausschuss der Regionen: Umsetzung des Lissabon-Programms der Gemeinschaft: Eine Strategie zur Vereinfachung des ordnungspolitischen Umfelds, KOM (2005) 535 endg., S. 9.

Vgl. für konkrete Beispiele etwa die Verordnung (EG) Nr. 1907/2006 des Europäischen Parlaments und des Rates vom 18. Dezember 2006 zur Registrierung, Bewertung, Zu-

birgt sich folgende Überlegung: Wenn Richtlinien erlassen werden, müssen diese grundsätzlich erst in nationales Recht umgesetzt werden, um unmittelbare Geltung zu erlangen. Die Tatsache, dass die Mitgliedstaaten dazu neigen, zusätzliche Regeln auf die Richtlinien „aufzusatteln" (sogenanntes "gold-plating"), hat den Anlass dazu geliefert, den Erlass einer Verordnung anstelle einer Richtlinie vorzuziehen, da die unmittelbar wirkenden Verordnungen keiner Umsetzung bedürfen.[1226] Insofern soll das Ersetzen von Richtlinien durch Verordnungen die Belastungsintensität für die Betroffen verringern. Dieser Ansatz fordert jedoch zur Kritik heraus. So kann es leicht zu Problemen kommen, wenn bereits existierende nationale Regelungen nicht bzw. nicht ausreichend, in die Überlegungen einbezogen werden, da die Flexibilität des Handlungsinstrumentes der Richtlinie, die eine Anpassung europäischer Vorschriften an nationale Besonderheiten ermöglicht, bei der Verordnung fehlt.[1227] Außerdem steht die Präferenz der Verordnung gegenüber der Handlungsform der Richtlinie, die für sich betrachtet weniger eingriffsintensiv ist, im Widerspruch zu den Grundsätzen der Subsidiarität und der Verhältnismäßigkeit und vernachlässigt das größere Legitimationsniveau der Richtlinie, die jeweils erst durch nationale Rechtsetzungsakte umgesetzt werden muss und damit zusätzlich durch die nationale Rechtsorganisation legitimiert wird[1228].
Aus Gründen der verminderten „Anpassungsfähigkeit" von Verordnungen und im Hinblick auf die Grundsätze der Subsidiarität und der Verhältnismäßigkeit sollte die Bevorzugung der Verordnung gegenüber der Richtlinie auf Ausnahmefälle begrenzt bleiben.

---

lassung und Beschränkung chemischer Stoffe (REACH), zur Schaffung einer Europäischen Chemikalienagentur, zur Änderung der Richtlinie 1999/45/EG und zur Aufhebung der Verordnung (EWG) Nr. 793/93 des Rates, der Verordnung (EG) Nr. 1488/94 der Kommission, der Richtlinie 76/769/EWG des Rates sowie der Richtlinien 91/155/EWG, 93/67/EWG, 93/105/EG und 2000/21/EG der Kommission, ABl. 2006 L 396/1 oder auch den Vorschlag für eine Verordnung des Europäischen Parlaments und des Rates über das Inverkehrbringen von Pflanzenschutzmitteln, KOM (2006) 388 endg., sowie den Vorschlag für eine Verordnung des Europäischen Parlaments und des Rates über Lebensmittelzusatzstoffe, KOM (2006) 428 endg.

1226 Vgl. Arbeitsdokument der Kommission: Erster Fortschrittsbericht über die Strategie für die Vereinfachung des ordnungspolitischen Umfelds, KOM (2006) 690 endg., S. 18.

1227 Dennoch sind in diesem Zusammenhang die praktischen Verwirklichungschancen dieses Ansatzes zu relativieren. Die nationalen Regierungen dürften entsprechenden Vorschlägen der Kommission, welche Richtlinien durch Verordnungen ersetzen, wohl eher skeptisch begegnen, da diese den eigenen Handlungsspielraum der Mitgliedstaaten beschneiden.

1228 Pawlowski, Probleme der Begründung des Rechts im europäischen Mehrebenensystem, in: Das europäische Mehrebenensystem, S. 332 ff. (346); Pawlowski, Probleme der Begründung des Rechts in der Europäischen Union, in: Modernisierung – Prozess oder Entwicklungsstrategie?, S. 419 ff. (443).

bb) Steuerung durch Information

Eine Möglichkeit zur Verhaltenssteuerung ist die Steuerung durch Information.[1229] Diese Lenkungsform ist unter dem Gesichtspunkt der Privatautonomie zu begrüßen[1230], stößt aber auch auf Schwierigkeiten, die ihrer umfassenden Anwendung im Wege stehen. So ergibt sich aus empirischen Studien, dass die Informationen von den Bürgern und Verbrauchern zwar für gut befunden, aber selten genutzt werden.[1231] Solche pädagogischen Steuerungsmaßnahmen sind daher allenfalls in den Fällen zu empfehlen, wo eine strikte Befolgung nicht notwendig ist, sondern eine Befolgung durch die Allermeisten genügt[1232], was seinerseits ein hinreichendes Maß an Einsichtsfähigkeit und sozialer Kontrolle voraussetzt[1233].

Ein Beispiel für Steuerung durch Information sind etwa die „schwarzen Listen", in denen diejenigen Luftfahrtunternehmen aufführt sind, gegen die in Europa eine Betriebsuntersagung ergangen ist oder deren Betrieb in Europa gewissen Bedingungen unterworfen wurde.[1234] Diese regelmäßig aktualisierten und im Amtsblatt der Europäischen Union veröffentlichten Listen sollen sowohl die Verbraucher bei ihrer Buchungsentscheidung unterstützen als auch Druck auf die betroffenen Fluggesellschaften ausüben, ihre Anstrengungen im Hinblick auf die einzuhaltenden Sicherheitsstandards zu intensivieren.

Die Vielzahl „begleitender" bzw. „durchführender" Rechtsetzungsakte[1235], die für eine Steuerung durch Information mittels „schwarzer Listen" notwendig

---

1229 Vgl. v. Hippel, ZG, 1987, 1 ff. (2, 5 ff.).

1230 V. Hippel, Verbraucherschutz, S. 37; v. Hippel, ZG, 1987, 1 ff. (5). Ähnlich auch Jørgensen, Rechtstheorie, 20 (1989), 493 ff. (500), der sich hierdurch wohl einen Zugewinn an Akzeptanz für das Recht verspricht.

1231 Vgl. allgemein v. Hippel, ZG, 1987, 1 ff. (6).

Ein konkretes Beispiel ist das EU-Umweltzeichen „Ökoblume", dessen Hauptanliegen, eine Änderung des Kaufverhaltens herbeizuführen, zunächst allerdings gescheitert ist. Kritisch auch Europäischer Wirtschafts- und Sozialausschuss: 445. Plenartagung am 28./29. Mai 2008, Stellungnahme des Europäischen Wirtschafts- und Sozialausschusses zum Thema „Ökologische Herstellungsverfahren"(2008/C 224/01), ABl. 2008 C 224/1 – Punkt 1.6. Vgl. außerdem die Verordnung (EG) Nr. 1980/2000 des Europäischen Parlaments und des Rates vom 17. Juli 2000 zur Revision des gemeinschaftlichen Systems zur Vergabe eines Umweltzeichens, ABl. 2000 L 237/1 sowie die umfangreichen Informationen zu diesem Zeichen, die unter http://ec.europa.eu/environment/ecolabel/index_en.htm vorfindbar sind.

1232 So auch Bender, FS Schelsky, S. 31 ff. (42).

1233 Bender, FS Schelsky, S. 31 ff. (42).

1234 Vgl. hierzu umfassend http://ec.europa.eu/transport/air-ban/list_de.htm.

1235 Vgl.: Verordnung (EG) Nr. 2111/2005 des Europäischen Parlaments und des Rates vom 14. Dezember 2005 über die Erstellung einer gemeinschaftlichen Liste der Luftfahrtunternehmen, gegen die in der Gemeinschaft eine Betriebsuntersagung ergangen ist, sowie

sind, zeigt aber auch, dass Steuerung durch Information nicht automatisch zu einem Absinken der Zahl an Rechtsetzungsakten führt. Die Stärken dieser Steuerungsform liegen also nicht im quantitativen, sondern im qualitativen Bereich. Steuerung durch Information bietet den Vorteil einer geringen Belastungsintensität. Nachteilig ist die schwache Effektivität. Steuerung durch Information ist daher nur dort anzuraten, wo diese Steuerungsform nachweisbar erfolgreich

---

über die Unterrichtung von Fluggästen über die Identität des ausführenden Luftfahrtunternehmens und zur Aufhebung des Artikels 9 der Richtlinie 2004/36/EG, ABl. 2005 L 344/15; Verordnung (EG) Nr. 473/2006 der Kommission vom 22. März 2006 zur Festlegung der Durchführungsbestimmungen bezüglich der in Kapitel II der Verordnung (EG) Nr. 2111/2005 des Europäischen Parlaments und des Rates genannten gemeinschaftlichen Liste der Luftfahrtunternehmen, gegen die in der Gemeinschaft eine Betriebsuntersagung ergangen ist, ABl. 2006 L 84/8; Verordnung (EG) Nr. 474/2006 der Kommission vom 22. März 2006 zur Erstellung der in Kapitel II der Verordnung (EG) Nr. 2111/2005 des Europäischen Parlaments und des Rates genannten gemeinschaftlichen Liste der Luftfahrtunternehmen, gegen die in der Gemeinschaft eine Betriebsuntersagung ergangen ist, ABl.2006 L 84/14; Verordnung (EG) Nr. 910/2006 der Kommission vom 20. Juni 2006 zur Änderung der Verordnung (EG) Nr. 474/2006 zur Erstellung der in Kapitel II der Verordnung (EG) Nr. 2111/2005 des Europäischen Parlaments und des Rates genannten gemeinschaftlichen Liste der Luftfahrtunternehmen, gegen die in der Gemeinschaft eine Betriebsuntersagung ergangen ist, ABl. 2006 L 168/16; Verordnung (EG) Nr. 1543/2006 der Kommission vom 12. Oktober 2006 zur Änderung der Verordnung (EG) Nr. 474/2006 zur Erstellung der in Kapitel II der Verordnung (EG) Nr. 2111/2005 des Europäischen Parlaments und des Rates, geändert durch die Verordnung (EG) Nr. 910/2006, genannten gemeinschaftlichen Liste der Luftfahrtunternehmen, gegen die in der Gemeinschaft eine Betriebsuntersagung ergangen ist, ABl. 2006 L 283/27; Verordnung (EG) Nr. 235/2007 der Kommission vom 5. März 2007 zur Änderung der Verordnung (EG) Nr. 474/2006 zur Erstellung der gemeinschaftlichen Liste der Luftfahrtunternehmen, gegen die in der Gemeinschaft eine Betriebsuntersagung ergangen ist, ABl. 2007 L 66/3; Verordnung (EG) Nr. 787/2007 der Kommission vom 4. Juli 2007 zur Änderung der Verordnung (EG) Nr. 474/2006 der Kommission zur Erstellung der gemeinschaftlichen Liste der Luftfahrtunternehmen, gegen die in der Gemeinschaft eine Betriebsuntersagung ergangen ist, ABl. 2007 L 17 /10; Verordnung (EG) Nr. 1043/2007 der Kommission vom 11. September 2007 zur Änderung der Verordnung (EG) Nr. 474/2006 der Kommission zur Erstellung der gemeinschaftlichen Liste der Luftfahrtunternehmen, gegen die in der Gemeinschaft eine Betriebsuntersagung ergangen ist, ABl.2007 L 239/50; Verordnung (EG) Nr. 1400/2007 der Kommission vom 28. November 2007 zur Änderung der Verordnung (EG) Nr. 474/2006 zur Erstellung der gemeinschaftlichen Liste der Luftfahrtunternehmen, gegen die in der Gemeinschaft eine Betriebsuntersagung ergangen ist, ABl. 2007 L 311/12; Verordnung (EG) Nr. 331/2008 der Kommission vom 11. April 2008 zur Änderung der Verordnung (EG) Nr. 474/2006 zur Erstellung der gemeinschaftlichen Liste der Luftfahrtunternehmen, gegen die in der Gemeinschaft eine Betriebsuntersagung ergangen ist, ABl. 2008 L 102/3; Verordnung (EG) Nr. 715/2008 der Kommission vom 24. Juli 2008 zur Änderung der Verordnung (EG) Nr. 474/2006 zur Erstellung der gemeinschaftlichen Liste der Luftfahrtunternehmen, gegen die in der Gemeinschaft eine Betriebsuntersagung ergangen ist, ABl. 2008 L 197/36.

ist. „Quantitative“ Vorteile besitzt diese Steuerungsform auf europäischer Ebene kaum.

cc) Gesellschaftliche „Selbstregulierungssysteme“

Neben den „klassischen“ hoheitlichen Rechtsetzungsformen hat sich die gesellschaftliche „Selbstregulierung“ in den letzten Jahrzehnten auch auf „Gemeinschaftsebene“ etabliert. Der soziologische Begriff der gesellschaftlichen Selbstregulierung[1236] beschreibt dabei einen Gestaltungsmodus, mit dem die gesellschaftlichen Kräfte veranlasst werden, Gemeinwohlergebnisse hervorzubringen.[1237] Hiervon erhofft man sich einen positiven Einfluss auf die Qualität und die Quantität der Rechtsordnung. Im Grünbuch der Kommission zur gesunden Ernährung und körperlichen Bewegung heißt es etwa: „Die Selbstregulierung der Industrie könnte [...] das Mittel der Wahl sein, da sie im Vergleich zu einer gesetzlichen Regelung in vielen Fällen schneller greift und flexibler ist."[1238] Die direkte Beteiligung der betroffenen Kreise in Wirtschaft und Gesellschaft und deren besondere Sachkenntnisse sollen eine Qualitätssteigerung durch höhere Effektivität und bessere Effizienz gegenüber „klassischer“ Rechtsetzung ermöglichen. Zudem sollen „Selbstregulierungsmechanismen“ hoheitliche Rechtsetzung unnötig machen oder zumindest von Detailregelungen befreien und damit die Rechtsordnung entschlacken. Dies trifft sowohl auf „Selbstregulierungsmaßnahmen“ zu, die rechtliche Regelungen vollständig ersetzen sollen (normvermeidende bzw. normabwendende Absprachen) sowie auf diejenigen, die einen durch einen Rechtsetzungsakt abgesteckten Rahmen inhaltlich ausgestalten (normausfüllende bzw. normakzessorische Absprachen). Anders formuliert: Sowohl die Selbstregulierung als auch die Koregulierung haben eine substituierende Wirkung auf das Ordnungsrecht.[1239]

Nachfolgend sollen einige „Selbstregulierungssysteme“ vorgestellt werden: Vereinbarungen von Sozialpartnern im Rahmen des Sozialen Dialogs[1240], Selbstverpflichtungen der Wirtschaft auf dem Gebiet der Umweltverein-

---

1236 Vgl. zur gesellschaftlichen Selbstregulierung allgemein u. a.: Schmidt-Preuß, VVDStRL, 56 (1997), 160 ff. (162 ff.); Trute, DVBl., 1996, 950 ff. (950 ff.).

1237 Härtel, Europäische Rechtsetzung, S. 445.

1238 Grünbuch – „Förderung gesunder Ernährung und körperlicher Bewegung: eine europäische Dimension zur Verhinderung von Übergewicht, Adipositas und chronischen Krankheiten“, KOM (2005) 637 endg., V. 1. 2.

1239 Vgl. Faber, Gesellschaftliche Selbstregulierungssysteme im Umweltrecht, S. 210, 219 f., 409, sowie Härtel, Europäische Rechtsetzung, S. 452. Beide unterscheiden im Einzelnen noch zwischen Regelungs- und Vollzugssubstitution.

1240 Vgl. 5. Kap. – B II 2 b cc aaa.

barungen[1241] und die europäische technische Normung[1242]. Dabei geht es nicht nur um die Verifizierung der mit dem Konzept der „Selbstregulierung“ verbundenen Erwartungen hinsichtlich der Qualität und Quantität der Rechtsordnung, sondern auch um die Grenzen gesellschaftlicher Regulierung bzw. um die Notwendigkeit hoheitlicher Regulierung.

aaa) Vereinbarungen von Sozialpartnern im Rahmen des Sozialen Dialogs

Zunächst soll das vertraglich vorgesehene Regulierungskonzept der Vereinbarungen von Sozialpartnern im Rahmen des sozialen Dialogs umrissen werden. Nach Art. 138 f. EGV – jetzt: Art. 154 f. AEUV – können die Sozialpartner die sozialpolitischen Akte der Gemeinschaft – bzw. jetzt der Union – entscheidend mitbestimmen, indem sie Vereinbarungen treffen, die in Rechtsakte umgesetzt werden. Gemäß Art. 139 Abs. 1 EGV – jetzt: Art. 155 Abs. 1 AEUV – kann der „Dialog zwischen den Sozialpartnern auf Gemeinschaftsebene/Unionebene, falls sie es wünschen, zur Herstellung vertraglicher Beziehungen einschließlich des Abschlusses von Vereinbarungen führen“, wobei die Durchführung dieser Vereinbarungen dann entweder auf nationaler oder – hier von besonderem Interesse – auf Gemeinschaftsebene/Unionsebene erfolgen kann (Art. 139 Abs. 2 EGV – jetzt: Art. 155 Abs. 2 AEUV). Inhaltlich sind diese Vereinbarungen dann auf die Gebiete beschränkt, die Art. 137 EGV – jetzt: Art. 153 AEUV – vorgibt, wobei die in Betracht kommenden Regelungsgegenstände selbst weit gefasst sind. Sie reichen von der Verbesserung der Arbeitsumwelt zum Schutz der Gesundheit und Sicherheit der Arbeitnehmer, über die Arbeitsbedingungen bis zur Chancengleichheit von Männern und Frauen auf dem Arbeitsmarkt und der Bekämpfung sozialer Ausgrenzungen. Von den weitreichenden Einsatzmöglichkeiten wurde in der Praxis allerdings eher spärlich Gebrauch gemacht.[1243]
Die Vereinbarungen treffen die Sozialpartner aus eigener Initiative oder auf Anregung der Kommission[1244]. Nach Ansicht der Kommission und dem Gericht (Erster Instanz) können die Sozialpartner selbst entscheiden, wer an den Verhandlungen über den Abschluss der Vereinbarungen teilnimmt.[1245] In der Praxis

---

1241 Vgl. 5. Kap. – B II 2 b cc bbb.

1242 Vgl. 5. Kap. – B II 2 b cc ccc.

1243 Prägnant Best, Eipascope, 2003/1, 2 ff. (3): “The results are not impressive, at least in quantitative terms“.

1244 Vgl. Art. 138 Abs. 2, 3 EGV – Art. 154 Abs. 2, 3 AEUV.

1245 Vgl. EuG, Rs. T-135/96, Union européenne de l'artisanat et des petites et moyennes entreprises (UEAPME)/Rat, abrufbar unter: http://curia.europa.eu, Rn. 75 f.

Eine andere Frage ist, wer am Anhörungsverfahren nach Art. 138 EGV – jetzt: Art. 154 AEUV – zu beteiligen ist. Vgl. hierzu etwa: Mitteilung der Kommission über die Anwendung des Protokolls über die Sozialpolitik an den Rat und an das Europäische

haben bisher u. a. die Union der Industrie- und Arbeitgeberverbände (UNICE), der Europäische Zentralverband der Öffentlichen Wirtschaft (CEEP) und der Europäische Gewerkschaftsbund (EGB) solche Vereinbarungen geschlossen.[1246] Normative Wirkung kommt den Vereinbarungen der Sozialpartner erst durch Beschluss des Rates auf Vorschlag der Kommission (Art. 139 Abs. 2 UA 1 EGV – jetzt: Art. 155 Abs. 2 UA 1 AEUV) zu.[1247] Dieser Beschluss kann in Form einer Verordnung oder durch eine Richtlinie erfolgen.[1248] Ob und inwieweit die Kommission und der Rat an die Vereinbarungen der Sozialpartner gebunden sind, wird in der Literatur meist folgendermaßen beantwortet: Während der Kommission und dem Rat das Recht zur generellen Ablehnung der Vereinbarungen eingeräumt wird[1249], sind sowohl der Kommission als auch dem Rat eine inhaltliche Abänderungen der Vereinbarungen untersagt.[1250]

Parlament, KOM (93) 600; Mitteilung der Kommission über Entwicklung des sozialen Dialogs auf Gemeinschaftsebene, KOM (96) 448 endg.; Mitteilung der Kommission: Partnerschaft für den Wandel in einem erweiterten Europa – Verbesserung des Beitrags des europäischen sozialen Dialogs, KOM (2004) 557 endg., S. 10, 24 f.

1246 Vgl. Britz/Schmidt, EuR, 1999, 467 ff. (473). Vgl. eine umfängliche Auflistung verschiedener Vereinbarungen bei Krebber, in: Callies/Ruffert EUV/EGV Art. 138 EGV Rn. 20 f.

1247 Vgl. in diesem Kontext auch Birk, EuZW, 1997, 453 ff. (457 f.) – dort zu anderen Formen der Durchführung – neben derjenigen durch Ratsbeschluss.

1248 So die h. M., wie etwa von: Britz/Schmidt, EuR, 1999, 467 ff. (475); Härtel, Europäische Rechtsetzung, S. 474 f.; Krebber, in: Callies/Ruffert EUV/EGV Art. 139 EGV Rn. 29. In der Praxis wurden die Vereinbarungen bisher durch Richtlinien durchgeführt.

1249 Bezüglich der Kommission ist hier auf Art. 211 Spiegelstrich 1 EGV – jetzt: Art. 17 Abs. 1 S. 2 EUV i.d.F. des Vertrages von Lissabon – hinzuweisen, wonach die Kommission die Einhaltung des europäischen Vertrags- und Sekundärrechts überwacht und die Vertragskonformität der Vereinbarungen prüft. Aus ihrem grundsätzlichen Initiativmonopol, das durch Art. 139 Abs. 2 EGV – jetzt: Art. 155 Abs. 2 AEUV – nicht eingeschränkt wird, wird auch das Recht zur Ablehnung der Vereinbarungen aus Gründen der politischen Zweckmäßigkeit abgeleitet. Dem Rat, der die politische und rechtliche Verantwortung für den Erlass eines Rechtsakts hat, wird eine Ablehnung aus politischen Erwägungen heraus ebenfalls zugestanden. Eingehend zum Ganzen u. a.: Birk, EuZW, 1997, 453 ff. (459); Britz/Schmidt, EuR, 1999, 467 ff. (477 f.); Härtel, Europäische Rechtsetzung, S. 474 ff.; Krebber, in: Callies/Ruffert EUV/EGV Art. 139 EGV Rn. 26 f. Vgl. auch Watson Rev. 1993, 481 ff. (507), der für die Kommission eine „Vorschlagspflicht" annimmt.

1250 Begründet wird dies mit der durch Art. 138 f. EGV – jetzt: Art. 154 f. AEUV – eingeräumten Verhandlungsautonomie der Sozialpartner. Ferner besteht die Gefahr, dass Veränderungen die innere Einheit der Vereinbarungen auflösen. Eingehend zum Ganzen u. a.: Birk, EuZW, 1997, 453 ff. (458 f.); Britz/Schmidt, EuR, 1999, 467 ff. (478); Härtel, Europäische Rechtsetzung, S. 476 f.; Krebber, in: Callies/Ruffert EUV/EGV Art. 139 EGV Rn. 26; Watson, CML Rev., 1993, 481 ff. (507).

Trotz der „Einwirkungsmöglichkeiten“ durch Rat und Kommission werfen die erheblichen Mitwirkungsrechte der Sozialpartner Fragen bezüglich der demokratischen Legitimation der Rechtsetzung auf.[1251] Ins Gewicht fällt hierbei, dass dem Europäischen Parlament bei der Durchführung nach Art. 139 EGV keinerlei Mitwirkungsrecht zukommt. Art. 155 Abs. 2 UA 1 S. 2 AEUV sieht nun eine Unterrichtung des Europäischen Parlaments vor.
Eine im Schrifttum geäußerte Ansicht meint(e) deswegen, dass durch das Verfahren nach Art. 138 f. EGV das institutionelle Gleichgewicht verletzt werde und entsprechende Rechtsakte folglich rechtswidrig sind.[1252] In Anlehnung an eine Entscheidung des Gerichts (Erster Instanz)[1253] lässt sich auch die Ansicht vertreten, dass die notwendige demokratische Legitimation der Rechtsakte durch die Mitwirkung der Sozialpartner vermittelt wird. Als Ausgangspunkt seiner Argumentation geht das Gericht davon aus, dass die europäische Rechtsetzung demokratisch legitimiert sein muss. Dies geschehe normalerweise durch die Mitwirkung des Europäischen Parlaments. Da dies bei der Durchführung von Vereinbarungen der europäischen Sozialpartner nicht gegeben ist, müssen die Sozialpartner selbst für die notwendige demokratische Legitimation sorgen. Das Gericht kommt daher zu dem Schluss, dass die Sozialpartner über eine „ausreichende Gesamtrepräsentativität“ verfügen müssen. Diese Sichtweise, welche den Sozialpartnern die demokratische Legitimation für die Durchführung der Vereinbarungen auferlegt, berücksichtigt jedoch nicht ausreichend, dass die Sozialpartner selbst keine repräsentative Versammlung darstellen, die ihre Entscheidungsgewalt aus einem Volkswillen (bzw. dem Willen der Völker der Mitgliedstaaten) herleitet[1254]. Folglich kann bei der Vermittlung demokratischer Legitimation nicht (bzw. nur in geringem Ausmaß) auf die Sozialpartner abgestellt werden. Dies ist aber auch nicht notwendig, weil die Rechtsakte zur Durchführung der Vereinbarungen (auch) durch die Mitwirkung von Rat und Kommission legitimiert werden[1255], da beide Organe ein Letztentscheidungsrecht über das Zustandekommen der Rechtsakte haben und allgemein die Auffassung vertreten wird, dass Kommission und Rat genügend demokratische Legitimation für den Erlass von Rechtsetzungsakten besitzen.

1251 Vgl. zum Ganzen Britz/Schmidt, European Law Journal, 2000, 45 ff. (56 ff.).

1252 Krebber, in: Callies/Ruffert EUV/EGV Art. 139 EGV Rn. 28. Dagegen Härtel, Europäische Rechtsetzung, S. 477, die darauf verweist, dass das institutionelle Gleichgewicht nur dann ein Maßstab sein kann, wenn das institutionelle Gleichgewicht durch das Primärrecht konkretisiert wird.

1253 EuG, Rs. T-135/96, Union européenne de l'artisanat et des petites et moyennes entreprises (UEAPME)/Rat, abrufbar unter: http://curia.europa.eu, Rn. 89 ff.

1254 Britz/Schmidt, EuR, 1999, 467 ff. (490).

1255 Britz/Schmidt, EuR, 1999, 467 ff. (487 ff.); Härtel, Europäische Rechtsetzung, S. 479.

Da die Sozialpartner mit den zu regelnden Verhältnissen bestens vertraut sind, kann ihre Einbindung in den Rechtsetzungsprozess helfen, die inhaltliche Qualität der Rechtsetzungsakte zu steigern. Bezüglich der demokratischen Legitimität der hier skizzierten Rechtsetzungsprozesse bestehen zwar Zweifel, diese sind aber letztlich nicht durchgreifend.

bbb) Selbstverpflichtungen der Wirtschaft mit dem Fokus auf „Umweltvereinbarungen"

Seit den achtziger Jahren sind Selbstverpflichtungen der Wirtschaft vor allem im Bereich des Umweltschutzes verbreitet.[1256] Hier taucht der Begriff der „Umweltvereinbarungen" auf, unter dem die Kommission solche Selbstverpflichtungen versteht, die das Ergebnis von Verhandlungen mit Behörden sind bzw. die ausdrücklich von Behörden anerkannt wurden, die aber keine einseitigen Selbstverpflichtungen, wie etwa Verhaltenskodizes, sind.[1257] Die Europäische Gemeinschaft bzw. Union hat als Ergebnis von Verhandlungen der Kommission mit Wirtschaftsvertretern bisher nur rechtlich unverbindliche Umweltvereinbarungen geschlossen.[1258]

1256 Vgl. Bleckmann, DVBl., 1981, 889 ff. (889 ff.). Siehe zudem die Mitteilung der Kommission an den Rat, das Europäische Parlament, den Wirtschafts- und Sozialausschuss und den Ausschuss der Regionen zum sechsten Aktionsprogramm der Europäischen Gemeinschaft für die Umwelt 'Umwelt 2010: Unsere Zukunft liegt in unserer Hand' – Sechstes Umweltaktionsprogramm, KOM (2001) 31 endg., Punkte, 2.1., 2.3. und 8.1. sowie die Mitteilung der Kommission an das Europäische Parlament, den Rat, den Wirtschafts- und Sozialausschuss und den Ausschuss der Regionen: Umweltvereinbarungen auf Gemeinschaftsebene im Rahmen des Aktionsplans „Vereinfachung und Verbesserung des Regelungsumfeldes", KOM (2002) 412 endg., S. 3 ff. Hierzu ferner u. a.: Héritier, New Modes of Governance in Europe: Policy-Making without Legislating?, in: Common Goods: Reinventing European and International Governance, S. 185 ff. (bes. 186 f.); Holzinger/Knill/Schäfer, Steuerungswandel in der europäischen Umweltpolitik, in: Politische Steuerung im Wandel, S. 103 ff. (103 ff.); Volpi/Singer, EU-level agreements: a successful tool? Lessons from the Agreement with the automotive industry, in: Voluntary Environmental Agreement, S.142 ff. (142 ff.).

1257 Vgl. Härtel, Europäische Rechtsetzung, S. 446 f.

1258 Härtel, Europäische Rechtsetzung, S. 449 f., 453. – Die rechtliche Zulässigkeit solcher unverbindlicher Vereinbarungen ist grundsätzlich zu bejahen. Im Schrifttum wurde bisher nur diskutiert, ob die Kommission auch ohne Ermächtigung des Rates (bzw. des Rates und des Europäischen Parlaments) unverbindliche Vereinbarungen mit Wirtschaftsvertretern treffen dürfe. Aufgrund der Befugnis der Kommission notwendig erachtete, unverbindliche Empfehlungen und Stellungnahmen abzugeben, wurde abgeleitet, dass es der Kommission auch ohne Ermächtigung durch den Rat (bzw. durch den Rat und das Parlament) gestattet sein müsse, die Anerkennung einer unverbindlichen (Umwelt-) Vereinbarung durch eine Empfehlung durchzuführen. Die gleiche Argumentation wurde dann aufdie Frage angewendet, ob die Kommission ohne Ermächtigung die Verhand-

Trotz fehlender Erkenntnisse für eine abschließende Bewertung der Steuerungskraft von Umweltvereinbarungen[1259] werden Selbstverpflichtungen im Vergleich zu normativen Regelungen, die auf dem Wege formaler Rechtsetzungsverfahren zustande kommen, allgemein als schneller und einfacher zu realisierende Regulierungsmöglichkeiten angesehen, die kosteneffizienter[1260] und flexibler handhabbar sind. Hiervon verspricht man sich eine legitimitätsfördernde Wirkung, die sich auch in besseren Vollzugsergebnissen niederschlägt.[1261] Von Kritikern[1262] wird hingegen die drohende Interessenverflechtung zwischen Hoheitsträgern und Wirtschaft herausgestrichen, die sich tendenziell in einem geringeren Schutzniveau für die betroffenen Bereiche niederschlagen kann. Auch die missbräuchliche Verschleppung notwendiger Regelungsmaßnahmen wird angemahnt sowie Legitimitätsdefizite aufgrund der Beteiligung privater Akteure[1263]. Diese eher theoretischen Erwägungen sollen nachfolgend durch zwei konkrete Beispiele für europäische Umweltvereinbarungen illustriert werden.

Der erste Fall[1264] datiert aus dem Jahr 1989. Mit Vertretern der Aerosol-, Kunststoff- und Kühlgeräteindustrie traf die Kommission „informelle Vereinbarungen“ über die Abschaffung von FCKW und Halonen, deren Ergebnisse anschließend in einer Empfehlung der Kommission an die betroffenen Branchen mündeten. Diese Vereinbarung hatte jedoch nur eine kurze Lebensdauer. Nach

---

lungen führen dürfe. Insofern zog man einen Vergleich zu den Konsultationen, welche im Vorfeld eines Rechtsetzungsvorschlags stattfinden. Für diese benötigt die Kommission ebenfalls keine Ermächtigung. Vgl. ausführlich zum Ganzen Härtel, Europäische Rechtsetzung, S. 453 ff. – dort auch zur rechtlichen Zulässigkeit verbindlicher (Umwelt-) Vereinbarungen, die theoretisch denkbar sind.

1259 So auch Härtel, Europäische Rechtsetzung, S. 447.

1260 Vgl. Entschließung des Rates vom 3. Dezember 1992 über den Zusammenhang zwischen Wettbewerbsfähigkeit der Industrie und Schutz der Umwelt, ABl. EG 1992 C 331/5 – dort Punkt 15 ii).

1261 Zu den Vorteilen von Selbstverpflichtungen der Wirtschaft vgl. u. a.: Best, Eipascope, 2003/1, 2 ff. (4 f.); Brohm, DÖV, 1992, 1025 ff. (1026); Faber, Gesellschaftliche Selbstregulierungssysteme im Umweltrecht, S. 226 ff.; Härtel, Europäische Rechtsetzung, S. 448; Héritier/Eckert, New Modes of Governance, S. 1; Rottmann/Lenschow, „Privatising“ EU Governance, S. 6.

1262 Zu den Nachteilen von Selbstverpflichtungserklärungen vgl. u. a.: Faber, Gesellschaftliche Selbstregulierungssysteme im Umweltrecht, S. 228 ff.; Härtel, Europäische Rechtsetzung, S. 448; Rottmann/Lenschow, „Privatising“ EU Governance, S. 6.

1263 Vgl. Rottmann/Lenschow, „Privatising“ EU Governance, S. 6; Volpi/Singer, EU-level agreements: a successful tool? Lessons from the Agreement with the automotive industry, in: Voluntary Environmental Agreement, S.142 ff. (150 ff.).

1264 Weitere „aufbereitete“ Beispiele sind etwa bei Héritier/Eckert, New Modes of Governance, S. 5 ff. zu finden. Vgl. auch die Auflistung von freiwilligen Vereinbarungen bei Rottmann/Lenschow, „Privatising“ EU Governance, S. 29 f.

drei Verordnungen, die Minderungssätze für bestimmte Stoffe festlegten, wurde ihr Einsatz 1994 endgültig (mit Mitteln des Ordnungsrechts) untersagt.

Die bekannteste Selbstverpflichtung dürfte aber die 1998 zwischen dem Verband der Europäischen Automobilhersteller (ACEA) und der Kommission eingegangene Vereinbarung sein, welche die Automobilhersteller verpflichtete, bei Personenkraftwagen bis 2008 die Zielvorgabe von 140g CO_2 Ausstoß pro km im Schadstoffausstoß einzuhalten.[1265] Im Vergleich zum Jahr 1995 entspricht dies einer 25%igen Reduktion. Die Einhaltung der Vereinbarung sollte durch Überwachung und entsprechende Berichtspflichten der Kommission und der ACEA sichergestellt werden.

Die Ausgangsbedingungen für einen Erfolg der Vereinbarung bzw. eine hinreichende Wirksamkeit der Vereinbarung waren recht vielversprechend, da die ACEA vergleichsweise wenige Mitglieder hatte und diese ähnliche Interessen verfolgten. Außerdem versprach eine Selbstverpflichtung allen Mitgliedern einen Gewinn durch die Vermeidung einer hoheitlichen Regelung. Im Gegensatz zu anderen Selbstverpflichtungen bestand außerdem eine gut organisierte Überwachung der eingegangenen Selbstverpflichtungen durch die ACEA und die „Gemeinschaft" (sowie die Mitgliedstaaten).

Ungeachtet einer Warnung der Kommission, bei Verfehlung der vereinbarten Ziele rechtsetzend tätig zu werden, erfüllte die Industrie ihre eingegangenen Verpflichtungen nicht. Infolgedessen schlug die Kommission verpflichtende Zielvorgaben vor, welche die durchschnittlichen CO_2-Emissionen bei der Neuwagenflotte auf 120 g CO_2 Ausstoß pro km festlegt.[1266]

1265 Vgl. Empfehlung 1999/125/EG der Kommission über die Minderung der CO2-Emissionen von Personenkraftwagen, abrufbar unter: http://ec.europa.eu/environment/co2/99125/de.pdf. Vgl. hinsichtlich ähnlicher Vereinbarungen mit koreanischen und japanischen Automobilproduzenten: Empfehlung 2000/303/EG der Kommission über die Minderung von CO2-Emissionen von Personenkraftwagen (KAMA), abrufbar unter: http://eurlex.europa.eu/LexUriServ/site/de/oj/2000/l_100/l_10020000420de00550056.pdf; Empfehlung 2000/304/EG der Kommission über die Minderung von CO2-Emissionen von Personenkraftwagen (JAMA), abrufbar unter: http://eurlex.europa.eu/LexUriServ/site/de/oj/2000/l_100/l_10020000420de00570058.pdf. Betrachte hierzu aus der Literatur u. a.: Rottmann/Lenschow, „Privatising" EU Governance, S. 8 ff., oder Volpi/Singer, EU-level agreements: a successful tool? Lessons from the Agreement with the automotive industry, in: Voluntary Environmental Agreement, S.142 ff. (149 ff.).

1266 Vgl. Vorschlag für eine Verordnung des Europäischen Parlaments und des Rates zur Festsetzung von Emissionsnormen für neue Personenkraftwagen im Rahmen des Gesamtkonzepts der Gemeinschaft zur Verringerung der CO2-Emissionen von Personenkraftwagen und leichten Nutzfahrzeugen, KOM (2007) 856 endg.

Schon die kurze Schilderung dieser Beispiele lässt Zweifel an der Sinnhaftigkeit freiwilliger Selbstverpflichtungen (im Umweltschutzbereich) aufkommen. Um einen effektiven Einsatz dieser Regelungsalternative zu gewährleisten, sind sowohl kontinuierliche Überwachungsmaßnahmen von hoheitlicher Seite her notwendig als auch die frühzeitige Ankündigung von hoheitlichen Regelungen im Falle einer Nichteinhaltung.[1267] Aber selbst unter diesen Umständen ist ein Scheitern der Vereinbarungen nicht unwahrscheinlich.
Einer Ausdehnung dieses Regelungsansatzes stehen nicht nur die ernüchternden empirischen Befunde gegenüber, auch die Anzahl möglicher Anwendungsgebiete ist begrenzt. Freiwillige Vereinbarungen sind nur dort erfolgversprechend, wo die Verursacher des zu lösenden Problems klar identifizierbar sind und eine relativ homogene Gruppe bilden, die effektiv auf europäischer Ebene organisiert ist. Freiwillige Selbstvereinbarungen können daher kein flächendeckendes Regulierungsmodell sein. Als Alternative zu legislativen Schritten bleiben sie allerdings erwägenswert. Dabei sollte jedoch immer der Mehrwert der freiwilligen Vereinbarungen (Stichworte: Flexibilität, technische Expertise der Betroffenen et cetera) im Vordergrund stehen. Schwierigkeiten bei der Kompromissfindung im Rat oder Parlament hinsichtlich einer legislativen Problemlösung sind hingegen keine Rechtfertigung für freiwillige Vereinbarungen. Anders formuliert: Wenn man sich im Rat oder Parlament nicht auf verbindliche Rechtsetzungsakte einigen kann, ist der Problemdruck (noch) nicht groß genug, so dass die Notwendigkeit einer freiwilligen Vereinbarung bezweifelt werden muss.

ccc) Europäische technische Normung als Teil der „Neuen Konzeption“

Mit der Einführung der „Neuen Konzeption“ (new approach)[1268] auf dem Gebiet der Rechtsangleichung im Jahre 1985[1269], hat die Kommission das zuvor

1267 Vgl. Héritier/Eckert, New Modes of Governance, S. 15 f.; Volpi/Singer, EU-level agreements: a successful tool? Lessons from the Agreement with the automotive industry, in: Voluntary Environmental Agreement, S. 142 ff. (153 f.).

1268 Vgl. Weißbuch der Kommission an den Europäischen Rat, Vollendung des Binnenmarktes vom 14. Juni 1985, KOM (85) 310 endg.

1269 Entschließung des Rates vom 7. Mai 1985 über eine neue Konzeption auf dem Gebiet der technischen Harmonisierung und der Normung, ABl. 1985 Nr. C 136/1. Vgl. ferner: Mitteilung der Kommission „Technische Harmonisierung und Normung: Eine neue Konzeption", KOM (1985) 19 endg.; Entschließung des Rates vom 18. Juni 1992 zur Funktion der europäischen Normung in der europäischen Wirtschaft, ABl. 1992 C 173/1; Entschließung des Rates vom 28. Oktober 1999 zur Funktion der Normung in Europa, ABl. 2000 C 141/1; Grünbuch der EG-Kommission zur Entwicklung der europäischen Normung: Maßnahmen für eine schnellere technologische Integration in Europa, KOM (90) 456; Report to the European Council on the adaption of community

(weithin) verfolgte Konzept einer umfassenden Detailharmonisierung offiziell abgemildert, da dessen Fortführung „zu viel reglementieren würde, zu zeitraubend und unflexibel wäre und Innovationen ersticken könnte“[1270].

Die „Neue Konzeption“, die seit ihrer Einführung auf eine Vielzahl von Produkten angewandt wurde[1271], offeriert ein Modell für die Ausgestaltung produktbezogener Binnenmarktrichtlinien. Danach sollen die Rechtsangleichungsmaßnahmen auf die Sicherung der Grundvoraussetzungen der Verkehrsfähigkeit, auf die Harmonisierung grundlegender Regelungsziele und auf Mindest- bzw. Höchststandards sowie auf solche Vorschriften beschränkt bleiben, die zwingende Erfordernisse der Gesundheit und Sicherheit, des lauteren Handelsverkehrs, des Verbraucher- oder Umweltschutzes festlegen.[1272] Die technischen Einzelheiten werden hingegen offengelassen. Müller-Graff spricht deshalb von einer „Zurückdrängung der Detailangleichung zugunsten einer Minimal- oder Kernangleichung“[1273]. Gerade im Bereich der technischen Regelungsgegenstände, der häufig durch sehr detaillierte Regelungen gekennzeichnet ist, bietet sich dabei die (technische) Normung durch unabhängige Stellen an.
Die technische Normung hat den Vorteil[1274], dass der europäische Regelungsgeber personell, sachlich, zeitlich[1275] und finanziell entlastet wird. Die von den Normungsorganisationen vorgehaltene Expertise soll zudem eine hohe inhaltliche Qualität der technischen Normen gewährleisten. Hinsichtlich der Quantität des Rechts ist von Bedeutung, dass die Rechtsetzungsakte von technischen Detailregelungen freigehalten werden können und insofern die Detaillierung des Rechts zurückgedrängt wird. Die privat durchgeführte technische Normung ist mit Blick auf deren fehlende demokratische Legitimation jedoch auch problema-

---

legislation to the subsidiarity principle, CSE (93) 545 fin., S. 23. Siehe zudem: Baldwin/Cave, Understanding Regulation, S. 160 ff.; Joerges, The New Approach to Technical Harmonization and the Interests of Consumers, in: 1992: One European Market?, S. 177 (177 ff.); Taupitz, Europäische Privatrechtsvereinheitlichung heute und morgen, S. 57 ff. Weitere Informationen sind unter http://www.newapproach.org abrufbar.

1270 Weißbuch der Kommission an den Europäischen Rat, Vollendung des Binnenmarktes vom 14. Juni 1985, KOM (85) 310 endg., Nr. 64.

1271 Klindt, EuZW, 2002, 133 ff. (134 ff.); Klindt, ZUR, 2001, 321 ff. (bes. 322).

1272 Vgl. Weißbuch der Kommission an den Europäischen Rat, Vollendung des Binnenmarktes vom 14. Juni 1985, KOM (85) 310 endg., Nrn. 65 ff.

1273 Müller-Graff, EuR, 1989, 107 ff. (111).

1274 Vgl. zu den Vorteilen der technischen Normung durch Private etwa: Härtel, Europäische Rechtsetzung, S. 462. Siehe auch für Deutschland Kloepfer/Elsner, DVBl., 1996, 964 ff. (964 ff.).

1275 Vgl. aber auch Everling, EuR, 1987, 214 ff. (224), der die oft recht langen Zeiträume, welche die privaten Normungsorganisationen für ihre Arbeit benötigen, kritisiert.

tisch.[1276] Hinzu kommen Gefahren für Innovation und globale Wettbewerbsfähigkeit.[1277]

Die bekanntesten privaten Normungsorganisationen auf europäischer Ebene sind das Comité Européen de Normalisation (CEN) und das Comité Européen de Normalisation Electrotechnique (CENELEC), welche wiederum nationale Normenorganisationen unter ihrem Dach vereinen.[1278] Mit einem Normungsmandat der Kommission ausgestattet, entwickeln diese Normungsorganisationen die technischen Detailregelungen, die notwendig sind, um die grundlegenden Anforderungen zu erfüllen. Technische Normen und grundlegende Anforderungen werden durch Verweisung miteinander verbunden. Dabei bleiben die technischen Normen als unverbindliche Empfehlungen[1279] rechtlich unverbindlich. Ihre Einhaltung indiziert lediglich die widerlegbare Vermutung, dass die Produkte die grundlegenden Anforderungen erfüllen. Sie müssen deshalb mit den hoheitlichen Akten verknüpft werden.[1280] Am Beispiel der allgemeinen Verweisung soll dies etwas näher beleuchtet werden.

Bei der allgemeinen Verweisung verweist der hoheitliche Rechtsakt auf die technische Norm im Sinne einer widerlegbaren Vermutung.[1281] Die Erfüllung der technischen Norm indiziert damit die Erfüllung der grundlegenden gesetzlichen Anforderungen. Trotz Einhaltung der technischen Normen steht Privaten und Behörden jedoch weiterhin die Möglichkeit offen, eine Unvereinbarkeit mit den europäischen Richtlinien nachzuweisen. Ebenso ist es möglich, die Einhal-

---

1276 Vgl. zur Zulässigkeit dieser Form der Regulierung im deutschen Recht u. a.: Schenke, NJW, 1980, 743 ff. (745 f.); Hömig, DVBl., 1979, 307 ff. (bes. 307 f.); Karpen, ZRP, 1978, 151 (151); Backherms, ZRP, 1978, 261 f. (261 ff.). Siehe ferner die kritischen Anmerkungen von Klindt, DVBl., 1998, 373 ff. (373 f.). Vgl. auch – unter gemeinschaftsspezifischem Blickwinkel – Breulmann, Normung und Rechtsangleichung in der Europäischen Wirtschaftsgemeinschaft, bes. S. 255 f..

1277 Vgl. zu den Nachteilen der technischen Normung durch Private etwa: Baldwin/Cave, Understanding Regulation, S. 151; di Fabio, Produktharmonisierung durch Normung und Selbstüberwachung, S. 40 f.; Härtel, Europäische Rechtsetzung, S. 462.

1278 Siehe die Internetauftritte beider Organisationen: http://www.cen.eu/cenorm/homepage.htm bzw. http://www.cenelec.eu/Cenelec/Homepage. Vgl. ferner Breulmann, Normung und Rechtsangleichung in der Europäischen Wirtschaftsgemeinschaft, S.41 ff., zu diesen Organisationen.

1279 Härtel, Europäische Rechtsetzung, S. 465; Hayder, RabelsZ, 53 (1989), 622 ff. (633); Schmidt-Preuß, VVDStRL, 56 (1997),160 ff. (203, 208).

1280 Hierzu gibt es unterschiedliche Ansätze. Es ist zwischen Inkooperation und Verweisung zu differenzieren. Die Verweisung untergliedert sich ihrerseits in starre, dynamische und allgemeine Verweisungen. Gerade Letztere wird von der „gemeinschaftlichen“ – bzw. unionalen – Rechtsetzungspraxis – zahlenmäßig – favorisiert. Umfassend Härtel, Europäische Rechtsetzung, S. 465 ff.

1281 Härtel, Europäische Rechtsetzung, S. 468.

tung der Richtlinienanforderungen zu beweisen, obwohl die technischen Normen nicht eingehalten werden.[1282] Die zumeist als unbestimmte Rechtsbegriffe gefassten gesetzlichen Anforderungen werden durch die technischen Normen (rechtlich unverbindlich) konkretisiert. Letztere erlangen damit nur „mittelbare Rechtsverbindlichkeit“.

Die Verweisungstechnik der „Neuen Konzeption“ sieht sich jedoch auch Kritik ausgesetzt. Diese sieht in den Verweisungen eine unzulässige Übertragung von Rechtsetzungsbefugnissen auf die privaten Normungsorganisationen.[1283] Da jedoch keine formale Übertragung von Rechtsetzungsbefugnissen vorliegt, kommt allenfalls eine materielle Delegation in Frage. Hierbei ist festzuhalten, dass die technischen Normen keine endgültige Bindungswirkung für die Mitgliedstaaten entfalten. Diese können jederzeit den Nachweis fehlender Gesetzeskonformität führen. Allerdings muss eine Abweichung von den technischen Normen in einem sogenannten Schutzklauselverfahren[1284] geltend gemacht werden. Dabei müssen sowohl die Kommission als auch die anderen Mitgliedstaaten von der Abweichung unterrichtet werden. Die Kommission muss die Abweichung schließlich billigen. Nach Ansicht von Härtel könnte man nur dann von der Unzulässigkeit der allgemeinen Verweisung ausgehen, wenn die praktischen Hürden des Schutzklauselverfahrens eine faktische Bindung der Behörden an die technischen Normen bewirken würden. Hiervon könne man allerdings nicht ausgehen. So hätten 97 % der eingeleiteten Verfahren zu einer Streichung der betroffenen technischen Norm geführt, so dass „nicht von einer Knebelung der Behörden ausgegangen werden“ kann und deshalb die allgemeine Verweisung keiner primärrechtlichen Delegationsermächtigung bedürfe.[1285]

Die rechtliche Zulässigkeit der technischen Normung stellt aber keine Empfehlung für deren Ausdehnung auf andere Rechtsbereiche dar.[1286] Einer Ausdeh-

---

1282 Vgl. di Fabio, Produktharmonisierung durch Normung und Selbstüberwachung, S. 21 f.

1283 Breulmann, Normung und Rechtsangleichung in der Europäischen Wirtschaftsgemeinschaft, S.175 ff.; Huber, Recht der Europäischen Integration, § 8 Rn. 120; Roßnagel, DVBl., 1996, 1181 ff. (1184 f.).

1284 Vgl. hierzu eingehend: Scheel, Privater Sachverstand im Verwaltungsvollzug des europäischen Rechts, S. 62 ff.; Sobczak, Normung und Umweltschutz im Europäischen Gemeinschaftsrecht, S. 52 f.; v. Danwitz, Europarechtliche Beurteilung der Umweltnormung, in: Umweltnormung, S. 187 ff. (207 ff.).

1285 Härtel, Europäische Rechtsetzung, S. 469; Sobczak, Normung und Umweltschutz im Europäischen Gemeinschaftsrecht, S. 53. Für die Zulässigkeit der allgemeinen Verweisung auch: Schmidt-Preuß, VVDStRL, 56 (1997),160 ff. (209 ff.); Sobczak, Normung und Umweltschutz im Europäischen Gemeinschaftsrecht, S. 54 ff.; v. Danwitz, Europarechtliche Beurteilung der Umweltnormung, in: Umweltnormung, S. 187 ff. (203 ff.).

1286 Für das Umweltrecht wird eine solche Ausweitung etwa von Sobczak, Normung und Umweltschutz im Europäischen Gemeinschaftsrecht, bes. S. 194, empfohlen. Aber auch

nung stehen mit Blick auf die demokratischen Defizite dieses Normungsverfahrens Bedenken entgegen, da hier zwar zahlreiche Einzelentscheidungen anspruchsvoll von Experten erarbeitet werden, diese Experten jedoch weitgehend intransparent und aus dem politischen Entscheidungsprozess herausgelöst tätig sind. Obwohl den technischen Normen keine rechtliche Bindungswirkung zukommt, determinieren sie (trotz der Möglichkeit des Schutzklauselverfahrens) die praktische Rechtsanwendung faktisch und vermindern damit die Aussagekraft der ursprünglichen Rechtsetzungsakte selbst[1287]. Das konkrete Schutzniveau der Rechtsvorschrift wird letztendlich von privaten Verbänden vorgegeben. „Faktisch“ werden damit Entscheidungen von demokratisch nicht legitimierten Akteuren außerhalb des offiziellen Rechtsetzungsrahmens getroffen.

Dass sich die Normungsstellen vorwiegend aus Vertretern der Industrie und solchen von Umwelt- und Verbraucherinteressen zusammensetzen und letztere dabei schon aus finanziellen Gründen keine ebenbürtige Stellung einnehmen, führt dazu, dass diejenigen selbst über die Normen „entscheiden“, die später davon betroffen sind.[1288] Diesem Sachverhalt versucht das Schrifttum durch Änderungsvorschläge im Verfahren entgegenzuwirken.[1289] Anstelle einer widerlegbaren Vermutung wird etwa die ausdrückliche Annahme privater Normen durch die Kommission erwogen.[1290] Dazu müsste die Kommission zunächst durch den Rat und das Parlament in einem Basisrechtsakt ermächtigt werden, die technischen Normen für rechtsverbindlich zu erklären. Anschließend könnte die Kommission die Normen formell inkooperieren bzw. starr auf diese verweisen. Wegen der fehlenden Expertise innerhalb der Kommission ist ein solches Verfahren, das eine inhaltliche Kontrolle der technischen Normen voraussetzen würde, jedoch abzulehnen. Ein Ausweg aus diesem Dilemma könnte die Annahme der technischen Normen nach Durchlaufen eines „Komitologieverfah-

---

die Kommission fordert in ihrer Mitteilung an den Rat und an das Europäische Parlament über die stärkere Nutzung der Normung in der Gemeinschaftspolitik, KOM (95) 412 endg., die Ausdehnung der „Neuen Konzeption“ auf andere Rechtsbereiche.

1287 Roßnagel, DVBl., 1996, 1181 ff. (1184 f.); Schlette, DVBl., 1997, 993 ff. (994). Vgl. auch Huber, Recht der Europäischen Integration, § 8 Rn. 120, der von einem „faktischen Zwang“ und der „faktischen Delegation von Rechtsetzungsbefugnissen“ spricht.

1288 Taschner, in: v. d. Groeben/Schwarze, Art. 94 EGV Rn. 47. Vgl. auch Majone, in: Majone, Regulation Europe, S. 25 f.

1289 Di Fabio, Produktharmonisierung durch Normung und Selbstüberwachung, S. 107 ff.; Sobczak, Normung und Umweltschutz im Europäischen Gemeinschaftsrecht, S. 64 ff.

1290 Breulmann, Normung und Rechtsangleichung in der Europäischen Wirtschaftsgemeinschaft, S. 262 ff.; di Fabio, Produktharmonisierung durch Normung und Selbstüberwachung, S. 107 f.; v. Danwitz, Europarechtliche Beurteilung der Umweltnormung, in: Umweltnormung, S. 187 ff. (211).

rens“ bzw. neugeschaffener ähnlicher Verfahren sein.[1291] Härtel weist jedoch darauf hin, dass dies dem Bestreben, das Normungsverfahren zu beschleunigen[1292], diametral zuwiderläuft und somit nicht durchzusetzen wäre.[1293] Es bleibt somit festzuhalten, dass die Legitimationsdefizite des technischen Normungsverfahrens[1294] in absehbarer Zeit wohl nicht beseitigt werden.

Auch um die Qualität der technischen Normen steht es trotz der vorhandenen Expertise nicht immer zum Besten, wenn man die rechtlich fixierten Vorgaben des jeweiligen Basisrechtsaktes als Maßstab heranzieht.
Als Beispiel[1295] kann die Richtlinie über Verpackungen und Verpackungsabfälle[1296] angeführt werden. Die Richtlinie sollte neben Zielvorgaben und Mechanismen für die Sammlung und das Recycling von Abfällen auch Kriterien für die grundlegenden Anforderungen an die Zusammensetzung, Wiederverwertbarkeit und Verwendbarkeit von Verpackungen und Verpackungsabfällen definieren. Ein Ziel der Richtlinie war es, die Vermeidung von Verpackungsabfällen zu fördern.[1297] Dazu mussten die allgemein formulierten Kriterien und Ziele der Richtlinie durch technische Normen inhaltlich ausgefüllt werden (Anhang II). Die konkrete Arbeit des CEN war dabei so mangelhaft, dass die Kommission sich zunächst weigerte, drei der fünf CEN-Umweltnormen für Verpackungen anzunehmen. Widerstand gegen die Normen kam auch aus den Mitgliedstaaten. Die Ergebnisse eines erneuten Versuchs durch das CEN wurden schließlich im Amtsblatt veröffentlicht. Aber auch diese Normen werden den Vorgaben der

---

1291 Vgl. Härtel, Europäische Rechtsetzung, S. 470 f., die auf Art. 6 Abs. 2. Spiegelstrich 2 der Richtlinie 91/263/EWG vom 29. April 1991 über Telekommunikationsendeeinrichtungen, ABl. L 128 vom 23. Mai 1991, S. 1, 4 und Art. 5 Abs. 2 Spiegelstrich 2 der Richtlinie 93/97 vom 29. Oktober 1993 über Satellitenfunkanlagen, ABl. L 290 vom 4. November 1993, S. 1, 5, sowie Art. 12, 19 EMAS-I-Verordnung – sog. Öko-Audit-Verordnung, ABl. L 34 vom 13. Februar 1996, S. 42 ff., und ABl. L 104 vom 22. April 1997, S. 37 f., verweist, welche ihrerseits auf ein solches Modell zurückgreifen.

1292 Vgl. Grünbuch der EG-Kommission zur Entwicklung der europäischen Normung: Maßnahmen für eine schnellere technologische Integration in Europa, KOM (90) 456; Bericht der Kommission an den Rat und das Europäische Parlament vom 13. Mai 1998: Effizienz und Verantwortlichkeit in der europäischen Normung im Rahmen des neuen Konzepts“, KOM (98) 291 endg.

1293 Härtel, Europäische Rechtsetzung, S. 470 f.

1294 Dezidiert Taschner, in: v. d. Groeben/Schwarze, Art. 94 EGV Rn. 47: „Damit entbehrt dieses Verfahren jeglicher Legitimität.“

1295 Für weitere ähnliche Beispiele vgl. Fink, „Better Regulation“ – Bessere Rechtssetzung in Europa, bes. S. 12.

1296 Richtlinie 94/62/EG des Europäischen Parlaments und des Rates vom 20. Dezember 1994 über Verpackungen und Verpackungsabfälle, ABl. 1994 Nr. L 365/10.

1297 Art. 1 Abs. II der Richtlinie 94/62/EG.

Richtlinie nicht gerecht, da weder die Vermeidung von Verpackungen noch deren Wiederverwendung und Recyclingfähigkeit gefördert werden. Einige Erläuterungen zur Norm EN 13428:2004 („Verpackung – Spezifische Anforderungen an die Herstellung und Zusammensetzung/ Ressourcenschonung und Verpackungsminimierung") sollen dies belegen. Die Norm EN 13428:2004 soll (eigentlich) zu einer möglichst sparsamen Verwendung von Verpackungsmaterialien führen. Viele Kriterien, wie die Produktpräsentation und das Marketing oder das Herstellungsverfahren für Verpackungen haben aber Vorrang vor der Verringerung der Verpackungsmasse bzw. des Verpackungsvolumens. Erst wenn alle mehr oder weniger wichtigen und zum Teil auch subjektiven Anforderungen des Abpackers erfüllt sind, berücksichtigt die Norm EN 13428:2004 die Verpackungsmasse und das Verpackungsvolumen. Ressourcenschonung, von der Richtlinie als Ziel vorgegeben, rangiert hinter allen anderen (auch subjektiven) Kriterien, so dass auch „Mogelpackungen" normenkonform in Verkehr gebracht werden können. Das Beispiel zeigt, dass die Qualität der „privaten Normen" zum Teil mangelhaft ist.

Die technische Normung durch Private, welche über ein hohes Maß an fachlicher Expertise verfügen, kann durchaus helfen, technische Einzelheiten der Regulierung fachgerecht festzulegen und die Rechtsakte von Detailregelungen freizuhalten. Bezüglich der Legitimität dieser Normungsprozesse bestehen jedoch Bedenken, die eine Ausdehnung dieses Konzepts auf andere Bereiche nicht ratsam erscheinen lassen.

ddd) Bewertung

Die obenstehenden Ausführungen haben gezeigt, dass bei der Wahl des „richtigen" Regelungsinstruments zunehmend „alternative Regelungskonzepte" in den Fokus rücken. Hinter solchen „weichen" Steuerungskonzepten steht die Überlegung, dass die Stakeholder und externe Experten im Vergleich zu den europäischen Organen besser in der Lage sind, sachgemäße Lösungen zu finden, die eine größere Akzeptanz für sich reklamieren können. Der Einsatz der neuen Instrumente zur Regulierung darf aber nicht als hehres Streben nach qualitativ guter Regulierung unter Vermeidung legislativer Maßnahmen missverstanden bzw. einseitig gedeutet werden. Vielmehr ist ihre Anwendung (auch) Ausdruck dessen, dass die Integration zunehmend sensible Bereiche erreicht hat, wie etwa die Sozialpolitik, wo noch große nationale Unterschiede bestehen.[1298] Man hofft

1298 Best, Eipascope, 2003/1, 2 ff. (3).

damit die Widerstände, die einer „harten“ rechtlichen Harmonisierung hier entgegenstehen, mit Hilfe der neuen Regulierungskonzepte zu umgehen.[1299]

Das Fazit eines Berichts der OECD über alternative Regelungskonzepte im Umweltbereich[1300] kann sinngemäß auch auf andere „weiche“ Steuerungskonzepte auf europäischer Ebene übertragen werden. Dort wird klargestellt, dass alternative Regelungskonzepte kein Allheilmittel oder das optimale Regulierungsinstrument sind. Sie können eine wichtige ergänzende Rolle spielen, jedoch keinen Ersatz für andere politische Mittel, insbesondere für die Rechtsetzung, bieten.[1301] Trotz der mit ihrem Einsatz verbundenen Hoffnungen auf bessere Konsensfindung, stärkeren Informationsaustausch, Schärfung des Problembewusstseins der Unternehmen und Verbesserung des Umweltmanagements wurden laut dem OECD-Bericht nur wenig quantitative Beweise für den positiven Einfluss von alternativen Regelungskonzepten im Umweltbereich konstatiert.[1302]
Zu den wesentlichen Herausforderungen gehört es daher zu untersuchen, unter welchen Umständen die Bestimmung gemeinsamer, rechtsverbindlicher Standards durch die „Gemeinschaftsmethode“ zu bevorzugen ist. Immer dann, wenn ökonomische Einbußen für Unternehmen entstehen oder „Trittbrettfahren“ vermieden werden muss, können nur rechtliche Regelungen wirksam Resultate liefern.[1303]
Die verstärkte Einbeziehung Privater in die europäische Regulierung[1304] wirft neben den Zweifeln an der Wirksamkeit solcher Maßnahmen auch demokratietheoretische Probleme auf. Zuvorderst ist unter dem Aspekt der organisatorisch-

1299 Kritisch auch Best, Eipascope, 2003/1, 2 ff. (9): “Finally, there are several dangers, not only that the whole thing could become a ritualised, empty process, but also that it could contribute to avoiding some of the tough decisions (labour market, investment etc.) which must be taken if there is to be real change on the ground.“

1300 OECD: Voluntary approaches or Environmental Policy – an Assessment, 1999. Vgl. auch OECD: Voluntary Approaches or Environmental Policy – Effectiveness, Efficiency and Usage in Policy Mixes, 2003

1301 Vgl. auch OECD: Voluntary Approaches or Environmental Policy – Effectiveness, Efficiency and Usage in Policy Mixes, 2003, S. 13 f., 99 ff.

1302 Vgl. auch OECD: Voluntary Approaches or Environmental Policy – Effectiveness, Efficiency and Usage in Policy Mixes, 2003, bes. 11, 14. Dort zur Problematik der „Messung“ von Effektivität von alternativen Regelungsansätzen bzw. der „exakten“ Zuordnung von Ursache und Wirkung.

1303 Vgl. auch Hey/Volkery/Zerle Zeitschrift für Umweltpolitik und Umweltrecht 2005, 1 ff. (29 ff.); OECD: Voluntary Approaches or Environmental Policy – Effectiveness, Efficiency and Usage in Policy Mixes, 2003, S. 13, 84

1304 Ähnlich sprechen auch v. Gestel/Hertogh, What is regulatory pressure?, S. 89, von einem “shift of regulatory pressure from the public to the private domain“.

personellen Legitimation darauf hinzuweisen, dass die Privaten, die an bestimmten Formen der europäischen „Rechtsetzung" teilnehmen, nicht die Gesamtheit der Staatsbürger der Mitgliedstaaten repräsentieren. Ist es für die Bürger in der Union ohnehin schon schwierig, deren Rechtsetzung zu verstehen, so sind die Prozesse, auf denen die meisten der alternativen Regelungskonzepte beruhen, nahezu undurchschaubar.[1305] Wer im Endeffekt für eine konkrete Maßnahme verantwortlich ist, lässt sich oft nicht klar erkennen.[1306]
Eine großzügige Verwendung rechtlich nicht bindender Steuerungsinstrumente kann außerdem zu einer Gefährdung der Unionsrechtsordnung und damit der Union selbst führen. Für die Union, die sich als Rechtsgemeinschaft versteht, ist die Autonomie des von ihr geschaffenen Rechts von zentraler Bedeutung. Diese leitet sich unter anderem aus dem Vorrang und der damit verbundenen Sperrwirkung des Unionsrechts sowie dessen Justiziabilität durch den EuGH ab.[1307] Mit der Verwendung rechtlich nicht bindender Regulierungsmöglichkeiten schwinden diese Elemente in der Rechtsordnung. Die vermehrte Verwendung nicht bindender Instrumente kann somit die Normativität des europäischen Rechtssystems untergraben und damit die Union selbst – zumindest in ihrer heutigen Ausprägung – gefährden. Anders formuliert: Die häufige Verwendung von nicht zwingenden Rechtsinstrumenten bewirkt eine Verlagerung des Modells der Union hin zum Modell der traditionellen internationalen Organisation.[1308]

Aus alledem folgt, dass der Anteil nicht bindender Vorgaben im europäischen Rechtssystem zu begrenzen ist, wenngleich ihr punktueller Einsatz im konkreten Fall durchaus sinnvoll für Quantität und Qualität der Rechtsordnung sein kann.

1305 Vgl. auch The European Convention, The Secretariat, Subject: Coordination of national policies: the open method of coordination, WG VI WD 015, Punkt VI 1.

1306 So etwa Verhey, in: Curtin/Wessel, Good Governance and the European Union, S. 61, für die Koregulierung.

1307 Vgl hierzu auch 17. Erklärung zum Vorrang, ABl. 2010 Nr. C 83/344.

1308 Europäisches Parlament: Bericht über rechtliche und institutionelle Auswirkungen der Verwendung von nicht zwingenden Rechtsinstrumenten („Soft law"), (2007/2028(INI)), Rechtsausschuss, Berichterstatter: Manuel Medina Ortega, A6-0259/2007, 28. 6. 2007.

dd) Offene Methode der Koordinierung

Die offene Methode der Koordinierung (im Folgenden OMK genannt)[1309] ist eine Handlungsweise, mit der die Union auch außerhalb ihrer vertraglichen Rechtsetzungskompetenzen politisch tätig werden kann. Obwohl die OMK keine Form der Selbst- oder Koregulierung ist[1310], zählt auch sie zu den „neuen Regulierungskonzepten". Bisher konzentrierte sich die OMK auf die Bereiche Beschäftigung und Soziales, Bildung und Wissen, Jugendpolitik, Gesundheit und Renten, Migration, Forschung, Unternehmenspolitik und e-Europe.[1311]

Die rechtlich unverbindliche Koordinierung in den diversen Politikfeldern bedient sich dabei einer Reihe unterschiedlicher Instrumente zum Zweck eines Informations- und Erfahrungsaustausches zwischen den Mitgliedstaaten und der Union.[1312]

So werden in manchen Bereichen auf Vorschlag der Kommission durch den Rat Leitlinien festgelegt, die die Mitgliedstaaten bei ihrer nationalen Politik berücksichtigen sollen. Häufig kommt es auch auf Ratsebene zur Vereinbarung gemeinsamer Ziele. Das Erstellen nationaler Berichte und statistischer Vergleiche sowie die Ausarbeitung von Aktionsplänen, Strategien oder von Indikatoren, welche teilweise für Benchmarking genutzt werden, gehören ebenfalls zu den

---

1309 Vgl. hierzu allgemein Europäisches Regieren, Ein Weißbuch, KOM (2001) 428 endg., S. 28, wenn es dort heißt: „Die ‚offene Koordinierungsmethode' wird fallweise angewandt. Sie fördert die Zusammenarbeit, den Austausch bewährter Verfahren sowie die Vereinbarung gemeinsamer Ziele und Leitlinien von Mitgliedstaaten, die manchmal wie im Falle der Beschäftigung und der sozialen Ausgrenzung durch Aktionspläne von Mitgliedstaaten unterstützt werden. Diese Methode beruht auf einer regelmäßigen Überwachung der bei der Verwirklichung dieser Ziele erreichten Fortschritte und bietet den Mitgliedstaaten die Möglichkeit, ihre Anstrengungen zu vergleichen und aus den Erfahrungen der anderen zu lernen." Siehe auch Radaelli,The Open Method of Coordination, S. 5 ff., sowie Héritier, New Modes of Governance in Europe: Policy-Making without Legislating?, in: Common Goods: Reinventing European and International Governance, S. 185 ff. (188 ff.).

1310 Vgl. etwa Best, Eipascope, 2003/1, 2 ff. (3).

1311 Ahonen, Soft Governance, S. 6 ff., 19 f.; Bodewig/Voß, EuR, 2003, 310 ff. (314 ff.; bes. 326).

1312 Vgl. ausführlich Bodewig/Voß, EuR, 2003, 310 ff. (bes. 314 ff.), an dessen Ausführungen sich die folgende kurze Aufzählung orientiert.

Vgl. zur Zulässigkeit der Anwendung der offenen Methode der Koordinierung auch ohne ausdrückliche Ermächtigung: Best, Eipascope, 2003/1, 2 ff. (7 f.). Einschränkend allerdings Bodewig/Voß, EuR, 2003, 310 ff. (322), die vertragliche „Anhaltspunkte" für eine Koordinierung der nationalen Politiken durch die „Gemeinschaft" fordern.

Instrumenten der OMK. Ferner ließen sich Syntheseberichte von Rat und Kommission sowie erste Ansätze eines Monitoring herausstreichen.[1313]
Die klarste und ausführlichste Regelung der OMK findet sich im „Vertrag von Lissabon“ in Art. 148 f. AEUV zur Beschäftigungspolitik. Weitere vier Bereiche sollen ebenfalls Erwähnung finden, da hier eine „vertragliche“ Präzisierung der OMK stattgefunden hat: Sozialpolitik (Art. 156 AEUV), Gesundheitswesen (Art. 168 Abs. 2 AEUV), Industriepolitik (Art. 173 Abs. 2 AEUV), Forschung und Technologie (Art. 181 Abs. 2 AEUV). Ansonsten werden sich die Koordinierungsverfahren auch weiterhin auf unpräzise Klauseln stützen müssen (vgl. auch Art. 6 AEUV).

Den Maßnahmen der OMK fehlt die Rechtsverbindlichkeit.[1314] Veränderungen in den nationalen Politiken lassen sich selten eindeutig auf die Koordinationsbemühungen auf europäischer Ebene zurückführen, so dass eine Bewertung der Effektivität der OMK schwerfällt.[1315] Speziell in Bereichen ohne Rechtsetzungskompetenzen kann die OMK jedoch zu Problemlösungen beitragen, die einerseits den Bedürfnissen und Besonderheiten der Mitgliedstaaten Rechnung tragen[1316] und andererseits ein hohes Maß an Konvergenz der mitgliedstaatlichen Politiken gewährleisten[1317].
Im Gegensatz zu „offiziellen“ Verlautbarungen der Organe wird die OMK im Schrifttum jedoch auch kritisch reflektiert.[1318] Besonders die Vermischung euro-

1313 Vgl. auch Best, Eipascope, 2003/1, 2 ff. (bes. 7), zu den „Meilensteinen“ in der Verwendung der „offenen Methode der Koordination“, wobei hier nur die Stichworte Luxembourg-, Cardiff-, Köln- und Lissabonprozess genannt werden sollen.

1314 Bodewig/Voß, EuR, 2003, 310 ff. (321 f.), spricht demgemäß auch von einer „politischen Selbstbindung“ der Mitgliedstaaten.

1315 So auch Best, Eipascope, 2003/1, 2 ff. (9): “Yes, there have been some shifts in policy in some countries, but much of what has happened is better characterised as fairly marginal policy learning in Member States which were doing these things anyway.“ Vgl. auch Telò, Assessing the implications of the Lisbon Treaty for the Lisbon Agenda, in: Europe, Globalization and the Lisbon Agenda, S. 272 ff. (273 ff.) m. w. N., der sich insgesamt kritisch bezüglich der „Wirksamkeit“ der im Rahmen der OMK ergriffenen Maßnahmen äußert und auch mögliche Gründe hierfür anführt, die vor allem im Bereich des politischen Willensbildungsprozesses in den Mitgliedstaaten und deren fehlender Bereitschaft zu *eigene*n Maßnahmen wurzeln.

1316 Bodewig/Voß, EuR, 2003, 310 ff. (325 f.).

1317 Bodewig/Voß, EuR, 2003, 310 ff. (325), der die OMK als „in diesem Sinne notwendige Konsentierung“ und „unverzichtbar“ ansieht. A. A. hingegen Taylor, The End of European Integration, S. 14 f.

1318 Vgl. Ahonen, Soft Governance, S. 10 f., mit Verweis auf European Commission ‘The Concrete Future Objectives of Education Systems’, COM (2001) 59 fin., einerseits und Goetschy, J. The European Employment Strategy: Genesis and Development, 2001, Brussels: Publications de L’Observatoire sociale européen und Goetschy, J./Pochet, P.,

päischer und mitgliedstaatlicher Zuständigkeiten im Zuge der OMK stößt auf Bedenken. Wuermeling[1319] schreibt hierzu: „Damit wird völlig unklar, welche politische Ebene verantwortlich ist. Das führt zu ‚Schwarzer-Peter-Spielen' und zu mangelnder Kalkulierbarkeit. Für den Bürger sind politische Fehlentwicklungen nicht mehr einer Ebene zurechenbar. Im Ergebnis wird die Eigenständigkeit der Mitgliedstaaten und Regionen reduziert und der fruchtbare Wettbewerb der Systeme behindert. Der Fehler, der auch in föderalen Systemen wie in Deutschland gemacht wurde, Mischzuständigkeiten zu schaffen, wiederholt sich auf europäischer Ebene."
Hinzu kommt das Problem der fehlenden klaren Grenzziehung zwischen OMK und „Gemeinschaftsmethode". Hieran hat auch der „Vertrag von Lissabon" nichts geändert.
Außerdem sind zahlreiche Maßnahmen im Rahmen der OMK wohl oft nur eine Art Testlauf für spätere Rechtsetzung. Wie in früheren Integrationsphasen bilden sie wohl nur eine Vorstufe zur späteren Übernahme in die Rechtsetzungskompetenz des geschriebenen Vertragstextes.[1320] Damit ist die OMK zumindest mittelbar geeignet, die Quantität europäischer Rechtsetzungsakte zukünftig zu erhöhen.

c) Folgenabschätzung

Bei der Folgenabschätzung handelt es sich um ein Verfahren, das für alle legislativen und (bedeutsameren) politischen Initiativen der Kommission eine Abschätzung der wirtschaftlichen, sozialen und ökologischen Folgen durchführt. Ohne Übertreibung kann festgehalten werden, dass die Folgenabschätzung in der Union derzeit wohl das bedeutendste Instrument zur Verbesserung der in-

---

Regards croisés sur la stratégie européenne de l'emploi, 2000, Brussels: Publications de L'Observatoire sociale européen, andererseits. Als Probleme im Bereich der Koordinierung der Beschäftigungspolitik filtert Ahonen, Soft Governance, S. 11, folgende sechs Schwachstellen heraus: "1. Frequently vague objectives; 2. Hard-to-define and hard-to-estimate indicators to monitor the implementation of the objectives; 3. Discrepancies between national employment policy systems; 4. Low quality national action plans (NAPs); 5. Opaque national budget allocations for the NAPs implementation; 6. Difficulties to make social partners interested in innovative co-operation in Member State level". Vgl. auch Taylor, The End of European Integration, S. 15, für den die OMK "a symptom of failure" darstellt.

1319 Wuermeling, EuR, 2004, 216 ff. (219). Vgl. auch Taylor, The End of European Integration, S. 15.

1320 Vgl. Héritier, New Modes of Governance in Europe: Policy-Making without Legislating?, in: Common Goods: Reinventing European and International Governance, S. 185 ff. (193); Wessels, Gesetzgebung in der Europäischen Union, in: Gesetzgebung in Westeuropa, S. 653 ff. (677) m. w. N.

haltlichen Qualität von Recht(setzung)sakten ist.[1321] Aufgrund dieser herausgehobenen Stellung wird nachfolgend der Darstellung der Folgenabschätzung, im Vergleich zu anderen rechtsetzungsverbessernden Maßnahmen, ein exponierter Stellenwert eingeräumt. Nach einer kurzen Schilderung der Entwicklung der „gemeinschaftlichen" Folgenabschätzung wird diese in ihrer heutigen Ausformung bewertet.

aa) Entwicklung der europäischen Folgenabschätzung

Seit 1986 wurde von der Kommission ein Verfahren angewandt, dass vor allem bei geplanten Richtlinien und Verordnungen deren Auswirkungen auf die Wirtschaft, insbesondere auf mittlere und kleine Betriebe untersuchte (Business Impact Assessment – BIA).[1322] Ab 1989 wurde die Generaldirektion „Unternehmen" mit der Leitung der Folgenabschätzungen betraut, welche daraufhin die Arbeit der anderen Generaldirektionen koordinierte und bestimmte Rechtsetzungsvorschläge der Kommission aus deren jährlicher Strategieplanung auswählte, die einen BIA-Test durchlaufen mussten.[1323] Stellte sich bei diesem Test heraus, dass die geplante Regelung voraussichtlich substantielle „Compliance"-Kosten verursachen würde, musste die hierfür federführende Generaldirektion einen „Folgenabschätzungsbogen", einen sogenannten „fiche d'impact", verfassen, der die Folgen der Regelung für die betroffenen Unternehmen veranschaulichen sollte. Dazu musste die federführende Generaldirektion zunächst die Gründe der geplanten Änderungen an den bestehenden Regelungen bzw. die Gründe für neue Regelungen erläutern. In einem nächsten Schritt wurden die von der Regelung betroffenen Unternehmen identifiziert und deren Anpassungsmaßnahmen an das neugeschaffene Regelungsumfeld aufgelistet. Jeder dieser Anpassungsmaßnahmen wurde anschließend eine Kostenschätzung zu-

1321 Renda, Impact Assessment in the EU, S. 43, schreibt hierzu: "Today, as EU policymakers are striving to lead Europe away from ist disappointing economic performance and back onto the Lisbon track, better regulation has become a new mantra, and the ex ante impact assessment of EU legislation is conquering new fans, who see it as the philosopher's stone that will improve the quality of EU legislation in the years to come." Vor einer übertriebenen Erwartungshaltung gegenüber dem System der Folgenabschätzung warnt Radaelli, The Politics of Regulatory Impact Analysis in the OECD Countries, S. 25: "I have heard people saying that RIA will rescue democracy. But the gambit of exaggeration backfires. RIA is a policy instrument (not a magic wand!). It is not panacea." Vgl. auch Regulatory Reform in Italy – Government Capacity to Assure High Quality Regulation, OECD, 2001, S. 33.

1322 Vgl. den Bericht der Kommission an den Rat zu den Auswirkungen des Gemeinschaftsrechts auf die Unternehmen und insbesondere auf die KMU, KOM (90) 200 endg. Siehe auch: Lange, ZG, 2001, 268 ff. (272 f.); Renda, Impact Assessment in the EU, S. 43 ff.

1323 Vgl. Renda, Impact Assessment in the EU, S. 45.

geordnet, die etwa Bürokratiekosten, steuerliche Mehrbelastungen, Überwachungs- oder Berichtskosten beinhaltete. Darüber hinaus verfasste der „fiche d'impact“ standardmäßig eine Einschätzung der makroökonomischen Auswirkungen der geplanten Regelungen. Die Auswirkungen auf die Beschäftigung sowie auf die Wettbewerbsfähigkeit und die Investitionen der betroffenen Unternehmen wurden ebenfalls bewertet. Während der Abfassung des „fiche d'impact“ waren außerdem Konsultationen mit interessierten Stakeholdern erforderlich, deren Ansichten in einer Zusammenfassung dem fertigen Dokument beigefügt wurden.
Das System des Business Impact Assessment war von Beginn an der Kritik ausgesetzt.[1324] Einer der Hauptkritikpunkte war, dass die Folgenabschätzung erst einsetzte, nachdem die Kommission bereits eine konkrete Handlungsoption favorisiert hatte. Damit werde eine Erörterung alternativer Regelungsansätze verhindert. Ein zweiter Schwachpunkt war die Fixierung der Untersuchungen auf die „Compliance“-Kosten, während andere Kostenformen oder mögliche Auswirkungen auf die Gesellschaft oder die Umwelt unbehandelt blieben. Renda[1325] ergänzt: "Furthermore, the EU experience with BIA was characterised by the scant scientific soundness of the evaluations performed, which cast heavy doubts on the reliability of such instruments as support to EU policy-makers. The absence of training initiatives for officials of the DGs in charge of BIA contributed further to generate a widespread sense of pessimism over the prospects for improving the quality of performed evaluations in the short run without changing the procedure completely.“

Angesichts dieser Defizite sah sich die Kommission in den 90er Jahren gedrängt, das BIAs-System durch andere Projekte und Instrumente zu ergänzen. Hierzu zählen etwa das SLIM-Projekt und die Einsetzung einer Taskforce zur „Vereinfachung des Unternehmensumfelds“ (BEST). Im Wege einer ex-post-Betrachtung versuchten beide Instrumente, die europäische „Normenflut“ inhaltlich neu aufzubereiten und auszudünnen.

1324 Vgl. etwa Final Report Business Impact Assessment (BIA) pilot project, Lessons Learned an the Way Forward, Enterprise Paper No. 9, DG Enterprise, European Commission, 2002 – Die Kommission bekennt dort u. a., dass die BIA-Studien "not always worked as originally intended [...]. Instead, BIAs often carried out as an ex-post ‘paper exercise‘ on already finalised proposals, leading to significant drawbacks with regard to both the quality of the analysis made and the possibility of feeding the results into the drafting process“. Zudem erklärte die Kommission, dass "many BIAs are not backed up by objective information and impacts on business are rarely quantified“. Zudem gebe es "little evidence of an institutional learning process from previous BIAs“. Ferner: Allio, Better regulation and impact assessment in the European Commission, in: Regulatory Impact Assessment, S. 72 ff. (85 f.); Renda, Impact Assessment in the EU, S. 46 f.

1325 Renda, Impact Assessment in the EU, S. 47.

Als auch diese Instrumente nicht zu den erwünschten Resultaten führten, begann man mit der Ausarbeitung eines neuen Folgenabschätzungssystems. Das Weißbuch „Europäisches Regieren“[1326] und der Mandelkernbericht[1327] bildeten hierbei wichtige Wegmarken.[1328] Der Mandelkernbericht verwies etwa auf folgende Elemente einer modernen Folgenabschätzung:

- klare Stellungnahme zu bestehenden Risiken und Problemen,
- Beschreibung und Begründung der in Betracht gezogenen Optionen,
- Ermittlung der betroffenen Parteien und quantitative, zumindest aber qualitative Bewertung der Auswirkungen des Rechtsaktes auf diese Parteien,
- Überblick über das Konsultationsverfahren,
- voraussichtliche Geltungsdauer der Normierung oder entsprechend alternativer Möglichkeiten,
- besondere Berücksichtigung der Auswirkungen auf kleine und mittlere Unternehmen oder sonst unverhältnismäßig stark betroffene Gruppen,
- Erläuterung der Vereinbarkeit der Absichten mit den bereits bestehenden und in Planung befindlichen Regeln und politischen Maßnahmen,
- Berücksichtigung der praktischen Aspekte der Umsetzung.[1329]

Im Jahre 2002 wurde die zuvor nur begrenzt durchgeführte Folgenabschätzung der Kommission schließlich reformiert. Dabei wurden alle Formen von ex-ante-Bewertungen zusammenfasst, gestrafft und zu einem integrierten System verschmolzen.[1330] Als ein Kernstück der Agenda für bessere Rechtsetzung[1331] und der Strategie der EU für nachhaltige Entwicklung[1332] soll die „neue“ Folgenabschätzung eine qualitativ bessere Rechtsetzung ermöglichen.
Seit 2003 konzentriert sich die Folgenabschätzung auf mögliche Effekte der Rechtsetzung für Wirtschaft, Soziales und Umwelt. Ursprünglich mussten die in

1326 Europäisches Regieren, Ein Weißbuch, KOM (2001) 428 endg.

1327 Moderner Staat – Moderne Verwaltung, Der Mandelkernbericht – Auf dem Weg zu besseren Gesetzen, abrufbar unter: http://www.staat-modern.de/infos/daten/mandelkern_gesetze.pdf.

1328 Vgl. hierzu ausführlich Renda, Impact Assessment in the EU, S. 47 ff.

1329 Moderner Staat – Moderne Verwaltung, Der Mandelkernbericht – Auf dem Weg zu besseren Gesetzen S. 32 f., abrufbar unter: http://www.staat-modern.de/infos/daten/mandelkern_gesetze.pdf.

1330 Mitteilung der Kommission über Folgenabschätzung, KOM (2002) 276 endg.

1331 Vgl. Mitteilung der Kommission – Aktionsplan „Vereinfachung und Verbesserung des Regelungsumfelds“, KOM (2002) 278 endg., S. 7 f.

1332 Vgl. Mitteilung der Kommission an das Europäische Parlament, den Rat, den Wirtschafts- und Sozialausschuss und den Ausschuss der Regionen: „Auf dem Weg zu einer globalen Partnerschaft für nachhaltige Entwicklung“, KOM (2002) 82 endg., S. 13 ff.

der jährlichen Strategieplanung oder im Arbeitsprogramm der Kommission präsentierten Initiativen einer vorbereitenden Folgenabschätzung unterzogen werden. Dieser ersten Abschätzung[1333], die als eine Art Filter fungierte, folgte die Entscheidung durch das Kollegium der Kommission darüber, ob eine erweiterte und ausführlichere Abschätzung durchzuführen sei[1334]. Diese Entscheidung stützte sich dabei auf die vorbereitende Folgenabschätzung und sollte befürwortet werden, wenn der Vorschlag erhebliche Auswirkungen in einem oder mehreren Sektoren oder für die hauptsächlich betroffenen Parteien zeitigte und eine wesentliche Reform der Politik bedeutete.
Tiefgehende Untersuchungen über potentielle Auswirkungen auf Wirtschaft, Gesellschaft und Umwelt sowie fundierte Informationsbeschaffung durch Experten oder Konsultationen stehen im Mittelpunkt der ausführlichen Folgenabschätzung.
Unter wirtschaftlichen Auswirkungen sind die makro- und mikroökonomischen Folgen ausgewählter Handlungsoptionen zu verstehen, die sich den Oberbegriffen von Wirtschaftswachstum und Wettbewerbsfähigkeit zuordnen lassen. Die Untersuchungen betreffs der gesellschaftlichen Folgen beschäftigen sich zum Beispiel mit Fragen zu den Auswirkungen der geplanten Rechtsetzungsakte auf die Grund- und Menschenrechte, zur Vereinbarkeit mit der Charta der Grundrechte der Europäischen Union[1335], aber auch zu möglichen Veränderungen bezüglich der Beschäftigung, der Gesundheit, des Verbraucherschutzes, der Bildung und der Kultur. Bezüglich der ökologischen Auswirkungen der geplanten Regelungen stehen die positiven und negativen Effekte auf das Klima, die Luft, das Wasser, den Boden, die Biodiversität oder den Landverbrauch im Fokus.[1336]

Die Folgenabschätzung wird regelmäßig durch die zuständige Generaldirektion vorgenommen, welche das Generalsekretariat informiert und die übrigen

---

1333 Zum Inhalt: Die vorläufige Folgenabschätzung führt zunächst eine Problembestimmung durch. Danach wird das Ziel des Vorschlags herausgearbeitet und Optionen für dessen Erreichung aufgezeigt. Mögliche positive und negative Auswirkungen werden kurz dargestellt und Empfehlungen hinsichtlich des weiteren Verfahrens (z. B. Planung einer Konsultierung, ausführliche Folgenabschätzung) abgegeben.

1334 Zum Inhalt: Die ausführliche Folgenabschätzung gleicht der vorläufigen Folgenabschätzung in ihrem Ablaufmuster. Unterschiede liegen in der Detailliertheit und Tiefe der Untersuchung sowie der Heranziehung umfangreicher Informationsquellen. Stichwortartig lässt sich ihr Ablauf wie folgt beschreiben: 1. Problemanalyse, 2. Festlegung von Zielen, 3. Erwägen von Strategieoptionen und Alternativinstrumenten, 4. Analyse der Auswirkungen (Ermittlung der Auswirkungen vor allem in Bezug auf Wirtschaft, Gesellschaft und Umwelt („Screening“) und Abschätzung der Folgen („Scoping“).

1335 ABl. 2000 Nr. C 364/1.

1336 Ausführlicher Renda, Impact Assessment in the EU, S. 54 f.

Generaldirektionen in den Untersuchungsprozess einbezieht. Bei Vorschlägen mit außerordentlich starken bereichsübergreifenden Auswirkungen kann der zuständigen Generaldirektion eine Arbeitsgruppe zur Seite gestellt werden. Als Entscheidungshilfe für die politischen Institutionen steht am Ende ein Bericht, der nach Prüfung von Alternativen eine Regelungsoption empfiehlt.

Nach einer ersten Auswertung der Erfahrungen mit der Folgenabschätzung wurde die vorbereitende Folgenabschätzung durch sogenannte Roadmaps, das sind maximal fünfseitige Fahrpläne für die Folgenabschätzung, ersetzt.[1337] Darin wird die Zeit für die Durchführung einer kompletten Folgenabschätzung kalkuliert und mögliche Auswirkungen verschiedener Regelungsoptionen lokalisiert.
Außerdem wurde eine vollständige Folgenabschätzung für alle Initiativen im Legislativ- und Arbeitsprogramm der Kommission obligatorisch. Ausschlaggebend für den Umfang der Folgenabschätzung sind die voraussichtlichen Auswirkungen der vorgeschlagenen Maßnahme (Grundsatz der „proportionalen Analyse").

Im Jahre 2005 präsentierte die Kommission dann auch eine Überarbeitung der Leitlinien für die Folgenabschätzung[1338], die später um ein Modell zur besseren Quantifizierung von Verwaltungslasten (EU Standard Cost Method)[1339] ergänzt wurde. Der neue Leitfaden enthält umfangreiche Anleitungen zu Verfahrensregeln und Einzelschritten für die Folgenabschätzung. Bei Folgenabschätzungen für Vorschläge übergreifender Art müssen seither dienststellenübergreifende

1337 Commission Staff Working Paper – Impact Assessment: Next Steps, SEC (2004) 1377, S. 5 f., 10.

1338 European Commission – Impact Assessment Guidelines, SEC (2005) 791. Siehe auch die Mitteilung der Kommission an den Rat und das Europäische Parlament: Bessere Rechtsetzung für Wachstum und Arbeitsplätze in der Europäischen Union, KOM (2005) 97 endg. Ferner: American Chamber of Commerce in the European Union: Update of the Commission's impact assessment guidelines, 6. Januar 2005, S. 1 ff., abrufbar unter: http://www.amchameu.be/Pops/2005archive/commissionimpact assessmentguidelines01062005.pdf; O'Connor Close/Mancini, Comparison of US and European Commission guidelines on Regulatory Impact Assessment/Analysis, S. 4 ff., die einen Vergleich zwischen den europäischen Leitlinien zur Folgenabschätzung und denen der USA anstellen.

1339 Vgl. hierzu Commission Staff Working Document: Annex to the Communication on Better Regulation for Growth and Jobs in the European Union. "Minimising administrative costs imposed by legislation", Detailed outline of a possible EU Net Administrative Cost Model, SEC (2005) 175; Mitteilung der Kommission über eine einheitliche EU-Methode zur Bewertung der durch Rechtsvorschriften bedingten Verwaltungskosten, KOM (2005) 518 endg.; Arbeitspapier der Kommissionsdienststellen: Entwicklung einer einheitlichen EU-Methode zur Bewertung der durch EU-Rechtsvorschriften bedingten Verwaltungskosten – Bericht über die Pilotphase (April–September 2005), SEK (2005) 1329.

Lenkungsgruppen eingerichtet werden. Diese steering groups sollen eine frühzeitige Einbindung anderer Generaldirektionen sicherstellen und damit die Koordination und die Kommunikation innerhalb der Kommission verbessern.

Im November 2006 wurde zusätzlich ein „Rat für Folgenabschätzung", Impact Assessment Board, eingerichtet, der innerhalb der Kommission unterstützend und kontrollierend tätig ist. Dieses Impact Assessment Board beteiligt sich seitdem an der Verbesserung der Folgenabschätzung.[1340] Das Impact Assessment Board rekrutiert sich aus ranghohen Beamten. Es arbeitet unabhängig von den politisch ausgerichteten Kommissionsabteilungen und untersteht unmittelbar dem Kommissionspräsidenten.
Die Kommission, die das System der Folgenabschätzung noch immer für ausbau- und verbesserungsfähig hält, initiierte zudem 2006 eine externe Evaluierung des Systems der Folgenabschätzung.[1341]

bb) Bewertung

Eine Bewertung des Systems der Folgenabschätzung auf europäischer Ebene greift sowohl auf einen rechtsvergleichenden Ansatz zurück, der vor allem über die theoretische Stimmigkeit des Folgenabschätzungsmodells Auskunft geben soll[1342] als auch auf eine Reihe von Berichten zur Folgenabschätzung[1343], welche insbesondere die praktischen Leistungen der Folgenabschätzung beleuchten.

aaa) „Rechtsvergleichende" Bewertung

Zunächst soll das System der Folgenabschätzung in einen internationalen Zusammenhang gestellt werden.[1344] Dazu werden die Bemühungen einiger Staaten

---

1340 Vgl. Impact Assessment Board: Report for the year 2007, SEC (2008) 120. Ferner Mieux Legiferer a l'aide d'analyses d'impact de meilleure qualite, SEC (2007) 926, wo auf 30 Verbesserungsvorschläge seitens des Impact Assessment Boards verwiesen wird.

1341 Berichte: The Evaluation Partnership, Evaluation of the Commission's Impact Assessment System – FINAL REPORT 2007; Evaluation of the Commission's Impact Assessment System – ANNEXES TO THE FINAL REPORT 2007.

1342 Vgl. 5. Kap. – B II 2 c bb aaa.

1343 Vgl. 5. Kap. – B II 2 c bb bbb.

1344 Vgl. diesbezüglich u. a.: Radaelli, The Politics of Regulatory Impact Analysis in the OECD Countries, bes. S. 11 ff.; Radaelli, What Does Regulatory Impact Assessment Mean in Europe?, S. 1 ff.; Wiener, Better Regulation in Europe, in: Taking stock of environmental assessment, S. 65 (85 ff.). Betrachte auch eine Reihe von Dokumenten der OECD: Regulatory Impact Analysis: Best Practices in OECD Countries, OECD,

um eine Folgenabschätzung umrissen und anschließend in Bezug zum europäischen Folgenabschätzungssystem gesetzt.

In Deutschland[1345] wurden im Jahre 1984 die Kosten-Nutzen-Analyse und die Haushaltskostenanalyse durch die „Blauen Prüffragen" eingeführt. Im Jahre 1989 kam es ferner zu einer Verbesserung der Auswirkungs- und Durchführbarkeitsanalyse.[1346] Seit 1996 gelten zudem strenge Maßstäbe für eine Abschätzung der Auswirkungen von Rechtsnormen auf Unternehmen und die Verwaltung. Durch die Einbeziehung der Erfahrungen sachverständiger Rechtsanwender sowie den gezielten Einsatz von speziellen Test- und Prüfmethoden, wie Planspielen oder Praxistests, erhofft man sich in Deutschland, die Vollzugseignung von Gesetzen zu erhöhen.[1347]

Auf Bundesebene ist die Gesetzesfolgenabschätzung in § 44 der Gemeinsamen Geschäftsordnung der Bundesministerien[1348] verankert. Inhaltlich konzentriert

---

1997; Building an Institutional Framework for Regulatory Impact Analysis (RIA): Guidance for Policy Makers, Version 1.1, OECD, 2008; Regulatory Impact Analysis in OECD Countries: Challenges for developing countries, OECD, June 2005. Vgl. auch die verschiedenen OECD-Veröffentlichungen der SIGMA ("Support Improvement For Government And Administrations"): Assessing the impacts of proposed laws and regulations, SIGMA Paper No. 13, OCDE/GD(97)126; OECD – Checklist on law drafting and regulatory management in Central and Eastern Europe, SIGMA Paper No. 15; Law drafting and regulatory management in Central and Eastern Europe, SIGMA Paper No. 18, OCDE/GD(97)176; Improving policy instruments through impact assessment, SIGMA Paper No. 31, CCNM/SIGMA/PUMA(2001)1. Ferner lohnt ein Blick auf Moderner Staat – Moderne Verwaltung, Der Mandelkern-Bericht – Auf dem Weg zu besseren Gesetzen, Abschlussbericht, 13. 11. 2001, Bundesministerium des Inneren (Hrsg.), S. 16, abrufbar unter: http://www.verwaltung-innovativ.de/cln_046/nn_684674/SharedDocs/Publikationen/Bestellservice/moderner__staat__mandelkern__bericht,templateId =raw,property=publicationFile.pdf/moderner_staat_mandelkern_ bericht.pdf., S. 28 ff., der konkrete Formen und Inhalte einer Gesetzesfolgenabschätzung (regulatory impact assessment, RIA) vorstellt.

1345 Vgl. etwa: Karpen, Legislação, (No. 33/34) 2003, 27 ff. (27 ff.); Karpen, Gesetzgebungslehre – neu evaluiert, S. 76 ff.

1346 Siehe ferner Fliedner/v. Hammerstein, ZG, 1990, 62 ff. (63), mit den Punkten 1.2. und 1.3. des Beschlusses der Bundesregierung vom 20. Dezember 1989 über Maßnahmen zur Verbesserung der Rechtsetzung und von Verwaltungsvorschriften.

1347 Vgl. Fliedner/v. Hammerstein, ZG, 1990, 62 ff. (63), mit Punkt 1.2. des Beschlusses der Bundesregierung vom 20. Dezember 1989 über Maßnahmen zur Verbesserung der Rechtsetzung und von Verwaltungsvorschriften.

1348 § 44 mit der Überschrift „Gesetzesfolgen" lautet: „(1) Unter Gesetzesfolgen sind die wesentlichen Auswirkungen des Gesetzes zu verstehen. Sie umfassen die beabsichtigten Wirkungen und die unbeabsichtigten Nebenwirkungen. Die Darstellung der voraussichtlichen Gesetzesfolgen muss im Benehmen mit den jeweils fachlich zuständigen Bundesministerien erfolgen und hinsichtlich der finanziellen Auswirkungen erkennen lassen, worauf die Berechnungen oder die Annahmen beruhen. Das Bundesministerium

sich die Folgenabschätzung auf die ökonomischen Belastungen für die betroffenen Wirtschaftsteilnehmer sowie auf die Auswirkungen für die öffentlichen Kassen.
Eine Innovation aus jüngerer Zeit ist die Errichtung des Nationalen Normenkontrollrats, der seine unabhängige Arbeit im Jahr 2006 aufnahm.[1349] Dieser besteht aus acht Mitgliedern, die, unterstützt von einer Geschäftsstelle, Vorschläge für Bundesgesetze und darauf basierender Rechtsverordnungen und Verwaltungsvorschriften hinsichtlich der damit verbundenen Bürokratiekosten untersuchen. Weitergehende Qualitätsaspekte werden hingegen nur begrenzt analysiert. Umfassende Untersuchungen hinsichtlich des Zielverwirklichungsgrades und der Wirksamkeit der Regelungen kann der Normenkontrollrat nicht leisten. Seine Stellungnahmen werden zunächst dem federführenden Bundesministerium zugeleitet und bei der Einbringung des Gesetzgebungsentwurfs in den Bundestag dem Entwurf beigefügt.

---

des Innern kann zur Ermittlung von Gesetzesfolgen Empfehlungen geben. (2) Die Auswirkungen auf die Einnahmen und Ausgaben (brutto) der öffentlichen Haushalte sind einschließlich der voraussichtlichen vollzugsbedingten Auswirkungen darzustellen. Das Bundesministerium der Finanzen kann im Benehmen mit dem Bundesministerium des Innern hierzu allgemeine Vorgaben machen. Die auf den Bundeshaushalt entfallenden Einnahmen und Ausgaben sind für den Zeitraum der jeweils gültigen mehrjährigen Finanzplanung des Bundes aufzugliedern. Dabei ist anzugeben, ob und inwieweit die Mehrausgaben oder Mindereinnahmen in der mehrjährigen Finanzplanung berücksichtigt sind und auf welche Weise ein Ausgleich gefunden werden kann. Die Beträge sind gegebenenfalls im Benehmen mit dem Bundesministerium der Finanzen zu errechnen, notfalls zu schätzen. Entstehen voraussichtlich keine finanziellen Auswirkungen, so ist dies in der Begründung anzugeben. (3) Auswirkungen auf die Haushalte der Länder und Kommunen sind gesondert aufzuführen. Das für den Gesetzentwurf federführende Bundesministerium hat hierzu bei den Ländern und kommunalen Spitzenverbänden rechtzeitig Angaben zu den Ausgaben einzuholen. (4) Im Benehmen mit dem Bundesministerium für Wirtschaft und Technologie sind darzustellen: 1. die Kosten für die Wirtschaft, insbesondere auch für mittelständische Unternehmen, sowie 2. die Auswirkungen des Gesetzes auf Einzelpreise, das Preisniveau sowie die Auswirkungen auf die Verbraucherinnen und Verbraucher. Das für den Gesetzentwurf fachlich zuständige Bundesministerium hat dazu Angaben der beteiligten Fachkreise und Verbände, insbesondere der mittelständischen Wirtschaft, einzuholen. Das Bundesministerium für Wirtschaft und Technologie ist frühzeitig zu beteiligen. (5) Die Bundesministerien müssen die Bürokratiekosten im Sinne des § 2 Abs. 1 des Gesetzes zur Einsetzung eines Nationalen Normenkontrollrats ermitteln und darstellen. (6) Weitere Auswirkungen, die ein nach § 45 Abs. 1 bis 3 Beteiligter erwartet, sind auf seinen Wunsch darzustellen. (7) In der Begründung zum Gesetzentwurf ist durch das federführende Ressort festzulegen, ob und nach welchem Zeitraum zu prüfen ist, ob die beabsichtigten Wirkungen erreicht worden sind, ob die entstandenen Kosten in einem angemessenen Verhältnis zu den Ergebnissen stehen und welche Nebenwirkungen eingetreten sind."

1349 Vgl. die umfangreichen Ausführungen zum Nationalen Normenkontrollrat bei Karpen/Breutz/Nünke, Gesetzgebung der Großen Koalition, S. 57 f., und Schröder, DÖV, 2007, 45 ff. (45 ff.).

Trotz der festen Verankerung, der sich die Gesetzesfolgenabschätzung in Deutschland erfreut, lässt sich eine Diskrepanz zwischen Anspruch und Wirklichkeit nicht leugnen.[1350]

Ab 1985 wurde die Folgenabschätzung im Vereinigten Königreich[1351] mit dem Ziel einer umfassenden Deregulierung eingeführt.[1352] Neben einer strengen Erforderlichkeitsprüfung soll sichergestellt werden, dass Gesetzgebungsakte klar und verständlich sind. Außerdem wird überprüft, ob die Regelungen auch von der Stelle vollzogen werden, die dazu am besten in der Lage ist und die für ihre Tätigkeit gegebenenfalls zur Verantwortung gezogen werden kann.
Das angewandte Abschätzungsverfahren "Compliance Cost Assess" hat das Ziel, die Verbraucherpreise zu senken, die Arbeitslosigkeit abzubauen, die Einkommenssituation der Beschäftigten zu verbessern und die internationale Wettbewerbsfähigkeit zu stärken. Besondere Berücksichtigung finden die Auswirkungen der Gesetzgebung auf kleine und mittlere Unternehmen.
Organisatorisch ist die Folgenabschätzung in einer speziellen Abteilung angesiedelt, die in jedem Ministerium eingerichtet ist. Ferner existiert ein zentrales und ressortübergreifendes Gremium, das mit einer Reihe von Aufgaben betraut ist, wie etwa der Ermittlung der Anwendungskosten für Unternehmen, Wohlfahrtsverbände und freiwillige Organisationen, wobei auch die Kosten für ein „typisches" Unternehmen aus jedem betroffenen Wirtschaftssektor ermittelt werden. Darüber hinaus werden die volkswirtschaftlichen Kosten sowie die Kosten für den Staat in Form von Entstehungs- und Kontrollkosten berechnet. Aus Befragungen von Experten und Interessenvertretern sowie aus der Auswertung von Statistiken und einer Reihe weiterer Methoden wird eine Beschreibung der Auswirkungen eines Gesetzes formuliert. Der zuständige Minister hat schließlich zu untersuchen, ob die prognostizierten Kosten mit dem erwarteten Nutzen in einem ausgewogenen Verhältnis stehen ("Compliance Risk Assessment"). Ohne ministerielle Zustimmung kann der Gesetzentwurf nicht am Kabinettstisch diskutiert werden.

1350 So auch Redeker, NJW, 2002, 2756 ff. (2756 ff.); Redeker, ZRP, 2004, 160 ff. (161 f.); Röhl, Bürokratieabbau – Analysen und Handlungsempfehlungen, S. 14.

1351 Vgl. zur Folgenabschätzung im Vereinigten Königreich: OECD, Reviews of Regulatory Reform: Regulatory Reform in the United Kingdom – Government Capacity to Assure High Quality Regulation, 2002, S. 33 ff.; Courtney, Legislação, (No. 33/34) 2003, 107 ff. (108 ff.); Hofmann, ZG, 1999, 44 ff. (47 ff.); Karpen, AöR, 124 (1999), 400 ff. (414); Karpen, FS Söllner, S. 479 ff. (485); Karpen, Gesetzgebungslehre – neu evaluiert, S. 82.

1352 Vgl. OECD, Reviews of Regulatory Reform: Regulatory Reform in the United Kingdom – Government Capacity to Assure High Quality Regulation, 2002, S. 33; Radaelli, The Politics of Regulatory Impact Analysis in the OECD Countries, S. 15.

Ferner gibt es seit 1997 eine unabhängige Arbeitsgruppe, die sich mit Fragen der besseren Regulierung beschäftigt ("Better Regulation Task Force").[1353] Ihre Mitglieder kommen aus dem privaten Bereich, aus kleinen Betrieben, Verbraucher- und Bürgergruppen, Gewerkschaften, der Polizei und aus dem Karitativ- und Freiwilligenbereich. Diese Arbeitsgruppe berät über Maßnahmen zur Steigerung der Effektivität und Glaubwürdigkeit staatlicher Regulierung. Außerdem soll ihre Tätigkeit sicherstellen, dass die Gesetzgebung wirklich notwendig, verständlich und leicht umsetzbar ist sowie die Anliegen kleiner Unternehmen und der „normalen Bürger" einkalkuliert. Von Januar 2006 bis Januar 2008 übernahm die Rolle der "Better Regulation Task Force" ein ständiges Gremium, die "Better Regulation Commission", bevor auch diese vom "Risk and Regulation Advisory Council" abgelöst wurde.

Die Gesetzesfolgenabschätzung gehört in den Niederlanden[1354] ebenfalls zum festen Bestandteil des Gesetzgebungsverfahrens. Eine allgemeine Folgenabschätzung wurde dort bereits 1985 eingeführt. Im Jahre 1996 wurden etwa 80 von 800 Gesetzgebungsvorhaben der Gesetzesfolgenabschätzung unterzogen. Ihre verbindliche Grundlage findet die Gesetzesfolgenabschätzung in §§ 13–15 des „Financial Accounting Act". Als zentrale Institution fungiert ein „Joint Support Center", das interministeriell besetzt ist und Daten, Informationen und know how sammelt und bündelt und so koordinierend die Gesetzesfolgenabschätzung steuert. Als wichtigste Prüfkriterien gelten die entstehenden Kostenbelastungen für die Wirtschaft, die Wirtschafts- und Arbeitslosenentwicklung sowie die nationale und internationale Wettbewerbsfähigkeit. In den Abschätzungen werden die unmittelbaren Auswirkungen auf die Normadressaten dabei ebenso ins Blickfeld gerückt wie die unbeabsichtigten ökonomischen Effekte. Methodisch arbeitet die Gesetzesfolgenabschätzung nach dem „Business Effects Test" (BET), bei dem die volkswirtschaftlichen und sozialen Folgen von Gesetzgebungsvorhaben an den politischen und wirtschaftlichen Zielen der Regierung für das Gesetzgebungsprojekt gemessen werden.[1355]

1353 Umfangreiche Informationen zur "Better Regulation Task Force" und deren „Nachfolgern" der "Better Regulation Commission" und des "Risk and Regulation Advisory Council" sind abrufbar unter: http://www.berr.gov.uk/

1354 Vgl. zur Folgenabschätzung in den Niederlanden: Regulatory Reform in the Netherlands – Government Capacity to Assure High Quality Regulation, OECD, 1999, S. 24 ff. Siehe überdies: Akkermans, Netherlands – Legislation in the Netherlands, in: Legislation in European Countries, S. 292 ff. (317 f.); Hofmann, ZG, 1999, 44 ff. (46 f.); Karpen, AöR, 124 (1999), 400 ff. (414); Karpen, Gesetzgebungslehre – neu evaluiert, S. 82; Voermans, Legislação, (No. 33/34) 2003, 33 ff. (36 f.).

1355 Hofmann, ZG, 1999, 44 ff. (46).

Besonders hervorzuheben ist zudem das ambitionierte Ziel der Niederlande, die Bürokratiekosten um 25 % zu senken.[1356] Das „Advies College Toetsing Administrative Lasten" (ACTAL) leistet hierbei als unabhängiges Beratungsgremium für die Regierung und das Abgeordnetenhaus bei Gesetzgebungsinitiativen einen wichtigen Beitrag.[1357] Seine Aufgabe besteht vorrangig in der Überprüfung der mittels der „Standardkosten-Methode" errechneten Kostenbelastungen für Unternehmen und Bürger. Daneben untersucht das ACTAL bestehende Normen hinsichtlich ihrer Bürokratiekosten und bewertet Aktionsprogramme der Regierung zum Thema Bürokratieabbau.

Die Gesetzesfolgenabschätzung erfolgt in Österreich[1358] dezentral[1359] auf Basis der §§ 14, 14 a des Bundeshaushaltsgesetzes[1360]. In der zuständigen Abteilung

---

1356 Vgl. Doorn/Prins, A Dutch Treat: The Netherlands Presidency and regulatory reform. Umfassend zum Ganzen Voermans, Utrecht Law Review, 2008, 128 ff. (128 ff.).

1357 Vgl. Schröder, DÖV, 2007, 45 ff. (45 f.).

1358 Vgl. zur Gesetzesfolgenabschätzung in Österreich: Hofmann, ZG, 1999, 44 ff. (47); Karpen, AöR, 124 (1999), 400 ff. (413 f.); Karpen, FS Söllner, S. 479 ff. (485); Karpen, Gesetzgebungslehre – neu evaluiert, S. 81 f.; Steiner, Legislação, (No. 33/34) 2003, 9 ff. (9 ff.).

1359 Vgl. § 2 des Deregulierungsgesetz 2001, BGBl. I Nr. 151.

1360 Vgl. Bundeshaushaltsgesetz (BGBl. Nr. 213/1986). § 14 lautet: „(1) Jedem Entwurf für ein Bundesgesetz, eine Verordnung, eine über- oder zwischenstaatliche Vereinbarung und eine Vereinbarung gemäß Art. 15a B-VG ist von dem Bundesminister, in dessen Wirkungsbereich der Entwurf ausgearbeitet wurde, eine den Richtlinien gemäß Abs. 5 entsprechende Darstellung der finanziellen Auswirkungen anzuschließen, aus der insbesondere hervorzugehen hat: 1. ob und inwiefern die Durchführung der vorgeschlagenen Maßnahmen voraussichtlich Ausgaben oder Einnahmen sowie Kosten oder Erlöse für den Bund verursachen wird; 2. wie hoch diese Ausgaben oder Einnahmen sowie Kosten oder Erlöse im laufenden Finanzjahr und mindestens in den nächsten drei Finanzjahren zu beziffern sein werden; 3. aus welchen Gründen diese Ausgaben und Kosten notwendig sind und welcher Nutzen hiervon erwartet wird; 4. welche Vorschläge zur Bedeckung dieser Ausgaben und Kosten gemacht werden. In der Darstellung ist auf das Budgetprogramm Bezug zu nehmen. (2) Bei Maßnahmen gemäß Abs. 1, die zu Mindereinnahmen sowie Mindererlösen des Bundes führen, ist Abs. 1 sinngemäß anzuwenden. (3) Ergeben sich aus einer Maßnahme gemäß Abs. 1 für eine am Finanzausgleich beteiligte andere Gebietskörperschaft Ausfälle an Steuern, an deren Ertrag sie beteiligt ist, Mehrausgaben oder Minderausgaben, höhere oder geringere Kosten, Mehreinnahmen oder Mehrerlöse, sind auch diese finanziellen Auswirkungen in der Stellungnahme darzustellen. (4) Vor Erlassung einer Verordnung, vor Abschluss einer über- oder zwischenstaatlichen Vereinbarung oder einer Vereinbarung gemäß Art. 15a B-VG, die Auswirkungen auf den Bundeshaushalt haben, ist vom jeweils zuständigen Bundesminister mit dem Bundesminister für Finanzen das Einvernehmen herzustellen; der Bundesminister für Finanzen hat hierbei darauf zu achten, dass die in § 2 Abs. 1 genannten Ziele der Haushaltsführung gewahrt bleiben. Davon ausgenommen sind Verordnungen, bei denen die finanziellen Auswirkungen dem Grunde und der Höhe nach in

des federführenden Ressorts erfolgt die Planung und Plankostenrechnung des Gesetzesvorhabens vor dem Hintergrund der Regelungsziele und der möglichen Handlungsalternativen.[1361]

Ursprünglich waren die Kostenschätzungen auf den Bereich der Verwaltung fokussiert, während die Kosten für Unternehmen und Bürger nur am Rande Beachtung fanden. Zudem bereitete die praktische Anwendung einer Kosten-

---

einem Bundesgesetz bereits eindeutig festgelegt sind. (5) Für die Ausarbeitung der Darstellung der finanziellen Auswirkungen gemäß Abs. 1 bis 3 hat der Bundesminister für Finanzen Richtlinien zu erlassen, die der finanz- und betriebswirtschaftlichen Betrachtungsweise Rechnung tragen. (6) Die Bestimmungen der Abs. 1 bis 4 sind auch auf Entwürfe für gemeinschaftsrechtliche Vorschriften (Verordnungen, Richtlinien und Entscheidungen gemäß Art. 249 des EG-Vertrages, BGBl. III Nr. 86/1999) sowie auf Entwürfe für Entscheidungen gemäß den Titeln V und VI des Vertrages über die Europäische Union, BGBl. III Nr. 85/1999, anzuwenden. Die Darstellung der finanziellen Auswirkungen obliegt dem jeweils zuständigen Bundesminister und hat sich insbesondere auf die Veränderung der Mittel zur Finanzierung des Gesamthaushaltes gemäß Art. 269 des EG-Vertrages (§ 16 Abs. 3a) und auf jene Ausgaben des Bundes zu beziehen, die für Maßnahmen auf Grundlage der im 1. Satz genannten Vorschriften voraussichtlich zu leisten sein werden. Der Bundesminister für Finanzen hat hierzu Richtlinien zu erlassen." Weiter heißt es in § 14 a: „(1) Jedem Entwurf für ein Bundesgesetz, eine Verordnung sowie eine Maßnahme grundsätzlicher Art ist vom jeweils zuständigen Bundesminister eine den Richtlinien gemäß Abs. 3 entsprechende Darstellung anzuschließen, aus der insbesondere hervorzugehen hat: 1. ob und inwiefern sich die in den vorgeschlagenen Maßnahmen vorgesehenen Informationsverpflichtungen auf die Verwaltungskosten für Unternehmen auswirken werden; 2. wie hoch diese Verwaltungskosten für Unternehmen für die Dauer eines Jahres zu beziffern sein werden; 3. aus welchen Gründen diese Informationsverpflichtungen notwendig sind und welcher Nutzen damit verbunden ist. (2) Der jeweils zuständige Bundesminister hat dem Bundesminister für Finanzen jeden Entwurf einer Verordnung oder einer Maßnahme grundsätzlicher Art, die Informationsverpflichtungen für Unternehmen vorsieht, zu übermitteln; der Bundesminister für Finanzen hat dazu eine Stellungnahme über die ordnungsgemäße Anwendung des in den Richtlinien gemäß Abs. 3 vorgesehenen Standardkostenmodells abzugeben. (3) Der Bundesminister für Finanzen hat Richtlinien zur Anwendung des Standardkostenmodells zu erlassen, in denen insbesondere nähere Regelungen zur Unternehmereigenschaft, zu Informationsverpflichtungen sowie zur Ermittlung, Darstellung und Dokumentation der Verwaltungskosten für Unternehmen vorzusehen sind."

Vgl. auch die Richtlinien gemäß § 14 Abs. 5 BHG sowie die Standardkosten-Richtlinien gemäß § 14 a Abs. 3 BHG (Kundmachung: Standardkostenmodell-Richtlinien (BGBl. II Nr. 233/2007) und die Verordnung des Bundesministers für Finanzen betreffend Richtlinien für die Ermittlung und Darstellung der finanziellen Auswirkungen neuer rechtsetzender Maßnahmen (BGBl. II Nr. 50/1999)."

1361 Hofmann, ZG, 1999, 44 ff. (47), mit Verweis auf Strehl/Seitelberger, Leitfaden für die Berechnung von Gesetzesvollzugskosten am Beispiel der Republik Österreich, in: Wege in die zukunftsorientierte Verwaltung, Kongreßdokumentation des Sachverständigenrates „Schlanker Staat", S. 41 ff.

Nutzen-Analyse in den Anfangsjahren erhebliche Schwierigkeiten.[1362] Erst durch die Einführung eines Bewertungsrasters gelang hier eine Vereinfachung, die es ermöglichte, aussagekräftige Angaben hinsichtlich der Kosten zu treffen. Heute werden in Österreich die Entstehungs-, die Vollzugs- und die Nominalkosten sowie die volkswirtschaftlichen Effekte eines Gesetzentwurfs untersucht.[1363] Das Deregulierungsgesetz aus dem Jahr 2001 enthält außerdem einen sogenannten Deregulierungsauftrag[1364], der auch den Auftrag zur Gesetzesfolgenabschätzung beinhaltet. Danach sind bei Akten der Bundesgesetzgebung die wesentlichen Auswirkungen auf finanzieller und wirtschaftspolitischer Ebene zu berücksichtigen sowie umwelt- und konsumentenschutzpolitische und soziale Belange einzukalkulieren. Außerdem soll der Vollzug einer Regelung keinen übermäßigen Verwaltungsaufwand verursachen.
Abschließend soll noch eine im Rahmen der Initiative der Bundesregierung "Verwaltungskosten senken für Unternehmen“ in allen Bundesministerien durchgeführte Basiserhebung Erwähnung finden. Diese im Sommer 2007 abgeschlossene Untersuchung berechnete die Verwaltungskosten für Unternehmen, die sich aus bestehenden bundesrechtlichen Informations- und Meldepflichten ergaben. Die angewendete Methode ist im „Handbuch Standardkostenmodell Österreich“[1365] beschrieben.

Auch in Italien[1366] findet eine Gesetzesfolgenabschätzung statt, die sich auf eine Kosten-Leistung-Analyse stützt. Die Kostenschätzung für den öffentlichen

---

1362 Fiedler, Finanzielle Auswirkungen von Gesetzen, in: Effizienz der Gesetzesproduktion, S. 199 ff. (203 ff.).

1363 Karpen, AöR, 124 (1999), 400 ff. (413 f.); Karpen, FS Söllner, S. 479 ff. (485).

1364 Vgl. dort den in § 1 enthaltenden sogenannten Deregulierungsauftrag: „(1) Anlässlich einer geplanten Änderung eines Bundesgesetzes ist insbesondere zu prüfen, ob das zu ändernde Gesetz oder einzelne Bestimmungen desselben noch notwendig und zeitgemäß sind oder ob die angestrebten Wirkungen nicht auch auf andere Weise erreicht werden könnten. Insbesondere ist bei der Vorbereitung der Umsetzung von Richtlinien der Europäischen Gemeinschaft darauf zu achten, dass die vorgegebenen Standards nicht ohne Grund übererfüllt werden. (2) Alle mit der Vorbereitung von Akten der Bundesgesetzgebung betrauten Organe haben darauf Bedacht zu nehmen, die wesentlichen Auswirkungen von Gesetzen in finanzieller, wirtschafts-, umwelt- und konsumentenschutzpolitischer sowie sozialer Hinsicht abzuschätzen. Ebenso ist zu prüfen, ob der Vollzug der in Aussicht genommenen Regelung keinen übermäßigen Aufwand in der Verwaltung nach sich zieht.“

1365 Handbuch Standardkostenmodell Österreich – Initiative Verwaltungskosten senken für Unternehmen, Hrsg.: Bundesministerium für Finanzen, Version 2, Wien, Jänner 2007.

1366 Vgl. zur Folgenabschätzung in Italien: Regulatory Reform in Italy – Government Capacity to Assure High Quality Regulation, OECD, 2001, S. 28 ff.; Karpen, AöR, 124 (1999), 400 ff. (415); Karpen, FS Söllner, S. 479 ff. (485); Karpen, Gesetzgebungslehre – neu evaluiert, S. 82 f.; Radaelli, The Politics of Regulatory Impact Analysis in the OECD Countries, bes. S. 3.

Haushalt steht hierbei im Vordergrund.[1367] Die Berichte der Regierung über die Gesetzesfolgenabschätzung werden dem Finanzausschuss der Camera zur Prüfung zugeleitet.

In Frankreich[1368] konnten aufgrund der starken Stellung der Exekutive Rationalisierungstechniken in der Gesetzgebung nur zögerlich etabliert werden.[1369] Dennoch findet auch in Frankreich eine allgemeine Folgenabschätzung statt, deren Hauptaugenmerk sich auf die Auswirkungen auf die Beschäftigungssituation richtet.[1370] Gerade in Frankreich gibt es aber eine auffällige Diskrepanz zwischen den Verlautbarungen offizieller Dokumente[1371] zu Inhalt und Bedeutung der Folgenabschätzung und der praktischen Durchführung dieser Arbeiten. Anstatt Ausdruck einer objektiven ex-ante-Prüfung zu sein, stehen viele Folgenabschätzungen im Verdacht, dass sie lediglich der nachträglichen Rechtfertigung vergefasster Entscheidungen dienen. Auch die Aussagekraft der Abschätzungen und die methodische Herangehensweise werden als mangelhaft eingestuft.[1372]

1367 So Hofmann, ZG, 1999, 44 ff. (51).

1368 Vgl. zur Folgenabschätzung in Frankreich: OECD, Reviews of Regulatory Reform: Regulatory Reform in France – Government Capacity to Assure High Quality Regulation, 2004, S. 39 ff. Siehe ferner: Karpen, AöR, 124 (1999), 400 ff. (415); Hofmann, ZG, 1999, 44 ff. (51).

1369 Karpen, AöR, 124 (1999), 400 ff. (415); Radaelli, The Politics of Regulatory Impact Analysis in the OECD Countries, S. 3.

1370 Regulatory Impact Analysis: Best Practices in OECD Countries, OECD, 1997, S. 13 f.; Hofmann, ZG, 1999, 44 ff. (51).

1371 Vgl. Circulaire du 26 janvier 1998 relative à l'étude d'impact des projets de loi et de décret en Conseil d'Etat, Paris, le 26 janvier 1998 sowie bereits Circulaire du 21 novembre 1995 relative à l'expérimentation d'une étude d'impact accompagnant les projets de loi et de décret en Conseil d'Etat, 1 december 1995.

1372 Vgl. OECD, Reviews of Regulatory Reform: Regulatory Reform in France – Government Capacity to Assure High Quality Regulation, 2004, S. 39 ff. – dort heißt es etwa: "Use of the regulatory impact analysis has remained limited in France, focused on budgetary matters from a strictly public accounts viewpoint." (S. 39) Oder an anderer Stelle (S. 39): "The reviews show that impact studies were drawn up after the initial preparation of legislation and, therefore, and did not provide a general framework for analysis. They were provided at the end of the process, when the legislation was passed on to the Council of State, and following pressure from the Government's Secretary General's Office. Therefore, they served as justifying *ex post* measures already taken. They were not systematically passed on to members of parliament and, in general, the quantitative and economic content was insignificant." Und abschließend (S. 40): "At present, assessment of French practice remains difficult." Vgl. ferner Radaelli, The Politics of Regulatory Impact Analysis in the OECD Countries, bes. S. 11, 16.

In Spanien[1373] wird bei der Folgenabschätzung von Gesetzentwürfen vorrangig auf einen Katalog von 20 Fragen zurückgegriffen, welchen das federführende Generaldirektorat zu bearbeiten hat und daraus eine wirtschaftsbezogene Stellungnahme zu den Auswirkungen des Gesetzes vorbereitet. Die Fragen selbst gliedern sich in drei Komplexe, die erstens die Notwendigkeit der geplanten Maßnahme, zweitens ihre rechtlichen und institutionellen Auswirkungen sowie drittens die sozialen und wirtschaftlichen Folgen betreffen. Den Schwerpunkt der Folgenabschätzungen bilden jedoch die Untersuchungen zu den Auswirkungen auf den Regierungshaushalt, was seinerseits von der OECD kritisiert wird, die zudem die unzureichende Qualitätskontrolle der Folgenabschätzungen selbst bemängelt.[1374]

In Portugal[1375] wird eine fiskalische Analyse praktiziert, welche die unmittelbar durch staatliche Regulierung entstehenden Verwaltungskosten quantifiziert.[1376] Die Praxis der Folgenabschätzungen ist in Portugal noch immer mangelhaft.[1377] Dies bestätigte auch eine im Jahre 2002 durchgeführte unabhängige Untersuchung. Daraufhin wurden der portugiesischen Regierung zahlreiche Verbesserungsvorschläge unterbreitet, wie etwa die Schaffung einer zentral verankerten und unabhängigen Stelle zur Überwachung und Förderung der durchzuführenden Folgenabschätzungen.[1378]

In Schweden werden in einer fiskalischen Analyse die Auswirkungen von Gesetzen auf die Kosten für die öffentliche Hand untersucht.[1379] Hinzu kommt eine Gesetzesfolgenanalyse, die auch verteilungspolitische Aspekte berücksichtigt.[1380] Häufig werden zudem eine Kosten-Nutzen-Analyse sowie eine Kosten-Wirksamkeits-Analyse durchgeführt.[1381]

1373 Regulatory Reform in Spain – Government Capacity to Assure High Quality Regulation, OECD, 2000, S. 32 ff.

1374 Vgl. Regulatory Reform in Spain – Government Capacity to Assure High Quality Regulation, OECD, 2000, 32 ff. – dort (S. 33) heißt es etwa: "However, no parameters define the quality of the reports and the Questionnaire is not mandatory. More problematic, no central body scrutinises the quality of the answers on a consistent basis, and no criteria or parameters exist to provide direction to drafters and respondents. The ministerial orders are not externally reviewed."

1375 Vgl. zur Folgenabschätzung in Portugal: Tavares de Almeida, Legislação, (No. 33/34) 2003, 63 ff. (63 ff.).

1376 Hofmann, ZG, 1999, 44 ff. (52).

1377 Tavares de Almeida, Legislação, (No. 33/34) 2003, 63 ff. (63 f.).

1378 Vgl. Tavares de Almeida, Legislação, (No. 30/31) 2002, 7 ff. (9 f.).

1379 Hofmann, ZG, 1999, 44 ff. (52).

1380 Hofmann, ZG, 1999, 44 ff. (52).

1381 Hofmann, ZG, 1999, 44 ff. (52).

Auch in Dänemark[1382] wird seit 1993 eine Folgenabschätzung praktiziert. Dabei werden die finanziellen Auswirkungen auf die nationale Regierung, die lokalen „Regierungsstellen“ sowie auf die Verwaltung überprüft. Berücksichtigung finden auch die wirtschaftlichen Folgen für die Industrie und den Handel sowie die Auswirkungen auf die Bürger und die Umwelt.
Besonders hervorzuheben ist der erfolgreiche Einsatz von „Business test panels“ in Dänemark. „Business test panels“ dienen dazu, die für eine Folgenabschätzung notwendigen statistischen Informationen von den Unternehmen zu erhalten.[1383]

Neben den bisherigen Informationen zur Folgenabschätzung in verschiedenen Ländern soll die nachfolgende Tabelle einen ergänzenden Überblick über die entsprechenden Maßnahmen in verschiedenen Mitgliedstaaten geben.[1384]

1382 Vgl. zur Folgenabschätzung in Dänemark: Regulatory Reform in Denmark – Government Capacity to Assure High Quality Regulation, OECD, 2000, S. 31 ff.; Hofmann, ZG, 1999, 44 ff. (51).

1383 Vgl. Radaelli, The Politics of Regulatory Impact Analysis in the OECD Countries, S. 14. Diese Praxis wurde auch von anderen Ländern übernommen – vgl. dazu etwa Regulatory Reform in the Czech Republic – Government Capacity to Assure High Quality Regulation, OECD, 2001, S. 30.

1384 Die Daten sind entnommen aus: Arbeitsdokument der Kommissionsdienststellen: Bericht über die Umsetzung der Europäischen Charta für Kleinunternehmen in den Mitgliedstaaten der Europäischen Union, SEK (2005) 167 und Mitteilung der Kommission an den Rat und das Europäische Parlament: Bessere Rechtsetzung für Wachstum und Arbeitsplätze in der Europäischen Union, KOM (2005) 97 endg.

Legende: *Ja* bedeutet Maßnahmen vorhanden, *(Ja)* heißt Maßnahmen teilweise verfügbar bzw. geplant, *Nein* steht für keine Maßnahmen vorhanden und ein *Strich* symbolisiert, dass keine entsprechenden Informationen vorhanden sind. Siehe auch die tabellarische Übersicht zur länderspezifischen Projekten für Bessere Rechtsetzung und Folgenabschätzung bei Wiener, Better Regulation in Europe, in: Taking stock of environmental assessment, S. 65 ff. (89).

Darüber hinaus: In Irland müssen seit 2005 alle Abteilungen eine Folgenabschätzung durchführen. Hierfür wurde im gleichen Jahr ein Leitfaden herausgegeben. Siehe aktuell: RIA Guidelines "How to Conduct a Regulatory Impact Analysis“, June 2009, abrufbar unter: http://www.betterregulation.ie/eng/Revised_RIA_Guidelines.pdf; Regulatory Impact Analysis: Lessons from the Pilot Exercise, CPMR Discussion Paper 31, 2005, abrufbar unter: http://www.cpmr.gov.ie/publications/discussion-papers/. Zum System der Folgenabschätzung in Belgien siehe Karpen, AöR, 124 (1999), 400 ff. (414), Karpen, Gesetzgebungslehre – neu evaluiert, S. 82, der eine Ähnlichkeit zu den entsprechenden Anstrengungen in den Niederlanden konstatiert.

	Spez. FA	Obligat. FA	Berück. alternat. Instrumente	Leitfaden zur FA	Koordi-nierungs-gremium für FA	FA umfasst Konsul-tation	Förmliche Konsult.-verfahren	Direkte Konsult. der Betroff.	Tests für Klein-unter-nehmen
BEL	-	(Ja)	-	(Ja)	(Ja)	Nein	(Ja)	(Ja)	(Ja)
CZE	-	Nein	Ja	-	-	-	-	-	(Ja)
DNK	Ja	Ja	Ja	Ja	Ja	Ja	Ja	Ja	Ja
DEU	-	-	-	Ja	Ja	Ja	Ja	-	-
EE	Nein	Ja	Ja	Ja	-	-	Nein	Nein	-
GRE	(Ja)	Nein	Nein	Nein	Nein	Ja	Nein	Nein	Nein
ESP	(Ja)	Ja	Ja	(Ja)	(Ja)	Nein	Nein	Nein	Nein
FRA	-	-	-	-	-	-	-	-	-
IRL	Nein	Nein	(Ja)	(Ja)	Nein	(Ja)	(Ja)	Nein	Nein
ITA	Ja	Nein	(Ja)	Ja	(Ja)	(Ja)	Nein	Ja	(Ja)
CY	Nein	Nein	Nein	Nein	Nein	Nein	Nein	Nein	Nein
LV	Ja	Ja	Ja	Ja	Ja	Ja	Ja	Nein	Ja
LT	Ja	Ja	Ja	Ja	-	-	-	Nein	-
LUX	-	Ja	Ja	-	Ja	Ja	Ja	Nein	Nein
HUN	(Ja)	Ja	Nein	Nein	Ja	(Ja)	(Ja)	Nein	Nein
MT	-	-	Nein	-	(Ja)	Nein	Nein	Ja	Nein
NLD	Ja	-	Ja	Ja	Ja	Nein	Nein	Ja	(Ja)
AUT	Ja	Ja	Ja	Ja	Nein	Ja	Ja	Ja	-
POL	Ja	Ja	Ja	Ja	Ja	Ja	Ja	(Ja)	Nein
PRT	Nein	Nein	Nein	Nein	Nein	Nein	Nein	Nein	Nein
SL	-	-	-	-	-	-	-	-	-
SK	-	-	-	-	-	-	-	(Ja)	-
FIN	Ja	Ja	Ja	Ja	(Ja)	Ja	Ja	Ja	-
SWE	Ja	Ja	Ja	Ja	Ja	Ja	Ja	Ja	Nein
UK	Ja	Ja	Ja	Ja	Ja	Ja	Ja	Ja	Ja

Aus den vorangegangenen Informationen wird deutlich, dass in den meisten Ländern sowie innerhalb der Unionsorgane ein breites politisches Bekenntnis zur Folgenabschätzung existiert.[1385] Dementsprechend besitzen die einzelnen Staaten fast ausnahmslos Leitfäden für die Durchführung von Folgenabschätzungen[1386] und tun es damit der Union gleich.

Die rechtliche Verankerung der Folgenabschätzung wird hingegen sehr verschieden gehandhabt. In der Tschechischen Republik ist die Folgenabschätzung beispielsweise per Gesetz festgeschrieben. Die Niederlande, Frankreich, Italien und Österreich können diesbezüglich auf Dekrete bzw. Leitlinien des Premierministers verweisen. Daneben existieren mannigfaltige Anordnungsmöglichkeiten, von denen die Länder in unterschiedlichster Form Gebrauch machen.[1387] Die Rechtsetzungsorgane der Union reihen sich hier mit ihrer Verpflichtung zur Durchführung von Folgenabschätzungen im Rahmen der Interinstitutionellen

1385 Vgl. Radaelli, The Politics of Regulatory Impact Analysis in the OECD Countries, S. 11, der lediglich Frankreich von dieser Einschätzung ausnimmt, obwohl auch dort in jüngster Vergangenheit erste Fortschritte erzielt werden konnten.

1386 Radaelli, The Politics of Regulatory Impact Analysis in the OECD Countries, S. 11.

1387 Vgl. zum Ganzen OECD, Regulatory Impact Analysis (RIA) Inventory, GOV/PGC/RD(2004)1, 15. April 2004, S. 3 f.

Vereinbarung über „Bessere Rechtsetzung"[1388] in das breite Spektrum der „Verankerungsmöglichkeiten" ein.
Unterschiede in den Folgenabschätzungssystemen bestehen auch bei den zu prüfenden Inhalten.[1389] Während in den Niederlanden der Fokus auf den monetären und ökonomischen Auswirkungen für die Unternehmen liegt, berücksichtigt die Tschechische Republik auch sozio-ökonomische Effekte. Frankreich konzentriert sich wiederum auf fiskalische Folgen und Auswirkungen auf die Beschäftigungssituation, während etwa die finnischen Folgenabschätzungen ein breites Beobachtungsspektrum besitzen und u. a. die Auswirkungen geplanter Rechtsetzung auf den Haushalt, die Wirtschaft, die Umwelt, die Gesundheit, aber auch auf regionale Besonderheiten untersuchen. Einen ähnlich umfassenden Ansatz verfolgt Österreich, wo gesellschaftliche, umwelt- und konsumentenschutzpolitische, aber auch geschlechtsspezifische Auswirkungen geplanter Regelungen der Prüfung unterliegen. Die europäische Folgenabschätzung, die ihren Blick auf Fragen der Wirtschaft, der Gesellschaft und der Umwelt richtet, verfolgt im Vergleich zu vielen andern Ländern eine durchaus ambitionierte Aufgabe.
Unterschiede zwischen den verschiedenen Ländern und der Union lassen sich auch bei der institutionellen Verankerung der Folgenabschätzung ausmachen. So konstatiert ein Bericht der OECD, dass die Folgenabschätzung in allen untersuchten Ländern zwar von den Rechtsetzern selbst durchgeführt wird und die federführenden Ministerien die Hauptverantwortlichen sind, dass es jedoch große Unterschiede bei der institutionellen Zuordnung der Koordination und der Kontrolle der Abschätzungsarbeit gibt.[1390] Während einige Länder wie Ungarn, Schweden und das Vereinigte Königreich, aber auch die EU über ein unabhängiges Qualitätskontrollgremium verfügen, dessen Rolle im Folgenabschätzungsverfahren genau festgelegt ist, verfügen Länder wie Dänemark oder Finnland nicht über ein derartiges unabhängiges Gremium. Länder wie die Tschechische Republik, Italien, die Niederlande, Polen nehmen insofern eine Zwischenstellung ein, da sie zwar über eine unabhängige Qualitätskontrolle des Folgenabschätzungssystems verfügen, deren Stellung und Aufgaben jedoch nur diffus festgelegt sind.[1391] Ein anderer „institutioneller" Vergleich: Während das Vereinigte Königreich mit seiner "Better Regulation Executive" – früher unter

1388 Interinstitutionelle Vereinbarung des Europäischen Parlaments, des Rats und der Kommission vom 31. Dezember 2003 über „Bessere Rechtsetzung", ABl. 2003 C 321/1, Nrn. 27 ff.

1389 Vgl. hier OECD, Regulatory Impact Analysis (RIA) Inventory, GOV/PGC/RD(2004)1, 15. April 2004, S. 3; Regulatory Impact Analysis: Best Practices in OECD Countries, OECD, 1997 S. 18.

1390 Regulatory Impact Analysis: Best Practices in OECD Countries, OECD, 1997, S. 19, 23 ff.

1391 Vgl. zum Ganzen OECD, Regulatory Impact Analysis (RIA) Inventory, GOV/PGC/RD (2004)1, 15. April 2004, S. 5.

dem Namen "Regulatory Impact Unit" firmierend – beim Cabinet Office quasi eine „Zentrale" für die Folgenabschätzung besitzt, trifft dies etwa für die Niederlande in dieser Form nicht zu. Hier verfolgt man stärker einen „horizontalen" Ansatz, der sich auf den Gedanken der Zusammenarbeit zwischen den wichtigsten Akteuren, nämlich dem Justiz-, dem Umwelt- und Wirtschaftsministerium, beruft. Die unterschiedlichen institutionellen Strukturen resultieren oft aus historischen Besonderheiten oder sind Ausdruck des Selbstverständnisses, welches die rechtsetzenden Instanzen besitzen.

Eine positive Bewertung der „Gemeinschafts-" bzw. Unionsleistung ergibt sich auch hinsichtlich der „Quantität" der einer Folgenabschätzung zu unterziehenden „Untersuchungsobjekte", da es im internationalen Vergleich noch immer nicht selbstverständlich ist, dass auch nichtlegislative Vorhaben grundsätzlich einer Folgenabschätzung unterworfen werden.[1392] Im Vereinigten Königreich oder in den Niederlanden[1393] geht man bei der Auswahl prüfungsbedürftiger Rechtsetzungsakte besonders selektiv vor und prüft daher nur vergleichsweise wenige Rechtsetzungsakte.

Resümierend lässt sich sagen, dass die Folgenabschätzung auf europäischer Ebene spätestens seit ihrer Neufassung Ende 2002 internationalen Standards gerecht wird[1394] und sogar eine gewisse Vorreiterrolle beanspruchen kann. Renda schreibt in einer Bewertung des europäischen Folgenabschätzungssystems etwa: "[...] the EU model seems more complete and effective than its UK and US counterparts, since it integrates the features of regulatory impact assessment, sustainable impact assessment and other types of ex ante policy evaluation."[1395]

1392 Vgl. OECD, Regulatory Impact Analysis (RIA) Inventory, GOV/PGC/RD(2004)1, 15. April 2004, S. 4.

1393 Vgl. Regulatory Reform in the Netherlands – Government Capacity to Assure High Quality Regulation, OECD, 1999, S. 25.

1394 Vgl. Karpen, FS Söllner, S. 479 ff. (488). Lange, ZG, 2001, 268 ff. (278), würdigt besonders die Rolle der Kommission, während er das Europäische Parlament und den Rat mit Kritik bedenkt. Siehe auch die noch immer kritische Haltung bei Allio, Better regulation and impact assessment in the European Commission, in: Regulatory Impact Assessment, S. 72 ff. (93 ff.).

Vgl. aber auch Timmermans, CML Rev., 1997, 1229 ff. (1244), mit seiner Kritik an der Konzeption des „alten" Folgenabschätzungssystems auf europäischer Ebene.

1395 Renda, Impact Assessment in the EU, S. 57.

bbb) „Berichte" zur Bewertung der unionalen Folgenabschätzung

Die ersten kommissionsinternen Bewertungen zur Qualität der reformierten Folgenabschätzung fielen positiv aus.[1396] Mit Blick auf die systematische Anwendung der Abschätzungsmethoden, auf den Umgang mit rechtsvergleichenden Untersuchungsansätzen und hinsichtlich einiger praktischer Aspekte, wie der zeitlichen Verlängerung des Prüfungsprozesses, gelte es zwar, weiteres Verbesserungspotential freizusetzen, insgesamt habe sich die Transparenz und die Kosten/Nutzen-Effektivität der gesetzgeberischen Vorschläge jedoch spürbar verbessert.

Der Bericht des Impact Assessment Board[1397] analysierte 102 im Jahr 2007 durchgeführte Folgenabschätzungen, welche insgesamt positiv bewertet wurden. Die Leitlinien für die Folgenabschätzung und andere Vorgaben wurden weitgehend eingehalten. Dies traf grundsätzlich auch zu für Konsultationen der Öffentlichkeit und für das Heranziehen von Expertenwissen, wobei man hier eine bessere Verwertung der Ergebnisse anmahnte. Hauptkritikpunkte waren eine zu starke Fokussierung auf bevorzugte Regelungsalternativen und damit einhergehende Defizite in der Auswahl und Analyse von möglichen Regelungsalternativen. Außerdem wurde eine gleichmäßigere Gewichtung der drei Hauptaspekte, Ökonomie, Soziales und Ökologie, angemahnt. Bezüglich der Darstellung der Ergebnisse empfahl man kürzere und pointiertere Dokumente.

Im weiteren Verlauf werden einige kommissionsexterne Evaluierungen der Folgenabschätzungen vorgestellt.

Zwei auf Umweltbelange fokussierte Studien vom IEEP[1398] und EEAC[1399], die sich mit der Gesetzesfolgenabschätzung der Kommission beschäftigten, stufen diese als verbesserungswürdig ein und kritisieren eine Marginalisierung der Umweltbelange zugunsten ökonomischer Aspekte.[1400] Ein Problem hierbei sei

---

1396 Vgl. Commission Staff Working Paper – Impact Assessment: Next Steps, SEC (2004) 1377.

1397 Impact Assessment Board: Report for the year 2007, SEC (2008) 120.

1398 Institute for European Environment Policy (2005): For better or for worse – The EU's "Better Regulation" Agenda and the environment.

1399 European Environment and Sustainable Development Advisory Council (2006): Impact Assessment of European Commission Polices: Achievements and Prospects, abrufbar unter: http://www.eeac-net.org.

1400 Ein Beispiel für die bestehende Asymmetrie der Folgenabschätzung bildet nach Ansicht der EEAC (European Environment and Sustainable Development Advisory Council (2006): Impact Assessment of European Commission Polices: Achievements and

die Indikatorenwahl. Im Vergleich zu den Leitlinien der Folgenabschätzung von 2002 sei eine Bevorzugung quantitativer, monetärer Methoden zu verzeichnen, obwohl es gerade im Umweltbereich schwierig ist, die Auswirkungen zu monetarisieren. Nach Aussagen des IEEP werde zudem mehr Wert auf die Kostenseite als auf anderweitige Vorteile eines Rechtsetzungsvorschlages gelegt und kurzfristige Auswirkungen stärker als langfristige berücksichtigt.[1401]
Bemängelt wurde des Weiteren die unzulängliche Ressourcenausstattung der Kommission. Zu wenig Personal, unzureichende Fortbildungsmöglichkeiten und ein hoher Zeitdruck würden dem Erfolg der unionalen Folgenabschätzung im Wege stehen. Außerdem würden die Abschätzungsergebnisse oft nur zur nachträglichen Legitimation bereits getroffener Entscheidungen herangezogen und trügen so wenig zur Verbesserung von Rechtsetzungsvorlagen bei, sondern fungierten vorrangig als unterstützende Argumente in der politischen Diskussion.[1402] Hier zeigt sich, dass es durchaus Anlass gibt, eine strikte Trennung zwischen politischen Entscheidungsorganen und den Stellen, die für die Durchführung der Folgenabschätzung verantwortlich sind, zu favorisieren.[1403]

Eine detailreiche Bewertung der unionalen Folgenabschätzungen liefert der von der Kommission in Auftrag gegebene Report aus der Feder der „Evaluation Partnership“[1404], dessen wichtigste Schlussfolgerungen hier in der gebotenen Kürze angeführt werden.
Bei den in der Studie untersuchten 20 Folgenabschätzungen fiel auf, dass nur die Hälfte der Folgenabschätzungen alle maßgeblichen Politikoptionen ausgewogen verglichen hatten. Einige fokussierten sich zu stark auf die bevorzugte Handlungsalternative. Positiv wurde herausgehoben, dass die Folgenabschätzungen die verschiedenen Arten von Folgen ausgeglichen berücksichtigten, wenngleich die Analysen der ökonomischen Folgen oft besser entwickelt waren und konkreter ausfielen als die Analysen der sozialen und ökologischen Auswirkungen.

Prospects, S. 12 ff.) die Bewertung des REACH Vorschlages. Vgl. ferner Fink, „Better Regulation“ – Bessere Rechtssetzung in Europa, S. 18.

1401 Institute for European Environment Policy (2005): For better or for worse – The EU’s „Better Regulation“ Agenda and the environment, S. 2.

1402 Vgl. European Environment and Sustainable Development Advisory Council (2006): Impact Assessment of European Commission Polices: Achievements and Prospects, S. 10.

1403 Fink, „Better Regulation“ – Bessere Rechtssetzung in Europa, S. 18.

1404 Berichte: The Evaluation Partnership, Evaluation of the Commission’s Impact Assessment System – FINAL REPORT 2007, abrufbar unter: http://ec.europa.eu/governance/impact/docs/key_docs/tep_eias_final_report.pdf; Evaluation of the Commission’s Impact Assessment System – ANNEXES TO THE FINAL REPORT 2007, abrufbar unter: http://ec.europa.eu/governance/impact/docs/key_docs/step_eias_annexes_to_final_report. pdf.

Ein zentraler Kritikpunkt der Studie ist der Mangel an Zeit und Ressourcen, wie etwa der Einsatz von zu wenig hinreichend ausgebildetem Personal für die Durchführung der Folgenabschätzungen.[1405]
Qualitativ schnitten die Folgenabschätzungen für „legislative" Vorschläge besser ab als für „nicht-legislative" Vorschläge. Eine erhöhte Qualität der Folgenabschätzungen steigerte wiederum die Wahrscheinlichkeit von deren Einflussnahme auf die inhaltliche Ausgestaltung der Rechtsetzungsvorschläge. Hier zeigt sich, dass nur eine gründliche und mit offenem Ausgang durchgeführte Folgenabschätzung zu einer besseren Rechtsetzung führen kann. Die Studie stellte auch fest, dass sowohl die mit der Ausarbeitung der Folgenabschätzungen betrauten Stellen als auch deren Vorgesetze die Folgenabschätzungen oft als bürokratisches Erfordernis wahrnehmen, das eher der Rechtfertigung der vorgeschlagenen Initiative diene als wirklich auf Einflussnahme abziele. Das gilt besonders in den Fällen, in denen die Folgenabschätzung erst nach internen Entscheidungen für eine bestimmte Handlungsoption in Angriff genommen wurde. Dies hat zur Konsequenz, dass die Entscheidungsträger in der Kommission, im Rat und im Europäischen Parlament die Folgenabschätzungen nur bedingt als geeignete Grundlage für ihre Entscheidung ansehen. Der Bericht spricht sogar davon, dass die Folgenabschätzung übergreifend als diskreditiert gilt.[1406] Fehlende Expertise und Zeit, um sich mit den Ergebnissen adäquat auseinanderzusetzen, werden ebenso beklagt. Dieser kritische Befund spiegelt sich in einer Reihe von Folgenabschätzungen wider, die keinen oder nur einen eng begrenzten Einfluss auf die Entscheidungsfindungen ausüben.
Hinsichtlich der externen und internen Kommunikation zu einzelnen Politikvorschlägen bringt die Folgenabschätzung laut dem Bericht deutliche Verbesserungen mit sich. Vor allem die Kommunikation mit externen Interessenvertretern verlaufe mit Hilfe der Konsultationsverfahren überwiegend zufriedenstellend, wenngleich auch hier noch Verbesserungspotential besteht.[1407]
Die aufgestellten Mindeststandards für die Konsultation werden nahezu voll-

1405 Vgl. hierzu Piris, Amicus Curiae, 58 (2005), 21 ff. (28), der vor allem auf die mangelhafte Ressourcenausstattung im Rat und im Europäischen Parlament hinweist.

1406 Vor allem im Europäischen Parlament und im Rat werde die Folgenabschätzung, so der Bericht, oft nicht als Hilfsmittel für die Entscheidungsfindung, sondern als potentieller Ersatz hierfür betrachtet, was in einer widerwilligen Nutzung der Abschätzungsergebnisse ihren Niederschlag findet.

1407 In diesem Zusammenhang ist jedoch auch darauf hinzuweisen, dass bei bestimmten für die Industrie besonders wichtigen Rechtsetzungsprojekten von Seiten der Interessenvertreter regelrechte „Folgenabschätzungsschlachten" geschlagen werden. Ein Beispiel hierfür ist etwa die REACH-Richtlinie. Vgl. dazu im Einzelnen Jacob/Volkery, Technikfolgenabschätzung – Theorie und Praxis, 2005, 69 ff. (72 f.), sowie Mészáros, European Integration Studies, 1/2004, 19 ff. (23), die von über 6.000 Anregungen und Verbesserungsvorschlägen von Seiten öffentlicher Organisationen, der Sozialpartner, der Mitgliedstaaten und anderen berichten.

ständig eingehalten. Die relevanten Interessenvertreter werden rechtzeitig und effektiv informiert, so dass sie sich angemessen in den Abschätzungsprozess einbringen können.
Insgesamt fällt der Bericht der „Evaluation Partnership“ kritisch aus. Die Autoren weisen jedoch darauf hin, dass sich das neue Folgenabschätzungssystem noch immer in einer Frühphase befindet und sich erst in den Institutionen etablieren muss. Seit seiner Einführung hat das europäische Folgenabschätzungssystem einen kontinuierlichen Prozess der Anpassung und Angleichung erfahren. Neue Werkzeuge und Prozesse werden nicht über Nacht geschaffen, und der Aufbau der notwendigen Kapazitäten für eine effektive Nutzung braucht Zeit. Der Bericht versteht sich daher als eine Art „Zwischen“-Evaluierung, da es für eine abschließende Beurteilung des Folgenabschätzungssystems zu früh ist.

ccc) Bewertung

Die Ausführungen haben gezeigt, dass eine qualitativ gut durchgeführte Folgenabschätzung helfen kann, den unionalen Rechtsetzungsprozess unter der Berücksichtigung ökonomischer, soziologischer und ökologischer Auswirkungen zu optimieren. Damit verbunden ist auch eine Transparenzsteigerung der Rechtsetzung.
Eine Folgenabschätzung dient dazu, eine Basis für politische Vorschläge zu schaffen und die Vor- und Nachteile für spätere Entscheidungen aufzuzeigen. Die Folgenabschätzung soll die politische Entscheidungsfindung unterstützen, aber nicht ersetzen. Das unionale Folgenabschätzungssystem ist zwar noch weit entfernt, alle diese Ziele vollständig zu erreichen, es befindet sich jedoch auf einem guten Weg. Anlass zum Optimismus bietet nicht nur der derzeitige Stand der Folgenabschätzung auf europäischer Ebene, sondern speziell der zu beobachtende Wille, das System stetig zu verbessern und stabiler in den organisatorischen Strukturen der Union zu verankern. Methodisch befindet sich die unionale Folgenabschätzung auf der Höhe ihrer Zeit. Dies heißt freilich nicht, dass das Modell perfekt ist. Besonders auf der Ebene der praktischen Verwirklichung der Folgenabschätzungen gilt es – ähnlich wie übrigens auch in den Mitgliedstaaten[1408] – weitere Verbesserungen zu erreichen.

1408 Viele Länder sehen ihre Folgenabschätzungssysteme mit teilweise sehr kritischen Bewertungen konfrontiert, wie etwa Dänemark (vgl. Regulatory Reform in Denmark – Government Capacity to Assure High Quality Regulation, OECD, 2000, S. 32: “However, most officials agree that RIA has, to date, had relatively little impact on the shape of regulation and therefore has made little contribution to the regulatory quality improvement.“), Finnland (vgl. OECD, Reviews of Regulatory Reform: Regulatory Reform in Finnland – Government Capacity to Assure High Quality Regulation, 2003, S. 33 m. w. N.), Griechenland (vgl. OECD, Reviews of Regulatory Reform: Regulatory Reform in Greece – Government Capacity to Assure High Quality Regulation in

d) Partizipation von Interessenvertretern und Experten am Rechtsetzungsprozess

Moderne Rechtsetzung ist in allen Phasen – auch im Überwachungsprozess – auf externe Unterstützung angewiesen (vgl. auch Art. 11 EUV i.d.F. des Vertrages von Lissabon). Dies trifft auch für Folgenabschätzungen zu, bei denen der Rückgriff auf Fachwissen[1409] sicherstellen soll, dass sich künftige Maßnahmen auf eine bestmögliche Informationsbasis stützen können. Die Einbeziehung der Öffentlichkeit in den Rechtsetzungsprozess ist aber nicht nur für die Qualität der Rechtsetzungsakte von zentraler Bedeutung, dadurch wird auch die demokratische Verankerung der Rechtsetzungsakte gestärkt.[1410] Vor diesem Hintergrund sollen nachfolgend die Bestrebungen in Bezug auf die Einbindung exter-

---

Greece, OECD, 2001, S. 30: "However, there is as yet no requirement to undertake RIA, and its lack has been a major gap in Greece's regulatory quality controls. Policy officials do not base decisions on a clear assessment of the costs and benefits of proposed government actions, such as impacts on economic activity."), Irland (vgl. http://www.betterregulation.ie/index.asp?docID=28 – "RIA has not yet been implemented effectively, and economic assessment of proposed rules is missing. Alternatives to regulations, such as economic instruments, have replaced few traditional command and control approaches. Implementation and enforcement of the Reducing Red Tape policy may need to be stronger to make a real impact on administrative burdens. The Irish government has launched a constructive debate on the design and governance of the new independent regulators, and modernisation of other state institutions merits further attention, as does regulatory quality at the local government level."; siehe auch Regulatory Reform in Irland – Government Capacity to Assure High Quality Regulation, OECD, 2001, S. 29 ff.), Polen (vgl. OECD, Reviews of Regulatory Reform: Regulatory Reform in Poland – Form Transition to New Regulatory Challenges, Government Capacity to Assure High Quality Regulation, OECD, 2002, S. 29: "However, there is no uniform agreed methodology across ministries on how to prepare the reports, generally more training is needed on quantitative techniques, and there are no specific criteria to determine when to accept or reject them. Moreover, until now, the 'justification reports' have tended to be more legalistic and focused on qualitative assessments, although there are exceptions.), die Niederlande (vgl. Regulatory Reform in the Netherlands – Government Capacity to Assure High Quality Regulation, OECD, 1999, bes. S. 25, 28), Spanien (vgl. Regulatory Reform in Spain – Government Capacity to Assure High Quality Regulation, OECD, 2000, S. 34: "The lack of a uniform approach to regulatory assessment dramatically reduces the usefulness of the programme in supporting good decision-making." oder S. 35 "In sum, RIA in Spain is not functioning well as an aid to good regulation. The lack of uniform methods and quantitative tests that examine all of the important regulatory impacts reduces the usefulness of the legal requirements.") oder Ungarn (Regulatory Reform in Hungary – Government Capacity to Assure High Quality Regulation, OECD, 2000, S. 36: "In sum, despite strong policy commitment to RIA, the use of RIA in Hungary is still in its infancy.").

1409 Vgl. die Mitteilung der Kommission über Folgenabschätzung, KOM (2002) 276 endg.

1410 Vgl. Bergkamp, European Community Law for the New Economy, S. 674.

ner Meinungen und Informationen dargestellt werden. Hierbei kann allgemein zwischen einer „größeren" Öffentlichkeit[1411] und „speziellen" fachlich qualifizierten Informationsquellen[1412] unterschieden werden. Für beide Gruppen hat die Union (unverbindliche) Regeln für deren Einbindung in den Rechtsetzungsprozess etabliert.

aa) Konsultationen

Das Bekenntnis der Kommission zu einer verstärkten Kultur der Konsultation und des Dialogs[1413] manifestiert sich in einem regen Meinungs- und Informationsaustausch zwischen Interessenvertretern und der Kommission[1414].
Die Problematik, dass früher jede Dienststelle der Kommission ihre eigenen Konsultationsmechanismen und -methoden für die Anhörung ihrer sektoralen Interessengruppen hatte, führte schließlich zur Ausarbeitung eines allgemeinen und einheitlichen Rahmens für Konsultationen. Ziel war es dabei, auf diesem Gebiet ein Mindestmaß an Transparenz und Kohärenz herzustellen. Im Jahre 2002 setzte die Kommission dazu rechtlich unverbindliche allgemeine Grundsätze und Mindeststandards für den Dialog mit externen Gruppen fest.
Zu den allgemeinen Grundsätzen des Konsultationsverhältnisses[1415] zählen eine möglichst umfassende Partizipation aller externen Betroffenen sowie eine transparente Gestaltung des Konsultationsprozesses, welche die jeweiligen Interessenlagen und die bestehenden Verantwortlichkeiten offenlegt. Bei der Auswertung von externen Verlautbarungen ist sich die Kommission bewusst, dass die verschiedenen Interessengruppen über ganz unterschiedliche Ressourcen verfügen, um sich nachdrücklich in den Meinungsbildungsprozess einzubringen. Die frühestmögliche Einbeziehung externer Expertisen soll die Effektivität der Konsultationen optimieren. Der Umfang der Konsultationstätigkeit ist dabei proportional zu den erwartbaren Rechtsetzungsfolgen zu gestalten. Ferner bemüht man sich, durch Feedback-, Evaluierungs- und Überprüfungsmechanis-

---

1411 Vgl. 5. Kap. – B II 2 d aa.

1412 Vgl. 5. Kap. – B II 2 d bb.

1413 Vgl. u. a.: Europäisches Regieren, Ein Weißbuch, KOM (2001) 428 endg., S. 6, 15 ff., 22; Grünbuch – Europäische Transparenzinitiative, KOM (2006) 194 endg.

1414 Konsultationspapiere wie Grün- und Weißbücher, Mitteilungen, Beratungskomitees, Expertengruppen, Workshops und Foren, ad-hoc-Treffen und open hearings prägen das Geschehen. Darüber hinaus unterhalten alle Generaldirektionen eigene Kontakte zu verschiedenen Gruppen, die sich in ihrem fachspezifischen Aufgabenfeld bewegen. Vgl. http://ec.europa.eu/governance/better_regulation/consultation_en.htm.

1415 Vgl. Mitteilung der Kommission zu einer verstärkten Kultur der Konsultation und des Dialogs – Allgemeine Grundsätze und Mindeststandards für die Konsultation betroffener Parteien durch die Kommission, KOM (2002) 704 endg. – Teil V.

men, eine harmonische Einpassung der Konsultationsverfahren in den gesamten Rechtsetzungsprozess zu gewährleisten.
Zu den fünf Mindeststandards für den Dialog mit externen Gruppen[1416] gehört zunächst die möglichst eindeutige Beschreibung des Inhalts eines Konsultationsverfahrens. Dies beinhaltet etwa die Forderung, dass die Konsultationsunterlagen den Hintergrund, den Gegenstand und die Ziele der Konsultation beschreiben. Einzelne Anhörungen sind detailliert zu schildern. Ein weiterer Punkt beschäftigt sich mit der Bestimmung der Zielgruppen für die Konsultationsverfahren. Eine Liste von Kriterien soll die Teilnahme und die Berücksichtigung aller für das jeweilige Rechtsetzungsprojekt relevanten Gruppen und Interessen sicherstellen. Drittens wird eine große Öffentlichkeit für die Konsultationen angestrebt. Das Internet, und hier besonders das Internetportal „Ihre Stimme in Europa", gewinnt bei diesem Vorhaben zunehmend an Bedeutung. Des Weiteren wurden Mindestfristen für die Konsultationen eingeführt, die den Beteiligten genügend Zeit für die Vorbereitung eines angemessenen Beitrags gewähren sollen. Schließlich ist der Eingang externer Beiträge zu bestätigen und es sind die Ergebnisse möglichst aller Konsultationen gut sichtbar im Internet zugänglich zu machen. Die Begründungen von Legislativvorschlägen oder Mitteilungen der Kommission sollen zu den durchgeführten Konsultationsverfahren Stellung beziehen. Erste Evaluierungen über die praktische Anwendung der Mindeststandards zeigen, dass diese, abgesehen von kleineren Mängeln, weitgehend eingehalten werden.[1417]

Einen Beitrag zu einer verbesserten Konsultationspraxis leistet auch das im Jahre 2006 vorgelegte Grünbuch zur europäischen Transparenzrichtlinie[1418], welches die Einbindung der Interessengruppen in den Rechtsetzungsprozess transparenter machen soll. In dessen Rahmen wird ein System der freiwilligen Registrierung der Interessengruppen vorgeschlagen, das von einem gemeinsamen Verhaltenskodex für alle Lobbyisten flankiert werden soll. Ein Über-

1416 Vgl. Mitteilung der Kommission zu einer verstärkten Kultur der Konsultation und des Dialogs – Allgemeine Grundsätze und Mindeststandards für die Konsultation betroffener Parteien durch die Kommission, KOM (2002) 704 endg. – Teil V.

1417 Vgl. etwa Grünbuch – Europäische Transparenzinitiative, KOM (2006) 194 endg.; Bericht der Kommission: „Bessere Rechtsetzung 2003" gemäß Artikel 9 des Protokolls über die Anwendung der Grundsätze der Subsidiarität und der Verhältnismäßigkeit (11. Bericht), KOM (2003) 770 endg., S. 7; Bericht der Kommission: „Bessere Rechtsetzung 2004" gemäß Artikel 9 des Protokolls über die Anwendung der Grundsätze der Subsidiarität und der Verhältnismäßigkeit (12. Bericht), KOM (2005) 98 endg., S. 3; Bericht der Kommission: „Bessere Rechtsetzung 2005" gemäß Artikel 9 des Protokolls über die Anwendung der Grundsätze der Subsidiarität und der Verhältnismäßigkeit (13. Bericht), KOM (2006) 289 endg., S. 3.

1418 Grünbuch – Europäische Transparenzinitiative, KOM (2006) 194 endg. Vgl. hierzu Hasler, ZEuS, 2007, 503 ff. (509 ff.).

wachungs- und Sanktionssystem soll diese Maßnahmen effektuieren. Im Europäischen Parlament haben sich bereits ein Akkreditierungssystem für Lobbyisten sowie ein Verhaltenskodex etabliert.[1419]

Wenngleich die konkreten Auswirkungen von Konsultationen auf die zu treffenden Entscheidungen im Einzelfall nur schwer nachvollziehbar sind, ist jedoch festzuhalten, dass insbesondere dann, wenn die Konsultationen im näheren Umfeld der Entscheidungsträger angesiedelt sind, ein Einfluss nicht zu leugnen ist.[1420] Insofern können Konsultationen immer dann, wenn anschließend eine adäquate Auseinandersetzung mit den Ergebnissen externer Meinungen und Informationen erfolgt[1421], die Qualität einer Folgenabschätzung erhöhen und damit die inhaltliche Qualität der Rechtsetzungsakte heben. Wenn die Konsultationen transparent und objektiv durchgeführt werden, gewinnt aus Sicht der Stakeholder auch der Rechtsetzungsprozess selbst an Transparenz und Legitimität.

bb) Expertenwissen

Entscheidungen zu Themen wie etwa der Luftqualität, der Genehmigung kosmetischer Mittel, der Formulierung von Sicherheitsnormen für Kraftfahrzeuge oder der Entwicklung einer nachhaltigen Fischereipolitik erfordern spezielles Fachwissen. Deshalb ist die Kommission gezwungen, trotz ihres intern vorhandenen Fachwissens, ausgewiesene Spezialisten[1422] heranzuziehen. Diese können mit der Erstellung wissenschaftlicher Bewertungen oder umfassender Gutachten beauftragt werden. Gemeinsam mit Interessenvertretern können die Fachleute auch in Expertengruppen agieren. Außerdem besteht für Experten die Möglichkeit, in Workshops, Anhörungen, Konferenzen oder Seminaren ihre Expertise einzubringen. Die Veröffentlichung von Grün- und Weißbüchern kann ebenfalls ein Weg sein, Expertenwissen bei offenen Konsultationen zu sammeln.
Um die Zurechenbarkeit, die Pluralität und die Integrität der Expertenauskünfte abzusichern, hat die Kommission entsprechende Grundprinzipien und Leitlinien erlassen[1423], welche ihre Dienststellen in allen Phasen des politischen Entscheidungsprozesses beachten müssen.

1419 Vgl. Grünbuch – Europäische Transparenzinitiative, KOM (2006) 194 endg., S. 7. Siehe ferner Anlage IX der GO-EP.

1420 Vgl. Orwat, Technikfolgenabschätzung – Theorie und Praxis, 2006, 63 ff. (68).

1421 Bergkamp, European Community Law for the New Economy, S. 675.

1422 Für Informationen zu den Fachleuten vgl. u. a. http://ec.europa.eu/transparency/regexpert/, wo verschiedene Expertengruppen aufgelistet sind.

1423 Mitteilung der Kommission über die Einholung und Nutzung von Expertenwissen durch die Kommission: Grundsätze und Leitlinien – „Eine bessere Wissensgrundlage für eine bessere Politik“, KOM (2002) 713 endg.

Entsprechend den Grundprinzipien soll die Kommission darauf achten, Gutachten von hoher Qualität zu erhalten. Dies will man durch Fachkompetenz, umfassende Betrachtungen und Unabhängigkeit der Sachverständigen sicherstellen. Außerdem soll der Prozess der Einholung und Nutzung des Expertenwissens durch die Anwendung möglichst effizienter und angemessener Methoden offen gestaltet werden. Mit Hilfe von Leitlinien für die Kommissionsdienststellen sollen diese Grundsätze umgesetzt werden. Die Leitlinien beschäftigen sich u. a. mit der Planung der Einbeziehung der Experten und dem dafür notwendigen Fachwissen bei der Kommission selbst. Hierbei wird auch zu einem dienststellenübergreifenden Arbeiten aufgefordert. Besonderer Wert wird darauf gelegt, dass Experten unterschiedlicher Fachrichtungen und Interessensphären einbezogen werden. Wichtig ist ferner die Öffentlichmachung der Expertenmeinungen. Hierzu gehören auch die Informationen darüber, ob und wie sich die Expertenmeinungen auf eine Entscheidung ausgewirkt haben.

C. Zusammenfassung

Seit Anfang der 90er Jahre bemüht man sich auf europäischer Ebene intensiv um eine Reduktion ihrer Rechtsetzungsakte und deren qualitative Verbesserung. Die wesentlichen Elemente dieser Anstrengungen sollen im Folgenden kurz aufgeführt werden.

Zugunsten einer „schlanken" Rechtsetzungstätigkeit initiiert die Kommission immer wieder Überprüfungen von anhängigen Rechtsetzungsvorschlägen. So wurden 2006 beispielsweise 68 Vorschläge zurückgezogen, die entweder den Zielen von Lissabon oder den Grundsätzen einer besseren Rechtsetzung widersprachen, die wenig Aussicht auf Verabschiedung hatten oder schlicht objektiv überholt waren.

Die Anwendung des Prinzips der gegenseitigen Anerkennung im Bereich der Rechtsangleichung leistet ebenfalls einen wertvollen Beitrag dazu, die Rechtsordnung nicht übermäßig mit Detailvorschriften zu überfrachten.

Neben diesen „präventiv" ansetzenden Instrumenten verfolgt die Union jedoch vornehmlich einen rückwirkenden Ansatz zur Reduzierung des Umfangs des Rechts. In dessen Mittelpunkt stehen die Anstrengungen um eine Kodifizierung, Neufassung und Konsolidierung des „acquis communautaire". Daneben setzt man verstärkt auf die Anwendung von Überprüfungsklauseln, um im Laufe der Zeit überflüssig gewordene Rechtsetzungsakte aus der Rechtsordnung zu entfernen.

Für die Steigerung der „gesetzes"-technischen Qualität ihrer Rechtsetzungsakte hat die „Gemeinschaft" – bzw. die heutige Union – eine Reihe von „legistischen Richtlinien" ausgearbeitet, unter denen der gemeinsame Leitfaden für die Abfas-

sung von „Gemeinschaftsrechtstexten“ eine exponierte Stellung einnimmt. Die darin enthaltenen Anweisungen lassen sich unter dem übergeordneten Ziel nach klaren, einfachen und genauen Rechtstexten subsumieren.
Die „legistischen Richtlinien“ sind aber primär eine „bürokratische Rezeptur“ und genügen daher nicht alleine zur Verbesserung der Rechtsetzungsqualität. Dennoch leisten sie einen wertvollen Beitrag zur Rationalisierung und Standardisierung der Rechtsetzungstechnik. Eine stringentere Anwendung der bestehenden Vorgaben erscheint jedoch geboten.
Bezüglich der Maßnahmen zur Verbesserung der „inhaltlichen“ Qualität der Rechtsetzungsakte ist zuvorderst das reformierte System der Folgenabschätzung zu nennen. Folgenabschätzungen helfen den politischen Entscheidungsträgern, ihre Beschlüsse auf Grundlage einer sorgfältigen Analyse der möglichen wirtschaftlichen, sozialen und umweltbezogenen Folgen neuer Rechtsetzungsakte treffen zu können. Das Ziel der Folgenabschätzung ist eine gründliche und ausgewogene Abwägung aller rechtsetzungsbedingten Folgen, die es erlaubt, eine Gesamtanalyse zu präsentieren und Kompromisse zu ermitteln.
Schließlich müssen Folgenabschätzungen mit breit angelegten Konsultationen einhergehen, in deren Rahmen die interessierten Kreise ihre Vorstellungen einbringen können. Zudem ist moderne Rechtsetzung auf die Einbeziehung von Expertenwissen angewiesen, um in den Rechtsetzungsprozess das notwendige Fachwissen einzubringen. Ein allgemeiner und einheitlicher Rahmen für Konsultationen, der gewisse Grundsätze und Mindeststandards für den Dialog mit externen Gruppen festlegt, soll die Konsultationen transparent und kohärent gestalten. Überdies hat die Kommission Grundprinzipien und Leitlinien aufgestellt, die die Zurechenbarkeit, Pluralität und Integrität der Expertenauskünfte absichern.
Im Rahmen einer „neuen Gesetzgebungskultur“ bemüht sich die Union, aus dem Fundus der zur Verfügung stehenden Regelungsinstrumente und Handlungsformen die geeignetsten Maßnahmen zur Erreichung ihrer politischen Ziele auszuwählen. Dabei greift sie zunehmend auch auf alternative Regulierungsansätze zurück, wie die Selbst- und Koregulierungsinstrumente. Diese neuen Regelungskonzepte sind zwar eine sinnvolle Ergänzung zu den hergebrachten Formen der Rechtsetzung, jedoch kein Ersatz dafür.

6. Kapitel - Weiterführende Ansätze für weniger Quantität und mehr Qualität der unionalen Rechtsetzung

In Kapitel 5 wurde gezeigt, dass die Union seit vielen Jahren eine Reihe von vielversprechenden Maßnahmen eingeleitet hat, um den Maximen „weniger Quantität“ und „mehr Qualität“ bei ihrer Rechtsetzung gerecht zu werden. Diese Maßnahmen gilt es gezielt fortzuentwickeln.[1424] Es sollen nun weiterführende Ansatzpunkte zur Verwirklichung dieses Ziels aufgezeigt werden, welche die bereits getroffenen Maßnahmen ergänzen. Die vorliegenden Ausführungen versuchen dabei stets, die Vorschläge anderer Autoren oder Gremien miteinzufangen. Die in Kapitel 4 identifizierten Ursachen von quantitativen und qualitativen Rechtsetzungsmängeln sollen ebenfalls Berücksichtigung finden.

A. Rechtsetzungsprozess

Eine Ursache von Rechtsetzungsmängeln liegt im „Kompromisscharakter“ der unionalen Entscheidungsfindung.[1425] Um diesem Problem zu begegnen, werden häufig die Ausweitung des Mehrheitsstimmrechts, andere Stimmengewichtungen im Rat sowie veränderte Abstimmungserfordernisse propagiert oder ein genereller Bewusstseinswandel der beteiligten Personen angeregt. Hiervon erhofft man sich effizientere Entscheidungsfindungen, die den sogenannten “package deals“ oder den häufig anzutreffenden Kompromissformeln in den Rechtsetzungsakten entgegenwirken. Nurmi und Hosli[1426] plädieren etwa dafür, dass der Ministerrat die informellen Regeln, die bisher seine Verhandlungen prägen, in eine verstärkt formalisierte Verhandlungsführung überführen sollte. So sinnvoll ein Nachdenken über solche Ansätze auch erscheinen mag, es gilt zu bedenken, dass die Minister in innerstaatliche politische und wirtschaftliche

---

1424 Informationen, wie diese Ansätze weiterentwickelt werden können, bietet etwa der Bericht der Evaluation Partnership, der Verbesserungsvorschläge hinsichtlich der von der Kommission durchzuführenden Folgenabschätzungen unterbreitet – vgl.: The Evaluation Partnership, Evaluation of the Commission’s Impact Assessment System – FINAL REPORT 2007, abrufbar unter: http://ec.europa.eu/governance/impact/docs/key_docs/tep_eias_final_report.pdf; Evaluation of the Commission’s Impact Assessment System– ANNEXES TO THE FINAL REPORT 2007, abrufbar unter: http://ec.europa.eu/governance/impact/docs/key_docs/tep_eias_annexes_to_final_report.pdf.

1425 Vgl. 4. Kap. – A II 1, 2.

1426 Nurmi/Hosli, European Union Politics, 4 (2003), 37 ff. (37 ff.), die ihre Forderungen mit Hilfe der kooperativen Spieltheorie untermauern.

Zwänge verwickelt sind, die sich durch rechtliche Verfahrensregeln nicht beseitigen lassen. Dass sich die Entscheidungsträger überhaupt auf neue Verfahrensregeln einigen könnten, die noch über die Regeln des „Vertrags von Lissabon“ hinausgehen, muss bezweifelt werden.[1427] Daher soll den genannten Ansätzen nicht weiter nachgegangen werden.[1428] Stattdessen beziehen sich die vorliegenden Ausführungen auf die Darstellung eines Ansatzes zur Begrenzung und Bündelung des Einflusses von Interessengruppen auf den Rechtsetzungsprozess.[1429] Außerdem wird auf die Vielzahl der Komitees eingegangen, die in den Rechtsetzungsprozess eingebunden sind.[1430] Schließlich wird ein Vorschlag zur Einführung einer „Verfallsdauer“ von Rechtsetzungsvorschlägen der Kommission unterbreitet.[1431]

1427 Diese Skepsis wurzelt in der Doppelfunktion der im Rat versammelten Minister auf Unions- und nationaler Ebene.

In diesem Zusammenhang kann man auch auf die von Scharpf entwickelte politikwissenschaftliche Theorie der „Politikverflechtungsfalle“ zurückgreifen, wonach Regierungen, die in verflochtenen Entscheidungsstrukturen zur Kooperation gezwungen sind und einen Konsens erzielen müssen, nicht nur an kollektiver Handlungsfähigkeit verlieren, sondern auch unfähig sind, durch Reformen die institutionellen Restriktionen der Politikverflechtung zu überwinden. Scharpf, PVS, 1985, 323 ff. (349 f.), selbst beschreibt die „Politikverflechtungsfalle“ als „eine zwei oder mehrere Ebenen verbindende Entscheidungsstruktur, die aus ihrer institutionellen Logik heraus [...] systematisch ineffiziente und problemunangemessene Entscheidungen erzeugt, und die zugleich unfähig ist, die institutionellen Bedingungen ihrer Entscheidungslogik zu verändern – weder in Richtung auf mehr Integration noch in Richtung auf mehr Desintegration.“ Scharpfs Theorie geht dabei von drei Voraussetzungen aus, die wohl auch in Bezug auf den Rat erfüllt sind: Erstens müssen die Verhandlungspartner Mitglieder der Exekutive sein, die sich dem Parlament gegenüber verantworten müssen. Hierdurch sind sie, bedingt durch den Parteienwettbewerb, vor allem den Interessen ihrer Gebietskörperschaft und den eigenen Wählergruppen verpflichtet, wodurch ihre Entscheidungsspielräume verengt werden. Zweitens steigt die Gefahr der „Politikverflechtungsfalle, wenn keiner der beteiligten Verhandlungspartner eine Vormachtstellung innehat. Die turnusmäßig wechselnde Präsidentschaft innerhalb des Rats kann dieser Gefahr zwar teilweise entgegenwirken, ihre Fähigkeit die Verhandlungen durch neue Impulse und eine Vorbehandlung der Entscheidungsfelder zu beleben und einer adäquaten Lösung zuzuführen, genügt jedoch wohl nicht, um die grundsätzliche „Gleichheit“ aller Ratsmitglieder zu überdecken. Drittens kommt die Politikverflechtungsfalle nur bei Zwangsverhandlungen zum Tragen, d. h. wenn die Beteiligten zu einer Konsensfindung gezwungen sind.

1428 Vgl. zu den Auswirkungen von unterschiedlichen Stimmenaufteilungen bzw. -gewichtungen unter den Ratsmitgliedern und unterschiedlichen Mehrheitserfordernissen auf die Effizienz der Entscheidungsscheidungsfindung: Hosli, AUCO Czech Economic Review, 2 / 2008, 76 ff. (76 ff.); Kirsch/Machover/Słomczyński/Życzkowski, Voting in the EU Council, S. 2 ff.; Plechanovová, EIoP, Vol. 8 (2004), Nr. 12, 1 ff. (2. ff.).

1429 Vgl. 6. Kap. – A I.

1430 Vgl. 6. Kap. – A II.

1431 Vgl. 6. Kap. – A III.

I. Bündelung der Einflussnahmemöglichkeiten von Interessengruppen

Wie oben festgestellt[1432] führt der starke Einfluss von Interessengruppen auf den unionalen Rechtsetzungsprozess tendenziell zu einer Quantitätszunahme bei den Vorschriften. Diesem Wirkmechanismus liegt das Modell zugrunde, dass rechtliche Regulierung ein von der Union angebotenes und von der Wirtschaft nachgefragtes Gut ist. Mit anderen Worten: Den beteiligten Wirtschaftskreisen wird vom Regelungsgeber eine ihren Interessen entsprechende Rechtsetzung im Austausch für politische Unterstützung und Expertise gegeben.[1433] Dieser „Markt für Rechtsetzung" bewirkt eine Erhöhung der Quantität der Unionsrechtsetzung. Alle Bemühungen, diese Verflechtungen von „Vorschriftennachfrage" und „Vorschriftenangebot" zu entwirren, sind probate Mittel, um das Anwachsen der Rechtsmenge zu bremsen. Der hier vorgeschlagene institutionelle Ansatz zur Bündelung wirtschaftlicher und sozialer Interessen knüpft dabei an die bereits vorhandenen Strukturen an. Im Zentrum des Ansatzes steht der Wirtschafts- und Sozialausschuss (Art. 257–262 EGV – jetzt: Art. 301–304 AEUV), dessen Mitglieder auf Vorschlag der Mitgliedstaaten vom Rat ernannt werden und sich aus dem Arbeitnehmer- und Arbeitgeberbereich sowie aus verschiedenen Gesellschaftsgruppen (z. B. freie Berufe, Landwirtschaft, Verbraucherverbände et cetera) rekrutieren.

Der Wirtschafts- und Sozialausschuss muss in den vertraglich festgelegten Fällen vom Rat oder der Kommission angehört werden (Art. 262 Abs. 1 S. 1 EGV – jetzt: Art. 304 Abs. 1 S. 1 AEUV). Ansonsten besteht die Möglichkeit einer fakultativen Konsultation des Wirtschafts- und Sozialausschusses. Die heterogene Zusammensetzung des Ausschusses gewährleistet, dass ein möglichst ausgeglichenes Interessenbild entsteht. Dies ist vorteilhaft für die Rechtsetzungsorgane der Union, die an einem „objektiven" Lagebild interessiert sind. Für einzelne Interessenvertreter hat dies allerdings den Nachteil, dass sie ihre Positionen unter Umständen nicht deutlich genug herausstellen können. Demzufolge wählen einzelne Unternehmen und Verbände auch lieber den „direkten Weg" zur Kommission und den anderen Rechtsetzungsorganen.[1434] Insofern bietet es sich an, die relative Unübersichtlichkeit der Einflussnahme der Interessenvertre-

---

1432 Vgl. 4. Kap. – A II 2 a (am Ende).

1433 Speth, vorgänge, 2006, 68 ff. (70); Teubner, Verrechtlichung – Begriffe, Merkmale, Grenzen, Auswege, in: Verrechtlichung von Wirtschaft, Arbeit und sozialer Solidarität, S. 289 ff. (330 f.). Vgl. auch Radaelli, Governing European Regulation – *1. The reasons for regulatory growth* zum Interesse von Interessengruppen und Unternehmen Regelungen auf Unionsebene zu verorten, anstatt sich mit einer Vielzahl einzelstaatlicher Regelungen konfrontiert zu sehen.

1434 Härtel, Europäische Rechtsetzung, S. 130; Wessels, Das politische System der Europäischen Union, in: Die politischen Systeme Westeuropas, S. 957 ff. (974).

tungen bei den Rechtsetzungsorganen dadurch einzugrenzen und transparenter zu gestalten, indem die Einflussnahme der Interessengruppen beim Wirtschafts- und Sozialausschuss gebündelt wird.[1435] Daher wird vorgeschlagen, den Wirtschafts- und Sozialausschuss zum gemeinsamen Dach der verschiedenen Interessengruppen zu machen und andere Einflussmöglichkeiten dieser Akteure auf der Rechtsetzungsbühne soweit wie möglich einzuschränken. Die Konzentration der Interessenvertretungen unter *einem* Dach gewährleistet einen Ausgleich zwischen den Einzelinteressen und bewirkt, dass Partikularinteressen zurückgedrängt werden.[1436] Außerdem ist mit der Bündelung von Partikular- und Verbandsinteressen bei einer zentralen Einrichtung ein nicht zu unterschätzender Transparenzgewinn verbunden, der durch dessen öffentliche Plenartagungen noch gesteigert wird. Diese Transparenz ist im Hinblick auf die mangelnde demokratische Legitimation der Einflussnahme der Interessenvertretungen auf die Rechtsetzung[1437] nicht nur wünschenswert, sondern notwendig.

1435 Vgl. die Stellungnahme des Wirtschafts- und Sozialausschusses zum Thema „Der Binnenmarkt der Gemeinschaft nach 1992 – Folgemaßnahmen zum Sutherland-Bericht", ABl. 1993 C 201/59, S. 61.

1436 Stellungnahme des Wirtschafts- und Sozialausschusses zum Thema „Der Binnenmarkt der Gemeinschaft nach 1992 – Folgemaßnahmen zum Sutherland-Bericht", ABl. 1993 C 201/59, S. 61.

1437 Habermas, Faktizität und Geltung, S. 523 f., schreibt hierzu – allerdings mit Blick auf den Nationalstaat –, dass der Zuwachs an Steuerungsaufgaben den Staat „verstrickt [...] in Verhandlungen mit gesellschaftlichen Funktionssystemen, großen Organisationen, Verbänden usw. [...] Die staatliche Souveränität wird in dem Maße untergraben, wie sozial mächtige Korporationen an der Ausübung öffentlicher Gewalt beteiligt werden, ohne dazu legitimiert zu sein und den für Staatsorgane üblichen Verantwortlichkeiten zu unterliegen. Wie erwähnt sprengen die mit parakonstitutioneller Verhandlungsmacht ausgestatteten gesellschaftlichen Aktoren den Verfassungsrahmen." Für die Ebene Europas kann die Stellungnahme des Wirtschafts- und Sozialausschusses zum Thema „Der Binnenmarkt der Gemeinschaft nach 1992 – Folgemaßnahmen zum Sutherland-Bericht", ABl. 1993 C 201/59, S. 61, zitiert werden. Danach ist auf europäischer Ebene die Gefahr von „Lobbyarbeit [...] ohne ausreichende Transparenz und öffentliche Kontrolle" noch virulenter, da im „Gegensatz zu den Mitgliedstaaten [...] auf Ebene der Gemeinschaft keine starke parlamentarische Kontrolle sowie ein teilweise undurchsichtiger Entscheidungsprozeß im Zusammenwirken von Kommission und Rat" besteht. „Auf Gemeinschaftsebene ist deshalb im Vergleich zu den Mitgliedstaaten das Risiko viel größer, daß Unternehmen bzw. Interessengruppen, die mehr Geld, Personal und Organisationskraft aufbieten können, einen überstarken Einfluß gewinnen." Vgl. auch Haltern, Europarecht und das Politische, S. 156 f.: „Auch der gerichtliche Rechtsschutz versagt, da für die Normenkontrolle der Gegenstand und für die Verwaltungskontrolle der Maßstab fehlt. Im infranationalen Modus finden sich insofern Anzeichen für die verringerte Relevanz des Staates und seiner Hauptorgane als der primären Vehikel für die Interessenartikulation und -durchsetzung in Europa. Es geht um transnationale Interessengruppen, Herrschaft ohne (staatliches) Regieren, Machtzuwachs ohne Bindung an Staatsgrenzen."

II. Zahlenmäßige Verringerung der Komitees

Komitees leisten durch die Koordinierung der Unionsstellen und der verschiedenen Rechtsetzungsebenen sowie beim Sammeln speziellen Wissens im Rahmen der Spezialgesetzgebung einen wichtigen Beitrag bei der unionalen Rechtsetzungsarbeit. Kritisch zu bewerten ist jedoch die Gesamtzahl dieser Gremien auf europäischer Ebene. Es stellt sich generell die Frage, ob sich die Gesamtheit der Komitees wirklich ausschließlich am bestehenden Rechtsetzungsbedarf orientiert oder nicht vielmehr selbst einen Rechtsetzungsbedarf erzeugt. Es ist erforderlich, ihre Anzahl zu reduzieren. Dies gilt vorrangig für die zahlreichen kleineren Gremien, die sich um sehr spezielle Themenkreise kümmern. Von einer Verkleinerung der Anzahl der Komitees ist nicht nur eine Quantitätsreduktion der Rechtsetzung zu erwarten, sondern auch mehr Transparenz im gesamten Rechtsetzungsprozess. Selbst die Kommission beanstandet das derzeitige System der Ausschüsse, bei dem nicht immer klar sei, „wer eigentlich die Entscheidungen trifft – Sachverständige oder Politiker".

Es bedarf stets einer kritischen Prüfung, ob bestehende Komitees wirklich notwendig sind oder die Einrichtung neuer Komitees erforderlich ist. Anlass für eine solche Prüfung könnte das Inkrafttreten des Lissabon-Vertrages sein. Künftig finden für die Übertragung legislativer Befugnisse auf die EU-Kommission die Art. 290 und 291 AEUV Anwendung. Da es Detailregelungen zur Übertragung und zur Kontrolle der Ausübung bisher nicht gibt, werden diese Gegenstand einer Vereinbarung zwischen Europäischem Parlament, Rat und Kommission sein müssen.[1438] Insgesamt sollte es dabei auch zu einer deutlichen zahlenmäßigen Verringerung der Komitees kommen.

III. Einführung der Diskontinuität in den unionalen Rechtsetzungsprozess

Ein weiteres Mittel, um die Rechtsetzungsaktivität der Union zu beschränken, besteht darin, das Rechtsetzungsverfahren zeitlich zu begrenzen.[1439]

1438 Vgl. Mitteilung der Kommission an das Europäische Parlament und den Rat – Umsetzung von Artikel 290 des Vertrags über die Arbeitsweise der Europäischen Union, KOM (2009) 673 endg.

1439 So sollte man etwa nach Ansicht der Bundeskanzlerin Merkel, Süddeutsche Zeitung, (6.11.2006) „das Prinzip der Diskontinuität einführen: Richtlinien, die von der Kommission vorgeschlagen, aber innerhalb einer parlamentarischen Periode nicht abgearbeitet werden, müssen verfallen und von Neuem in das Parlament eingebracht werden. Das gibt es bisher nicht. Was einmal durch die Kommission durch ist, verschwindet nicht wieder. Auch das führt zu der von vielen EU-Bürgern beklagten Überreglementierung." Vgl. ferner: Bessere Rechtsetzung – Info Brief, Deutscher Bundestag – Wissenschaft-

Um hierfür einen adäquaten Vorschlag unterbreiten zu können, empfiehlt sich vorab ein rechtsvergleichender Überblick. Dieser zeigt, dass etwa in Deutschland, Frankreich und im Vereinigten Königreich eine Diskontinuität im Gesetzgebungsverfahren besteht.

Der im deutschen Bundestag weitreichende Grundsatz der Diskontinuität leitet sich aus der grundgesetzlichen Begrenzung seiner Wahlperiode ab. Die Parlamentarier haben nur einen zeitlich begrenzten Auftrag. Im Einzelnen stellt er einen Ausfluss der Art. 20 Abs. 2 S. 1, 38 Abs. 1 und 39 Abs. 1 S. 1 GG dar.[1440]

Nach dem Grundsatz der Diskontinuität gelten in Deutschland alle Gesetzesvorlagen, die zwar in den Bundestag eingebracht, aber noch nicht beschlossen worden sind, mit Konstituierung des neuen Bundestages als erledigt. Die Vorhaben müssen also völlig neu eingebracht und verhandelt werden.[1441]

Ähnlich verhält es sich in Frankreich, obgleich auch dort der Diskontinuitätsgrundsatz in der Verfassung nicht erwähnt wird. Vom Parlament wird die Geltung des Diskontinuitätsgrundsatzes aber als „coutume constante" – eine Art „ständige Parlamentspraxis" – anerkannt.[1442] So werden in die Nationalversammlung eingebrachte Gesetzesvorlagen von einer neu gewählten Nationalversammlung fallen gelassen. In abgewandelter Form gilt die Diskontinuität auch im Senat.[1443]

Im Gesetzgebungsverfahren des Vereinigten Königreichs ist die sachliche Diskontinuität nicht mit der personellen Diskontinuität der gesetzgebenden Organe verknüpft. Entscheidend ist hier die Arbeitsperiode des Parlaments, die sogenannte Session, welche regelmäßig ein Jahr beträgt. Innerhalb der Session

---

liche Dienste (Sierck/Robbe/Sinnokrot), S. 11, Fn. 26, abrufbar unter: http://www.reichstag.eu/bic/analysen/2006/Bessere_Rechtsetzung_-_Better_Regulation.pdf; Härtel, Europäische Rechtsetzung, S. 393, 402 f.; Herzog/Gerken, Europa entmachtet uns und unsere Vertreter; Herzog/Gerken, Von roten Karten und stumpfen Schwertern, S. 4.

1440 Härtel, Europäische Rechtsetzung, S. 394, sieht den Geltungsgrund des Grundsatzes der Diskontinuität auch im Gewohnheitsrecht verankert. Vgl. auch § 125 S. 1 der Geschäftsordnung des Deutschen Bundestages (GOBT) „Am Ende der Wahlperiode des Bundestages gelten alle Vorlagen als erledigt." Ausgenommen von diesem Prinzip sind gemäß § 125 S. 2 GOBT Petitionen und Vorlagen, die keiner Beschlussfassung bedürfen.

1441 Zur praktischen Handhabung: Schorn, Der Grundsatz der Diskontinuität im europäischen Gemeinschaftsrecht, S. 38 ff.

1442 Härtel, Europäische Rechtsetzung, S. 395; Schorn, Der Grundsatz der Diskontinuität im europäischen Gemeinschaftsrecht, S. 51.

1443 Mit Verweis auf Avril/Gicquel, Droit parlementaire, 2. Aufl., 1996, S. 147 führt Härtel, Europäische Rechtsetzung, S. 395 f., aus, dass Regierungsvorlagen nach einer Neuwahl nur bei einem Regierungswechsel entfallen. Für Gesetzesvorlagen aus der Mitte des Senats, gilt aufgrund der Geschäftsordnung, dass Vorlagen, die nicht in der dritten Sitzung des Senats beschlossen werden, verfallen. Vorlagen aus der Mitte der Nationalversammlung verfallen mit der neuen Legislaturperiode.

müssen die Gesetzesvorlagen alle parlamentarischen Beratungs- und Beschlussstadien durchlaufen, ansonsten verfallen die Gesetzesvorlagen und müssen gegebenenfalls in der neuen Session wieder eingebracht werden.[1444]
Der kurze rechtsvergleichende Überblick hat gezeigt, dass sich dem Problem der langen „Überlebensdauer" von Kommissionsvorschlägen auf unterschiedlichen Wegen begegnen lässt.
Parallel zu den Diskontinuitätsmodellen in Deutschland und Frankreich könnte man eine sachliche Diskontinuität von Kommissionsvorschlägen mit der personellen Diskontinuität der Organe verknüpfen. Da die Mitglieder des Rats nicht periodisch, sondern kontinuierlich wechseln, scheidet der Rat sinnvollerweise als Bezugsobjekt aus. Damit verbleiben die Kommission und das Europäische Parlament. Die Wahlperioden beider Organe dauern jeweils fünf Jahre (Art. 215 Abs. 1, Art. 190 Abs. 3 EGV – jetzt: Art. 14 Abs. 3, 17 Abs. 3 UA 1 EUV i.d.F. des Vertrages von Lissabon). Beide Organe kämen als Anknüpfungspunkt für eine Diskontinuitätsregel grundsätzlich in Betracht. Da die Kommission das Initiativmonopol innehat, erscheint es praktisch, an deren Amtszeit anzuknüpfen. Allerdings spricht die stärkere demokratische Legitimation des Europäischen Parlaments für eine Anknüpfung an dessen Wahlperiode.[1445] Betrachtet man die Bedeutung des Rats, des Europäischen Parlaments und der Kommission für das Rechtsetzungsverfahren, so zeigt sich aber, dass keinem der Organe die volle Legitimationskraft für eine Anbindung der sachlichen Diskontinuität an deren personelle Diskontinuität zukommt.
Betrachtet man die parlamentarische Praxis im Vereinigten Königreich, dann rückt die Einführung einer Verfallsfrist in den Fokus der Überlegungen. Rechtsetzungsinitiativen, zu denen nicht innerhalb einer bestimmten Frist ein Beschluss ergeht, würden dann einfach verfallen. Hierbei wäre eine allgemeine Verfallsfrist, die für alle Rechtsetzungsvorschläge – unabhängig von der Art des Rechtsetzungsverfahrens – gilt, zu bevorzugen. Unterschiedliche Fristen für unterschiedliche Verfahren würden das Rechtsetzungsverfahren nur unnötig verkomplizieren. Die von Härtel in diesem Zusammenhang vorgeschlagene allgemeine Frist von fünf Jahren, die mit der Zuleitung des Kommissionsvorschlags an den Rat und das Europäische Parlament beginnen soll[1446], ist sachlich angemessen. Sollte der Vorschlag binnen der Frist nicht angenommen

---

1444 Vgl. Härtel, Europäische Rechtsetzung, S. 396 f. – Härtel macht außerdem noch auf eine Ausnahme vom Grundsatz der sachlichen Diskontinuität aufmerksam, die für Privat Bills gilt. Diese von außerparlamentarischen Gruppen oder Personen eingebrachten Gesetzesvorlagen, die sich auf eine bestimmte öffentliche Gebietsverwaltung oder ein Individuum beziehen, können durch Beschluss des House of Commons und des House of Lords, auch nach Beendigung einer Session im jeweiligen Stadium des Gesetzgebungsverfahrens weiter bearbeitet werden.

1445 Härtel, Europäische Rechtsetzung, S. 400.

1446 Härtel, Europäische Rechtsetzung, S. 401.

werden, empfiehlt es sich, durch die Kommission das Rechtsetzungsverfahren erneut zu starten. Würde man das Verfahren ab dem Stadium weiterführen, in dem der Vorschlag stecken geblieben ist, so hätte die Verfallsfrist nur eine sehr begrenzte Wirkung auf die zügige Abwicklung eines Rechtsetzungsvorschlags.[1447] Eine Ausnahme gebietet sich allerdings für das Mitentscheidungsverfahren, wenn der Vermittlungsausschuss einen gemeinsamen Entwurf bereits gebilligt hat. Der Rat und das Europäische Parlament können hier den Rechtsetzungsakt binnen sechs Wochen annehmen (Art. 251 Abs. 5 EGV – jetzt: Art. 294 Abs. 12 AEUV), was eine Verzögerung eng begrenzt.[1448]
Um einer Diskussion hinsichtlich möglicher Beeinträchtigungen des institutionellen Gleichgewichts entgegenzutreten und um der Einführung einer Verfallsfrist die notwendige Durchsetzungs- und auch Symbolkraft zu verleihen, ist für eine primärrechtliche Verankerung zu plädieren.[1449]

B. Quantität

Der folgende Abschnitt unterbreitet und diskutiert einige Vorschläge, die geeignet erscheinen, ein Absinken der Rechtsetzungsquantität zu bewirken. Dabei wird zunächst auf den Vorschlag zur Schaffung eines „Kompetenzkataloges“ eingegangen.[1450] Hieran anknüpfend stellt sich die Frage, ob die Kontrolle der Einhaltung der unionalen Rechtsetzungskompetenzen durch ein neu zu schaffendes Gremium, wie etwa ein spezielles „Kompetenzgericht“, einen adäquaten Beitrag dazu leisten kann, der Dynamisierung der unionalen Rechtsetzung Einhalt zu gebieten.[1451]
Außerdem wird dem Vorschlag nachgegangen, den Grundsatz von unionaler Rechtsetzung und mitgliedstaatlichem Vollzug durch einen Gleichlauf von unionaler Regelungsgebung und unionalem Vollzug zu ersetzen, um damit der Detailliertheit des Unionsrechts entgegenzuwirken.[1452]

1447 So auch Härtel, Europäische Rechtsetzung, S. 402.

1448 Härtel, Europäische Rechtsetzung, S. 402; Schorn, Der Grundsatz der Diskontinuität im europäischen Gemeinschaftsrecht, S. 124 ff., 128 ff.

1449 Anders Härtel, Europäische Rechtsetzung, S. 403, und Schorn, Der Grundsatz der Diskontinuität im europäischen Gemeinschaftsrecht, S. 114 ff., die sich für eine nicht justiziable (vgl. hierzu Schorn, Der Grundsatz der Diskontinuität im europäischen Gemeinschaftsrecht, S. 115) Interinstitutionelle Vereinbarung aussprechen, um das Primärrecht von Detailregelungen freizuhalten.

1450 Vgl. 6. Kap. – B I.

1451 Vgl. 6. Kap. – B II.

1452 Vgl. 6. Kap. – B III.

Ferner wird ein Ansatz ausgelotet, der die rechtsetzungsbedingten Kosten für Bürger und Unternehmen zum Maßstab für die unionale Rechtsetzungsaktivität macht, indem er dem Rechtsetzer ein begrenztes „Rechtsetzungsbudget" einräumt.[1453]

Die Forderung, einer quantitativ reduzierten Rechtsetzung eine institutionelle Entsprechung zur Seite zu stellen, bildet den Hintergrund für den Vorschlag, einen „Rechtsetzungsnehmer" in den Strukturen der Unionsrechtsetzung zu verankern.[1454]

Anmerkungen zu einem „sparsamen" Gesetzgebungsstil[1455] und der allgemeinen Forderung nach „Deregulierung"[1456] runden diesen Abschnitt ab.

I. Schaffung eines Kompetenzkataloges

Im Zusammenhang mit Forderungen nach einer klareren Abgrenzung zwischen den Regelungsbereichen der Union und der Mitgliedstaaten[1457] und einer Rückführung der unionalen Rechtsetzungstätigkeit taucht immer wieder die Forderung nach einem abschließenden sektoralen Kompetenzkatalog auf.[1458]

Die reformierte Kompetenzordnung der Union durch den „Vertrag von Lissabon"[1459] ist dieser Forderung jedenfalls nicht gerecht geworden. Der Vertrag hat zwar die Zuständigkeiten der Union kategorisiert und deren Verteilung zwischen den Mitgliedstaaten und der Union transparenter gemacht, die enumerative Aufzählung der Kompetenzen ist aber wohl eher als Klarstellung darüber zu verstehen, in welchen Politikbereichen die Mitgliedstaaten ihre Rechtsetzungsbefugnisse vollständig übertragen haben, wo geteilte Zuständigkeiten existieren und in welchen Bereichen die Union (nur) ergänzende oder koordinierende Kompetenzen besitzt. Um einen „trennscharfen" Kompetenzkatalog handelt es

---

1453 Vgl. 6. Kap. – B IV.

1454 Vgl. 6. Kap. – B V.

1455 Vgl. 6. Kap. – B VI.

1456 Vgl. 6. Kap. – B VII.

1457 Vgl. etwa Everling, EuR, 1987, 214 ff. (235); Hänsch, FS Tsatsos, S. 206 ff. (210). Siehe ferner Döring, Fundament für Europa, S. 137; Oppermann, DVBl., 2003, 1165 ff. (1172); ter Steeg, EuZW, 2003, 325 ff. (326 f., 330).

1458 Herzog/Gerken, Europa entmachtet uns und unsere Vertreter; Herzog/Gerken, Von roten Karten und stumpfen Schwertern, S. 4; Konow, DÖV, 1993, 405 ff. (412). Wohl auch in diese Richtung denkend Breuer, Entwicklungen des europäischen Umweltrechts, S. 24. Vgl. ferner: Heemeyer, Die Kompetenzordnung eines zukünftigen europäischen Verfassungsvertrages, S. 141 ff.; Kleger/Karolewski/Munke, Europäische Verfassung, S. 412; v. Borries, EuR, 1994, 263 ff. (300).

1459 Vgl. bes. Art. 4 und 5 EUV i.d.F. des Vertrages von Lissabon sowie Art. 2-6 AEUV.

sich jedenfalls nicht. So ist schon die interne Abgrenzung der aufgeführten Sachgebiete unklar. „Implied powers“ werden durch den „Vertrag von Lissabon“ auch nicht ausgeschlossen. Vor allem aber sind die konkreten Rechtsetzungsermächtigungen nur über die Sachkapitel des Vertrags verteilt zu finden.
Gegen die Forderung nun einen abschließenden sektoralen Kompetenzkatalog einzuführen, wird von den Kritikern[1460] zumeist der Einwand erhoben, dass hierdurch die dynamische Entwicklungsfähigkeit der Union beeinträchtigt werden würde und es zu einer Erstarrung der Integration käme. Hinsichtlich der Zielsetzung, die Quantität der Unionsrechtsetzung einzuschränken, ist das jedoch genau der Punkt, der für einen solchen Katalog spricht. Außerdem kann die Möglichkeit vorgesehen werden, den Kompetenzkatalog bei Bedarf an neue Situationen anzupassen. Für unvorhergesehene Fälle gibt es immer noch den Art. 308 EGV – jetzt: Art. 352 AEUV – oder eine ähnliche Nachfolgeregelung.
Ein weiterer Vorteil eines sektoralen Kompetenzkataloges ist darin zu erkennen, dass er als Medium dienen kann, um die Sachbereiche festzulegen, bei denen unionaler Regelungsbedarf besteht. Dies wäre ein Baustein zur „Verwesentlichung“ der Ziele unionaler Rechtsetzung. Dass der Schaffung eines solchen Kompetenzkataloges notwendigerweiser eine intensive Auseinandersetzung mit den Aufgaben, Zielen und dem künftigen Zustand der Union vorangehen muss, ist dabei kein Negativargument. Die Aussicht auf Erstellung eines solchen Kompetenzkataloges könnte als Katalysator für die längst fälligen Diskussionsprozesse wirken bzw. die seit Jahrzehnten schwelenden – meist akademischen – Auseinandersetzungen in eine ergebnisorientierte politische Entscheidungsfindung überführen. Ein abschließender sektoraler Kompetenzkatalog würde eine zielgenaue Fixierung dieser Ergebnisse erlauben, was mit den derzeitigen weitgespannten Ziel- und Aufgabennormen und den final-programmierten Kompetenzvorschriften nicht möglich ist.
Würde man mit Hilfe des Kompetenzkataloges weite Bereiche der Rechtsetzung bzw. vielfältige (Teil-) Sachbereiche präzise in die ausschließliche Kompetenz der Union oder der Mitgliedstaaten legen, könnte dies zudem verhindern, dass die Union normsetzend tätig wird, wenn die Mitgliedstaaten als Rechtsetzer ausfallen. Die Gefahr der Substitution mitgliedstaatlicher Rechtsetzung durch die europäische Ebene würde damit eingedämmt und ein „Spiel über Bande“ verhindert werden.

1460 Bungenberg, EuR, 2000, 879 ff. (896); Clement, Europa gestalten – Nicht verwalten, FCE 3/01, S. 8 Rn. 16; Herchenhan, BayVBl., 2003, 649 ff. (653); Pernice, JZ, 2000, 866 ff. (873); Reich, EuGRZ, 2001, 1 ff. (15 f.); Rengeling, FS Badura, S. 1135 ff. (1148 f.); Schwarze, DVBl., 1995, 1265 ff. (1268). Vgl. auch Döring, Fundament für Europa, S. 138 zu den Schwierigkeiten der Formulierung eines solchen Kompetenzkataloges. Kritisch auch Kingreen, Das Sozialstaatsprinzip im europäischen Verfassungsverbund, S. 590 ff.

II. Errichtung eines Kompetenzgerichts oder einer funktionell ähnlichen „politischen“ Stelle

Obwohl der EuGH die Möglichkeit hat, Maßnahmen der Union hinsichtlich der Einhaltung der Unionskompetenzen umfassend zu prüfen[1461], wird immer wieder der Vorschlag erhoben, ein Kompetenzgericht zu installieren, das ausschließlich über Fragen kompetenzgemäßen Handelns zu befinden hätte.[1462] Abgesehen von der geringen Wahrscheinlichkeit, diesen Vorschlag politisch durchsetzen zu können[1463], stößt man bereits bei der Frage nach der Besetzung eines solchen Kompetenzgerichts auf Schwierigkeiten. Die von der Literatur propagierten Konzepte reichen von einer Besetzung des Gerichts mit ausschließlich mitgliedstaatlichen, nationalen Richtern bis zu einer paritätischen Beteiligung von nationalen Richtern und Richtern des EuGH.[1464] Im ersten Fall besteht

---

1461 Ausführlich zum Ganzen Heemeyer, Die Kompetenzordnung eines zukünftigen europäischen Verfassungsvertrages, S. 249 ff. Siehe auch: Colneric, EuZW, 2002, 709 ff. (709 ff.); Everling, EuZW, 2002, 357 ff. (363).

Hilf/Frahm, RIW, 2001, 128 ff. (129), folgern aus der ihrer Ansicht nach umsichtigen Rechtsprechungspraxis des EuGH in Kompetenzfragen, dass es eines neuen gesonderten Kompetenzgerichtes nicht bedarf.

1462 Vgl. Broß, VerwArch, 92 (2001), 425 ff. (426 ff., 440); Friedrich, RIW, 1985, 794 ff. (795 f.); Goll/Kenntner, EuZW, 2002, 101 ff. (101 ff., bes. 105 f.); Herzog/Gerken, Europa entmachtet uns und unsere Vertreter; Herzog/Gerken, Von roten Karten und stumpfen Schwertern, S. 4; Koenig/Lorz, JZ, 2003,167 ff. (172); Weiler, ELR, 22 (1997), 150 ff. (155 f.). Vgl. auch Colneric, EuZW, 2002, 709 ff. (714); Jennert, NVwZ, 2003, 936 ff. (940); Lenaerts/Desomer, La recherche d'un équilibre pour l'Union, in: Une Constitution pour l'Europe, S. 53 ff. (66); Mayer, ZaöRV, 2001, 577 ff. (602, Fn. 109, 110, 111) m. w. N.; Oppermann, DVBl., 2003, 1 ff. (8); Reich, EuZW, 2002, 257 (257); Everling, EuZW, 2002, 357 ff. (360 ff.). Siehe zudem Kumm, CML Rev., 1999, 351 ff. (351 ff.), der durch die Maastrichtentscheidung des Bundesverfassungsgericht veranlasst, Stellung zu der Frage bezieht, wer das „letzte Wort“ in Kompetenzstreitigkeiten zwischen der „Gemeinschaft“ und den Mitgliedstaaten hat, der EuGH oder das höchste nationale Verfassungsgericht, in Deutschland also das Bundesverfassungsgericht.

1463 Skeptisch auch Mayer, in: v. Bogdandy, Europäisches Verfassungsrecht, S. 279; Reich, EuZW, 2002, 257 (257); Sauer, Jurisdiktionskonflikte in Mehrebenensystemen, S. 200.

1464 Vgl. bezüglich der gemachten Verschläge die Darstellungen bei Everling, EuZW, 2002, 357 ff. (360 f.), und Mayer, ZaöRV, 2001, 577 ff. (603 ff.). Siehe ferner Clement, Europa gestalten – Nicht verwalten, FCE 3/01, S. 14 Rn. 29, der eine gesonderte Kompetenzkammer am EuGH favorisiert, die teilweise mit Richtern der obersten nationalen Gericht bzw. Verfassungsgerichte besetzt ist. Friedrich, RIW, 1985, 794 ff. (795), plädiert für einen ad hoc zusammentretenden, sich aus Vertretern des EuGH und aus den Mitgliedstaaten zusammensetzenden „Obersten Gerichtshof. Goll/Kenntner, EuZW, 2002, 101 ff. (105), favorisieren ein Europäisches Kompetenzgericht, dass sich aus Vertretern der nationalen Verfassungs- bzw. Obergerichte zusammensetzt. Von der zusätzlichen Aufnahme von EuGH-Richtern versprechen sich die Autoren eine Verzahnung

die Gefahr, dass das Gericht wahrscheinlich nur ein Interessenwalter der Mitgliedstaaten wäre und unionsrechtliche Aspekte in den Hintergrund treten bzw. von nationalen (verfassungs-) rechtlichen Argumenten überlagert würden. Ob unionale Rechtsetzung kompetenzgemäß ist, ist aber eine Frage der Interpretation der vertraglich niedergelegten Kompetenznormen und damit primär eine vom Standpunkt des Unionsrechts zu beantwortende Frage. Bei einem paritätisch organisierten Gericht bestände wiederum die latente Gefahr, dass anstehende Entscheidungen permanent blockiert werden könnten.

Die Errichtung eines Kompetenzgerichts würde zudem das existierende unionale Gerichtssystem in Frage stellen. Dies folgt aus der Erwägung, dass durch die Errichtung eines Kompetenzgerichts prinzipiell alle Entscheidungen des EuGH einer Überprüfung durch das Kompetenzgericht zugänglich würden, da sich bei jeder Entscheidung des EuGH die Frage aufwerfen ließe, ob sich der EuGH selbst mit seiner Entscheidung in den Grenzen seiner Auslegungskompetenz bewegt oder in diesem Sinne ultra-vires entschieden hat. Das Kompetenzgericht würde damit zu einer „Superrevisionsinstanz".[1465]

Abgesehen von den aufgeführten Nachteilen eines Kompetenzgerichts wäre auch keineswegs sichergestellt, dass damit alle Konflikte bezüglich (vermeintlicher) Kompetenzüberschreitungen des Unionsrechtsetzers einer Lösung zugeführt werden könnten oder mit den Worten von Everling ausgedrückt: „Was hilft es, über jeden Wächter einen weiteren Wächter zu stellen, der auch selbst menschlicher Schwäche unterliegt und deshalb wiederum eines Wächters bedürfte?"[1466] Die Einsicht, dass ein Kompetenzgericht weder juristisch noch politisch

---

mit der Rechtsprechung des EuGH. Schmitz, Integration in der supranationalen Union, S. 504, fordert eine „außerordentliche Kompetenzbeschwerde" gegen ultra vires-Akte, über die der EuGH unter Beteiligung mitgliedstaatlicher Richter befinden soll. Weiler, ELR, 22 (1997), 150 ff. (155 f.), spricht sich für die Errichtung eines europäischen Verfassungsrates nach französischem Vorbild aus, welcher präventiv die Kompetenzabgrenzungen zwischen der „Gemeinschaft" – bzw. der Union – und den Mitgliedstaaten überwacht. Personell solle sich dieser Verfassungsrat, nach Ansicht von Weiler, aus nationalen Verfassungsrichtern zusammensetzen, die unter Vorsitz des EuGH-Präsidenten nach Mehrheit entscheiden. Siehe zudem Herzog/Gerken, Europa entmachtet uns und unsere Vertreter, und Herzog/Gerken, Von roten Karten und stumpfen Schwertern, S. 4, die von einem „unabhängigen Gerichtshof für Kompetenzfragen" sprechen.

1465 Everling, EuZW, 2002, 357 ff. (362); Jennert, NVwZ, 2003, 936 ff. (942); Mayer, ZaöRV, 2001, 577 ff. (608 f.); Pernice, Kompetenzabgrenzung im Europäischen Verfassungsverbund, FCE 4/00, S. 27, Fn. 51; Sauer Jurisdiktionskonflikte in Mehrebenensystem S. 199. Siehe auch Reich, EuZW, 2002, 257 (257), der die Frage aufwirft, ob nach einer Installierung eines Europäischen Kompetenzgerichtes diesem oder dem EuGH die Letztentscheidung zukommt.

1466 Everling, EuZW, 2002, 357 ff. (357). Ähnliche Äußerungen finden sich auch in folgenden Publikationen: Colneric, EuZW, 2002, 709 ff. (714); Everling, CML Rev., 1996, 401 ff. (435 ff.); Mayer, in: v. Bogdandy, Europäisches Verfassungsrecht, S. 256; Nicolaysen, EuR, 2000, 495 ff. (509); Reich, EuZW, 2002, 257 (257); Sauer, Jurisdiktionskonfliktfreie Lösungen offerieren könnte, sondern es lediglich zu einer „institutionellen“ Verlagerung der Kritik kommen würde, schwingt wohl auch in der Hoffnung der Befürworter eines Kompetenzgerichts mit, dass schon dessen bloße Existenz zu einer Zurückhaltung des europäischen Regelungsgebers führen würde.[1467] Eine solche Betrachtungsweise würde die Bedeutung eines Kompetenzgerichts nicht in der Rolle als Entscheidungsinstanz im Einzelfall sehen, sondern dessen „generalpräventive Außenwirkung“ in den Mittelpunkt rücken.

Es ist auch denkbar, dass sich der IGH mit utra-vires Problemen der unionalen Rechtsetzung befassen könnte.[1468] Diese Lösung kollidiert allerdings mit Art. 292 EGV[1469] – jetzt: Art. 344 AEUV – und dem darin enthaltenen Postulat, dass die Mitgliedstaaten zu einer vertraglich vorgesehenen Streitschlichtung verpflichtet sind. Außerdem konfligiert eine solche Lösung mit den Besonderheiten der Union, auf die völkerrechtliche Methoden und Vorgehensweisen nur bedingt anwendbar sind.[1470]

Vorschläge zur Errichtung eines Kompetenzgerichts oder einer Streitentscheidung durch den IGH sind nach der hier vertretenen Ansicht abzulehnen. Bedenkenswert bleiben jedoch präventive, weiche Lösungsmodelle, wie die Schaffung eines Verfassungsrates, einer „Zweiten Kammer“ oder eines Subsidiaritätsausschusses.[1471] Diese „weichen“ Methoden könnten geeignet sein, um Kompetenz-

---

konflikte in Mehrebenensystemen, S. 200; Sydow, Verwaltungskooperation in der Europäischen Union, S. 40 f., Fn. 74.

1467 Vgl. Herzog/Gerken, Europa entmachtet uns und unsere Vertreter.

1468 Doehring, FS Everling I, S. 263 ff. (270 f.).

1469 So auch Sauer, Jurisdiktionskonflikte in Mehrebenensystemen, S. 198, Fn. 146.

1470 Mayer, ZaöRV, 2001, 577 ff. (607) m. w. N.; Sauer, Jurisdiktionskonflikte in Mehrebenensystemen, S. 198, Fn. 146.

1471 Pernice, Kompetenzabgrenzung im Europäischen Verfassungsverbund, FCE 4/00, S. 27 f., Fn. 50 ff. (bes. Fn. 52), plädiert in Anlehnung an das belgische Gutachten- und Schiedsverfahren für einen Subsidiaritätsausschuss, der sich vorwiegend aus Vertretern der nationalen und ggfs. der Länderparlamente zusammensetzt und rechtlich unverbindliche Stellungnahmen abgeben sollte (siehe auch Pernice, JZ, 2000, 866 ff. (876). Auch Schwarze, DVBl., 1995, 1265 ff. (1269), spricht sich für einen „Schlichtungs- und Vermittlungsausschuss“ in Gesetzgebungsfragen aus. V. Danwitz, JZ, 2006, 1 ff. (4), fordert, dass die Überprüfung eines Rechtsaktes auf seine Übereinstimmung mit dem Subsidiaritätsprinzip durch die Kommissionsdienststellen durch ein entsprechendes Votum eines unabhängigen Gremiums ergänzt werden sollte. Dieses Votum sollte im Vorfeld der Beschlussfassung durch das Kommissionskollegium ergehen. Für dieses Gremium denkt er an eine Zusammensetzung aus ehemaligen Richtern der Unionsgerichte sowie der obersten mitgliedstaatlichen Gerichte und Hochschullehrern. Das Votum des Gremiums sollte, nach der Vorstellung von v. Danwitz, als substantielle Grundlage für die Diskussion über die Vor- und Nachteile der jeweiligen Rechtsetzungsinitiative diestreitigkeiten zwischen der Union und den Mitgliedstaaten – zumindest partiell – aus dem Wege zu gehen[1472] und damit auch eine Eindämmung der unionalen Rechtsetzungstätigkeit zu bewirken.

III. Einführung eines Trennmodells nach US-amerikanischem Vorbild

Vorstehend wurde aufgezeigt, dass die – jedenfalls in den meisten Fällen – fehlende Kompetenz der Union zum Erlass von Verwaltungsvorschriften, die sich aus der grundsätzlichen Trennung von unionaler Rechtsetzung und mitgliedstaatlichem Vollzug ableitet, mitverantwortlich ist für die Detailliertheit des Unionsrechts.[1473] Um hier Abhilfe zu schaffen und gleichzeitig die Kompetenzaufteilung zwischen Union und Mitgliedstaaten zu reformieren, könnte der Vorschlag gemacht werden, ein Trennsystem nach dem Vorbild der Vereinigten Staaten von Amerika zu errichten.[1474] Während in der Union Rechtsetzung und Vollzug in aller Regel aufgespalten sind – die unionale Rechtsetzung wird von den Mitgliedstaaten vollzogen – gilt gemäß der Verfassung der Vereinigten Staaten, dass dieselbe Ebene gleichermaßen für den Erlass eines Gesetzes und für dessen Ausführung zuständig ist. Bund und Einzelstaaten vollziehen ihre Gesetze jeweils durch ihre eigenen Verwaltungsbehörden.[1475] Würde man dieses Modell auf die Union und ihre Mitgliedstaaten übertragen, dann würde die Union ihre Rechtsetzungsakte selbst vollziehen und folgerichtig auch die hierfür

---

nen und eine effektive gerichtliche Überprüfung erleichtern. Vgl. zum Ganzen auch: Heemeyer, Die Kompetenzordnung eines zukünftigen europäischen Verfassungsvertrages, S. 258 ff.; Koenig/Lorz, JZ, 2003,167 ff. (169 ff.); Mayer, ZaöRV, 2001, 577 ff. (605 ff.).

1472 Mayer, ZaöRV, 2001, 577 ff. (609); Mayer, in: v. Bogdandy, Europäisches Verfassungsrecht, S. 256.

Goll/Kenntner, EuZW, 2002, 101 ff. (103), verweisen hingegen darauf, dass präventive prozedurale Methoden zu einer erheblichen Verlangsamung im Rechtsetzungsprozess bzw. zu einer Blockade für die Handlungsfähigkeit der Union führen könnten. Hänsch, FS Tsatsos, S. 206 ff. (213), merkt an, dass Institutionen dieser Art nur kontraproduktiv wären, da sie die Legitimation und die Verantwortlichkeiten von Entscheidungen weiter verwischen würden.

1473 Vgl. 4. Kap. – B I 1.

1474 Vgl. Hesse, Vom werden Europas, S. 76; Pernice, JZ, 2000, 866 ff. (873).

1475 Vgl. Fraenkel, Das amerikanische Regierungssystem, S. 131 – Freilich beschreibt dies nur den Grundsatz. Es haben sich längst Verflechtungen entwickelt, die etwa dadurch kennzeichnet sind, dass einzelstaatliche Behörden in vielen Bereichen der Verwaltung bei der Ausführung von Bundesgesetzen mitwirken (vgl. Fraenkel, Das amerikanische Regierungssystem, S. 132 f.).

notwendigen Verwaltungsvorschriften aufstellen. Eine Aufblähung der unionalen Rechtsetzungsakte durch „verwaltungsvorschriftenähnliche" Normen könnte dadurch vermieden werden. Andererseits merkt Hesse hierzu an, dass einer strikten „Trennung zwischen der europäischen und der mitgliedstaatlichen Ebene [...] die [...] immanente Tendenz zur Zentralisierung"[1476] innewohnt und damit auch ein Mehr an europäischen Regelungen. Ein Blick auf die Staatspraxis in den Vereinigten Staaten von Amerika bestätigt diese Sichtweise.[1477] Außerdem würde ein solcher Systemwechsel den Ausbau unionaler Verwaltungsstrukturen in den Mitgliedstaaten voraussetzen. Dies wäre nicht nur teuer, sondern würde auch zahlreiche Überschneidungen beider Verwaltungsapparate verursachen. Die nationalen und subnationalen Ebenen würden dabei einen Funktions- und Bedeutungsverlust erleiden.[1478]
Eine Übertragung des US-amerikanischen Rechtsetzungs- und Verwaltungssystems auf die Union und ihre Mitgliedstaaten kann daher nicht empfohlen werden. Eine solche Lösung würde nicht nur dem Subsidiaritätsgedanken widersprechen, die „Quantitätsgewinne" durch Verzicht auf „verwaltungsvorschriftenähnliche" Regelungen in den unionalen Rechtsetzungsakten würden zudem durch „Quantitätsverluste" kompensiert, die mit einer zunehmenden Zentralisierung einhergingen.

IV. Einführung eines Rechtsetzungsbudgets

Wie oben festgestellt[1479] sind die vergleichsweise geringen finanziellen Mittel, die der Union zur Verfolgung ihrer Ziele zur Verfügung stehen, mitverantwortlich für die Dominanz der regulativen Politik auf europäischer Ebene. Die durch die Rechtsetzung verursachten Kosten werden dabei überwiegend von Externen, wie Bürgern und Unternehmen, getragen. Diese „Attraktivität" regulativer Politik aus Sicht der Unionsorgane versucht der hier unterbreitete Vorschlag zu vermindern.
Vereinfacht ausgedrückt wird vorgeschlagen, dass Rechtsetzungsakte ein bestimmtes Maß an finanziellen Belastungen für Unternehmen und Bürger nicht überschreiten dürfen. Dies könnte folgendermaßen geschehen:

1476 Hesse, Vom werden Europas, S. 76.

1477 Vgl. Feinman, Law 101, S. 33 f., zur allmählichen „Ausdehnung" der „Bundesnormen", angetrieben nicht zuletzt durch die Rechtsprechung des Supreme Courts. Siehe ferner: Kommers/Finn/Jacobsohn, American Constitutional Law, S. 233 ff.; Pernice, JZ, 2000, 866 ff. (873).

1478 Vgl. Hesse, Vom werden Europas, S. 76, der darüber hinaus einige konkrete Bereiche benennt, in denen eine Entflechtung zu erheblichen Problemen führen würde.

1479 Vgl. 4. Kap. – B II 1.

Die Folgenabschätzung eines Rechtsetzungsaktes könnte dessen erwartbare Kosten für Bürger und Unternehmen (möglichst vollständig) ermitteln. Unterzöge man nun alle neuen Rechtsetzungsakte einer entsprechenden Untersuchung und addiert man anschließend die einzelnen Kostenposten, würde diese Summe das Ausmaß aller Kostenbelastungen für Bürger und Unternehmen beschreiben. Diese „Gesamtkostenbelastung“ sollte nach dem hier gemachten Vorschlag eine bestimmte Obergrenze nicht überschreiten dürfen. Die Obergrenze selbst könnte sich beispielsweise am Unionshaushalt oder am Bruttoinlandsprodukt der Mitgliedstaaten orientieren. Für neue Rechtsetzungsakte würde dann ein bestimmter Prozentsatz des Unionshaushalts oder des Bruttoinlandsprodukts zur Verfügung stehen.
Da die Festlegung der Höhe eines solchen „Rechtsetzungshaushaltes“ den Kern politischer Gestaltungsfreiheit berührt, sollten hierüber nur „politische Instanzen“ entscheiden. Eine Festlegung der Berechnungsformel für die Erstellung des „Rechtsetzungsbudgets“, die auf Vorschlag der Kommission gemeinsam von Rat und Europäischem Parlament getroffen wird, scheint eine praktikable Vorgehensweise zu sein, um die exakte Höhe des „Rechtsetzungshaushaltes“ festzulegen. An dieser Stelle gilt es jedoch darauf hinzuweisen, dass das Ziel einer „schlanken“ und wirtschaftlichen Rechtsetzung nach einer relativ niedrigen „Kostenobergrenze“ verlangt.
Die praktische Ausgestaltung des hier unterbreiteten Vorschlags muss ebenfalls einer politischen Entscheidung vorbehalten bleiben. Einige zu klärende Fragen sollen hier lediglich benannt werden:
Was geschieht, wenn das „Rechtsetzungsbudget“ erschöpft ist, weitere Rechtsetzungsakte aber für notwendig erachtet werden? Wie lassen sich die Kosten für Bürger und Unternehmen möglichst umfassend und mit hinreichender Genauigkeit ermitteln? Wie ist das „Rechtsetzungsbudget“ auf die einzelnen Sachbereiche unionaler Rechtsetzung zu verteilen? Welche Kontrollmechanismen sind notwendig, um die Qualität der Kostenschätzungen zu gewährleisten? Welche (Rechts-) Folgen sollte ein Verstoß gegen die „Kostenobergrenze“ nach sich ziehen? Wie sollte der hier gemachte Vorschlag im unionalen Rechtsetzungsprozess verankert werden – primärrechtlich oder mittels einer Interinstitutionellen Vereinbarung? Diese Fragestellungen sind lösbar, so dass der hier propagierte Vorschlag, mit Hilfe der Einführung eines „Kostenbudgets“ die unionalen Rechtsetzungsakte in ihrer Quantität zu reduzieren und gleichzeitig deren Wirtschaftlichkeit zu erhöhen, beachtenswert erscheint.
Der Vorschlag könnte dazu führen, dass innerhalb der Unionsorgane und besonders in den Generaldirektionen der Kommission ein Umdenken einsetzt, denn die optimale Verteilung eines zugewiesenen „Rechtsetzungsbudgets“ auf unterschiedliche Rechtsetzungsakte würde wohl zu einem kritischeren Nachdenken hinsichtlich der Regelungsbedürftigkeit eines Sachverhaltes führen. Außerdem könnte zwischen den Generaldirektionen und auch innerhalb derselben ein

fruchtbarer Wettbewerb um die wirtschaftlichste und effektivste Rechtsetzung entstehen.

Sollte der hier gemachte Vorschlag Anwendung finden und sich nach einer Evaluation als erfolgreich erweisen, könnte überlegt werden, ein „Rechtsetzungsbudget“ nicht nur für neue Rechtsetzungsakte, sondern für die gesamte Unionsrechtsordnung aufzustellen. Fernziel wäre eine Verzahnung der durch unionale Rechtsetzungsakte verursachten Kosten mit den entsprechenden Kosten, die durch die mitgliedstaatliche Rechtsetzung entstehen.

V. Institutionelle Verankerung eines Rechtsetzungsnehmers

Dem nachfolgend geschilderten Vorschlag liegt die Einsicht zugrunde, dass ohne einen institutionalisierten „Rechtsetzungsnehmer“ alle Ansätze zur Dezimierung von Normen nur wenig Erfolg beschieden sein dürfte. Deshalb bietet es sich an, dauerhaft[1480] einen gemeinsamen Ausschuss aus Vertretern der rechtsetzenden Stellen[1481] zu bilden, der die Wirksamkeit und die Zweckmäßigkeit der Rechtsetzungsakte in bestimmten Abständen überprüft.[1482] Neben einer Beteili-

1480 Vgl. hierzu Ellwein, DVBl., 1984, 255 ff. (256), der aufgrund seiner eigenen Erfahrungen bei der Rechtsvereinfachung in Nordrhein-Westfalen nachdrücklich darauf hinweist, dass Rechtsbereinigung eine Daueraufgabe ist.

1481 Da das Problem der „Überregulierung“ vor allem ein juristisches und ein ökonomisches Problem darstellt, würde es sich anbieten bei der organinternen „Auswahl“ der Vertreter, vor allem die Personen zu beteiligen, die aus den entsprechenden Bereichen kommen. Für die Kommission kämen also etwa Vertreter aus den „wirtschaftsbezogenen“ Generaldirektionen, der Generaldirektion Justiz, Freiheit und Sicherheit sowie aus dem Juristischen Dienst in Frage.

1482 Einen ähnlichen Vorschlag macht Schneider, NJW, 1998, 2505 ff. (2507), für die Gesetzgebung des Bundes in Deutschland. Steiner, Legislação, (No. 33/34) 2003, 9 ff. (25), verweist auch (unter Bezugnahme auf die Situation in Österreich) auf die Bedeutung institutioneller Fragestellungen und diesbezüglicher Verbesserungen, um die „Evaluation“ von Rechtsetzungsakten zu stärken. Dass eine Verminderung des Umfangs des geltenden europäischen Rechts ohne die Aufhebung überholter Rechtsetzungsakte nicht möglich ist, stellt auch Nass, DVBl., 2006, 1197 ff. (1201), fest. Ähnlich – aber ohne europarechtsspezifischen Bezug – auch Vogel, JZ, 1979, 321 ff. (324 f.).

Ferner kann hier auf die Praxis im Vereinten Königreich hingewiesen werden (vgl. hierzu Courtney, Legislação, (No. 33/34) 2003, 107 ff. [114 f.]). Angesichts der Notwendigkeit bestehende Regelungen, nach ihrem Inkrafttreten zu überprüfen, wurde dort die “Better Regulation Task Force“ eingerichtet. Sie besteht aus unabhängigen Mitgliedern. Diese setzen sich zusammen aus Vertretern großer und kleiner Unternehmen, Bürger- und Verbrauchergruppen, Gewerkschaftsvertretern und Mitgliedern des “voluntary sectors“. Die Aufgabe der 1997 eingerichteten “Better Regulation Task Force“ ist die Überprüfung bestehender Regulierung und Gesetzgebung. Hierzu kann sich die Task

gung aller Rechtsetzungsorgane an einem solchen Ausschuss erscheint es empfehlenswert, weitere Mitglieder aus der Wissenschaft (Rechtswissenschaft, Wirtschafts- und Sozialwissenschaften, etc.) in einen solchen Ausschuss zu integrieren, um damit der zu erwartenden Komplexität von Fragestellungen begegnen zu können.[1483]
Idealerweise sollte dieses Gremium ein eigenes Initiativrecht gegenüber den rechtsetzenden Organen besitzen. Für die Aufhebung von Rechtsetzungsakten bzw. die erforderlichen Änderungen daran könnte zudem ein vereinfachtes (Rechtsetzungs-) Verfahren vorgesehen werden.
Da eine sorgfältige Überprüfung von Rechtsetzungsakten arbeits-, zeit- und kostenintensiv ist[1484], könnte man erwägen, nicht alle Rechtsetzungsakte einer solchen Überprüfung zu unterziehen, sondern nur diejenigen Rechtsetzungsakte zu analysieren, die in besonderem Maß für finanzielle Belastungen sorgen oder die schwerwiegende Eingriffe in die Freiheitssphäre der Betroffenen verursachen. Eine solche Herangehensweise entpuppt sich bei näherer Betrachtung jedoch als kontraproduktiv, da dadurch alle Rechtsetzungsakte von einer Untersuchung ausgespart würden, die zwar „kostengünstig" und „eingriffsarm" sind, deren Wirksamkeit und Sinnhaftigkeit deshalb jedoch nicht unbedingt höher einzustufen ist. Insofern sollten grundsätzlich alle Rechtsetzungsakte einer Überprüfungspflicht unterliegen. Die Untersuchungsintensität könnte dabei in Abstufungen erfolgen. So könnte, ähnlich wie im Rahmen der Folgenab-

---

Force verschiedene Rechtsetzungsakte auswählen und deren Auswirkungen auf verschiedene Bereiche, besonders auf die Unternehmen prüfen. Anschließend kann sie zu den untersuchten Maßnahmen Berichte verfassen und Empfehlungen abgeben. Die Regierung hat sich verpflichtet, zu den Berichten innerhalb von sechzig Tagen Stellung zu beziehen. In der Praxis wird den Empfehlungen meist gefolgt.

Alternativ könnte auch über ein von den Rechtsetzungsorganen organisatorisch und personell getrenntes Gremium nachgedacht werden. Da die Beurteilung der Wirksamkeit und Zweckmäßigkeit von bestimmten Rechtsetzungsakten jedoch weit im politischen Bereich angesiedelt ist, erscheint eine starke Beteiligung der Rechtsetzungsorgane notwendig, um die Durchsetzungskraft solcher Evaluationen zu erhöhen. Vgl. in diesem Zusammenhang auch Nideröst LeGes, 2002/1, 39 ff. (bes. 39 f.) m. w. N., zu den unbefriedigenden Ergebnissen externer (wissenschaftlicher) Evaluationen, deren Ergebnisse und Empfehlungen (zu) häufig nicht umgesetzt werden.

1483 Alternativ könnte auch über ein von den Rechtsetzungsorganen organisatorisch und personell getrenntes Gremium nachgedacht werden. Da die Beurteilung der Wirksamkeit und Zweckmäßigkeit von bestimmten Rechtsetzungsakten jedoch weit im politischen Bereich angesiedelt ist, erscheint eine starke Beteiligung der Rechtsetzungsorgane notwendig, um die Durchsetzungskraft solcher Evaluationen zu erhöhen. Vgl. in diesem Zusammenhang auch Nideröst, LeGes, 2002/1, 39 ff. (bes. 39 f.) m. w. N., zu den unbefriedigenden Ergebnissen externer (wissenschaftlicher) Evaluationen, deren Ergebnisse und Empfehlungen (zu) häufig nicht umgesetzt werden.

1484 Vgl. Karpen, Legislação, (No. 33/34) 2003, 27 ff. (31); Voermans, Legislação, (No. 33/34) 2003, 33 ff. (42).

schätzung, am Anfang eine „überschlagsmäßige" Überprüfung stehen, an die sich, abhängig vom Ergebnis der „Vorprüfung", gegebenenfalls eine detaillierte Analyse anschließt.
Die Zeitabstände vom Erlass eines Rechtsetzungsaktes bis zur ersten Überprüfung könnten im Rechtsetzungsakt selbst festgelegt werden („Reviewklauseln"[1485]) oder es würde eine allgemeine Überprüfungsfrist von beispielsweise drei Jahren eingeführt werden.
Vorausgesetzt, dass die Überprüfungstätigkeit sorgfältig, objektiv und in Rückkopplung mit den vollziehenden Stellen und Rechtsunterworfenen durchgeführt wird, würde eine obligatorische Überprüfung der Rechtsetzungsakte durch ein eigenes Gremium, das nicht mit deren Erstellung betraut war[1486], eine kritische flächendeckende und systematische Überprüfung der Effektivität, Effizienz und Regelungsdichte der Rechtsnormen befördern. Die Realisierung dieses Vorschlags könnte damit die Quantität der unionalen Rechtsetzung absenken und zugleich deren Qualität heben.

VI. Änderung des Rechtsetzungsstils

Ausgehend von der Feststellung, dass es *den* perfekten Rechtsetzungsakt nicht gibt, soll nachfolgend ein allgemeiner Ansatz für die Formulierung von Rechtsetzungsakten hergeleitet werden, der auch hinsichtlich einer Quantitätsreduktion zielführend erscheint.
Der Detailreichtum der unionsrechtlichen Vorschriften und die Komplexität der Regelungen entspringen häufig dem Bestreben nach einer lückenlosen Erfassung des einschlägigen Regelungskomplexes. Da der Rechtsetzer möglichst perfekt arbeiten möchte und die Unionsinstanzen die Rechtsetzung vornehmlich als technische Aufgabe ansehen[1487], fallen unionale Rechtsetzungsakte durch eine Affinität zu Quisquilien – ja Pedanterie – auf. Dieser Überperfektionismus erinnert an die Cambacérès-Portalis-Debatte am Übergang zum 19. Jahrhundert, die sich mit der Frage beschäftigte, ob Gesetze in voller Voraussicht Regelungen für alle nur denkbaren Fälle bereithalten sollten.[1488] Selbst wenn man diese Frage für die europäische Rechtsetzung prinzipiell bejahen möchte, erscheint die Realisierungsmöglichkeit – abgesehen von den praktischen Schwierigkeiten, die mit

1485 Vgl. hierzu 5. Kap. – B I 2 b.

1486 Vgl. zur Notwendigkeit der personellen und institutionellen Trennung von „Rechtsetzer" und „Rechtsetzungsevaluierer" auch Voermans, Legislação, (No. 33/34) 2003, 33 ff. (39).

1487 Tomuschat, FS Kutscher, S. 461 ff. (480). Vgl. sodann Honsell, Vom heutigen Stil der Gesetzgebung, S. 9, sowie Müller, Elemente einer Rechtsetzungslehre, S. 49.

1488 Vgl. Brieskorn, Rechtsphilosophie, Rn. 99.

einer vollständigen Sachverhaltsanalyse und den notwendigen Prognosen verbunden sind – auch theoretisch zweifelhaft, da dies voraussetzen würde, dass der Rechtsetzungsgeber alle möglichen Anwendungsfälle der Rechtsnorm antizipieren könnte und dass es ihm gelänge, dieses Wissen in eindeutige Vorschriften umzusetzen. Beide Voraussetzungen fehlen der unionalen Rechtsetzung.

Der Versuch durch immer detailliertere Regelungen jeden hypothetischen Fall zu erfassen, muss an der sich stets verändernden und komplexen Lebenswirklichkeit scheitern.[1489] Da die Voraussage und die Berücksichtigung aller möglichen Sachverhalte bei der Erstellung einer Rechtsnorm nicht möglich ist[1490], widerlegt sich der „Perfektionsanspruch" als das Streben nach einer detaillierten Vollregelung von selbst.
Durch die Ungewissheit in Bezug auf die Ermittlung der Tatsachen ist es im Gegenteil notwendig, eine Terminologie in den Rechtsetzungsakten zu verwen-

---

1489 So auch Bülow, Ursachen der Übernormierung – Vorschläge zu einer Verbesserung der Gesetzgebungstechnik, in: Mehr Recht durch weniger Gesetze?, S. 78 ff. (80); Hofer/Müller, „Bürgernähe" muss keine Utopie bleiben, in: Bürgernahes Wirtschaftsrecht – Eine Utopie?, S. 179 ff. (184); Maassen, NJW, 1979, 1473 ff. (1474).

1490 Vgl. stellvertretend folgende Zitate aus verschiedenen Fachbereichen: Kinnebrock, Bedeutende Theorien des 20. Jahrhunderts, S. 2: „Ein weiterer tragender Pfeiler der klassischen naturwissenschaftlichen Denkweise war die Vorstellung, daß alles zumindest prinzipiell exakt berechenbar und damit auch vorhersagbar ist. Die Mathematik war es, die mit ihren Differentialgleichungen jede Vorhersage ermöglichte. Eine Bestätigung dieser Auffassung waren unter anderem die exakten Voraussagen von Sonnen- und Mondfinsternissen sowie des Laufes der Gestirne. Auch dieser Pfeiler überstand das Jahrhundert nicht. Die Chaostheorie zeigte, daß die theoretisch vorhersagbaren und regelbaren Phänomene eine Ausnahme bilden. Die meisten Systeme sind zu komplex, als daß sie mit Theorien abbildbar und damit manipulierbar sind. Dies gilt nicht nur für naturwissenschaftliche Erscheinungen, sondern auch für Vorgänge in der Ökonomie, Politik, Soziologie usw. [...] So müssen wir am Ende des Jahrhunderts feststellen, daß in hundert Jahren ein ungeheurer Fortschritt der Erkenntnis erzielt wurde, der gleichzeitig die Erkenntnis- und Manipulationsfähigkeit des Menschen einschränkte in dem Sinne, daß Berechenbarkeit und prinzipielle Begreifbarkeit naturwissenschaftlicher Vorgänge nicht mehr absolut und unbegrenzt vorgegeben sind, wie es die klassische Denkweise annahm."; Krause/Balz/Müller, Theologische Realenzyklopädie, Bd. 27, S. 599: „Die Verfassung der Welt ist komplex und kompliziert, da sie ja aus einer ungeheuren Mannigfaltigkeit von einzelnen singulären Ereignissen und den von ihnen beigetragenen Ordnungsstrukturen konstituiert wird."; Mainzer, Computer – Neue Flügel Des Geistes?, S. 449: „Die Makrowelt physikalischer Erfahrung jenseits atomarer Größenordnung, die Welt der Zellen, Planeten und Galaxien ist wesentlich durch die Gesetze der klassischen Physik bestimmt. Lokalität und nicht-lineare Separation der physikalischen Gegenstände ist vorherrschend. Wechselwirkungen sind im Sinne der klassischen Physik determiniert. Dennoch erwies sich diese Welt aufgrund der Komplexität ihrer Wechselwirkungen nur im begrenzten Maß als berechenbar."

den, die eine gewisse Weite bzw. Unschärfe aufweist, um das Recht hinreichend flexibel für neue, nicht vorhersehbare Sachverhalte zu gestalten.[1491]

Auch die zweite (theoretische) Voraussetzung zur Erstellung eindeutiger und perfekter Rechtsvorschriften fehlt der unionalen Rechtsetzung. Rechtsnormen werden durch Sprache vermittelt (im Unionsrecht durch bis zu 23 Sprachen), die in concreto durch eine mehr oder weniger bestehende Bedeutungsoffenheit, Kontextabhängigkeit und damit durch eine Unschärfe gekennzeichnet ist.[1492] Nach dem in Deutschland vorherrschenden methodologischen Erkenntnisstand gibt es daher – mit Ausnahme von Zahlenangaben – keine eindeutigen Rechtsbegriffe.[1493] Der genaue Bedeutungsinhalt einer Norm kann erst nach deren Auslegung festlegt werden.[1494] Der EuGH wendet für das Unionsrecht dagegen (wohl) die sogenannte acte-clair-Doktrin[1495] an.[1496] Nach dieser Doktrin muss

---

1491 Übersteigertes Streben nach Perfektion wirkt hingegen kontraproduktiv. Oder wie Bacon, The Works of Francis Bacon (Of the dignity and advancement of learning, Book VIII, Aphorism 65), S. 101, formuliert: "Obsure drawing up of laws arises either from their loquacity and verbosity, or on the other hand from an excess of conciseness"

1492 Braselmann EuR, 1992, 55 ff. (55); Depenheuer, Der Wortlaut als Grenze, S. 17 ff., 38 ff.; Fischer, Verstehen und Bedingungsstruktur, in: Strukturierungen und Entscheidungen im Rechtsdenken, S. 289 ff. (303 f.); Großfeld, JZ, 2003, 1149 ff. (1150 f.); Kaufmann, JZ, 1975, 337 ff. (339); Kirchhof, GS Klein, S. 227 ff. (234); Pavčnik, ARSP, 1997, 463 ff. (470); Winkler, JuS, 1995, 1056 ff. (1058); Zippelius, JZ, 1999, 112 ff. (114).

Siehe auch Morlok/Kölbel/Launhardt, Rechtstheorie, 31 (2000), 15 ff. (31), mit anderem Erklärungsansatz: „Gleichzeitig können sprachlich verfaßte Rechtsnormen ihre Lesart nie determinieren. Der verstehende Rezipient bestimmt ihren Inhalt stets mit. So vermag keine Regel, sämtliche Merkmale aller potentiell einschlägigen Situationen vorwegzunehmen (Normoffenheit). Recht enthält also stets nur potentielle Handlungskonsequenzen. Seine jeweilige Bedeutung erschließt erst die situative Anwendung, d. h. ein prinzipiell norm- und situationsdeutender Prozeß."

Vgl. aber auch Scholz, Verstehen und Rationalität, S. 176 ff., zum Problem des Verstehens wörtlicher Äußerungen sowie umfassend zum Sprachverstehen (S. 254 ff.) sowie Klatt, Die Wortlautgrenze, in: Die Sprache des Rechts – Bd. 2, S. 343 ff. (345 ff.), zu den semantischen Grenzen der Rechtssprache.

1493 Depenheuer, Der Wortlaut als Grenze, S. 4, 15 f., 39 f.; Ipsen, Richterrecht und Verfassung, S. 63 f.; Jesch, AöR, 82 (1957), 163 ff. (172 f.); Kriele, Theorie der Rechtsgewinnung, S. 223 ff.; Zippelius, JZ, 1970, 241 ff. (241 f.).

1494 Pavčnik, ARSP, 1997, 463 ff. (470).

1495 Zur „acte-clair-Doktrin": Anweiler, Die Auslegungsmethoden des Gerichtshofs der Europäischen Gemeinschaften, S. 161 ff. m. w. N.; Bebr, CML Rev., 1983, 439 ff. (439 ff.); Millarg, EuR, 1983, 163 ff. (164 ff.); Siehe auch Hahn, ZfRV, 2003, 163 ff. (163 ff.) – dort mit historisch-philosophischen und rechtsvergleichenden Überblick.

1496 So etwa Oppermann, Europarecht, S. 237, Rn. 61. Vgl. hierzu die grundlegende Entscheidung EuGH, Rs. 283/81, Srl C.I.L.F.I.T und Lanificio di Gavardo SpA/Ministero

eine Rechtsvorschrift dann nicht ausgelegt werden, wenn „die richtige Anwendung des Gemeinschaftsrechts derart offenkundig [ist], daß keinerlei Raum für einen vernünftigen Zweifel [...] bleibt“[1497]. Daraus ließe sich ableiten, dass es für den EuGH eindeutige unionsrechtliche Rechtsvorschriften gibt.[1498] In der Literatur ist jedoch nicht nur die acte-clair-Doktrin selbst auf Kritik gestoßen[1499], unter Verweis etwa auf die Rechtssache „Humblet“[1500] wird sogar die Ansicht vertreten, der EuGH wende die acte-clair-Doktrin gar nicht an[1501]. Doch selbst wenn man die acte-clair-Doktrin anwendet und anhand des Wortlautes einer Vorschrift dieser *eindeutig* eine Bedeutung zumessen kann, so ist diese Feststellung selbst bereits das Ergebnis einer Auslegung.[1502] Für das Unionsrecht kommt noch hinzu, dass angesichts der Vielsprachigkeit des Unionsrechts ein „klarer“ bzw. „eindeutiger“ Wortlaut kaum einmal vorkommen dürfte.[1503]

Nachdem festgestellt wurde, dass perfekte „Vollregelungen“ nicht möglich sind, gilt es noch auf die „Gefahren“ hinzuweisen, die mit perfektionistisch anmuten-

---

della sanità, Slg. 1982, 3415 ff. (bes. 3428 ff., Rn. 4 ff.). Siehe darüber hinaus auch die Entscheidungen des EuGH, in denen dieser von einem „klaren“ – EuGH, Rs. 79/77, Kühlhaus Zentrum/Hauptzollamt Hamburg-Harburg, Slg. 1978, 611 ff. (619, Rn. 9); EuGH, Rs. 235/85, Kommission/Niederlande, Slg. 1987, 1471 ff. (1487, Rn. 8) –, einem „unmissverständlichen“ – EuGH, Rs. 162/73, Birra Dreher S.p.A./ Amministrazione delle Finanze dello Stato, Slg. 1974, 201 ff. (213, Rn. 8) – oder auch einem „eindeutigen“ – EuGH, Rs. 40/64, Sgarlata und andere/Kommission, Slg. 1965, 295 ff. (312); EuGH, Rs. 151/73, Irland/Rat, Slg. 1974, 285 ff. (296, Rn. 16/17) – Wortlaut spricht.

Die Praxis der acte-clair-Doktrin, die der EuGH aus der Rechtsprechung des französischen Conseil d'Etat übernommen hat, wird bei der Beurteilung der Vorlagepflicht nach Art. 234 Abs. 3 EGV – jetzt: Art. 267 Abs. 3 AEUV – auch von den mitgliedstaatlichen Gerichten angewandt. Vgl. BGHZ 110, 47 ff. (68 f.); Hahn, ZfRV, 2003, 163 ff. (165).

1497 EuGH, Rs. 283/81, Srl C.I.L.F.I.T und Lanificio di Gavardo SpA/Ministero della sanità, Slg. 1982, 3415 ff. (3430, Rn. 16).

1498 So auch Hahn, ZfRV, 2003, 163 ff. (165).

1499 Bebr, CML Rev., 1983, 439 ff. (439 ff.); Masclet Revue du Marché Commun 1983, 363 ff. (370).

1500 EuGH, Rs. 6/60, Humblet/Belgien, Slg. 1960, 1163 ff. (bes. 1192 ff.) – Dort (S. 1194) heißt es: „Der Gerichtshof kann sich jedoch nicht mit einer wörtlichen Auslegung begnügen. Es ist daher notwendig zu prüfen, ob diese Auslegung durch andere Gesichtspunkte, insbesondere den gemeinsamen Willen der Vertragsschließenden und die ratio legis, bestätigt wird.“

1501 So etwa Anweiler, Die Auslegungsmethoden des Gerichtshofs der Europäischen Gemeinschaften, S. 162 f.; Zuleeg, EuR, 1969, 97 ff. (100).

1502 Buck, Über die Auslegungsmethoden des Gerichtshofs der Europäischen Gemeinschaft, S. 162.

1503 Luttermann, EuZW, 1998, 264 ff. (268).

den Normen verbunden sind. Die perfektionistische Norm ist typischerweise wortreich und detailversessen. Dadurch erhöht sich ihre Anfälligkeit für unterschiedliche Interpretationen. „Überspitzt könnte man sagen: Je mehr Worte eine Regelung enthält, desto mehr Auslegungszweifel können entstehen.“[1504] Oder um es mit den Worten aus Hobbes Leviathan zu sagen: „Sind schriftlich verfaßte Gesetze kurz, so entsteht aus der Zweideutigkeit eines oder weniger Worte [...] oft eine Dunkelheit, welche, wenn sie länger sind, aus demselben Grund vermehrt wird.“[1505]

Eine gesetzliche Regelung, die versucht alle Sachverhalte zu erfassen, gefährdet zudem die Überlebens- und Steuerungsfähigkeit des Rechts selbst.[1506] Angesichts dessen sind Lücken in der Rechtsetzung oder eine durch Generalklauseln und unbestimmte Rechtsbegriffe hervorgerufene Offenheit der Rechtstexte eher hinzunehmen, als die Gefahren, die aus einer Überforderung des Rechts erwachsen.[1507] Der Rechtsetzungsakt, der für die Wirklichkeit gelten soll, muss sich darauf einstellen, dass die Wirklichkeit einem vielgestaltigen, nicht endenden Wandel unterworfen ist.[1508] Es sollte sich daher die Einsicht durchsetzen, dass ein Streben nach eindeutigen und abschließenden Normen nicht das Ziel der unionalen Rechtsetzung sein kann, da ansonsten die Verbindung zwischen Rechtsetzungsakt und Wirklichkeit zerreißt, was fatale Folgen für die Rechtsetzung mit sich bringen würde. Zudem geht das Streben nach der „perfekten Lösung“ stets einher mit erhöhter Quantität, Undurchsichtigkeit des Rechtsetzungsaktes und einer zunehmenden Bürokratisierung. Ein gewisses „Regelungsdefizit“ entspricht hingegen dem Interesse von Praktikabilität und Flexibilität der Rechtsetzung. Bei der Rechtsetzung gilt es somit das „rechte“ Maß zu

---

1504 Bülow, Ursachen der Übernormierung – Vorschläge zu einer Verbesserung der Gesetzgebungstechnik, in: Mehr Recht durch weniger Gesetze?, S. 78 ff. (80).

1505 Hobbes, Leviathan, S. 234 (Zweiter Teil – 26. Kapitel [Von den bürgerlichen Gesetzen]).

1506 Brieskorn, Rechtsphilosophie, Rn. 99 schreibt hierzu: „Die Kunst, die ‚ars‘, ist es, den Hauptbestandteil des Problems zu regeln, eine Generallinie der Konfliktlösung vorzuzeichnen und trotzdem nicht die je besonderen Fallausprägungen gänzlich zu übersehen. [...] Die Fähigkeit als Regelungsinstrument wird umso höher sein, als gerade nicht jeder mögliche Fall und dazu noch bis ins Detail geordnet wird. Die Beschränkung erhöht die Überlebens- und Steuerungsfähigkeit des Gesetzes.“

1507 Scheuner, Die neuere Entwicklung des Rechtsstaats in Deutschland, in: Rechtsstaatlichkeit und Sozialstaatlichkeit, S. 461 ff. (466 f.); Starck, ZRP, 1979, 209 ff. (213).

1508 Vgl. hier auch Streissler, Liberalisierung und Regulierung – Zwei Notwendigkeiten, in: Bürgernahes Wirtschaftsrecht – Eine Utopie?, S. 37 ff. (39), für den Regulierung (im wirtschaftlichen Bereich) ein sich immer wiederholender Prozess von “trial and error“ sein muss. Nur so könne sich der Regelungsgeber an die Wirklichkeit „herantasten“. Vgl. hierzu auch Héritier, Koordination von Interessenvielfalt im europäischen Entscheidungsprozeß und deren Ergebnis: Regulative Politik als „Patchwork“, MPIFG Discussion Paper 95/4, S. 13.

finden, das sich zwischen „perfektionistischer Vollregelung" und „generalklauselartiger Rahmenregelung" bewegt. Anders formuliert: "We must therefore aim at a mean, and look out for a well-defined generality of words; which though it does not attempt to express all the cases comprehended, yet excludes with sufficient clearness the cases not comprehended."[1509]

Der entwickelte Ansatz eines „neuen" Rechtsetzungsstils verlangt von der Unionsrechtsetzung eine häufigere Verwendung generalklauselartiger Vorschriften und unbestimmter Rechtsbegriffe, um die Detaillierung des Rechts zurückzudrängen.[1510] Generalklauselartige oder mehrdeutige Rechtsvorschriften können durch ihre Offenheit gegenüber verschiedenen Interpretationsvarianten und der dadurch bedingten Flexibilität der Normen gegenüber technischen, ökonomischen, kulturellen und gesellschaftlichen Veränderungen[1511] auch für Einzelfallgerechtigkeit bei ihrer Anwendung durch Behörden und Gerichte sorgen.[1512] Wenn man durch generalklauselartige oder mehrdeutige Vorschriften bewusst die Möglichkeit für einzelfallbezogene Interpretationen schafft, ist dies ein ef-

1509 Bacon, The Works of Francis Bacon (Of the dignity and advancement of learning, Book VIII, Aphorism 67), S. 102.

1510 Vgl. hierzu allgemein: Bülow, Ursachen der Übernormierung – Vorschläge zu einer Verbesserung der Gesetzgebungstechnik, in: Mehr Recht durch weniger Gesetze?, S. 78 ff. (80); Herzog, NJW, 1999, 25 ff. (26); Herzog, Festgabe zum 10jährigen Jubiläum der Gesellschaft für Rechtspolitik, S. 127 ff. (132); Hill, ZG, 1987, 238 ff. (261); Karpen/Breutz/Nünke, Gesetzgebung der Großen Koalition, S. 75 f.; Schäffer, ZG, 1989, 289 ff. (302 f.); Voigt, Jahrbuch für Rechtssoziologie und Rechtstheorie, 1983, 17 ff. (36); Weiß, DÖV, 1978, 601 ff. (608).

1511 Vgl. Karpen/Breutz/Nünke, Gesetzgebung der Großen Koalition, S. 75; Rüthers, Rechtstheorie, Rn. 836.

1512 Bülow, Ursachen der Übernormierung – Vorschläge zu einer Verbesserung der Gesetzgebungstechnik, in: Mehr Recht durch weniger Gesetze?, S. 78 ff. (80); Groll, In der Flut der Gesetze, S. 132; Herzog, NJW, 1999, 25 ff. (26); Müller, Elemente einer Rechtsetzungslehre, S. 49; v. Simson, FS Everling II, S. 1409 ff. (1409).

Dies bedeutet freilich nicht, dass nicht auch der Gesetzgeber der Einzelfallgerechtigkeit verpflichtet ist. Es wäre aber falsch, seine Verpflichtung zur Einzelfallgerechtigkeit mit einem „Gebot zur Detailrechtsetzung" gleichzusetzen. Die Aufgabe des Gesetzgebers bei der Verwirklichung von Einzelfallgerechtigkeit besteht vorrangig darin, dem Richter oder der Behörde eine gerechte Entscheidung des Einzelfalls zu ermöglichen. Vgl. hierzu Everling, Der Gerichtshof als Entscheidungsinstanz, in: Der Europäische Gerichtshof als Verfassungsgericht und Rechtsschutzinstanz, S. 137 ff. (144 ff.); Herzog, Festgabe zum 10jährigen Jubiläum der Gesellschaft für Rechtspolitik, S. 127 ff. (131 f.); Kirchhof, FS der Juristischen Fakultät zur 600-Jahr-Feier der Ruprecht-Karls-Universität Heidelberg, S. 11 ff. (26 f.); Priester, Einzelfallgerechtigkeit, in: Person und Institution: Helmut Schelsky gewidmet, S. 191 ff. (193, 204, 207); Scheuner, Die neuere Entwicklung des Rechtsstaats in Deutschland, in: Rechtsstaatlichkeit und Sozialstaatlichkeit, S. 461 ff. (466 f.).

fektives und grundsätzlich zu billigendes Mittel, um den Umfang der Rechtstexte zu minimieren. Beruht der Gebrauch von Generalklauseln und unbestimmter Rechtsbegriffe auf einer klar erkennbaren Motivation des Gesetzgebers, kann der Rechtsanwender mit einem vertretbaren Interpretationsaufwand zu einem brauchbaren Ergebnis gelangen, so dass der Mangel an Präzision und Verständlichkeit, der oft mit der Verwendung von Generalklauseln und unbestimmten Rechtsbegriffen einhergeht, verschmerzt werden kann.[1513]
Das Postulat einer systembewussten und entwicklungsoffenen Rechtsetzung ist ohne Normkonkretisierung durch Verwaltung und Gerichte nicht vorstellbar.[1514]

Trotz der Nachteile, die der Einsatz von Generalklauseln und unbestimmten Rechtsbegriffen mit sich bringt[1515], sollte der Unionsrechtsetzer bei seiner Entscheidungsfindung, auf den Einzelfall abgestimmt, deren Vor- und Nachteile berücksichtigen. Der mit der Verwendung von Generalklauseln und unbestimmten Rechtsbegriffen einhergehenden Rechtsunsicherheit kann der Rechtsetzer durch die Vorgabe von Zwecken oder Regelbeispielen entgegenwirken.[1516] Auf diesem Weg kann einer bestehenden Skepsis gegenüber einer „all zu freien" Rechtsanwendung durch Verwaltung und Gerichte entgegengewirkt werden. Dadurch muss nicht zwischen einer perfektionistischen Kasuistik und der Unschärfe von Generalklauseln gewählt werden. Gleichzeitig darf die empfohlene grundsätzliche Entscheidung für einen verstärkten Einsatz von offenen Vorschriften nicht außer Acht gelassen werden.[1517]

1513 Es besteht (vorrangig) nur dann ein Verständnisproblem, wenn die Mehrdeutigkeit und Ausfüllungsbedürftigkeit der Begriffe das Produkt mangelnder Einigkeit ist oder wenn sich der Gesetzgeber nicht genauer festlegen konnte bzw. wollte. Vgl. hierzu Berner, BayVBl., 1978, 617 ff. (624); Hofer/Müller, „Bürgernähe" muss keine Utopie bleiben, in: Bürgernahes Wirtschaftsrecht – Eine Utopie?, S. 179 ff. (186). Ferner EuGH, Rs. C-6/98, Arbeitsgemeinschaft Deutscher Rundfunkanstalten (ARD)/PRO Sieben Media AG, Slg. 1999, I-7599 ff. (I-7599 ff.), sowie GA Jacobs, SchlA zu EuGH, Rs. C-6/98, Arbeitsgemeinschaft Deutscher Rundfunkanstalten (ARD)/PRO Sieben Media AG, Slg. 1999, I-7599 ff. (I-7613 f., Rn. 52 f.).

1514 Hill, ZG, 1987, 238 ff. (244); Kirchhof, FS der Juristischen Fakultät zur 600-Jahr-Feier der Ruprecht-Karls-Universität Heidelberg, S. 11 ff. (20 f.).

1515 Vgl. etwa: Berner, BayVBl., 1978, 617 ff. (624); Dreier, Mißlungene Gesetze, in: Das mißglückte Gesetz, S. 1 ff. (5); Karpen/Breutz/Nünke, Gesetzgebung der Großen Koalition, S. 75; Krejci, Bürgernahes Recht – Utopie oder Reformanliegen, in: Bürgernahes Wirtschaftsrecht – Eine Utopie?, S. 10 ff. (16 ff.); Sendler, ZRP, 1979, 227 ff. (228); Timmermans, CML Rev., 1997, 1229 ff. (1232).

1516 Vgl. Bülow, Ursachen der Übernormierung – Vorschläge zu einer Verbesserung der Gesetzgebungstechnik, in: Mehr Recht durch weniger Gesetze?, S. 78 ff. (80); Hill, ZG, 1987, 238 ff. (261); O'Brien The Loophole 2007, 47 ff. (bes. 48 f.).

1517 Hier gilt es dann – zumindest im Grundsatz – Farbe zu bekennen. Nicht umsonst nimmt Sendler, ZRP, 1979, 227 ff. (231), eine Kritik aufs Korn, die den Eindruck erweckt, „der Gesetzgeber mache es, wie immer er es anstelle, falsch: Entweder ergibt er sich ka-

VII. Deregulierung

Die Forderung nach Deregulierung (im Sinne einer Liberalisierung) wird immer wieder im Zusammenhang mit einer beabsichtigten Absenkung der Rechtsetzungsquantität vorgebracht.[1518] Ohne hier auf die einzelnen Facetten des Oberbegriffs Deregulierung einzugehen, soll der mit dieser Forderung unterstellte allgemeine Zusammenhang von Deregulierung und verminderter Rechtsetzungsquantität kritisch beleuchtet werden.

Unter Deregulierung (im quantitativen Sinne) versteht man die Zurücknahme hoheitlicher Regelungsansprüche zugunsten der selbstregulativen Kräfte des Marktes.[1519] Die Forderung nach Deregulierung überschneidet sich hier mit Liberalisierungsgedanken. Man geht insofern davon aus, dass das Wirtschaftssystem selbst als "invisible hand"[1520] eine eigene Steuerungsfunktion ausübt[1521] und damit hoheitliche Rechtsetzung – zumindest teilweise – überflüssig macht. Dahinter steht die Überlegung, dass sich in einer Marktwirtschaft die Einzel-

---

suistischem Perfektionismus oder tritt die vielberufene Flucht in die Generalklausel an." Vgl. auch Turnbull, The Loophole, 1995, 1 ff. (1 ff., bes. 14 f.).

1518 Prägnant Bultmann, Öffentliches Recht für Wirtschaftswissenschaftler, S. 234: „Deregulierungen sind Maßnahmen gegen die ‚Normenflut'." Auch die Rechtsetzungsakteure Rat und Kommission betonen im Bewusstsein der Normenflut die Rolle der Deregulierung – vgl. Mitteilung der Kommission an den Europäischen Rat "Weniger Gesetzgebung für besseres Handeln: die Fakten", KOM (1998) 345. Siehe auch Grimm, Die Verfassung und die Politik, S. 151.

1519 Schulze-Fielitz, ZG, 2000, 295 ff. (306).

1520 Grundlegend Smith, Wealth of Nations (IV. Buch, 2 Kapitel), S. 184: "As every individual, therefore, endeavours as much as he can, both to employ his capital in the support of domestic industry, and so to direct that industry that its produce may be of the greatest value; every individual necessarily labours to render the annual revenue of the society as great as he can. He gererally, indeed, neither intends to promote the puplic interest, nor knows how much he is promoting it. By preferring the support of domestic to that of foreign industry, he intends only his own security; and by directing that industry in such a manner as its produce may be of the greatest value, he intends only his own gain; and he is in this, as in many other cases, led by an invisible hand to promote an end which was no part of his intention. Nor is it always the worse for the society that it was no part of it. By pursuing his own interest, he frequently promotes that of the society more effectually than when he really intends to promote it. I have never known much good done by those who affected to trade for the public good." Vgl. auch Berg, in: Dichtl/Issing, Vahlens Großes Wirtschaftslexikon, Bd. 2, (Wettbewerb), S. 2355.

1521 Es gibt aber auch Autoren, wie etwa Hanau, FS Deutsch, S. 959 ff. (966), nach dessen Ansicht „das Recht als einziges Mittel gesellschaftlicher Wertsetzung und Steuerung" verbleibt. Allerdings negiert Hanau in diesem Zusammenhang explizit nur die heute mangelnde Steuerungskraft durch Religion, Moral und Konvention. Eine Antwort auf die Frage nach der Möglichkeit einer Steuerung durch die „Gesetze" des Marktes formuliert Hanau nicht explizit.

interessen in den Dienst des Gemeinwohls stellen. Unternehmerische Eigeninitiative erzeugt innerhalb der bestehenden Freiräume einen Wettbewerb, der eine positive Wirkung auf das Gemeinwesen entfaltet.[1522] Nach dieser ordnungspolitischen Grundüberzeugung bringen die dem Eigeninteresse entspringenden Innovationen die wirtschaftlich besten Lösungen hervor, wenn sie zwar durch „politische" Rahmenbedingungen begrenzt werden, aber ansonsten größtmögliche Entwicklungsspielräume genießen.[1523] Jede hoheitliche Regulierung, die ein unternehmerisches Handeln unnötig beschränkt und es bis in jede Kleinigkeit reglementiert, verfehlt daher den marktwirtschaftlichen Denkansatz[1524], welcher im Übrigen auch dem Primärvertragsrecht zugrunde liegt[1525]. Um den Markt als Steuerungsinstrument einsetzen zu können, muss allerdings sichergestellt werden, dass im Markt auch wirklich Wettbewerb herrscht.[1526] Versagt der Markt, ist der Regelungsgeber hingegen genötigt korrigierend einzugreifen. Unter welchen Umständen ein solcher Eingriff notwendig ist, hängt von den theoretischen Grundüberzeugungen sowie einer empirischen Sachverhaltsanalyse ab.[1527] Um trotz aller Schwierigkeiten zu gewährleisten, dass Dere-

---

1522 Mann, Die Gefahren der Normenflut für die soziale Marktwirtschaft, in: Mehr Recht durch weniger Gesetze?, S. 44 ff. (47); Mann, ZG, 1989, 1 ff. (4).

1523 Mann, Die Gefahren der Normenflut für die soziale Marktwirtschaft, in: Mehr Recht durch weniger Gesetze?, S. 44 ff. (46); Mann, ZG, 1989, 1 ff. (5). Teubner, Verrechtlichung – Begriffe, Merkmale, Grenzen, Auswege, in: Verrechtlichung von Wirtschaft, Arbeit und sozialer Solidarität, S. 289 ff. (332): „Wettbewerb als Entdeckungsverfahren ist jedem wissenschaftlichen Prognoseverfahren überlegen. [...] Sinnvoll [...] ist, über ein Spielregelsystem die allgemeinen Bedingungen der Wettbewerbsfreiheit zu sichern."

1524 Mann, Die Gefahren der Normenflut für die soziale Marktwirtschaft, in: Mehr Recht durch weniger Gesetze?, S. 44 ff. (44 ff.); Mann, ZG, 1989, 1 ff. (4).

1525 Vgl. etwa Majone, Jahrbuch zur Staats- und Verwaltungswissenschaft, 1989, 159 ff. (161), der schreibt: "The Treaty of Rome creating the European Economic Community calls for the institution of a system which will ensure that competition in the common market is not distorted. In other words, the integration of national markets is to be accomplished not by planning, but by means of free and competitive trade. To police competition among producers and to ensure and sustain the free movement of goods, important regulatory powers were assigned to the Commission".

1526 Schulze-Fielitz, ZG, 2000, 295 ff. (304), weist darauf hin, dass die Funktionsfähigkeit der Marktstrukturen nicht einfach unterstellt werden darf.

1527 Majone, Jahrbuch zur Staats- und Verwaltungswissenschaft, 1989, 159 ff. (161), hebt im Anschluss an Breyer (Regulation and Its Reform) hervor, dass ein regulatorisch zu behebendes Marktversagen nach dem „amerikanischen Ansatz" nur in folgenden klar umschriebenen Fallen vorliegt: "natural monopolies, market dominance, windfall profits, excessive competition, negative externalities, inadequate or asymmetrically distributed information".

gulierung nicht auf eine bloße Begünstigung der „Marktstarken" hinausläuft, muss der Regelungsgeber einen rechtlichen Rahmen für den Wettbewerb schaffen, der die schwächeren Marktteilnehmer vor einer dysfunktionalen Machtverteilung schützt.[1528] Insofern schafft Deregulierung aber selbst einen Regelungs-

---

In diesem Zusammenhang gilt es auch auf die wirtschaftswissenschaftliche Wohlfahrtstheorie hinzuweisen, die eine Reihe von Prinzipien formuliert, die anzeigen, wann eine hoheitliche Regulierung notwendig ist.

Das Paretoprinzip, das von Vilfredo Pareto entwickelt wurde, besagt, dass der Regelungsgeber nur dann korrigierend in den Marktprozess eingreifen darf, wenn dies zu einer Besserstellung auch nur einer Person führt, ohne dabei die Situation eines anderen zu verschlechtern (Dicke, ZG, 1989, 13 ff. [17]). Gerade diese letzte Bedingung ist nach der Grundhypothese der „Wohlfahrtstheorie" allerdings schwer erfüllbar, denn danach führt der Regelungsmechanismus der Marktwirtschaft üblicherweise zu einem Zustand in dem kein Marktteilnehmer besser gestellt werden kann, ohne auf der Kehrseite eine Belastung für einen Dritten zu bewirken (Dicke, ZG, 1989, 13 ff. [17]). Im Übrigen werden verschiedene Formen des Pareto-Kriteriums unterschieden. In seiner starken Version sagt das Pareto-Kriterium, dass ein sozialer Zustand X besser als Y ist, wenn mindestens ein Individuum der Gesellschaft X vor Y präferiert, während alle anderen Individuen indifferent sind, d. h. es ist die Alternative zu wählen, bei der mindestens ein Individuum besser gestellt wird, ohne dass ein anderes Individuum schlechter gestellt wird. Das Pareto-Kriterium in seiner schwachen Version trifft die Aussage, dass ein Zustand X dem Zustand Y vorzuziehen ist, wenn alle Individuen X gegenüber Y vorziehen. Weiter unterscheidet man zwischen tatsächlicher und potentieller Pareto-Verbesserung. Eine Pareto-Verbesserung liegt vor, wenn der aggregierte Wert der individuellen Gewinne die Summe der Verluste übersteigt. Dann könnten die Gewinner die Verlierer kompensieren. Findet die Kompensation tatsächlich statt, liegt eine tatsächliche Pareto-Verbesserung vor. Bei der potentiellen Pareto-Verbesserung (Kosten/ Nutzen-Analyse) bleibt die Kompensation hypothetisch.

Eine andere wirtschaftswissenschaftliche Theorie wird durch das Coase-Theorem formuliert. Dieses besagt, dass unter bestimmten Voraussetzungen (vollkommener Wettbewerb, Fehlen von Transaktionskosten, eindeutige Primärverteilung) sich die ökonomisch optimale Nutzungsform (Allokationsoptimum) von selbst durchsetzen wird. Das Recht soll daher denjenigen Zustand unterstützen, der das Allokationsoptimum herbeiführt. Das Recht hat dann konsequenterweise nur die Funktion, für das Vorliegen der genannten Voraussetzungen zu sorgen. Vgl. Deckert, ZG, 1995, 240 ff. (252 f.).

Das Subsidiaritätsprinzip gestattet einen Eingriff der Rechtsetzung in den Marktprozess nur dann, wenn ein bestimmtes Ziel nicht effizient durch den Markt selbst geregelt wird. Damit unterscheidet sich das Subsidiaritätsprinzip vom Paretoprinzip dadurch, dass es die Eigenständigkeit staatlicher Ziele anerkennt. Dicke, ZG, 1989, 13 ff. (17, Fn. 9).

Eine weitere wohlfahrtsökonomische Entscheidungsregel stellt das Kaldor/Hicks-Prinzip auf. Danach ist eine Entscheidung dann effizient, wenn der Vorteil der Gewinner größer ist als der Nachteil der Verlierer. Die Verlierer finden im Gewinn der Gewinner Kompensation. Entscheidend ist allerdings nur die hypothetische Kompensationsmöglichkeit. Eine Pflicht zur tatsächlichen Kompensation besteht nicht. Vgl. Deckert, ZG, 1995, 240 ff. (253).

1528 Schulze-Fielitz, ZG, 2000, 295 ff. (306).

bedarf[1529], der nur durch ausdifferenzierte und damit komplizierte Regelungen befriedigt werden kann[1530]. Deregulierung führt somit kaum zu einer Abnahme der Rechtsetzungstätigkeit, sondern eher zu einer Gewichtsverlagerung zwischen unterschiedlichen Arten von Recht.[1531] Die allgemeine Forderung nach „Deregulierung“ im Sinne einer Liberalisierung erweist sich bei näherem Hinsehen als ungeeignet, um die Quantität der unionalen Rechtsetzung zurückzuführen.

1529 Vgl. Bauer, VVDStRL, 54 (1995), 243 ff. (277 ff.); Benz/König, Privatisierung und staatliche Regulierung – eine Zwischenbilanz, in: Privatisierung und staatliche Regulierung, S. 606 ff. (618 ff.); Grimm, Die Verfassung und die Politik, S. 156; Kämmerer, JZ, 1996, 1042 ff. (1050); Schmidt-Assmann, FS Stern, S. 745 ff. (749 f.); Schulze-Fielitz, ZG, 2000, 295 ff. (306).

1530 Hoffmann-Riem, Öffentliches Recht und Privatrecht als wechselseitige Auffangordnungen – Systematisierung und Entwicklungsperspektiven, in: Öffentliches Recht und Privatrecht als wechselseitige Auffangordnungen, S. 261 ff. (300 ff.); Schmidt-Preuß, VVDStRL, 56 (1997),160 ff. (185 ff.); Schulze-Fielitz, ZG, 2000, 295 ff. (306).

1531 V. Bogdandy, Gubernative Rechtsetzung, S. 48 m. w. N., schreibt hierzu: „Der Umfang der Normproduktion ist von der ideologischen Ausrichtung der Regierung weitgehend unabhängig. Die neoliberal inspirierte Rhetorik einiger Regierungen in den achtziger Jahren hat sich auf das Ausmaß der Normproduktion nicht merklich niedergeschlagen. Eher das Gegenteil war der Fall, denn die Privatisierungen führen zu einer erheblichen Zunahme an Regelungserfordernissen. So konstatieren manche einen allgemeinen Übergang des dirigistischen zum regulierenden Staat in Westeuropa, dem das Instrument der Verordnung ein zentrales ist. Auch eine Deregulierungspolitik resultiert keineswegs zwingend in einer Zurücknahme normsetzender Aktivitäten.“ Oder Czada, PVS, (Sonderheft 34/2004), 9 ff. (14 ff.): „Mehr Markt bedeutet also nicht notwendig weniger Staat.“ (S. 19). Vgl. auch Grimm, Die Verfassung und die Politik, S. 157, sowie Schmidt-Assmann, FS Stern, S. 745 ff. (750).

C. Qualität

Genügend[1532] gut aus- und fortgebildetes[1533] Personal zur Abfassung von Rechtsetzungstexten, das ohne übermäßigen Zeitdruck ungestört arbeiten kann[1534], ist zweifellos der beste Nährboden für eine hohe Rechtsetzungsqualität. Die nachfolgenden weitergehenden Überlegungen zur Verbesserung der Qualität der europäischen Rechtsetzungsakte zielen nicht auf eine absolute, sondern auf eine relative Optimierung ab. Eine andere Zielsetzung wäre auch illusorisch, da die Rechtsetzung in gesellschaftliche und politische Prozesse eingebettet ist, die weder exakt prognostizierbar sind noch verordnet werden können.

Im Einzelnen geht es zunächst darum aufzuzeigen, dass die Schwierigkeiten der unionalen Rechtsetzung, die sich aus der „Adoleszenz" und dem „rechtsvergleichenden" Charakter der Unionsrechtsordnung ergeben, gleichzeitig die Chance bieten, die Rechtsetzung qualitativ zu verbessern.[1535] Ferner wird der Vorschlag begutachtet, die Qualität des Unionsrechts durch die Ausweitung des „Agenturwesens" zu optimieren.[1536] Des Weiteren wird vorgeschlagen, die Sprachenvielfalt des Sekundärrechts zu reduzieren.[1537] Außerdem wird empfohlen, ein Gremium in den Rechtsetzungsprozess zu integrieren, das sich speziell mit Fragen der Rechtsetzungsqualität auseinandersetzt.[1538]

Nachdem schließlich der Idee nachgegangen wird, die Abfassung von Rechtsetzungsentwürfen durch externe Spezialisten vornehmen zu lassen[1539], ist eine Konzeption zur Festlegung verbindlicher Qualitätsstandards für Rechtsetzungs-

---

1532 Vgl. zu diesem „quantitativen" Aspekt Mattila, Comparative Legal Linguistics, S. 102.

1533 Ohne hier vertiefende Erörterungen anstellen zu wollen, kann man sich an dem von Thieme, ZG, 1989, 365 ff. (365), aufgestellten Anforderungsprofil an die Qualifikation des gesetzemachenden Personals orientieren. Er verlangt eine vertiefte politische Bildung, sprachliche Kompetenz, die Fähigkeit zum systematisch-logischen und dem instrumentalen juristischen Denken sowie Teamfähigkeit, wirtschaftliches Analysevermögen und vor allem das Vorhandensein von praktischen Erfahrungen in der Gesetzesanwendung und deren regelmäßige Auffrischung.

1534 Prononciert Mußgnug, Zustand und Perspektiven der Gesetzgebung, in: Zustand und Perspektiven der Gesetzgebung, S. 23 ff. (26): „Gute Gesetze gedeihen nur dort, wo der Gesetzgeber in Ruhe arbeiten kann." Vgl. auch: Berner, BayVBl., 1978, 617 ff. (619); Dieckmann, ZG, 1989, 78 ff. (80); Hill, ZG, 1987, 238 ff. (251); Vogel, JZ, 1979, 321 ff. (324).

1535 Vgl. 6. Kap. – C I.

1536 Vgl. 6. Kap. – C II.

1537 Vgl. 6. Kap. – C III.

1538 Vgl. 6. Kap. – C IV.

1539 Vgl. 6. Kap. – C V.

akte zu entwerfen, welche als Grundlage für eine effektive gerichtliche „Qualitätskontrolle" fungieren können[1540].

I. „Neuheit" und „rechtsvergleichender" Charakter der Unionsrechtsordnung als Chance für die Rechtsetzung

Bezüglich der Probleme, die sich aus der „Neuheit" und dem rechtsvergleichenden Charakter der Unionsrechtsordnung ergeben[1541], werden die verstärkte Ausarbeitung einer spezifisch unionsrechtlichen Dogmatik sowie größere Anstrengungen auf dem Feld der rechtsvergleichenden Studien in den unterschiedlichen Bereichen des Unionsrechts vorgeschlagen. Vor allem der Rechtsprechung und der rechtswissenschaftlichen Forschung erwächst hier eine bedeutsame Aufgabe[1542], von der sich ein spürbarer Einfluss auf die Qualitätsverbesserung der Unionsrechtsordnung erhoffen lässt.

So kann die Dogmatik einen wesentlichen Beitrag im Vorfeld der Rechtsetzung leisten[1543], um die begrifflich-systematische Stimmigkeit von Rechtsetzungsakten zu erhöhen.[1544] Dass es in Zeiten des „motorisierten Gesetzgebers"[1545] – gerade im Unionsrecht – oft an dieser dogmatischen Vorarbeit mangelt, ver-

---

1540 Vgl. 6. Kap. – C VI.

1541 Vgl. 4. Kap. – C I.

1542 Vgl. zu dieser Aufgabe in Bezug auf die „gemeinschafts-" bzw. unionsrechtliche Dogmatik Kühling/Lieth, EuR, 2003, 371 ff. (bes. 372 ff., 383 f., 388 f.). Siehe jedoch auch Schulte-Nölke, ZGS, 2002, 261 (261), der von der Arbeit der „Acquis-Gruppe" berichtet, welche sich aus Wissenschaftlern und Praktikern aus den EU-Staaten zusammensetzt und sich zum Ziel gesetzt hat, die Grundsätze und Prinzipien des geltenden europäischen Privatrechts auszuarbeiten. Vgl. hierzu auch www.acquis-group.org.

In diesem Zusammenhang gilt es auch an die Forderungen nach einer „gemeinschaftsrechtlichen" bzw. unionalen Methodenlehre zu erinnern (vgl. etwa: Häberle, Europäische Verfassungslehre, S. 92 f., 270 f.; Hahn, ZfRV, 2003, 163 ff. [163]), die auf „mittelbarem" Weg wohl ebenfalls positive Auswirkungen auf die europäische Rechtsetzung entfalten kann.

1543 Vgl. Behrends, Das Bündnis zwischen Gesetz und Dogmatik und die Frage der dogmatischen Rangstufen, in: Gesetzgebung und Dogmatik, S. 9 ff. (bes. 9); Behrends, ZG, 1989, 68 ff. (72 f.). Siehe in diesem Zusammenhang auch Herberger, Rangstufen der Rechtsdogmatik im Hinblick auf deren Bedeutung für die Gesetzgebung, in: Gesetzgebung und Dogmatik, S. 67 ff. (68 ff.), der aufzeigt, dass die Dogmatik nicht nur an geschriebenes Recht anknüpfen kann, sondern sich bereits im Vorfeld der Rechtsetzung entwickeln kann.

1544 Herberger, Rangstufen der Rechtsdogmatik im Hinblick auf deren Bedeutung für die Gesetzgebung, in: Gesetzgebung und Dogmatik, S. 67 ff. (75 f.).

1545 Diese Formulierung geht zurück auf Schmitt, Die Lage der europäischen Rechtswissenschaft, S. 18 ff.

wundert kaum. Dennoch sind auch hier positive Ansätze auszumachen. Beispielhaft kann auf das europäische Verwaltungsrecht verwiesen werden, das trotz einiger primärrechtlicher und sekundärrechtlicher Regelungen noch keine übergreifende und geschlossene „gesetzliche“ Regelung erfahren hat.[1546] Das allgemeine europäische Verwaltungsrecht besteht im Wesentlichen aus allgemeinen Rechtsgrundsätzen, die der EuGH entwickelt hat. Diese Dogmatik kann rechtliche Fragen ohne „Rechtstexte“ lösen[1547] und bildet gleichzeitig die Grundlage für eine spätere Rechtsetzung, die dann ihrerseits auf eine erprobte Dogmatik zurückgreifen kann. Eine entwickelte Dogmatik ist damit nicht nur gewinnbringend für die Geltungskraft der Rechtsetzung[1548], sondern auch die Qualität der Rechtsetzungsakte kann von einer dogmatischen „Durcharbeitung“ eines Regelungsbereichs im Vorfeld der Rechtsetzung und durch die Erstellung von Regelungsalternativen[1549] profitieren.

In diesem Zusammenhang gilt es auch, den „rechtsvergleichenden“ Charakter der Unionsrechtsordnung nicht nur als Problem zu begreifen, sondern darin auch eine Chance für eine qualitativ hochwertige Rechtsetzung zu sehen. So kann die Unionsrechtsetzung in den mitgliedstaatlichen Rechtsordnungen nach Anregun-

---

1546 Streinz, Europarecht, Rn. 546 f.

1547 Hierzu eine erläuternde Anmerkung: Das geschriebene Recht bildet zwar den Ausgangspunkt für den Systematisierungs- und Begriffsbildungsgegenstand der Dogmatik (vgl. Simitis, AcP, 172 (1972), 131 ff. (132). Ferner Schulte, FS Krawietz, S. 767 ff. (768 f.), zur Beziehung von Dogmatik und Rechtsnormen aus rechtsoziologischer Perspektive), die entwickelte und flexible Dogmatik, die nicht zu einem Dogmatismus erstarrt ist, kann aber selbst Lösungen und Einordnungshilfen für den Rechtsanwendungsprozess darbieten. Einer solchen Dogmatik kommt damit eine eigene „Normativität“ zu, die dem Rechtsanwender durch dogmatische Figuren oder eine spezielle Systematik einen Rechtsfindungsprozess vorgibt. Ohne Rechtsquelle im Sinne der Rechtsquellenlehre zu sein, ist Dogmatik damit ein eigenständiges Auswahlkriterium für das „richtige“ Ergebnis einer Rechtsanwendung. Vgl. zum Ganzen speziell für das „Gemeinschafts-“ bzw. Unionsrecht Kühling/Lieth, EuR, 2003, 371 ff. (bes. 381 f.).

1548 Behrends Das Bündnis zwischen Gesetz und Dogmatik und die Frage der dogmatischen Rangstufen, in: Gesetzgebung und Dogmatik S. 9 ff. (bes. 9, 36). Vgl. hier auch Hassemer, in: Einführung in Rechtsphilosophie und Rechtstheorie der Gegenwart, S. 256 f., der darauf verweist, dass schriftlich fixiertes Recht seine volle legitimierende Kraft für eine Rechtsentscheidung nur dann ausschöpfen kann, wenn es sich auf sich konsentierte „höhere“ Rechtsprinzipien zurückführen lässt. Eine entwickelte Dogmatik, die als Grundlage für die spätere Rechtsetzung dient, kann gerade diese Verknüpfung zwischen Rechtstexten und „höheren“ Rechtsprinzipien herstellen.

1549 Vgl. hierzu bes. Henckel, Rechtsdogmatik und Gesetzgebung in der Gegenwart – Zivilrecht –, in: Gesetzgebung und Dogmatik, S. 93 ff. (95 ff.). Vgl. ferner Behrends, Das Bündnis zwischen Gesetz und Dogmatik und die Frage der dogmatischen Rangstufen, in: Gesetzgebung und Dogmatik, S. 9 ff. (9); Herberger, Rangstufen der Rechtsdogmatik im Hinblick auf deren Bedeutung für die Gesetzgebung, in: Gesetzgebung und Dogmatik, S. 67 ff. (79).

gen, Erfahrungen oder Vorbildern suchen. Die mitgliedstaatlichen Rechtsordnungen werden damit zur „Erkenntnisquelle“ für die eigene Rechtsetzung. In diesem Sinne versprechen rechtsvergleichende Studien einen hohen Nutzen bei der Erarbeitung zukünftigen Unionsrechts. Der unionale Rechtsetzer sollte also zum „rechtsvergleichenden Eklektiker“[1550] werden, um bestmögliche Leistungen zu erzielen. Dabei bedarf es auch der Unterstützung durch die europäische Rechtswissenschaft, die sich in noch stärkerem Maße, als dies heute bereits geschieht, um rechtsvergleichende Studien auf den unterschiedlichen Gebieten des Unionsrechts bemühen muss. Die Nutzung rechtsvergleichender Ansätze verspricht neben einem „Qualitätsgewinn“ für die unionale Rechtsetzung auch einen Akzeptanzzuwachs, da durch die Rechtsvergleichung eine *gemeinsame* Basis für die Akzeptanz der Unionsregelungen geschaffen werden kann. Die hinreichende Berücksichtigung der einzelnen nationalen Rechtsordnungen ist zudem eine notwendige Bedingung für eine einheitliche Willensbildung im Rahmen der unionalen Rechtsetzung. Anders ausgedrückt: Die Rechtsvergleichung ist die Grundlage für eine Konsensbildung in den politischen Organen.[1551] Eine derartige Konsensbildung aufgrund wissenschaftlicher Analysetätigkeit erhöht zudem die Rationalität der Rechtsetzung und hilft, irrationale Kompromissformeln und “package deals“ – zumindest teilweise – zu verdrängen.

II. Ausbau des „Agenturwesens“

Trotz aller Bemühungen der Kommission, die Umsetzung, Anwendung und Durchsetzung des Unionsrechts sowie die diesbezüglichen Kontrollmechanismen zu verbessern[1552], sind weitere Anstrengungen für diese „große Verwaltungsaufgabe“[1553] notwendig.[1554] Im Schrifttum wird hierfür häufig eine Dezentralisierung der „Rechtsetzung“ sowie der Umsetzungs- und Anwendungs-

---

1550 In Anlehnung an Zweigert/Kötz, in: Einführung in die Rechtsvergleichung, S. 17 – dort in Bezug auf den nationalen Gesetzgeber.

1551 Gruber, Methoden des internationalen Einheitsrechts, S. 359.

1552 Vgl. hierzu etwa Ehlermann, FS Kutscher, S. 135 ff. (bes. 141 ff.).

1553 So Taschner, in: v. d. Groeben/Schwarze, Art. 94 EGV Rn. 21, hinsichtlich der Kontrolle der Richtlinienumsetzung in den Mitgliedstaaten.

1554 Vgl. hierzu etwa Metcalfe, Eipascope, 1996/2, 1 ff. (1 ff.), bzw. Metcalfe, Eipascope, 1999/3, 3 ff. (5 ff.), die das “management deficit“ der Kommission durch “new methods of governance and models of management“ beheben möchte. Vereinfacht gesagt möchte Metcalfe die Kommission in die Rolle eines Koordinators zwischen den Mitgliedstaaten mit deren Verwaltungen und Gesellschaften bringen. Metcalfes zentrale Aussage ist, dass eine effektive europäische Rechtsordnung auf die Hilfe der mitgliedstaatlichen Einrichtungen angewiesen ist.

kontrolle vorgeschlagen.[1555] Besonderes Interesse weckt in diesem Zusammenhang der Vorschlag, Agenturen und andere Netzwerke zu errichten, die als „Aufseher im Unionsrecht“ agieren können.[1556] So wird von Majone nach US-amerikanischem Vorbild[1557] propagiert, auf europäischer Ebene Regelungsbefugnisse verstärkt auf unabhängige “agencies and inspectortes“ zu übertragen[1558], deren Arbeitsgebiete und (exekutive, legislative und judikative) Befugnisse genau zu definieren sind[1559].
Die Vorteile, die man sich von einer solchen Lösung verspricht, bestehen darin, dass diese Agenturen spezifische Sachkenntnisse besitzen[1560] und besonders anpassungsfähig gegenüber neuen Gegebenheiten sind[1561]. Aus ihrer Unabhängigkeit lässt sich zudem eine geringe Anfälligkeit für Manipulationen durch politische Sonderinteressen ableiten.[1562]

1555 Vgl. allgemein Franzius, VerwArch, 2006, 186 ff. (213).

1556 Baldwin/Cave, Understanding Regulation, S. 163; Fleischer, Die europäischen Agenturen als Diener vieler Herren?, in: Agencies in Westeuropa, S. 212 ff. (212); Radaelli, Governing European Regulation – 4. *Assessment and policy proposals – From legislation to public policy*; Voermans, The Quality of EU Legislation, S. 11. Vgl. auch von „offizieller“ Seite der Kommission, deren Äußerungen in Europäisches Regieren, Ein Weißbuch, KOM (2001) 428 endg., wo sich die Kommission dazu bekennt „die Kriterien für die Errichtung neuer Regulierungsagenturen und den Rahmen für deren Tätigkeit“ festzulegen (S. 6). Die Kommission verspricht sich hiervon eine bessere Anwendung des europäischen Rechts (vgl. S. 30 f.).

1557 Vgl. Kaufer, Theorie der Öffentlichen Regulierung, S. 1 ff.

1558 Majone, Jahrbuch zur Staats- und Verwaltungswissenschaft, 1989, 159 ff. (bes. 159, 162 f. und 175); Majone, Eipascope, 1997/3, 9 ff. (9). Vgl. auch Metcalfe, Eipascope, 1999/3, 3 ff. (6 f.). Ohne spezifischen Bezug zur europäischen Rechtsetzung befürwortet auch v. Hippel, ZG, 1987, 1 ff. (8 f.), die Steuerung durch Behörden als Regelungsalternative in Erwägung zu ziehen.

1559 Majone, Jahrbuch zur Staats- und Verwaltungswissenschaft, 1989, 159 ff. (163 f.).

1560 Majone, Jahrbuch zur Staats- und Verwaltungswissenschaft, 1989, 159 ff. (bes. 162 f.), der auch ausführt, dass es für diese unabhängigen Agenturen leichter sei, geeignete Experten zu verpflichten als für die Exekutive. Darüber hinaus zitiert er in diesem Zusammenhang den ehemals einflussreichen Theoretiker James M. Landis, The Administrative Process, New Haven, CT, Yale University Press, 1966, S. 23, mit den Worten “The demand for expertness, for a continuity of concern, naturally leads to the creation of authorities limited in their sphere of action to the new tasks that government may conclude to undertake“. Vgl. auch: Baldwin/Cave, Understanding Regulation, S. 165; Europäisches Regieren, Ein Weißbuch, KOM (2001) 428 endg., S. 31.

1561 Vgl. Breyer/Heyvaert, Institutions for regulation risk, in: Environmental Law, the Economy and Sustainable Development, S. 283 ff. (344), die sogar die größere Flexibilität der europäischen Agenturen gegenüber den US-amerikanischen Agenturen betont.

1562 Kaufer, Theorie der Öffentlichen Regulierung, S. 176 f. Die These einer geringen Anfälligkeit von Agenturen für Manipulationen durch politische Sonderinteressen wird freilich auch häufig bestritten. Hierfür kann auf folgende Publikationen verwiesen wer-

Dem Auf- bzw. Ausbau eines effektiv arbeitenden Agenturwesens[1563] stehen jedoch rechtliche Hürden im Weg, die sich in der Meroni-Rechtsprechung[1564] manifestieren.[1565] Danach ist die „Übertragung von Befugnissen mit Ermessensspielraum auf andere Einrichtungen als solche, die im Vertrag zur Ausübung und Kontrolle dieser Befugnisse im Rahmen ihrer jeweiligen Zuständigkeiten vorgesehen sind“[1566], untersagt. Die Übertragung genau umgrenzter Ausführungsbefugnisse ist zudem nur zulässig, wenn „deren Ausübung einer strengen Kontrolle im Hinblick auf die Beachtung objektiver Tatbestandsmerkmale, die von der übertragenden Behörde festgesetzt werden“[1567], leicht möglich ist. Um das institutionelle Gleichgewicht in der Union zu wahren, stellt der EuGH insofern also restriktive Bedingungen im Falle einer Aufgabendelegation durch die vertraglich verankerten Institutionen auf. Grundsätzlich ist eine Aufgabendelegation zwar möglich, aber nur in engen Grenzen. Von besonderer Bedeutung ist die Einlassung des EuGH, dass keine hoheitlichen Aufgaben auf andere Institutionen übertragen werden dürfen.[1568] Der Handlungsspielraum europäischer Agenturen wird durch diese Rechtsprechung erheblich begrenzt.[1569] Dies lässt

---

den: Breyer, Regulation and its reform, S. 9 ff.; DeMuth/Ginsburg, Harvard L. Rev., 99 (1986), 1075 ff. (1080 f.); Hoffmann-Riem, Der Staat, 23 (1984), 17 ff. (18, bes. 26 f.); Teubner, Verrechtlichung – Begriffe, Merkmale, Grenzen, Auswege, in: Verrechtlichung von Wirtschaft, Arbeit und sozialer Solidarität, S. 289 ff. (330 f.).

1563 „Eine Gemeinschaftsagentur ist eine nicht mit den Gemeinschaftsinstitutionen (Rat, Parlament, Kommission usw.) zusammenhängende Einrichtung des europäischen öffentlichen Rechts mit eigener Rechtspersönlichkeit. Ihre Schaffung erfolgt durch einen Rechtsakt des abgeleiteten Gemeinschaftsrechts, in dem die technischen, wissenschaftlichen und administrativen Aufgaben der Agentur geregelt sind.“ – So Fleischer, Die europäischen Agenturen als Diener vieler Herren?, in: Agencies in Westeuropa, S. 212 ff. (212).

1564 EuGH, Rs. 9/56, Meroni & Co., Industrie Metallurgiche, S.P.A./Hohe Behörde, Slg. 1958, 11 ff. (11 ff.). Siehe auch EuGH, Rs. 10/56 Meroni u. a./Hohe Behörde, Slg. 1958, 51 ff. (51 ff.), sowie Majone, Dilemmas of European Integration, S. 88 ff., und Geradin, The Development of European Regulatory Agencies: Lessons from the American Experience, in: Regulation through agencies in the EU, S. 215 ff. (219 f.).

1565 Vgl. Majone, Eipascope, 1997/3, 9 ff. (11).

1566 EuGH, Rs. 9/56, Meroni & Co., Industrie Metallurg., S.P.A./Hohe Behörde, Slg. 1958, 11 ff. (44) – vgl. dort auch S. 43, wonach „Befugnisse, die nach freiem Ermessen auszuüben sind und die einen weiten Ermessensspielraum voraussetzen [...], je nach der Art ihrer Ausübung, die Verwirklichung einer ausgesprochenen Wirtschaftspolitik“ ermöglichen und im Ergebnis nicht auf private Einrichtungen delegiert werden dürfen.

1567 EuGH, Rs. 9/56, Meroni & Co., Industrie Metallurgiche, S.P.A./Hohe Behörde, Slg. 1958, 11 ff. (43).

1568 Fleischer, Die europäischen Agenturen als Diener vieler Herren?, in: Agencies in Westeuropa, S. 212 ff. (218).

1569 Dementsprechend plädiert Kühling, EuZW, 2008, 129 (129), für eine „weite“ Interpretation dieser EuGH-Rechtsprechung bzw. für deren Erweiterung und Fortentwicklung.

sich auch anhand des Vorschlags der Kommission zur Gründung der Agentur für die Zusammenarbeit der Energieregulierungsbehörden[1570] verdeutlichen. Dieser Agentur werden kaum relevante Entscheidungskompetenzen eingeräumt. Die Agentur kann bei grenzüberschreitenden Leitungen lediglich über die Freistellung dieser Leitungen von einer Regulierung entscheiden. Freilich unterliegt auch diese Entscheidung einem Änderungsvorbehalt der Kommission. Daneben wird die Agentur nur überwachend tätig oder kann Entscheidungsprozesse bei der Kommission (lediglich) initiieren. Gegenüber den nationalen Regulierungsbehörden hat die Agentur die Aufgabe eines Tribunals ohne Entscheidungsgewalt. Resümierend spricht Kühling[1571] daher zu Recht von „einem unnötig komplexen und zeitraubenden Verfahren mit mindestens drei Akteuren und einer Vielzahl von Verfahrensschritten“ bei dem „von Rechtssicherheit, Transparenz und einer klaren Zuordnung der Entscheidungskompetenzen“ keine Rede mehr sein kann.
Die Beschränkung der Regelungsbefugnisse von Agenturen, die letztlich den berechtigten Bedenken bezüglich deren mangelnder demokratischer Legitimation geschuldet sind[1572], verhindert die verstärkte Anwendung dieser Regulierungsform als effektive Maßnahme im Streben nach besserer Regelungsqualität. Da die Schaffung effektiv arbeitender europäischer Agenturen zudem das hergebrachte Gleichgewicht zwischen der Union und den Mitgliedstaaten stört, wonach die Union die Regelungen schafft, die durch die nationalen Verwaltungen umgesetzt und kontrolliert werden[1573], stößt die Schaffung neuer Agenturen stets auch auf mitgliedstaatliche Ressentiments. Ein „großflächiger“ Ausbau eines europäischen Agenturwesens ist daher auch politisch kaum durchsetzbar.

Zusammenfassend ist festzuhalten, dass die Errichtung bzw. der Ausbau eines umfassenden „Agenturwesens“ nicht *die* Lösung für die Rechtsetzungsdefizite sowie die Umsetzungs-, Anwendungs-, Durchsetzungs- und die entsprechenden

---

Ähnlich auch Everson, Good Governance and European Agencies: The Balance, in: Regulation through agencies in the EU, S. 141 ff. (163), wo auf eine zukünftige Änderung der Rechtsprechung durch den EuGH spekuliert wird, die den „inhaltlichen Spielraum“ für die Errichtung neuer bzw. den Ausbau bestehender Agenturen ermöglichen könnte.

1570 Vorschlag für eine Verordnung des Europäischen Parlaments und des Rates zur Gründung einer Agentur für die Zusammenarbeit der Energieregulierungsbehörden, KOM (2007) 530 endg.

1571 Kühling, EuZW, 2008, 129 (129).

1572 Vgl. hierzu Majone, Eipascope, 1997/3, 9 ff. (13 f.). Siehe auch Abromeit, Wozu braucht man Demokratie?, S. 16 f., mit demokratietheoretischen Bedenken an einem „agency“-Konzept.

1573 Vgl. hierzu Baldwin/Cave, Understanding Regulation, S. 165; Majone, Eipascope, 1997/3, 9 ff. (11).

Kontrollprobleme der Unionsrechtsordnung darstellt, wenngleich die Arbeit von Agenturen in bestimmten, genau definierten Sachbereichen durchaus zu einer „Qualitätsverbesserung“ innerhalb der Unionsrechtsordnung führen kann.

III. Eingrenzung der Sprachenvielfalt

Gemäß der aktuellen Fassung des Art. 1 der Verordnung Nr. 1 zur Regelung der Sprachenfrage[1574] sind die Amtssprachen und die Arbeitssprachen der Organe der Union Bulgarisch, Dänisch, Deutsch, Englisch, Estnisch, Finnisch, Französisch, Griechisch, Irisch, Italienisch, Lettisch, Litauisch, Maltesisch, Niederländisch, Polnisch, Portugiesisch, Rumänisch, Schwedisch, Slowakisch, Slowenisch, Spanisch, Tschechisch und Ungarisch. In diesen insgesamt 23 verschiedenen Sprachen werden nach Art. 4 der Verordnung Nr. 1 Verordnungen und andere Schriftstücke von allgemeiner Geltung abgefasst.[1575]
Angesichts dieser beeindruckenden bzw. erdrückenden Sprachenvielfalt europäischer Rechtstexte liegt der Vorschlag nahe, die Anzahl der verbindlichen Amtssprachen zu beschränken.[1576]
Bei der praktischen Arbeit in den Rechtsetzungsorganen wurde dieser Weg bereits beschritten.[1577] So werden innerhalb der Kommission Deutsch, Englisch und Französisch verwendet, wobei Deutsch am wenigsten zum Einsatz kommt und die englische Sprache gerade in den letzten Jahren eine führende Stellung erringen konnte.

1574 Verordnung Nr. 1 zur Regelung der Sprachenfrage für die Europäische Wirtschaftsgemeinschaft, ABl. 1958 L 17/385.

1575 Von dieser verbindlichen Vielsprachigkeit wird natürlich, worauf etwa Buck, Über die Auslegungsmethoden des Gerichtshofs der Europäischen Gemeinschaft, S. 152, Fn. 428, hinweist, abgewichen für Richtlinien und Entscheidungen, welche sich nur an einen oder wenige Mitgliedstaaten richten. Dort findet sich ein separater Hinweis im Rechtsakt, der die verbindlichen Sprachfassungen festlegt.

1576 Vgl. hierzu Gallas, Herausforderungen der Sprachenvielfalt bei der Abfassung von Rechtsakten, in: Herausforderungen der Sprachenvielfalt in der Europäischen Union, S. 51 ff. (53 f.).

1577 Vgl. etwa Besch, Sprachgeschichte, Bd. 2.2., S. 2177 f., und Hirsch Ballin, The quality of European legislation and its implementation and application in the national legal order, S. 7 ff. (18).

Ein Blick ins Völkerrecht zeigt, dass auch dort eine Beschränkung der Sprachvielfalt von Rechtstexten nicht ungewöhnlich ist.[1578] So sind die Verträge der Vereinten Nationen zumeist auf sechs authentische Sprachfassungen limitiert, die den sechs Amtssprachen der Vereinten Nationen (Arabisch, Chinesisch, Englisch, Französisch, Russisch, Spanisch) entsprechen.[1579] Ähnliches gilt für die Rechtstexte des Europarates, deren authentische Sprachfassungen sich auf Englisch und Französisch beschränken.[1580] Davon abweichende Sprachfassungen können von den Vertragsstaaten in Eigenregie erstellt werden, ohne dass diesen Fassungen jedoch eine rechtliche Bindungskraft zukommt.
Es stellt sich hier die Frage, ob eine derartige Vorgehensweise nicht auch hinsichtlich der europäischen Rechtstexte Anwendung finden könnte.[1581]
Im Oktober 2004 wurde jedenfalls von namhaften Persönlichkeiten verschiedener Nationalitäten vorgeschlagen, dass Französisch zukünftig die einzige offizielle Sprache für die europäische Gesetzgebung sein sollte („Manifeste

---

1578 Einen ähnlichen Vergleich zu den Vereinten Nationen zieht auch Fishman, On the Limits of Ethnolingustic Democracy, in: Language Loyalty, Language Planning and Language Revitalization, S. 195 ff. (198).

1579 Vgl. hierzu Resolution 2 – Rules of Precedure Concerning Languages (1. Februar 1946) sowie Rules of Procedure of the General Assembly (embodying amendments and additions adopted by the General Assembly up to September 2007), A/520/Rev.17 – vgl. dort Rules 51–57 (bes. Rule 56: “All resolutions and other documents shall be published in the languages of the General Assembly.“). Für ein konkretes Beispiel vgl. etwa das Seerechtsübereinkommen der Vereinten Nationen, dessen Wortlaut gemäß Art. 320 in Arabisch, Chinesisch, Englisch, Französisch, Russisch und Spanisch gleichermaßen verbindlich ist.

1580 Vgl. etwa Art. 59 Abs. 4 UA 2 der Europäischen Konvention zum Schutze der Menschenrechte und Grundfreiheiten.

1581 So explizit auch Haarmann, Language politics and the new European identity, in: A Language Policy for the European Community, S. 103 ff. (104): “In view of the reality that English is the language of widest communication both inside and outside the EC, and French is the unofficial working language of the EC bureaucracy, it appears reasonable to think of a reduction in the number of official languages to a few or even one.“ Indirekter stellen auch Crystal, English as a Global Language, S. 12, und Fishman, On the Limits of Ethnolingustic Democracy, in: Language Loyalty, Language Planning and Language Revitalization, S. 195 ff. (bes. 198), sowie Gillespie, The English Legal System, S. 115, und Lüdi, Braucht Europa eine Lingua franca?, in: Herausforderungen der Sprachenvielfalt in der Europäischen Union, S. 128 ff. (130), solche Gedankenexperimente an.

Strikt gegen eine zahlenmäßige Beschränkung der authentischen Sprachfassungen: Cunningham, Translating for a larger Union – can we cope with more than 11 languages?, S. 2 ff. ; Flückiger, Le multilinguisme de l'Union europeenne: Un défi pour la qualité de la législation, S. 13; Gallas, Herausforderungen der Sprachenvielfalt bei der Abfassung von Rechtsakten, in: Herausforderungen der Sprachenvielfalt in der Europäischen Union, S. 51 ff. (53 ff.).

Druon"[1582]). Gegenüber dem Deutschen, dem Englischen, dem Italienischen oder dem Spanischen halten die Unterzeichner dieses Dokuments die französische Sprache für die geeignetste zum Verfassen von Rechtstexten.[1583] Neben der französischen Fassung sollten dem Vorschlag zufolge alle anderen Sprachfassungen nicht mehr authentisch, sondern lediglich Übersetzungen sein, die rechtlich keine Verbindlichkeit besitzen. Diese Übersetzungen würden nur noch zur Orientierung für Personen dienen, welche die offizielle Sprache nicht beherrschen. Dieser „minimalistische" Vorschlag würde die übersetzungsbedingten Qualitätsprobleme und sprachliche Divergenzen in europäischen Rechtstexten beseitigen (und diese in rechtlich unverbindliche Dokumente quasi auslagern). Damit würde die Gefahr von Rechtsanwendungsdivergenzen durch Verwaltungen und Gerichte sinken. Der Gedanke der Rechtseinheit spricht damit für eine Lösung, die nur eine verbindliche Sprachfassung vorsieht.

Außerdem würde die sprachenbedingte Überforderung von Gerichten und Verwaltungen beendet. Diese sind lege artis verpflichtet, alle verbindlichen Sprachfassungen eines Rechtsetzungsaktes als Ausgangsbasis ihrer Auslegungsarbeit zugrundezulegen.[1584] Es gibt aber höchstwahrscheinlich keinen Richter und auch kein Kollegium, das alle verbindlichen Amtssprachen der Union beherrscht. Insofern würde eine Beschränkung der Sprachfassungen deren Arbeit nicht nur erleichtern, sondern wohl überhaupt erst leistbar machen.[1585]

Andererseits gehört die Mehr- bzw. Vielsprachigkeit in der unionalen Rechtsetzung zu den Grundpfeilern der Union.[1586] Nach dem Verständnis der Union sind die verschiedenen Sprachen der Rechtstexte eine zentrale Bedingung dafür, dass die Unionsbürger die Union als transparent, legitim und effizient erleben können. Dieses Verständnis lässt sich auch den Bestimmungen der Art. 21 EGV –

1582 Vgl. „Manifeste en faveur de la langue française comme langue juridique de l'Europe", unterzeichnet von Maurice Druon, Otto de Habsbourg, Mario Soarès, Bronislaw Geremek, Siméon de Saxe Cobourg, Dora Bakoyianni, Adrian Nastase, Suzanna Agnelli, Federico Mayor, Ismail Kadare, Kiro Gligorov, Antoinette Spaak.

1583 Vgl. auch „A propos du manifeste en faveur du français langue juridique de l'Europe... ", abrufbar unter: http://www.institut-idef.org/A-propos-du-manifeste-en-faveur-du.html.

1584 EuGH, Rs. 283/81, Srl C.I.L.F.I.T und Lanificio di Gavardo SpA/Ministero della sanità, Slg. 1982, 3415 ff. (bes. 3430, Rn. 18); Gallas, Herausforderungen der Sprachenvielfalt bei der Abfassung von Rechtsakten, in: Herausforderungen der Sprachenvielfalt in der Europäischen Union, S. 51 ff. (52).

1585 Skeptisch auch Braselmann EuR, 1992, 55 ff. (73), sowie Gillespie, The English Legal System, S. 115.

1586 Vgl. auch: Fishman, On the Limits of Ethnolingustic Democracy, in: Language Loyalty, Language Planning and Language Revitalization, S. 195 ff. (198 f.); Lüdi, Braucht Europa eine Lingua franca?, in: Herausforderungen der Sprachenvielfalt in der Europäischen Union, S. 128 ff. (129).

jetzt: Art. 24 AEUV –[1587] und Art. 41 Abs. 4 der EU-Grundrechtecharta[1588] entnehmen, die die Unionsorgane „verpflichten", mit den Unionsbürgern in der von ihnen jeweils gewählten Amtssprache zu kommunizieren. Ein solches „Kommunikationsrecht in der eigenen Sprache" ließe sich allerdings wohl auch ohne Rechtsetzung in 23 Sprachen einlösen, wenn die Frage der Rechtsetzungssprache vom „Recht der Kommunikation mit den Unionsorganen" getrennt wird. Außerdem könnte die Zurverfügungstellung von hochwertigen Übersetzungen weiterhin gewährleisten, dass sich Bürger und Unternehmen über ihre Rechtslage informieren können.

Was den Vorschlag des „Manifeste Druon" von den „Sprachregimes" anderer internationaler Organisationen unterscheidet, ist die „radikale" Beschränkung auf nur *eine* authentische Sprachfassung. Dadurch wird außer Acht gelassen, dass die Mehrsprachigkeit im Einzelfall auch positive Auswirkungen auf die Qualität der Rechtsetzungsakte haben kann, da die Notwendigkeit zum mehrmaligen Nachdenken und Formulieren die Chance bietet, aus einem multidimensionalen Blickwinkel die Rechtsetzungsakte und deren Wortwahl zu optimieren.[1589] Unterschiedliche Sprachregeln, rechtliche Konzepte und Traditionen können nur bei mehrsprachigen Rechtstexten ihre positive Wirkung auf die unionalen Rechtsetzungsakte entfalten. Die radikale Reduzierung der Rechtstexte auf eine verbindliche Amtssprache ist daher nicht empfehlenswert. Einer weniger einschneidenden Lösung wäre der Vorzug zu geben. Der hier unter-

---

1587 Art. 21 EGV lautet: „Jeder Unionsbürger besitzt das Petitionsrecht beim Europäischen Parlament nach Artikel 194. Jeder Unionsbürger kann sich an den nach Artikel 195 eingesetzten Bürgerbeauftragten wenden. Jeder Unionsbürger kann sich schriftlich in einer der in Artikel 314 genannten Sprachen an jedes Organ oder an jede Einrichtung wenden, die in dem vorliegenden Artikel oder in Artikel 7 genannt sind, und eine Antwort in derselben Sprache erhalten." Art. 24 AEUV ist insofern – abgesehen von der Bezugnahme auf die „neuen Artikelnummern" – inhaltsgleich.

1588 Art. 41 der Charta der Grundrechte der Europäischen Union, ABl. 2010 Nr. C 83/389: „Jede Person hat ein Recht darauf, dass ihre Angelegenheiten von den Organen und Einrichtungen der Union unparteiisch, gerecht und innerhalb einer angemessenen Frist behandelt werden. (2) Dieses Recht umfasst insbesondere a) das Recht einer jeden Person, gehört zu werden, bevor ihr gegenüber eine für sie nachteilige individuelle Maßnahme getroffen wird; b) das Recht einer jeden Person auf Zugang zu den sie betreffenden Akten unter Wahrung des berechtigten Interesses der Vertraulichkeit sowie des Berufs- und Geschäftsgeheimnisses; c) die Verpflichtung der Verwaltung, ihre Entscheidungen zu begründen. (3) Jede Person hat Anspruch darauf, dass die Union den durch ihre Organe oder Bediensteten in Ausübung ihrer Amtstätigkeit verursachten Schaden nach den allgemeinen Rechtsgrundsätzen ersetzt, die den Rechtsordnungen der Mitgliedstaaten gemeinsam sind. *(4) Jede Person kann sich in einer der Sprachen der Verträge an die Organe der Union wenden und muss eine Antwort in derselben Sprache erhalten.*"

1589 Vgl. ausführlich Flückiger, Le multilinguisme de l'Union europeenne: Un défi pour la qualité de la législation, S. 9 ff.

breitete Vorschlag lautet daher, dass sich die sekundäre Rechtsetzung zukünftig auf die Sprachen Englisch, Französisch und Deutsch beschränken sollte.[1590] Bezüglich der „Übersetzungstechnik“ in die „drei Rechtsetzungssprachen“ wird vorgeschlagen, einen Blick auf die Übersetzungspraxis in mehrsprachigen Ländern wie der Schweiz oder Kanada zu werfen. Dort werden die verschiedenen Rechtstexte durch die Methode des “co-editing“ verfasst. Dabei werden die unterschiedlichen Sprachfassungen gemeinsam von mehreren Verfassern zur gleichen Zeit erstellt. Dies gewährleistet, dass verschiedene Perspektiven und Schwierigkeiten schon bei der ersten Abfassung berücksichtigt werden können. Separate Übersetzungen sowie Beratungen im Nachgang sind dann nicht mehr notwendig. Während die Einführung der Methode des “co-editing“ für Rechtsetzungsakte mit 23 verbindlichen Sprachfassungen aus praktischen Gründen nicht möglich ist[1591], würde sie bei nur drei Sprachfassungen eine gute Übersetzungsmethode darstellen, die zu einer qualitativen Verbesserung der unionalen Rechtsetzungsakte beitragen kann.

IV. Institutioneller Ansatz zur Verbesserung der Qualität des Unionsrechts

Ein weiterer Ansatz zur Verbesserung der Rechtsetzungsqualität ist die Schaffung eines „Gremiums“, das sich ausschließlich mit diesen Fragen beschäftigt. Hierzu existieren bereits verschiedene Vorschläge.

So spricht sich etwa Kortmann für die Errichtung einer auf Gesetzgebungsfragen spezialisierten Kammer beim EuGH aus, die helfen soll, qualitative Mängel in der Rechtsetzung zu beseitigen.[1592]

Eine andere Initiative plädiert dafür, eine spezielle Generaldirektion bei der Kommission einzurichten und diese zentral mit der Qualitätssicherung des

1590 Dies gilt freilich nur für die Rechtsetzungsakte, die sich an alle Unionsbürger bzw. an alle Mitgliedstaaten richten, während beispielsweise ein Rechtsetzungsakt, der sich nur an Spanien richtet, auch weiterhin in Spanisch abgefasst werden sollte.

Vgl. in diesem Zusammenhang auch Luttermann/Luttermann, JZ, 2004, 1002 ff. (1002 ff.), die ein sogenanntes Referenzsprachenmodell vorschlagen. Die Amtssprachen werden dabei an einem einheitlichen Standard gemessen, der aus zwei Referenzsprachen gebildet wird. Danach werden die verschiedenen Amtssprachen grundsätzlich beibehalten, wenn sie mit den beiden authentischen Referenzsprachen übereinstimmen. Die Amtssprache eines Mitgliedstaates mit anderer Sprache als der Referenzsprache ist also immer dann authentisch, wenn sie keiner der beiden Referenzsprachen widerspricht.

1591 Gallas, Herausforderungen der Sprachenvielfalt bei der Abfassung von Rechtsakten, in: Herausforderungen der Sprachenvielfalt in der Europäischen Union, S. 51 ff. (55).

1592 Kortmann, SEW, 1996, 38 ff. (46).

Unionsrechts zu betrauen.[1593] Damit würde die Verantwortung für die Qualität des Rechts bei einer Stelle konzentriert werden, während die Qualitätssicherung heute eher dezentral abläuft[1594], etwa durch die kollegiale Entscheidungsfindung innerhalb der Kommission und durch verschiedene interne Regelungen, die die Beteiligung und Unterrichtung verschiedener Kommissionsdienststellen bei der Ausarbeitung von Regelungsvorschlägen vorschreiben[1595].
Aufgrund der schwierigen Koordination der „verschiedenen Räte" untereinander schlug der Verfassungskonvent die Bildung eines Rats für „Allgemeine Angelegenheiten und Gesetzgebung" vor.[1596] Dieser Rat sollte der einzige gesetzgebende Rat sein. Auch bei der Realisierung dieses Vorschlags käme es zu einer Bündelung „gesetzgeberischer" Verantwortung.
Neben den genannten Vorschlägen, die institutionell an bestehende Unionsstrukturen anknüpfen, taucht auch häufig die Empfehlung auf, ein unabhängiges Beratungsgremium in den „Gesetzgebungsprozess" zu integrieren, das Empfehlungen und Verbesserungsvorschläge zu den beabsichtigten Regelungen ausspricht.[1597]

1593 UNICE Regulatory Report 1995, "Releasing Europe's Potential Through Targeted Regulatory Reform", S. 54 f. Ferner Verhey, in: Curtin/Wessel, Good Governance and the European Union, S. 61: "In the first place, a particular directorate-general within the Commission could be made responsible for testing legislative proposals from other DG."

1594 Kritisch hierzu etwa Verhey, in: Curtin/Wessel, Good Governance and the European Union, S. 61: "Setting up an 'internal network for better lawmaking', as proposed by the Commission, is not enough."

1595 Vgl. Radaelli, Governing European Regulation – *2.1. The key* issues. Siehe auch Art. 23 der GO-Kommission.

1596 Vgl. Mündlicher Bericht an den Europäischen Rat in Thessaloniki, erstattet von Giscard d'Estaing, abrufbar unter: http://european-convention.eu.int/docs/Treaty/VGE_de.pdf, S. 14. Das Scheitern dieses Vorschlags dürfte wohl nicht zuletzt auch auf „machtpolitische Eitelkeiten" in den Regierungen Europas zurückzuführen sein. Die Regierung Luxemburgs sprach sich übrigens als einzige für diesen Vorschlag aus.

1597 Vgl. *neben* den im Text erwähnten Vorschlägen: Conseil d'État, Rapport public 1992, Études et Documents, no. 44, „Considérations générales sur le droit communautaire", S. 31; Gallas, Statute Law Rev., (22) 2001, 83 ff. (95): "At European level thought should be given on how to insert monitoring into all stages of the law-making process."; Hirsch Ballin, The quality of European legislation and its implementation and application in the national legal order, S. 7 ff. (12); Müller-Graff, EuZW, 1998, 325 ff. (330); Piris, The Quality of Community Legislation: The Viewpoint of the Council Legal Service, in: Improving the Quality of Legislation in Europe, S. 25 ff. (36); Sandström, CML Rev., 2003, 1307 ff. (1311 ff.); Verhey, in: Curtin/Wessel, Good Governance and the European Union, S. 61). Vgl. auch Europäisches Parlament: Bericht über die Umsetzung, die Folgen und die Auswirkungen der geltenden Rechtsvorschriften zum Binnenmarkt, (2004/2224(INI)), Ausschuss für Binnenmarkt und Verbraucherschutz, Berichterstatterin: Arlene McCarthy, A6-0083/2006, 23.3.2006 Punkt 7, der die Kommission auffordert, ein unabhängiges Audit-Gremium einzusetzen, um die Qualität und

Zwar reichen diese Ideen weit zurück[1598], sie werden jedoch in jüngerer Vergangenheit verstärkt artikuliert. So forderte der Koopmans-Report aus dem Jahr 1995 einen "independent body to review acts at the stage of the Commission's proposal or just before they become law, on the model of the French Conseil d'État"[1599]. In einem Festschriftenbeitrag aus dem gleichen Jahr schlägt Koopmans vor, unabhängige Experten in den Rechtsetzungsprozess einzubinden, die ihrerseits die Einhaltung der legislativen Checklisten überwachen sollen.[1600] Dabei stellt er den Unterschied zwischen diesen unabhängigen Experten und den Interessengruppen aus Wirtschaft und Gesellschaft deutlich heraus. So sollen die unabhängigen Experten keine bestimmten „inhaltlichen Interessen" zum Ausdruck bringen, sondern nur die „technische Seite" der Rechtsetzung überwachen. Expertise in gesetzgebungstechnischen Fragen darf demnach das einzige Auswahlkriterium für die Besetzung eines solchen Gremiums sein.[1601]
Der Bellis-Report[1602] (2003) spricht sich in ähnlicher Form für ein unabhängiges "EU Legislative Drafting Office" nach dem Modell des britischen Parliamentary Counsel Office aus, das über den gesamten legislativen Prozess hinweg die Verantwortung für die Gesetzesabfassung tragen sollte. Der Vorschlag des Bellis-Reports konzentriert sich dabei auf „gesetzes"-technische Qualitätsaspekte.[1603]

Unabhängigkeit wirtschaftlicher Folgenabschätzungen für die Rechtsvorschriften der EU zu gewährleisten.

1598 Chloros, International and Comparative Law Quarterly, 17 (1968), 849 ff. (876), regt an, ein "European Law Institut" zu gründen oder eine "European Law Commission" ins Leben zu rufen, die einen "Code of European Civil Law" erarbeiten soll. Dabei verweist Chloros (Fn. 110) auf eine Nachfrage des Rats an den Juristischen Dienst des Rates, die Idee zur Errichtung einer „allgemeinen" ständigen "European Law Commission" zu prüfen.

1599 Vgl. Koopmans Report 1995, The Quality of EC Legislation: Points for Consideration and Proposals, Punkt 6.2.1.

1600 Vgl. Koopmans, FS Everling I, S. 691 ff. (698 f.).

1601 Koopmans, FS Everling I, S. 691 ff. (698): "If every ambassador in the Committee of Permanent Representatives insists that one of his countrymen must be part of the expert commitee, it is probably better to abandon idea completely. A necessary condition for ist success is, therefore, the hope that even ambassadors may accept one day the for some jobs qualifications and expertise are required, not nationality. Only a small expert comittee, consisting of real experts in legislative techniques, could help to get the notion of a legislative checklist accepted."

1602 Bellis, Implementation of EU Legislation, S. 1 ff.

1603 So fordert Bellis, Implementation of EU Legislation, S. 23 "an independent body responsible for the drafting and integrity of the texts of EU legislation from inception right through final adoption." Vgl. Bellis, Implementation of EU Legislation, S. 14.

Auch von Danwitz forderte jüngst die Einrichtung eines Gesetzgebungs- und Beratungsdienstes auf Unionsebene.[1604] Mit Blick auf den Grundsatz funktionsgerechter Organstruktur[1605] betont von Danwitz, dass dieser Gesetzgebungs- und Beratungsdienst verwaltungsorganisatorisch unabhängig und weisungsfrei arbeiten sollte.[1606] Dieses Gremium solle die „Eindeutigkeit gewählter Begrifflichkeiten und die Beachtung der Rechtsförmlichkeit, der inneren Widerspruchsfreiheit und der systematischen Stimmigkeit von Gemeinschaftsrechtsakten im Laufe des [...] Rechtsetzungsverfahrens“[1607] gewährleisten.

Die Berichte von Koopmans und Bellis verweisen im Rahmen ihrer Vorschläge auf existierende mitgliedstaatliche Einrichtungen, die sich einer verbesserten „Gesetzesqualität“ verschrieben haben. Insofern erscheint es angezeigt, kurz auf die entsprechenden mitgliedstaatlichen Einrichtungen einzugehen, namentlich den französische Conseil d'État und das britische Parliamentary Counsel Office. Der französische Conseil d'État[1608] ist sowohl oberstes Verwaltungsgericht als auch Beratungsgremium der Regierung in Rechtsfragen. In seiner zweiten Funktion berät der Conseil d'État die Regierung bei der Vorbereitung von Gesetzesvorlagen, gesetzesvertretenden Verordnungen und bestimmten Gesetzeserlässen. Bei rechtlichen Fragen kann er von der Regierung angerufen werden. Der Conseil d'État kann aus Eigeninitiative oder im Auftrag der Regierung Themenfelder der Verwaltung und der öffentlichen Politik bearbeiten. Die „Beratertätigkeit“ des Conseil d'État ist dabei organisatorisch in die Verwaltungsabteilungen für Finanzen, öffentliche Beschaffung, Inneres, Soziales und Verwaltung untergliedert. Der verfahrensmäßige Ablauf der Beratungstätigkeit erfolgt derart, dass zunächst ein Berichterstatter mit der Erstellung und Prüfung eines Dossiers beauftragt wird. Hierbei erhält er von einem Vertreter aus dem sachlich zuständigen Ministerium Unterstützung. Dieser „Commissaires du gouvernement“ unterrichtet den Berichterstatter über die allgemeine Bedeutung eines Textes, dessen Entstehungsgeschichte und die zugrundeliegende Motivation. Nach Fertigstellung eines ersten Entwurfs durch den Berichterstatter wird dieser Entwurf

---

1604 V. Danwitz, JZ, 2006, 1 ff. (3 f.).

1605 Vgl. dazu umfassend v. Danwitz, Der Staat, 35 (1996), 329 ff. (329 ff.). Zu beachten sind die Aussagen zu den „metajuristischen“ Aufgaben der Verwaltung, deren sachangemessene Bewältigung sich ebenfalls an den Grundsätzen funktionsgerechter Organstruktur orientieren soll (S. 342 f.). Hier lassen sich Parallelen zu den Anforderungen ziehen, die v. Danwitz auch für einen Gesetzgebungs- und Beratungsdienst auf europäischer Ebene aufstellt.

1606 V. Danwitz, JZ, 2006, 1 ff. (3 f.).

1607 V. Danwitz, JZ, 2006, 1 ff. (3), plädiert außerdem für die Einführung einer formalisierten Rechtsförmlichkeitsprüfung, die beim Juristischen Dienst der Kommission angesiedelt sein sollte.

1608 Vgl. http://www.conseil-etat.fr/ce/home/index.shtml.

der jeweiligen Verwaltungsabteilung des Conseil d'État vorgelegt. Die vorgeschlagenen Änderungen werden hier erörtert. Anschließend wird darüber abgestimmt. Neben den Abteilungen gibt es die Generalversammlung, der die meisten Gesetzesvorlagen und gesetzesvertretenden Verordnungsvorlagen vorgelegt werden. Die Stellungnahmen des Conseil d'État sind nur in Ausnahmefällen bindend. Dennoch werden sie faktisch weitgehend von der Regierung befolgt.

Auch in Belgien[1609], Griechenland[1610], Luxemburg[1611], den Niederlanden[1612] oder in Schweden[1613] existieren dem französischen Conseil d'État vergleichbare „Be-

---

1609 Der belgische Raad van State (franz. Conseil d'État) ist ebenfalls ein Rechtsprechungs- sowie ein Beratungsorgan. Er gliedert sich in eine Verwaltungs- und eine Gesetzgebungsabteilung. Die Gesetzgebungsabteilung ist ein Beratungsorgan, das juristische Gutachten abgibt. Diese Gutachten beschäftigen sich nur mit juristischen und gesetzestechnischen Aspekten.

Der Raad van State überprüft dabei die Einhaltung von verfahrensmäßigen Bestimmungen sowie die Übereinstimmung mit höherrangigen Rechtsnormen, wozu auch Zuständigkeitsfragen zählen. Ggfs. dehnt der Raad van State seine Überprüfung auf gesetzgebungstechnische Fragen aus. Die Gutachten selbst sind rechtlich nicht bindend. Vgl. zum Ganzen http://www.raadvst-consetat.be sowie Delnoy, Belgium, in: Legislation in European Countries, S. 74 ff. (90).

1610 Der griechische Συμβούλιο της Επικρατείας ist nicht nur das höchste Verwaltungsgericht, er ist auch beteiligt an der Abfassung der Gesetze, welche ihm zugeleitet werden. Zwar wurde der Συμβούλιο της Επικρατείας ursprünglich nach dem Vorbild des französischen Conseil d'État geschaffen, im Unterschied zu diesem beschränken sich seine Untersuchungen jedoch auf Rechtmäßigkeitsfragen. Bei bestimmten „Akten der Regierung" nimmt er allerdings keine Rechtmäßigkeitsprüfung vor. Seine Stellungnahmen sind nicht bindend, dennoch werden sie in der Regel befolgt.

1611 Der Conseil d'État ist in Luxemburg ein konsultatives Organ. Der Conseil d'État muss grundsätzlich über jeden Gesetzesvorschlag und jedes Gesetzgebungsprojekt informiert werden, bevor darüber abgestimmt werden kann. Er prüft die Rechtmäßigkeit der Vorschläge und Projekte. Dazu legt er einen mit Gründen versehenen Bericht vor. Falls erforderlich kann er auch einen Gegenentwurf erarbeiten. Sollten bei der Überprüfung Rechtsmäßigkeitsdefizite erkannt werden, muss eine Überarbeitung und die erneute Vorlage an den Conseil d'État stattfinden. Vgl. zum Ganzen http://www.conseil-etat.public.lu/fr sowie Andrich, Luxembourg – The legislative Procedure in Luxembourg, in: Legislation in European Countries, S. 274 ff. (276 f.).

1612 Der niederländische Raad van State ist unterteilt in eine Verwaltungsrechtsabteilung, die als Rechtsmittelgericht fungiert und eine Gesetzgebungsabteilung zur Beratung der Regierung und des Parlaments. Dem Raad van State muss vom Kabinett jeder Gesetzentwurf unterbreitet werden, bevor er dem Parlament vorgelegt wird. Die Beratungstätigkeit des Raad van State beschränkt sich nicht nur auf Aspekte der Legalität und Gesetzestechnik, sondern umfasst auch Fragen nach der Qualität der Politik im weiteren Sinne. Vgl. zum Ganzen http://www.raadvanstate.nl.

1613 Der schwedische Lagrådet setzt sich aus Richtern des Verfassungsgerichts und des höchsten Verwaltungsgerichtes zusammen. Wenn die Regierung die Gesetzgebungsvorratungsgremien". [1614] Diese dienen ebenfalls der Steigerung der Rechtsetzungsqualität.

Im Vereinigten Königreich entwickelt das "Parliamentary Counsel Office"[1615], welches dem "Cabinet Office" zugeordnet ist, federführend die meisten Rechtsnormen.
Das Entwurfsverfahren wird durch die Rechtsabteilung des zuständigen Fachministeriums eingeleitet. Dazu beschreibt das Ministerium den zu regelnden Sachverhalt, macht Angaben zum Regelungsziel und stellt die wichtigsten Hintergründe für die Regelung dar. Davon ausgehend entwickelt ein Entwurfsteam des "Parliamentary Counsel Office" eine erste Fassung des Gesetzentwurfs. Falls es sich als notwendig erweist, wird dieser Entwurf am Maßstab des Regelungsziels weiter optimiert. Dabei arbeitet das "Parliamentary Counsel Office" mit Juristen und Fachleuten des Ministeriums (bzw. mehrerer beteiligter Minis-

---

arbeiten abgeschlossen hat und einen „fertigen" Gesetzentwurf in den Händen hält, kann sie den Lagrådet bezüglich dieses Entwurfs konsultieren. Dieses Recht haben auch die Ausschüsse des Riksdag. Der Lagrådet prüft unter anderem die Übereinstimmung mit Verfassungsprinzipien. Er prüft aber auch, welche Probleme bei der Anwendung des Gesetzes entstehen können. Die Einschätzungen des Lagrådets haben in der Praxis große Bedeutung auf die weitere Gestaltung bzw. die Verwerfung des Gesetzgebungsvorschlags. Vgl. zum Ganzen Vogel, Sources of Swedish Law, in: Swedish Law in the New Millennium, S. 48 ff. (58).

1614 Bezüglich anderer „Staatsratsberatungsgremien": Vgl. auch http://www.consejo-estado.es für den spanischen Consejo de Estado, der ein „Beratungsgremium" für die spanische Regierung ist (vgl. Art. 107 der spanischen Verfassung) und in dieser Funktion Stellungnahmen abgibt. Seine Konsultation ist grundsätzlich fakultativ und nur in bestimmten Fällen obligatorisch. Siehe ferner auch http://www.giustizia-amministrativa.it für den italienischen Consiglio di Stato, der ebenfalls als „Beratungsgremium" in bestimmten Fällen fungiert und zugleich die Rechtmäßigkeit der italienischen Verwaltung überwacht (vgl. Art. 100 der italienischen Verfassung). Siehe außerdem Hirsch Ballin, The quality of European legislation and its implementation and application in the national legal order, S. 7 ff. (10).

1615 Vgl. hierzu u. a.: Blum, Beilage zu NJW, Heft 27 2004, 45 ff. (51); Kelly, Drafting Legislation and the Parliamentary Counsel Office, S. 2 ff.; Laws, Drawing the Line, in: Drafting Legislation, S. 19 ff. (19 ff.) – dort zur Arbeitsweise des Parliamentary Counsel Office aber auch zu den besonderen Fähigkeiten seines Personals, welches die Rechtstexte abfasst.

Siehe auch Kettiger, ZG, 2002, 269 ff. (271), zu einer ähnlichen Einrichtung in Kanada. In Kanada wird klar zwischen Grundsatzentscheid und Gesetzesredaktion getrennt. Mit der redaktionellen Gesetzesabfassung ist ein zentraler Gesetzgebungsdienst betraut. Dort verfassen zwei erfahrene Redaktoren den Gesetzestext gleichzeitig in englischer und französischer Sprache. Spezialisten aus den Fachministerien verfolgen diese Arbeit und sind aufgerufen, ihr Wissen fortlaufend in diesen Prozess einzubringen. Der zentrale Gesetzgebungsdienst unterwirft die Gesetzestexte abschließend einer strengen redaktionellen, systematischen und terminologischen Überprüfung.

terien) zusammen. Mit Hilfe verschiedener Zwischenfassungen kann hier ein mehrstufiger Konsultationsprozess zwischen dem "Parliamentary Counsel Office" und der ministeriellen Ebene in Gang kommen.
Inhaltlich befasst sich das "Parliamentary Counsel Office" mit sprachlichen Aspekten, mit Fragen nach einem angemessenen Regelungskonzept oder etwa mit Aufbaufragen des Rechtsetzungsaktes. Neben diesen eher technischen Anliegen versucht das "Parliamentary Counsel Office" (in Zusammenarbeit mit den Fachministerien) den Gesetzentwurf gegebenenfalls dahingehend zu verbessern, dass das Regelungsziel in den Vorschriften deutlicher herausgearbeitet wird. Damit verlässt die Arbeit des "Parliamentary Counsel Office" den rein technischen Bereich und agiert auch in Gebieten, welche die inhaltliche Qualität der Rechtsetzung prägen.

Unter Berücksichtigung der vorstehenden Aussagen wird für die Errichtung einer unabhängigen Instanz plädiert, die mit der qualitativen Verbesserung der unionalen Rechtsetzungsakte betraut wird. Im Gegensatz zu einem Gremium, das unmittelbar den rechtsetzenden Institutionen untersteht, bietet nur eine unabhängige Stelle die Gewähr, eine kritische Sicht auf die Qualität des Unionsrechts zu entwickeln. Die positiven Erfahrungen, die die Mitgliedstaaten mit ihren eigenen „unabhängigen Beratungsgremien" sammeln konnten[1616], unterstützen diesen Ansatz.
Allerdings wird der positive Einfluss unabhängiger Gremien auf die Rechtsetzungsqualität auch in Frage gestellt. So meint etwa Timmermans, dass besonders "in the last stages of decision-making when the texts are often substantially amended, such independent opinions might easily be disregarded in the heat of intergovernmental negotiation within the Council and interinstitutional haggling in the conciliation phase of the co-decision procedure"[1617]. Diese Bedenken richten sich jedoch nicht gegen die Errichtung eines unabhängigen Gremiums als solchem, sondern verweisen vielmehr auf die Notwendigkeit einer möglichst frühzeitigen Einbindung der Rechtsetzungs- und Gesetzestechnikspezialisten[1618] in den Entwurfsprozess von Rechtsetzungsakten. Die Tätigkeit

1616 So auch Verhey, in: Curtin/Wessel, Good Governance and the European Union, S. 61: "experience has shown that such a body can make an important contribution to improving quality." Ähnlich Sandström, CML Rev., 2003, 1307 ff. (1312). Vgl. auch Koopmans, FS Everling I, S. 691 ff. (698 f.), der auf gute niederländischn Erfahrungen mit der „Commissie voor de Toetsing van Wetgevingsprojecten (CTW)" verweist, welche die Regierung in Fragen der Gesetzgebung berät.

1617 Timmermans, CML Rev., 1997, 1229 ff. (1248).

1618 Diese Forderung erhebt Goode, The harmonization of dispositive contract and commercial law – should the European Community be involved?, in: Denationalisierung des Privatrechts?, S. 19 ff. (27, 32). Vgl. auch Piris, The Quality of Community Legislation: The Viewpoint of the Council Legal Service, in: Improving the Quality of Legislation in Europe, S. 25 ff. (35).

des “Parliamentary Counsel Office“ im Vereinigten Königreich kann auch hier als Vorbild dienen. Besonders der Aspekt der Aufgabenteilung bei der Ausarbeitung des Rechtsetzungsentwurfs zwischen “Parliamentary Counsel Office“ und ministerieller Ebene ist beispielgebend. Auf die unionalen Verhältnisse übertragen, würde es sich anbieten, dass ein unabhängiger „Gesetzgebungsdienst“ die Verantwortung für eine hochwertige rechtswissenschaftliche und gesetzestechnische Umsetzung des politischen Regelungsziels übernimmt, während die beteiligten Personen in den betroffenen Generaldirektionen der Kommission den Rechtsetzungsprozess als Sachwalter der zu regelnden Politik- und Sachfragen begleiten. In späteren Phasen der Rechtsetzung sollten auch Vertreter des Europäischen Parlaments und des Rates in diese Arbeiten mit einbezogen werden. Wichtig ist jedoch, dass der unabhängige „Gesetzgebungsdienst“ die Verantwortung für die (eher) technische Qualität des Rechtsetzungsaktes während des *gesamten* Rechtsetzungsprozesses innehat. Seine Tätigkeit darf sich nicht nur auf die Phase der Kommissionsarbeit beschränken, da gerade in späteren Phasen im Europäischen Parlament oder im Rat oft massiv auf die Rechtsetzungsakte eingewirkt wird[1619].

Um ein solches Gremium zu einem effektiven Instrument bei der Verbesserung der Qualität der Rechtsetzung zu machen, ist es ferner erforderlich, dass dessen Arbeit nicht vom Ermessen anderer in den Rechtsetzungsprozess eingebundener Entscheidungsträger abhängt[1620], sondern verbindlich vorgeschrieben wird.

Zu beachten ist schließlich, dass ein unabhängiges Gremium in Konkurrenz zu den Juristischen Diensten von Kommission, Europäischem Parlament und Rat treten würde.[1621] Um hier „Reibungsverluste“ zu minimieren, ist eine kooperative Zusammenarbeit des unabhängigen Gremiums mit diesen Stellen notwendig, was darüber hinaus den Vorteil bietet, sich deren hoher Expertise in Rechtsetzungsfragen zu versichern.

1619 Vgl. 4. Kap. – A II 2 c bb.

1620 Vgl. etwa Verhey, in: Curtin/Wessel, Good Governance and the European Union, S. 61: “one could consider creation an external body [...], whose special task is to provide a *mandatory* advice an the quality of every legislative proposal”.

In diesem Zusammenhang kann auch auf den von Melissas, ZG, 1993, 174 ff. (178 f., 181 f.), geschilderten Zustand der griechischen Gesetzgebung hingewiesen werden. Dort gibt es im vorparlamentarischen Bereich einen zentralen gesetzesvorbereitenden Ausschuss und im parlamentarischen Verfahren die Möglichkeit der Anrufung des Wissenschaftlichen Dienstes des Parlaments. Beide Gremien sollen zur Verbesserung der Qualität eines Gesetzentwurfes beitragen. Ihre Umgehung durch Parlament und Ministerien macht jedoch beide in der Praxis zu wenig effektiv wirkenden Institutionen. Diese Praxis zeigt, dass es notwendig ist, die Arbeiten eines „externen Beratungsgremiums“ nicht in das Ermessen der Rechtsetzungsorgane zu stellen.

1621 Vgl. Radaelli, Governing European Regulation – *2.1. The key issues.*

V. „Privatisierung" der Abfassung von Rechtsetzungsentwürfen

Ein weiterer Vorschlag zur Qualitätsverbesserung von Rechtsetzungsakten besteht darin, dass „private Experten", die mit dem betreffenden Rechtsstoff und den Anforderungen an die Gesetzgebungstechnik vertraut sind, mit der Abfassung von Rechtsetzungsentwürfen beauftragt werden. Neben deren juristischer und fachlicher Expertise, die eine sachlich-fachliche Richtigkeit und hohe technische Normqualität erwarten lässt, bietet dieser Vorschlag weitere Vorteile. So könnten mit einer Erarbeitung der Entwurfsfassung Personen betraut werden, die weitgehend losgelöst von Interessenbindungen arbeiten. Allerdings steht diesen Vorteilen auch eine Reihe von Nachteilen gegenüber. So haben „Private" oft ein anderes Vorverständnis hinsichtlich politischer Zielsetzungen und stoßen dadurch auf Ablehnung bei den Rechtsetzungsorganen.[1622] Außerdem fehlt ihnen die hinreichende Einbindung in den Rechtsetzungsprozess und in die damit verbundenen Arbeitsabläufe.[1623] Dies behindert den Zugang zu wichtigen Informationen und den Zugriff auf vorhandene „Rechtsetzungsfähigkeiten" innerhalb der Unionsorgane. Darüber hinaus bietet wohl nur eine „zentralisierte" Abfassung von Rechtsetzungstexten eine Gewähr dafür, dass sich der „Gesetzgebungsstil" neuer Rechtstexte harmonisch in die übrige Rechtsordnung einfügt.[1624]
Gegen eine „Fremdvergabe" von Rechtsetzungsentwürfen sprechen auch die praktischen Erfahrungen in anderen Ländern. So wurden in einem „Feldversuch" 1996 im Vereinigten Königreich private Rechtspraktiker damit beauftragt, einen Teil des "Finance Act" abzufassen. Die Ergebnisse waren ernüchternd. Bowman schreibt hierzu: "It was not a success, and has not been repeated".[1625]

Die „Privatisierung" der Abfassung von Rechtsetzungsentwürfen ist kein sinnvoller Ansatz, um die Qualität der Rechtsetzungsakte zu steigern.[1626]

1622 Blum, Beilage zu NJW, Heft 27, 2004, 45 ff. (51).

1623 Blum, Beilage zu NJW, Heft 27, 2004, 45 ff. (51).

1624 So auch Daintith/Page, Executive and the Constitution, S. 251.

1625 Bowman, Statute Law Rev., (26) 2005, 69 ff. (81). Vgl. auch Daintith/Page, Executive and the Constitution, S. 251: "the conclusion that would seem to have been drawn from this exercise is that the advantages of centralized drafting continue to outweigh their possible disadvantages"; Kelly, Drafting Legislation and the Parliamentary Counsel Office, S. 9.

1626 Vgl. Blum, Beilage zu NJW, Heft 27, 2004, 45 ff. (51), der eine Fremdvergabe von Gesetzentwurfsaufträgen allenfalls für „eine sehr schmale Bandbreite relativ politikferner, auch nicht bereits zeitlich drängender Themenstellungen [...], für die die Interessenlagen klar zutage liegen und für die das Faktenwissen nicht von den Interessenträgern selbst monopolisiert wird" anrät.

VI. Festlegung verbindlicher Qualitätsstandards für Rechtsetzungsakte

Nachfolgend wird die Einführung verbindlicher Qualitätsstandards für Rechtsetzungsakte erwogen.

1. Vorüberlegungen

Um einen adäquaten Vorschlag zur Etablierung verbindlicher Rechtsetzungsstandards machen zu können, der sich harmonisch in die bestehende Rechtsordnung einfügt, sind zunächst einige Überlegungen bezüglich bereits bestehender Verpflichtungen der Rechtsetzungsorgane sowie der Rolle des EuGH bei der „Qualitätskontrolle" der Rechtsetzungsakte notwendig.

a) Verpflichtungen hinsichtlich qualitativ hochwertiger Rechtsetzungsakte

Für eine rechtliche Verpflichtung zu qualitativ hochwertiger Rechtsetzung sind das Primärrecht und ergänzend die Interinstitutionelle Vereinbarung über „Bessere Rechtsetzung"[1627], welche im Unterschied zur Interinstitutionellen Vereinbarung über Gemeinsame Leitlinien für die redaktionelle Qualität der „gemeinschaftlichen" Rechtsvorschriften[1628] als rechtsverbindlich einzustufen ist[1629], zu betrachten.

1627 Interinstitutionelle Vereinbarung des Europäischen Parlaments, des Rats und der Kommission vom 31. Dezember 2003 über „Bessere Rechtsetzung", ABl. 2003 C 321/1.

1628 Interinstitutionelle Vereinbarung des Europäischen Parlaments, des Rats und der Kommission vom 22. Dezember 1998 über gemeinsame Leitlinien für die redaktionelle Qualität der gemeinschaftlichen Rechtsvorschriften, ABl. 1999 C 73/1.

1629 Im Zusammenhang mit der Frage nach der Verbindlichkeit Interinstitutioneller Vereinbarungen kann u. a. auf ein Urteil des EuGH, Rs. 34/86, Rat/Parlament, Slg. 1986, 2155 ff. (2212, Rn. 50), zum Haushaltsstreit zwischen dem Europäischen Parlament und dem Rat verwiesen werden. Bereits diesem Urteil ließ sich entnehmen, dass der EuGH Interinstitutionelle Vereinbarungen nicht nur für zulässig hielt, sondern ihnen darüber hinaus eine rechtserhebliche Rolle bei der Zusammenarbeit der Organe zumaß. Siehe zudem EuGH, Rs. 204/86, Griechenland/Rat, Slg. 1988, 5323 ff. (5359 Rn. 16), und EuGH, Rs. 81/72, Kommission/Rat, Slg. 1973, 575 ff. (585, Rn. 13).

Der EuGH stützt die Bindungswirkung von Interinstitutionellen Vereinbarungen auf den Grundsatz des Vertrauensschutzes bzw. auf die Pflicht der Organe zur loyalen Zusammenarbeit. Vgl. hierzu EuGH, Rs. 204/86, Griechenland/Rat, Slg. 1988, 5323 ff. (5359, Rn. 16), sowie u. a.: Gauweiler, Die rechtliche Qualifikation interorganschaftlicher Absprachen im Europarecht, S. 104 ff.; Monar, CML Rev., 1994, 693 ff. (700); 3. Erklärung zu Art. 10 des Vertrage zur Gründung der Europäischen Gemeinschaft der

Das Rechtsstaatsprinzip verpflichtet den unionalen Rechtsetzer zu einer rationalen Entscheidungsfindung und deren Offenlegung.[1630] Zur Entscheidungs-

---

Schlussakte der Konferenz von Nizza, ABl. 2001 Nr. C 80/77. Bieber, in: v. d. Groeben/Schwarze, Art. 7 EGV Rn. 65, leitet die rechtliche Bindungswirkung zudem aus stillschweigenden Ermächtigungen der Verträge zur einvernehmlichen Konkretisierung unbestimmter oder lückenhafter Verfahrensregeln her. Monar, CML Rev., 1994, 693 ff. (700 f.), verweist zudem auf Art. 3 EUV.. Obgleich damit die Frage nach der Möglichkeit rechtlicher Verbindlichkeit von Interinstitutionellen Vereinbarungen im Allgemeinen geklärt ist, welche sich nunmehr auch – unmittelbar aus Art. 295 S. 2 AEUV ergibt –, lässt sich daraus noch keine Verbindlichkeit einer bestimmten Vereinbarung ableiten. Callies, in: Callies/Ruffert EUV/EGV Art. 7 EGV Rn. 21, betont, dass hierfür stets die Auslegung des konkreten Inhalts der Vereinbarung erforderlich ist. Es muss also geklärt werden, ob eine bestimmte Erklärung aus der Sicht eines objektiven Beobachters darauf gerichtet ist, rechtliche Wirkungen für die Zukunft zu erzeugen (vgl. EUGH, Rs. 60/81, IBM/Kommission, Slg. 1981, 2639 Rn. 9; Bieber, in: v. d. Groeben/Schwarze, Art. 7 EGV Rn. 65; Callies, in: Callies/Ruffert EUV/EGV Art. 7 EGV Rn. 21). Seit einiger Zeit legen die Organe Wert darauf, die Bindungswirkung ausdrücklich zu betonen. In der Interinstitutionellen Vereinbarung zwischen dem Europäischen Parlament, dem Rat und der Europäischen Kommission über die Haushaltsdisziplin und die wirtschaftliche Haushaltsführung, ABl. 2006 C 139/1, Nr. 2 heißt es etwa: „Die vereinbarte Haushaltsdisziplin ist umfassend. Sie gilt während der gesamten Laufzeit dieser Vereinbarung für alle beteiligten Organe verbindlich."

Eine Verbindlichkeit der Interinstitutionellen Vereinbarungen über Gemeinsame Leitlinien für die redaktionelle Qualität der „gemeinschaftlichen" Rechtsvorschriften ist mit Blick auf den Erwägungsgrund Nr. 7 der Vereinbarung abzulehnen. Dort heißt es, dass diese Leitlinien als ein Instrument für den internen Gebrauch der Organe anzusehen sind. Sie sind nicht rechtsverbindlich. Eine rechtliche Bindungswirkung wird von den beteiligten Organen also abgelehnt und ist somit zu verneinen.

Bezüglich der Interinstitutionellen Vereinbarung über „Bessere Rechtsetzung" fehlt es an einem vergleichbaren klaren Wortlaut, wie er der Interinstitutionellen Vereinbarungen über Gemeinsame Leitlinien für die redaktionelle Qualität der „gemeinschaftlichen" Rechtsvorschriften eigen ist. Die Überschrift „Gemeinsame *Verpflichtungen* und Ziele", die über den ersten beiden Punkten der Vereinbarung steht, deutet jedoch auf eine grundsätzliche Verbindlichkeit der Vereinbarung hin. Unter Punkt 2 heißt es dann auch, dass die drei Organe allgemeine Grundsätze, wie die Grundsätze der demokratischen Legitimität, der Subsidiarität und der Verhältnismäßigkeit sowie der Rechtssicherheit *beachten*. Sie kommen ferner überein, die Einfachheit, Klarheit und Kohärenz der Formulierung von Gesetzestexten sowie ein Höchstmaß an Transparenz im Rechtsetzungsverfahren zu *fördern*. Dieses Bekenntnis zur *Förderung* der Rechtsetzungsqualität ist keineswegs als bloße politische Zielsetzung zu verstehen, sondern verweist auf den „(Rechtsetzungs-) Prozess", der einem Erreichen dieser Qualitätsmerkmale zugrunde liegt.

1630 Hill, Maßnahmen zur Verbesserung der Gesetzgebungskultur in nationalen Rechtsordnungen in Anlehnung an das EG-Recht, in: Gesetzesvorspruch, S. 1 ff. (5). Vgl. allgemein auch: Hoffmann, ZG, 1990, 97 ff. (112); Grimm/Brocker, ZG, 1999, 58 ff. (65). Siehe zudem die Punkte 3–9 der Interinstitutionellen Vereinbarung über „Bessere

findung gehören die Ermittlung der für den zu regelnden Sachbereich bedeutsamen Umstände, die Festlegung von Entscheidungszielen, die Berücksichtigung verschiedener Möglichkeiten zur Erreichung dieser Ziele sowie eine kritische Auseinandersetzung mit allen tatsächlichen und rechtlichen Ansichten.[1631] Darüber hinaus ist unter dem Aspekt der Rechtsstaatlichkeit unionalen Handelns zu prüfen, ob die Grundsätze der Gesetzmäßigkeit der Verwaltung, der Rechtssicherheit, der Bestimmtheit belastender Regelungen, der Verhältnismäßigkeit und nicht zuletzt des Vertrauensschutzes bei der Vorbereitung und Verabschiedung des Rechtsaktes gewahrt wurden.[1632]
Weitergehend lassen sich, wie Thews[1633] dies tut, aus dem Rechtsstaatsprinzip auch Anforderungen an die zu treffende Wortwahl des Regelungsgebers ableiten. Thews gedanklicher Ausgangspunkt ist die Feststellung, dass die Rationalisierung des Rechts eine wesentliche Funktion der Rechtsstaatlichkeit ist. Recht entspringt unter rechtsstaatlichen Vorgaben aus einem rationalisierten Verfahren, das heißt, das Recht wird in vorgegebenen und wiederholbaren Abläufen erzeugt, was die Grundvoraussetzung zur Verwirklichung von Rechtsgleichheit darstellt.[1634] Da im Prozess der Erzeugung rationalen Rechts der argumentativen Auseinandersetzung über dieses Recht konstitutive Bedeutung zukommt[1635], müssen die rechtlichen Regelungen so gestaltet sein, dass sie einer Argumentation zugänglich sind. Diese Argumentationsoffenheit kann aber nur durch „Klarheit und Wahrheit der verwendeten Begrifflichkeit“[1636] gewährleistet werden.[1637]

Rechtsetzung“ zur internen Koordinierung der Rechtsetzung sowie die Punkte 10 f., die eine höheres Maß an Tranzparenz und Zugänglichkeit für die Rechtsetzung einfordern.

1631 Hill, Maßnahmen zur Verbesserung der Gesetzgebungskultur in nationalen Rechtsordnungen in Anlehnung an das EG-Recht, in: Gesetzesvorspruch, S. 1 ff. (5); Lange, ZG, 2001, 268 ff. (275). Vgl. hier auch besonders die Punkte 26–30 der Interinstitutionellen Vereinbarung über „Bessere Rechtsetzung“ bezüglich Konsultationen zur Vorbereitung der Rechtsetzung und der Folgenabschätzung. Die Punkte 12–15 der Interinstitutionellen Vereinbarung über „Bessere Rechtsetzung“ zeigen, dass die „richtige“ Wahl des geeigneten Rechtsetzungsinstruments eine zentrale Aufgabe der Rechtsetzung ist. In den Punkten 16–23 der Interinstitutionellen Vereinbarung über „Bessere Rechtsetzung“ wird in diesem Zusammenhang auch die Anwendung bzw. die Berücksichtigung alternativer Regulierungsverfahren angeregt.

1632 Lange, ZG, 2001, 268 ff. (275).

1633 Vgl. zum Ganzen Thews, ZG, 1998, 62 ff. (bes. 75 ff., 78).

1634 Thews, ZG, 1998, 62 ff. (75) m. w. N.

1635 Thews, ZG, 1998, 62 ff. (76).

1636 Thews, ZG, 1998, 62 ff. (77). Vgl. auch Merten, Festgabe zum 10jährigen Jubiläum der Gesellschaft für Rechtspolitik, S. 295 ff. (295 f.).

1637 Vgl. hier auch die Punkte 2 und 25 der Interinstitutionellen Vereinbarung über „Bessere Rechtsetzung“, welche die Signifikanz von klaren und einfachen Rechtsetzungsakten herausstreichen.

Aus dem Rechtsstaatsprinzip ergeben sich nicht nur qualitative Vorgaben für den Rechtsetzungsakt als solchen, sondern auch für den Prozess der Entscheidungsfindung, die über die bloße Einhaltung der verfahrensmäßigen Bestimmungen hinausgehen und ein tiefgründiges Nachdenken über das zu setzende Recht notwendig machen.

Die Pflicht des Regelungsgebers, im gesamten Rechtsetzungsprozess die zu treffenden Regelungen gründlich zu durchdenken, lässt sich auch aus den Unionsgrundrechten[1638] und insbesondere aus der allgemeinen Handlungsfreiheit[1639]

1638 Vgl. zu einzelnen europäischen Grundrechten etwa: EuGH, verb. Rs. 117/76 u. 16/77, Albert Ruckdeschel & CO u. a./Hauptzollamt Hamburg-St. Annen u. a., Slg. 1977, 1753 ff. (1770, Rn. 7), zum Gleichheitsgrundsatz; EuGH, Rs.C-415/93, Union royal belge des sociétés de football association ASBL u. a./Jean-Marc Bosman u. a., 1995, I-4921 ff. (I-5065, Rn. 79), zur Vereinigungsfreiheit; EuGH, Rs. 130/75, Vivien Prais/Rat, Slg. 1976, 1589 ff. (1599, Rn. 12/19), zur Religions- und Bekenntnisfreiheit; EuGH, Rs. 136/79, National Panasonic (UK) Limited/Kommission, Slg. 1980, 2033 ff. (2056 f., Rn. 17 ff.), zum Schutz der Privatsphäre; EuGH, Rs. 44/79, Liselotte Hauer/Rheinland Pfalz, Slg. 1979, 3727 ff. (3745 f., Rn. 17 ff.), zum Eigentumsrecht; EuGH, Rs. 11/70, Internationale Handelsgesellschaft mbH/Einfuhr- und Vorratsstelle für Getreide und Futtermittel, 1125 ff. (1135 ff., Rn. 3 ff.), zur Handelsfreiheit; EuGH, Rs. 234/85, Strafsache gegen Franz Keller, Slg. 1986, 2897 ff. (2912, Rn. 8), zur Berufsfreiheit; EuGH, Rs. 249/86, Kommission/Deutschland, Slg. 1989, 1263 ff. (1290, Rn. 10), zur Achtung des Familienlebens; EuGH, Rs. C-377/98, Niederlande/ Europäisches Parlament und Rat, EuGRZ, 2001, 486 ff. (490 f.), zur Menschenwürde und Unversehrtheit der Person; EuGH, verb. Rs. 46/87 und 227/88, Hoechst AG/Kommission, Slg. 1989, 2859 ff. (2924, Rn. 17 ff.), zur Unverletzlichkeit der Wohnung; EuGH, verb. Rs. 43 u. 63/82, Vereniging ter Bevordering van het Vlaamse Boekwezen VB VB u. a./ Kommission, Slg. 1984, 19 ff. (62, Rn. 33 f.), zur Meinungsäußerungsfreiheit; EuGH, Johnston/Chief Constable of the Royal Ulster Constabulary, Rs. 222/84, Slg. 1986, 1651 ff. (1682, Rn. 18), zur Rechtsweggarantie. Mit weiteren europäischen Grundrechten und umfassend zum Ganzen Ehlers, Europäische Grundrechte und Grundfreiheiten, S. 443 ff. (verschiedene Bearbeiter), sowie Rengeling, Grundrechtsschutz in der Europäischen Gemeinschaft, S.16 ff. Vgl. auch nochmals Vgl. 4. Kap. – B I 4 d ee.

1639 Vgl. EuGH, verb. Rs. 133–136/85, Walter Rau Lebensmittelwerke/Bundesanstalt für landwirtschaftliche Marktordnung, Slg. 1987, 2289 ff. (2338 f., Rn. 15 ff.), die allerdings offen lässt, ob es sich bei dem Grundsatz der allgemeinen Handlungsfreiheit um ein Grundrecht handelt. Siehe außerdem EuGH, verb. Rs. 46/87 und 227/88, Hoechst AG/Kommission, Slg. 1989, 2859 ff. (2924, Rn. 19), sowie EuGH, verb. Rs. 97–99/87, Dow Chemical Ibérica SA u. a./Kommission, Slg. 1989, 3165 ff. (3186, Rn. 16).

Rengeling, Grundrechtsschutz in der Europäischen Gemeinschaft, S. 135 f., behandelt die allgemeine Handlungsfreiheit explizit unter den Titel „Auffangtatbestand aller Freiheitsrechte". Betrachte zur allgemeinen Handlungsfreiheit als europäisches Grundrecht ferner Lindner, Theorie der Grundrechtsdogmatik, S. 226; Pernice, NJW, 1990, 2409 ff. (2413).

In diesem Zusammenhang ist auch darauf hinzuweisen, dass die EU-Grundrechtecharta sowie die EMRK kein Grundrecht der allgemeinen Handlungsfreiheit beinhalten und herleiten.[1640] Eingriffe in den Schutzbereich der Grundrechte sind nur zulässig, wenn sie durch die Allgemeinwohlziele der Union gerechtfertigt sind[1641] und weder den Verhältnismäßigkeitsgrundsatz[1642] noch den Wesensgehalt der Grundrechte verletzen[1643]. Der Verhältnismäßigkeitsgrundsatz seinerseits verlangt, dass bei mehreren geeigneten und erforderlichen Maßnahmen diejenige auszuwählen ist, die mit den geringsten Belastungen verbunden ist. Um dieser Anforderung gerecht zu werden, muss der Rechtsetzer verschiedene Regelungsalternativen entwerfen, was wiederum eine eingehende Analyse der Ausgangslage und eine fundierte Prognose der rechtsetzungsbedingten Auswirkungen erfordert. Damit verlangt die Einhaltung des Verhältnismäßigkeitsprinzips ein intensives Nachdenken des Regelungsgebers, wenn dieser in grundrechtsrelevanten Bereichen regelnd tätig wird.

Da der Grundsatz der Verhältnismäßigkeit für alle Maßnahmen der Unionsorgane gilt[1644], lassen sich diese Darlegungen zum Verhältnismäßigkeitsprinzip über den Bereich der Unionsgrundrechte hinaus verallgemeinern.[1645] Einen An-

---

somit nur einen lückenhaften Grundrechtsschutz gewähren (vgl. hierzu Lindner, Theorie der Grundrechtsdogmatik, S. 225 f.).

1640 Parallele Erwägungen lassen sich auch für die Grundfreiheiten treffen. Ähnlich den Freiheitsgrundrechten stehen die Grundfreiheiten Handelsbehinderungen entgegen und verhelfen dadurch – in ihrem jeweiligen Anwendungsbereich – der Privatautonomie der Marktteilnehmer zum Durchbruch. Insbesondere die Schrankenproblematik verläuft bei den Grundfreiheiten und der Grundrechtsprüfung parallel. Die Ansicht, dass der europäische Rechtsetzungsgeber an die Grundfreiheiten gebunden ist, setzt sich zudem immer mehr durch (vgl. Körber, Grundfreiheiten und Privatrecht, S. 81 ff., 109), so dass sich aus den Grundfreiheiten ebenfalls eine „Pflicht zum Nachdenken“ für den europäischen Rechtsetzer ableiten lässt, die entsprechend dem jeweiligen Anwendungsbereich, strukturell derjenigen der speziellen Freiheitsgrundrechte entspricht.

1641 EuGH, Rs. 4/73, J. Nold/Kommission, Slg. 1974, 491 ff. (507 f., Rn. 14).

1642 EuGH, Rs. 44/79, Liselotte Hauer/Rheinland Pfalz, Slg. 1979, 3727 ff. (3747, Rn. 23).

1643 EuGH, Rs. 4/73, J. Nold/Kommission, Slg. 1974, 491 ff. (508, Rn. 14).

1644 Berrisch, EuR, 1994, 461 ff. (467); Callies, in: Callies/Ruffert EUV/EGV Art. 5 EGV Rn. 51.

1645 Vgl. allgemein auch: Bergkamp, European Community Law for the New Economy, S. 677 f.; Härtel, Europäische Rechtsetzung, S. 335 f.; Lange, ZG, 2001, 268 ff. (274), v. Danwitz, Europäisches Verwaltungsrecht, S. 217.

In diesem Zusammenhang sei auch Hofmann, Abwägung im Recht, S. 396 f. m. w. N., zitiert, der die Wirkung des Verhältnismäßigkeitsprinzips auf die Rechtsetzung bzw. Gesetzgebung in der Bundesrepublik Deutschland folgendermaßen zusammenfasst: „Ein wesentlicher Impuls des Verhältnismäßigkeitsgrundsatzes liegt [...] darin, die Rechtsetzung als anspruchsvollen Ex-ante-Vorgang wahrzunehmen und zu strukturieren. So findet es [...] weithin Anerkennung, dass in der Rechtsetzung eine Abwägungsaufgabe liegt. Sie lässt sich anhand der [...] Phasen , Problemidentifikation – Zusammenstellung der Handlungsalternativen – Bestandserhebung und Prognosen – Gewichtungen‘ in sinnvolle Schritte unterteilen. Danach verlangt der Verhältnismäßig-

satzpunkt liefern hier – noch immer – die Punkte 6, 7 und 9 des „Protokolls (1997) über die Anwendung der Grundsätze der Subsidiarität und der Verhältnismäßigkeit“. Nach Punkt 6 ist „für Maßnahmen der Gemeinschaft [...] eine möglichst einfache Form zu wählen, wobei darauf geachtet werden muß, daß das Ziel der Maßnahme in zufriedenstellender Weise erreicht wird und die Maßnahme tatsächlich zur Anwendung gelangt. Die Rechtsetzungstätigkeit der Gemeinschaft sollte über das erforderliche Maß nicht hinausgehen.“[1646]
„Was Art und Umfang des Handelns der Gemeinschaft betrifft“, besagt Punkt 7, „so sollte bei Maßnahmen der Gemeinschaft so viel Raum für nationale Entscheidungen bleiben, wie dies im Einklang mit dem Ziel der Maßnahme und den Anforderungen des Vertrags möglich ist. [...] Den Mitgliedstaaten sollten in den Gemeinschaftsmaßnahmen Alternativen zur Erreichung der Ziele der Maßnahmen angeboten werden, sofern dies für eine ordnungsgemäße Durchführung der Maßnahmen angemessen und erforderlich ist.“ In Punkt 9 wird die Kommission dazu verpflichtet, grundsätzlich vor der Unterbreitung von Vorschlägen für Rechtsvorschriften umfassende Anhörungen durchzuführen und in jedem geeigneten Fall Konsultationsunterlagen zu veröffentlichen sowie die finanziellen und administrativen Auswirkungen ihrer Rechtsetzungsvorschläge auf die europäische Ebene, die Regierungen der Mitgliedstaaten, die örtlichen Behörden, die Wirtschaft und die Bürger angemessen zu berücksichtigen.[1647] Schon damit besteht eine konkrete Verknüpfung zwischen den Vorgaben der Verhältnismäßigkeit und der Notwendigkeit einer Folgenabschätzung.
Wenn die Bindung der Rechtsetzungsorgane an den Grundsatz der Verhältnismäßigkeit nicht „leerlaufen“ soll, muss der Rechtsetzung eine gründliche Vorbereitung vorangehen. Dies bedeutet nichts anderes als die Notwendigkeit, eine „umfängliche Folgenabschätzung“ durchzuführen.

---

keitsgrundsatz auch vom Gesetzgeber zunächst eine Problemidentifikation, mit der die Ziele der Entscheidungsträger präzisiert werden, welche erstens verfassungsrechtlich legitim sein müssen und zweitens den maßgeblichen Bezugspunkt für die weitere Untersuchung der Handlungsalternativen abgeben. Dass es um die Auswahl unter Alternativen geht, drückt der Verhältnismäßigkeitsgrundsatz insbesondere durch die Erforderlichkeitsprüfung aus, nach welcher nur die Maßnahmen verfassungsrechtlich zulässig sind, zu denen keine gleich effektiven milderen Alternativen bestehen. Diese Maßgabe ergibt nur im Vergleich verschiedener Mittel (Alternativen) zur Erreichung der gesteckten Ziele einen Sinn. Dafür kommt es auf die Wirksamkeit der Handlungsoptionen an, um die es bei der Untersuchung der Geeignetheit geht, und die nur zu beurteilen ist, wenn und soweit der Sachverhalt sorgfältig und hinreichend intensiv ermittelt worden ist. Dabei dürfen bekanntlich nur solche Mittel zum Einsatz kommen, mit deren Hilfe der gewünschte Erfolg gefördert werden kann (Grundsatz der Geeignetheit). Dabei sind [...] Prognosen anzustellen.“

1646 Vgl. auch Punkt 16 der Interinstitutionellen Vereinbarung über „Bessere Rechtsetzung“.

1647 Vgl. hier auch die Punkte 25–30 der Interinstitutionellen Vereinbarung über „Bessere Rechtsetzung“ zu Konsultation und Folgenabschätzung.

Neben dem Verhältnismäßigkeitsprinzip lassen sich dem Primärrecht auch zahlreiche spezifische „Berücksichtigungsgebote" für die Rechtsetzung entnehmen. Ein Blick auf Art. 174 Abs. 3 EGV – jetzt: Art. 191 Abs. 3 AEUV – ist hier aufschlussreich. Art. 174 Abs. 3 EGV – jetzt: Art. 191 Abs. 3 AEUV – beinhaltet für die unionale Umweltpolitik vier Berücksichtigungs- und Abwägungsgebote, die allesamt Elemente einer Folgenabschätzung erkennen lassen. Danach hat die Union bei der Erarbeitung ihrer Umweltpolitik, die verfügbaren wissenschaftlichen und technischen Daten, die Umweltbedingungen in den einzelnen Regionen der Union, die Vorteile und die Belastungen aufgrund des Tätigwerdens bzw. eines Nichttätigwerdens, die wirtschaftliche und soziale Entwicklung der Union insgesamt sowie die ausgewogene Entwicklung ihrer Regionen zu berücksichtigen. Entsprechend dieser primärrechtlichen Vorgaben ist die Union verpflichtet, alle ökologischen, ökonomischen, finanziellen, sozialen und kulturellen Auswirkungen auf einer breiten Zeitschiene zu berücksichtigen.[1648]
Auf Art. 174 Abs. 3 Spiegelstrich 1 EGV – jetzt: Art. 191 Abs. 3 Spiegelstrich 1 AEUV –, wonach die Union bei der Erarbeitung ihrer Umweltpolitik die verfügbaren, das heißt bereits vorhandenen[1649], wissenschaftlichen und technischen Daten zu berücksichtigen hat, gilt es noch einmal gesondert hinzuweisen, da in diesem Artikel explizit der Bedarf der Rechtsetzung nach wissenschaftlicher Beratung formuliert wird.[1650] Gleiches gilt übrigens für Art. 95 Abs. 3 EGV – jetzt: 114 Abs. 3 AEUV –, wonach die Kommission bei ihren auf Absatz 1 beruhenden Vorschlägen „alle auf wissenschaftliche Ergebnisse gestützten neuen Entwicklungen" berücksichtigen muss. Fasst man diese Einzelaspekte zusammen, könnte man daraus eine umfassende Pflicht nach wissenschaftlicher Beratung im Rahmen der unionalen Rechtsetzung ableiten. Bergkamp schreibt insofern treffend, "where scientific and technical data are available and relevant, this information must be considered in EC law and policy preparation"[1651].
Neben den genannten Bestimmungen enthalten auch zahlreiche andere Vorschriften „Berücksichtigungsgebote"[1652], die in ihrer Gesamtheit als Beleg für

1648 Callies, in: Callies/Ruffert EUV/EGV Art. 174 EGV Rn. 37 ff.; Härtel, Europäische Rechtsetzung, S. 338.

1649 Die Erhebung neuer Daten und Erkenntnisse, insbesondere mit Hilfe der Europäischen Umweltagentur, bleibt dabei freilich möglich.

1650 Vgl. Bergkamp, European Community Law for the New Economy, S. 678.

1651 Bergkamp, European Community Law for the New Economy, S. 678.

1652 Vgl. etwa folgende primärrechtliche Bestimmungen: Art. 15 Abs. 1 EGV – jetzt: Art. 27 Abs. 1 AEUV – „Bei der Formulierung ihrer Vorschläge zur Verwirklichung der Ziele [...] *berücksichtigt* die Kommission den Umfang der Anstrengungen, die einigen Volkswirtschaften mit unterschiedlichem Entwicklungsstand *im Zuge der/für die* Errichtung des Binnenmarkts abverlangt werden, und kann geeignete Bestimmungen vorschlagen."; Art. 33 Abs. 2 EGV – jetzt: Art. 39 Abs. 2 AEUV – „Bei der Gestaltung der

eine primärrechtliche Verpflichtung der Rechtsetzungsorgane gelten können, sich im Prozess der Rechtsetzung sorgfältig mit dem Regelungsgegenstand auseinanderzusetzen.

Für die Erörterung eines unionsrechtlichen Optimierungsgebots für die Rechtsetzung ist es notwendig, auch einen Blick auf das Subsidiaritätsprinzip zu werfen. Unionale Rechtsetzung bedarf der Rechtfertigung, da ansonsten die Vermutung für eine Zuständigkeit der niedrigeren Ebene besteht. Diese Rechtfertigung setzt bei den Kompetenznormen an und erstreckt sich sodann auf das Subsidiaritätsprinzip. Danach darf die Union im Bereich der „konkurrierenden" Kompetenz nur dann rechtsetzend tätig werden, wenn ein angestrebtes Ziel von den Mitgliedstaaten auf nationaler Ebene nicht ausreichend erreicht werden kann und daher in Anbetracht des Umfangs und der Wirkungen einer Maßnahme besser auf europäischer Ebene zu verwirklichen ist. Punkt 4 des „Protokolls (1997) über die Anwendung der Grundsätze der Subsidiarität und der Verhältnismäßig-

---

gemeinsamen Agrarpolitik und der hierfür anzuwendenden besonderen Methoden ist Folgendes zu *berücksichtigen*: a) die besondere Eigenart der landwirtschaftlichen Tätigkeit, die sich aus dem sozialen Aufbau der Landwirtschaft und den strukturellen und naturbedingten Unterschieden der verschiedenen landwirtschaftlichen Gebiete ergibt; b) die Notwendigkeit, die geeigneten Anpassungen stufenweise durchzuführen; c) die Tatsache, dass die Landwirtschaft in den Mitgliedstaaten einen mit der gesamten Volkswirtschaft eng verflochtenen Wirtschaftsbereich darstellt."; Art. 52 Abs. 2 EGV – jetzt: Art. 59 Abs. 2 AEUV – „Bei den in Absatz 1 genannten Richtlinien sind im Allgemeinen mit Vorrang diejenigen Dienstleistungen zu *berücksichtigen*, welche die Produktionskosten unmittelbar beeinflussen oder deren Liberalisierung zur Förderung des Warenverkehrs beiträgt."; Art. 76 Abs. 2 UA 1 EGV jetzt: Art. 96 Abs. 2 UA 1 AEUV – „hierbei berücksichtigt sie insbesondere sowohl die Erfordernisse einer angemessenen Standortpolitik, die Bedürfnisse der unterentwickelten Gebiete und die Probleme der durch politische Umstände schwer betroffenen Gebiete als auch die Auswirkungen dieser Frachten und Beförderungsbedingungen auf den Wettbewerb zwischen den Verkehrsarten."; Art. 71 Abs. 1 EGV – jetzt: Art. 91 Abs. 1 AEUV – „Zur Durchführung [...] *wird der Rat/werden das Europäische Parlament und der Rat* unter *Berücksichtigung* der Besonderheiten des Verkehrs [...] Vorschriften erlassen." (vgl. auch Art. 71 Abs. 2 EGV – jetzt: Art. 91 Abs. 2 AEUV); Art. 127 Abs. 2 EGV – jetzt: Art. 147 Abs. 2 AEUV – „Das Ziel eines hohen Beschäftigungsniveaus wird bei der Festlegung und Durchführung der *Gemeinschafts/Unions*politiken und -maßnahmen *berücksichtigt*."; Art. 137 Abs. 2 EGV – jetzt: Art. 153 Abs. 2 AEUV – „Zu diesem Zweck" können „in den in Absatz 1 Buchstaben a) bis i) genannten Bereichen *unter Berücksichtigung* der in den einzelnen Mitgliedstaaten bestehenden Bedingungen und technischen Regelungen durch Richtlinien Mindestvorschriften erlassen" werden, „die schrittweise anzuwenden sind. Diese Richtlinien sollen keine verwaltungsmäßigen, finanziellen oder rechtlichen Auflagen vorschreiben, die der Gründung und Entwicklung von kleinen und mittleren Unternehmen entgegenstehen."; Art. 155 Abs. 1 UA 2 EGV – jetzt: Art. 171 Abs. 1 UA 2 AEUV – Die europäische Ebene „*berücksichtigt* bei ihren Maßnahmen die potenzielle wirtschaftliche Lebensfähigkeit der Vorhaben."

keit" macht deutlich, dass jeder europäische Rechtsetzungsvorschlag hinsichtlich des Subsidiaritätsprinzips zu begründen ist. Dort heißt es weiter: Die „Feststellung, daß ein Gemeinschaftsziel besser auf Gemeinschaftsebene erreicht werden kann, muss auf qualitativen oder — soweit möglich — auf quantitativen Kriterien beruhen". Auch andere Passagen aus dem Protokoll (1997) über die Anwendung der Grundsätze der Subsidiarität und der Verhältnismäßigkeit weisen auf eine „Optimierungspflicht" hin. So werden in Punkt 5 Leitlinien aufgestellt, die bei der „Prüfung" der Einhaltung des Subsidiaritätsprinzips Beachtung finden. Gemäß Punkt 9 hat die Kommission die Sachdienlichkeit ihrer Vorschläge unter dem Aspekt des Subsidiaritätsprinzips zu begründen. Falls notwendig, sind in der Begründung des Vorschlags ausführliche Angaben zu machen. Noch deutlicher wird Punkt 11: „Das Europäische Parlament und der Rat prüfen [...] als Teil der umfassenden Prüfung der Kommissionsvorschläge, ob diese mit Artikel 5 des Vertrags im Einklang stehen. Dies gilt sowohl für den ursprünglichen Vorschlag der Kommission als auch für vom Europäischen Parlament und vom Rat in Betracht gezogene Änderungen an dem Vorschlag."
Auch unter dem Aspekt der Subsidiarität ist der unionale Rechtsetzer im Vorfeld der Rechtsetzung zum intensiven Nachdenken über die rechtlichen und tatsächlichen Gegebenheiten aufgerufen.

In diesem Zusammenhang ist noch auf das „neue" Protokoll (Nr. 2) über die Anwendung der Grundsätze der Subsidiarität und der Verhältnismäßigkeit[1653] hinzuweisen, welches eine klare Verbindung zwischen den Grundsätzen der Verhältnismäßigkeit und Subsidiarität und einer unionsrechtlichen Pflicht zu optimierter Rechtsetzung zieht. Art. 2 verpflichtet die Kommission grundsätzlich zu umfangreichen Anhörungen, bevor sie einen Gesetzgebungsakt vorschlägt. Bei den zu treffenden Maßnahmen ist dabei gegebenenfalls auf deren regionale und lokale Bedeutung zu achten. Noch deutlicher wird Art. 5: „Die Entwürfe von Gesetzgebungsakten werden im Hinblick auf die Grundsätze der Subsidiarität und der Verhältnismäßigkeit begründet. Jeder Entwurf eines Gesetzgebungsakts sollte einen Vermerk mit detaillierten Angaben enthalten, die es ermöglichen zu beurteilen, ob die Grundsätze der Subsidiarität und der Verhältnismäßigkeit eingehalten wurden. Dieser Vermerk sollte Angaben zu den voraussichtlichen finanziellen Auswirkungen sowie im Fall einer Richtlinie zu den Auswirkungen auf die von den Mitgliedstaaten zu erlassenden Rechtsvorschriften, einschließlich gegebenenfalls der regionalen Rechtsvorschriften, enthalten. Die Feststellung, dass ein Ziel der Union besser auf Unionsebene erreicht werden kann, beruht auf qualitativen und, soweit möglich, quantitativen Kriterien. Die Entwürfe von Gesetzgebungsakten berücksichtigen dabei, dass

1653 Protokoll (Nr. 2) über die Anwendung der Grundsätze der Subsidiarität und der Verhältnismäßigkeit, ABl. 2008 C 115/206.

die finanzielle Belastung und der Verwaltungsaufwand der Union, der nationalen Regierungen, der regionalen und lokalen Behörden, der Wirtschaftsteilnehmer und der Bürgerinnen und Bürger so gering wie möglich gehalten werden und in einem angemessenen Verhältnis zu dem angestrebten Ziel stehen müssen."

Von Interesse ist auch ein Blick auf Art. 270 EGV – jetzt: Art. 310 Abs. 4 AEUV. Gemäß Art. 270 EGV durfte die Kommission keine finanzwirksamen Rechtsakte vorschlagen, Vorschläge ändern oder Durchführungsmaßnahmen erlassen, die nicht durch Eigenmittel der „Gemeinschaft" finanziert werden konnten. Dieses Gebot der Haushaltsdisziplin, das jetzt in Art. 310 Abs. 4 AEUV verankert ist, verlangt nach einer exakten Kostenanalyse. Dementsprechend verlangt die Haushaltsverordnung[1654] ausdrücklich die Durchführung von ex ante- und ex post Bewertungen für alle Vorschläge, die Haushaltsausgaben vorsehen. Dies lässt erkennen, dass Art. 270 EGV – jetzt: Art. 310 Abs. 4 AEUV – die Verpflichtung enthält, eine Folgenabschätzung hinsichtlich der mit einem Rechtsetzungsakt verbundenen Kosten durchzuführen.[1655]

Gemäß Art. 253 EGV mussten Verordnungen, Richtlinien und Entscheidungen, die vom Europäischen Parlament und vom Rat gemeinsam oder vom Rat oder von der Kommission angenommen wurden, mit Gründen versehen werden und Bezug nehmen auf die vertraglich vorgeschriebenen Vorschläge oder Stellungnahmen. Art. 296 Abs. 2 AEUV schreibt diese Begründungspflicht fort.

1654 Verordnung (EG, Euratom) Nr. 1605/2002 des Rates vom 25. Juni 2002 über die Haushaltsordnung für den Gesamthaushaltsplan der Europäischen Gemeinschaften, ABl. 2002 L 248/1 – Art. 27 Abs. 4 der Verordnung lautet: „Um die Beschlussfassung zu verbessern, nehmen die Organe gemäß den von der Kommission festgelegten Leitlinien Ex-ante- und Ex-post-Bewertungen vor. Diese Bewertungen werden bei allen Programmen und Tätigkeiten vorgenommen, die mit erheblichen Ausgaben verbunden sind, und die Ergebnisse dieser Bewertungen werden den für die Ausgaben zuständigen Stellen sowie den Recht setzenden und den Haushaltsbehörden mitgeteilt."

In Art. 28 Abs. 1 der Vorordnung heißt es weiter: „Jedem Vorschlag, der der Rechtsetzungsbehörde unterbreitet wird und sich auf den Haushalt, einschließlich der Zahl der Planstellen, auswirken könnte, sind ein Finanzbogen und die Bewertung gemäß Artikel 27 Absatz 4 beizufügen."

1655 Vgl. auch Härtel, Europäische Rechtsetzung, S. 337; Lachmayer/Bauer, Praxiswörterbuch Europarecht (Haushaltsdisziplin), S. 492.

Die Pflicht, Rechtsakte mit Gründen zu versehen[1656], dient der Selbstkontrolle der Unionsorgane[1657], die dadurch gezwungen werden, ihre Entscheidung genau zu durchdenken und zu überprüfen, ob die Voraussetzungen für den Erlass der Maßnahme erfüllt sind[1658]. Darüber hinaus gestattet diese „Begründungspflicht" einen Rückschluss auf die rechtlichen und tatsächlichen Erwägungen, die für die Entscheidung maßgebend waren. Die Pflicht zur Bezugnahme auf Vorschläge und Stellungnahmen gibt zudem Aufschluss darüber, welche Informationsquellen für die Entscheidungsfindung herangezogen wurden. Art. 253 EGV – jetzt: Art. 296 Abs. 2 AEUV – verdeutlicht somit die gemeinschafts- bzw. unionsrechtlich eingeforderte Methodik der Entscheidungsfindung im Rechtsetzungsprozess.[1659] Dieses „innere" Verfahren wird durch die Dokumentation transparent und nachprüfbar.[1660]

Resümierend ist festzuhalten, dass eine allgemeine Pflicht der Rechtsetzungsorgane zur sorgfältigen Erarbeitung der Rechtsetzungsakte primärrechtlich nicht *explizit* erwähnt wird. Dennoch haben die Ausführungen gezeigt, dass es für eine vorgangsbezogene Verpflichtung der Rechtsetzungsorgane zahlreiche Anknüpfungspunkte gibt, aus denen, wie auch Härtel meint, „ein Verfassungsauftrag der Organe zur Folgenabschätzung abgeleitet werden kann".[1661] Diese spezifischen „Anknüpfungspunkte" sind als Ausdruck eines umfassenden Verfassungsauftrags zur Durchführung eines „optimalen (inneren) Rechtsetzungsverfahrens" anzusehen. Bezüglich des Umfangs einer solchen Pflicht kann auf die Rechtsprechung des Bundesverfassungsgerichts zum deutschen Staatsrecht

---

1656 Die Begründung i. S. v. Art. 253 EGV – jetzt: Art. 296 AEUV – ist zu trennen von der Begründung, die die Kommission für ihre Rechtsetzungsvorschläge abgibt.

1657 Vgl. Callies, FS Götz, S. 239 ff. (252); Fliedner, Einführung eines Gesetzesvorspruchs, in: Gesetzesvorspruch, S. 16 ff. (20); Hill, Maßnahmen zur Verbesserung der Gesetzgebungskultur in nationalen Rechtsordnungen in Anlehnung an das EG-Recht, in: Gesetzesvorspruch, S. 1 ff. (6); Ipsen, Europäisches Gemeinschaftsrecht, S. 517; Redeker/Karpenstein, NJW, 2001, 2825 ff. (2830); Siedentopf/Huber, Präambeln, Vorsprüche und Zweckbestimmungen in den Rechtsordnungen der westlichen Welt, Einführung eines Gesetzesvorspruchs, in: Gesetzesvorspruch, S. 37 ff. (40).

1658 Callies, FS Götz, S. 239 ff. (252); Kischel, Die Begründung, S. 40 ff.; Müller-Ibold, Die Begründungspflicht im europäischen Gemeinschaftsrecht und im deutschen Recht, S. 18 f.; Scheffler, DÖV, 1977, 767 ff. (768 f.).

1659 Hill, Maßnahmen zur Verbesserung der Gesetzgebungskultur in nationalen Rechtsordnungen in Anlehnung an das EG-Recht, in: Gesetzesvorspruch, S. 1 ff. (5).

1660 Callies, FS Götz, S. 239 ff. (252); Hill, Maßnahmen zur Verbesserung der Gesetzgebungskultur in nationalen Rechtsordnungen in Anlehnung an das EG-Recht, in: Gesetzesvorspruch, S. 1 ff. (6).

1661 Härtel, Europäische Rechtsetzung, S. 336. Vgl. auch die Punkte 25, 27–30 der Interinstitutionellen Vereinbarung über „Bessere Rechtsetzung".

verwiesen werden.[1662] Nach ständiger Rechtsprechung des Bundesverfassungsgerichts trifft den Gesetzgeber im Hinblick auf neue Gesetzesvorhaben eine Pflicht zur Tatsachenfeststellung[1663], eine Abwägungs- und eine Prognosepflicht[1664]. Nachgelagert hat der Gesetzgeber darüber hinaus die Pflicht, die erlassenen Gesetze fortdauernd zu beobachten und gegebenenfalls nachzubessern[1665].

b) Kontrolle der Rechtsetzungsqualität durch den EuGH

Unter Berücksichtigung der bestehenden Verpflichtungen hinsichtlich „guter" Rechtsetzungsakte soll im Folgenden die Rolle des EuGH bei der „Qualitätskontrolle" unionaler Rechtsetzungsakte untersucht werden.[1666] Art. 220 EGV –

1662 Diese Parallele wird auch von Härtel, Europäische Rechtsetzung, S. 336 gezogen. Vgl. aus dem Schrifttum zum deutschen Staatsrecht zu diesem Themenkomplex stellvertretend: Grimm/Brocker, ZG, 1999, 58 ff. (65 f.); Hill, Jura, 1986, 286 ff. (291 f.); Hoffmann, ZG, 1990, 97 ff. (97 ff.); Gusy, ZRP, 1985, 291 ff. (291 ff.); Wintgens, Legislation as an Object of Study of Legal Theory, in: Legisprudence, S. 9 ff. (32 ff.).

1663 Vgl. BVerfGE 50, 290 (333). Siehe auch BVerfGE 65, 1 (55).

1664 Vgl. BVerfGE 65, 1 (55).

1665 Vgl. BVerfGE 65, 1 (55).

1666 Hier geht es also nur um die Rolle des EuGH als „Impulsgeber" für Verbesserungsanstrengungen der Rechtsetzungsorgane. Davon zu trennen ist jedoch die *eigene* Rolle des EuGH als „Verbesserer" der europäischen Rechtsordnung, die man ihm mit Blick auf seine Auslegungs- und Rechtsfortbildungstätigkeit durchaus zumessen kann. In dieser zweiten Funktion wird der EuGH gewissermaßen selbst „rechtsetzend" tätig. Diese Einstufung der Rechtsprechungstätigkeit des EuGH als „eine Art Rechtsetzung" ist insofern gerechtfertigt, da sich erstens zwischen Begriffen „Auslegung" und „Rechtsfortbildung" keine scharfe Grenze ziehen lässt und beide auch als lediglich verschiedene Stufen desselben gedanklichen Verfahrens angesehen werden können und zweitens erst die Anwendung eines Rechtsatzes, sowie die Anerkennung und Akzeptanz des durch Rechtsfortbildung gewonnen Rechtsatzes, diesen zu einem Bestandteil der Rechtsordnung macht. Durch die richterliche Auslegung und Rechtsfortbildung wird also schöpferisch Recht geschaffen. Es erscheint daher gerechtfertigt, die zweite Funktion des EuGH bei der Verbesserung der europäischen Rechtsetzung als eine Art „Rechtsetzung" zu bezeichnen, wobei sie allerdings nicht gleichgesetzt werden darf mit einer Rechtsetzung durch die „verfassungsmäßig" legitimierten Rechtsetzer. Beide „Rechtsetzungsprozesse" unterscheiden sich grundlegend in der Natur ihres Entstehungstatbestandes. Während die originäre „Gesetzgebung und Rechtsetzung" ein Willensakt ist, findet die Rechtsfortbildung nur im Geiste des Richters statt und ist somit ein Erkenntnisakt.

Zu dieser zweiten Funktion sollen hier einige kursorische Bemerkungen genügen: Richterrecht kann zwar zu realitätsnahen, differenzierten und von Interessengruppen weitgehend unbeeinflussten „Regeln" führen, die sich in späteren Entscheidungen relativ leicht korrigieren lassen, es eignet sich jedoch kaum zur Konstruktion eines umjetzt: Art. 19 Abs. 1 UA 1 S. 2 EUV i.d.F. des Vertrages von Lissabon – überträgt dem EuGH die Aufgabe der „Wahrung des Rechts bei der Auslegung und Anwendung" dieses Vertrages bzw. der Verträge. Daraus folgt zunächst, dass es gerade nicht die Aufgabe des EuGH ist, die politische Sinnhaftigkeit, Zweckmäßigkeit oder Billigkeit der Rechtsetzung zu überprüfen.[1667] Für rechtsetzerische Mängel, die außerhalb von Legalitätserwägungen liegen, ist der EuGH daher nicht zuständig.[1668] Damit sind die Kontrollmöglichkeiten des EuGH hinsichtlich der Rechtsetzungsqualität vom Umfang und der eingeforderten „Präzision" der entsprechenden rechtlichen Vorgaben abhängig. Mit anderen Worten: Die Kontrollmöglichkeiten des EuGH hängen von der Justiziabilität der rechtlichen „Qualitätsvorgaben" ab. Es ist in diesem Zusammenhang darauf hinzuweisen, dass der weite Gestaltungsspielraum[1669], der den Recht-

---

fassenden Regelungssystems für einen bestimmten Sachbereich (vgl. v. Hippel, ZG, 1987, 1 ff. [12]). Die Möglichkeit des EuGH sich über den Wortlaut sekundärrechtlicher Bestimmungen etwa durch die Berufung auf allgemeine Rechtsgrundsätze hinwegzusetzen und damit inhaltliche Mängel europäischer Rechtsvorschriften zu „korrigieren", bewegt sich stets im interpretatorischen Grenzbereich der Rechtsfortbildung. Schon angesichts des Vorwürfe einer übermäßigen Rechtsfortbildung, mit denen sich der EuGH häufig konfrontiert sieht, kann es nicht verwundern, dass der EuGH oft nicht bereit ist, die europäische Rechtsetzung so „inhaltlich zu verbessern" (vgl. Steinmeyer, FS Kissel, S. 1165 ff. [1179]). Der EuGH ist sich hier seiner Grenzen bewusst. Als Beleg hierfür kann etwa der Fall EuGH, Rs. 22/86, Guiseppe Rindone/Allgemeine Ortskrankenkasse Bad Urach-Münsingen, Slg. 1987, 1339 ff. (bes. 1362 ff., Rn. 6 ff.), herangezogen werden. Darin weist der EuGH dem europäischen Regelungsgeber die Verantwortung für praktische Unzulänglichkeiten zu, die sich aus der Anwendung einer „Gemeinschaftsrechtsverordnung" ergeben. Der EuGH zeigt damit deutlich, dass er kein „Ersatzgesetzgeber" im umfassenden Sinne sein kann. Seine Rolle in der europäischen Rechtsetzung, die man ihm durch seine Interpretations- und Rechtsfortbildungstätigkeit zumessen kann, ist daher von begrenzter Natur.

1667 Pache, DVBl., 1998, 380 ff. (382) – Es ist darauf hinzuweisen, dass trotz des Wortlautes von Art. 220 EGV – jetzt: Art. 19 Abs. 1 UA 1 S. 2 EUV i.d.F. des Vertrages von Lissabon –, der ausdrücklich von der Auslegung „dieses Vertrags" sprach bzw. nun von der Auslegung „der Verträge" spricht, dem EuGH die Auslegung des gesamten „Gemeinschafts-" bzw. – jetzt – Unionsrechts obliegt.

1668 Gosalbo Bono, Legislação, (No. 4/5) 1992, 234 (234).

1669 Hier einige Bemerkungen zum Gestaltungsspielraum der Unionsorgane bei der Rechtsetzung. Die Organe der Union verfügen bei der Rechtsetzung über einen Gestaltungsspielraum (vgl. etwa EuGH, Rs. 1/69, Regierung der Italienischen Republik/Kommission, Slg. 1969, 277 ff. (284, Rn. 4/5); Baer, „Der Bürger" im Verwaltungsrecht, S. 370 ff.). Im Gegensatz etwa zum deutschen Recht unterscheidet die Rechtsprechung des EuGH nicht zwischen legislativen und administrativen Ermessen. Die Entscheidungsspielräume der Organe werden vielmehr durch die Auslegung der Rechtsbegriffe ermittelt. Abhängig vom subjektiv-wertenden und prognostischen Charakter dieser Rechtsbegriffe ergibt sich daraus ein unterschiedlicher Kontrollumfang. Callies, FS Götz, S. 239 ff. (250), weist darauf hin, dass der EuGH den europäischen

setzungsorganen zugebilligt wird, zugleich die gerichtlichen Kontrollmöglichkeiten europäischer Rechtsetzungsqualität erheblich einschränkt. Der großzügig bemessene Gestaltungsspielraum der Organe bei der Rechtsetzung korrespondiert mit dem breit angelegten Handlungsbedarf der Union.[1670] Zudem sprechen auch die weit formulierten Kompetenznormen aus integrations- und verfassungstheoretischen Erwägungen dafür, den politischen Organen der Union einen umfangreichen Gestaltungsspielraum bei der Rechtsetzung einzuräumen.[1671]

Eine gerichtliche Kontrolle der „gesetzes"-technischen Qualität des Sekundärrechts durch den EuGH ist nur in begrenztem Umfang möglich.[1672] Der EuGH muss auch schlecht formulierte Rechtsetzungstexte anwenden und interpretieren. In Punkt 25 der Interinstitutionellen Vereinbarung über „Bessere Rechtsetzung" kommt diese zurückgenommene rechtliche Kontrollmöglichkeit zum Ausdruck, wenn es dort heißt: „Die drei Organe stellen [...] die Qualität der Rechtsetzung sicher, d. h. ihre Klarheit, Einfachheit und Effizienz." Diese „Schleusenbegriffe" sind kaum justiziabel. Weiter steht dort: „Sie sind *entschlossen*, die Interinstitutionelle Vereinbarung vom 22. Dezember 1998 über gemeinsame Leitlinien für die redaktionelle Qualität der gemeinschaftlichen Rechtsvorschriften uneingeschränkt anzuwenden." Die Interinstitutionelle Vereinbarung über gemeinsame

---

Organen gerade in den komplexen Fragen der Wirtschaftsgesetzgebung bei der Tatsachenermittlung Pauschalisierungs- und Typisierungsbefugnisse einräumt. Hinsichtlich der Tatsachenwürdigung beschränkt der EuGH seine Kontrolle überwiegend auf evidente Verstöße. Bei der Auslegung der Rechtsbegriffe beansprucht der EuGH für sich hingegen seine volle Auslegungskompetenz, auch wenn der Tatbestand des Rechtsbegriffs einen Ermessens- oder einen Entscheidungsspielraum offenhält. Es bleibt also festzuhalten, dass dem europäischen Rechtsetzer gerade bei wirtschaftlichen Maßnahmen, deren Wirkungen nur schwer zu bestimmen sind, ein relativ weiter Prognosespielraum verbleibt. Auch im Bereich der Agrarpolitik hat der EuGH festgestellt, dass die europäischen Organe bei der Verfolgung der Ziele der Gemeinsamen Agrarpolitik für einen ständigen Ausgleich sorgen müssen, falls dies etwaige Widersprüche zwischen den Zielen, wenn sie isoliert betrachtet werden, erforderlich machen. Der EuGH, Rs. C-280/93 Deutschland/Rat, Slg. 1994, I-4973 ff. (I-5057, Rn. 47; I-5068, Rn. 89), gesteht den jeweils zuständigen Organen daher ausdrücklich ein „weites Ermessen" zu. Dementsprechend nimmt der EuGH, Rs. C-280/93 Deutschland/Rat, Slg. 1994, I-4973 ff. (I-5068, Rn. 90), seine Kontrolle zurück und überprüft lediglich, ob die jeweilige Maßnahme „zur Erreichung des Zieles, das das zuständige Organ verfolgt, offensichtlich ungeeignet ist."

1670 Reimer, EuR, 2003, 992 ff. (1005).

1671 Vgl. Nettesheim, EuZW, 1995, 106 ff. (107).

1672 Timmermans, CML Rev., 1997, 1229 ff. (1239). Timmermans schreibt hierzu etwa (S. 1240): "On the whole, the possibilities for the Court of Justice to intervene where rules of presentation ('légistique'), accessibility (apart from respect of publication requirements and insufficient or unclear motivation) and effectiveness of rule-making are concerned, remain rather limited."

Leitlinien für die redaktionelle Qualität ist aber nicht rechtsverbindlich. Das Bekenntnis, sie uneingeschränkt anzuwenden, stellt keine Rechtsverbindlichkeit her.
Die Möglichkeiten, Rechtsetzungsakte bzw. einzelne Regelungen hinsichtlich ihrer mangelhaften „gesetzes"-technischen Qualität zu verwerfen, ist auf einen relativ kleinen Bereich begrenzt. So wird der EuGH aber beispielsweise einschreiten, wenn Regeln über die Verhängung einer Sanktion nicht klar genug sind, so dass diese nicht mit dem Prinzip der Rechtssicherheit vereinbar sind.[1673] Außerdem hat der EuGH bei der Verwendung von „soft law"-Instrumenten durch die Kommission gefordert, dass diese nicht mit „harten Inhalten" versehen werden dürfen.[1674] Die Weigerung des EuGH, bei der Interpretation von Sekundärrecht Erklärungen der Mitgliedstaaten, des Rats oder der Kommission zu berücksichtigen, wenn diese nicht selbst Anknüpfungspunkte in den Rechtstexten finden, befördert indirekt die Klarheit der unionalen Rechtsvorschriften.[1675]

Bezüglich der „inhaltlichen" Qualitätsaspekte der Verhältnismäßigkeit und der Subsidiarität besitzt der EuGH wesentlich umfangreichere Kontrollmöglichkeiten. Gegenüber der unionalen Rechtsetzung nimmt der EuGH diese Überprüfungsmöglichkeiten allerdings nur in begrenztem Ausmaß wahr. Die Kontrolldichte ist durch die (gerichtliche) Interpretation des Verhältnismäßigkeits- und Subsidiaritätsprinzips sowie durch den beträchtlichen Gestaltungsspielraum, der dem Regelungsgeber eingeräumt wird, stark eingeschränkt.[1676] Gleiches gilt auch für die Grundrechte[1677], so dass sich auch hier keine *detaillierten* und *um-*

1673 EuGH, Rs. 137/85, Maizena Gesellschaft mbH/Bundesanstalt für landwirtschaftliche Marktordnung (BALM), Slg. 1987, 4587 ff. (4607, Rn. 15); EuGH, Rs. C-172/89, Vandemoortele NV/Kommission der Europäischen Gemeinschaften, Slg. 1990, I-4677 ff. (I-4693, Rn. 9).

1674 EuGH, Rs C-366/88, Frankreich/Kommission, Slg. 1990, I-3571 ff. (I-3600 f., Rn. 17 ff., bes. I-3601, Rn. 23 f.) – „Dienstanweisung"; EuGH, Rs. C-303/90, Frankreich/Kommission, Slg. 1991, I-5315 ff. (I-5344 ff., Rn. 12 ff.) – „Verhaltenskodex"; EuGH, C-325/91, Frankreich/Kommission, Slg. 1993, I-3283 ff. (I-3310 ff., Rn. 20 ff.) – „Mitteilung"; EuGH, Rs. C-57/95, Frankreich/Kommission, Slg. 1997, I-1627 ff. (I-1648 ff., Rn. 13 ff.) – „Mitteilung". Vgl. auch Senden, Soft Law in European Community Law, S. 253.

1675 Timmermans, CML Rev., 1997, 1229 ff. (1239 f.).

1676 Vgl. 4. Kap. – B I 4 d aa, bb und cc.

1677 Im Bereich der Grundrechtsprüfung gewährt der EuGH den Rechtsetzungsorganen weiten Beurteilungs- und Gestaltungsspielraum und schränkt damit seine grundrechtliche Prüfungsdichte stark ein. Vgl. hierzu etwa: Caspar, DÖV, 2000, 349 ff. (bes. 358 f.); Huber, EuZW, 1997, 517 ff. (521); Nettesheim, EuZW, 1995, 106 ff. (107). Stein, EuZW, 1998, 261 ff. (262), fühlt sich sogar an ein vordemokratisches "The Community Legislator can do no wrong" erinnert.

fänglichen Kontrollmöglichkeiten für den EuGH bezüglich der inhaltlichen Qualität der unionalen Rechtsetzungsakte ergeben.

Blickt man auf die Interinstitutionelle Vereinbarung über „Bessere Rechtsetzung“, so stellt man fest, dass auch dort keine (hinreichende) Präzisierung der Verpflichtung der Rechtsetzungsorgane für inhaltlich „gute“ Rechtsetzungsakte erfolgt.
So heißt es etwa hinsichtlich der Wahl des Rechtsetzungsinstruments, dass die Kommission sicherstellt, „dass die Form der von ihr vorgeschlagenen Maßnahme *möglichst* einfach ist“. Diese Aussage wird noch im gleichen Punkt 12 (weiter) relativiert, wenn darauf hingewiesen wird, dass die Kommission „darauf achtet, dass das Ziel der Maßnahme in zufrieden stellender Weise erreicht wird und die Maßnahme tatsächlich zur Anwendung gelangt“.
Punkt 13, der die Ausgestaltung von Richtlinien betrifft, betont, dass „eine *angemessene* Ausgewogenheit zwischen den allgemeinen Grundsätzen und den detaillierten Bestimmungen“ zu gewährleisten ist.
Die Ausführungen zur Anwendung alternativer Regulierungsverfahren (Punkt 16) „erkennen an, dass es zweckmäßig ist, in *geeigneten* Fällen und sofern der EG-Vertrag nicht die Verwendung eines bestimmten Rechtsinstruments vorschreibt, auf alternative Regulierungsmechanismen zurückzugreifen“. Auch diese Formulierung räumt den Rechtsetzungsorganen einen weiten und damit gerichtlich nicht effektiv zu kontrollierenden Spielraum ein, der über Legalitätserwägungen hinausgeht. Besonders deutlich tritt dieses Problem auch in Punkt 17 hervor, wenn es heißt, die „Anwendung eines solchen Mechanismus muss darüber hinaus einen *Mehrwert von allgemeinem Interesse* darstellen. [...] Sie müssen eine *rasche* und *flexible* Regulierung gewährleisten, die weder die Grundsätze des Wettbewerbs noch die Einheitlichkeit des Binnenmarkts gefährdet.“
Die Ausführungen zu Konsultationen[1678] und zur Folgenabschätzung sind ebenfalls äußerst vage gehalten. Nach Punkt 27 „trägt die Kommission in ihren Rechtsetzungsvorschlägen deren finanziellen oder administrativen Auswirkungen, insbesondere für die Union und die Mitgliedstaaten, in *gebührender Weise* Rechnung. Darüber hinaus tragen die drei Organe [...] der Zielsetzung Rechnung, eine *angemessene* und *wirksame* Anwendung in den Mitgliedstaaten zu gewährleisten.“ Weiter heißt es: „Die drei Organe sind sich über den positiven Beitrag der Folgenabschätzungen zur Verbesserung der Qualität der gemeinschaftlichen Rechtsvorschriften im Hinblick sowohl auf ihren An-

1678 Punkt 26: „In der Phase vor der Vorlage von Rechtsetzungsvorschlägen nimmt die Kommission unter Unterrichtung des Europäischen Parlaments und des Rates *möglichst umfassende* Konsultationen vor [...]. In Einzelfällen, in denen die Kommission dies *für angebracht hält*, *kann* sie ein Konsultationsdokument zur Vorbereitung der Rechtsetzung vorlegen.“

wendungsbereich und als auch auf ihren Inhalt einig." Damit legen die Organe erfreulicherweise ein Bekenntnis zur herausragenden Signifikanz der Folgenabschätzung für die Qualität von Rechtsetzungsakten ab. Konkrete justiziable Vorgaben, auf die der EuGH bei der „Qualitätskontrolle" zurückgreifen könnte, sind der Interinstitutionellen Vereinbarung über „Bessere Rechtsetzung" allenfalls in Ansätzen zu entnehmen.

Schließlich soll noch auf die gerichtliche Kontrolle der Einhaltung des Art. 253 EGV – jetzt: Art. 296 Abs. 2 AEUV – eingegangen werden. Die Kontrolle der Einhaltung des Art. 253 EGV – jetzt: Art. 296 Abs. 2 AEUV – erscheint besonders geeignet, um die Durchführung eines „optimalen inneren Gesetzgebungsverfahrens" zu gewährleisten.
Eine Begründung i. S. v. Art. 253 EGV – jetzt: Art. 296 Abs. 2 AEUV – muss die wichtigsten rechtlichen und tatsächlichen Erwägungen angeben, auf denen der Rechtsakt beruht und die das verantwortliche Organ zu seiner Entscheidung veranlasst haben.[1679] Diese Angaben müssen klar und eindeutig sein, so dass die Betroffenen die Gründe für die jeweilige Maßnahme erfahren können und dem Gerichtshof eine Kontrolle möglich ist.[1680] Trotz einheitlichen Wortlauts des Art. 253 EGV – jetzt: Art. 296 Abs. 2 AEUV – variieren die Anforderungen, welche an die Begründungspflicht zu stellen sind, entsprechend der Art der Maßnahme. So ist beim Umfang der Begründungspflicht zwischen Einzelakten und Regelungen generell-abstrakter Natur zu unterscheiden.[1681] Der Bereich der normativen Maßnahmen ist hier von gesteigertem Interesse. Bei normativen

---

1679 Hill, Maßnahmen zur Verbesserung der Gesetzgebungskultur in nationalen Rechtsordnungen in Anlehnung an das EG-Recht, in: Gesetzesvorspruch, S. 1 ff. (6); Schwarze, Europäisches Verwaltungsrecht, S. 1350.

1680 EuGH, Rs. 41/69, ACF Chemiefarma N.V./Kommission, Slg. 1970, 661 ff. (693, Rn. 76/78); EuGH, Rs. 250/84, Eridania zuccherifici nazionali SpA u. a./Cassa conguaglio zucchero, Ministero delle Finanze und Ministero del Tesoro, Slg. 1986, 117 ff. (146, Rn. 37); EuGH, Rs. C-358/90, Compagnia italiana alcool SAS di Mario Marino & Co./Kommission, Slg. 1992, I-2457 ff. (I-2503, Rn. 40); EuGH, verb. Rs. C-15/98 und C-105/99, Italienische Republik und Sardegna Lines – Servizi Marittimi della Sardegna SpA/Kommission, Slg. 2000, I-8855 ff. (I-8915, Rn. 65); EuGH, verb. Rs. 292 und 293/81, Société Jean et Cie, Société Loiret & Haentjens S.A. u. a./Fonds d'intervention et de régularisation du marché (F.I.R.S.), Slg. 1982, 3887 ff. (3909, Rn. 18); EuGH, Rs. 176/82, Théo Nebe/Kommission, Slg. 1983, 2475 ff. (2487 Rn. 21); GA Geelhoed, SchlA zu EuGH, verb. Rs. C-154/04 und C-155/04, The Queen, auf Antrag von Alliance for Natural Health u. a./Secretary of State for Health and National Assembly for Wales, Slg. 2005, I-6451 ff. (I-6483, Rn. 108).

1681 Vgl. EuGH, Rs. 18/62, Emilia Barge/Hohe Behörde, Slg. 1963, 561 ff. (602); EuGH, Rs. 5/67, Firma W. Beus GmbH & Co./Hauptzollamt München), Slg. 1968, 127 ff. (144); EuGH, 87/78, Welding und Co./Hauptzollamt Hamburg-Waltershof), Slg. 1978, 2457 ff. (2467 f., Rn. 10 f.); Schwarze, Europäisches Verwaltungsrecht, S. 1354.

Maßnahmen und insbesondere bei Verordnungen genügt es, für deren Begründung „die Gesamtlage anzugeben, die zum Erlaß der Maßnahme geführt hat, und die allgemeinen Ziele zu bezeichnen, die mit ihr erreicht werden sollen. Daher kann nicht verlangt werden, daß sie die mitunter sehr zahlreichen und weitverzweigten tatsächlichen Umstände im Einzelnen anführt, auf deren Grundlage die Verordnung ergangen ist, und noch weniger, daß sie diese Umstände mehr oder weniger vollständig würdigt“[1682].

Eine wesentliche Einschränkung erfährt die Begründungspflicht auch dadurch, dass das betreffende Organ nur seine eigene Rechtsauffassung kundgeben muss, ohne zu möglichen oder tatsächlich vorgebrachten Einwänden Stellung zu nehmen.[1683] Die Begründung einzelner Bestimmungen kann zudem gänzlich entfallen, wenn diese „aus sich selbst heraus verständlich sind und sich harmonisch in die Gesamtregelung einfügen“[1684].

Obwohl in solchen Bereichen, bei denen die Organe einen Ermessensspielraum besitzen, erhöhte Anforderungen an die Begründung gestellt werden[1685], genü-

---

1682 EuGH, Rs. 5/67, Firma W. Beus GmbH & Co./Hauptzollamt München), Slg. 1968, 127 ff. (144). Vgl. auch GA Geelhoed, SchlA zu EuGH, verb. Rs. C-154/04 und C-155/04, The Queen, auf Antrag von Alliance for Natural Health u. a./Secretary of State for Health and National Assembly for Wales, Slg. 2005, I-6451 ff. (I-6483, Rn. 108): „Es reicht aus, dass sich dem angefochtenen Rechtsakt der verfolgte Zweck in seinen wesentlichen Zügen entnehmen lässt, wobei es nicht notwendig ist, eine besondere Begründung für jede der getroffenen fachlichen Entscheidungen zu verlangen.“ Siehe ferner EuGH, 87/78, Welding und Co./Hauptzollamt Hamburg-Waltershof), Slg. 1978, 2457 ff. (2468, Rn. 11); EuGH, Rs. 250/84, Eridania zuccherifici nazionali SpA u. a./Cassa conguaglio zucchero, Ministero delle Finanze und Ministero del Tesoro, Slg. 1986, 117 ff. (146, Rn. 38).

1683 EuGH, verb. Rs. C-142 und 156/84, British-American Tobacco Company Ltd und R. J. Reynolds Industries Inc./Kommission, Slg. 1987, I-4487 ff. (I-4585 f., Rn. 72 f.); Hill, Maßnahmen zur Verbesserung der Gesetzgebungskultur in nationalen Rechtsordnungen in Anlehnung an das EG-Recht, in: Gesetzesvorspruch, S. 1 ff. (6).

1684 GA Lagrange, SchlA zu EuGH, Rs. 18/62, Emilia Barge/Hohe Behörde, Slg. 1963, 561 ff. (613).

1685 Da im Bereich des Normerlasses fast immer ein solcher Ermessensspielraum gegeben ist, kann man hier wohl grundsätzlich von einem erhöhten Begründungsbedarf sprechen. – Vgl. zum Ganzen: EuGH, verb. Rs. 36, 37, 38, 40/59, Präsident Ruhrkohlen-Verkaufsgesellschaft mbH u. a./Hohe Behörde, Slg. 1960, 885 ff. (921 f.); EuGH, Rs. C-36/59, Präsident Ruhrkohlen-Verkaufsgesellschaft, Slg. 1960, 887 ff. (921 f.); EuGH, Rs. C-185/85, Union sidérurgique du Nord et de l'Est de la France (Usinor) SA/Kommission, Slg. 1986, I-2079 ff. (I-2098 f., Rn. 20 ff.); EuGH, Rs. C-358/90, Compagnia italiana alcool SAS di Mario Marino & Co./Kommission, Slg. 1992, I-2457 ff. (I-2502 ff., Rn. 38 ff.; bes. I-2503, Rn. 42); EuGH, verb. Rs. C-258 f./90, Pesquerias De Bermeo SA und Naviera Laida SA/Kommission, Slg. 1992, I-2901 ff. (I-2942, Rn. 26); GA Darmon, SchlA zu EuGH, Rs. 248/84, Deutschland/Kommission, Slg. 1987, 4013 ff. (4027, Rn. 4). Vgl. auch Callies, FS Götz, S. 239 ff. (256 f.); Jahns-Böhm/Breier, EuZW, 1992, 49 ff. (54); Müller-Ibold, Die Begründungspflicht im eurogen auch diese Anforderungen nicht, um die sorgfältige Erarbeitung eines Rechtsetzungsaktes hinreichend gerichtlich kontrollieren zu können. In der Praxis bestätigt sich diese Einschätzung. So stellen Redeker und Karpenstein fest, dass die Begründungen „in aller Regel [...] erst in letzter Minute durch die an den Verhandlungen beteiligten Juristen der Gemeinschaftsorgane" erstellt werden. „Zumeist fassen die Rechtsexperten der Kommission die erzielten Kompromisse zusammen, ohne dass Ministerrat oder Europäisches Parlament gewillt sind, das Verhandlungspaket in letzter Minute noch einmal aufzuschnüren."[1686] Für eine gründliche Kontrolle der sorgfältigen Erarbeitung eines Rechtsetzungsaktes wäre es notwendig, auch nicht ergriffene Regelungsalternativen aufzuführen und genauere Angaben zur Methodik der Entscheidungsfindung zu machen.

Es kann festgehalten werden, dass der EuGH nur über eher bescheidene Möglichkeiten verfügt, um die „gesetzes"-technische und inhaltliche Qualität der Sekundärrechtsetzung sowie einen „optimierten inneren" Prozess der Rechtsetzung zu kontrollieren.

c) Bewertung

Die unionalen Rechtsetzungsorgane sind verpflichtet, bei der Produktion der von ihnen erlassenen Rechtsetzungsakte möglichst gründlich nach den „besten" Lösungen zu suchen. Diese verfahrensmäßige Optimierungspflicht bezieht sich auf den gesamten Produktionsprozess der Rechtsetzungsakte. Hauptinhalte sind die Problemidentifikation, das Entwerfen von verschiedenen Handlungsoptionen, die Erforschung der tatsächlichen Umstände und das Aufstellen von Prognosen sowie deren adäquate Berücksichtigung. Insofern kann man auch von einem allgemeinen Verfassungsauftrag zur Folgenabschätzung von Rechtsetzungsakten sprechen. Der wesentliche „Schwachpunkt" dieser Verpflichtungen besteht darin, dass ihre Einhaltung nicht erzwingbar ist. Ein mangelhafter Ausarbeitungsprozess der Rechtsnormen macht diese weder rechtswidrig noch unwirksam. Diese „Durchsetzungsschwäche" ist die Konsequenz aus dem weiten Ermessensspielraum, den die Unionsorgane bei der Rechtsetzung genießen und der es ihnen erlaubt, die konkrete Ausgestaltung der Vorschriften hinsichtlich deren prognostizierter Wirksamkeit, Wirtschaftlichkeit, Detaillierung et

---

päischen Gemeinschaftsrecht und im deutschen Recht, S. 21 ff., 99 ff. Vgl. in diesem Zusammenhang auch Scheffler, DÖV, 1977, 767 ff. (769).

1686 Redeker/Karpenstein, NJW, 2001, 2825 ff. (2830). Kritisch auch Beekes, ZG, 1998, 217 ff. (238, 241); Ennuschat, DVBl., 2004, 986 (992).

cetera weitestgehend eigenständig und zumeist frei von gerichtlichen Kontrollmöglichkeiten selbst vorzunehmen.
Gründe für die Rechtswidrigkeit eines Rechtsaktes werden stets nur im Endprodukt des jeweiligen Rechtsaktes gesucht oder genauer in dessen Vereinbarkeit mit höherrangigem Recht. Dieses Konzept hat zur Folge, dass die (vorgangsbezogene) „Pflicht zur Optimierung der Rechtsetzung" in ihrer praktischen Wirkung vom Eifer oder der Skepsis der beteiligten Organe abhängt. Anders ausgedrückt: Die „Rechtsetzungsoptimierungspflicht" ist von der Bereitschaft der Rechtsetzungsorgane, dieser Pflicht nachzukommen, abhängig. Dies läuft im Ergebnis darauf hinaus, dass der Rechtsetzer nichts anderes schuldet als den Rechtsetzungsakt. Werden die Anforderungen an das Rechtsetzungsverfahren, wie die korrekte Durchführung des richtigen vertraglichen Rechtsetzungsverfahrens oder die Begründungspflicht des Art. 253 EGV – jetzt: Art. 296 Abs. 2 AEUV –, eingehalten, zählt nur noch das Produkt der Rechtsetzung. Die hier dargestellte weitergehende Pflicht zur Optimierung der Rechtsetzung stellt damit kaum mehr dar als einen hehren Appell an die Unionsorgane.

Bei der Sicherstellung einer möglichst hohen „gesetzes"-technischen Qualität der Rechtsetzungsakte zeichnet sich ein ähnliches Bild ab. „Gesetzes"-technische Mängel haben allenfalls in Grenzfällen rechtliche Konsequenzen.[1687] Mit andern Worten: Auch nahezu unverständlich formulierte Rechtsetzungsakte besitzen rechtliche Geltungskraft. Die gerichtliche Überprüfung der „gesetzes"-technischen Qualität ist auf Ausnahmefälle beschränkt und führt auch dort nur selten zu rechtlichen Konsequenzen. Rechtliche Vorgaben hinsichtlich der inhaltlichen Qualitätsaspekte sind nicht so konkret, als dass sich hieraus unter Berücksichtigung des weiten Ermessensspielraums, den die europäische Rechtsetzung genießt, eine effektive gerichtliche Kontrollmöglichkeit ableiten lässt.

1687 Vgl. EuGH, Rs. C-354/95, The Queen/Minister for Agriculture, Fisheries, and Food, ex parte: National Farmers' Union u. a., Slg. 1997, I-4559 ff. (I-4611, Rn. 58); EuGH, Rs. C-181/96, Georg Wilkens/Landwirtschaftskammer Hannover, Slg. 1999, I-399 ff. (I-422 ff., Rn. 20 ff.); EuGH, Rs. C-6/98, Arbeitsgemeinschaft Deutscher Rundfunkanstalten (ARD)/PRO Sieben Media AG, Slg. 1999, I-7599 ff. (I-7632 f., Rn. 26 ff.). Vgl. auch allgemein Kirchhof, NJW, 2002, 2760 ff. (2760 ff.).

2. Vorschlag

Angesichts der Unbestimmtheit der bestehenden unionsrechtlichen Vorgaben für eine qualitativ hochwertige Rechtsetzung bedarf es einer verbindlichen und detaillierten Festschreibung von Qualitätsstandards.[1688] Diese Standards werden als Konkretisierung der bestehenden primärrechtlichen „Rechtsetzungs-optimierungspflicht" der Unionsorgane aufgefasst. Um ihnen die notwendige Autorität und Durchsetzungskraft zu verleihen, erscheint eine primärrechtliche Fixierung in Form eines Protokolls angezeigt.

Bei den zu etablierenden Qualitätsstandards gilt es zwischen einem „gesetzes"-technischen und einem inhaltlichen Qualitätsstandard zu unterscheiden.

Bezüglich der ersten Kategorie ist auf die Interinstitutionelle Vereinbarung vom 22. Dezember 1998 über Gemeinsame Leitlinien für die redaktionelle Qualität der „gemeinschaftlichen" Rechtsvorschriften zu verweisen. Diese Vereinbarung stellt eine solide Ausgangsbasis für weitere Überlegungen hinsichtlich verbindlicher „gesetzes"-technischer Qualitätsstandards dar, bei denen die Kriterien Einfachheit, Klarheit, Bestimmtheit und Kohärenz im Fokus stehen. Vorgangsbezogene Pflichten sind im Bereich der „gesetzes"-technischen Qualitätsstandards nur begrenzt sinnvoll, vielmehr ist hier primär auf das Rechtsetzungsprodukt abzustellen.

Bei der Festlegung inhaltlicher Qualitätsstandards ist hingegen eine Vorgehensweise zu bevorzugen, die Rücksicht nimmt auf das Rechtsetzungsermessen der unionalen Organe. Deshalb sollte eine Überprüfung hier nicht primär auf den fertigen Rechtsetzungsakt abzielen, sondern den Prozess seines Zustandekommens untersuchen. Es kann nicht darum gehen, den „materiellen Inhalt" eines Rechtsetzungsaktes anhand politischer Opportunitätsgesichtspunkte zu prüfen, sondern nur darum, dass ein Rechtsetzungsakt auf einer objektiven und methodisch sorgfältig erarbeiteten Entscheidungsbasis beruht, die im Rechtsetzungsakt schlüssig umgesetzt ist. Eine umfassende, sorgfältig ausgearbeitete und möglichst objektive Folgenabschätzung bildet eine gute Grundlage für politische Entscheidungen. In diesem Sinn sollten entsprechende Standards, die unverbindlich schon heute vorhanden sind, gesichtet, kritisch gewürdigt und zu einer verbindlichen Handlungsanweisung für eine Folgenabschätzung zusammengefasst werden.

1688 In diesem Zusammenhang sei ein Hinweis auf die Ausführungen von Kindermann, ZRP, 1983, 204 ff. (205 f.), gestattet, der von Planungen in der ehemaligen VR Polen berichtet, wo man beabsichtigte, die Rechtsetzung *ausführlich* durch ein Gesetz zu regeln. Vgl. hierzu auch Lücke, ZG, 2001, 1 ff. (35), der darüber hinaus auch von einer Normierung materieller und formeller Pflichten der Legislative in der Interimsverfassung von Südafrika berichtet. Siehe außerdem Karpen, Gesetzgebungslehre – neu evaluiert, S. 117 f.

Um die Flexibilität der Rechtsetzung durch verbindliche Qualitätsstandards für Rechtsetzungsakte nicht über Gebühr zu beschränken[1689], ist für einen „Mittelweg“ bei der Formulierung von Qualitätsstandards zu plädieren.
Einerseits ist bei den „gesetzes“-technischen Standards Präzision notwendig, wie etwa ein (striktes) Verbot widersprüchlicher Terminologien innerhalb eines Rechtstextes, andererseits ist Flexibilität geboten, wie etwa durch das Gebot einer verständlichen Wortwahl, welches bei der konkreten Abfassung der Rechtstexte genügend Spielraum für verschiedene Formulierungen offenhält.
Auch bei den Anforderungen an die Folgenabschätzung ist eine gewisse Elastizität sicherzustellen. Ein Beispiel hierfür ist der Grundsatz der „proportionalen Analyse“, der auch schon heute (unverbindlich) den Umfang einer Folgenabschätzung von den voraussichtlichen Auswirkungen der vorgeschlagenen Maßnahme abhängig macht.
Es ist außerdem notwendig, dass die Anstrengungen des Rechtsetzers bei der Einhaltung der „Qualitätsstandards“ klar und präzise dokumentiert werden, um später als Grundlage für eine gerichtliche Entscheidung dienen zu können. Daher sollte jeder Rechtsetzungsakt mit *einem* Dokument verknüpft werden, das sowohl die durchgeführte Folgenabschätzung darstellt als auch Ausführungen zu den „gesetzes“-technischen Gesichtspunkten beinhaltet. Bei letzteren könnte es sich etwa um die Auflistung alternativer Formulierungsvorschläge handeln. Dadurch könnte bei den Stellen und Personen, die sich mit der Abfassung von Rechtstexten befassen, die Bedeutung und Notwendigkeit eines intensiven Überlegungsprozesses über „gesetzes“-technische Aspekte stärker ins Bewusstsein treten.

Ferner erscheint es unumgänglich, Verstöße gegen Qualitätsstandards zu sanktionieren. Insofern wäre zu entscheiden, ob und welche Verstöße zur Nichtigkeit führen bzw. eine bloße Vernichtbarkeit der Rechtsetzungsakte ermöglichen. Zudem wären Heilungsmöglichkeiten für Qualitätsmängel und Übergangsregelungen bei Verstößen gegen Qualitätsstandards zu bedenken. Insbesondere die Einführung einer zeitlich begrenzten Nachbesserungspflicht bei Verstößen gegen die Qualitätsstandards, für die ein vereinfachtes Änderungsverfahren vorgesehen werden sollte, erscheint bedenkenswürdig.

Da das Bestreben nach einer hohen „gesetzes“-technischen und inhaltlichen Qualität von Rechtsetzungsakten auch Fähigkeiten verlangt, die nicht vorrangig zu den herkömmlichen juristischen Fertigkeiten zählen, etwa im sprachlich-semantischen oder naturwissenschaftlichen Bereich,[1690] ist es notwendig, den

1689 Piris, The Quality of Community Legislation: The Viewpoint of the Council Legal Service, in: Improving the Quality of Legislation in Europe, S. 25 ff. (37), plädiert aufgrund dieser Befürchtung gegen verbindliche Rechtsetzungsstandards.

1690 Vgl. Bröhmer, Transparenz als Verfassungsprinzip, S. 367.

EuGH bei seiner Kontrolltätigkeit fachwissenschaftlich zu unterstützen. Insofern bietet sich etwa eine Unterstützung des EuGH durch den 2006 geschaffenen „Rat für Folgenabschätzung" oder ähnlicher – möglichst auch unabhängiger – Gremien an, die sich auf Fragen der Rechtsetzungsqualität spezialisiert haben.

D. Zusammenfassung

Die konnten einige Ansätze herausgearbeitet werden, die geeignet erscheinen, die Güte der unionalen Rechtsetzung zu verbessern. Da punktuelle Maßnahmen kaum zu einer nachhaltigen Behebung quantitativer und qualitativer Mängelzustände führen, verfolgen die unterbreiteten Vorschläge eine allgemeine und systematische Herangehensweise. Nachfolgend werden einige bevorzugte Ansätze aufgeführt.

Bezüglich des „Rechtsetzungsprozesses" wird eine „institutionelle" Bündelung der Einflussnahmemöglichkeiten von Interessengruppen beim Wirtschafts- und Sozialausschuss vorgeschlagen. Zudem gilt es – mit dem Ziel einer zahlenmäßigen Verringerung – den Bestand der Komitees kritisch zu sichten. Die Anzahl der verschiedenen Gremien muss sich dabei strikt am Regelungsbedarf orientieren.
Schließlich wird die Einführung einer allgemeinen „Verfallsfrist" für Rechtsetzungsinitiativen vorgeschlagen, zu denen nicht innerhalb einer Fünfjahresfrist ein Beschluss ergeht.

Um eine Reduzierung der Quantität der Rechtsetzung zu erreichen, ist es notwendig, die Unionskompetenzen (noch) klarer von den mitgliedstaatlichen Kompetenzen abzugrenzen und diese „enger" zu fassen. Daher wird die Einführung eines abschließenden sektoralen Kompetenzkataloges vorgeschlagen, der verstärkt ausschließliche Kompetenzen zwischen der Union und den Mitgliedstaaten festlegt. Neben einer größeren Klarheit bei der Zuständigkeitsverteilung bietet dieser Vorschlag den Vorteil, dass damit Übergriffe der Union in die Kompetenz der Mitgliedstaaten verhindert bzw. erschwert werden. Zudem könnte eine solche Kompetenzordnung bei den Bürgern der Mitgliedstaaten ein höheres Maß an Akzeptanz generieren, da die Bürger dadurch in die Lage versetzt werden, deutlich zu erkennen, wer für eine Regelung verantwortlich ist – der Nationalstaat oder die Union.[1691] Ergänzend wäre die Schaffung eines Ver-

1691 Diese starke Beeinflussung des nationalen Rechts durch das europäische Recht führt zu einer Unüberschaubarkeit der Normen, in der der Rechtsanwender den Überblick darüber verliert, ob er es im Einzelfall mit nationalem Recht oder mit europäischem Recht zu tun hat. Ein Beispiel hierfür ist etwa das Weinrecht. In Deutschland treffen hier aufgrund der komplexen Kompetenzverteilung europäische Regelungen auf Regelungen

fassungsrates, einer „Zweiten Kammer“ oder eines Subsidiaritätsausschusses als „Wächter über die Kompetenzgrenzen“ in Erwägung zu ziehen.
Im Sinne einer „wirtschaftlichen“ Rechtsetzung wird vorgeschlagen, die rechtsetzungsbedingten finanziellen Belastungen für Unternehmen und Bürger auf ein festgelegtes Maximum zu begrenzen.
Um die Effektivität, Effizienz und Notwendigkeit der bestehenden Rechtsetzungsakte systematisch und dauerhaft zu überwachen, wäre es außerdem angebracht, einen gemeinsamen Ausschuss aus Vertretern der rechtsetzenden Stellen zu bilden, der die Überprüfung aller Rechtsetzungsakte obligatorisch in bestimmten Abständen vornimmt. Damit würde dem Rechtsetzungsgeber quasi ein „Rechtsetzungsnehmer“ zur Seite gestellt. Hiermit wäre ein institutioneller Ansatz gefunden, um den Gesamtumfang aller Rechtsetzungsakte auf ein Mindestmaß zu beschränken.
Schließlich ist ein Rechtsetzungsstil zu empfehlen, der verstärkt auf generalklauselartige Rechtsnormen und unbestimmte Rechtsbegriffe zurückgreift. Anstatt zu versuchen, alle zukünftigen Sachverhaltsoptionen zu antizipieren und in einen Regelungsansatz einzustellen, verspricht ein „deutungsoffener“ Rechtsetzungsstil, durch seine Anpassungsfähigkeit an neue Gegebenheiten, die „Lebensdauer“ von Rechtsetzungsakten zu erhöhen[1692] und deren Regelungsdichte zu minimieren.

Zur Verbesserung der Qualität der unionalen Rechtsetzungsakte wird zunächst vorgeschlagen, die verschiedenen Sprachfassungen von europäischen Rechtstexten auf drei Sprachen (Englisch, Französisch, Deutsch) zu beschränken. Diese drei Sprachfassungen sollten zur gleichen Zeit erarbeitet werden, um separate Übersetzungsvorgänge zu vermeiden.
Institutionell empfiehlt sich die Schaffung eines unabhängigen unionalen „Gesetzgebungsdienstes“, der zentral mit der qualitativen Verbesserung der unionalen Rechtsetzungsakte betraut ist. Als Vorbild kann hier das “Parliamentary Counsel Office“ im Vereinigten Königreich dienen. Dieser „Gesetzgebungsdienst“ sollte die Verantwortung für die (eher) technische Qualität des Rechtsetzungsaktes während des gesamten Rechtsetzungsprozesses haben.
Auch die Einführung verbindlicher Qualitätsstandards für Rechtsetzungsakte ist zu befürworten. In Konkretisierung der primärrechtlichen Verpflichtung der Unionsorgane zur sorgfältigen Ausarbeitung ihrer Rechtsetzungsakte gilt es,

---

des Bundes und der Länder und bilden eine unübersichtliche Melange. Vgl. Karpen/Breutz/Nünke, Gesetzgebung der Großen Koalition, S. 65 ff. (bes. 67).

1692 Die fortschreitende Interpretation von Vorschriften im Vollzug sowie in der Wissenschaft und in der Rechtsprechung kann auftretende Sachprobleme eigenständig lösen, ohne dass gesetzgeberische Maßnahmen nötig sind. Vgl. hierzu Söfker, ZG, 1989, 340 ff. (340 ff.), mit entsprechenden Beispielen aus dem deutschen Baurecht sowie Sendler, ZRP, 1979, 227 ff. (231).

verbindliche Standards bezüglich der „gesetzes“-technischen und der inhaltlichen Qualität aufzustellen, die es dem EuGH ermöglichen, eine effektive „Qualitätskontrolle“ durchzuführen.

7. Kapitel - Zusammenfassung und Schlussbemerkungen

Vor dem Hintergrund der Forderung nach „Weniger Quantität – Mehr Qualität" bei der unionalen Rechtsetzung wurde zunächst eine Bestandsaufnahme bestehender Mängel durchgeführt und anschließend eine Ursachen- und Folgenbetrachtung erstellt. Weiterhin wurden die aktuellen Maßnahmen zum Erreichen einer besseren Rechtsetzung auf europäischer Ebene analysiert und Vorschläge unterbreitet, die geeignet erscheinen, diesen Prozess zu befördern.

Die Bestandsaufnahme zur Güte der europäischen Rechtsetzung ergab zusammengefasst folgenden Befund. Seit 1980 steigt die Zahl der jährlich veröffentlichten Rechtsetzungsakte. In Folge nimmt der Gesamtumfang aller in Geltung befindlichen Verordnungen, Richtlinien und Entscheidungen zu, wobei rein zahlenmäßig die Handlungsform der Verordnung die Unionsrechtsordnung dominiert.
Die meisten Rechtsetzungsakte sind Durchführungsrechtsakte der Kommission. Inhaltlich beschäftigt sich ein Großteil der Rechtsetzungsakte mit Berichtigungen, Ergänzungen oder Veränderungen der bestehenden Regelungen.
Mit der Ausweitung der „gemeinschaftlichen" und unionalen Rechtsetzungskompetenzen kam es in den zurückliegenden Jahrzehnten zu einer spürbaren Dynamisierung und Ausdehnung der europäischen Rechtsetzung auf immer neue Anwendungsbereiche.

Was die „gesetzes" technischen und inhaltlichen Qualitätsanforderungen betrifft, wurden u. a. folgende Rechtsetzungsmängel identifiziert:

- die hohe Änderungshäufigkeit der Rechtsetzungsakte,
- die Unklarheit und Unverständlichkeit der Rechtstexte (Bsp.: lange, ungenaue Titel, extrem komplizierte Legaldefinitionen, häufiger Gebrauch von – teilweise nicht erklärten – Abkürzungen, eminente Satzlängen),
- die Unbestimmtheit (Bsp.: vieldeutige und wenig aussagekräftige Präambeln, vage Begriffe, rechtliche Fragmentierung einheitlicher Lebenssachverhalte),
- die fehlende Systematik (Bsp.: unterschiedliche Regelungen von ähnlichen Sachverhalten ohne erkennbare Gründe, widersprüchliche Terminologie),
- Zweifel an der Übereinstimmung von Rechtsetzungsakten mit den Prinzipien der Verhältnismäßigkeit und Subsidiarität,

- die mangelhafte Effektivität von Regelungen (Bsp.: Rechtsanwendungs- und Durchsetzungsdefizite in der mitgliedstaatlichen Rechtspraxis)
- die mangelhafte Effizienz.

Rechtsetzungsmängel bleiben nicht ohne Folgen. Mit steigender Regelungsintensität wachsen die ökonomischen und bürokratischen Belastungen für Bürger und Unternehmen. Zudem geht mit dem Anstieg der Normmenge die menschliche Eigenverantwortung und Selbstbestimmung stetig zurück. Dies führt letztendlich zu einem Verlust menschlicher Freiheit.
Die Folgen mangelhafter Rechtsetzung sind außerdem ein Akzeptanzverlust für die Rechtsordnung sowie Umsetzungs- und Anwendungsdefizite für dieses Recht. Daraus ergibt sich für die Union eine letale Bedrohung, denn anders als der Nationalstaat ist die Union kein „selbstverständliches" Hoheitsgebilde, sondern primär eine Rechtsgemeinschaft. Die Undurchsichtigkeit des Unionsrechts und seine Durchsetzungsschwächen gefährden daher das Unionsrechtsystems als Ganzes.

Wesentliche Ursachen für unionale Rechtsetzungsmängel sind ausgemacht. Beispielhaft können hier angeführt werden:

- die Komplexität und der ausgeprägte Kompromisscharakter des Rechtsetzungsprozesses (Bsp.: Vielzahl von privaten, staatlichen und supranationalen Akteuren, die ihrerseits ein breites Spektrum unterschiedlichster Interessenlagen und politischer Ziele verfolgen, „Spiel über Bande" der Mitgliedstaaten, unachtsame Behandlung von Kommissionsvorschlägen in Rat und Parlament, ausgeprägter Lobbyismus auf europäischer Ebene),
- das Fehlen eines abgegrenzten Regelungsbedarfes für die europäische Rechtsetzung,
- weitreichende Rechtsetzungskompetenzen, denen kein wirksames rechtliches „Korrektiv" (vgl. Verhältnismäßigkeits- oder Subsidiaritätsprinzip) gegenübersteht,
- die fehlende Befugnis der Organe zur Konkretisierung des von ihnen gesetzten Rechts durch Verwaltungsvorschriften,
- das Prinzip der begrenzten Einzelermächtigung als (ein) Grund für die „künstliche" Teilung „einheitlicher" Regelungen,
- die Dominanz eines regulativen Politikansatzes aufgrund begrenzter finanzieller Mittel,
- die Ansicht von Entscheidungsträgern, dass die Schaffung neuer Rechtsnormen mit Prestige- und Machtzuwachs einhergeht,
- das Bedürfnis der Kommission, ihre Legitimation mit Rechtsetzungsakten begründen zu müssen,

- die „Anlassgesetzgebung“ bzw. „Ad-hoc-Rechtsetzung“, die sich nur unzureichend auf sorgfältige Vorarbeiten stützen kann und der nicht immer ein objektiver Regelungsbedarf vorausgeht,
- ein problematischer Umgang mit der europäischen Rechtsetzung durch die „Neuheit“ und den „rechtsvergleichenden“ Charakter der europäischen Rechtsordnung,
- die Vielsprachigkeit der Rechtsetzung und die damit einhergehenden Übersetzungsprobleme und Sprachdivergenzen.

Verdienstvoll sind die Bemühungen der früheren „Gemeinschaft“ um Reduktion und Qualitätsverbesserung ihrer Rechtsetzung, die seit Anfang der 90er Jahre auf europäischer Ebene Raum greifen.
Was die Quantitätsabsenkung betrifft, verfolgt die Union dabei vornehmlich einen rückwirkenden Ansatz, in dessen Mittelpunkt die Kodifizierung, die Neufassung und die Konsolidierung des Unionsrechts stehen. Daneben bemüht man sich (präventiv) um eine Überprüfung anhängender Rechtsetzungsvorschläge hinsichtlich deren Notwendigkeit.
Was die „gesetzes“-technischen Qualitätsaspekte bezüglich klarer, einfacher und genauer Rechtstexte betrifft, ist die Ausarbeitung eines Leitfadens für die Abfassung von „Gemeinschaftstexten“ hervorzuheben.
Bei den Maßnahmen zur Verbesserung der inhaltlichen Qualität der Rechtsetzungsakte ist an erster Stelle das reformierte System der Folgenabschätzung zu nennen. Folgenabschätzungen helfen den politischen Entscheidungsträgern, ihre Beschlüsse auf Grundlage einer sorgfältigen Analyse der möglichen wirtschaftlichen, sozialen und umweltbezogenen Auswirkungen neuer Rechtsetzungsakte zu treffen. Sie gehen einher mit breit angelegten Konsultationen, in deren Rahmen auch externes Fachwissen einbezogen wird. Um die Integrität, Pluralität und Zuverlässigkeit der Expertenauskünfte zu sichern, wurden von der Kommission entsprechende Grundprinzipien und Leitlinien aufgestellt.

Folgende Forderungen könnten helfen die Güte der Unionsrechtsetzung zu verbessern:

- die „institutionelle“ Bündelung der Einflussnahmemöglichkeiten von Interessengruppen, etwa beim Wirtschafts- und Sozialausschuss,
- die zahlenmäßige Verringerung der verschiedenen „Rechtsetzungsgremien“, insbesondere der Komitees,
- die Einführung einer allgemeinen „Verfallsfrist“ für Rechtsetzungsinitiativen,

- die Schaffung eines abschließenden sektoralen Kompetenzkataloges, der die Kompetenznormen „trennscharf“ formuliert und verstärkt ausschließliche Kompetenzen zwischen der Union und den Mitgliedstaaten festlegt,
- die Einsetzung eines Verfassungsrates, einer „Zweiten Kammer“ oder eines Subsidiaritätsausschusses als „Wächter über die Kompetenzgrenzen“,
- die Einführung eines Rechtsetzungsbudgets, das die rechtsetzungsbedingten finanziellen Belastungen für Unternehmen und Bürger auf ein festgelegtes Maximum begrenzt,
- die Bildung eines gemeinsamen Ausschusses aus Vertretern der rechtsetzenden Stellen, der alle bestehenden Rechtsetzungsakte obligatorisch in bestimmten Abständen hinsichtlich ihrer Notwendigkeit überprüft,
- der verstärkte Gebrauch eines Rechtsetzungsstils, der sich generalklauselartiger Rechtsnormen und unbestimmter Rechtsbegriffe bedient,
- die grundsätzliche Beschränkung der Sekundärrechtsetzung auf drei Sprachfassungen (Englisch, Französisch, Deutsch),
- die Schaffung eines unabhängigen unionalen „Gesetzgebungsdienstes“, der die – vor allem „gesetzes“-technische – Qualität von neuen Rechtsetzungsakten überwacht und hilft, diese zu steigern, etwa nach dem Vorbild des “Parliamentary Counsel Office“ im Vereinigten Königreich,
- die Einführung verbindlicher Qualitätsstandards für Rechtsetzungsakte, die es dem EuGH ermöglichen, eine effektive „Qualitätskontrolle“ durchzuführen.

Die europäische Rechtsetzung ist mit erheblichen Mängeln bezüglich ihrer Quantität sowie ihrer „gesetzes“-technischen und inhaltlichen Qualität behaftet. Die Ursachen hierfür sind mannigfaltig und beschränken sich keinesfalls auf „juristische“ Probleme. Juristische, gesellschaftliche und ökonomische Ursachen bilden vielmehr eine Melange, die vom Primat der Politik auf dem Feld der Rechtsetzung überlagert wird. Daher ist es ausgeschlossen, dass eine Optimierung der Rechtsetzung nur auf juristischer Ebene zu erreichen ist. Ungeachtet dessen ist die Jurisprudenz der Ort, an dem die Fragen der Rechtsetzung vorrangig zu thematisieren sind.[1693] Die Diskussion um die Verbesserung der Quantität und Qualität unionaler Rechtsetzung darf nicht den Fachdisziplinen der Politikwissenschaft, der Soziologie oder den Wirtschaftswissenschaften überlassen werden.

Bei den präsentierten Ansätzen zur Optimierung der unionalen Rechtsetzung handelt es sich nicht um Patentrezepte, sondern um „juristische“ Anregungen,

---

1693 Schäffer, ZG, 1989, 289 ff. (298).

die zu rezipieren, zu analysieren und gegebenenfalls zu modifizieren sind, bevor ihre Verwirklichung auf politischer Ebene angegangen werden kann.[1694]

Den politischen Entscheidungsträgern auf Unionsebene und den an der Abfassung der Rechtsetzungsakte beteiligten Personen sei ein Zitat von Francis Bacon mit auf den Weg gegeben:

"But if the laws by accumulation have grown so voluminous, or become so confused that it is expedient to remodel them entirely, and reduce them to a sound and manageable body, let it by all means be done; and let it be considered a heroic work; and let the authors thereof be justly and deservedly reckoned among legislators and reformers of law."[1695]

1694 Illustrativ zur Rolle der Jurisprudenz als „Vorbereiter" politischer Entscheidungen kann hier Luhmann, Das Recht der Gesellschaft, S. 432 f., zitiert werden: „Es mag sein und ist sicher oft der Fall, daß Rechtsfragen den Rahmen des politisch Möglichen abstecken und daß man, wenn man diese Grenzen berührt, juristische Argumentations- und Entscheidungshilfe braucht. [...] Auf jeden Fall würde aber kein Jurist [...] erfolgreich agieren können, wenn er nicht in der Lage wäre, Rechtsfragen und politische Fragen zu unterscheiden, oder sich dem Irrtum hingäbe, politische Probleme seien als Rechtsprobleme zu lösen." Vgl. aber auch Kormann, FS Fröhler, S. 23 ff. (38 f.), der die Rolle der Juristen im „Kampf" um eine bessere Rechtsetzung als bedeutend herausstreicht. Siehe ferner Holoubek, Rechtswissenschaftliche Rechtspolitik? Plädoyer für einen (weiteren) Gegenstand der Rechtswissenschaften, in: Bürgernahes Wirtschaftsrecht – Eine Utopie?, S. 148 ff. (148 ff., bes. 157 ff.).

1695 Bacon, The Works of Francis Bacon (Of the dignity and advancement of learning, Book VIII, Aphorism 59), S. 100.

Literaturverzeichnis

Aarnio, Aulis	Zur Legitimität des Rechts, Rechtstheorie 20 (1989), S. 143–151
Abel, Wilhelm	Agrarpolitik, 3. Auflage, 1967 (zit.: Abel, Agrarpolitik, S. …)
Abromeit, Heidrun	Wozu braucht man Demokratie? Die postnationale Herausforderung der Demokratietheorie, 1. Auflage, 2002 (zit.: Abromeit, Wozu braucht man Demokratie?, S. …)
Adomeit, Klaus/ Hähnchen, Susanne	Rechtstheorie für Studenten, 5. Auflage, 2008 (zit.: Adomeit/Hähnchen, Rechtstheorie für Studenten, S. …)
Ahlfeldt, Gabriel	Europa, Binnenmarkt und Liberalisierung, Zur Logik und Dynamik der europäischen Integration. Eine kritische Würdigung der europäischen Wettbewerbspolitik, 1. Auflage, 2004 (zit.: Ahlfeldt, Europa, Binnenmarkt und Liberalisierung, S. …)
Ahonen, Pertti	Soft Governance, Agile Union? Analysis of the Extensions of Open Coordination in 2000, EIPA, 1. Auflage, 2001 (zit.: Ahonen, Soft Governance, S. ...)
Akkermans, P. W. C.	Netherlands – Legislation in the Netherlands, in: Legislation in European Countries, Hrsg.: Ulrich Karpen, 1. Auflage, 1996, S. 292–320 (zit.: Akkermans, Netherlands – Legislation in the Netherlands, in: Legislation in European Countries, S. 292 ff. (…))
Albin, Silke	Das Subsidiaritätsprinzip in der EU, NVwZ, 2006, S. 629–635
Alexander, Robert Scott	Europe and our future, abrufbar unter: http://www.cer.org.uk/pdf/cer_alexander.pdf (zit.: Alexander, Europe and our future, S. …)
Allio, Lorenzo	Better regulation and impact assessment in the European Commission, in: Regulatory Impact Assessment. Towards Better Regulation?, Hrsg.: Colin Kirkpatrick, David Parker, 1. Auflage, 2007, S. 72–105 (zit.: Allio, Better regulation and impact assessment in the European Commission, in: Regulatory Impact Assessment, S. 72 ff. (…))

Ambos, Kai/ Rackow, Peter — Institutionelle Ordnung der Europäischen Union und Europäischen Gemeinschaft, Jura, 2006, S. 505–512

Andersson, Torbjörn — Approximation of Procedural Law in Europe, in: Procedural Laws in Europe, Hrsg.: Marcel Storme, 1. Auflage, 2003, S. 55–66
(zit.: Andersson, Approximation of Procedural Law in Europe, in: Procedural Laws in Europe, S. 55 ff. (…))

Andrich, Daniel — Luxembourg – The legislative Procedure in Luxembourg, in: Legislation in European Countries, Hrsg.: Ulrich Karpen, 1. Auflage, 1996, S. 274–295
(zit.: Andrich, Luxembourg – The legislative Procedure in Luxembourg, in: Legislation in European Countries, S. 274 ff. (…))

Anweiler, Jochen — Die Auslegungsmethoden des Gerichtshofs der Europäischen Gemeinschaften, 1. Auflage, 1997
(zit.: Anweiler, Die Auslegungsmethoden des Gerichtshofs der Europäischen Gemeinschaften, S. …)

Armbrüster, Klaus — Rechtliche Folgen von Übersetzungsfehlern oder Unrichtigkeiten in EG-Dokumenten, EuZW, 1990, S. 246–248

Arnauld, Andreas von — Rechtssicherheit, 1. Auflage, 2006
(zit.: v. Arnauld, Rechtssicherheit, S. …)

Arndt, Adolf — Gesetzesrecht und Richterrecht 1963, in: Gesammelte Juristische Schriften, Ausgewählte Aufsätze und Vorträge (1946–1972), Hrsg.: Ernst-Wolfgang Böckenförde, Walter Lewald, 1. Auflage, 1976, S. 59–86
(zit.: Arndt, Gesetzesrecht und Richterrecht, in: Gesammelte Juristische Schriften, S. 59 ff. (...))

Aziz, Miriam — The Impact of European Rights on National Legal Cultures, 1. Auflage, 2004
(zit.: Aziz, The Impact of European Rights on National Legal Cultures, S. …)

Bachfeld, Rudolf — Reitet unsere Führungselite eine vergreisende Sozialrepublik in den Konkurs?, 1. Auflage, 2004
(zit.: Bachfeld, Reitet unsere Führungselite eine vergreisende Sozialrepublik in den Konkurs?, S. …)

Backherms, Johannes — Unzulässige Verweisung auf DIN-Normen, ZRP, 1978, S. 261–262

Bacon, Francis — The Works of Francis Bacon, Vol. 5, Hrsg.: James Spedding, Robert Leslie Ellis, Douglas Denon Heath, William Rawley, 1858
(zit.: Bacon, The Works of Francis Bacon (konkreter Titel), S. …)

Baden, Eberhard — Gesetzgebung und Gesetzesanwendung im Kommunikationsprozeß, 1. Auflage, 1977
(zit.: Baden, Gesetzgebung und Gesetzesanwendung im Kommunikationsprozeß, S. …)

Baer, Susanne — „Der Bürger“ im Verwaltungsrecht, 1. Auflage, 2006
(zit.: Baer, „Der Bürger“ im Verwaltungsrecht, S.…)

Baldwin, Richard/ Widgrén, Mika — Council voting in the Constitutional Treaty: Devil in the details, CEPS Policy Briefs 53/2004, abrufbar unter: http://hei.unige.ch/~baldwin/PapersBooks/Devil_in_the_details_BaldwinWidgren.pdf
(zit.: Baldwin/Widgrén, Council voting in the Constitutional Treaty: Devil in the details, S. …)

Baldwin, Robert/ Cave, Martin — Understanding Regulation – Theory, Strategy, and Practice, 1. Auflage, 1999
(zit.: Baldwin/Cave, Understanding Regulation, S. …)

Banus, Enrique — Vom Musterknaben zum Problemkind? Spaniens Haltung zur europäischen Integration, Politische Studien, (Januar/Februar) 1998, S. 82–91

Barents, René/ Brinkhorst, Laurens Jan — Grondlijnen van Europees recht, 12. Auflage, 2006
(zit.: Barents/Brinkhorst, Grondlijnen van Europees recht, S. …)

Basedow, Jürgen — Zielkonflikte und Zielhierarchien im Vertrag über die Europäische Gemeinschaft, in: Festschrift für Ulrich Everling, Band I, Hrsg.: Ole Due, Marcus Lutter, Jürgen Schwarze, 1. Auflage, 1995, S. 49–68
(zit.: Basedow, FS Everling I, S. 49 ff. (...))

Basedow, Jürgen — Das BGB im künftigen europäischen Privatrecht: Der hybride Kodex, AcP, 200 (2000), S. 445–492

Bauer, Hartmut — Privatisierung von Verwaltungsaufgaben, VVDStRL, 54 (1995), S. 243–286

Bauer, Martin — Politikberatung im Rat der Europäischen Union, in: Politikberatung und Lobbying in Brüssel, Hrsg.: Steffen Dagger, Michael Kambeck, 1. Auflage, 2007, S. 90–102
(zit.: Bauer, Politikberatung im Rat der Europäischen Union, in: Politikberatung und Lobbying in Brüssel, S. 90 ff. (…))

Bausch, Thomas — Zukunftsverantwortliche Wirtschaftsethik, in: Zukunftsverantwortung in der Marktwirtschaft. In Memoriam Hans Jonas, Hrsg.: Dietrich Böhler, Michael Stitzel, 1. Auflage, 2000, S. 124–137
(zit.: Bausch, Zukunftsverantwortliche Wirtschaftsethik, S. 124 ff. (…))

Bayoumi, Tamim/ Laxton, Douglas/ Pesenti, Paolo | When Leaner Isn't Meaner: Measuring Benefits and Spillovers of Greater Competition in Europe, 2003, abrufbar unter: http://www.ecb.int/events/pdf/conferences/Bayoumi/Laxton/Pesenti, When Leaner Isn't Meaner: Measuring Benefits and Spillovers of Greateretal.pdf
(zit.: Bayoumi/Laxton/Pesenti, When Leaner Isn't Meaner: Measuring Benefits and Spillovers of Greater, S. …)

Bebr, Gerhard | The rambling ghost of "Cohn-Bendit": Acte clair and the Court of Justice, CML Rev., 1983, S. 439–472

Beekes, Jochen Willi | Förder- und Aktionsprogramme der Europäischen Gemeinschaft, ZG, 1998, S. 217–241

Behrends, Okko | Das Bündnis zwischen Gesetz und Dogmatik und die Frage der dogmatischen Rangstufen, in: Gesetzgebung und Dogmatik, 3. Symposion der Kommission „Die Funktion des Gesetzes in Geschichte und Gegenwart" am 29. und 30. April 1998, Hrsg.: Okko Behrends, Wolfram Henckel, 1. Auflage, 1989, S. 9–36
(zit.: Behrends, Das Bündnis zwischen Gesetz und Dogmatik und die Frage der dogmatischen Rangstufen, in: Gesetzgebung und Dogmatik, S. 9 ff. (...))

Behrends, Okko | Gesetzgebung und Dogmatik, ZG, 1989, S. 68–74

Behrens, Frithjof Olaf | Die grenzüberschreitende Verschmelzung nach der Richtlinie 2005/56/EG (Verschmelzungsrichtlinie), 1. Auflage, 2007
(zit.: Behrens, Die grenzüberschreitende Verschmelzung nach der Richtlinie 2005/56/EG (Verschmelzungsrichtlinie), S. …)

Bellis, Robin | Implementation of EU Legislation. An independent study for the Foreign & Commonwealth Office., November 2003, abrufbar unter: http://www.fco.gov.uk/en/newsroom/latest news /?view=PresR&id=2004801
(zit.: Bellis, Implementation of EU Legislation, S. …)

Benda, Ernst | Gesetze mit Verfallsdatum?, NJW, 1996, S. 2282 – 2284

Bender, Rolf | Das Selbstregulierungstheorem als die zentrale Methode einer allgemeinen Gesetzgebungslehre, in: Festschrift für Helmut Schelsky, Hrsg.: Friedrich Kaulbach, Werner Krawietz, 1. Auflage, 1978, S. 31–47
(zit.: Bender, FS Schelsky, S. 31 ff. (...))

Bengoetxea, Joxerramon | Institutions, Legal Theory and EC Law, ARSP, 1991, S. 195–213

Benz, Angelika/ König, Klaus — Privatisierung und staatliche Regulierung – eine Zwischenbilanz, in: Privatisierung und staatliche Regulierung, Hrsg.: Klaus König, Angelika Benz, 1. Auflage, 1997, S. 606–650 (zit.: Benz/König, Privatisierung und staatliche Regulierung – eine Zwischenbilanz, in: Privatisierung und staatliche Regulierung, S. 606 ff. (…))

Benz, Arthur — Politikverflechtung ohne Politikverflechtungsfalle – Koordination und Strukturdynamik im europäischen Mehrebenensystem, PVS, 1998, S. 558–589

Berge, Achim — Transparenz in der EU nach dem Amsterdamer Vertrag, Forum Recht, 1999, S. 45–47

Bergkamp, Lucas — European Community Law for the New Economy, 1. Auflage, 2003 (zit.: Bergkamp, European Community Law for the New Economy, S. …)

Bergmann, Jan — Grundstrukturen der EU und des Europäischen Verwaltungsrechts,VBlBW 5/2000, S. 169–187

Bergmann, Jan — Die Osterweiterung der Europäischen Union, ZRP, 2001, S. 18–23

Bernard, Nick — Flexibility in the European Single Market, in: The Law of the Single European Market, Hrsg.: Catherine Barnard, Joanne Scott, 1. Auflage, 2002, S. 101–122 (zit.: Bernard, Flexibility in the European Single Market, in: The Law of the Single European Market, S. 101 ff. (…))

Berner, Georg — Inflation im Recht, BayVBl., 1978, S. 617–625

Berrisch, Georg M. — Zum „Bananen"-Urteil des EuGH vom 5.10.1994 – Rs. C-280/93, Deutschland ./. Rat der Europäischen Union, EuR, 1994, S. 461–469

Besch, Werner — Sprachgeschichte, Ein Handbuch zur Geschichte der deutschen Sprache und ihrer Erforschung, Hrsg.: Werner Besch, Bd. 2.2., 2. Auflage, 2000 (zit.: Besch, Sprachgeschichte, Bd. 2.2., S. …)

Best, Edward — Alternative Regulations or Complementary Methods? – Evolving Options in European Governance, Eipascope, 2003/1, S. 2 – 11

Beutel, Frederick K. — Die Experimentelle Rechtswissenschaft, 1. Auflage, 1971 (zit.: Beutel, Die Experimentelle Rechtswissenschaft, S. …)

Beyers, Jan/ Dierick, Guido — The Working Groups of the Council of the European Union: Supranational or Intergovernmental Negotiations?, Journal of Common Market Studies, 36 (1998), S. 289–317

Bieber, Roland — Anmerkung, EuR, 1979, S. 294–299

Bieber, Roland — Zur Rolle der Mitgliedstaaten bei der Ausfüllung von Lücken im EG-Recht, in: Die Dynamik des Europäischen Gemeinschaftsrechts, Hrsg.: Roland Bieber, Georg Ress, 1. Auflage, 1987, S. 283–310
(zit.: Bieber, Zur Rolle der Mitgliedstaaten bei der Ausfüllung von Lücken im EG-Recht, in: Die Dynamik des Europäischen Gemeinschaftsrechts, S. 283 ff. (…))

Bieber, Roland — Die Vereinfachung der Verträge zur Errichtung der Europäischen Union, DVBl., 1996, S. 1337–1342

Bielzer, Louise — Perzeption, Grenzen und Chancen des Subsidiaritätsprinzips im Prozess der europäischen Einigung – Eine international vergleichende Analyse aus historischer Perspektive, 1. Auflage, 2003
(zit.: Bielzer, Perzeption, Grenzen und Chancen des Subsidiaritätsprinzips im Prozess der europäischen Einigung, S. …)

Birk, Rolf — Zur Schwierigkeit der Umsetzung von Richtlinien im Arbeitsrecht, Vortrag vor dem Europa-Institut der Universität des Saarlandes, Saarbrücken, den 22. Januar 1988, in: Vorträge, Reden und Berichte aus dem Europa-Institut Sektion Rechtswissenschaft, Hrsg.: Georg Ress, Torsten Stein, Nr. 157, 1. Auflage, 1988
(zit.: Birk, Zur Schwierigkeit der Umsetzung von Richtlinien im Arbeitsrecht, in: Vorträge, Reden und Berichte aus dem Europa-Institut 1988 (Nr. 157), S. …)

Birk, Rolf — Vereinbarungen der Sozialpartner im Rahmen des Sozialen Dialogs und ihre Durchführung, EuZW, 1997, S. 453–459

Birkinshaw, Patrick — European Public Law, 3. Auflage, 2003
(zit.: Birkinshaw, European Public Law, S. …)

Birklund, Jenni — Denmark – Report on legislation in Denmark, in: Legislation in European Countries, Hrsg.: Ulrich Karpen, 1. Auflage, 1996, S. 125–139
(zit.: Birklund, Denmark – Report on legislation in Denmark, in: Legislation in European Countries, S. 125 ff. (…))

Blanke, Hermann-Josef — Der Unionsvertrag von Maastricht – Ein Schritt auf dem Weg zu einem europäischen Bundesstaat?, DÖV, 1993, S. 412–423

Blanke, Hermann-Josef	Normativer Gehalt und Justiziabilität des Subsidiaritätsprinzips nach Art. 3 b EGV, in: Das Subsidiaritätsprinzip in der Europäischen Union – Bedeutung und Wirkung für ausgewählte Politikbereiche, Hrsg.: Rudolf Hrbek, 1. Auflage, 1995, S. 95–118 (zit.: Blanke, Normativer Gehalt und Justiziabilität des Subsidiaritätsprinzips nach Art. 3 b EGV, in: Das Subsidiaritätsprinzip in der Europäischen Union, S. 95 ff. (…))
Blankenburg, Erhard	Über die Unwirksamkeit von Gesetzen, ARSP, 1977, S. 31–58
Blaurock, Uwe	Technik und Recht, in: Festschrift für Alfred Söllner, Hrsg.: Gerhard Köbler, Meinhard Heinze, Wolfgang Hromadka, 1. Auflage, 2000, S. 153–174 (zit.: Blaurock, FS Söllner, S. 153 ff. (...))
Bleckmann, Albert	Der Verwaltungsvertrag als Handlungsmittel der Europäischen Gemeinschaften, DVBl., 1981, S. 889–898
Bleckmann, Albert	Chancen und Gefahren der europäischen Integration, JZ, 1990, S. 301–306
Bleckmann, Albert	Wirtschaftslenkung und Europäische Wirtschafts- und Währungsunion, Vortrag vor dem Europa-Institut der Universität des Saarlandes, Saarbrücken, den 8. Januar 1992, in: Vorträge, Reden und Berichte aus dem Europa-Institut – Sektion Rechtswissenschaft, Hrsg.: Georg Ress, Torsten Stein, Nr. 258, 1. Auflage, 1992 (zit.: Bleckmann, Wirtschaftslenkung und Europäische Wirtschafts- und Währungsunion, in: Vorträge, Reden und Berichte aus dem Europa-Institut 1992 (Nr. 258), S. …)
Blom-Hansen, Jens/ Christensen, Jørgen G.	Den europæiske forbindelse, 1. Auflage, 2004 (zit.: Blom-Hansen/Christensen, Den europæiske forbindelse, S. …)
Bluhm, Katharina	Experimentierfeld Ostmitteleuropa?: Deutsche Unternehmen in Polen und der tschechischen Republik, 1. Auflage, 2007 (zit.: Bluhm, Experimentierfeld Ostmitteleuropa?, S. …)
Blum, Peter	Wege zu besserer Gesetzgebung – sachverständige Beratung, Begründung, Folgenabschätzung und Wirkungskontrolle, Beilage zu, NJW, Heft 27, 2004, S. 45–54
Blumann, Claude	Le Parlement européen et la comitologie: une complication pour la Conférence intergouvernementale de 1996, Revue trimestrielle de droit européen, 1996, S. 1–24
Böckenförde, Ernst-Wolfgang	Staat, Nation, Europa, 1. Auflage, 1999 (zit.: Böckenförde, Staat, Nation, Europa, S. ...)

Bodewig, Thomas/ Voß, Thomas — Die „offene Methode der Koordinierung" in der Europäischen Union – „schleichende Harmonisierung" oder notwendige „Konsentierung" zur Erreichung der Ziele der EU?, EuR, 2003, S. 310–326

Boest, Reinhard — Die Agrarmärkte im Recht der EWG, 1. Auflage, 1984
(zit.: Boest, Die Agrarmärkte im Recht der EWG, S. ...)

Bogdandy, Armin von — Gubernative Rechtsetzung, Eine Neubestimmung der Rechtsetzung und des Regierungssystems unter dem Grundgesetz in der Perspektive gemeineuropäischer Dogmatik, 1. Auflage, 2000
(zit.: v. Bogdandy, Gubernative Rechtsetzung, S. …)

Bogdandy, Armin von — Europäisches Verfassungsrecht: Theoretische und dogmatische Grundzüge, 1. Auflage, 2003
(zit.: Bearbeiter, in: v. Bogdandy, Europäisches Verfassungsrecht, S. …)

Bogdandy, Armin von/ Bast, Jürgen — Europäisches Verfassungsrecht: Theoretische und dogmatische Grundzüge, 2. Auflage, 2009
(zit.: Bearbeiter, in: v. Bogdandy/Bast, Europäisches Verfassungsrecht, 2. Aufl., S. …)

Böhret, Carl — Gesetzgebung – Programmatische Ordnung oder tagespolitische Reaktion?, in: Zustand und Perspektiven der Gesetzgebung, Hrsg.: Hermann Hill, 1. Auflage, 1989, S. 55–80
(zit.: Böhret, Gesetzgebung – Programmatische Ordnung oder tagespolitische Reaktion?, in: Zustand und Perspektiven der Gesetzgebung, S. 55 ff. (...))

Böhret, Carl — Wenn wir nur wüßten, wie Gesetze wirken…!, in: Festschrift für Herbert Helmrich, Hrsg.: Klaus Letzgus, Hermann Hill, Hans Hugo Klein, Detlef Kleinert, Georg-Berndt Oschatz, Hans de With, 1. Auflage, 1994, S. 487–500
(zit.: Böhret, FS Helmrich, S. 487 ff. (...))

Böhret, Carl/ Hugger, Werner — Test und Prüfung von Gesetzesentwürfen, 1. Auflage, 1980
(zit.: Böhret/Hugger, Test und Prüfung von Gesetzesentwürfen, S. …)

Boldt, Hans — Von der Wirtschaftsgemeinschaft zur Politischen Union. Probleme der politischen Einigung Europas, in: Europa im Blick der Historiker,, Historische Zeitschrift, (Beiheft 21), 1995, S. 241–266
(zit.: Boldt, Historische Zeitschrift, (Beih. 21) 1995, 241 ff. (…))

Bolioli, Andrea/ Dini, Luca/ Mercatali, Pietro/ Romano, Francesco — Per la marcatura automatica in XML di testi legislativi italiani, abrufbar unter: http://www.isticom.it/documenti/rivista/2002_141.pdf, S. 141–147
(zit.: Bolioli/Dini/Mercatali/Romano, Per la marcatura automatica in XML di testi legislativi italiani, S. 141 ff. (...))

Bonse, Eric — EU will Antidiskriminierungs-Gesetze ausweiten, Handelsblatt (21. 05. 2008), S. 6
(zit.: Bonse, Handelsblatt, (21. 05. 2008) S. 6)

Borchardt, Klaus-Dieter — Vertrauensschutz im Europäischen Gemeinschaftsrecht, EuGRZ, 1988, S. 309–315

Borissova, Lora — Enforcement Actions under EU Law: The New Member States, Working Paper, Institut Européen d'Administration Publique, 1. Auflage, 2007
(zit.: Borissova, Enforcement Actions, S. ...)

Born, Joachim/ Schütte, Wilfried — Eurotexte: Textarbeit in einer Institution der EG, 1. Auflage, 1995
(zit.: Born/Schütte, Eurotexte: Textarbeit in einer Institution der EG, S. …)

Borries, Reimer von — Das Subsidiaritätsprinzip im Recht der Europäischen Union, EuR, 1994, S. 263–300

Borries, Reimer von/ Petschke, Matthias — Gleichwertigkeitsklauseln als Instrument zur Gewährleistung des freien Warenverkehrs in der Europäischen Gemeinschaft, DVBl., 1996, S. 1343–1350

Boulouis, Jean — Quelques observations à propos de la sécurité juridique, in: Du droit international au droit de l'intégration, Liber Amicorum Pierre Pescatore, Hrsg.: Francesco Capotorti, Claus-Dieter Ehlermann, Jochen Abr. Frowein, Francis G. Jacobs, René Joliet, Thijmen Koopmans, Robert Kovar, 1. Auflage, 1987, S. 53–58
(zit.: Boulouis, Liber Amicorum Pierre Pescatore, S. 53 ff. (...))

Bovens, Mark/ Yesilkagit, Kutsal — The Impact of European Legislation on National Legislation in the Netherlands, 2004, S. 1–28, abrufbar unter: http://publishing.eur.nl/ ir/repub/asset/1763/NIG-11.pdf
(zit.: Bovens/Yesilkagit, Impact of European Legislation, S. ...)

Bowman, Geoffrey — Why is there a Parliamentary Counsel Office?, Statute Law Rev., (26) 2005, S. 69–81

Brady, Hugo — Will the Irish guillotine Lisbon?, Centre for European Reform, June 2008, abrufbar unter: http://www.cer.org.uk/publications_new/publications_briefingnotes.html
(zit.: Brady, Will the Irish guillotine Lisbon?, S. …)

Braselmann, Petra — Übernationales Recht und Mehrsprachigkeit, EuR, 1992, S. 55–74

Braun, Dietmar — Der Einfluß von Ideen und Überzeugungssystemen auf die politische Problemlösung, PVS, 1998, S. 797–818

Brecht, Holger — Wertmaßstäbe zur Beurteilung der EU-Verfassung. Eine Bewertung der Motive bei Referenden über den Verfassungsvertrag, in: Die Werte Europas: Verfassungspatriotismus und Wertegemeinschaft in der EU?, Hrsg.: Helmut Heit, 1. Auflage, 2005, S. 143–153
(zit.: Brecht, Wertmaßstäbe zur Beurteilung der EU-Verfassung. Eine Bewertung der Motive bei Referenden über den Verfassungsvertrag, in: Die Werte Europas, S. 143 ff. (...))

Brenner, Michael — Der unitarische Bundesstaat in der Europäischen Union, DÖV, 1992, S. 903–911

Breuer, Rüdiger — Entwicklungen des europäischen Umweltrechts – Ziele, Wege und Irrwege, 1. Auflage, 1993
(zit.: Breuer, Entwicklungen des europäischen Umweltrechts, S. ...)

Breulmann, Günter — Normung und Rechtsangleichung in der Europäischen Wirtschaftsgemeinschaft, 1. Auflage, 1993
(zit.: Breulmann, Normung und Rechtsangleichung in der Europäischen Wirtschaftsgemeinschaft, S. …)

Breunung, Leonie — Steuerung durch Recht?, in: Festschrift für Erhard Blankenburg, Hrsg.: Jürgen Brand, Dieter Strempel, 1. Auflage, 1998, S. 157–168
(zit.: Breunung, FS Blankenburg, S. 157 ff. (...))

Breuss, Fritz/ Griller, Stefan — Flexible Integration in Europa: Einheit oder „Europe à la carte"?, Hrsg.: Fritz Breuss, Stefan Griller, 1. Auflage, 1998
(zit.: Bearbeiter, in: Flexible Integration in Europa, S. … (…))

Breyer, Stephen — Regulation and its reform, 1. Auflage, 1982
(zit.: Breyer, Regulation and its reform, S. …)

Breyer, Stephen/ Heyvaert, Veelre — Institutions for regulation risk, in: Environmental Law, the Economy and Sustainable Development, Hrsg.: Richard L. Revesz, Philippe Sands, Richard B. Stewart, 1. Auflage, 2008, S. 283–352
(zit.: Breyer/Heyvaert, Institutions for regulation risk, in: Environmental Law, the Economy and Sustainable Development, S. 283 ff. (…))

Brieskorn, Norbert — Rechtsphilosophie, 1. Auflage, 1990
(zit.: Brieskorn, Rechtsphilosophie, Rn. ...)

Britz, Gabriele/ Schmidt, Marlene — Die institutionalisierte Mitwirkung der Sozialpartner an der Rechtsetzung der Europäischen Gemeinschaften, EuR, 1999, S. 467–498

Britz, Gabriele/ Schmidt, Marlene — The Institutionalised Participation of Management and Labour in the Legislative Activities of the European Community: A Challenge to the Principle of Democracy under Community Law, European Law Journal, 2000, S. 45–71

Brocker, Lars — Gesetzesfolgenabschätzung – ein Überblick, DRiZ, 2002, S. 462–467

Brohm, Winfried — Rechtsgrundsätze für normersetzende Absprachen, DÖV, 1992, S. 1025–1035

Bröhmer, Jürgen — Transparenz als Verfassungsprinzip: Grundgesetz und Europäische Union, 1. Auflage, 2004
(zit.: Bröhmer, Transparenz als Verfassungsprinzip, S. …)

Brok, Elmar — Die Europäische Union und ihre Akzeptanz, in: Staat und Verfassung in Europa, Hrsg.: Peter Häberle, Martin Morlok, Wassilios Skouris, 1. Auflage, 2000, S. 109–122
(zit.: Brok, Die Europäische Union und ihre Akzeptanz, in: Staat und Verfassung in Europa, S. 109 ff. (...))

Broß, Siegfried — Bundesverfassungsgericht – Europäischer Gerichtshof – Europäischer Gerichtshof für Kompetenzkonflikte, VerwArch, 92 (2001), S. 425–441

Broß, Siegfried — Verfassungssystematische und verfassungspolitische Überlegungen zum Erfordernis eines nationalen Referendums über die Verfassung der Europäischen Union, in: Festschrift für Hans Hablitzel, Hrsg.: Michael Wollenschläger, Eckhard Kreßel, Johann Egger, 1. Auflage, 2005, S. 55–66
(zit.: Broß, FS Hablitzel, S. 55 ff. (…))

Buck, Carsten — Über die Auslegungsmethoden des Gerichtshofs der Europäischen Gemeinschaft, 1. Auflage, 1998
(zit.: Buck, Über die Auslegungsmethoden des Gerichtshofs der Europäischen Gemeinschaft, S. …)

Bülow, Erich	Ursachen der Übernormierung – Vorschläge zu einer Verbesserung der Gesetzgebungstechnik, in: Mehr Recht durch weniger Gesetze?, Hrsg.: Dieter Strempel, 1. Auflage, 1987, S. 78–82 (zit.: Bülow, Ursachen der Übernormierung – Vorschläge zu einer Verbesserung der Gesetzgebungstechnik, in: Mehr Recht durch weniger Gesetze?, S. 78 ff. (...))
Bultmann, Peter Friedrich	Öffentliches Recht für Wirtschaftswissenschaftler, 1. Auflage, 2002 (zit.: Bultmann, Öffentliches Recht für Wirtschaftswissenschaftler, S. …)
Bungenberg, Marc	Dynamische Integration, Art. 308 und die Forderung nach einem Kompetenzkatalog, EuR, 2000, S. 879–900
Burghart, Axel	Die Pflicht zum guten Gesetz, 1. Auflage, 1996 (zit.: Burghart, Die Pflicht zum guten Gesetz, S. …)
Cairns, Walter	Introduction to European Union Law, 2. Auflage, 2002 (zit.: Cairns, Introduction to European Union Law, S. …)
Callies, Christian	Das gemeinschaftsrechtliche Subsidiaritätsprinzip (Art. 3b EGV) als Grundsatz der größtmöglichen Berücksichtigung der Regionen", AöR, 121 (1996), S. 509–543
Callies, Christian	Nach dem „Tabakwerbung-Urteil" des EuGH: Binnenmarkt und gemeinschaftsrechtliche Kompetenzverfassung im neuen Licht, Jura, 2001, S. 311–318
Callies, Christian	Kontrolle zentraler Kompetenzausübung in Deutschland und Europa: Ein Lehrstück für die Europäische Verfassung, EuGRZ, 2003, S. 181–197
Callies, Christian	Kollektive Ziele und Prinzipien im Verfassungsrecht der EU – Bestandsaufnahme, Wirkungen und Perspektiven, ARSP (Beiheft 92), 2003, S. 85–111
Callies, Christian	Gerichtliche Kontrolldichte und institutionelle Begründungspflicht im Europarecht – ein Kompensationsverhältnis, in: Festschrift für Volkmar Götz, Hrsg.: Reinhard Hendler, Martin Ibler, José Martínez Soria, 1. Auflage, 2005, S. 239–257 (zit.: Callies, FS Götz, S. 239 ff. (...))
Callies, Christian/ Ruffert, Matthias	EUV/EGV – Das Verfassungsrecht der Europäischen Union mit Europäischer Grundrechtecharta, Kommentar, 3. Auflage, 2007 (zit.: Bearbeiter, in: Callies/Ruffert EUV/EGV Art. ... Rn. ...)

Callіess, Gralf-Peter | Grenzüberschreitende Verbraucherverträge, 1. Auflage, 2006 (zit.: Calliess, Grenzüberschreitende Verbraucherverträge, S. …)

Calvo Caravaca, Alfonso-Luis/ Carrascosa, González | International Data Protection, Privacy, and Directive 95/46/EEC, in: Aufbruch nach Europa: 75 Jahre Max-Planck-Institut für Privatrecht, Hrsg.: Jürgen Basedow, Ulrich Drobnig, Reinhard Ellger, Klaus J. Hopt, Hein Kötz, Rainer Kulms, Ernst-Joachim Mestmäcker, 1. Auflage, 2001, S. 167–182 (zit.: Calvo Caravaca/Carrascosa, International Data Protection, Privacy, and Directive 95/46/EEC, in: Aufbruch nach Europa, S. 167 ff. (...))

Caspar, Johannes | Nationale Grundrechtsgarantien und sekundäres Gemeinschaftsrecht, DÖV, 2000, S. 349–361

Chaltiel, Florence | Le principe de subsidiarité dix ans après le traité de Maastricht, RMCUE (Revue du marché commun et de l'Union Européenne), 2003, S. 365–374

Cherot, Jean-Yves | Marché commun, règles et politiques communes?, Vortrag vor dem Europa-Institut der Universität des Saarlandes, Saarbrücken, den 6. Juli 1993, in: Vorträge, Reden und Berichte aus dem Europa-Institut – Sektion Rechtswissenschaft, Hrsg.: Georg Ress, Torsten Stein, Nr. 299, 1. Auflage, 1993 (zit.: Cherot, Marché commun, règles et politiques communes?, in: Vorträge, Reden und Berichte aus dem Europa-Institut 1993 (Nr. 299), S. …)

Chloros, A. G. | Principle, reason and policy in the development of European law, International and Comparative Law Quarterly, 17 (1968), S. 849–877

Christiansen, Thomas/ Vaccari, Beatrice | The 2006 Reform of Comitology: Problem Solved or Dispute Postponed?, Eipascope, 2006/3, S. 9–17

Clapinska, Lydia | Post-legislative scrutiny of legislation derived for the European Union, 2001, abrufbar unter: http://sas-space.sas.ac.uk/dspace/bitstream/10065/241/1/Lydia_Clapinska_MA_THESIS.pdf (zit.: Clapinska, Post-legislative scrutiny of legislation derived for the European Union, S. ...)

Clement, Wolfgang | Europa gestalten – Nicht verwalten, Die Kompetenzordnung der Europäischen Union nach Nizza, Vortrag an der Humboldt-Universität zu Berlin am 12. Februar 2001, FCE 3/01, abrufbar unter: www.whi-berlin.de/documents/clement.pdf (zit.: Clement, Europa gestalten – Nicht verwalten, FCE 3/01, S. ...)

Colneric, Ninon — Der Gerichtshof der Europäischen Gemeinschaften als Kompetenzgericht, EuZW, 2002, S. 709–715

Constantinesco, Vlad — „Subsidiarität“: Magisches Wort oder Handlungsprinzip der Europäischen Union?, EuZW, 1991, S. 561–563

Coppel, Jason/ O'Neill, Aidan — The European Court of Justice: Taking rights seriously?, CML Rev., 1992, S. 669–692

Cosgrove-Sacks, Carol — The role of the Economic Commission for Europe, in: The Enlargement of the European Union, Issues and Strategies, Hrsg.: Victoria Curzon Price, Alice Landau, Richard G. Whitman, 1. Auflage, 1999, S. 56–63
(zit.: Cosgrove-Sacks, The role of the Economic Commission for Europe, in: The Enlargement of the European Union, S. 56 ff. (…))

Courtney, Mark — The policy framework for better regulation, Legislação, (No. 33/34) 2003, S. 107–121

Crolly, Hannelore — EU-Kommission will Lobbyisten kontrollieren, Die Welt, 23. 06. 2008, abrufbar unter: http://www.welt.de/politik/article2137483/EU_Kommission_will_Lobbyisten_kontrollieren.html
(zit.: Crolly, EU-Kommission will Lobbyisten kontrollieren)

Crystal, David — English as a Global Language, 2. Auflage, 2003
(zit.: Crystal, English as a Global Language, S. …)

Cunningham, Kristina — Translating for a larger Union – can we cope with more than languages?, abrufbar unter: http://ec.europa.eu/translation/reading/articles/pdf/2001_cunningham.pdf
(zit.: Cunningham, Translating for a larger Union – can we cope with more than 11 languages?, S. …)

Curtin, Deirdre M./ Wessel, Ramses A. — Good Governance and the European Union, 1. Auflage, 2005
(zit.: Bearbeiter, in: Curtin/Wessel, Good Governance and the European Union, S. ...)

Czada, Roland — Grenzprobleme zwischen Politik und Markt, PVS (Sonderheft 34/2004), S. 9–26

Daintith, Terence/ Page, Alan — Executive and the Constitution, 1. Auflage, 1999
(zit.: Daintith/Page, Executive and the Constitution, S. …)

Dann, Philipp — Europäisches Parlament und Exekutivföderalismus, Der Staat, 42 (2002), S. 355–385

Dann, Philipp — Parlamente im Exekutivföderalismus, 1. Auflage, 2004
(zit.: Dann, Parlamente im Exekutivföderalismus, S. …)

Danwitz, Thomas von — Verwaltungsrechtliches System und Europäische Integration, 1. Auflage, 1996
(zit.: v. Danwitz, Verwaltungsrechtliches System und Europäische Integration, S. …)

Danwitz, Thomas von — Der Grundsatz funktionsgerechter Organstruktur, Der Staat, 35 (1996), S. 329–350

Danwitz, Thomas von — Europarechtliche Beurteilung der Umweltnormung, in: Umweltnormung, Hrsg.: Hans-Werner Rengeling, 1. Auflage, 1998, S. 187–216
(zit.: v. Danwitz, Europarechtliche Beurteilung der Umweltnormung, in: Umweltnormung, S. 187 ff. (…))

Danwitz, Thomas von — Grundfragen einer Verfassungsbindung der Europäischen Union, JZ, 2003, S. 1125–1132

Danwitz, Thomas von — Grundfragen einer Verfassungsbindung der Europäischen Union, in: Eine Verfassung für Europa, Hrsg.: Klaus Beckmann, Jürgen Dieringer, Ulrich Hufeld, 2. Auflage, 2005, S. 383–402
(zit.: v. Danwitz Grundfragen einer Verfassungsbindung der Europäischen Union, in: Eine Verfassung für Europa S. 383 ff. (…))

Danwitz, Thomas von — Wege zu besserer Gesetzgebung in Europa, JZ, 2006, S. 1–9

Danwitz, Thomas von — Europäisches Verwaltungsrecht, 1. Auflage, 2008
(zit.: v. Danwitz Europäisches Verwaltungsrecht S. …)

Dauses, Manfred — Die Rechtsprechung des EuGH zum Verbraucherschutz und zur Werbefreiheit im Binnenmarkt, EuZW, 1995, S. 425–431

Dauses, Manfred — Handbuch des EU-Wirtschaftsrechts, Band 1, Stand: März/2009
(zit.: Bearbeiter, in: Handbuch des EU-Wirtschaftsrechts, S. ...)

David, Antje — Inspektionen als Instrument der Vollzugskontrolle im Europäischen Verwaltungsverbund, in: Der Europäische Verwaltungsverbund, Hrsg.: Eberhard Schmidt-Assmann, Bettina Schöndorf-Haubold, 1. Auflage, 2005, S. 237–264
(zit.: David, Inspektionen als Instrument der Vollzugskontrolle im Europäischen Verwaltungsverbund, in: Der Europäische Verwaltungsverbund, S. 237 ff. (…))

De Burca, Grainne — The Institutional Development of the European Union: a Constitutional Analysis, 1. Auflage, 1999
(zit.: de Burca, The Institutional Development of the European Union, S. …)

De Tocqueville, Alexis — Über die Demokratie in Amerika, Hrsg.: J. P. Mayer, 1. Auflage 1985
(zit.: de Tocqueville, Über die Demokratie in Amerika, S. ... (jeweilige Überschrift(en))

De Witte, Bruno — Retour à « Costa » – Le primauté du droit communautaire à la lumière du droit international, Revue trimestrielle de droit européen, 1984, S. 425–454

De Witte, Bruno — Non-market values in internal market legislation, in: Regulating the Internal Market, Hrsg.: Niamh N. Shuibhne, 1. Auflage, 2006, S. 61–86
(zit.: de Witte, Non-market values in internal market legislation, in: Regulating the Internal Market, S. 61 ff. (…))

Deckert, Martina R. — Zur Methodik der Folgenantizipation in der Gesetzgebung, ZG, 1995, S. 240–254

Deggau, Hans-Georg — Über einige Voraussetzungen und Folgen der Verrechtlichung, Rechtstheorie, 20 (1989), S. 98–128

Delnoy, Paul — Belgium, in: Legislation in European Countries, Hrsg.: Ulrich Karpen, 1. Auflage, 1996, S. 74–94
(zit.: Delnoy, Belgium, in: Legislation in European Countries, S. 74 ff. (…))

Demmke, Christoph/ Haibach, Georg — Die Rolle der Komitologieausschüsse bei der Durchführung des Gemeinschaftsrechts und in der Rechtsprechung des EuGH, DÖV, 1997, S. 710–718

DeMuth, Christopher C./ Ginsburg, Douglas H. — White House review of agency rulemaking, Harvard L. Rev., 99 (1986), S. 1075–1088

Denkinger, Fleur — Der Verbraucherbegriff, 1. Auflage, 2007
(zit.: Denkinger, Der Verbraucherbegriff, S. …)

Depenheuer, Otto — Der Wortlaut als Grenze, 1. Auflage, 1988
(zit.: Depenheuer, Der Wortlaut als Grenze, S. …)

Deva, Nirj — Who really governs Britain?, The Bow Group – Policy in the making, 2001, S. 1–37, abrufbar unter: http://www.bowgroup.org/harriercollectionitems/ebow_whogovernsbritain.pdf
(zit.: Deva, Who really governs Britain?, S. ...)

Dewost, Jean-Louis — Le vote majoritaire: simple modalité de gestion ou enjeu politique essentiel?, in: Du droit international au droit de l'intégration, Liber Amicorum Pierre Pescatore, Hrsg.: Francesco Capotorti, Claus-Dieter Ehlermann, Jochen Abr. Frowein, Francis G. Jacobs, René Joliet, Thijmen Koopmans, Robert Kovar, 1. Auflage, 1987, S. 167–175
(zit.: Dewost, Liber Amicorum Pierre Pescatore, S. 167 ff. (...))

Di Fabio, Udo — Produktharmonisierung durch Normung und Selbstüberwachung, 1. Auflage, 1996
(zit.: Di Fabio, Produktharmonisierung durch Normung und Selbstüberwachung, S. …)

Di Fabio, Udo — Werbeverbote – Bewährungsprobe für europäische Grundfreiheiten und Grundrechte, AfP, 1998, S. 564–570

Dichtl, Erwin/ Issing, Otmar — Vahlens Großes Wirtschaftslexikon, Band 2, L–Z, 2. Auflage, 1993
(zit.: Bearbeiter, in: Dichtl/Issing, Vahlens Großes Wirtschaftslexikon, Bd. 2, (Stichwort), S. ...)

Dicke, Hugo — Welchen Beitrag kann Wirtschaftsgesetzgebung zur Mehrung des Wohlstandes leisten?, ZG, 1989, S. 13–24

Dieckmann, Jochen — Könnte die Ministerialbürokratie bessere Gesetze entwerfen?, ZG, 1989, S. 78–80

Dobbins, Michael/ Drüner, Dietrich/ Schneider, Gerald — Kopenhagener Konsequenzen: Gesetzgebung in der EU vor und nach der Erweiterung, Zeitschrift für Parlamentsfragen, 2004, S. 51–68

Doehring, Karl — Die nationale „Identität“ der Mitgliedstaaten der Europäischen Union, in: Festschrift für Ulrich Everling, Band I, Hrsg.: Ole Due, Marcus Lutter, Jürgen Schwarze, 1. Auflage, 1995, S. 263–271
(zit.: Doehring, FS Everling I, S. 263 ff. (...))

Dogan, Rhys Dogan — Comitology: Little procedures with big implications, West European Politics, 20, (1997), S. 31–60

Doorn, Bert/ Prins, Christiaan — A Dutch Treat: The Netherlands Presidency and regulatory reform, in: Challenge Europe, Issue 13 – What Future for Europe's Economic and Social Model?, abrufbar unter: http://www.epc.eu/en/ce.asp?TYP=CE&LV=177&see=y&t=42&PG=CE/EN/detail&l=3&AI=417
(zit.: Doorn/Prins, A Dutch Treat: The Netherlands Presidency and regulatory reform)

Döring, Lars — Fundament für Europa. Subsidiarität – Föderalismus – Regionalismus, 1. Auflage, 2004
(zit.: Döring, Fundament für Europa, S. …)

Dreher, Meinrad — Der Verbraucher – Das Phantom in den opera des europäischen und deutschen Rechts?, JZ, 1997, S. 167–178

Dreier, Ralf — Recht – Staat – Vernunft, 1. Auflage, 1991
(zit.: Dreier, Recht – Staat – Vernunft, S. …)

Dreier, Ralf — Mißlungene Gesetze, in: Das mißglückte Gesetz, 8. Symposion der Kommission „Die Funktion des Gesetzes in Geschichte und Gegenwart“, Hrsg.: Uwe Diederichsen, Ralf Dreier, 1. Auflage, 1997, S. 1–16
(zit.: Dreier, Mißlungene Gesetze, in: Das mißglückte Gesetz, S. 1 ff. (...))

Drexl, Josef — Die wirtschaftliche Selbstbestimmung des Verbrauchers, 1. Auflage, 1998
(zit.: Drexl, Die wirtschaftliche Selbstbestimmung des Verbrauchers, S. …)

Dunsire, Andrew — Implementation in a Bureaucracy, 1. Auflage, 1978
(zit.: Dunsire, Implementation in a Bureaucracy, S. …)

Eagleson, Robert D. — Efficiency in legal drafting, The Loophole, 1989, S. 1–19

Edqvist, Björn — Sweden – Some aspects of legislation in Schweden, in: Legislation in European Countries, Hrsg.: Ulrich Karpen, 1. Auflage, 1996, S. 404–414
(zit.: Edqvist, Sweden – Some aspects of legislation in Schweden, in: Legislation in European Countries, S. 404 ff. (…))

Ehlermann, Claus-Dieter — Die Verfolgung von Vertragsverletzungen der Mitgliedstaaten durch die Kommission, in: Festschrift für Hans Kutscher, Hrsg.: Wilhelm Grewe, Hans Rupp, Hans Schneider, 1. Auflage, 1981, S. 135–153
(zit.: Ehlermann, FS Kutscher, S. 135 ff. (...))

Ehlermann, Claus-Dieter — Ein Plädoyer für die dezentrale Kontrolle der Anwendung des Gemeinschaftsrechts durch die Mitgliedstaaten, in: Du droit international au droit de l'intégration, Liber Amicorum Pierre Pescatore, Hrsg.: Francesco Capotorti, Claus-Dieter Ehlermann, Jochen Abr. Frowein, Francis G. Jacobs, René Joliet, Thijmen Koop-mans, Robert Kovar, 1. Auflage, 1987, S. 205–226
(zit.: Ehlermann, Liber Amicorum Pierre Pescatore, S. 205 ff. (...))

Ehlermann, Claus-Dieter — Ökonomische Aspekte des Subsidiaritätsprinzips: Harmonisierung versus Wettbewerb der Systeme, integration, 1/1995, S. 11–21

Ehlers, Dirk — Europäische Grundrechte und Grundfreiheiten, Hrsg.: Dirk Ehlers, 3. Auflage, 2009
(zit.: Bearbeiter, in: Ehlers, Europäische Grundrechte und Grundfreiheiten, S. …)

Ehrenberg-Sundin, Barbro — Sweden-The Swedish government promotes clear drafting, Clarity (Journal of the international association promoting plain legal language), 47 (May/2002), S. 3–9

Ehrenberg-Sundin, Barbro — The Swedish Approach to Clear Legislation and Clear Official Texts, in: Obscurity and Clarity in the Law, Hrsg.: Anne Wagner, Sophie Cacciaguidi-Fahy, 1. Auflage, 2008, S. 165–180
(zit.: Ehrenberg-Sundin, The Swedish Approach to Clear Legislation and Clear Official Texts, in: Obscurity and Clarity in the Law, S. 165 ff. (…))

Eidenmüller, Horst — Rechtswissenschaft als Realwissenschaft, JZ, 1999, S. 53–61

Ellwein, Thomas — Das Regierungssystem der Bundesrepublik, 5. Auflage, 1983
(zit.: Ellwein, Das Regierungssystem der Bundesrepublik, S. …)

Ellwein, Thomas — Gesetzes- und Verwaltungsvereinfachung in Nordrhein-Westfalen, DVBl., 1984, S. 255–261

Elmer, Carl-Friedrich/
Schatz, Matthias/
Hirschhausen, Christian von — Effizienzanalyse der europäischen Elektroaltgeräte-Richtlinie (WEEE) sowie ihrer nationalen Umsetzungsmöglichkeiten, Public Sector Management and Regulation Working Papers WP-PSM-07, 2005, abrufbar unter: http://www.tu-dresden.de/wwbwleeg/publications/ wp_psm_07_elmer _schatz_hirschhausen_elektroaltgeraete_2005.pdf
(zit.: Elmer/Schatz/von Hirschhausen, Effizienzanalyse der europäischen Elektroaltgeräte-Richtlinie (WEEE) sowie ihrer nationalen Umsetzungsmöglichkeiten, S. …)

Engelhard, Hans A. — Aktuelle Fragen von Recht und Gesetz im demokratischen Rechtsstaat, in: Mehr Recht durch weniger Gesetze?, Hrsg.: Dieter Strempel, 1. Auflage, 1987, S. 10–14
(zit.: Engelhard, Aktuelle Fragen von Recht und Gesetz im demokratischen Rechtsstaat, in: Mehr Recht durch weniger Gesetze?, S. 10 ff. (...))

Ennuschat, Jörg — Wege zu besserer Gesetzgebung – sachverständige Beratung, Begründung, Folgenabschätzung und Wirkungskontrolle, DVBl., 2004, S. 986–994

Enzensberger, Hans Magnus — Von den Vorzügen der Unverständlichkeit, in: Die Sprache des Rechts, Bd. 1, Recht verstehen – Verständlichkeit, Missverständlichkeit und Unverständlichkeit von Recht, Hrsg.: Kent D. Lerch, 1. Auflage, 2004, S. 83–84
(zit.: Enzensberger, Von den Vorzügen der Unverständlichkeit, in: Die Sprache des Rechts, (Bd. 1, Recht verstehen), S. 83 f. (…))

Epiney, Astrid — Gemeinschaftsrecht und Föderalismus: „Landes-Blindheit" und Pflicht zur Berücksichtigung innerstaatlicher Verfassungsstrukturen, EuR, 1994, S. 301–324

Erichsen, Hans-Uwe/ Ehlers, Dirk — Allgemeines Verwaltungsrecht, 13. Auflage, 2006
(zit.: Bearbeiter, in: Erichsen/Ehlers, Allgemeines Verwaltungsrecht, S. …)

Esser, Josef — Gesetzesrationalität im Kodifikationszeitalter und heute, in: 100 Jahre oberste deutsche Justizbehörde, vom Reichsjustizamt zum Bundesministeriums der Justiz, Recht und Staat (Heft 470), 1. Auflage, 1977, S. 13–40
(zit.: Esser, Gesetzesrationalität im Kodifikationszeitalter und heute, S. 13 ff. (...))

Estella, Antonio — The EU Principle of Subsidiarity and its Critique, 1. Auflage, 2002
(zit.: Estella, The EU Principle of Subsidiarity and its Critique, S. …)

Everling, Ulrich — Möglichkeiten und Grenzen der Rechtsangleichung in der Europäischen Gemeinschaft, in: Festschrift für Reimer Schmidt, Hrsg.: Fritz Reichert-Facilides, Fritz Rittner, Jürgen Sasse, 1. Auflage, 1976, S. 165–185
(zit.: Everling, FS Schmidt, S. 165 ff. (…))

Everling, Ulrich — Das europäische Gemeinschaftsrecht im Spannungsfeld von Politik und Wirtschaft, in: Festschrift für Hans Kutscher, Hrsg.: Wilhelm G. Grewe, Hans Rupp, Hans Schneider, 1. Auflage, 1981, S. 155–187
(zit.: Everling, FS Kutscher, S. 155 ff. (...))

Everling, Ulrich — Die Mitgliedstaaten der Europäischen Gemeinschaft vor ihrem Gerichtshof, EuR, 1983, S. 101–127

Everling, Ulrich — Der Gerichtshof als Entscheidungsinstanz – Probleme der europäischen Rechtsprechung aus richterlicher Sicht –, in: Der Europäische Gerichtshof als Verfassungsgericht und Rechtsschutzinstanz, Hrsg.: Jürgen Schwarze, 1. Auflage, 1983, S. 137–158
(zit.: Everling, Der Gerichtshof als Entscheidungsinstanz, in: Der Europäische Gerichtshof als Verfassungsgericht und Rechtsschutzinstanz, S. 137 ff. (…))

Everling, Ulrich — Zur direkten innerstaatlichen Wirkung der EG-Richtlinien: Ein Beispiel richterlicher Rechtsfortbildung auf der Basis gemeinsamer Rechtsgrundsätze, in: Festschrift für Carl Carstens, Band I, Hrsg.: Bodo Börner, Hermann Jahrreiß, Klaus Stern, 1. Auflage, 1984, S. 95–113
(zit.: Everling, FS Carstens I, S. 95 ff. (...))

Everling, Ulrich — Gestaltungsbedarf des Europäischen Rechts, EuR, 1987, S. 214–235

Everling, Ulrich — Europäische Integration und Wettbewerb der Rechtsordnungen in der Rechtsprechung des Gerichtshofes der Europäischen Gemeinschaften, in: Europäische Integration als Herausforderung des Rechts: Mehr Marktrecht – Weniger Einzelgesetze, Hanns Martin Schleyer-Stiftung, Hrsg.: Klaus J. Hopt, 1. Auflage, 1991, S. 41–51
(zit.: Everling, Europäische Integration und Wettbewerb der Rechtsordnungen in der Rechtsprechung des Gerichtshofes der Europäischen Gemeinschaften, in: Europäische Integration als Herausforderung des Rechts, S. 41 ff. (...))

Everling, Ulrich — Der Ausschluß bei der Rückwirkung bei der Feststellung der Ungültigkeit von Verordnungen durch den Gerichtshof der EG, in: Festschrift für Bodo Börner, Hrsg.: Wilhelm Jürgen F. Baur, Peter-Christian Müller-Graff, Manfred Zuleeg, 1. Auflage, 1992, S. 57–75
(zit.: Everling, FS Börner, S. 57 ff. (...))

Everling, Ulrich — Überlegungen zur Struktur der Europäischen Union und zum neuen Europa-Artikel des Grundgesetzes, DVBl., 1993, S. 936–947

Everling, Ulrich — Will Europe slip on bananas? The bananas judgement of the Court of Justice and national courts, CML Rev., 1996, S. 401–437

Everling, Ulrich — Richterliche Rechtsfortbildung in der Europäischen Gemeinschaft, JZ, 2000, S. 217–227

Everling, Ulrich — Quis custodiet custodes ipsos?, EuZW, 2002, S. 357–364

Everson, Michelle — Good Governance and European Agencies: The Balance, in: Regulation through agencies in the EU, Hrsg.: Damien Geradin, Rodolphe Muñoz, Nicolas Petit, 1. Auflage, 2005, S. 141–163
(zit.: Everson, Good Governance and European Agencies: The Balance, in: Regulation through agencies in the EU, S. 141 ff. (…))

Faber, Angela — Gesellschaftliche Selbstregulierungssysteme im Umweltrecht – unter besonderer Berücksichtigung der Selbstverpflichtungen, 1. Auflage, 2001
(zit.: Faber, Gesellschaftliche Selbstregulierungssysteme im Umweltrecht, S. …)

Falkner, Gerda/ Treib, Oliver/ Hartlapp, Miriam/ Leiber, Simone — Complying with Europe, EU Harmonisation and Soft Law in the Member States, 1. Auflage, 2005
(zit.: Falkner/Treib/Hartlapp/Leiber, Complying with Europe, S. …)

Fastenrath, Ulrich — Inländerdiskriminierung, JZ, 1987, S. 170–178

Feinman, Jay M. — Law 101: Everything You Need to Know about the American Legal System, 2. Auflage, 2006
(zit.: Feinman, Law 101, S. …)

Fiedler, Franz — Finanzielle Auswirkungen von Gesetzen, in: Effizienz der Gesetzesproduktion, Hrsg.: Wolfgang Mantl, 1. Auflage, 1995, S. 199–209
(zit.: Fiedler, Finanzielle Auswirkungen von Gesetzen, in: Effizienz der Gesetzesproduktion, S. 199 ff. (…))

Fink, Meike — „Better Regulation" – Bessere Rechtssetzung in Europa, abrufbar: http://www.eu-koordination.de/PDF/Fink_Better Regulation_final.pdf
(zit.: Fink, „Better Regulation" – Bessere Rechtssetzung in Europa, S. …)

Fischer, Hans-Georg — Die Rechtsetzung der Europäischen Gemeinschaft im Licht der Rechtsprechung des Europäischen Gerichtshofs, ZG, 2000, S. 165–187

Fischer, Hans-Georg — Europarecht in der öffentlichen Verwaltung: Eine Einführung in das europäische Gemeinschaftsrecht für Angehörige der öffentlichen Verwaltung, 3. Auflage, 2001
(zit.: Fischer, Europarecht in der öffentlichen Verwaltung, § ... Rn. ...)

Fischer, Michael — Verstehen und Bedingungsstruktur, in: Strukturierungen und Entscheidungen im Rechtsdenken, Hrsg.: Günther Winkler, Walter Antoniolli, Gesamtredaktion Ilmar Tammelo, Helmut Schreiner, 1. Auflage, 1978, S. 289–313
(zit.: Fischer, Verstehen und Bedingungsstruktur, in: Strukturierungen und Entscheidungen im Rechtsdenken, S. 289 ff. (…))

Fischer, Robert — Die europäische Union auf dem Weg zu einer vorsorgenden Risikopolitik?, 1. Auflage, 2008
(zit.: Fischer, Die europäische Union auf dem Weg zu einer vorsorgenden Risikopolitik?, S. …)

Fishman, Joshua A.	On the Limits of Ethnolingustic Democracy, in: Language Loyalty, Language Planning and Language Revitalization: Recent Writings and Reflections from Joshua A. Fishman, Hrsg.: Nancy Hornberger, Martin Pütz, 1. Auflage, 2006, S. 195–207 (zit.: Fishman, On the Limits of Ethnolingustic Democracy, in: Language Loyalty, Language Planning and Language Revitalization, S. 195 ff. (…))
Fitzmaurice, John	The European Commission, in: Maastricht and Beyond – Building the European Union, Hrsg.: Andrew Duff, John Pinder, Roy Pryce, 1. Auflage, 1994, S. 179–189 (zit.: Fitzmaurice, The European Commission, in: Maastricht and Beyond, S. 179 ff. (…))
Fleiner, Thomas	Simplicitas Legum Amica, in: Liber Amicorum Peter Häberle, Hrsg.: Alexander Blankenagel, Ingolf Pernice, Helmuth Schulze-Fielitz, 1. Auflage, 2004, S. 145–153 (zit.: Fleiner, Liber Amicorum Peter Häberle, S. 145 ff. (...))
Fleischer, Julia	Die europäischen Agenturen als Diener vieler Herren? – Zur Steuerung und Rolle von EU-Agenturen, in: Agencies in Westeuropa, Hrsg.: Werner Jann, Marian Döhler, 1. Auflage, 2007, S. 212–252 (zit.: Fleischer, Die europäischen Agenturen als Diener vieler Herren?, in: Agencies in Westeuropa, S. 212 ff. (…))
Fliedner, Ortlieb	Einführung eines Gesetzesvorspruchs, in: Gesetzesvorspruch, Hrsg.: Hermann Hill, 1. Auflage, 1988, S. 16–33 (zit.: Fliedner, Einführung eines Gesetzesvorspruchs, in: Gesetzesvorspruch, S. 16 ff. (...))
Fliedner, Ortlieb/ Hammerstein, Christian von	Neue Initiativen der Bundesregierung zur Verbesserung der Rechtsetzung, ZG, 1990, S. 62–69
Flückiger, Alexandre	Le multilinguisme de l'Union europeenne: Un défi pour la qualité de la législation, abrufbar unter: http://doc.rero.ch/lm.Php?url=1000,43,3,20090116173810YU/Multilinguise.pdf (zit.: Flückiger, Le multilinguisme de l'Union europeenne: Un défi pour la qualité de la législation, S. …)
Flückiger, Alexandre	The Ambiguous Principle of the Clarity of Law, in: Obscurity and Clarity in the Law, Hrsg.: Anne Wagner, Sophie Cacciaguidi-Fahy, 1. Auflage, 2008, S. 9–24 (zit.: Flückiger, The Ambiguous Principle of the Clarity of Law, in: Obscurity and Clarity in the Law, S. 9 ff. (…))
Fraenkel, Ernst	Das amerikanische Regierungssystem, 3. Auflage, 1976 (zit.: Fraenkel, Das amerikanische Regierungssystem, S. …)

Franzius, Claudio — Governance und Regelungsstrukturen, VerwArch, 2006, S. 186–219

Freiburghaus, Dieter — Subsidiarität – ein Nachruf Überlegung zur Bedeutung von "Zauberworten" im europäischen politischen Diskurs, Swiss Political Science Review, 3 (3), 1997, S. 1–30

Freitag, Robert — Der Einfluss des Europäischen Gemeinschaftsrechts auf das internationale Produkthaftungsrecht, 1. Auflage, 2000
(zit.: Freitag, Der Einfluss des Europäischen Gemeinschaftsrechts auf das internationale Produkthaftungsrecht, S. …)

Frenz, Walter — Handbuch Europarecht, Band 4: Europäische Grundrechte, 1. Auflage, 2008
(zit.: Frenz, Handbuch Europarecht (Bd. 4 – Europäische Grundrechte), S. …)

Frenz, Walter/ Götzkes, Vera — Das ordentliche Gesetzgebungsverfahren nach dem Vertrag von Lissabon, ZG, 2010, S. 34–51

Friedrich, Klaus — Bundesfinanzhof contra Europäischen Gerichtshof, RIW, 1985, S. 794–796

Frohn, Rainer — Babylon liegt in Brüssel: Das europäische Sprachengewirr, abrufbar unter: http://www.ruw.de/print.prl?which=%2Fsb%2Faktuelles%2Fsb%2Finhaltsverzeichnis%2Fpages%2Fshow.prl%3Fparams%3D%26id%3D50%26currPage%3D456
(zit.: Frohn, Babylon liegt in Brüssel: Das europäische Sprachengewirr)

Fugmann, Friedrich — Verfassungsgebung zur Europäischen Union – warum und wie?, Politische Studien, 1989, S. 459–470

Funke, Andreas — Allgemeine Rechtslehre als juristische Strukturtheorie, 1. Auflage, 2004
(zit.: Funke, Allgemeine Rechtslehre als juristische Strukturtheorie, S. …)

Gabler — Gabler Volkswirtschafts-Lexikon, 3. Auflage, 1990
(zit.: Gabler, Volkswirtschafts-Lexikon (Stichwort), S. ...)

Gallas, Tito — Evaluation in EC Legislation, Statute Law Rev., (22) 2001, S. 83–95

Gallas, Tito — La rédaction législative multilingue dans l'Union européenne: bilan et perspectives, LeGes, 2001/3, S. 115–129

Gallas, Tito | Herausforderungen der Sprachenvielfalt bei der Abfassung von Rechtsakten, in: Herausforderungen der Sprachenvielfalt in der Europäischen Union, Hrsg.: Roswitha Fischer, 1. Auflage, 2007, S. 51–59
(zit.: Gallas, Herausforderungen der Sprachenvielfalt bei der Abfassung von Rechtsakten, in: Herausforderungen der Sprachenvielfalt in der Europäischen Union, S. 51 ff. (…))

Garcia Perez de Leon, Cesar | Coalition Formation in the EU Decision-making Process after the Enlargement, Prepared for delivery at the 2008 Annual Meeting of the American Political Science Association, August 28–31, 2008, abrufbar unter: http://www.allacademic.com/one/www/www/index.php?cmd=www_search&offset=0&limit=5&multi_search_search_mode=publication&multi_search_publication_fulltext_mod=fulltext&textfield_submit=true&search_module=multi_search&search=Search&search_field=title_idx&fulltext_search=Coalition+Formation+in+the+EU+Decisionmaking+Process+after+ the+ Enlargement
(zit.: Garcia Perez de Leon, Coalition Formation in the EU Decision-making Process after the Enlargement, S. …)

Gaschke, Susanne | Lohnendes Kraut, Die Zeit, 12/1997, abrufbar unter: http://www.zeit.de/1997/12/Lohnendes_Kraut
(zit.: Gaschke, Die Zeit, 12/1997)

Gaul, Björn | Aktuelle Entwicklungen im Europäischen Arbeitsrecht, NZA, 1997, S. 1022–1030

Gauweiler, Marijke | Die rechtliche Qualifikation interorganschaftlicher Absprachen im Europarecht, 1. Auflage, 1988
(zit.: Gauweiler, Die rechtliche Qualifikation interorganschaftlicher Absprachen im Europarecht, S. …)

Geradin, Damien | The Development of European Regulatory Agencies: Lessons from the American Experience, in: Regulation through agencies in the EU, Hrsg.: Damien Geradin, Rodolphe Muñoz, Nicolas Petit, 1. Auflage, 2005, S. 215–245
(zit.: Geradin, The Development of European Regulatory Agencies: Lessons from the American Experience, in: Regulation through agencies in the EU, S. 215 ff. (…))

Gerike, Olaf | Möglichkeiten und Grenzen eines Abbaus der Verrechtlichung, 1. Auflage, 2003
(zit.: Gerike, Möglichkeiten und Grenzen eines Abbaus der Verrechtlichung, S. ...)

Gillespie, Alisdair | The English Legal System, 1. Auflage, 2007
(zit.: Gillespie, The English Legal System, S. …)

Glaesner, Hans Joachim | Die Einheitliche Europäische Akte, EuR, 1986, S. 119–152

Glaesner, Hans Joachim	Einflüsse der Mitgliedstaaten auf die Entwicklung, insbesondere auf den Entscheidungsprozeß derGemeinschaft, in: Das Recht als Gestaltungsmittel der Politik der Europäischen Gemeinschaft, 1. Auflage, 1986, S. 198–221 (zit.: Glaesner, Einflüsse der Mitgliedstaaten auf die Entwicklung, insbesondere auf den Entscheidungsprozeß der Gemeinschaft, in: Das Recht als Gestaltungsmittel der Politik der Europäischen Gemeinschaft, S. 198 ff. (…))
Goethe, Johann Wolfgang von	Faust. Eine Tragödie. Beide Theile in Einem Bande. Cotta'scher Verlag, 1851 (zit.: v. Goethe, Faust (jeweiliger Teil und Szene), S. ...)
Goll, Ulrich/ Kenntner, Markus	Brauchen wir ein Europäisches Kompetenzgericht?, EuZW, 2002, S. 101–106
Goode, Roy	The harmonization of dispositive contract and commercial law – should the European Community be involved?, in: Denationalisierung des Privatrechts?. Symposium anlässlich des 70. Geburtstages von Karl Kreuzer, Hrsg.: Eva-Maria Kieninger, 1. Auflage, 2005, S. 19–32 (zit.: Goode, The harmonization of dispositive contract and commercial law – should the European Community be involved?, in: Denationalisierung des Privatrechts?, S. 19 ff. (…))
Gornig, Gilbert/ Trüe, Christiane	Die Rechtsprechung des EuGH zum europäischen allgemeinen Verwaltungsrecht – Teil 1, JZ, 1993, S. 884–893
Gorny, Dietrich/ Kuhnert, Peter	Zusatzstoff-Recht. Kommentar der europäischen und der deutschen Rechtsvorschriften, 1. Auflage, 2001 (zit.: Gorny/Kuhnert, Zusatzstoff-Recht, S. …)
Gosalbo Bono, Ricardo	Preparation of derived community law before and after Maastricht, Legislação, (No. 4/5) 1992, S. 234
Götz, Volkmar	Auf dem Weg zur Rechtseinheit in Europa?, JZ, 1994, S. 265–269
Götz, Volkmar	Anmerkung zu EuGH, Urteil v. 5. 10. 2000 – C-376/98, Bundesrepublik Deutschland./.Europäisches Parlament u. Rat d. Europäischen Union, JZ, 2001, S. 34–36
Graf Vitzthum, Wolfgang	Der Föderalismus in der europäischen und internationalen Einbindung der Staaten, AöR, 115 (1990), S. 281–304
Graf Vitzthum, Wolfgang	Völkerrecht, Hrsg.: Wolfgang Graf Vitzthum, 3. Auflage, 2004 (zit.: Bearbeiter, in Völkerrecht – Graf Vitzthum, S. …)

Grams, Harmut A. — Komitologie im Gesetzgebungsprozeß der Europäischen Union und die Einbeziehung des Europäischen Parlaments, KritV, 1995, S. 112–131

Grawert, Rolf — Wie soll Europa organisiert werden? – Zur konstitutionellen „Zukunft Europas“ nach dem Vertrag von Nizza, EuR, 2003, S. 971–991

Gretschmann, Klaus — Kommst Du mit der Lösung oder bist Du Teil des Problems? Politikberatung in und für Europa, in: Politikberatung und Lobbying in Brüssel, Hrsg.: Steffen Dagger, Michael Kambeck, 1. Auflage, 2007, S. 78–89
(zit.: Gretschmann, Kommst Du mit der Lösung oder bist Du Teil des Problems?, in: Politikberatung und Lobbying in Brüssel, S. 78 ff. (…))

Grimm, Christoph/ Brocker, Lars — Die Rolle der Parlamente im Prozeß der Gesetzesfolgenabschätzung, ZG, 1999, S. 58–67

Grimm, Dieter — Die Verfassung und die Politik – Einsprüche in Störfällen, 1. Auflage, 2001
(zit.: Grimm, Die Verfassung und die Politik, S. …)

Grimm, Jacob/ Grimm, Wilhelm — Deutsches Wörterbuch, N–Quurren, 7. Band, 1. Auflage, 1889
(zit.: Grimm, Deutsches Wörterbuch (Stichwort), S. ...)

Groeben, Hans von der — Zur Wirtschaftsordnung der Europäischen Gemeinschaft, integration, 1/1981, S. 3–21

Groeben, Hans von der — Die Europäische Gemeinschaft und die Herausforderungen unserer Zeit, 1. Auflage, 1987
(zit.: v. d. Groeben, Die Europäische Gemeinschaft und die Herausforderungen unserer Zeit, S. ...)

Groeben, Hans von der/ Schwarze, Jürgen — Kommentar zum Vertrag über die Europäische Union und zur Gründung der Europäischen Gemeinschaft, Band 1, Art. 1–53 EUV, Art. 1–80 EGV, 6. Auflage, 2003
(zit.: Bearbeiter, in: v. d. Groeben/Schwarze, Art. ... Rn. ...)

Groeben, Hans von der/ Schwarze, Jürgen — Kommentar zum Vertrag über die Europäische Union und zur Gründung der Europäischen Gemeinschaft, Band 2, Art. 81–97 EGV, 6. Auflage, 2003
(zit.: Bearbeiter, in: v. d. Groeben/Schwarze, Art. ... Rn. ...)

Groeben, Hans von der/ Schwarze, Jürgen — Kommentar zum Vertrag über die Europäische Union und zur Gründung der Europäischen Gemeinschaft, Band 3, Art. 98–188 EGV, 6. Auflage, 2003
(zit.: Bearbeiter, in: v. d. Groeben/Schwarze, Art. ... Rn. ...)

Groll, Klaus-Michael — In der Flut der Gesetze, 1. Auflage, 1985
(zit.: Groll, In der Flut der Gesetze, S. …)

Groß, Thomas — Exekutive Vollzugsprogrammierung durch tertiäres Gemeinschaftsrecht?, DÖV, 2004, S. 20–26

Großfeld, Bernhard — Macht und Ohnmacht der Rechtsvergleichung, 1. Auflage, 1984
(zit.: Großfeld, Macht und Ohnmacht der Rechtsvergleichung, S. …)

Großfeld, Bernhard — Sprache, Recht, Demokratie, NJW, 1985, S. 1577–1586

Großfeld, Bernhard — Rechtsdogmatik/Rechtpoetik, JZ, 2003, S. 1149–1154

Grote, Rolf Jürgen — Steuerungsprobleme in transnationalen Beratungsgremien: Über soziale Kosten unkoordinierter Regulierung in der EG, Jahrbuch zur Staats- und Verwaltungswissenschaft, 1990, S. 227–254

Gruber, Urs Peter — Methoden des internationalen Einheitsrechts, 1. Auflage, 2004
(zit.: Gruber, Methoden des internationalen Einheitsrechts, S. …)

Gundel, Jörg — Die Inländerdiskriminierung zwischen Verfassungs- und Europarecht: Neue Ansätze in der deutschen Rechtsprechung, DVBl., 2007, S. 269–278

Gündisch, Jürgen — Qualität europäischer Rechtsetzung, in: Aufbruch nach Europa: 75 Jahre Max-Planck-Institut für Privatrecht, Hrsg.: Jürgen Basedow, Ulrich Drobnig, Reinhard Ellger, Klaus J. Hopt, Hein Kötz, Rainer Kulms, Ernst-Joachim Mestmäcker, 1. Auflage, 2001, S. 109–121
(zit.: Gündisch, Qualität europäischer Rechtsetzung, in: Aufbruch nach Europa, S. 109 ff. (...))

Gündisch, Jürgen — Grundrechte und Rechtsschutz, in: Eine Verfassung für Europa, Hrsg.: Klaus Beckmann, Jürgen Dieringer, Ulrich Hufeld, 2. Auflage, 2005, S. 429–448
(zit.: Gündisch, Grundrechte und Rechtsschutz, in: Eine Verfassung für Europa, S. 429 ff. (…))

Gusy, Christoph — Das Grundgesetz als normative Gesetzgebungslehre?, ZRP, 1985, S. 291–299

Guy-Ecabert, Christine — Le rapport Mandelkern – pour une meilleure réglementation dans l'Union européenne (UE), LeGes, 2003/1, S. 151–162

Haarmann, Harald	Language politics and the new European identity, in: A Language Policy for the European Community: Prospects and Quandaries, Hrsg.: Florian Coulmas, 1. Auflage, 1991, S. 103–120 (zit.: Haarmann, Language politics and the new European identity, in: A Language Policy for the European Community, S. 103 ff. (…))
Haas, Ernst B.	The Uniting of Europe. Political, social, and economic forces 1950–1957, 1. Auflage, 1958 (zit.: Haas, The Uniting of Europe, S. …)
Häberle, Peter	Verfassungsrechtliche Fragen im Prozeß der europäischen Einigung, EuGRZ, 1992, S. 429–437
Häberle, Peter	Europäische Verfassungslehre, 1. Auflage, 2001 (zit.: Häberle, Europäische Verfassungslehre, S. …)
Habermas, Jürgen	Theorie des kommunikativen Handelns, Bd. 2, 1. Auflage, 1981 (zit.: Habermas, Theorie des kommunikativen Handelns, Bd. 2, S. …)
Habermas, Jürgen	Faktizität und Geltung, Beiträge zur Diskurstheorie des Rechts und des demokratischen Rechtsstaats, 1. Auflage, 1998 (zit.: Habermas, Faktizität und Geltung, S. ...)
Hach, Renate	Das Subsidiaritätsprinzip in der Europäischen Union aus der Perspektive der Bundesregierung, in: Das Subsidiaritätsprinzip in der Europäischen Union – Bedeutung und Wirkung für ausgewählte Politikbereiche, Hrsg.: Rudolf Hrbek, 1. Auflage, 1995, S. 17–34 (zit.: Hach, Das Subsidiaritätsprinzip in der Europäischen Union aus der Perspektive der Bundesregierung, in: Das Subsidiaritätsprinzip in der Europäischen Union, S. 17 ff. (…))
Häckel, Erwin	Theoretische Aspekte der regionalen Verflechtung, in: Regionale Verflechtung der Bundesrepublik Deutschland: Empirische Analysen und theoretische Probleme, Hrsg.: R. Oldenbourg, 1. Auflage, 1973, S. 15–22 (zit.: Häckel, Theoretische Aspekte der regionalen Verflechtung, in: Regionale Verflechtung der Bundesrepublik Deutschland, S. 15 ff. (…))
Häde, Ulrich/ Puttler, Adelheid	Zur Abgrenzung des Art. 253 EGV von der Vertragsänderung, EuZW, 1997, S. 13–17

Hahn, Hartmut	Nationale Auslegungsmethoden, vergleichend betrachtet – europäische Anforderungen an die Methodenlehre, ZfRV, 2003, S. 163–170
Haibach, Georg	Governance by Committee: The Role of Committees in European Policy Making and Policy Implementation, Eipascope, 2000/2, S. 38–41
Hailbronner, Kay	Die deutschen Bundesländer in der EG, JZ, 1990, S. 149–158
Hailbronner, Kay	Die Unionsbürgerschaft und das Ende rationaler Jurisprudenz durch den EuGH?, NJW, 2004, S. 2185–2189
Hallstein, Walter	Die Europäische Gemeinschaft, 5. Auflage, 1979 (zit.: Hallstein, Die Europäische Gemeinschaft, S. …)
Haltern, Ulrich	Europarecht und das Politische, 1. Auflage, 2005 (zit.: Haltern, Europarecht und das Politische, S. ...)
Hammerstein, Christian von	Verbesserung der Gesetzgebung durch neue Instrumente und Methoden, in: Zustand und Perspektiven der Gesetzgebung, Hrsg.: Hermann Hill, 1. Auflage, 1989, S. 141–147 (zit.: v. Hammerstein, Verbesserung der Gesetzgebung durch neue Instrumente und Methoden, in: Zustand und Perspektiven der Gesetzgebung, S. 141 ff. (...))
Hanau, Peter	Verrechtlichung, in: Festschrift für Erwin Deutsch, Hrsg.: Hans-Jürgen Ahrens, Christian von Bar, Gerfried Fischer, Andreas Spickhoff, Jochen Taupitz, 1. Auflage, 1999, S. 959–966 (zit.: Haunau, FS Deutsch, S. 959 ff. (...))
Hänsch, Klaus	Europa in Form bringen, in: Festschrift für Dimitris Th. Tsatsos, Hrsg.: Peter Häberle, Martin Morlok, Vassilios Skouris, 1. Auflage, 2003, S. 206–214 (zit.: Hänsch, FS Tsatsos, S. 206 ff. (...))
Haratsch, Andreas	Die normative Bezugnahme auf Rechtsnormen, ZG, 1999, S. 346–353
Haratsch, Andreas	Verweisungstechnik und gemeinschaftliche EG-Richtlinien, EuR, 2000, S. 42–61
Härtel, Ines	In Deutschland ist der Grundsatz der parlamentarischen Diskontinuität materielles Verfassungsrecht, Handbuch – Europäische Rechtsetzung, 1. Auflage, 2006 (zit.: Härtel, Europäische Rechtsetzung, S. ...)
Hasler, Dirk	Die Europäische Transparenzinitiative und „Legislatives Lobbying“, ZEuS, 2007, S. 503–531

Hauschild, Malte | Das neue Komitologieverfahren, ZG, 1999, S. 248–252

Häussler, Reinhard | Tacitus und das historische Bewusstsein, 1. Auflage, 1965 (zit.: Häussler, Tacitus und das historische Bewusstsein, S. …)

Hayder, Roberto | Neue Wege der europäischen Rechtsangleichung, RabelsZ, 53 (1989), S. 622–698

Heckmann, Dirk | Geltungskraft und Geltungsverlust von Rechtsnormen, 1. Auflage, 1997 (zit.: Heckmann, Geltungskraft und Geltungsverlust von Rechtsnormen, S. …)

Heemeyer, Uwe | Die Kompetenzordnung eines zukünftigen europäischen Verfassungsvertrages, 1. Auflage, 2004 (zit.: Heemeyer, Die Kompetenzordnung eines zukünftigen europäischen Verfassungsvertrages, S. …)

Heiderhoff, Bettina | Gemeinschaftsprivatrecht, 2. Auflage, 2007 (zit.: Heiderhoff, Gemeinschaftsprivatrecht, S. …)

Heintzen, Markus | Subsidiaritätsprinzip und Europäische Gemeinschaft, JZ, 1991, S. 317–323

Held, Simeon | Die Haftung der EG für Verletzung von WTO-Recht, 1. Auflage, 2006 (zit.: Held, Die Haftung der EG für Verletzung von WTO-Recht, S. …)

Hellmann, Vanessa | Der Vertrag von Lissabon, 1. Auflage, 2009 (zit.: Hellmann, Der Vertrag von Lissabon, S. …)

Hellner, Michael | The E-Commerce Directive and Private International Law, in: Legal Aspects of an E-Commerce Transaction, Hrsg.: Andrea Schulz, 1. Auflage, 2006, S. 107–122 (zit.: Hellner, The E-Commerce Directive and Private International Law, in: Legal Aspects of an E-Commerce Transaction, S. 107 ff. (...))

Henckel, Wolfram | Rechtsdogmatik und Gesetzgebung in der Gegenwart – Zivilrecht –, in: Gesetzgebung und Dogmatik, 3. Symposion der Kommission „Die Funktion des Gesetzes in Geschichte und Gegenwart“ am 29. und 30. April 1998, Hrsg.: Okko Behrends, Wolfram Henckel, 1. Auflage, 1989, S. 93 – 105 (zit.: Henckel, Rechtsdogmatik und Gesetzgebung in der Gegenwart – Zivilrecht –, in: Gesetzgebung und Dogmatik, S. 93 ff. (...))

Henning, Christian H. C. A./ Wald, Andreas | Zur Theorie der Interessenvermittlung: Ein Netzwerkansatz dargestellt am Beispiel der Gemeinsamen Europäischen Agrarpolitik, PVS, 2000, S. 647–676

Herberger, Maximilian — Rangstufen der Rechtsdogmatik im Hinblick auf deren Bedeutung für die Gesetzgebung, in: Gesetzgebung und Dogmatik, 3. Symposion der Kommission „Die Funktion des Gesetzes in Geschichte und Gegenwart“ am 29. und 30. April 1998, Hrsg.: Okko Behrends, Wolfram Henckel, 1. Auflage, 1989, S. 67–79
(zit.: Herberger, Rangstufen der Rechtsdogmatik im Hinblick auf deren Bedeutung für die Gesetzgebung, in: Gesetzgebung und Dogmatik, S. 67 ff. (...))

Herberger, Maximilian — Der Zugang zum Recht, Séance académique „25 années de droit européen en ligne“ 23 novembre 2006, abrufbar unter: http://eur-lex.europa.eu/en/newsletter/documentation/acces_to_law-de.pdf
(zit.: Herberger, Der Zugang zum Recht, S. …)

Herbst, Sebastian — R&TTE-Richtlinie und FTEG. Das Inverkehrbringen, der freie Verkehr und die Inbetriebnahme von Funkanlagen und Telekommunikationsendeinrichtungen in der Bundesrepublik Deutschland, 1. Auflage, 2005
(zit.: Herbst, R&TTE-Richtlinie und FTEG, S. …)

Herchenhan, Bettina — Die Kompetenzabgrenzung zwischen der EG und ihren Mitgliedstaaten, BayVBl., 2003, S. 649–654

Héritier, Adrienne — Koordination von Interessenvielfalt im europäischen Entscheidungsprozeß und deren Ergebnis: Regulative Politik als "Patchwork", MPIFG Discussion Paper 95/4, Juli 1995, abrufbar unter: www.mpifg.de/pu/mpifg_dp/dp95-4.pdf
(zit.: Héritier, Koordination von Interessenvielfalt im europäischen Entscheidungsprozeß und deren Ergebnis: Regulative Politik als „Patchwork“, MPIFG Discussion Paper 95/4, S. …)

Héritier, Adrienne — New Modes of Governance in Europe: Policy-Making without Legislating?, in: Common Goods: Reinventing European and International Governance, Hrsg.: Adrienne Héritier, 1. Auflage, 2002, S. 185–206
(zit.: Héritier, New Modes of Governance in Europe: Policy-Making without Legislating?, in: Common Goods: Reinventing European and International Governance, S. 185 ff. (…))

Héritier, Adrienne/ Eckert, Sandra — New Modes of Governance in the Shadow of Hierarchy: Self-Regulation by Industry in Europe, EUI Working Papers, RSCAS 2007/20
(zit.: Héritier/Eckert, New Modes of Governance, S. ...)

Herzog, Roman	Von der Akzeptanz des Rechts, in: Festgabe zum 10jährigen Jubiläum der Gesellschaft für Rechtspolitik, Hrsg.: Bernd Rüthers, Klaus Stern, 1. Auflage, 1984, S. 127–138 (zit.: Herzog, Festgabe zum 10jährigen Jubiläum der Gesellschaft für Rechtspolitik, S. 127 ff. (...))
Herzog, Roman	Gesetzgebung und Einzelfallgerechtigkeit, NJW, 1999, S. 25–28
Herzog, Roman/ Gerken, Lüder	Europa entmachtet uns und unsere Vertreter, Die Welt am Sonntag, 14. Januar 2007, abrufbar unter: http://www.welt.de/politik/article715345/Europa_entmachtet_uns_und_unsere_Vertreter.html (zit.: Herzog/Gerken, Europa entmachtet uns und unsere Vertreter)
Herzog, Roman/ Gerken, Lüder	Von roten Karten und stumpfen Schwertern, erschienen in: Die Welt, 19. Juni 2007, abrufbar unter: http://www.cep.eu/634.html?&L=0 (zit.: Herzog/Gerken, Von roten Karten und stumpfen Schwertern, S. …)
Hesse, Joachim Jens	Vom werden Europas, Der Europäische Verfassungsvertrag: Konventsarbeit, politische Konsensbildung, materielles Ergebnis, 1. Auflage, 2007 (zit.: Hesse, Vom werden Europas, S. ...)
Hey, Christian/ Volkery, Axel/ Zerle, Peter	Neue umweltpolitische Steuerungskonzepte in der Europäischen Union, Zeitschrift für Umweltpolitik und Umweltrecht, 2005, S. 1–38
Heyse, Ludwig	System der Sprachwissenschaft, Hrsg.: Heymann Steinthal, 1856 (zit.: Heyse, System der Sprachwissenschaft, S. …)
Hilbig, Katharina	Der Streit um den ausreichenden Grundrechtsschutz gegen die Bananenmarktordnung, WHI-Paper 6/00, abrufbar unter: http://www.whi-berlin.de/documents/whi-paper0600.pdf (zit.: Hilbig, Der Streit um den ausreichenden Grundrechtsschutz gegen die Bananenmarktordnung, WHI-Paper 6/00, Rn. …)
Hilf, Meinhard	Die Organisationsstruktur der Europäischen Gemeinschaften, 1. Auflage, 1982 (zit.: Hilf, Die Organisationsstruktur der Europäischen Gemeinschaften, S. …)
Hilf, Meinhard	Die Richtlinie der EG – ohne Richtung, ohne Linie?, EuR, 1993, S. 1–22
Hilf, Meinhard/ Katharina, Frahm	Nichtigerklärung der Richtlinie zum Tabakwerbeverbot: Das letzte Wort?, RIW, 2001, S. 128–133

Hill, Hermann | Einführung in die Gesetzgebungslehre, 1. Auflage, 1982 (zit.: Hill, Einführung in die Gesetzgebungslehre, S. …)

Hill, Hermann | Rechtsdogmatische Probleme der Gesetzgebung, Jura, 1986, S. 286–296

Hill, Hermann | Steuerreform als Chance zur Verbesserung der Steuergesetzgebung, ZG, 1987, S. 238–267

Hill, Hermann | Maßnahmen zur Verbesserung der Gesetzgebungskultur in nationalen Rechtsordnungen in Anlehnung an das EG-Recht, in: Gesetzesvorspruch, Hrsg.: Hermann Hill, 1. Auflage, 1988, S. 1–12 (zit.: Hill, Maßnahmen zur Verbesserung der Gesetzgebungskultur in nationalen Rechtsordnungen in Anlehnung an das EG-Recht, in: Gesetzesvorspruch, S. 1 ff. (...))

Hillermeier, Karl | Eindämmung der Gesetzesflut, BayVBl., 1978, S. 321–323

Hippel, Eike von | Verbraucherschutz, 3. Auflage, 1986 (zit.: v. Hippel, Verbraucherschutz, S. …)

Hippel, Eike von | Regelungstypen – Ein Beitrag zur Gesetzgebungslehre, ZG, 1987, S. 1–17

Hirsch Ballin, Ernst | Discussion paper for the session to be held in Trier on 24–25 March 2003 in preparation for the 2004 Colloquium, "The quality of European legislation and its implementation and application in the national legal order", S. 7–32, 2003, abrufbar unter: http://www.juradmin.eu/en/newsletter/pdf/Hr_4-EN.pdf (zit.: Hirsch Ballin, The quality of European legislation and its implementation and application in the national legal order, S. 7 ff (...))

Hirsch Ballin, Ernst/ Senden, Linda | Co-actorship in the Development of European Law-making: The Quality of European Legislation and Its Implementation and Application in the National Legal Order, 1. Auflage, 2005 (zit.: Bearbeiter, in: Co-actorship in the Development of European Law-making, S. …)

Hirsch, Günter — Die Auswirkungen des Subsidiaritätsprinzips auf die Rechtsetzungsbefugnis der Europäischen Gemeinschaften, Vortrag vor dem Europa-Institut der Universität des Saarlandes, Saarbrücken, den 9. Mai 1995, in: Vorträge, Reden und Berichte aus dem Europa-Institut – Sektion Rechtswissenschaft, Hrsg.: Georg Ress, Torsten Stein, Nr. 330, 1. Auflage, 1995
(zit.: Hirsch, Die Auswirkungen des Subsidiaritätsprinzips auf die Rechtsetzungsbefugnis der Europäischen Gemeinschaften, in: Vorträge, Reden und Berichte aus dem Europa-Institut 1995 (Nr. 330), S. …)

Hirsch, Günter — Das Subsidiaritätsprinzip, in: Festschrift für Walter Odersky, Hrsg.: Reinhard Böttcher, Götz Hueck, Burkhard Jähnke, 1. Auflage, 1996, S. 197–213
(zit.: Hirsch, FS Odersky, S. 197 ff. (...))

Hobbes, Thomas — Leviathan, Erster und zweiter Teil, Übersetzung von Jacob Peter Mayer,1. Auflage, 1970 (gedruckt 2005)
(zit.: Hobbes, Leviathan, S. 234 (jeweilige Überschrift(en))

Hochbaum, Ingo — Kohäsion und Subsidiarität, DÖV, 1992, S. 285–292

Hofer, Kristina/ Müller, Elisabeth — „Bürgernähe“ muss keine Utopie bleiben, in: Bürgernahes-Wirtschaftsrecht – Eine Utopie?, Hrsg.: Walter Fuchs, Heinz Handler, November 2000, abrufbar unter: http://www.bmwfj.gv.at/NR/rdonlyres/356E85E6-022F-4327-89D5-819 5D2469813/3843/BfcrgernahesWirtschaftsrecht.pdf, S. 179–193
(zit.: Hofer/Müller, „Bürgernähe“ muss keine Utopie bleiben, in: Bürgernahes Wirtschaftsrecht – Eine Utopie?, S. 179 ff. (…))

Hoffmann, Gerhard — Das verfassungsrechtliche Gebot der Rationalität im Gesetzgebungsverfahren, ZG, 1990, S. 97–116

Hoffmann-Riem, Wolfgang — Die Reform staatlicher Regulierung in den USA, Der Staat, 23 (1984), S. 17–49

Hoffmann-Riem, Wolfgang — Gemeinschaftspolitik zwischen Marktfreiheit und Umweltschutz, in: Umweltschutz in der Europäischen Gemeinschaft, Hrsg.: Peter Behrens, Hans-Joachim Koch, 1. Auflage, 1991, S. 9–28
(zit.: Hoffmann-Riem, Gemeinschaftspolitik zwischen Marktfreiheit und Umweltschutz, in: Umweltschutz in der Europäischen Gemeinschaft, S. 9 ff. (...))

Hoffmann-Riem, Wolfgang — Öffentliches Recht und Privatrecht als wechselseitige Auffangordnungen – Systematisierung und Entwicklungsperspektiven, in: Öffentliches Recht und Privatrecht als wechselseitige Auffangordnungen, Hrsg.: Wolfgang Hoffman-Riem, Eberhard Schmidt-Aßmann, 1. Auflage, 1996, S. 261–336
(zit.: Hoffmann-Riem, Öffentliches Recht und Privatrecht als wechselseitige Auffangordnungen – Systematisierung und Entwicklungsperspektiven, in: Öffentliches Recht und Privatrecht als wechselseitige Auffangordnungen, S. 261 ff. (…))

Hofhuis, Ymke — Minimumharmonisatie in het Europees recht, 1. Auflage, 2006
(zit.: Hofhuis, Minimumharmonisatie in het Europees recht, S. …)

Hofmann, Andreas/ Wessels, Wolfgang — Der Vertrag von Lissabon – eine tragfähige und abschließende Antwort auf konstitutionelle Grundfragen?, integration, 1/2008, S. 3–20

Hofmann, Andreas/ Wessels, Wolfgang — Eine dauerhafte Verfassung für Europa? Die Beantwortung konstitutioneller Grundfragen durch den Vertrag von Lissabon, in: Die Verfassung Europas. Perspektiven des Integrationsprojekts, Hrsg.: Frank Decker, Marcus Höreth, 1. Auflage, 2009, S. 69–95
(zit.: Hofmann/Wessels, Eine dauerhafte Verfassung für Europa?, in: Die Verfassung Europas, S. 69 ff. (…))

Hofmann, Ekkehard — Abwägung im Recht, 1. Auflage, 2007
(zit.: Hofmann, Abwägung im Recht, S. …)

Hofmann, Hans — Von der Deregulierung zur Rückführung der Staatsaufgaben, ZG, 1999, S. 44–57

Hofmann, Hans — Europäische Subsidiaritätskontrolle in Bundestag und Bundesrat, ZG, 2005, S. 66–76

Hofmann, Herwig — Normhierarchien im europäischen Gemeinschaftsrecht, 1. Auflage, 2000
(zit.: Hofmann, Normhierarchien im europäischen Gemeinschaftsrecht, S. …)

Höland, Armin — Mitbestimmung in Europa, 1. Auflage, 2000
(zit.: Höland, Mitbestimmung in Europa, S. …)

Hölderlin, Friedrich — Der Tod des Empedokles, Erste Fassung, in: Gesammelte Werke, Hrsg.: Hans Jürgen Balmes, 1. Auflage, 2008, S. 466–532
(zit.: Hölderlin, Der Tod des Empedokles, S. ... (Zeilen ...))

Holoubek, Michael — Rechtswissenschaftliche Rechtspolitik? Plädoyer für einen (weiteren) Gegenstand der Rechtswissenschaften, in: Bürgernahes Wirtschaftsrecht – Eine Utopie?, Hrsg.: Walter Fuchs, Heinz Handler, November 2000, abrufbar unter: http://www.bmwfj.gv.at/NR/rdonlyres/356E85E6-022F-4327-89D5-8195D2469813/3843/BfcrgernahesWirtschaftsrecht.pdf, S. 148–160
(zit.: Holoubek, Rechtswissenschaftliche Rechtspolitik? Plädoyer für einen (weiteren) Gegenstand der Rechtswissenschaften, in: Bürgernahes Wirtschaftsrecht – Eine Utopie?, S. 148 ff. (…))

Holzinger, Katharina/ Knill, Christoph/ Schäfer, Ansgar — Steuerungswandel in der europäischen Umweltpolitik, in: Politische Steuerung im Wandel: Der Einfluss von Ideen und Problemstrukturen, Hrsg.: Katharina Holzinger, Christoph Knill, Dirk Lehmkuhl, 1. Auflage, 2003, S. 103–129
(zit.: Holzinger/Knill/Schäfer, Steuerungswandel in der europäischen Umweltpolitik, in: Politische Steuerung im Wandel, S. 103 ff. (…))

Hömig, Dieter — Zur Zulässigkeit statischer Verweisungen des Bundesrechts auf nichtnormative Regelungen, DVBl., 1979, S. 307–311

Hondius, Ewoud H. — Consumer Guarantees: Towards a European Sale of Goods Act, 1996, abrufbar unter: http://w3.uniroma1.it/idc/centro/publications/18hondius.pdf
(zit.: Hondius, Consumer Guarantees: Towards a European Sale of Goods Act, S. …)

Hondius, Ewoud H. — Kroniek van het consumentenrecht, NJB (Nederlands Juristenblad), 1996, S. 417–425

Honsell, Heinrich — Vom heutigen Stil der Gesetzgebung, 1. Auflage, 1979
(zit.: Honsell, Vom heutigen Stil der Gesetzgebung, S. …)

Hooge, Lisbet/ Keating, Michael — The politics of European Union and regional Policy, Journal of European Politics, 1994, S. 54–79

Höreth, Marcus — Warum sich das Vereinte Europa mit der Demokratie schwer tut, Politik und Gesellschaft Online – International Politics and Society 1/1998, abrufbar unter: http://www.fes.de/ipg/arthoereth.html
(zit.: Höreth, Warum sich das Vereinte Europa mit der Demokratie schwer tut (jeweilige Teilüberschrift))

Hosli, Madeleine O. — Council Decision Rules and European Union Constitutional Design, AUCO Czech Economic Review, 2 / 2008, S. 76–96

Hrbek, Rudolf/ Läufer, Thomas — Die Einheitliche Europäische Akte, Europa-Archiv, 1986, S. 173–184

Huber, Peter M. — Das Kooperationsverhältnis zwischen BVerfG und EuGH in Grundrechtsfragen, EuZW, 1997, S. 517–521

Huber, Peter M. — Recht der Europäischen Integration, 2. Auflage, 2002 (zit.: Huber, Recht der Europäischen Integration, § … Rn. …)

Huber-Hotz, Annemarie — Vor lauter Gesetzen das Recht nicht sehen ..., LeGes, 2007/3, S. 397–401

Hugger, Werner — Gesetze – Ihre Vorbereitung, Abfassung und Prüfung, 1. Auflage, 1983 (zit.: Hugger, Gesetze – Ihre Vorbereitung, Abfassung und Prüfung, S. …)

Humboldt, Wilhelm von — Ideen zu einem Versuch, die Grenzen der Wirksamkeit des Staats zu bestimmen, 1. Auflage, 1967 – gedruckt 2006 (Original – wahrscheinlich – von 1792) (zit.: v. Humboldt, Ideen zu einem Versuch, die Grenzen der Wirksamkeit des Staats zu bestimmen, Kap. ..., S. ....)

Ipsen, Hans Peter — Europäisches Gemeinschaftsrecht, 1. Auflage, 1972 (zit.: Ipsen, Europäisches Gemeinschaftsrecht, S. …)

Ipsen, Hans Peter — Über Verfassungs-Homogenität in der Europäischen Gemeinschaft, in: Festschrift für Günter Dürig, Hrsg.: Hartmut Maurer, 1. Auflage, 1990, S. 159–182 (zit.: Ipsen, FS Dürig, S. 159 ff. (...))

Ipsen, Hans Peter — Zur Exekutiv-Rechtsetzung in der Europäischen Gemeinschaft, in: Festschrift für Peter Lerche, Hrsg.: Peter Badura, Rupert Scholz, 1. Auflage, 1993, S. 425–441 (zit.: Ipsen, FS Lerche, S. 425 ff. (...))

Ipsen, Jörn — Richterrecht und Verfassung, 1. Auflage, 1975 (zit.: Ipsen, Richterrecht und Verfassung, S. …)

Isaac, Guy — Conseil d'Ètat français, 22 décembre 1978 (Ministre de l'Intérieur c. Sieur Cohn-Bendit), Cahiers de droit européen, 15 (1979), S. 265–290

Jacob, Klaus/ Axel, Volkery — Europäische Rechtsetzung: Die Auseinandersetzungen zur Europäischen Chemikalienpolitik REACH und die Rolle nationaler Regierungen und Akteure im Policy-Prozess, Technikfolgenabschätzung – Theorie und Praxis, 2005, S. 69–77

Jahns-Böhm, Jutta/ Breier, Siegfried — Die umweltrechtliche Querschnittsklausel des Art 130 r II 2 EWGV, EuZW, 1992, S. 49–55

Jans, Jan H.	De kwaliteit van de Europese milieuregelgeving, SEW (Tijdschrift voor Europees en economisch recht), 1990, S. 503–526
Jansen, Bernhard	Anmerkung zu BVerfG, Beschl. v. 1. 3. 1978 – 1 BvR 786/79 u.a., DÖV, 1979, S. 332–334
Jarass, Hans D.	Grundfragen der innerstaatlichen Bedeutung des EG-Rechts, 1. Auflage, 1994 (zit.: Jarass, Grundfragen der innerstaatlichen Bedeutung des EG-Rechts, S. …)
Jarass, Hans D.	Die Kompetenzverteilung zwischen der Europäischen Gemeinschaft und den Mitgliedstaaten, AöR, 121 (1996), S. 173–199
Jennert, Carsten	Die zukünftige Kompetenzabgrenzung zwischen der Europäischen Union und den Mitgliedstaaten, NVwZ, 2003, S. 936–943
Jesch, Dietrich	Unbestimmter Rechtsbegriff und Ermessen in rechtstheoretischer und verfassungsrechtlicher Sicht, AöR, 82 (1957), S. 163–249
Joerges, Christian	The New Approach to Technical Harmonization and the Interests of Consumers. Reflections on the Requirements and Difficulties of an Europeanization of Product Safety Policy, in: 1992: One European Market? A Critical Analysis of the Commissions Internal Market Strategy, Hrsg.: Roland Bieber, Renaud Dehousse, John Pinder, Joseph H. H. Weiler, 1. Auflage, 1988, S. 177–225 (zit.: Joerges, The New Approach to Technical Harmonization and the Interests of Consumers, in: 1992: One European Market?, S. 177 (…))
Jones, Barry R. J.	Routledge Encyclopedia of International Political Economy, Volume 1, A–F, Hrsg.: Barry R. J. Jones, 1. Auflage, 2001 (zit.: Bearbeiter, in: Routledge Encyclopedia of International Political Economy (Stichwort), S. …)
Jørgensen, Stig	Grenzen des Rechts, Rechtstheorie, 20 (1989), S. 493–500
Jurczyk, Tomasz	Analiza porównawcza przepisów Karty Praw Podstawowych Unii Europejskiej i Europejskiej Konwencji o Ochronie Praw Człowieka i Podstawowych Wolności, Przegląd Legislacyjny, Nr. 1 (63)/2008, S. 41–59
Kafsack, Hendrik/ Mussler, Werner	Die Schlacht ums Patent, FAZ.NET, 4. 7. 2005, abrufbar unter: http://www.faz.net/s/RubE2C6E0 BCC2F04DD787C DC274993E94C1/Doc~E732D0D26DDA64476B642825AF ADB218A~ATpl~Ecommon~Scontent.html (zit.: Kafsack/Mussler, Die Schlacht ums Patent)

Kahl, Wolfgang — Möglichkeiten und Grenzen des Subsidiaritätsprinzips nach Art. 3b EG-Vertrag, AöR, 118 (1993), S. 414–446

Kahl, Wolfgang — Das Transparenzdefizit im Rechtsetzungsprozeß der EU, ZG, 1996, S. 224–240

Kaiser, Joseph H. — Grenzen der EG-Zuständigkeit, EuR, 1980, S. 97–118

Kämmerer, Jörn Axel — Verfassungsstaat auf Diät?, JZ, 1996, S. 1042–1050

Kant, Immanuel — Die Metaphysik der Sitten. Metaphysische Anfangsgründe der Rechtslehre. (Theil 2. Metaphysische Anfangsgründe der Tugendlehre), 1803
(zit.: Kant, Die Metaphysik der Sitten, S. …)

Kapteyn, Paul Joan George — Note – Anmerkung zu Conseil d'Ètat (Assemblée), Decision of 22. December 1978, Cohn-Bendit, CML Rev., 1979, S. 703–707

Kapteyn, Paul Joan George/ VerLoren v. Themmaat, Pieter — Het recht van de Europese Unie en van de Europese Gemeenschappen 6. Auflage, 2003
(zit: Kapteyn/VerLoren v. Themmaat, Het recht van de Europese Unie en van de Europese Gemeenschappen, S. …)

Karpen, Ulrich — Zur Verweisung auf Regelungen privatrechtlicher Verbände, ZRP, 1978, S. 151

Karpen, Ulrich — Nationale Gesetzgebung im Europäischen Rahmen, ZG, 1995, S. 255–256

Karpen, Ulrich — Resumé – Less Quantity – More Quality. Some Comparative Aspects and Results of the Symposium, in: Legislation in European Countries, Hrsg.: Ulrich Karpen, 1. Auflage, 1996, S. 479–490
(zit.: Karpen, Resumé – Less Quantity – More Quality. Some Comparative Aspects and Results of the Symposium, in: Legislation in European Countries, S. 479 ff. (…))

Karpen, Ulrich — Gesetzesfolgenabschätzung in der Europäischen Union, AöR, 124 (1999), S. 400–422

Karpen, Ulrich — Gesetzesfolgenabschätzung in Deutschland und Europa, in: Festschrift für Alfred Söllner, Hrsg.: Gerhard Köbler, Meinhard Heinze, Wolfgang Hromadka, 1. Auflage, 2000, S. 479–490
(zit.: Karpen, FS Söllner, S. 479 ff. (...))

Karpen, Ulrich — Evaluation of legislation – German experience, Legislação, (No. 33/34) 2003, S. 27–31

Karpen, Ulrich — Gesetzgebungslehre – neu evaluiert/Legistics – freshly evaluated, 2. Auflage, 2008
(zit.: Karpen, Gesetzgebungslehre – neu evaluiert, S. …)

Karpen, Ulrich/ Breutz, Iris/ Nünke, Anja — Die Gesetzgebung der Großen Koalition in der ersten Hälfte der Legislaturperiode des 16. Deutschen Bundestages, 2005–2007, Studie, Oktober 2007, S. 1–114, abrufbar unter: http://www.dggev.de/Studie-GesQual.pdf
(zit.: Karpen/Breutz/Nünke, Gesetzgebung der Großen Koalition, S. ...)

Karpenstein, Ulrich/ Neidhardt, Stephan — Bericht über die mündliche Verhandlung des Bundesverfassungsgerichts zur Vereinbarkeit des Vertrags von Lissabon mit dem Grundgesetz am 11. und 12. Februar 2009, WHI-Paper 04/09, abrufbar unter: http://www.whi-berlin.de/documents/whi-paper0409.pdf
(zit.: Karpenstein/Neidhardt, Bericht über die mündliche Verhandlung des Bundesverfassungsgerichts zur Vereinbarkeit des Vertrags von Lissabon mit dem Grundgesetz am 11. und 12. Februar 2009, WHI-Paper 04/09, S. …)

Kaufer, Erich — Theorie der Öffentlichen Regulierung, 1. Auflage, 1981
(zit.: Kaufer, Theorie der Öffentlichen Regulierung, S. ...)

Kaufmann, Arthur — Durch Naturrecht und Rechtspositivismus zur juristischen Hermeneutik, JZ, 1975, S. 337–341

Kaufmann, Arthur — Beiträge zur juristischen Hermeneutik, 1. Auflage, 1984
(zit.: Kaufmann, Beiträge zur juristischen Hermeneutik, S. …)

Kaufmann, Arthur/ Hassemer, Winfried/ Neumann, Ulfried — Einführung in Rechtsphilosophie und Rechtstheorie der Gegenwart, 7. Auflage, 2004
(zit.: Bearbeiter, in: Einführung in Rechtsphilosophie und Rechtstheorie der Gegenwart, S. ...)

Keading, Michael — Active Transposition of EU legislation, Eipascope, 2007/3, S. 27–34

Kellermann, Alfred E. — The quality of Community legislation drafting, in: Institutional Dynamics of European Integration, Essays in Honour of Henry G. Schermers, Band 2, Hrsg.: Deirdre Curtin, Ton Heukels, 1. Auflage, 1994, S. 251–262
(zit.: Kellermann, The quality of Community legislation drafting, in: Essays in Honour of Henry G. Schermers, Bd. 2, S. 251 ff. (…))

Kelly, Richard — Drafting Legislation and the Parliamentary Counsel Office, 22. September 2005, abrufbar unter: http://www.Parliament.uk/commons/lib/research/briefings/snpc-03756.pdf
(zit.: Kelly, Drafting Legislation and the Parliamentary Counsel Office, S. …)

Kenner, Jeff — EU Employment Law, 1. Auflage, 2003
(zit.: Kenner, EU Employment Law, S. …)

Kennett, Wendy — Enforcement: General Report, in: Procedural Laws in Europe, Hrsg.: Marcel Storme, 1. Auflage, 2003, S. 81–111 (zit.: Kennett, Enforcement: General Report, in: Procedural Laws in Europe, S. 81 ff. (…))

Kenntner, Markus — Die Schrankenbestimmungen der EU-Grundrechtecharta – Grundrechte ohne Schutzwirkung?, ZRP, 2000, S. 423–425

Kent, Penelope — Law of the European Union, 3. Auflage, 2001 (zit.: Kent, Law of the European Union, S. …)

Kerber, Wolfgang — Interjurisdictional Competition within the European Union, Fordham International Law Journal, 23 (2000), S. 217–249

Kettiger, Daniel — Wer soll Gesetze vorbereiten? – Organisationsformen der legistischen Arbeit, ZG, 2002, S. 269–272

Kewenig, Wilhelm A. — Die Europäischen Gemeinschaften und die bundesstaatliche Ordnung der Bundesrepublik Deutschland, JZ, 1990, S. 458–466

Kimmel, Adolf — Das französische Referendum vom 29. Mai 2005 – Nein zu Europa?, in: Frankreich Jahrbuch 2006: Politik und Kommunikation, Hrsg.: Wolfram Vogel, 1. Auflage, 2007, S. 183–201 (zit.: Kimmel, Das französische Referendum vom 29. Mai 2005, in: Frankreich Jahrbuch 2006, S. 183 ff. (...))

Kindermann, Harald — Gesetzgebungstheorie als Forschungsaufgabe, ZRP, 1983, S. 204–206

Kingreen, Thorsten — Das Sozialstaatsprinzip im europäischen Verfassungsverbund, 1. Auflage, 2003 (zit.: Kingreen, Das Sozialstaatsprinzip im europäischen Verfassungsverbund, S. …)

Kinnebrock, Werner — Bedeutende Theorien des 20. Jahrhunderts, 2. Auflage, 2002 (zit.: Kinnebrock, Bedeutende Theorien des 20. Jahrhunderts, S. …)

Kirchhof, Ferdinand — Normenflut – Dilemma ohne Ausweg?, in: Kongreß Junge Juristen und Wirtschaft: Wandlungen in Technik und Wirtschaft als Herausforderung des Rechts, Hanns Martin Schleyer-Stiftung, Hrsg.: Rupert Scholz, 1. Auflage, 1985, S. 257–268 (zit.: Kirchhof, Normenflut – Dilemma ohne Ausweg?, in: Kongreß Junge Juristen und Wirtschaft: Wandlungen in Technik und Wirtschaft als Herausforderung des Rechts, S. 257 ff. (...))

Kirchhof, Gregor — Die Allgemeinheit des Gesetzes, 1. Auflage, 2009 (zit.: Kirchhof, Die Allgemeinheit des Gesetzes, S. …)

Kirchhof, Paul	Rechtsänderung durch geplanten Sprachgebrauch?, in: Gedächtnisschrift für Friedrich Klein, Hrsg.: Dieter Wilke, Harald Weber, 1. Auflage, 1977, S. 227–244 (zit.: Kirchhof, GS Klein, S. 227 ff. (...))
Kirchhof, Paul	Der Auftrag des Grundgesetzes an die rechtsprechende Gewalt, in: Festschrift der Juristischen Fakultät zur 600-Jahr-Feier der Ruprecht-Karls-Universität Heidelberg, Hrsg.: Hochschullehrer der Juristischen Fakultät der Universität Heidelberg, 1. Auflage, 1986, S. 11–37 (zit.: Kirchhof, FS der Juristischen Fakultät zur 600-Jahr-Feier der Ruprecht-Karls-Universität Heidelberg, S. 11 ff. (...))
Kirchhof, Paul	Sprachstil und System als Geltungsbedingung des Gesetzes, NJW, 2002, S. 2760–2761
Kirchhof, Paul	Europa auf dem Weg zu einer Verfassung?, in: Eine Verfassung für Europa, Hrsg.: Klaus Beckmann, Jürgen Dieringer, Ulrich Hufeld, 2. Auflage, 2005, S. 359–382 (zit.: Kirchhof, Europa auf dem Weg zu einer Verfassung?, in: Eine Verfassung für Europa, S. 359 ff. (…))
Kirchner, Christian	Ein Regelungsrahmen für Rechtsvereinheitlichung und Rechtsvielfalt in der Gemeinschaft, in: Systembildung und Systemlücken in Kerngebieten des europäischen Privatrechts: Gesellschafts-, Arbeits- und Schuldvertragsrecht, Hrsg.: Stefan Grundmann, 1. Auflage, 2000, S. 99–113 (zit.: Kirchner, Ein Regelungsrahmen für Rechtsvereinheitlichung und Rechtsvielfalt in der Gemeinschaft, in: Systembildung und System-lücken in Kerngebieten des europäischen Privatrechts, S. 99 ff. (…))
Kirchner, Emil J.	Die europäischen Interessenverbände, Jahrbuch der Europäischen Integration, 1990/91, S. 260–267
Kirsch, Werner/ Machover, Moshé/ Słomczyński, Wojciech/ Życzkowski, Karol	Voting in the EU Council – A Scientific Approach, abrufbar unter: http://www.ruhr-uni-bochum.de/mathphys/publikationen/voting.pdf (zit.: Kirsch/Machover/Słomczyński/Życzkowski, Voting in the EU Council, S. …)
Kischel, Uwe	Die Begründung, 1. Auflage, 2003 (zit.: Kischel, Die Begründung, S. …)
Kivivuori, Antti	Legislation in Finland – General Features and Current Issues, in: Legislation in European Countries, Hrsg.: Ulrich Karpen, 1. Auflage, 1996, S. 140–161 (zit.: Kivivuori, Legislation in Finland – General Features and Current Issues, in: Legislation in European Countries, S. 140 ff. (…))

Klatt, Matthias	Die Wortlautgrenze, in: Die Sprache des Rechts, Band 2, Recht verhandeln, Hrsg.: Kent D. Lerch, 1. Auflage, 2005, S. 343–368 (zit.: Klatt, Die Wortlautgrenze, in: Die Sprache des Rechts – Bd. 2, S. 343 ff. (…))
Kleger, Heinz/ Karolewski, Ireneusz Pawel/ Munke, Matthias	Europäische Verfassung: Zum Stand der europäischen Demokratie im Zuge der Osterweiterung, 3. Auflage, 2004 (zit.: Kleger/Karolewski/Munke, Europäische Verfassung, S. ...)
Klein, Wolfgang	Ein Gemeinwesen, in dem das Volk herrscht, darf nicht von Gesetzen beherrscht werden, die das Volk nicht versteht, in: Die Sprache des Rechts, Bd. 1, Recht verstehen – Verständlichkeit, Missverständlichkeit und Unverständlichkeit von Recht, Hrsg.: Kent D. Lerch, 1. Auflage, 2004, S. 197–204 (zit.: Klein, Ein Gemeinwesen, in dem das Volk herrscht, darf nicht von Gesetzen beherrscht werden, die das Volk nicht versteht, in: Die Sprache des Rechts (Bd. 1, Recht verstehen), S. 197 ff. (…))
Klindt, Thomas	Die Zulässigkeit dynamischer Verweisungen auf EG-Recht aus verfassungs- und europarechtlicher Sicht, DVBl., 1998, S. 373–380
Klindt, Thomas	Die CE-Kennzeichnung als umweltbezogene Produktaussage – Ökologisierung des technischen Sicherheitsrechts, ZUR, 2001, S. 321–326
Klindt, Thomas	Der „new approach" im Produktrecht des europäischen Binnenmarktes: Vermutungswirkung technischer Normen, EuZW, 2002, S. 133–136
Kloepfer, Michael	Gesetzgebung im Rechtsstaat, VVDStRL, 40 (1982), S. 63–98
Kloepfer, Michael	Die europäische Herausforderung – Spannungslagen zwischen deutschem und europäischem Umweltrecht, NVwZ, 2002, S. 645–657
Kloepfer, Michael	Sinn und Gestalt des kommenden Umweltgesetzbuches, UPR, 2007, S. 161–170
Kloepfer, Michael/ Elsner, Thomas	Selbstregulierung im Umwelt- und Technikrecht, DVBl., 1996, S. 964 –975
Kluth, Winfried	Die demokratische Legitimation der Europäischen Union, 1. Auflage, 1995 (zit.: Kluth, Die demokratische Legitimation der Europäischen Union, S. …)

Knapen, Michel
Kwaliteit van wetgeving is onvoldoende, Staatscourant 233, 30. november 2005, abrufbar unter: www.xs4all.nl/~maknapen/artikelen/staatsrecht/stoop.pdf
(zit.: Knapen, Staatscourant, 233, 30. november 2005)

Knapen, Michel
Wetten maken is te vaak een pavlovreactie, Staatscourant 118, 23. juni 2008, abrufbar unter: http://www.staatscourant.nl/staatscourant/nieuwsbericht.asp?ID=14985
(zit.: Knapen, Staatscourant, 118, 23. juni 2008)

Knapp, Viktor
Czech Republic – Current Issues and Problems of Legislation in Czechoslovakia, in: Legislation in European Countries, Hrsg.: Ulrich Karpen, 1. Auflage, 1996, S. 114–124
(zit.: Knapp, Czech Republic – Current Issues and Problems of Legislation in Czechoslovakia, in: Legislation in European Countries, S. 114 ff. (…))

Knops, Kai-Oliver
Verbraucherschutz bei der Begründung, Beendigung und Übernahme von Immobiliarkreditverhältnissen, 1. Auflage, 2000
(zit.: Knops, Verbraucherschutz bei der Begründung, Beendigung und Übernahme von Immobiliarkreditverhältnissen, S. …)

Koenig, Christian/ Lorz, Ralph Alexander
Stärkung des Subsidiaritätsprinzips, JZ, 2003, S. 167–173

Kohl, Helmut
Perspektiven der Europäischen Einigung, in: Festschrift für Franz Klein, Hrsg.: Paul Kirchhof, Klaus Offerhaus, Horst Schöberle, 1. Auflage, 1994, S. 15–20
(zit.: Kohl, FS Klein, S. 15 ff. (...))

Kohler-Koch, Beate
Vertikale Machtverteilung und organisierte Wirtschaftsinteressen in der Europäischen Gemeinschaft, in: Die Kraft der Region: Nordrhein-Westfalen in Europa, Hrsg.: Ulrich von Alemann, Rolf G. Heinze, Bodo Hombach, 1. Auflage, S. 221–235
(zit.: Kohler-Koch, Vertikale Machtverteilung und organisierte Wirtschaftsinteressen in der Europäischen Gemeinschaft, in: Die Kraft der Region: Nordrhein-Westfalen in Europa, S. 221 ff. (…))

Kohler-Koch, Beate/ Conzelmann, Thomas/ Knodt, Michèle
Europäische Integration – Europäisches Regieren, 1. Auflage, 2004
(zit.: Kohler-Koch/Conzelmann/Knodt, Europäische Integration – Europäisches Regieren, S. …)

Kommers, Donald P./ Finn, John E./ Jacobsohn Kommers
American Constitutional Law, 2. Auflage, 2004
(zit.: Kommers/Finn/Jacobsohn, American Constitutional Law, S. …)

König, Thomas/ Bräuninger, Thomas | Europa am Scheideweg? Erweiterungen und die Handlungsfähigkeit der Union, in: Die Europäisierung nationaler Gesellschaften (Kölner Zeitschrift für Soziologie und Sozialpsychologie, Sonderheft 40/2000), Hrsg.: Maurizio Bach, S. 112–129
(zit.: König/Bräuninger, Europa am Scheideweg? Erweiterungen und die Handlungsfähigkeit der Union, in: Die Europäisierung nationaler Gesellschaften, S. 112 ff. (…))

Konow, Gerhard | Zum Subsidiaritätsprinzip des Vertrags von Maastricht, DÖV, 1993, S. 405–412

Koopmans, Thijmen | Regulations, directives, measures, in: Festschrift für Ulrich Everling, Band I, Hrsg.: Ole Due, Marcus Lutter, Jürgen Schwarze, 1. Auflage, 1995, S. 691–700
(zit.: Koopmans, FS Everling I, S. 691 ff. (...))

Körber, Torsten | Grundfreiheiten und Privatrecht, 1. Auflage, 2004
(zit.: Körber, Grundfreiheiten und Privatrecht, S. …)

Kormann, Joachim | Rechtsstaat und Gesetzesstaat – Konsequenz oder Alternative, in: Festschrift Ludwig Fröhler, Hrsg.: Peter Oberndorfer, Herbert Schambeck, 1. Auflage, 1980, S. 23–39
(zit.: Kormann, FS Fröhler, S. 23 ff. (...))

Kortmann, C. A. J. M. | Goede raad over Gemeenschapsrecht (Nederland), SEW (Tijdschrift voor Europees en economisch recht), 1996, S. 38–46

Krause, Gerhard/ Balz, Horst Robert/ Müller, Gerhard | Theologische Realenzyklopädie: Politik/Politologie – Publizistik/Presse, Band 27, 1. Auflage, 1997
(zit.: Krause/Balz/Müller, Theologische Realenzyklopädie, Bd. 27, S. …)

Krejci, Heinz | Bürgernahes Recht – Utopie oder Reformanliegen, in: Bürgernahes Wirtschaftsrecht – Eine Utopie?, Hrsg.: Walter Fuchs, Heinz Handler, November 2000, abrufbar unter: http ://www.bmwfj.gv.at/NR/rdonlyres/356E85E6-022F-4327-89 D5-8195D2469813/3843/BfcrgernahesWirtschaftsrecht.pdf, S. 10–24
(zit.: Krejci, Bürgernahes Recht – Utopie oder Reformanliegen, in: Bürgernahes Wirtschaftsrecht – Eine Utopie?, S. 10 ff. (…))

Kriele, Martin | Theorie der Rechtsgewinnung, 2. Auflage, 1976
(zit.: Kriele, Theorie der Rechtsgewinnung, S. …)

Kruis, Konrad | Variationen zum Thema Kompetenzkompensation, in: Festschrift für Willi Geiger, Hrsg.: Hans Joachim Faller, Paul Kirchhof, Ernst Träger, 1. Auflage, 1989, S. 155–178
(zit.: Kruis, FS Geiger, S. 155 ff. (...))

Kühling, Jürgen — Die Zukunft des Europäischen Agentur(un)wesens – oder: Wer hat Angst vor Meroni?, EuZW, 2008, S. 129

Kühling, Jürgen/ Lieth, Oliver — Dogmatik und Pragmatik als leitende Parameter der Rechtsgewinnung im Gemeinschaftsrecht, EuR, 2003, S. 371–389

Kumm, Mattias — Who is the final arbiter of constitutionality in Europe?: Three conceptions of the relationship between the German Federal Constitutional Court and the European Court of Justice, CML Rev., 1999, S. 351–386

Kutscha, Martin — Demokratischer Zentralismus?, KJ, 1990, S. 425–435

Kutscheidt, Ernst — Der Unternehmer und der schlanke Staat, NVwZ, 1996, S. 977–979

Lachmayer, Konrad/ Bauer, Lukas — Praxiswörterbuch Europarecht, Hrsg.: Konrad Lachmayer, Lukas Bauer, 1. Auflage, 2007
(zit.: Lachmayer/Bauer, Praxiswörterbuch Europarecht (Stichwort), S. …)

Laffan, Brigid/ Stubb, Alexander — Member States, in: The European Union: How Does it Work?, Hrsg.: Elizabeth Bomberg, John Peterson, Alexander Stubb, 2. Auflage, 2008, S. 71–91
(zit.: Laffan/Stubb, Member States, in: The European Union, S. 71 ff. (…))

Lambers, Hans-Jürgen — Subsidiarität in Europa – Allheilmittel oder juristische Leerformel, EuR, 1993, S. 229–242

Lammer, Markus — Internationaler Vergleich, in: Effizienz der Gesetzesproduktion, Hrsg.: Wolfgang Mantl, 1. Auflage, 1995, S. 93–139
(zit.: Lammer, Internationaler Vergleich, in: Effizienz der Gesetzesproduktion, S. 93 ff. (…))

Lammer, Markus — Gesetzgebungsprozeß in Österreich, in: Effizienz der Gesetzesproduktion, Hrsg.: Wolfgang Mantl, 1. Auflage, 1995, S. 141–166
(zit.: Lammer, Gesetzgebungsprozeß in Österreich, in: Effizienz der Gesetzesproduktion, S. 141 ff. (…))

Lane, Jan-Erik/ Mæland, Reinert — Enlargement and the Council of Ministers, in: Widening the European Union, Hrsg.: Bernard Steunenberg, 1. Auflage, 2002, S. 121–143
(zit.: Lane/Mæland, Enlargement and the Council of Ministers, in: Widening the European Union, S. 121 ff. (…))

Lang, Kai-Olaf — Vom Policy-Taker zum Policy-Maker, vorgänge, 2006, S. 90–101

Lange, Christian — Gesetzesfolgenabschätzung auf Ebene der Europäischen Union, ZG, 2001, S. 268–278

Langer, Stefan	Unitarismus und Föderalismus im künftigen Europa, DÖV, 1991, S. 823–830
Langer, Stefan	Subsidiarität und Anerkennungsprinzip, ZG, 1993, S. 193–211
Laursen, Finn	The EU's treaty of Lisbon: origin, institutional choice and significance, Paper prepared for presentation at 50th Annual Convention of the International Studies Association (ISA), New York, NY, USA, 15–18 February, 2009, abrufbar unter: http://www.allacademic.com/one/www/www/index.php?cmd=www_search&offset=0&limit=5&multi_search_search_mode=publication&multi_search_publication_fulltext_mod=fulltext&textfield_submit=true&search_module=multi_search&search=Search&search_field=title_idx&fulltext_search=The+EU%27s+Lisbon+Treaty%3A+Origin%2C+Institutional+Choice+and+Significance (zit.: Laursen, The EU's treaty of Lisbon: origin, institutional choice and significance, S. …)
Laws, Stephen	Drawing the Line, in: Drafting Legislation, Hrsg.: Constantin Stefanou, Helen Xanthaki, 1. Auflage, 2008, S. 19–34 (zit.: Laws, Drawing the Line, in: Drafting Legislation, S. 19 ff. (…))
Leibholz, Gerhard/ Lincke, Dieter	Denkmalschutz und Eigentumsgarantie, DVBl., 1975, S. 933–940
Leich, Cornelia L.	Gesetzgebung, Medien und öffentliche Meinung – Partner oder Gegner?, ZRP, 1990, S. 70–71
Leisner, Walter	Rechtsstaat – ein Widerspruch in sich?, JZ, 1977, S. 537–542
Lenaerts, Koen/ Desomer, Marlies	La recherche d'un équilibre pour l'Union, in: Une Constitution pour l'Europe – Réflexions sur les transformations du droit de l'Union européenne, Hrsg.: Olivier De Schutter, Paul Nihoul, 2. Auflage, 2004, S. 53–80 (zit.: Lenaerts/Desomer, La recherche d'un équilibre pour l'Union, in: Une Constitution pour l'Europe, S. 53 ff. (…))
Lenaerts, Koen/ Verhoeven, Amaryllis	Towards a legal framework for executive rule-making in the EU? The contribution of the new comitology decision, CML Rev., 2000, S. 645–68
Lenz, Carl Otto/ Borchardt, Klaus-Dieter	EU- und EG-Vertrag, Kommentar, 4. Auflage, 2006 (zit.: Bearbeiter, in: Lenz/Borchardt, Art. … Rn. …)
Lewis, Jeffrey	Is the 'Hard Bargaining' Image of the Council Misleading? The Committee of Permanent Representatives and the Local Elections Directive, Journal of Common Market Studies, 36 (1998), S. 479–504

Liem, Susan — Ein steiniger Weg – Verwaltungsreform in der Europäischen Kommission: Gute Ansätze, zähe Durchführung, Alexandria. Die digitale Forschungsplattform, 23.03.2009, abrufbar unter: http://www.alexandria.unisg.ch/EXPORT/PDF/Publikation/13286.pdf
(zit.: Liem, Ein steiniger Weg – Verwaltungsreform in der Europäischen Kommission)

Lindner, Josef Franz — Theorie der Grundrechtsdogmatik, 1. Auflage, 2005
(zit.: Lindner, Theorie der Grundrechtsdogmatik, S. …)

Lingenfelser, Mike — Teuer, sinnlos, gefährlich – Forscher warnen vor EU-Glühbirnenverbot, vom 05. 01. 2009, abrufbar unter: http://www.br-online.de/das-erste/report-muenchen/report-gluehbirne-klimaschutz-ID1230898145031.xml
(zit.: Lingenfelser, Teuer, sinnlos, gefährlich – Forscher warnen vor EU-Glühbirnenverbot)

Lorenz, Tanja/ Pühs, Wolfgang — Eine Generalermächtigung im Wandel der Zeit: Art. 235 EG-Vertrag, ZG, 1998, S. 142–154

Lorz, Ralph Alexander — Die Integration des nationalen Wirtschaftsrechts in die internationale Wirtschaftsordnung – Die EG-Bananenmarktordnung als Beispielsfall, in: Das europäische Mehrebenensystem, Hrsg.: Thomas König, Elmar Rieger, Hermann Schmitt, 1. Auflage, 1996, S. 180–200
(zit.: Lorz, Die Integration des nationalen Wirtschaftsrechts in die internationale Wirtschaftsordnung – Die EG-Bananenmarktordnung als Beispielsfall, in: Das europäische Mehrebenensystem, S. 180 ff. (…))

Lück, Michael — Die Gemeinschaftstreue als allgemeines Rechtsprinzip im Recht der Europäischen Gemeinschaft, 1. Auflage, 1992
(zit.: Lück, Die Gemeinschaftstreue als allgemeines Rechtsprinzip im Recht der Europäischen Gemeinschaft, S. …)

Lucke, Doris — Rechtseffizienz, Gesetzesakzeptanz und Rechtsbewußtsein, in: Festschrift für Erhard Blankenburg, Hrsg.: Jürgen Brand, Dieter Strempel, 1. Auflage, 1998, S. 221–231
(zit.: Lucke, FS Blankenburg, S. 221 ff. (...))

Lücke, Jörg — Die Allgemeine Gesetzgebungsordnung, ZG, 2001, S. 1–49

Lüdi, Georges — Braucht Europa eine Lingua franca?, in: Herausforderungen der Sprachenvielfalt in der Europäischen Union, Hrsg.: Roswitha Fischer, 1. Auflage, 2007, S. 128–148
(zit.: Lüdi, Braucht Europa eine Lingua franca?, in: Herausforderungen der Sprachenvielfalt in der Europäischen Union, S. 128 ff. (…))

Luhmann, Niklas — Das Recht der Gesellschaft, 1. Auflage, 1995
(zit.: Luhmann, Das Recht der Gesellschaft, S. ...)

Lurger, Brigitta — Grundfragen der Vereinheitlichung des Vertragsrechts in der Europäischen Union, 1. Auflage, 2002
(zit.: Lurger, Grundfragen der Vereinheitlichung des Vertragsrechts in der Europäischen Union, S. …)

Luttermann, Claus — Die „mangelhafte" Umsetzung europäischer Richtlinien, EuZW, 1998, S. 264–268

Luttermann, Claus/ Luttermann, Karin — Ein Sprachenrecht für die Europäische Union, JZ, 2004, S. 1002–1010

Lynch, Andrew — Legislating with Urgency – the Enactment of Anti-Terrorism Act (No 1) 2005, Melbourne University Law Review, 2006, Vol. 30, S. 747–781

Maassen, Hermann — Die Freiheit des Bürgers in einer Zeit ausufernder Gesetzgebung, NJW, 1979, S. 1473–1478

Macharzina, Klaus/ Oesterle, Michael-Jörg — Handbuch Internationales Management, 2. Auflage, 2002
(zit.: Bearbeiter, in: Macharzina/Oesterle, Handbuch Internationales Management, S. …)

Mader, Luzius — Materielle und formelle Überprüfung der Gesetzgebung: auf dem Weg zu einer besseren Gesetzgebung, LeGes, 2007/3, S. 391–395

Mainzer, Klaus — Computer – Neue Flügel Des Geistes?, Die Evolution computergestützter Technik, Wissenschaft, Kultur und Philosophie, 1. Auflage, 1995
(zit.: Mainzer, Computer – Neue Flügel Des Geistes?, S. …)

Majone, Giandomenico — Regulating Europe: Problems and Prospects, Jahrbuch zur Staats- und Verwaltungswissenschaft, 1989, S. 159–177

Majone, Giandomenico — Regulating Europe, 1. Auflage, 1996
(zit.: Bearbeiter, in: Majone, Regulation Europe, S. …)

Majone, Giandomenico — The Agency Model: The Growth of Regulation and Regulatory Institutions in the European Union, Eipascope, 1997/3, S. 9–14

Majone, Giandomenico — Dilemmas of European Integration, 1. Auflage, 2005
(zit.: Majone, Dilemmas of European Integration, S. …)

Mann, Siegfried — Die Gefahren der Normenflut für die soziale Marktwirtschaft, in: Mehr Recht durch weniger Gesetze?, Hrsg.: Dieter Strempel, 1. Auflage, 1987, S. 44–47
(zit.: Mann, Die Gefahren der Normenflut für die soziale Marktwirtschaft, in: Mehr Recht durch weniger Gesetze?, S. 44 ff. (...))

Mann, Siegfried	Gesetzgebung und ihre Kosten für die Wirtschaft, ZG, 1989, S. 1–24
Martiny, Dieter	Babylon in Brüssel?, ZEuP, 1998, S. 227–252
Masclet, Jean-Claude	Vers la fin d'une controverse?, Revue du Marché Commun, 1983, S. 363–373
Mattera, Alfonso	Le marché unique européen, 2. Auflage, 1990 (zit.: Mattera, Le marché unique européen, S. …)
Mattila, Heikki E. S.	Comparative Legal Linguistics, 1. Auflage, 2006 (zit.: Mattila, Comparative Legal Linguistics, S. …)
Maurer, John	Die Marktordnung für Bananen – eine Fallstudie zur Agrarmarktpolitik der EG, 2001, abrufbar unter: http://deposit.ddb.de/cgi-bin/dokserv?idn=962692212&dok_var=d1&dok_ext=pdf&filename=962692212.pdf (zit.: Maurer, Die Marktordnung für Bananen, S. …)
Mayer, Franz C.	Die drei Dimensionen der Europäischen Kompetenzdebatte, ZaöRV, 2001, S. 577–640
Mayer, Franz C.	Europa als Rechtsgemeinschaft, WHI-Paper 8/05, abrufbar unter: http://whi-berlin.de/rechtsgemeinschaft.htm (zit.: Mayer, Europa als Rechtsgemeinschaft, WHI-Paper 8/05, S. …)
Mayer-Maly, Theo	Rechtsphilosophie, 2001 (zit.: Mayer-Maly, Rechtsphilosophie, S. ...)
Mayntz, Renate	Gesellschaftswissenschaftliche Sicht, in: Mehr Recht durch weniger Gesetze?, Hrsg.: Dieter Strempel, 1. Auflage, 1987, S. 24–29 (zit.: Mayntz, Gesellschaftswissenschaftliche Sicht, in: Mehr Recht durch weniger Gesetze?, S. 24 ff. (...))
Mayntz, Renate/ Bogdandy, Armin von/ Genschel, Philipp/ Lütz, Susanne	Globale Strukturen und deren Steuerung. Auswertung der Ergebnisse eines Förderprogramms der VolkswagenStiftung, Max Planck-Institut für Forschungsberichte aus dem MPIfG, 2005, abrufbar unter: www.mpifg.de/pu/mpifg_fo/fb1.pdf (zit.: Bearbeiter, in: Mayntz/v. Bogdandy/Genschel/Lütz, Globale Strukturen und deren Steuerung, S. …)
Melissas, Dimitris	Die Gesetzgebung in Griechenland, ZG, 1993, S. 174–188
Mentler, Michael	Der Ausschuss der Ständigen Vertreter in den Europäischen Gemeinschaften, 1. Auflage, 1996 (zit.: Mentler, Der Ausschuss der Ständigen Vertreter in den Europäischen Gemeinschaften, S. …)

Merkel, Angela „Den Menschen den Nutzen Europas erklären", Interview in der Süddeutschen Zeitung, (6.11.2006), abrufbar unter: http: //www.bundeskanzlerin.de/nn_5300/Content/DE/Interview/2006/11/2006-11-06-merkel-sz.html
(zit.: Merkel, Süddeutsche Zeitung, (6.11.2006))

Merten, Detlef Gesetzeswahrheit und Titelklarheit, in: Festgabe zum 10jährigen Jubiläum der Gesellschaft für Rechtspolitik, Hrsg.: Bernd Rüthers, Klaus Stern, 1. Auflage, 1984, S. 295–314
(zit.: Merten, Festgabe zum 10jährigen Jubiläum der Gesellschaft für Rechtspolitik, S. 295 ff. (...))

Mestmäcker, Ernst-Joachim Europäisches Wettbewerbsrecht, 1. Auflage, 1974
(zit.: Mestmäcker, Europäisches Wettbewerbsrecht, S. ...)

Mestmäcker, Ernst-Joachim Marktversagen und Staatsversagen in der Europäischen Union, in: Systembildung und Systemlücken in Kerngebieten des europäischen Privatrechts: Gesellschafts-, Arbeits- und Schuldvertragsrecht, Hrsg.: Stefan Grundmann, 1. Auflage, 2000, S. 53–65
(zit.: Mestmäcker, Marktversagen und Staatsversagen in der Europäischen Union, in: Systembildung und Systemlücken in Kerngebieten des europäischen Privatrechts, S. 53 ff. (...))

Mészáros, Andrea New Challenges in the EU lawmaking, European Integration Studies, 1/2004, S. 19–24

Metcalfe, Les Building Capacities for Integration: The future Role of the Commission, Eipascope, 1996/2, S. 1–10

Metcalfe, Les Reforming the Commission, Eipascope, 1999/3, S. 3–9

Meyer, Rolf Der aufgeklärte Verbraucher – Verbesserungspotenziale der Kommunikation über Lebensmittel, 1. Auflage, 2004
(zit.: Meyer, Der aufgeklärte Verbraucher, S. ...)

Meyer-Hesemann, Wolfgang Verfahren, Rechtsgefühl und Rechtsbewußtsein. Versuch zu einigen zentralen Begriffen der Rechtssoziologie Helmut Schelskys, in: Person und Institution: Helmut Schelsky gewidmet, Hrsg.: Rosemarie Pohlmann, 1. Auflage, 1980, S. 175–190
(zit.: Meyer-Hesemann, Verfahren, Rechtsgefühl und Rechtsbewußtsein. Versuch zu einigen zentralen Begriffen der Rechtssoziologie Helmut Schelskys, in: Person und Institution: Helmut Schelsky gewidmet, S. 175 ff. (...))

Micklitz, Hans-W./ Reich, Norbert Verbraucherschutz im Vertrag über die Europäische Union – Perspektiven für 1993, EuZW, 1992, S. 593–598

Mill, John Stuart — Über die Freiheit, Übersetzung von Bruno Lemke, Hrsg.: Manfred Schlenke, Bibliographisch ergänzte Ausgabe 1988, gedruckt 2006
(zit.: Mill, Über die Freiheit, ... Kapitel – (Überschrift))

Millarg, Eberhard — Anmerkung zum Beschluß des Bundesfinanzhofes vom 16.07.1981 – V B 51/80, EuR, 1981, S. 444–454

Millarg, Eberhard — Anmerkung zu EuGH, Urteil vom 6. 10. 1982, Rs. 283/81 (C.I.L.F.I.T.), EuR, 1983, S. 163–168

Mincke, Wolfgang — Die Problematik von Recht und Sprache in der Übersetzung von Rechtstexten, ARSP, 1991, S. 446–465

Möllers, Christoph — Durchführung des Gemeinschaftsrechts, EuR, 2002, S. 483–516

Möllers, Christoph — Tertiäre exekutive Rechtsetzung im Europarecht, in: Der Europäische Verwaltungsverbund, Hrsg.: Eberhard Schmidt-Assmann, Bettina Schöndorf-Haubold, 1. Auflage, 2005, S. 293–318
(zit.: Möllers, Tertiäre exekutive Rechtsetzung im Europarecht, in: Der Europäische Verwaltungsverbund, S. 293 ff. (…))

Möllers, Thomas M. J. — Die Rolle des Rechts im Rahmen der europäischen Integration, 1. Auflage, 1999
(zit.: Möllers, Die Rolle des Rechts im Rahmen der europäischen Integration, S. …)

Monar, Jörg — Interinstitutional Agreements: The phenomenon and its new dynamics after Maastricht, CML Rev., 1994, S. 693–719

Montesquieu, Charles-Louis — Vom Geist der Gesetze, Auswahl, Übersetzung und Einleitung von Kurt Weigand, ergänzte Ausgabe 1994, gedruckt 2003
(zit.: Montesquieu, Vom Geist der Gesetze, ... Buch ... Kapitel)

Morand, Charles-Albert — Les recommandations, les resolutions et les avis du droit communautaire, Cahiers de droit européen, 6 (1970), S. 623–644

Moravcsik, Andrew/ Sangiovanni, Andrea — On Democracy and "Public Interest" in the European Integration, in: Festschrift für Fritz W. Scharpf, Hrsg.: Renate Mayntz, Wolfgang Streeck, 1. Auflage, 2003, S. 122–148
(zit.: Moravcsik/Sangiovanni, FS Scharpf, S. 122 ff. (...))

Moravcsik, Andrew/ Töller, Annette Elisabeth	Brüssel regiert nicht Deutschland, in: Financial Times Deutschland (10. 2. 2007), abrufbar unter: http://ftd.de/meinung/ kommentare/160317.html, S. 1–4 (zit.: Moravcsik/Töller, Financial Times Deutschland (10.2.2007), S. ...)
Morlok, Martin/ Kölbel, Ralf/ Launhardt, Agnes	Recht als soziale Praxis, Rechtstheorie, 31 (2000), S. 15–46
Mortelmans, Kamiel/ Watson, Stewart	The notion of consumer in community law: a lottery?", Tijdschrift voor Consumentenrecht, 1995, S. 229–246
Morus, Thomas	Utopia, in: Der utopische Staat, Hrsg.: Klaus J. Heinisch, 28. Auflage, 2005 (zit.: Morus, Utopia, Buch ... Abschnitt ..., S. ...)
Möschel, Wernhard	Zum Subsidiaritätsprinzip im Vertrag von Maastricht, NJW, 1993, S. 3025–3028
Mosiek, Marcus	Effet utile und Rechtsgemeinschaft – zugleich ein Beitrag zur Kompetenzordnung der Europäischen Gemeinschaft: Zugleich ein Beitrag zur Kompetenzordnung der europäischen Gemeinschaft, 1. Auflage, 2003 (zit.: Mosiek, Effet utile und Rechtsgemeinschaft, S. …)
Möstl, Markus	Die staatliche Garantie für die öffentliche Sicherheit und Ordnung, 1. Auflage, 2002 (zit.: Möstl, Die staatliche Garantie für die öffentliche Sicherheit und Ordnung, S. …)
Müller, Georg	Adressatengerechtigkeit und Allgemeinverständlichkeit – der Verständnishorizont des Adressaten als Kriterium der Gesetzessprache, in: Rationalisierung der Gesetzgebung, Hrsg.: Heinz Schäffer, Otto Trifterer, 1. Auflage, 1984, S. 35–44 (zit.: Müller, Adressatengerechtigkeit und Allgemeinverständlichkeit – der Verständnishorizont des Adressaten als Kriterium der Gesetzessprache, in: Rationalisierung der Gesetzgebung, S. 35 ff. (…))
Müller, Georg	Elemente einer Rechtsetzungslehre, 1. Auflage, 1999 (zit.: Müller, Elemente einer Rechtsetzungslehre, S. …)
Müller, Thorsten/ Oschmann, Volker	Das Verdikt der Verfassungswidrigkeit – ein unzureichender Ersatz für Argumente im politischen Meinungsstreit, ZG, 2004, S. 355–364
Müller-Graff, Peter-Christian	Binnenmarktauftrag und Subsidiaritätsprinzip, ZHR, 159 (1989), S. 34–77

Müller-Graff, Peter-Christian — Die Rechtsangleichung zur Verwirklichung des Binnenmarktes, EuR, 1989, S. 107–151

Müller-Graff, Peter-Christian — Die wettbewerbsverfaßte Marktwirtschaft als gemeineuropäisches Verfassungsprinzip?, EuR, 1997, S. 433–457

Müller-Graff, Peter-Christian — The Quality of European and National Legislation, EuZW, 1998, S. 325–331

Müller-Ibold, Till — Die Begründungspflicht im europäischen Gemeinschaftsrecht und im deutschen Recht, 1. Auflage, 1990
(zit.: Müller-Ibold, Die Begründungspflicht im europäischen Gemeinschaftsrecht und im deutschen Recht, S. …)

Münch, Richard — Das Projekt Europa, Zwischen Nationalstaat, regionaler Autonomie und Weltgesellschaft, 1. Auflage, 1993
(zit.: Münch, Das Projekt Europa, S. …)

Murgia, Stefano/ Rizzoni, Giovanni — Italy – How politics can be used to improve the quality of legislation, Clarity (Journal of the international association promoting plain legal language), 47 (May/2002), S. 20–22

Mußgnug, Reinhard — Zustand und Perspektiven der Gesetzgebung, in: Zustand und Perspektiven der Gesetzgebung: Vorträge und Diskussionsbeiträge der 56. Staatswissenschaftlichen Fortbildungstagung 1988 der Hochschule für Verwaltungswissenschaften, Speyer, Hrsg.: Hermann Hill, 1. Auflage, 1989, S. 23–47
(zit.: Mußgnug, Zustand und Perspektiven der Gesetzgebung, in: Zustand und Perspektiven der Gesetzgebung, S. 23 ff. (...))

Nagel, Bernhard — Wirtschaftsrecht der Europäischen Union, 1. Auflage, 1998
(zit.: Nagel, Wirtschaftsrecht der Europäischen Union, S. ...)

Nass, Klaus Otto — Legitimität und Identität der Europäischen Union, DVBl., 2006, S. 1197–1201

Nettesheim, Martin — Grundrechtliche Prüfdichte durch den EuGH, EuZW, 1995, S. 106–108

Nettesheim, Martin — Die Kompetenzordnung im Vertrag über eine Verfassung für Europa, EuR, 2004, S. 511–546

Nicolaides, Phedon/ Suren, Anne-Marie — The Rule of Law in the EU: What the Numbers Say, Eipascope, 2007/1, S. 33–39

Nicolaysen, Gert — Zur Theorie von den implied powers in den Europäischen Gemeinschaften, EuR, 1966, S. 129–142

Nicolaysen, Gert — Inländerdiskriminierung im Warenverkehr, EuR, 1991, S. 95–120

Nicolaysen, Gert — Notwendige Rechtssetzung – Auch ein Beitrag zum Thema Subsidiarität, in: Gedächtnisschrift für Eberhard Grabitz, Hrsg.: Albrecht Randelzhofer, Rupert Scholz, Dieter Wilke, 1. Auflage, 1995, S. 469–482
(zit.: Nicolaysen, GS Grabitz, S. 469 ff. (...))

Nicolaysen, Gert — Europarecht II, 1. Auflage, 1996
(zit.: Nicolaysen, Europarecht II, S. …)

Nicolaysen, Gert — Der Streit zwischen dem deutschen Bundesverfassungsgericht und dem Europäischen Gerichtshof, EuR, 2000, S. 495–511

Nideröst , Bruno — Erfolgsbedingungen für Evaluation, LeGes, 2002/1, S. 39–55

Noël, Emile — Der Ausschuss der Ständigen Vertreter, EuR, 1967, S. 24–54

Noël, Emile — Die Organe der Europäischen Gemeinschaft, 1. Auflage, 1988
(zit.: Noël, Die Organe der Europäischen Gemeinschaft, S. ...)

Noll, Peter — Gesetzgebungslehre, 1. Auflage, 1973
(zit.: Noll, Gesetzgebungslehre, S. …)

Noll, Peter — Die Berücksichtigung der Effektivität der Gesetze bei ihrer Schaffung, in: Methodik der Gesetzgebung, Hrsg.: Günther Winkler, Walter Antoniolli, Gesamtredaktion Theo Öhlinger, 1. Auflage, 1982, S. 131–146
(zit.: Noll, Die Berücksichtigung der Effektivität der Gesetze bei ihrer Schaffung, in: Methodik der Gesetzgebung, S. 131 ff. (…))

Norer, Roland — Lebendiges Agrarrecht. Entwicklungslinien und Perspektiven des Rechts im ländlichen Raum, 1. Auflage, 2005
(zit.: Norer, Lebendiges Agrarrecht, S. …)

Nurmi, Hannu, J./ Hosli, Madeleine O. — Which Decision Rule for the Future Council?, European Union Politics, 4 (2003), S. 37–50

O'Brien, Paul — Use and misuse of examples, The Loophole, 2007, S. 47–54

O'Connor Close, Cavan/ Mancini, Dominic J. — Comparison of US and European Commission guidelines on Regulatory Impact Assessment/Analysis, Industrial Policy and Economic Reforms Papers No.3, European Commission: Enterprise and Industry Directorate-General, April 2007, abrufbar unter: http://ec.europa.eu/enterprise/enterprise_policy/competitiveness/doc/us_com_guidelines_iapaper_eco_reform_paper_n3_020507.pdf
(zit.: O'Connor Close/Mancini, Comparison of US and European Commission guidelines on Regulatory Impact Assessment/Analysis, S. …)

Obermair, Stefan — Der Schutz des Verbrauchers vor unlauterer Werbung in Deutschland und Grossbritannien, 1. Auflage, 2004
(zit.: Obermair, Schutz des Verbrauchers, S. …)

Oliver, Peter — Free movement of goods in the European Community, 3. Auflage, 1996
(zit.: Oliver, Free movement of goods in the European Community, S. …)

Oppelland, Torsten — Institutionelle Neuordnung und Demokratisierung, in: Die europäische Union nach dem Vertrag von Lissabon, Hrsg.: Olaf Leiße, 1. Auflage, 2010
(zit.: Oppelland, Institutionelle Neuordnung und Demokratisierung, in: Die europäische Union nach dem Vertrag von Lissabon, S. …)

Oppermann, Thomas — Vom Nizza-Vertrag 2001 zum Europäischen Verfassungskonvent 2002/2003, DVBl., 2003, S. 1–10

Oppermann, Thomas — Eine Verfassung für die Europäische Union, DVBl., 2003, S. 1165–1176

Oppermann, Thomas — Zur normativen Kraft des Europarechts in einer sich erweiternden „Groß-EU", JZ, 2005, S. 1017–1021

Oppermann, Thomas — Europarecht, 3. Auflage, 2005
(zit.: Oppermann, Europarecht, S. …, Rn. …)

Orwat, Carsten — Konsultationsverfahren als Mittel der politischen Gestaltung des digitalen Rechtemanagements – notwendig, aber nicht hinreichend, Technikfolgenabschätzung – Theorie und Praxis, 2006, S. 63–72

Ossenbühl, Fritz — Föderalismus und Regionalismus in Europa – Landesbericht Bundesrepublik Deutschland, in: Föderalismus und Regionalismus in Europa, Hrsg.: Fritz Ossenbühl, 1. Auflage, 1990, S. 117–165
(zit.: Ossenbühl, Föderalismus und Regionalismus in Europa, in: Föderalismus und Regionalismus in Europa, S. 117 ff. (...))

Pache, Eckhard — Die Kontrolldichte in der Rechtsprechung des Gerichtshofs der Europäischen Gemeinschaften, DVBl., 1998, S. 380–387

Pache, Eckhard/ Rösch, Franziska — Der Vertrag von Lissabon, NVwZ, 2008, S. 473–480

Page, Edward C. — The Impact of European Legislation on British Public Policy Making: A Research Note, Public Administration, 1998, S. 803–809

Papier, Hans-Jürgen — Das Subsidiaritätsprinzip als Bremse des schleichenden Zentralismus in Europa?, Ringvorlesung im Rahmen des studium generale an der Universität Tübingen, 28. Nov. 2006, abrufbar unter: http://www.uni-tuebingen.de/uni/wwa/download/Ringvorlesung/Prof_Papier_das_subsidiaritaets-prinzip.pdf
(zit.: Papier, Das Subsidiaritätsprinzip als Bremse des schleichenden Zentralismus in Europa?, S. …)

Papier, Hans-Jürgen — Mehr Gesetze, weniger Recht?, BLL-Jahrestagung am 27.4.2006, Berlin, abrufbar unter: http://www.bll.de/veranstaltungen/veranstaltungen_liste/jahrestagung_2006/
(zit.: Papier, Mehr Gesetze, weniger Recht?, S. …)

Papier, Hans-Jürgen — Europas neue Nüchternheit: Der Vertrag von Lissabon, Vortrag an der Humboldt-Universität zu Berlin am 21. Februar 2008, abrufbar unter: http://www.whi-berlin.de/documents/ Rede-Prof.Dr.Papier.pdf
(zit.: Papier, Europas neue Nüchternheit, S. …)

Paul, Jonas — Langwieriges Ringen um bessere Gesetze – Die EU-Initiative Better Regulation, C·A·P Analyse, 2007 – Ausgabe 2, abrufbar unter: http://www.cap.lmu.de/download/2007/CAP-Analyse-2007-02.pdf
(zit.: Paul, C·A·P Analyse, 2007 (Ausgabe 2) S. …)

Pavčnik, Marijan — Die Rechtsnorm, ARSP, 1997, S. 463–482

Pawlowski, Hans-Martin — Probleme der Begründung des Rechts im europäischen Mehrebenensystem, in: Das europäische Mehrebenensystem, Hrsg.: Thomas König, Elmar Rieger, Hermann Schmitt, 1. Auflage, 1996, S. 332–355
(zit.: Pawlowski, Probleme der Begründung des Rechts im europäischen Mehrebenensystem, in: Das europäische Mehrebenensystem, S. 332 ff. (…))

Pawlowski, Hans-Martin — Probleme der Begründung des Rechts in der Europäischen Union, in: Modernisierung – Prozess oder Entwicklungsstrategie?, Hrsg.: Hermann Hill, 1. Auflage, 2001, S. 419–444
(zit.: Pawlowski, Probleme der Begründung des Rechts in der Europäischen Union, in: Modernisierung – Prozess oder Entwicklungsstrategie?, S. 419 ff. (…))

Pechstein, Matthias — EU-/EG – Prozessrecht, 3. Auflage, 2007
(zit.: Pechstein, EU-/EG – Prozessrecht, S. …)

Pernice, Ingolf — Kriterien der normativen Umsetzung von Umweltrichtlinien der EG im Lichte der Rechtssprechung des EuGH, EuR, 1994, S. 325–341

Pernice, Ingolf — Kompetenzabgrenzung im Europäischen Verfassungsverbund, JZ, 2000, S. 866–876

Pernice, Ingolf — Kompetenzabgrenzung im Europäischen Verfassungsverbund, Vortrag an der Humboldt-Universität zu Berlin am 6. Juli 2000, FCE 4/00, abrufbar unter: www.whi-berlin.de/docu- ments/pernice.pdf
(zit.: Pernice, Kompetenzabgrenzung im Europäischen Verfassungsverbund, FCE 4/00, S. ...)

Pernice, Ingolf — Walter Hallstein – Erbe und Verpflichtung, WHI-Paper 7/01, abrufbar unter: http://whi-berlin.de/pernice-hallstein.htm
(zit.: Pernice, Walter Hallstein – Erbe und Verpflichtung, WHI-Paper 7/01, S. …)

Pernice, Ingolf — Der Beitrag Walter Hallsteins zur Zukunft Europas – Begründung und Konsolidierung der Europäischen Gemeinschaft als Rechtsgemeinschaft, WHI Paper 9/01, abrufbar unter: http:// whi-berlin.de/pernice-rechtsgemeinschaft.htm
(zit.: Pernice, Der Beitrag Walter Hallsteins zur Zukunft Europas – Begründung und Konsolidierung der Europäischen Gemeinschaft als Rechtsgemeinschaft, WHI Paper 9/01, S. …)

Pernice, Ingolf — Einigungsmängel im EU-Mitentscheidungsverfahren – Zum Umgang mit Korrekturen durch die Rechts- und Sprachendienste der Institutionen, WHI Paper 21/04, abrufbar unter: http://www.rewi.hu-berlin.de/WHI/papers/whipapers2104/2104.pdf
(zit.: Pernice, Einigungsmängel im EU-Mitentscheidungsverfahren, WHI Paper 21/04, S. …)

Pernice, Ingolf/ Kadelbach, Stefan — Verfahren und Sanktionen im Wirtschaftsverwaltungsrecht, DVBl., 1996, S. 1100–1114

Pescatore, Pierre — Bestand und Bedeutung der Grundrechte in den Europäischen Gemeinschaften, EuGRZ, 1978, S. 441–445

Pescatore, Pierre — Die Gemeinschaftsverträge als Verfassungsrecht – ein Kapitel Verfassungsgeschichte in der Perspektive des Europäischen Gerichtshofs, systematisch geordnet, in: Festschrift für Hans Kutscher, Hrsg.: Wilhelm G. Grewe, Hans Rupp, Hans Schneider, 1. Auflage, 1981, S. 319–338
(zit.: Pescatore, FS Kutscher, 319 ff. (…))

Pescatore, Pierre — Die „Einheitliche Europäische Akte" – Eine ernste Gefahr für den Gemeinsamen Markt, EuR, 1986, S. 153–169

Pescatore, Pierre — Mit der Subsidiarität leben, in: Festschrift für Ulrich Everling, Band II, Hrsg.: Ole Due, Marcus Lutter, Jürgen Schwarze, 1. Auflage, 1995, S. 1071–1094
(zit.: Pescatore, FS Everling II, S. 1071 ff. (...))

Pescatore, Pierre — Recht in einem mehrsprachigen Raum, ZEuP, 1998, S. 1–12

Pescatore, Pierre — Das Konzipieren übersetzungsgerechter juristischer Dokumente, in: Recht und Übersetzen, Hrsg.: Gerard-René de Groot, Reiner Schulze, 1. Auflage, 1999, S. 91–99
(zit.: Pescatore, Das Konzipieren übersetzungsgerechter juristischer Dokumente, in: Recht und Übersetzen, S. 91 ff. (…))

Petersmann, Ernst-Ulrich — Darf die EG das Völkerrecht ignorieren? – Zu den verfassungs- und völkerrechtlichen Grundlagen des Europäischen Wirtschaftsrechts, in: Festschrift für Wolfgang Fikentscher, Hrsg.: Bernhard Großfeld, Rolf Sack, Thomas M. J. Möllers, Josef Drexl, Andreas Heinemann, 1. Auflage, 1998, S. 966–984
(zit.: Petersmann, FS Fikentscher, S. 966 ff. (…))

Philipp, Otmar — Wider die Regelungswütigen, EuZW, 1995, S. 353

Pilz, Frank/ Ortwein, Heike — Das politische System Deutschlands, 4. Auflage, 2007
(zit.: Pilz/Ortwein, Das politische System Deutschlands, S. …)

Pipkorn, Jörn — Das Subsidiaritätsprinzip im Vertrag über die Europäische Union – rechtliche Bedeutung und gerichtliche Überprüfbarkeit, EuZW, 1992, S. 697–700

Piris, Jean-Claude — The Quality of Community Legislation: The Viewpoint of the Council Legal Service, in: Improving the Quality of Legislation in Europe, Hrsg.: Alfred E. Kellermann, Guiseppe Ciavarini Azzi, Scott H. Jacobs, Rex Deighton-Smith, 1. Auflage, 1998, S. 25–38
(zit.: Piris, The Quality of Community Legislation: The Viewpoint of the Council Legal Service, in: Improving the Quality of Legislation in Europe, S. 25 ff. (...))

Piris, Jean-Claude | The legal orders of the European Community and of the Member States: peculiarities and influences in drafting, Amicus Curiae, 58, 2005, S. 21–28

Plechanovová, Běla | Draft constitution and the decision-making rule for the Council of Ministers of the EU – Looking for alternative solution, European Integration online Papers (EIoP), Vol. 8 (2004), Nr. 12, abrufbar unter: http://eiop.or.at/eiop/texte/2004-012a.htm

Plechanovová, Běla | Decision-making in the EU Council after the first Eastern enlargement: The relevance of the empirical findings for the voting rules, Warsaw October 12–13, 2007, abrufbar unter: http://www.natolin.edu.pl/pdf/konferencje/natolin_X2007/Plechanovova_Decision-making_.pdf
(zit.: Plechanovová, Decision-making in the EU Council after the first Eastern enlargement: The relevance of the empirical findings for the voting rules, S. …)

Plechanovová, Běla | The Lisbon Treaty and the Decision-Making in the EU Council: Winning Coalitions and the Policy Shift (?), International Conference – The Lisbon Reform Treaty: Internal and External Implications, Hebrew University, Jerusalem, 13-14 July 2008, abrufbar unter: http://micro5.mscc.huji.ac.il/~iasei/documents/Lisbon_Papers/Plech_Council_Jerusalem_08.pdf
(zit.: Plechanovová, The Lisbon Treaty and the Decision-Making in the EU Council: Winning Coalitions and the Policy Shift (?), S. …)

Pollak, Johannes | Repräsentation ohne Demokratie, 1. Auflage, 2007
(zit.: Pollak, Repräsentation ohne Demokratie, S. …)

Pozzo, Barbara/ Jacometti, Valentina | Multilingualism and the Harmonisation of European Law, 1. Auflage, 2006
(zit.: Bearbeiter, in: Pozzo/Jacometti, Multilingualism and the Harmonisation of European Law, S. …)

Präve, Peter | Legitimation durch Anerkennung, DÖV, 1990, S. 18–22

Priebe, Reinhard | Der Alkohol in der Rechtsprechung des Gerichtshofs der Europäischen Gemeinschaften – oder: Ein Beitrag zum Verständnis supranationaler Rechtsprechung, in: Gedächtnisschrift für Friedrich G. Nagelmann, Hrsg.: Dieter C. Umbach, Richard Urban, Roland Fritz, Horst-Eberhard Böttcher, Joachim v. Bargen, 1. Auflage, 1984, S. 147–159
(zit.: Priebe, GS Nagelmann, S. 147 ff. (...))

Priebe, Reinhard — Differenzierung und Dezentralisierung in der gemeinsamen Agrarpolitik, in: Festschrift für Helmut Steinberger, Hrsg.: Hans-Joachim Cremer, Thomas Giegerich, Dagmar Richter, Andreas Zimmermann, 1. Auflage, 2002, S. 1347–1373
(zit.: Priebe, FS Steinberger, S. 1347 ff. (...))

Priester, Jens-Michael — Einzelfallgerechtigkeit, in: Person und Institution: Helmut Schelsky gewidmet, Hrsg.: Rosemarie Pohlmann, 1. Auflage, 1980, S. 191–208
(zit.: Priester, Einzelfallgerechtigkeit, in: Person und Institution: Helmut Schelsky gewidmet, S. 191 ff. (...))

Pühs, Wolfgang — Der Vollzug von Gemeinschaftsrecht: Formen und Grenzen eines effektiven Gemeinschaftsrechtsvollzugs und Überlegungen zu seiner Effektuierung, 1. Auflage, 1997
(zit.: Pühs, Der Vollzug von Gemeinschaftsrecht, S. ...)

Rack, Rainhard — Normenflut auf Gemeinschaftsebene, in: Bürgernahes Wirtschaftsrecht – Eine Utopie?, Hrsg.: Walter Fuchs, Heinz Handler, November 2000, abrufbar unter: http://www.bmwfj.gv.at/NR/rdonlyres/356E85E6-022F-43 27-89D58195D2469813/3843/BfcrgernahesWirtschaftsrecht. pdf, S. 161–177
(zit.: Rack, Normenflut auf Gemeinschaftsebene, in: Bürgernahes Wirtschaftsrecht – Eine Utopie?, S. 161 ff. (…))

Radaelli, Claudio M. — Governing European Regulation: The Challenges Ahead, European University Institute, RSC Policy Paper No 98/3, 1998, abrufbar unter: http://www.eui.eu/RSCAS/WP-Texts/RSCPP98_03.html
(zit.: Radaelli, Governing European Regulation – *zugehörige Teilüberschrift*)

Radaelli, Claudio M. — The Politics of Regulatory Impact Analysis in the OECD Countries, Best Practice and Lesson-Drawing, 11. 3. 2002, abrufbar unter: http://www. hull.ac.uk/futgov/Papers/RIA Radaelli.doc
(zit.: Radaelli, The Politics of Regulatory Impact Analysis in the OECD Countries, S. …)

Radaelli, Claudio M. — The Open Method of Coordination: A new governance architecture for the European Union?, Swedish Institute for European Policy Studies, March/2003, abrufbar unter: http://www.sieps.se/publ/rapporter/ bilagor/20031.pdf
(zit.: Radaelli, The Open Method of Coordination, S. …)

Radaelli, Claudio M.	What Does Regulatory Impact Assessment Mean in Europe?, AEI-Brookings Joint Center for Regulatory Studies, January 2005, abrufbar unter: http://aei-brookings.org/admin/authorpdfs/redirect-safely.php?fname=../pdffiles/phpGE.pdf (zit.: Radaelli, What Does Regulatory Impact Assessment Mean in Europe?, S. …)
Radaelli, Claudio M.	Better Regulation and the Lisbon Agenda, Paper delivered to European Evaluation Society Conference – Evaluation in Society: "Critical Connections", October 4th–6th 2006, abrufbar unter: http://huss.exeter.ac.uk/politics/research/readingroom/radaelliBetterRegulation.pdf (zit.: Radaelli, Better Regulation and the Lisbon Agenda, S. …)
Radaelli, Claudio M./ Meuwese, Anne C. M.	Better Regulation in Europe: Between public management and regulatory reform, 25. 6. 2008, abrufbar unter: http://centres.exeter.ac.uk/ceg/research/riacp/documents/BetterregulationinEuropeFinalJune2008.pdf (zit.: Radaelli/Meuwese, Better Regulation in Europe, S. …)
Rapp, Friedrich	Destruktive Freiheit. Ein Plädoyer gegen die Maßlosigkeit der modernen Welt, 1. Auflage, 2003 (zit.: Rapp, Destruktive Freiheit, S. …)
Redeker, Konrad	Auf der Suche nach besserer Gesetzgebung, NJW, 2002, S. 2756–2759
Redeker, Konrad	Wege zu besserer Gesetzgebung, ZRP, 2004, S. 160–163
Redeker, Konrad/ Karpenstein, Ulrich	Über Nutzen und Notwendigkeiten, Gesetze zu begründen, NJW, 2001, S. 2825–2831
Reich, Dietmar O.	Zum Einfluß des Europäischen Gemeinschaftsrechts auf die Kompetenzen der deutschen Bundesländer, EuGRZ, 2001, S. 1–18
Reich, Norbert	Brauchen wir eine Diskussion um ein Europäisches Kompetenzgericht, EuZW, 2002, S. 257
Reicherzer, Max	Legitimität und Qualität von Gesetzen, ZG, 2004, S. 121–137
Reimer, Franz	Ziele und Zuständigkeiten – Die Funktionen der Unionszielbestimmungen, EuR, 2003, S. 992–1012
Reinert, Hans Jochen	Gereimtes und Ungereimtes, in: Festschrift für Alfred Söllner, Hrsg.: Gerhard Köbler, Meinhard Heinze, Wolfgang Hromadka, 1. Auflage, 2000, S. 885–892 (zit.: Reinert, FS Söllner, S. 885 ff. (...))

Renda, Andrea	Impact Assessment in the EU – The State of the Art and the Art of the State, Centre for European Policy Studies, 1. Auflage, 2006 (zit.: Renda, Impact Assessment in the EU, S. …)
Rengeling, Hans-Werner	Grundrechtsschutz in der Europäischen Gemeinschaft, 1. Auflage, 1992 (zit.: Rengeling, Grundrechtsschutz in der Europäischen Gemeinschaft, S. …)
Rengeling, Hans-Werner	Die Kompetenzen der Europäischen Union: Inhalte, Grenzen und Neuordnung der Rechtsetzungsbefugnisse, in: Festschrift für Peter Badura, Hrsg.: Michael Brenner, Peter M. Huber, Markus Möstl, 1. Auflage, 2004, S. 1135–1166 (zit.: Rengeling, FS Badura, S. 1135 ff. (…))
Ress, Georg	Die Europäischen Gemeinschaften und der deutsche Föderalismus, EuGRZ, 1986, S. 549–558
Ress, Georg	Die neue Kulturkompetenz der EG, DÖV, 1992, S. 944–955
Ress, Georg	Die Europäische Union und die neue juristische Qualität der Beziehungen zu den Europäischen Gemeinschaften, JuS, 1992, S. 985–991
Rieckhoff, Henning	Der Vorbehalt des Gesetzes im Europarecht, 1. Auflage, 2007 (zit.: Rieckhoff, Der Vorbehalt des Gesetzes im Europarecht, S. …)
Riesenhuber, Karl	Europäisches Vertragsrecht, 1. Auflage, 2003 (zit.: Riesenhuber, Europäisches Vertragsrecht, S. …)
Ritzer, Christoph/ Ruttloff, Marc	Die Kontrolle des Subsidiaritätsprinzips: Geltende Rechtslage und Reformperspektiven, EuR, 2006, S. 116–137
Robinson, William	How the European Commission drafts legislation in 20 languages, Clarity (Journal of the international association promoting plain legal language), 53 (May/2005), S. 4–10
Robinson, William	L'amélioration de la qualité de la législation européenne: Le rôle des juristes-réviseurs de la Commission, LeGes, 2007/3, S. 439–454
Rodi, Michael	Die Subventionsrechtsordnung, 1. Auflage, 2000 (zit.: Rodi, Subventionsrechtsordnung, S. …)
Rodríguez Iglesias, Gil Carlos	Gedanken zum Entstehen einer Europäischen Rechtsordnung, NJW, 1999, S. 1–9
Roellecke, Gerd	Normakzeptanz und Rechtsbewußtsein, JZ, 1997, S. 577–583

Röger, Ralf — Ein neuer Informationsanspruch auf europäischer Ebene: Der Verhaltenskodex vom 6. Dezember 1993 für den Zugang der Öffentlichkeit zu Kommissions- und Ratsdokumenten, DVBl., 1994, S. 1182–1189

Rohe, Mathias — Notwehr gegen Europa?, EuZW, 1997, S. 491–498

Röhl, Hans Christian — Die Beteiligung der Bundesrepublik Deutschland an der Rechtsetzung im Ministerrat der Europäischen Union, EuR, 1994, S. 409–444

Röhl, Klaus-Heiner — Bürokratieabbau – Analysen und Handlungsempfehlungen, Arbeitspapier, Hrsg.: Konrad-Adenauer-Stiftung, Nr.163/ 2006, Oktober 2006, abrufbar unter: http://www.kas.de/wf/ doc/kas_9322-544-1-30.pdf
(zit.: Röhl, Bürokratieabbau – Analysen und Handlungsempfehlungen, S. …)

Röken, Heribert — Gesetzesgehorsam statt Gesetzesakzeptanz, DÖV, 1989, S. 54–59

Roßnagel, Alexander — Europäische Techniknormen im Lichte des Gemeinschaftsvertragsrechts, DVBl., 1996, S. 1181–1189

Rother, Richard — Merkel und Sarkozy verwässern Klimaziele – Die Bremskraftverstärker, taz, 10.06. 2008, abrufbar unter: https:// www.taz.de/1/zukunft/umwelt/artikel/1/umweltschuetzer-bestuerzt-ueber-irrweg/ (zit.: Rother, Merkel und Sarkozy verwässern Klimaziele – Die Bremskraftverstärker)

Rottmann, Katja/ Lenschow, Andrea — "Privatising" EU Governance: Emergence and characteristics of voluntary agreements in European environmental policy, abrufbar unter: http://eesc.europa.eu/smo/prism/ images/PDFs/EESC_Privatising%20EU%20Governance_Dec%202006_final.pdf
(zit.: Rottmann/Lenschow, "Privatising" EU Governance, S. ...)

Röver, Jan-Hendrik M. — Das Problem der Rechtsgeltung bei Hans Welzel – „Macht zwingt, Recht verpflichtet", JuS, 1988, S. 761–767

Rüthers, Bernd — Rechtstheorie, 3. Auflage, 2007
(zit.: Rüthers, Rechtstheorie, Rn. ...)

Ruthig, Josef — Europäische Gesetzgebung, in: Eine Verfassung für Europa, Hrsg.: Klaus Beckmann, Jürgen Dieringer, Ulrich Hufeld, 2. Auflage, 2005, S. 449–472
(zit.: Ruthig, Europäische Gesetzgebung, in: Eine Verfassung für Europa, S. 449 ff. (…))

Sälzer, Bernhard — Die Einheitliche Europäische Akte: Die neuen Vertragsartikel Forschung und technologische Entwicklung, integration, 3/1986, S. 121–125

Salzwedel, Jürgen/ Reinhardt, Michael — Neuere Tendenzen im Wasserrecht, NVwZ, 1991, S. 946–952

Sandström, Gustaf — Guest editorial: Knocking EU law into shape, CML Rev., 2003, S. 1307–1313

Santer, Jacques — 25 Jahre europäische Integration im Rückblick, integration, 4/2006, S. 303–314

Sauer, Heiko — Jurisdiktionskonflikte in Mehrebenensystemen. Die Entwicklung eines Modells zur Lösung von Konflikten zwischen Gerichten unterschiedlicher Ebenen in vernetzten Rechtsordnungen, 1. Auflage, 2008
(zit.: Sauer, Jurisdiktionskonflikte in Mehrebenensystemen, S. …)

Savigny, Friedrich Karl von — Vom Beruf unsrer Zeit für Gesetzgebung und Rechtswissenschaft, veröffentlicht von Mohr und Zimmer, 1814
(zit.: v. Savigny, Vom Beruf unsrer Zeit für Gesetzgebung und Rechtswissenschaft, S. …)

Schaefer, Guenther F. — Démystifier la comitologie, in:, Eipascope, Numéro spécial 25ème anniversaire, S. 51–56
(zit.: Schaefer, Démystifier la comitologie, in:, Eipascope, Numéro spécial 25ème anniversaire, S. 51 ff. (...))

Schäfer, Hans-Bernd — Grenzen des Verbraucherschutzes und adverse Effekte des Europäischen Verbraucherrechts, in: Systembildung und Systemlücken in Kerngebieten des europäischen Privatrechts: Gesellschafts-, Arbeits- und Schuldvertragsrecht, Hrsg.: Stefan Grundmann, 1. Auflage, 2000, S. 559–568
(zit.: Schäfer, Grenzen des Verbraucherschutzes und adverse Effekte des Europäischen Verbraucherrechts, in: Systembildung und Systemlücken in Kerngebieten des europäischen Privatrechts, S. 559 ff. (…))

Schäfer, Jürgen — Die Reform Europäischen Regierens und der Konventsprozess – Eine kritische Bestandsaufnahme am Beispiel der nachhaltigen Entwicklung, in: Europäische Gesellschaft, Hrsg.: Wilfried Loth, 1. Auflage, 2005, S. 187–210
(zit.: Schäfer, Die Reform Europäischen Regierens und der Konventsprozess, in: Europäische Gesellschaft, S. 187 ff. (…))

Schäffer, Heinz — Legistische Richtlinien in Österreich – Entwicklung, Stand und wissenschaftliche Kritik, ZG, 1987, S. 112–139

Schäffer, Heinz — Wege zum besseren Gesetz, ZG, 1989, S. 289–316

Schäffer, Heinz	Austria – Problems of Legislation in Austria, in: Legislation in European Countries, Hrsg.: Ulrich Karpen, 1. Auflage, 1996, S. 53–73 (zit.: Schäffer, Austria – Problems of Legislation in Austria, in: Legislation in European Countries, S. 53 ff. (…))
Schäffer, Heinz	Der Weg zum besseren Gesetz, in: Bürgernahes Wirtschaftsrecht – Eine Utopie?, Hrsg.: Walter Fuchs, Heinz Handler, November 2000, abrufbar unter: http://www.bmwfj.gv.at/NR/rdonlyres/356E85E6-022F-4327-89D5-8195D2469813/3843/BfcrgernahesWirtschaftsrecht.pdf, S. 62–99 (zit.: Schäffer, Der Weg zum besseren Gesetz, in: Bürgernahes Wirtschaftsrecht – Eine Utopie?, S. 62 ff. (…))
Schäffer, Heinz	Verwaltungsmodernisierung als Herausforderung an die Gesetzgebung, in: Bürgernahes Wirtschaftsrecht – Eine Utopie?, Hrsg.: Walter Fuchs, Heinz Handler, November 2000, abrufbar unter: http://www.bmwfj.gv.at/NR/rdonlyres/356E85E6-022F-4327-89D5-8195D2469813/3843/BfcrgernahesWirtschaftsrecht.pdf, S. 118–147 (zit.: Schäffer, Verwaltungsmodernisierung als Herausforderung an die Gesetzgebung, in: Bürgernahes Wirtschaftsrecht – Eine Utopie?, S. 118 ff. (…))
Schäffer, Heinz	Vom Beruf der Politik zur Gesetzgebung in unserer Zeit, in: Evaluierung der Gesetze/Gesetzesfolgenabschätzung, Hrsg.: Heinz Schäffer, 1. Auflage, 2005, S. 7–27 (zit.: Schäffer, Vom Beruf der Politik zur Gesetzgebung in unserer Zeit, in: Evaluierung der Gesetze/Gesetzesfolgenabschätzung, S. 7 ff. (…))
Scharpf, Fritz W.	Die Politikverflechtungs-Falle. Europäische Integration und deutscher Föderalismus im Vergleich, PVS, 1985, S. 323–356
Scheel, Kurt-Christian	Privater Sachverstand im Verwaltungsvollzug des europäischen Rechts, 1. Auflage, 1999 (zit.: Scheel, Privater Sachverstand im Verwaltungsvollzug des europäischen Rechts, S. …)
Scheffler, Hans-Herman	Die allgemeine Pflicht zur Begründung von Verwaltungsakten, DÖV, 1977, S. 767–774
Schenke, Wolf-Rüdiger	Verfassungsrechtliche Grenzen gesetzlicher Verweisungen, in: Festschrift Ludwig Fröhler, Hrsg.: Peter Oberndorfer, Herbert Schambeck, 1. Auflage, 1980, S. 87–126 (zit.: Schenke, FS Fröhler, S. 87 ff. (...))
Schenke, Wolf-Rüdiger	Die verfassungsrechtliche Problematik dynamischer Verweisungen, NJW, 1980, S. 743–749

Scherer, Josef — Subsidiaritätsprinzip und EG-Agrarreform, DVBl., 1993, S. 281–291

Scheuerman, William E. — Motorized Legislation? Statutes in an Age of Speed, ARSP, 2002, S. 379–397

Scheuner, Ulrich — Die neuere Entwicklung des Rechtsstaats in Deutschland, in: Rechtsstaatlichkeit und Sozialstaatlichkeit, Hrsg.: Ernst Forsthoff, 1. Auflage, 1968, S. 461–508
(zit.: Scheuner, Die neuere Entwicklung des Rechtsstaats in Deutschland, in: Rechtsstaatlichkeit und Sozialstaatlichkeit, S. 461 ff. (…))

Schiltz, Christoph B. — Bürokratieabbau – Edmund Stoiber droht in Brüssel zu scheitern, 8. 10. 2008, abrufbar unter: http://www.welt.de/politik/article2548991/Edmund-Stoiber-droht-in-Bruessel-zu-scheitern.html
(zit.: Schiltz, Bürokratieabbau – Edmund Stoiber droht in Brüssel zu scheitern)

Schlacke, Sabine — Risikoentscheidungen im europäischen Lebensmittelrecht, 1. Auflage, 1998
(zit.: Schlacke, Risikoentscheidungen im europäischen Lebensmittelrecht, S. …)

Schlette, Volker — Das Gesetz als zentrales Steuerungsinstrument des Rechtsstaates, DVBl., 1997, S. 993–996

Schlicht, Joachim — Verrechtlichung der Gesetzgebung, 1. Auflage, 1982
(zit.: Schlicht, Verrechtlichung der Gesetzgebung, S. …)

Schmedes, Hans-Jörg — Wirtschafts- und Verbraucherschutzverbände im Mehrebenensystem: Lobbyingaktivitäten britischer, deutscher und europäischer Verbände, 1. Auflage, 2007
(zit.: Schmedes, Wirtschafts- und Verbraucherschutzverbände im Mehrebenensystem, S. …)

Schmidhuber, Peter M. — Das Subsidiaritätsprinzip im Vertrag von Maastricht, DVBl., 1993, S. 417–422

Schmidhuber, Peter M./ Hitzler, Gerhard — Die Verankerung des Subsidiaritätsprinzips im EWG-Vertrag – ein wichtiger Schritt auf dem Weg zu einer föderalen Verfassung der Europäischen Gemeinschaft, NVwZ, 1992, S. 720–725

Schmidt am Busch, Birgit — Die Gesundheitssicherung im Mehrebenensystem, 1. Auflage, 2007
(zit.: Schmidt am Busch, Die Gesundheitssicherung im Mehrebenensystem, S. …)

Schmidt, Ingo — Wettbewerbspolitik und Kartellrecht, 8. Auflage, 2005
(zit.: Schmidt, Wettbewerbspolitik und Kartellrecht, S. …)

Schmidt, Manfred G./ Zohlnhöfer, Reimut	Regieren in der Bundesrepublik Deutschland: Innen- und Aussenpolitik seit 1949, 1. Auflage, 2006 (zit.: Bearbeiter, in: Schmidt/Zohlnhöfer, Regieren in der BRD, S. …)
Schmidt-Assmann, Eberhard	Gefährdungen der Rechts- und Gesetzesbindung der Exekutive, in: Festschrift für Klaus Stern, Hrsg.: Joachim Burmeister, 1. Auflage, 1997, S. 745–762 (zit.: Schmidt-Assmann, FS Stern, S. 745 ff. (...))
Schmidt-Preuß, Matthias	Verwaltung und Verwaltungsrecht zwischen gesellschaftlicher Selbstregulierung und staatlicher Steuerung, VVDStRL, 56 (1997), S. 160–234
Schmitt, Carl	Die Lage der europäischen Rechtswissenschaft, 1. Auflage, 1950 (zit.: Schmitt, Die Lage der europäischen Rechtswissenschaft, S. …)
Schmitz, Thomas	Integration in der supranationalen Union, 1. Auflage, 2001 (zit.: Schmitz, Integration in der supranationalen Union, S. …)
Schneider, Egon	Gesetzgebung aus das Geratewohl?, AnwBl., 2003, S. 317–319
Schneider, Hans	Über den Beruf unserer Zeit für Gesetzgebung, NJW, 1962, S. 1273–1279
Schneider, Hans	Gesetzgebung, 3. Auflage, 2002 (zit.: Schneider, Gesetzgebung, S. ..., Rn. ...)
Schneider, Hans-Peter	Tollhaus Europa, NJW, 1998, S. 576–578
Schneider, Hans-Peter	Narrenschiff Staatsrecht oder Tarnkappe Europapolitik?, NJW, 1998, S. 2191
Schneider, Hans-Peter	Vernunft wird Unsinn, Wohltat, Plage . . . , NJW, 1998, S. 2505–2507
Schneider, Hans-Peter	Meliora Legalia, ZG, 2004, S. 105–121
Schoch, Friedrich	Die Europäisierung des Allgemeinen Verwaltungsrechts, JZ, 1995, S. 109–123
Scholz, Manfred	Der Konflikt von Gruppeninteresse und Gemeinwohl, in: Festschrift für Martin Peltzer, Hrsg.: Marcus Lutter, Manfred Scholz, Walter Sigle, 1. Auflage, 2001, S. 437–452 (zit.: Scholz, FS Peltzer, S. 437 ff. (...))
Scholz, Oliver Robert	Verstehen und Rationalität, 2. Auflage, 2001 (zit.: Scholz, Verstehen und Rationalität, S. …)

Scholz, Rupert/ Meyer-Teschendorf, Klaus G.	Reduzierung der Normenflut durch qualifizierte Bedürfnisprüfung, ZRP, 1996, S. 404–408
Schöneich, Nicolas	Der Anti-äh-Bürokratie-Dings, Financial Times Deutschland, 2. 3. 2009, abrufbar unter: http://www.ftd.de/koepfe/whois-who/:Edmund-Stoiber-Der-Anti-%E4h-B%FCrokratie-Dings/481333.html (zit.: Schöneich, Der Anti-äh-Bürokratie-Dings)
Schorkopf, Frank	Die Untätigkeit des Rates der Europäischen Union im Gesetzgebungsverfahren, EuR, 2000, S. 365–379
Schorn, Ruth	Der Grundsatz der Diskontinuität im europäischen Gemeinschaftsrecht, 1. Auflage, 2000 (zit.: Schorn, Der Grundsatz der Diskontinuität im europäischen Gemeinschaftsrecht, S. …)
Schout, Adriaan/ Guggenbühl, Alain/ Bayer, Nicole	The Presidency in the EU of 25, Eipascope, 2004/2, S. 24–28
Schreiber, Hans-Ludwig	Ist eine Effektivitätskontrolle von Strafgesetzen möglich?, in: Rationalisierung der Gesetzgebung, Hrsg.: Heinz Schäffer, Otto Trifterer, 1. Auflage, 1984, S. 178–186 (zit.: Schreiber, Ist eine Effektivitätskontrolle von Strafgesetzen möglich?, in: Rationalisierung der Gesetzgebung, S. 178 ff. (…))
Schröder, Friedrich-Christian	Irrwege aktionistischer Gesetzgebung – das 26. StÄG (Menschenhandel), JZ, 1995, S. 231–238
Schröder, Meinhard	Der Nationale Normenkontrollrat, DÖV, 2007, S. 45–49
Schroeder, Werner	Das Gemeinschaftsrechtssystem. Eine Untersuchung zu den rechtsdogmatischen, rechtstheoretischen und verfassungsrechtlichen Grundlagen des Systemdenkens im Europäischen Gemeinschaftsrecht, 1. Auflage, 2002 (zit.: Schroeder, Das Gemeinschaftsrechtssystem, S. …)
Schulte, Martin	Begriff und Funktion des Rechts der Gesellschaft, in: Festschrift für Werner Krawietz, Hrsg.: Manuel Atienza, Enrico Pattaro, Martin Schulte, Boris Topornin, Dieter Wyduckel, 1. Auflage, 2003, S. 767–789 (zit.: Schulte, FS Krawietz, S. 767 ff. (...))
Schulte-Nölke, Hans	Initiative für ein besseres Verständnis des neuen, europäisch geprägten Schuldrechts, ZGS, 2002, S. 261
Schulze-Fielitz, Helmuth	Gesetzgebungslehre als Soziologie der Gesetzgebung, ZG, 2000, S. 295–316

Schuster, Alex — Ireland – Legislation in Ireland, in: Legislation in European Countries, Hrsg.: Ulrich Karpen, 1. Auflage, 1996, S. 266–273
(zit.: Schuster, Ireland – Legislation in Ireland, in: Legislation in European Countries, S. 266 ff. (…))

Schwartz, Ivo E. — EG-Kompetenzen für den Binnenmarkt: Exklusiv oder konkurrierend/ subsidiär?, in: Festschrift für Ulrich Everling, Band II, Hrsg.: Ole Due, Marcus Lutter, Jürgen Schwarze, 1. Auflage, 1995, S. 1331–1354
(zit.: Schwartz, FS Everling II, S. 1331 ff. (...))

Schwartz, Ivo E. — Perspektiven der Angleichung des Privatrechts in der Europäischen Gemeinschaft, ZEuP, 1994, S. 559–584

Schwarz, Günter Christian — Europäisches Gesellschaftsrecht, 1. Auflage, 2000
(zit.: Schwarz, Europäisches Gesellschaftsrecht, S. ...)

Schwarze, Jürgen — Staatsrecht in Europa, JZ, 1993, S. 585–594

Schwarze, Jürgen — Kompetenzverteilung in der Europäischen Union und föderales Gleichgewicht, DVBl., 1995, S. 1265–1269

Schwarze, Jürgen — Das Konzept des europäischen Gemeinschaftsrechts, in: 40 Jahre Römische Verträge – Von der europäischen Wirtschaftgemeinschaft zur Europäischen Union, Hrsg.: Norbert Horn, Jürgen F. Baur, Klaus Stern, 1. Auflage, 1998, S. 29–44
(zit.: Schwarze, Das Konzept des europäischen Gemeinschaftsrechts, in: 40 Jahre Römische Verträge, S. 29 ff. (…))

Schwarze, Jürgen — Europäisches Verwaltungsrecht, 2. Auflage, 2005
(zit.: Schwarze, Europäisches Verwaltungsrecht, S. ...)

Schwarze, Jürgen — Der Anspruch auf effektiven gerichtlichen Rechtsschutz im europäischen Gemeinschaftsrecht, in: Festschrift für Christian Starck, Hrsg.: Rainer Grote, Ines Härtel, Karl-E. Hain, Thorsten Ingo Schmidt, Thomas Schmitz, Gunnar Folke Schuppert, Christian Winterhoff, 1. Auflage, 2007, S. 645–660
(zit.: Schwarze, FS Starck, S. 645 ff. (…))

Schweitzer, Michael — Beteiligung der Bundesländer an der europäischen Gesetzgebung, BayVBl., 1992, S. 609–617

Schweitzer, Michael — Staatsrecht III, 8. Auflage, 2004
(zit.: Schweitzer, Rn. ...)

Seidel, Martin — Grundsätzliche rechtspolitische Probleme bei der Verwirklichung des Binnenmarktes, Europa-Archiv, 1987, S. 553–558

Seidl-Hohenveldern, Ignaz/ Loibl, Gerhard — Das Recht der Internationalen Organisationen einschließlich der Supranationalen Gemeinschaften, 7. Auflage, 1992
(zit.: Seidl-Hohenveldern/Loibl, Das Recht der Internationalen Organisationen einschließlich der Supranationalen Gemeinschaften, Rn. …)

Seifert, Michaela — Die Durchführung des Gemeinschaftsrechts durch die Europäische Kommission als Teil europäischer „Gesetzgebungstätigkeit" – aktuelle Rechtslage und Modell der Europäischen Verfassung, Working Papers EI Working Paper Nr. 72, Wirtschaftsuniversität Wien, Juli 2006, abrufbar unter: http://epub.wu-wien.ac.at/dyn/virlib/wp/eng/mediate/epub wu-01_ a8b.pdf?ID=epub-wu-01_a8b
(zit.: Seifert, Die Durchführung des Gemeinschaftsrechts durch die Europäische Kommission als Teil europäischer „Gesetzgebungstätigkeit" – aktuelle Rechtslage und Modell der Europäischen Verfassung, S. …)

Seiler, Christian — Der souveräne Verfassungsstaat zwischen demokratischer Rückbindung und überstaatlicher Einbindung, 1. Auflage, 2005
(zit.: Seiler, Der souveräne Verfassungsstaat zwischen demokratischer Rückbindung und überstaatlicher Einbindung, S. …)

Senden, Linda — General Report – The Quality of European Legislation and its Implementation and Application in the National Legal Order, Association of the Councils of State and Supreme Administrative Jurisdictions of the European Union, 19th colloquium, The Hague, 14 and 15 June 2004, 2004, abrufbar unter: http://www.juradmin.eu/colloquia/2004/gen_report_eu.pdf
(zit.: Senden, General Report – The Quality of European Legislation and its Implementation and Application in the National Legal Order, S. ...)

Senden, Linda — Soft Law in European Community Law, 1. Auflage, 2004
(zit.: Senden, Soft Law in European Community Law, S. …)

Senden, Linda — Soft law, self-regulation and co-regulation in European law: Where do they meet?, abrufbar unter: http://www.ejcl.org, S. 1–27, Electronic Journal of Comparative Law, vol. 9.1 (January 2005)
(zit.: Senden, Electronic Journal of Comparative Law, 2005, 1 ff. (...))

Sendler, Horst — Normenflut und Richter, ZRP, 1979, S. 227–232

Siedentopf, Heinrich/ Huber, Norbert — Präambeln, Vorsprüche und Zweckbestimmungen in den Rechtsordnungen der westlichen Welt, in: Gesetzesvorspruch, Hrsg.: Hermann Hill, 1. Auflage, 1988, S. 37–76 (zit.: Siedentopf/Huber, Präambeln, Vorsprüche und Zweckbestimmungen in den Rechtsordnungen der westlichen Welt, Einführung eines Gesetzesvorspruchs, in: Gesetzesvorspruch, S. 37 ff. (...))

Simitis, Spiros — Die Bedeutung von System und Dogmatik – dargestellt an rechtsgeschäftlichen Problemen des Massenverkehrs, AcP, 172 (1972), S. 131–154

Simm, Marion/ Heber, Klaus — Ausbau der Rechtsetzungsbefugnisse des Europäischen Parlaments durch den Vertrag von Amsterdam, ZG, 1999, S. 331–345

Simson, Werner von — Vom Umgang mit der Mehrdeutigkeit in Verfassungstexten, in: Festschrift für Ulrich Everling, Band II, Hrsg.: Ole Due, Marcus Lutter, Jürgen Schwarze, 1. Auflage, 1995, S. 1409–1411 (zit.: v. Simson, FS Everling II, S. 1409 ff. (...))

Sinnott, Richard — Deeper look at poll illuminates complex reasons for result, The Irish Times, June 14, 2008, abrufbar unter: http://www.irishtimes.com/newspaper/opinion/2008/0614/1213369840634.html (zit.: Sinnott The Irish Times (June 14, 2008))

Smeddinck, Ulrich — Optimale Gesetzgebung im Zeitalter des Mandelkern-Berichts, DVBl., 2003, S. 641–646

Smeddinck, Ulrich — Integrierte Gesetzesproduktion, 1. Auflage, 2006 (zit.: Smeddinck, Integrierte Gesetzesproduktion, S. …)

Smith, Adam — An Inquiry Into the Nature and Causes of the Wealth of Nations, Hrsg.: T. Nelson and sons, 1852 (zit.: Smith, Wealth of Nations (… Buch, … Kapitel), S. …)

Sobczak, Christian — Normung und Umweltschutz im Europäischen Gemeinschaftsrecht, 1. Auflage, 2002 (zit.: Sobczak, Normung und Umweltschutz im Europäischen Gemeinschaftsrecht, S. …)

Söfker, Wilhelm — Die Umsetzung bei zunehmender Ausdifferenzierung des Gesetzes durch Rechtsprechung und Wissenschaft – Neue Anforderungen an den Gesetzgeber, ZG, 1989, S. 340–347

Sołtysiński, Stanisław

Transfer of Legal Systems as Seen by the "Important Countries": A View from Warsaw, in: Systemtransformation in Mittel- und Osteuropa und ihre Folgen für Banken, Börsen und Kreditsicherheiten, Hrsg.: Ulrich Drobnig, Klaus J. Hopt, Hein Kötz, Ernst-Joachim Mestmäcker, 1. Auflage, 1998, S. 69–82
(zit.: Sołtysiński, Transfer of Legal Systems as Seen by the "Important Countries": A View from Warsaw, in: Systemtransformation in Mittel- und Osteuropa und ihre Folgen für Banken, Börsen und Kreditsicherheiten, S. 69 ff. (…))

Somsen, Han

Dynamics, Process, and Instruments of Environmental Decision-Making in the European Union, in: Law in Environmental Decision-Making. National, European, and International Perspectives, Hrsg.: Tim Jewell, Jenny Steele, 1. Auflage, 1998, S. 161–206
(zit.: Somsen, Dynamics, Process, and Instruments of Environmental Decision-Making in the European Union, in: Law in Environmental Decision-Making, S. 161 (…))

Sopp, Alexander

Tabakkonsum und Tabakwerbeverbot – Eine ökonomische Analyse des Gemeinschaftsrechts, EuZW, 2005, S. 365–368

Speth, Rudolf

Integration und Interessen, vorgänge, 2006, S. 68–78

Staats, Johann-Friedrich

Zur Problematik bundesrechtlicher Verweisungen auf Regelungen privatrechtlicher Verbände, ZRP, 1978, S. 59–62

Stahl, Bernhard

Bedrohung versus Chance – „Europa" in den außenpolitischen Diskursen Frankreichs, in: Frankreich Jahrbuch 2006: Politik und Kommunikation, Hrsg.: Wolfram Vogel, 1. Auflage, 2007, S. 145–180
(zit.: Stahl, Bedrohung versus Chance, in: Frankreich Jahrbuch 2006, S. 145 ff. (...))

Staminesco, Chantal

France – The Committee to Simplify Official Language (COSLA), Clarity (Journal of the international association promoting plain legal language), 47 (May/2002), S. 18–19

Starck, Christian

Übermaß an Rechtsstaat?, ZRP, 1979, S. 209–214

Staudinger, Julius von

Kommentar zum Bürgerlichen Gesetzbuch mit Einführungsgesetz und Nebengesetzen – Eckpfeiler des Zivilrechts, 1. Auflage, 2005
(zit.: Bearbeiter, in v. Staudinger, BGB – Eckpfeiler des Zivilrechts, S. …)

Stauffenberg, Franz L. Graf/ Christine, Langenfeld

Maastricht – ein Fortschritt für Europa?, ZRP, 1992, S. 252–259

Stein, Torsten | Subsidiarität als Rechtsprinzip?, in: Die Subsidiarität Europas, Hrsg.: Detlef Merten, 2. Auflage, 1994, S. 23–40 (zit.: Stein, Subsidiarität als Rechtsprinzip?, in: Die Subsidiarität Europas, S. 23 ff. (…))

Stein, Torsten | Freier Wettbewerb und Werbeverbote in der Europäischen Union, EuZW, 1995, S. 435–438

Stein, Torsten | „Bananen-Split“? – Entzweien sich BVerfG und EuGH über den Bananenstreit?, EuZW, 1998, S. 261–264

Steinberg, Rudolf | Probleme der Europäisierung des deutschen Umweltrechts, AöR, 120 (1995), S. 549–594

Steinberger, Helmut | Der Verfassungsstaat als Glied einer europäischen Gemeinschaft, VVDStRL, 50 (1991), S. 9–55

Steindorff, Ernst | Anerkennung im EG-Recht, in: Festschrift für Werner Lorenz, Hrsg.: Bernhard Pfister, Michael R. Will , 1. Auflage, 1991, S. 561–576 (zit.: Steindorff, FS Lorenz, S. 561 ff. (...))

Steiner, Wolfgang | Evaluation of legislation in Austria, Legislação, (No. 33/34) 2003, S. 9–25

Steinhauer, Anja | Sprachökonomie durch Kurzwörter, 1. Auflage, 2000 (zit.: Steinhauer, Sprachökonomie durch Kurzwörter, S. …)

Steinmeyer, Heinz-Dietrich | Die Austauschbarkeit arbeitsrechtlicher und sozialrechtlicher Gestaltungsformen und das Europäische Gemeinschaftsrecht, in: Festschrift für Otto Rudolf Kissel, Hrsg.: Meinhard Heinze, Alfred Söllner, 1. Auflage, 1994, S. 1165–1181 (zit.: Steinmeyer, FS Kissel, S. 1165 ff. (...))

Steunenberg, Bernard | An even wider Union: the effects of enlargement on EU decision-making, in: Widening the European Union, Hrsg.: Bernard Steunenberg, 1. Auflage, 2002, S. 97–118 (zit.: Steunenberg, An even wider Union: the effects of enlargement on EU decision-making, in: Widening the European Union, S. 97 ff. (…))

Stewing, Clemens | Das Subsidiaritätsprinzip als Kompetenzverteilungsregel im Europäischen Recht, DVBl., 1992, S. 1516–1518

Stewing, Clemens | Subsidiarität und Föderalismus in der Europäischen Union, 1. Auflage, 1992 (zit.: Stewing, Subsidiarität und Föderalismus in der Europäischen Union, S. …)

Stier-Somlo, Fritz | Rechtsstaat, Verwaltung und Eigentum, VerwArch, 19 (1919), S. 43–127

Stoiber, Edmund — Auswirkungen der Entwicklung Europas zur Rechtsgemeinschaft auf die Länder der Bundesrepublik Deutschland, Europa-Archiv, 1987, S. 543–552

Stokłosa, Katarzyna — Mehr Nutzen als Nachteil, vorgänge, 2006, S. 102–109

Strangas, Johannes/ Koutsoukis, Kleomenis S./ Karkatsoulis, Panagiotis/ Stylianidis, Evripidis/ Papageorgiou, Ilias — Greece – Reflections on Legislative Theory and on Current Problems of Legislation in Greece, in: Legislation in European Countries, Hrsg.: Ulrich Karpen, 1. Auflage, 1996, S. 214–239
(zit.: Strangas/Koutsoukis/Karkatsoulis/Stylianidis/Papageorgiou, Greece – Reflections on Legislative Theory and on Current Problems of Legislation in Greece, in: Legislation in European Countries, S. 214 ff. (…))

Streinz, Rudolf — Der Verfassungsstaat als Glied einer europäischen Gemeinschaft, DVBl., 1990, S. 949–963

Streinz, Rudolf — Der „effet utile" in der Rechtsprechung des Gerichtshofs der Europäischen Gemeinschaften, in: Festschrift für Ulrich Everling, Band II, Hrsg.: Ole Due, Marcus Lutter, Jürgen Schwarze, 1. Auflage, 1995, S. 1491–1510
(zit.: Streinz, FS Everling II, S. 1491 ff. (...))

Streinz, Rudolf — „Gemeinschaftsrecht bricht nationales Recht", in: Festschrift für Alfred Söllner, Hrsg.: Gerhard Köbler, Meinhard Heinze, Wolfgang Hromadka, 1. Auflage, 2000, S. 1139–1169
(zit.: Streinz, FS Söllner, S. 1139 ff. (...))

Streinz, Rudolf — Kurioses aus Brüssel, EWS, 2003, S. 1–12

Streinz, Rudolf — Europarecht, 7. Auflage, 2005
(zit.: Streinz, Europarecht, Rn. ...)

Streissler, Erich — Liberalisierung und Regulierung – Zwei Notwendigkeiten, in: Bürgernahes Wirtschaftsrecht – Eine Utopie?, Hrsg.: Walter Fuchs, Heinz Handler, November 2000, abrufbar unter: http://www.bmwfj.gv.at/NR/rdonlyres/356E85E6-022F-4327-89D5-8195D2469813/3843/BfcrgernahesWirtschaftsrecht.pdf, S. 37–42
(zit.: Streissler, Liberalisierung und Regulierung – Zwei Notwendigkeiten, in: Bürgernahes Wirtschaftsrecht – Eine Utopie?, S. 37 ff. (…))

Strutz, Beate — EG-Werbeverbot für Tabakerzeugnisse auf dem gemeinschaftsrechtlichen Prüfstand, 1. Auflage, 2004, abrufbar unter: http://elib.ub.uni-osnabrueck.de/publications/diss/E-Diss374_ thesis.pdf
(zit.: Strutz, EG-Werbeverbot für Tabakerzeugnisse auf dem gemeinschaftsrechtlichen Prüfstand, S. …)

Suck, André — Erneuerbare Energien und Wettbewerb in der Elektrizitätswirtschaft, Staatliche Regulierung im Vergleich zwischen Deutschland und Großbritannien, 1. Auflage, 2008
(zit.: Suck, Erneuerbare Energien und Wettbewerb in der Elektrizitätswirtschaft, S. …)

Sutherland, Peter D. — Sutherland Speaks out on the European Union's Future, Eipascope, 1995/2, S. 1–12

Sydow, Gernot — Verwaltungskooperation in der Europäischen Union, 1. Auflage, 2004
(zit.: Sydow, Verwaltungskooperation in der Europäischen Union, S. …)

Taupitz, Jochen — Europäische Privatrechtsvereinheitlichung heute und morgen, 1. Auflage, 1993
(zit.: Taupitz, Europäische Privatrechtsvereinheitlichung heute und morgen, S. …)

Taupitz, Jochen — Überwindung des europäischen Mehrebenensystems durch Rechtsvereinheitlichung?, in: Das europäische Mehrebenensystem, Hrsg.: Thomas König, Elmar Rieger, Hermann Schmitt, 1. Auflage, 1996, S. 356–382
(zit.: Taupitz, Überwindung des europäischen Mehrebenensystems durch Rechtsvereinheitlichung?, in: Das europäische Mehrebenensystem, S. 356 ff. (…))

Tavares de Almeida, Marta — Portugal – Law and legislation in Portugal, in: Legislation in European Countries, Hrsg.: Ulrich Karpen, 1. Auflage, 1996, S. 348–364
(zit.: Tavares de Almeida, Portugal – Law and legislation in Portugal, in: Legislation in European Countries, S. 348 ff. (…))

Tavares de Almeida, Marta — Commission Report on the Simplification of Regulation, Legislação, (No. 30/31) 2002, S. 7–10

Tavares de Almeida, Marta — Evaluation of legislation in Portugal, Legislação, (No. 33/34) 2003, S. 63–74

Taylor, Paul — The End of European Integration, 1. Auflage, 2008
(zit.: Taylor, The End of European Integration, S. …)

Telò, Mario — Assessing the implications of the Lisbon Treaty for the Lisbon Agenda, in: Europe, Globalization and the Lisbon Agenda, Hrsg.: Maria João Rodrigues, 1. Auflage, 2009, S. 272–283
(zit.: Telò, Assessing the implications of the Lisbon Treaty for the Lisbon Agenda, in: Europe, Globalization and the Lisbon Agenda, S. 272 ff. (…))

Ter Steeg, Marcus | Eine neue Kompetenzordnung für die EU, EuZW, 2003, S. 325–330

Teubner, Gunther | Verrechtlichung – Begriffe, Merkmale, Grenzen, Auswege, in: Verrechtlichung von Wirtschaft, Arbeit und sozialer Solidarität, Hrsg.: Friedrich Kübler, 1. Auflage, 1984, S. 289–344
(zit.: Teubner, Verrechtlichung – Begriffe, Merkmale, Grenzen, Auswege, in: Verrechtlichung von Wirtschaft, Arbeit und sozialer Solidarität, S. 289 ff. (...))

Thews, Michael | Welche Begriffe schuldet der Gesetzgeber?, ZG, 1998, S. 62–78

Thieme, Werner | Die Qualifikation des gesetzemachenden Personals und die Qualität der Gesetze, ZG, 1989, S. 365–372

Tiedemann, Paul | Rechtsprobleme der Agrarmarktintervention, EuR, 1980, S. 219–243

Timmermans, Christiaan W. A. | How can one improve the quality of community legislation?, CML Rev., 1997, S. 1229–1257

Timmermans, Christiaan W. A. | How to improve the quality of community legislation: The viewpoint of the European Commission, in: Improving the Quality of Legislation in Europe, Hrsg.: Alfred E. Kellermann, Guiseppe Ciavarini Azzi, Scott H. Jacobs, Rex Deighton-Smith, 1. Auflage, 1998, S. 39–59
(zit.: Timmermans, How to improve the quality of community legislation: The viewpoint of the European Commission, in: Improving the Quality of Legislation in Europe, S. 39 ff. (…))

Timmermans, Christiaan W. A. | Normenflut auf Gemeinschaftsebene aus der Sicht der Europäischen Kommission, in: Bürgernahes Wirtschaftsrecht – Eine Utopie?, Hrsg.: Walter Fuchs, Heinz Handler, November 2000, abrufbar unter: http://www.bmwfj.gv.at/NR/rdonlyres/356E85E6-022F-4327-89D5-8195D2469813/3843/BfcrgernahesWirtschaftsrecht.pdf, S. 46–56
(zit.: Timmermans, Normenflut auf Gemeinschaftsebene aus der Sicht der Europäischen Kommission, in: Bürgernahes Wirtschaftsrecht – Eine Utopie?, S. 46 ff. (…))

Töller, Annette Elisabeth | Mythen und Methoden. Zur Messung der Europäisierung der Gesetzgebung des Deutschen Bundestages jenseits des 80-Prozent-Mythos, ZParl, 1/2008, S. 3–17

Tomandl, Theodor — Bürgernahes Wirtschaftsrecht, in: Bürgernahes Wirtschaftsrecht – Eine Utopie?, Hrsg.: Walter Fuchs, Heinz Handler, November 2000, abrufbar unter: http://www.bmwfj.gv.at/NR/rdonlyres/356E85E6-022F-4327-89D5-8195D2469813/3843/ BfcrgernahesWirtschaftsrecht.pdf, S. 25–36 (zit.: Tomandl, Bürgernahes Wirtschaftsrecht, in: Bürgernahes Wirtschaftsrecht – Eine Utopie?, S. 25 ff. (…))

Tomuschat, Christian — Normenpublizität und Normenklarheit in der Europäischen Gemeinschaft, in: Festschrift für Hans Kutscher, Hrsg.: Wilhelm G. Grewe, Hans Rupp, Hans Schneider, 1. Auflage, 1981, S. 461–480 (zit.: Tomuschat, FS Kutscher, S. 461 ff. (...))

Toth, A. G. — The principle of subsidiarity in the Maastricht Treaty, CML Rev., 1992, S. 1079–1105

Tresselt, Wiland — Der Vertreter der Länder im Rat der europäischen Gemeinschaften, 1. Auflage, 2006 (zit.: Tresselt, Der Vertreter der Länder im Rat der europäischen Gemeinschaften, S. …)

Triantafyllou, Dimitris — Vom Vertrags- zum Gesetzesvorbehalt, 1. Auflage, 1996 (zit.: Triantafyllou, Vom Vertrags- zum Gesetzesvorbehalt, S. …)

Trnka, Hervé — France – The law in theory and practice in France today, in: Legislation in European Countries, Hrsg.: Ulrich Karpen, 1. Auflage, 1996, S. 162–196 (zit.: Trnka, France – The law in theory and practice in France today, in: Legislation in European Countries, S. 162 ff. (…))

Trüe, Christiane — Das System der Rechtsetzungskompetenzen der Europäischen Gemeinschaften und der Europäischen Union, 1. Auflage, 2002 (zit.: Trüe, Das System der Rechtsetzungskompetenzen der Europäischen Gemeinschaften und der Europäischen Union, S. …)

Trute, Hans-Heinrich — Die Verwaltung und das Verwaltungsrecht zwischen gesellschaftlicher Selbstregulierung und staatlicher Steuerung, DVBl., 1996, S. 950–964

Tschentscher, Axel — Prozedurale Theorien der Gerechtigkeit, 1. Auflage, 2000 (zit.: Tschentscher, Prozedurale Theorien der Gerechtigkeit, S. …)

Türk, Alexander	The Concept of Legislation in European Community Law, 1. Auflage, 2006 (zit.: Türk, The Concept of Legislation in European Community Law, S. …)
Turnbull, Ian	Plain Language and drafting in general principles, The Loophole, 1995, S. 1–15
Turner, George	Rechtsstaat und Interessenpolitik – Vom gebrochenen Verhältnis zum Recht, ZRP, 1987, S. 73–75
Uebersohn, Gerhard	Das Schicksal unbeachteter Gesetze, ZG, 1993, S. 172–174
Ukena, Gert/ Opfermann, Anja	Werbung und Sponsoring zugunsten von Tabakerzeugnissen, WRP, 1999, S. 141–145
Vachudová, Milada Anna	Europe Undivided, 1. Auflage, 2005 (zit.: Vachudová, Europe Undivided, S. …)
Van Gestel, R. A. J./ Hertogh, M. L. M.	What is regulatory pressure?, An exploratory study of the international literature, 2006, abrufbar unter: http://www.justitie.nl/search.aspx?simpleSearch=What+regulatory+pressure&zoekknop=Zoek (zit.: v. Gestel/Hertogh, What is regulatory pressure?, S. ...)
Van Schendelen, Rinus	The In-Sourced Experts, in: The Unseen Hand: Unelected EU Legislators, Hrsg.: Rinus van Schendelen, Roger Scully, 1. Auflage, 2003, S. 27–39 (zit.: v. Schendelen, The In-Sourced Experts, in: The Unseen Hand, S. 27 ff. (…))
Van Schendelen, Rinus	Brüssel: Die Champions League des Lobbying, in: Die fünfte Gewalt: Lobbyismus in Deutschland, Hrsg.: Thomas Leif, Rudolf Speth, 1. Auflage, 2006, S. 132–163 (zit.: v. Schendelen, Brüssel: Die Champions League des Lobbying, in: Die fünfte Gewalt, S. 132 ff. (…))
Vaubel, Roland	Die politische Ökonomie der wirtschaftspolitischen Zentralisierung in der Europäischen Gemeinschaft, in: Jahrbuch für Neue Politische Ökonomie, Hrsg.: Erik Boettcher, Philipp Herder-Dorneich, Karl-Ernst Schenk, Dieter Schmidtchen, 11. Band (Ökonomische Systeme und ihre Dynamik), 1. Auflage, 1992, S. 30–65 (zit.: Vaubel, Die politische Ökonomie der wirtschaftspolitischen Zentralisierung in der Europäischen Gemeinschaft, in: Jahrbuch für Neue Politische Ökonomie, Bd. 11, S. 30 ff. (…))
Vedder, Christoph	Die „verfassungsrechtliche Dimension“ – die bisher unbekannte Grenze für Gemeinschaftshandeln?, Anmerkung zum Gutachten 2/94, EMRK, des EuGH, EuR, 1996, S. 309–319

Velluti, Samantha — Towards the Constitutionalisation of New Forms of Governance: A Revised Institutional Framework for the European Employment Strategy, Yearbook of European Law, 22 (2003), S. 353–405

Verschuuren, J.M. — Implementatie milieurichtlijnen: Nederland raakt achterop, abrufbar unter: http://www.portill.nl/articles/verschuuren/jv10.pdf, Nederlands Tijdschrift voor Europees Recht, 2004/12, S. 348–351

Vetter, Erwin — Das Subsidiaritätsprinzip in der Europäischen Union aus der Perspektive der Bundesregierung, in: Das Subsidiaritätsprinzip in der Europäischen Union – Bedeutung und Wirkung für ausgewählte Politikbereiche, Hrsg.: Rudolf Hrbek, 1. Auflage, 1995, S. 35–43
(zit.: Vetter, Das Subsidiaritätsprinzip in der Europäischen Union aus der Perspektive der Bundesregierung, in: Das Subsidiaritätsprinzip in der Europäischen Union, S. 35 ff. (…))

Vobruba, Georg — Die Erweiterungskrise der Europäischen Union, Leviathan, 2000, S. 477–496

Vobruba, Georg — Die Dynamik Europas, 2. Auflage, 2007
(zit.: Vobruba, Die Dynamik Europas, S. …)

Voermans, Wim — Rationality in Legislation by Employing Informatics?, in: Legisprudence, A New Theoretical Approach to Legislation: Proceedings of the Fourth Benelux-Scandinavian Symposium on Legal Theory, Hrsg.: Luc J. Wintgens, 1. Auflage, 2002, S. 127–138
(zit.: Voermans, Rationality in Legislation by Employing Informatics?, in: Legisprudence, S. 127 ff. (…))

Voermans, Wim — Evaluation of legislation in the Netherlands, Legislação, (No. 33/34) 2003, S. 33–46

Voermans, Wim — Meer zeggenschap over Europa, abrufbar unter: http://hdl.handle.net/ 1887/11187, NRC Handelsblad, 6 – 6 (15 februari 2006)

Voermans, Wim — The Quality of EU Legislation: What kind of problem, by what kind of standards?, (March 27, 2008), abrufbar unter: http://ssrn.com/ abstract=1113774
(zit.: Voermans, The Quality of EU Legislation, S. ...)

Voermans, Wim — The Sisyphus paradox of cutting red tape and managing public risk – The Dutch case, Utrecht Law Review, 2008, S. 128–144

Voermans, Wim	Concern about the quality of EU legislation: What kind of problem, by what kind of standards?, Erasmus Law Review, 2009, S. 59–95
Voermans, Wim/ Eijlander, Philip/ Van Gestel, Rob/ De Leeuw, Ivo/ De Moor-van Vugt, Adrienne/ Prechal, Sacha	Kwaliteit, uitvoerbaarheid en handhaafbaarheid, Een onderzoek naar de kwaliteit van EG-regels en de gevolgen daarvan voor de uitvoering en handhaving binnen Nederland, Onderzoeksschool voor Wetgevingsvraagstukken, Katholieke Universiteit Brabant, 2002 (zit.: Voermans/Eijlander/v. Gestel/de Leeuw/de Moor-van Vugt/Prechal, Kwaliteit, uitvoerbaarheid en handhaafbaarheid (jeweilige (Teil-) Überschrift))
Voermans, Wim/ Konijnenbelt, Willem	The European Parliament as the legislative conscience of the European Union?, Legislação, (No. 32) 2002, S. 57–76
Voermans, Wim/ Moll, Chris/ Florijn, Nico/ Van Lochem, Peter	Codification and consolidation in Europe as means to untie red tape, 2008, abrufbar unter: http://papers.ssrn.com/sol3/papers.cfm?abstract_id=1113755 (zit.: Voermans/Moll/Florijn/v. Lochem, Codification and consolidation in Europe as means to untie red tape, S. ...)
Voermans, Wim/ Van Berkel, Dennis	Beter wetgeven in Europa: het nieuwe Interinstitutioneel Akkoord Beter wetgeven 2003, RegelMaat, 2005/3, S. 89–94
Vogel, Hans-Heinrich	Sources of Swedish Law, in: Swedish Law in the New Millennium, Hrsg.: Michael Bogdan, 1. Auflage, 2000, S. 48–64 (zit.: Vogel, Sources of Swedish Law, in: Swedish Law in the New Millennium, S. 48 ff. (…))
Vogel, Hans-Jochen	Die Europäischen Gemeinschaften auf dem Weg zur Rechtsunion, NJW, 1977, S. 977–982
Vogel, Hans-Jochen	Zur Diskussion um die Normenflut, JZ, 1979, S. 321 – 325
Voigt, Rüdiger	Gegentendenzen zur Verrechtlichung, Jahrbuch für Rechtssoziologie und Rechtstheorie, Band 9, 1983, S. 17–41
Volpi, Gulio/ Singer, Stephan	EU-level agreements: a successful tool? Lessons from the Agreement with the automotive industry, in: Voluntary Environmental Agreement, Hrsg.: Patrick ten Brink, 1. Auflage, 2002, S. 142–154 (zit.: Volpi/Singer, EU-level agreements: a successful tool? Lessons from the Agreement with the automotive industry, in: Voluntary Environmental Agreement, S.142 ff. (…))
Vos, Ellen	The Rise of Committees, European Law Journal, 1997, S. 210–229

Vranken, Martin — Fundamentals of European Civil Law, 1. Auflage, 1997 (zit.: Vranken, Fundamentals of European Civil Law, S. …)

Wägenbaur, Rolf — Neue Wege zur Anerkennung der Hochschuldiplome – Die Verwirklichung der Freizügigkeit in der Gemeinschaft –, EuR, 1987, S. 113–125

Wägenbaur, Rolf — Editorial: Werbeverbot für Tabakerzeugnisse: Betrachtungen eines Nichtrauchers, EuZW, 1998, S. 33

Walter, Tonio — Entwurf einer Richtlinie zur sprachlichen Gestaltung europarechtlicher Texte, NJW, 2004, S. 582–584

Watson, Philippa — Social policy after Maastricht, CML Rev., 1993, S. 481–513

Weatherill, Stephen — Addressing Problems of Imbalanced Implementation in EC Law: Remedies in an Institutional Perspective, in: The Future of Remedies in Europe, Hrsg.: Claire Kilpatrick, Tonia Novitz, Paul Skidmore, 1. Auflage, 2000, S. 87–116 (zit.: Weatherill, Addressing Problems of Imbalanced Implementation in EC Law: Remedies in an Institutional Perspective, in: The Future of Remedies in Europe, S. 87 ff. (…))

Weber, Dennis Manolito — Belastingontwijking en de EG-Verdragsvrijheden, 1. Auflage, 2003 (zit.: Weber, Belastingontwijking en de EG-Verdragsvrijheden, S. …)

Weber, Max — Parlamentarisierung und Demokratisierung, in: Schriften zur Sozialgeschichte und Politik, Hrsg.: Michael Sukale, Reclam, 1. Auflage, gedruckt 1997 (Original von 1918), S. 201–230 (zit.: Weber, Parlamentarisierung und Demokratisierung, in: Schriften zur Sozialgeschichte und Politik, S. 201 ff. (...))

Weber, Max — Politik als Beruf, in: Schriften zur Sozialgeschichte und Politik, Hrsg.: Michael Sukale, Reclam, 1. Auflage, gedruckt 1997 (Original von 1919), S. 271–339 (zit.: Weber, Politik als Beruf, in: Schriften zur Sozialgeschichte und Politik, S. 271 ff. (...))

Weiler, Joseph H. H. — The European Union Belongs to its Citizens: Three Immodest Proposals, ELR (European Law Review), 22 (1997), S. 150–156

Weiß, Hans-Dietrich — Verrechtlichung als Selbstgefährdung des Rechts, DÖV, 1978, S. 601–608

Wellens, K. C./ Borchardt G. M. — Soft law in European Community law, ELR (European Law Review), 14 (1989), S. 267–321

Wessels, Bernd-Artin	Das Bananendiktat – Plädoyer für einen freien Außenhandel Europas, 1. Auflage, 1995 (zit.: Wessels, Das Bananendiktat, S. …)
Wessels, Wolfgang	Die Einheitliche Europäische Akte: Die europäische Zusammenarbeit in der Außenpolitik, integration, 3/1986, S. 126–132
Wessels, Wolfgang	Die Öffnung des Staates, Modelle und Wirklichkeit grenzüberschreitender Verwaltungspraxis 1960–1995, 1. Auflage, 2000 (zit.: Wessels, Die Öffnung des Staates, S. …)
Wessels, Wolfgang	Das politische System der europäischen Union, 1. Auflage, 2005 (zit.: Wessels, Das politische System der europäischen Union, S. …)
Wessels, Wolfgang	Gesetzgebung in der Europäischen Union, in: Gesetzgebung in Westeuropa, EU-Staaten und Europäische Union, Hrsg.: Wolfgang Ismayr, 1. Auflage, 2008, S. 653–684 (zit.: Wessels, Gesetzgebung in der Europäischen Union, in: Gesetzgebung in Westeuropa, S. 653 ff. (…))
Wessels, Wolfgang	Das politische System der Europäischen Union, in: Die politischen Systeme Westeuropas, Hrsg.: Wolfgang Ismayr, 4. Auflage, 2009, S. 957–992 (zit.: Wessels, Das politische System der Europäischen Union, in: Die politischen Systeme Westeuropas, S. 957 ff. (…))
Wiener, Jonathan B.	Better Regulation in Europe, in: Taking stock of environmental assessment: law, policy and practice, Hrsg.: Jane Holder, Donald McGillivray, 1. Auflage, 2007, S. 65–130 (zit.: Wiener, Better Regulation in Europe, in: Taking stock of environmental assessment, S. 65 (…))
Wieners-Horst, Barbara	Germany – Editing in the German Parliament, Clarity (Journal of the international association promoting plain legal language), 47 (May/2002), S. 12–17
Wiese, Volker	Der Einfluss des EG-Rechts auf das internationale Sachenrecht der Kulturgüter, 1. Auflage, 2005 (zit.: Wiese, Der Einfluss des EG-Rechts auf das internationale Sachenrecht der Kulturgüter, S. …)
Wilmowsky, Peter von	Europäisches Kreditsicherungsrecht: Sachenrecht und Insolvenzrecht dem EG-Vertrag, 1. Auflage, 1996 (zit.: v. Wilmowsky, Europäisches Kreditsicherungsrecht, S. …)

Wimmer, Norbert/ Müller, Thomas — Wirtschaftsrecht, International – Europäisch – National, 1. Auflage, 2007
(zit.: Wimmer/Müller, Wirtschaftsrecht, S. …)

Windhoff-Héritier, Adrienne — Policy- Analyse. Eine Einführung, 1. Auflage, 1987
(zit.: Windhoff-Héritier, Policy- Analyse, S. …)

Winkler, Markus — Juristische Texte als „Werkzeuge", JuS, 1995, S. 1056–1062

Winter, Gerd/ Kalbheim, Jan — Delegation requirements for rule-making by the Commission, in: Sources and Categories of European Union Law, Hrsg.: Gerd Winter, 1. Auflage, 1996, S. 583–599
(zit.: Winter/Kalbheim, Delegation requirements for rule-making by the Commission, in: Sources and Categories of European Union Law, S. 583 ff. (…))

Wintgens, Luc J. — Rationality in Legislation – Legal Theory as Legisprudence: An Introduction, in: Legisprudence, A New Theoretical Approach to Legislation: Proceedings of the Fourth Benelux-Scandinavian Symposium on Legal Theory, Hrsg.: Luc J. Wintgens, 1. Auflage, 2002, S. 1–7
(zit.: Wintgens, Rationality in Legislation, in: Legisprudence, S. 1 ff. (…))

Wintgens, Luc J. — Legislation as an Object of Study of Legal Theory, in: Legisprudence, A New Theoretical Approach to Legislation: Proceedings of the Fourth Benelux-Scandinavian Symposium on Legal Theory, Hrsg.: Luc J. Wintgens, 1. Auflage, 2002, S. 9–40
(zit.: Wintgens, Legislation as an Object of Study of Legal Theory, in: Legisprudence, S. 9 ff. (…))

Wuermeling, Joachim — Kalamität Kompetenz: Zur Abgrenzung der Zuständigkeiten in dem Verfassungsentwurf des EU-Konvents, EuR, 2004, S. 216–229

Wuermeling, Joachim — Noch 100 Tage: Das BMWi vor der deutschen Ratspräsidentschaft, Rede anlässlich der Vortragsreihe „EU-Countdown: In 100 Tagen zu EU-Ratspräsidentschaft", 21. 9. 2006, abrufbar unter: http://europaeische-bewegung.de/fileadmin/files_ebd/PDF-Dateien/countdown_rede_wuermeling.pdf
(zit.: Wuermeling, Noch 100 Tage: Das BMWi vor der deutschen Ratspräsidentschaft, S. …)

Wyatt, Derrick — Subsidiarity and Judicial Review, in: Liber Amicorum in Honour of Lord Slynn of Hadley, Vol. I, Judicial Review in European Union Law, Hrsg.: David O'Keeffe, Antonio Bavasso, 1. Auflage, 2000, S. 505–522
(zit.: Wyatt, Liber Amicorum in Honour of Lord Slynn of Hadley, S. 505 ff. (...))

Xanthaki, Helen — Study – A National means of implementation of third pillar instruments – Final Report, 2000, Grotius Project 2000/GRO/109, abrufbar unter: http://ials.sas.ac.uk/postgrad/docs/GROTIUSGRVol1.pdf
(zit.: Xanthaki, A National means of implementation of third pillar instruments, S. …)

Xanthaki, Helen — The Slim Initiative, Statute Law Rev., (22) 2001, S. 108–118

Xanthaki, Helen — The problem of Quality in the EU legislation: What on earth is really wrong?, CML Rev., 2001, S. 651–676

Zecher, Reinhard — Die Sprache der Sprache, 1. Auflage, 1999
(zit.: Zecher, Die Sprache der Sprache, S. …)

Zhivko, Stalev — Bulgaria – Legal Framework and Problems of Legislation in Bulgaria, in: Legislation in European Countries, Hrsg.: Ulrich Karpen, 1. Auflage, 1996, S. 95–113
(zit.: Zhivko, Bulgaria – Legal Framework and Problems of Legislation in Bulgaria, in: Legislation in European Countries, S. 95 ff. (…))

Ziegler, Ulf Erdmann — Plädoyer für die Glühbirne – Der Gegenspieler der Sonne, FAZ, 17. 12. 2008, abrufbar unter: http://www.faz.net/s/RubCF3AEB154CE64960822FA5429A182360/Doc~E0A6E77E7BB2C490D945087AC8D287375~ATpl~Ecommon~Scontent.html
(zit.: Ziegler, Plädoyer für die Glühbirne, FAZ (17. 12. 2008))

Zippelius, Reinhold — Rechtsnorm und richterliche Entscheidungsfreiheit, JZ, 1970, S. 241–245

Zippelius, Reinhold — Über die rationale Strukturierung rechtlicher Erwägungen, JZ, 1999, S. 112–116

Zippelius, Reinhold — Allgemeine Staatslehre, 15. Auflage, 2007
(zit.: Zippelius, Allgemeine Staatslehre, S. ...)

Zuleeg, Manfred — Die Auslegung des Europäischen Gemeinschaftsrechts, EuR, 1969, S. 97–108

Zuleeg, Manfred — Demokratie in der Europäischen Gemeinschaft, JZ, 1993, S. 1069–1074

Zuleeg, Manfred — Die Europäische Gemeinschaft als Rechtsgemeinschaft, NJW, 1994, S. 545–549

Zuleeg, Manfred — Bananen und Grundrechte – Anlaß zum Konflikt zwischen europäischer und deutscher Gerichtsbarkeit, NJW, 1997, S. 1201–1207

Zuleeg, Manfred — Die Vorzüge der Europäischen Verfassung, Der Staat, 41 (2002), S. 359–384

Zuleeg, Manfred/ Oettingen, Anna von — Rechtsstaat und europäische Rechtsetzung, DRiZ, 2007, S. 268–27

Zweigert, Konrad/ Kötz, Hein — Einführung in die Rechtsvergleichung, 3. Auflage, 1996 (zit.: Zweigert/Kötz, in: Einführung in die Rechtsvergleichung, S. …)

Zypries, Brigitte — Europäischer Verbrauchertag, Rede der Bundesministerin der Justiz Brigitte Zypries, MdB, beim 9. Europäischen Verbrauchertag zum Thema „Finanzdienstleistungen in der EU“ am 16. März 2007 in Berlin, abrufbar unter: http://www.bmj.bund.de/enid/0,1f9d49706d635f6964092d0934313030093a095f7472636964092d0935323933/Reden/Brigitte_Zypries_zc.html (zit.: Zypries, Europäischer Verbrauchertag (jeweiliger Textabsatz))

Zypries, Brigitte — Rechtsetzung in Europa. Brüssel oder Berlin – Wer hat den „Schwarzen Peter“? Die Rolle von EU-Kommission, Bundesregierung und Bundestag in der Rechtssetzung, Rede der Bundesministerin der Justiz, Brigitte Zypries MdB, beim 4. Darmstädter Wirtschaftsforum der Industrie- und Handelskammer am 3. April 2008 in Darmstadt, abrufbar unter: http://www.bmj.bund.de/enid/0,8289076d6f6e7468092d093132093a0979656172092d0932303038093a09706d635f6964092d0935303836/Reden/Brigitte_Zypries_zc.html (zit.: Zypries, Rechtsetzung in Europa (Teilüberschrift))

Schriften zum internationalen und zum öffentlichen Recht

Herausgegeben von Gilbert Gornig

Band 1 Michael Waldstein: Das Asylgrundrecht im europäischen Kontext. Wege einer europäischen Harmonisierung des Asyl- und Flüchtlingsrechts. 1993.

Band 2 Axel Linneweber: Einführung in das US-amerikanische Verwaltungsrecht. Kompetenzen, Funktionen und Strukturen der „Agencies“ im US-amerikanischen Verwaltungsrecht. 1994.

Band 3 Tai-Nam Chi: Das Herrschaftssystem Nordkoreas unter besonderer Berücksichtigung der Wiedervereinigungsproblematik. 1994.

Band 4 Jörg Rösing: Beamtenstatut und Europäische Gemeinschaften. Eine Untersuchung zu den gemeinschaftsrechtlichen Anforderungen an die Freizügigkeit der Arbeitnehmer im Bereich des öffentlichen Dienstes. 1994.

Band 5 Wolfgang Wegel: Presse und Rundfunk im Datenschutzrecht. Zur Regelung des journalistischen Umgangs mit personenbezogenen Daten. 1994.

Band 6 Sven Brandt: Eigentumsschutz in europäischen Völkerrechtsvereinbarungen. EMRK, Europäisches Gemeinschaftsrecht, KSZE – unter Berücksichtigung der historischen Entwicklung. 1995.

Band 7 Alejandro Alvarez: Die verfassunggebende Gewalt des Volkes unter besonderer Berücksichtigung des deutschen und chilenischen Grundgesetzes. 1995.

Band 8 Martin Thies: Zur Situation der gemeindlichen Selbstverwaltung im europäischen Einigungsprozeß. Unter besonderer Berücksichtigung der Vorschriften des EG-Vertrages über staatliche Beihilfen und der EG-Umweltpolitik. 1995.

Band 9 Rolf-Oliver Schwemer: Die Bindung des Gemeinschaftsgesetzgebers an die Grundfreiheiten. 1995.

Band 10 Holger Kremser: „Soft Law“ der UNESCO und Grundgesetz. Dargestellt am Beispiel der Mediendeklaration. 1996.

Band 11 Michael Silagi: Staatsuntergang und Staatennachfolge: mit besonderer Berücksichtigung des Endes der DDR. 1996.

Band 12 Reinhard Franke: Der gerichtliche Vergleich im Verwaltungsprozeß. Auch ein Beitrag zum verwaltungsrechtlichen Vertrag. 1996.

Band 13 Christoph Eichhorn: Altlasten im Konkurs. 1996.

Band 14 Dietrich Ostertun: Gewohnheitsrecht in der Europäischen Union. Eine Untersuchung der normativen Geltung und der Funktion von Gewohnheitsrecht im Recht der Europäischen Union. 1996.

Band 15 Ulrike Pieper: Neutralität von Staaten. 1997.

Band 16 Harald Endemann: Kollektive Zwangsmaßnahmen zur Durchsetzung humanitärer Normen. Ein Beitrag zum Recht der humanitären Intervention. 1997.

Band 17 Jochen Anweiler: Die Auslegungsmethoden des Gerichtshofs der Europäischen Gemeinschaften. 1997.

Band 18 Henrik Ahlers: Grenzbereich zwischen Gefahrenabwehr und Strafverfolgung. 1998.

Band 19 Heinrich Hahn: Der italienische Verwaltungsakt im Lichte des Verwaltungsverfahrensgesetzes vom 7. August 1990 (Nr. 241/90). Eine rechtsvergleichende Darstellung. 1998.

Band 20 Christoph Deutsch: Elektromagnetische Strahlung und Öffentliches Recht. 1998.

Band 21 Cordula Fitzpatrick: Künstliche Inseln und Anlagen auf See. Der völkerrechtliche Rahmen für die Errichtung und den Betrieb künstlicher Inseln und Anlagen. 1998.

Band 22 Hans-Tjabert Conring: Korporative Religionsfreiheit in Europa. Eine rechtsvergleichende Betrachtung. Zugleich ein Beitrag zu Art. 9 EMRK. 1998.

Band 23 Jörg Karenfort: Die Hilfsorganisation im bewaffneten Konflikt. Rolle und Status unparteiischer humanitärer Organisationen im humanitären Völkerrecht. 1999.

Band 24 Matthias Schote: Die Rundfunkkompetenz des Bundes als Beispiel bundesstaatlicher Kulturkompetenz in der Bundesrepublik Deutschland. Eine Untersuchung unter besonderer Berücksichtigung natürlicher Kompetenzen und der neueren Entwicklung im Recht der Europäischen Union. 1999.

Band 25 Hermann Rothfuchs: Die traditionellen Personenverkehrsfreiheiten des EG-Vertrages und das Aufenthaltsrecht der Unionsbürger. Eine Gegenüberstellung der vertraglichen Gewährleistungen. 1999.

Band 26 Frank Alpert: Zur Beteiligung am Verwaltungsverfahren nach dem Verwaltungsverfahrensgesetz des Bundes. Die Beteiligtenstellung des § 13 Abs. 1 VwVfG. 1999.

Band 27 Matthias Reichart: Umweltschutz durch völkerrechtliches Strafrecht. 1999.

Band 28 Nikolas von Wrangell: Globalisierungstendenzen im internationalen Luftverkehr. Entwicklung der Regulierung und Liberalisierung unter Berücksichtigung strategischer Allianzen und des Code-Sharing. 1999.

Band 29 Marietta Hovehne: Ein demokratisches Verfahren für die Wahlen zum Europäischen Parlament. Legitimation gemeinschaftlicher Entscheidungsstrukturen im europäischen Integrationsprozeß. 1999.

Band 30 Nina Kaden: Der amerikanische Clean Air Act und das deutsche Luftreinhalterecht. Eine rechtsvergleichende Untersuchung. 1999.

Band 31 Brigitte Daum: Grenzverletzungen und Völkerrecht. Eine Untersuchung der Rechtsfolgen von Grenzverletzungen in der Staatenpraxis und Folgerungen für das Projekt der International Law Commission zur Kodifizierung des Rechts der Staatenverantwortlichkeit. 1999.

Band 32 Andreas Fürst: Die bildungspolitischen Kompetenzen der Europäischen Gemeinschaft. Umfang und Entwicklungsmöglichkeiten. 1999.

Band 33 Gilles Despeux: Die Anwendung des völkerrechtlichen Minderheitenrechts in Frankreich. 1999.

Band 34 Michael Reckhard: Die rechtlichen Rahmenbedingungen der Sanktionierung von Beitragsverweigerung im System der Vereinten Nationen. 1999.

Band 35 Carsten Pagels: Schutz- und förderpflichtrechtliche Aspekte der Religionsfreiheit. Zugleich ein Beitrag zur Auslegung eines speziellen Freiheitsrechts. 1999.

Band 36 Bernhard Mehner: Die grenzüberschreitende Wirkung direktempfangbaren Satellitenfernsehens aus völkerrechtlicher Sicht. 2000.

Band 37 Karl-Josef Ulmen: Pharmakologische Manipulationen (Doping) im Leistungssport der DDR. Eine juristische Untersuchung. 2000.

Band 38 Jochen Starke: Die verfassungsgerichtliche Normenkontrolle durch den Conseil constitutionnel. Zum Kompetenztitel des Art. 61 der französischen Verfassung. 2000.

Band 39 Marco Herzog: Rechtliche Probleme einer Inhaltsbeschränkung im Internet. 2000.

Band 40 Gilles Despeux: Droit de la délimitation maritime. Commentaire de quelques décisions plutoniennes. 2000.

Band 41 Christina Hackel: Der Untergang des Landes Braunschweig und der Anspruch auf Restitution nach der Wiedervereinigung Deutschlands. 2000.

Band 42 Peter Aertker: Europäisches Zulassungsrecht für Industrieanlagen. Die Richtlinie über die integrierte Vermeidung und Verminderung der Umweltverschmutzung und ihre Auswirkungen auf das Anlagenzulassungsrecht der Bundesrepublik Deutschland. 2000.

Band 43 Karsten Bertram: Die Gesetzgebung zur Neuregelung des Grundeigentums in der ersten Phase der Französischen Revolution (bis 1793) und deren Bedeutung für die deutsche Eigentumsdogmatik der Gegenwart. 2000.

Band 44 Ulrike Hartmann: Die Entwicklung im internationalen Umwelthaftungsrecht unter besonderer Berücksichtigung von *erga omnes*-Normen. 2000.

Band 45 Thomas Jesch: Die Wirtschaftsverfassung der Sonderverwaltungsregion Hongkong. Eine Darstellung vor dem Hintergrund der Wiedereingliederung in die Souveränität der Volksrepublik China. 2001.

Band 46 Sven Gottschalkson: Der Ausschluß des Zivilrechtsweges bei Eigentumsverlusten an Immobilien in der ehemaligen DDR. 2002.

Band 47 Gilbert Hanno Gornig/Gilles Despeux: Seeabgrenzungsrecht in der Ostsee. Eine Darstellung des völkerrechtlichen Seeabgrenzungsrechts unter besonderer Berücksichtigung der Praxis der Ostseestaaten. 2002.

Band 48 Andreas Zühlsdorff: Rechtsverordnungsersetzende Verträge unter besonderer Berücksichtigung des Umweltrechts. 2003.

Band 49 Katja Schmitz: Durchgriffswirkung von Maßnahmen der UN und ihrer Sonderorganisationen unter besonderer Berücksichtigung von Resolutionen des UN-Sicherheitsrates – Die Entwicklung supranationaler Strukturen. 2003.

Band 50 Stefanie Rothenberger: Die angemessene Nutzung gemeinschaftlicher Ressourcen am Beispiel von Flüssen und speziellen Ökosystemen. Eine vergleichende Betrachtung zum modernen Verständnis eines klassischen völkerrechtlichen Nutzungsprinzips. 2003.

Band 51 Christoph von Burgsdorff: Die Umsetzung der EG-Datenschutzrichtlinie im nicht-öffentlichen Bereich. Möglichkeit einer zukunftsorientierten Konzeption des Datenschutzes in der Privatwirtschaft unter besonderer Berücksichtigung des BDSG. 2003.

Band 52 Frank Reinhardt: Powerline. Verfassungs-, verwaltungs- und telekommunikationsrechtliche Probleme. 2003.

Band 53 Chie Sato: Immunität Internationaler Organisationen. 2004.

Band 54 Johannes Thoma: EU-Recht und Schranken hoheitlicher Staatstätigkeit. 2004.

Band 55 Wolf Peterhoff: Rechtsansprüche enteigneter Volksgruppen und ihre Durchsetzbarkeit. 2004.

Band 56 Do-Hyub Kim: Das deutsche parlamentarische Regierungssystem als mögliches Modell für Korea. 2004.

Band 57 Alexander Koberg: Die Exilregierung im Völkerrecht. Eine Untersuchung ihrer rechtlichen Klassifikation. 2005.

Band 58 Nils Christian Carstensen: Das Verhältnis des Seerechtsübereinkommens der Vereinten Nationen von 1982 zu fischereirechtlichen Übereinkommen und deren Streitbeilegungsvorschriften. 2005.

Band 59 Oliver Franz: Osttimor und das Recht auf Selbstbestimmung. Eine Untersuchung zur Anwendung des Selbstbestimmungsrechts der Völker am Beispiel Osttimors. 2005.

Band 60 Michael Kadgien: Das Habsburgergesetz. 2005.

Band 61 Felix Wolf: Terrorversicherungen und europäisches Wettbewerbsrecht. Verschiedene Modelle staatlicher Beteiligung an einer Terrorversicherung für Wirtschaftsbetriebe und ihre Vereinbarkeit mit dem europäischen Wettbewerbsrecht. 2005.

Band 62 Heiko Bertelmann: Die Europäisierung des Staatshaftungsrechts. Eine Untersuchung zum Einfluss des Europäischen Gemeinschaftsrechts auf das deutsche Staatshaftungsrecht unter besonderer Berücksichtigung der Haftung für judikatives Unrecht. 2005.

Band 63 Cedric Christian Meyer: Konkretisierung unbestimmter Rechtsbegriffe im deutschen und französischen Anlagenzulassungsrecht. 2005.

Band 64 Philippe Gréciano: Die Gerichtsbarkeit der Europäischen Gemeinschaften. Rechtsprechung und Rechtssprache Europas aus französischer Perspektive. Mit einem Vorwort von Theodor Öhlinger. 2007.

Band 65 Anne-Louise Schümer: Die Stellung des Ministerpräsidenten in den Bundesländern im Vergleich. 2006.

Band 66 Helen Ghebrewebet: Identifying Units of Statehood and Determining International Boundaries. A Revised Look at the Doctrine of *Uti Possidetis* and the Principle of Self-Determination. 2006.

Band 67 Arne Hertel: Beihilfen an kleine und mittlere Unternehmen. 2006.

Band 68 Markus Günther: Europol. Rechtsschutzmöglichkeiten und deren Vereinbarkeit mit nationalen und internationalen Anforderungen. 2006.

Band 69 Christian Wicker: The Concepts of Proportionality and State Crimes in International Law. An Analysis of the Scope of Proportionality in the Right of Self-Defence and in the Regime of International Countermeasures and an Evaluation of the Concept of State Crimes. 2006.

Band 70 Hauke Stöwsand: Zyperns Beitritt zur Europäischen Union. Vom Antrag auf Mitgliedschaft bis zum Protokoll der Beitrittsakte. 2007.

Band 71 Natalie Rowohl: Weltbank und Internationaler Währungsfonds: Ihre Mandate und deren Abgrenzung. Stand und Reformvorschläge. 2007.

Band 72 Ru-Huei Liu: Europäisierung des deutschen Umweltrechts. 2008.

Band 73 Katja Lange: Der Status der Aufständischen im modernen humanitären Völkerrecht. 2007.

Band 74 Tarik El-Shabassy: Die Durchsetzung finanzieller Sanktionen der Europäischen Gemeinschaften gegen ihre Mitgliedstaaten. 2008.

Band 75 Karsten Seifert: Das interamerikanische System zum Schutz der Menschenrechte und seine Reformierung. 2008.

Band 76 Nora Graaff: Staatenverantwortlichkeit. Vom „völkerrechtlichen Verbrechen" zur „schwerwiegenden Verletzung einer zwingenden Völkerrechtsnorm" anhand der ILC-Kodifikationsarbeit. 2008.

Band 77 Aldona Szczeponek: Die Umsetzung des Völkerrechts und des europäischen Gemeinschaftsrechts in Polen. Unter Berücksichtigung verfassungsrechtlicher Lösungen anderer europäischer Staaten. 2008.

Band 78 Christian Friedrich Fonk: Europäische Luftqualitätsziele und nationale Erfüllungsverantwortung. 2009.

Band 79 Christina Prinzhorn: Der Grundsatz des öffentlichen Zugangs zu amtlichen Dokumenten aus der Perspektive des internationalen Rechts. Materiell-rechtliche Vorgaben durch das internationale Recht für Informationszugangsrechte in den nationalen Rechtsordnungen Europas. 2009.

Band 80 Steffen Eicker: Der Deutsch-Herero-Krieg und das Völkerrecht. Die völkerrechtliche Haftung der Bundesrepublik Deutschland für das Vorgehen des Deutschen Reiches gegen die Herero in Deutsch-Südwestafrika im Jahre 1904 und ihre Durchsetzung vor einem nationalen Gericht. 2009.

Band 81 Niels Beisinghoff: Corporations and Human Rights. An Analysis of ATCA Litigation against Corporations. 2009.

Band 82 Gesine Wolf-Zimper: Zielgerichtete Sanktionen des Sicherheitsrates der Vereinten Nationen und effektiver Rechtsschutz. 2009.

Band 83 David Bergius: Die offene Frage des Privateigentums der Vertriebenen im deutsch-polnischen Verhältnis. 2009.

Band 84 Axel Rolf Schneider: Petitionen zum Europäischen Parlament mit Berücksichtigung des Bürgerbeauftragten. 2009.

Band 85 Tobias Nord: Rechtsnachfolge bei zwischenstaatlichen Organisationen. 2010.

Band 86 Marcel Bongard: Emissionshandel und effektiver Rechtsschutz: Ein unvereinbarer Gegensatz? Eine Untersuchung zu den Auswirkungen marktwirtschaftlicher Umweltschutzinstrumente auf den Individualrechtsschutz am Beispiel des Emissionshandelssystems. 2010.

Band 87 Armin Huhn: Amtshaftung im bewaffneten Auslandseinsatz. Anwendbarkeit und Leistungsfähigkeit des Amtshaftungsrechts bei Verletzung des *ius in bello*. 2010.

Band 88 Johannes Mosters: Ethische Beschaffung. Sekundärzwecke im Zeitalter der Globalisierung. 2010.

Band 89 Thomas Herntrich: Thüringen. Von den thüringischen Kleinstaaten nach Zerfall des Alten Reiches bis zum Freistaat Thüringen. Eine völkerrechtliche und verfassungsrechtliche Betrachtung. 2010.

Band 90 Marcelo Antonio Villagrán Abarzúa: Verfassungsrechtliche Grundlagen der Gemeindeverwaltung in Chile. Auch ein Beitrag zur Dezentralisierung und Dekonzentration. 2010.

Band 91 Manfred Hechtl: Die offensive Defensive: Das Recht der präventiven Selbstverteidigung? Lösungsansätze für (scheinbare) Bedrohungen durch einzelne Staaten und internationale Terrornetzwerke. 2011.

Band 92 Christian Grüner: Quantität und Qualität der europäischen Rechtsetzung. 2011.